Lutz
Der Gesellschafterstreit

Der Gesellschafterstreit

in der GbR, PartG, OHG, KG, GmbH & Co. KG und GmbH

Mit Mustern und Checklisten

von

Dr. Reinhard Lutz
Rechtsanwalt und Fachanwalt für Steuerrecht
in München

4., erweiterte Auflage

2015

C.H.BECK

Zitiervorschlag:
Lutz, Gesellschafterstreit, 4. Aufl., Rn. 789

www.beck.de
ISBN 978 3 406 67866 0

© 2015 Verlag C.H. Beck oHG
Wilhelmstr. 9, 80801 München

Satz: Fotosatz Buck
Zweikirchener Straße 7, 84036 Kumhausen

Druck und Bindung: Beltz Bad Langensalza GmbH
Neustädter Straße 1–4, 99947 Bad Langensalza

Gedruckt auf säurefreiem, alterungsbeständigem Papier
(hergestellt aus chlorfrei gebleichtem Zellstoff)

Vorwort

Gesellschaftsverhältnisse sind wie alle Dauerrechtsbeziehungen streitanfällig. Dies gilt vor allem für die im vorliegenden Buch behandelten, personalistisch strukturierten Gesellschaften, die wechselseitiges Vertrauen unter den Gesellschaftern voraussetzen. Ist dieses Vertrauensverhältnis gestört, entzünden sich leicht Gesellschafterstreitigkeiten, die oftmals mit besonderer Schärfe und Entschlossenheit der Streitparteien ausgetragen werden. Einen weiteren Grund für die Häufigkeit und Intensität von Gesellschafterkonflikten bildet der Umstand, dass die Innenrechtsbeziehungen der Gesellschafter für die Personengesellschaften und die GmbH nur rudimentär gesetzlich geregelt sind. Dies öffnet Tür und Tor für Rechtsstreitigkeiten, zumal die Klärung der Rechte und Pflichten der Beteiligten regelmäßig von der richterlichen Würdigung im Einzelfall abhängt und bis zur rechtskräftigen Entscheidung jahrelange rechtliche Schwebesituationen entstehen. Diese Unsicherheiten sind durch die jüngere BGH-Rechtsprechung teilweise verschärft worden, etwa durch die Abschaffung des „Bestimmtheitsgrundsatzes" als formelle Grundlage für Mehrheitsbeschlüsse in Personengesellschaften oder die Klarstellung, dass generell nur „relevante" Verfahrensfehler zu einem Beschlussmangel führen, was von den Gerichten in jedem Einzelfall anders beurteilt werden kann.

Das vorliegende Buch soll den von Streit betroffenen Gesellschaftern und Gesellschaftsorganen sowie deren Beratern und Prozessbevollmächtigten als effektiver Ratgeber bei allen relevanten Rechtsfragen dienen. Es beruht auf eigener, praktischer Erfahrung als Rechtsanwalt und wendet sich vorrangig an „Praktiker". Der Schwerpunkt der Ausführungen liegt in der Zusammenstellung und Erörterung der einschlägigen Rechtsprechung. Hinweise auf das Schrifttum beschränken sich auf weiterführende Darstellungen in Kommentaren, Praxishandbüchern sowie jüngeren Publikationen in verbreiteten Fachzeitschriften. Das Buch konzentriert sich auf die typischen Konfliktfälle und Rechtsprobleme. Es enthält eine Vielzahl von Beispielen, Übersichten, praktischen Hinweisen und Gestaltungsvorschlägen.

Der Inhalt des Buches wurde bereits in der 2. Auflage aus dem Jahr 2011 gegenüber der Erstlauflage von 2001 wesentlich erweitert: Neben der GmbH erstreckt sich die Darstellung auf die im vorliegenden Zusammenhang wichtigsten Personengesellschaften, die Gesellschaft bürgerlichen Rechts (GbR), die Offene Handelsgesellschaft (OHG), die Kommanditgesellschaft (KG) und die GmbH & Co. KG. Ab der vorliegenden 4. Auflage tritt die Partnerschaftsgesellschaft (PartG) hinzu, da diese Gestaltungsvariante der GbR für freie Berufe seit einer Gesetzesänderung im Juli 2013, die mit der Einführung einer PartG mbB die Möglichkeit einer effektiveren Haftungsbeschränkung bei fehlerhafter Berufsausübung begründet hat, erheblich an Bedeutung gewinnt. Die Erläuterungen zur GmbH sind darüber hinaus jeweils einschlägig für Gesellschafterstreitigkeiten in der

Unternehmergesellschaft (haftungsbeschränkt), einer Rechtsformvariante der GmbH. Der Schwerpunkt der Darstellung betrifft die personalistischen Gesellschaften mit meist nur zwei bis vier Gesellschaftern. Das Buch enthält jedoch an vielen Stellen auch Hinweise zum Innenrecht der Publikumsgesellschaften, an denen eine Vielzahl von Kapitalanlegern beteiligt ist, zumal Streitigkeiten innerhalb dieser geschlossenen Fonds, die meist die Rechtsform einer GbR oder GmbH & Co. KG haben, in den letzten Jahren in der Rechtsprechung eine immer größere Rolle spielen.

Das Buch beschäftigt sich, jeweils materiell-rechtlich und prozessrechtlich, mit allen wesentlichen Konfliktfällen innerhalb der Gesellschaft, den Streitigkeiten über Gesellschafterbeschlüsse und deren Zustandekommen, der streitigen Abberufung von Gesellschafter-Geschäftsführern, der Ausschließung von Gesellschaftern, den Streitigkeiten über den Jahresabschluss, die Gewinnverteilung und Gewinnverwendung sowie den Auseinandersetzungen über Auskunfts- und Kontrollrechte, Geschäftsführungsmaßnahmen, Gesellschafterkündigung und Zwangsauflösung der Gesellschaft. Einer der Schwerpunkte liegt wie in den Vorauflagen in der Darstellung der Möglichkeiten und der Verfahrensbesonderheiten Einstweiligen Rechtsschutzes. Hinzu treten Gestaltungsvorschläge für streitpräventive Vertragsgestaltungen sowie für Kompromisslösungen zur gütlichen Einigung im Streitfall, insbesondere in Familiengesellschaften oder bei Patt-Situationen. Ein eigenes Kapitel beschäftigt sich mit der Klage vor Schiedsgerichten. Die Rechtsprechung und die Schrifttumshinweise befinden sich auf dem Stand von März 2015.

München, im April 2015   Reinhard Lutz

Inhaltsübersicht

Vorwort V
Abkürzungsverzeichnis XXI

1. Teil Streit über Gesellschafterentscheidungen durch Beschlussfassung 1

I.   Zuständigkeitskonflikte 2
II. Durchsetzung von Entscheidungen durch Mehrheitsbeschluss 19
III. Beschlussfassung in streitigen Gesellschafterversammlungen 53

2. Teil Streitige Abberufung von der Geschäftsführung, Ausschluss aus der Gesellschaft und weitere typische Gesellschafterstreitigkeiten 89

I.   Entziehung von Geschäftsführung und Vertretungsmacht sowie außerordentliche Abberufung von Gesellschafter-Geschäftsführern 89
II. Ausschluss aus der Gesellschaft 134
III. Streit über den Jahresabschluss, die Gewinnverteilung, Gewinnentnahmen und Gewinnausschüttungen 196
IV. Streit über Auskunfts- und Kontrollrechte 222
V.   Streit zwischen Gesellschaftern und geschäftsführenden Gesellschaftern über Geschäftsführungsmaßnahmen 248
VI. Streitiges Ausscheiden aus der Gesellschaft und Streit über deren Auflösung 270

3. Teil Vermeidung und außergerichtliche Beilegung von Gesellschafterstreitigkeiten 295

I.   Streitvermeidung durch Vertragsgestaltung 295
II. Außergerichtliche Streitbeilegung durch gütliche Einigung 317

4. Teil Gerichtliche Klärung von Gesellschafterstreitigkeiten 337

I.   Gerichtliche Klärung von Beschlussmängeln und streitigen Abstimmungsergebnissen 338
II. Gestaltungsklagen auf Entziehung von Geschäftsführung und Vertretungsmacht, Ausschluss eines Gesellschafters oder Auflösung der Gesellschaft ... 385

III. Informationserzwingung durch Kommanditisten und GmbH-
Gesellschafter 400
IV. Gerichtliche Durchsetzung von Unterlassungs- und Schadensersatzansprüchen der Gesellschaft gegenüber geschäftsführenden Gesellschaftern 410
V. Einstweiliger Rechtsschutz 424
VI. Klage vor Schiedsgerichten 447

5. Teil   Praktische Hinweise, Checklisten, Muster und Formulare 461

I. Praktische Hinweise zur Taktik der Konfliktparteien 461
II. Checklisten 467
III. Muster zu außergerichtlichen Verfahrenshandlungen 474
IV. Muster für Mediations- und Schlichtungsklauseln sowie Schiedsklauseln .. 479
V. Formulare für Klageanträge und sonstige Verfahrensanträge 484
VI. Formulare für Anträge auf einstweilige Verfügung 496

Sachverzeichnis 507

Inhaltsverzeichnis

Vorwort V

Abkürzungsverzeichnis. XXI

1. Teil Streit über Gesellschafterentscheidungen durch Beschluss-
fassung 1

I. Zuständigkeitskonflikte 2
  1. Entscheidungskompetenz der Gesellschafter als Gesamtheit 2
    a) Wesentliche gesetzliche Regelungen zur Zuständigkeit der
       Gesellschafter 3
       aa) Überblick 3
       bb) Kompetenzkonflikte bei Personengesellschaften 6
       cc) Grenzen der Allzuständigkeit der Gesellschafter bei der GmbH . 9
    b) Typische vertragliche Regelungen zur Entscheidungszuständigkeit . 10
       aa) Modifikation der Gesamtgeschäftsführung bei der GbR 11
       bb) Zuständigkeitserweiterung zugunsten der Gesellschafterver-
           sammlung bei der PartG sowie der OHG, KG und GmbH & Co.
           KG. 11
       cc) Kompetenzverlagerung durch Satzung bei der GmbH. 13
  2. Rechtsfolgen und Rechtsschutz bei Maßnahmen unzuständiger
     Gesellschaftsorgane 14
    a) Kompetenzverletzungen bei Personengesellschaften 14
       aa) Verletzung der Entscheidungszuständigkeit bei der Geschäfts-
           führung. 14
       bb) Vornahme von Grundlagengeschäften durch Geschäftsführer . . 15
    b) Maßnahmen unzuständiger Organe bei der GmbH. 16

II. Durchsetzung von Entscheidungen durch Mehrheitsbeschluss 19
  1. Stimmrechte der Gesellschafter und wirksame Stimmabgabe. 20
    a) Inhalt und Ausübung des Stimmrechts 20
       aa) Inhaber des Stimmrechts 20
       bb) Stimmabgabe 21
       cc) Umfang des Stimmrechts. 22
    b) Stimmrechtsausübung durch Vertreter 24
       aa) Streit über die Zulassung von Bevollmächtigten bei der Abstim-
           mung. 25

		bb) Stimmrechtsvertretung ohne Vertretungsmacht	27
		cc) Streit zwischen Vollmachtgeber und Stimmrechtsbevollmächtigten	29
	c)	Stimmrechtsausschluss	30
		aa) Überblick	30
		bb) Fallbeispiele	31
		cc) Vertragliche Regelungen	35
		dd) Reichweite von Stimmverboten	36
		ee) Stimmabgabe trotz Stimmverbots.	38
	d)	Gesetzliche und vertragliche Stimmbindungen.	39
		aa) Gesetzliche und gesellschaftsvertragliche Stimmpflichten.	39
		bb) Vertragliche Stimmbindungen	45
2.	Mehrheitsbeschlüsse.		46
	a)	Gesetzliche Regelung und vertragliche Gestaltungsalternativen	46
	b)	Zulässigkeitsschranken für Mehrheitsbeschlüsse bei Personengesellschaften	48
		aa) Grundlage im Gesellschaftsvertrag	48
		bb) Treuepflicht der Mehrheit	49
	c)	Stimmen-Patt	50

III. Beschlussfassung in streitigen Gesellschafterversammlungen 53
    1. Zustandekommen von Gesellschafterbeschlüssen 53
    2. Typische Streitpunkte und Fehler bei der Einberufung von Gesellschafterversammlungen. 54

	a)	Erforderlichkeit der Einberufung.	55
	b)	Zuständigkeit zur Einberufung	56
		aa) Einberufungskompetenzen in der GmbH	56
		bb) Einberufung einer Gesellschafterversammlung in Personengesellschaften	58
	c)	Adressaten und Form der Einberufung	59
		aa) Anforderungen an das Ladungsschreiben in der GmbH.	59
		bb) Formgültige Ladung in Personengesellschaften	62
	d)	Ort und Zeitpunkt der Gesellschafterversammlung	63
		aa) Orts- und Terminbestimmung in der GmbH	63
		bb) Festlegung von Zeitpunkt und Ort der Versammlung in Personengesellschaften.	65
	e)	Ladungsfrist	66
		aa) Dauer der Ladungsfrist.	66
		bb) Berechnung der Ladungsfrist.	67
		cc) Rechtsfolgen der Unterschreitung der Ladungsfrist.	68
	f)	Ankündigung der Tagesordnung.	69
		aa) Gesetzliche und vertragliche Regelung in der GmbH	69

	bb) Mitteilung der Tagesordnung in Personengesellschaften		71
	g) Absage der Gesellschafterversammlung und Verlegung		71
3.	Typische Streitpunkte und Fehler bei der Durchführung von Gesellschafterversammlungen		72
	a) Ablauf im Überblick		72
	b) Teilnehmer der Gesellschafterversammlung		76
	aa) Teilnahmerecht der Gesellschafter		76
	bb) Teilnahme von Nichtgesellschaftern		79
	c) Beschlussfähigkeit der Gesellschafterversammlung		81
	d) Versammlungsleitung und Beschlussfeststellung		83
	aa) Bestellung und Aufgaben eines Versammlungsleiters		83
	bb) Beschlussfeststellung bei der GmbH		84
	e) Protokoll		87

2. Teil Streitige Abberufung von der Geschäftsführung, Ausschluss aus der Gesellschaft und weitere typische Gesellschafterstreitigkeiten ... 89

I. Entziehung von Geschäftsführung und Vertretungsmacht sowie außerordentliche Abberufung von Gesellschafter-Geschäftsführern. 89

1. Gesetzliche und vertragliche Grundlagen ... 90
   a) Mögliche Zwangsmaßnahmen in der GbR ... 90
   b) Streitkonstellationen und Rechtsprobleme in der PartG, OHG, KG und GmbH & Co. KG ... 92
      aa) Entziehung der gesetzlichen Geschäftsführungs- und Vertretungsbefugnisse der persönlich haftenden Gesellschafter ... 92
      bb) Entziehung von vertraglichen Sonderrechten der Kommanditisten ... 95
   c) Möglichkeiten der Abberufung von Gesellschafter-Geschäftsführern in der GmbH ... 96
2. Der „wichtige Grund" für die außerordentliche Abberufung/ Entziehung von Geschäftsführung und Vertretungsmacht ... 98
   a) Überblick ... 98
   b) Beispiele aus der Rechtsprechung ... 101
      aa) Befürwortung eines „wichtigen Grundes" ... 101
      bb) Ablehnung eines „wichtigen Grundes" ... 107
   c) Der „wichtige Grund" in der Zwei-Personen-Gesellschaft ... 108
      aa) Beschränkung der freien Abberufbarkeit und strengere Anforderungen an den „wichtigen Grund" ... 109
      bb) Das „unheilbare Zerwürfnis" unter den Geschäftsführern als besondere Fallgruppe des „wichtigen Grundes" ... 110
   d) Nachschieben von Gründen im Prozess ... 111

3. Durchführung der Entziehung/Abberufung und Rechtsfolgen 113
   a) Entziehung von Geschäftsführung und Vertretungsmacht in der GbR. 113
      aa) Entziehung der Geschäftsführung durch Gesellschafterbeschluss 113
      bb) Entziehung der Vertretungsmacht. 115
   b) Entziehung von Geschäftsführung und Vertretungsmacht in der PartG, OHG, KG und GmbH & Co. KG. 115
      aa) Entziehung der Geschäftsführung durch Klage oder Gesellschafterbeschluss. 116
      bb) Entziehung der Vertretungsmacht. 118
   c) Außerordentliche Abberufung und Kündigung des Geschäftsführers in der GmbH. 119
      aa) Abberufungsorgan und Durchführung der Abberufung 119
      bb) Rechtsfolgen des Abberufungsbeschlusses 121
      cc) Kündigung des Anstellungsvertrags 126

II. Ausschluss aus der Gesellschaft. 134
   1. Ausschluss eines Gesellschafters aus der GbR. 135
      a) Gesetzliche und vertragliche Grundlagen 135
         aa) Gesetzliche Regelung. 135
         bb) Ausschluss aufgrund Regelungen im Gesellschaftsvertrag. 136
      b) Durchführung des Ausschlusses durch Gesellschafterbeschluss 137
   2. Ausschluss eines Gesellschafters aus der PartG, OHG, KG oder GmbH & Co. KG. 138
      a) Gesetzliche und vertragliche Grundlagen 138
      b) Ausschluss durch Klage. 139
      c) Ausschluss durch Gesellschafterbeschluss. 141
   3. Ausschluss eines Gesellschafters aus der GmbH 141
      a) Gesetzliche und vertragliche Grundlagen 141
         aa) Regelung des Gesellschafterausschlusses durch Satzung 142
         bb) Ausschluss durch gerichtliche Entscheidung 144
      b) Durchführung des Ausschlusses durch Gesellschafterbeschluss. 145
         aa) Voraussetzungen der Beschlussfassung 145
         bb) Beschlussfassung in einer Gesellschafterversammlung. 147
         cc) Rechtsfolgen der Ausschließung durch Zwangseinziehung 150
         dd) Rechtsfolgen der Ausschließung durch Zwangsabtretung 157
      c) Ausschlussklage. 159
         aa) Verfahren im Überblick. 159
         bb) Rechtswirkung der erfolgreichen Ausschlussklage. 160
   4. Ausschlussgründe. 161
      a) Der „wichtige Grund" in der Person des auszuschließenden Gesellschafters. 161

		aa) Überblick	162
		bb) Fallbeispiele aus der Rechtsprechung	165
		cc) Besondere Fallgestaltungen	169
		dd) Nachschieben von Ausschlussgründen	171
	b)	Weitere Ausschlussgründe laut Gesellschaftsvertrag und Satzung	173
		aa) Unwirksamkeit von „Hinauskündigungsklauseln"	173
		bb) Sachlich gerechtfertigte Ausschlussgründe	176
5.	Rechtliche und steuerliche Grundzüge der Abfindung	180
	a)	Gesetzliche Regelung	180
		aa) Überblick	180
		bb) Abfindung zum Verkehrswert	182
	b)	Vertragliche Abfindungsregelungen	184
		aa) Wirksamkeitsvoraussetzungen im Überblick	185
		bb) Typische Vertragsklauseln zur Abfindungshöhe	189
	c)	Überblick über die Steuerfolgen der Abfindungszahlung	192
		aa) Einkommensteuer	192
		bb) Erbschaft- und Schenkungsteuer	193

III. Streit über den Jahresabschluss, die Gewinnverteilung, Gewinnentnahmen und Gewinnausschüttungen. 196
  1. Streit über Aufstellung und Feststellung sowie Mängel des Jahresabschlusses 196
     a) Wesentliche Begriffe. 197
     b) Durchsetzung der Aufstellung und Feststellung des Jahresabschlusses 200
        aa) Zuständigkeit und Pflicht zur Aufstellung des Jahresabschlusses. 200
        bb) Feststellung des Jahresabschlusses 202
     c) Streit über inhaltliche Mängel des festgestellten Jahresabschlusses . . . 204
        aa) Fehlerhafte Zustimmung wegen nachträglicher Informationen . 204
        bb) Inhaltliche Einwände gegen den festgestellten Jahresabschluss . . 205
  2. Streit über die Gewinnverteilung sowie Gewinnentnahmen und -ausschüttungen. 207
     a) Gewinnverteilung und Gewinnentnahmen in den Personengesellschaften 207
        aa) Gesetzliche und vertragliche Regelung sowie nachträgliche Anpassung der Gewinnverteilung. 207
        bb) Entnahmebeschränkungen und Überentnahmen 211
     b) Gewinnverteilung und Gewinnausschüttung in der GmbH. 215
        aa) Gewinnverteilung laut Gesetz und Satzung 215
        bb) Beschlussfassung über die Ergebnisverwendung und „Aushungern" von Minderheitsgesellschaftern. 216

IV. Streit über Auskunfts- und Kontrollrechte 222
    1. Gesellschafterechte auf Auskunft, Einsicht und Kontrolle 224
        a) Überblick über die gesetzliche Regelung. 224
        b) Einzelfragen zum Umfang und der Wahrnehmung der gesetzlichen Auskunfts- und Kontrollrechte 230
            aa) Auskunftsrechte über „Angelegenheiten der Gesellschaft" 230
            bb) Einsicht in „Bücher und Schriften" der Gesellschaft. 232
        c) Vertragliche Regelung der Auskunfts- und Kontrollrechte 235
    2. Gesetzliche Schranken der Auskunfts- und Kontrollrechte 237
        a) Grenzen der Informationsrechte in Personengesellschaften 237
        b) Grenzen der Informationsrechte und Verweigerung von Auskunft und Einsicht bei der GmbH 238
            aa) Grenzen der Informationsrechte durch das Missbrauchsverbot .. 238
            bb) Verweigerung von Auskunft und Einsicht wegen der Besorgnis gesellschaftsschädlicher Verwendung 240
    3. Durchsetzung von Auskunfts- und Kontrollrechten 242
        a) Durchsetzung der „richtigen" Auskunft 242
        b) Gerichtliche Durchsetzung von Informationsansprüchen 243
            aa) Informationserzwingung in Personengesellschaften 244
            bb) Informationserzwingung durch den GmbH-Gesellschafter. 245
        c) Durchsetzung von Auskunfts- und Kontrollrechten durch einstweilige Verfügung 246

V. Streit zwischen Gesellschaftern und geschäftsführenden Gesellschaftern über Geschäftsführungsmaßnahmen 248
    1. Reichweite der Geschäftsführungsbefugnisse und Mitentscheidungsrechte der Gesellschafter 249
        a) Inhalt und Grenzen der Geschäftsführungskompetenzen in Personengesellschaften 249
            aa) Alleinentscheidungsbefugnis der geschäftsführenden Gesellschafter 249
            bb) Interne Beschränkungen der geschäftsführenden Gesellschafter . 250
        b) Gesellschaftsinterne Befugnisse und Beschränkungen des Geschäftsführers in der GmbH. 255
    2. Rechtsschutz und Schadensersatz bei Kompetenzstreitigkeiten über Geschäftsführungsmaßnahmen. 259
        a) Vorbeugender Rechtsschutz 259
        b) Rechtsfolgen kompetenzwidriger Geschäftsführung und Schadensersatz 260
            aa) Wirksamkeit von Geschäftsführungsmaßnahmen im Außenverhältnis bei Missachtung interner Beschränkungen 260
            bb) Schadenshaftung des geschäftsführenden Gesellschafters und weitere Sanktionen. 264

c) Rechtsschutz bei Blockade der Geschäftsführung und unberechtigten Weisungen... 266

VI. Streitiges Ausscheiden aus der Gesellschaft und Streit über deren Auflösung.. 270
    1. Streitiger Austritt aus der Gesellschaft durch Kündigung 271
        a) Austritt durch ordentliche Kündigung 272
            aa) Gesetzliche und vertragliche Grundlagen................... 272
            bb) Unzulässige Kündigungsbeschränkungen bei Personengesellschaften 276
        b) Austritt durch außerordentliche Kündigung aus wichtigem Grund . 279
            aa) Gesetzliche und vertragliche Grundlagen des außerordentlichen Kündigungsrechts 280
            bb) Der „wichtige Grund" für die außerordentliche Kündigung.... 282
    2. Durchsetzung der Auflösung der Gesellschaft mittels Klage 287
        a) Auflösung durch gerichtliche Entscheidung bei der PartG, OHG, KG, GmbH & Co. KG und GmbH................................ 288
            aa) Gesetzliche Grundlagen der Auflösungsklage 288
            bb) Überblick über das Klageverfahren....................... 289
        b) Der wichtige Grund für die Zwangsauflösung 289
            aa) Subsidiarität der Zwangsauflösung....................... 290
            bb) Beispiele aus der Rechtsprechung 291

3. Teil   Vermeidung und außergerichtliche Beilegung von Gesellschafterstreitigkeiten 295

I. Streitvermeidung durch Vertragsgestaltung 295
    1. Allgemeine Grundsätze.................................... 295
    2. Gestaltungshinweise für typische gesellschaftsinterne Konfliktfälle ... 299
        a) Teilhabe an der Geschäftsführung 299
        b) Zustandekommen und gerichtliche Überprüfung von Gesellschafterbeschlüssen 304
        c) Jahresabschluss und Gewinnentnahme....................... 307
        d) Ausübung von Informationsrechten......................... 309
        e) Ausscheiden eines Gesellschafters durch Anteilsveräußerung und Kündigung 310
        f) Ausschluss aus der Gesellschaft aus wichtigem Grund 313
        g) Erbfolge in Familiengesellschaften.......................... 314

II. Außergerichtliche Streitbeilegung durch gütliche Einigung 317
    1. Gütliche Einigung durch Verhandlungen....................... 318
    2. Streitschlichtung und Mediation............................. 320
        a) Überblick 320

		b) Vereinbarung einer Schlichtung oder Mediation	323
	3.	Gestaltungsmöglichkeiten für Vergleichsvereinbarungen	325
		a) Beseitigung von gesellschaftsinternen Hindernissen für die Geschäftsführer	325
		b) Beschränkung der Entscheidungsspielräume und Kontrolle der Geschäftsführer	328
		c) Regelung von Informationsrechten der Gesellschafter	331
		d) Interessenausgleich bei Streit über Gewinnentnahmen und Gewinnausschüttungen	332
		e) Trennung der Gesellschafter	334

4. Teil Gerichtliche Klärung von Gesellschafterstreitigkeiten 337

I. Gerichtliche Klärung von Beschlussmängeln und streitigen Abstimmungsergebnissen 338

	1.	Klagearten im Überblick		338
		a) Gerichtliche Nichtigkeits- und Ergebnisfeststellung von Beschlüssen bei den Personengesellschaften		339
		b) Gerichtliche Überprüfung und Ergebnisfeststellung von Beschlüssen bei der GmbH		341
			aa) Differenzierung zwischen Anfechtungs- und Feststellungsklagen	341
			bb) Zur Nichtigkeit und zur Anfechtbarkeit führende Beschlussmängel	345
	2.	Feststellungsklagen bei der GbR, PartG, OHG, KG und GmbH & Co. KG		350
	3.	Feststellungs- und Anfechtungsklagen bei der GmbH		355
		a) Nichtigkeitsfeststellungsklage		355
		b) Anfechtungsklage		361
		c) Beschlussfeststellungsklage		369
		d) Typische Rechtsprobleme in Folge der Parteistellung der GmbH		371
			aa) Prozessvertretung der GmbH bei Rechtsstreitigkeiten mit einem Gesellschafter-Geschäftsführer	372
			bb) Unzureichende Rechtsverteidigung der beklagten GmbH im Prozess	375
			cc) Interessenkollision beim anwaltlichen Berater oder Prozessbevollmächtigten	378
			dd) Belastung der GmbH mit Prozesskosten	383

II. Gestaltungsklagen auf Entziehung von Geschäftsführung und Vertretungsmacht, Ausschluss eines Gesellschafters oder Auflösung der Gesellschaft 385

1. Entziehung von Geschäftsführung und Vertretungsmacht bei der PartG, OHG, KG und GmbH & Co. KG 385
2. Ausschluss von Gesellschaftern 391
   a) Ausschließungsklage bei der PartG, OHG, KG und GmbH & Co. KG 391
   b) Ausschlussklage bei der GmbH 393
3. Gerichtliche Auflösung der Gesellschaft 395
   a) Auflösungsklage bei der PartG, OHG, KG und GmbH & Co. KG .. 395
   b) Auflösungsklage bei der GmbH 397

III. Informationserzwingung durch Kommanditisten und GmbH-Gesellschafter 400
1. Gerichtliche Durchsetzung von Auskunfts- und Kontrollrechten durch Kommanditisten 400
   a) Klage auf Vorlage des Jahresabschlusses und Bucheinsicht gemäß § 166 Abs. 1 HGB 400
   b) Besonderes Informationserzwingungsverfahren gemäß § 166 Abs. 3 HGB 403
2. Gerichtliche Durchsetzung von Auskunfts- und Einsichtsrechten durch den GmbH-Gesellschafter 407

IV. Gerichtliche Durchsetzung von Unterlassungs- und Schadensersatzansprüchen der Gesellschaft gegenüber geschäftsführenden Gesellschaftern 410
1. Typische Anspruchsgrundlagen im Überblick 410
   a) Abwehr- und Ersatzansprüche der Gesellschaft bei unberechtigten Entnahmen 410
   b) Schadensersatzansprüche der Gesellschaft wegen Verletzung der Geschäftsführerpflichten 412
      aa) Schadensersatzansprüche gegenüber geschäftsführenden Gesellschaftern in der GbR, PartG, OHG, KG und GmbH & Co. KG . 413
      bb) Schadensersatzhaftung der GmbH-Geschäftsführer........... 414
   c) Schadensersatzansprüche der Gesellschaft bei Missachtung von gesetzlichen oder vertraglichen Zustimmungsvorbehalten durch die Geschäftsführer... 415
   d) Unterlassungs- und Schadensersatzansprüche der Gesellschaft bei Konkurrenztätigkeit und Eigennutzung von Geschäftschancen.. 416
2. Durchsetzung der Gesellschaftsansprüche durch die Gesellschafter 419
   a) Das besondere Klagerecht der Gesellschafter in Personengesellschaften (actio pro socio)..................................... 419
   b) Vorabentscheidung der GmbH-Gesellschafter über die Durchsetzung von Schadensersatz- und Unterlassungsansprüchen gegen Geschäftsführer 421

V. Einstweiliger Rechtsschutz 424
   1. Einstweiliger Rechtsschutz in Bezug auf Gesellschafterrechte 425
      a) Möglichkeiten einstweiligen Rechtsschutzes im Überblick 425
      b) Einflussnahme auf die Beschlussfassung durch EV 427
         aa) Verfügungsantrag und Vollstreckung 427
         bb) Besondere Anforderungen an den Verfügungsgrund 429
   2. Einstweiliger Rechtsschutz hinsichtlich der Geschäftsführung........ 432
      a) Zwangsmaßnahmen gegen geschäftsführende Gesellschafter 432
      b) Abwehrmaßnahmen geschäftsführender Gesellschafter 436
   3. Überblick über die allgemeinen Bestimmungen 437
      a) Verfügungsanspruch und Verfügungsgrund 437
      b) Wesentliche Verfahrensvorschriften und Besonderheiten bei Gesellschafterstreitigkeiten.. 440

VI. Klage vor Schiedsgerichten.. 447
   1. Grundlagen 447
   2. Schiedsvereinbarungen zu Gesellschafterstreitigkeiten 450
      a) Wirksamkeitsvoraussetzungen................................ 451
         aa) Abschluss der Schiedsvereinbarung 451
         bb) Schiedsfähigkeit von Gesellschafterstreitigkeiten............. 455
      b) Reichweite der Schiedsvereinbarung........................... 456
   3. Überblick über das Schiedsverfahren 457

5. Teil   Praktische Hinweise, Checklisten, Muster und Formulare...... 461

I. Praktische Hinweise zur Taktik der Konfliktparteien............... 461
   1. Angriffsmittel 461
   2. Verteidigungsmittel... 464

II. Checklisten 467
   1. Streitige Abberufung eines Gesellschafter-Geschäftsführers in der GmbH und Kündigung des Anstellungsvertrags 467
   2. Leitung einer streitigen Gesellschafterversammlung................ 469
   3. Ausschließung eines Gesellschafters durch Beschluss oder Übernahmeerklärung aus einer Personengesellschaft oder GmbH 471

III. Muster zu außergerichtlichen Verfahrenshandlungen............... 474
   1. Einberufung einer GmbH-Gesellschafterversammlung 474
   2. Verlangen der Einberufung einer außerordentlichen GmbH-Gesellschafterversammlung durch Minderheitsgesellschafter 477
   3. Niederschrift über eine GmbH-Gesellschafterversammlung 478

IV. Muster für Mediations- und Schlichtungsklauseln sowie Schiedsklauseln 479
   1. Mediationsklausel 479

	2. Schlichtungsklausel unter Verweis auf die DIS-SchlichtungsO	480
	3. Schiedsklausel	481
	4. Schiedsklausel unter Bezugnahme auf die DIS-SchO	482
V.	Formulare für Klageanträge und sonstige Verfahrensanträge	484
	1. Klage auf Nichtigkeitsfeststellung eines Gesellschafterbeschlusses in der Personengesellschaft (am Beispiel GmbH & Co. KG)	484
	2. Klage betreffend die Nichtigkeitsfeststellung bzw. Anfechtung eines Gesellschafterbeschlusses in der GmbH	486
	3. Beschlussfeststellungsklage bei unklaren Abstimmungsergebnissen in der GmbH	487
	4. Klage auf Entziehung von Geschäftsführungsbefugnis und Vertretungsmacht in einer GmbH & Co. KG nebst Klage auf Zustimmung zu dieser Maßnahme und Neuordnung der Geschäftsführung	488
	5. Klage auf Ausschließung eines Gesellschafters aus einer Personenhandelsgesellschaft (am Beispiel GmbH & Co. KG)	489
	6. Klage auf Ausschluss eines GmbH-Gesellschafters	490
	7. Klage auf Auflösung einer Personenhandelsgesellschaft (am Beispiel OHG)	491
	8. Klage auf Auflösung einer GmbH	492
	9. Klage eines Kommanditisten auf Einsicht in die Buchhaltungsunterlagen der Gesellschaft gemäß § 166 Abs. 1 HGB	493
	10. Antrag eines Kommanditisten auf gerichtliche Anordnung von Auskunft oder Bucheinsicht gemäß § 166 Abs. 3 HGB	494
	11. Antrag eines GmbH-Gesellschafters im Informationserzwingungsverfahren gemäß § 51b GmbHG	495
VI.	Formulare für Anträge auf einstweilige Verfügung	496
	1. Durchsetzung der Duldung eines Beraters in der Gesellschafterversammlung einer GmbH & Co. KG	496
	2. Durchsetzung einer bestimmten Stimmabgabe in einer GmbH-Gesellschafterversammlung	497
	3. Unterbindung der Einreichung einer geänderten GmbH-Gesellschafterliste (nach Zwangseinziehungsbeschluss)	498
	4. Unterbindung der Vollziehung eines Gesellschafterbeschlusses in der GmbH (Auflösung von Gewinnrücklagen und Ausschüttung)	499
	5. Sicherung von Mitgliedschaftsrechten in der GmbH nach Ausschließung durch Gesellschafterbeschluss	500
	6. Vorläufige Entziehung von Geschäftsführungsbefugnissen und Vertretungsmacht gemäß §§ 117, 127 HGB in einer KG	501
	7. Unterbindung von Geschäftsführung und Vertretung sowie Hausverbot nach streitiger Abberufung eines GmbH-Geschäftsführers	502

8. Unterbindung unberechtigter Entnahmen der Komplementärin in einer GmbH & Co. KG.. 503
9. Untersagung einer Geschäftsführungsmaßnahme bei drohender Missachtung eines Zustimmungsvorbehalts in der KG.............. 504
10. Untersagung einer Vertragserfüllung nach Missbrauch der Vertretungsmacht in der GmbH... 505
11. Sicherung der Geschäftsführungsbefugnisse und Vertretungsmacht nach streitiger Abberufung in der GmbH............................ 506

Sachverzeichnis... 507

Abkürzungsverzeichnis

aA	andere Ansicht
aaO	am angegebenen Ort
Abs	Absatz
aE	am Ende
a.F.	alte Fassung
AG	Aktiengesellschaft; Die Aktiengesellschaft (Zeitschrift)
AktG	Aktiengesetz
allgM	allgemeine Meinung
Alt	Alternative
Anh	Anhang
Anm	Anmerkung
AnwBl	Anwaltsblatt
ao	außerordentlich
AR	Aufsichtsrat
ArbGG	Arbeitsgerichtsgesetz
Aufl	Auflage
Az	Aktenzeichen
BAG	Bundesarbeitsgericht
Baumbach/Hopt	Kommentar zum Handelsgesetzbuch, 36. Auflage, München 2014
Baumbach/Hueck	Kommentar zum GmbH-Gesetz, 20. Auflage, München 2013
Baumbach/Lauterbach/Albers/Hartmann	Kommentar zur Zivilprozessordnung, 73. Auflage, München 2015
BayObLG	Bayerisches Oberstes Landesgericht
BB	Betriebs-Berater
Beck'sches Formularbuch GmbH-Recht	München 2010
Beck'sches Prozessformularbuch	12. Auflage, München 2013
BeckRS	Beck Rechtsprechung (Datenbank im Rahmen von Beck-Online)
BewG	Bewertungsgesetz
BGB	Bürgerliches Gesetzbuch
BGH	Bundesgerichtshof

BGHZ	Entscheidungen des Bundesgerichtshofs in Zivilsachen, Amtliche Sammlung
BilMoG	Gesetz zur Modernisierung des Bilanzrechts vom 26.3.2009
BiRiLiG	Bilanzrichtlinien-Gesetz
BORA	Berufsordnung für Rechtsanwälte
BRAO	Bundesrechtsanwaltsordnung
BT-Drs	Drucksachen des Deutschen Bundestages
BVerfG	Bundesverfassungsgericht
BVerfGE	Amtliche Sammlung der Entscheidungen des Bundesverfassungsgerichts
BWA	Betriebswirtschaftliche Auswertung
bzgl.	bezüglich
bzw	beziehungsweise
ders	derselbe
dh	das heißt
DB	Der Betrieb
DIS	Deutsche Institution für Schiedsgerichtsbarkeit e.V.
DIS-ERGeS	Ergänzende Regeln für gesellschaftsrechtliche Streitigkeiten zur DIS-Schiedsgerichtsordnung
DIS-SchlichtungsO	Schlichtungsordnung der Deutschen Institution für Schiedsgerichtsbarkeit e.V.
DIS-SchO	Schiedsgerichtsordnung der Deutschen Institution für Schiedsgerichtsbarkeit e.V.
DM	Deutsche Mark
DRiG	Deutsches Richtergesetz
DrittelbG	Gesetz über die Drittelbeteiligung der Arbeitnehmer im Aufsichtsrat (Drittelbeteiligungsgesetz)
DStR	Deutsches Steuerrecht
DStZ	Deutsche Steuer-Zeitung
EGZPO	Gesetz betreffend die Einführung der Zivilprozessordnung
ErbStG	Erbschaftsteuer- und Schenkungsteuergesetz
EStG	Einkommensteuergesetz
EStR	Einkommensteuerrichtlinien
etc.	et cetera
EV	Einstweilige Verfügung
e.V.	Eingetragener Verein
evtl.	eventuell
EWiR	Entscheidungen zum Wirtschaftsrecht
f	folgend

Abkürzungsverzeichnis

ff.	folgende
FamFG	Gesetz über das Verfahren in Familiensachen und in den Angelegenheiten der Freiwilligen Gerichtsbarkeit
Feuerich/Weyland	Kommentar zur Bundesrechtsanwaltsordnung, 8. Auflage, München 2012
FG	Freiwillige Gerichtsbarkeit
Fn	Fußnote
GbR	Gesellschaft bürgerlichen Rechts
gem	gemäß
GewStG	Gewerbesteuergesetz
GF	Geschäftsführer/Geschäftsführung
gf	geschäftsführend(e)
GG	Grundgesetz für die Bundesrepublik Deutschland
ggf	gegebenenfalls
GKG	Gerichtskostengesetz
GmbH	Gesellschaft mit beschränkter Haftung
GmbHG	Gesetz betreffend die Gesellschaft mit beschränkter Haftung
GmbHR	GmbH-Rundschau
GmbH & Co. KG	Kommanditgesellschaft, an der eine GmbH als (meist alleinige) Komplementärin beteiligt ist
GNotKG	Gesetz über Kosten der freiwilligen Gerichtsbarkeit für Gerichte und Notare
grds.	grundsätzlich
GuV	Gewinn- und Verlustrechnung
GV	Gesellschafterversammlung
GVG	Gerichtsverfassungsgesetz
GWR	Gesellschafts- und Wirtschaftsrecht (Zeitschrift)
HGB	Handelsgesetzbuch
hM	herrschende Meinung
HR	Handelsregister
HS	Halbsatz
HV	Hauptversammlung
ICC	Internationale Handelskammer
idF	in der Fassung
IDW	Institut der Wirtschaftsprüfer in Deutschland e.V.
iE	im Einzelnen
inkl.	inklusive
insb.	insbesondere
int.	international
iÜ	im Übrigen

iVm	in Verbindung mit
JA	Jahresabschluss
JZ	Juristenzeitung
Kap.	Kapitel
KG	Kommanditgesellschaft; Kammergericht
Kleine-Cosack	Kommentar zur Bundesrechtsanwaltsordnung, 6. Auflage, München 2009
KSchG	Kündigungsschutzgesetz
KStG	Körperschaftsteuergesetz
LAG	Landesarbeitsgericht
LG	Landgericht
lit	litera
Lutter/Hommelhoff	Kommentar zum GmbH-Gesetz, 18. Auflage, Köln 2012
MDR	Monatsschrift für Deutsches Recht
mE	meines Erachtens
Michalski	Kommentar zum GmbH-Gesetz, 2. Auflage, München 2010
Michalski/Römermann	Kommentar zum Partnerschaftsgesellschaftsgesetz, 4. Auflage, Köln 2014
MitbestG	Gesetz über die Mitbestimmung der Arbeitnehmer – Mitbestimmungsgesetz
MoMiG	Gesetz zur Modernisierung des GmbH-Rechts und zur Bekämpfung von Missbräuchen
MünchHdbGbR	Münchener Handbuch des Gesellschaftsrechts, Band 1, 4. Auflage, München 2014
MünchHdbGmbH	Münchener Handbuch des Gesellschaftsrechts, Band 3, 4. Auflage, München 2012
MünchHdbKG	Münchener Handbuch des Gesellschaftsrechts, Band 2, 4. Auflage, München 2014
MünchHdbOHG	Münchener Handbuch des Gesellschaftsrechts, Band 1, 4. Auflage, München 2014
Münchener Vertragshandbuch, Bd. 1	Münchener Vertragshandbuch, Band 1, Gesellschaftsrecht, 7. Auflage, München 2011
MüKoBGB	Münchener Kommentar zum Bürgerlichen Gesetzbuch, 6. Auflage, 2013
MüKoGmbHG	Münchener Kommentar zum GmbH-Gesetz, 2. Auflage, München 2015 [Band I; §§ 1–34] und 1. Auflage, München 2010 [Band II und III]
MüKoHGB	Münchener Kommentar zum Handelsgesetzbuch, 3. Auflage, München 2010 ff.

MüKoZPO	Münchener Kommentar zur Zivilprozessordnung, 4. Auflage, 2013
mwN	mit weiteren Nachweisen
NJOZ	Neue Juristische Online-Zeitschrift
NJW	Neue Juristische Wochenschrift
NJW-RR	NJW-Rechtsprechungs-Report Zivilrecht
Nr.	Nummer
Nw	Nachweis(en)
NZG	Neue Zeitschrift für Gesellschaftsrecht
OHG	Offene Handelsgesellschaft
OLG	Oberlandesgericht
p.a.	per annum (jährlich)
Palandt	Kommentar zum Bürgerlichen Gesetzbuch, 74. Auflage, München 2015
PartG	Partnerschaftsgesellschaft bzw. Partnerschaft
PartG mbB	Partnerschaftsgesellschaft mit beschränkter Berufshaftung
PartGG	Gesetz über Partnerschaftsgesellschaften Angehöriger Freier Berufe
RG	Reichsgericht
rglm	regelmäßig
RGZ	Sammlung der Entscheidungen des Reichsgerichts in Zivilsachen
Rn	Randnummer
Rspr	Rechtsprechung
RVG	Rechtsanwaltsvergütungsgesetz
rw	rechtswidrig
s	siehe
S	Seite
s.a.	siehe auch
SchO	Schiedsordnung
SchiedsVZ	Zeitschrift für Schiedsverfahren
Scholz	Kommentar zum GmbH-Gesetz, 11. Auflage, Köln 2012 ff.
SGH	Schlichtungs- und Schiedsgerichtshof Deutscher Notare
StGB	Strafgesetzbuch
Schönke/Schröder	Kommentar zum Strafgesetzbuch, 29. Auflage, München 2014
Schwerdtfeger	Kommentar zum Gesellschaftsrecht, 3. Auflage, Köln 2015
sog	sogenannt

str	streitig
TDM	Tausend Deutsche Mark (in historischen Angaben)
T€	Tausend Euro
Thomas/Putzo	Kommentar zur Zivilprozessordnung, 36. Auflage, München 2015
u.a.	unter anderem
Ulmer/Habersack/Löbbe	Großkommentar zum GmbH-Gesetz, 2. Auflage, Tübingen 2013 ff.
UmwG	Umwandlungsgesetz
USt	Umsatzsteuer
UStG	Umsatzsteuergesetz
usw	und so weiter
VersR	Versicherungsrecht
vgl	vergleiche
WM	Wertpapier-Mitteilungen
WP	Wirtschaftsprüfer
z.B.	zum Beispiel
ZEV	Zeitschrift für Erbrecht und Vermögensnachfolge
ZGR	Zeitschrift für Unternehmens- und Gesellschaftsrecht
ZHR	Zeitschrift für das gesamte Handelsrecht und Wirtschaftsrecht
ZIP	Zeitschrift für Wirtschaft und Insolvenzpraxis
Zöller	Kommentar zur Zivilprozessordnung, 30. Auflage, Köln 2014
ZPO	Zivilprozessordnung

1. Teil
Streit über Gesellschafterentscheidungen durch Beschlussfassung

Die Gesellschafter sind nach dem gesetzlichen Leitbild sowohl bei Personengesellschaften, d.h. der GbR, PartG, OHG oder KG bzw. GmbH & Co. KG, als auch bei der GmbH **umfassend an der Gestaltung und laufenden Verwaltung ihrer Gesellschaft beteiligt.** In ihrer Gesamtheit bilden die Gesellschafter das **zentrale Organ** der Gesellschaft, das nicht nur die strukturellen Grundlagenentscheidungen zum Gesellschaftsverhältnis trifft, sondern darüber hinaus neben oder unter Ausschluss der Geschäftsführer berechtigt ist, in die laufende Geschäftsführung einzugreifen.

Die **Willensbildung** bzw. **Willensäußerung der Gesellschafter** über Angelegenheiten, die ihrer Entscheidung unterliegen, erfolgt **durch Beschlussfassung**, also eine Abstimmung über die jeweils zu entscheidende Maßnahme durch alle mitwirkungsberechtigten Gesellschafter. Sofern unter den Gesellschaftern Uneinigkeit über eine Maßnahme besteht, ist somit immer auch der Streit über den betreffenden Gesellschafterbeschluss als solchen naheliegend: Der unterlegene Gesellschafter oder die unterlegene Gesellschaftergruppe wird versuchen, die unliebsame Entscheidung zu Fall zu bringen, indem er bzw. sie die Beschlusszuständigkeit der Gesellschafter in Frage stellt, die Wirksamkeit der Stimmabgabe von Mitgesellschaftern und das Abstimmungsergebnis bestreitet oder mit Rücksicht auf das Zustandekommen des Beschlusses Fehler rügt.

Gesellschafterbeschlüsse und deren Zustandekommen stehen daher **im Mittelpunkt der Auseinandersetzungen** in personalistisch geprägten Gesellschaften. Zugleich richten sich Erfolg oder Misserfolg in einer Gesellschafterstreitigkeit unabhängig von der sachlichen Berechtigung einer umstrittenen Maßnahme oder den Mehrheitsverhältnissen in der Gesellschaft immer auch danach, ob über die streitige Angelegenheit ein in formeller Hinsicht korrekter Beschluss herbeigeführt worden ist oder nicht. Die betreffenden Rechtsfragen zur Beschlusszuständigkeit, zu Stimmrechten und zur Zulässigkeit von Mehrheitsentscheidungen sowie zum Beschlussverfahren (vor allem die Beschlussfassung in streitigen Gesellschafterversammlungen) werden daher in diesem 1. Teil im Zusammenhang behandelt, da sie bei den im 2. Teil dargestellten Streitthemen jeweils zusätzlich relevant sind.

I. Zuständigkeitskonflikte

Schrifttum: *Bohlken/Sprenger,* Minderheitenschutz bei Personengesellschaften, DB 2010, 263; *Emde,* Die Klage der Kommanditisten auf Rücknahme kompetenzwidrig vorgenommener Geschäftsführungsmaßnahmen, WM 1986, 1205; *Fleischer,* Kompetenzüberschreitungen von Geschäftsleitern im Personen- und Kapitalgesellschaftsrecht, DStR 2009, 1204; *Grunewald,* Grenzen der Gestaltungsfreiheit bei der Einrichtung von Beiräten und der Schaffung von Vertreterklauseln im Recht der Kommanditgesellschaft, ZEV 2011, 283; *Müller/Wolff,* Freiwilliger Aufsichtsrat nach § 52 GmbHG und andere freiwillige Organe, NZG 2003, 751; *Priester,* Jahresabschlussfeststellung bei Personengesellschaften, DStR 2007, 28; *Rodewald/Wohlfarter,* Gesellschafterweisungen in der GmbH mit (fakultativem oder obligatorischem) Aufsichtsrat, GmbHR 2013, 689; *K. Schmidt,* Mehrheitsbeschlüsse in Personengesellschaften, ZGR 2008, 1; *Spindler/Kepper,* Funktionen, rechtliche Rahmenbedingungen und Gestaltungsmöglichkeiten des GmbH-Beirats, DStR 2005, 1738; *Streicher,* Zustimmungsvorbehalte in der mitbestimmten GmbH, GmbHR 2014, 1188; *Thümmel,* Möglichkeiten und Grenzen der Kompetenzverlagerung auf Beiräte in der Personengesellschaft und in der GmbH, DB 1995, 2461; *Uffmann,* Überwachung der Geschäftsführung durch einen schuldrechtlichen GmbH-Beirat?, NZG 2015, 169; *Weipert/Öpen,* Der Beirat in Organersatzfunktion bei der Kommanditgesellschaft, ZGR 2012, 585; *Wertenbruch,* Beschlussfassung in Personengesellschaft und KG-Konzern, ZIP 2007, 798.

1. Entscheidungskompetenz der Gesellschafter als Gesamtheit

4   Wenngleich die Gesamtheit der Gesellschafter bzw. die „Gesellschafterversammlung" das oberste Organ der Gesellschaft bildet, besteht für sie weder bei den Personengesellschaften noch bei der GmbH eine Allzuständigkeit. Für eine Vielzahl von Angelegenheiten, insbesondere Maßnahmen der laufenden Verwaltung, sind einzelne geschäftsführende Gesellschafter, Fremdgeschäftsführer oder sonstige, gesetzlich oder vertraglich vorgesehene Gesellschaftsorgane, wie z.B. ein Aufsichtsrat oder Beirat, zuständig. Die grundlegenden Zuständigkeitsregelungen finden sich im Gesetz. Darüber hinaus ergeben sich häufig Erweiterungen oder Beschränkungen der Entscheidungskompetenzen der Gesellschafter aus Gesellschaftsvertrag oder Satzung (vgl. unter Rn. 13 ff.). Sofern die Gesellschafter gemeinsam durch Beschlussfassung Entscheidungen treffen, für die sie nicht zuständig sind, hat dies regelmäßig die Unwirksamkeit der betreffenden Beschlüsse zur Folge, jedenfalls wenn es sich hierbei um keine einstimmigen Beschlüsse handelt. Gleiches gilt erst recht bei Beschlussfassungen sonstiger unzuständiger Gesellschaftsorgane, wie etwa eines vertraglich eingerichteten Aufsichtsrats bzw. Beirats oder eines Einzelgesellschafters. Hinsichtlich der Wirksamkeit von Geschäftsführungsmaßnahmen, die durch ein unzuständiges Organ vorgenommen werden, ist demgegenüber zwischen der Innen- und der Außenwirkung zu unterscheiden (vgl. unter Rn. 20 ff.).

a) Wesentliche gesetzliche Regelungen zur Zuständigkeit der Gesellschafter

aa) Überblick

Für die GbR, die PartG, die OHG, die KG bzw. GmbH & Co. KG und die GmbH ergeben sich laut Gesetz im Überblick folgende Entscheidungskompetenzen:

Wesentliche gesetzliche Entscheidungskompetenzen der Gesellschafter als Gesamtheit		
	Gesellschafterzuständigkeit bei Maßnahmen der Geschäftsführung	Gesellschafterzuständigkeit bei Gestaltung des Gesellschaftsverhältnisses („Grundlagengeschäfte")
GbR	• Alle Geschäftsführungsmaßnahmen, § 709 BGB★. • Feststellung des Jahresabschlusses, auch wenn die Geschäftsführung gem. § 710 BGB einzelnen Gesellschaftern übertragen ist[1].	• Änderungen des Gesellschaftsvertrags, § 705 BGB. • Entscheidungen über einen Gesellschafterwechsel oder -beitritt[2]. • Strukturändernde Geschäftsführungsmaßnahmen, wie z.B. die Veräußerung des gesamten Unternehmens der Gesellschaft[3]. • Abschluss von Unternehmensverträgen, analog §§ 291, 293 AktG. • Entziehung der besonderen („übertragenen") Geschäftsführungsbefugnis und Vertretungsmacht, §§ 712, 715 BGB. • Ausschluss eines Gesellschafters, § 737 BGB. • Auflösung der Gesellschaft durch Beschluss.

---

[1] Vgl. BGH, Urteil vom 15.1.2007, BGHZ 170, 283 = NZG 2007, 259: „Die Feststellung des Jahresabschlusses einer Personengesellschaft ist eine den Gesellschaftern obliegende Angelegenheit der laufenden Verwaltung …". Anders noch BGH, Urteil vom 29.3.1996, BGHZ 132, 263 = NJW 1996, 1678, wonach die Feststellung des Jahresabschlusses ein „Grundlagengeschäft" ist, das vorbehaltlich einer anderweitigen Regelung im Gesellschaftsvertrag des Einverständnisses aller Gesellschafter bedarf (für eine KG).

[2] BGH, Urteil vom 11.2.1980, BGHZ 76, 160 = NJW 1980, 1463.

[3] Vgl. BGH, Urteil vom 9.1.1995, NJW 1995, 596 = ZIP 1995, 278, für eine Kommanditgesellschaft. Die Veräußerung des gesamten Unternehmens der Gesellschaft bedeute, so der BGH, in aller Regel die Einstellung des eigenen Geschäftsbetriebs und somit zugleich eine faktische Änderung des Gesellschaftszwecks. Analog § 361 Abs. 1 AktG a.F. bedürfe es daher zur Wirksamkeit des Geschäftsveräußerungsvertrags eines zustimmenden Gesellschafterbeschlusses.

Wesentliche gesetzliche Entscheidungskompetenzen der Gesellschafter als Gesamtheit		
	Gesellschafterzuständigkeit bei Maßnahmen der Geschäftsführung	Gesellschafterzuständigkeit bei Gestaltung des Gesellschaftsverhältnisses („Grundlagengeschäfte")
PartG	• Zustimmung zu außergewöhnlichen Geschäften*, §§ 6 Abs. 3 S. 2 PartGG, 116 Abs. 2 HGB, falls keine Einzelgeschäftsführung aufgrund zwingenden Berufsrechts, § 6 Abs. 1 PartGG. • Feststellung des Jahresabschlusses.[4]	• Änderungen des Gesellschaftsvertrags, §§ 1 Abs. 4 PartGG, 705 BGB. • Entscheidungen über einen Gesellschafterwechsel oder -beitritt.[5] • Zustimmung zur Klageerhebung* auf Entziehung von Geschäftsführungsbefugnis (§§ 6 Abs. 3 S. 2 PartGG, 117 HGB) und Vertretungsmacht (§§ 7 Abs. 3 PartGG, 127 HGB) eines Gesellschafters.[6] • Befreiung eines Gesellschafters vom Wettbewerbsverbot (§§ 6 Abs. 3 S. 2 PartGG, 112 Abs. 2 HGB)[7] oder Geltendmachung von Schadensersatzansprüchen nach Wettbewerbsverletzung, §§ 6 Abs. 3 S. 2 PartGG, 113 Abs. 2 HGB. • Beschluss über die Auflösung der Gesellschaft, §§ 9 Abs. 1 PartGG, 131 Abs. 1 Nr. 2 HGB. • Beschlüsse im Rahmen der Liquidation, §§ 10 Abs. 1 PartGG, 146 Abs. 1, 147, 152, 157 Abs. 2 S. 2 HGB.
OHG, KG, GmbH & Co. KG	• Zustimmung zu außergewöhnlichen Geschäften*, §§ 116 Abs. 2, 164 S. 1 2. HS HGB.[8] • Zustimmung zur Prokuristenbestellung durch alle geschäftsführenden Gesellschafter, §§ 116 Abs. 3, 164 S. 2 HGB. • Feststellung des Jahresabschlusses[9] sowie Wahl eines bei der GmbH & Co. KG etwaig vorgeschriebenen (§§ 264a, 316 HGB) Abschlussprüfers, § 318 Abs. 1 HGB.	• Änderungen des Gesellschaftsvertrags, §§ 109, 161 Abs. 2 HGB. • Entscheidungen über einen Gesellschafterwechsel oder -beitritt[10]. • Maßnahmen nach dem UmwG, wie z.B. Verschmelzung oder Rechtsformwechsel (§§ 43, 217 UmwG).

[4] BGH, Urteil vom 15.1.2007, BGHZ 170, 283 = NZG 2007, 259.
[5] BGH, Urteil vom 11.2.1980, BGHZ 76, 160 = NJW 1980, 1463.
[6] Vgl. zu dieser Gestaltungsklage näher unter Rn. 701 ff.
[7] Vgl. Michalski/Römermann, § 6, Rn. 60; MüKoBGB/*Schäfer*, PartGG § 6, Rn. 28.
[8] Nach ganz hM besteht im Falle außergewöhnlicher Geschäftsführungsmaßnahmen bei der KG nicht lediglich ein Widerspruchsrecht der Kommanditisten, sondern ist ein der beabsichtigten Maßnahme vorausgehender Zustimmungsbeschluss aller Gesellschafter notwendig, vgl. nur Baumbach/Hopt/*Roth*, § 164, Rn. 2.
[9] BGH, Urteil vom 15.1.2007, BGHZ 170, 283 = NZG 2007, 259.
[10] Vgl. BGH, Urteil vom 11.2.1980, BGHZ 76, 160 = NJW 1980, 1463.

I. Zuständigkeitskonflikte

Wesentliche gesetzliche Entscheidungskompetenzen der Gesellschafter als Gesamtheit		
	Gesellschafterzuständigkeit bei Maßnahmen der Geschäftsführung	Gesellschafterzuständigkeit bei Gestaltung des Gesellschaftsverhältnisses („Grundlagengeschäfte")
		• Strukturändernde Geschäftsführungsmaßnahmen, wie z.B. Unternehmensveräußerung[11].
		• Unternehmensverträge, analog §§ 291, 293 AktG.
		• Zustimmung zur Klageerhebung auf Entziehung von Geschäftsführungsbefugnis und Vertretungsmacht*, §§ 117, 127 HGB[12].
		• Einwilligung in die Konkurrenztätigkeit eines geschäftsführenden Gesellschafters[13] gemäß § 112 Abs. 2 HGB und Geltendmachung von Schadensersatzansprüchen nach Wettbewerbsverletzung, § 113 Abs. 2 HGB.
		• Beschluss über die Auflösung der Gesellschaft, §§ 131 Abs. 1 Nr. 2, 161 Abs. 2 HGB.
		• Beschlüsse im Rahmen der Liquidation, §§ 146 Abs. 1, 147, 152, 157 Abs. 2 S. 2, 161 Abs. 2 HGB.
GmbH	• Mitwirkungsrecht in allen Geschäftsführungsangelegenheiten, sowohl in Form von Zustimmungsvorbehalten als auch durch Weisungen gegenüber Geschäftsführern, § 37 Abs. 1 GmbHG[14].	• Satzungsänderungen, § 53 Abs. 1 GmbHG, einschließlich Kapitalmaßnahmen, §§ 55, 58 GmbHG.

---

[11] Vgl. BGH, Urteil vom 9.1.1995, NJW 1995, 596 = NJW-RR 1995, 884 = ZIP 1995, 278.

[12] Grds. sehen die §§ 117, 127 HGB eine gemeinschaftliche Klage aller übrigen Gesellschafter gegen den beklagten geschäftsführenden Gesellschafter vor; es ist indessen auch die Klage einzelner Gesellschafter mit Zustimmung aller anderen Gesellschafter möglich (vgl. z.B. MüKoHGB/*Jickeli*, § 117, Rn. 61 mwN). Vgl. hierzu näher unter Rn. 701 ff.

[13] Vgl. zu den Wettbewerbsverboten für Gesellschafter bzw. Geschäftsführer in Personenhandelsgesellschaften näher unter Rn. 785.

[14] Nach allgM in Rechtsprechung und Schrifttum hat die GmbH-Gesellschafterversammlung nicht nur die Möglichkeit, Geschäftsführungsmaßnahmen zu untersagen, sondern kann (auch ohne satzungsmäßige Grundlage) zudem mittels Mehrheitsbeschlusses durch Weisungen gegenüber dem Geschäftsführer verbindlich in die Geschäftsführung eingreifen, vgl. nur OLG Düsseldorf, Urteil vom 15.11.1984, ZIP 1984, 1476; Baumbach/Hueck, § 37, Rn. 20, mwN.

Wesentliche gesetzliche Entscheidungskompetenzen der Gesellschafter als Gesamtheit	
Gesellschafterzuständigkeit bei Maßnahmen der Geschäftsführung	Gesellschafterzuständigkeit bei Gestaltung des Gesellschaftsverhältnisses („Grundlagengeschäfte")
• Feststellung des Jahresabschlusses und eines Konzernabschlusses, Entscheidung über die „befreiende" Offenlegung eines nach int. Standards aufgestellten Einzelabschlusses, §§ 46 Nr. 1, 1a und 1b GmbHG★, sowie Wahl des Abschlussprüfers, § 318 Abs. 1 HGB. • Einforderung der Einlagen, § 46 Nr. 2 GmbHG★, und Einforderung/Rückzahlung von Nachschüssen, § 46 Nr. 3 GmbHG★. • Bestellung von Prokuristen und Generalhandlungsbevollmächtigten, § 46 Nr. 7 GmbHG★. • Geltendmachung von Ersatzansprüchen gegenüber GF und Bestimmung von Prozessvertretern bei Prozessen mit GF★, § 46 Nr. 8 GmbHG[16].	• Maßnahmen nach dem UmwG, z.B. Rechtsformwechsel (§§ 233, 240 UmwG). • Unternehmensverträge, analog §§ 291, 293 AktG. • Entscheidung über die Ergebnisverwendung, § 46 Nr. 1 GmbHG★. • Entscheidung über die Teilung, Zusammenlegung und Einziehung von Geschäftsanteilen, § 46 Nr. 4 GmbHG. • Bestellung und Abberufung von Geschäftsführern (inkl. Abschluss, Änderung und Beendigung des Anstellungsvertrags)[15], Entlastung der GF sowie Maßregeln zur Überprüfung und Überwachung der GF, §§ 46 Nr. 5 und Nr. 6 GmbHG★. • Beschluss über die Auflösung der Gesellschaft, § 60 Abs. 1 Nr. 2 GmbHG, einschließlich der Bestellung von Liquidatoren, § 66 Abs. 1 GmbHG★.

★ Die gesetzliche Regelung ist dispositiv; durch Gesellschaftsvertrag oder Satzung kann grds eine abweichende Regelung getroffen werden.

bb) Kompetenzkonflikte bei Personengesellschaften

(1) GbR

6   Bei der GbR ergeben sich wegen der gesetzlich vorgesehenen Allzuständigkeit aller Gesellschafter gemeinsam im Grundsatz keine Abgrenzungsschwierigkeiten hinsichtlich der Entscheidungskompetenz. Solche können dann auftauchen, wenn die Geschäftsfüh-

---

[15] Vgl. zuletzt z.B. OLG Naumburg, Urteil vom 23.1.2014, GmbHR 2014, 985, mit umfangr. Nachweisen aus der Rechtsprechung. Die Gesellschafterversammlung vertritt – so das OLG Naumburg aaO – die GmbH dementsprechend auch bei anderen Rechtsgeschäften mit dem GF, welche in unmittelbarem Zusammenhang mit der Organstellung des Geschäftsführers stehen (z.B. Vertrag über die Erbringung von Dienstleistungen durch den GF, welche typischerweise in einem GF-Anstellungsvertrag geregelt werden).

[16] Diese Zuständigkeit gilt indessen nicht, sofern bei der GmbH ein fakultativer Aufsichtsrat oder ein obligatorischer Aufsichtsrat nach mitbestimmungsrechtlichen Gesetzen gebildet ist, da die Prozessvertretung dann (außer bei der gerichtlichen Durchsetzung von Ersatzansprüchen im Sinne von § 46 Nr. 8 1. Alt. GmbHG; str.) entsprechend § 112 AktG zwingend dem Aufsichtsrat obliegt, vgl. nur Baumbach/Hueck, § 46, Rn. 69, mwN zum Meinungsstand.

rung nach dem Gesellschaftsvertrag einem oder mehreren Gesellschaftern übertragen ist, so dass ein Teil der Gesellschafter von der Entscheidung in Angelegenheiten der **laufenden Geschäftsführung** ausgeschlossen ist, § 710 BGB. Die Gesamtheit der Gesellschafter kann in diesem Fall nicht (mehr) durch Mehrheitsbeschluss aktiv in die laufende Geschäftsführung eingreifen und ein Minderheitsgesellschafter missliebige Geschäftsführungsentscheidungen nicht mehr durch Blockade der betreffenden Beschlussfassung im Vorfeld effektiv verhindern. Es verbleibt bei einer solchen Einzelgeschäftsführungsbefugnis eines Gesellschafters lediglich das Widerspruchsrecht anderer an der Geschäftsführung beteiligter Gesellschafter gemäß § 711 BGB.[17]

Sofern die gemeinsame Zuständigkeit der Gesellschafter für die Geschäftsführung der Gesellschaft gemäß § 710 BGB entfällt, verlagert sich der Gesellschafterkonflikt daher auf die Frage, ob die beabsichtigte, unerwünschte Maßnahme eines Mitgesellschafters überhaupt der laufenden Geschäftsführung zuzuordnen ist oder nicht vielmehr ein „**Grundlagengeschäft**" der Gesellschaft darstellt. Bei „Grundlagengeschäften" handelt es sich, wie in der vorstehenden Übersicht (unter Rn. 5) dargestellt, um Angelegenheiten, die die Struktur und Organisation der Gesellschaft, die gesellschaftsvertraglichen Rechte und Pflichten der Gesellschafter oder den Gesellschafterbestand betreffen. Ebenso zu den „Grundlagengeschäften" zählen Maßnahmen, die zwar begrifflich der Geschäftsführung zugeordnet werden können, wegen ihrer Bedeutung (z.B. Abschluss von Unternehmensverträgen) oder wegen ihres Umfanges (z.B. Veräußerung des gesamten Unternehmens der Gesellschaft) aber auf die Verwirklichung des Gesellschaftszwecks oder der Gesellschafterrechte Einfluss nehmen und daher ebenfalls die Grundlagen bzw. die Gestaltung des Gesellschaftsverhältnisses betreffen.[18] Die Entscheidungskompetenz über „Grundlagengeschäfte" bleibt immer bei den Gesellschaftern bzw. der „Gesellschafterversammlung". Einzelmaßnahmen der laut Gesellschaftsvertrag geschäftsführungsbefugten Gesellschafter sind hier unwirksam (vgl. näher unter Rn. 20 f.).

(2) OHG, KG, GmbH & Co. KG und PartG

Bei den Personenhandelsgesellschaften und der Partnerschaftsgesellschaft gilt nach dem Leitbild des Gesetzes, anders als bei der GbR, im Grundsatz keine Allzuständigkeit der Gesellschaftergesamtheit. Die „Gesellschafterversammlung" hat insbesondere *keine* generelle Entscheidungskompetenz in **Angelegenheiten der laufenden Geschäftsführung**: Diese wird von Gesetzes wegen durch jeden persönlich haftenden Gesellschafter wahrgenommen, und zwar mit Einzelgeschäftsführungsbefugnis (§§ 114 Abs. 1, 115 Abs. 1, 161 Abs. 2 HGB; § 6 Abs. 3 S. 2 PartGG). Lediglich die jeweiligen Mit-Geschäftsführer haben Widerspruchsrechte sowie bei (vertraglich vorgesehener) Gesamt-

---

[17] Vgl. hierzu Rn. 452 ff.
[18] Vgl. zum Begriff der „Grundlagengeschäfte" in Abgrenzung zu Maßnahmen der Geschäftsführung, neben dem Überblick unter Rn. 5, grundlegend auch Palandt/*Sprau*, § 705, Rn. 15 (für die GbR) und Baumbach/Hopt/*Roth*, § 114, Rn. 3, sowie MüKoHGB/*Rawert*, § 114, Rn. 9–13 (für die OHG, KG und GmbH & Co. KG), jeweils mit umfangreichen Nachweisen aus der Rechtsprechung.

geschäftsführung Mitwirkungsrechte (§ 115 Abs. 1 und Abs. 2 HGB; § 6 Abs. 3 S. 2 PartGG). Die Kommanditisten sind von der Geschäftsführung grundsätzlich ausgeschlossen (§ 164 S. 1 1. HS HGB). Anders als bei der GbR und vor allem auch anders als bei der GmbH kann die Gesellschafterversammlung, vorbehaltlich einer anderslautenden vertraglichen Vereinbarung, also *nicht* gestaltend in die laufende Geschäftsführung eingreifen, indem sie Geschäftsführungsangelegenheiten an sich zieht, Weisungen erteilt oder bestimmte Maßnahmen durch Beschluss untersagt.[19]

9   Letztere Möglichkeit besteht erst dann, wenn eine beabsichtigte Maßnahme über die laufende Geschäftsführung hinausgeht und ein **„außergewöhnliches Geschäft"** darstellt. In diesen Fällen greift, vorbehaltlich einer abweichenden Regelung im Gesellschaftsvertrag (vgl. unter Rn. 13 ff.), der gesetzliche Zustimmungsvorbehalt gemäß §§ 116 Abs. 2, 164 S. 1 2. HS HGB ein (bei der Partnerschaftsgesellschaft in Verbindung mit § 6 Abs. 3 S. 2 PartGG). Der geschäftsführende Gesellschafter darf die außergewöhnliche Geschäftsführungsmaßnahme erst dann durchführen, wenn er vorab die Zustimmung der Mitgesellschafter eingeholt hat, die hierüber je nach vertraglicher Regelung durch einstimmigen Beschluss oder durch Mehrheitsbeschluss entscheiden. Die Abgrenzungsschwierigkeiten bei der Bestimmung der Gesellschafterzuständigkeiten ergeben sich im Falle der Personenhandelsgesellschaften und der Partnerschaftsgesellschaft also vorrangig bei der Unterscheidung von Maßnahmen der laufenden Geschäftsführung und „außergewöhnlichen Geschäften". Ungewöhnliche Geschäftsführungsmaßnahmen sind solche, *„die nach ihrem Inhalt und Zweck oder durch ihre Bedeutung und die mit ihnen verbundene Gefahr über den Rahmen des gewöhnlichen Geschäftsbetriebs der Gesellschaft hinausgehen"*[20]. Zur Beurteilung des Ausnahmecharakters einer Geschäftsführungsmaßnahme ist hierbei auf die jeweilige Gesellschaft, deren Größe, wirtschaftlichen Zuschnitt und Gesellschaftszweck abzustellen. Mit Rücksicht darauf ist die Abgrenzung zwischen gewöhnlicher Geschäftsführungsmaßnahme und außergewöhnlichen Geschäften immer einzelfallbezogen. Anhaltspunkte bzw. Unterscheidungskriterien geben Beispiele aus der Rechtsprechung.[21] Nicht zuletzt wegen dieser Abgrenzungsschwierigkeiten sind die Zustimmungsvorbehalte der Gesellschafterversammlung zu Maßnahmen der Geschäftsführung häufig im Gesellschaftsvertrag näher geregelt (vgl. unter Rn. 13 ff.).

10   Ebenso wie bei der GbR fallen auch bei den Personenhandelsgesellschaften und der PartG **Grundlagengeschäfte**[22] von vornherein nicht in die Entscheidungskompetenz der geschäftsführenden Gesellschafter. Sofern solche Grundlagengeschäfte nicht aus-

---

[19] BGH, Urteil vom 11.2.1980, BGHZ 76, 160 = NJW 1980, 1463 = BB 1980, 1065 = DB 1980, 1115 (für einen Weisungsbeschluss durch die Gesellschaftermehrheit in einer GmbH & Co. KG). Ein solcher Gesellschafterbeschluss, mit dem in die laufende Geschäftsführung mittels Weisung eingegriffen wird, setzt laut BGH eine Änderung des Gesellschaftsvertrags voraus, der je nach Gesellschaftsvertrag grds nur einstimmig (und grds nur unter Beteiligung der Komplementär-GmbH) getroffen werden kann.

[20] BGH, Urteil vom 13.1.1954, BB 1954, 143.

[21] Vgl. z.B. die Zusammenstellung bei Baumbach/Hopt/*Roth*, § 116, Rn. 2; MüKoHGB/*Jickeli*, § 116, Rn. 17 sowie Rn. 22–35.

[22] Vgl. zum Begriff der „Grundlagengeschäfte" unter Rn. 7, bei Fn. 12.

nahmsweise aufgrund ausdrücklicher vertraglicher Regelung durch Geschäftsführer vorgenommen werden dürfen, haben hierüber immer die Gesellschafter in ihrer Gesamtheit durch Beschluss zu entscheiden, anderenfalls die betreffenden Maßnahmen unwirksam sind.

cc) Grenzen der Allzuständigkeit der Gesellschafter bei der GmbH

Bei der GmbH scheiden Zuständigkeitskonflikte zwischen Gesellschafter-Geschäftsführern und der Gesamtheit der Gesellschafter hinsichtlich **Maßnahmen der Geschäftsführung** nach der gesetzlichen Regelung grundsätzlich aus, da die Gesellschafter vorbehaltlich anderslautender Satzungsbestimmungen immer berechtigt sind, aktiv gestaltend oder verbietend in die Geschäftsführung einzugreifen.[23] Bei „**Grundlagengeschäften**" ist die Gesellschafterversammlung nach dem Leitbild des Gesetzes ohnedies allein entscheidungsbefugt.

Zuständigkeitskonflikte zwischen der Gesellschafterversammlung und anderen Organen der Gesellschaft (wie vor allem Geschäftsführern oder einem Aufsichtsrat bzw. Beirat) können sich daher nur dann ergeben, wenn sich in der Satzung unklare Sonderregelungen zur Verlagerung von Entscheidungskompetenzen finden (vgl. hierzu unter Rn. 13 ff.). Darüber hinaus ist bei der GmbH hinsichtlich der Entscheidungskompetenz der Gesellschaftergesamtheit dann Vorsicht geboten, wenn ein aufgrund mitbestimmungsrechtlicher Vorschriften **obligatorischer**[24] oder ein aufgrund Satzungsbestimmungen **freiwilliger Aufsichtsrat** eingerichtet ist.

Besondere praktische Relevanz hat bei Existenz eines Aufsichtsrats vor allem die Frage der **Prozessvertretung** der GmbH in **Prozessen mit Geschäftsführern**. Sofern bei der GmbH ein mitbestimmter Aufsichtsrat gebildet ist, entfällt die Kompetenz der Gesellschafter gemäß § 46 Nr. 8 2. Alt. GmbHG, einen besonderen Prozessvertreter für die Gesellschaft zu bestellen. Die GmbH wird in solchen Prozessen zwingend durch den Aufsichtsrat vertreten, § 112 AktG iVm § 1 Abs. 1 Nr. 3 DrittelbG[25] bzw. § 6 Abs. 2 MitbestG. Dies gilt nicht nur bei Prozessen mit amtierenden Geschäftsführern, sondern auch bei gerichtlichen Auseinandersetzungen mit ausgeschiedenen Geschäftsführern, wenn der Rechtsstreit die Wirksamkeit der Abberufung oder der Kündigung des betreffenden Anstellungsvertrags betrifft.[26] Ein freiwillig gebildeter Aufsichtsrat bzw. „Beirat" ist demgegenüber gemäß §§ 52 Abs. 1 GmbHG, 112 AktG nur dann für die Prozessvertretung

---

[23] Vgl. hierzu näher unter Rn. 5, insbesondere bei Fn. 14. Die Befugnis der Gesellschaftergesamtheit, alle Geschäftsführungsangelegenheiten an sich zu ziehen, gilt nach hM auch in Gesellschaften mit obligatorischer Arbeitnehmermitbestimmung, vgl. etwa BGH, Urteil vom 14.11.1983, BGHZ 89, 48 = NJW 1984, 733 = GmbHR 1984, 151, wobei allerdings der Abschluss, die Änderung oder die Aufhebung der Anstellungsverträge mit den Geschäftsführern (nebst der hierfür notwendigen Entscheidungen) zwingend in die Zuständigkeit des Pflichtaufsichtsrats fallen.

[24] Von praktischer Relevanz ist der Pflichtaufsichtsrat nach dem Drittelbeteiligungsgesetz, das eine GmbH mit in der Regel mehr als 500 bis einschließlich 2.000 Arbeitnehmern erfasst (§ 1 Abs. 1 Nr. 3 DrittelbG), und nach dem Mitbestimmungsgesetz, das eine GmbH erfasst, bei der in der Regel mehr als 2.000 Arbeitnehmer beschäftigt sind (§ 1 Abs. 1 Nr. 2 MitbestG).

[25] Der zwingende Charakter dieser Kompetenzverlagerung ist bei Aufsichtsräten, die nach dem DrittelbG gebildet sind, nicht unstreitig, wohl aber hM, vgl. nur Baumbach/Hueck, § 52, Rn. 250, sowie Michalski/*Giedinghagen*, § 52, Rn. 280, jeweils mit Nachweisen zum Meinungsstand.

[26] Vgl. nur BGH, Urteil vom 9.10.1986, NJW 1987, 254 = GmbHR 1987, R1 = BB 1986, 2229, für die Vertretungszuständigkeit des Aufsichtsrats in einer AG.

der GmbH bei Rechtsstreitigkeiten mit ihrem (ausgeschiedenen) Geschäftsführer zuständig, wenn sich in der Satzung keine abweichende Regelung findet oder die Gesellschafterversammlung für den betreffenden Rechtsstreit einen besonderen Prozessvertreter durch Beschluss bestellt hat.[27] Die Gesellschafterversammlung bleibt in allen vorgenannten Fällen auch dann befugt, einen besonderen Prozessvertreter zu bestellen, wenn der Rechtsstreit die gerichtliche Durchsetzung von Ersatzansprüchen der GmbH gegen den Geschäftsführer zum Gegenstand hat, über die die Gesellschafterversammlung vorab Beschluss gefasst hatte (§ 46 Nr. 8 1. Alt. GmbHG).[28] Eine weitere Kompetenzverlagerung betrifft die **Prüfung und Überwachung der Geschäftsführung**, die sowohl beim obligatorischen als auch beim fakultativen Aufsichtsrat grundsätzlich durch diesen und nicht (gemäß § 46 Nr. 6 GmbHG) durch die Gesellschafterversammlung durchgeführt wird, §§ 52 Abs. 1 GmbHG, 111 AktG.[29] Demgegenüber verbleibt die Zuständigkeit zur **Bestellung und Abberufung der Geschäftsführer** (und im Annex hierzu zu Abschluss, Änderung und Kündigung deren Anstellungsvertrags) im Falle von fakultativen Aufsichtsräten oder mitbestimmten Aufsichtsräten nach dem DrittelbG grundsätzlich bei der Gesellschafterversammlung, falls die Satzung keine abweichenden Regelungen trifft. Sofern ein Aufsichtsrat nach dem MitbestG gebildet ist, sind auch diese Entscheidungskompetenzen zwingend auf den Aufsichtsrat verlagert, § 31 Abs. 1 MitbestG.[30]

b) Typische vertragliche Regelungen zur Entscheidungszuständigkeit

13 Von der gesetzlich vorgegebenen Ordnung der Entscheidungszuständigkeiten wird im Gesellschaftsvertrag oder der Satzung personalistischer Gesellschaften im Rahmen des rechtlich Zulässigen häufig abgewichen. Die vertraglichen Modifikationen dienen typischerweise der Kompetenzabgrenzung zwischen den geschäftsführenden Gesellschaftern bzw. Geschäftsführern einerseits und der Gesamtheit der Gesellschafter andererseits im Hinblick auf Maßnahmen der Geschäftsführung. Die eindeutige vertragliche Regelung dient hier zugleich der Rechtssicherheit und der Vermeidung potentieller Streitigkeiten, etwa zu der Frage, ob eine Maßnahme der laufenden Geschäftsführung zuzuordnen ist oder – bei entsprechendem Zustimmungsvorbehalt zugunsten der Gesellschafterversammlung – über den „üblichen" Geschäftsbetrieb hinausgeht. Typisch sind, vor allem bei Familiengesellschaften, ferner z.B. Kompetenzverlagerungen weg

---

[27] BGH, Urteil vom 23.4.2007, DStR 2007, 1358; BGH, Urteil vom 26.11.2007, NZG 2008, 104 = GmbHR 2008, 144. OLG Oldenburg, GmbHR 2010, 258 (für einen Beirat). Anders (zwingende Zuständigkeit zur Prozessvertretung auch beim fakultativen AR/Beirat) die h.M. im Schrifttum, vgl. nur *Bergwitz*, GmbHR 2008, 225, mit umfangr. Nachweisen.

[28] Str., vgl. zum Meinungsstand nur Baumbach/Hueck, § 46, Rn. 66; Lutter/Hommelhoff, § 46, Rn. 35.

[29] Nach vorherrschender Auffassung im Schrifttum soll indessen immer eine „Letztzuständigkeit" der Gesellschafterversammlung zur Prüfung und Überwachung der Geschäftsführung verbleiben, auch wenn ein obligatorischer oder fakultativer Aufsichtsrat eingerichtet ist. Die Gesellschafter können durch Beschluss somit z.B. eine zustimmungspflichtige Geschäftsführungsmaßnahme genehmigen, nachdem der AR seine Zustimmung verweigert hatte, oder eine Maßnahme durch Weisung verhindern, obgleich der AR bzw. Beirat vor der Maßnahme zugestimmt hatte, vgl. näher *Streicher*, GmbHR 2014, 1188, mwN. Darüber hinaus kann die Gesellschafterversammlung immer auch über die Bestellung von Sonderprüfern entscheiden; vgl. nur Ulmer/Habersack/Winter, § 46, Rn. 83; Scholz/K. *Schmidt*, § 46, Rn. 112; weitergehend Baumbach/Hueck, § 46, Rn. 51, wonach die Existenz eines Aufsichtsrats die Kompetenzen der Gesellschafterversammlung nach § 46 Nr. 6 GmbHG nicht einschränkt.

[30] Vgl. zur Alleinzuständigkeit des Aufsichtsrats nach dem MitbestG für Abschluss, Änderung und Kündigung des Geschäftsführer-Anstellungsvertrags nur BGH, Urteil vom 14.11.1983, BGHZ 89, 48 = NJW 1984, 733 = GmbHR 1984, 151.

von der Gesellschafterversammlung hin zu einem fakultativ gebildeten Aufsichtsrat oder Beirat, etwa betreffend die Bestellung und Abberufung sowie laufende Kontrolle der Geschäftsführer. Auch solche Klauseln dienen in personalistischen Gesellschaften der Streitvermeidung.[31] Die Missachtung dieser Regelungen im Gesellschaftsvertrag kann andererseits wegen Unzuständigkeit zur Unwirksamkeit einer durch Mehrheitsbeschluss der Gesellschafterversammlung durchgesetzten Entscheidung führen.

aa) Modifikation der Gesamtgeschäftsführung bei der GbR

Bei der GbR besteht die Möglichkeit, die **Geschäftsführung** einem oder mehreren Gesellschaftern zu übertragen (§ 710 BGB), und zwar auch dergestalt, dass diesen geschäftsführenden Gesellschaftern alleinige Handlungsberechtigung eingeräumt wird (§ 711 BGB). Diese, bereits im Gesetz als möglich angelegte Zuständigkeitsverlagerung, dient naheliegenderweise dazu, die laufende Geschäftsführung flexibler und praktikabler zu gestalten. Falls die Geschäftsführung einzelnen Gesellschaftern übertragen ist, findet sich im Gesellschaftsvertrag andererseits typischerweise ein **Katalog zustimmungspflichtiger Geschäfte**, über die die Gesellschafter nur gemeinsam (einstimmig oder durch Mehrheitsbeschluss) entscheiden sollen.

14

Im Bereich von **Grundlagengeschäften** (vgl. zu diesem Begriff unter Rn. 7) ist bei der GbR eine Verlagerung der Entscheidungszuständigkeit weg von der Gesellschafterversammlung unüblich. Vertragliche Vereinbarungen betreffen in diesem Zusammenhang eher die Mehrheitserfordernisse für die jeweiligen Gesellschafterentscheidungen.[32]

bb) Zuständigkeitserweiterung zugunsten der Gesellschafterversammlung bei der PartG sowie der OHG, KG und GmbH & Co. KG

In Gesellschaftsverträgen der Partnerschafts- sowie der Personenhandelsgesellschaften findet sich hinsichtlich der **Geschäftsführung** häufig ein **Katalog von Maßnahmen**, die der (vorherigen) **Zustimmung durch Gesellschafterbeschluss** (oder auch eines fakultativen Beirats) bedürfen. Die betreffenden Regelungen dienen zum einen der Kompetenzerweiterung der Gesellschafterversammlung im Verhältnis zu den geschäftsführenden Gesellschaftern. Diese Kompetenzerweiterung ist vor allem bei nicht personen- und beteiligungsgleichen GmbH & Co. KGs naheliegend, bei der die Gesellschafter der GmbH und die Kommanditisten der KG entweder verschiedene Personen sind oder die Beteiligungsverhältnisse in beiden Gesellschaften voneinander abweichen, sowie bei kapitalistisch strukturierten GmbH & Co. KGs, bei denen die Kommanditisten die Gesellschaft finanzieren und allein vermögens- und ergebnisbeteiligt, andererseits jedoch gemäß § 164 S. 1 1. HS HGB von der laufenden Geschäftsführung ausgeschlossen sind. Bei der OHG und der PartG werden durch solche Zustimmungsvorbehalte demgegenüber die Mitwirkungsrechte solcher Gesellschafter gesichert, die laut Gesell-

15

---

[31] Vgl. hierzu näher unter Rn. 534 ff.
[32] Vgl. zur Zulässigkeit solcher Mehrheitsentscheidungen in Personengesellschaften näher unter Rn. 64 ff.

schaftsvertrag nicht an der laufenden Geschäftsführung teilnehmen (§§ 114 Abs. 2 HGB, 6 Abs. 3 S. 2 PartGG). Die weitere Funktion solcher Vereinbarungen liegt in der Klarstellung, welche Geschäftsführungsmaßnahmen bei der Gesellschaft als „außergewöhnlich" oder jedenfalls zustimmungspflichtig behandelt werden sollen, um Streitigkeiten hierüber zu vermeiden. Schließlich führt der Katalog zustimmungspflichtiger Geschäftsführungsmaßnahmen zu einer Vorlagepflicht der Geschäftsführer vor Durchführung der Maßnahme. Weitergehend können Kommanditisten im Gesellschaftsvertrag eigene Geschäftsführungsbefugnisse oder gar Weisungsrechte gegenüber dem Komplementär eingeräumt werden.[33] Andererseits dürfen die Rechte der Gesellschafterversammlung, insbesondere bei der KG oder GmbH & Co. KG, auch dergestalt eingeschränkt werden, dass der Zustimmungsvorbehalt der Gesellschafter auch bei außergewöhnlichen Geschäftsführungsmaßnahmen vollständig entfällt.[34]

16 Im Bereich von **Grundlagengeschäften** (vgl. zum Begriff unter Rn. 7) ist eine Kompetenzverlagerung weg von der Gesellschafterversammlung und hin zu Geschäftsführern bzw. einzelnen Gesellschaftern bei der PartG, OHG, KG und GmbH & Co. KG ebenfalls unüblich. Verbreitet sind lediglich ergänzende Regelungen zu den Mehrheitserfordernissen bei solchen Beschlussfassungen. Zulässig, wenngleich in der personalistischen Gesellschaft ebenfalls eher untypisch, ist die Vertragsklausel, wonach die Übertragung von Gesellschaftsanteilen von der Zustimmung einzelner, etwa geschäftsführender Gesellschafter, abhängt.[35]

17 Verbreitet sind bei Partnerschafts- und Personenhandelsgesellschaften schließlich Erweiterungen der Gesellschafterzuständigkeiten durch **Verfahrensregelungen**, insbesondere im Hinblick auf das Verfahren bei der Durchführung bestimmter Zwangsmaßnahmen. Ein Beispiel bildet etwa die vertragliche Bestimmung, wonach die Entziehung von Geschäftsführungsbefugnis und Vertretungsmacht nicht mittels gemeinsamer Klage (§§ 117, 127 HGB; § 6 Abs. 3 S. 2 PartGG), sondern durch Gesellschafterbeschluss durchgeführt werden kann oder diese „Abberufung" eines geschäftsführenden Gesellschafters durch Gesellschafterbeschluss auch ohne den gesetzlich vorgesehenen „wichtigen Grund" möglich ist.[36] Eine andere, zulässige Verfahrenserleichterung bildet z.B. die Regelung, wonach auch die Ausschließung von Gesellschaftern keiner Klage gemäß § 140 HGB bedarf, sondern durch Gesellschafterbeschluss erfolgen kann.[37]

---

[33] BGH, Urteil vom 17.3.1966, BGHZ 45, 204 = WM 1966, 471.
[34] Vgl. für die KG z.B. BGH, Urteil vom 6.10.1992, BGHZ 119, 346 = NJW 1993, 1265 = GmbHR 1993, 44.
[35] Vgl. z.B. OLG München, Urteil vom 28.7.2008, DStR 2008, 2500 = NZG 2009, 25, für eine Publikums-KG.
[36] Vgl. hierzu BGH, Urteil vom 20.12.1982, NJW 1983, 938 = GmbHR 1983, 149 (obiter dictum); vgl. zu diesen Zwangsmaßnahmen näher unter Rn. 143 ff.
[37] Vgl. z.B. BGH, Urteil vom 3.2.1997, NJW-RR 1997, 925 = DStR 1997, 1090; BGH, Urteil vom 9.5.2005, NZG 2005, 277 = DStR 2005, 1539 (obiter dictum); vgl. zu dieser Zwangsmaßnahme näher unter Rn. 228 ff.

cc) Kompetenzverlagerung durch Satzung bei der GmbH

Bei der GmbH ist eine vertragliche Kompetenzverlagerung auf die Gesellschafter im Bereich der **Geschäftsführung** nicht naheliegend, da die Gesellschafterversammlung hier bereits von Gesetzes wegen alle Angelegenheiten an sich ziehen und auch durch Weisungen aktiv in die Geschäftsführung eingreifen kann. Eine Zuständigkeitserweiterung dergestalt, dass die Gesellschafterversammlung zusätzlich auch noch die Außenvertretungsmacht der GmbH übernimmt, ist (abgesehen von ausdrücklich geregelten Sonderfällen) zudem gesetzlich nicht zulässig, § 35 Abs. 1 S. 1 GmbHG.[38] Sofern die Satzung, wie häufig, daher einen **Katalog zustimmungspflichtiger Geschäftsführungsmaßnahmen** vorsieht, dient dies nicht der Verlagerung von Entscheidungskompetenzen auf die Gesellschafterversammlung, sondern vorrangig der Begründung einer Verpflichtung gegenüber den Geschäftsführern, die namentlich benannten Maßnahmen vorab der Gesellschafterversammlung zur Entscheidung vorzulegen. Darüber hinaus führt der Zustimmungsvorbehalt gemäß § 37 Abs. 1 GmbHG zu einer Reduktion der eigenen Entscheidungszuständigkeit des Geschäftsführers im Innenverhältnis.

18

Die Aufgaben und Befugnisse der Gesellschafter können durch Satzung dergestalt eingeschränkt werden, dass einzelne Aufgaben weg von der Gesellschafterversammlung hin zu anderen Gesellschaftsorganen, auf fakultativ eingerichtete Gremien, verlagert werden. Verbreitet sind z.B. Satzungsbestimmungen, wonach einem **Beirat oder Aufsichtsrat** die Kompetenz eingeräumt wird, die **Bestellung und Abberufung von Geschäftsführern** vorzunehmen und im Annex hierzu Regelungen zu deren Anstellungsverträgen zu treffen, die Geschäftsführer zu prüfen und zu überwachen und über ihre Entlastung zu entscheiden.[39] Demgegenüber bedeutet es keine Kompetenzverschiebung, sondern lediglich eine **Verfahrenserleichterung**, wenn die Satzung den besonderen **Prozessvertreter** der GmbH in Rechtsstreitigkeiten mit ihrem Geschäftsführer (gemäß § 46 Nr. 8 2. Alt. GmbHG) bereits vorab und generell in der Satzung festlegt (sofern diese besondere Vertretung nicht ohnedies zwingend einem mitbestimmten Pflichtaufsichtsrat zugewiesen ist; vgl. unter Rn. 11 f.). Ebenfalls der Verfahrenserleichterung dient die verbreitete Bestimmung in GmbH-Satzungen, wonach der **Zwangsausschluss von Gesellschaftern** durch Gesellschafterbeschluss ermöglicht wird.[40]

19

---

[38] Vgl. nur Baumbach/Hueck, § 46, Rn. 5.
[39] Vgl. zur Zulässigkeit solcher Satzungsregelungen z.B. Baumbach/Hueck, § 46, Rn. 34a und 94 f.; Michalski/*Römermann*, § 46, Rn. 8, 217 und 239; Lutter/Hommelhoff, § 45, Rn. 8 ff., und § 46, Rn. 23.
[40] Vgl. hierzu unter Rn. 243 ff. Fehlt eine solche Regelung, kann ein Gesellschafter lediglich durch Klage ausgeschlossen werden (vgl. hierzu unter Rn. 270 ff.).

2. Rechtsfolgen und Rechtsschutz bei Maßnahmen unzuständiger Gesellschaftsorgane

a) Kompetenzverletzungen bei Personengesellschaften

aa) Verletzung der Entscheidungszuständigkeit bei der Geschäftsführung

(1) GbR

20   Bei der GbR ist eine **Unzuständigkeit der Gesellschafterversammlung** im Bereich der **Geschäftsführung** möglich, wenn diese im Gesellschaftsvertrag einem oder mehreren Gesellschaftern übertragen wurde. Die übrigen Gesellschafter sind dann von der Geschäftsführung ausgeschlossen, § 710 S. 1 BGB. Die Gesamtheit der Gesellschafter ist grundsätzlich unzuständig, Mehrheitsbeschlüsse zu einzelnen Geschäftsführungsmaßnahmen zu fassen. Sofern die Gesellschafter, die nicht an der Geschäftsführung teilnehmen, außerhalb ihrer Entscheidungskompetenz **Beschlüsse** zu einzelnen Geschäftsführungsmaßnahmen fassen, sind diese mangels Zuständigkeit der Gesellschafterversammlung **nichtig**. Die Beschlussnichtigkeit kann von den geschäftsführenden Gesellschaftern bzw. den bei der betreffenden Beschlussfassung unterlegenen Gesellschaftern durch **Nichtigkeitsfeststellungsklage** gerichtlich geklärt werden.

Andererseits sind die Geschäftsführungsmaßnahmen eines geschäftsführenden Gesellschafters rechtswidrig, wenn dieser **vertragliche Zustimmungsvorbehalte** der Gesellschafterversammlung **missachtet** und nicht ausnahmsweise die Voraussetzungen für eine Notgeschäftsführung analog § 744 Abs. 2 BGB vorliegen.[41] Diese Verletzung interner Kompetenzbeschränkungen hat indessen – abgesehen vom Sonderfall eines dem Geschäftspartner bekannten Vollmachtsmissbrauchs[42] – grds keine Auswirkung auf die Außenvertretungsmacht des Geschäftsführers.[43]

---

[41] Vgl. zur Notgeschäftsführung bei Personengesellschaften näher unter Rn. 457.

[42] Vgl. zur Unwirksamkeit der Vertretung der Gesellschaft infolge Missachtung gesellschaftsinterner Beschränkungen, bei Vorliegen eines „Missbrauchs der Vertretungsmacht", näher unter Rn. 477 f.

[43] BGH, Urteil vom 20.10.2008, NZG 2009, 30 = NJW 2009, 293 = GmbHR 2008, 1316, für die Außenvertretungsmacht der Komplementäre bei Missachtung der im Innenverhältnis notwendigen Zustimmung der Kommanditisten gem. § 164 HGB; BGH, Urteil vom 19.6.2008, NZG 2008, 588 = NJW-RR 2008, 1484, wonach der Widerspruch eines einzelvertretungsbefugten GbR-Gesellschafters gegen eine Willenserklärung des anderen einzelvertretungsbefugten Gesellschafters grundsätzlich nicht zur Einschränkung dessen Vertretungsmacht im Außenverhältnis führt. Die Mitgesellschafter müssen sich bemühen, die beabsichtigte oder angekündigte Geschäftsführungsmaßnahme im Vorfeld (ggf. auch durch einstweilige Unterlassungsverfügung) unter Verweis auf die internen Beschränkungen des geschäftsführenden Gesellschafters zu unterbinden. Nach Durchführung der ohne Zustimmung vorgenommenen Geschäftsführungsmaßnahme kommen Schadensersatzansprüche in Betracht (vgl. zu solchen Streitigkeiten zwischen Gesellschaftern und geschäftsführenden Gesellschaftern näher unter Rn. 469 ff.). Im Falle einer besonders gravierenden Verletzung der Mitwirkungs- und Entscheidungskompetenzen der Gesellschafterversammlung durch den geschäftsführenden Gesellschafter oder bei wiederholter Missachtung von Zustimmungsvorbehalten ist darüber hinaus eine Entziehung von Geschäftsführungs- und Vertretungsbefugnissen aus „wichtigem Grund" möglich (vgl. hierzu näher unter Rn. 155 ff.).

Wiederkehrende, strukturelle **Zuständigkeitskonflikte** können über den Einzelfall hinaus auch durch **Feststellungsklage** gerichtlich geklärt werden. Nach der Rechtsprechung des BGH[44] besteht die Möglichkeit, nicht nur streitige Rechtsverhältnisse selbst, sondern auch einzelne Rechte oder Ansprüche aus Rechtsverhältnissen durch Feststellungsklage gemäß § 256 ZPO gerichtlich überprüfen zu lassen (also z.B. die Zuständigkeit zur Entscheidung über bestimmte Geschäftsführungsmaßnahmen). Entsprechende Feststellungsklagen im Sinne einer „**Organstreitigkeit**" haben indessen bei den Personengesellschaften und auch der GmbH keine praktische Bedeutung, da sich die Zuständigkeitsstreitigkeiten an bestimmten Maßnahmen und deren Durchsetzung im Einzelfall entzünden. Die betreffenden Streitigkeiten werden also durch Beschlussmängel-, Unterlassungs- oder Schadensersatzklagen geklärt, so dass für eine grundsätzliche Feststellung gemäß § 256 Abs. 1 ZPO regelmäßig das Feststellungsinteresse fehlt.

21

(2) PartG sowie OHG, KG und GmbH & Co. KG

Die Gesamtheit der Gesellschafter ist bei den Partnerschafts- und Personenhandelsgesellschaften, vorbehaltlich abweichender Regelung im Gesellschaftsvertrag, im Bereich der **Geschäftsführung** nur hinsichtlich „außergewöhnlicher Geschäfte" entscheidungsbefugt (vgl. näher unter Rn. 8 ff.). Alternativ kann die betreffende Entscheidungskompetenz durch Vertrag auf einen Beirat übertragen sein. Sofern die Gesellschafterversammlung ohne eine entsprechende ausdrückliche Kompetenzzuweisung im Gesellschaftsvertrag in die *laufende* Geschäftsführung eingreift, sind solche Beschlüsse bzw. Anordnungen mangels Zuständigkeit – wie bei der GbR – unwirksam.[45] Im Streitfall kann dies durch Nichtigkeitsfeststellungsklage gerichtlich geklärt werden. Es gelten die Ausführungen zur GbR entsprechend.

22

Andererseits müssen die geschäftsführenden Gesellschafter die **Zustimmungsvorbehalte zugunsten der Gesellschafter** (oder eines vertraglich eingerichteten Aufsichtsrats/Beirats) im Falle „außergewöhnlicher" Geschäftsführungsmaßnahmen oder in den weiteren, im Gesellschaftsvertrag geregelten Fällen beachten. Die in diesem Rahmen durch Beschluss gefassten Entscheidungen der Gesellschafter sind für die geschäftsführenden Gesellschafter im Innenverhältnis verbindlich. Es gelten die Ausführungen zur GbR unter Rn. 20 f. entsprechend.

bb) Vornahme von Grundlagengeschäften durch Geschäftsführer

Im Bereich von „**Grundlagengeschäften**" (vgl. hierzu unter Rn. 7) sind Maßnahmen unzuständiger Gesellschaftsorgane von vornherein unwirksam. Entscheidungskompetent ist in aller Regel allein die Gesamtheit der Gesellschafter, sofern die Vornahme eines Grundlagengeschäfts (wie z.B. die Zustimmung zur Aufnahme eines neuen Gesellschafters oder der Ausschluss eines Gesellschafters) nicht ausnahmsweise laut Gesellschaftsvertrag einem anderen Organ, etwa einem geschäftsführenden Gesellschafter

23

---

[44] Vgl. z.B. Urteil vom 3.5.1983, NJW 1984, 1556 = ZIP 1983, 994.
[45] Auch im Bereich der laufenden Geschäftsführung können sich allerdings Widerspruchs- und Mitwirkungsrechte der anderen *geschäftsführenden* Gesellschafter ergeben (§§ 115 Abs. 1, 2. HS HGB, 6 Abs. 3 S. 2 PartGG); vgl. hierzu näher unter Rn. 455 ff. Darüber hinaus kann im Gesellschaftsvertrag vorgesehen sein, dass die *geschäftsführenden* Gesellschafter nur gemeinsam geschäftsführbefugt sind (§§ 115 Abs. 2 HGB, 6 Abs. 3 S. 2 PartGG).

oder einem Aufsichtsrat/Beirat, übertragen ist. Anders als bei der Verletzung von internen Zustimmungsvorbehalten, entfalten Maßnahmen unzuständiger geschäftsführender Gesellschafter hier auch keine Außenwirkung, da sich ihre Vertretungsmacht gemäß §§ 714 BGB, 126 HGB und 7 Abs. 3 PartGG von vornherein nicht auf die Vornahme solcher Grundlagengeschäfte erstreckt.[46] Die Nichtigkeit solcher Maßnahmen, etwa der Ausschluss eines Gesellschafters aus der Gesellschaft durch „Beschluss" eines einzelnen, geschäftsführenden Gesellschafters, kann durch **Feststellungsklage** gerichtlich geklärt werden. Desgleichen ist die Klage eines einzelnen Gesellschafters auf Entziehung von Geschäftsführungsbefugnis und Vertretungsmacht eines geschäftsführenden Gesellschafters in der PartG, OHG oder KG gemäß §§ 117, 127 HGB, 6 Abs. 3 S. 2 PartGG oder auf Ausschluss eines Mitgesellschafters gemäß § 140 Abs. 1 HGB, 9 Abs. 1 PartGG ohne Mitwirkung der Mitgesellschafter (mangels entsprechender Geschäftsführungsbefugnis und Vertretungsmacht) unzulässig.[47]

b) Maßnahmen unzuständiger Organe bei der GmbH

24 Die GmbH-Gesellschafterversammlung ist nach der gesetzlichen Regelung im Bereich der **Geschäftsführung** grundsätzlich umfassend neben dem Geschäftsführer entscheidungskompetent (vgl. näher unter Rn. 11 f.). Eine Einschränkung dieser Allzuständigkeit durch Satzungsregelung ist unüblich. Im Gegenteil: Üblicherweise begründet die Satzung für Geschäftsführer durch die Regelung eines Katalogs zustimmungspflichtiger Geschäftsführungsmaßnahmen sogar eine Vorlagepflicht, die die Mitwirkungsrechte der Gesellschafterversammlung in diesem Bereich zusätzlich stärkt. Sofern sich Geschäftsführer über solche internen Beschränkungen hinwegsetzen, führt dies – außer in den Fällen eines „Missbrauchs der Vertretungsmacht" – zwar nicht zum Wegfall der Vertretungsmacht im Außenverhältnis, kann jedoch eine Schadensersatzhaftung gegenüber der Gesellschaft und die Abberufung aus wichtigem Grunde zur Folge haben.[48]

25 Die Gesellschafterversammlung (dh alle Gesellschafter für die GmbH gemeinsam handelnd oder ein Gesellschafter bzw. Dritter in Ausführung eines entsprechenden Mehrheitsbeschlusses) ist, vorbehaltlich einer Kompetenzverlagerung auf einen Aufsichtsrat/Beirat, darüber hinaus intern ausschließlich dafür zuständig, namens der GmbH den **Anstellungsvertrag mit dem Geschäftsführer** abzuschließen bzw. zu beenden und alle weiteren, in unmittelbarem Zusammenhang mit dem Anstellungsverhältnis stehenden Rechtsgeschäfte abzuschließen.[49] Eine Missachtung dieser Zuständigkeit (z.B. Vertretung der GmbH bei Abschluss des Anstellungsvertrags namens der GmbH durch einen weiteren Geschäftsführer oder – unter Berufung auf eine Befreiung von § 181 BGB – durch den betroffenen Geschäftsführer selbst) führt zur schwebenden Unwirksamkeit des Vertragsabschlusses gemäß § 177 BGB.[50] Vorsicht ist ferner bei der Zuständigkeit zur

---

[46] Vgl. für die persönlich haftenden Gesellschafter der OHG und KG nur Baumbach/Hopt/*Roth*, § 126, Rn. 3, mit Nachweisen aus der Rechtsprechung. Hinsichtlich der geschäftsführenden Gesellschafter der GbR geht die Vertretungsmacht bereits nach dem Gesetzeswortlaut in § 714 Abs. 1 BGB nicht über die jeweilige Geschäftsführungsbefugnis hinaus.
[47] Vgl. näher unter Rn. 702 f.
[48] Vgl. näher unter Rn. 469 ff.
[49] Vgl. hierzu näher unter Rn. 5, bei Fn. 15.
[50] Der demnach schwebend unwirksame Anstellungsvertrag bzw. das im unmittelbaren Zusammenhang

Vertretung der Gesellschaft in Prozessen mit Geschäftsführern geboten: Es besteht grds. nicht die sonst übliche Vertretungszuständigkeit eines anderen Geschäftsführers, sondern der Prozessvertreter wird durch die Gesellschafterversammlung bestimmt (§ 46 Nr. 8 2. Alt. GmbHG). Sofern bei der GmbH ein Aufsichtsrat eingerichtet ist, ist dieser analog § 112 AktG für die Prozessvertretung zuständig.[51] Prozesshandlungen für die GmbH durch den unzuständigen Vertreter sind unwirksam. Entsprechende Klagen für oder gegen die nicht wirksam vertretene und damit prozessunfähige GmbH sind unzulässig.[52]

Kompetenzverlagerungen bei der laufenden Geschäftsführung sind darüber hinaus dann denkbar, wenn die Zuständigkeiten durch die Satzung auf einen **Aufsichtsrat** oder **Beirat** verlagert wurden oder gar ein **Pflichtaufsichtsrat** nach mitbestimmungsrechtlichen Vorschriften besteht. Dem fakultativen Aufsichtsrat wird typischerweise die Aufgabe der Bestellung und Abberufung von Geschäftsführern, die Regelung deren Anstellungsverträge, die Prüfung und Überwachung sowie ein Weisungsrecht gegenüber Geschäftsführern übertragen. Sofern die Gesellschafterversammlung diese Kompetenzverlagerung missachtet, sind die betreffenden Beschlüsse (mit Ausnahme der Bestellung von Sonderprüfern)[53] wegen Satzungsverstoßes anfechtbar unwirksam. Weitergehend sind solche kompetenzwidrigen Beschlüsse analog § 241 Nr. 3 AktG nichtig, wenn durch den Gesellschafterbeschluss ausnahmsweise eine zwingende gesetzliche Zuständigkeitsregelung missachtet wurde (wie z.B. die zwingende Alleinzuständigkeit des nach den Bestimmungen des MitbestG gebildeten Pflicht-Aufsichtsrats für die Bestellung und Abberufung der Geschäftsführer, §§ 31 Abs. 1 MitbestG, 84 AktG).

26

Demgegenüber kann die Gesellschafterversammlung sowohl beim freiwilligen wie beim obligatorischen Aufsichtsrat – vorbehaltlich einer anderslautenden Satzungsregelung – immer auch durch Weisungen gegenüber dem Geschäftsführer in die laufende Geschäftsführung eingreifen oder anstelle oder sogar entgegen der Entscheidung des Aufsichtsrats über die Vornahme außergewöhnlicher, zustimmungspflichtiger Maßnahmen entscheiden.[54] Gleiches gilt dann, wenn das **laut Satzung zuständige besondere Organ funktionsunfähig** ist, etwa weil es nicht oder nicht korrekt eingerichtet wurde: Dann verbleibt es bei der Erstzuständigkeit der Gesellschafterversammlung.[55]

27

---

mit dem Anstellungsverhältnis stehende Rechtsgeschäft kann auch durch stillschweigende Genehmigung für die GmbH wirksam werden (z.B. dann, wenn nachweislich alle Gesellschafter den Anstellungsvertrag oder das betreffende Rechtsgeschäft, z.B. eine Änderung, sowie die Durchführung des Vertrags kennen und über einen längeren Zeitraum nicht beanstanden). Lt. BGH, Urteil vom 3.7.2000, NZG 2000, 983 = GmbHR 2000, 876, ist ein unwirksamer GF-Anstellungsvertrag nach den Grundsätzen des „fehlerhaften Arbeitsverhältnisses" für die Dauer der Geschäftsführertätigkeit zudem als wirksam zu behandeln, kann für die Zukunft aber jederzeit aufgelöst werden.

[51] Vgl. hierzu näher unter Rn. 11 f.
[52] Vgl. unter Rn. 683 ff.
[53] Vgl. hierzu oben, unter Rn. 12, bei Fn. 29.
[54] Vgl. BGH, Urteil vom 6.3.1997, NJW 1997, 1985 = GmbHR 1997, 705 (für einen mitbestimmten AR). Vgl. zur Kompetenzabgrenzung zwischen Gesellschaftern und obligatorischem AR bei der Entscheidung über zustimmungspflichtige Maßnahmen im Einzelnen auch *Streicher*, GmbHR 2014, 1188, mit umfangr. Nachweisen zum Schrifttum.
[55] BGH, Urteil vom 24.2.1954, BGHZ 12, 337; BGH, Urteil vom 1.12.1969, BB 1970, 226 und 277 = WM 1970, 249; Scholz/*Schneider*, § 38, Rn. 26; Baumbach/Hueck, § 38, Rn. 25; Michalski/*Terlau*, § 38,

Schließlich bleibt die Gesellschafterversammlung trotz entsprechender Kompetenzverlagerung auf einen Aufsichtsrat oder Beirat stets befugt, die Geschäftsführer zu prüfen, zu überwachen und über die Durchsetzung von Ersatzansprüchen gegenüber Geschäftsführern zu entscheiden.[56]

28   Im Bereich von **Grundlagengeschäften**, also Angelegenheiten, die die Struktur und Organisation der Gesellschaft, die Mitgliedschaftsrechte der Gesellschafter oder den Gesellschafterbestand betreffen, sind Maßnahmen unzuständiger Organe unwirksam. Die betreffenden Entscheidungen werden in aller Regel durch die Gesellschafterversammlung getroffen, es sei denn, sie sind laut Satzung für bestimmte Angelegenheiten (z.B. die Zustimmung zur Übertragung von Geschäftsanteilen oder die Beschlussfassung über einen Zwangsausschluss) ausnahmsweise auf ein anderes Organ, etwa einen Geschäftsführer oder einen Aufsichtsrat, übertragen. Sofern die *satzungsmäßige* Kompetenzordnung missachtet wurde, sind die betreffenden Beschlüsse (z.B. der Zustimmungsbeschluss zu einer Anteilsübertragung durch die Gesellschafterversammlung bei vertraglicher Zuständigkeit des Aufsichtsrats) wegen Satzungsverletzung anfechtbar. Sofern die *gesetzlich* vorgegebene Kompetenzordnung missachtet wurde (z.B. „Kapitalerhöhungsbeschluss" durch einen Geschäftsführer), sind die betreffenden Maßnahmen (wegen des Erfordernisses notarieller Beurkundung meist bereits aus Formgründen) nichtig.

Rn. 18; einschränkend Lutter/Hommelhoff, § 38, Rn. 3: Aufleben der Zuständigkeit der Gesellschafter nur, falls weiteres Abwarten unzumutbar.

[56] Vgl. nur Baumbach/Hueck, § 46, Rn. 94, sowie die Nachweise in Fn. 29. Darüber hinaus ist streitig, ob die Gesellschafterversammlung trotz grundsätzlicher Kompetenzverlagerung auf einen Beirat oder Aufsichtsrat jedenfalls bei Vorliegen eines wichtigen Grundes immer auch selbst über die Abberufung eines Geschäftsführers entscheiden kann, vgl. zum Meinungsstand nur MünchHdbGmbH/*Wolff*, § 37, Rn. 38; Lutter/Hommelhoff, § 38, Rn. 16; Baumbach/Hueck, § 38, Rn. 25.

II. Durchsetzung von Entscheidungen durch Mehrheitsbeschluss

Schrifttum: *Bärwaldt/Günzel,* Der GmbH-Gesellschafterbeschluss und die Form der Stimmrechtsvollmacht, GmbHR 2002, 1112; *Bohlken/Sprenger,* Minderheitenschutz bei Personengesellschaften, DB 2010, 263; *Faerber/Garbe,* Stimmverbote bei indirekten Interessenkonflikten, GWR 2012, 219; *Grunewald,* Die Aufgabe des Bestimmtheitsgrundsatzes – Was bleibt vom Minderheitenschutz in der Personengesellschaft?, BB 2015, 333; *Hennrichs,* Gesellschafterbeschlüsse über Geschäftsführungsmaßnahmen und Treupflicht, NZG 2015, 41; *Holler,* Grenzen der Mehrheitsmacht in Personengesellschaften, DB 2008, 2067; *Leinekugel,* Zum Anspruch auf Zustimmung zur Änderung des Gesellschaftsvertrags, EWiR 2005, 181; *Lohr,* Der Stimmrechtsausschluss des GmbH-Gesellschafters (§ 47 IV GmbHG), NZG 2002, 551; *Priester,* Stimmrechtsausschlüsse und Satzungsregelungen, GmbHR 2013, 225; *ders.,* Eine Lanze für die Kernbereichslehre, NZG 2015, 529. *Rottnauer,* Zur Treuepflicht eines mit Vetorecht ausgestatteten Minderheitsgesellschafters, NZG 2000, 496; *Schäfer,* Der Bestimmtheitsgrundsatz ist (wirklich) Rechtsgeschichte, NZG 2014, 1401; *K. Schmidt,* Mehrheitsbeschlüsse in Personengesellschaften, ZGR 2008, 1; *ders.,* Eingriff in den Kernbereich von Gesellschafterrechten durch Mehrheitsbeschlüsse, JZ 1995, 313; *ders.,* Stimmrechtsvollmachten bei der GmbH oder GmbH & Co: ein Formproblem?, GmbHR 2013, 1177; *Westermann,* Die Verteidigung von Mitgliedschaftsrechten in der Personengesellschaft (einschließlich GmbH & Co. KG), NZG 2012, 1121.

Die Gesellschafter treffen ihre Entscheidungen durch Beschlüsse. Beschlüsse kommen durch Abstimmung der Gesellschafter zustande, indem sie ihr Stimmrecht zu bestimmten, ihnen vorgelegten Beschlussgegenständen ausüben und den betreffenden Entscheidungsvorschlag (Beschlussantrag) mehrheitlich oder gar einstimmig befürworten oder ablehnen. Die betreffenden Abstimmungen können, je nach vertraglicher Gestaltung, auf verschiedene Art und Weise durchgeführt werden, finden aber gerade bei Gesellschafterstreitigkeiten in aller Regel nur im Rahmen von Gesellschafterversammlungen statt.[1] **29**

Wirksame **Beschlüsse** sind **gesellschaftsintern,** d.h. gegenüber den Gesellschaftern, den Geschäftsführern und sonstigen Gesellschaftsorganen **rechtsverbindlich.**[2] Die Rechtsverbindlichkeit gilt gleichermaßen für Beschlüsse, mittels derer die erforderliche Gesellschaftermehrheit einen bestimmten Beschlussantrag befürwortet hat, wie für verneinende Beschlüsse, mittels derer ein Beschlussantrag mit Mehrheit abgelehnt wurde oder nicht die erforderliche Stimmenmehrheit erhalten hat.[3] Sofern die Gesellschaftermehrheit z.B. wirksam eine bestimmte Investitionsentscheidung der Gesellschaft, die ihrer Zustimmung bedurfte, abgelehnt hat, darf diese nicht durchgeführt werden. Sofern ein geschäftsführender Gesellschafter die Maßnahme trotzdem durchführen will und den Ablehnungsbeschluss für fehlerhaft hält, muss er die von ihm behauptete Beschlussunwirksamkeit zunächst mittels Feststellungs- oder Anfechtungs- **30**

---

[1] Vgl. zur Vorbereitung und Durchführung von Gesellschafterversammlungen unter Rn. 73 ff.
[2] Vgl. zur Rechtsnatur von Gesellschafterbeschlüssen (mehrseitiges Rechtsgeschäft) iE MünchHdb-GmbH/*Wolff,* § 39, Rn. 3; Baumbach/Hueck, § 47, Rn. 4; Scholz/*K.Schmidt,* § 45, Rn. 18; MüKoBGB/*Schäfer,* § 709, Rn. 51; Baumbach/Hopt/*Roth,* § 119, Rn. 25; Lutter/Hommelhoff, § 47, Rn. 1.
[3] AllgM, vgl. nur Scholz/*K.Schmidt,* § 45, Rn. 31.; Baumbach/Hueck, § 47, Rn. 3; Lutter/Hommelhoff § 47, Rn. 1.

klage gerichtlich klären lassen.⁴ Gleiches gilt, wenn der Beschlussantrag auf Zustimmungserteilung nicht die erforderliche Stimmenmehrheit erhalten hat: Die zustimmungspflichtige Maßnahme muss zunächst unterbleiben und der „unterlegene" Gesellschafter hat die Möglichkeit, die erwünschte Zustimmung, etwa unter Berufung auf die gesellschaftsrechtliche Treuepflicht, gerichtlich durchzusetzen.⁵ Gesellschafterbeschlüsse können **auflösend** oder **aufschiebend bedingt** sein, sofern durch die Bedingung keine schutzwürdigen Interessen der Beteiligten oder Dritter berührt sind.⁶ Im **Außenverhältnis** entfalten Gesellschafterbeschlüsse grundsätzlich **keine unmittelbare Wirkung**, sondern enthalten nur eine Handlungsanweisung an den Geschäftsführer oder gesetzlichen Vertreter, entsprechende Maßnahmen durchzuführen bzw. Erklärungen namens der Gesellschaft abzugeben.

31 Gesellschafterstreitigkeiten ergeben sich im Zusammenhang mit **Mehrheitsbeschlüssen,** wenn also ein Gesellschafter oder eine Gesellschaftergruppe ihren Regelungswillen durch Stimmenübergewicht gegenüber einer Minderheit durchsetzt oder andererseits ein Regelungswunsch an der entgegenstehenden Stimmenmehrheit bzw. in Folge Stimmenpatts scheitert. Spezifische **Streitpunkte** sind hier die jeweiligen **Stimmrechte** und die **Wirksamkeit der Stimmabgaben.** Typische Streitpunkte sind ferner, ob ein Beschlussantrag die **erforderliche Mehrheit der Stimmen** nach Gesellschaftsvertrag und Gesetz erreicht hat und ob die streitige Entscheidung überhaupt durch Mehrheitsbeschluss gefasst werden konnte.⁷

1. Stimmrechte der Gesellschafter und wirksame Stimmabgabe

a) Inhalt und Ausübung des Stimmrechts

aa) Inhaber des Stimmrechts

32 Das Stimmrecht, also die Berechtigung, an Abstimmungen bzw. Beschlussfassungen der Gesellschafter durch Stimmabgabe mitzuwirken, ist Teil der mit dem Gesellschaftsanteil verbundenen Mitgliedschaftsrechte. Die Stimmrechte in einer Gesellschaft stehen jeweils nur den **Inhabern von Anteilen** an dieser Gesellschaft zu. Bei der GmbH ist

---

⁴ Vgl. hierzu unter Rn. 483 ff.

⁵ Vgl. hierzu unter Rn. 57 ff.

⁶ BGH, Urteil vom 24.10.2005, NZG 2006, 62 = GmbHR 2006, 46, für die Bestellung eines GmbH-Geschäftsführers unter der – aus Sicht des BGH wirksamen – auflösenden Bedingung, dass er der Gesellschaft ab einem bestimmten Zeitpunkt nicht mehr seine volle Arbeitskraft zur Verfügung stellt; BGH, Urteil vom 25.5.2009, NZG 2009, 862 = ZIP 2009, 1373, für den aufschiebend bedingten Beschluss einer Erhöhung der Pflichteinlagen in einer Kommanditgesellschaft.

⁷ Fehlerhafte Beschlüsse sind je nach Rechtsform der Gesellschaft und Art des Fehlers von Anfang an unwirksam bzw. nichtig oder können nach Anfechtung durch fristgebundene Klageerhebung von einem Gericht für nichtig erklärt werden. Die Geltendmachung bzw. gerichtliche Klärung der Unwirksamkeit erfolgt somit durch Feststellungs- oder Anfechtungsklage. Bei unklaren Abstimmungsergebnissen ist im Streitfall ebenfalls eine gerichtliche Klärung durch Feststellungsklage möglich. Vgl. zu den Klagearten bei Beschlussmängeln und Unklarheiten über das Abstimmungsergebnis iE unter Rn. 604 ff.

II. Durchsetzung von Entscheidungen durch Mehrheitsbeschluss

dabei die Besonderheit zu beachten, dass gemäß § 16 Abs. 1 GmbHG im Verhältnis zur Gesellschaft als Inhaber eines Geschäftsanteils nur der gilt, wer als solcher in der im Handelsregister aufgenommenen Gesellschafterliste eingetragen ist, so dass die materielle Berechtigung am Geschäftsanteil und das Stimmrecht bei einer unzutreffenden Gesellschafterliste auseinanderfallen können.[8] Stimmrechte können weder in der Personen- noch in der Kapitalgesellschaft unabhängig vom Gesellschaftsanteil auf einen Mitgesellschafter oder Dritten übertragen werden (sog. **Abspaltungsverbot**; vgl. auch § 717 S. 1 BGB für die GbR).[9] Es ist unzulässig, einem Nichtgesellschafter im Gesellschaftsvertrag oder der GmbH-Satzung eigene Stimmrechte einzuräumen.[10] Im Falle einer Anteilspfändung oder -verpfändung verbleibt das Stimmrecht beim Gesellschafter und geht nicht auf den Pfandgläubiger über; bei Treuhandverhältnissen für den Gesellschaftsanteil steht das Stimmrecht allein dem Treuhänder zu. Das Abspaltungsverbot verbietet indessen nicht, dass die Stimmrechte durch einen Vertreter ausgeübt werden (vgl. unter Rn. 36 ff.).

Das Stimmrecht ist vom **Teilnahmerecht** eines Gesellschafters an Beschlussfassungen **zu unterscheiden**. Ein Gesellschafter hat insbesondere auch dann das Recht, an einer Gesellschafterversammlung oder an einer sonstigen Abstimmung teilzunehmen, wenn er wegen Interessenkollision oder aus einem anderen Grund bei einzelnen Beschlussgegenständen vom Stimmrecht ausgeschlossen ist oder – wie z.B. häufig die Komplementär-GmbH in einer GmbH & Co. KG – grds überhaupt keine Stimmrechte besitzt.[11]

bb) Stimmabgabe

Die Ausübung des Stimmrechts, also die **Stimmabgabe**, ist eine Willenserklärung, für die die allgemeinen Bestimmungen der §§ 104 ff. BGB gelten.[12] Die Stimmabgabe wird daher erst mit Zugang gegenüber den Mitgesellschaftern wirksam und kann nach den Bestimmungen der §§ 119 ff. BGB angefochten werden.[13] Die *Form* der Stimmabgabe

---

[8] Vgl. zur sog. Legitimationswirkung der in das Handelsregister aufgenommenen Gesellschafterliste gem. § 16 Abs. 1 GmbHG näher unter Rn. 267.

[9] BGH, Urteil vom 25.2.1965, BGHZ 43, 261 (267) (obiter dictum); BGH, Urteil vom 4.12.1967, NJW 1968, 397 = WM 1968, 96.

[10] HM, vgl. nur Baumbach/Hueck, § 47, Rn. 40; Baumbach/Hopt/*Roth*, § 119, Rn. 19, jeweils mit umfangreichen Nachweisen zu Rechtsprechung und Schrifttum. In einem Sonderfall hat es der BGH (Urteil vom 22.2.1960) allerdings für zulässig erachtet, dass einem Nichtgesellschafter im Gesellschaftsvertrag einer OHG ein *zusätzliches* und jederzeit wieder entziehbares Stimmrecht eingeräumt wurde: NJW 1960, 963 = BB 1960, 382.

[11] Vgl. zu den Teilnahmerechten der Gesellschafter und den Auswirkungen deren Missachtung auf die Beschlusswirksamkeit unter Rn. 83 ff.

[12] Vgl. nur BGH, Urteil vom 29.5.1967, BGHZ 48, 163 = WM 1967, 925.

[13] In Betracht kommt insbesondere eine Anfechtung der Stimmabgabe wegen Inhaltsirrtums gemäß § 119 Abs. 1 BGB, wenn dem Gesellschafter hinsichtlich des Beschlussgegenstands bei Stimmabgabe wesentliche Informationen fehlten, oder aber wegen arglistiger Täuschung gemäß § 123 Abs. 1 BGB, wenn solche wesentlichen Informationen von Mitgesellschaftern oder dem Geschäftsführer arglistig vorenthalten worden waren; vgl. hierzu näher unter Rn. 376.

ist gesetzlich nicht geregelt und richtet sich nach der Art des Abstimmungsverfahrens, den vertraglichen Regelungen und den Anordnungen eines Versammlungsleiters in einer Gesellschafterversammlung. Das mit einem Gesellschaftsanteil verbundene **Stimmrecht** kann **nur einheitlich ausgeübt** werden (vgl. auch § 18 Abs. 1 GmbHG). Sind daher mehrere (z.B. eine **Erbengemeinschaft**) an einem Anteil berechtigt, ist deren Stimmabgabe aufgrund dieses Gesellschaftsanteils nur gültig, wenn sich diese mehreren Berechtigten vorab intern über die Stimmabgabe geeinigt oder hierüber durch Mehrheitsbeschluss entschieden und einen Vertreter mit der entsprechenden Stimmabgabe beauftragt haben oder aber die Stimmabgabe eines einzelnen Mitberechtigten nachträglich genehmigen.[14] Alternativ genügt es für die wirksame Stimmabgabe, wenn mehrere Mitberechtigte an einem Anteil zwar konträr abstimmen, zumindest aber die *Mehrheit* dieser Mitberechtigten einheitlich votiert, sofern eine solche Rechtsausübung für die Rechtsgemeinschaft durch die Mehrheit der Mitberechtigten nach deren jeweiligen Innenrecht zulässig ist (wie z.B. gemäß §§ 2038 Abs. 2, 745 Abs. 1 BGB für die Erbengemeinschaft).[15]

Die Stimmabgabe muss im Rahmen einer Abstimmung nicht gleichzeitig erfolgen, was z.B. bei Beschlussfassungen im schriftlichen Umlaufverfahren gar nicht möglich ist. Die Gesellschafter, die zunächst zugestimmt haben, sind bei einer solchen zeitlich gestaffelten Stimmabgabe an ihre eigene Erklärung gebunden, bis der letzte Gesellschafter die Gelegenheit zur Stimmabgabe hatte, wenn sich aus der Erklärung des früher abstimmenden Gesellschafters ein solcher Bindungswille ausdrücklich oder zumindest stillschweigend ergibt.[16]

cc) Umfang des Stimmrechts

35   Der Umfang des Stimmrechts, also die jeweilige **Stimmkraft** eines Gesellschafters, ist häufig im Gesellschaftsvertrag oder der Satzung geregelt. Findet sich ausnahmsweise keine vertragliche Regelung, gilt bei den Personengesellschaften, also der GbR, der PartG, der OHG, der KG oder der GmbH & Co. KG, das Kopfteilprinzip, so dass jeder

---

[14] Vgl. zuletzt z.B. OLG Stuttgart, Beschluss vom 9.9.2014, GmbHR 2015, 192. Kritisch hinsichtlich der nachträglichen Genehmigung z.B. Michalski/*Ebbing*, § 18, Rn. 44.

[15] BGH, Urteil vom 12.6.1989, BGHZ 108, 21; OLG Karlsruhe, Urteil vom 15.4.1994, GmbHR 1995, 824; OLG Jena, Urteil vom 18.4.2012, NZG 2012, 782, mit Anmerkung *Lutz* GWR 2012, 325. Das letztgenannte Urteil des OLG Jena betraf die unterschiedliche Stimmabgabe mehrerer Miterben in einer GmbH-Gesellschafterversammlung. Nach Auffassung des OLG Jena war die Stimmabgabe der Mehrheit der Miterben trotz § 18 Abs. 1 GmbHG wirksam, da diese Mehrheit gemäß §§ 2038 Abs. 2, 745 Abs. 1 BGB zur Stimmrechtsausübung für die Erbengemeinschaft befugt sei. Die Stimmabgabe bedeute dabei – bezogen auf den gesamten Nachlass – grundsätzlich eine Maßnahme der „laufenden Verwaltung". Eine Satzungsregelung, wonach sich mehrere Miterben durch einen gemeinsamen Bevollmächtigten vertreten lassen müssen, stehe der wirksamen Stimmrechtsausübung durch Mehrheitsvotum nur entgegen, wenn ein solcher Vertreter tatsächlich bestellt ist und er die Rechte der Erbengemeinschaft ausüben kann. AA Michalski/*Ebbing*, § 18, Rn. 44, mwNw.

[16] BGH, Urteil vom 19.2.1990, NJW-RR 1990, 798 = BB 1990, 869; OLG Köln, Urteil vom 16.4.1997, NZG 1998, 767.

Gesellschafter eine (gleich gewichtige) Stimme hat (§§ 709 Abs. 2 BGB, 119 Abs. 2 HGB, 6 Abs. 3 S. 2 PartGG). Bei der GmbH richtet sich die Stimmkraft demgegenüber nach dem Anteil am Stammkapital, so dass jeder Euro eines Geschäftsanteils eine Stimme gewährt (§ 47 Abs. 2 GmbHG).[17]

Typische vertragliche Regelungen sind bei der **GbR, PartG, OHG, KG** und **GmbH & Co. KG** Bestimmungen, die den Gesellschaftern in Anlehnung an die gesetzliche Regelung bei der GmbH unterschiedliche Stimmkraft je nach rechnerischen „Kapitalanteilen" zuteilen, die sich ihrerseits z.B. nach der Höhe der Gesellschaftereinlagen richten. Eine solche ungleiche Stimmenverteilung durch Gesellschaftsvertrag ist bei den vorbezeichneten Personengesellschaften zulässig.[18] Weitergehend können die Stimmrechte eines Gesellschafters auch vollständig ausgeschlossen werden, mit der Einschränkung, dass der Stimmrechtsausschluss dann bei Eingriffen in den „**Kernbereich**"[19] des betroffenen Gesellschafters (Beschlussfassung z.B. über eine Änderung seiner Gewinnbeteiligung) nicht wirksam ist.[20] Der vertragliche Stimmrechtsausschluss ist insbesondere für die Komplementär-GmbH in einer GmbH & Co. KG verbreitet, vor allem bei einer personen- und beteiligungsgleichen GmbH & Co. KG (die Gesellschafter der GmbH und die Kommanditisten der KG sind mit jeweils gleichen Beteiligungsquoten identisch).[21] Auch bei der **GmbH** ist die gesetzliche Regelung dispositiv, so dass die Gesellschafter in der Satzung die jeweilige Stimmkraft abweichend von der Stammkapitalbeteiligung gestalten oder das Stimmrecht eines Gesellschafters sogar ganz ausschließen können.[22]

35a

---

[17] Gleiches, also Bemessung der Stimmkraft nach der Höhe des Stammkapitalanteils, gilt für eine GmbH, deren Stammkapital noch nicht in Euro lautet. Vgl. zu den entsprechenden Übergangsvorschriften für solche Altgesellschaften, die vor dem 31.12.2001 ins Handelsregister eingetragen wurden, nur Baumbach/Hueck, § 47, Rn. 72.

[18] Vgl. nur BGH, Urteil vom 24.11.2008, BGHZ 179, 13 = NJW 2009, 183 = NZG 2009, 183 = GmbHR 2009, 163 („Schutzgemeinschaftsvertrag II"), für eine GbR.

[19] Vgl. zum Begriff des „Kernbereichs" der Gesellschafterrechte in Personengesellschaften näher unter Rn. 68.

[20] BGH, Urteil vom 14.5.1956, BGHZ 20, 363, für den Stimmrechtsausschluss eines Kommanditisten; BGH, Urteil vom 24.5.1993, NJW 1993, 2100 = GmbHR 1993, 591, für den Ausschluss der Stimmrechte der Komplementär-GmbH in einer GmbH & Co. KG. Nach Auffassung des BGH ist allerdings bei Personengleichheit (die Kommanditisten sind zugleich die GmbH-Gesellschafter) der Ausschluss der Stimmrechte selbst bei Eingriff in den Kernbereich der Mitgliedschaftsrechte der GmbH zulässig. Die Zulässigkeit des vertraglichen Stimmrechtsausschlusses für OHG-Gesellschafter ist teilweise streitig (vgl. nur Baumbach/Hopt/*Roth*, § 119, Rn. 13, mwN).

[21] Vgl. auch BGH, Urteil vom 24.5.1993, NJW 1993, 2100 = GmbHR 1993, 591.

[22] BGH, Urteil vom 14.7.1954, BGHZ 14, 264. Anders als bei Personengesellschaften kann dieser Stimmrechtsausschluss für alle Beschlussangelegenheiten, somit auch für Satzungsänderungen, die in die Gesellschafterrechte des betroffenen Gesellschafters eingreifen, vereinbart werden; vgl. nur Baumbach/Hueck, § 47, Rn. 70a; Scholz/*K.Schmidt*, § 47, Rn. 11; Lutter/Hommelhoff, § 47, Rn. 5.

b) Stimmrechtsausübung durch Vertreter

36 Im Unterschied zur isolierten Übertragung von Stimmrechten ist die Ausübung von Stimmrechten durch Vertreter grundsätzlich zulässig.

Dies gilt notwendiger Weise zunächst unproblematisch für **gesetzliche Vertreter**, also die Ausübung der Teilnahme- und Stimmrechte von juristischen Personen oder Personenhandelsgesellschaften durch deren eigene Geschäftsführungsorgane. Ist eine GbR oder PartG Gesellschafterin einer anderen Gesellschaft, wird sie bei der Wahrnehmung der Teilnahme- und Stimmrechte in ihrer Tochtergesellschaft durch die eigenen geschäftsführenden Gesellschafter vertreten. Ist eine Erbengemeinschaft Gesellschafterin, wie insbesondere nach einer Erbfolge in einen GmbH-Geschäftsanteil oder einen Kommanditanteil, wird das Stimmrecht grundsätzlich durch alle Miterben gemeinschaftlich ausgeübt (§ 2038 Abs. 1 S. 1 BGB); nur im Notfall kann ein Miterbe alleine handeln (§ 2038 Abs. 1 S. 2, 2. HS BGB).[23] Das Stimmrecht der Erbengemeinschaft kann grundsätzlich jedoch auch durch eine Mehrheit der Miterben wirksam ausgeübt werden, selbst wenn einzelne Miterben abweichend votieren.[24] Dies kann zu erheblicher Rechtsunsicherheit führen, da die Wirksamkeit einer Stimmabgabe somit von den internen Mehrheitsverhältnissen der Mitberechtigten und dem Beschlussgegenstand abhängen können. Die Art und Weise, wie eine Erbengemeinschaft Teilnahme- und Stimmrechte als Gesellschafterin auszuüben hat, sollte daher schon aus Gründen der Streitvermeidung verbindlich und abschließend im Gesellschaftsvertrag oder der Satzung näher geregelt werden.[25]

37 Die Stimmrechtsausübung durch **rechtsgeschäftlich bestellte Vertreter** ist grundsätzlich ebenfalls zulässig, bildet jedoch ein typisches Feld für Streitigkeiten und Beschlussmängel.[26] Bei der **GbR, PartG, OHG, KG** und **GmbH & Co. KG** ist die Stimmrechtsausübung durch Vertreter zwar von Gesetzes wegen ausgeschlossen, da das Stimmrecht als höchstpersönliches Recht nur vom Gesellschafter selbst ausgeübt werden soll.[27] Die Stimmabgabe durch einen nichtberechtigten gewillkürten Vertreter ist nicht genehmigungsfähig und führt zur Nichtigkeit des betreffenden Gesellschafterbeschlusses.[28] Die Stellvertretung bei der Stimmrechtsausübung kann jedoch (wie praktisch häufig) generell im Gesellschaftsvertrag oder, mit Zustimmung aller Gesellschafter, auch

---

[23] Vgl. für einen solchen Sonderfall z.B. BGH, Urteil vom 12.6.1989, BGHZ 108, 21 = NJW 1989, 2694 = GmbHR 1989, 329 = BB 1989, 1496.
[24] Vgl. näher unter Rn. 34.
[25] Vgl. hierzu unter Rn. 544 ff.
[26] Die Stimmrechtsausübung durch Bevollmächtigte ist dabei zu unterscheiden von der sog. „Legitimationszession", also der Ermächtigung eines anderen, die Stimmrechte im eigenen Namen für den Gesellschafter auszuüben (was z.B. in der Übergangsphase während einer aufschiebend bedingten Anteilsübertragung relevant werden kann). Die Zulässigkeit einer solchen Ermächtigung zur Stimmrechtsausübung ist strittig; vgl. für die Personenhandelsgesellschaften nur Baumbach/Hopt/*Roth*, § 119, Rn. 19 und (widersprüchlich) Rn. 20, sowie für die GmbH Baumbach/Hueck, § 47, Rn. 41, jeweils mit Nachweisen aus der Rechtsprechung. Die Frage der Zulässigkeit der Legitimationszession wurde vom BGH offengelassen im Urteil vom 11.2.2008, NZG 2008, 468 = GmbHR 2008, 702.
[27] BGH, Urteil vom 1.12.1969, NJW 1970, 706 = BB 1970, 225.
[28] OLG München, Urteil vom 7.3.2012, Az. 7 U 3453/11, BeckRS 2012, 05719.

ad hoc im Einzelfall zugelassen werden. In besonderen Ausnahmefällen können die Gesellschafter aufgrund Treuepflicht sogar verpflichtet sein, die Vertretung eines aus triftigen Gründen verhinderten Mitgesellschafters durch einen vertrauenswürdigen Dritten zu gestatten.[29] Bei der **GmbH** ist die Möglichkeit der Stimmrechtausübung durch Bevollmächtigte demgegenüber gesetzlich vorgesehen, § 47 Abs. 3 GmbHG. Die Bestimmung ist allerdings dispositiv, so dass die Satzung die Stimmrechtsausübung durch Bevollmächtigte erheblich einschränken oder (abgesehen von singulären Ausnahmefällen, in denen die Treuepflicht die Zulassung eines Bevollmächtigten bei der Abstimmung ausnahmsweise gebietet) auch ganz ausschließen kann.[30] Fehlt eine Satzungsbestimmung zur Stimmrechtsvertretung, kann der Vertreter nur bei Vorliegen besonderer Umstände und eines wichtigen Grundes durch bloßen Mehrheitsbeschluss von der Teilnahme an der Gesellschafterversammlung und der Stimmabgabe ausgeschlossen werden.[31]

aa) Streit über die Zulassung von Bevollmächtigten bei der Abstimmung

Sofern der Gesellschaftsvertrag einer Personengesellschaft die Stimmrechtsausübung bzw. Teilnahme an Abstimmungen durch Bevollmächtigte zulässt oder die Stimmrechtsausübung durch Vertreter (und deren entsprechende Teilnahme an Abstimmungen) in der GmbH durch Satzungsbestimmung nicht ausgeschlossen wurde, ergeben sich häufig Probleme bzw. Konflikte im Zusammenhang mit der **Person des Vertreters** und der **Form der Vollmachtsurkunde**.

38

Der **Personenkreis möglicher Vertreter** ist in Gesellschaftsverträgen bzw. Satzungen häufig eingeschränkt, typischerweise auf Mitgesellschafter[32] oder auf Personen, die von Berufs wegen der Verschwiegenheit unterliegen (wie Rechtsanwälte, Wirtschaftsprüfer oder Steuerberater). Sofern der Vertreter, der in der Gesellschafterversammlung erscheint, diese persönlichen Anforderungen nicht erfüllt, kann er vom Versammlungsleiter oder (bei dessen Fehlen) von den anwesenden Mitgesellschaftern zurückgewiesen werden, ohne dass dies einen Beschlussmangel begründete.[33] Wird der Bevollmächtigte

---

[29] BGH, Urteil vom 1.12.1969, NJW 1970, 706 = BB 1970, 225, für die Vertretung einer krankheitsbedingt verhinderten Gesellschafterin durch ihren Ehemann. Weitergehend offenbar MüKoHGB/*Enzinger*, § 119, Rn. 19, wonach die Stimmrechtsvertretung durch Rechtsanwälte, Wirtschaftsprüfer oder Steuerberater auch ohne ausdrückliche Zulassung im Gesellschaftsvertrag „jedenfalls zulässig" sei.

[30] Lutter/Hommelhoff, § 47, Rn. 21; einschränkend Baumbach/Hueck, § 47, Rn. 44; Michalski/*Römermann*, § 47, Rn. 444 ff.; enger Scholz/*K. Schmidt*, § 47, Rn. 96 f.

[31] OLG München, Urteil vom 26.1.2011, GmbHR 2011, 590. Die Teilnahme und Stimmrechtsausübung von *Vertretern* ist zu unterscheiden von der *zusätzlichen* Teilnahme von *Beratern* eines Gesellschafters, die – im Gegenteil – grundsätzlich der besonderen Zulassung durch Satzungsbestimmung oder durch Gesellschafterbeschluss bedarf, vgl. näher unter Rn. 122 ff.

[32] Was bereits das RG in einem Urteil vom 12.11.1912 (RGZ 80, 385, (388)) für die GmbH als zulässig angesehen hat.

[33] Etwas anderes mag auch hier in singulären Ausnahmefällen gelten, wenn dem objektiv verhinderten Gesellschafter die vertraglich vorgesehene Vertreterbestellung unmöglich oder unzumutbar war (z.B. die Vertretung durch einen Mitgesellschafter, mit dem er im Streit steht) und die Zulassung des anwesenden Stimmrechtsvertreters daher aus Gründen der gesellschaftsrechtlichen Treuepflicht geboten war (vgl. hierzu BGH, Urteil vom 1.12.1969, NJW 1970, 706 = BB 1970, 225).

eines Gesellschafters demgegenüber zu Unrecht von der Abstimmung ausgeschlossen, ist die betreffende Beschlussfassung bei der GbR, PartG, OHG oder KG/GmbH & Co. KG wegen der Verletzung der Teilnahmerechte des vertretenen Gesellschafters nichtig und bei der GmbH anfechtbar unwirksam. Werden an die Person des Vertreters laut Gesellschaftsvertrag oder Satzung demgegenüber keine besonderen Anforderungen gestellt, kann der Gesellschafter seinen Bevollmächtigten grundsätzlich frei wählen.[34]

39 Weitere potenzielle Konflikte ergeben sich im Zusammenhang mit den **Formerfordernissen für die Vollmachtsurkunde**. Sofern der Gesellschaftsvertrag einer Personengesellschaft die Stimmrechtsausübung durch Vertreter überhaupt zulässt, ist dies meist mit der Anforderung kombiniert, wonach der Vertreter eine **schriftliche Vollmacht** vorzulegen habe. Bei der GmbH schreibt § 47 Abs. 3 GmbHG für die „Gültigkeit" der Vollmacht demgegenüber nur **Textform** vor, gemäß § 126 b BGB also eine Vollmachtsurkunde, in der die Person des Vollmachtgebers genannt und der Abschluss der Erklärung erkennbar gemacht ist (z.B. durch Nachbildung der Unterschrift, Datumsangabe oder Grußformel). Anders als bei der Schriftform (§ 126 BGB) bedarf es insbesondere keiner Unterschrift des Vollmachtgebers, so dass die Teilnahme- bzw. Stimmrechtsvollmacht auch mittels Fax oder Email ausgestellt werden kann. Jedoch ist für den vollmachtgebenden Gesellschafter Vorsicht geboten, da auch GmbH-Satzungen für die Vertreterbestellung häufig ein Schriftformerfordernis aufstellen.

40 Fraglich sind die **Rechtsfolgen von Formfehlern bei der Vollmachtsurkunde**. Sofern der Vertreter in der Gesellschafterversammlung eine formgültige Vollmacht vorlegen konnte und auch im Übrigen wirksam bevollmächtigt war (vgl. zu Problemen bei der Vertretungsmacht nachfolgend unter Rn. 42 ff.), führt der unberechtigte Ausschluss von der Abstimmung zur **Verletzung des Teilnahmerechts** des vertretenen Gesellschafters und begründet daher (bei Personengesellschaften) die Nichtigkeit bzw. (bei der GmbH) die Anfechtbarkeit der gefassten Beschlüsse. Sofern der Vertreter demgegenüber keine Vollmachtsurkunde vorlegen kann, die den vertraglichen oder gesetzlichen Anforderungen entspricht, muss er – zumindest im Regelfall – nicht zur Abstimmung zugelassen werden. Etwas anderes gilt auch hier ausnahmsweise dann, wenn die Berufung auf den Formmangel der Vollmachtsurkunde gemäß § 242 BGB treuwidrig wäre. So hielt der BGH z.B. eine Stimmrechtsvollmacht trotz fehlender, vertraglich vorgeschriebener Schriftform für gültig, nachdem sie in einer Gesellschafterversammlung „*in Anwesenheit aller Beteiligten erteilt*" und „*bloß unbegründete rechtliche Bedenken gegen sie erhoben*" worden waren.[35] Desgleichen hielt z.B. das KG Berlin eine mündlich erteilte Stimmrechtsvollmacht bei einer GmbH trotz des Textformerfordernisses des § 47 Abs. 3 GmbHG für rechtswirksam, „*wenn die Vollmachtserteilung sämtlichen Gesellschaftern bekannt ist und niemand Widerspruch erhebt*".[36] Laut OLG Hamm[37] ist die Schriftformklausel für die Vollmachtserteilung im Gesellschaftsvertrag insgesamt „*restriktiv auszulegen*", so dass die Einhaltung der Schriftform (jedenfalls für die Erteilung einer Untervollmacht) entbehrlich ist, wenn den Gesellschaftern anderweitig „*positiv bekannt ist*",

---

[34] Auch hier sind wiederum singuläre Ausnahmefälle denkbar, in denen die Person des Vertreters trotzdem ausnahmsweise von der Abstimmung ausgeschlossen werden kann, ohne die Wirksamkeit der Beschlussfassung zu gefährden, etwa weil es sich bei dem Vertreter um einen direkten Konkurrenten der Gesellschaft handelt, vgl. nur Baumbach/Hueck, § 47, Rn. 45, mwN aus dem Schrifttum.

[35] BGH, Urteil vom 14.12.1967, BGHZ 49, 183 = WM 1968, 218.

[36] KG Berlin, Urteil vom 10.3.2000, NZG 2000, 787. Vgl. auch OLG Brandenburg, Urteil vom 29.7.1998, GmbHR 1998, 1037 = NJW-RR 1999, 543, wonach die Zurückweisung einer Stimmrechtsvollmacht wegen Verletzung der gesellschaftsrechtlichen Treuepflicht rechtswidrig ist, wenn sie sich nur als ein „*Beharren auf einer formalen Rechtsstellung erweist*" (wobei der Vertreter im entschiedenen Fall sogar eine schriftliche, also formgültige Vollmacht vorlegen konnte, die lediglich in italienischer Sprache abgefasst war).

[37] Urteil vom 3.8.2009, GWR 2009, 345.

dass der gesetzliche Vertreter des Gesellschafters eine entsprechende Untervollmacht erteilt hatte. Das gleiche Ergebnis (d.h. Gültigkeit der Vertreterbestellung) muss dann gelten, wenn der Gesellschafter seine Teilnahme- und Stimmrechte durch einen Prokuristen wahrnehmen lässt, der zwar möglicherweise nicht die spezifischen Anforderungen an die Person des Vertreters laut Gesellschaftsvertrag oder Satzung erfüllt und auch keine schriftliche Vollmacht mitführt, sich jedoch durch Vorlage eines Handelsregisterauszugs legitimieren kann.

Kann der Vertreter demgegenüber zweifelsfrei **keine formgültige Vollmacht** in der Gesellschafterversammlung vorlegen und ist die Gesellschafterversammlung aus den vorstehend genannten Gründen nicht ausnahmsweise verpflichtet, den Vertreter trotzdem zuzulassen, kann er von der **Teilnahme an der Abstimmung ausgeschlossen** werden. Nimmt er demgegenüber an der Beschlussfassung teil, etwa weil das Fehlen der Vollmachtsurkunde zunächst nicht bemerkt oder gerügt worden war, weisen die betreffenden Beschlüsse grundsätzlich einen Mangel auf: Der vertretene Gesellschafter hat die Möglichkeit, eine formgültige Vollmacht nachzureichen und das Vertreterhandeln zu genehmigen (§§ 180 S. 2, 177 Abs. 1 BGB).[38] Geschieht dies nicht und kam es für einen Beschluss auf die Vertreterstimme an, ist der betreffende Beschluss abschließend fehlerhaft und bei der GbR, PartG, OHG oder KG/GmbH & Co. KG nicht wirksam zustandegekommen bzw. bei der GmbH anfechtbar unwirksam.[39]

41

bb) Stimmrechtsvertretung ohne Vertretungsmacht

(1) Vollmachtsmangel

Die Teilnahme eines **Stimmrechtsvertreters ohne Vertretungsmacht** an der Abstimmung kann zur Unwirksamkeit der gefassten Beschlüsse führen. Für das Fehlen der Vertretungsmacht sind verschiedene Gründe denkbar: Die in der Gesellschafterversammlung behauptete Vollmacht kann entweder vollständig fehlen oder hinsichtlich der Beschlussgegenstände nicht weit genug sein. Nach wohl hM ist die Vollmacht ferner dann unwirksam, wenn sie nicht in der vertraglich oder gesetzlich vorgeschriebenen

42

---

[38] BayObLG, Urteil vom 8.12.1989, NJW-RR 1989, 807 = GmbHR 1989, 252, für die Stimmabgabe in einer GmbH; vgl. auch OLG Frankfurt a.M., Urteil vom 24.2.2003, GmbHR 2003, 415 = NZG 2003, 438 (für die Stimmabgabe eines vollmachtlosen Vertreters zur Satzungsänderung in einer GmbH). ME müsste die nachträgliche Genehmigung des Vertreterhandelns in einem solchen Fall (Fehlen einer laut Gesellschaftsvertrag *formgültigen* Vollmacht) entgegen OLG München, Urteil vom 7.3.2012, Az. 7 U 3453/11, BeckRS 2012, 05719, auch bei Abstimmungen in Personengesellschaften möglich sein. Auf die Form der Vollmachtsurkunde kommt es hier ohnedies nur an, wenn der Gesellschaftsvertrag die Stimmrechtsvertretung überhaupt zulässt (andernfalls die betreffende Vertretung anders als in der GmbH bereits wegen der höchstpersönlichen Natur des Stimmrechts ausgeschlossen ist). Sofern sich die Gesellschafter im Gesellschaftsvertrag grundsätzlich für die Zulassung einer Stimmrechtsvertretung durch Bevollmächtigte entschieden haben, sollte der bloße Formmangel der Vollmachtserteilung wie in der GmbH daher durch nachträgliche Genehmigung heilbar sein.

[39] Hinsichtlich der praktischen Auswirkung kommt es daher nicht entscheidend auf die Rechtsfrage an, ob die Einhaltung der Schrift- oder Textform Wirksamkeitsvoraussetzung für die Stimmrechtsvollmacht ist (wohl hM, vgl. nur Baumbach/Hueck, § 47, Rn. 51; Lutter/Hommelhoff, § 47, Rn. 25) oder nur der formellen Legitimation des Vertreters – ohne Einfluss auf die Wirksamkeit der Vollmacht – dient (vgl. vor allem Scholz/*K. Schmidt*, § 47, Rn. 89), da der Vertreter bei nachträglichen Zweifeln entweder eine ursprüngliche schriftliche Vollmacht nachreicht (und somit zugleich seine Vollmacht dokumentiert) oder der vertretene Gesellschafter die Stimmabgabe nachträglich gemäß §§ 180 S. 2, 177 Abs. 1 BGB schriftlich genehmigt und somit zugleich Vollmachts- und Formmangel heilen kann. Unterbleibt demgegenüber beides, ist der unter Teilnahme des Vertreters gefasste Beschluss nach einhelliger Meinung nichtig bzw. anfechtbar unwirksam, wenn es für das Beschlussergebnis auf die Stimmabgabe des (vollmachtlosen) Vertreters ankam.

Form erteilt wurde.[40] Sofern der Bevollmächtigte trotzdem an der Abstimmung teilgenommen hat, ist seine Stimmabgabe schwebend unwirksam; sie kann vom vertretenen Gesellschafter nachträglich genehmigt werden.[41] Unterbleibt diese nachträgliche Genehmigung, ggf. nach Aufforderung durch einen Versammlungsleiter oder einen Teilnehmer der Gesellschafterversammlung (§ 177 Abs. 2 BGB), bleibt es bei der Unwirksamkeit der Stimmabgabe durch den Vertreter, so dass dessen Stimmen für das Beschlussergebnis nicht mitgezählt werden dürfen. Kommt es für ein Beschlussergebnis auf diese Vertreterstimme an, ist der betreffende Beschluss von Anfang an nicht wirksam zustande gekommen, was durch Feststellungsklage oder bei der GmbH durch Anfechtungs- oder Beschlussfeststellungsklage geklärt werden kann.[42]

(2) Insichgeschäft gemäß § 181 BGB

43 Der Vollmachtsmangel bei der Stimmabgabe kann auch daraus resultieren, dass der Stimmrechtsvertreter gegen das **Verbot des Selbstkontrahierens bzw. der Mehrfachvertretung gemäß § 181 BGB** verstoßen hat. Diese Konstellation ist insbesondere dann denkbar, wenn der Bevollmächtigte bei der Stimmabgabe einen Mitgesellschafter vertritt, etwa weil laut Gesellschaftsvertrag oder Satzung gerade nur Mitgesellschafter als Stimmrechtsvertreter zugelassen sind. Die Stimmabgabe in einer Gesellschafterversammlung erfolgt in diesem Fall sowohl in Vertretung des Mitgesellschafters als auch zugleich im eigenen Namen. Das Verbot von Insichgeschäften gemäß § 181 BGB ist für die Stimmabgabe (als Willenserklärung) grundsätzlich anwendbar, mit Rücksicht auf den Schutzzweck der Vorschrift jedoch nicht hinsichtlich aller Beschlussgegenstände: Sofern eine Abstimmung lediglich Maßnahmen der laufenden Geschäftsführung betrifft, kann ein Gesellschafter ohne Beschränkung seiner Vollmacht zugleich im eigenen Namen und als Vertreter eines Mitgesellschafters abstimmen.[43] Demgegenüber findet § 181 BGB in jedem Fall Anwendung bei Beschlussfassungen über Änderungen des Gesellschaftsvertrags oder Satzungsänderungen.[44] Unter das Verbot

---

[40] Vgl. hierzu näher unter Rn. 41 aE.

[41] Vgl. die Rechtsprechungsnachweise in Fn. 27. **AA** OLG München, Urteil vom 7.3.2012, Az. 7 U 3453/11, BeckRS 2012, 05719, für die Stimmrechtsvertretung in der Gesellschafterversammlung einer OHG, bei der im Gesellschaftsvertrag keine Regelung zur Stimmrechtsausübung durch Vertreter getroffen war: Die Stimmabgabe für den Vertreter könne wegen der Höchstpersönlichkeit des Stimmrechts auch nicht nachträglich genehmigt werden.

[42] Vgl. hierzu näher unter Rn. 604 ff.

[43] BGH, Urteil vom 18.9.1975, BGHZ 65, 93 = NJW 1976, 49, wonach der Schutzzweck des § 181 BGB bei „*gewöhnlichen Gesellschafterbeschlüssen im Allgemeinen nicht zum Tragen*" kommt. Ebenso BGH, Urteil vom 24.9.1990, BGHZ 112, 339 = NJW 1991, 691 = GmbHR 1991, 60 = BB 1991, 85, wonach „*Maßnahmen der Geschäftsführung und sonstige gemeinsame Gesellschaftsangelegenheiten nicht vom Normzweck des § 181 BGB erfasst werden*".

[44] BGH, Urteil vom 24.11.1995, BGHZ 66, 82 = WM 1976, 472, für die Änderung des Gesellschaftsvertrags einer KG (Erhöhung der Kapitalbeteiligungen); BGH, Urteil vom 6.6.1988, NJW 1989, 168 = GmbHR 1988, 337 = BB 1988, 1618, für die Satzungsänderung bei einer GmbH. Das Verbot des Insichgeschäfts erstreckt sich dementsprechend auch auf andere, das Gesellschaftsverhältnis modifizierende Beschlüsse, wie etwa einen Auflösungsbeschluss.

des Insichgeschäfts fallen ferner Abstimmungen, die die Entscheidung über Verträge mit dem Stimmrechtsvertreter betreffen. Einen wichtigen Anwendungsfall des § 181 BGB für Stimmabgaben bildet schließlich die Bestellung eines Gesellschafters zum Geschäftsführer. Ein Gesellschafter kann sich *nicht* mit den Stimmen eines von ihm vertretenen Gesellschafters zum Geschäftsführer bestellen, wenn er nicht von den Vollmachtsbeschränkungen des § 181 BGB befreit wurde.[45]

Der Vollmachtgeber kann vom **Verbot des Insichgeschäfts** gemäß § 181 BGB zusammen mit der Bevollmächtigung **Befreiung erteilen**. Die Gestattung des Selbstkontrahierens oder der Mehrfachvertretung kann ausdrücklich, aber auch schlüssig erklärt werden. Eine solche stillschweigende Befreiung ist insbesondere dann anzunehmen, wenn die Stimmrechtsvollmacht ohne jede Einschränkung für einen bestimmten Beschlussgegenstand oder einen bestimmten Tagesordnungspunkt in einer Gesellschafterversammlung (wie etwa eine Satzungsänderung oder eine Geschäftsführerbestellung des Bevollmächtigten) erteilt worden ist.[46]

44

Ohne wirksame Befreiung handelt der Vertreter bei der **Stimmabgabe** ohne Vertretungsmacht; diese ist **bis** zu einer **möglichen Genehmigung** durch den vertretenen Gesellschafter gemäß § 177 Abs. 1 BGB **schwebend unwirksam** (vgl. zu den Folgen unter Rn. 41). Sofern der Vollmachtsmangel demgegenüber bereits vor der Abstimmung aufgedeckt oder moniert wird, kann der Stimmrechtsvertreter zu Recht von der Teilnahme an der Abstimmung ausgeschlossen werden.

45

cc) Streit zwischen Vollmachtgeber und Stimmrechtsbevollmächtigten

Im Zusammenhang mit Stimmrechtsvollmachten sind schließlich Konfliktfälle zwischen dem Vollmachtgeber und dem Bevollmächtigten selbst denkbar. Entsprechende Konflikte können sich insbesondere bei zeitlich unbefristeten oder gar unwiderruflichen Stimmrechtsvollmachten ergeben, wenn also z.B. der Vollmachtgeber mit seinem bevollmächtigten Mitgesellschafter nach Vollmachtserteilung in Streit gerät und er die für ihn interessenwidrige Stimmabgabe des Bevollmächtigten verhindern will. Der Vollmachtgeber kann die Stimmabgabe durch den Vertreter in diesem Fall unterbinden, indem er entweder die **Vollmacht** – soweit zulässig – ausdrücklich **widerruft** und diesen Widerruf den Mitgesellschaftern bzw. der Gesellschafterversammlung rechtssicher zur Kenntnis bringt oder aber **selbst an der** betreffenden **Abstimmung** bzw. Gesellschafterversammlung **teilnimmt**. Die eigene Stimmabgabe des Vertretenen hat immer Vorrang vor der Stimmabgabe des Bevollmächtigten, da die Vollmacht die Befugnis zur eigenen Stimmrechtsausübung in der Gesellschafterversammlung unberührt lässt.[47] Die eigene Teilnahme des Vollmachtgebers an der Abstimmung bzw. Gesell-

46

---

[45] BGH, Urteil vom 24.9.1990, BGHZ 112, 339 = NJW 1991, 691 = GmbHR 1991, 60 = BB 1991, 85, für die Geschäftsführerbestellung in einer GbR; BayObLG, Urteil vom 17.11.2000, NZG 2001, 128 = GmbHR 2001, 72, wo das BayObLG zugleich bestätigt, dass § 181 BGB auch für den gesetzlichen Vertreter der Muttergesellschaft gilt, der sich in der Tochtergesellschaft mit den Stimmen der Muttergesellschaft (selbst) zum Geschäftsführer bestellen will.

[46] BGH, Urteil vom 24.9.1990, BGHZ 112, 339 = NJW 1991, 691 = GmbHR 1991, 60; vgl. auch BGH, Urteil vom 6.6.1988, NJW 1989, 168 = GmbHR 1988, 337.

[47] BGH, Urteil vom 14.5.1956, BGHZ 20, 363 = WM 1956, 857, für eine KG.

schafterversammlung ist in solchen Streitfällen aus Gründen der Rechtssicherheit auch dann dringend geboten, wenn er ausnahmsweise eine unwiderrufliche Stimmrechtsvollmacht erteilt hatte, denn es ist streitig, ob eine solche „unwiderrufliche Vollmacht" von vornherein unwirksam[48] oder aber zulässig ist und nur aus „wichtigem Grund" widerrufen werden kann.[49]

c) Stimmrechtsausschluss

47 Gesetzliche und vertragliche Stimm*verbote* sowie – spiegelbildlich entsprechend – Stimm*verpflichtungen* spielen in Gesellschafterstreitigkeiten eine zentrale Rolle, da häufig nur durch einen solchen Stimmrechtsausschluss oder eine solche Stimmrechtsbeschränkung bei einzelnen Gesellschaftern die erforderliche Mehrheit für streitige Entscheidungen erlangt bzw. durchgesetzt werden kann. Praktisch besonders relevant ist z.B. die Konstellation, dass die streitige Abberufung eines Gesellschafter-Geschäftsführers in der GmbH oder die Ausschließung durch Beschluss nur dadurch erreicht werden kann, dass der betroffene Gesellschafter wegen Vorliegens eines „wichtigen Grundes" in seiner Person vom Stimmrecht ausgeschlossen ist.[50]

aa) Überblick

48 Gesellschafter sind in besonders gravierenden Fällen einer **Interessenkollision** zwischen ihren **eigenen, individuellen Interessen** und den **Interessen der Gesellschaft** von Gesetzes wegen vom **Stimmrecht ausgeschlossen**. Die gesetzlichen Vorschriften sind dabei, insbesondere hinsichtlich Personengesellschaften, rudimentär: §§ 712 Abs. 1, 715 BGB schließen bei der **GbR** mittelbar das Stimmrecht für solche Gesellschafter aus, denen mittels Beschlusses die Sonderbefugnis zur Geschäftsführung und Vertretung der Gesellschaft entzogen werden soll, da hierüber nur die „*übrigen Gesellschafter*" abzustimmen haben. Gleiches gilt gemäß § 737 S. 1 BGB für den Ausschluss eines Gesellschafters aus wichtigem Grund. Der entsprechende gesetzliche Stimmrechtsausschluss findet sich für die **OHG** und **KG** sowie die **PartG** (über die Verweisungen in §§ 6 Abs. 3 S. 2, 9 Abs. 1 PartGG) in §§ 117, 127 HGB (betreffend die Klage auf Entziehung von Geschäftsführungsbefugnis und Vertretung) und § 140 HGB (betreffend die Klage auf Ausschließung eines Gesellschafters aus wichtigem Grund). Für die **GmbH** sind in § 47 Abs. 4 GmbHG weitere wichtige Beschlussgegenstände genannt, bei denen der betroffene Gesellschafter wegen eines erheblichen Interessenkonflikts nicht mitstimmen darf, nämlich neben der Entscheidung über die Vornahme eines Rechtsgeschäfts mit diesem Gesellschafter oder über die Einleitung oder Erledigung eines Rechtsstreits gegenüber

---

[48] So z.B. Lutter/Hommelhoff, § 47, Rn. 24.
[49] Vgl. z.B. KG Berlin, Urteil vom 11.12.1998, NZG 1999, 446, wonach die unwiderrufliche bzw. „verdrängende" Vollmacht zur Stimmrechtsausübung nur dann wegen Umgehung des Abspaltungsverbots unwirksam ist, wenn der vollmachtgebende Gesellschafter zugleich auch einen Stimmrechtsverzicht erklärt hat. Vgl. auch Baumbach/Hueck, § 47, Rn. 50, mwN aus dem Schrifttum.
[50] Vgl. für die Abberufung näher unter Rn. 155 ff. sowie für die Ausschließung aus „wichtigem Grund" unter Rn. 274 ff.

dem Gesellschafter insbesondere auch die Abstimmung über dessen Entlastung als Geschäftsführer.

Nach Auffassung des BGH ist dieses Stimmverbot bei der Beschlussfassung über die Entlastung eines Gesellschafters, also die Billigung oder Missbilligung seiner Geschäftsführung, *„über den Gesetzeswortlaut hinaus für alle Gesellschafterbeschlüsse generalisierungsfähig, die darauf abzielen, das Verhalten eines Gesellschafters ähnlich wie bei der Entlastung des Geschäftsführers zu billigen oder zu missbilligen"*[51] (**Verbot des „Richtens in eigener Sache"**). Bereits das Reichsgericht hatte entschieden, dass die in § 47 Abs. 4 GmbHG normierten Stimmverbote bei Interessenkollision eines Gesellschafters über die GmbH hinaus auch in anderen, jedenfalls personalistisch strukturierten Gesellschaften entsprechend gelten.[52] Die Rechtsprechung zu den gesetzlichen Stimmverboten, gestützt auf § 47 Abs. 4 GmbHG, gilt daher grundsätzlich unterschiedslos für die gleichen oder vergleichbaren Beschlussgegenstände bei Beschlussfassung in der GbR, PartG, OHG, KG oder GmbH & Co. KG.

Entgegen einem in der Praxis verbreiteten Missverständnis hat der betroffene Gesellschafter **trotz Stimmverbots** ein **Teilnahmerecht an der Beschlussfassung**. Ein Gesellschafter ist somit auch dann zu einer Gesellschafterversammlung zu laden und hat das Recht, an dieser Versammlung teilzunehmen, wenn teilweise oder gar vollständig Beschlussgegenstände behandelt werden sollen, bei denen er einem Stimmverbot unterliegt. Sofern solche Beschlüsse außerhalb einer Gesellschafterversammlung gefasst werden sollen, etwa im schriftlichen Verfahren, ist die – meist vertraglich geregelte – Zustimmung zu diesem besonderen Beschlussverfahren auch von dem Gesellschafter einzuholen, der aufgrund Stimmverbots nicht mitstimmen darf bzw. nicht wirksam abstimmen kann.

bb) Fallbeispiele

Nicht jeder mögliche Interessenkonflikt zwischen Gesellschafter und Gesellschaft führt automatisch zum Stimmrechtsausschluss des betreffenden Gesellschafters. Ein solches weites Verständnis der Bestimmung in § 47 Abs. 4 ginge laut BGH auf Kosten der Rechtssicherheit und behinderte ein sachgerechtes Zusammenwirken der Gesellschafter nach dem Gewicht ihrer Beteiligungen.[53] In der Rechtsprechung sind deshalb auf der Grundlage von § 47 Abs. 4 GmbHG Fallgruppen gebildet worden, in denen ein Stimm-

---

[51] BGH, Urteil vom 20.1.1986, BGHZ 97, 28 (33) = NJW 1986, 2051 = GmbHR 1986, 156; vgl. auch BGH, Urteil vom 7.2.2012, NZG 2012, 625 = BB 2012, 1230, wonach ein Gesellschafter bei Beschlussfassungen über seine Entlastung, die Einleitung eines Rechtsstreits oder die außergerichtliche Geltendmachung von Ansprüchen sowie seine Befreiung von einer Verbindlichkeit auch im Personengesellschaftsrecht einem Stimmverbot unterliegt; vgl. auch OLG München, Urteil vom 27.8.2009, NZG 2009, 1267.

[52] RG, Urteil vom 3.5.1932, RGZ 136, 236 (245), für eine GbR; RG, Urteil vom 20.12.1939, RGZ 162, 370 (372), für eine OHG.

[53] Urteil vom 10.2.1977, BGHZ 68, 107 = NJW 1977, 850; vgl. auch OLG München, Urteil vom 26.1.2011, GmbHR 2011, 590. Für eine restriktive Anwendung des § 47 Abs. 4 GmbHG in Personengesellschaften bei einfachen Interessenkonflikten eines Gesellschafters, die nicht der Fallgruppe des „Richtens in eigener Sache" zuzuordnen sind, z.B. auch *Westermann*, aaO (Schrifttumsnachweise vor Rn. 29), Seite 1125.

rechtsausschluss wegen einer typischerweise bestehenden, relevanten Interessenkollision befürwortet oder aber mangels Gewichts oder mangels hinreichender Vergleichbarkeit mit den gesetzlich in § 47 Abs. 4 GmbHG normierten Stimmverboten abgelehnt wurde. Im Zusammenhang mit Gesellschafterstreitigkeiten haben insbesondere nachfolgende Sachverhalte praktische Bedeutung:

50 (1) Beschlussgegenstände, bei denen der **Stimmrechtsausschluss** des betroffen Gesellschafters in der Rechtsprechung **befürwortet** wird:

- **Abberufung** von der Geschäftsführung oder einer sonstigen Organstellung (z.B. Mitgliedschaft im Beirat) aus „**wichtigem Grund**"[54] oder Beschlussfassung über die Erhebung einer entsprechenden Klage auf Entziehung von Geschäftsführung und Vertretungsmacht bei der OHG und KG, §§ 117, 127 HGB.[55]

Im Schrifttum besteht in diesem Zusammenhang Streit, ob der Stimmrechtsausschluss für den betroffenen Gesellschafter-Geschäftsführer bereits dann eingreift, wenn ihm ein ernstzunehmender Vorwurf eines wichtigen Grundes gemacht wird („**Behauptungslösung**") oder aber nur dann ein Stimmverbot gilt, wenn ein solcher wichtiger Grund tatsächlich vorliegt.[56] Dieser Meinungsstreit hat indessen geringe praktische Bedeutung. Der betroffene Gesellschafter-Geschäftsführer lässt sich im Regelfall auch durch einen substantiierten Vorwurf nicht davon abhalten, gegen den Beschlussantrag auf außerordentliche Abberufung abzustimmen. Sofern – wie meist – kein Versammlungsleiter bestellt ist, der nach der Abstimmung eine Beschlussfeststellung vornimmt, sind die die Abberufung betreibenden Gesellschafter auf die Beschlussfeststellungsklage verwiesen, wenn sie die Abberufung nicht gegen die Stimmen des Gesellschafter-Geschäftsführers durchsetzen können. Doch auch ein Versammlungsleiter beurteilt die Wirksamkeit einer Stimmabgabe des betroffenen Gesellschafter-Geschäftsführers in aller Regel ohnedies danach, ob ein wichtiger Abberufungsgrund aus seiner Sicht gegeben ist oder nicht. Sofern er die „Behauptungslösung" kennt und ihr folgt, verschiebt sich die betreffende Beurteilung lediglich auf die Frage, ob der Pflichtverletzungsvorwurf „ernsthaft" und substantiiert genug ist, um den Stimmrechtsausschluss des mitstimmenden Gesellschafter-Geschäftsführers zu rechtfertigen. Die „Behauptungslösung" bringt somit in der Tat *„keinen Gewinn an Rechtssicherheit"*.[57] Im Gegenteil führt sie zu weiteren Rechtsproblemen, wenn die ablehnende Stimmabgabe des abzuberufenden Mehrheitsgesellschafters wegen des behaupteten wichtigen Grundes unberücksichtigt geblieben ist und der Versammlungsleiter demnach das nach dieser Auffassung richtige Beschlussergebnis, nämliche eine

---

[54] BGH, Urteil vom 20.12.1982, BGHZ 86, 177 = NJW 1983, 938 = GmbHR 1983, 149; OLG Düsseldorf, Urteil vom 7.1.1994, GmbHR 1994, 884; OLG Stuttgart, Urteil vom 30.3.1994, GmbHR 1995, 229 und Beschluss vom 13.5.2013, NZG 2013, 1146 = GmbHR 2013, 803; OLG Karlsruhe, Urteil vom 4.5.1999, NZG 2000, 267; OLG Düsseldorf, Urteil vom 24.2.2000, GmbHR 2000, 1050 (1053), jeweils für die Abberufung eines GmbH-Geschäftsführers aus wichtigem Grund. Vgl. zum Begriff des „wichtigen Grundes" bei einer Abberufung von der Geschäftsführung/Entziehung von Geschäftsführung und Vertretungsmacht im Übrigen unter Rn. 155 ff.

[55] BGH, Urteil vom 21.6.2010, GmbHR 2010, 977 = ZIP 2010, 1640 = DB 2010, 1811. Dies ergibt sich bereits aus dem Gesetz, da die Entscheidung über die entsprechende Klageerhebung gemäß §§ 117, 127 HGB durch die *„übrigen"* Gesellschafter getroffen wird. Gleiches gilt nach §§ 712, 715 BGB für die Entziehung vertraglicher Sonderbefugnisse eines GbR-Gesellschafters zur Geschäftsführung und Vertretung (Entziehungsbeschluss durch die *„übrigen"* Gesellschafter).

[56] Ein Überblick über die verschiedenen Auffassungen findet sich z.B. im Beschluss des OLG Stuttgart vom 13.5.2013, NZG 2013, 1146 = GmbHR 2013, 803; vgl. auch Baumbach/Hueck, § 38, Rn. 34; Scholz/*K. Schmidt*, § 46, Rn. 76.

[57] *Zöllner/Noack* in Baumbach/Hueck, § 38, Rn. 36.

Abberufung mit den Stimmen des oder der Minderheitsgesellschafter, festgestellt hat: Dieses festgestellte Abstimmungsergebnis ist zutreffend, auch wenn sich bei der gerichtlichen Überprüfung herausstellt, dass ein „wichtiger Grund" tatsächlich nicht vorlag. Die Unwirksamkeit des Abberufungsbeschlusses kann dann nur mit der weiteren Argumentation erklärt werden, dass die **positive Stimmabgabe der Minderheitsgesellschafter** für die **Abberufung des Mehrheitsgesellschafters** ihrerseits wegen **Verstoßes** gegen die gesellschafterliche **Treuepflicht unwirksam** war, wenn ein wichtiger Grund für die Abberufung nicht vorlag.[58]

- **Außerordentliche Kündigung** des Geschäftsführer-Anstellungsvertrags aus **wichtigem Grund**.[59]
- **Ausschließung** eines **Gesellschafters** durch Gesellschafterbeschluss aus „wichtigem Grund"[60] oder Beschlussfassung über die Erhebung einer entsprechenden Ausschlussklage bei der PartG, OHG oder KG.[61]
- **Entlastung** eines Gesellschafters für seine Tätigkeit als Gesellschaftsorgan, also inhaltliche Billigung seiner Tätigkeit als Geschäftsführer, Aufsichtsrat oder Beirat (vgl. § 47 Abs. 4 S. 1 GmbHG).
- Maßnahmen zur **Prüfung und Überwachung der Geschäftsführung** (§ 46 Nr. 6 GmbHG), namentlich die Entscheidung über die Einleitung einer gegen den Geschäftsführer gerichteten Sonderprüfung.[62]
- **Befreiung** des Gesellschafters von einer **Verbindlichkeit** (§ 47 Abs. 4 S. 1 GmbHG), also der Abschluss eines Erlassvertrags, die Stundung von Zahlungsverbindlichkeiten des Gesellschafters[63] oder die Befreiung des betreffenden Geschäftsführers von einem **Wettbewerbsverbot**[64] (einschließlich der Beschlussfassung über die Aufhebung eines Wettbewerbsverbots durch Satzungsänderung).[65]
- Entscheidungen über den **Abschluss oder die Beendigung (z.B. auch durch Kündigung) von Rechtsgeschäften** mit dem betreffenden Gesellschafter oder einer von ihm beherrschten Gesellschaft, wie z.B. den Abschluss von Kauf-, Miet-, Darlehens- oder Dienstleistungsverträgen (abgesehen von einem Geschäftsführer-Anstellungsvertrag), § 47 Abs. 4 S. 2 GmbHG.[66]

---

[58] So ausdrücklich z.B. OLG Stuttgart für eine Zwei-Personen-GmbH, Beschluss vom 13.5.2013, NZG 2013, 1146 = GmbHR 2013, 803.

[59] BGH, Urteil vom 21.6.2010, GmbHR 2010, 977 = ZIP 2010, 1640 = DB 2010, 1811; BGH, Urteil vom 27.10.1986, NJW 1987, 1889, für eine GmbH.

[60] Vgl. zum Begriff des „wichtigen Grundes" für den Ausschluss eines Gesellschafters näher unter Rn. 274 ff.

[61] BGH, Urteil vom 21.6.2010, GmbHR 2010, 977 = ZIP 2010, 1640 = DB 2010, 1811; BGH, Urteil vom 13.1.2003, BGHZ 153, 285 = NJW 2003, 2314 = GmbHR 2003, 351.

[62] BGH, Urteil vom 20.1.1986, BGHZ 97, 28 = NJW 1986, 2051 = GmbHR 1986, 156. LG Essen, Beschl. v. 31.7.2014, GmbHR 2014, 990.

[63] Vgl. nur Baumbach/Hueck, § 47, Rn. 79.

[64] BGH, Urteil vom 16.2.1981, BGHZ 80, 71; OLG Düsseldorf, Urteil vom 24.2.2000, GmbHR 2000, 1050.

[65] OLG Bamberg, Urteil vom 11.12.2009, NZG 2010, 385 = GmbHR 2010, 709.

[66] Vgl. für den beabsichtigten Vertrag mit einer vom Gesellschafter „beherrschten" Gesellschaft z.B. KG Berlin, Urteil vom 8.5.2014, GmbHR 2014, 1266 = NZG 2015, 198. Der betreffende Stimmrechtsausschluss in § 47 Abs. 4 S. 2 1. Alt. GmbHG (Vornahme von Rechtsgeschäften mit dem betreffenden Gesellschafter)

- Entscheidung über die **Einleitung oder Erledigung eines Rechtsstreits** gegen den betroffenen Gesellschafter (§ 47 Abs. 4 S. 2 GmbHG), einschließlich der Bestimmung des besonderen Prozessvertreters bei Rechtsstreitigkeiten einer GmbH mit ihrem Geschäftsführer gemäß § 46 Nr. 8 GmbHG.[67]
- Entscheidung über die **Geltendmachung von Ansprüchen** gegen den betroffenen Gesellschafter, insbesondere Beschlussfassung über die Geltendmachung und Durchsetzung **von Ersatzansprüchen** gegen einen Gesellschafter-Geschäftsführer in der GmbH gemäß § 46 Nr. 8 1. Alt. GmbHG[68], einschließlich der Beschlussfassung über die **Einholung eines Gutachtens zur Prüfung, ob Schadensersatzansprüche gegen den betroffenen Gesellschafter bestehen**.[69]
- Entscheidung über die **Verweigerung** einer **Auskunftserteilung** gegenüber dem GmbH-Gesellschafter gemäß § 51 a Abs. 2 S. 2 GmbHG.[70]

51 (2) Beschlussgegenstände, bei denen der **Stimmrechtsausschluss** des betroffenen Gesellschafters in der Rechtsprechung **abgelehnt** wird:

- **Bestellung von Organmitgliedern**, insbesondere Geschäftsführerbestellung in der GmbH.[71]

---

ist nach allgM in Rechtsprechung und Schrifttum allerdings zu weitgehend, so dass das Stimmverbot nicht bei allen Arten von Rechtsgeschäften zwischen Gesellschaft und Gesellschafter greift (vgl. für wichtige Ausnahmefälle nachstehend unter Rn. 51). Für bestimmte Verträge zwischen Gesellschaft und Gesellschafter, wie etwa den Abschluss eines Verschmelzungsvertrags oder den Abschluss von Unternehmensverträgen, ist die Geltung des Stimmverbots gemäß § 47 Abs. 4 S. 2 GmbHG demgegenüber teilweise streitig, vgl. nur Baumbach/Hueck, § 47, Rn. 90; Lutter/Hommelhoff, Anhang zu § 13, Rn. 49, Scholz/*K.Schmidt*, § 47, Rn. 115; Michalski/*Römermann*, § 47, Rn. 282 ff.

[67] BGH, Urteil vom 20.1.1986, BGHZ 97, 28 = NJW 1986, 2051 = GmbHR 1986, 156. Der Gesellschafter, der zum besonderen Prozessvertreter bestellt werden soll, unterliegt demgegenüber keinem Stimmverbot, OLG München, Urteil vom 23.4.2009, DB 2009, 1231.

[68] BGH, Urteil vom 20.1.1986, BGHZ 97, 28 = NJW 1986, 2051 = GmbHR 1986, 156, für die Beschlussfassung über die Geltendmachung von Ersatzansprüchen gegen einen GmbH-Geschäftsführer. Vgl. ferner BGH, Urteil vom 9.5.1974, NJW 1974, 1555 = BB 1974, 996, für den Ausschluss des Widerspruchsrechts des betroffenen OHG-Gesellschafters gemäß § 115 Abs. 1 2. HS HGB bei der betreffenden Geschäftsführungsmaßnahme.

[69] BGH, Urteil vom 7.2.2012, NZG 2012, 625 = BB 2012, 1230.

[70] HM, vgl. nur Lutter/Hommelhoff, § 51a, Rn. 29; Scholz/*K.Schmidt*, § 51a, Rn. 42; Baumbach/Hueck, § 51a, Rn. 38. Vgl. zur Auskunftsverweigerung gegenüber GmbH-Gesellschaftern näher unter Rn. 430 ff.

[71] BGH, Urteil vom 31.5.2011, BGHZ 190, 45 = GmbHR 2011, 922 = NZG 2011, 902: *„Von dem Stimmverbot ausgenommen sind aber sogenannte körperschaftliche Sozialakte, bei denen der Gesellschafter sein Mitgliedschaftsrecht ausübt, die Organbestellungsakte, einschließlich der Beschlussfassung über die dazugehörigen Regelungen der Bezüge und Anstellungsbedingungen"*; BGH, Urteil vom 9.12.1968, BGHZ 51, 209 = WM 1969, 176, mit der damaligen Begründung, die formale Interessenkollision bei der Beschlussfassung über die Geschäftsführerbestellung sei nicht gravierend. Hinsichtlich des Gesellschafters, der sich selbst zum Geschäftsführer bestellt, sei *„im Allgemeinen nicht zu befürchten, er werde seine eigenen Belange über die der Gesellschaft stellen"*. Vgl. auch KG Berlin, Urteil vom 26.2.2004, NZG 2004, 664, für die Wahl des Mehrheitsgesellschafters einer GbR zum Geschäftsführer der Gesellschaft mit der eigenen Stimmenmehrheit.

II. Durchsetzung von Entscheidungen durch Mehrheitsbeschluss

- **Ordentliche Abberufung** aus einer Organstellung, insbesondere die ordentliche Abberufung eines GmbH-Geschäftsführers ohne Vorliegen eines „wichtigen Grundes" gemäß §§ 38 Abs. 1, 46 Nr. 5 GmbHG.[72]
- **Abschluss des Anstellungsvertrags** mit dem **Geschäftsführer**, einschließlich der Festlegung der gesamten Vergütung, sowie Entscheidung über die ordentliche Kündigung des GF-Anstellungsvertrags.[73]
- **Abwahl des** satzungsmäßigen **Versammlungsleiters** einer Gesellschafterversammlung, auch wenn der betroffene, die Versammlung leitende Gesellschafter bei einzelnen Gegenständen der Tagesordnung vom Stimmrecht ausgeschlossen ist.[74]
- Strukturändernde Maßnahmen und Entscheidungen, insbesondere **Änderungen** des **Gesellschaftsvertrags** oder der **Satzung**, einschließlich der Beschlüsse über eine Auflösung der Gesellschaft, auch wenn eine solche Beschlussfassung die Individualinteressen eines Gesellschafters berührt.[75]
- **Zustimmung zur Abtretung** von **Gesellschaftsanteilen** oder laut Satzung vinkulierten GmbH-Geschäftsanteilen.[76]

cc) Vertragliche Regelungen

Die **gesetzlichen Stimmverbote** können **vertraglich erweitert** werden. Entsprechende Regelungen im Gesellschaftsvertrag oder der Satzung, die dann ebenfalls verbindlich sind, können auch dazu dienen, Grenzfälle des gesetzlichen Stimmrechtsausschlusses eindeutig zu regeln, um damit spätere Streitigkeiten zu den Stimmrechten bzw. zur Beschlussfassung zu vermeiden.[77]

52

---

[72] AllgM, vgl. nur Baumbach/Hueck, § 47, Rn. 84; Lutter/Hommelhoff, § 47, Rn. 40 und 45; Scholz/*K. Schmidt*, § 47, Rn. 118; Michalski/*Römermann*, § 47, Rn. 245.

[73] BGH, Urteil vom 29.9.1955, BGHZ 18, 205 = WM 1955, 1447; BGH, Urteil vom 31.5.2011, BGHZ 190, 45 = GmbHR 2011, 922 = NZG 2011, 902; OLG Frankfurt a.M., Urteil vom 22.12.2004, GmbHR 2005, 550 = DB 2005, 492, jeweils betreffend die Stimmrechte eines Gesellschafter-Geschäftsführers bei Abschluss des Anstellungsvertrags einschließlich der Regelung der Geschäftsführerbezüge. Vgl. zum Stimmrecht des betroffenen Gesellschafter-Geschäftsführers bei der Entscheidung über seine „ordentliche" Kündigung nur Baumbach/Hueck, § 47, Rn. 86; Lutter/Hommelhoff, § 47, Rn. 40 und 45; Scholz/*K.Schmidt*, § 46, Rn. 75, und § 47, Rn. 18; **aA** (für ein Stimmverbot) hier etwa Michalski/*Römermann*, § 47, Rn. 247 ff.

[74] BGH, Urteil vom 21.6.2010, NJW 2010, 3027 = GmbHR 2010, 977 = NZG 2010, 1022. Die Entscheidungsgründe sind mE so zu verstehen, dass die Befangenheit eines Gesellschafters bei einzelnen Beschlussgegenständen generell zu keinem Stimmverbot bei der Abstimmung über den Versammlungsleiter (also auch dessen Wahl) führt. So auch OLG Thüringen, Urteil vom 25.4.2012, GmbHR 2013, 149.

[75] Vgl. nur OLG Düsseldorf, Urteil vom 10.3.2000, NZG 2000, 1121 = ZIP 2000, 969, mwN aus der Rechtsprechung des BGH.

[76] BGH, Urteil vom 29.5.1967, BGHZ 48, 163 = WM 1967, 925, für die Genehmigung der Abtretung von GmbH-Geschäftsanteilen (laut BGH, aaO, handelt es sich bei der Abtretungsgenehmigung um kein Rechtsgeschäft zwischen der Gesellschaft und einem Gesellschafter, sondern um *„einen sozialrechtlichen Akt, ein Mitverwaltungsrecht"*).

[77] Sinnvoll sind z.B. vertragliche Regelungen zur Reichweite des Stimmrechtsausschlusses bei Rechtsgeschäften mit einem Gesellschafter, den mit ihm verbundenen Unternehmen oder Angehörigen des Gesellschafters, oder aber Regelungen zur Erstreckung des Stimmrechtsausschlusses auf Angehörige des

53 Demgegenüber sind **vertragliche Einschränkungen der gesetzlichen Stimmverbote** nur begrenzt möglich. Ein Gesellschafter darf jedenfalls nicht „in eigener Sache richten", kann also bei Beschlüssen zu seiner Entlastung, aber auch bei allen anderen Entscheidungen über die Billigung oder Missbilligung seines Verhaltens, wie Einleitung einer Sonderprüfung, Geltendmachung von Ersatzansprüchen oder Einleitung gerichtlicher Verfahren (nebst Prozessvertreterbestellung) nicht durch vertragliche Regelungen zur Abstimmung zugelassen werden.[78] Darüber hinaus kann der gesetzliche Stimmrechtsausschluss nicht vertraglich für Entscheidungen modifiziert werden, die gegen den Gesellschafter aus „wichtigem Grund" ergriffen werden, wie insbesondere außerordentliche Abberufung, fristlose Kündigung des Geschäftsführer-Anstellungsvertrags oder Ausschluss „aus wichtigem Grund".[79] Die gesetzlichen Stimmverbote des § 47 Abs. 4 GmbHG und die hieraus weitergehend von der Rechtsprechung entwickelten Regelungen sind daher im Wesentlichen nicht dispositiv. Allerdings sind einschränkende Klarstellungen im Gesellschaftsvertrag oder der Satzung zu bestimmten Beschlussgegenständen möglich, hinsichtlich derer die Rechtsprechung in teleologischer Reduktion des § 47 Abs. 4 GmbHG ohnedies Stimmverbote verneint, wie z.B. für die Entscheidung über Abschluss und Inhalt eines Geschäftsführer-Anstellungsvertrags mit einem Gesellschafter.[80]

dd) Reichweite von Stimmverboten

54 Der Stimmrechtsausschluss gilt jeweils nicht nur für den betroffenen Gesellschafter persönlich, sondern auch für die von ihm bei der Abstimmung eingesetzten gesetzlichen oder gewillkürten **Vertreter** oder **Treuhänder** seines Geschäftsanteils.[81] Das Stimmverbot schlägt ferner auf einen Mitgesellschafter durch, auf dessen Abstimmungsverhalten der Befangene „*bestimmenden Einfluss*"[82] ausüben kann oder der gegenüber dem befangenen und unmittelbar vom Stimmrechtsausschluss betroffenen Gesellschafter gar **weisungsabhängig** ist, vor allem in Folge einer (dann wegen Verstoßes gegen § 47 Abs. 4 GmbHG unwirksamen) **Stimmbindungsvereinbarung**.[83] Das Stimmverbot gilt

---

Gesellschafters oder eine ihm sonst nahestehende oder von ihm faktisch oder rechtlich beherrschte Gesellschaftergruppe; vgl. hierzu auch unter Rn. 544 ff.

[78] BGH, Urteil vom 12.6.1989, BGHZ 108, 21 = NJW 1989, 2694 = GmbHR 1989, 329, wonach § 47 Abs. 4 S. 1 GmbHG für Entlastungsbeschlüsse „*zwingendes Recht*" enthält. Die weitere Schlussfolgerung, wonach ein Gesellschafter nicht „Richter in eigener Sache" sein dürfe, findet sich etwa ausdrücklich im Urteil des BGH vom 20.1.1986, BGHZ 97, 28 = NJW 1986, 2051 = GmbHR 1986, 156.

[79] OLG Hamm, Urteil vom 2.11.1992, GmbHR 1993, 815.

[80] Vgl. zu einer entsprechenden Satzungsbestimmung (Mitwirkungsrecht bei der Abänderung des Geschäftsführerdienstvertrags) OLG Hamm, Urteil vom 5.11.2002, NZG 2003, 545 = NJW-RR 2003, 616.

[81] OLG München, Urteil vom 21.9.1994, GmbHR 1995, 231 = NJW-RR 1995, 297, für die Abstimmung durch einen Vertreter des Gesellschafters bei Interessenkollision; BGH, Urteil vom 29.3.1971, BGHZ 56, 47 = WM 1971, 595, für die Erstreckung des Stimmrechtsausschlusses auf Treuhänder.

[82] BGH, Urteil vom 13.1.2003, BGHZ 153, 285 = NZG 2003, 286 = GmbHR 2003, 351.

[83] Vgl. hierzu näher nachfolgend, unter Rn. 56 ff.

weiterhin dann, wenn der **Vertreter**, Treuhänder oder **Testamentsvollstrecker**[84] in **eigener Person** vom Stimmverbot betroffen ist, etwa weil es sich um einen Mitgesellschafter handelt.[85] Sofern die Interessenkollision, die den Stimmrechtsausschluss begründet, **nur** bei **einem Mitglied** einer **Erbengemeinschaft** oder **einem Gesellschafter** einer **Personengesellschaft** vorliegt, greift der betreffende Stimmrechtsausschluss nur dann auf die anderen Miterben oder Mitgesellschafter über, wenn die *„begründete Besorgnis besteht, dass auch die Mitberechtigten ihr Stimmrecht mit Rücksicht auf die Interessen des Befangenen unsachlich ausüben, der Befangenheitsgrund also auf ihre Stimmabgabe durchschlägt"*[86] (wie etwa dann, wenn der vom Stimmrecht Ausgeschlossene die übrigen Mitberechtigten bei der Stimmabgabe vertritt oder einen bestimmenden Einfluss auf ihr Abstimmungsverhalten ausüben kann).[87] Gleiches gilt für den **Stimmrechtsausschluss einer GmbH in ihrer Tochtergesellschaft**: Die Befangenheit eines ihrer Gesellschafter in Bezug auf eine Beschlussfassung in der Tochtergesellschaft führt dann zum Stimmverbot der GmbH selbst, wenn dieser „Gesellschafter-Gesellschafter" aufgrund des Umfangs seiner Beteiligung (mehr als 50%) oder in sonstiger Weise einen *„maßgebenden Einfluss"* bei ihr ausübt.[88] Wenn **mehrere Gesellschafter gemeinsam eine Pflichtverletzung begangen** haben, sind sie bei jeweils allen Beschlüssen vom Stimmrechtsausschluss betroffen, die Zwangsmaßnahmen mit Rücksicht auf diese Pflichtverletzung zum Gegenstand haben, wie etwa Geltendmachung von Ersatzansprüchen, Abberufung eines involvierten Geschäftsführers aus wichtigem Grund oder Einziehung von Geschäftsanteilen, unabhängig davon, ob sich der konkrete Beschluss auch gegen einen der beteiligten Gesellschafter persönlich richtet.[89]

Der Stimmrechtsausschluss erstreckt sich im Regelfall demgegenüber *nicht* ohne Weiteres auf Mitgesellschafter des Befangenen, zu denen ein **Näheverhältnis** besteht,

---

[84] Vgl. zum Stimmverbot des Testamentsvollstreckers, der selbst kein Gesellschafter ist, BGH, Urteil vom 13.5.2014, NZG 2014, 945 = GmbHR 2014, 863. Bei den Beschlussgegenständen, bei denen der Testamentsvollstrecker ausgeschlossen ist, ist dann der Erbe stimmberechtigt.

[85] BGH, Urteil vom 27.4.2009, NJW 2009, 2300 = NZG 2009, 707. Vom Stimmverbot des Hauptvertreters ist dann auch ein möglicherweise eingesetzter Untervertreter betroffen, BGH, aaO. In solchen Konstellationen, in denen es sich bei dem Stimmrechtsvertreter um einen Mitgesellschafter handelt, kommt unabhängig von einem Stimmrechtsausschluss jeweils zusätzlich die schwebende Unwirksamkeit der Stimmabgabe wegen eines unzulässigen Insichgeschäfts nach § 181 BGB in Betracht; vgl. hierzu unter Rn. 43 ff.

[86] BGH, Urteil vom 13.1.2003, BGHZ 153, 285 = NZG 2003, 286 = GmbHR 2003, 351.

[87] BGH, Urteil vom 7.2.2012, NZG 2012, 625 = BB 2012, 1230.

[88] BGH, Beschluss vom 4.5.2009, NZG 2009, 1310 = GmbHR 2009, 1330.

[89] BGH, Urteil vom 7.2.2012, NZG 2012, 625 = BB 2012, 1230; BGH, Beschluss vom 4.5.2009, NZG 2009, 1310 = GmbHR 2009, 1330, wobei die Erstreckung des Stimmverbots nur für solche Gesellschafter gilt, die die *gleiche* Pflichtverletzung wie der betroffene Gesellschafter begangen haben. Das Stimmverbot gilt also z.B. nicht für einen Gesellschafter, dessen eigene Pflichtverletzung [Aufsichtsversäumnis] mit der Pflichtverletzung des betroffenen Gesellschafters [vorsätzliche Verfehlung] lediglich im sachlichen Zusammenhang steht. Vgl. auch BGH, Urteil vom 20.1.1986, BGHZ 97, 28 = NJW 1986, 2051 = GmbHR 1986, 156; OLG Düsseldorf, Urteil vom 24.2.2000, GmbHR 2000, 1050; OLG Karlsruhe, Urteil vom 28.11.2006, ZIP 2007, 1319.

wie etwa die **Ehegatten** des betroffenen Gesellschafters.[90] Desgleichen genügt es nicht, dass ein Gesellschafter bereits wiederholt einheitlich mit dem befangenen Gesellschafter abgestimmt hat.[91] Die Stimmabgabe von nahestehenden Personen kann jedoch offensichtlich treuwidrig und in Folge dessen wegen **Stimmrechtsmissbrauchs** ausnahmsweise trotzdem unwirksam sein.[92]

ee) Stimmabgabe trotz Stimmverbots

55 Der gesetzliche oder vertragliche Stimmrechtsausschluss führt dazu, dass der betroffene Gesellschafter (bzw. dessen Vertreter oder Treuhänder) an der betreffenden Beschlussfassung nicht wirksam mitwirken kann. Geschieht dies trotzdem, ist die **Stimmabgabe** bei Verstoß gegen ein gesetzliches Stimmverbot gemäß §§ 47 Abs. 4 GmbHG, 134 BGB und bei Verstoß gegen ein vertragliches Stimmverbot wegen der betreffenden Vertragsverletzung **unwirksam**. Falls es – wie in der Praxis häufig – auf die Stimmen des ausgeschlossenen Gesellschafters für das Beschlussergebnis entscheidend ankam, ist das Abstimmungsergebnis (jedenfalls bei Fehlen einer verbindlichen Beschlussfeststellung durch einen Versammlungsleiter) ggf unklar (vor allem wenn Streit über das Stimmverbot selbst besteht). Der Ausgang der Abstimmung muss durch Feststellungsklage geklärt werden, im Rahmen derer zugleich über den betreffenden Stimmrechtsausschluss entschieden wird (sog. „Beschlussfeststellungsklage" bei der GmbH, bei der das Problem im Rahmen der streitigen, außerordentlichen Abberufung von Gesellschafter-Geschäftsführern besondere praktische Relevanz hat).[93] Kommt es auf die Stimmabgabe des ausgeschlossenen Gesellschafters an und hat ein hierfür zuständiger Versammlungsleiter in der GmbH-Gesellschafterversammlung verbindlich über die Wirksamkeit oder Unwirksamkeit dieser Stimmabgabe entschieden und das Beschlussergebnis entsprechend festgestellt, kann dieser Beschluss in der GmbH demgegenüber lediglich mit der (fristgebundenen) Anfechtungsklage angegriffen werden.[94] Falls die **Stimmabgabe** des ausgeschlossenen Gesellschafters für das **Beschlussergebnis irrelevant** ist, weil der entsprechende Beschlussantrag auch ohne seine Stimmen die erforderliche Mehrheit erhalten hat oder abgelehnt wurde, ist die verbotswidrige Stimmabgabe ohne rechtliche Bedeutung.[95] Der Beschluss der „übrigen" Gesellschafter ist trotz

---

[90] BGH, Urteil vom 16.2.1981, BGHZ 80, 71; BGH, Urteil vom 13.1.2003, BGHZ 153, 285 = NZG 2003, 286 = GmbHR 2003, 351.
[91] OLG Stuttgart, Beschluss vom 10.2.2014, GWR 2015, 78.
[92] Vgl. für einen solchen Fall missbräuchlicher Ausübung des Stimmrechts durch den Ehegatten eines befangenen Gesellschafters etwa BGH, Urteil vom 16.2.1981, GmbHR 1982, 129 = WM 1981, 438 = BB 1981, 926. Vgl. auch BGH, Urteil vom 9.11.1997, BGHZ 102, 172 = NJW 1988, 969, wonach die Stimmabgabe gegen die Abberufung eines Geschäftsführers in einer Publikums-KG aus wichtigem Grund wegen Stimmrechtsmissbrauchs nichtig sein kann, wenn der betreffende „wichtige Grund" vorlag und die „gesellschaftliche Treuepflicht" daher die Mitwirkung an der Ablösung des betreffenden Geschäftsführers gebietet.
[93] Vgl. näher unter Rn. 604 ff. und Rn. 673 ff.
[94] Vgl. näher unter Rn. 130 ff. und Rn. 604 ff. sowie Rn. 654 ff.
[95] Vgl. nur OLG Koblenz, Urteil vom 24.9.2007, NZG 2008, 28 = DStR 2008, 687: *„Die Folge einer Nichtigkeit einer Stimmabgabe für den Beschluss hängt ... davon ab, ob dieser sich nach Abzug der nichtigen Stimmen*

der verbotswidrigen und unbeachtlichen Stimmabgabe des vom Stimmrechtsausschluss betroffenen Gesellschafters mangelfrei und wirksam.

d) Gesetzliche und vertragliche Stimmbindungen

Spiegelbildlich zum Stimmrechts*ausschluss* haben auch *gesetzliche* Stimm*bindungen* bzw. Stimmverpflichtungen gerade bei Gesellschafterkonflikten erhebliche Bedeutung, da die erforderliche Mehrheit für oder gegen bestimmte streitige Entscheidungen in kleinen Gesellschaften häufig nur *mit* den Stimmen des stimmverpflichteten Gesellschafters erreicht werden kann. *Vertragliche* Stimmpflichten wirken sich demgegenüber nur dann unmittelbar auf das Beschlussergebnis aus, wenn sie im Gesellschaftsvertrag oder der Satzung selbst begründet sind, da sonstige Stimmbindungsvereinbarungen im Regelfall keinen Einfluss auf die Wirksamkeit der Stimmabgabe nehmen.

56

aa) Gesetzliche und gesellschaftsvertragliche Stimmpflichten

(1) Stimmbindung aufgrund Treuepflicht

Die wesentliche gesetzliche Verpflichtung, sein Stimmrecht verbindlich für oder gegen einen bestimmten Beschlussantrag auszuüben, ergibt sich aus der allgemeinen **gesellschaftsrechtlichen Treuepflicht**, die gleichermaßen für das Gesellschaftsverhältnis einer GbR, PartG, OHG, KG, GmbH & Co. KG oder GmbH gilt. Jeder Gesellschafter ist demnach verpflichtet, bei der Ausübung seiner Mitgliedschaftsrechte in der Gesellschaft, wie insbesondere auch seines Stimmrechts, die Interessen der Gesellschaft zu wahren und die Belange der Mitgesellschafter nicht ungerechtfertigt zu beeinträchtigen.[96] Der genaue Inhalt der gesellschaftsrechtlichen Treuepflicht ist unbestimmt und bedarf der Konkretisierung durch die Rechtsprechung im Einzelfall. Es ergeben sich folgende **Fallbeispiele**, in denen eine **Stimmpflicht befürwortet** wurde:

57

- Verpflichtung, der **Abberufung** eines Geschäftsführers bei Vorliegen eines „wichtigen Grundes" **zuzustimmen**.[97] Entsprechend können die Gesellschafter bei einer

---

ändert. Bleibt gleichwohl eine Mehrheit für die Entscheidung vorhanden, dann ist der Abstimmungsfehler ohne Bedeutung für die Wirksamkeit des Beschlusses.".

[96] Vgl. zu Stimmpflichten aufgrund Treuepflicht grundlegend BGH, Urteil vom 25.9.1986, BGHZ 98, 276 = NJW 1987, 189 = GmbHR 1986, 426 = BB 1986, 2152. Vgl. zur allgemeinen Treuepflicht der Gesellschafter bei der GbR (bzw. PartG) nur Palandt/*Sprau*, § 705, Rn. 27; bei der OHG, KG oder GmbH & Co. KG nur Baumbach/Hopt/*Roth*, § 109, Rn. 23; bei der GmbH nur Baumbach/Hueck, § 13, Rn. 20 ff., sowie zu Stimmrechtsschranken aufgrund Treuepflicht, Baumbach/Hueck, § 47 Rn. 107 f., Lutter/Hommelhoff, § 47, Rn. 51 ff., Scholz/K. *Schmidt*, § 47, Rn. 29 ff., jeweils mit umfangreichen Nachweisen zu Rechtsprechung und Schrifttum. Die gesellschaftsrechtliche Treuepflicht besteht nicht nur in personalistisch strukturierten Gesellschaften, sondern grundsätzlich auch in Publikumsgesellschaften, vgl. nur BGH, Urteil vom 5.11.1984, NJW 1985, 974 = GmbHR 1985, 152.

[97] BGH, Urteil vom 9.11.1987, BGHZ 102, 172 = NJW 1988, 969, für die Ablösung eines geschäftsführenden Treuhänders in einer Publikums-KG durch Gesellschafterbeschluss; OLG Köln, Urteil vom 1.6.2010, NZG 2011, 307 = GmbHR 2011, 135, für die Abberufung eines GmbH-Geschäftsführers aus wichtigem Grund nach dessen Verstoß gegen die interne Kompetenzordnung; KG Berlin, Urteil vom 26.8.2014

PartG, OHG, KG oder GmbH & Co. KG verpflichtet sein, an der Klage auf Entziehung der Geschäftsführungsbefugnis und/oder Vertretungsmacht des geschäftsführenden Gesellschafters gemäß §§ 117, 127 HGB mitzuwirken.[98]

- Verpflichtung zur **Zustimmung** zu bestimmten **Geschäftsführungsmaßnahmen**, allerdings nur in der Sonderkonstellation, dass die betreffende Abstimmung in den Zeitraum zwischen eigener Kündigung des Gesellschaftsverhältnisses und Ausscheiden aus der Gesellschaft fällt und die vorgeschlagenen Maßnahmen die verbliebenen Vermögensinteressen des Gesellschafters weder unmittelbar noch mittelbar beeinträchtigen.[99] Im Regelfall gebietet die gesellschaftsrechtliche Treuepflicht im Bereich von Geschäftsführungsmaßnahmen daher ein bestimmtes Abstimmungsverhalten im Sinne einer positiven Stimmpflicht nur, *„wenn die vorgeschlagene Maßnahme mit Rücksicht auf das Gesellschaftsverhältnis dringend geboten und den Gesellschaftern unter Berücksichtigung ihrer eigenen, schutzwerten Belange zumutbar ist"*.[100] Es ist insbesondere nicht Aufgabe des Gerichts, *„anstelle der Gesellschafter nach Zweckmäßigkeitsgesichtspunkten zu entscheiden"*.[101]

- Verpflichtung, der **Änderung des Gesellschaftsvertrags** einer Personengesellschaft zuzustimmen, auch wenn dies die eigenen Rechte des Gesellschafters beeinträchtigt, *„wenn die rechtsbeeinträchtigende Vertragsänderung einerseits mit Rücksicht auf das Gesellschaftsverhältnis, insbesondere zur Erhaltung des im Rahmen des Gesellschaftsverhältnisses Geschaffenen, erforderlich und andererseits für den Gesellschafter bei Berücksichtigung der*

(„Suhrkamp"), ZIP 2015, 481 = GWR 2014, 481: Verpflichtung der Mehrheitsgesellschafterin in einer Zwei-Personen-GmbH, lt. Antrag des Minderheitsgesellschafters der Abberufung des GF zuzustimmen, wenn dieser durch sein *„Handeln einen wichtigen Grund zur Abberufung gegeben"* hat und ein *„weiteres Verbleiben für die betroffenen Gesellschaften unzumutbar wäre"*.

[98] Vgl. hierzu näher unter Rn. 701 ff.

[99] BGH, Urteil vom 26.10.1983, BGHZ 88, 320 = NJW 1984, 489 = GmbHR 1984, 93.

[100] OLG Hamm, Urteil vom 9.12.1991, GmbHR 1992, 612 = DStR 1992, 992. Vgl. auch OLG Stuttgart, Urteil vom 8.2.2006, NZG 2007, 102 = ZIP 2006, 1908, für eine zweigliedrige GbR (Zustimmungspflicht zu einer Geschäftsführungsmaßnahme nur zu bejahen, wenn es sich um eine „notwendige" Maßnahme im Sinne von § 744 Abs. 2 BGB handelt oder wenn eine Zustimmung bzw. Verweigerung „unvertretbar" ist oder wenn die Maßnahme im Interesse der Gesellschaft „geboten" ist und den Geschäftsführern keinerlei Entscheidungsspielraum zusteht). Das OLG München, Urteil vom 14.8.2014, NZG 2015, 66, bewertete die Zustimmungsverweigerung zu Geschäftsführungsmaßnahmen als treuwidrig, weil der betreffende Gesellschafter, der die vorgeschlagenen Maßnahmen ebenfalls für uneingeschränkt sinnvoll hielt, den Beschlussantrag mit dem Argument ablehnte, der Geschäftsführer könne diese Maßnahmen auch ohne Zustimmung durchführen. Die Zustimmungsverweigerung habe – so das OLG München – damit zu einer unsinnigen und gesellschaftsschädigenden Rechtsunsicherheit geführt. Lt. OLG Hamm, Urteil vom 4.2.2014, zit. nach juris (Rn. 58), war es treuwidrig, die Zustimmung zu einer Geschäftsführungsmaßnahme (Nichtveröffentlichung des Jahresabschlusses) zu verweigern, wenn diese Maßnahme *„erhebliche Nachteile für die GmbH"* abwenden sollte.

[101] OLG Stuttgart, Urteil vom 8.2.2006, NZG 2007, 102 = ZIP 2006, 1908.

Belange des Ganzen zumutbar ist".¹⁰² Ein Gesellschafter kann demgegenüber grundsätzlich **nicht zu Nachschüssen verpflichtet** werden.¹⁰³
- Zustimmung zu einer vorgeschlagenen **Satzungsänderung**, mittels derer eine rechtswidrige Regelung (unzulässige Firmenführung) beseitigt werden sollte.¹⁰⁴
- Zustimmung zur **Anteilsveräußerung** bei Anteilsvinkulierung durch Satzung in einer GmbH in besonderen Fällen, etwa wenn die Anteilsübertragung der Vollziehung letztwilliger Verfügungen dient.¹⁰⁵
- Verpflichtung, den Beschlussantrag auf **Entlastung** eines Geschäftsführers **abzulehnen**, wenn der Geschäftsführer bekanntermaßen schwere Pflichtverletzungen begangen und der Gesellschaft hierdurch möglicherweise erheblichen Schaden zugefügt hat.¹⁰⁶
- Verpflichtung, der nachträglichen **gesonderten Vergütung für einen Gesellschafter zuzustimmen**, der eine Arbeitsleistung für die Gesellschaft erbracht hat, die unter Berücksichtigung der Satzung und der Beiträge der Mitgesellschafter *„vernünftigerweise nur gegen eine gesonderte Vergütung zu erwarten war"*.¹⁰⁷
- Zustimmung zur **Bildung von Gewinnrücklagen**, wenn diese erforderlich sind, um das *„Unternehmen für die Zukunft lebens- und widerstandsfähig zu erhalten."*¹⁰⁸

Die **Stimmabgaben**, die einer Stimmverpflichtung aufgrund **Treuepflicht widersprechen**, sind **wegen** dieser **Treuwidrigkeit nichtig**.¹⁰⁹ Andererseits kann die **treuwidrig unterbliebene Zustimmung** eines Gesellschafters zu einem Beschlussantrag grundsätzlich **nicht fingiert** werden. Für die etwaige **gerichtliche Überprüfung** der Stimmabgabe und des Beschlussergebnisses ist daher bei Streitigkeiten über eine Stimmbindung aufgrund Treuepflicht zwischen negativen und positiven Stimmabgaben zu unterscheiden.

58

---

¹⁰² BGH, Urteil vom 19.11.1984, NJW 1985, 972 = GmbHR 1985, 188 = BB 1985, 423, für eine Publikums-KG, für die bei Verweigerung der Zustimmung zur Vertragsänderung die Zahlungsunfähigkeit drohte. Vgl. auch BGH, Urteil vom 28.4.1975, BGHZ 64, 253, für die Verpflichtung einzelner Gesellschafter einer KG, der gegen einen Mitgesellschafter gerichteten Ausschließungsklage zuzustimmen, sofern in dessen Person ein Ausschließungsgrund vorliegt; siehe hierzu näher unter Rn. 231 und 714.
¹⁰³ OLG Stuttgart, Beschluss vom 17.3.2014, zit. nach juris (Rn. 45).
¹⁰⁴ OLG Stuttgart, Urteil vom 29.10.1997, NZG 1998, 603, wobei die Stimmverpflichtung im konkreten Fall trotzdem abgelehnt wurde, weil der Beschlussantrag aus anderen Gründen zu weit ging. Vgl. auch BGH, Urteil vom 25.9.1986, BGHZ 98, 276 = NJW 1987, 189 = GmbHR 1986, 426, betreffend die Zustimmungsverpflichtung zu einem Kapitalerhöhungsbeschluss, der aufgrund der GmbH-Novelle 1980 notwendig geworden war.
¹⁰⁵ OLG Düsseldorf, Urteil vom 23.1.1987, GmbHR 1987, 475 = NJW-RR 1987, 732.
¹⁰⁶ OLG Düsseldorf, Urteil vom 8.3.2001, NZG 2001, 991 = GmbHR 2001, 1049, vgl. auch BGH, Urteil vom 10.2.1977, GmbHR 1977, 129 = BB 1977, 465, zum „Stimmrechtsmissbrauch" von Gesellschaftern, die der Entlastung eines GmbH-Geschäftsführers zustimmen, mit dem sie zum Schaden der Gesellschaft und zum eigenen Vorteil zusammengewirkt haben.
¹⁰⁷ BGH, Urteil vom 11.12.2006, NZG 2007, 185 = NJW 2007, 917 = GmbHR 2007, 260.
¹⁰⁸ OLG Nürnberg, Urteil vom 30.1.2013, BB 2013, 321.
¹⁰⁹ BGH, Urteil vom 9.11.1987, BGHZ 102, 172 = NJW 1988, 969 = BB 1988, 159.

58a Falls die *positive* Stimmabgabe einer oder mehrerer Gesellschafter mit der Behauptung der Treuepflichtverletzung **angegriffen werden** soll, gelten die allgemeinen Regeln. Das rechtlich zutreffende Beschlussergebnis muss durch Feststellungsklage (bzw. bei der GmbH durch sog. Beschlussfeststellungsklage) geklärt werden. Die betreffende Beschlussmängelklage, die sich bei den Personengesellschaften gegen die bestreitenden Mitgesellschafter und bei der GmbH gegen die Gesellschaft richtet, zielt in diesem Fall auf die gerichtliche Feststellung, dass einzelne Stimmen wegen Treuwidrigkeit nichtig und ein bestimmter beantragter Beschluss (z.B. auf Entlastung des Geschäftsführers) daher nicht zustande gekommen ist.[110] Sofern bei der Beschlussfassung in einer GmbH ein hierzu ermächtigter Versammlungsleiter eine eigene Entscheidung zur Gültigkeit der (zustimmenden) Stimmabgabe eines Gesellschafters getroffen und das Beschlussergebnis (also den Beschluss im Sinne des Beschlussantrags) festgestellt hat, muss der festgestellte Beschluss bei Zweifeln an der Wirksamkeit der positiven Stimmabgabe eines Gesellschafters wegen Treuepflichtverletzung demgegenüber durch fristgebundene Anfechtungsklage angegriffen werden.[111]

58b Rechtlich problematischer ist der umgekehrte Fall, falls über die Treuwidrigkeit einer *negativen* **Stimmabgabe**, also die Verweigerung der Zustimmung eines oder mehrerer Gesellschafter zu einem Beschlussantrag (z.B. gerichtet auf die Beschlussfassung über die außerordentliche Abberufung eines Geschäftsführers aus wichtigem Grund) **gestritten** wird. Hier ist fraglich, ob die betreffenden Gesellschafter, denen hinsichtlich der Zustimmungsverweigerung die Verletzung gesellschaftsrechtlicher Treuepflichten vorgeworfen wird, auf Zustimmung zu verklagen sind oder ob sogleich Klage auf Feststellung des „richtigen", positiven Beschlussergebnisses erhoben werden kann.[112] Da die treuwidrig unterbliebene Zustimmung eines Gesellschafters nicht fingiert werden kann, kommt es darauf an, ob die betreffende Zustimmung nach dem Gesetz oder dem Gesellschaftsvertrag für das Zustandekommen des Beschlusses erforderlich ist oder nicht. Hängt die Beschlusswirksamkeit bzw. das Zustandekommen des positiven Beschlusses von der Zustimmung eines Gesellschafters ab, muss diese Zustimmung bei treuwidriger Verweigerung durch Leistungsklage der übrigen Gesellschafter erzwungen werden, mit dem Ziel, dass die positive Stimmabgabe gemäß § 894 ZPO mit Rechtskraft des stattgebenden Urteils fingiert wird. Diese Konstellation ist häufig in Personengesellschaften gegeben, bei denen zumindest Grundlagenentscheidungen wie Änderungen des Gesellschaftsvertrags regelmäßig der Zustimmung aller, zumindest aller betroffenen Gesellschafter bedürfen.[113] In der GmbH sind die Mitgesellschafter demgegenüber dann auf den beschwerlicheren Weg der Zustimmungsklage verwiesen, wenn es bei der Abstimmung nicht lediglich auf die wirksam „abgegebenen" Stimmen ankommt, sondern ein Beschluss laut Satzung z.B. einer bestimmten Kapitalmehrheit (Mehrheit „vorhandener" Stimmen) oder wegen eines Sonderrechts der Zustimmung bestimmter Gesellschafter bedarf. Die erforderliche positive Stimmabgabe muss hier durch Leistungsklage gegen den widerstrebenden Gesellschafter durchgesetzt werden.[114] Falls es demgegenüber – gleich ob in der Personengesellschaft oder der GmbH – auf die treuwid-

---

[110] Vgl. für die GmbH z.B. BGH, Beschluss vom 4.5.2009, GmbHR 2009, 1327 = NZG 2009, 1307.

[111] Vgl. hierzu iE unter Rn. 604ff.; 654ff.

[112] In einem Sonderfall, nämlich der verweigerten Zustimmung zur Übertragung vinkulierter GmbH-Geschäftsanteile, hielt es das OLG Koblenz, Urteil vom 12.1.1989, GmbHR 1990, 39 = NJW-RR 1989, 1057, zudem für möglich, dass der Gesellschafter, der in der Zustimmungsverweigerung eine Verletzung gesellschaftsrechtlicher Treuepflichten sah, Leistungsklage auf Zustimmung gegen die Gesellschaft selbst erhob, auch nachdem die Anfechtungsfrist für die Klage gegen den Ablehnungsbeschluss längst abgelaufen war.

[113] Vgl. für eine solche Leistungsklage auf Zustimmung in einer KG z.B. BGH, Urteil vom 29.9.1986, GmbHR 1987, R10 = BB 1987, 506 = WM 1986, 1556. Etwas anderes gilt laut BGH ausnahmsweise dann, wenn der betreffende Gesellschafterbeschluss für die Gesellschaft „von existenzieller Bedeutung" ist, also eine Beschlussfassung (wie z.B. die Aufnahme eines neuen Komplementärs nach Ausscheiden des einzigen Komplementärs) der Erhaltung der Funktionsfähigkeit der Gesellschaft dient. In solchen Ausnahmefällen werde die treuwidrig unterbliebene Zustimmung fingiert, der pflichtwidrig handelnde Gesellschafter müsse sich also so behandeln lassen, als ob er entsprechend seiner gesellschaftlichen Verpflichtung seine Zustimmung gegeben hätte.

[114] Vgl. nur Baumbach/Hueck, Anh § 47, Rn. 192. Die Kommentierung in Scholz/K. *Schmidt*, § 47,

II. Durchsetzung von Entscheidungen durch Mehrheitsbeschluss

rig verweigerte Zustimmung letztlich nicht ankommt, kann der Mitgesellschafter bzw. können die übrigen Gesellschafter sogleich auf Feststellung des „richtigen", positiven Beschlussergebnisses klagen.[115] Sofern der Ablehnungsbeschluss, der auf der treuwidrigen Zustimmungsverweigerung eines Gesellschafters beruht, durch einen Versammlungsleiter festgestellt wurde, muss dieser Beschluss in der GmbH zunächst mit einer fristgebundenen Anfechtungsklage angegriffen werden. Diese Anfechtungsklage kann mit einer positiven Beschlussfeststellungsklage kombiniert werden.[116] Darüber hinaus bleibt selbstverständlich auch in dieser Konstellation die Möglichkeit, den widerstrebenden Gesellschafter unter Berufung auf die gesellschaftsrechtliche Treuepflicht auf Zustimmung zu verklagen.[117]

Die Möglichkeiten, einen Mitgesellschafter im Wege der **einstweiligen Verfügung** und unter Berufung auf die gesellschaftsrechtliche Treuepflicht zu einer bestimmten Stimmabgabe zu zwingen oder von einer bestimmten Stimmabgabe abzuhalten, sind begrenzt (vgl. hierzu im Einzelnen unter Rn. 798 ff.). 58c

(2) Stimmbindung durch den Gesellschaftsvertrag und den Gleichbehandlungsgrundsatz

Weitere Stimmpflichten resultieren daraus, dass jeder Gesellschafter bei der Beschlussfassung, etwa über bestimmte Maßnahmen der Geschäftsführung, an den **Gesellschaftsvertrag** und die **Satzung gebunden** ist. Mit Rücksicht darauf ist z.B. eine Stimmabgabe rechtswidrig und unwirksam, mittels derer eine Maßnahme der Geschäftsführung gebilligt wird, die nicht vom Gesellschaftszweck laut Gesellschaftsvertrag oder GmbH-Satzung gedeckt ist (mit der Einschränkung, dass jedenfalls die Gesellschafter einer GbR, PartG, OHG, KG oder GmbH & Co. KG ihren Gesellschaftsvertrag durch *einstimmigen* Beschluss zugleich entsprechend abändern können).[118] 59

Rn. 32, ist in diesem Punkt ggfs missverständlich. Laut *K. Schmidt*, aaO, könne bei der GmbH bei treuwidriger Zustimmungsverweigerung sogleich positive Beschlussfeststellungsklage auf gerichtliche Feststellung des „richtigen" Beschlusses erhoben werden und müsse der widerstrebende Gesellschafter nicht auf Abgabe einer Willenserklärung verklagt werden. *K. Schmidt* beruft sich hierbei auf das Urteil des BGH vom 26.10.1983 (BGHZ 88, 320 = NJW 1984, 489 = GmbHR 1984, 93) und den Beschluss vom 19.9.2002 (BGHZ 152, 46). In den beiden genannten BGH-Entscheidungen kam es auf die Zustimmung des treuwidrig handelnden Gesellschafters jedoch gerade nicht entscheidend an, der betreffende positive Beschluss war bei Außerachtlassung der treuwidrig abgegebenen Nein-Stimme also jeweils zustande gekommen. In *dieser* Konstellation befürwortete der BGH die Möglichkeit der übrigen Gesellschafter, das „richtige" Beschlussergebnis im Wege der positiven Beschlussfeststellungsklage klären zu lassen, ohne den widerstrebenden Gesellschafter zunächst auf Zustimmung zu verklagen.

[115] Vgl. für die GmbH z.B. BGH, Urteil vom 26.10.1983, BGHZ 88, 320 = NJW 1984, 489 = GmbHR 1984, 93. Da diese „Beschlussfeststellungsklage" bei der GmbH gegen die Gesellschaft (und nicht den widerstrebenden Mitgesellschafter) gerichtet ist (vgl. hierzu näher unter Rn. 673 ff.), muss der Gesellschafter, dem eine treuwidrige Stimmabgabe vorgeworfen wird, jedoch die Möglichkeit erhalten, als Nebenintervenient an dem Verfahren teilzunehmen, um seine Ablehnung zu verteidigen. Die Geschäftsführer der beklagten GmbH tragen dementsprechend Verantwortung dafür, den betroffenen Gesellschafter über die Klage zu informieren, um ihm die Möglichkeit zur Nebenintervention zu eröffnen (vgl. hierzu näher unter Rn. 687 ff.).

[116] BGH, Urteil vom 26.10.1983, BGHZ 88, 320 = NJW 1984, 489 = GmbHR 1984, 93; BGH, Beschluss vom 19.9.2002, BGHZ 152, 46 = NJW 2002, 3704 = WM 2003, 295. Vgl. zur Kombination von Anfechtungs- und Beschlussfeststellungsklage in der GmbH näher unter Rn. 604 ff., 617.

[117] Vgl. z.B. BGH, Urteil vom 25.9.1986, BGHZ 98, 276 = NJW 1987, 189 = GmbHR 1986, 426; BGH, Urteil vom 9.7.1990, NJW 1991, 172 = GmbHR 1990, 452.

[118] Bei der GmbH stellt sich indessen bei einer solchen „faktischen Satzungsdurchbrechung" das Problem, ob diese wegen Formnichtigkeit (Fehlen einer notariellen Beurkundung) nichtig oder – bei Satzungsdurch-

60 Vertragliche Stimmverpflichtungen können sich ferner **unmittelbar** aus dem **Gesellschaftsvertrag** oder der **Satzung** ergeben. Solche satzungsmäßigen oder gesellschaftsvertraglichen Stimmpflichten tauchen vor allem im Zusammenhang mit sog. **Präsentationsrechten** oder Vorschlagsrechten einer Gesellschaftsgruppe oder eines Familienstammes für einen Geschäftsführer auf. Die Gesellschafter sind dann verpflichtet, für die Bestellung der vorgeschlagenen Person und den Abschluss eines angemessenen Anstellungsvertrags zu stimmen sowie andererseits für eine Abberufung und Kündigung des Anstellungsvertrags zu votieren, wenn der zur Präsentation berechtigte Gesellschafter oder Familienstamm diese Bestellung bzw. Abberufung verlangt.[119] Die betreffende Stimmverpflichtung gilt in diesen Fällen nur dann nicht, wenn gegen die Bestellung oder Abberufung ein „wichtiger Grund im Gesellschaftsinteresse" spricht.[120] Sofern diese Einschränkung nicht bereits im Annex zu dem Präsentationsrecht selbst im Vertrag geregelt ist, ist die betreffende Bestimmung des Gesellschaftsvertrags oder der Satzung entsprechend (ergänzend) auszulegen.[121] Die Stimmabgabe entgegen der gesellschaftsvertraglich vereinbarten Stimmpflicht ist unwirksam und wird für das Abstimmungsergebnis nicht berücksichtigt. Die positive Stimmabgabe (Zustimmung zu einem Beschlussantrag), die entgegen gesellschaftsvertraglicher Bestimmungen verweigert wird, kann indessen für das Abstimmungsergebnis nicht fingiert werden. Die gesellschaftsvertragliche Zustimmungspflicht muss ggf. durch Leistungsklage gegen den widerstrebenden Gesellschafter durchgesetzt werden. Es gelten die Ausführungen zur gerichtlichen Überprüfung treuwidriger Stimmabgaben unter Rn. 58 entsprechend.

61 Eine weitere, im Zusammenhang mit Gesellschafterstreitigkeiten relevante Stimmbindung folgt schließlich aus dem gesellschaftsrechtlichen **Gleichbehandlungsgrundsatz.** Der Grundsatz der Gleichbehandlung, der auch im Rahmen von Beschlussfassungen und der entsprechenden Stimmabgabe gilt, verbietet eine *„willkürliche, sachlich nicht gerechtfertigte unterschiedliche Behandlung der Gesellschafter"*.[122] Sofern durch eine Stimmabgabe maßgebliche Bestimmungen des Gesellschaftsvertrags und der Satzung oder der Gleichbehandlungsgrundsatz verletzt werden und diese Stimmabgabe Relevanz für das Beschlussergebnis hat, sind die betreffenden Beschlüsse mangelhaft und daher bei der

---

brechung mittels Mehrheitsbeschlusses – durch die überstimmte Gesellschafterminderheit lediglich anfechtbar ist; vgl. hierzu näher unter Rn. 580, im Zusammenhang mit der Erörterung von „Stillhaltevereinbarungen" zur Durchführung von Vergleichsverhandlungen vor Einleitung einer Beschlussanfechtungsklage.

[119] OLG Hamm, Urteil vom 8.7.1985, ZIP 1986, 1188; OLG Düsseldorf, Urteil vom 8.6.1989, NJW 1990, 1122 = GmbHR 1990, 219. Vgl. auch OLG Saarbrücken, Urteil vom 24.11.2004, GmbHR 2005, 546, für eine Familien-GmbH. Die Zustimmungspflicht zur Bestellung des von einem Familienstamm vorgeschlagenen Gesellschafters ist laut OLG Saarbrücken jedoch nur dann gegeben, wenn der Präsentationsvorschlag von allen Mitgliedern des berechtigten Familienstammes, der das Präsentationsrecht ausübt, mitgetragen wird. Vgl. zum Abschluss des Anstellungsvertrags mit dem „präsentierten" Geschäftsführer näher *Cramer*, NZG 2011, 171.

[120] OLG Düsseldorf, Urteil vom 8.6.1989, NJW 1990, 1122 = GmbHR 1990, 219.
[121] OLG Hamm, Urteil vom 8.7.1985, ZIP 1986, 1188.
[122] BGH, Urteil vom 16.12.1991, BGHZ 116, 359 = NJW 1992, 892 = GmbHR 1992, 257.

GbR, OHG, KG oder GmbH & Co. KG nichtig bzw. bei der GmbH anfechtbar unwirksam.[123]

bb) Vertragliche Stimmbindungen

Vertragliche Stimmpflichten eines Gesellschafters können sich aus **schuldrechtlichen Stimmbindungsvereinbarungen außerhalb** von **Gesellschaftsvertrag** und **Satzung** ergeben. Entsprechende vertragliche Verpflichtungen, das Stimmrecht bei bestimmten Beschlussgegenständen in der vereinbarten Art und Weise auszuüben, sind sowohl gegenüber Mitgesellschaftern als auch gegenüber Dritten grundsätzlich zulässig und nach Maßgabe von § 894 ZPO auch gerichtlich durchsetzbar und vollstreckbar.[124] Unwirksam sind solche Stimmbindungsvereinbarungen lediglich dann, wenn sich Gesellschafter verpflichten, ihr Stimmrecht nach Weisung der Gesellschaft bzw. ihrer Organe selbst auszuüben.[125] Unwirksam ist ferner eine Stimmbindungsvereinbarung, sofern und soweit eine Verpflichtung gegenüber einem Gesellschafter begründet wird, der seinerseits wegen Interessenkollision vom Stimmrecht ausgeschlossen ist (vgl. hierzu unter Rn. 47 ff.).[126] Schließlich sind entgeltliche Stimmbindungsverträge grundsätzlich nach § 138 BGB nichtig.[127] Stimmbindungsvereinbarungen zwischen einzelnen Gesellschaftern, außerhalb Gesellschaftsvertrag und Satzung, haben nur **schuldrechtliche Wirkung zwischen den Vertragsparteien** und **wirken sich auf das Beschlussergebnis nicht unmittelbar aus**.[128] Sofern ein Gesellschafter daher eine Stimmbindungsvereinbarung verletzt und seine Stimme vertragswidrig abgibt, hat dies für das Beschlussergebnis grundsätzlich keine Relevanz und begründet keinen Beschlussmangel.[129] Gleiches gilt, wenn die Stimmbindungsvereinbarung unwirksam ist und der (vermeintlich) gebundene Gesellschafter trotzdem im Sinne der Stimmbindungsvereinbarung abgestimmt hatte. Eine Ausnahme gilt hier nur dann, wenn die Stimmbindung wegen Verstoßes gegen § 47 Abs. 4 GmbHG unwirksam ist und der vermeintlich gebun-

62

---

[123] Vgl. für einen satzungsändernden Beschluss in einer GmbH (betreffend eine Abfindungsregelung) bei Verletzung des Gleichbehandlungsgrundsatzes z.B. BGH, Urteil vom 16.12.1991, BGHZ 116, 359 = NJW 1992, 892 = GmbHR 1992, 257.

[124] Vgl. für Stimmbindungsverträge zwischen Gesellschaftern z.B. BGH, Urteil vom 24.11.2008, BGHZ 179, 13 = NZG 2009, 183 = GmbHR 2009, 306, sowie für Stimmbindungen gegenüber Nichtgesellschaftern BGH, Urteil vom 29.5.1967, BGHZ 48, 163 = WM 1967, 925.

[125] BGH, Urteil vom 24.11.2008, BGHZ 179, 13 = NZG 2009, 183 = GmbHR 2009, 306.

[126] BGH, Urteil vom 29.5.1967, BGHZ 48, 163 = WM 1967, 925.

[127] AllgM, vgl. nur Baumbach/Hueck, § 47, Rn. 114; OLG Stuttgart, Urteil vom 16.12.2008 (Az. 12 U 136/08).

[128] AllgM, vgl. z.B. BGH, Urteil vom 20.1.1983, NJW 1983, 1910 = GmbHR 1983, 196 = BB 1983, 996; OLG Saarbrücken, Urteil vom 24.11.2004, GmbHR 2005, 546.

[129] **Anders** BGH, Urteil vom 20.1.1983, GmbHR 1983, 196 = BB 1983, 996, für eine GmbH, wonach die Verletzung der Stimmbindungsvereinbarung ausnahmsweise auf das Beschlussergebnis durchschlägt und ein Anfechtungsrecht begründet, wenn an der Stimmbindung *alle* Gesellschafter beteiligt waren (ohne dass diese Satzungsbestandteil wurde). Bei den Personengesellschaften ist bei Beteiligung aller Gesellschafter an der Stimmbindungsvereinbarung ohnehin von einer *gesellschaftsvertraglichen* Regelung auszugehen (vgl. hierzu unter Rn. 59).

dene Gesellschafter somit im Sinne oder aufgrund Weisung eines Mitgesellschafters abgestimmt hat, der aufgrund Interessenkollision beim konkreten Beschlussgegenstand aufgrund gesetzlicher oder vertraglicher Regelung vom Stimmrecht ausgeschlossen war. Dieser Stimmrechtsausschluss schlägt jedenfalls dann auf den abstimmenden Gesellschafter durch und führt zur Unwirksamkeit seiner Stimmabgabe, wenn der von der Abstimmung ausgeschlossene Gesellschafter durch den vermeintlich wirksamen Stimmbindungsvertrag bestimmenden Einfluss auf das Abstimmungsverhalten des abstimmenden Mitgesellschafters nehmen konnte.[130]

2. Mehrheitsbeschlüsse

a) Gesetzliche Regelung und vertragliche Gestaltungsalternativen

63 Gesellschafterstreitigkeiten entzünden sich oft an Mehrheitsbeschlüssen, also an Gesellschafterentscheidungen, die durch eine Mehrheit und gegen den Willen einer Minderheit durchgesetzt werden.

Die **gesetzliche Regelung** zur Zulässigkeit von Mehrheitsbeschlüssen ist bei Personengesellschaften und Kapitalgesellschaften grundlegend unterschiedlich: Bei der **GbR, PartG, OHG, KG** und **GmbH & Co. KG** werden Gesellschafterbeschlüsse grundsätzlich **einstimmig**, also mit Zustimmung aller an der Beschlussfassung zu beteiligenden und stimmberechtigten Gesellschafter gefasst, falls der Gesellschaftsvertrag keine abweichende Regelung trifft, §§ 709 Abs. 1 BGB, 6 Abs. 3 S. 2 PartGG, 119 Abs. 1, 161 Abs. 2 HGB. Bei der **GmbH** erfolgt die Beschlussfassung im gesetzlichen Regelfall demgegenüber mit der (einfachen) **Mehrheit der abgegebenen Stimmen**, § 47 Abs. 1 GmbHG. Lediglich in Ausnahmefällen, namentlich bei Satzungsänderungen bzw. Kapitalmaßnahmen (§ 53 Abs. 2 S. 1 GmbHG), der Beschlussfassung über die Auflösung der Gesellschaft (§ 60 Abs. 1 Nr. 2 GmbHG) oder Maßnahmen nach dem Umwandlungsgesetz (§ 50 Abs. 1 UmwG), bedürfen die Beschlüsse auch in der GmbH zumindest einer „qualifizierten" Mehrheit, also einer Zustimmung von drei Vierteln der abgegebenen Stimmen. Die unterschiedlichen gesetzlichen Bestimmungen haben zugleich Auswirkung auf die Bedeutung von **Stimmenthaltungen**. Da in den Personengesellschaften auf die Zustimmung *aller* zur Mitwirkung berechtigten Gesellschafter abgestellt wird, wirkt sich eine Stimmenthaltung wie eine Gegenstimme aus, wohingegen die Stimmenthaltung bei der GmbH mit Rücksicht auf die Maßgeblichkeit der *abgegebenen* Stimmen nicht mitgezählt wird und das Beschlussergebnis nicht beeinflusst.[131]

---

[130] Vgl. auch BGH, Urteil vom 13.1.2003, BGHZ 153, 285 = NZG 2003, 286 = GmbHR 2003. Vgl. zur Unwirksamkeit einer Stimmbindungsvereinbarung, mittels derer ein Gesellschafter an die Weisungen eines vom Stimmrecht ausgeschlossenen Gesellschafters gebunden wird, BGH, Urteil vom 29.5.1967, BGHZ 48, 163.

[131] Der gleiche Effekt, wonach die Stimmenthaltung wie eine „Gegenstimme" wirkt, ergibt sich im Übrigen dann, wenn nach dem Gesellschaftsvertrag oder der GmbH-Satzung zwar die Mehrheit entscheiden darf, hierbei aber nicht auf „abgegebene Stimmen", sondern auf die „Anzahl der Gesellschafter" (so das gesetzliche Leitbild in §§ 709 Abs. 2 BGB, 119 Abs. 2 HGB), dh also auf „Köpfe", oder in einer GmbH auf

II. Durchsetzung von Entscheidungen durch Mehrheitsbeschluss

Zu Mehrheitsbeschlüssen finden sich für alle hier behandelten Gesellschaftsformen häufig vom Gesetz abweichende oder das Gesetz ergänzende, **vertragliche Regelungen**. Das Gesetz lässt vertragliche Bestimmungen zu Mehrheitsbeschlüssen bei der **GbR, PartG, OHG, KG** bzw. **GmbH & Co. KG** ausdrücklich zu, §§ 709 Abs. 2 BGB, 6 Abs. 3 S. 2 PartGG, 119 Abs. 2, 161 Abs. 2 HGB. Sofern der Gesellschaftsvertrag demnach Mehrheitsentscheidungen vorsieht, sind solche Mehrheiten „im Zweifel" nach der Zahl der Gesellschafter, somit nach „Köpfen" zu berechnen. Für die Beschlussmehrheit können im Gesellschaftsvertrag indessen auch andere Kriterien aufgestellt werden.[132] Weit verbreitet für alle vorbezeichneten Personengesellschaften ist die praktikable und rechtssichere Lösung, wonach für jeden Gesellschafter (mit Ausnahme häufig der Komplementär-GmbH bei einer GmbH & Co. KG) feste, rechnerische „Kapitalanteile" vereinbart werden, deren Höhe z.B. von der jeweiligen Einlageleistung abhängt und die zusammen das „Festkapital" der Gesellschaft bilden. Das Stimmrecht jedes Gesellschafters richtet sich dann nach dem Verhältnis des Betrags seines Kapitalanteils zum Betrag des Festkapitals, so dass jedem Gesellschafter ein bestimmtes Stimmengewicht bzw. eine bestimmte Stimmenanzahl zugeordnet und für Mehrheitsbeschlüsse prozentuale, je nach Beschlussgegenstand auch unterschiedliche Mehrheitserfordernisse angeordnet werden können. Für die **GmbH** sind die gesetzlichen Regelungen (Beschlussfassung mit der Mehrheit der „*abgegebenen Stimmen*") demgegenüber grds sachgerecht. Praktisch relevant sind – zulässige – Modifikationen in der Satzung, wonach nicht auf die Mehrheit der „abgegebenen", sondern auf die Mehrheit der in einer Gesellschafterversammlung „erschienenen" Gesellschafter abgestellt wird (was letztlich dazu führt, dass Stimmenthaltungen die Wirkung von Gegenstimmen erhalten). Möglich sind auch sonstige Satzungsregelungen, die die Anforderungen an die Mehrheitserfordernisse erhöhen, wie z.B. die Bestimmung, wonach sich die Stimmenmehrheit nach den jeweiligen Stammkapitalanteilen richtet (Mehrheit des „vorhandenen Stammkapitals" bzw. der „vorhandenen Stimmen") oder das notwendige Quorum insgesamt oder für bestimmte Beschlussgegenstände von mehr als 50% der relevanten Stimmen auf mindestens 75% der Stimmen erhöht wird.[133] Demgegenüber ist eine weitere *Absenkung* des gesetzlichen Mehrheitserfordernisses durch Satzung unüblich und auch weitgehend unzulässig. Für satzungsändernde Beschlüsse und Maßnahmen nach dem Umwandlungsgesetz darf das Quorum von 75% Zustimmung nicht unterschritten werden (§§ 53 Abs. 2 S. 2 GmbHG, 50 Abs. 1 S. 2 UmwG), und auch das allgemeine Mehrheitserfordernis gemäß § 47 Abs. 1 GmbHG kann durch Satzungsregelung grundsätzlich nicht verringert werden.[134] Eine

64

---

eine bestimmte „Kapitalmehrheit" oder auf die jeweilige Anzahl der in einer GV erschienenen Gesellschafter abgestellt wird.

[132] Vgl. nur BGH, Urteil vom 24.11.2008, BGHZ 179, 13 = NZG 2009, 183 = GmbHR 2009, 306 („Schutzgemeinschaftsvertrag II").

[133] Die Satzung kann abweichend von der gesetzlichen Regelung für einzelne oder alle Beschlüsse weitergehend auch ein Einstimmigkeitserfordernis aufstellen, vgl. BGH, Urteil vom 22.3.2004, NJW-RR 2004, 899 = NZG 2004, 516; OLG Frankfurt a.M., Urteil vom 19.10.2009, GmbHR 2010, 260.

[134] Vgl. nur Baumbach/Hueck, § 47, Rn. 24; nicht eindeutig Lutter/Hommelhoff, § 47, Rn. 7; Scholz/*K. Schmidt*, § 47, Rn. 10; Michalski/*Römermann*, § 47, Rn. 561 ff.

Ausnahme bildet die Zulässigkeit eines „Stichentscheids" bei Stimmenpatt (vgl. näher unter Rn. 69 f.).

b) Zulässigkeitsschranken für Mehrheitsbeschlüsse bei Personengesellschaften

Wenngleich das Gesetz gesellschaftsvertragliche Regelungen zu Mehrheitsbeschlüssen in der GbR, PartG, OHG, KG oder GmbH & Co. KG grundsätzlich zulässt (§§ 709 Abs. 2 BGB, 6 Abs. 3 S. 2 PartGG, 119 Abs. 2, 161 Abs. 2 HGB), sind hier besondere, in der Rechtsprechung entwickelte Wirksamkeitsvoraussetzungen zu beachten. Der Grund hierfür liegt im Schutz der Gesellschafterminderheit: Personengesellschaften sind (mit Einschränkung bei den Kommanditgesellschaften) auf die gleichberechtigte Zusammenarbeit aller Gesellschafter angelegt und jeder Gesellschafter haftet für Gesellschaftsverbindlichkeiten grundsätzlich mit seinem eigenen sonstigen Vermögen.

aa) Grundlage im Gesellschaftsvertrag

Die Wirksamkeit einer Mehrheitsentscheidung in Personengesellschaften hängt nach der ständigen Rechtsprechung demnach zunächst davon ab, ob der **Gesellschaftsvertrag** für den betreffenden Beschlussgegenstand überhaupt eine **Mehrheitsentscheidung zulässt**, die Gesellschafter also durch vertragliche Regelung vom gesetzlichen Prinzip der Einstimmigkeit abgewichen sind. Auf einer „ersten Stufe" ist – so der BGH[135] – die „formelle Legitimation" der Mehrheitsentscheidung bzw. des Mehrheitsbeschlusses zu überprüfen.

Diese „formelle Legitimation" einer Mehrheitsentscheidung kann fraglich sein, wenn und soweit der Gesellschaftsvertrag ohne Bezugnahme auf bestimmte Beschlussgegenstände lediglich eine **allgemeine Mehrheitsklausel** („Beschlüsse werden mit der Mehrheit der Stimmen/mit einer Mehrheit von … % der Stimmen gefasst") enthält. Hier kann es je nach Gewicht eines Beschlussgegenstandes bzw. der Auswirkung der Mehrheitsentscheidung für den einzelnen Gesellschafter durchaus zweifelhaft sein, ob sich der überstimmte Gesellschafter ursprünglich im Gesellschaftsvertrag auf eine Mehrheitsentscheidung einlassen wollte.

Der BGH entwickelte daher zum Schutz der Gesellschafterminderheit schon Anfang der fünfziger Jahre den sog. „**Bestimmtheitsgrundsatz**": Auf der Grundlage einer einfachen Mehrheitsklausel im Gesellschaftsvertrag sollten nur Mehrheitsentscheidungen über laufende Geschäftsführungsmaßnahmen oder einfache, für die Gesellschafter ungefährliche Verwaltungsangelegenheiten möglich sein. Demgegenüber sollten Mehrheitsbeschlüsse über „*Vertragsänderungen und ähnliche die Grundlagen der Gesellschaft berührende oder in Rechtspositionen der Gesellschafter eingreifende Maßnahmen*" einer eindeutigen, „bestimmten" Legitimationsgrundlage im Gesellschaftsvertrag bedürfen, „*die auch Ausmaß und Umfang einer möglichen zusätzlichen Belastung der Gesellschafter erkennen lassen muss*".[136] Lediglich bei Publikumsgesellschaften, also Personengesellschaften, die nicht personalistisch strukturiert, sondern auf die Aufnahme einer zunächst unbestimmten Zahl von

---

[135] Urteil vom 21.10.2014, NZG 2014, 1296 = GmbHR 2014, 1303 = BB 2015, 328.
[136] Vgl. zuletzt BGH, Urteil vom 15.1.2007, BGHZ 170, 283 = NZG 2007, 259 = GmbHR 2007, 437 („OTTO"), mit umfangr. Nachweisen zur Rechtsprechung des RG und des BGH sowie zum Schrifttum.

Kapitalanlegern auf der Grundlage eines vorformulierten Gesellschaftsvertrags ausgerichtet sind, sollte der „Bestimmtheitsgrundsatz" keine Anwendung finden.[137] Diese ständige Rechtsprechung zum „Bestimmtheitsgrundsatz" führte dazu, dass Gesellschaftsverträge möglichst genaue Auflistungen der durch Mehrheit zu entscheidenden (außerhalb von allgemeinen Geschäftsführungsmaßnahmen liegenden) Beschlussgegenstände enthielten bzw. Mehrheitsbeschlüsse regelmäßig am „Bestimmtheitsgrundsatz" scheiterten, wenn z.B. ein Eingriff in die Grundlagen der Gesellschaft nicht ausdrücklich als Beschlussgegenstand für eine Mehrheitsentscheidung im Vertrag genannt worden war.

Der BGH hat den **Bestimmtheitsgrundsatz** in mehreren Entscheidungen nunmehr ausdrücklich wieder **aufgegeben**. Der Bestimmtheitsgrundsatz habe für die formelle Legitimation einer Mehrheitsentscheidung „*keine Bedeutung mehr*".[138] Die Wirksamkeit von Mehrheitsbeschlüssen auch über „außergewöhnliche" Beschlussgegenstände, wie Vertragsänderungen, hängt also *nicht* mehr davon ab, ob der betreffende Beschlussgegenstand „bestimmt" genug im Gesellschaftsvertrag genannt worden ist. Damit ist die Prüfung der „formellen Legitimation" einer Mehrheitsentscheidung auf einer „ersten Stufe" indessen nicht obsolet. Die formelle Legitimation richtet sich vielmehr danach, ob die **Auslegung des Gesellschaftsvertrags** nach allgemeinen Grundsätzen ergibt, dass der betreffende Beschlussgegenstand einer Mehrheitsentscheidung unterworfen sein soll.[139] Hierbei ist gemäß den gesetzlichen Auslegungsregeln der §§ 133, 157 BGB – wie allgemein – zunächst auf den objektiv erklärten Willen der Vertragsparteien, also den Vertragswortlaut abzustellen. Daneben sind – außer bei Publikumsgesellschaften – die Entstehungsgeschichte des Gesellschaftsvertrags und der Parteiwillen zu berücksichtigen. Sofern sich Wortlaut und (angeblicher) Parteiwillen widersprechen, geht ein vom Wortlaut abweichender, übereinstimmender Regelungswunsch der am Vertragsabschluss beteiligten Parteien nur vor, wenn dieser übereinstimmende Wille für alle Vertragsparteien erkennbar war.[140] Diese Auslegungsgrundsätze gelten – so der BGH im ausführlich begründeten Urteil vom 21.10.2014[141] weiter – für alle Beschlussgegenstände, also auch für Vertragsänderungen oder ähnliche die Grundlagen der Gesellschaft berührende oder in Rechtspositionen der Gesellschafter eingreifende Maßnahmen.

68

bb) Treuepflicht der Mehrheit

Eine weitere Zulässigkeitsschranke für Mehrheitsbeschlüsse in Personengesellschaften bildet der Umstand, dass durch die Mehrheitsentscheidung nicht treupflichtwidrig in die Rechte der Gesellschafterminderheit eingegriffen werden darf. Die Mehrheitsentscheidung ist laut BGH auf einer „zweiten Stufe" zum **Schutz der Gesellschafterminderheit** auch inhaltlich zu überprüfen („*materielle Legitimation*").[142]

69

---

[137] Vgl. zur Unanwendbarkeit des „Bestimmtheitsgrundsatz" auf Publikums- bzw. „Massengesellschaften" nur BGH, Urteil vom 16.10.2010, NZG 2013, 63 = GmbHR 2013, 194.
[138] BGH, Urteil vom 16.10.2012, NZG 2013, 63 = GmbHR 2013, 194; BGH, Urteil vom 21.10.2014, NZG 2014, 1296 = GmbHR 2014, 1303 = BB 2015, 328.
[139] BGH, Urteil vom 21.10.2014, NZG 2014, 1296 = GmbHR 2014, 1303 = BB 2015, 328.
[140] BGH, Urteil vom 21.10.2014, NZG 2014, 1296 = GmbHR 2014, 1303 = BB 2015, 328.
[141] NZG 2014, 1296 = GmbHR 2014, 1303 = BB 2015, 328.
[142] BGH, Urteil vom 24.11.2008 („Schutzgemeinschaftsvertrag II"), BGHZ 179, 13 = NJW 2009, 669

69a Auch bei dieser materiellen Überprüfung des Mehrheitsbeschlusses rückt der BGH in seinen jüngeren Entscheidungen von den gewohnten Prüfungskriterien ab. So bildete es in der früheren, langjährigen Senatsrechtsprechung jeweils ein absolutes Wirksamkeitshindernis für einen Mehrheitsbeschluss, wenn durch diesen Mehrheitsbeschluss in den „**Kernbereich**" der Mitgliedschaftsrechte des oder der Minderheitsgesellschafter eingegriffen werden sollte. Im Urteil vom 21.10.2014[143] hält der BGH demgegenüber (nochmals) fest, dass der Kreis der Mitgliedschaftsrechte, der nicht ohne weiteres durch Mehrheitsbeschluss entziehbar sei, „*nicht abstrakt und ohne Berücksichtigung der konkreten Struktur der jeweiligen Personengesellschaft und einer etwaigen besonderen Stellung des betroffenen Gesellschafters*" festgestellt werden könne. Mehrheitsbeschlüsse, die in die individuelle Rechtsstellung des überstimmten Gesellschafters eingreifen, seien demnach allein am Maßstab der **gesellschaftsrechtlichen Treuepflicht zu prüfen**, so dass es für die Wirksamkeit eines solchen Mehrheitsbeschlusses letztlich maßgeblich immer darauf ankomme, „*ob der Eingriff im Interesse der Gesellschaft geboten und dem betroffenen Gesellschafter unter Berücksichtigung seiner eigenen schutzwerten Belange zumutbar ist*"[144]. Darüber hinaus sind nachträgliche **Beitragserhöhungen** generell **nur mit Zustimmung** des jeweils belasteten Gesellschafters möglich.[145] Die notwendige Zustimmung jedes Gesellschafters zu Maßnahmen, die in seine individuellen Mitgliedschaftsrechte eingreifen, kann vorab, vor der betreffenden Beschlussfassung, erteilt werden, auch durch eine Vereinbarung im Gesellschaftsvertrag.[146] Falls durch die Mehrheitsentscheidung nicht in Mitgliedschaftsrechte überstimmter Gesellschafter eingegriffen wird, entfällt die Vermutung einer Verletzung gesellschaftsrechtlicher Treuepflichten und damit die Vermutung der Unwirksamkeit des Mehrheitsbeschlusses. Der oder die überstimmte(n) Gesellschafter haben nichtsdestotrotz die Möglichkeit, die Mehrheitsentscheidung mit der Behauptung anzugreifen, sie sei treupflichtwidrig; sie sind hierfür dann aber darlegungs- und beweispflichtig.[147]

c) Stimmen-Patt

70 Im Zusammenhang mit Gesellschafterstreitigkeiten taucht häufig das Problem auf, dass der Gesellschaftsvertrag bzw. die Satzung Mehrheitsentscheidungen zwar grundsätzlich zulassen, sich in der Gesellschaft aber zwei verfeindete Gesellschafter, Gesellschaftergruppen oder Familienstämme gegenüberstehen, die über die gleiche Stimmkraft ver-

---

= NZG 2009, 183; BGH, Urteil vom 16.10.2012, NZG 2013, 57 = GmbHR 2013, 197; BGH, Urteil vom 21.10.2014, NZG 2014, 1296 = GmbHR 2014, 1303 = BB 2015, 328.

[143] NZG 2014, 1296 = GmbHR 2014, 1303 = BB 2015, 328.

[144] BGH, Urteil vom 21.10.2014, NZG 2014, 1296 = GmbHR 2014, 1303 = BB 2015, 328.

[145] BGH, Urteil vom 5.3.2007, NZG 2007, 381 = GmbHR 2007, 535; BGH, Urteil vom 19.10.2009, NZG 2009, 1347 = GmbHR 2010, 32.

[146] Wobei die Wirksamkeit einer solchen gesellschaftsvertraglichen Bestimmung dann davon abhängt, dass sie „*eindeutig ist und Ausmaß und Umfang der möglichen zusätzlichen Belastung erkennen lässt*", vgl. BGH, Urteil vom 23.1.2006, NZG 2006, 306 = NJW-RR 2006, 827 = DStR 2006, 624.

[147] BGH, Urteil vom 24.11.2008 „Schutzgemeinschaftsvertrag II", BGHZ 179, 13 = NZG 2009, 183 = GmbHR 2009, 306; KG Berlin, Urteil vom 21.3.2011, ZIP 2011, 659 = GWR 2011, 185.

II. Durchsetzung von Entscheidungen durch Mehrheitsbeschluss 51

fügen und die sich gegenseitig bei Abstimmungen (auch aus sachfremden Gründen) blockieren. Ein solches strukturelles „Stimmen-Patt" kann zur massiven Störung bis hin zum Stillstand der Unternehmensentwicklung führen (Unterbleiben von Investitionen, Blockade wesentlicher Personalmaßnahmen, Verschiebung notwendiger Vertragskorrekturen etc.). In solchen Konstellationen sind Entscheidungen (mangels Einlenkens einer der Parteien) nur noch durchsetzbar, wenn sich die Stimmengewichte aufgrund des Stimmrechtsausschlusses eines Gesellschafters oder einer Gesellschaftergruppe für einen bestimmten Beschlussgegenstand verschieben, so dass ausnahmsweise die erforderliche Beschlussmehrheit erreicht wird. Hauptanwendungsfall hierfür bilden Maßnahmen gegen einen Mitgesellschafter aus „wichtigem Grund", wie etwa dessen außerordentliche Abberufung als Geschäftsführer aufgrund grober Pflichtverletzung, da der betroffene Gesellschafter-Geschäftsführer dann wegen Interessenkollision nicht mitstimmen darf bzw. seine Stimmabgabe unwirksam ist (vgl. unter Rn. 47 ff.). Wichtige Entscheidungen, wie etwa die Feststellung eines Jahresabschlusses oder die Vornahme einer dringend erforderlichen Investition, lassen sich ggf durch die Berufung auf die Treuepflicht des Mitgesellschafters und seine daraus resultierende Zustimmungsverpflichtung durchsetzen (vgl. näher unter Rn. 57 ff.). Sofern möglich, sollten solche Patt-Situationen jedoch noch vor Ausbruch von Gesellschafterstreitigkeiten, am besten bereits im Zusammenhang mit der Gesellschaftsgründung, vermieden oder zumindest durch geeignete Regelungen entschärft werden.

Falls ein solches Stimmengleichgewicht zweier Gesellschafter oder Gesellschaftergruppen von Anfang an besteht oder sich (z.B. durch Austritt eines Gesellschafters) zu einem späteren Zeitpunkt ergibt, sind **im Überblick** folgende Regelungen zur **Streitprävention**[148] denkbar: **70a**

- Einrichtung eines **fakultativen Aufsichtsrats** oder **Beirat**s in der GmbH bzw. der Komplementär-GmbH einer GmbH & Co. KG, dem die Kompetenz zur **Bestellung**, Abberufung, laufenden Prüfung und Überwachung der **Geschäftsführer** übertragen wird.[149] Die Regelung hat den Vorteil, dass diese wichtigen Angelegenheiten nicht aus sachfremden, taktischen Gründen durch einen Gesellschafter/eine Gesellschaftergruppe blockiert werden können.
- Schaffung von **Präsentations-** oder **verbindlichen Entsenderechten** jedes Gesellschafters bzw. jeder Gesellschaftergruppe für einen Geschäftsführer, so dass die Vertretung jeder Partei in der Geschäftsleitung im Streitfall nicht durch Blockade der Bestellung verhindert werden kann bzw. von der Zufälligkeit abhängt, welchem „Gesellschafterlager" der amtierende Geschäftsführer bei Ausbruch der Gesellschafterstreitigkeit gerade angehört.[150]
- Verlagerung der **Entscheidungszuständigkeit** für Maßnahmen der **laufenden Verwaltung** bzw. der **Geschäftsführung** auf einen **Aufsichtsrat/Beirat**, insbesondere durch Übertragung der Befugnis, anstelle der Kommanditisten über die Vornahme „außergewöhnlicher Geschäfte" im Sinne des § 164 S. 1 HGB bzw. anstelle der Gesellschafter über die laut Gesellschaftsvertrag/Satzung zustimmungspflichtigen Maßnahmen oder z.B. über die Feststellung des Jahresabschlusses zu entscheiden.[151] Alternativ kann der **Geschäftsführung** durch **vertragliche Regelung** größere **Entscheidungsfreiheit** eingeräumt

---

[148] Vgl. zur Streitprävention durch Vertragsgestaltung näher unter Rn. 526 ff.

[149] Diese Kompetenzverlagerung von der gemäß § 46 Nr. 5 GmbHG grundsätzlich zuständigen Gesellschafterversammlung auf einen Beirat/Aufsichtsrat ist in der GmbH zulässig, § 45 Abs. 2 GmbHG.

[150] Auch solche Präsentations- oder Entsenderechte für Gesellschafter oder Gesellschaftergruppen sind in der GmbH gemäß § 45 Abs. 2 GmbHG zulässig.

[151] Die Kompetenz, den Jahresabschluss festzustellen, kann auch in der KG bzw. GmbH & Co. KG

werden, so dass sich die Blockade der Gesellschafter durch das Stimmen-Patt im geringeren Umfang als Investitions- und Entscheidungshemmnis auswirkt.
- Vereinbarung von Regelungen, wonach die **notwendige Beschlussmehrheit nach „abgegebenen" Stimmen** und nicht etwa nach „Köpfen" oder (bei der GmbH) der Kapitalmehrheit errechnet wird, um zumindest zu verhindern, dass Entscheidungen ohne Diskussion unter den Gesellschaftern durch bloßes Fernbleiben von der Abstimmung blockiert oder verzögert werden können.
- Schaffung eines **Rechts auf Stichentscheid** bei Stimmen-Patt, zumindest bei bestimmten, besonders wichtigen Geschäftsführungsmaßnahmen (z.B. Investitionen), wobei das Stichentscheidsrecht dann entweder dem Geschäftsführer, in dessen Ausgabenbereich die vorgeschlagene Maßnahme fällt, oder einem laut Gesellschaftsvertrag eingerichteten Gremium (Beirat/Aufsichtsrat) oder gar einem gesellschaftsfremden, sachkundigen Dritten eingeräumt wird.[152]

---

auf einen Beirat übertragen werden, BGH, Urteil vom 29.3.1996, BGHZ 132, 263 = NJW 1996, 1678 = GmbHR 1996, 456.

[152] Nach einer Entscheidung des RG vom 28.10.1901, RGZ 49, 141 (147), kann dieses Recht auf Stichentscheid bei einer GmbH sowohl einem Gesellschafter als auch einem Nichtgesellschafter (Fremdgeschäftsführer) eingeräumt werden. Die Zulässigkeit eines Stichentscheids durch Dritte ist im Schrifttum allerdings streitig, vgl. nur Baumbach/Hueck, § 47, Rn. 23 (ablehnend); Michalski/*Römermann*, § 47, Rn. 575 (ablehnend), Scholz/*K.Schmidt*, § 47, Rn. 10 (zustimmend).

III. Beschlussfassung in streitigen Gesellschafterversammlungen

Schrifttum: *Abramenko,* Zum Rechtsschutz gegen fehlerhafte Protokolle über Gesellschafterversammlungen, GmbHR 2003, 1043; *Becher,* Zum Teilnahmerecht in der Gesellschafterversammlung, EWiR 2004, 335; *Gehrlein,* Zur Nichtigkeit von Gesellschafterbeschlüssen wegen schwerwiegenden Mängeln der Ladung zu einer Gesellschafterversammlung, BB 2006, 852; *Kunz/Rubel,* Der Begriff des „eingeschriebenen Briefes" nach § 51 GmbHG, GmbHR 2011, 849; *Müther,* Zur Nichtigkeit führende Fehler bei der Einberufung der GmbH-Gesellschafterversammlung, GmbHR 2000, 966; *Saenger,* Hinzuziehung von Stellvertreter oder Beistand bei Beschlussfassung und Kontrolle im Gesellschaftsrecht, NJW 1992, 348; *Seeling/Zwickel,* Typische Fehlerquellen bei der Vorbereitung und Durchführung der Gesellschafterversammlung einer GmbH, DStR 2009, 1097; *Sina,* Das Recht des Gesellschafters auf Anwesenheit eines Beraters in der Gesellschafterversammlung, GmbHR 1993, 136; *Wiester,* Die Durchführung von Gesellschafterversammlungen bei der zerstrittenen Zweipersonen-GmbH, GmbHR 2008, 189; *Winstel,* Beschlussfähigkeit der Gesellschafterversammlung, GmbHR 2010, 793; *Zeilinger,* Die Einberufung der Gesellschafterversammlung – Fallstricke für die Wirksamkeit von Gesellschafterbeschlüssen, GmbHR 2001, 541.

1. Zustandekommen von Gesellschafterbeschlüssen

Gesellschafterbeschlüsse kommen zustande, indem die für den betreffenden Beschlussgegenstand mitwirkungs- bzw. stimmberechtigten Gesellschafter über einen Beschlussantrag, den grundsätzlich jeder Gesellschafter vorschlagen bzw. stellen kann, abstimmen.

Die **gesetzlichen Vorschriften**, wie diese Abstimmung bzw. Beschlussfassung durchzuführen ist, sind für alle hier behandelten Gesellschaftsformen **rudimentär**. Das BGB verwendet für die **GbR** noch nicht einmal ausdrücklich das Wort „Beschluss", sondern setzt die Notwendigkeit einer Beschlussfassung nach § 709 BGB durch die Anordnung von Zustimmungsrechten der Gesellschafter bei Geschäftsführungsmaßnahmen lediglich voraus. Für die **PartG, OHG, KG** und **GmbH & Co. KG** sind in §§ 6 Abs. 3 S. 2 PartGG, 119 HGB nur die Mehrheitserfordernisse für Gesellschafterbeschlüsse geregelt. Für die Beschlussfassung ist bei den Personengesellschaften daher im Rahmen der allgemeinen gesetzlichen Verpflichtungen, wie insbesondere der gesellschaftsrechtlichen Treuepflicht, kein besonderes Abstimmungsverfahren einzuhalten. **Beschlüsse** können **mündlich** oder **im schriftlichen Verfahren**, in vorbereiteten **Gesellschafterversammlungen** oder anlässlich einer spontanen Zusammenkunft der Gesellschafter sowie durch nachträgliche Zustimmung einzelner, zunächst nicht beteiligter Gesellschafter (sog. „**kombinierte Beschlussfassung**") gefasst werden. Die „Beschlussfassung", auch über die Änderung des Gesellschaftsvertrags, kann ferner **stillschweigend**, etwa durch langjährige – von der vertraglichen Regelung abweichende – Übung einer bestimmten Gesellschafterpraxis geschehen, sogar wenn der Gesellschaftsvertrag selbst für solche Änderungen ein Schriftformerfordernis aufstellt.[1] Mit Rücksicht auf das Fehlen gesetz-

---

[1] Vgl. nur BGH, Urteil vom 29.3.1996, BGHZ 132, 263 = NJW 1996, 1678 = GmbHR 1996, 456 (für eine KG); BayObLG, Beschluss vom 20.11.1986, GmbHR 1987, 228 = BB 1987, 711, für die formfreie Änderung eines notariell beurkundeten KG-Gesellschaftsvertrags.

licher Regelungen wird die Art und Weise der Beschlussfassung bei der GbR, PartG, OHG, KG oder GmbH & Co. KG sehr häufig im Gesellschaftsvertrag näher geregelt, meist in Anlehnung an die gesetzlichen Bestimmungen des GmbH-Gesetzes nebst der hierzu ergangenen Rechtsprechung.

72 Die Regelungen des GmbH-Gesetzes für die Beschlussfassung der Gesellschafter in der **GmbH** sind ebenfalls spärlich: § 47 Abs. 1 regelt das grundsätzliche Mehrheitserfordernis, § 48 die Art und Weise der Abstimmung sowie §§ 49 bis 51 die Zuständigkeit, die Form und den Inhalt der Einberufung zu Gesellschafterversammlungen. Die Beschlüsse der GmbH-Gesellschafter werden demnach nach dem Leitbild des Gesetzes in **Gesellschafterversammlungen** gefasst (§ 48 Abs. 1 GmbHG), die in Sonderfällen (vor allem bei Satzungsänderungen) vor einem Notar durchgeführt werden müssen (§ 53 Abs. 2 S. 1 GmbHG). Wie die Gesellschafterversammlung vorbereitet wurde und zustande gekommen ist, ist grundsätzlich irrelevant, wenn alle Gesellschafter anwesend sind und keiner der Beschlussfassung widerspricht (sog. „Vollversammlung"; vgl. näher unter Rn. 75). Darüber hinaus können Beschlüsse gemäß § 48 Abs. 2 GmbHG außerhalb von Gesellschafterversammlungen gefasst werden, wenn sämtliche Gesellschafter einem bestimmten **Beschlussantrag in Textform** (§ 126b BGB) zustimmen oder aber über einen Beschlussantrag durch **schriftliche Stimmabgabe** abstimmen, nachdem sie sich vorher einstimmig mit der Abstimmung im schriftlichen Verfahren (auch formlos) einverstanden erklärt haben. Weitere Arten der Beschlussfassung, z.B. **mündliche oder fernmündliche Abstimmung** oder eine „**kombinierte" Beschlussfassung** (nachträgliche Stimmabgabe einzelner Gesellschafter zu einem von den übrigen Gesellschaftern bereits behandelten Beschlussgegenstand) sind **nur wirksam**, wenn die **Satzung** das gewählte Abstimmungsverfahren **ausdrücklich zulässt**. Schweigt die Satzung demgegenüber und wird ein Beschluss weder in einer Gesellschafterversammlung noch im Rahmen eines der in § 48 Abs. 2 GmbHG geregelten Abstimmungsverfahren gefasst, ist er analog § 241 Nr. 1 AktG nichtig, selbst wenn sich sämtliche Gesellschafter mit der Art der Beschlussfassung einverstanden erklärt hatten.[2]

2. Typische Streitpunkte und Fehler bei der Einberufung von Gesellschafterversammlungen

73 Gesellschafterbeschlüsse werden vor dem Hintergrund eines aktuellen Gesellschafterstreites in aller Regel in Gesellschafterversammlungen gefasst, da bei streitigen Beschlussfassungen meist kein Einverständnis aller Gesellschafter mit einer schriftlichen Abstimmung besteht bzw. eine solche blockiert wird und die formlose mündliche Abstimmung, z.B. im Rahmen einer Telefonkonferenz (selbst wenn diese laut Gesellschaftsvertrag oder Satzung zulässig ist) Beweisschwierigkeiten aufwirft und zu rechtsunsicheren und damit unverwertbaren Abstimmungsergebnissen führt. Der **gesetzes- und vertragskonformen Vorbereitung** und **Durchführung von Gesellschafterversammlungen** kommt

---

[2] BGH, Urteil vom 16.1.2006, NJW 2006, 2044 = NZG 2006, 428 = GmbHR 2006, 706.

III. Beschlussfassung in streitigen Gesellschafterversammlungen

deshalb **bei Gesellschafterkonflikten zentrale Bedeutung** zu. Der Streit unter den Gesellschaftern erstreckt sich in der Regel über den Beschlussgegenstand hinaus auch auf das Zustandekommen der Beschlussfassung, da Verfahrensfehler für den bei der Abstimmung unterlegenen Gesellschafter bzw. die unterlegene Gesellschaftergruppe eine effektive zusätzliche Möglichkeit bedeuten, die missliebige Maßnahme (doch noch) zu verhindern. Darüber hinaus führen **Fehler** bei der Vorbereitung bzw. **Einberufung der Gesellschafterversammlung** sowohl bei Personengesellschaften[3] wie – in der Mehrzahl der Fälle – auch der GmbH (analog § 241 Nr. 1 AktG) zur **Nichtigkeit** aller in **der Gesellschafterversammlung** gefassten Beschlüsse[4], es sei denn, der Einberufungsmangel hat sich ausnahmsweise und nachweislich nicht auf die Teilnahme- und Vorbereitungsmöglichkeiten eines Gesellschafters ausgewirkt. **Fehler** bei der **Durchführung** der Gesellschafterversammlung begründen ebenfalls **Beschlussmängel**, die in Personengesellschaften zur Beschlussnichtigkeit und in der GmbH grundsätzlich zur Anfechtbarkeit führen können (vgl. hierzu näher unter Rn. 106 ff.).

Die nachstehende Darstellung behandelt typische Streitpunkte bzw. Fehler bei der Einberufung von streitigen Gesellschafterversammlungen. Die Darstellung konzentriert sich hierbei auf das GmbH-Recht, da die Gesellschaftsverträge einer GbR, PartG, OHG, KG oder GmbH & Co. KG wegen des Fehlens eigener gesetzlicher Bestimmungen häufig Einberufungs- bzw. Ladungsvorschriften für Gesellschafterversammlungen in Anlehnung an das GmbH-Recht enthalten. Solche gesellschaftsvertraglichen Bestimmungen sind verbindlich, so dass Beschlüsse, die im Rahmen von Gesellschafterversammlungen ohne Einhaltung dieser vertraglichen Einberufungsvorschriften gefasst wurden, vorbehaltlich einer Einverständniserklärung der Gesellschafter wegen Verstoßes gegen den Gesellschaftsvertrag grundsätzlich *unwirksam* sind. Die Vorbereitung und Durchführung von Gesellschafterversammlungen können nicht nur bei den Personengesellschaften **weitgehend frei vertraglich geregelt** werden, sondern unterliegen auch in der GmbH zu großen Teilen der Bestimmung durch die Gesellschafter in der Satzung. Auf die einschlägigen Vorschriften des Gesellschaftsvertrags oder der Satzung ist daher jeweils ein besonderes Augenmerk zu richten. Das **Muster** für die Einberufung einer Gesellschafterversammlung in der GmbH findet sich unter Rn. 854.

74

a) Erforderlichkeit der Einberufung

§§ 49 und 50 GmbHG begründen für die Geschäftsführer und Minderheitsgesellschafter der **GmbH** das *Recht* sowie unter bestimmten Voraussetzungen (§ 49 Abs. 2 und Abs. 3 GmbHG) auch die *Pflicht*[5], Gesellschafterversammlungen einzuberufen. Die Einhaltung des gesetzlich vorgesehenen Einberufungsverfahrens ist allerdings nicht in

75

---

[3] Vgl. hierzu z.B. OLG Dresden, Urteil vom 24.2.2000, NZG 2000, 782, für die Verletzung von Einberufungsvorschriften einer Gesellschafterversammlung in der GbR.

[4] Vgl. hierzu näher unter Rn. 619 ff.

[5] Eine Übersicht über die Fälle, in denen der GmbH-Geschäftsführer Gesellschafterversammlungen einberufen *muss*, findet sich etwa bei *Geißler*, Die gesetzlichen Veranlassungen zur Einberufung einer GmbH-Gesellschafterversammlung, GmbHR 2010, 457.

jedem Fall erforderlich. Sofern alle Gesellschafter anwesend oder vertreten und *zusätzlich* alle mit der Abhaltung einer Versammlung zum Zwecke der Beschlussfassung auch ohne Einhaltung der Ladungsvorschriften einverstanden sind[6], ist die Einhaltung der Ladungsvorschriften laut Gesetz und Satzung für die Wirksamkeit der Beschlussfassung gemäß § 51 Abs. 3 GmbHG entbehrlich (sog. **„Vollversammlung"** oder „Universalversammlung"). Die Gesellschafter können sich somit bei allseitigem Einvernehmen auch spontan entschließen, zu einer Gesellschafterversammlung zusammenzutreten und Beschlüsse zu fassen, oder in einer bereits laufenden Versammlung auf die Einhaltung der Einberufungsvorschriften verzichten (und daher z.B. auch über zunächst nicht angekündigte Beschlussanträge abstimmen). Im Rahmen von Gesellschafterstreitigkeiten ist diese Konstellation einvernehmlicher Vollversammlungen allerdings eher selten.

76   Die gesonderte Einberufung einer Gesellschafterversammlung ist ferner dann entbehrlich, wenn sich sämtliche Gesellschafter bereits **in einer vorhergehenden Gesellschafterversammlung auf den Folgetermin** und die dort zu behandelnden Beschlussgegenstände **geeinigt** haben. Eine erneute, separate Ladung ist dann überflüssig.[7] Auch die gesetzliche oder vertragliche Ladungsfrist muss für diesen einvernehmlich festgelegten Folgetermin nicht eingehalten werden.[8]

77   In der **GbR, PartG, OHG, KG** oder **GmbH & Co. KG** ist die ordentliche Einberufung einer Gesellschafterversammlung ohnedies nur erforderlich, wenn der Gesellschaftsvertrag entsprechende Verfahrensvorschriften enthält. Anderenfalls können die Gesellschafter jederzeit zusammentreten und Beschlüsse fassen, sofern sämtliche teilnahmeberechtigten Gesellschafter anwesend oder wirksam vertreten sind. Die Durchführung einer „Vollversammlung", für die zusätzlich durch alle anwesenden Gesellschafter auf die Einhaltung von Einberufungsvorschriften verzichtet wird, ist ebenfalls möglich und führt auch ohne Einhaltung der gesellschaftsvertraglichen Einberufungsbestimmungen zur Wirksamkeit der in der Vollversammlung gefassten Beschlüsse.

b) Zuständigkeit zur Einberufung

aa) Einberufungskompetenzen in der GmbH

(1) Ladungsrecht der Geschäftsführer

78   Die **Einberufung** von Gesellschafterversammlungen erfolgt bei der **GmbH** grundsätzlich **durch** den oder die **Geschäftsführer**, § 49 Abs. 1 GmbHG. Sofern mehrere Ge-

---

[6] Die Abhaltung einer „Vollversammlung" ist über den Wortlaut des § 51 Abs. 3 GmbHG (Anwesenheit sämtlicher Gesellschafter) hinaus nur möglich, wenn zudem alle Gesellschafter mit der Beschlussfassung (auch stillschweigend) einverstanden sind, vgl. nur BGH, Urteil vom 19.1.2009, NZG 2009, 385 = GmbHR 2009, 437 = ZIP 2009, 562. Nach Auffassung des OLG Hamburg, Beschluss vom 2.5.1997, GmbHR 1997, 796, kann ein Gesellschafter im Falle von Einberufungsmängeln die Beschlussfassung auch zu einzelnen Beschlussgegenständen verhindern, indem er unter Berufung auf den Einberufungsmangel einer Behandlung in der Gesellschafterversammlung widerspricht, selbst wenn er in der betreffenden Versammlung bereits an der Abstimmung über andere Beschlussgegenstände widerspruchslos teilgenommen hatte.

[7] OLG München, Urteil vom 8.6.1994, GmbHR 1995, 232 = BB 1994, 1307.

[8] OLG Köln, Beschluss vom 21.12.2001, NZG 2002, 381 = GmbHR 2002, 492.

schäftsführer vorhanden sind, kann jeder Geschäftsführer einzeln einberufen, und zwar auch dann, wenn im Übrigen Gesamtgeschäftsführungs- und Vertretungsbefugnis angeordnet ist.[9] Die Einberufungszuständigkeit besteht analog § 121 Abs. 2 S. 2 AktG, solange ein Geschäftsführer im Handelsregister eingetragen ist, auch wenn er nicht wirksam bestellt war oder das Amt zum Zeitpunkt der Einberufung durch Abberufung oder Niederlegung bereits verloren hatte.[10] Der Geschäftsführer kann einen Dritten, z.B. einen Rechtsanwalt, bevollmächtigen, die Einberufung für ihn durchzuführen. In diesem Fall ist es jedoch erforderlich, dass aus der Einberufung selbst hervorgeht, dass nicht der bevollmächtigte Dritte, sondern der Geschäftsführer Urheber der Einberufung ist und diese auf seinem Entschluss beruht.[11]

(2) Ladungsrecht einer Gesellschafterminderheit

Im Rahmen von Gesellschafterstreitigkeiten hat schließlich das Einberufungsrecht einer **Minderheit** oder eines **Minderheitsgesellschafters** gemäß § 50 GmbHG besondere Bedeutung, wenn etwa der Mehrheitsgesellschafter und Geschäftsführer den Beschluss über seine Abberufung blockiert oder verzögert, indem er die notwendige Gesellschafterversammlung nicht einberuft. Nach § 50 Abs. 1 GmbHG kann ein Gesellschafter oder eine Gruppe von Gesellschaftern, deren Geschäftsanteile zusammen mindestens 10 % des Stammkapitals entsprechen, unter Angabe des Zwecks und der Gründe von der Gesellschaft, vertreten durch die Geschäftsführer, die Einberufung einer Gesellschafterversammlung verlangen. Die Gesellschafterminderheit kann ferner verlangen, dass bestimmte Beschlussgegenstände für die von ihr verlangte oder für eine bereits einberufene Gesellschafterversammlung angekündigt werden (§ 50 Abs. 2 GmbHG). Das Einberufungsverlangen ist formlos möglich, muss gemäß § 50 Abs. 1 GmbHG aber die Angabe von Zweck und Gründen enthalten. Entscheidend ist, dass die Minderheit die von ihr verlangte Gesellschafterversammlung mit den bestimmten Tagesordnungspunkten durchsetzen kann, indem sie die betreffende Einberufung selbst wirksam vornehmen darf, wenn ihrem berechtigten Einberufungs- bzw. Ankündigungsverlangen nicht unverzüglich, d.h. innerhalb angemessener Frist nachgekommen wurde. Wie lange die Reaktionszeit des Geschäftsführers ist, ist nicht genau bestimmt. Sofern er die Einberufung nach einem berechtigten Minderheitsverlangen ausdrücklich ablehnt, besteht das Selbsthilferecht im Zeitpunkt der Ablehnung. Sofern er untätig bleibt, muss bis zur eigenen Einberufung durch die Minderheit ca. drei bis vier Wochen zugewartet

79

---

[9] OLG Düsseldorf, Urteil vom 14.11.2003, NZG 2004, 916 = GmbHR 2004, 572. Die Einberufung durch einen Prokuristen ist demgegenüber grds nicht wirksam, LG Mannheim, Urteil vom 8.3.2007, NZG 2008, 111.

[10] OLG Düsseldorf, Urteil vom 14.11.2003, NZG 2004, 916 = GmbHR 2004, 572.

[11] OLG Düsseldorf, Urteil vom 14.11.2003, NZG 2004, 916 = GmbHR 2004, 572; OLG Hamm, Urteil vom 1.2.1995, GmbHR 1995, 737 (die Formulierung im Ladungsschreiben: „... *Deshalb hat mich Herr X* [GF] *gebeten, Sie zu einer Gesellschafterversammlung auf ... einzuladen, was hiermit geschieht* ...", war aus Sicht des OLG Hamm ausreichend und führte zu einer wirksamen Einladung durch den Bevollmächtigten).

werden.[12] Der Geschäftsführer hat demgegenüber mehr Spielraum für die Ladungsfrist, also die Bestimmung der Frist zwischen Versendung der Einberufung und dem Termin der Gesellschafterversammlung, die je nach den Umständen auch mehr als vier Wochen betragen darf.[13] Das eigene Einberufungsrecht der Gesellschafter gemäß § 50 Abs. 3 GmbHG besteht schließlich auch dann, wenn kein zuständiges Einberufungsorgan, also vor allem kein Geschäftsführer, vorhanden ist (§ 50 Abs. 3 S. 1 GmbHG). Das besondere Einberufungsrecht einer qualifizierten Minderheit gemäß § 50 GmbHG wird in Satzungen bisweilen bestätigt (meist weitgehend wortgleich), kann aber durch Satzungsbestimmung nicht eingeschränkt werden.[14] Das **Muster** eines Einberufungsverlangens durch Minderheitsgesellschafter findet sich unter Rn. 855.

(3) Vertragliche Regelungen

80 Die Einberufungskompetenz kann in der Satzung erweitert, den Geschäftsführern entgegen § 49 Abs. 1 GmbHG jedoch nicht vollständig entzogen werden.[15] Verbreitet ist zum Beispiel die Satzungsbestimmung, wonach neben dem Geschäftsführer auch jeder **Gesellschafter** oder ein fakultativ eingerichteter **Aufsichtsrat** bzw. **Beirat** Gesellschafterversammlungen **einberufen darf**. Sofern ein mitbestimmter Pflichtaufsichtsrat besteht, ist dieser gemäß §§ 52 Abs. 1 GmbHG, 111 Abs. 3 AktG von Gesetzes wegen einberufungsbefugt, wenn das „Wohl der Gesellschaft es fordert".

(4) Einberufung durch ein unzuständiges Organ

81 Sofern die Gesellschafterversammlung durch ein unzuständiges Organ einberufen wird bzw. die Einberufung durch eine Minderheit gemäß § 50 Abs. 3 GmbHG mangelhaft ist, sind die im Rahmen der betreffenden Gesellschafterversammlung gefassten Beschlüsse analog § 241 Nr. 1 AktG **nichtig**. Etwas anderes gilt nur unter den Voraussetzungen einer sog. Vollversammlung gemäß § 51 Abs. 3 GmbHG (vgl. hierzu unter Rn. 75).

bb) Einberufung einer Gesellschafterversammlung in Personengesellschaften

82 In einer Personengesellschaft kann grundsätzlich **jeder Gesellschafter** eine Gesellschafterversammlung **einberufen**.[16] Dies gilt jedoch nur, wenn das Verfahren der

---

[12] OLG München, Beschluss vom 21.2.2000, GmbHR 2000, 486 (Reaktionsfrist von rglm einem Monat, in Einzelfällen auch *„etwas weniger"*); strenger OLG Stuttgart, Beschluss vom 14.1.2013, GmbHR 2013: Reaktionsfrist von weniger als drei Wochen wg. Eilbedürftigkeit.

[13] Das Selbsthilferecht gemäß § 50 Abs. 3 GmbHG wird jedoch auch dann ausgelöst, wenn die Frist zwischen der Einberufung und der Gesellschafterversammlung selbst unangemessen lang ist.

[14] OLG Stuttgart, Urteil vom 14.2.1974, NJW 1974, 1566 = WM 1975, 105 (wobei in dem Urteil offengelassen wird, ob eine einstimmige Einschränkung des Minderheitsrechts gemäß § 50 GmbHG, etwa in der Gründungssatzung, zulässig ist).

[15] Streitig, vgl. nur Baumbach/Hueck, § 49, Rn. 4; Scholz/*K. Schmidt/Seibt*, § 49, Rn. 15; Lutter/Hommelhoff, § 49, Rn. 8.

[16] Vgl. nur MüKoHGB/*Enzinger*, § 119, Rn. 49; Baumbach/Hopt/*Roth*, § 119, Rn. 29.

III. Beschlussfassung in streitigen Gesellschafterversammlungen

Einberufung und vor allem auch die Zuständigkeit zur Einberufung nicht – wie dies meist der Fall ist – im Gesellschaftsvertrag näher geregelt sind. Sind laut **Gesellschaftsvertrag** (in Anlehnung an das GmbH-Recht) die geschäftsführenden Gesellschafter bzw. bei der GmbH & Co. KG die Geschäftsführer der Komplementär-GmbH zuständig, kann die Gesellschafterversammlung nicht durch einzelne Gesellschafter oder andere Personen wirksam einberufen werden. Vorbehaltlich einer Vollversammlung, im Rahmen derer auf die Einhaltung der Ladungsvorschriften verzichtet wurde, sind die im Rahmen der mangelhaft einberufenen Gesellschafterversammlung gefassten Beschlüsse **nichtig**.[17] Sofern der Gesellschaftsvertrag einzelne Gesellschafter vom Einberufungsrecht ausschließt, haben diese analog § 50 Abs. 3 GmbHG und unter den Voraussetzungen dieser Vorschrift das Recht, anstelle des Geschäftsführers (bzw. der laut Vertrag ladungsbefugten Person) eine Gesellschafterversammlung mit bestimmten Tagesordnungspunkten einzuberufen, wenn der Geschäftsführer dem berechtigten Ersuchen eines Gesellschafters nicht innerhalb angemessener Frist nachkommt.[18]

c) Adressaten und Form der Einberufung

aa) Anforderungen an das Ladungsschreiben in der GmbH

(1) Ladung aller Gesellschafter

Die Ladung zur Gesellschafterversammlung muss **an alle Gesellschafter gesandt** werden, auch an solche Gesellschafter, die bei einzelnen oder allen Beschlussgegenständen vom Stimmrecht ausgeschlossen sind (§ 51 Abs. 1 S. 1 GmbHG)[19]: Jeder Gesellschafter hat unabhängig von einem möglichen Stimmrechtsausschluss ein Recht zur Teilnahme an der Gesellschafterversammlung. Maßgeblich sind dabei grundsätzlich die Personenangaben in der **im Handelsregister aufgenommenen Gesellschafterliste** (§§ 8 Abs. 1 Nr. 3, 40 Abs. 1 GmbHG). Diese Angaben zu den Gesellschaftern und ihren Geschäftsanteilen in der Gesellschafterliste haben – von wenigen Ausnahmen abgesehen (vgl. hierzu unter Rn. 267a) – im Verhältnis zur Gesellschaft gemäß § 16 Abs. 1 S. 1 GmbHG gesetzliche Legitimationswirkung, d.h. ein in der Gesellschafterliste genannter Gesellschafter gilt gegenüber der Gesellschaft als Inhaber der für ihn bezeichneten Geschäftsanteile und eine nicht in der Gesellschafterliste genannte Person ist andererseits nicht als Gesellschafter zu behandeln.[20]

83

Ladungen sind an die letzte, von den Gesellschaftern jeweils **mitgeteilte Adresse** zu versenden. Weitere Bemühungen muss der Geschäftsführer oder die sonstige zur

83a

---

[17] OLG Dresden, Urteil vom 24.2.2000, NZG 2000, 782; OLG Köln, Urteil vom 14.12.1994, DStR 1996, 879.
[18] BGH, Urteil vom 9.11.1987, BGHZ 102, 172 = NJW 1988, 969 = BB 1988, 159, für eine Publikums-GbR; OLG Dresden, Urteil vom 24.2.2000, NZG 2000, 782, für eine GbR.
[19] Vgl. BGH, Urteil vom 12.7.1971, NJW 1971, 225; BGH, Urteil vom 13.2.2006, NZG 2006, 349 = NJW-RR 2006, 831 = GmbHR 2006, 538.
[20] Vgl. zu dieser „Legitimationswirkung" bzw. „Legitimationsfiktion" der im Handelsregister aufgenommenen Gesellschafterliste nur Baumbach/Hueck, § 16, Rn. 15; Scholz/*Seibt*, § 16, Rn. 34 ff. Vgl. zur „Gesellschafterliste" und der gesetzlichen Vermutung des § 16 Abs. 1 GmbHG näher unter Rn. 267a.

Einberufung befugte Person nicht anstellen. Sofern der Geschäftsführer allerdings positiv weiß, dass eine Adressangabe falsch ist bzw. er den betreffenden Gesellschafter unter der ihm vorliegenden Postanschrift nicht erreichen kann, ist die Ladung nicht wirksam, sofern ihm der Gesellschafter eine Zustellanschrift (wie z.B. einen Zustellungsbevollmächtigten) mitgeteilt hatte.[21] Es ist im Übrigen aber Sache des Gesellschafters, sich hinsichtlich der Mitteilungen der Gesellschaft „*um seine Angelegenheiten zu kümmern*".[22] Im Falle des Adressenwechsels muss also jeder Gesellschafter selbst dafür Sorge tragen, dies der Gesellschaft bzw. den Geschäftsführern mitzuteilen. Es **genügt** ferner das „**Bewirken" der Ladung** (§ 51 Abs. 1 S. 2 GmbHG), also deren Versendung, so dass die Wirksamkeit der Einberufung grundsätzlich nicht von ihrem *Zugang* bei den Gesellschaftern abhängt.[23] Die Bestimmung in § 130 Abs. 1 BGB, wonach Willenserklärungen erst mit Zugang beim Empfänger wirksam werden, gilt nicht für Ladungen zu Gesellschafterversammlungen. Die Ladung ist deshalb auch dann wirksam, wenn ein im Übrigen ordnungsgemäßes Ladungsschreiben als unzustellbar zurückkommt.[24] Die **Gesellschafter** sind **persönlich einzuladen**. Dies gilt auch im Falle einer Anteilspfändung oder -verpfändung. Wird ein Geschäftsanteil von einer Miterbengemeinschaft gehalten und haben diese keinen gemeinsamen Vertreter benannt, braucht die Ladung nur einem Miterben zugesandt werden, wenn seit dem Erbfall mindestens ein Monat vergangen ist (§ 18 Abs. 3 GmbHG).

(2) Versendung der Ladung durch Einschreiben

84   Die Ladung zur Gesellschafterversammlung hat – vorbehaltlich abweichender Regelung in der Satzung – **mittels eingeschriebener Briefe** zu erfolgen (§ 51 Abs. 1 S. 1 GmbHG). Das Formerfordernis des „Einschreibebriefes" bedeutet, dass die Ladung schriftlich verfasst sein, den Urheber erkennen lassen und *unterzeichnet* sein muss. Eine Ladung mittels Email oder Telefax reicht nicht aus.[25] Fraglich ist dagegen, was unter einem „**Einschreibebrief**" im Sinne des § 51 Abs. 1 GmbHG zu verstehen ist. Seit 1.9.1997 gibt es zwei verschiedene Einschreibearten, nämlich zusätzlich zum Überga-

---

[21] OLG Celle, Urteil vom 24.9.2013, GmbHR 2014, 369.
[22] OLG München, Urteil vom 3.11.1993, GmbHR 1994, 406 = DB 1994, 320. Nach Auffassung des OLG München war es für die Wirksamkeit der Einberufung sogar unbeachtlich, dass sich der Gesellschafter in einem angekündigten Urlaub befunden hatte. Die Ladung war gültig, da es dem Gesellschafter bewusst war, dass in seiner Urlaubszeit voraussichtlich eine Ladung zu einer Gesellschafterversammlung (die dann tatsächlich auch während der Urlaubsabwesenheit stattfand) erfolgen würde.
[23] BGH, Urteil vom 30.3.1987, BGHZ 100, 264 = NJW 1987, 2580 = GmbHR 1987, 424.
[24] **Anders** aber für einen Sonderfall z.B. das Urteil des LG Dortmund vom 5.11.1997, NZG 1998, 390: Der Gesellschafter befand sich hier ebenfalls bei Zustellung des Ladungsschreibens in einem angekündigten Urlaub. Der Benachrichtigungsschein war indessen durch Verschulden der Post verloren gegangen. Der Gesellschafter hatte alles unternommen, um den Erhalt von Postsendungen während seiner Urlaubsabwesenheit sicherzustellen. Das Nichterhalten der Ladung und somit die Nichtteilnahme an der Gesellschafterversammlung konnten dem Kläger daher nach Auffassung des LG Dortmund nicht zugerechnet werden, so dass sein Teilnahmerecht verletzt war.
[25] Vgl. auch BGH, Urteil vom 13.2.2006, NZG 2006, 349 = NJW-RR 2006, 381 = GmbHR 2006, 538.

be-Einschreiben ein Einwurf-Einschreiben. Mit Rücksicht auf den insoweit offenen Wortlaut des § 51 Abs. 1 S. 1 GmbHG ist die Versendung des Ladungsschreibens wohl in beiden Formen des Einschreibebriefes, somit auch mittels Einwurf-Einschreibens möglich (str.).[26] Hinsichtlich der Form der Ladung finden sich häufig – zulässige – Erleichterungen in der Satzung. Die Einberufung kann etwa dadurch erleichtert werden, dass das Ladungsschreiben auch mittels Email, Telefax oder „gewöhnlichen Briefes[27]" versandt werden darf.

(3) Mängel des Ladungsschreibens

Sofern **nicht alle** (in der im Handelsregister aufgenommenen GmbH-Gesellschafterliste genannten) **Gesellschafter geladen** wurden, sind die in der betreffenden Gesellschafterversammlung gefassten **Beschlüsse** grundsätzlich **nichtig**.[28] Die Nichtigkeit kann vom nicht geladenen Gesellschafter allerdings analog § 242 Abs. 2 S. 4 AktG nicht geltend gemacht werden, wenn er die Beschlüsse der betreffenden Gesellschafterversammlung *genehmigt* hat.[29] Der von einem Ladungsmangel betroffene Gesellschafter kann sich hierauf ferner dann nicht berufen, wenn er nachweislich vorab auf die (korrekte) Ladung *verzichtet* hatte.[30] Schließlich führt auch hier der Ladungsmangel nicht zur Beschlussnichtigkeit, wenn alle Gesellschafter zur Gesellschafterversammlung erscheinen und sich mit einer Beschlussfassung einverstanden erklären (Vollversammlung; vgl. hierzu unter Rn. 75).

85

Falls die laut Gesetz oder Satzung notwendige **Form der Ladung nicht eingehalten** wurde, sind die in der betreffenden Gesellschafterversammlung gefassten Beschlüssen grds ebenfalls **unwirksam**. Hierbei ist allerdings zu unterscheiden: Falls der Formmangel dazu geführt hat, dass ein Gesellschafter von der Ladung keine Kenntnis erhielt und deshalb an der Gesellschafterversammlung nicht teilnahm (z.B. bei Versendung

86

---

[26] Vgl. LG Mannheim, Urteil vom 8.3.2007, NZG 2008, 111. Ob das Einwurf-Einschreiben ausreicht, ist allerdings str; **aA** vertreten etwa Baumbach/Hueck, § 51, Rn. 12, sowie MünchHdbGmbH/*Wolff*, § 39, Rn. 43. Mit Rücksicht darauf sollte in Zweifelsfällen, vor allem wenn sich keine Formerleichterungen aus der Satzung ergeben, vorsorglich möglichst immer der sicherere Weg des Übergabe-Einschreibens gewählt werden. Ebenfalls zweifelhaft ist schließlich, ob „Einschreiben" die durch andere Postdienstleister als die Deutsche Post AG befördert werden, den Anforderungen des § 51 Abs. 1 S. 1 GmbHG genügen (dies bei Vergleichbarkeit der Briefsendung bejahend z.B. *Kunz/Rubel*, aaO [Schrifttumsnachweis vor Rn. 71]).

[27] Vgl. hierzu OLG Jena, Urteil vom 15.11.1996, GmbHR 1996, 536 = DNotZ 1997, 84; str, anders etwa Baumbach/Hueck, § 51, Rn. 39 mwN.

[28] Vgl. BayObLG, Urteil vom 28.8.1997, NZG 1998, 73 = NJW-RR 1998, 1254 = GmbHR 1997, 1002.

[29] Vgl. auch BayObLG, Urteil vom 28.8.1997, NZG 1998, 73 = NJW-RR 1998, 1254 = GmbHR 1997, 1002. Anders BGH, Urteil vom 16.12.1953, BGHZ 11, 231, wonach nichtige Beschlüsse generell nicht durch *„nachträgliche Zustimmung Gültigkeit zu erlangen"* vermögen. Das Urteil des BGH schließt damit aber wohl nur die „Heilung" nichtiger Beschlüsse durch nachträgliche Genehmigung aus. Es betrifft mE nicht den in § 242 Abs. 2 S. 4 AktG geregelten Sonderfall, wonach sich ein übergangener Gesellschafter bei Genehmigung von Beschlüssen nicht mehr auf den Ladungsmangel bzw. die Nichtigkeit „berufen" darf. Im Übrigen ist die betreffende Vorschrift erst 1994 in das Aktiengesetz eingeführt worden und insoweit nun eine speziellere, nachträgliche Regelung des Gesetzgebers.

[30] Vgl. nur Baumbach/Hueck, § 51, Rn. 29.

anstelle Einschreibens mittels E-Mail, das nicht zur Kenntnis genommen wird), sind die in der betreffenden Gesellschafterversammlung gefassten Beschlüsse aufgrund Vereitelung des Teilnahmerechts des betreffenden Gesellschafters nichtig. Falls die Verletzung der Formvorschrift das Teilnahmerecht eines Gesellschafters demgegenüber nur beeinträchtigt hat, etwa indem die Missachtung der Formvorschrift zu einer Verkürzung der Ladungsfrist führte (z.B. Kenntiserlangung von der Gesellschafterversammlung noch vor Ablauf der Ladungsfrist trotz formungültiger Versendung des Ladungsschreibens), kommt es für die Anfechtbarkeit der Beschlüsse, die in der formwidrig geladenen Gesellschafterversammlung gefasst werden, auf die **Ursächlichkeit bzw. Relevanz des Formfehlers** an[31] (vgl. zur Ursächlichkeit von Einberufungsmängeln näher unter Rn. 92). Dementsprechend bleibt auch der Formmangel im Falle einer „Vollversammlung" (vgl. hierzu unter Rn. 75) oder bei Genehmigung der Beschlussfassung durch die betroffenen Gesellschafter mangels Relevanz ohne Folgen.

bb) Formgültige Ladung in Personengesellschaften

87 Auch in den Personengesellschaften sind in jedem Fall **alle Gesellschafter**, unabhängig von ihrer Stimmberechtigung, **einzuladen**. Werden einzelne Gesellschafter übergangen und nehmen sie deshalb mangels Kenntnis nicht an der Gesellschafterversammlung teil, führt dies wegen der Verletzung ihrer Teilnahmerechte zur **Nichtigkeit** der in einer solchen Gesellschafterversammlung gefassten Beschlüsse. Etwas anderes gilt somit auch hier, wenn die betroffenen Gesellschafter trotzdem in der Gesellschafterversammlung erscheinen und den Ladungsmangel nicht rügen bzw. sich mit einer Beschlussfassung einverstanden erklären oder die in ihrer Abwesenheit gefassten Gesellschafterbeschlüsse nachträglich genehmigen. Eine **Ausnahme** gilt ferner für eine **Publikums-GbR** oder eine **Publikums-KG**. Sofern hier Gesellschafter versehentlich nicht eingeladen wurden, sind die in der betreffenden Gesellschafterversammlung gefassten Beschlüsse trotzdem wirksam, wenn sicher feststeht, dass sich die Abwesenheit der Gesellschafter nicht auf das Abstimmungsergebnis ausgewirkt hat.[32]

88 **Formvorschriften** für die Ladung ergeben sich bei den Personengesellschaften nur, wenn diese im Gesellschaftsvertrag vorgesehen sind. Sofern der Gesellschaftsvertrag entsprechende Bestimmungen zur Form der Ladung, etwa der Art und Weise deren Versendung, enthält, sind diese verbindlich. Die Missachtung der vertraglichen Formvorschriften führt jedoch auch bei Personengesellschaften nur dann zur **Nichtigkeit** der in der betreffenden Gesellschafterversammlung gefassten Beschlüsse, wenn sich der Formfehler auf deren Zustandekommen in irgendeiner Weise ausgewirkt hat.[33] Dies ist

---

[31] **Anders** BGH, Urteil vom 13.2.2006, NZG 2006, 349 = NJW-RR 2006, 831 = GmbHR 2006, 528, in einem Sonderfall, in dem die Ladung insgesamt schwerste Form- und Fristmängel aufwies. Die Ladung erfolgte in diesem Fall mittels Email am Vorabend der Gesellschafterversammlung. Nach Auffassung des BGH waren die Beschlüsse in der Gesellschafterversammlung selbst dann nichtig, wenn der eingeladene Gesellschafter die Email noch vor der GV zur Kenntnis genommen hätte.

[32] BGH, Urteil vom 10.10.1983, GmbHR 1984, 201 = ZIP 1984, 59 = BB 1984, 169.

[33] BGH, Urteil vom 11.3.2014, NZG 2014, 621 = GmbHR 2014, 705 = DStR 2014, 1297. Strenger noch

im Zusammenhang mit der Verletzung einer Formvorschrift für die Einberufung der Gesellschafterversammlung etwa dann denkbar, wenn einer oder mehrere Gesellschafter die Einladung aus diesem Grund nicht erhalten und nicht an der Gesellschafterversammlung teilgenommen haben oder hierdurch ihre Möglichkeit zur Vorbereitung auf die betreffende Gesellschafterversammlung unangemessen beschränkt wurde (etwa weil sie die Einladung nur unvollständig oder verspätet erhalten haben).[34]

d) Ort und Zeitpunkt der Gesellschafterversammlung
aa) Orts- und Terminbestimmung in der GmbH
(1) Vertragliche und gesetzliche Regelung

Das Einberufungsschreiben muss den Ort und den Zeitpunkt der Versammlung angeben. Für den **Versammlungsort** finden sich häufig Festlegungen in der Satzung (meist Sitz der Gesellschaft). Sofern die Satzung keine Regelung enthält, ist als Versammlungsort analog § 121 Abs. 5 S. 1 AktG der Gesellschaftssitz zu wählen. Sofern alle Gesellschafter mit einem anderen Versammlungsort einverstanden sind[35], kann die Gesellschafterversammlung auch dort durchgeführt werden (diese Alternative wird häufig durch Satzungsregelung bestätigt). Unter „Gesellschaftssitz" sind nicht notwendig die **Geschäftsräume der Gesellschaft** zu verstehen, wenngleich diese als Versammlungsort grundsätzlich den Vorrang haben, sofern im Einzelfall nicht konkrete Gesichtspunkte, wie z.B. Raummangel oder fehlende Vertraulichkeit, entgegenstehen.[36] Wird ein anderer Versammlungsort gewählt, muss Leitlinie bei der Auswahl sein, dass die Teilnahmerechte keines Gesellschafters beeinträchtigt werden, um eine Anfechtbarkeit der in der Gesellschafterversammlung gefassten Beschlüsse zu vermeiden. Die **Kanzleiräume** des Rechtsanwalts eines Mitgesellschafters sind vor dem Hintergrund eines Gesellschafterstreits als Versammlungsort daher regelmäßig ungeeignet, weil dies für die anderen Gesellschafter „schikanös" wäre.[37] Ein ungeeigneter Versammlungsort ist beispielsweise auch die Wohnung eines verfeindeten Mitgesellschafters oder seines Angehörigen, selbst wenn sich diese Lokalitäten im Übrigen am Gesellschaftssitz befinden.

89

Der **Zeitpunkt** der Gesellschafterversammlung darf ebenfalls nicht so gewählt werden, dass die Teilnahmerechte von Mitgesellschaftern verletzt werden. Sofern z.B. bekannt ist, dass ein Mitgesellschafter zu einem bestimmten Zeitpunkt verhindert ist,

90

---

das OLG Dresden, Urteil vom 24.2.2000, NZG 2000, 782, wonach ein Beschluss in einer GbR nichtig ist, wenn die vertragliche „*Einberufungsform nicht gewahrt wurde*" (wobei im konkreten Fall keine *Form*vorschrift verletzt worden war, sondern die laut Gesellschaftsvertrag *unzuständige Person* die Beschlussfassung initiiert hatte).

[34] Vgl. zu Ursächlichkeit von Einberufungsmängeln für das Zustandekommen von Beschlüssen näher unter Rn. 93a.

[35] Ein solches Einverständnis kann sich auch konkludent durch mehrjährige Praxis ergeben, vgl. z.B. OLG Naumburg, Urteil vom 23.2.1999, NZG 2000, 44.

[36] OLG Düsseldorf, Urteil vom 14.11.2003, NZG 2004, 916 = GmbHR 2004, 572 = ZIP 2004, 1956.

[37] OLG Düsseldorf, Urteil vom 14.11.2003, NZG 2004, 916 = GmbHR 2004, 572 = ZIP 2004, 1956.

darf dieser Zeitpunkt nicht just als Termin für die Gesellschafterversammlung bestimmt werden.[38] Desgleichen muss die Gesellschafterversammlung verschoben werden, wenn sich nach der Einladung herausstellt, dass ein Gesellschafter zum Termin der beabsichtigten Gesellschafterversammlung definitiv und unverschuldet verhindert ist, jedenfalls wenn die Beschlussgegenstände nicht eilbedürftig sind und der verhinderte Gesellschafter an einem baldigen Ersatztermin teilnehmen könnte.[39] Die Einberufung auf Sonn- oder Feiertage ist indessen nicht grundsätzlich unzulässig.

(2) Rechtsfolgen von Ladungsmängeln betreffend Zeitpunkt und Ort der Versammlung

91   Falls das Ladungsschreiben *keine* Angaben zum Termin und dem Ort der Gesellschafterversammlung enthält, führt dies (vorbehaltlich einer rügelosen Beschlussfassung in einer Vollversammlung; vgl. unter Rn. 75) zur **Nichtigkeit** der dort gefassten Beschlüsse (§§ 241 Abs. 1, 121 Abs. 3 AktG analog).

92   Die Einberufung der Gesellschafterversammlung an einen *falschen* Ort oder die Auswahl einer *ungeeigneten* Versammlungszeit führen demgegenüber grds nicht zur Nichtigkeit, sondern lediglich zur **Anfechtbarkeit** der im Rahmen solcher fehlerhaft einberufenen Gesellschafterversammlungen gefassten Beschlüsse.[40] Ein Gesellschafter, der durch solche Einberufungsmängel seine Teilnahmerechte verletzt sieht, muss die von ihm behauptete Fehlerhaftigkeit der in dieser Versammlung gefassten Beschlüsse somit fristgebunden durch eine Anfechtungsklage geltend machen, um zu erreichen, dass das angerufene Gericht den angegriffenen Beschluss allgemeinverbindlich für unwirksam erklärt.[41] Darüber hinaus kann ein Beschluss wegen eines solchen, nicht zur Nichtigkeit führenden Verfahrensmangels bei der Vorbereitung oder Durchführung der Beschlussfassung nur dann mit Aussicht auf Erfolg angegriffen werden, wenn der betreffende **Verfahrensfehler** bei wertender Betrachtungsweise **für das Beschlussergebnis relevant** geworden ist („**Relevanzlehre**").[42] Diese „Relevanz" eines Verfahrensfehlers (wie z.B. die Durchführung der Gesellschafterversammlung an einem falschen Ort oder zu einem falschen Zeitpunkt, mit der Folge, dass ein Gesellschafter nicht

---

[38] Vgl. z.B. OLG Saarbrücken, Urteil vom 10.10.2006, GmbHR 2007, 143, für die GV in einer GbR. Die Einberufung war nach Auffassung des OLG Saarbrücken mangelhaft und die in der betreffenden GV gefassten Beschlüsse daher nichtig. Hintergrund der Entscheidung bildete der Umstand, dass einem Gesellschafter die Teilnahme an einer für die allgemeine Urlaubszeit anberaumten GV, in der den Gesellschafter persönlich betreffende Beschlüsse gefasst werden sollten, unmöglich gemacht bzw. erschwert wurde, indem sein Wunsch nach Terminverlegung wegen urlaubsbedingter Abwesenheit ignoriert worden war.
[39] OLG München, Urteil vom 31.7.2014, GmbHR 2015, 35 (Verhinderung eines Gesellschafters wegen Klinikaufenthalts).
[40] Vgl. nur OLG Düsseldorf, Urteil vom 14.11.2003, NZG 2004, 916 = GmbHR 2004, 572 = ZIP 2004, 1956, für die Einladung an einen ungeeigneten Versammlungs*ort*. Unklar OLG München, Urteil vom 31.7.2014, GmbHR 2015, 35, für einen ungeeigneten „Ort" der GV (Nichtigkeit oder Anfechtbarkeit der Beschlüsse wegen Verletzung der Teilnahmerechte des verhinderten Gesellschafters?).
[41] Vgl. hierzu näher unter Rn. 612 ff. und 654 ff.
[42] BGH, Urteil vom 12.11.2001, BGHZ 149, 158 = NJW 2002, 1128 = ZIP 2002, 172; BGH, Urteil vom 18.10.2004, BGHZ 160, 385 = NJW 2005, 828 = NZG 2005, 77; OLG Düsseldorf, Urteil vom 14.11.2003, NZG 2004, 916 = GmbHR 2004, 572 = ZIP 2004, 1956.

teilnehmen konnte) wird nicht bereits dadurch beseitigt, dass es auf die Stimmen des Gesellschafters, der an der betreffenden Beschlussfassung wegen des Verfahrensfehlers nicht teilnehmen konnte, ohnedies nicht angekommen wäre. Die Verletzung der Mitwirkungs- oder Teilnahmerechte ist nur dann in rechtlicher Hinsicht „*irrelevant*", wenn jede Art von Auswirkung auf das Beschlussergebnis ausscheidet. Die Gesellschafter bzw. der Geschäftsführer der GmbH, die sich auf die Unerheblichkeit des Einberufungsmangels berufen, tragen hierfür die Darlegungs- und Beweislast. Sofern ein Gesellschafter, der wegen des Verfahrensfehlers (falscher Zeitpunkt oder Ort der Gesellschafterversammlung) an der Gesellschafterversammlung nicht teilnehmen konnte und argumentiert, im Falle seiner Teilnahme und Anhörung sowie einer anschließenden Diskussion wäre es *gegebenenfalls* zu einem *anderen Beschlussergebnis* gekommen, ist die Beschlussrelevanz des Verfahrensfehlers zu bejahen.[43]

bb) Festlegung von Zeitpunkt und Ort der Versammlung in Personengesellschaften

(1) Vertragliche Regelung

Für die Personengesellschaften finden sich hinsichtlich des Orts von Gesellschafterversammlungen häufig ebenfalls Bestimmungen im Gesellschaftsvertrag. Sofern der „Sitz der Gesellschaft" als Versammlungsort angegeben ist, gelten die betreffenden Ausführungen zur GmbH (unter Rn. 89 ff.) entsprechend. Hinsichtlich des Zeitpunkts der Gesellschafterversammlung ist wie bei der GmbH darauf zu achten, dass die Teilnahmerechte der Mitgesellschafter nicht verletzt werden: Die Gesellschafterversammlung darf nicht just an einem Tag oder zu einem Zeitpunkt stattfinden, zu dem ein Mitgesellschafter bekanntermaßen verhindert ist.[44]

93

(2) Rechtsfolgen von Ladungsmängeln betreffend Zeitpunkt und Ort der Versammlung

93a

Hinsichtlich der Auswirkung von Einberufungsmängeln bezüglich Ort und Zeitpunkt der Versammlung ist wie bei der GmbH zu unterscheiden: Die Vereitelung des Teilnahmerechts eines Mitgesellschafters durch die Ladung bzw. die Durchführung der Gesellschafterversammlung zu einem ungeeigneten *Zeitpunkt* führt zur **Nichtigkeit** der im Rahmen der Gesellschafterversammlung gefassten Beschlüsse[45] (außer alle Gesellschafter sind erschienen, etwa indem der verhinderte Gesellschafter einen Vertreter entsandt hat). Demgegenüber führt die Ladung der Gesellschafterversammlung an einen – laut Gesellschaftsvertrag – ungeeigneten bzw. „falschen" Ort nur dann zur Beschlussnichtigkeit, wenn nicht ausgeschlossen werden kann, dass sich der Einberufungsmangel

---

[43] Vgl. auch OLG Düsseldorf, Urteil vom 14.11.2003, NZG 2004, 916 = GmbHR 2004, 572 = ZIP 2004, 1956; OLG Stuttgart, Beschluss vom 17.3.2014, GmbHR 2015, 309, zum Streit über die Ursächlichkeit eines Einberufungsmangels (im konkreten Fall: Einhaltung der Ladungsfrist) in einer GmbH & Co. KG.

[44] OLG Saarbrücken, Urteil vom 10.10.2006, GmbHR 2007, 143; OLG München, Urteil vom 31.7.2014, GmbHR 15, 35 (für eine GmbH).

[45] OLG Saarbrücken, Urteil vom 10.10.2006, GmbHR 2007, 143, für eine GmbH & Co. KG.

in irgendeiner Art und Weise auf die Beschlussfassung bzw. das Abstimmungsergebnis ausgewirkt hat. Laut BGH haben die gesellschaftsvertraglichen Regelungen zu Form, Frist und Inhalt der Einberufung einer Gesellschafterversammlung auch bei Personengesellschaften keinen Selbstzweck, sondern dienen dazu, dem einzelnen Gesellschafter *„die Vorbereitung auf die Tagesordnungspunkte und die Teilnahme an der Versammlung zu ermöglichen"*.[46] Falls diese Teilnahme- und Vorbereitungsmöglichkeiten der Gesellschafter durch den Einberufungsmangel demgegenüber in keiner Weise beeinträchtigt worden sind, der **Einberufungsmangel** also **nicht ursächlich** für die Beschlussfassung geworden ist, führt der Verstoß gegen die Ladungsbestimmungen des Gesellschaftsvertrags nicht zur Beschlussnichtigkeit.[47] Die Darlegungs- und Beweislast für die Behauptung, ein Einberufungsmangel habe sich *nicht* auf die Beschlussfassung ausgewirkt, obliegt jedoch den Gesellschaftern, die sich auf die Beschlusswirksamkeit berufen.[48] Darüber hinaus ist der Einberufungsmangel nicht allein deshalb irrelevant, weil der Gesellschafter, der sich auf den Einberufungsmangel beruft, das Abstimmungsergebnis wegen fehlender Stimmmacht ohnedies nicht beeinflussen konnte oder die erforderliche Beschlussmehrheit auch trotz Anwesenheit eines wegen des Einberufungsmangels ferngebliebenen Gesellschafters erreicht worden wäre. Die Beschlussnichtigkeit ist vielmehr immer dann zu befürworten, wenn der Verstoß gegen gesellschaftsvertragliche Einberufungsbestimmungen die **Teilnahme** irgendeines **Gesellschafters verhinderte** oder auch nur seine **Vorbereitungsmöglichkeiten auf die Versammlung** (etwa wegen zu kurzer Ladungsfrist oder ungenauer Ankündigung der Tagesordnungspunkte) **erschwerte**.[49]

e) Ladungsfrist

aa) Dauer der Ladungsfrist

94 Die Frist zwischen der Einberufung zu einer Gesellschafterversammlung und dem Zeitpunkt der Gesellschafterversammlung muss **in einer GmbH mindestens eine Woche betragen**, § 51 Abs. 1 S. 2 GmbHG. Diese Ladungsfrist kann durch die Satzung verlängert, nicht aber verkürzt werden, da die Wochenfrist die Möglichkeit der Gesellschafter zur Disposition des angesetzten Termins sowie zur sachgerechten Vorbereitung auf die Gesellschafterversammlung sichern soll.[50]

94a Für die **Personengesellschaften** ergeben sich aus dem Gesetz demgegenüber keine Vorgaben zur Ladungsfrist. Analog § 51 Abs. 1 S. 2 GmbHG ist jedoch grds ebenfalls

---

[46] BGH, Urteil vom 11.3.2014, NZG 2014, 621 = GmbHR 2014, 705 = DStR 2014, 1297.
[47] BGH, Urteil vom 11.3.2014, NZG 2014, 621 = GmbHR 2014, 705 = DStR 2014, 1297 (für die geringfügige Unterschreitung der vertraglichen Ladungsfrist in einer GbR); OLG Stuttgart, Beschluss vom 17.3.2014, GmbHR 2015, 309 (für die kurzfristige Ladung zu der GV in einer GmbH & Co. KG).
[48] OLG Stuttgart, Beschluss vom 17.3.2014, GmbHR 2015, 309.
[49] BGH, Urteil vom 11.3.2014, NZG 2014, 621 = GmbHR 2014, 705 = DStR 2014, 1297; OLG Stuttgart, Beschluss vom 17.3.2014, GmbHR 2015, 309; OLG Düsseldorf, Urteil vom 30.12.1999, NZG 2000, 588.
[50] BGH, Urteil vom 11.3.2014, NZG 2014, 621 = GmbHR 2014, 705, für die Ladungsfrist in Personengesellschaften; OLG Naumburg, Urteil vom 23.2.1999, NZG 2000, 44.

eine Frist von **mindestens einer Woche** einzuhalten. Laut OLG Stuttgart, Beschluss vom 17.3.2014[51], bedarf es „*besonderer Umstände und besonderer Begründung …, soll ein Ladungsmangel trotz Unterschreitung der einwöchigen Einberufungsfrist verneint werden*". Entscheidend ist, dass jeder Gesellschafter den Termin für die Gesellschafterversammlung zumutbar disponieren und sich auf die Gesellschafterversammlung hinreichend vorbereiten kann, anderenfalls die Teilnahmerechte der Gesellschafter verletzt werden. Die Dauer der gewählten Ladungsfrist hängt somit auch von den Beschlussgegenständen ab. Die Unterschreitung einer Mindestfrist von einer Woche mag in Ausnahmefällen, bei besonderer Eilbedürftigkeit oder entsprechender, dauernder Praxis in einer Gesellschaft möglich sein, führt im Zweifel aber zu einem Ladungsmangel (vgl. unter lit. bb). Im Übrigen finden sich auch bei Personengesellschaften häufig Regelungen zur Ladungsfrist im **Gesellschaftsvertrag**. Diese Regelungen zur Ladungsfrist sind verbindlich, außer sie sind im Einzelfall unangemessen kurz und führen angesichts der angekündigten Tagesordnungspunkte zu einer Verletzung des Dispositionsschutzes der Gesellschafter (insbesondere bei einer Unterschreitung der Wochenfrist).

bb) Berechnung der Ladungsfrist

Für die Berechnung der Ladungsfrist gelten für die GmbH und die Personengesellschaften die gleichen Bestimmungen.[52] Die gesetzliche oder satzungsmäßige **Ladungsfrist beginnt** mit dem Tag, an dem das Einberufungsschreiben (also im Regelfall der Einschreibebrief) unter normalen Umständen *zugegangen* wäre. Die Frist läuft bei postalischer Versendung daher nicht bereits ab Aufgabe des Ladungsschreibens bei der Post, sondern erst zwei Tage nach diesem Zeitpunkt.[53] Laut BGH[54] soll nicht ein erheblicher Teil der ohnedies sehr knappen Wochenfrist „*schon im postalischen Verkehr konsumiert*" werden. Die Vorbereitungsmöglichkeiten der eingeladenen Gesellschafter wären dann unbillig und übermäßig verkürzt. Für die **Berechnung der Ladungsfrist** gelten die §§ 187 Abs. 1, 188 Abs. 2 BGB. Die gesetzliche Frist (Wochenfrist) oder die laut Satzung längere Frist muss daher vollständig zwischen dem Tag der Gesellschafterversammlung und dem Fristbeginn (Aufgabe zur Post plus zwei Tage Zustellungsfrist) liegen. Sofern die Ladungsfrist z.B. eine Woche beträgt, ergibt sich exemplarisch folgender Ablauf: Der Geschäftsführer gibt die Einschreibebriefe an einem Montag zur Post, so dass diese am Mittwoch „üblicherweise" alle Gesellschafter erreichen. Die Gesellschafterversammlung kann hier also frühestens am Donnerstag der darauffolgenden Woche stattfinden.

95

---

[51] GmbHR 2015, 309
[52] Etwas anderes gilt lediglich für Publikumsgesellschaften, also Personengesellschaften als „Massengesellschaft" mit körperschaftsähnlicher Struktur. Laut BGH, Urteil vom 30.3.1998, NJW 1998, 1946 = NZG 1998, 463 = DStR 1998, 780, beginnt hier die Einberufungsfrist, vorbehaltlich einer abweichenden Regelung im Gesellschaftsvertrag, in analoger Anwendung von § 121 Abs. 4 S. 1 AktG mit der Aufgabe des Einladungsschreibens zur Post, es entfällt also die mindestens zweitägige Zustellungsfrist.
[53] BGH, Urteil vom 30.3.1987, BGHZ 100, 264 = NJW 1987, 2580 =GmbHR 1987, 424; OLG Naumburg, Urteil vom 17.12.1996, GmbHR 1998, 90 = BB 1997, 1914; OLG Hamm, Urteil vom 26.2.2003, NZG 2003, 630 = GmbHR 2003, 843.
[54] Urteil vom 30.3.1987, BGHZ 100, 264 = NJW 1987, 2580 = GmbHR 1987, 424.

96 Streitig ist, ob die Sondervorschrift des **§ 193 BGB** auf die Berechnung der Ladungsfrist **analog anwendbar** ist.[55] Gemäß § 193 BGB wird das Ende einer Frist auf den Folgetag bzw. den nächsten Montag verschoben, wenn das Fristende auf einen Sonntag, einen Feiertag oder einen Sonnabend fällt. Sofern z.B. ein Geschäftsführer die Ladung an einem Freitag zur Post gibt, beginnt die Ladungsfrist wegen der zweitägigen Zustellungsfrist am Sonntag und endet am darauffolgenden Sonntag. Bei analoger Anwendung des § 193 BGB wird das Ende der Ladungsfrist auf den darauffolgenden Montag verschoben. Falls die Ladungsfrist eine Woche beträgt, könnte die Gesellschafterversammlung daher frühestens am Dienstag stattfinden. Mit Rücksicht auf die Tendenz in der höchstrichterlichen Rechtsprechung, die analoge Anwendung des § 193 BGB zu befürworten[56], sollte die Vorschrift jedenfalls bei knapper Bemessung der Ladungsfrist unter Ausnutzung des laut Gesetz oder Satzung relevanten Mindestzeitraums vorsorglich beachtet werden.

cc) Rechtsfolgen der Unterschreitung der Ladungsfrist

97 Die **Unterschreitung der Ladungsfrist** führt bei der **GmbH** grds zur **Anfechtbarkeit** der in der betreffenden Gesellschafterversammlung gefassten Beschlüsse[57] und bei **Personengesellschaften** grds zur **Beschlussnichtigkeit**, es sei denn, alle Gesellschafter sind erschienen und erklären sich trotz des Ladungsmangels mit einer Beschlussfassung im Rahmen einer *Vollversammlung* (rügelos) einverstanden (vgl. hierzu näher unter Rn. 75).

97a Etwas anderes gilt ferner dann, wenn die Unterschreitung der gesetzlichen oder vertraglichen Ladungsfrist im konkreten Fall **nicht kausal für die Beschlussfassung** geworden ist. Die Bestimmungen zur Ladungsfrist haben ebenso wie andere Verfahrensvorschriften zur Einberufung keinen Selbstzweck, sondern dienen dem Dispositionsschutz der Gesellschafter (Einrichtung und Vorbereitung des Termins der Gesellschafterversammlung). Sofern *„ausgeschlossen"* werden kann, dass sich bei Einhaltung der vorgegebenen Ladungsfrist andere Abstimmungsergebnisse ergeben hätten, führt die Unterschreitung der Ladungsfrist nicht zur Beschlussunwirksamkeit.[58] Der Einberufungsmangel führt demnach zum Beschlussmangel, wenn ein Gesell-

---

[55] Für die Anwendbarkeit etwa OLG Naumburg, Urteil vom 17.12.1996, NZG 2003, 630 = GmbHR 2003, 843; OLG Hamm, Urteil vom 26.2.2003, NZG 2003, 630 = GmbHR 2003, 843; *gegen* die analoge Anwendung des § 193 BGB vor allem Baumbach/Hueck, § 51, Rn. 20, mit weiteren umfangreichen Nachweisen zum Meinungsstand.

[56] Das OLG Hamm hat im Urteil vom 26.2.2003, NZG 2003, 630 = GmbHR 2003, 843, eine Verschiebung der am Sonntag endenden Ladungsfrist auf den darauffolgenden Montag analog § 193 BGB zwar abgelehnt. Dies lag im konkreten Fall allerdings an der Sonderkonstellation, dass der eingeladene Gesellschafter vorab ausdrücklich mitgeteilt hatte, die angekündigte Gesellschafterversammlung könne auch an einem Sonntag stattfinden, so dass laut OLG Hamm erst recht erwartet werden konnte, dass er keine Einwendungen dagegen hatte, die am folgenden Montag stattfindende Gesellschafterversammlung an diesem Sonntag vorzubereiten.

[57] BGH, Urteil vom 30.3.1987, BGHZ 100, 264 = GmbHR 1987, 424. Vgl. für einen Sonderfall BGH, Urteil vom 13.2.2006, NZG 2006, 349 = NJW-RR 2006, 831 = GmbHR 2006, 538, in dem die Beschlüsse einer Gesellschafterversammlung angesichts des Gewichts und des Umfangs der Verfahrensfehler (Ladung per Email in den Abendstunden des Vortages auf den frühen Vormittag des nächsten Tages) ausnahmsweise nichtig und nicht lediglich anfechtbar waren, da der betroffene Gesellschafter wegen der Einberufungsmängel erst *nach* Durchführung der GV Kenntnis hiervon erhielt.

[58] BGH, Urteil vom 11.3.2014, NZG 2014, 621 = GmbHR 2014, 705 (für eine GbR und eine PartG): Bei der Einberufung zu Gesellschafterversammlungen war hier die lt Vertrag dreiwöchige Ladungsfrist bei zwei Versammlungen jeweils um einen Arbeitstag unterschritten worden. Lt BGH war dieser Fehler für die Beschlussfassung irrelevant, zumal die Einladungsfrist laut Vertrag ohnedies *„großzügig bemessen"* gewesen sei. Es sei weder ersichtlich noch vorgetragen, dass der Gesellschafter, der die Beschlüsse angriff, sich nicht

schafter wegen der Unterschreitung der Ladungsfrist nicht zur Gesellschafterversammlung erscheinen konnte oder trotz Anwesenheit plausibel darlegt, dass ihm wegen der zu kurzen Ladungsfrist die ordnungsgemäße Vorbereitung auf die Gesellschafterversammlung zumindest erschwert worden ist. Die Mitgesellschafter, die die angegriffenen Beschlüsse verteidigen, tragen dann die Darlegungs- und Beweislast dafür, dass die Abwesenheit eines Gesellschafters nichts mit der verkürzten Ladungsfrist zu tun hat bzw. die Behauptung falsch ist, die verkürzte Ladungsfrist habe die Vorbereitung auf die Tagesordnungspunkte und die Einrichtung des Termins unangemessen erschwert (vgl. zur „Relevanz" von Einberufungsmängeln bei der GmbH auch unter Rn. 92 und bei Personengesellschaften unter Rn. 93a).

f) Ankündigung der Tagesordnung
aa) Gesetzliche und vertragliche Regelung in der GmbH

Die **Tagesordnung**, d.h. die Beschlussgegenstände oder sonstigen Gesprächsthemen der Gesellschafterversammlung, sollen in der GmbH grundsätzlich bereits **im Ladungsschreiben mitgeteilt** werden, § 51 Abs. 2 GmbHG. Die Tagesordnungspunkte, einschließlich bestimmter Beschlussgegenstände, können jedoch mit einer **Frist von drei Tagen** vor der Versammlung nachgetragen oder ergänzt werden, § 51 Abs. 4 GmbHG. Für die Berechnung dieser Frist gelten die Ausführungen zur Ladungsfrist (unter Rn. 95 f.) entsprechend. Sofern die recht knappe gesetzliche Frist für das Nachschieben von Tagesordnungspunkten nicht durch Satzung verlängert ist (eine weitere *Verkürzung* der Drei-Tages-Frist durch Satzung ist nach allgM nicht möglich), kann die maximale Ausnutzung dieser Mindestfrist in Gesellschafterstreitigkeiten zu einer Überrumpelung des Mitgesellschafters führen, wenn in der ursprünglichen Ladung zunächst eher „harmlose" Beschlussgegenstände angekündigt worden waren (da sich die Vorbereitungszeit hinsichtlich der nachgeschobenen Gründe dann auf wenige Tage verkürzt).[59]

98

Beschlussgegenstände müssen so **genau bezeichnet** sein, *„dass sich der Empfänger ein hinreichendes Bild machen kann, worum es geht"*.[60] Den Gesellschaftern muss eine so genaue Information von den zu behandelnden Themen übermittelt werden, dass es ihnen möglich ist, sich sachgerecht auf die in der Gesellschafterversammlung zu fassenden Beschlüsse vorzubereiten. Der Versuch, Beschlussgegenstände unbestimmt zu halten sowie „alles, was nach einer ‚Strategie der Überraschung' aussieht, begründet ... die Gefahr eines Ankündigungsmangels".[61] Demgegenüber ist es nicht notwendig, dass die Ankündigung bereits ausformulierte Beschlussvorschläge bzw. Beschlussanträge oder – bei Wahlen – Wahlvorschläge enthält.[62] Solche vorformulierten Beschlussanträge sind in der Anspannung und Hektik einer streitigen Gesellschafterversammlung allerdings hilfreich und dienen hierzu, Mängel bei der Beschlussfassung, etwa bei der Beschlussformulierung, zu vermeiden.

99

---

hinreichend auf die Gesellschafterversammlung vorbereiten und notwendige Erkundigungen einziehen konnte. Vgl. auch OLG Stuttgart, Beschluss vom 17.3.2014, GmbHR 2015, 309, für eine GmbH & Co. KG.

[59] Vgl. hierzu auch die „Taktischen Hinweise" unter Rn. 849 (im Gliederungsabschnitt „Herbeiführung einer erwünschten Beschlussfassung").

[60] OLG Düsseldorf, Urteil vom 25.2.2000, NZG 2000, 1180.

[61] OLG Düsseldorf, Urteil vom 25.2.2000, NZG 2000, 1180.

[62] BGH, Urteil vom 7.6.1993, BGHZ 123, 15 = GmbHR 1993, 497 = BB 1993, 1474.

100 Es ergeben sich hierzu folgende **Fallbeispiele aus der Rechtsprechung:** Im Fall der geplanten Abberufung eines Geschäftsführers ist es **bestimmt genug**, wenn als Tagesordnungspunkt „*Abberufung des Geschäftsführers*" angekündigt wird. Ist eine außerordentliche Abberufung beabsichtigt, müssen weder die Abberufungsgründe im Einzelnen mitgeteilt noch eine Abberufung „aus wichtigem Grund" angekündigt werden.[63] Falls die Tagesordnung allerdings die Ankündigung enthält, dass über eine Abberufung „*aus wichtigem Grund*" Beschluss gefasst werden soll, darf die Abberufung jedenfalls dann, wenn der betreffende Gesellschafter-Geschäftsführer der Gesellschafterversammlung fernbleibt (z.B. weil er selbst vom eigenen Stimmverbot ausgeht), nicht ohne einen solchen „wichtigen Grund" und „ordentlich" beschlossen werden.[64] Für eine Beschlussfassung **zu unbestimmt** ist demgegenüber z.B. die Ankündigung des Beschlussgegenstandes „*Änderung der Geschäftsführung*", wenn unter diesem Tagesordnungspunkt ein Geschäftsführer abberufen werden soll[65] oder die Ankündigung „*Geschäftsführerangelegenheiten*", wenn über die fristlose Kündigung eines Geschäftsführer-Anstellungsvertrags Beschluss gefasst werden soll.[66] Falls in der Einberufung die Beratung oder Erörterung eines Jahresabschlusses angekündigt ist, kann ohne Einverständnis aller Gesellschafter auf der Grundlage dieser Ankündigung nicht die Feststellung des Jahresabschlusses beschlossen werden.[67] Sofern über Satzungsänderungen Beschluss gefasst werden soll, müssen diese ihrem wesentlichen Inhalt nach angegeben werden.[68] Unter dem Tagesordnungspunkt „*Verschiedenes*" oder „*Sonstiges*" kann in der Gesellschafterversammlung nur beraten, ohne Einverständnis der Mitgesellschafter jedoch kein Beschluss gefasst werden.[69]

101 Sofern **Beschlussgegenstände** nicht oder **nicht ausreichend bestimmt angekündigt** wurden, sind die trotzdem gefassten Beschlüsse **anfechtbar unwirksam**, sofern sich nicht alle Gesellschafter im Rahmen einer Vollversammlung und unter Verzicht auf die Rüge des Ladungsmangels mit einer Beschlussfassung einverstanden erklärt haben (vgl. zur „Vollversammlung" näher unter Rn. 75).[70] Darüber hinaus haben die Gesellschafter, die die angegriffenen Beschlüsse verteidigen, die Möglichkeit darzulegen und soweit erforderlich zu beweisen, dass sich die fehlerhafte Ankündigung der Tagesordnung keinesfalls auf die Beschlussfassung ausgewirkt hat, dieser **Einberufungsmangel** somit für die Beschlussfassung **nicht relevant** war (vgl. hierzu näher unter Rn. 92 und 93a). Dieser Einwand ist allerdings unbehelflich, wenn der unterlegene Gesellschafter, der den Beschluss anficht, argumentiert, er habe sich durch die ungenaue oder fehlende Ankündigung des betreffenden Beschlussgegenstandes nicht sachgerecht auf die Gesell-

---

[63] BGH, Urteil vom 30.11.1961, NJW 1962, 393 = BB 1962, 110; BGH, Urteil vom 28.1.1985, GmbHR 1985, 256 = WM 1985, 567; OLG Nürnberg, Urteil vom 23.8.1988, NJW-RR 1990, 675 = GmbHR 1990, 166.
[64] BGH, Urteil vom 28.1.1985, GmbHR 1985, 256 = WM 1985, 567.
[65] BGH, Urteil vom 30.11.1961, NJW 1962, 393 = BB 1962, 110.
[66] BGH, Urteil vom 29.5.2000, NZG 2000, 945 = NJW-RR 2000, 1278 = DStR 2000, 1152, für die fristlose Kündigung des Vorstandsmitgliedes einer Sparkasse durch den Verwaltungsrat.
[67] OLG Karlsruhe, Urteil vom 15.7.1988, GmbHR 1989, 206 = BB 1988, 2003; vgl. auch LG Saarbrücken, Urteil vom 18.11.2009, GmbHR 2010, 762, wonach der Tagesordnungspunkt „Bilanzbesprechung" bei Widerspruch eines Gesellschafters keine Beschlussfassung über die Feststellung des Jahresabschlusses erlaubt.
[68] OLG Düsseldorf, Urteil vom 25.2.2000, NZG 2000, 1180.
[69] OLG München, Urteil vom 30.6.1993, GmbHR 1994, 259.
[70] Ein Gesellschafter kann dabei im Rahmen einer Vollversammlung auch die Heilung des Ankündigungsmangels hinsichtlich *einzelner* Beschlussgegenstände verhindern, obwohl er vorher bei anderen (ebenfalls unkorrekt angekündigten) Tagesordnungspunkten rügelos mit abgestimmt hat, vgl. OLG Hamburg, Beschluss vom 2.5.1997, GmbHR 1997, 796.

bb) Mitteilung der Tagesordnung in Personengesellschaften

Bei den **Personengesellschaften** muss eine Beschlussfassung entsprechend § 51 Abs. 2 und Abs. 4 GmbHG ebenfalls durch eine vollständige und hinreichend genaue Ankündigung der Beschlussgegenstände vorbereitet werden. Häufig finden sich entsprechende Vorschriften im Gesellschaftsvertrag, vor allem im Annex zur Festlegung einer Ankündigungsfrist. Jedem Gesellschafter muss die Möglichkeit eröffnet werden, sich auf die Tagesordnungspunkte und die Teilnahme an der Gesellschafterversammlung sachgerecht vorzubereiten.[71] Hinsichtlich der Ankündigung der Tagesordnung gelten daher die vorstehenden Ausführungen zur GmbH (Rn. 99 f.) für die Einberufung von Gesellschafterversammlungen in der GbR, PartG, OHG, KG oder GmbH & Co. KG entsprechend.[72] Die unzureichende Ankündigung von Beschlussgegenständen führt (wegen der Verletzung von Teilnahmerechten der betroffenen Gesellschafter) zur **Beschlussnichtigkeit**, es sei denn, alle Gesellschafter waren anwesend und haben sich mit der Beschlussfassung trotz des Ladungsfehlers einverstanden erklärt oder die Gesellschafter, die die Beschlussfassung verteidigen, können ausnahmsweise darlegen, dem unterlegenen Gesellschafter sei die ordnungsgemäße Vorbereitung auf die Gesellschafterversammlung nicht erschwert worden, so dass der Einberufungsmangel **keinesfalls ursächlich** für den angegriffenen Beschluss geworden sei (vgl. hierzu näher unter Rn. 93a und Rn. 97a).

102

g) Absage der Gesellschafterversammlung und Verlegung

Eine Gesellschafterversammlung kann von dem Organ, das sie zuständiger Weise einberufen hatte, **abgesagt** werden.[73] Dies gilt gleichermaßen für alle hier behandelten Gesellschaftsformen. Dieses Absagerecht besteht selbst dann, wenn die ursprüngliche Einberufung im Interesse der Gesellschaft oder aufgrund berechtigten Einberufungsverlangens eines Minderheitsgesellschafters gemäß § 50 Abs. 1 GmbHG erfolgte.[74] Hatte demgegenüber der Minderheitsgesellschafter nach erfolglosem Einberufungsverlangen gemäß § 50 Abs. 3 GmbHG selbst einberufen, kann der Geschäftsführer oder ein sonst grundsätzlich zuständiges Einberufungsorgan die Gesellschafterversammlung

103

---

[71] OLG Düsseldorf, Urteil vom 30.12.1999, NZG 2000, 588, für eine GbR.
[72] Etwas anderes gilt auch hier für die Publikumsgesellschaften. Laut BGH, Urteil vom 30.3.1998, NJW 1998, 1946 = NZG 1998, 463 = DStR 1998, 780, müssen dort die Beschlussgegenstände nicht entsprechend § 51 GmbHG zusammen mit der Einladung zur Gesellschafterversammlung mitgeteilt werden, solange nicht anderweitige gesellschaftsvertragliche Regelungen bestehen (für eine Publikumsgesellschaft in Form einer stillen Gesellschaft).
[73] OLG München, Urteil vom 3.11.1993, GmbHR 1994, 406 = DB 1994, 320. Sofern mehrere Geschäftsführer vorhanden sind, kann nur derjenige die Gesellschafterversammlung absagen, der sie einberufen hatte, es sei denn, er ist zwischenzeitlich rechtswirksam aus dem Amt ausgeschieden.
[74] OLG Hamburg, Urteil vom 18.4.1997, GmbHR 1997, 795.

nicht wieder absagen. Sofern eine Gesellschafterversammlung trotz vorhergehender Absage durchgeführt wird, sind die im Rahmen dieser Gesellschafterversammlung gefassten Beschlüsse (vorbehaltlich einer „Vollversammlung" aller Gesellschafter; vgl. hierzu unter Rn. 75) auch bei der GmbH nicht nur anfechtbar unwirksam, sondern **nichtig**.[75]

104 Sofern die Gesellschafterversammlung **verlegt** wird, etwa weil sich kurzfristig ein Hinderungsgrund ergeben hat oder die ordnungsgemäß einberufene Gesellschafterversammlung nicht beschlussfähig ist, muss zu der Ersatzversammlung unter Beachtung aller vorstehend dargestellten Einberufungsvorschriften erneut geladen werden. Insbesondere muss für diese zweite Einberufung die gesetzliche oder vertragliche **Ladungsfrist** erneut vollständig **eingehalten** werden.[76] Die Frist kann nicht etwa unter Hinweis darauf abgekürzt werden, die Gesellschafter hätten sich bereits durch die erste Ladung auf die Versammlung vorbereiten können. Es ist hingegen entbehrlich, dass die Tagesordnung erneut vollständig angekündigt wird, wenn sich im Verhältnis zur ursprünglichen Versammlung keinerlei Änderungen ergeben.[77] Die zweite Ladung sollte dann jedoch den Hinweis enthalten, dass für die Folgeversammlung exakt die gleiche Tagesordnung gilt, die den Gesellschaftern bereits in der ersten Ladung mitgeteilt worden war. Sofern bei der Verlegung der Gesellschafterversammlung bzw. der Einberufung zur Ersatzversammlung Fehler passieren, gelten die vorstehenden Ausführungen zur Auswirkung von Verfahrensfehlern auf die Beschlusswirksamkeit unter Rn. 75 bis 102, je nach Art der Rechtsverletzung, entsprechend.

105 Die **Gesellschafter** können sich schließlich im Rahmen einer Gesellschafterversammlung darauf verständigen, alle oder einzelne **Beschlussgegenstände** auf eine Folgeversammlung zu **vertagen**. Sofern alle Gesellschafter mit dem Termin und den Beschlussgegenständen dieser Folgeversammlung einverstanden sind und sich hierauf verbindlich einigen, muss diese weitere Versammlung nicht erneut einberufen werden.[78]

3. Typische Streitpunkte und Fehler bei der Durchführung von Gesellschafterversammlungen

a) Ablauf im Überblick

106 Die Gesellschafter sind sowohl bei den Personengesellschaften (GbR, PartG, OHG, KG oder GmbH & Co. KG) wie auch bei der GmbH weitgehend frei, wie sie den Ablauf von

---

[75] Vgl. OLG Hamburg, Urteil vom 18.4.1997, GmbHR 1997, 795.
[76] BGH, Urteil vom 30.3.1987, BGHZ 100, 264 = NJW 1987, 2580 = GmbHR 1987, 424. Etwas anderes gilt allerdings dann, wenn sich die Gesellschafter in einer GV gemeinsam auf einen Folgetermin einigen, die GV oder deren Fortsetzung also einvernehmlich auf einen anderen Termin verlegen. In einem solchen Fall muss die Ladungsfrist bis zur Folgeversammlung *nicht* eingehalten werden; vgl. OLG Köln, Beschluss vom 21.12.2001, NZG 2002, 381 = GmbHR 2002, 492 = ZIP 2002, 621.
[77] OLG Brandenburg, Urteil vom 17.1.1996, GmbHR 1996, 537.
[78] OLG München, Urteil vom 8.6.1994, GmbHR 1995, 232 = BB 1994, 1307 = ZIP 1994, 1021; OLG Köln, Beschluss vom 21.12.2001, NZG 2002, 381 = GmbHR 2002, 492 = ZIP 2002, 621.

III. Beschlussfassung in streitigen Gesellschafterversammlungen

Gesellschafterversammlungen gestalten. Spezifische gesetzliche Regelungen fehlen für alle hier behandelten Gesellschaftsformen. Typischerweise sind daher im Gesellschaftsvertrag oder der Satzung zumindest einige grundlegende Fragen geregelt, wie etwa die Beschlussfähigkeit einer Versammlung, die Teilnahmerechte Dritter (insbesondere Berater einzelner Gesellschafter), die Versammlungsleitung oder die Protokollführung. Sofern solche Regelungen zur Durchführung von Gesellschafterversammlungen verletzt werden, nimmt dies – anders als bei Einberufungsfehlern – auf die Beschlusswirksamkeit in vielen Fällen keinen Einfluss.

Im Überblick haben **Gesellschafterversammlungen** im Regelfall folgenden **Ablauf**:[79]

- **Beginn der Gesellschafterversammlung**

Die Gesellschafterversammlung beginnt zu dem in der Ladung angegebenen Zeitpunkt. Sofern einzelne Gesellschafter nicht pünktlich erscheinen, muss deren Kommen grundsätzlich nicht abgewartet werden. Durch den pünktlichen Beginn darf das Teilnahmerecht der Mitgesellschafter allerdings nicht schikanös beeinträchtigt werden. Es ist eine **angemessene Wartezeit** einzuhalten. Beschlüsse, die vor dem Erscheinen des verspäteten Gesellschafters getroffen werden, sind anderenfalls wegen der Verletzung des Teilnahmerechts nichtig bzw. – in der GmbH – anfechtbar unwirksam.[80] Sofern sich herausstellt, dass die Gesellschafter die Verspätung eines Mitgesellschafters gezielt ausgenutzt haben, um in seiner Abwesenheit und gegen seinen Willen Beschlüsse zu fassen, sind solche Beschlüsse weitergehend auch in der GmbH nicht nur anfechtbar, sondern von Anfang an nichtig.[81] Es ist daher ratsam, gerade vor dem Hintergrund eines Gesellschafterstreits auf verspätete Gesellschafter zu warten (mindestens rund 10 bis 15 Minuten bzw. bei Ankündigung der Verspätung bzw. deren Entschuldigung auch länger), um das Risiko einer Beschlussunwirksamkeit wegen Verletzung des Teilnahmerechts des verspäteten Gesellschafters zu vermeiden.

107

- **Eröffnung der Gesellschafterversammlung**

Die Gesellschafterversammlung wird gewöhnlich durch den Geschäftsführer, das Einberufungsorgan oder einen gesellschaftsvertraglich feststehenden Versammlungsleiter **eröffnet**. Falls die Person des **Versammlungsleiters** nicht bereits im Gesellschaftsvertrag oder der Satzung festgelegt ist, einigen sich die Gesellschafter auf einen Versammlungsleiter; misslingt dies, wird die Gesellschafterversammlung ohne einen Versammlungsleiter fortgesetzt (vgl. zur Versammlungsleitung näher unter Rn. 128 ff.). Der Versammlungsleiter, der Geschäftsführer oder das Einberufungsorgan sollte nachfragen bzw. prüfen, ob alle Gesellschafter ordnungsgemäß geladen wurden und stellt dies (für ein anzufertigendes Protokoll) förmlich fest. Ggf besteht die Möglichkeit, selbst in einer

108

---

[79] Eine **Check-Liste** für die Leitung einer streitigen GV findet sich unter Rn. 852.
[80] OLG Dresden, Urteil vom 15.11.1999, NZG 2000, 429 = GmbHR 2000, 435; OLG Hamm, Urteil vom 3.11.1997, NJW-RR 1998, 967 = GmbHR 1998, 138 = DB 1998, 250.
[81] OLG Dresden, Urteil vom 15.11.1999, NZG 2000, 429 = GmbHR 2000, 435: Unwirksamkeit der Beschlüsse wegen Verletzung der gesellschaftsrechtlichen Treuepflicht.

streitigen Gesellschafterversammlung, dass sich die Gesellschafter vorsorglich auf die Durchführung einer „**Vollversammlung**" einigen, also bei Anwesenheit aller Gesellschafter eingangs der Versammlung auf die Rüge etwaiger Ladungsmängel insgesamt verzichten (vgl. hierzu unter Rn. 75). Der Versammlungsleiter bzw. der Geschäftsführer **stellt** schließlich die **Teilnehmer** der Gesellschafterversammlung **fest** und prüft die Berechtigung anwesender Stimmrechts-Bevollmächtigter. Ggf findet eine Beschlussfassung der Gesellschafter über die Zulassung von Beratern oder sonstigen Nichtgesellschaftern zur Gesellschafterversammlung statt (vgl. hierzu näher unter Rn. 122 ff.).

- **Feststellung der Beschlussfähigkeit**

109 Der Versammlungsleiter bzw. der Geschäftsführer prüft ferner die **Beschlussfähigkeit** der Gesellschafterversammlung, sofern der Gesellschaftsvertrag oder die Satzung hierzu bestimmte Regelungen aufstellt, und bestätigt diese (vgl. hierzu näher unter Rn. 125 ff.). Anschließend sollte die **Protokollführung** geklärt werden, sofern der Protokollführer nicht bereits im Gesellschaftsvertrag oder der Satzung bestimmt ist. Ist dies nicht der Fall, existiert kein Versammlungsleiter und kann sich die Gesellschafterversammlung auch ad hoc nicht auf einen Protokollführer einigen, sollte jeder Gesellschafter selbst Protokoll führen (vgl. hierzu unter Rn. 134 f.).

- **Behandlung der Tagesordnung**

110 Die Gesellschafterversammlung behandelt sodann die Gegenstände der Tagesordnung, jeweils durch **Diskussion** und **Beschlussfassung**, grundsätzlich in der Reihenfolge deren Ankündigung in der Ladung. Es sind nur solche Beschlussgegenstände bzw. Beschlussanträge maßgeblich, die ordnungsgemäß angekündigt worden waren, es sei denn, die Gesellschafter einigen sich einvernehmlich in der Gesellschafterversammlung auf die Beschlussfassung (vgl. unter Rn. 98 ff.). Die Entscheidung über die **Reihenfolge der Beschlussgegenstände** trifft jedoch der Versammlungsleiter oder, sofern ein solcher nicht vorhanden ist, die Gesellschafterversammlung selbst mit einfacher Mehrheit.[82] Im Übrigen sollten die Beschlussgegenstände möglichst in der zeitlichen Reihenfolge der Ladung behandelt werden, insbesondere wenn nachträglich weitere Tagesordnungspunkte nachgeschoben wurden. Letztlich ist ein Wettlauf um den Zeitpunkt der Behandlung eigener Beschlussanträge ohnedies zwecklos, da durch die Reihenfolge der Behandlung der Tagesordnung jedenfalls keine Teilnahmerechte von Mitgesellschaftern verletzt werden dürfen.

111 Über eine solche **Verletzung von Teilnahmerechten** hatte das OLG München in einem Urteil vom 8.10.1993[83] zu entscheiden: Die Gesellschafter K und S waren jeweils zu 50% als Gesellschafter und Geschäftsführer an einer GmbH beteiligt. Am 11.5.1992 kam es zu einer Gesellschafterversammlung. Entsprechend der Ankündigung der Tagesordnung wurde K mit sofortiger Wirkung als Geschäftsführer abberufen und sodann sein Geschäftsanteil mit sofortiger Wirkung eingezogen. Diese Beschlüsse kamen aufgrund alleiniger Stimmabgabe des S zustande. Nachdem er die betreffenden Beschlüsse gefasst hatte, setzte S die

---

[82] LG Bielefeld, Urteil vom 2.12.1997, GmbHR 1998, 786, wonach die Gesellschafter „*Herren der Tagesordnung*" sind.
[83] NJW-RR 1994, 496 = GmbHR 1994, 251 = DB 1993, 2477.

weiteren Tagesordnungspunkte, die seine Abberufung als Geschäftsführer und die Zwangseinziehung seiner Geschäftsanteile vorsahen, ab und vertagte sie. Nach Auffassung des OLG München waren die von S gefassten Beschlüsse wegen Verletzung der Teilnahmerechte des K nichtig. Sofern in einer „Zwei-Personen-GmbH" beide Gesellschafter gleichzeitig die Einziehung des Geschäftsanteils wegen des jeweils gesellschaftswidrigen Verhaltens des anderen Teils betreiben, müssten – so das OLG München – die gegenseitigen Anträge einheitlich besprochen und behandelt werden.

Jeder anwesende Gesellschafter hat ein **Rederecht** sowie ein **Antragsrecht**, also das Recht, Beschlussanträge zu stellen (wobei die Berechtigung der Mitgesellschafter, die Beschlussfassung über nicht rechtzeitig angekündigte Gegenstände zu verweigern, unberührt bleibt; vgl. hierzu unter Rn 98 ff.). Sofern dieses Rede- oder Antragsrecht verletzt wird, führt dies zur Unwirksamkeit (bzw. bei der GmbH zur Anfechtbarkeit) von Beschlüssen, auf deren Zustandekommen oder Ergebnis sich diese Teilnahmerechtsverletzung des Gesellschafters ausgewirkt hat. Jeder Gesellschafter hat zudem ein **Recht auf Aussprache** zur Sache und **Anhörung seines Standpunktes**. Dies gilt vor allem dann, wenn er von einer beantragten Beschlussfassung individuell betroffen ist (z.B. Abberufung aus wichtigem Grund wegen Pflichtverletzungsvorwürfen). Die Verletzung dieses Anhörungsrechts führt ebenfalls zu einem Beschlussmangel wegen Beeinträchtigung der Teilnahmerechte. Der Beschlussmangel ist in diesem Falle zudem bereits dann *relevant*[84], wenn ein objektiv urteilender Gesellschafter hinsichtlich des Beschlussantrags bei Wahrung des Anhörungsrechts des Betroffenen zu einer anderen Entscheidung gelangt wäre.[85]

112

Die **Stimmabgabe zu** einzelnen **Beschlussanträgen** ist grundsätzlich formlos möglich, sofern sich nicht ausnahmsweise verbindliche Regelungen im Gesellschaftsvertrag oder der Satzung finden. In kleinen Gesellschaften erfolgt die Abstimmung meist durch Handaufheben oder bloßen Zuruf. Sofern ein Versammlungsleiter vorhanden ist, kann dieser einen bestimmten Abstimmungsmodus festlegen; sofern ein solcher nicht vorhanden ist, kann die Art der Stimmabgabe auch durch eine Gesellschaftermehrheit mittels Beschlusses festgelegt werden.

113

Die Gesellschafter müssen jeweils über die vollständigen **Informationen verfügen**, um über die Beschlussanträge sachgerecht entscheiden zu können. Sofern ihnen solche Informationen bzw. Auskünfte, die aus Sicht eines objektiv urteilenden Gesellschafters in der fraglichen Situation zur sachgerechten Beurteilung des Beschlussgegenstandes erforderlich gewesen sind, vorenthalten werden, ist der betreffende Beschluss, hinsichtlich dessen ein Informationsdefizit bestand, wegen Verletzung des Teilnahme- und Mitwirkungsrechts des (nicht hinreichend informierten) Gesellschafters nichtig bzw. (in der GmbH) anfechtbar unwirksam.[86] Es kommt hierbei *nicht* darauf an, ob der tatsächliche Inhalt der in der Gesellschafterversammlung verweigerten oder später erst erteilten Aus-

114

---

[84] Vgl. zum Merkmal der „Relevanz" eines Verfahrensfehlers für die Beschlusswirksamkeit in der GmbH näher unter Rn. 92.
[85] OLG Hamm, Urteil vom 3.11.1997, GmbHR 1998, 138 = DB 1998, 250.
[86] OLG Nürnberg, Beschluss vom 8.3.2010, WM 2010, 1286, für die Verletzung von Informationsrechten eines Gesellschafters im Zusammenhang mit der Begründung eines Beschlussantrags auf Abberufung eines GmbH-Geschäftsführers.

kunft einen objektiv urteilenden Gesellschafter von der Zustimmung zu der Beschlussvorlage auch tatsächlich abgehalten hätte (der Verfahrensfehler also „*relevant*" war).[87]

115 Sofern ein entsprechend befugter Versammlungsleiter eingesetzt ist, sollte dieser im Anschluss an eine Abstimmung jeweils eine **förmliche Beschlussfeststellung** vornehmen (vgl. hierzu näher unter Rn. 128 ff.).

- **Ende der Gesellschafterversammlung**

116 Die Gesellschafterversammlung endet, wenn sämtliche angekündigten Tagesordnungspunkte behandelt sind und sich die Gesellschafter nicht ad hoc auf die Behandlung weiterer Tagesordnungspunkte oder eine vorzeitige Beendigung vor Erledigung aller Tagesordnungspunkte einigen. Sofern ein oder mehrere Gesellschafter die Versammlung vor vollständiger Bearbeitung der angekündigten Tagesordnung verlassen, ändert dies (vorbehaltlich einer ausdrücklichen, anderslautenden Bestimmung im Gesellschaftsvertrag oder in der Satzung) nichts mehr an der Beschlussfähigkeit der laufenden Versammlung und führt auch nicht zu deren vorzeitiger Beendigung.[88] Es ist daher, gerade in streitigen Gesellschafterversammlungen, dringend geboten, bis zur vollständigen Behandlung der angekündigten Tagesordnung teilzunehmen, um nicht die Möglichkeit der Einflussnahme auf die Beschlussfassung durch die eigene Stimmabgabe zu verlieren.

116a **b) Teilnehmer der Gesellschafterversammlung**

Die Streitfragen und Regelungen hinsichtlich der Teilnahme an Gesellschafterversammlungen sind für die hier behandelten Gesellschaften weitgehend identisch. Die nachstehenden Ausführungen gelten somit gleichermaßen für die GmbH, GbR, PartG, OHG, KG oder GmbH & Co. KG, es sei denn, es ist (z.B. hinsichtlich der Rechtsfolgen) ausdrücklich etwas anderes vermerkt.

aa) Teilnahmerecht der Gesellschafter

117 Alle **Gesellschafter** haben grundsätzlich ein **unbeschränkbares Recht auf Teilnahme** an Gesellschafterversammlungen. Gesellschafter sind insbesondere **auch dann teilnahmeberechtigt, wenn** sie bei einzelnen oder auch allen Beschlussgegenständen der Gesellschafterversammlung **nicht stimmberechtigt** sind.[89] Sofern für einen Gesellschafter ein Amtswalter bestellt ist, wie z.B. ein Testamentsvollstrecker, Pfleger oder Insolvenzverwalter, geht das betreffende Teilnahmerecht auf diesen über. Für Kinder oder Minderjährige (§§ 104, 106 BGB) haben die Eltern als gesetzliche Vertreter (§§ 1626, 1629 BGB) ein Teilnahmerecht. Handelt es sich bei dem Gesellschafter selbst um eine **Gesellschaft,** hat nur ein gesetzlicher Vertreter oder – soweit zulässig (vgl.

---

[87] BGH, Urteil vom 18.10.2004, BGHZ 160, 385 = NZG 2005, 77 = NJW 2005, 828 (für eine Aktiengesellschaft). Vgl. auch Scholz/*K. Schmidt*, § 45, Rn. 103; Baumbach/Hueck, Anh § 47, Rn. 127–129.
[88] OLG Köln, Beschluss vom 21.12.2001, NZG 2002, 381 = GmbHR 2002, 492.
[89] BGH, Urteil vom 28.1.1985, GmbHR 1985, 256 = WM 1985, 567.

hierzu unter Rn. 36 ff.) – ein rechtsgeschäftlich bestellter Vertreter ein Teilnahme- und Stimmrecht.[90]

Das Teilnahmerecht kann allerdings **durch Gesellschaftsvertrag** oder **Satzung eingeschränkt** sein. Verbreitet ist vor allem die Einschränkung, dass bei mehreren Berechtigten an einem Gesellschafts- bzw. Geschäftsanteil, also etwa dann, wenn eine Erbengemeinschaft in eine Gesellschafterstellung eingerückt ist, **nur** *ein* **Vertreter** dieser **Gruppe** bzw. **Erbengemeinschaft** an Gesellschafterversammlungen teilnehmen und für die mehreren Mitberechtigten abstimmen darf. Eine solche „Vertreterklausel" ist rechtswirksam[91] und führt dazu, dass das Teilnahmerecht der Mitberechtigten bis auf das des Vertreters ausgeschlossen ist. Weitere vertragliche Beschränkungen des Teilnahmerechts von Gesellschaftern dürften kaum vorkommen, zumal das Teilnahmerecht an Gesellschafterversammlungen als elementares Mitgliedschaftsrecht anders als durch Vertreterklauseln kaum wirksam eingeschränkt oder gar ausgeschlossen werden kann.[92]

118

Eine andere Frage ist, ob das **Teilnahmerecht im Einzelfall auch ohne vertragliche Grundlage**, etwa durch einen Mehrheitsbeschluss oder durch Anordnung des Versammlungsleiters, **ausgeschlossen werden kann**. Ein solcher Ausschluss wäre z.B. dann naheliegend, wenn es sich bei dem betreffenden Gesellschafter zugleich um einen Konkurrenten handelt und ein Beschlussgegenstand die Offenlegung besonders sensibler, vertraulicher Informationen nötig macht. Im Schrifttum wird diese Möglichkeit einer selektiven Beschränkung des Teilnahmerechts befürwortet.[93] Jede Einschränkung von Teilnahmerechten ist jedoch problematisch und begründet die Gefahr, dass im Rahmen solcher Gesellschafterversammlungen gefasste Beschlüsse nichtig bzw. anfechtbar unwirksam sind. Es sollte daher möglichst nach weniger einschneidenden Maßnahmen gesucht werden, z.B. die geringfügigere Beschränkung des Teilnahmerechts durch die Verpflichtung des betreffenden Gesellschafters, vor Offenlegung der vertraulichen Informationen in der Gesellschafterversammlung eine gesonderte, strafbewehrte Vertraulichkeitsverpflichtung zu unterzeichnen.

119

Das **eigene Teilnahmerecht** eines Gesellschafters ist ferner dann **ausgeschlossen**, wenn er vorrangig und zulässigerweise die **Teilnahme eines Bevollmächtigten**, z.B. eines Rechtsberaters, wünscht. Der Gesellschafter hat dann keinen Anspruch darauf,

120

---

[90] Vgl. nur Baumbach/Hueck, § 48, Rn. 10; Scholz/*K.Schmidt*/Seibt, § 48, Rn. 23; Lutter/Hommelhoff, § 48, Rn. 2. Im Schrifttum ist dies teilweise streitig für den Fall, dass der Gesellschafter mehrere gesetzliche Vertreter (z.B. bei einer GmbH mehrere Geschäftsführer) hat und diese jeweils nur gesamtvertretungsberechtigt sind; vgl. zum diesbezüglichen Meinungsstand das vorab zitierte Schrifttum, aaO.

[91] BGH, Urteil vom 12.12.1966, BGHZ 46, 291 = WM 1967, 113, für den Gesellschaftsvertrag einer KG (Vertreterklausel für die Erbengemeinschaft an einem Kommanditanteil); BGH, Urteil vom 17.10.1988, NJW-RR 1989, 347 = GmbHR 1989, 120 = ZIP 1989, 634, für die Vertreterklausel in einer GmbH-Satzung. Nach Auffassung des OLG Jena, Urteil vom 18.4.2012, NZG 2012, 782 = NJW-RR 2012, 999 = ZIP 2012, 2108, verdrängt eine solche „Vertreterklausel" die gesetzliche Regelung zu den Teilnahme- und Stimmrechten mehrerer Mitberechtigter an einem Geschäftsanteil (im konkreten Fall einer Erbengemeinschaft) allerdings nur dann, wenn diese Mitberechtigten tatsächlich einen gemeinsamen Vertreter bestellt haben und dieser deren Rechte in der Gesellschafterversammlung ausüben kann (wobei die „Vertreterklausel" im konkreten Fall für die Wahrnehmung von Teilnahmerechten und die Ausübung von Stimmrechten in einer Gesellschafterversammlung gar nicht anwendbar war, da sie die Vertretung der Erbengemeinschaft durch einen gemeinsamen Bevollmächtigten „gegenüber der Gesellschaft" anordnete).

[92] Vgl. auch BGH, Urteil vom 12.12.1966, BGHZ 46, 291 = WM 1967, 113.

[93] Vgl. z.B. Baumbach/Hueck, § 48, Rn. 7, mwN.

zusätzlich selbst an der Versammlung teilzunehmen.[94] Falls der erschienene **Gesellschafter** in jedem Fall **persönlich teilnehmen will**, muss er – da sein Teilnahme- und Stimmrecht immer Vorrang vor dem des rechtsgeschäftlich bestellten Vertreters hat[95] – notfalls auf die Teilnahme des Bevollmächtigen verzichten und ohne den Bevollmächtigten bzw. Berater an der Gesellschafterversammlung teilnehmen. Etwas anderes gilt ausnahmsweise dann (also kumulative Teilnahme des Gesellschafters und des Bevollmächtigten), wenn es sich bei dem Bevollmächtigten um einen Berater des Gesellschafters handelt, der aufgrund Bestimmung im Gesellschaftsvertrag bzw. der Satzung, wegen Mehrheitsbeschlusses der Gesellschafter oder aufgrund Treuepflicht der Mitgesellschafter an der Gesellschafterversammlung teilnehmen darf (vgl. hierzu unter Rn. 122 ff.).[96]

121 Sofern das **Teilnahmerecht** eines **Gesellschafters verletzt** wird, indem er nicht zur Gesellschafterversammlung zugelassen, bei einzelnen Beschlussgegenständen zu Unrecht aus der Gesellschafterversammlung ausgeschlossen oder nicht eingeladen worden war, sind die Beschlüsse der betreffenden Gesellschafterversammlung oder zumindest die Beschlüsse, bei denen der Gesellschafter zu Unrecht ausgeschlossen war, **nichtig oder** – bei der GmbH – **anfechtbar unwirksam** (bzw. bei vollständigem Fehlen der Ladung ebenfalls nichtig). Der betroffene Gesellschafter kann sich auf die Unwirksamkeit lediglich dann nicht berufen, wenn er sich mit der Beschlussfassung im Nachhinein trotz der Verletzung des Teilnahmerechts generell einverstanden erklärt oder seine Zustimmung zu den betreffenden Beschlüssen erteilt, auf sein *Rügerecht* also *verzichtet* hat.[97] Eine solche Verletzung des Teilnahmerechts einzelner Gesellschafter ist darüber hinaus in aller Regel auch „relevant" bzw. ursächlich für das Zustandekommen der angegriffenen Beschlüsse (vgl. zu diesem Einwand fehlender Kausalität eines Verfahrensmangels näher unter Rn. 92 und Rn. 93a). Die Ursächlichkeit des Verfahrensfehlers lässt sich insbesondere *nicht* mit dem Argument widerlegen, die Stimmen des Gesellschafters, dessen Teilnahmerechte verletzt wurden, hätten am Beschlussergebnis (z.B. wegen eines Stimmrechtsausschlusses) ohnedies nichts geändert. Die „Relevanz" der Teilnahmerechtsverletzung ist vielmehr bereits dann zu befürworten, wenn dem betroffenen Gesellschafter durch diesen Verfahrensfehler die Möglichkeit genommen wurde, in der Gesellschafterversammlung seinen Standpunkt vorzutragen und mit den Mitgesellschaftern zu erörtern.[98]

---

[94] OLG Stuttgart, Urteil vom 23.7.1993, NJW-RR 1994, 167 = GmbHR 1994, 257.
[95] Vgl. hierzu oben unter Rn. 46.
[96] OLG Stuttgart, Urteil vom 23.7.1993, NJW-RR 1994, 167 = GmbHR 1994, 257 = ZIP 1993, 1474.
[97] Vgl. hierzu näher unter Rn. 85 f.
[98] Vgl. auch OLG Hamm, Urteil vom 3.11.1997, NJW-RR 1998, 967 = GmbHR 1998, 138: Der Anfechtung wegen Teilnahmerechtsverletzung könne nicht entgegengehalten werden, „*dass der Beschluss auch bei Achtung des Teilnahmerechts gefasst worden wäre. Entscheidend ist allein, ob ein objektiv urteilender Gesellschafter nach sachlicher Erörterung und Anhörung des Mitgesellschafters eine alsbaldige Entscheidung im Sinne der Beschlussvorlagen gesucht hätte*".

bb) Teilnahme von Nichtgesellschaftern

Die größeren Rechtsprobleme, gerade vor dem Hintergrund von Gesellschafterstreitigkeiten, verursacht die Frage, ob auch Dritte zusammen mit einem Gesellschafter und als deren Berater an der Versammlung teilnehmen dürfen.[99] Die Zulassung solcher Berater und Beistände (also z.B. Rechtsanwälten, Wirtschaftsprüfern oder Unternehmensberatern) zu Gesellschafterversammlungen hat gerade bei Gesellschafterstreitigkeiten erhebliche praktische Bedeutung, da sich Gesellschafter in Konfliktsituationen, schon aus Beweisgründen oder zur persönlichen bzw. rechtlichen Unterstützung, des Beistands eines Rechtsanwalts oder sonstigen Beraters in der Gesellschafterversammlung versichern möchten. Die **Teilnahme von Beratern** oder Beiständen ist jedoch **nur** unter **folgenden Voraussetzungen möglich**:

- Der **Gesellschaftsvertrag** oder die Satzung **lässt** die **Teilnahme** eines Beraters oder Beistandes in der Gesellschafterversammlung ausdrücklich **zu**[100]; oder
- der Berater oder Beistand wird durch **Mehrheitsbeschluss** (der typischerweise am Anfang der Gesellschafterversammlung gefasst wird) für einzelne oder alle Tagesordnungspunkte zugelassen[101]; oder
- die **gesellschaftsrechtliche Treuepflicht** gebietet ausnahmsweise die Zulassung eines Beraters oder Beistandes, um eine *„erhebliche fachliche Benachteiligung des betroffenen Gesellschafters* [gegenüber Mitgesellschaftern] *auszugleichen"*[102] oder weil in der Gesellschafterversammlung eine *„besonders schwerwiegende Entscheidung zu treffen ist und der betroffene Gesellschafter selbst nicht über die notwendige Sachkunde verfügt"*[103].

Der Umstand allein, dass der Gesellschafter für einen Beschlussgegenstand nicht fachkundig oder die Fachkunde der Gesellschafter untereinander diesbezüglich unterschiedlich ist, genügt indessen nicht. Ohne vertragliche Bestimmung oder Mehrheitsbeschluss können Berater oder Beistände nur zugelassen werden, wenn ein Gesellschafter *„unter Berücksichtigung seiner persönlichen Verhältnisse, der Struktur der Gesellschaft und der Bedeutung des Beschlussgegenstandes dringend beratungsbedürftig ist"*[104] und dieses Beratungsbedürfnis das schüt-

---

[99] Diese Problematik ist von der Teilnahme bevollmächtigter Vertreter eines Gesellschafters, auch der gemeinsamen Teilnahme von Gesellschafter und Stimmrechtsvertreter, zu unterscheiden; vgl. hierzu näher unter Rn. 120 f.

[100] Vgl. zur Zulässigkeit einer solchen vertraglichen Regelung OLG Düsseldorf, Urteil vom 14.5.1992, = GmbHR 1992, 610 = BB 1993, 524 (für eine GmbH); OLG Naumburg, Urteil vom 25.1.1996, GmbHR 1996, 934 (für eine Zwei-Personen-GmbH); OLG Stuttgart, Urteil vom 7.3.1997, GmbHR 1997, 1107 = MDR 1997, 1137 (für eine Familien-GbR, nämlich ein Konsortium zur einheitlichen Wahrnehmung von Anteilsrechten mehrerer Familienmitglieder an einer GmbH).

[101] OLG Düsseldorf, Urteil vom 14.5.1992, NJW-RR 1992, 1452 = GmbHR 1992, 610 = BB 1993, 524; OLG Stuttgart, Urteil vom 23.7.1993, NJW-RR 1994, 167 = GmbHR 1994, 257 = ZIP 1993, 1474; OLG Naumburg, Urteil vom 25.1.1996, GmbHR 1996, 934, alle drei Entscheidungen für eine GmbH-Gesellschafterversammlung; OLG Stuttgart, Urteil vom 7.3.1997, GmbHR 1997, 1107 = MDR 1997, 1137, für eine Familien-GbR.

[102] OLG Düsseldorf, Urteil vom 14.5.1992, NJW-RR 1992, 1452 = GmbHR 1992, 610 = BB 1993, 524.

[103] OLG Naumburg, Urteil vom 25.1.1996, GmbHR 1996, 934.

[104] OLG Stuttgart, Urteil vom 7.3.1997, GmbHR 1997, 1107 = MDR 1997, 1137, für eine Familien-GbR.

zenswerte Interesse der übrigen Gesellschafter, „unter sich zu bleiben", im Einzelfall überwiegt.[105] **Im Zweifel sollten Berater** daher **eher zugelassen werden**, um eine anschließende **Beschlussanfechtung wegen Nichtzulassung des Beistandes zu vermeiden.** Häufig tragen Beistände auch zu einer Versachlichung von Auseinandersetzungen im Rahmen der Gesellschafterversammlung bei und können ad hoc Rechtsrat erteilen. Verbreitet sind daher Absprachen bzw. entsprechende Beschlüsse der Gesellschafter, dass bei besonders streitigen oder wichtigen Beschlussgegenständen *jeder* Gesellschafter den (meist ohnedies bereits erschienenen) Berater oder Beistand mit in die Versammlung hineinnehmen darf. Falls sich die Mitgesellschafter demgegenüber kategorisch weigern, der betreffende Gesellschafter die streitige Gesellschafterversammlung jedoch keinesfalls ohne einen Beistand durchführen will, besteht eine Ausweichmöglichkeit darin, dass *nur* der Berater als Vertreter des Gesellschafters an der Gesellschafterversammlung teilnimmt und der Gesellschafter selbst die Versammlung verlässt bzw. in einem Nebenraum wartet.[106]

124 Hinsichtlich der **Rechtsfolgen eines Verfahrensfehlers** ist zu unterscheiden: Sofern ein **Berater** oder **Beistand**, der zusätzlich zum Gesellschafter teilnehmen sollte, **zu Unrecht nicht zugelassen** wurde, sind die Beschlüsse der Gesellschafterversammlung (oder jedenfalls die Beschlüsse, hinsichtlich derer der Berater hinzugezogen werden sollte) in der GbR, PartG, OHG, KG oder GmbH & Co. KG rglm **nichtig** und in der GmbH wegen dieses Verfahrensmangels **anfechtbar unwirksam**. In der GmbH und – nach der jüngeren Rechtsprechung des BGH zur Ursächlichkeit von Verfahrensfehlern[107] – auch in Personengesellschaften dürfte der Erfolg einer Beschlussanfechtung bei solchen Verfahrensfehlern zusätzlich davon abhängen, ob der **unberechtigte Ausschluss** des Beraters für das Zustandekommen des angegriffenen Beschlusses „**relevant**" geworden ist (vgl. zur „Relevanz" bzw. Ursächlichkeit von Verfahrensfehlern bei der Beschlussfassung näher unter Rn 92 für die GmbH und Rn. 93a für Personengesellschaften). Sofern der Gesellschafter auch ohne den Berater an der Beschlussfassung teilgenommen hat und das Ergebnis mit seinen Stimmen ohnedies nicht verändern konnte, dürfte eine solche Relevanz schwer darzulegen sein (am ehesten noch mit dem Argument, Mitgesellschafter hätten durch die Stellungnahme des anwesenden Beraters ggf umgestimmt werden können). Falls die Rechtswidrigkeit der Nichtzulassung des Beraters evident ist, sollte der betroffene Gesellschafter daher die Gesellschafterversammlung notfalls verlassen, um die Beschlüsse wegen Verletzung seines Teilnahmerechts im Nachgang mit Aussicht auf Erfolg angreifen zu können. Sofern ein **Berater** oder **Beistand zu Unrecht zugelassen** wurde, dürfte sich dies im Regelfall auf die Wirksamkeit der Beschlüsse demgegenüber nicht auswirken. Etwas anderes gilt in Sonderfällen dann, wenn die Anwesenheit des Beraters nachweislich für bestimmte Beschlussergebnisse kausal geworden ist, etwa indem er massiv auf Mitgesellschafter einwirkte oder gar veranlasste, dass diese ihrerseits die Gesellschafterversammlung verlassen. Die betroffenen Mitgesellschafter können sich bei der fortgesetzten, rechtswidrigen Teilnahme von Beratern gegen ihren Willen auch dadurch zu Wehr setzen, dass sie die **zukünftige Unterlassung** (im Vorfeld einer streitigen Gesellschafterversammlung ggf durch **einstweilige Verfügung**) gerichtlich durchsetzen.

---

[105] OLG Stuttgart, Urteil vom 7.3.1997, GmbHR 1997, 1107 = MDR 1997, 1137.
[106] Vgl. hierzu auch die „Praktischen Hinweise" unter Rn. 849 ff.
[107] Urteil vom 11.3.2014, NZG 2014, 621 = GmbHR 2014, 705 (zu Einberufungsmängeln).

c) Beschlussfähigkeit der Gesellschafterversammlung

Die „Beschlussfähigkeit" einer Gesellschafterversammlung betrifft die Frage, ob in einer Versammlung trotz ordnungsgemäßer Ladung überhaupt eine ausreichende Anzahl an Gesellschaftern persönlich anwesend oder vertreten ist, damit wirksam Beschlüsse gefasst werden können.

125

Falls der **Gesellschaftsvertrag** oder die **Satzung zur Beschlussfähigkeit** einer Gesellschafterversammlung **keine** besonderen **Regelungen enthält** (wie dies jedenfalls für Personengesellschaften häufig der Fall ist), hängt die Beschlussfähigkeit einer Versammlung letztlich von den gesetzlichen oder vertraglichen Mehrheitserfordernissen ab. Sofern – vor allem bei einer GbR, PartG, OHG, KG oder personalistischen GmbH & Co. KG – Beschlüsse nur mit Zustimmung aller Gesellschafter oder mit einer Stimmenmehrheit aller Gesellschafter bzw. der Mehrheit der „vorhandenen" Stimmen gefasst werden können, kann die Abwesenheit von Gesellschaftern bzw. Stimmen zur Beschlussunfähigkeit der Versammlung führen: Die erschienenen bzw. vertretenen Gesellschafter haben zwar die Möglichkeit abzustimmen, erreichen aber nicht die erforderliche Stimmenmehrheit. Die Problematik einer „Beschlussfähigkeit" der Gesellschafterversammlung stellt sich demgegenüber anders dar, wenn für Beschlussfassungen – unabhängig vom Mehrheitserfordernis – auf die Anzahl der *abgegebenen* Stimmen abgestellt wird. Für die Personengesellschaften kann dies zulässigerweise im Gesellschaftsvertrag geregelt werden (was meist im Annex zur Einführung von Mehrheitsbeschlüssen der Fall ist). Bei der GmbH ist die Beschlussfassung nach der Mehrheit der abgegebenen Stimmen gemäß § 47 Abs. 1 GmbHG ohnedies der gesetzliche Regelfall. Eine ordnungsgemäß geladene Gesellschafterversammlung ist dann grundsätzlich beschlussfähig, sofern bei ordnungsgemäßer Einberufung auch nur ein Gesellschafter erschienen ist.[108]

Um die Mitwirkungsrechte aller Gesellschafter an der Beschlussfassung zu sichern, finden sich daher häufig **vertragliche Regelungen zur Beschlussfähigkeit**. Dies gilt in erster Linie für GmbH-Satzungen, je nach Regelung der Mehrheitserfordernisse für die Beschlussfassung jedoch auch für Gesellschaftsverträge von Personengesellschaften. Verbreitet ist etwa die Klausel, wonach eine Gesellschafterversammlung nur beschlussfähig ist, wenn „*mindestens X % des Stammkapitals vertreten sind*" oder „*mindestens X % der vorhandenen Stimmen anwesend oder vertreten sind*". Maßgeblich ist dann, ob das entsprechende Quorum an Stimmen erschienen ist, unabhängig davon, ob die betreffenden Gesellschafter bei den angekündigten Beschlussgegenständen stimmberechtigt sind oder nicht.[109] Ist eine Gesellschafterversammlung demnach **nicht beschlussfähig** und wer-

126

---

[108] Vgl. nur OLG Köln, Urteil vom 21.12.2001, NZG 2002, 381 = GmbHR 2002, 492.
[109] OLG Hamm, Urteil vom 27.11.1991, GmbHR 1992, 466 = DB 1992, 263. Demgegenüber ist es entgegen der Auffassung des OLG München, Urteil vom 17.3.1993, GmbHR 1994, 126, mE *nicht* erforderlich, dass die ordnungsgemäß geladenen und erschienenen Gesellschafter zur Herstellung der satzungsmäßigen Beschlussfähigkeit zusätzlich bereit sein müssen, über einzelne oder alle angekündigten Beschlussanträge abzustimmen. Der Widerspruch eines Gesellschafters gegen eine ordnungsgemäß angekündigte Beschlussfassung ist vielmehr unbeachtlich und führt nicht dazu, dass der betreffende Gesellschafter für

den trotzdem in der Gesellschafterversammlung **Beschlüsse** gefasst, sind diese im Falle der Personengesellschaft (GbR, PartG, OHG, KG oder GmbH & Co. KG) wegen Verletzung des Gesellschaftsvertrags **nichtig** und im Falle der GmbH wegen Verletzung der Satzung **anfechtbar unwirksam**, es sei denn, die nicht erschienenen Gesellschafter haben die Versammlung nachweislich bewusst boykottiert und damit rechtsmissbräuchlich die entsprechende Beschlussunfähigkeit absichtlich herbeigeführt.[110] War demgegenüber zunächst die ausreichende Anzahl an Gesellschaftern erschienen oder vertreten und die Gesellschafterversammlung demnach in Übereinstimmung mit den Regelungen des Gesellschaftsvertrags oder der Satzung beschlussfähig, so fällt diese „Beschlussfähigkeit" nicht mehr dadurch im Laufe der Gesellschafterversammlung weg, dass einzelne Gesellschafter die Versammlung vorzeitig verlassen und damit das ursprünglich notwendige Quorum nicht mehr eingehalten wird.[111]

127 Vertragliche Anforderungen an die „Beschlussfähigkeit" werden häufig mit der Regelung kombiniert, dass im Falle der **Beschlussunfähigkeit einer Erstversammlung** eine **zweite Versammlung** einzuberufen ist, die dann unabhängig von der Zahl der erschienenen Gesellschafter in jedem Fall beschlussfähig ist. Die Regelung dient naheliegender Weise dazu zu verhindern, dass einzelne Gesellschafter durch ihr Fernbleiben und die entsprechende Vereitelung der Beschlussfähigkeit von Gesellschafterversammlungen unliebsame Beschlüsse verzögern oder boykottieren. Solche Regelungen zu „Zweitversammlungen" oder „Folgeversammlungen" verursachen einige weitere Rechtsprobleme, die durch die Rechtsprechung jedoch weitgehend geklärt sind: Die Beschlussfähigkeit der Zweitversammlung hängt insbesondere davon ab, dass zu der ersten Versammlung ordnungsgemäß geladen worden war, diese grundsätzlich stattfand und speziell an der Beschlussfähigkeit laut Gesellschaftsvertrag oder Satzung scheiterte.[112] Die Zweitversammlung ist in Übereinstimmung mit den Regelungen des Gesellschaftsvertrags oder der Satzung ferner nur dann unabhängig von

---

den Beschlussgegenstand als nicht „anwesend" bzw. „vertreten" behandelt wird und damit die Beschlussfähigkeit zu einzelnen Beschlussgegenständen vereiteln kann. Im Falle ordnungsgemäßer Ladung werden die Teilnahme- und Mitwirkungsrechte der Gesellschafter nicht verletzt, so dass die Situation nicht mit der einer nicht korrekt geladenen „Vollversammlung" zu vergleichen ist, bei der die Gesellschafter – aus diesem Grund – der Beschlussfassung zu einzelnen oder auch allen Tagesordnungspunkten widersprechen können (vgl. hierzu unter Rn. 75).

[110] OLG Hamburg, Urteil vom 9.11.1990, NJW-RR 1991, 673 = WM 1992, 272; OLG Stuttgart, Beschluss vom 25.10.2011, NZG 2011, 1301 = GmbHR 2011, 1277 = ZIP 2011, 2406.

[111] OLG Brandenburg, Urteil vom 9.5.2007 (Az. 7 U 84/06); vgl. auch OLG Köln, Urteil vom 21.12.2001, NZG 2002, 381 = GmbHR 2002, 492 = ZIP 2002, 621, allerdings für eine GmbH-Gesellschafterversammlung, bei der keine speziellen statutarischen Anforderungen an die Beschlussfähigkeit gestellt waren. Die Frage, wie sich das vorzeitige Verlassen einer GV durch einen Teil der Gesellschafter auf die vertraglich geregelte Beschlussfähigkeit auswirkt, bietet immer wieder Grund für Rechtsunsicherheiten und Anlass für Streit. Letztlich ist die Auslegung der Vertragsklausel zur Beschlussfähigkeit maßgeblich, falls sich das vorzeitige Verlassen der GV durch einen oder mehrere Gesellschafter nicht ohnedies als rechtsmissbräuchlich (und damit für die Beschlussfähigkeit unbeachtlich) darstellt. Zur Vermeidung von Streitigkeiten sollte die betreffende Vertragsklausel möglichst präzise formuliert sein und insbesondere klarstellen, ob die Beschlussfähigkeit nur zu Beginn einer Gesellschafterversammlung oder für jede einzelne Beschlussfassung gesondert vorliegen muss (vgl. zur Streitvermeidung durch Vertragsgestaltung auch im 3. Teil, unter Rn. 544 ff.).

[112] OLG Düsseldorf, Urteil vom 14.11.2003, NZG 2004, 916 = GmbHR 2004, 572 = ZIP 2004, 1956 (für den Fall, dass eine Erstversammlung überhaupt nicht stattgefunden hat); LG Köln, Urteil vom 5.4.1991, GmbHR 1992, 809 (für den Fall, dass die erste Versammlung deshalb beschlussunfähig war, weil die Gesellschafter teilweise aufgrund relevanter Ladungsmängel nicht erschienen waren).

III. Beschlussfassung in streitigen Gesellschafterversammlungen 83

der Zahl der erschienenen Gesellschafter beschlussfähig, wenn für sie wiederum ordnungsgemäß geladen wurde, und zwar nur hinsichtlich der Beschlussgegenstände, die bereits für die Erstversammlung angekündigt worden waren.[113] Eine ungültige Ladung zur Zweitversammlung ist etwa auch dann gegeben, wenn zu dieser Zweitversammlung bereits *vor* Scheitern der Erstversammlung „vorsorglich" geladen worden war, weil die Ladungsfrist für die zweite Versammlung auch als Überlegungsfrist nach dem Scheitern der ersten Versammlung dienen soll.[114]

d) Versammlungsleitung und Beschlussfeststellung
aa) Bestellung und Aufgaben eines Versammlungsleiters

In **Gesellschaftsverträgen** einer GbR, PartG, OHG, KG oder GmbH & Co. KG und (häufiger) der **Satzung** einer GmbH kann bestimmt sein, dass für Gesellschafterversammlungen ein Versammlungsleiter bestellt wird. Gesellschaftsvertrag oder Satzung legen im Annex häufig bereits eine bestimmte Person fest (z.B. den Geschäftsführer oder bestimmte Gesellschafter im Wechsel) oder regeln ein Bestellungsverfahren (regelmäßig durch Beschlussfassung). Ein Versammlungsleiter kann jedoch auch ohne vertragliche Grundlage **durch Mehrheitsbeschluss bestellt**[115] werden, entweder für eine bestimmte Gesellschafterversammlung (dann meist zu Beginn der betreffenden Versammlung) oder aber – z.B. bis auf Widerruf – auch für künftige Gesellschafterversammlungen[116].

128

Der Versammlungsleiter hat die **Aufgabe** und **Befugnis**, für einen ordnungsgemäßen Ablauf der Gesellschafterversammlung zu sorgen. Typischerweise eröffnet der Versammlungsleiter die Gesellschafterversammlung (sofern sie nicht bereits durch die Bestellung des Versammlungsleiters selbst begonnen hat), stellt die Teilnehmer fest und

129

---

[113] Dies schließt allerdings die Möglichkeit nicht aus, für diese Zweitversammlung auch weitere, neue Tagesordnungspunkte anzukündigen, über die im Falle ordnungsgemäßer Ankündigung dann im Anschluss an die Tagesordnungspunkte der Erstversammlung ebenfalls Beschluss gefasst werden kann. **AA** OLG München, Urteil vom 17.3.1993, GmbHR 1994, 126, allerdings mit der mE unzutreffenden Begründung, wonach die in der Zweitversammlung vollständig erschienenen Gesellschafter die satzungsgemäße Beschlussfähigkeit hinsichtlich der neuen Beschlussgegenstände vereiteln konnten, indem sie der betreffenden Beschlussfassung „widersprachen" und somit für diese neuen Beschlussgegenstände in der „Zweitversammlung" wiederum kein laut Satzung ausreichendes Quorum des Stammkapitals „vertreten" war und keine Beschlussfähigkeit vorlag.

[114] BGH, Urteil vom 8.12.1997, NJW 1998, 1317 = NZG 1998, 262 = GmbHR 1998, 287; vgl. auch OLG Düsseldorf, Urteil vom 14.11.2003, NZG 2004, 916 = GmbHR 2004, 572 = ZIP 2004, 1956.

[115] BGH, Beschluss vom 4.5.2009, NZG 2009, 1309; anders noch OLG Frankfurt a.M., Beschluss vom 4.12.1998, NZG 1999, 406 = NJW-RR 1999, 980, wonach ein Versammlungsleiter in der GmbH-Gesellschafterversammlung ohne Satzungsgrundlage „nur im Einverständnis aller Gesellschafter bestimmt werden" kann. Der Gesellschafter, der durch Beschluss zum Versammlungsleiter bestellt werden soll, hat bei der betreffenden Beschlussfassung ein Stimmrecht, selbst wenn im Zuge der Gesellschafterversammlung Beschlüsse gefasst werden sollen, bei denen er gemäß § 47 Abs. 4 GmbHG vom Stimmrecht ausgeschlossen ist; vgl. BGH, Urteil vom 21.6.2010, GmbHR 2010, 977 = ZIP 2010, 1640 = DB 2010, 1811 (für die Beschlussfassung über die Abwahl eines statutarisch bestimmten Versammlungsleiters).

[116] OLG München, Urteil vom 12.1.2005, GmbHR 2005, 624 = DB 2005, 1566: Wirksamkeit des Mehrheitsbeschlusses in einer GmbH (auch ohne entsprechende Satzungsregelung), einen Gesellschafter zum Versammlungsleiter auch für künftige Gesellschafterversammlungen zu wählen, „bis eine Änderung durch förmlichen Beschluss herbeigeführt wird".

prüft die Legitimation von Vertretern bzw. lässt diese zu, bestimmt den Abstimmungsmodus, ruft die Tagesordnungspunkte auf (wobei er über die Reihenfolge der Behandlung von Beschlussgegenständen entscheiden, *nicht* aber Beschlussgegenstände von der Tagesordnung *absetzen*[117] kann), erteilt und entzieht ggf das Wort, stellt bei Abstimmungen die jeweilige Stimmenanzahl für und gegen einen Beschlussantrag und somit das Beschlussergebnis fest (vgl. hierzu für die GmbH aber unter Rn. 130 ff.), übt die Ordnungsgewalt während der Gesellschafterversammlung aus (verbunden z.B. mit der Befugnis, einen notorischen Störer des Saales zu verweisen) und beendet die Sitzung.[118] Die praktisch größte Bedeutung hat dabei die Feststellung von Beschlussergebnissen bei der GmbH, so dass die Institution des „Versammlungsleiters" bei den Personengesellschaften, wo es auf diese Beschlussfeststellungen nicht ankommt, eine geringere Rolle spielt. Durch den Versammlungsleiter dürfen keine Teilnahme- oder Mitwirkungsrechte eines Gesellschafters verletzt werden, etwa durch eine unberechtigte Saalverweisung eines Gesellschafters, den unberechtigten Ausschluss eines Vertreters oder die willkürliche Anordnung der Reihenfolge der Beschlussgegenstände.[119] Der Versammlungsleiter ist ferner *nicht* berechtigt, die Versammlung nach eigenem Ermessen zu vertagen.[120] Eine **Checkliste** zur Leitung einer GmbH-Gesellschafterversammlung findet sich unter Rn. 852.

bb) Beschlussfeststellung bei der GmbH

130 Die praktisch wichtigste Bedeutung des Versammlungsleiters liegt in der Beschlussfeststellung in GmbH-Gesellschafterversammlungen. „Beschlussfeststellung" bedeutet, dass der Versammlungsleiter die für und gegen einen bestimmten Beschlussantrag abgegebenen Stimmen zählt sowie förmlich feststellt und der Gesellschafterversammlung (auch zur Aufnahme in das Protokoll) kundtut, ob der betreffende Beschlussantrag die erforderliche Mehrheit an Stimmen erhalten hat, also angenommen oder abgelehnt wurde. Im Falle der Beschlussannahme kann der entsprechende Beschlussantrag auch nochmals wörtlich wiederholt werden (z.B. „*... wird festgestellt, dass der Geschäftsführer G mit der Mehrheit der Stimmen aus wichtigem Grund mit sofortiger Wirkung abberufen worden ist ...*").

131 Die **Beschlussfeststellung** bildet in der GmbH **keine Wirksamkeitsvoraussetzung** für **Gesellschafterbeschlüsse** und ist gesetzlich (anders als gemäß § 130 Abs. 2 AktG für die AG) auch nicht vorgesehen. Die Beschlussfeststellung hat **jedoch** dann **rechtliche Relevanz**, wenn sich für einen bestimmten Beschlussgegenstand **Stimm-**

---

[117] BGH, Urteil vom 21.6.2010, GmbHR 2010, 977 = ZIP 2010, 1640 = DB 2010, 1811.
[118] Vgl. zu den Aufgaben und Funktionen eines Versammlungsleiters in der GmbH-Gesellschafterversammlung auch Baumbach/Hueck, § 48, Rn. 17 f.; Lutter/Hommelhoff, § 48, Rn. 16 f.; Scholz/*K.Schmidt/ Seibt*, § 48, Rn. 36 f.; MünchHdbGmbH/*Wolff*, § 39, Rn. 72.
[119] Vgl. zur rechtswidrigen Beeinträchtigung der Teilnahmerechte eines Gesellschafters durch den unberechtigten Ausschluss von Bevollmächtigten auch unter Rn. 117 ff. sowie zur Verletzung von Teilnahme- und Stimmrechten durch eine rechtswidrige Reihenfolge der Beschlussanträge unter Rn. 110 ff.
[120] BGH, Urteil vom 21.6.2010, GmbHR 2010, 977 = ZIP 2010, 1640 = DB 2010, 1811.

verbote oder (aufgrund Treuepflicht) **gesetzliche Stimmbindungen** ergeben[121] und es auf die Stimmen des Gesellschafters, der von einem solchen Stimmverbot oder einer solchen Stimmpflicht betroffen ist, für das Abstimmungsergebnis gerade entscheidend ankommt. Das wichtigste Praxisbeispiel bildet die streitige Abberufung eines Gesellschafter-Geschäftsführers aus wichtigem Grund: Der betroffene Gesellschafter-Geschäftsführer hat bei Vorliegen eines wichtigen Grundes kein Stimmrecht[122], ignoriert dies aber regelmäßig bzw. bestreitet den behaupteten „wichtigen Grund" und nimmt an der Abstimmung teil. Kommt es auf die Wirksamkeit seiner Stimmabgabe an, z.B. weil er 60% der Stimmen hält, ist unklar, ob der Beschlussantrag eines Minderheitsgesellschafters auf Abberufung des Mehrheitsgesellschafters von der Geschäftsführung angenommen worden und der Abberufungsbeschluss zustande gekommen ist (wegen Unwirksamkeit der Stimmabgabe des Mehrheitsgesellschafters) oder aber gescheitert ist, weil er (wegen Fehlens eines wichtigen Grundes für die Abberufung und wegen eines Stimmrechts des Mehrheitsgesellschafters) keine Mehrheit gefunden hat. Der Versammlungsleiter trifft hierüber im Rahmen seiner Beschlussfeststellung eine vorläufige Entscheidung in der Gesellschafterversammlung und bestimmt ein Beschlussergebnis, je nachdem ob er (im vorgenannten Beispiel) die Stimmabgabe des Mehrheitsgesellschafters für wirksam hält (weil der Versammlungsleiter selbst keinen wichtigen Grund für die Abberufung und damit kein Stimmverbot annimmt) oder aber von einem Stimmverbot des Mehrheitsgesellschafters ausgeht (wegen Befürwortung des wichtigen Grundes für die Abberufung oder als Vertreter der „Behauptungslösung" [vgl. hierzu unter Rn. 50]). Diese eigene Beurteilung des Versammlungsleiters entfaltet – bis zu einer etwaigen gerichtlichen Überprüfung – dergestalt rechtliche Wirkung, dass der **Beschluss mit dem vom Versammlungsleiter festgestellten Inhalt „vorläufig verbindlich"** ist.[123] Sofern ein Gesellschafter diesen „festgestellten" Beschluss angreifen möchte, insbesondere weil er mit Rücksicht auf das von ihm behauptete Stimmverbot oder die Stimmverpflichtung eines Gesellschafters das vom Versammlungsleiter errechnete Abstimmungsergebnis moniert, muss er sich durch eine fristgebundene Anfechtungsklage zur Wehr setzen.[124] Kommt es dagegen zu keiner Beschlussfeststellung, ist in solchen Konstellationen das Beschlussergebnis unklar, da bis zu einer gerichtlichen Entscheidung (die mittels sogenannter Beschlussfeststellungsklage erreicht wird[125]) unsicher ist, ob die Stimmabgabe einzelner Gesellschafter wirksam war oder nicht.

Die **Beschlussfeststellung** in **GmbH**-Gesellschafterversammlungen durch einen Versammlungsleiter hat **im Überblick** somit folgende **rechtliche Konsequenzen**:

---

[121] Vgl. zu den Stimmverboten bei Interessenkollision eines Gesellschafters unter Rn. 47ff. und zu den gesetzlichen Stimmpflichten unter Rn. 57ff.
[122] Vgl. hierzu näher unter Rn. 47ff.
[123] BGH, Urteil vom 21.6.2010, GmbHR 2010, 977 = ZIP 2010, 1640 = DB 2010, 1811; BGH, Urteil vom 21.3.1988, BGHZ 104, 66 = NJW 1988, 1844 = GmbHR 1988, 304.
[124] BGH, Urteil vom 21.6.2010, GmbHR 2010, 977 = ZIP 2010, 1640 = DB 2010, 1811; BGH, Urteil vom 21.3.1988, BGHZ 104, 66 = NJW 1988, 1844 = GmbHR 1988, 304.
[125] Vgl. zur Beschlussfeststellungsklage näher unter Rn. 604ff. und 673ff.

86   1. Teil   Streit über Gesellschafterentscheidungen durch Beschlussfassung

- Der Beschluss (auch der Ablehnungsbeschluss) kann **nur fristgebunden**, analog § 246 Abs. 1 AktG grundsätzlich mit einer Frist von einem Monat[126], gerichtlich **angefochten** werden.
- Je nach Inhalt der Beschlussfeststellung verschiebt sich daher die Klagelast, also die Obliegenheit, als unterlegener Gesellschafter fristgebunden gegen einen Beschluss vorzugehen.
- Mit Rücksicht auf die vorläufige Verbindlichkeit des festgestellten Beschlusses wird ein **Schwebezustand bis zur gerichtlichen Klärung vermieden**, was insbesondere bei der streitigen Abberufung eines Gesellschafter-Geschäftsführers aus wichtigem Grund große praktische Relevanz hat.[127]

132 Der vorstehende Überblick macht deutlich, warum die förmliche Beschlussfeststellung durch einen Versammlungsleiter bei den **Personengesellschaften (GbR, PartG, OHG, KG, GmbH & Co. KG)** geringere praktische Relevanz hat: Beschlüsse, die wegen Ignorierens eines Stimmverbots oder treurechtswidriger Stimmabgabe mangelhaft sind, sind ohnedies nichtig bzw. die betreffende Stimmabgabe unwirksam. Die Nichtigkeit kann jederzeit von einem Gesellschafter mittels einer grundsätzlich nicht fristgebundenen Feststellungsklage oder auch einredeweise in einem anderen Rechtsstreit gerichtlich geltend gemacht werden (vgl. näher unter Rn. 604 ff.). Durch die Beschlussfeststellung wird also keine Anfechtungsfrist und Klageobliegenheit für die Gesellschafter eingeführt, die die Beschlussfeststellung für inhaltlich falsch halten. Darüber hinaus ist der praktisch wichtigste Anwendungsfall der förmlichen Beschlussfeststellung, die streitige Abberufung von Gesellschafter-Geschäftsführern durch Gesellschafterbeschluss in der GmbH, zumindest bei der PartG und den Personenhandelsgesellschaften grds nicht einschlägig, weil hier die Abberufung eines Gesellschafter-Geschäftsführers im Regelfall (vorbehaltlich anderer Bestimmungen im Gesellschaftsvertrag) ohnedies durch gerichtliche Gestaltungsklage gemäß §§ 117, 127 HGB, 6 Abs. 3 S. 2 PartGG durchgesetzt werden muss.

133 Im Hinblick auf die rechtlichen Auswirkungen der Beschlussfeststellung ist streitig, ob ein **Versammlungsleiter** Beschlussergebnisse bzw. Beschlüsse nur dann rechtsverbindlich feststellen kann, wenn er hierzu **in der Satzung** oder **durch** einstimmigen **Beschluss** aller Gesellschafter ausdrücklich **ermächtigt** wurde, oder ob diese Kompetenz immer bereits mit dem Amt des Versammlungsleiters verbunden ist, auch wenn die Satzung nur die Person des Versammlungsleiters bestimmt (und nicht dessen Ermächtigung zur Beschlussfeststellung anordnet) oder der Versammlungsleiter gar ohne Satzungsgrundlage ad hoc durch bloßen *Mehrheits*beschluss gewählt wurde. Eine ausdrückliche Stellungnahme des BGH fehlt bisher.[128] Die jüngste Rechtsprechung des BGH ist wohl so zu verstehen, dass ein Versammlungsleiter auch dann zur förmlichen Beschlussfeststellung befugt ist, wenn hierüber in der Satzung (außer der Bestimmung der Person des

---

[126] Vgl. hierzu näher unter Rn. 604 ff. und 654 ff.
[127] Vgl. zum Schwebezustand bei streitiger Abberufung eines GmbH-Geschäftsführers näher unter Rn. 204 ff. Vgl. zur Verbindlichkeit eines festgestellten Beschlussergebnisses z.B. OLG München, Beschluss vom 14.6.2012, GmbHR 2012, 905 = BB 2012, 1869, wonach der vom satzungsgemäß bestellten Versammlungsleiter festgestellte Beschluss über eine Satzungsänderung vom Registergericht einzutragen ist, wenn dieser nicht innerhalb angemessener Frist angefochten wurde.
[128] Vgl. zum Meinungsstand im Schrifttum z.B. Baumbach/Hueck, § 48, Rn. 17; Lutter/Hommelhoff, § 48, Rn. 16; Scholz/*K. Schmidt*/*Seibt*, § 48, Rn. 53; MünchHdbGmbH/*Wolff*, § 39, Rn. 82.

Versammlungsleiters) nichts Gesondertes vermerkt ist[129] oder der Versammlungsleiter durch Mehrheitsbeschluss bestellt wurde.[130] Sofern ein Versammlungsleiter durch die Satzung bestimmt oder durch Mehrheitsbeschluss bestellt war und streitige Beschlüsse förmlich festgestellt hat, sollte daher wegen der Anfechtungsfrist vorsorglich (und zumindest hilfsweise zu einer Beschlussfeststellungsklage) rechtzeitig Anfechtungsklage erhoben werden, selbst wenn dessen Ermächtigung zur Beschlussfeststellung weder in der Satzung noch durch Beschluss ausdrücklich angeordnet wurde.

e) Protokoll

Das Gesetz schreibt für keine der hier behandelten Personengesellschaften vor, dass über den Ablauf der Gesellschafterversammlung oder die Beschlussfassung ein Protokoll anzufertigen ist. Dies gilt im Grundsatz auch für die GmbH, bei der lediglich für bestimmte Beschlüsse (Satzungsänderungen; Maßnahmen nach dem Umwandlungsgesetz) gemäß § 53 Abs. 2 S. 1 GmbHG notarielle Beurkundung sowie für die Beschlussfassung in der Ein-Personen-GmbH gemäß § 48 Abs. 3 GmbHG Protokollpflicht angeordnet ist. Die Protokollpflicht ist jedoch häufig vertraglich geregelt. In diesen Fällen ist fraglich, ob das **Fehlen des Protokolls** Einfluss auf die **Wirksamkeit** der in der betreffenden Gesellschafterversammlung gefassten **Beschlüsse** nimmt. Dies ist durch Auslegung der betreffenden Bestimmung des Gesellschaftsvertrags oder der Satzung zu ermitteln, die die Protokollpflicht regelt. Sofern die Vertrags- oder Satzungsklausel in diesem Punkt nicht eindeutig ist, führt die **Verletzung der Protokollpflicht** im **Regelfall nicht** zur **Unwirksamkeit von Gesellschafterbeschlüssen**.[131] Der Umstand, dass das

134

---

[129] So wohl BGH, Urteil vom 21.6.2010, GmbHR 2010, 977 = ZIP 2010, 1640 = DB 2010, 1811, wo in den Entscheidungsgründen selbstverständlich davon ausgegangen wird, dass der statutarisch eingesetzte Versammlungsleiter zur Feststellung der Abstimmungsergebnisse befugt war, obgleich diese Befugnis zur Beschlussfeststellung in der Satzung (offenbar) nicht gesondert geregelt war. Der BGH geht in der Entscheidung ferner davon aus, dass diese Befugnis zur Beschlussfeststellung selbst dann *nicht* entfällt, wenn der Versammlungsleiter in Bezug auf einzelne Beschlussgegenstände wegen Interessenskonflikts vom Stimmrecht ausgeschlossen ist.

[130] Vgl. z.B. BGH, Beschluss vom 4.5.2009, NZG 2009, 1309 = NJW-RR 2010, 46 = GmbHR 2009, 1325, wo der BGH nicht nur im Leitsatz feststellt, dass der Versammlungsleiter einer GmbH-Gesellschafterversammlung von der Mehrheit der Gesellschafter bestimmt werden kann, sondern in den Entscheidungsgründen selbstverständlich davon ausgeht, dass der berufene Versammlungsleiter die Kompetenz zur Beschlussfeststellung hatte. *Zöllner* in Baumbach/Hueck, § 48, Rn. 17, der für die mittels Mehrheitsbeschlusses bestellten Versammlungsleiter explizit die Gegenauffassung vertritt, beruft sich im Übrigen vorrangig auf einen Beschluss des OLG Frankfurt a.M. vom 4.12.1998, NZG 1999, 406 = NJW-RR 1999, 998, in dem das OLG Frankfurt a.M. entgegen der jetzigen Rechtsprechung des BGH noch davon ausging, dass ein Versammlungsleiter insgesamt bei fehlender Satzungsgrundlage nur durch *einstimmigen* Gesellschafterbeschluss bestellt werden kann.

[131] OLG Stuttgart, Urteil vom 8.7.1998, GmbHR 1998, 1034 = NZG 1998, 994; **anders** (allerdings ohne nähere Begründung) BayObLG, Beschluss vom 19.9.1991, NJW-RR 1992, 295 = GmbHR 1992, 306 = BB 1991, 2103, wobei die Satzung hier nicht nur eine Protokollierungspflicht vorsah, sondern zusätzlich anordnete, dass ein Protokoll vom Geschäftsführer und mindestens einem Gesellschafter zu unterzeichnen ist (und die Protokollpflicht im Übrigen in dem vom BayObLG entschiedenen Fall gerade *nicht* verletzt worden war).

Protokoll nicht lediglich Beweisurkunde ist, sondern Wirksamkeitsvoraussetzung für die im Rahmen der Gesellschafterversammlung gefassten Beschlüsse bildet, muss sich „unzweifelhaft" aus Gesellschaftsvertrag oder Satzung ergeben.[132]

135　Sofern das Versammlungsprotokoll laut Gesellschaftsvertrag oder Satzung ausnahmsweise Wirksamkeitsvoraussetzung für Beschlüsse bildet, sind die betreffenden Beschlüsse bei der GbR, PartG, OHG, KG oder GmbH & Co. KG im Falle fehlender Protokollierung wegen Verletzung des Gesellschaftsvertrags nichtig (was allerdings ohne Auswirkung bleibt, wenn jeder Gesellschafter die Beschlüsse akzeptiert und keiner die fehlende Protokollierung rügt) sowie im Falle der GmbH wegen Verletzung der Satzung anfechtbar unwirksam. Im Rahmen von streitigen Gesellschafterversammlungen empfiehlt es sich in jedem Fall, ein Protokoll über den Ablauf und die Beschlussergebnisse anzufertigen: Das Protokoll hat wesentliche **Beweis- und Dokumentationsfunktion**, gerade wenn die Beschlüsse im Anschluss gerichtlich überprüft werden sollen. Gelegentlich hat das Protokoll darüber hinaus laut Gesellschaftsvertrag oder Satzung die zusätzliche Bedeutung, den Beginn von gerichtlichen Anfechtungsfristen hinsichtlich der Beschlüsse einer Gesellschafterversammlung in Gang zu setzen. Sofern über die Protokollführung keine Einigkeit erzielt werden kann und die Person des Protokollführers auch nicht im Gesellschaftsvertrag oder der Satzung bestimmt ist, sollte daher jeder Gesellschafter seine eigene Mitschrift anfertigen.[133] Die Mitgesellschafter müssen es allerdings nicht gegen ihren Willen hinnehmen, dass ein Mitgesellschafter, etwa aus Vereinfachungsgründen, den Ablauf der Gesellschafterversammlung oder auch nur einzelne Wortbeiträge auf **Tonband** aufzeichnet.[134]

---

[132] OLG Stuttgart, Urteil vom 8.7.1998, GmbHR 1998, 1034 = NZG 1998, 994, für eine GmbH.
[133] Das Muster eines Protokolls über den Ablauf einer außerordentlichen, streitigen GmbH-Gesellschafterversammlung findet sich unter Rn. 856.
[134] OLG Karlsruhe, Urteil vom 18.12.1997, NZG 1998, 259 = NJW-RR 1998, 1116, für eine Familiengesellschaft.

2. Teil
Streitige Abberufung von der Geschäftsführung, Ausschluss aus der Gesellschaft und weitere typische Gesellschafterstreitigkeiten

I. Entziehung von Geschäftsführung und Vertretungsmacht sowie außerordentliche Abberufung von Gesellschafter-Geschäftsführern

Schrifttum: *Arnold/Schansker*, Die Zweiwochenfrist des § 626 II BGB bei der außerordentlichen Kündigung vertretungsberechtigter Organmitglieder, NZG 2013, 1172; *Fischer*, Der Rechtsstreit über die Abberufung des GmbH-Geschäftsführers, BB 2013, 2819; *Freund*, Abberufung und außerordentliche Kündigung des Geschäftsführers, GmbHR 2010, 117; *Morawietz*, Die Abberufung der Gesellschafter-Geschäftsführer in der Zwei-Personen-GmbH bei tiefgreifendem Zerwürfnis, GmbHR 2000, 637; *Oppenländer*, Von der Rechtsprechung entwickelte Sonderregeln für die Zwei-Personen-GmbH, DStR 1996, 922; *K. Schmidt*, Ausschließungs- und Entziehungsklagen gegen den einzigen Komplementär, ZGR 2004, 227; *Tschöpe/Wortmann*, Der wichtige Grund bei Abberufungen und außerordentlichen Kündigungen von geschäftsführenden Organvertretern, NZG 2009, 161; *Vorwerk*, Rechtsschutz bei Abberufung des GmbH-Geschäftsführers, GmbHR 1995, 266; *Wackerbarth*, Der Entzug mitgliedschaftlicher Mitarbeitsrechte eines Gesellschafters in der Personengesellschaft und Folgen für die Vergütung, NZG 2008, 281; *Wolf*, Das unheilbare Zerwürfnis als Abberufungsgrund, GmbHR 1998, 1163; *ders.*, Abberufung und Ausschluss in der Zweimann-GmbH, ZGR 1998, 92.

136 Auslöser für Streitigkeiten unter Gesellschaftern sind in erster Linie Konflikte über Geschäftsführungsmaßnahmen. Falls der Vorwurf von Pflichtverletzungen des Geschäftsführers oder dessen Unfähigkeit im Raum stehen, weitet sich der **Gesellschafterstreit auf das Geschäftsführeramt als solches** aus: Die Gesellschafter, die einen Geschäftsführer und Mitgesellschafter für unfähig halten oder ihm Pflichtverletzungen vorwerfen, möchten dessen Geschäftsführung möglichst zügig beenden, wohingegen der betroffene Gesellschafter seine Mitgliedschafts- und Stimmrechte regelmäßig dazu nutzt, dies tunlichst zu verhindern.

137 Das vorliegende Kapitel beschäftigt sich mit *dieser* Streitkonstellation, also nicht den Konflikten der Gesellschafter über einzelne Geschäftsführungsmaßnahmen, sondern den Zwangsmaßnahmen zur Durchsetzung einer „*Entziehung von Geschäftsführung und Vertretungsmacht*" (so die Terminologie bei Personengesellschaften) oder der „*Abberufung*" bzw. dem „*Widerruf der Bestellung*" eines GmbH-Geschäftsführers sowie der außerordentlichen Kündigung des betreffenden Dienstvertrags einerseits und den Möglichkeiten der Abwehr der betreffenden Maßnahmen durch den Gesellschafter-Geschäftsführer andererseits. Gegenstand der Darstellung bildet ferner **nicht** die streitige Entlassung von **Fremdgeschäftsführern**, da diesbezüglich zwar ebenfalls Uneinigkeit unter den Gesellschaftern bestehen kann, solche Konflikte aber andere Rechtsprobleme aufwerfen (wie z.B. die Durchsetzung einer streitigen Abberufung durch Mehrheitsbeschluss; vgl. hierzu unter Rn. 29 ff.).

1. Gesetzliche und vertragliche Grundlagen

a) Mögliche Zwangsmaßnahmen in der GbR

138 Bei der GbR entsteht typischerweise dann Streit über die zwangsweise Entziehung der Geschäftsführungs- und Vertretungsbefugnisse eines geschäftsführenden Gesellschafters, wenn diesem entweder (bei gleichzeitigem Ausschluss von Mitgesellschaftern) **durch Gesellschaftsvertrag gemäß § 710 BGB die Geschäftsführung** oder gemäß **§ 711 BGB Einzelgeschäftsführungsbefugnis** übertragen worden war und er „im Zweifel" dadurch auch entsprechende Vertretungsbefugnis für die Gesellschaft besitzt (§ 714 BGB). Steht die **Geschäftsführung** (und Vertretung) den Gesellschaftern demgegenüber **gemeinschaftlich zu (§ 709 BGB)**, betreffen Konflikte in erster Linie einzelne Geschäftsführungsmaßnahmen, nicht aber die grundsätzliche Mitwirkungsbefugnis an der Geschäftsführung und Vertretung der Gesellschaft als solche. Falls ein Mitgesellschafter rechtswidrig die Zustimmung zu Geschäftsführungsmaßnahmen verweigert, besteht die Möglichkeit, ihn unter Berufung auf die Treuepflicht zur Mitwirkung zu verpflichten bzw. seine Zustimmung gerichtlich durchzusetzen (vgl. näher unter Rn. 57 f.). Ist weitergehend das Vertrauensverhältnis zu dem betreffenden Mitgesellschafter zerrüttet, liegt in der hier behandelten, personalistisch strukturierten GbR die Beendigung des Gesellschaftsverhältnisses, ggf auch durch Ausschluss des störenden Gesellschafters gemäß § 737 BGB, nahe.

139 Die **Möglichkeiten einer zwangsweisen Entziehung von Geschäftsführungs- und Vertretungsbefugnissen** sind **bei der GbR nach der gesetzlichen Regelung** demgegenüber entsprechend **beschränkt**: Lediglich die durch Gesellschaftsvertrag übertragene Geschäftsführungs- und Vertretungsbefugnis, nicht aber die „gesetzliche" und gemeinschaftliche Geschäftsführungs- und Vertretungsbefugnis (gemäß §§ 709, 714 BGB) kann gemäß **§§ 712 Abs. 1, 715 BGB** durch die übrigen Gesellschafter (wieder) entzogen werden, wenn in der Person des Gesellschafter-Geschäftsführers ein „wichtiger Grund" vorliegt. Einen solchen Grund bilden laut Gesetz insbesondere grobe Pflichtverletzungen des geschäftsführenden Gesellschafters oder Unfähigkeit zur ordnungsgemäßen Geschäftsführung (vgl. hierzu näher unter Rn. 155 ff.). Der Streit um das Geschäftsführeramt eines Gesellschafters besteht also auch aus Sicht des Gesetzgebers (vorrangig) darin, dass ihm vertragliche *Sonder*befugnisse (Geschäftsführungsbefugnis unter Ausschluss von Mitgesellschaftern oder Einzelvertretungsbefugnis) durch Beschluss entzogen werden sollen.

140 Der Meinungsstreit im Schrifttum, ob einem GbR-Gesellschafter analog § 712 Abs. 1 BGB weitergehend **auch die gesetzliche Geschäftsführungs- und Vertretungsbefugnis** gemäß §§ 709, 714 BGB bei Vor-

liegen eines „**wichtigen Grundes**" durch **Gesellschafterbeschluss entzogen** werden kann[1], hat in praktischer Hinsicht dementsprechend geringere Bedeutung. Bezeichnenderweise hat sich die Rechtsprechung mit dieser Fragestellung bisher offenbar auch selten beschäftigen müssen.[2] ME ist die Analogie abzulehnen. Der Wortlaut in §§ 712 Abs. 1, 715 BGB ist eindeutig und lässt explizit nur die Entziehung der besonderen gesellschaftsvertraglich übertragenen Geschäftsführungs- und Vertretungsbefugnisse zu. Die Entziehung der gesetzlichen Geschäftsführungsbefugnis nach § 709 BGB bedeutete im Übrigen eine Änderung des Gesellschaftsvertrags, so dass die Durchsetzung der betreffenden Maßnahme durch Mehrheitsbeschluss, ohne entsprechende ausdrückliche Zulassung im Gesellschaftsvertrag und gegen den Willen des betroffenen Gesellschafters, im Zweifel ohnedies unwirksam wäre (vgl. hierzu unter Rn. 65 ff.). Der Hinweis der Befürworter der Analogie auf die Bestimmungen in §§ 117, 127 HGB hinkt schließlich deshalb, weil persönlich haftenden Gesellschaftern zwar auch bei den Personenhandelsgesellschaften Geschäftsführungs- und Vertretungsbefugnisse zwangsweise aus „wichtigem Grund" entzogen werden können, dies mangels vertraglicher Regelungen jedoch nur durch gerichtliches Gestaltungsurteil gemäß §§ 117, 127 HGB, nicht durch Gesellschafterbeschluss durchgesetzt werden kann. Sofern daher die Beteiligung eines Mitgesellschafters an der Geschäftsführung (z.B. wegen fortgesetzter Blockade oder grober Pflichtverletzungen) unzumutbar wird, können die Mitgesellschafter entweder versuchen, dessen Mitwirkung durch Übertragung der Geschäftsführung auf die anderen Gesellschafter nach § 710 BGB auszuschließen, oder aber – bei besonders gravierenden Pflichtverletzungen – den Ausschluss des betreffenden Gesellschafters gemäß § 737 BGB aus der GbR betreiben. Falls ein Ausschluss mangels „Fortsetzungsklausel" ausscheidet (vgl. hierzu unter Rn. 218 ff.), bleibt die Möglichkeit einer Beendigung des Gesellschaftsverhältnisses durch eigene Kündigung (vgl. unter Rn. 499 ff.).

Weitergehende **Möglichkeiten** bzw. **andere Streitkonstellationen** ergeben sich dann, wenn die Entziehung von Geschäftsführungs- und Vertretungsbefugnissen zusätzlich **im Gesellschaftsvertrag geregelt** ist. Die **Entziehung** kann zum einen durch den Gesellschaftsvertrag **erleichtert** werden. Denkbar sind z.B. Regelungen, wonach die gemäß §§ 710, 711 BGB übertragenen, besonderen Geschäftsführungsbefugnisse auch ohne Vorliegen eines wichtigen Grundes oder durch Mehrheitsbeschluss der übrigen Gesellschafter wieder entzogen werden können. Ferner dürfte es rechtswirksam sein, wenn der Gesellschaftsvertrag die Entziehung auch der gesetzlichen, gemeinschaftlichen Vertretungsbefugnis durch Gesellschafterbeschluss zulässt, und zwar mit oder ohne „wichtigen Grund" in der Person des betroffenen Gesellschafters. Das Gesetz lässt gemäß § 710 BGB den vollständigen Ausschluss einzelner Gesellschafter von der Geschäftsführung zu. Daher muss der Ausschluss von der Geschäftsführung und Vertretung durch Gesellschafterbeschluss auch zu einem späteren Zeitpunkt, bei entsprechender vertraglicher Ermächtigung auch gegen den Willen des Betroffenen und durch Beschluss vorgenommen werden können. Dieser Beschluss führt allerdings zu einer Änderung des Gesellschaftsvertrags (Änderung der Geschäftsführungs- und Vertretungsbefugnis) und einem Eingriff in die Mitgliedschaftsrechte des betroffenen Gesellschafters, so dass die besonderen Wirksamkeitsvoraussetzungen für entsprechende Mehrheitsbeschlüsse in Personengesellschaften vorliegen müssen (vgl. hierzu näher

141

---

[1] So z.B. MüKoBGB/*Schäfer*, § 712, Rn. 4 ff., mwN.; MünchHdbGbR/*v. Ditfurth*, § 7, Rn. 66; **aA** z.B. Palandt/*Sprau*, § 712, Rn. 1.
[2] Gegen die analoge Anwendung des § 712 Abs. 1 BGB auf die gesetzliche Geschäftsführungs- und Vertretungsbefugnis z.B. OLG Braunschweig, Urteil vom 7.4.2010, NZG 2010, 1104; OLG München, Az 21 U 3957/11 (nicht veröffentlicht).

unter Rn. 65 ff. und 69 ff.). Demgegenüber ist fraglich, ob der Gesellschaftsvertrag die im Gesetz (§§ 712, 715 BGB) vorgesehenen **Entziehungsmöglichkeiten weiter beschränken** kann, etwa indem die vertraglich übertragenen Sonderbefugnisse zur Geschäftsführung und Vertretung auch bei Vorliegen eines „wichtigen Grundes" nur bei Einwilligung des betroffenen Gesellschafters entzogen werden können.[3]

142 Bei der GbR ist ein Konflikt über die **Kündigung** eines **Geschäftsführer-Anstellungsvertrags** untypisch. Sofern einem GbR-Gesellschafter laut Gesellschaftsvertrag besondere Geschäftsführungsbefugnisse übertragen sind, ist die entsprechende Vergütung oder ein Aufwendungsersatz meist im Gesellschaftsvertrag als Gewinnvoraus geregelt. Mit erfolgreicher Entziehung der nach dem Gesellschaftsvertrag übertragenen Geschäftsführungsbefugnisse entfallen somit auch diese Vergütungsansprüche, so dass typischerweise keine gesonderte Auseinandersetzung über die Kündigung eines Anstellungsvertrags geführt werden muss. Existiert demgegenüber ausnahmsweise ein zusätzlicher Dienstvertrag zwischen geschäftsführendem Gesellschafter und GbR, richtet sich dessen vorzeitige Beendigung nach den vertraglichen Vereinbarungen. Sofern der Anstellungsvertrag befristet ist und daher gemäß § 626 BGB nur außerordentlich gekündigt werden kann, hängt die Möglichkeit der Vertragsbeendigung vom Vorliegen eines „wichtigen Grundes" in der Person des betreffenden Gesellschafter-Geschäftsführers ab. Gleiches gilt, wenn dieser an der Entscheidung über die Kündigung laut Gesellschaftsvertrag grundsätzlich mitwirken darf, da sein entsprechendes Stimmrecht dann nur bei Vorliegen eines „wichtigen Grundes" wegen Interessenkollision ausgeschlossen ist.[4]

b) Streitkonstellationen und Rechtsprobleme in der PartG, OHG, KG und GmbH & Co. KG

aa) Entziehung der gesetzlichen Geschäftsführungs- und Vertretungsbefugnisse der persönlich haftenden Gesellschafter

143 Bei der **PartG** und der **OHG** nehmen, vorbehaltlich einer anderslautenden Regelung im Gesellschaftsvertrag, grundsätzlich **alle Gesellschafter** an der **Geschäftsführung** teil und sind hierbei einzeln geschäftsführungs- und vertretungsbefugt, §§ 6 Abs. 2 und Abs. 3 S. 2, 7 Abs. 3 PartGG und §§ 114 Abs. 1, 115 Abs. 1, 125 Abs. 1 HGB. Gleiches gilt im Falle der **KG** für die persönlich haftenden Gesellschafter (**Komplementäre**) und bei

---

[3] Vgl. zum Meinungsstand nur MüKoBGB/*Schäfer*, § 712, Rn. 23 (mwN), wo dieser vertragliche Ausschluss des Entziehungsrechts gemäß §§ 712, 715 BGB z.B. befürwortet wird. ME ist eine solche vertragliche Beschränkung oder ein solcher vertraglicher Ausschluss der Entziehungsrechte gemäß §§ 712, 715 BGB nicht möglich. Sofern ein „wichtiger Grund" in der Person des betroffenen Geschäftsführers vorliegt, muss den anderen die Möglichkeit verbleiben, dem betreffenden Mitgesellschafter die vertraglich übertragenen Sonderbefugnisse wieder zu nehmen, ohne sogleich gezwungen zu sein, die Gesellschaft zu kündigen oder den Ausschluss des betreffenden Gesellschafters zu betreiben (für den ohnedies höhere bzw. andere Anforderungen an den „wichtigen Grund" zu stellen sind). Die Bestimmungen in §§ 712 Abs. 1, 715 BGB sind deshalb, ebenso wie § 38 Abs. 2 GmbHG oder §§ 117, 127 HGB, nicht dispositiv.

[4] Vgl. hierzu näher unter Rn. 47 ff.

I. Entziehung von Geschäftsführung und Vertretungsmacht, Abberufung

der **GmbH & Co. KG** für die meist allein agierende **Komplementär-GmbH**. Weitergehend als bei der GbR kann den geschäftsführenden Gesellschaftern auch diese gesetzliche Geschäftsführungs- und Vertretungsbefugnis bei Vorliegen eines „wichtigen Grundes" und durch **gerichtliche Entscheidung vollständig oder teilweise entzogen** werden, §§ 117, 127 HGB (iVm §§ 6 Abs. 3 S. 2, 7 Abs. 3 PartGG für die PartG und § 161 Abs. 2 HGB für die KG). Eine teilweise Entziehung besteht z.B. darin, dass dem betreffenden Gesellschafter-Geschäftsführer die *Einzel*geschäftsführungsbefugnis und -vertretungsmacht genommen wird und dieser fortan nur noch zusammen mit weiteren geschäftsführenden Gesellschaftern agieren darf. Die Streitigkeiten um die Geschäftsführungs- und Vertretungsbefugnisse eines persönlich haftenden Gesellschafters konzentrieren sich also auch bei der PartG, OHG, KG oder GmbH & Co. KG auf die Frage, ob ein „**wichtiger Grund**" in der Person des betreffenden Gesellschafters vorliegt, der seine zwangsweise „Entlassung" als Geschäftsführer oder zumindest eine Einschränkung seiner Befugnisse rechtfertigt (vgl. hierzu näher unter Rn. 155 ff.).

Bei der **PartG** ist allerdings fraglich, ob einem Partner bei Vorliegen eines „wichtigen Grundes" durch Entziehungsklage oder Gesellschafterbeschluss auch das **Recht zur Berufsausübung** im Rahmen der Partnerschaft entzogen werdne kann. Gemäß **§ 6 Abs. 2 PartGG** können einzelne Partner im Partnerschaftsvertrag nur von der Führung der „*sonstigen Geschäfte*" ausgeschlossen werden. Unter den „sonstigen Geschäften" sind vor allem die laufenden Verwaltungsangelegenheiten der Gesellschaft selbst zu verstehen, wie Miete, Personalführung, Anschaffung von Büro- oder Praxisausstattung, Bankgeschäfte etc. Diese Angelegenheiten sind abzugrenzen von der freiberuflichen Berufsausübung jedes Partners, also der Erbringung von Dienst- oder Werkleistungen gegenüber Dritten im Rahmen der Zwecksetzung der Partnerschaft.[5] Kein Partner kann im Gesellschaftsvertrag von der betreffenden Berufsausübung ausgeschlossen werden, was auch dem Sinn und Zweck der Gesellschaft zur gemeinsamen Berufsausübung (§ 1 Abs. 1 S. 1 PartGG) widerspräche. Jedoch ist mit Rücksicht auf die Verweisungen in §§ 6 Abs. 3 S. 2, 7 Abs. 3 PartGG fraglich, ob bei Vorliegen eines wichtigen Grundes, wie etwa einer groben Pflichtverletzung eines Partners, in Folge Entziehungsklage durch Gestaltungsurteil oder bei Vorliegen der vertraglichen Voraussetzungen durch Gesellschafterbeschluss eine solche Ausschließung von der Berufsausübung zu einem späteren Zeitpunkt doch in Betracht kommt. Im Schrifttum ist dies streitig.[6] Rechtssprechung liegt soweit ersichtlich zu dieser Fragestellung bisher nicht vor. Dies ist nicht überraschend, da die praktische Relevanz des Problems gering ist: Die PartG ist auf die gemeinsame Berufsausübung angelegt, ein Verbleib eines Partners, der im Rahmen des Unternehmens der Gesellschaft nicht mehr beruflich tätig sein kann, ist daher in aller Regel weder für den betreffenden Partner noch für die Mitgesellschafter von Interesse. Der dauerhafte Ausschluss eines Partners von der Berufsausübung dürfte, von singulären Ausnahmefällen wie Alter oder Berufsunfähigkeit abgesehen, auch kaum je verhältnismäßig sein. „Wichtige Gründe" in der Person eines Partners führen daher zur Ausschließung oder zur Auflösung der Gesellschaft. Die Entziehung der Geschäftsführungsbefugnis im Bereich der Berufsausübung kommt allenfalls vorübergehend, bis zum Ausschluss oder der Trennung, im Rahmen des **einstweiligen Rechtsschutzes** in Betracht (vgl. hierzu unter Rn. 805).

143a

Die Entziehung von Geschäftsführungs- und Vertretungsbefugnissen kann bei der PartG, OHG, KG oder GmbH & Co. KG ebenfalls **vertraglich** abweichend **geregelt** werden. Typisch sind **Verfahrenserleichterungen**, also insbesondere die Regelung,

144

---

[5] Vgl. zur Abgrenzung der „sonstigen Geschäfte" im Sinne des § 6 Abs. 2 PartGG von den „Kerngeschäften" der PartG z.B. MüKoBGB/*Schäfer*, § 6 PartGG, Rn. 10 ff.; Michalski/Römermann, § 6, Rn. 37 f.

[6] Vgl. zum Meinungsstand nur MüKoBGB/*Schäfer*, § 6 PartGG, Rn. 21 f.; Michalski/Römermann, § 6, Rn. 37 ff.

wonach die Entziehung bei Vorliegen eines „wichtigen Grundes" anstelle einer Gestaltungsklage auch durch Beschluss der übrigen Gesellschafter oder durch Mehrheitsbeschluss rechtsverbindlich durchgeführt wird.[7] Seltener, aber ebenfalls zulässig[8], sind Vertragsklauseln, die die Entziehung von Geschäftsführung und Vertretungsmacht durch Mehrheitsbeschluss auch *ohne* Vorliegen eines „wichtigen Grundes" in der Person des betroffenen geschäftsführenden Gesellschafters zulassen. Auch in einer solchen Konstellation kommt es indessen meist darauf an, ob ein wichtiger Entziehungsgrund in der Person des Betroffenen vorliegt, da er nur dann einem Stimmverbot unterliegt, so dass der Entziehungsbeschluss gegen seinen Willen durchgesetzt werden kann.[9] Die Streitigkeiten unter den Gesellschaftern, betreffend die „Entlassung" eines Mitgesellschafters aus der Geschäftsführung, konzentrieren sich schließlich auch dann auf den „wichtigen Grund" in seiner Person, wenn dem betreffenden Gesellschafter die **Geschäftsführungs- und Vertretungsbefugnis** als **besonderes, mitgliedschaftliches Sonderrecht** im Gesellschaftsvertrag versprochen worden ist. Solche vertraglichen Einschränkungen der Entziehungsmöglichkeiten zugunsten eines geschäftsführenden Gesellschafters sind zulässig und wirksam. Doch bleibt auch im Falle solcher Regelungen immer die Möglichkeit, die Entziehung der Geschäftsführung und Vertretung durch Klage (entsprechend der gesetzlichen Regelung) oder durch Gesellschafterbeschluss (entsprechend einer vertraglichen Verfahrensregelung) zu betreiben, wenn ein wichtiger Grund im Sinne der §§ 117, 127 HGB für diese Maßnahme vorliegt.[10]

145 Wie bei der GbR (und anders als bei der GmbH) existieren für die geschäftsführenden Gesellschafter bei der PartG, OHG, KG oder GmbH & Co. KG (hier bezogen auf die Komplementär-GmbH als solche, nicht auf deren Geschäftsführer[11]) in der Regel **keine gesonderten Anstellungsverträge**, die das Dienstverhältnis zur Gesellschaft und insbesondere die Vergütung des geschäftsführenden Gesellschafters näher regeln.

---

[7] Vgl. zur Wirksamkeit einer solchen gesellschaftsvertraglichen Bestimmung BGH, Urteil vom 17.12.1959, BGHZ 31, 295 = WM 1960, 106; BGH, Urteil vom 3.11.1997, NJW 1998, 1225 = NZG 1998, 101 = BB 1998, 70 (für eine KG). Vgl. für die PartG zudem die gesetzliche Bestätigung in § 6 Abs. 3 S. 1 PartGG sowie Michalski/Römermann, § 6, Rn. 38.

[8] BGH, Urteil vom 23.10.1972, NJW 1973, 651 = BB 1973, 442 = WM 1973, 326; BGH, Urteil vom 3.11.1997, NJW 1998, 1225 = NZG 1998, 101 = BB 1998, 70, für eine vertragliche Abbedingung von § 127 HGB.

[9] Vgl. hierzu näher unter Rn. 47 ff.

[10] BGH, Urteil vom 3.11.1997, NJW 1998, 1225 = NZG 1998, 101 = BB 1998, 70, wonach § 127 HGB im Grundsatz zwar dispositiv ist, die Entziehung der Vertretungsmacht aus wichtigem Grund jedoch nicht durch Gesellschaftsvertrag ausgeschlossen werden kann. Vgl. auch BGH, Urteil vom 4.10.2004, NZG 2005, 33 = NJW-RR 2005, 39 = BB 2004, 2653, wonach sogar ein gesellschaftsvertraglich verankertes, „mitgliedschaftliches Mitarbeitsrecht" (in diesem Fall eines Kommanditisten) bei Vorliegen eines „wichtigen Grundes" entzogen bzw. beschränkt werden darf.

[11] Der oder die Geschäftsführer der Komplementär-GmbH haben demgegenüber rglm einen Anstellungsvertrag mit der GmbH abgeschlossen. Für die Abberufung dieses GF der Komplementär-GmbH gelten die Ausführungen unter Rn. 197 ff. sowie für die Kündigung dessen Anstellungsvertrags unter Rn. 208 ff. Gelegentlich besteht der Anstellungsvertrag des Komplementär-GF nicht mit der GmbH, sondern mit der GmbH & Co. KG selbst. Die Kündigung des Anstellungsvertrags (nicht die Abberufung) erfolgt dann durch die GmbH & Co. KG, vgl. unter Rn. 189.

Nach dem gesetzlichen Leitbild erfolgt die Tätigkeitsvergütung des Gesellschafters durch seine Gewinnbeteiligung. Weitergehende Vergütungsansprüche bestehen ohnedies nur, wenn über die Gewinnbeteiligung hinausgehende Entgelte im Gesellschaftsvertrag vorgesehen, durch Gesellschafterbeschluss bestimmt oder nach den Fallumständen (außergewöhnliche, zusätzliche Leistungen des geschäftsführenden Gesellschafters) stillschweigend und gesondert vereinbart worden sind. Sofern der Gesellschaftsvertrag eine zusätzliche Vergütung bzw. einen Aufwendungsersatz für die geschäftsführenden Gesellschafter ausdrücklich vorsieht (meist in Form eines Gewinnvoraus), enden diese Vergütungsansprüche zugleich mit der wirksamen Entziehung der Geschäftsführungsbefugnis. Existiert demgegenüber ausnahmsweise ein gesonderter Dienstvertrag zwischen dem „abberufenen" Gesellschafter-Geschäftsführer und der Gesellschaft, muss dieser nach Maßgabe der vertraglichen Vereinbarungen durch einen anderen geschäftsführenden Gesellschafter (sofern vorgesehen nach entsprechendem Zustimmungsbeschluss der Gesellschafterversammlung) ordentlich oder außerordentlich gekündigt werden.

bb) Entziehung von vertraglichen Sonderrechten der Kommanditisten

Die Kommanditisten sind gemäß § 164 S. 1 HGB grundsätzlich von der Geschäftsführung der KG bzw. GmbH & Co. KG ausgeschlossen. Der Gesellschaftsvertrag kann (z.B. aus steuerlichen Gründen bei einer vermögensverwaltenden GmbH & Co. KG zur Vermeidung einer gewerblichen Prägung der Gesellschaft, § 15 Abs. 3 Nr. 2 EStG) vorsehen, dass einer oder mehrere **Kommanditisten** ebenfalls **geschäftsführungs- und vertretungsbefugt** sind. Desgleichen kann einem Kommanditisten auch ohne entsprechende Bestimmung im Gesellschaftsvertrag ein bestimmter Aufgabenbereich zugewiesen und in diesem Zusammenhang Vertretungsbefugnis, etwa eine Handlungsvollmacht oder Prokura eingeräumt werden. **Hinsichtlich** der **Entziehung** solcher Geschäftsführungs- und Vertretungsbefugnisse ist zu **unterscheiden**.

146

Sofern die betreffenden Befugnisse und Rechte für bestimmte Kommanditisten im Gesellschaftsvertrag selbst als **mitgliedschaftliche Sonderrechte** ausgestaltet sind, handelt es sich bei der späteren Entziehung dieser Sonderrechte um keine Maßnahme der laufenden Geschäftsführung, sondern um eine Änderung gesellschaftsvertraglicher Regelungen. Die Voraussetzungen und das Verfahren einer Entziehung richten sich dann in erster Linie ebenfalls nach dem Gesellschaftsvertrag. Unabhängig von den vertraglichen Bestimmungen kann allerdings die dem Kommanditisten erteilte, rechtsgeschäftliche **Außenvertretungsmacht** aus Gründen der Rechtssicherheit immer **rechtswirksam durch einen persönlich haftenden Gesellschafter**, also einen gesetzlichen Vertreter der Kommanditgesellschaft, **entzogen werden**, unabhängig davon, ob die gesellschaftsvertraglichen Wirksamkeitsvoraussetzungen für diese Maßnahme (z.B. Gesellschafterbeschluss, Vorliegen eines „wichtigen Grundes" etc.) eingehalten wurden oder nicht.[12] Enthält der Gesellschaftsvertrag demgegenüber keine Regelung,

147

---

[12] BGH, Urteil vom 27.6.1955, BGHZ 17, 392, für den Widerruf der einem Kommanditisten laut

kann in die **vertraglichen Sonderrechte** des Kommanditisten **im Innenverhältnis** nur durch **Entziehungsklage** entsprechend §§ 117, 127 HGB eingegriffen werden, da dieser Eingriff im Ergebnis zu einer Änderung des Gesellschaftsvertrags führt und daher gegen den Willen des betroffenen Kommanditisten nicht durch Mehrheitsbeschluss realisiert werden kann (vgl. näher unter Rn. 66 ff.).[13]

148   Einfacher stellt sich die Rechtslage dar, wenn die **Geschäftsführungs- und Vertretungsbefugnisse** des Kommanditisten **nicht zugleich als vertragliches, mitgliedschaftliches Sonderrecht ausgestaltet** sind, sondern der Kommanditist die betreffenden Rechte durch einen geschäftsführenden Gesellschafter, etwa im Rahmen einer Dienstvertragsvereinbarung, erhalten hat: Hier handelt es sich auch bei der Entziehung dieser Rechte oder deren Einschränkung um eine Maßnahme der laufenden Geschäftsführung, deren Berechtigung sich nach den vertraglichen Vereinbarungen mit dem Kommanditisten richtet, die aber nicht das Gesellschaftsverhältnis berührt.

c) Möglichkeiten der Abberufung von Gesellschafter-Geschäftsführern in der GmbH

149   Bei der GmbH ist die typische Streitkonstellation unter Gesellschaftern im Ergebnis ähnlich wie bei den Personengesellschaften, da es auch hier bei der streitigen Abberufung eines Gesellschafter-Geschäftsführers und der korrespondierenden Kündigung seines Anstellungsvertrags entscheidend auf das Vorliegen eines „wichtigen", die Zwangsmaßnahme rechtfertigenden Grundes in der Person des Geschäftsführers ankommt (vgl. zum „wichtigen Grund" näher unter Rn. 155 ff.). Dies gilt jedenfalls dann, wenn über **Abberufung** und **Kündigung** wie im Regelfall **durch Gesellschafterbeschluss** und nicht durch einen fakultativen oder mitbestimmten Aufsichtsrat bzw. Beirat oder – wie in Sonderfällen – gar durch einen einzelnen Gesellschafter entschieden wird. Dies findet seinen Grund darin, dass ein GmbH-Geschäftsführer gemäß § 38 Abs. 1 GmbH zwar grundsätzlich jederzeit und ohne Gründe („ordentlich") durch Gesellschafterbeschluss **abberufen** werden kann, sich hierfür im Streitfall jedoch häufig **rechtliche Einschränkungen** ergeben, so dass doch **nur die außerordentliche Abberufung** (gemäß § 38 Abs. 2 GmbHG) **bleibt**:

150   • Die Möglichkeit der **ordentlichen Abberufung** kann gemäß § 38 Abs. 2 S. 1 GmbHG durch entsprechende Regelung in der **Satzung eingeschränkt** sein.

Die Satzung kann die Abberufung erschweren oder an besondere Gründe knüpfen. Lediglich die Abberufung bei Vorliegen „wichtiger Gründe" in der Person des Geschäftsführers darf nicht ausgeschlossen oder auch nur eingeschränkt sein.[14] Unwirksam ist z.B. die Regelung, wonach der Abberufungsbeschluss

---

Gesellschaftsvertrag zugesagten Prokura. Sofern im Zusammenhang mit dem Widerruf der vertraglich zugesagten Vertretungsbefugnis Bestimmungen des Gesellschaftsvertrags verletzt wurden, hat der betroffene Kommanditist jedoch einen Anspruch auf Wiedereinräumung der vereinbarten Vertretungsmacht.

[13] Der BGH hat dies im Urteil vom 4.10.2004, NZG 2005, 33 = NJW-RR 2005, 39 = BB 2004, 2653, in Bezug auf das gesellschaftsvertraglich verankerte Mitarbeitsrecht eines Kommanditisten offengelassen, nachdem das Entziehungsverfahren (durch Gesellschafterbeschluss) ebenfalls vertraglich geregelt war.

[14] BGH, Urteil vom 20.12.1982, BGHZ 86, 177 = GmbHR 1983, 149 = BB 1983, 83.

I. Entziehung von Geschäftsführung und Vertretungsmacht, Abberufung

auch bei Vorliegen eines wichtigen Grundes eine höhere als die einfache Mehrheit der abgegebenen Stimmen (§ 47 Abs. 1 GmbHG) erfordert oder die Abberufung nur bei bestimmten wichtigen Gründen zulässig ist. Teilweise ist fraglich, ob die Satzung die ordentliche Abberufbarkeit überhaupt einschränkt. Dies gilt etwa dann, wenn zwar eine ausdrückliche Regelung fehlt, trotzdem aber Vorschriften zur Dauer oder zur Beendigung der Geschäftsführerstellung vorhanden sind. Die Beschränkung der Abberufung ist dann durch Auslegung zu ermitteln. Die Satzung schränkt die freie Abberufbarkeit z.B. *nicht* ein, wenn die Bestellung zum Geschäftsführer in der Satzung lediglich bestätigt wird.[15] Demgegenüber ist der Gesellschafter-Geschäftsführer laut Satzung z.B. nur aus wichtigem Grund abberufbar, wenn die Geschäftsführerposition in der Satzung zeitlich in irgendeiner Form abgesichert wird, etwa durch Bestellung auf Lebenszeit oder durch Bestellung für die Dauer der Gesellschaftsbeteiligung. Die Auslegung der Satzung richtet sich dabei nur nach Gesichtspunkten, für die sich ausreichend Anhaltspunkte in der Satzung selbst finden lassen. Auf die Vorgeschichte des Gesellschaftsvertrags oder andere Tatsachen kommt es nicht an.[16] Falls das Recht auf die Organstellung als Geschäftsführer in der Satzung als Sonderrecht ausgestaltet ist, ist hinsichtlich der **Formwirksamkeit des Abberufungsbeschlusses** zudem **Vorsicht geboten**: Der Beschluss selbst muss dann nach § 53 Abs. 2 GmbHG wegen der mit der Abberufung verbundenen Satzungsänderung notariell beurkundet werden, selbst wenn ein wichtiger Grund für die Abberufung vorliegt.[17]

- Die **Beschränkung der ordentlichen Abberufbarkeit** durch Gesellschafterbeschluss kann sich ausnahmsweise auch aus einer **Vereinbarung unter den Gesellschaftern außerhalb der Satzung** ergeben. Die Beschränkung der Abberufbarkeit ist nach § 38 Abs. 1 S. 1 GmbHG zwar grundsätzlich nur durch Satzung möglich, so dass entsprechende Regelungen z.B. im Anstellungsvertrag unwirksam sind. Die *Gesellschafter* können sich jedoch *untereinander* auch außerhalb der Satzung rechtsverbindlich einigen, so dass ein Verstoß gegen diese Vereinbarung zur Beschlussunwirksamkeit führt. Sofern sich die Gesellschafter z.B. *alle* darauf verständigt haben, dass ein Gesellschafter-Geschäftsführer ordentlich nur mit seinem Einverständnis abberufen werden kann, ist eine Beschlussfassung, mittels derer gegen eine solche Absprache verstoßen wird, anfechtbar unwirksam.[18] Eine vergleichbare Stimmbindungsvereinbarung unter einzelnen Gesellschaftern führt bei schuldhafter Missachtung demgegenüber nur zu einer Schadensersatzverpflichtung.[19]

151

- Die ordentliche, nicht durch einen wichtigen Grund gerechtfertigte Abberufung eines Gesellschafter-Geschäftsführers kann in Sonderfällen wegen Verletzung der **gesellschafterlichen Treuepflicht** unwirksam sein. Eine solche Beschränkung der Abberufbarkeit durch Treuepflicht kann sich vor allem bei kleinen Gesellschaften, etwa einer zweigliedrigen GmbH, aus den Gesamtumständen ergeben. Der BGH hat eine solche Treuepflichtverletzung z.B. in einem Fall bejaht, in dem ein 51%-Gesellschafter den 49%-Mitgesellschafter und Geschäftsführer wegen vergleichsweise geringfügiger Vorfälle durch alleinigen Beschluss abberufen hat, mit dem Ziel, den

152

---

[15] OLG Hamm, Urteil vom 27.1.1992, NJW-RR 1993, 493 = GmbHR 1992, 378; OLG Naumburg, Urteil vom 13.1.2000, NZG 2000, 608.
[16] BGH, Urteil vom 16.2.1981, GmbHR 1982, 129 = WM 1981, 438 = BB 1981, 926.
[17] OLG Nürnberg, Urteil vom 10.11.1999, GmbHR 2000, 563 = BB 2000, 687.
[18] BGH, Urteil vom 27.10.1986, NJW 1987, 1890 = GmbHR 1987, 94 = BB 1987, 503.
[19] OLG Frankfurt a.M., Urteil vom 16.9.1999, NZG 2000, 378; vgl. hierzu auch unter Rn. 62.

153 • Die praktisch **wichtigste Einschränkung der freien Abberufbarkeit** eines Gesellschafter-Geschäftsführers ergibt sich aus den **Mehrheitsverhältnissen**, wenn also **gegen die Stimmen des Betroffenen nicht die erforderliche Beschlussmehrheit erreicht** werden kann. Falls es auf die Stimmen des abzuberufenden Gesellschafter-Geschäftsführers für das Beschlussergebnis entscheidend ankommt, lässt sich die Abberufung nur als außerordentliche Maßnahme aus wichtigem Grund durchsetzen, da der betroffene Gesellschafter-Geschäftsführer hierbei (anders als bei der ordentlichen Abberufung) kein Stimmrecht hat und sich seine etwaige Stimmabgabe auf das Beschlussergebnis daher nicht auswirkt.[21]

154 Die Gesellschafterstreitigkeit um die außerordentliche Abberufung eines Mitgesellschafters und Geschäftsführers erstreckt sich häufig auf die **vorzeitige Beendigung dessen Anstellungsvertrags**. Anders als bei den Personengesellschaften wird das Dienstverhältnis zwischen Gesellschafter-Geschäftsführer und GmbH – schon aus steuerrechtlichen Gründen – regelmäßig durch gesonderten Dienstvertrag geregelt, der im Falle einer vorzeitigen Abberufung ebenfalls – meist gegen den Willen des Betroffenen – vorzeitig beendet werden soll. Auch hier tritt häufig der „wichtige Grund" in der Person des Geschäftsführers, der regelmäßig schon über die Wirksamkeit der Abberufung entscheidet, in den Vordergrund: zum einen dann, wenn der Anstellungsvertrag befristet ist und daher nur außerordentlich und aus wichtigem Grund vorzeitig gemäß § 626 Abs. 1 BGB gekündigt werden kann, sowie zum anderen dort, wo die ordentliche Kündigung des Anstellungsvertrags mit Rücksicht auf das dann bestehende Stimmrecht des Betroffenen an den Mehrheitsverhältnissen scheitert.

2. Der „wichtige Grund" für die außerordentliche Abberufung/ Entziehung von Geschäftsführung und Vertretungsmacht

a) Überblick

155 Der Streit über die Entziehung von Geschäftsführungs- und Vertretungsbefugnissen eines geschäftsführenden Gesellschafters in der Personengesellschaft bzw. der Streit über die Abberufung eines Gesellschafter-Geschäftsführers in der GmbH wird – wie unter Rn. 138 ff. dargelegt – von der Frage dominiert, ob in der Person des betroffenen Gesellschafters ein „**wichtiger Grund**" für diese Zwangsmaßnahme vorliegt. Diese meist **streitentscheidende Frage** wird für alle hier behandelten Gesellschaftsformen, d.h. sowohl für die Personengesellschaften als auch die personalistisch strukturierte GmbH mit wenigen Gesellschaftern, anhand nahezu identischer Beurteilungsmaßstäbe beant-

---

[20] BGH, Urteil vom 29.11.1993, DStR 1994, 214. An die Abberufung eines Gesellschafter-Geschäftsführers werden in der Zwei-Personen-GmbH sogar bei Vorliegen „wichtiger Gründe" wie etwa Pflichtverletzungen besondere, strengere Anforderungen gestellt, vgl. hierzu näher unter Rn. 176.
[21] Vgl. hierzu unter Rn 47 ff.

I. Entziehung von Geschäftsführung und Vertretungsmacht, Abberufung

wortet. Dies folgt grds bereits aus dem Gesetz, das für die GbR in § 712 Abs. 1 BGB, für die PartG, OHG, KG und GmbH & Co. KG in §§ 117, 127 HGB, 6 Abs. 3 S. 2 PartGG sowie für die GmbH in § 38 Abs. 2 GmbHG jeweils gleichlautend die „**grobe Pflichtverletzung**" oder die „**Unfähigkeit zur ordnungsmäßigen Geschäftsführung**" bzw. zur „ordnungsmäßigen Vertretung" der Gesellschaft als wesentliche Fallbeispiele eines „wichtigen Grundes" bezeichnet. Die nachstehend dargestellten Grundsätze und vorgestellten Fallbeispiele aus der Rechtsprechung gelten dementsprechend gleichermaßen für die personalistisch strukturierte, nicht auf eine Vielzahl von Gesellschaftern oder gar eine Massengesellschaft ausgelegte GbR, PartG, OHG, KG, GmbH & Co. KG und GmbH.

Die Beantwortung der Frage, ob in der Person eines Mitgesellschafters ein „wichtiger Grund" im Sinne vorbezeichneter Gesetze für die teilweise oder vollständige Entziehung von Geschäftsführungs- und Vertretungsbefugnissen vorliegt oder nicht, richtet sich jeweils nach den **Umständen des Einzelfalles**. Die Grundlage hierbei bilden neben den gesetzlichen Regelbeispielen die von der Rechtsprechung entwickelten Beurteilungskriterien. Im **Überblick** ist ein „**wichtiger Grund**" für die Entziehung der Geschäftsführungs- und Vertretungsbefugnis eines geschäftsführenden Gesellschafters bzw. die außerordentliche Abberufung eines Gesellschafter-Geschäftsführers demnach **zu befürworten**, wenn

156

- eine grobe **Pflichtverletzung**, **Unfähigkeit** oder ein **sonstiger Grund** in der Person des betroffenen Gesellschafter-Geschäftsführers[22] vorliegt,
- der/die für sich allein oder (bei weniger gewichtigen Gründen) zumindest in der Summe dieser Gründe[23], bei **Berücksichtigung aller Gesamtumstände**, u.a. auch des Verhaltens des betreffenden Geschäftsführers nach der Abberufung,
- sowie **unter Berücksichtigung der wechselseitigen Interessen** (z.B. bisheriger Verdienste des Geschäftsführers, Umfang seiner Kapitalbeteiligung und Auswirkung der Entziehung der Geschäftsführung auf seine gesellschaftsrechtliche und berufliche Stellung[24] einerseits sowie Schadenspotential, Nachhaltigkeit der Störung für die GmbH etc. andererseits), mit Vorrang der Interessen der Gesellschaft[25],
- die **Belassung** des Geschäftsführers in der **Organstellung** bzw. zumindest die uneingeschränkte Aufrechterhaltung seiner Geschäftsführungs- und Vertretungsbe-

---

[22] Bei einer GmbH & Co. KG muss sich die Komplementär-GmbH das entsprechende Fehlverhalten oder die Unfähigkeit ihrer Geschäftsführer zurechnen lassen. Liegt in deren Person ein „wichtiger Grund" vor, können entweder – wenn die rechtlichen Möglichkeiten bestehen – diese als Geschäftsführer der Komplementär-GmbH abberufen oder aber der Komplementär-GmbH selbst in der GmbH & Co. KG die Geschäftsführungs- und Vertretungsbefugnis entzogen werden; BGH, Urteil vom 25.4.1983, NJW 1984, 173 = GmbHR 1983, 301 = WM 1983, 750.

[23] Vgl. zur „Kumulierung" mehrerer, geringfügiger Gründe zum „wichtigen Grund" z.B. BGH, Urteil vom 25.4.1983, NJW 1984, 173 = GmbHR 1983, 301 = WM 1983, 750; OLG Naumburg, Urteil vom 23.2.1999, NZG 2000, 44.

[24] BGH, Urteil vom 25.4.1983, NJW 1984, 173 = GmbHR 1983, 301 = WM 1983, 750; KG Berlin, Urteil vom 26.8.2014 („Suhrkamp"), ZIP 2015, 481 = GWR 2014, 481.

[25] OLG Hamm, Urteil vom 1.2.1995, GmbHR 1995, 736.

fugnisse als **unzumutbar**[26] für die Gesellschaft bzw. die Mitgesellschafter erscheinen lässt/lassen.

- Auf ein **Verschulden** des betroffen Geschäftsführers **kommt es nicht** entscheidend **an**[27] (ein solches Verschulden kann aber im Rahmen der Verhältnismäßigkeitsprüfung der Entziehung bzw. außerordentlichen Abberufung berücksichtigt werden).

157 Die Gesellschaft bzw. die Mitgesellschafter können die **Berufung auf den wichtigen Grund verwirken**, wenn sie nach dem entscheidenden Vorfall längere Zeit zuwarten und dem betroffen Geschäftsführer signalisieren, sie würden sich hierauf nicht mehr berufen.[28] Weitergehend kann auch der bloße Zeitablauf als solcher zum Wegfall eines wichtigen Grundes führen: Wesentliches Bewertungskriterium bildet zusammenfassend die Frage, ob die Rechtsposition des Geschäftsführers für die Mitgesellschafter bzw. die Gesellschaft „unzumutbar" geworden ist. Sofern sie daher auf ein abgeschlossenes Fehlverhalten oder ein bestimmtes, die Abberufung rechtfertigendes Ereignis nicht innerhalb eines nachvollziehbaren Zeitraums reagieren, spricht eine **tatsächliche Vermutung** dafür, dass das betreffende Fehlverhalten oder Ereignis bereits ursprünglich **nicht das Gewicht** eines „wichtigen Grundes" hatte oder dass der Abberufungsgrund **nachträglich wieder weggefallen ist**.[29] Diese Vermutung kann zwar widerlegt werden, doch tragen die die Abberufung bzw. Entziehung von Geschäftsführung und Vertretungsmacht betreibenden Gesellschafter dann im Streitfall die Darlegungs- und Beweislast dafür, dass das Zuwarten mit der streitigen Abberufung andere Ursachen hatte und der wichtige Grund ursprünglich trotzdem bestand bzw. zwischenzeitlich nicht wieder weggefallen ist. Eine Berufung auf einen wichtigen Grund ist schließlich von vornherein ausgeschlossen, wenn der betreffende Umstand bereits bei der Bestellung zum Geschäftsführer gegeben und der Gesellschaft bzw. den Mitgesellschaftern bekannt war.[30]

157a Die Tatsachenfeststellung und die Beurteilung, ob ein „wichtiger Grund" im konkreten Streitfall gegeben ist, obliegt den **Tatsachengerichten**. Das Revisionsgericht ist an die Tatsachenfeststellungen der Berufungsinstanz gebunden (§ 559 Abs. 1 ZPO). Das

---

[26] Die „Unzumutbarkeit" der uneingeschränkten Belassung der Organbefugnisse ist letztlich das entscheidende Beurteilungskriterium; vgl. exemplarisch nur BGH, Urteil vom 11.2.2008, NZG 2008, 298 = NJW-RR 2008, 704 = ZIP 2008, 597, für eine GbR; BGH, Urteil vom 28.1.1985, GmbHR 1985, 256 = WM 1985, 567, für eine GmbH. Eine umfangreiche „detaillierte Gesamtabwägung" hinsichtlich der Zumutbarkeit weiterer Geschäftsführertätigkeit findet sich z.B. im Urteil des KG Berlin vom 26.8.2014 („Suhrkamp"), ZIP 2015, 481 = GWR 2014, 481.

[27] BGH, Urteil vom 24.2.1992, NJW-RR 1992, 993 = GmbHR 1992, 299 = BB 1992, 802, für das – nicht schuldhaft herbeigeführte – unheilbare Zerwürfnis zwischen mehreren Geschäftsführern einer GmbH, das für sich einen „wichtigen Grund" für die Abberufung bildete.

[28] BGH, Urteil vom 14.10.1991, NJW-RR 1992, 292 = GmbHR 1992, 38 = BB 1992, 17.

[29] BGH, Urteil vom 11.7.1966, NJW 1966, 2160 = BB 1966, 876 = WM 1966, 847, für die Kündigung einer OHG aus wichtigem Grund; BGH, Urteil vom 14.6.1999, NJW 1999, 2820 = NZG 1999, 988 = BB 1999, 1838, für die Ausschließung eines Kommanditisten aus wichtigem Grund.

[30] BGH, Urteil vom 12.7.1993, NJW-RR 1993, 1253 = GmbHR 1993, 579 = BB 1993, 1681.

Revisionsgericht überprüft jedoch die *Beurteilung* der Tatsachengerichte. Ob ein „wichtiger Grund" (gleich ob für eine außerordentliche Abberufung, einen Gesellschafterausschluss, eine außerordentliche Kündigung oder eine sonstige, auf „wichtigem Grund" beruhende Zwangsmaßnahme) vorgelegen hat oder nicht, ist auch **in der Revisionsinstanz in vollem Umfang darauf nachprüfbar**, ob die Anwendung des Begriffs des wichtigen Grundes von einem zutreffenden Verständnis der darin zusammengefassten normativen Wertungen ausgeht. Das Revisionsgericht kann somit prüfen, *„ob das Tatsachengericht den Rechtsbegriff des wichtigen Grundes richtig erfasst, ob es aufgrund vollständiger Sachverhaltsermittlung geurteilt und ob es in seine Wertung sämtliche Umstände des konkreten Falls einbezogen hat"*.[31]

b) Beispiele aus der Rechtsprechung

Die Gerichte haben sich in einer Vielzahl von Fällen mit der Frage zu beschäftigen, ob „wichtige Gründe" vorliegen, die die Entziehung von Geschäftsführungs- und Vertretungsbefugnissen eines Geschäftsführers in der GbR, PartG, OHG, KG oder GmbH & Co. KG oder die außerordentliche Abberufung eines GmbH-Geschäftsführers bzw. die außerordentliche Kündigung dessen Anstellungsvertrags rechtfertigen. Es liegt daher eine Fülle von veröffentlichten Entscheidungen vor, die eine wesentliche Orientierungshilfe im eigenen Streitfall bilden. Es handelt sich jedoch immer um **Einzelfallentscheidungen**. Eine schematische Übertragung der Urteilsgründe auf andere Sachverhalte ist nicht möglich. Darüber hinaus ist immer die gesamte, in Bezug genommene Urteilsbegründung maßgeblich, da entscheidungsrelevante Besonderheiten eines Falles durch die Herauslösung einzelner Schlagworte oder die bloße Übernahme der Leitsätze übersehen werden könnten.

158

Die Mehrzahl der Fallbeispiele aus der Rechtsprechung betrifft die außerordentliche Abberufung von Gesellschafter-Geschäftsführern in einer GmbH bzw. die außerordentliche Kündigung deren Anstellungsvertrags. Trotzdem sind diese Entscheidungen bzw. Entscheidungsgründe aus den unter Rn. 155 ff. genannten Gründen bei der Beurteilung des „wichtigen Grundes" für die Entziehung von Geschäftsführungs- und Vertretungsbefugnissen in der typischen GbR, PartG, OHG, KG oder GmbH & Co. KG ebenfalls heranzuziehen.

aa) Befürwortung eines „wichtigen Grundes"

Es ergeben sich folgende Beispiele aus der Rechtsprechung, bei denen der „**wichtige Grund**" im Sinne der §§ 712 Abs. 1 BGB, 117, 127 HGB, 38 Abs. 2 GmbHG, 626 Abs. 1 BGB jeweils **befürwortet wurde**:

159

---

[31] BGH, Urteil vom 24.9.2013, NZG 2013, 1344 = GmbHR 2013, 1315 (für die Beurteilung der Begründung eines Gesellschafterausschlusses); BGH, Urteil vom 22.5.2012, NZG 2012, 903 = NJW-RR 2012, 1059 = ZIP 2012, 1500 (für den „wichtigen Grund" zur außerordentlichen Kündigung einer GbR).

(1) Grobe Pflichtverletzung

160
- Zerstörung **des Vertrauensverhältnisses** der übrigen Gesellschafter zum Geschäftsführer **in einer GbR**, wenn es den Gesellschaftern mit Rücksicht darauf nicht mehr zumutbar ist, dass der geschäftsführende Gesellschafter weiterhin auf die alle Gesellschafter betreffenden Belange der Gesellschaft Einfluss nehmen kann.[32]

  Der betreffende, geschäftsführende Gesellschafter hatte sich in *anderen*, ebenfalls von ihm initiierten GbRs erhebliche finanzielle Unregelmäßigkeiten zu Schulden kommen lassen und sich zu Lasten deren Gesellschaftsvermögens persönlich bereichert. Aus Sicht des BGH rechtfertigte dies eine Entziehung der Geschäftsführungs- und Vertretungsbefugnis auch in der GbR, deren Gesellschaftsvermögen nicht unmittelbar betroffen war. Da es sich bei den betreffenden GbRs um geschlossene Immobilienfonds handelte, kam es besonders auf die persönliche Integrität der geschäftsführenden Gesellschafter im Umgang mit den ihnen anvertrauten fremden Geldern an. Mit Rücksicht darauf hätte bereits der begründete Verdacht eines unredlichen Verhaltens des geschäftsführenden Gesellschafters in einer anderen GbR für die Entziehung der Geschäftsführungsbefugnisse ausgereicht.

- **Entlassung eines leitenden Angestellten** (Betriebsleiter) einer GmbH & Co. KG, **trotz** des ausdrücklichen **Widerspruchs** der ebenfalls geschäftsführungsbefugten Mitgesellschafterin.[33]

161
- Verstoß gegen die **gesellschaftsvertraglich** festgelegte **Kompetenz- bzw. Organisationsordnung.**

  Die **Verletzung interner Zustimmungsvorbehalte** bedeutet grundsätzlich einen gravierenden Pflichtenverstoß, der einen „wichtigen Grund" für die außerordentliche Abberufung und fristlose Kündigung bildet. Ein Beispiel für die **GmbH** findet sich in einem Urteil des OLG München[34]: Der Geschäftsführer einer GmbH hatte hier einen Kreditvertrag mit der Hausbank abgeschlossen, ohne vorher die laut Satzung notwendige Zustimmung durch Beschluss der Gesellschafterversammlung einzuholen. Die Missachtung der Kompetenzordnung bedeutete nach Auffassung des OLG München einen schwerwiegenden Verstoß gegen die Geschäftsführerpflichten, und zwar unabhängig davon, dass die betreffende Kreditaufnahme im Interesse der Gesellschaft lag. Im konkreten Fall kam allerdings erschwerend hinzu, dass dem Geschäftsführer das fehlende Einverständnis zumindest eines Gesellschafters gegen die betreffende Kreditaufnahme bekannt war. In die gleiche Richtung geht ein Urteil des OLG Köln vom 1.6.2010[35]: Der Geschäftsführer hatte einen Darlehensvertrag mit erheblichem Umfang gekündigt und den Darlehensbetrag zurückgefordert, ohne vorher die erforderliche Zustimmung der Gesellschafterversammlung einzuholen. Dies bedeutete einen „wichtigen" Abberufungsgrund, obwohl der Geschäftsführer sich zu dieser Maßnahme aufgrund anwaltlicher Beratung und zur Abwendung einer die Existenz der Gesellschaft gefährdenden Liquiditätskrise (angeblich) gezwungen sah. Ein Gegenbeispiel bildet ein Beschluss des BGH vom 10.12.2007[36]: Hier wurde ein „wichtiger Grund" für die fristlose Kündigung eines Anstellungsvertrags verneint, obwohl der Geschäftsführer gegen die innergesellschaftliche Kompetenzordnung (Missachtung eines Zustimmungsvorbehalts der Gesellschafterversammlung bei Veräußerung einer Immobilie und Finanzanlagen der GmbH) verstoßen hatte. Der Verstoß erschien dem BGH im *„milderen Licht"*, da der Geschäftsführer nach den konkreten Fallumständen von der Zustimmung der Gesellschafter ausgehen durfte, die Konditionen günstig und die Angelegenheit eilbedürftig waren.

---

[32] BGH, Urteil vom 11.2.2008, NZG 2008, 298 = NJW-RR 2008, 704 = ZIP 2008, 597.
[33] BGH, Urteil vom 10.12.2001, NZG 2002, 280 = NJW-RR 2002, 540 = BB 2002, 423.
[34] Urteil vom 23.4.2009, DB 2009, 1231 = GWR 2009, 114 (Kurzwiedergabe).
[35] NZG 2011, 307 = GmbHR 2011, 135.
[36] NZG 2008, 316 = GmbHR 2008, 487 = NJW-RR 2008, 774.

I. Entziehung von Geschäftsführung und Vertretungsmacht, Abberufung

In der **KG** bzw. **GmbH & Co. KG** bestehen typischerweise ebenfalls gesetzliche (gemäß § 164 HGB) oder vertragliche Mitwirkungsrechte der Gesellschafterversammlung bei außergewöhnlichen Geschäftsführungsmaßnahmen. Laut BGH[37] begeht der Geschäftsführer der Komplementär-GmbH eine Pflichtverletzung, wenn die Komplementär-GmbH fortgesetzt auch außergewöhnliche Geschäfte für die KG abschließt, ohne vorher die notwendige Zustimmung der übrigen Gesellschafter (also der Kommanditisten) einzuholen. Verstöße gegen die gesellschaftsvertragliche Ordnung bilden zwar nicht in jedem Fall einen wichtigen Grund zur Entziehung der Geschäftsführungsbefugnis. Ein wichtiger Grund fehle insbesondere, wenn sich der geschäftsführende Gesellschafter über die seinen Mitgesellschaftern zustehenden Mitwirkungsrechte entschuldbar geirrt hat. Dies war im konkreten Fall indessen nicht der Fall. Entscheidend war ferner, dass es sich um eine Vielzahl von Pflichtverletzungen (immer neue Verstöße gegen die Organisationsordnung) handelte, die Mitwirkungsrechte der Kommanditisten also „*beharrlich und hartnäckig … missachtet*" worden waren.

Der Pflichtenverstoß des Geschäftsführers, der die außerordentliche Abberufung rechtfertigt, kann auch darin bestehen, dass der Geschäftsführer gegen die in einer **Geschäftsordnung** festgelegte, interne Aufgabenverteilung unter mehreren Geschäftsführern (im konkreten Fall unter den jeweiligen Repräsentanten zweier Familienstämme) verstoßen hat.[38]

- **Verletzung** von **Auskunfts- und Informationspflichten** gegenüber den Gesellschaftern oder einem etwaigen Aufsichtsrat bzw. Beirat.   161a

Die Gesellschafter sowie ggf weitere Gesellschaftsorgane haben eine Reihe von Informationsrechten gegenüber den geschäftsführenden Gesellschaftern bzw. dem Geschäftsführer (vgl. hierzu näher unter Rn. 405 ff., 409), die vom Geschäftsführer tunlichst einzuhalten sind und deren Missachtung oder Einschränkung grundsätzlich den Vorwurf einer Pflichtverletzung begründet. Darüber hinaus ist der Geschäftsführer auch von sich aus zur wahrheitsgemäßen und vollständigen Auskunft über wichtige Geschäftsvorfälle verpflichtet. Die Verletzung von Informationsrechten ist für den Geschäftsführer daher grundsätzlich kritisch: Das KG Berlin[39] beurteilte es als „*schwerwiegende*" Verletzung der Pflichten eines GmbH-Geschäftsführers, der Mehrheitsgesellschafterin **die verlangte Einsicht in Geschäftsunterlagen zu verweigern**, ohne hierzu eine Entscheidung der Gesellschafterversammlung gemäß § 51a Abs. 2 GmbHG herbeizuführen bzw. herbeigeführt zu haben. Die dergestalt „*eigenmächtige Verweigerung der Einsicht*", die ein Gesellschafter nach § 51a Abs. 1 GmbHG verlangen könne, stelle eine „*grobe Pflichtverletzung*" dar. Der Verstoß gegen Informationspflichten kann andererseits auch darin bestehen, dass der Geschäftsführer die Gesellschafter oder einen etwaigen Aufsichtsrat **nicht von sich aus** über **wesentliche Geschäftsvorfälle** „*offen, transparent, zutreffend und vollständig*" **informiert**.[40] Schließlich ist der geschäftsführende Gesellschafter bzw. Geschäftsführer verpflichtet, Fragen eines Gesellschafters wahrheitsgemäß zu beantworten und dabei alle entscheidenden Gesichtspunkte offenzulegen. Die **vorsätzlich falsche bzw. unvollständige Information** begründet einen „wichtigen Grund" für die außerordentliche Abberufung und fristlose Kündigung des Geschäftsführer-Anstellungsvertrags.[41] Es bedeutet ferner eine Pflichtverletzung, dem **Mitgeschäftsführer Auskünfte und Einsichtnahme zu**

---

[37] Urteil vom 25.4.1983, NJW 1984, 173 = GmbHR 1983, 301 = WM 1983, 750.
[38] OLG München, Urteil vom 22.7.2010, DB 2010, 2162.
[39] Urteil vom 11.8.2011, GmbHR 2011, 1272 = ZIP 2011, 2304.
[40] KG Berlin, Urteil vom 16.6.2011, GWR 2011, 359 (Kurzwiedergabe), für eine kommunale Wohnungsbau-GmbH. Das KG Berlin hielt die fristlose Kündigung des Geschäftsführer-Anstellungsvertrags für gerechtfertigt, weil der GF weder die Gesellschafter noch den Aufsichtsrat von einer vorgabenwidrigen Auftragsvergabe „*ungefragt*" vollständig informiert hatte.
[41] OLG München, Urteil vom 23.2.1994, BB 1994, 735 = DB 1994, 828 (für die fristlose Kündigung eines GmbH-Geschäftsführervertrags).

verweigern, selbst wenn das Informationsbegehren laut Ressortverteilung nicht den Aufgabenbereich dieses Mitgeschäftsführers betrifft.[42]

162
- Missbrauch **von Gesellschaftsvermögen** für eigene Zwecke des GmbH-Geschäftsführers.[43]
- Veranlassung der **unberechtigten Auszahlung eines Bonus**, trotz Kenntnis des Geschäftsführers, dass der Auszahlungsanspruch laut Vertrag (jedenfalls zum Auszahlungszeitpunkt) nicht gerechtfertigt war.[44]
- Ausnutzung der Stellung als GmbH-Geschäftsführer, um ein **vorteilhaftes Geschäft** ohne Unterrichtung der anderen Gesellschaftsorgane **für eigene Rechnung** abzuschließen.[45]

162a
- **Gewaltsames Eindringen in die Geschäftsräume** durch den Gesellschafter-Geschäftsführer einer GmbH, trotz der vorhergehenden Vereinbarung unter den Gesellschaftern, diese nur noch gemeinsam zu betreten.[46]

Die beiden Gesellschafter und Geschäftsführer einer GmbH befanden sich seit längerem im Streit und hatten vereinbart, künftig nur noch gemeinsam die Geschäftsräume zu betreten, was durch zwei Schlösser im Haupteingang sichergestellt wurde. Wenige Tage nach dieser Vereinbarung versuchte trotzdem einer der beiden Gesellschafter gewaltsam in die Räume einzudringen, wobei er das Schloss und die Alarmanlage beschädigte. Nach Auffassung des BGH bedeutete dieses Verhalten bereits für sich einen „wichtigen Grund". Hinzu trat, dass sich der betreffende Gesellschafter-Geschäftsführer weigerte, den verursachten Schaden auszugleichen. Die Entscheidung ist auch deshalb interessant, weil der BGH hier im Einzelnen zur **Verwirkung des Rechts auf** außerordentliche **Abberufung** Stellung nimmt (der Mitgesellschafter hatte den anderen Gesellschafter wegen des gewaltsamen Eindringens zunächst nicht abberufen, sondern versucht, dieses Verhalten durch einstweilige Verfügung künftig zu unterbinden, so dass der „wichtige Grund" aus Sicht des BGH anschließend verwirkt war).

163
- Annahme von **Schmiergeldern, Unredlichkeit** und **Fälschung von Buchungsunterlagen** durch einen GmbH-Geschäftsführer.[47]
- Mehrfacher Versuch, sich unter Einsatz **körperlicher Gewalt** gegenüber Mitarbeitern sowie Mitgesellschaftern und Mitgeschäftsführern durchzusetzen und den Mitgesellschafter durch dieses Verhalten einzuschüchtern.[48]

---

[42] OLG Koblenz, Urteil vom 22.11.2007, NZG 2008, 397 = GmbHR 2008, 37 = WM 2008, 211 (für eine GmbH).
[43] BGH, Urteil vom 17.10.1983, WM 1984, 29.
[44] OLG München, Teilurteil vom 9.7.2014, Az. 7 U 3407/13, zit. nach juris („*wichtiger Grund*" für die außerordentliche Kündigung eines GF-Dienstvertrags).
[45] BGH, Urteil vom 8.5.1967, GmbHR 1968, 141 = WM 1967, 679 = BB 1967, 731.
[46] BGH, Urteil vom 14.10.1991, NJW-RR 1992, 292 = GmbHR 1992, 38 = BB 1992, 17.
[47] OLG Hamm, Urteil vom 7.5.1984, GmbHR 1985, 119.
[48] OLG Stuttgart, Urteil vom 30.3.1994, NJW-RR 1995, 295 = GmbHR 1995, 229.

I. Entziehung von Geschäftsführung und Vertretungsmacht, Abberufung

- Verspätete oder **unterbliebene Aufstellung des Jahresabschlusses der Gesellschaft**[49] oder **Verletzung von Buchführungspflichten**, wie inbesondere die **Nichteinreichung der Jahresabschlüsse beim Finanzamt**.[50] 164
- **Langjährige Bilanzmanipulationen und Steuerhinterziehung** durch die Geschäftsführer der Komplementär-GmbH in einer Familien-GmbH & Co. KG.[51]

Der betroffene Gesellschafter-Geschäftsführer der Komplementär-GmbH hatte, einer *„alten Familientradition seit 1948 folgend"*, die Bilanzen manipuliert (Angabe zu geringer Warenbestände) und dadurch eine Steuerhinterziehung der GmbH & Co. KG begangen, die aufgrund Selbstanzeige im Jahr 1989 zu einer Nachversteuerung führte. Diese Bilanzmanipulationen bildeten grundsätzlich einen wichtigen Grund (in diesem Fall für eine außerordentliche Abberufung innerhalb der Komplementär-GmbH). Trotzdem hatte die Klage gegen die Abberufung Erfolg, da der Mitgesellschafter und Geschäftsführer, der die Abberufung betrieben hatte, von diesen Manipulationen und der Steuerhinterziehung wusste und die gleiche Pflichtverletzung begangen hatte. Er konnte daher nicht die Abberufung seines Mitgesellschafters und Geschäftsführers beschließen, wenn in seiner Person der gleiche Ausschlussgrund vorlag.

- Nachhaltiger **Verstoß gegen das Wettbewerbsverbot** als Gesellschafter-Geschäftsführer einer GmbH.[52] 165

Das OLG Düsseldorf nimmt in dieser Entscheidung umfassend zum Vorliegen eines „wichtigen Grundes" für eine Abberufung von GmbH-Geschäftsführern bei Verstößen gegen das Wettbewerbsverbot Stellung. Der Verstoß gegen das gesetzliche oder satzungsmäßige Wettbewerbsverbot begründet nach Auffassung des Gerichts nicht in jedem Fall die außerordentliche Abberufung.[53] Maßgeblich seien vielmehr die konkreten Umstände des Einzelfalls, insbesondere der Umfang, die Intensität und die Dauer des Verstoßes. Im konkreten Fall hat das OLG Düsseldorf das Vorliegen des wichtigen Grundes befürwortet. Entscheidend war, dass die Betroffenen keine nachvollziehbaren Gründe für die Gründung von Konkurrenz-Gesellschaften darlegen konnten, die Konkurrenztätigkeit über einen gewissen Zeitraum (nämlich zum Zeitpunkt der Aufdeckung bereits seit mehr als einem Jahr) ausübten und die Geschäftstätigkeit der eigenen GmbH durch die Konkurrenzgesellschaften massiv gefährdet, wenn nicht gar beeinträchtigt wurde.

- Ungerechtfertigte, **ehrenrührige Vorwürfe gegen** den **Mitgesellschafter** und ihm nahestehende Personen.[54]
- **Drohung** mit der **Einschaltung der Medien**, also die Androhung seitens des Geschäftsführers, Geschäftsinterna an die Presse zu geben und in der Öffentlichkeit

---

[49] Vgl. KG Berlin, Urteil vom 11.8.2011, GmbHR 2011, 1272 = ZIP 2011, 2304. Die Unterlassung, den Jahresabschluss fristgerecht aufzustellen und den Gesellschaftern zur Feststellung vorzulegen, bedeute ein *„gravierendes Fehlverhalten"*. Der Geschäftsführer werde nicht dadurch entschuldigt, dass ihm für die Aufstellung Urkunden gefehlt haben. Wenn er solche Urkunden nicht erhält, müsse er *„ultimativ darauf drängen, dass sie herbeigeschafft werden"* und den JA notfalls ohne die betreffenden Urkunden aufstellen und die Gesellschafter mit dem entsprechenden Prüfbericht konfrontieren. Schlichte Untätigkeit bei der Aufstellung des Jahresabschlusses sei dem GF jedenfalls nicht erlaubt. Vgl. zur Verpflichtung des GF zur Aufstellung des JA näher unter Rn. 367 ff.

[50] BGH, Beschluss vom 12.1.2009, NZG 2009, 386 = GmbHR 2009, 434 = NJW-RR 2009, 618.
[51] OLG Düsseldorf, Urteil vom 15.2.1991, WM 1992, 14.
[52] OLG Düsseldorf, Urteil vom 24.2.2000, GmbHR 2000, 1050 = DB 2000, 1956.
[53] Vgl. auch OLG Karlsruhe, Urteil vom 25.6.2008, NZG 2008, 785.
[54] OLG Hamm, Urteil vom 7.10.1992, GmbHR 1993, 743.

auszubreiten.[55] Es bedeutet daher erst recht einen groben Pflichtenverstoß, wenn der Geschäftsführer tatsächlich Geschäftsinterna in der Presse veröffentlicht hat.[56]

166
- **Eigennütziges Veräußerungsgeschäft** [Kauf eines Erbbaurechtes der GmbH durch den GmbH-Geschäftsführer unter dem Verkehrswert], bei Verletzung eines satzungsmäßigen Zustimmungsvorbehalts.[57]

Der betroffene Gesellschafter-Geschäftsführer hatte ein für die Gesellschaft besonders ungünstiges Geschäft zwischen der GmbH und sich selbst abgeschlossen. Er war zwar wirksam von dem Verbot des Insichgeschäfts nach § 181 BGB befreit. Die Gesellschaft erlitt jedoch durch dieses Insichgeschäft einen Schaden von mindestens DM 600.000,00 sowie einen weiteren Steuerschaden in Höhe von rund DM 250.000,00 (wegen der mit dem Geschäft verbundenen „verdeckten Gewinnausschüttung"). Erschwerend trat hinzu, dass der Geschäftsführer für den Kaufvertrag laut Satzung der Zustimmung der Gesellschafterversammlung bedurft hätte. Er hatte zwar eine entsprechende pro-forma-Versammlung durchgeführt, in der nach Auffassung des OLG Naumburg aufgrund von Durchführungsmängeln jedoch kein wirksamer Zustimmungsbeschluss gefasst worden war.

167
- **Zerrüttung der Vertrauensbasis** im Verhältnis **zur Gesellschafterversammlung** durch **mehrere Pflichtverletzungen**, wie z.B. die Weigerung, ein dem Geschäftsführer gewährtes Darlehen der Gesellschaft ordnungsgemäß zu besichern, die unberechtigte Inanspruchnahme einer Aufwendungserstattung (Wohngeld) über den vereinbarten Zeitraum hinaus sowie die Erstellung einer falschen Bescheinigung zur Vorlage beim Finanzamt.[58]

168
(2) Unfähigkeit zur ordnungsmäßigen Geschäftsführung

Die Sachverhalte, in denen sich die Gerichte mit einer außerordentlichen Abberufung wegen „*Unfähigkeit zur ordnungsmäßigen Geschäftsführung*" auseinandersetzen müssen, sind selten. Es ergeben sich folgende Beispiele:

- **Dauerhafte Erkrankung** eines Gesellschafter-Geschäftsführers in der GmbH.[59]
- **Haft** von längerer oder nicht absehbarer Dauer.[60]
- **Mangelnde fachliche Kenntnisse** eines geschäftsführenden Gesellschafters in der OHG.[61]
- Nachweisliche **Überschuldung des Geschäftsführers**.[62]

---

[55] OLG München, Urteil vom 18.4.2012, GmbHR 2012, 852, für die fristlose Kündigung eines GF-Dienstvertrags.
[56] OLG München, Urteil vom 18.4.2012, GmbHR 2012, 852.
[57] OLG Naumburg, Urteil vom 23.2.1999, NZG 2000, 44.
[58] OLG Zweibrücken, Urteil vom 8.6.1999, NZG 1999, 1011.
[59] OLG Zweibrücken, Urteil vom 5.6.2003, NZG 2003, 931 = NJW-RR 2003, 1398 = GmbHR 2003, 1206.
[60] BGH, Urteil vom 8.5.1967, GmbHR 1968, 141 = WM 1967, 679 = BB 1967, 731.
[61] BGH, Urteil vom 19.12.1951, JZ 1952, 276.
[62] BGH, Urteil vom 25.1.1960, NJW 1960, 628 = GmbHR 1960, 65 = BB 1960, 264.

(3) Sonstige Fälle eines „wichtigen Grundes":

- Nachhaltiges **Zerwürfnis zwischen** zwei oder mehreren **Gesellschafter-Geschäftsführern** einer **GmbH**, aufgrund dessen eine gedeihliche Zusammenarbeit zwischen ihnen nicht mehr möglich ist.[63]

    169

    Das Urteil betraf eine GmbH mit drei Gesellschaftern und zwei Geschäftsführern, die zugleich Gesellschafter waren. Zwischen den Geschäftsführern kam es zu lang anhaltenden Meinungsverschiedenheiten über grundlegende Fragen der Geschäftspolitik. Nach Auffassung des BGH waren die Geschäftsführer zum Zeitpunkt der Abberufung untereinander so zerstritten, dass eine Zusammenarbeit zwischen ihnen nicht mehr möglich war. Es konnte daher jeder von ihnen jedenfalls dann abberufen werden, wenn er durch sein – nicht notwendigerweise schuldhaftes – Verhalten zu dem Zerwürfnis beigetragen hatte.

- Ankündigung des Geschäftsführers, künftig den Gesellschaftszweck nicht mehr weiter zu verfolgen (**Zerstörung der Vertrauensgrundlage**, auch wenn der Geschäftsführer sich rechtfertigt, er halte die Erreichung des Gesellschaftszweckes für rechtlich unmöglich).[64]

    170

Weitere **Fallbeispiele** für „wichtige Gründe" ergeben sich aus Entscheidungen, die sich mit dem Zwangsausschluss von Gesellschaftern beschäftigen (vgl. hierzu näher unter Rn. 274 ff.), zumal der „wichtige Grund" für diese Zwangsmaßnahme meist ebenfalls mit der Geschäftsführung des betreffenden Gesellschafters oder einem tiefgreifenden Zerwürfnis mit einem Mitgeschäftsführer zu tun hat und die Anforderungen an die Begründung beim Zwangsausschluss eher noch höher sind als bei der Entziehung von Geschäftsführungs- und Vertretungsbefugnissen bzw. der außerordentlichen Abberufung.[65]

171

bb) Ablehnung eines „wichtigen Grundes"

Das Vorliegen eines **„wichtigen Grundes"** im Sinne der §§ 712 Abs. 1 BGB, 117, 127 HGB, 38 Abs. 2 GmbHG, 626 Abs. 2 BGB wurde z.B. in folgenden Entscheidungen **abgelehnt**:

172

- Abberufung eines GmbH-Geschäftsführers aus **Gründen**, die bereits **bei der Bestellung** des Geschäftsführers **bekannt** waren.[66]
- Fristlose Kündigung eines Anstellungsvertrags aus wichtigem Grund [verbotene Preisabsprachen] im Januar 1983, obwohl der betreffende Anstellungsvertrag ohne-

---

[63] BGH, Urteil vom 24.2.1992, NJW-RR 1992, 993 = GmbHR 1992, 299 = BB 1992, 802; vgl. auch OLG München, Urteil vom 22.7.2010, DB 2010, 2162, betreffend die tiefgreifende Zerrüttung zweier Gesellschafter-Geschäftsführer in einer GmbH & Co. KG mit jeweils vier Kommanditisten und vier Gesellschaftern der Komplementär-GmbH, die sich in zwei untereinander verfeindete Familienstämme aufteilten. Der wichtige Abberufungsgrund der „Zerstrittenheit" unter den Geschäftsführern hat insbesondere für die Zwei-Personen-Gesellschaft, mit zwei Gesellschafter-Geschäftsführern, Relevanz; vgl. hierzu unter Rn. 177.

[64] OLG Köln, Urteil vom 30.3.1999, NZG 1999, 773.

[65] Weitere Fallbeispiele aus der Rechtsprechung finden sich ferner z.B. bei Baumbach/Hueck, § 38, Rn. 13; MüKoHGB/*Jickeli*, § 117, Rn. 26 ff.; MüKoBGB/*Schäfer*, § 712, Rn. 9 ff.

[66] BGH, Urteil vom 12.7.1993, NJW-RR 1993, 1253 = GmbHR 1993, 579 = BB 1993, 1681.

dies bereits zum Dezember 1983 gekündigt war [**Zumutbarkeit der Fortführung des Dienstverhältnisses bis zur ordentlichen Beendigung**, in diesem Fall also Ende 1983].[67]
- **Verweigerung** der **Unterzeichnung** eines **Jahresabschlusses** nach Aufstellung; Versäumnis einer Handelsregisteranmeldung (betreffend Sitzverlegung).[68]
- **Bloßes Misstrauensvotum** der Gesellschafterversammlung gegenüber dem Geschäftsführer nach dem einmaligen Versagen bei der Erarbeitung eines von mehreren Sanierungskonzepten.[69]

c) Der „wichtige Grund" in der Zwei-Personen-Gesellschaft

173 Bei Gesellschafterstreitigkeiten über die außerordentliche Abberufung von Gesellschafter-Geschäftsführern nehmen Zwei-Personen-Gesellschaften in der Rechtsprechung eine Sonderstellung ein. Die Beurteilung, ob ein „wichtiger Grund" in der Person des betroffenen Gesellschafter-Geschäftsführers vorliegt, hat hier besondere Relevanz, da regelmäßig **klare und neutrale Beschlussmehrheiten** in der Gesellschafterversammlung **fehlen**, so dass entsprechende Zwangsmaßnahmen gegen den Mitgesellschafter nur bei Neutralisierung dessen Stimmrechtes wegen Interessenkollision (bei Vorliegen eines „wichtigen Grundes") durchgesetzt werden können. Darüber hinaus sind in der Zwei-Personen-Gesellschaft häufig auch die sonstigen **Regelungsmechanismen zur ordnungsgemäßen Beschlussfassung gestört**, wie z.B. bei einer wechselseitigen Abberufung in ein und derselben Gesellschafterversammlung. Ein weiterer Grund für die häufige Befassung der Gerichte mit der streitigen Abberufung in einer Zwei-Personen-Gesellschaft, bei der beide Gesellschafter meist auch noch gleich hoch beteiligt und zu Geschäftsführern bestellt sind, liegt schließlich in der **Häufigkeit** solcher **Gesellschaftsverhältnisse**.

Aufgrund einer Erhebung aus dem Jahr 1992 bei den Registergerichten in Württemberg und in den Neuen Bundesländern über die Erscheinungsformen der Handelsgesellschaften, insbesondere der GmbH, hat sich z.B. herausgestellt, dass in Württemberg die Zwei-Personen-GmbH (mit rund 41% bis 48% aller registrierten GmbHs) die am stärksten vertretene Größenklasse bildete. Darüber hinaus dominierte bei allen GmbHs mit über 80%-Anteil die Selbstorganschaft, d.h. die Gesellschafter besetzten zugleich das Amt des Geschäftsführers.[70] Auch in einer Folgeuntersuchung aus dem Jahr 1996 beim Leonberger Handelsregister stellte sich heraus, dass die Zwei-Personen-Gesellschaft mit rund 40% aller GmbHs nach wie vor den Spitzenreiter unter den verschiedenen Kategorien bildete.[71]

174 Die zur Abberufung von Gesellschafter-Geschäftsführern veröffentlichten Entscheidungen betreffen daher häufig eine **Zwei-Personen-GmbH**. Die nachstehend zitierten

---

[67] BGH, Urteil vom 27.10.1986, NJW 1987, 1889.
[68] BGH, Urteil vom 28.1.1985, GmbHR 1985, 256 = WM 1985, 567.
[69] OLG Köln, Urteil vom 16.3.1988, NJW-RR 1989, 352 = GmbHR 1989, 76 = WM 1988, 974.
[70] *Kornblum*, Rechtstatsachen zur GmbH aus Württemberg und den Neuen Bundesländern, GmbHR 1994, 505.
[71] *Kornblum*, Rechtstatsachen zum Unternehmens- und Gesellschaftsrecht im Langzeitvergleich des Leonberger Handelsregisters 1980, 1988 und 1996, GmbHR 1997, 630.

I. Entziehung von Geschäftsführung und Vertretungsmacht, Abberufung

Entscheidungen sind jedoch für vergleichbare Konstellationen in **Personengesellschaften**, also etwa einer GbR oder einer GmbH & Co. KG mit jeweils gleich hoch beteiligten, geschäftsführenden Gesellschaftern, **gleichermaßen anwendbar**. Die Entscheidungsgründe sind ferner auf Gesellschaftsverhältnisse übertragbar, die zwar einen größeren Gesellschafterbestand als zwei Gesellschafter aufweisen, bei denen jedoch ebenfalls **zwei Gesellschaftergruppen** oder **Familienstämme** existieren, die jeweils einen Geschäftsführer stellen und deren Gesellschafter innerhalb der Gruppe oder des Familienstammes durchweg einheitlich abstimmen (etwa aufgrund entsprechender interner Konsortialbindung).

aa) Beschränkung der freien Abberufbarkeit und strengere Anforderungen an den „wichtigen Grund"

Wie bereits unter Rn. 149 ff. für die GmbH dargestellt wurde, führt die zweigliedrige Gesellschaft dazu, dass sich **Einschränkungen** hinsichtlich der **freien Abberufbarkeit** eines Gesellschafter-Geschäftsführers ergeben. Der Mehrheitsgesellschafter darf den Minderheitsgesellschafter und Mitgeschäftsführer nicht nach freiem Ermessen durch bloßen Mehrheitsbeschluss abberufen. Erforderlich ist zumindest ein *„sachlicher Grund"* des Mehrheitsgesellschafters für den Abberufungsbeschluss.[72]

175

Darüber hinaus sind in der zweigliedrigen GmbH auch dann, wenn die Abberufung auf einen **„wichtigen Grund"** gestützt wird, an dessen Darlegung **besonders strenge Anforderungen** zu stellen. Es gilt zu verhindern, *„dass der eine Gesellschafter die Tätigkeit des anderen beliebig beenden kann"*.[73] Ein bloßer Vertrauensverlust in die Zweckmäßigkeit der Geschäftsführung des Mitgesellschafters und Geschäftsführers reicht für die Abberufung regelmäßig *nicht* aus.[74] Selbst einzelne ernstzunehmende Verfehlungen genügen nicht. Voraussetzung für die außerordentliche Abberufung des Mitgesellschafters von der Geschäftsführung sei vielmehr, so das OLG Hamm in seinem Urteil vom 1.2.1995[75], *„dass ein verständiger Betrachter zu dem Ergebnis kommt, die Bedenken gegen die Geschäftsführung seien so stark, dass eine Fortsetzung der Geschäftsführertätigkeit im Interesse der Gesellschaft nicht mehr zugemutet werden kann"*; eine Formulierung, mit der das OLG Hamm allerdings wieder zu den allgemeinen Abwägungskriterien zurückkehrt.

176

---

[72] BGH, Urteil vom 29.11.1993, DStR 1994, 214; offen gelassen im Urteil des OLG Naumburg vom 13.1.2000, NZG 2000, 608.

[73] OLG Hamm, Urteil vom 1.2.1995, GmbHR 1995, 736; OLG Karlsruhe, Urteil vom 25.6.2008, NZG 2008, 785; OLG Stuttgart, Beschluss vom 13.5.2013, NZG 2013, 1146 = GmbHR 2013, 803; vgl. auch OLG Naumburg, Urteil vom 23.2.1999, NZG 2000, 44, wonach in einer zweigliedrigen GmbH mit gleicher Kapitalbeteiligung „*... die Voraussetzungen für eine Abberufung nochmals schärfer ...*" sind.

[74] OLG Hamm, Urteil vom 1.2.1995, GmbHR 1995, 736; OLG Karlsruhe, Urteil vom 25.6.2008, NZG 2008, 785; KG Berlin, Urteil vom 26.8.2014 („Suhrkamp"), ZIP 2015, 481 = GWR 2014, 481: „*Einfache*" Pflichtenverstöße reichten jedenfalls für die Abberufung des Mehrheitsgesellschafters in einer zweigliedrigen GmbH nicht aus. Die Abberufung sei hier „*eher der Ausnahmefall*".

[75] GmbHR 1995, 736.

bb) Das „unheilbare Zerwürfnis" unter den Geschäftsführern als besondere Fallgruppe des „wichtigen Grundes"

177 In der zweigliedrigen Gesellschaft mit zwei gleichberechtigten Gesellschaftern, d.h. vorrangig in der Zwei-Personen-GmbH, ergibt sich häufig die Konstellation, dass beide Gesellschafter zugleich als Geschäftsführer bestellt sind. Der anhaltende Streit unter den Gesellschaftern führt hier zugleich zu einer „**tiefgreifenden Zerrüttung**" bzw. einem „**unheilbaren Zerwürfnis**" unter den **Geschäftsführern**. Dies bildet den Grund dafür, dass diese Fallgruppe des „wichtigen Grundes" für die außerordentliche Abberufung eines Geschäftsführers, die von der Rechtsprechung entwickelt wurde, vor allem in der Zwei-Personen-GmbH praktische Bedeutung hat.[76] Exemplarisch ist hier ein Urteil des BGH vom 12.1.2009[77], betreffend eine Zwei-Personen-GmbH, bei der beide Gesellschafter zugleich Geschäftsführer waren. Das *„unheilbare Zerwürfnis"* unter den Geschäftsführern bilde – so der BGH – bereits für sich einen „wichtigen Grund" für die außerordentliche Abberufung. Sofern zwei oder mehrere Geschäftsführer untereinander so zerstritten sind, dass eine Zusammenarbeit zwischen ihnen nicht mehr möglich ist, könne jeder von ihnen jedenfalls dann abberufen werden, wenn er durch sein – nicht notwendigerweise schuldhaftes – Verhalten zu dem Zerwürfnis beigetragen hat.[78] Nach Auffassung des BGH kommt es auch nicht darauf an, ob der abberufene Geschäftsführer das Zerwürfnis „entscheidend" oder „maßgeblich" verursacht habe; diese Umstände führten lediglich dazu, dass der wichtige Grund des „unheilbaren Zerwürfnisses" das notwendige Gewicht habe. Es sei ferner nicht erforderlich, so der BGH, dass der Verursachungsanteil des Abzuberufenden am unheilbaren Zerwürfnis denjenigen des Mitgeschäftsführers überwiege.[79] Sofern daher beide Gesellschafter-Geschäftsführer durch eigenes Verhalten zu dem unheilbaren Zerwürfnis beigetragen haben, besteht in der Person *beider* Gesellschafter-Geschäftsführer ein wichtiger Grund für deren Abberufung. Je nach Beschlusslage müssen bei einer Zwei-Personen-GmbH im Ergebnis also *beide* Gesellschafter aus der Geschäftsführung ausscheiden, sofern sie zu dem Zerwürfnis nur in irgendeiner Form einen Beitrag geleistet haben.[80]

---

[76] Das „unheilbare Zerwürfnis" unter Geschäftsführern bildet jedoch nicht nur in der Zwei-Personen-Gesellschaft, sondern auch in der mehrgliedrigen Gesellschaft einen „wichtigen" Abberufungsgrund; vgl. näher unter Rn. 169.

[77] NZG 2009, 386 = NJW-RR 2009, 618 = GmbHR 2009, 434.

[78] Vgl. zu diesem Abberufungsgrund auch OLG Düsseldorf, Urteil vom 7.1.1994, GmbHR 1994, 884; OLG Hamm, Urteil vom 1.2.1995, GmbHR 1995, 736, wo als Abberufungsgrund ebenfalls ein *„langjähriges, schweres Zerwürfnis"* zwischen den Gesellschaftern einer Zwei-Personen-GmbH befürwortet wurde. OLG Naumburg, Urteil vom 25.1.1996, GmbHR 1996, 934 (*„unheilbares Zerwürfnis"* in einer Zwei-Mann-GmbH). Anders als der BGH und das OLG Düsseldorf stellten das OLG Hamm und das OLG Naumburg allerdings darauf ab, dass der abberufene Gesellschafter-Geschäftsführer das Zerwürfnis entscheidend zu vertreten hatte. OLG Stuttgart, Urteil vom 19.12.2012, GmbHR 2013, 414; OLG München, Urteil vom 22.7.2010, DB 2010, 2162 (für eine GmbH mit zwei verfeindeten Familienstämmen).

[79] BGH, Urteil vom 12.1.2009, NZG 2009, 386 = GmbHR 2009, 434 = NJW-RR 2009, 618. Vgl. auch OLG Stuttgart, Urteil vom 19.12.2012, GmbHR 2013, 414; OLG München, Urteil vom 22.7.2010, DB 2010, 2162.

[80] **AA** insoweit z.B. Baumbach/Hueck, § 38, Rn. 16, wonach im Falle eines beiderseitigen Verursa-

Der „wichtige Grund" des tiefgreifenden Zerwürfnisses zwischen zwei Gesellschafter-Geschäftsführern einer Zwei-Personen-Gesellschaft oder einer Gesellschaft mit zwei feindlich gesinnten Gesellschafterstämmen spielt in der **Praxis eine große Rolle**. Gesellschafterstreitigkeiten führen in solchen Konstellationen häufig dazu, dass sich die Gesellschafter-Geschäftsführer – schon aus taktischen Gründen – über kurz oder lang wechselseitig abberufen. Es ist dann naheliegend, die Abberufung zumindest auch auf das tiefgreifende Zerwürfnis zu stützen. Von den Gerichten wird dieser Abberufungsgrund gerne aufgegriffen, da das „Zerwürfnis" meist offensichtlich ist und somit für die Beurteilung des „wichtigen Grundes" eine aufwändige Sachverhaltsermittlung und Beweisaufnahme für sonstige Pflichtverletzungsvorwürfe entbehrlich wird. Meines Erachtens ist der **Abberufungsgrund** des **„unheilbaren Zerwürfnisses"** unter den Geschäftsführern **problematisch**. Die Anknüpfung am Ergebnis des Gesellschafterstreits (dem „Zerwürfnis" unter den Gesellschafter-Geschäftsführern) verwischt die Verantwortlichkeiten, zumal laut BGH jedenfalls in der Zwei-Personen-GmbH jeder Verursachungsanteil des abzuberufenden Geschäftsführers am Zerwürfnis mit dem Mitgeschäftsführer ausreicht. Da zum Streiten immer Zwei gehören, genügt also letztlich die Streitigkeit als solche, um einen Geschäftsführer aus „wichtigem Grund" abzuberufen. Auf diese Weise werden die Anforderungen an den „wichtigen Grund" gemäß § 38 Abs. 2 GmbHG zu weit herabgesetzt. Es muss mE zumindest irgendeine Art von Pflichtverletzung des abzuberufenden Geschäftsführers nachgewiesen werden. Der Streit mit dem Mitgeschäftsführer ist mit einem solchen Pflichtenverstoß nicht ohne weiteres gleichzusetzen. Die Streitigkeit kann vielmehr gerade dadurch ausgelöst worden sein, dass sich ein Geschäftsführer gegen Pflichtverletzungen seines Mitgeschäftsführers zur Wehr setzt, was dann andererseits zwangsläufig zu Streit mit diesem Mitgeschäftsführer führt. Es ist hier nur noch ein kleiner Schritt für den Mitgeschäftsführer, selbst irgendwelche Verfehlungen des anderen in den Raum zu stellen, um ihn dann u.a. unter Berufung auf die Streitigkeit und das „tiefgreifende Zerwürfnis" unter den Geschäftsführern aus wichtigem Grund abzuberufen.

d) Nachschieben von Gründen im Prozess

Im Rahmen einer Klage auf Entziehung von Geschäftsführungs- und Vertretungsbefugnis und vor allem bei Rechtsstreitigkeiten über die Wirksamkeit einer außerordentlichen Abberufung durch Gesellschafterbeschluss werden häufig Abberufungsgründe „nachgeschoben", die zum Zeitpunkt der Klageerhebung oder bei Beschlussfassung über die Abberufung noch nicht vorgetragen wurden. Dies gilt naheliegenderweise vor allem dann, wenn das erkennende Gericht in einer Güteverhandlung oder ersten mündlichen Verhandlung zu erkennen gegeben hat, dass es Zweifel daran hat, dass die bisherige Begründung der Gesellschafter für die Geschäftsführerentlassung ausreicht. Dem Gericht ist es zudem verwehrt, seine Entscheidung über den „wichtigen Grund" auf andere Vorfälle oder Vorwürfe zu stützen als die Gesellschafter.[81]

178

Ob die Gesellschafter, die die Abberufung oder die Entziehungsklage betreiben, weitere Gründe im anhängigen Rechtsstreit nachschieben können, hängt in **prozessua-**

179

---

chungsbeitrags *keiner* der beiden Geschäftsführer abberufen werden könne, sondern im Notfall nur die Auflösung der Gesellschaft bleibe.

[81] BGH, Urteil vom 28.1.1985, GmbHR 1985, 256 = DB 1985, 1837 = WM 1985, 567; so auch die allgemeine Auffassung im Schrifttum, vgl. nur Lutter/Hommelhoff, § 38, Rn. 21; Michalski/*Terlau*, § 38, Rn. 56. Es ist mit Rücksicht darauf z.B. rechtswidrig, wenn das Gericht den „wichtigen Grund" für die Abberufung eines Geschäftsführers etwa unter Verweis auf das Zerwürfnis unter den Gesellschafter-Geschäftsführern befürwortet, wenn sich der oder die Gesellschafter bei dem Abberufungsbeschluss auf diesen Gesichtspunkt nicht berufen, sondern die Abberufung auf einen bestimmten anderen Pflichtverletzungsvorwurf gestützt haben (den das Gericht seinerseits nicht für beachtlich oder erwiesen ansieht).

ler Hinsicht zunächst vom Zeitpunkt dieses Nachtrags ab und richtet sich diesbezüglich nach den Vorschriften der ZPO (vor allem § 296 ZPO). In **materiell-rechtlicher Hinsicht** stellt sich das Problem des „Nachschiebens" von Gründen vor allem bei der Entziehung von Geschäftsführungsbefugnissen bzw. der außerordentlichen Abberufung durch Gesellschafterbeschluss, nicht aber bei der Entziehungsklage gemäß § 117, 127 HGB, da hier in jedem Fall alle „wichtigen Gründe" zu berücksichtigen sind, die sich bis zum Schluss der letzten mündlichen Tatsachenverhandlung ergeben haben und von den Parteien in den Prozess eingebracht worden sind.[82] Beruht die Entziehung oder Abberufung demgegenüber auf **Gesellschafterbeschluss**, können grundsätzlich **nur solche Gründe im Prozess nachgeschoben** werden, die bereits **zum Zeitpunkt der Beschlussfassung vorlagen**, gleich, ob sie dem Abberufungsorgan (Gesellschafterversammlung) damals bereits bekannt waren oder nicht.[83] Etwas anderes gilt ausnahmsweise dann, wenn die nachgeschobenen Gründe zwar erst nach dem streitgegenständlichen Abberufungsbeschluss entstanden sind, aber lediglich die Fortsetzung eines bereits dem ursprünglichen Abberufungsbeschluss zugrunde gelegten Fehlverhaltens darstellen. Diese nachträglichen Gründe fließen dann in die Gesamtbeurteilung ein, ob die Fortsetzung der Geschäftsführertätigkeit wegen der Wiederholungsgefahr bereits im Zeitpunkt der Abberufung unzumutbar war.[84] Abgesehen von diesem Sonderfall sind nachträglich entstandene Abberufungsgründe für den bereits streitgegenständlichen, früheren Abberufungsbeschluss nicht mehr von rechtlicher Relevanz.

180 Die weiteren Gründe dürfen ferner nur dann im Prozess nachgeschoben werden, wenn dies durch **erneute Beschlussfassung des zuständigen Abberufungsorgans** (also im hier behandelten Fall der Gesellschafterversammlung) **gebilligt** wurde. Durch die nachträgliche Begründung der Abberufung darf die innergesellschaftliche Kompetenzordnung nicht umgangen werden. Das zuständige Organ der Gesellschaft, nicht aber das Vertretungsorgan der Gesellschaft im Prozess, muss darüber entscheiden, auf welches Vorkommnis die Abberufung gestützt wird und welche Umstände unberücksichtigt bleiben.[85] Die **Beschlussfassung** über die „nachzuschiebenden" Gründe ist allerdings **entbehrlich**, wenn die Gesellschaft im Prozess von denselben geschäftsführenden Gesellschaftern vertreten wird, die den angegriffenen Beschluss herbeigeführt haben.[86] Entsprechendes gilt in der Zwei-Personen-GmbH, bei der der Mitgesellschafter von der Geschäftsführung abberufen worden war. Hier wäre die Beschlussfassung in einer erneuten Gesellschafterversammlung über das Nachschieben von Abberufungsgründen bloße Förmelei. Der Gesellschafter, der die Abberufung ursprünglich betrieben hat und nun die GmbH im Prozess vertritt, kann ohne erneute Gesellschafterversamm-

---

[82] BGH, Urteil vom 15.9.1997, NJW 1998, 146 = DStR 1997, 1817 = BB 1997, 2339.
[83] BGH, Urteil vom 14.10.1991, NJW-RR 1992, 292 = GmbHR 1992, 38 = BB 1992, 17.
[84] OLG Stuttgart, Urteil vom 30.3.1994, NJW-RR 1995, 295 = GmbHR 1995, 229.
[85] BGH, Urteil vom 14.10.1991, NJW-RR 1992, 292 = GmbHR 1992, 38 = BB 1992, 17.
[86] BGH, Urteil vom 20.2.1995, NJW-RR 1995, 667 = GmbHR 1995, 377 = ZIP 1995, 835 (für einen Einziehungsbeschluss).

lung weitere Gründe, die zum Zeitpunkt des Abberufungsbeschlusses bereits vorlagen, im anhängigen Prozess nachtragen.[87]

3. Durchführung der Entziehung/Abberufung und Rechtsfolgen

a) Entziehung von Geschäftsführung und Vertretungsmacht in der GbR

Hinsichtlich der gesetzlichen und vertraglichen Grundlagen einer Entziehung von Geschäftsführungsbefugnissen und Vertretungsmacht in der GbR wird zunächst auf die Darstellung unter Rn. 138 ff. verwiesen. Die typische Zwangsmaßnahme bei der GbR besteht darin, einem Mitgesellschafter Sonderrechte zur Geschäftsführung und Vertretung der Gesellschaft, die ihm durch den Gesellschaftsvertrag eingeräumt wurden, durch Gesellschafterbeschluss zu entziehen. In Ausnahmefällen lässt der Gesellschaftsvertrag weitergehend auch die vollständige Ausschließung eines Gesellschafters von der Geschäftsführung der Gesellschaft zu. Vergütungsansprüche des betroffenen Gesellschafters sind dagegen regelmäßig unmittelbar an die Geschäftsführung geknüpft, so dass die außerordentliche Kündigung eines Anstellungsvertrags des geschäftsführenden Gesellschafters bei der GbR meist keinen gesonderten Streitgegenstand bildet.

181

aa) Entziehung der Geschäftsführung durch Gesellschafterbeschluss

(1) Entziehung der besonderen vertraglichen Geschäftsführungsbefugnisse

Die besonderen Geschäftsführungsbefugnisse, die einem GbR-Gesellschafter durch den Gesellschaftsvertrag übertragen wurden (z.B. Leitung eines bestimmten Geschäftsbereichs; Übernahme der Geschäftsführung unter Ausschluss von Mitgesellschaftern; Einzelgeschäftsführungsbefugnis), können bei Vorliegen eines „wichtigen Grundes" (vgl. hierzu unter Rn. 155 ff.) durch **Beschluss** der **übrigen Gesellschafter** entzogen werden, § 712 Abs. 1 BGB. Die „übrigen" Gesellschafter, also die Mitgesellschafter des Betroffenen, müssen über diese Entziehung grundsätzlich **einstimmig** entscheiden, es sei denn, der **Gesellschaftsvertrag** lässt **Mehrheitsentscheidungen** zu.[88] Das Zustandekommen des betreffenden Beschlusses richtet sich auch im Übrigen vorrangig nach dem Gesellschaftsvertrag. Sofern dieser keine entsprechenden Regelungen enthält, kann der Entziehungsbeschluss – ohne Teilnahme des betroffenen Gesellschafters – formfrei gefasst werden, etwa auch mündlich oder aufgrund sukzessiver Zustimmung aller Mitgesellschafter (vgl. zum Zustandekommen von Gesellschafterbeschlüssen auch unter Rn. 71 ff.). Falls einer der Gesellschafter den Entziehungsbeschluss blockiert, indem er

182

---

[87] BGH, Urteil vom 14.10.1991, NJW-RR 1992, 292 = GmbHR 1992, 38 = BB 1992, 17.
[88] Bei Publikumsgesellschaften in der Rechtsform der GbR ist die „Abberufung" des Gesellschafter-Geschäftsführers demgegenüber zwingend mit einfacher Stimmenmehrheit möglich und eine abweichende Regelung des Gesellschaftsvertrags nichtig, BGH, Urteil vom 9.11.1987, BGHZ 102, 172 = NJW 1988, 969 = BB 1988, 159.

seine Zustimmung verweigert, kann er unter engen Voraussetzungen (objektives Vorliegen eines „wichtigen Grundes"; Verhältnismäßigkeit der beabsichtigten Zwangsmaßnahme; Zumutbarkeit für den „blockierenden" Mitgesellschafter) aus Gründen der Treuepflicht verpflichtet sein, dem Entziehungsbeschluss zuzustimmen.[89] In der **Zwei-Personen-Gesellschaft** wird der Entziehungsbeschluss durch die einseitige Erklärung des Mitgesellschafters ersetzt.[90]

183 Der (fehlerfreie) Beschluss **wird wirksam**, sobald er dem betroffenen Gesellschafter mitgeteilt wird bzw. ihm **zugeht**. Durch den Entziehungsbeschluss **entfallen** die **vertraglich übertragenen Sonderrechte**, es **verbleibt** aber die **Gesamtgeschäftsführungsbefugnis** des betroffenen Gesellschafters gemäß § 709 BGB.

184 Fraglich ist demgegenüber, wie sich die **Entziehung** der besonderen Geschäftsführungsbefugnisse **auf die anderen Gesellschafter auswirkt**. Entscheidend ist, dass durch die Entziehung der Sonderrechte eines Gesellschafters nicht weitergehend in die vertragliche Grundordnung der Geschäftsführung eingegriffen wird: Sofern anderen Gesellschaftern ebenfalls Einzelgeschäftsführungsbefugnisse übertragen sind, werden diese durch die Entziehung der Sonderrechte des einen Gesellschafters nicht berührt. Werden demgegenüber z.B. einem Gesellschafter Geschäftsführungsbefugnisse entzogen, der unter Ausschluss der übrigen Gesellschafter zusammen mit einem weiteren Gesellschafter gesamtgeschäftsführungsbefugt war, führt der isolierte Entziehungsbeschluss zur allseitigen Gesamtgeschäftsführungsbefugnis gemäß § 709 BGB, um zu verhindern, dass der verbleibende Gesamtgeschäftsführer in Folge der Entziehung entgegen der vertraglichen Regelung fortan einzeln geschäftsführungsbefugt ist.[91]

185 Der vom **Entziehungsbeschluss** betroffene Gesellschafter kann diesen durch **Feststellungsklage überprüfen** lassen. Gegenstand der gerichtlichen Prüfung ist dann insbesondere die Frage, ob tatsächlich ein „wichtiger Grund" für die Entziehung der übertragenen Sonderrechte vorlag (vgl. hierzu näher unter Rn. 604 ff.). Fehlt der „wichtige Grund" für die Entziehung von Geschäftsführungs- und Vertretungsbefugnissen oder leidet der betreffende Beschluss an anderen Mängeln, so ist die Entziehungsmaßnahme von Anfang an unwirksam.

(2) Entziehung der gesetzlichen Geschäftsführungsbefugnisse

186 Nach der hier vertretenen Auffassung können einem GbR-Gesellschafter die gesetzlichen Mitwirkungsrechte an der Geschäftsführung gemäß § 709 Abs. 1 BGB nur durch Beschluss der Mitgesellschafter entzogen werden, wenn hierfür eine ausdrückliche Regelung mit antizipierter Zustimmung des Betroffenen im Gesellschaftsvertrag enthalten ist (vgl. näher unter Rn. 138 ff.). Für die betreffende Beschlussfassung gelten die Ausführungen unter Rn. 182 ff. entsprechend. Die wirksame Entziehung der gesetzlichen Ge-

---

[89] Vgl. BGH, Urteil vom 18.10.1976, BGHZ 68, 81 = NJW 1977, 1013 = GmbHR 1977, 197, für die Verpflichtung von Kommanditisten in der GmbH & Co. KG, an einer Klage auf Entziehung von Geschäftsführung und Vertretungsmacht der Komplementärin mitzuwirken; vgl. auch MüKoBGB/*Schäfer*, § 712, Rn. 15.

[90] RG, Urteil vom 1.11.1939, RGZ 1962, 78.

[91] Vgl. BGH, Urteil vom 11.2.2008, NZG 2008, 704 = NJW-RR 2008, 704. So auch die wohl h.M. im Schrifttum, vgl. MüKoBGB/*Schäfer*, § 712, Rn. 20, mwN. **AA** ist z.B. Palandt/*Sprau*, § 712, Rn. 2, wonach die Entziehung gemäß § 712 Abs. 1 BGB immer zur Gesamtgeschäftsführungsbefugnis aller Gesellschafter gem. § 709 Abs. 1 BGB führt.

schäftsführungsbefugnisse eines Gesellschafters führt dazu, dass die gesetzlichen oder besonderen vertraglichen Geschäftsführungsbefugnisse der Mitgesellschafter unberührt bleiben. Der von der Entziehung betroffene Gesellschafter ist, wie in § 710 Abs. 1 BGB grundsätzlich vorgesehen, von der Geschäftsführung ausgeschlossen. Bei Fehlen eines wichtigen Grundes oder bei sonstigen Beschlussmängeln (z.B. Verfahrensfehlern) ist der auf Entziehung der gesetzlichen Geschäftsführungsbefugnisse gerichtete Gesellschafterbeschluss demgegenüber nichtig. Der betroffene Gesellschafter kann eine **gerichtliche Klärung** durch **Feststellungsklage** erreichen (vgl. hierzu näher unter Rn. 604 ff.).

bb) Entziehung der Vertretungsmacht

Sofern einem GbR-Gesellschafter durch den Gesellschaftsvertrag besondere Vertretungsmacht für die Gesellschaft nach außen übertragen wurde, insbesondere **Einzelvertretungsmacht**, kann ihm diese bei Vorliegen eines wichtigen Grundes ebenso wie das Sonderrecht auf Geschäftsführung durch **Beschluss** der **übrigen Gesellschafter entzogen** werden, § 715 BGB. Bei wirksamer Beschlussfassung verbleibt es fortan bei der Gesamtvertretungsberechtigung des Betroffenen gemäß §§ 709, 714 BGB. Hinsichtlich Entziehungsbeschlusses und Rechtsfolgen der Entziehung gelten die Ausführungen zur Geschäftsführungsbefugnis unter Rn. 182 ff. entsprechend. Wie im Falle der gesetzlichen Geschäftsführungsbefugnisse kann einem GbR-Gesellschafter auch die gesetzliche Gesamtvertretungsbefugnis nur bei entsprechender ausdrücklicher Regelung bzw. Ermächtigung im Gesellschaftsvertrag entzogen werden. Auch diesbezüglich gelten die Ausführungen unter Rn. 182 ff. sowie unter Rn. 138 ff. entsprechend.

187

Die Entziehung von Geschäftsführung und Vertretungsmacht betrifft grundsätzlich zwei **unterschiedliche Beschlussgegenstände**. Sofern einem Geschäftsführer die vertraglich übertragene oder weitergehend sogar die gesetzliche Geschäftsführungsbefugnis entzogen wird, erstreckt sich dieser Beschluss jedoch zumeist gleichzeitig auf die entsprechende Vertretungsbefugnis.[92] Aus Gründen der Rechtssicherheit sollte der **Entziehungsbeschluss** diesbezüglich jedoch eine **eindeutige Formulierung** enthalten. Die besondere Vertretungsmacht kann demgegenüber gemäß § 715 BGB nicht isoliert (ohne die betreffende Geschäftsführungsbefugnis) entzogen werden, wenn sie (wie regelmäßig) im Gesellschaftsvertrag zusammen mit einer besonderen Geschäftsführungsbefugnis eingeräumt worden war.

188

b) Entziehung von Geschäftsführung und Vertretungsmacht in der PartG, OHG, KG und GmbH & Co. KG

Hinsichtlich der gesetzlichen und vertraglichen Grundlagen einer Entziehung von Geschäftsführung und Vertretungsmacht eines geschäftsführenden Gesellschafters bei der PartG und den Personenhandelsgesellschaften wird zunächst verwiesen auf die Ausführungen unter Rn. 143 ff. Vorbehaltlich besonderer gesellschaftsvertraglicher Regelungen wird diese Zwangsmaßnahme hier nicht durch Gesellschafterbeschluss,

189

---

[92] Vgl. MüKoBGB/*Schäfer*, § 712, Rn. 16, mwN.

sondern durch Entziehungsklage gemäß §§ 117, 127 HGB (bei der PartG iVm §§ 6 Abs. 3 S. 2, 7 Abs. 3 PartGG) durchgeführt. Wie bei der GbR ist eine besondere Vergütung des geschäftsführenden Gesellschafters meist gesellschaftsvertraglich mit der Geschäftsführung selbst verknüpft, so dass die zusätzliche und gesonderte Beendigung eines Dienstverhältnisses (anders als bei der GmbH) regelmäßig nicht erforderlich ist.[93]

Bei der **GmbH & Co. KG** gilt dies allerdings nur für die **Komplementär-GmbH selbst**, nicht aber für deren **Geschäftsführer**. Sofern – wie meist – für diesen Geschäftsführer ein Anstellungsvertrag mit der Komplementär-GmbH besteht, gelten für die Kündigung dieses Anstellungsvertrags die Ausführungen unter Rn. 208 ff. In Ausnahmefällen ist der Geschäftsführer-Anstellungsvertrag mit der GmbH & Co. KG abgeschlossen. Die Kündigung seitens der Gesellschaft erfolgt dann (namens der GmbH & Co. KG) durch die GmbH, vertreten durch einen Mitgeschäftsführer oder durch den betroffenen Geschäftsführer selbst, der hierzu vorab von der Gesellschafterversammlung der GmbH (ohne Stimmrecht des betroffenen Geschäftsführers bei der Kündigung aus „wichtigem Grund") angewiesen und – falls noch nicht geschehen – von den Beschränkungen des § 181 BGB befreit worden ist.

aa) Entziehung der Geschäftsführung durch Klage oder Gesellschafterbeschluss

(1) Entziehungsklage

190 In der PartG, OHG, KG und GmbH & Co. KG kann einem geschäftsführenden Gesellschafter dann, wenn der Gesellschaftsvertrag keine anderslautenden Bestimmungen enthält, die Befugnis zur **Geschäftsführung** bei Vorliegen eines wichtigen Grundes (vgl. hierzu unter Rn. 155 ff.) durch **gerichtliche Entscheidung entzogen** werden, § 117 HGB. Bei wirksamer Schiedsvereinbarung muss die Entziehungsklage bei einem Schiedsgericht erhoben werden. Anders als bei der GbR oder der GmbH geschieht die Entziehung der Geschäftsführung (und gemäß § 127 HGB auch der Vertretungsmacht) **im gesetzlichen Regelfall** somit nicht durch Gesellschafterbeschluss, sondern **durch ein besonderes Klageverfahren** und entsprechendes **Gestaltungsurteil**. Die Entziehungsklage wird durch **Antrag aller übrigen Gesellschafter** eingeleitet.[94] Ein Gesellschafter kann zur **Mitwirkung** an der Klageerhebung aufgrund gesellschaftsrechtlicher **Treuepflicht verpflichtet** sein, wenn ein wichtiger Grund für die beabsichtigte Entziehung vorliegt, die betreffende Maßnahme verhältnismäßig ist und dem Gesellschafter die Mitwirkung zugemutet werden kann; die Klage auf Zustimmung gegen den „blockierenden" Gesellschafter kann dann im Wege der Klagehäufung mit der Entziehungsklage verbunden werden.[95]

191 Die Klage ist darauf gerichtet, dass einem geschäftsführenden Mitgesellschafter die Geschäftsführungsbefugnis entzogen wird. In der Partnerschaftsgesellschaft betrifft

---

[93] Vgl. hierzu auch unter Rn. 143 ff.
[94] Bei der Publikumsgesellschaft genügt für die Entziehung von Geschäftsführungsbefugnis und Vertretungsmacht eines geschäftsführenden Gesellschafters demgegenüber immer eine Mehrheitsentscheidung der Gesellschafter; BGH, Urteil vom 9.11.1987, BGHZ 102, 172 = NJW 1988, 969 = BB 1988, 159.
[95] BGH, Urteil vom 25.4.1983, NJW 1984, 173 = GmbHR 1983, 301 = WM 1983, 750; BGH, Urteil vom 18.10.1976, BGHZ 68, 81 = NJW 1977, 1013 = GmbHR 1977, 197, für die Verbindung einer Zustimmungs- mit einer Ausschließungsklage.

I. Entziehung von Geschäftsführung und Vertretungsmacht, Abberufung

dies nicht nur die Befugnis zu laufenden Geschäftsführung in Verwaltungsangelegenheiten, sondern bei entsprechender Begründung (Abwendung eines drohenden Schadens von der Partnerschaft) auch den Ausschluss von der Berufsausübung.[96] Ein entsprechender Klageantrag ist auch dann zulässig, wenn bei einer KG oder GmbH & Co. KG dem einzigen Komplementär die Geschäftsführungsbefugnis vollständig entzogen werden soll.[97] Aus Gründen der **Verhältnismäßigkeit** kann es bei weniger gravierenden Pflichtverletzungen geboten sein, die Klage von vornherein nur auf eine **Teilentziehung** der Geschäftsführung zu richten. Die persönlich haftenden Gesellschafter einer PartG, OHG, KG oder GmbH & Co. KG sind gemäß § 115 Abs. 1 HGB grundsätzlich alleine geschäftsführungsbefugt, so dass als geringfügiger Eingriff insbesondere die **Entziehung der Einzelgeschäftsführungsbefugnis** anstelle der vollständigen Entziehung beantragt werden kann. Eine Entziehungsklage hat dann in Zweifelsfällen hinsichtlich des „wichtigen Grundes" deutlich größere Erfolgsaussichten.[98] Die Entziehung der Einzelgeschäftsführungsbefugnis führt dazu, dass der betreffende geschäftsführende Gesellschafter – ggf. nach Bestellung eines weiteren geschäftsführenden Gesellschafters – nur noch gesamtgeschäftsführungsbefugt ist. Sofern der „wichtige Grund" für die vollständige Entziehung der Geschäftsführungsbefugnis nicht ausreicht und die Kläger den Klageantrag auch nicht entsprechend geändert haben, muss die Klage abgewiesen werden. Die Kommanditisten einer GmbH & Co. KG sind demgegenüber *nicht* aus Gründen der Verhältnismäßigkeit gehalten, Geschäftsführer der Komplementär-GmbH in Folge von Pflichtverletzungen abzuberufen, sondern können anstelle dessen die Entziehung der Geschäftsführungs- und Vertretungsbefugnisse der GmbH selbst betreiben.[99]

192 Falls die **Entziehungsklage Erfolg** hat, **erlischt mit formeller Rechtskraft** des entsprechenden **Gestaltungsurteils** die **Geschäftsführungsbefugnis** des betroffenen Gesellschafters – entsprechend Klageantrag – ganz oder teilweise. Die Geschäftsführung innerhalb der Gesellschaft muss – etwa bei vormaliger *Gesamt*geschäftsführungsbefugnis des betroffenen Gesellschafters – ggf vertraglich neu geregelt werden, wobei alle Gesellschafter entsprechend mitwirkungsverpflichtet sind.[100] Fehlt es dagegen an materiell-rechtlichen Voraussetzungen für die Entziehung, insbesondere weil kein „wich-

---

[96] Michalski/Römermann, § 6, Rn. 37, mwN. Der Meinungsstreit im Schrifttum, ob dieser Ausschluss von der gemeinsamen Berufsausübung nur vorübergehend oder dauerhaft erfolgen darf, ist dabei wohl eher theoretischer Natur, da die Partnerschaftsgesellschaft auf die gemeinsame Berufsausübung angelegt ist und daher das Gesellschaftsverhältnis bei dauerhafter Störung dieses Zwecks durch einen Gesellschafter ohnedies durch dessen Ausschließung oder eigene Kündigung beendet werden wird.

[97] BGH, Urteil vom 25.4.1983, NJW 1984, 173 = GmbHR 1983, 301 = WM 1983, 750.

[98] Das mit der Entziehungsklage befasste Gericht ist allerdings an die Klageanträge gebunden. Sofern die Kläger ursprünglich die vollständige Entziehung der Geschäftsführungs- und Vertretungsbefugnis eines Gesellschafters beantragt hatten, kann das Gericht bei Zweifeln an der Verhältnismäßigkeit dieser Maßnahme nicht auf eigenen Entschluss hin durch Urteil lediglich die Einzelgeschäftsführungsbefugnis entziehen, da es sich bei der vollständigen und teilweisen Entziehung um verschiedene Streitgegenstände handelt, vgl. BGH, Urteil vom 10.12.2001, NZG 2002, 280 = NJW-RR 2002, 540 = BB 2002, 423.

[99] BGH, Urteil vom 25.4.1983, NJW 1984, 173 = GmbHR 1983, 301 = WM 1983, 750.

[100] BGH, Urteil vom 9.12.1968, BGHZ 51, 198 = WM 1969, 118.

tiger Grund" für die betreffende Zwangsmaßnahme vorliegt, wird die Klage als unbegründet abgewiesen. In besonders eilbedürftigen Fällen, etwa bei gravierenden Pflichtverletzungen des geschäftsführenden Gesellschafters mit Wiederholungsgefahr, besteht die Möglichkeit einer vorläufigen Entziehung der Geschäftsführungsbefugnis durch **einstweilige Verfügung**.[101]

(2) Entziehung der Geschäftsführung durch Gesellschafterbeschluss

193 Bei entsprechender Regelung im Gesellschaftsvertrag kann die Geschäftsführungsbefugnis ganz oder teilweise auch durch Gesellschafterbeschluss entzogen werden. Solche Regelungen liegen insbesondere dann nahe, wenn einem Kommanditisten im Gesellschaftsvertrag ein Sonderrecht auf Geschäftsführung eingeräumt wurde (vgl. hierzu unter Rn. 146 ff.). Die Voraussetzungen für die Entziehung (in der Regel Vorliegen eines „wichtigen Grundes") sowie das Verfahren, insbesondere hinsichtlich des Zustandekommens des betreffenden Beschlusses, richten sich dann nach dem Gesellschaftsvertrag. Der Beschluss wird mit Bekanntgabe gegenüber dem betroffenen Gesellschafter wirksam, es sei denn, er leidet an einem verfahrensrechtlichen oder materiell-rechtlichen Mangel (dann Beschlussnichtigkeit). Die Beschlusswirksamkeit wird nach entsprechender Feststellungsklage gerichtlich geklärt (vgl. hierzu Rn. 608 ff.).

bb) Entziehung der Vertretungsmacht

194 Die einem persönlich haftenden Gesellschafter gesetzlich zustehende Vertretungsmacht kann in der PartG und in Personenhandelsgesellschaften auf Antrag der übrigen Gesellschafter bei Vorliegen eines „wichtigen Grundes" (vgl. hierzu unter Rn. 155 ff.) **durch gerichtliche Entscheidung** ganz oder teilweise entzogen werden, §§ 127 HGB, § 7 Abs. 3 PartGG (vgl. zu dieser Klage näher unter Rn. 701 ff.). Existiert eine Schiedsvereinbarung, ist eine entsprechende Schiedsklage zu erheben. Die Klage auf Entziehung der Vertretungsmacht wird regelmäßig mit der entsprechenden Klage auf Entziehung der Geschäftsführungsbefugnis verbunden. Der Gesellschaftsvertrag kann das Entziehungsverfahren abweichend regeln, insbesondere einen entsprechenden Gesellschafterbeschluss zulassen. Hinsichtlich Entziehungsklage und Beschlussfassung über die Entziehung der Vertretungsmacht gelten die vorstehenden Ausführungen unter Rn. 190 ff. entsprechend. Die Änderung bei der Vertretungsmacht muss zum Register angemeldet werden (§§ 107 HGB, 4 Abs. 1 S. 3 PartGG).

Bei der Entziehung der Vertretungsmacht sind folgende **Besonderheiten** zu beachten:

195 • Dem **einzigen persönlich haftenden Gesellschafter** einer Kommanditgesellschaft kann zwar die Geschäftsführungsbefugnis, **nicht** aber die **Vertretungsbefugnis entzogen** werden.[102] Sofern den Kommanditisten die weitere Vertretung der Ge-

---

[101] Einzelheiten zur Entziehungsklage finden sich unter Rn. 701 ff., zur entsprechenden Schiedsklage unter Rn. 820 ff. und zur einstweiligen Verfügung unter Rn. 795 ff.
[102] BGH, Urteil vom 9.12.1968, BGHZ 51, 198 = WM 1969, 118.

sellschaft durch den persönlich haftenden Gesellschafter untragbar erscheint, müssen sie entweder dessen Ausschließung aus der Gesellschaft (bei gleichzeitiger Aufnahme eines neuen Komplementärs) oder die Auflösung der Gesellschaft betreiben.
- Einem **Kommanditisten** kann die **rechtsgeschäftlich erteilte Vertretungsmacht** im Außenverhältnis wirksam durch einen gesetzlich vertretungsberechtigten Gesellschafter **entzogen** werden, **ohne** dass es hierfür einer **Klage nach § 127 HGB** oder eines vertraglich vorgesehenen Gesellschafterbeschlusses bedarf.[103] Der betroffene Kommanditist muss sich ggf im Innenverhältnis gegen diese Maßnahme zur Wehr setzen und, wenn sie zu Unrecht erfolgte, auf Wiedereinräumung der zugesagten Vertretungsmacht klagen (vgl. hierzu auch unter Rn. 146 ff.).

196

c) Außerordentliche Abberufung und Kündigung des Geschäftsführers in der GmbH

Bei der GmbH steht im Streitfall ebenfalls die Beendigung der Organstellung eines Geschäftsführers, also die vollständige Beseitigung dessen Geschäftsführungs- und Vertretungsbefugnisse, im Vordergrund. Wie unter Rn. 149 ff. ausgeführt wurde, können Beschränkungen der Geschäftsführung und Vertretungsmacht eines Mitgesellschafters auch in der GmbH regelmäßig nur dann durchgesetzt werden, wenn in seiner Person ein „wichtiger Grund"[104] vorliegt. Sofern ein solcher „wichtiger Grund" aus Sicht der Mitgesellschafter oder des zuständigen Abberufungsorgans im Einzelfall gegeben ist, erscheinen mildere Eingriffe, wie die Entziehung einer bei Gründung oder durch Gesellschafterbeschluss übertragenen *Einzel*geschäftsführungsbefugnis oder *Einzel*vertretungsmacht meist unzureichend. Trotzdem sollten diese Maßnahmen aus Gründen der Verhältnismäßigkeit in Betracht gezogen werden, wenn Zweifel am Gewicht eines „wichtigen Grundes" (etwa bei einer geringfügigeren, einmaligen Pflichtverletzung) bestehen und die Beseitigung der alleinigen Handlungsbefugnis des betroffenen Geschäftsführers ausreicht, um eine Wiederholungsgefahr zu beseitigen.[105]

197

aa) Abberufungsorgan und Durchführung der Abberufung

Die Entziehung von Geschäftsführungsbefugnis und Vertretungsmacht geschieht bei der GmbH in einem Akt, nämlich durch „Widerruf der Bestellung" (§ 38 Abs. 1 GmbHG) bzw. „**Abberufung**". Anders als bei den Personengesellschaften fällt die betreffende Maßnahme nicht in jedem Fall in die Zuständigkeit der „übrigen" Gesellschafter. In einem ersten Schritt muss das **Abberufungsorgan bestimmt** werden. Sofern die betroffene GmbH einen Pflichtaufsichtsrat nach dem MitbestG hat, ist dieser zwingend für die Bestellung und Abberufung der Geschäftsführer allein zuständig (§ 31 Abs. 1 MitbestG). Besteht ein Aufsichtsrat nach dem DrittelbG oder ist ein fakultativer Aufsichtsrat eingerichtet, bleibt es von Gesetzes wegen zwar grundsätzlich bei der Zustän-

198

---
[103] BGH, Urteil vom 27.6.1955, BGHZ 17, 392 = WM 1955, 1118.
[104] Vgl. hierzu unter Rn. 155 ff.
[105] Weitere Gestaltungsvorschläge für Kompromisslösungen finden sich unter Rn. 588 ff.

digkeit der Gesellschafterversammlung, die Kompetenz zur Bestellung und Abberufung von Geschäftsführern ist jedoch regelmäßig durch Satzung wirksam auf den Aufsichtsrat übertragen. Die Abberufung durch die Gesellschafterversammlung ist dann – jedenfalls bei Funktionsfähigkeit des Aufsichtsrats – anfechtbar unwirksam bzw. – bei Missachtung der Abberufungskompetenz des Pflichtaufsichtsrats nach dem MitbestG – nichtig.[106]

199 Die **Abberufung** durch die Gesellschafterversammlung geschieht **durch Beschlussfassung**. Die notwendige Voraussetzung für diese Beschlussfassung bildet im Streitfall regelmäßig eine **Gesellschafterversammlung**, da der von der Abberufung betroffene Gesellschafter-Geschäftsführer bei Vorliegen eines wichtigen Grundes hinsichtlich des Abberufungsbeschlusses zwar kein Stimmrecht, so doch aber das Recht auf Teilnahme am betreffenden Abstimmungsverfahren und Anhörungsrechte hat (so dass erleichterte Beschlussverfahren, die die Zustimmung aller Gesellschafter voraussetzen, in solchen Fällen regelmäßig ausscheiden).[107] Hinsichtlich der Vorbereitung und Durchführung der betreffenden Gesellschafterversammlung, in der über die streitige Abberufung Beschluss gefasst werden soll, wird auf die Ausführungen unter Rn. 73 ff. und 106 ff. verwiesen.[108]

200 Der **Abberufungsbeschluss** muss dem Geschäftsführer **bekannt gegeben werden**, sofern er in der betreffenden Gesellschafterversammlung nicht ohnedies anwesend war. Diese Bekanntgabe ist Wirksamkeitsvoraussetzung für den Abberufungsbeschluss.[109] Es genügt nicht, dass die Abberufung in einem anderen Schreiben beiläufig erwähnt wird oder der Geschäftsführer zufällig von dritter Seite über den Abberufungsbeschluss Kenntnis erlangt.[110] Die Mitteilung sollte (bei Abberufung durch Gesellschafterbeschluss) durch die Gesellschafterversammlung selbst oder eine von der Gesellschafterversammlung zu dieser Bekanntgabe durch Beschluss ermächtigte Person sowie unter Hinweis auf die Beschlussfassung der Gesellschafterversammlung erfolgen.[111] Es muss bei Bekanntgabe ein Protokoll der entsprechenden Gesellschafterversammlung oder eine sonstige Vollmachtsurkunde der Gesellschafterversammlung im Original vorgelegt werden, um eine Zurückweisung der Bekanntgabe durch den Betroffenen gemäß § 174 BGB zu vermeiden.[112]

---

[106] Vgl. zur Verlagerung der Kompetenz der Bestellung oder Abberufung von GmbH-Geschäftsführern auf einen Aufsichtsrat oder gar auf einzelne Gesellschafter sowie zu den Rechtsfolgen einer Missachtung dieser Zuständigkeitsregelungen näher unter Rn. 11 f., 19 und 24 ff.

[107] Vgl. hierzu näher unter Rn. 71 ff.

[108] **Muster** für die Einberufung einer Gesellschafterversammlung und die Niederschrift einer außerordentlichen Gesellschafterversammlung, im Rahmen derer eine außerordentliche Abberufung eines Gesellschafter-Geschäftsführers in der GmbH beschlossen werden, finden sich unter Rn. 854 und 856.

[109] Vgl. z.B. LG Dortmund, Urteil vom 5.11.1997, NZG 1998, 390; Baumbach/Hueck, § 38, Rn. 43.

[110] LG Dortmund, Urteil vom 5.11.1997, NZG 1998, 390 = GmbHR 1998, 334.

[111] Es ist allerdings streitig, ob die Mitteilung an den Geschäftsführer, welches Gremium über seine Abberufung entschieden hat, ihrerseits Wirksamkeitsvoraussetzung für die Bekanntgabe bildet; so etwa Baumbach/Hueck, § 38, Rn. 43; aA Lutter/Hommelhoff, § 38, Rn. 6.

[112] OLG Düsseldorf, Urteil vom 17.11.2003, NZG 2004, 141 = AG 2004, 321 = ZIP 2004, 1850, betreffend die fristlose Abberufung und Kündigung des Vorstandsmitglieds einer AG. Die vom Aufsichtsratsvorsit-

I. Entziehung von Geschäftsführung und Vertretungsmacht, Abberufung

bb) Rechtsfolgen des Abberufungsbeschlusses

(1) Beendigung der Organstellung

Der hinsichtlich Zustandekommens und Inhalts fehlerfreie Abberufungsbeschluss führt bei seiner wirksamen Bekanntgabe gegenüber dem betroffenen Geschäftsführer zur sofortigen Beendigung der Organstellung, also zum **Wegfall von Geschäftsführungsbefugnis** und **Vertretungsmacht**. Eine ganz andere Frage ist, welche rechtliche und praktische „Auswirkung" der Abberufungsbeschluss hat, wenn das Beschlussergebnis – wie meist wegen ablehnender Stimmabgabe des betroffenen Gesellschafter-Geschäftsführers – zunächst unklar ist. Hier entsteht bis zur gerichtlichen Klärung des Beschlussergebnisses (durch Beschlussfeststellungsklage) ein **Schwebezustand**. Sofern nach sog. Beschlussfeststellungsklage zu einem späteren Zeitpunkt jedoch rechtskräftig festgestellt wird, dass der Abberufungsbeschluss (wegen Ungültigkeit der Stimmabgabe des betroffenen Gesellschafters aufgrund Vorliegens eines „wichtigen Grundes") zustande gekommen ist, wird damit lediglich gerichtlich bestätigt, dass der Geschäftsführer bereits *seit Bekanntgabe des Abberufungsbeschlusses abberufen* war. Der Abberufungsbeschluss wird demgegenüber *nicht* erst mit Rechtskraft des Feststellungsurteils ex nunc wirksam (vgl. zu dieser Problematik näher sogleich unter Rn. 204 ff.).

201

Die Abberufung muss zum **Handelsregister angemeldet** werden, § 39 Abs. 1 GmbHG. Die Anmeldung erfolgt elektronisch und in öffentlich beglaubigter Form durch den neuen oder einen weiteren Geschäftsführer der GmbH (§ 12 Abs. 1 HGB). Die Handelsregisteranmeldung ist nicht konstitutiv, wirkt sich also auf die Wirksamkeit des Abberufungsbeschlusses nicht aus. Sie sollte nichtsdestotrotz wegen des gesetzlichen Gebotes in § 39 Abs. 1 GmbHG und vor allem wegen des Rechtsscheins der bisherigen Registereintragung gemäß § 15 Abs. 1 HGB zügig vorgenommen werden, sofern ein weiterer, gemäß § 78 GmbHG anmeldeberechtigter Geschäftsführer vorhanden ist.

202

Sofern der abberufene Geschäftsführer bisher der einzige Geschäftsführer der GmbH war, muss ein **neuer Geschäftsführer bestellt** werden. Falls sich die Gesellschafter auf keinen neuen Geschäftsführer einigen (vor allem wegen Blockade des abberufenen Gesellschafter-Geschäftsführers, der bei der Neubestellung stimmberechtigt ist), muss ggf ein **Notgeschäftsführer bestellt** werden. Die gerichtliche Bestellung eines Notgeschäftsführers geschieht in dringenden Fällen analog § 29 BGB auf Antrag eines Gesellschafters im Verfahren der Freiwilligen Gerichtsbarkeit.[113] Zuständig ist das Amtsgericht (Registergericht) am Sitz der GmbH. Die Notgeschäftsführung spielt vor allem eine Rolle bei der wechselseitigen Abberufung in der Zwei-Personen-GmbH, da sich die Gesellschafter jedenfalls bis zur gerichtlichen Überprüfung der Abberufungs-

203

---

zenden ausgesprochene Abberufungs- und Kündigungserklärung war nach Auffassung des OLG Düsseldorf gemäß § 174 BGB unwirksam, da dem Kündigungsschreiben weder der entsprechende Aufsichtsratsbeschluss noch eine Kündigungsvollmacht des Aufsichtsrats im Original beilagen.

[113] Vgl. hierzu Baumbach/Hueck, § 6, Rn. 32; Lutter/Hommelhoff, vor § 35, Rn. 13 ff.; Scholz/*Schneider*, § 6, Rn. 94 ff.; Michalski/*Tebben*, § 6, Rn. 72 ff.

beschlüsse regelmäßig nicht auf einen neuen Geschäftsführer einigen können.[114] Trotzdem muss die Geschäftsführerbestellung durch Gesellschafterbeschluss auch hier zumindest ernsthaft versucht worden sein, bevor die Ernennung eines Notgeschäftsführers beantragt wird. Die Gerichte sind bei der Notgeschäftsführerbestellung sehr zurückhaltend, da es sich um einen „*schwerwiegenden hoheitlichen Eingriff in die Gesellschaftsautonomie*"[115] handelt. Nachdem § 29 BGB die Notgeschäftsführerbestellung deshalb auf „dringende Fälle" beschränkt, kommt diese erst dann in Betracht, wenn die Gesellschaftsorgane nachweislich nicht selbst in der Lage sind, innerhalb einer angemessenen Frist den Mangel zu beseitigen, *und* der Gesellschaft oder einem Beteiligten ohne die Notgeschäftsführerbestellung Schaden drohen würde oder eine alsbald erforderliche Handlung der Gesellschaft nicht vorgenommen werden könnte.[116]

Die **Beendigung** der Organstellung führt grundsätzlich **nicht zur gleichzeitigen Beendigung** eines **Anstellungsvertrags**; dieser muss – vorbehaltlich anderweitiger vertraglicher Regelung (z.B. in Form einer „Kopplungsklausel") – gesondert gekündigt werden (vgl. hierzu näher unter Rn. 208 ff.).

(2) Schwebezustand bei unklaren Beschlussergebnissen

204 Mit der streitigen Abberufung eines geschäftsführenden Gesellschafters in der GmbH verbindet sich häufig das Problem eines **unklaren Abstimmungs- bzw. Beschlussergebnisses**. Dies gilt vor allem – aber nicht nur – für die streitige Abberufung eines Gesellschafter-Geschäftsführers in der Zwei-Personen-GmbH: Sofern sich der abzuberufende Gesellschafter an der Abstimmung beteiligt hat und seine Stimmabgabe für das Abstimmungsergebnis von Relevanz ist (weil der Beschlussantrag auf Abberufung gegen seine Stimmen nicht die erforderliche Mehrheit erhält), hängt das Beschlussergebnis letztlich davon ab, ob ein „wichtiger Grund" für die Abberufung vorlag. Denn nur bei Vorliegen eines „wichtigen Grundes" in der Person des betroffenen Gesellschafters war dessen Stimmabgabe wegen Verstoßes gegen ein Stimmverbot unwirksam (vgl. hierzu unter Rn. 47 ff.). Die Entscheidung, ob der Abberufungsbeschluss zustande gekommen ist oder nicht, richtet sich also schon hinsichtlich der Stimmenzählung bzw. des Abstimmungsergebnisses (und nicht nur hinsichtlich der ausreichenden Begründung des betreffenden Beschlussantrags) nach dem Vorliegen des „wichtigen Grundes".

205 Die mit der Stimmabgabe des betroffenen Gesellschafters verbundenen Unsicherheiten wirken sich allerdings dann nicht entscheidend aus, wenn ein **Versammlungsleiter** in der Gesellschafterversammlung das aus seiner Sicht **richtige Beschlusserg-**

---

[114] Für die Prozessführung (betreffend die gerichtliche Klärung oder Anfechtung der Abberufungsbeschlüsse) ist die Einsetzung eines Notgeschäftsführers allerdings nicht erforderlich. In der mehrgliedrigen GmbH muss die Gesellschaft gemäß § 46 Nr. 8 GmbHG ohnedies einen besonderen Prozessvertreter bestellen. In der Zwei-Personen-GmbH wird die Gesellschaft jeweils durch den (abberufenen) Geschäftsführer vertreten, der im Falle des Obsiegens der Gesellschaft als deren Geschäftsführer anzusehen wäre (also durch den jeweils nicht klagenden Gesellschafter-Geschäftsführer); vgl. hierzu näher unter Rn. 682 ff.
[115] OLG Zweibrücken, Beschluss vom 30.9.2011, NZG 2012, 424 = GmbHR 2012, 691.
[116] OLG Zweibrücken, Beschluss vom 30.9.2011, NZG 2012, 424 = GmbHR 2012, 691.

I. Entziehung von Geschäftsführung und Vertretungsmacht, Abberufung

nis förmlich festgestellt hat. Der Versammlungsleiter trifft also eine eigene Entscheidung, ob ein wichtiger Grund in der Person des betroffenen Gesellschafter-Geschäftsführers vorliegt, dieser einem Stimmverbot unterliegt oder nicht und daher seine Stimmabgabe wirksam ist oder nicht.[117] Der vom Versammlungsleiter festgestellte Beschluss ist mit dem festgestellten Inhalt **vorläufig verbindlich**, formelle oder materielle Mängel, die seine Anfechtbarkeit begründen könnten, müssen (von dem bei der Abstimmung unterlegenen Gesellschafter) durch Erhebung einer Anfechtungsklage geltend gemacht werden.[118] Typischerweise **kommt** eine solche **förmliche Beschlussfeststellung** jedoch gerade **nicht zustande**, da häufig entsprechende Satzungsregelungen zur Versammlungsleitung und Beschlussfeststellung fehlen und sich die Gesellschafter im Streitfall auf die Bestellung eines Versammlungsleiters und erst recht auf eine solche Feststellungsbefugnis ad hoc gerade nicht einigen können. Der Abberufungsbeschluss entfaltet in diesem Fall zunächst **keine Wirkung**, es entsteht ein **Schwebezustand**.[119] Es muss im Wege einer sog. Beschlussfeststellungsklage geklärt werden, ob überhaupt ein Abberufungsbeschluss (gegen die Stimmen des Abzuberufenden) zustande gekommen ist oder nicht. Sofern der Abberufene – wie fast immer – die Wirksamkeit der Abberufung bestreitet (regelmäßig mit dem Argument, es liege in seiner Person kein „wichtiger Grund" vor, weshalb seine Stimmabgabe zu berücksichtigen sei), kann die Abberufung bis zu einer gerichtlichen Klärung des Beschlussergebnisses nicht weiter vollzogen werden. Der unklare Abberufungsbeschluss ist *nicht* analog § 84 Abs. 3 S. 4 AktG zunächst wirksam, bis seine Unwirksamkeit bzw. sein „Nichtzustandekommen" rechtskräftig festgestellt wurde.[120] Der betroffene **Gesellschafter-Geschäftsführer** kann **vorläufig weiter amtieren**. Die Vertretungsbefugnisse im Außenverhältnis bleiben bis zur gerichtlichen Klärung zunächst unberührt, da das Handelsregister auf der Grundlage eines unklaren Abberufungsbeschlusses (und gegen den Willen des den Fortbestand seiner Organstellung behauptenden Gesellschafter-Geschäftsführers) meist keine Änderung einträgt.[121] Der oft jahrelang Schwebezustand, der zunächst eher der Rechtsposition des abberufenen Gesellschafter-Geschäftsführers zugutekommt, führt zu erheblichen praktischen Problemen. In dringenden Fällen müssen sich die Gesellschafter, die die Abberufung betrieben haben, mit **einstweiliger Verfügung** gegen weitere Geschäftsführungsmaßnahmen zu Wehr setzen.[122]

---

[117] Vgl. zur Beschlussfeststellung in streitigen Gesellschafterversammlungen näher unter Rn. 128 ff.
[118] BGH, Urteil vom 21.3.1988, BGHZ 104, 66 = NJW 1988, 1844 = GmbHR 1988, 304.
[119] BGH, Urteil vom 20.12.1982, BGHZ 86, 177 = NJW 1983, 938 = GmbHR 1983, 149; OLG Düsseldorf, Beschluss vom 9.6.1999, GmbHR 1999, 1098.
[120] BGH, Urteil vom 20.12.1982, BGHZ 86, 177 = NJW 1983, 938 = GmbHR 1983, 149, wonach § 84 Abs. 3 S. 4 AktG bei der streitigen Abberufung eines GmbH-Geschäftsführers keine Anwendung findet.
[121] Vgl. auch OLG Köln, Urteil vom 26.8.1994, NJW-RR 1995, 555 = GmbHR 1995, 229 = BB 1995, 10, wonach das Handelsregister nicht ermessensfehlerhaft handelt, wenn es bei Unklarheiten über das Beschlussergebnis einer Abberufung die Eintragung nach § 127 FGG (nun § 21 FamFG) zunächst aussetzt und Frist zur Klageerhebung zwecks Klärung der Wirksamkeit der Abberufung setzt; ebenso OLG Zweibrücken, Beschluss vom 30.8.2012, NZG 2013, 107.
[122] Vgl. hierzu näher unter Rn. 805.

206 Das **Gericht muss sich** in einem solchen Verfahren des einstweiligen Rechtsschutzes oder auch bei **anderen Rechtsstreitigkeiten** (außerhalb des Beschlussfeststellungsverfahrens), bei denen die Vertretungsmacht des „abberufenen" Gesellschafter-Geschäftsführers in Frage steht, **inzident** selbst **mit der Wirksamkeit der Abberufung befassen.** Diese Inzidentprüfung betrifft insbesondere die Frage, ob ein „wichtiger Grund" in der Person des Abberufenen vorlag und damit ein wirksamer Abberufungsbeschluss zustande gekommen ist. Entgegen einem in der Praxis weit verbreiteten Missverständnis ist der **Abberufungsbeschluss bei Vorliegen eines wichtigen Grundes** nämlich **auch dann von Anfang an** (und spätestens mit seiner Bekanntgabe gegenüber dem Abberufenen) wirksam, **wenn** das **Beschlussergebnis** wegen der Stimmabgabe des Betroffenen **zunächst unklar ist.**[123] Die §§ 117, 127 HGB finden bei der GmbH *keine* entsprechende Anwendung, so dass der Abberufungsbeschluss nicht erst mit rechtskräftiger Entscheidung im Beschlussfeststellungsverfahren (ex nunc) Wirksamkeit entfaltet. Dies gilt auch für die Zwei-Personen-GmbH.[124] Die anderslautende, in der Praxis verbreitete Auffassung beruht offenbar auf missverständlich formulierten Leitsätzen oder Formulierungen in höchstrichterlichen Entscheidungen, die – aus dem Zusammenhang gerissen – zudem missverständlich zitiert werden. Häufig wird hierbei z.B. mit den Entscheidungsgründen des BGH im Urteil vom 20.12.1982[125] argumentiert, wo der BGH für eine Zwei-Personen-GmbH unter anderem ausführt, die Abberufung könne bei einem solchen Gesellschaftsverhältnis bis zu einer gegenteiligen rechtskräftigen Gerichtsentscheidung nicht vorläufig wirksam sein (da sie sonst ein „*bequemes Mittel*" wäre, bei Interessengegensätzen oder Meinungsverschiedenheiten unter den Gesellschaftern einen geschäftsführenden Gesellschafter unter Umständen auf Jahre hinaus auszuschalten). Der BGH begründet damit jedoch nur, dass die Vorschrift des § 84 Abs. 3 S. 4 AktG (vorläufige Wirksamkeit einer Vorstandsabberufung bis zur rechtskräftigen gerichtlichen Entscheidung) bei der GmbH keine Anwendung findet, stellt aber wenige Sätze vorher in denselben Entscheidungsgründen ausdrücklich fest, dass die §§ 117, 127 HGB ebenfalls nicht auf die Rechtsverhältnisse bei der GmbH übertragbar sind und der Abberufungsbeschluss (bei formeller Gültigkeit und Vorliegen eines wichtigen Grundes) trotz der wechselseitigen Abberufung oder eines zunächst unklaren Beschlussergebnisses daher „*sofort wirksam wird*".

207 Im **Überblick** ergeben sich im Zusammenhang mit der Beschlussfassung über die **außerordentliche Abberufung** eines Gesellschafter-Geschäftsführers in der GmbH aus wichtigem Grund daher folgende möglichen **Beschlussauswirkungen** und **Rechtsschutzmöglichkeiten**:

---

[123] So ausdrücklich auch BGH, Urteil vom 20.12.1982, BGHZ 86, 177 = NJW 1983, 938 = GmbHR 1983, 149.
[124] BGH, Urteil vom 20.12.1982, BGHZ 86, 177 = NJW 1983, 938 = GmbHR 1983, 149.
[125] BGH, Urteil vom 20.12.1982, BGHZ 86, 177 = NJW 1983, 938 = GmbHR 1983, 149.

I. Entziehung von Geschäftsführung und Vertretungsmacht, Abberufung

Abberufungs-beschluss	Rechtsfolge	Auswirkung	Rechtsschutz
1. Gravierende Mängel			
Der Abberufungsbeschluss hat gravierende Mängel, weil die entsprechende Gesellschafterversammlung nicht ordnungsgemäß einberufen wurde oder überhaupt kein zuständiges Beschlussgremium tätig war (z.B. „Beschlussfassung" einzelner Gesellschafter).	Der Abberufungsbeschluss ist nichtig.	Auf die Nichtigkeit des Beschlusses kann sich jeder berufen. Bei gravierenden Mängeln, die den Abberufungsbeschluss erkennbar nichtig machen, entfaltet der Beschluss auch keine tatsächliche Wirkung. Das HR wird die Abberufung nicht eintragen; Geschäftspartner oder Banken werden die Abberufung nicht anerkennen.	Der betroffene Gesellschafter-GF kann die Nichtigkeit des Abberufungsbeschlusses ggf. durch Feststellungsklage klären lassen und, falls erforderlich, im Wege der einstweiligen Verfügung seine Rechte als GF sichern.
2. Unklares Beschlussergebnis			
Das Ergebnis des Abberufungsbeschlusses ist unklar, weil sich die Gesellschafter über die wirksame Stimmabgabe uneinig sind (vor allem weil der Abzuberufende trotz Stimmverbots mitgestimmt hat oder andersherum die Stimmabgabe gegen die Abberufung aus wichtigem Grund ggf treuwidrig und nichtig war) und das Beschlussergebnis nicht aufgrund Beschlussfeststellung eines Versammlungsleiters vorläufig rechtsverbindlich ist.	Das Zustandekommen des Abberufungsbeschlusses richtet sich – wie auch sonst – nach dem Abstimmungsergebnis (Stimmenmehrheit für oder gegen den betreffenden Beschlussantrag bzw. Scheitern des Antrags wegen Stimmen-Patts), das seinerseits von der Wirksamkeit streitiger Stimmabgaben (z.B. je nach Vorliegen eines „wichtigen Grundes") abhängt.	Der (mögliche) Abberufungsbeschluss lässt sich zunächst nicht vollziehen. Bei Unklarheiten über das Beschlussergebnis muss und wird das HR die Abberufung zunächst nicht eintragen. Auch gegenüber Geschäftspartnern, Geschäftsbanken und sonstigen Dritten ist mit dem Protokoll der Versammlung, aus dem lediglich der Streit über die Abberufung hervorgeht, wenig anzufangen. Es entsteht bis zur gerichtlichen Klärung ein Schwebezustand.	Die Gesellschafter oder die GmbH selbst können das Beschlussergebnis durch Beschlussfeststellungsklage klären lassen. Darüber hinaus besteht in dringenden Fällen für die Streitparteien die Möglichkeit einstweiligen Rechtsschutzes.

Abberufungs-beschluss	Rechtsfolge	Auswirkung	Rechtsschutz
3. Keine (zur Nichtigkeit führenden) Mängel und klares Beschlussergebnis bzw. Beschlussfeststellung			
Der Abberufungsbeschluss kann mangelfrei sein oder zumindest nur zur Anfechtbarkeit führende, materielle oder formelle Mängel aufweisen und hinsichtlich des Abstimmungsergebnisses i.Ü. eindeutig sein (ggf. durch förmliche Beschlussfeststellung eines Versammlungsleiters).	Der „positive" Abberufungsbeschluss ist vorbehaltlich einer rechtzeitigen und erfolgreichen Anfechtung verbindlich und wirksam. Gleiches gilt spiegelbildlich für die *Ablehnung* des Beschlussantrags. Der „negative" Beschluss ist ebenfalls vorbehaltlich rechtzeitiger Anfechtung verbindlich und wirksam.	Der Abberufungsbeschluss lässt sich in der Regel vollziehen. Das Handelsregister wird die Abberufung nach Anmeldung – vorbehaltlich einer erfolgreichen gerichtlichen Intervention des Betroffenen – eintragen. Mit dem Protokoll des Abberufungsbeschlusses oder spätestens mit der HR-Eintragung lässt sich die Abberufung nach außen dokumentieren. Bei einem Ablehnungsbeschluss bleibt die Organstellung des betroffenen GF unberührt. Die unterlegenen Gesellschafter können sich bis zur gerichtlichen Klärung in der Hauptsache ggf mittels EV zur Wehr setzen.	Der abberufene Gesellschafter-GF kann sich mit der Anfechtungsklage zur Wehr setzen und seine GF-Rechte (bei Glaubhaftmachung der Unwirksamkeit der Abberufung) vorläufig durch EV durchsetzen. Der Ablehnungsbeschluss kann durch die unterlegenen Gesellschafter ebenfalls mit der Anfechtungsklage angegriffen werden. Diese Anfechtungsklage kann mit einer positiven Beschlussfeststellungsklage kombiniert werden, da die Anfechtungsklage nur den fehlerhaft festgestellten Beschluss beseitigt.

cc) Kündigung des Anstellungsvertrags

(1) Auswirkung des Abberufungsbeschlusses auf den Anstellungsvertrag

208 Das Dienstverhältnis eines Gesellschafter-Geschäftsführers ist bei der GmbH meist schon aus steuerlichen Gründen (zur Vermeidung des Vorwurfs „Verdeckter Gewinnausschüttungen") durch einen schriftlichen Dienstvertrag geregelt. Die Beendigung der Organstellung durch Abberufung von der Geschäftsführung hat grundsätzlich *nicht* automatisch die Auflösung dieses Anstellungsverhältnisses zur Folge.[126] Etwas anderes gilt ausnahmsweise z.B. dann, wenn die beiden Rechtsverhältnisse (Organstellung und Anstellungsvertrag) durch auflösende Bedingung miteinander verknüpft sind oder ausdrücklich im Anstellungsvertrag vereinbart ist, dass mit der Abberufung zugleich auch das Anstellungsverhältnis beendet wird (sog. „Kopplungsklausel").[127]

---

[126] OLG Frankfurt a.M., Urteil vom 18.2.1994, GmbHR 1994, 549.
[127] OLG Zweibrücken, Urteil vom 8.6.1999, NZG 1999, 1011 und Urteil vom 8.5.2013, NZG 2013, 784.

I. Entziehung von Geschäftsführung und Vertretungsmacht, Abberufung

Sofern die Abberufung – wie regelmäßig – zugleich zur vorzeitigen Beendigung des Anstellungsvertrags führen soll, muss dieser somit **ausdrücklich gekündigt** werden. Der Abberufungsbeschluss selbst enthält regelmäßig nicht die Erklärung der Kündigung des Anstellungsvertrags. Die beabsichtigte Kündigung muss neben der Abberufung mit „hinreichender Klarheit" zum Ausdruck kommen.[128] Etwas anderes gilt auch hier, wenn aufgrund vertraglicher Vereinbarung eine ausdrückliche Verknüpfung zwischen Abberufungsbeschluss und Kündigungserklärung hergestellt wird, etwa dergestalt, dass laut Anstellungsvertrag „der Widerruf der Bestellung zugleich als Kündigung des Anstellungsvertrags zum nächstmöglichen Zeitpunkt gilt".[129]

208a

Zusätzlich zur Kündigung sollte vorsorglich ein ausdrücklicher **Widerspruch gegen** die **weitere Fortsetzung des Dienstverhältnisses** nach dessen Beendigung erklärt werden. Anderenfalls besteht die Gefahr, dass der gekündigte Gesellschafter-Geschäftsführer, vor allem bei Streitigkeiten über die Wirksamkeit des Abberufungs- und Kündigungsbeschlusses, das Dienstverhältnis trotz Kündigung und mit Wissen der Gesellschafterversammlung fortsetzt, mit der Folge, dass das Dienstverhältnis gemäß § 625 BGB „*als auf unbestimmte Zeit verlängert*" gilt.[130] Diese gesetzliche Fiktion ist gerade bei Gesellschafterstreitigkeiten tückisch, weil der abberufene Gesellschafter-Geschäftsführer den Abberufungs- und Kündigungsbeschluss jedenfalls bis zu einer gerichtlichen Klärung häufig ignoriert und seine Geschäftsführertätigkeit mit Kenntnis der Mitgesellschafter, die sich hiergegen kurzfristig nur schwer zur Wehr setzen können, zunächst uneingeschränkt fortsetzt. Sobald die gesetzliche Fiktion dann in Kraft tritt, scheitert eine erneute Kündigung des (dann unbefristeten) Dienstverhältnisses ebenfalls häufig an den Mehrheitsverhältnissen, zumal die außerordentliche Kündigung (mit dem entsprechenden Stimmverbot des betroffenen Gesellschafter-Geschäftsführers) wegen der Kündigungserklärungsfrist des § 626 Abs. 2 BGB – außer bei einem Dauerverhalten – dann ausscheidet. Der Widerspruch gegen die Fortsetzung des Dienstverhältnisses hat „unverzüglich" (gemäß § 121 Abs. 1 BGB also grundsätzlich innerhalb weniger Tage) *nach* Beendigung des Dienstverhältnisses zu erfolgen, ist nach der Rechtsprechung des BAG aber auch bereits *vor Ablauf* des Dienstverhältnisses möglich.[131] Im Falle des GmbH-Geschäftsführers muss der betreffende Widerspruch durch das für die Kündigung zuständige Organ, also regelmäßig die Gesellschafterversammlung (vgl. unter Rn. 209) erfolgen. Ein unverzüglicher Widerspruch gegen die Fortsetzung des Dienstverhältnisses ist daher nach dessen Beendigung schwierig, da dann sehr kurzfristig erneut zu einer Gesellschafterversammlung, die über die Erklärung des Widerspruchs Beschluss fasst, geladen werden müsste. Der Widerspruch gemäß § 625 BGB sollte bei streitigen

208b

---

[128] OLG Rostock, Urteil vom 14.10.1998, NZG 1999, 216.
[129] Vgl. z.B. OLG Düsseldorf, Urteil vom 24.6.1999, NZG 2000, 209 = GmbHR 2000, 378; OLG Köln, Urteil vom 6.12.1999, NZG 2000, 551 = GmbHR 2000, 432.
[130] Vgl. zur Anwendbarkeit des § 625 BGB auf den Anstellungsvertrag des GmbH-Geschäftsführers BGH, Urteil vom 12.5.1997, NJW 1997, 2319 = GmbHR 1997, 645 = BB 1997, 1327.
[131] BAG, Urteil vom 3.12.1997, BB 1998, 1693 = DB 1998, 2371; BAG, Urteil vom 26.7.2000, NJW 2001, 532 = BB 2000, 2576 = DB 2001, 100.

außerordentlichen Abberufungen und fristlosen Kündigungen eines Gesellschafter-Geschäftsführers daher vorsorglich bereits zusammen mit diesen Maßnahmen beschlossen und zugleich mit der Kündigung gegenüber dem betroffenen Geschäftsführer erklärt werden.[132]

(2) Zuständigkeit für die Kündigung des Anstellungsvertrags und Kündigungserklärung

209   Für die Kündigung ist auf Seiten der Gesellschaft[133] das Gremium zuständig, welches auch über die Abberufung des Geschäftsführers entscheidet („**Annexkompetenz**")[134], rglm gemäß § 46 Nr. 5 GmbHG also die Gesellschafterversammlung. Die **Kündigung des Anstellungsverhältnisses** erfordert in diesem Fall einen **Gesellschafterbeschluss**. Ohne gültige Beschlussfassung ist die Kündigung unwirksam.[135] Die Beschlussfassung über die Kündigung sollte (insbesondere wegen der Ausschlussfrist des § 626 Abs. 2 BGB bei fristloser Kündigung; vgl. hierzu unter Rn. 215 f.) bereits für die Gesellschafterversammlung vorbereitet und angekündigt werden, in der auch über die außerordentliche Abberufung des betreffenden Geschäftsführers Beschluss gefasst werden soll.[136]

210   Die beschlossene **Kündigung** muss dem betroffenen Geschäftsführer **bekannt gemacht werden**, es sei denn, er ist in der Gesellschafterversammlung, in der über die Kündigung Beschluss gefasst wird, selbst anwesend.[137] Die bloße Anwesenheit bzw. Bekanntgabe in einer Gesellschafterversammlung ist allerdings dann unzureichend, wenn der **Anstellungsvertrag** oder die Satzung **für die Kündigungserklärung** konstitutiv die **Schriftform** vorsieht. Die Kündigung muss daher bei vertraglichem Schriftformerfordernis trotz der sofortigen Kenntnisnahme durch den Gesellschafter-Geschäftsführer, auch zu Beweiszwecken, nochmals schriftlich (unterzeichnet durch alle übrigen Gesellschafter) mitgeteilt werden. Falls die vertraglich vereinbarte Schriftform nicht eingehalten wird, ist die Kündigung trotz sonstiger Kenntnisnahme durch den betroffenen Geschäftsführer im Zweifel nichtig (§§ 127, 126, 125 S. 2 BGB). Die Ausführungen zur Mitteilung des Abberufungsbeschlusses unter Rn. 200 gelten für die Mitteilung und den Zugang der Kündigungserklärung entsprechend.

211   Sofern die **Kündigung** – wie dies praktisch häufig der Fall ist – **durch** einen **Stellvertreter mitgeteilt** bzw. erklärt wird, muss zum **Nachweis der** entsprechenden **Bevollmächtigung** durch die Gesellschafter-

---

[132] Vgl. hierzu auch die Checkliste unter Rn. 851 sowie das Beispiel für einen entsprechenden Beschlussantrag im Muster der Ladung zu einer außerordentlichen Gesellschafterversammlung unter Rn. 853.

[133] Falls der *Geschäftsführer* wegen oder im Zusammenhang mit der Abberufung fristlos kündigt, steht ihm allein wegen der Abberufung kein Schadensersatzanspruch gem. § 628 Abs. 2 BGB gegen die Gesellschaft zu, BGH, Urteil vom 6.3.2012, NZG 2012, 502 = NJW 2012, 1656 = GmbHR 2012, 638.

[134] OLG Köln, Urteil vom 21.2.1990, GmbHR 1991, 156 = DB 1991, 435 = VersR 1991, 550; LAG Hessen, Urteil vom 21.6.2000, NJW-RR 2001, 112. Darüber hinaus kann die Kündigungsbefugnis durch die Satzung oder durch Gesellschafterbeschluss auf ein bestimmtes Organ oder bestimmte Personen übertragen sein, BGH, Urteil vom 9.4.2013, NZG 2013, 615 = GmbHR 2013, 645.

[135] OLG Nürnberg, Urteil vom 22.12.2000, NZG 2001, 810.

[136] Vgl. hierzu das Muster einer Einberufung unter Rn. 854.

[137] OLG Nürnberg, Urteil vom 22.12.2000, NZG 2001, 810.

gesamtheit das Originalprotokoll der Gesellschafterversammlung, in der über die Kündigung und die Ermächtigung des Stellvertreters zur Bekanntgabe entschieden wurde, beigefügt werden. Alternativ erklärt die Gesellschafterversammlung die Kündigung selbst, indem die Bekanntgabe des Kündigungsbeschlusses (gegenüber dem in der Gesellschafterversammlung abwesenden Gesellschafter-Geschäftsführer) durch alle Mitgesellschafter unterzeichnet wird. Die Einhaltung einer bestimmten, vertraglich vereinbarten Übermittlungsform (z.B. Kündigung nur durch **Einschreibebrief**) ist demgegenüber nicht Wirksamkeitsvoraussetzung für die Kündigungserklärung.[138] Die Vereinbarung eines Einschreibebriefes hat Beweisfunktion, anders als die im Anstellungsvertrag vereinbarte Schriftform für die Kündigung in der Regel aber keine konstitutive Bedeutung. Bei Verzicht auf den Einschreibebrief muss der Zugang des Kündigungsschreibens, der Voraussetzung für das Wirksamwerden der Kündigung ist, dann jedoch in anderer Art und Weise (nachweisbar) sichergestellt werden (etwa durch Empfangsquittung).

(3) Ordentliche und außerordentliche Kündigung

Die Beendigung des Dienstvertrags des Geschäftsführers durch Kündigung kann entweder mit der vereinbarten oder gesetzlichen Kündigungsfrist („ordentlich") oder fristlos und aus wichtigem Grund („außerordentlich") geschehen.

212

Anders als bei Arbeitnehmern unterliegt die **ordentliche Kündigung** des Anstellungsvertrags hinsichtlich der Kündigungsbegründung keinen besonderen Anforderungen. Gemäß § 14 KSchG finden die Vorschriften zum Kündigungsschutz von Arbeitnehmern gemäß §§ 1 bis 13 KSchG auf die GmbH-Geschäftsführer keine Anwendung.

Diese gesetzliche Fiktion des § 14 KSchG entfällt allerdings mit Beendigung der Organstellung, also mit Wirksamkeit der Abberufung des Geschäftsführers oder einer Amtsniederlegung.[139] In diesen Fällen hängt die Anwendbarkeit der §§ 1 ff. KSchG von der Beurteilung ab, ob der (frühere) Geschäftsführer „Arbeitnehmer" oder „Dienstnehmer" war, das der Organstellung zugrunde liegende Anstellungsverhältnis also als Arbeits- oder Dienstvertrag zu beurteilen ist. Die Geschäftsführer einer GmbH sind – im Regelfall – keine Arbeitnehmer. Der Geschäftsführer-Anstellungsvertrag ist **kein Arbeits-, sondern ein Dienstvertrag** gemäß §§ 611 ff. BGB.[140] Diese rechtliche Einordnung des Anstellungsvertrags ist jedoch nicht unstreitig. Nach Auffassung des BAG kann das Anstellungsverhältnis eines GmbH-Geschäftsführers in Ausnahmefällen, bei *„starker interner Weisungsabhängigkeit"* auch als Arbeitsverhältnis zu qualifizieren sein[141], so dass (vorbehaltlich der gesetzlichen Fiktionen der §§ 14 KSchG, 5 Abs. 1 S. 3 ArbGG) für das betreffende Anstellungsverhältnis materielles Arbeitsrecht zur Anwendung kommt.[142] Darüber hinaus kann in Ausnahmefällen (die in den hier behandelten Fällen von *Gesellschafter*streitigkeiten kaum praktische Relevanz haben

212a

---

[138] BGH, Urteil vom 21.1.2004, NJW 2004, 1320 = WM 2004, 639; KG Berlin, Urteil vom 6.1.1999, NZG 1999, 764.

[139] Vgl. für die entsprechende gesetzliche Fiktion in § 5 Abs. 3 S. 3 ArbGG, betreffend die Zuständigkeit der Arbeitsgerichte gemäß § 2 ArbGG, z.B. BAG, Beschluss vom 22.10.2014, GmbHR 2015, 27 = NJW 2015, 570; OLG München, Beschluss vom 27.10.2014, NZG 2014, 1420.

[140] BGH, Urteil vom 14.2.2000, NZG 2000, 546 = GmbHR 2000, 431; BGH, Urteil vom 10.5.2010, NZG 2010, 827 = GmbHR 2010, 808 = BB 2010, 2571. Vgl. auch Baumbach/Hueck, § 35, Rn. 172, mit umfangreichen Nachweisen aus der Rechtsprechung des BGH und des BAG sowie zum Schrifttum; Scholz/Schneider/Hohenstatt, § 35, Rn. 259 ff. und 451 ff.; differenzierend Michalski/Tebben, § 6, Rn. 122 ff., und § 35, Rn. 116 („*Geschäftsbesorgungsvertrag mit dienstvertragsrechtlichen und teilweise auch arbeitsrechtlichen Bestimmungen*").

[141] BAG, Urteil vom 26.5.1999, NJW 1999, 3731.

[142] Vgl. z.B. BAG, Beschluss vom 23.8.2011, GmbHR 2011, 1200 = DB 2011, 2386.

dürften) ein früheres, während der Organstellung ruhend gestelltes Arbeitsverhältnis wieder aufleben.[143] Diese verbleibenden Rechtsunsicherheiten bei der Qualifizierung des Anstellungsverhältnisses sprechen wegen der gesetzlichen Fiktion des § 14 KSchG ebenfalls dafür, die Kündigung zugleich mit der Abberufung des Geschäftsführers zu beschließen und zu erklären, um die betreffenden, besonderen Streitigkeiten über den Kündigungsschutz gemäß §§ 1 ff. KSchG bei Fortsetzung des Anstellungsverhältnisses nach Beendigung der Organstellung zu vermeiden.

212b Unabhängig davon, dass dem Geschäftsführer der besondere Kündigungsschutz der §§ 1 ff. KSchG somit jedenfalls bis zur Beendigung der Organstellung nicht zugute kommt, ist die ordentliche Kündigung des Anstellungsvertrags bei Streitigkeiten unter den Gesellschaftern trotzdem häufig ausgeschlossen oder zumindest unbefriedigend: Bei **befristeten Anstellungsverträgen** scheidet die ordentliche Kündigung vor Ablauf der Vertragslaufzeit aus rechtlichen Gründen aus (§ 620 BGB). Bei unbefristeten Anstellungsverträgen ist die ordentliche Kündigung zwar grundsätzlich möglich, scheitert aber meist an den **Mehrheitsverhältnissen** (da der zu kündigende Gesellschafter-Geschäftsführer bei der Beschlussfassung über die ordentliche Kündigung – anders als bei der Abstimmung über eine außerordentliche Kündigung aus „wichtigem Grund" – stimmberechtigt ist; vgl. näher unter Rn. 51). Im Übrigen liegt es nach streitiger Abberufung eines Gesellschafter-Geschäftsführers für die GmbH ohnedies nahe, den korrespondierenden Anstellungsvertrag wegen der Vergütungsverpflichtung vor Ablauf der gesetzlichen und (ggf längeren) vertraglichen Kündigungsfrist zeitnah zu beenden.

213 In den hier behandelten Streitfällen steht daher auch für die Beendigung des Anstellungsverhältnisses die **außerordentliche Kündigung aus wichtigem Grund** im Vordergrund. Die Wirksamkeit der fristlosen Kündigung richtet sich gemäß **§ 626 Abs. 1 BGB** danach, ob in der Person des Geschäftsführers ein **„wichtiger Grund"** vorliegt, aufgrund dessen den kündigenden Gesellschaftern „*unter Berücksichtigung aller Umstände des Einzelfalls und unter Abwägung der Interessen beider Vertragsteile die Fortsetzung des Dienstverhältnisses bis zum Ablauf der Kündigungsfrist oder bis zu der vereinbarten Beendigung des Dienstverhältnisses nicht zugemutet werden kann*" (§ 626 Abs. 1 BGB). „Wichtige Gründe", die die außerordentliche Abberufung rechtfertigen, erlauben regelmäßig auch die gleichzeitige, außerordentliche und fristlose Kündigung des Anstellungsvertrags. Hinsichtlich des „wichtigen Grundes" für die fristlose Kündigung wird daher auf die Ausführungen unter Rn. 155 ff. verwiesen. Die „Unzumutbarkeit" der Fortführung der Organstellung einerseits und die Berechtigung der sofortigen Beendigung des Anstellungsvertrags durch außerordentliche Kündigung andererseits müssen jedoch gesondert geprüft werden. Die **außerordentliche Kündigung** kann (anders als z.B. die außerordentliche Abberufung) z.B. dann **unverhältnismäßig** und unwirksam sein, wenn das Dienstverhältnis zum Zeitpunkt der Kündigung ohnedies nur noch eine geringe Restlaufzeit von wenigen Monaten hat und der Gesellschaft daher der Fortbestand bis zu dieser verein-

---

[143] Vgl. hierzu nur Scholz/*Schneider/Hohenstatt*, § 35, 453, mwN.

I. Entziehung von Geschäftsführung und Vertretungsmacht, Abberufung

barten Beendigung zugemutet werden kann.[144] Die **Abmahnung** des Geschäftsführers vor der fristlosen Kündigung ist dagegen in aller Regel **entbehrlich**.[145]

Eine Fülle weiterer **Beispiele aus der Rechtsprechung**, welche Sachverhalte eine außerordentliche Kündigung des Geschäftsführer-Anstellungsvertrags nach § 626 Abs. 1 BGB rechtfertigen und welche nicht, findet sich vor allem in der Kommentarliteratur.[146] Eine gesonderte, über die Ausführungen zum wichtigen Grund bei der Abberufung hinausgehende Darstellung (vgl. unter Rn. 155 ff.) würde an dieser Stelle zu viel Raum einnehmen. Wegen ihrer besonderen praktischen Relevanz seien im Zusammenhang mit der außerordentlichen Kündigung lediglich folgende weitere Fallbeispiele genannt: Die unberechtigte **Abrechnung privater Kosten** als angebliche **Spesen** rechtfertigt grundsätzlich eine fristlose Kündigung des Anstellungsvertrags.[147] Dies gilt allerdings dann *nicht*, wenn diese Spesen ausgewiesen waren, der Geschäftsführer also nicht mit Verdeckungsabsicht handelte, und er diese Spesen wegen uneindeutiger Formulierungen im Anstellungsvertrag auch für erstattungsfähig halten durfte und für erstattungsfähig hielt.[148] Die **Eingehung von „Risikogeschäften"** bildet für sich nicht in jedem Fall eine die außerordentliche Kündigung rechtfertigende Pflichtverletzung. Der Geschäftsführer hat einen unternehmerischen Spielraum. Eine relevante Sorgfaltspflichtverletzung ist nur zu bejahen, wenn die naheliegende Möglichkeit einer Schädigung bestand. Zu berücksichtigen sind auch der Geschäftszweck der Gesellschaft und der Wille der Gesellschafter.[149] Eine **„Insolvenzgefahr" der Gesellschaft** rechtfertigt für sich allein ebenfalls nicht die außerordentliche Kündigung des Geschäftsführer-Dienstvertrags.[150]

214

Spezifische Probleme ergeben sich im Zusammenhang mit der fristlosen Kündigung des Geschäftsführer-Anstellungsvertrags hinsichtlich der **Kündigungserklärungsfrist gemäß § 626 Abs. 2 BGB**. Demnach kann die außerordentliche Kündigung eines Dienstvertrags nur innerhalb von zwei Wochen ab dem Zeitpunkt erfolgen, in dem der Kündigungsberechtigte von den für die Kündigung maßgebenden Tatsachen Kenntnis erlangt hat. Diese „maßgebenden Tatsachen" sind die Umstände, die die Entscheidung über den Fortbestand bzw. die außerordentliche Auflösung des Anstellungsverhältnisses begründen. Bei einem Dauerverhalten und fortgesetzten Pflichtverstößen beginnt die Kündigungserklärungsfrist daher nicht vor der letzten Tathandlung bzw. dem Eintritt des tatsächlichen Zustandes, der die Kündigung letztlich veranlasst.[151] Größere Schwie-

215

---

[144] Ein entsprechendes Beispiel findet sich etwa im Urteil des BGH vom 27.10.1986, NJW 1987, 1889. Das OLG München, Urteil vom 18.4.2012, GmbHR 2012, 852, stellt bei der Interessenabwägung und der Beurteilung der „Zumutbarkeit" der Weiterbeschäftigung eines GF bis zur ordentlichen Beendigung ebenfalls entscheidend auf die Restlaufzeit des Dienstvertrags zum Zeitpunkt der fristlosen Kündigung ab (im konkreten Fall immerhin noch 16 Monate).
[145] BGH, Urteil vom 14.2.2000, NJW-RR 2001, 108.
[146] Vgl. z.B. Baumbach/Hueck, § 35, Rn. 220 f., mit umfangreichen Nachweisen aus der Rechtsprechung; Lutter/Hommelhoff, Anh zu § 6, Rn. 58 f.; Scholz/*Schneider/Sethe*, § 35, Rn. 326 ff.; Michalski/*Tebben*, § 6, Rn. 228 ff.
[147] KG Berlin, Urteil vom 10.11.2000, NZG 2001, 325.
[148] BGH, Urteil vom 28.10.2002, NZG 2003, 86 = NJW 2003, 431 = GmbHR 2003, 33, mittels dessen der BGH das in der vorhergehenden Fußnote zitierte Urteil des KG Berlin aufhob.
[149] OLG Naumburg, Urteil vom 16.11.2004, GmbHR 2005, 757, für den Abschluss von „Swapgeschäften" durch den Geschäftsführer einer kommunalen GmbH.
[150] OLG Naumburg, Urteil vom 16.4.2003, GmbHR 2004, 423.
[151] BGH, Urteil vom 26.6.1995, NJW 1995, 2850 = GmbHR 1995, 653 = BB 1995, 1844; vgl. auch Baumbach/Hueck, § 35, Rn. 224 ff.; Lutter/Hommelhoff, Anh zu § 6, Rn. 62; Scholz/*Schneider/Sethe*, § 35, Rn. 336.

rigkeiten bei der Berechnung der Kündigungserklärungsfrist ergeben sich im Hinblick auf die Bestimmung des **Zeitpunkts** der **Kenntniserlangung** der **Kündigungstatsachen** durch den **Kündigungsberechtigten**. Sofern, wie in den hier interessierenden Fällen, die Gesellschafterversammlung kündigungsberechtigt ist, wird die Kündigungserklärungsfrist des § 626 Abs. 2 BGB erst in Gang gesetzt, wenn diese Kenntnis von den Kündigungsgründen erlangt hat. Die Kenntniserlangung durch einzelne Gesellschafter oder – bei einer Kündigung durch den Aufsichtsrat – einzelne Mitglieder des Aufsichtsrats reicht demgegenüber *nicht* aus.[152] Da „Kündigungsberechtigter" im Sinne des § 626 Abs. 2 BGB jeweils das zuständige Organ als solches, nicht aber der einzelne Gesellschafter (oder das einzelne Aufsichtsratsmitglied) ist, wird die Zwei-Wochen-Frist des § 626 Abs. 2 BGB selbst dann nicht in Gang gesetzt, wenn *alle* Gesellschafter (oder alle Aufsichtsratsmitglieder) außerhalb dieses Gremiums einzeln Kenntnis von den die Kündigung stützenden Tatsachen erlangt haben.[153] „*Kenntnis*" im Sinne des § 626 Abs. 2 BGB liegt dabei erst vor, wenn „*alles in Erfahrung gebracht worden ist, was als notwendige Grundlage für eine Entscheidung über Fortbestand oder Auflösung des Dienstverhältnisses anzusehen ist (…). Kennenmüssen oder grob fahrlässige Unkenntnis genügt nicht.*"[154] Die **Einberufung der Gesellschafterversammlung** darf von den einberufungsberechtigten Mitgliedern nach Kenntniserlangung vom Kündigungssachverhalt indessen **nicht unangemessen verzögert** werden, anderenfalls sich die GmbH so behandeln lassen muss, als wäre die Gesellschafterversammlung mit der billigerweise zumutbaren Beschleunigung einberufen und die Kündigungserklärungsfrist dann mit diesem früheren Termin der Gesellschafterversammlung in Gang gesetzt worden.[155] In dieser, mit der zumutbaren Beschleunigung einzuberufenden Gesellschafterversammlung muss dann ohne weitere Vertagung über die fristlose Kündigung des Geschäftsführers Beschluss gefasst werden, damit (falls sich die Gesellschafterversammlung für diese Maßnahme entscheidet) in jedem Fall die Kündigungserklärungsfrist des § 626 Abs. 2 BGB eingehalten wird.

216 Im **Überblick** ergibt sich daher bei einer **streitigen Abberufung und außerordentlichen Kündigung eines Gesellschafter-Geschäftsführers aus wichtigem Grund durch Gesellschafterbeschluss folgender Ablauf**: Sofern einem einzelnen Gesellschafter eine grobe Pflichtverletzung des Gesellschafter-Geschäftsführers bekannt wird oder diesbezüglich zumindest ein konkreter, durch Tatsachen nachweisbarer Verdacht besteht, sollte unter Einhaltung der Ladungsfristen und mit der zumutbaren Beschleunigung eine Gesellschafterversammlung einberufen oder eine solche Einberufung über das besondere Recht des Minderheitsgesellschafters (§ 50 GmbHG) veranlasst werden. In dieser Gesellschafterversammlung sollten zugleich Beschlüsse über die außerordentliche Abberufung und die – ggf. fristlose – Kündigung des Anstellungsvertrags des Gesellschafter-Geschäftsführers, jeweils aus „wichtigem Grund", gefasst werden. Darüber hinaus ist – ebenfalls durch entsprechenden Beschluss – vorsorglich ein Widerspruch gegen die Fortsetzung des Dienstverhältnisses gemäß § 625 BGB zu erklären. In der Ladung müssen entsprechende Tagesordnungs-

---

[152] BGH, Urteil vom 9.11.1992, NJW 1993, 463 = GmbHR 1993, 33 = BB 1992, 2453; BGH, Urteil vom 9.4.2013, DB 2013, 1102; OLG Köln, Urteil vom 6.12.1999, NZG 2000, 551 = GmbHR 2000, 432; KG Berlin, Urteil vom 18.6.1999, NZG 2000, 101.
[153] BGH, Urteil vom 15.6.1998, BGHZ 139, 89 = NZG 1998, 634 = GmbHR 1998, 827.
[154] BGH, Urteil vom 9.4.2013, NZG 2013, 615 = GmbHR 2013, 645.
[155] BGH, Urteil vom 15.6.1998, NZG 1998, 679 = NJW 1998, 3344 = DStR 1998, 1363 = GmbHR 1998, 891.

I. Entziehung von Geschäftsführung und Vertretungsmacht, Abberufung

punkte bzw. Beschlussgegenstände angekündigt werden. Falls der betroffene Gesellschafter-Geschäftsführer in der Gesellschafterversammlung anwesend ist, ist eine gesonderte Mitteilung der Abberufung und Kündigung nach entsprechender Beschlussfassung entbehrlich, es sei denn der Anstellungsvertrag sieht ein konstitutives Schriftformerfordernis für die Kündigung vor. Bei Abwesenheit ist dem Geschäftsführer die Abberufung bekannt zu machen und die Kündigung (nebst Widerspruch gem. § 625 BGB) gesondert und schriftlich zu erklären, entweder durch die Gesellschafterversammlung (mittels Unterzeichnung des Bekanntgabe- bzw. Kündigungserklärungsschreibens durch alle Gesellschafter) selbst oder durch einen bevollmächtigten Stellvertreter, der zur Dokumentation seiner Vollmacht ein Original des Versammlungsprotokolls beifügen muss.[156]

---

[156] Eine Checkliste, betreffend die streitige Abberufung eines Gesellschafter-Geschäftsführers in der GmbH sowie die Kündigung seines Anstellungsvertrags, findet sich unter Rn. 851.

II. Ausschluss aus der Gesellschaft

Schrifttum: Ausschluss aus der Personengesellschaft: *Kiethe,* Ausschluss aus der Personengesellschaft und Einstweilige Verfügung, NZG 2004, 114; *Kilian,* Die Trennung vom missliebigen Personengesellschafter, WM 2006, 1567; *Peltzer,* „Hinauskündigungsklauseln", Privatautonomie, Sittenwidrigkeit und Folgerungen für die Praxis, ZGR 2006, 702; *Eckardt,* Das Ausscheiden des Komplementärs aus der zweigliedrigen KG, ZGR 2000, 444; *Gehrlein,* Neue Tendenzen zum Verbot der freien Hinauskündigung eines Gesellschafters, NJW 2005, 1969; *K. Schmidt,* Ausschließungs- und Entziehungsklagen gegen den einzigen Komplementär, ZGR 2004, 227; *Westermann,* Die Verteidigung von Mitgliedschaftsrechten in der Personengesellschaft (einschließlich GmbH & Co. KG), NZG 2012, 1121. **Ausschluss aus der GmbH:** *Abramenko,* Rechtliches Gehör vor dem Ausschluss eines Gesellschafters aus der GmbH, GmbHR 2001, 501; *Altmeppen,* Die Dogmatik des Abfindungsanspruchs und die offenen Fragen zum Ausscheiden aus der GmbH, ZIP 2012, 1685; *Bacher/von Blumenthal,* Die Verwendung von GmbH-Geschäftsanteilen bei Ausscheiden eines Gesellschafters, NZG 2008, 406; *Böttcher,* Die Einziehung von Geschäftsanteilen aufgrund eines tiefgreifenden Zerwürfnisses der GmbH-Gesellschafter, NZG 2014, 177; *Goette,* Wichtiger Grund für die zwangsweise Entfernung des Mitgesellschafters aus der Gesellschaft, DStR 2003, 746; *Grunewald,* Die Zwangseinziehung von GmbH-Geschäftsanteilen, GmbHR 2012, 769; *Leuering/Rubner,* Ausschluss eines GmbH-Gesellschafters mittels Zwangsabtretung, NJW-Spezial 2014, 335; *Schockenhoff,* Rechtsfragen der Zwangseinziehung von GmbH-Geschäftsanteilen, NZG 2012, 449; *Wolfer/Adams,* Verhinderung von Missbrauch der GmbH-Gesellschafterliste im Rahmen von Gesellschafterstreitigkeiten, GWR 2014, 339. **Abfindung des ausgeschlossenen Gesellschafters:** *Altmeppen,* Wer schuldet die Abfindung bei Einziehung eines Geschäftsanteils in der GmbH?, NJW 2013, 1025; *Bacher/Spieth,* Fehlerhafte Abfindungsklauseln in GmbH-Satzungen, GmbHR 2003, 517; *Geißler,* Rechtsgrundsätze und Bewertungsfragen zur angemessenen Abfindung des ausscheidenden GmbH-Gesellschafters, GmbHR 2006, 1173; *Großfeld,* Recht der Unternehmensbewertung, 7. Aufl. 2012; *Grunewald,* BB-Kommentar: „Auch störende Gesellschafter erhalten eine Abfindung!", BB 2014, 2325; *Hülsmann,* Buchwertabfindung des GmbH-Gesellschafters im Lichte aktueller Rechtsprechung, GmbHR 2001, 409; *ders.,* Abfindungsklauseln – Kontrollkriterien der Rechtsprechung, NJW 2002, 1673; *Milatz/Kämper,* Gesellschaftsvertragliche Abfindungsklauseln im Lichte der Erbschaftsteuerreform – Eine „Fiktion" wird Realität, GmbHR 2009, 470; *Notthoff,* Abfindungsregelungen in Personengesellschaftsverträgen, DStR 1998, 210.

217 Die Gesellschafter haben bei allen hier behandelten Gesellschaftsformen unter bestimmten Voraussetzungen die Möglichkeit, einen unliebsamen Mitgesellschafter zwangsweise aus der Gesellschaft auszuschließen. Der **Ausschluss erfolgt**, je nach Rechtsform der Gesellschaft und vertraglicher Gestaltung, **durch Gesellschafterbeschluss oder gerichtliche Entscheidung** nach entsprechender Klage durch die übrigen Gesellschafter. Der Ausschluss bzw. die Ausschließung setzt grundsätzlich voraus, dass in der Person des betroffenen, störenden Gesellschafters ein „wichtiger Grund" vorliegt. In gewissen Grenzen können durch Gesellschaftsvertrag oder Satzung weitere **Ausschlussgründe** vereinbart werden (vgl. unter Rn. 274 ff.). Der ausgeschlossene Gesellschafter erhält grundsätzlich ein Auseinandersetzungsguthaben bzw. eine **Abfindung** (vgl. näher unter Rn. 318 ff.). Eine **Checkliste**, betreffend den Ausschluss von Gesellschaftern aus der GbR, PartG, OHG, KG, GmbH & Co. KG oder GmbH, findet sich unter Rn. 853.

1. Ausschluss eines Gesellschafters aus der GbR

a) Gesetzliche und vertragliche Grundlagen
aa) Gesetzliche Regelung

Gesellschaftsverträge einer GbR enthalten, anders als etwa GmbH-Satzungen, meist keine speziellen Regelungen zum Verfahren und den Gründen eines Gesellschafterausschlusses. Ist dies jedoch der Fall, haben solche vertraglichen Regelungen Vorrang vor der gesetzlichen Bestimmung, die hinsichtlich der Ausschließung von Gesellschaftern weitgehend dispositiv ist.[1] Nach der gesetzlichen Regelung ist der **Ausschluss eines GbR-Gesellschafters** gemäß **§ 737 BGB im Überblick** unter folgenden **Voraussetzungen** und nach Maßgabe folgenden Verfahrens **möglich**:

- In der Person des auszuschließenden Gesellschafters liegt ein **wichtiger Grund** im Sinne des § 723 Abs. 1 S. 2 BGB vor. Ein solcher wichtiger Grund ist insbesondere dann gegeben, wenn der betreffende Gesellschafter *„eine ihm nach dem Gesellschaftsvertrag obliegende wesentliche Verpflichtung vorsätzlich oder aus grober Fahrlässigkeit verletzt hat"*, § 723 Abs. 1 S. 3 BGB. Entscheidend ist, ob den Mitgesellschaftern aufgrund eines bestimmten Fehlverhaltens eines Mitgesellschafters der Verbleib des betreffenden Gesellschafters in der Gesellschaft unzumutbar geworden ist und mildere Mittel als der Ausschluss ausscheiden (vgl. im Einzelnen unter Rn. 274 ff.).

- Der Gesellschaftsvertrag der GbR enthält zudem eine sog. **Fortsetzungsklausel**, ordnet also an, dass die Gesellschaft unter den übrigen Gesellschaftern fortbestehen soll, wenn einer der Gesellschafter die Gesellschaft gekündigt hat. Die Ausschließung ist dabei auch dann möglich, wenn der Gesellschaftsvertrag nicht speziell für den Fall des Ausschlusses die Fortsetzung unter den verbleibenden Gesellschaftern oder die Übernahme der Gesellschaft durch einen Mitgesellschafter vorsieht.[2] Bei reinen Innengesellschaften ist ein Ausschluss gemäß § 737 BGB demgegenüber trotz Fortsetzungsklausel im Gesellschaftsvertrag ausgeschlossen.[3]

- Sofern die beiden vorgenannten Voraussetzungen vorliegen, erfolgt der Ausschluss in der *mehrgliedrigen* GbR durch entsprechenden **Beschluss der übrigen Gesellschafter**. Das Ausschließungsrecht besteht analog §§ 737 BGB, 140 Abs. 1 S. 2 HGB auch in der *Zwei-Personen-GbR*, falls in der Person des einen Gesellschafters ein wichtiger Grund vorliegt und der Gesellschaftsvertrag eine Übernahme- oder Fort-

218

219

220

221

---

[1] Einschränkungen hinsichtlich der vertraglichen Gestaltung ergeben sich nur insoweit, als eine Ausschließung von Gesellschaftern ohne jeden sachlichen Grund (sog. „Hinauskündigung") wegen Verstoßes gegen die guten Sitten (§ 138 BGB) unwirksam ist, vgl. hierzu näher unter Rn. 297 ff.
[2] BGH, Urteil vom 25.2.1985, WM 1985, 997, für einen GbR-Gesellschaftsvertrag, der lediglich für den Kündigungsfall eines Gesellschafters eine Fortsetzungsklausel enthielt.
[3] OLG Bamberg, Urteil vom 15.4.1998, NZG 1998, 897 (str). Bei einer reinen Innengesellschaft bleibt im Falle eines Zerwürfnisses mit dem Mitgesellschafter also nur die eigene Kündigung gemäß § 723 BGB. Das Problem dürfte allerdings keine große praktische Relevanz haben, da die Übernahme einer reinen Innengesellschaft ohne Gesellschaftsvermögen durch Ausschluss eines Mitgesellschafters (anstelle der Auflösung der betreffenden Gesellschaft oder des eigenen Austritts durch Kündigung) kaum jemals interessant sein dürfte.

setzungsklausel enthält.⁴ Die „Ausschließung" erfolgt dann jedoch nicht durch Beschluss, sondern durch **Übernahmeerklärung** gegenüber dem Auszuschließenden.

222   • Die **Ausschließung wird** durch **Mitteilung** dieses **Beschlusses** bzw. der entsprechenden Ausschlusserklärung der Mitgesellschafter gegenüber dem Auszuschließenden **wirksam**, § 737 S. 3 BGB. Der Anteil des ausgeschlossenen Gesellschafters am Gesellschaftsvermögen wächst den übrigen Gesellschaftern zu, es ist eine Auseinandersetzung gemäß §§ 738 bis 740 BGB durchzuführen.

bb) Ausschluss aufgrund Regelungen im Gesellschaftsvertrag

223   Der Ausschluss eines GbR-Gesellschafters erfolgt **vorrangig** aufgrund **vertraglicher Vereinbarungen**, die sowohl das **Verfahren** als auch den **Ausschlussgrund** betreffen können.

Verfahrensregelungen zur Ausschließung im GbR-Gesellschaftsvertrag geben regelmäßig die gesetzliche Bestimmung wieder, wonach der Ausschluss bei Vorliegen bestimmter Gründe oder eines „wichtigen Grundes" durch **Gesellschafterbeschluss** erfolgt.⁵ Denkbar und zulässig ist indessen die abweichende Regelung, wonach der Ausschlussbeschluss nicht einstimmig, sondern mit Stimmenmehrheit (bei Stimmverbot für den Auszuschließenden) gefasst wird. In der Zwei-Personen-GbR erfolgt die „Ausschließung" des störenden Mitgesellschafters auch dann durch bloße Übernahmeerklärung, wenn der – insoweit nicht geeignete – Gesellschaftsvertrag ausdrücklich eine Beschlussfassung über den Ausschluss vorsieht.⁶ Der Gesellschaftsvertrag kann ferner bestimmen, dass die Ausschließung eines Gesellschafters bei Vorliegen eines wichtigen Grundes in seiner Person durch einen geschäftsführenden Gesellschafter erfolgt.⁷ Der Gesellschaftsvertrag kann schließlich Regelungen zum **Ausschlussgrund** enthalten, insbesondere weitere Gründe als den „wichtigen Grund" im Sinne des § 723 Abs. 1 S. 2 BGB benennen, bei deren Eintritt ein Ausschluss durch Gesellschafterbeschluss möglich ist. Auch diese abweichenden Vereinbarungen sind zulässig, allerdings nur in gewissen Grenzen (vgl. hierzu unter Rn. 297 ff.).

224   Das **Ausschließungsrecht** gemäß § 737 BGB kann andererseits durch den Gesellschaftsvertrag auch vollständig **abbedungen** sein.⁸ Sofern in der Person eines Gesellschafters ein „wichtiger Grund" vorliegt, der die Fortsetzung des Gesellschaftsverhält-

---

⁴ OLG Frankfurt a.M., Urteil vom 20.10.2005, NZG 2006, 382 = NJW-RR 2006, 405 = DStR 2006, 199; OLG München, Urteil vom 24.6.1998, NZG 1998, 937.

⁵ Vgl. auch BGH, Urteil vom 17.12.1959, BGHZ 31, 295.

⁶ OLG Hamm, Urteil vom 8.6.1999, NZG 2000, 250 = NJW-RR 2000, 482.

⁷ OLG Köln, Urteil vom 15.3.2000, NZG 2000, 834. Nach Auffassung des OLG Köln bleibt dann das Recht der Gesellschafterversammlung unberührt, „erst recht" die Ausschließung auch durch Gesellschafterbeschluss vorzunehmen.

⁸ BGH, Urteil vom 9.12.1968, BGHZ 51, 204, für den Gesellschaftsvertrag einer Kommanditgesellschaft.

nisses unzumutbar macht, bleibt für die Mitgesellschafter dann nur die eigene Kündigung des Gesellschaftsvertrags oder die einvernehmliche Auflösung.

b) Durchführung des Ausschlusses durch Gesellschafterbeschluss

Falls die Ausschließung eines Mitgesellschafters laut Gesellschaftsvertrag oder nach der gesetzlichen Regelung zulässig ist (vgl. hierzu unter Rn. 218 ff.), entscheiden die übrigen Gesellschafter über diesen Ausschluss durch Gesellschafterbeschluss.[9] Die betreffende Beschlussfassung sollte in einer **Gesellschafterversammlung**[10] erfolgen, zu der der Auszuschließende als Teilnehmer eingeladen wird, da er hinsichtlich des Ausschließungsbeschlusses gemäß § 737 S. 2 BGB zwar kein Stimmrecht hat, zu der beabsichtigten Ausschließung jedoch angehört werden sollte.[11] Der Beschluss über die Ausschließung bedarf laut Gesetz der Einstimmigkeit der übrigen Gesellschafter. Der Gesellschaftsvertrag kann indessen ein anderes Mehrheitserfordernis vorsehen. Sofern die Ausschließung aufgrund „**wichtigen Grundes**" in der Person des betroffenen Gesellschafters beschlossen werden soll, sind grundsätzlich alle Mitgesellschafter aufgrund der gesellschaftlichen Treuepflicht zur Zustimmung verpflichtet.[12] Der Ausschließungsbeschluss ist im Übrigen nur wirksam, wenn entweder ein „wichtiger Grund" oder ein anderer, wirksam im Gesellschaftsvertrag vorgesehener Ausschließungsgrund vorliegt.

225

Der von der Ausschließung betroffene Gesellschafter **scheidet bei Bekanntgabe** des (wirksamen) **Ausschließungsbeschlusses**, also bei Anwesenheit in der betreffenden Gesellschafterversammlung im Anschluss an die Beschlussfassung, bei Abwesenheit durch entsprechende Mitteilung[13], **aus der Gesellschaft aus**. Dies gilt auch dann, wenn die gesellschaftsvertragliche Abfindungsvereinbarung unwirksam ist.[14] Der wirksame Ausschließungsbeschluss führt zur **Anwachsung** des Gesellschaftsanteils des ausgeschlossenen Gesellschafters bei den übrigen Gesellschaftern, § 738 Abs. 1 BGB. Es erfolgt eine **Auseinandersetzung** mit dem Ausgeschlossenen gemäß §§ 738 ff. BGB oder auf

226

---

[9] In einer Zwei-Personen-GbR tritt an die Stelle des Gesellschafterbeschlusses eine Übernahmeerklärung des anderen Gesellschafters, die er dem Auszuschließenden mitteilt, vgl. unter Rn. 223.
[10] Vgl. zur Vorbereitung und Durchführung einer streitigen Gesellschafterversammlung unter Rn. 73 ff. und 106 ff.
[11] Nach hM ist dem von der Ausschließung betroffenen Gesellschafter rechtliches Gehör zu gewähren, vgl. nur Palandt/*Sprau*, § 737 BGB, Rn. 3. Die Verletzung des Anhörungsrechts kann zur Beschlussnichtigkeit führen, vgl. näher unter Rn. 112.
[12] BGH, Urteil vom 18.10.1976, BGHZ 68, 81 = NJW 1977, 1013 = GmbHR 1977, 197, für die Zustimmung eines Gesellschafters einer GmbH & Co. KG zur Erhebung einer Ausschließungsklage gegen den einzigen persönlich haftenden Gesellschafter. Vgl. zur Zustimmungsverpflichtung aufgrund gesellschaftlicher Treuepflicht sowie den Folgen eines Verstoßes gegen diese gesetzliche Stimmbindung näher unter Rn. 57 f.
[13] BGH, Urteil vom 17.12.1959, BGHZ 31, 295.
[14] BGH, Urteil vom 23.10.1972, NJW 1973, 651 = BB 1973, 442, im Zusammenhang mit einer der Ausschließung vergleichbaren Maßnahme („Herabstufung" vom persönlich haftenden Gesellschafter zum Kommanditisten).

der Grundlage einer vertraglichen **Abfindungsregelung** (vgl. hierzu näher unter Rn. 318 ff.).

227 Der von der Ausschließung betroffene Gesellschafter kann sich gegen den Ausschluss mit der **Feststellungsklage** zur Wehr setzen, insbesondere mit der Begründung, der von den Mitgesellschaftern behauptete Ausschlussgrund sei falsch. Der ausgeschlossene Gesellschafter hat ferner die Möglichkeit, seine Mitgliedschaftsrechte, insbesondere Teilnahme- und Stimmrechte in Gesellschafterversammlungen, in dringenden Fällen durch **Einstweilige Verfügung** zu sichern (vgl. hierzu unter Rn. 797).

2. Ausschluss eines Gesellschafters aus der PartG, OHG, KG oder GmbH & Co. KG

a) Gesetzliche und vertragliche Grundlagen

228 Das **Gesetz** eröffnet für die Gesellschafter einer Partnerschaftsgesellschaft oder Personenhandelsgesellschaft ebenfalls die Möglichkeit, einen missliebigen Mitgesellschafter auch ohne entsprechende vertragliche Grundlage aus der Gesellschaft auszuschließen. Die Ausschließung erfolgt nach der gesetzlichen Regelung, anders als bei der GbR, jedoch grundsätzlich nicht durch Gesellschafterbeschluss[15], sondern durch **gerichtliche Entscheidung**, nach Erhebung einer entsprechenden **Ausschließungsklage** durch alle übrigen Gesellschafter, **§ 140 Abs. 1 HGB** (für die PartG i.V.m. § 9 Abs. 1 PartGG). Die Klage hat nur Erfolg, wenn in der Person des Auszuschließenden ein „**wichtiger Grund**" gemäß § 133 Abs. 1 HGB vorliegt, wie insbesondere die vorsätzliche oder grob fahrlässige Verletzung einer gesellschaftsvertraglichen Verpflichtung durch den störenden Gesellschafter, die eine Fortsetzung des Gesellschaftsverhältnisses für die Mitgesellschafter unzumutbar macht (vgl. hierzu näher unter Rn. 274 ff.). Der Ausschluss erfolgt dann bei Klageerfolg durch das (formell rechtskräftige) Gestaltungsurteil. Auch in der **Zwei-Personen-Gesellschaft** ist die Erhebung einer entsprechenden Ausschließungsklage gegen den Mitgesellschafter möglich, § 140 Abs. 1 S. 2 HGB. Bei der **PartG** führt der **Verlust der Berufungszulassung** auch ohne besonderes Ausschließungsverfahren zum Ausscheiden aus der Gesellschaft (§ 9 Abs. 3 PartGG).[16]

229 Die gesetzliche Regelung ist weitgehend dispositiv. Der **Gesellschaftsvertrag** kann sowohl hinsichtlich des **Ausschlussverfahrens** als auch des **Ausschlussgrundes** ab-

---

[15] Gemäß § 131 Abs. 3 S. 1 Nr. 6 HGB besteht zwar auch bei den Personenhandelsgesellschaften und der PartG (aufgrund der Verweisung in § 9 Abs. 1 PartGG) die Möglichkeit, dass ein Gesellschafter, vorbehaltlich abweichender vertraglicher Regelung, durch „Beschluss der Gesellschafter" ausscheidet. Die Regelung ist indessen missverständlich formuliert und betrifft nur das Ausscheiden aufgrund einstimmigen Beschlusses aller Gesellschafter, also mit Zustimmung des Betroffenen. Anderenfalls bestände ein Widerspruch zu den Bestimmungen in §§ 140 Abs. 1, 133 Abs. 1 HGB, wonach für die *Ausschließung* eines Gesellschafters zwingend auf das Vorliegen eines „wichtigen Grundes" abgestellt wird; vgl. nur Baumbach/Hopt/*Roth*, § 131, Rn. 26.

[16] Dieser Ausschlussgrund ist dann gegeben, wenn der Gesellschafter die Zulassung für den im Rahmen der Partnerschaft ausgeübten Beruf – endgültig und bestandskräftig – verliert, vgl. nur Michalski/Römermann, § 9, Rn. 21 f.

weichende Regelungen treffen. Nicht unüblich (wenngleich nicht im gleichen Maße verbreitet wie bei der GmbH) sind etwa Bestimmungen, wonach die Ausschließung eines Gesellschafters bei Vorliegen bestimmter, gesellschaftsvertraglich definierter Gründe bzw. bei Vorliegen eines „wichtigen Grundes" anstatt durch Ausschließungsklage durch **Gesellschafterbeschluss**, auch durch Mehrheitsbeschluss, möglich ist.[17] Eine entsprechende Regelung im Gesellschaftsvertrag hat dann Vorrang vor der gesetzlichen Regelung; eine beabsichtigte Ausschließung bei Vorliegen eines Ausschlussgrundes ist durch Gesellschafterbeschluss und nicht durch die (dann unbegründete) Ausschließungsklage durchzuführen. Der Gesellschaftsvertrag kann ferner Regelungen zum **Ausschlussgrund** enthalten, etwa den „wichtigen Grund" für eine Ausschließung beispielhaft beschreiben oder auf bestimmte Sachverhalte abschließend festlegen. Die vertragliche Erweiterung des Katalogs an Ausschließungsgründen darf jedoch nicht so weit gehen, dass den Gesellschaftern de facto ein „Hinauskündigungsrecht" ohne zumindest sachliche Rechtfertigung des Ausschlusses im Einzelfall ermöglicht wird (vgl. hierzu näher unter Rn. 297 ff.). Der Gesellschaftsvertrag kann die Gesellschafterausschließung demgegenüber auch erschweren, z.B. nur bei bestimmten „wichtigen Gründen" zulassen oder gar ganz ausschließen[18], so dass bei unzumutbarem Verhalten eines Mitgesellschafters nur die eigene Kündigung (§ 131 Abs. 3 Nr. 3 HGB) oder die Auflösung der Gesellschaft (§ 133 Abs. 1 HGB) verbleibt.

b) Ausschluss durch Klage

Sofern der Gesellschaftsvertrag das Ausschlussverfahren nicht abweichend regelt, können die Gesellschafter einer PartG, OHG, KG oder GmbH & Co. KG gegen einen missliebigen Gesellschafter **Ausschließungsklage gemäß § 140 Abs. 1 HGB** erheben (bei der PartG i.V.m. § 9 Abs. 1 PartGG). Die Klage ist in der mehrgliedrigen Gesellschaft darauf gerichtet, dass der Gesellschafter, in dessen Person ein wichtiger Ausschlussgrund vorliegt, durch „gerichtliche Entscheidung", also durch ein entsprechendes Gestaltungsurteil aus der Gesellschaft ausgeschlossen wird. In der zweigliedrigen Gesellschaft ist die Ausschließungsklage auf die Übernahme des Gesellschaftsvermögens durch den verbleibenden Gesellschafter gerichtet.

230

---

[17] Vgl. zur Zulässigkeit einer entsprechenden Verfahrenserleichterung im Gesellschaftsvertrag z.B. BGH, Urteil vom 17.12.1959, BGHZ 31, 295 = WM 1960, 106; BGH, Urteil vom 3.2.1997, NJW-RR 1997, 925 = DStR 1997, 1090. Vgl. auch BGH, Urteil vom 21.6.2011, NJW 2011, 2648 = NZG 2011, 901. Der BGH befürwortet in diesem Urteil die Möglichkeit einer Ausschließung eines Kommanditisten aus einer KG durch Gesellschafterbeschluss mittels Auslegung des Gesellschaftsvertrags. Der Gesellschaftsvertrag sah einen solchen Ausschließungsbeschluss gerade nicht vor, sondern vielmehr die Möglichkeit der Mitgesellschafter, bei Vorliegen eines „wichtigen Grundes" das Ausscheiden des missliebigen Gesellschafters durch schriftliche Erklärung ihm gegenüber zu verlangen. Laut BGH setze dieses „Ausscheidungsverlangen" jedoch notwendigerweise eine Meinungsbildung unter den Gesellschaftern voraus, die durch Beschlussfassung über die Ausschließung geschehe. Bei Mehrheitsbeschlüssen muss der Beschlussgegenstand „Ausschließung" eines Gesellschafters wegen des vertragsändernden Charakters dieses Beschlusses eine – ggf. durch Auslegung zu ermittelnde – Grundlage im Gesellschaftsvertrag haben, vgl. hierzu näher unter Rn. 66 ff.

[18] BGH, Urteil vom 9.12.1968, BGHZ 51, 204 (für eine KG).

231 Die Klage muss durch **alle „übrigen" Gesellschafter** erhoben werden. Diese Zulässigkeitsvoraussetzung ist allerdings auch dann eingehalten, wenn zwar nicht sämtliche Mitgesellschafter als Kläger auftreten, die nicht an der Klage beteiligten Gesellschafter jedoch vorab bindend ein schriftliches **Einverständnis mit der Ausschließung** des beklagten Gesellschafters **erklärt haben**.[19] Im Übrigen sind die Mitgesellschafter bei Vorliegen eines „wichtigen Grundes" in der Person des Auszuschließenden aufgrund gesellschaftlicher Treuepflicht gesetzlich verpflichtet, der Ausschließung zuzustimmen. Wird die Zustimmung dergestalt rechtswidrig verweigert, besteht die Möglichkeit einer Zustimmungsklage, die mit der **Ausschließungsklage verbunden** werden kann.[20]

232 Die Ausschließungsklage darf sich sowohl gegen den **einzigen Komplementär**[21] als auch gegen **Kommanditisten**[22] einer KG richten. Die Ausschließungsklage kann ferner auch gegen **mehrere Mitgesellschafter zugleich** erhoben werden, ist dann aber insgesamt abzuweisen, wenn sie nur hinsichtlich eines der beklagten Mitgesellschafter unbegründet ist (da dieser Mitgesellschafter dann nicht – wie gemäß § 140 Abs. 1 S. 1 HGB erforderlich – seinerseits als *Kläger* an der Ausschließungsklage teilgenommen hatte).

233 Die **Ausschließungsklage** hat **nur Erfolg**, wenn in der Person des Beklagten tatsächlich ein „wichtiger Grund" für den Ausschluss vorliegt (vgl. hierzu näher unter Rn. 274 ff.). Dies setzt insbesondere voraus, dass angesichts des Fehlverhaltens des Mitgesellschafters **kein geringeres Mittel** als die Ausschließung in Betracht kommt. Häufig bezieht sich eine Pflichtverletzung des Auszuschließenden auf eine pflichtwidrige Geschäftsführungsmaßnahme. Gerade in solchen Fällen kommt als geringeres Eingriffsmittel jedoch regelmäßig die Entziehung von Geschäftsführungsbefugnis und/oder Vertretungsmacht in Betracht.[23] Vor Erhebung einer Ausschließungsklage nach § 140 HGB ist daher immer **sorgfältig zu prüfen**, ob der vom missliebigen Gesellschafter gesetzte Ausschlussgrund keine **angemessenere Reaktion** als die Ausschließung aus der Gesellschaft zulässt.

234 Die erfolgreiche Ausschließungsklage führt dazu, dass der betroffene **Gesellschafter** mit **Rechtskraft des Ausschließungsurteils** aus der Gesellschaft **ausscheidet** und diese unter den übrigen Gesellschaftern fortgesetzt wird. Bei einer Zwei-Personen-Ge-

---

[19] BGH, Urteil vom 15.9.1997, NJW 1998, 146 = BB 1997, 2339.
[20] BGH, Urteil vom 18.10.1976, BGHZ 68, 81 = NJW 1977, 1013 = GmbHR 1977, 197; BGH, Urteil vom 28.4.1975, BGHZ 64, 253. Vgl. hierzu iE unter Rn. 714, bei der Darstellung der Ausschließungsklage gem § 140 Abs. 1 HGB.
[21] BGH, Urteil vom 18.10.1976, BGHZ 68, 81 = GmbHR 1977, 197 = BB 1977, 615. Die KG muss aber für einen neuen persönlich haftenden Gesellschafter sorgen, anderenfalls sie bei Wegfall des einzigen gesetzlichen Vertreters aufgelöst wird.
[22] BGH, Urteil vom 14.6.1999, NJW 1999, 2820 = NZG 1999, 998 = BB 1999, 1838. Die Kommanditistenstellung wirkt sich lediglich auf die Prüfungsmaßstäbe (strengere Anforderungen) bei der Bewertung des „wichtigen Grundes" für die Ausschließung aus.
[23] Vgl. z.B. OLG Karlsruhe, Urteil vom 25.6.2008, NZG 2008, 785, wonach die Ausschließung eines Gesellschafter-Geschäftsführers aus einer Zwei-Mann-GmbH unberechtigt ist, wenn bereits durch seine Abberufung als Geschäftsführer die Störung des Gesellschaftsverhältnisses dauerhaft beseitigt worden ist, ihm eine Schädigungsabsicht nicht nachzuweisen ist und er sein illoyales Verhalten endgültig aufgegeben hat.

sellschaft erlischt die Gesellschaft durch das Ausscheiden des einen Mitgesellschafters, so dass das gesamte Gesellschaftsvermögen im Wege der Gesamtrechtsnachfolge auf den klagenden Gesellschafter bzw. „Übernehmer" übergeht.[24] Zwischen dem Ausgeschlossenen und der Gesellschaft findet eine Auseinandersetzung gemäß §§ 738 bis 740 BGB statt oder der Ausgeschlossene erhält eine vertraglich vereinbarte **Abfindung** (vgl. hierzu unter Rn. 318 ff.).

Weitere Einzelheiten zur Ausschließungsklage, insbesondere zu den Parteien, zum Verfahren, den Klageanträgen und der Urteilswirkung, finden sich unter Rn. 713 ff.

c) Ausschluss durch Gesellschafterbeschluss

Sofern die Ausschließung eines Gesellschafters laut Gesellschaftsvertrag durch Gesellschafterbeschluss erfolgt, sollte die betreffende Entscheidung in einer **Gesellschafterversammlung**[25], nach entsprechender Anhörung des auszuschließenden Gesellschafters getroffen werden. Der Auszuschließende hat wegen Interessenkollision bei der Beschlussfassung über die Ausschließung aus wichtigem Grund kein Stimmrecht (vgl. hierzu näher unter Rn. 50). Der **Ausschluss** wird mit **Bekanntgabe** des betreffenden Gesellschafterbeschlusses gegenüber dem betroffenen Gesellschafter **wirksam**. Im Übrigen gelten die Ausführungen zum Ausschluss durch Gesellschafterbeschluss bei der GbR unter Rn. 225 f. entsprechend.

235

3. Ausschluss eines Gesellschafters aus der GmbH

a) Gesetzliche und vertragliche Grundlagen

Die Möglichkeiten des Ausschlusses eines störenden, aufgrund Fehlverhaltens oder aus sonstigen Gründen unzumutbar gewordenen Mitgesellschafters sind für die GmbH im GmbH-Gesetz nur unvollkommen geregelt. Bestimmungen wie in § 737 BGB für die GbR und in § 140 HGB für die Personenhandelsgesellschaften, die bei Vorliegen eines „wichtigen Grundes" den Ausschluss durch Gesellschafterbeschluss oder Ausschließungsklage zulassen, fehlen. In § 21 Abs. 2 GmbHG wird lediglich der Ausschluss von Gesellschaftern wegen der nicht rechtzeitigen Einzahlung von Stammeinlagen („Kaduzierung") geregelt. Laut § 34 Abs. 2 GmbHG ist ferner die Zwangseinziehung („Zwangsamortisation") eines Geschäftsanteils möglich, wenn die Voraussetzungen für diese Zwangsmaßnahme bereits vor Anteilserwerb des Betroffenen in der Satzung vereinbart worden sind.

236

---

[24] Vgl. hierzu nur Baumbach/Hopt/*Roth*, § 140, Rn. 25; MüKoHGB/*K. Schmidt*, § 140, Rn. 85 f.
[25] Vgl. zur Vorbereitung und Durchführung einer streitigen Gesellschafterversammlung unter Rn. 73 ff. und 106 ff.

aa) Regelung des Gesellschafterausschlusses durch Satzung

237 Die **Möglichkeiten** eines **Gesellschafterausschlusses** richten sich daher auch bei der GmbH in erster Linie nach der **Gesellschaftssatzung**. Die Satzung kann die **Ausschlussgründe** und das **Ausschlussverfahren**, einschließlich der **Abfindung** des Ausgeschiedenen (innerhalb bestimmter Zulässigkeitsschranken)[26], regeln.[27] Entsprechende Satzungsbestimmungen sind in der Praxis weit verbreitet, regelmäßig in weitgehend standardisierter Form. Gemäß § 34 Abs. 2 GmbHG sind solche Satzungsregelungen im Streitfall indessen nur hinsichtlich solcher Gesellschafter von Relevanz, die die betreffenden Ausschlussklauseln bereits bei Erwerb ihres Geschäftsanteils vorgefunden haben oder die den betreffenden Ausschlussklauseln – sei es bei Gesellschaftsgründung oder zu einem späteren Zeitpunkt im Rahmen einer Satzungsänderung – zugestimmt haben.[28] **Typisch** sind demnach **im Überblick folgende Satzungsbestimmungen**:

238 • Die Satzung kann **Regelungen zu den Voraussetzungen des Ausschlusses,** insbesondere hinsichtlich des **Ausschließungsgrundes** treffen. Verbreitet ist die Bestimmung, wonach ein Gesellschafter auch gegen seinen Willen bei Vorliegen eines „**wichtigen Grundes**" durch Gesellschafterbeschluss ausgeschlossen werden kann. Häufig werden für diesen „wichtigen Grund" darüber hinaus **Regelbeispiele** genannt, wie z.B. die Eröffnung eines Insolvenzverfahrens über das Vermögen des Betroffenen oder die Pfändung seines Geschäftsanteils (verknüpft mit einer gewissen Zeitspanne, binnen derer die Pfändungsmaßnahme noch folgenlos bleiben soll). Die Nennung von Ausschlussgründen bildet andererseits zugleich Wirksamkeitsvoraussetzung für entsprechende Ausschlussklauseln. Satzungsbestimmungen, die den Ausschluss (durch Zwangseinziehung oder Zwangsabtretung) ohne Gründe durch bloßen Mehrheitsbeschluss zulassen („Hinauskündigungsklauseln"), sind regelmäßig unwirksam. Das Ausschlussrecht muss laut Satzung zumindest an einen „sachlichen", von der Rechtsprechung anerkannten Ausschlussgrund geknüpft sein.[29] Die Gründe für den Ausschluss müssen in der Satzung zudem so genau wiedergegeben sein, dass sich jeder Gesellschafter auf das Risiko eines solchen Ausschlusses einstellen kann und die willkürliche, sachlich unbegründete Ausschließung laut Satzung ausgeschlossen ist.[30] Die Formulierung „*Ausschluss bzw. Zwangseinziehung/-abtretung bei wichtigem Grund*" ist hierfür allerdings ausreichend, da dieser Begriff durch Gesetz und Rechtsprechung hinreichend konkretisiert ist.[31] Ebenfalls ausreichend ist der Begriff „*rechtfertigender Grund*", da der die Ausschließung „rechtfertigende Grund"

---

[26] Vgl. hierzu näher unter Rn. 274 ff. zum Ausschlussgrund und unter Rn. 318 ff. zur Abfindung.
[27] Vgl. grundlegend BGH, Urteil vom 1.4.1953, BGHZ 9, 157.
[28] HM, vgl. BGH, Urteil vom 1.4.1953, BGHZ 9, 157.
[29] BGH, Urteil vom 9.7.1990, BGHZ 112, 103 = NJW 1990, 2622 = BB 1990, 1578. Vgl. hierzu näher unter Rn. 297 ff.
[30] BGH, Urteil vom 19.9.1977, NJW 1977, 2316 = GmbHR 1978, 131 = BB 1977, 1569; OLG München, Urteil vom 3.11.1993, GmbHR 1994, 406.
[31] BGH, Urteil vom 19.9.1977, NJW 1977, 2316 = GmbHR 1978, 131 = BB 1977, 1569.

II. Ausschluss aus der Gesellschaft

mit dem Begriff des „wichtigen Grundes" gleichzusetzen ist.[32] Die Ausschließung des Mitgesellschafters durch Gesellschafterbeschluss ist bei entsprechender Satzungsregelung auch in einer **Zwei-Personen-GmbH** zulässig.[33]

- Die Satzung sieht – in Anlehnung an die gesetzliche Bestimmung in § 46 Nr. 4 GmbHG für die Einziehung – regelmäßig den **Ausschluss** eines Mitgesellschafters **durch Gesellschafterbeschluss** vor. Typisch sind in diesem Zusammenhang Regelungen zu den Mehrheitserfordernissen und die Bestätigung des gesetzlichen Stimmverbots des Betroffenen.[34] Die Satzung kann die Zuständigkeit zur Ausschließung eines Gesellschafters bei Vorliegen bestimmter Gründe jedoch zulässigerweise auch auf ein anderes Gesellschaftsorgan, etwa einen Aufsichtsrat oder den Geschäftsführer verlagern.[35]

  Häufig wird in GmbH-Satzungen nicht exakt zwischen dem Gesellschafterausschluss und der (vorrangig gewählten) **Rechtsfolge des Ausschlusses**, nämlich der Zwangseinziehung oder Zwangsabtretung des betreffenden Geschäftsanteils, unterschieden. Verbreitet ist etwa die Klausel, wonach die Geschäftsanteile eines Gesellschafters bei Vorliegen wichtiger Gründe durch Gesellschafterbeschluss zwangsweise eingezogen werden können oder wahlweise abzutreten sind. Auch diese Satzungsgestaltung ist zulässig. Der betreffende Einziehungsbeschluss (oder Beschluss über die Zwangsabtretung) enthält in diesem Fall zugleich stillschweigend die Beschlussfassung über die Ausschließung des betroffenen Gesellschafters.[36]

- Die Satzung enthält schließlich typischerweise **Regelungen zu den Folgen der Ausschließung**, vor allem zur **Verwertung des Geschäftsanteils** des betroffenen Gesellschafters. Gestaltungsalternativen sind die **Zwangseinziehung** gemäß § 34 Abs. 2 GmbHG und zum anderen die **Zwangsabtretung**, meist nach Wahl der verbleibenden Gesellschafter an einen Mitgesellschafter, an die Gesellschaft oder an einen Dritten.[37] Der wesentliche Vorteil einer solchen Zwangsabtretung liegt darin, dass der betroffene Geschäftsanteil anders als bei der Zwangseinziehung nicht untergeht, so dass besondere Rechtsfolgenprobleme mit Rücksicht auf die Abfindungszahlung (vgl. hierzu unter Rn. 259 ff.) vermieden werden können. Die Gesellschaftssatzung enthält schließlich in aller Regel Bestimmungen zur **Höhe** und **Auszahlung**

239

240

---

[32] OLG München, Urteil vom 3.11.1993, GmbHR 1994, 406.
[33] OLG Düsseldorf, Urteil vom 20.12.2006, DB 2007, 848.
[34] Vgl. hierzu näher unter Rn. 52 f.
[35] Vgl. zur Zulässigkeit von Kompetenzverlagerungen in der GmbH näher unter Rn. 18 f.
[36] Vgl. für die Auslegung entsprechender Satzungsbestimmungen und des darauf beruhenden Gesellschafterbeschlusses z.B. BGH, Urteil vom 8.12.2008, NZG 2009, 221 = GmbHR 2009, 313 = DStR 2009, 439.
[37] Vgl. zur Zulässigkeit einer solchen Satzungsbestimmung z.B. BGH, Urteil vom 20.6.1983, NJW 1983, 2880 = GmbHR 1984, 74 = BB 1983, 1628. Eine weitere (in Satzungen recht selten gewählte) Gestaltungsalternative für die Anteilsverwertung bildet die sog. Kaduzierung gem § 21 GmbHG, deren Rechtsfolgen denen einer Zwangsabtretung des Anteils an die Gesellschaft ähneln (die Gesellschaft wird bis zu einer Weiterveräußerung Inhaberin der Geschäftsanteile des ausgeschlossenen Gesellschafters).

einer **Abfindung** für den ausgeschlossenen Gesellschafter (vgl. hierzu näher unter Rn. 327ff.).

241 Sofern der **Ausschluss** eines GmbH-Gesellschafters (bzw. die direkte Zwangseinziehung oder -abtretung seines Anteils) allein **durch Gesellschafterbeschluss** oder ein anderes Gesellschaftsorgan durchgeführt wird, **ohne** dass eine entsprechende **Satzungsermächtigung** vorliegt, sind entsprechende Maßnahmen **nichtig**.[38] Gleiches gilt, wenn die Satzungsbestimmungen, auf denen der Ausschluss beruht, unwirksam sind.[39] Der ausgeschlossene Gesellschafter kann die betreffende Nichtigkeit mit der **Feststellungsklage** gerichtlich klären lassen. Sofern demgegenüber nur die **Abfindungsregelung unwirksam** ist, berührt dies weder die Wirksamkeit der Einziehungs- oder Ausschlussklauseln noch eines hierauf gestützten Gesellschafterbeschlusses.[40] Kommt der Ausschluss- bzw. Einziehungsbeschluss schließlich **unter Verstoß gegen Satzungsbestimmungen** zustande, etwa weil kein Ausschlussgrund im Sinne der Satzung vorlag, ist die betreffende Zwangsmaßnahme lediglich **anfechtbar** unwirksam.

bb) Ausschluss durch gerichtliche Entscheidung

242 Fehlt ausnahmsweise jede (wirksame) Satzungsbestimmung zum Gesellschafterausschluss, bleibt bei Vorliegen eines wichtigen Grundes die Möglichkeit der **Ausschlussklage**.[41] Die Möglichkeit einer solchen Ausschlussklage ist durch die Rechtsprechung entwickelt worden und allgemein anerkannt.[42] Der oder die ausschließenden Gesellschafter sind demnach befugt, eine Ausschlussklage der Gesellschaft mit dem Ziel zu veranlassen, den missliebigen Gesellschafter (aus wichtigem Grund) aus der GmbH gegen Abfindungszahlung auszuschließen. Der Ausschluss erfolgt im Falle des Obsiegens durch rechtskräftiges Gestaltungsurteil, gegen Zahlung einer vom Gericht festzusetzenden Abfindung seitens der GmbH (vgl. näher unter Rn. 270ff.).

---

[38] BGH, Urteil vom 20.9.1999, NZG 2000, 35 = GmbHR 1999, 1194; OLG Stuttgart, Beschluss vom 10.2.2014, GmbHR 2015, 78.

[39] Vgl. Baumbach/Hueck, §34, Rn. 15, sowie Scholz/*Westermann*, §34, Rn. 48 (jeweils für die Zwangseinziehung durch Gesellschafterbeschluss); vgl. auch MüKoGmbHG/*Strohn*, §34, Rn. 167.

[40] BGH, Urteil vom 19.9.1977, NJW 1977, 2316 = GmbHR 1978, 131 = BB 1977, 1569. Dies gilt selbst dann, wenn die ungültige Abfindungsregelung mit der Zwangseinziehungsklausel textlich unmittelbar verflochten ist, wie z.B. bei der Formulierung, dass die Gesellschaft bei Vorliegen wichtiger Gründe befugt ist, „*den Geschäftsanteil zum Steuerkurswert zwecks Einziehung zu erwerben*"; vgl. OLG Hamm, Urteil vom 11.2.1999, NZG 1999, 599.

[41] Nach hM ist die Klage nur zulässig, wenn die Satzung keine (wirksame) Regelung über die Ausschließung von Gesellschaftern, sei es durch Zwangseinziehung oder durch eine andere Verwertungsmaßnahme enthält, vgl. nur Baumbach/Hueck, Anh §34, Rn. 16; Lutter/Hommelhoff, §34, Rn. 52; Michalski/*Sosnitza*, Anh §34, Rn. 42; Scholz/*Seibt*, Anh §34, Rn. 37; MüKoGmbHG/*Strohn*, §34, Rn. 157. **AA** (Klage auch bei Vorliegen einer Einziehungsklausel möglich) nur OLG Düsseldorf, Urteil vom 22.10.1998, GmbHR 1999, 543.

[42] Vgl. nur BGH, Urteil vom 1.4.1953, BGHZ 9, 157.

b) Durchführung des Ausschlusses durch Gesellschafterbeschluss
aa) Voraussetzungen der Beschlussfassung
(1) Allgemeine Voraussetzungen

Die Ausschließung eines Gesellschafters aus der GmbH mittels Gesellschafterbeschlusses ist nur möglich, wenn die **Satzung** hierfür eine hinreichend bestimmte und wirksame **Ermächtigungsgrundlage enthält** (vgl. hierzu unter Rn. 237 ff.). Ferner muss ein **Ausschlussgrund** vorliegen, der laut Satzung die Ausschließung rechtfertigt (vgl. hierzu unter Rn. 274 ff.).

243

(2) Möglichkeiten der Anteilsverwertung des Betroffenen mit Rücksicht auf die Gebote der Stammkapitalaufbringung und -erhaltung

Weitere Wirksamkeitsvoraussetzungen für die Ausschließung eines GmbH-Gesellschafters ergeben sich mit Rücksicht auf die **Gebote** der **Stammkapitalaufbringung** (§ 19 Abs. 2 S. 1 GmbHG) und **Stammkapitalerhaltung** (§ 30 Abs. 1 GmbHG). Der Geschäftsanteil des ausgeschlossenen Gesellschafters muss zusammen mit bzw. im Anschluss an die Ausschließung entsprechend den Satzungsbestimmungen „verwertet" werden (vgl. hierzu unter Rn. 240). Falls diese „Verwertung" durch *Zwangseinziehung* oder *Zwangsabtretung an die GmbH* geschehen soll, sind folgende Besonderheiten zu beachten:

244

- Sofern die **Stammeinlage** auf den betroffenen Geschäftsanteil zum Zeitpunkt des Ausschlussbeschlusses **nicht vollständig einbezahlt** ist, **scheiden** sowohl eine **Zwangseinziehung** als auch eine **Zwangsabtretung an die Gesellschaft aus**. Dies hat folgenden Grund: Im Falle der Zwangseinziehung geht der betroffene Geschäftsanteil mit Wirksamwerden der Einziehung unter. Bei einem nicht voll einbezahlten Geschäftsanteil hätte die Einziehung damit den Wegfall der restlichen Einlageforderung zur Folge, so dass die betreffende Maßnahme gemäß §§ 19 Abs. 2 S. 1 GmbHG, 134 BGB nichtig ist.[43] Die Zwangsabtretung des nicht vollständig einbezahlten Geschäftsanteils an die Gesellschaft selbst bedeutet einen Verstoß gegen § 33 Abs. 1 GmbHG, so dass unter diesen Umständen auch diese Form der Ausschließung bzw. Verwertung des Geschäftsanteils des ausgeschlossenen Gesellschafters gemäß § 134 BGB nichtig ist.

245

- Im Falle einer geplanten Zwangseinziehung oder einer Zwangsabtretung an die GmbH ist ferner das **Gebot der Stammkapitalerhaltung** (§§ 30 Abs. 1, 33 Abs. 2 S. 1 GmbHG) zu beachten. Der Ausschluss eines Gesellschafters darf nur gegen eine (meist durch Satzung geregelte) Abfindungszahlung erfolgen (vgl. näher unter Rn. 318 ff.). Im Falle der Zwangseinziehung oder der Zwangsabtretung an die GmbH ist die Gesellschaft selbst Zahlungsschuldner dieser Abfindung. Bei einer Zwangseinziehung kann es daher durch die Abfindungszahlung zum Verstoß gegen die Vorschrift des § 30 Abs. 1 GmbHG kommen, wonach das zur Erhaltung des

246

---

[43] Vgl. zuletzt z.B. BGH, Urteil vom 2.12.2014, WM 2015, 579.

Stammkapitals erforderliche Vermögen der Gesellschaft nicht an die Gesellschafter (in diesem Fall den ausgeschlossenen Gesellschafter) ausgezahlt werden darf. Bei Zwangsabtretung an die GmbH darf die Abfindungszahlung ebenfalls nicht dazu führen, dass das Stammkapital oder eine nach dem Gesellschaftsvertrag zu bildende Rücklage gemindert wird, § 33 Abs. 2 S. 1 GmbHG.

247 Sofern der Geschäftsanteil des ausgeschlossenen Gesellschafters durch Zwangseinziehung oder Zwangsabtretung an die Gesellschaft selbst verwertet werden soll (oder laut Satzung verwertet werden muss), ist wegen des Stammkapitalerhaltungsgebots also vorab zu prüfen, ob die von der Gesellschaft geschuldete **Abfindung** aus **ungebundenem Vermögen** der GmbH geleistet werden kann. „Ungebunden" ist in diesem Sinne das Reinvermögen der Gesellschaft (bestehend aus den Aktiva und vermindert um die Verbindlichkeiten), welches nicht zur Aufbringung des in der Satzung festgesetzten Stammkapitals benötigt wird. Die Bewertung des Gesellschaftsvermögens erfolgt hierbei nach Bilanzgrundsätzen. Maßgeblich sind die Buchwerte der letzten Handelsbilanz der Gesellschaft, die nach Bilanzierungsansatz und Bewertungsgrundsätzen zeitanteilig bis zum maßgeblichen Zeitpunkt fortzuschreiben sind; stille Reserven sind nicht zu berücksichtigen.[44] Von diesem Vermögen sind die Verbindlichkeiten der GmbH, einschließlich der Rückstellungen für ungewisse Verbindlichkeiten und insbesondere auch Verbindlichkeiten der GmbH gegenüber Gesellschaftern aus Sanierungsdarlehen bzw. eigenkapitalersetzenden Gesellschafterdarlehen, in Abzug zu bringen. Nicht abzuziehen sind vor allem Rücklagen, wie etwa Gewinnrücklagen, und Gewinnvorträge.[45] Sofern das so errechnete Reinvermögen der GmbH zum Zeitpunkt der beabsichtigten Zwangseinziehung bzw. Zwangsabtretung an die GmbH bereits nicht die Stammkapitalziffer erreicht, liegt eine sog. Unterbilanz vor (die Aktiva bleiben hinter der Summe von Stammkapital und echten Passiva zurück). Diese Unterbilanz schließt einen Gesellschafterausschluss mit Abfindungszahlung durch die GmbH aus. Gleiches gilt, wenn durch die Abfindungszahlung eine Unterbilanz herbeigeführt würde.

248 **Steht** bereits **zum Zeitpunkt des Ausschließungsbeschlusses**, der zu einer Zwangseinziehung oder einer Zwangsabtretung an die GmbH führen soll, **fest**, dass nicht **genügend „ungebundenes" Vermögen der GmbH** vorhanden ist bzw. sein wird, um die **Abfindung zu bezahlen**, ist der Ausschließungsbeschluss wegen Verstoßes gegen §§ 30 Abs. 1, 33 Abs. 2 S. 1 GmbHG iVm § 34 Abs. 3 GmbHG und § 241 Nr. 3 AktG analog **nichtig**. Es ist gesetzliche Wirksamkeitsbedingung für diesen Beschluss, dass die Abfindungszahlung, die in Folge der Zwangseinziehung oder Zwangsabtretung von der GmbH bezahlt werden muss, nicht deren Stammkapital beeinträchtigt.[46] Falls der Einziehungsbeschluss demnach zunächst möglich bzw. wirksam ist, andererseits aber auch unklar ist, ob die (ggf. ratierlich) zu zahlen-

---

[44] BGH, Urteil vom 5.4.2011, NJW 2011, 2294 = NZG 2011, 783 = GmbHR 2011, 761.

[45] Vgl. zur Errechnung des (nicht zur Erhaltung des Stammkapitals erforderlichen) „ungebundenen" Gesellschaftsvermögens Baumbach/Hueck, § 30, Rn. 13 ff.; Scholz/*Verse*, § 30, Rn. 52 ff.; Lutter/Hommelhoff, § 30, Rn. 10 ff.; Michalski/*Heidinger*, § 30, Rn. 21 ff.; MüKoGmbHG/*Ekkenga*, § 30, Rn. 79 ff. und 94 ff.

[46] Vgl. zuletzt nur BGH, Urteil vom 5.4.2011, NJW 2011, 2294 = NZG 2011, 783 = GmbHR 2011, 761 mwN, insbesondere zum umfangreichen Schrifttum. Die Ausschließung durch Zwangseinziehung oder Zwangsabtretung an die Gesellschaft ist in diesem Fall (Herstellung einer Unterbilanz durch die Abfindungszahlung der Gesellschaft) laut BGH auch dann nichtig, wenn in der Satzung vorgesehen ist, dass die Ausschließung mit Zugang des Ausschließungsbeschlusses (und unabhängig von der Abfindungszahlung) wirksam werden soll. Vgl. auch BGH, Urteil vom 24.1.2012, BGHZ 192, 236 = NZG 2012, 259 = GmbHR 2012, 387 = BB 2012, 664.

II. Ausschluss aus der Gesellschaft

de Abfindung später durch Auflösung stiller Reserven oder aus künftigen Gewinnen der Gesellschaft ohne Beeinträchtigung der Stammkapitalziffer geleistet werden kann, müssen die verbleibenden Gesellschafter zur Vermeidung einer persönlichen Einstandspflicht für die Abfindungsschuld die Auflösung der Gesellschaft in Betracht ziehen (vgl. hierzu iE unter Rn. 259 ff.).

Die **Beschlussnichtigkeit** kann dadurch **vermieden** werden, dass im Einziehungsbeschluss oder Beschluss über die Zwangsabtretung klargestellt wird, dass die Zahlung der Abfindung nur aus ungebundenem Vermögen erfolgen darf.[47] **Alternativ** bieten sich folgende **Lösungsmöglichkeiten** an:

Falls die GmbH absehbar über nicht ausreichend ungebundenes Vermögen zur Aufbringung der Abfindungszahlung verfügt, kann die Nichtigkeit des Ausschließungsbeschlusses ggf dadurch vermieden werden, dass die Geschäftsanteile des ausgeschlossenen Gesellschafters durch **Zwangsabtretung an einen Dritten** oder **einen Mitgesellschafter** veräußert werden, so dass die Abfindungsverpflichtung nicht die Gesellschaft selbst trifft. Diese Verwertungsmaßnahme (anstelle der Zwangseinziehung) ist freilich nur möglich, wenn die Satzung eine solche Maßnahme grundsätzlich zulässt (vgl. zur Streitvermeidung durch geeignete Satzungsregelung näher unter Rn. 563 f.). Eine andere Alternative besteht darin, den Ausschlussbeschluss mit einem **Kapitalherabsetzungsbeschluss** zu verbinden, um die verbleibende Einlageverpflichtung auf den betroffenen Geschäftsanteil zu beseitigen bzw. genügend freies Vermögen für die Bezahlung des Abfindungsentgelts zu bilden.[48] Sofern nicht genug ungebundenes Vermögen vorhanden ist oder diesbezüglich zumindest Unsicherheit besteht, kommt weiter in Betracht, dass die **Mitgesellschafter die Abfindungsverpflichtung** schuldbefreiend für die GmbH **übernehmen** oder die GmbH mit ausreichendem Vermögen **durch Einlagen** (mit Rückzahlungsverzicht) **ausstatten**.[49]

249

bb) Beschlussfassung in einer Gesellschafterversammlung

(1) Teilnahme- und Stimmrechte

Der auszuschließende Gesellschafter hat in der Gesellschafterversammlung, in der über seine Ausschließung Beschluss gefasst wird, ein **Teilnahmerecht**. Er muss die Möglichkeit haben, zum Ausschließungsgrund und der beabsichtigten Zwangsmaßnahme in der Gesellschafterversammlung Stellung zu nehmen, seinen Standpunkt zu erläutern und auf das Abstimmungsverhalten anderer Gesellschafter einzuwirken (**Anhörungsrecht**). Der Einziehungs- bzw. Ausschlussbeschluss ist deshalb auch dann (anfechtbar) unwirksam, wenn die ausschließenden Gesellschafter den wichtigen Grund nur pauschal behaupten, ohne ihn in irgendeiner Form näher zu erläutern.[50] Der von der Ausschließung

250

---

[47] BGH, Urteil vom 19.6.2000, BGHZ 144, 365 = NJW 2000, 2819 = NZG 2000, 1027 = GmbHR 2000, 822. Alternativ wird dies entsprechend bereits durch die Satzung selbst geregelt, etwa durch die Anordnung, dass die Abfindung des ausgeschlossenen Gesellschafters jeweils gestundet ist, bis die Auszahlung der fälligen Abfindungsforderung ohne Verstoß gegen das Stammkapitalerhaltungsgebot möglich ist.

[48] Der vom Ausschluss betroffene Gesellschafter hat auch im Hinblick auf die Kapitalmaßnahme wegen Interessenkollision analog § 47 Abs. 4 GmbHG kein Stimmrecht, wenn die Kapitalherabsetzung zur Vorbereitung des Ausschlusses des Gesellschafters erfolgt und hierfür ein „wichtiger Grund" besteht.

[49] Vgl. z.B. OLG Hamm, Urteil vom 11.1.1999, NZG 1999, 597.

[50] OLG München, Urteil vom 12.11.1997, NZG 1998, 383 = GmbHR 1998, 332 = DB 1998, 304. Nach Auffassung des OLG München sind an die Begründung des Ausschlussbeschlusses zwar keine hohen An-

betroffene Gesellschafter hat demgegenüber **kein Stimmrecht**, wenn der Ausschluss aus „wichtigem Grund" beschlossen wird.[51] Gleiches gilt (auch in anderen Fällen der Ausschließungsbegründung), wenn die Satzung das Stimmverbot bei der betreffenden Beschlussfassung ausdrücklich anordnet.[52] Die trotz Stimmverbots abgegebene Stimme ist unwirksam.

251 In Ausnahmefällen kann sich aus der **Treuepflicht** die **Zustimmungsverpflichtung** zu einem Ausschließungsbeschluss ergeben. Ein solcher (allerdings extremer) Ausnahmefall ist etwa dann denkbar, wenn der Verbleib des vom Ausschluss betroffenen Gesellschafters für die Gesellschaft nach den besonderen Fallumständen „schlechterdings untragbar" wäre.[53] Die treuwidrige Stimmabgabe gegen den Einziehungsbeschluss ist dann nichtig. Es ist das Abstimmungsergebnis maßgeblich, welches sich ohne Berücksichtigung der nichtigen Stimme ergibt.

(2) Beschlussfassung in der Zwei-Personen-GmbH

252 In der Zwei-Personen-GmbH sind die jeweiligen Beschlussanträge betreffend die Ausschließung des Mitgesellschafters (ebenso wie die Beschlussanträge zur jeweiligen Abberufung des anderen Gesellschafters als Geschäftsführer) gleichzeitig zu behandeln und zur Abstimmung zu stellen. Es ist daher insbesondere unzulässig, dass der Gesellschafter A bei einer entsprechend angekündigten Tagesordnung zunächst den Geschäftsanteil des Gesellschafters B mit seinen Stimmen einzieht und den anschließenden Beschlussantrag des Gesellschafters B auf Einziehung der Anteile des A mit dem Argument ignoriert, B habe wegen der soeben erfolgten Einziehung seines Anteils bereits seine Mitgliedschaftsrechte verloren und könne daher keine Beschlussanträge mehr stellen, geschweige denn Stimmrechte ausüben. Antragstellung und Stimmabgabe durch B sind in diesem Fall (noch) wirksam.[54]

(3) Inhalt des Ausschlussbeschlusses

253 Der Beschluss über die Ausschließung sollte möglichst klar und deutlich aussagen, dass der von der Maßnahme betroffene **Gesellschafter** aus der Gesellschaft **ausgeschlossen** und sein **Anteil** in Folge dessen zwangsweise **eingezogen** bzw. (nach Maßgabe der Satzung) an die Gesellschaft, einen Mitgesellschafter oder einen Dritten **zwangsweise**

---

forderungen zu stellen. Es genüge die „schlüssige Darlegung" bestimmter, die Einziehung rechtfertigender Gründe. Das OLG München hatte indessen über einen Sachverhalt zu entscheiden, bei dem die die Ausschließung betreibende Gesellschafterin dem Mitgesellschafter bei Beschlussfassung über die Zwangseinziehung nur mitteilte, es liege ein „wichtiger Grund" vor. Weitere Ausführungen wollte sie hierzu nicht machen. Das OLG München hielt den Beschluss zwar nicht für nichtig, so doch aber für anfechtbar unwirksam, da dem Betroffenen die Möglichkeit genommen worden war, seinen Standpunkt in der Gesellschafterversammlung zu erläutern und auf das Stimmverhalten einzuwirken.

[51] BGH, Urteil vom 1.4.1953, BGHZ 9, 157.
[52] BGH, Urteil vom 20.12.1976, GmbHR 1977, 81 = BB 1977, 563.
[53] OLG Düsseldorf, Urteil vom 24.2.2000, GmbHR 2000, 1050.
[54] OLG München, Urteil vom 8.10.1993, NJW-RR 1994, 496 = GmbHR 1994, 251 = DB 1993, 2477.

abgetreten wird. Alternativ ist es ausreichend, wenn – z.B. unter Bezugnahme auf die betreffende Satzungsregelung – unmittelbar die „Zwangseinziehung" oder die „Zwangsabtretung" des Geschäftsanteils bzw. der Geschäftsanteile des betroffenen Gesellschafters beschlossen wird, da in diesem „Verwertungsbeschluss" zugleich konkludent die Ausschließung des betroffenen Gesellschafters mit enthalten ist (vgl. auch unter Rn. 239).

Die **Rechtsprechung** ist hinsichtlich der **Auslegung von Ausschließungsbeschlüssen** eher **großzügig**. Der BGH hatte in einem Urteil vom 20.2.1995[55] z.B. über einen Beschluss zu entscheiden, in dem lapidar die „Beendigung der Gesellschafterstellung des Herrn X" bestimmt worden war. Von einer „Einziehung" oder gar einem „Ausschluss" des X war demgegenüber nicht die Rede. Der betroffene Gesellschafter wehrte sich gegen den Beschluss daher auch mit der Begründung, ihm könne nicht entnommen werden, dass er seinen Ausschluss bzw. die Einziehung seines Geschäftsanteils zum Gegenstand hat. Der BGH kam aufgrund wohlwollender Auslegung trotzdem zu dem Ergebnis, dass X aufgrund des genannten Beschlusses wirksam ausgeschlossen und der Anteil des X eingezogen worden war. Diese Auslegung beruhte allerdings u.a. auf der Besonderheit der Satzung, wonach entweder die Zwangseinziehung von Anteilen durch Gesellschafter*beschluss* oder die „Ausschließung" durch gerichtliche Entscheidung (also Ausschließungsklage) vorgesehen war.[56]

254

Andererseits ist denkbar, dass die Satzung für die Ausschließung und die anschließende Anteilsverwertung ausnahmsweise ausdrücklich zwei getrennte Gesellschafterbeschlüsse anordnet. Der betroffene Gesellschafter hängt dann – je nach Satzungsgestaltung – nach einem isolierten Ausschließungsbeschluss rechtlich in der Luft, insbesondere hinsichtlich seiner Abfindungsansprüche. Die Lösung besteht wohl darin, ihm wie einem Gesellschafter, der seine GmbH-Beteiligung gekündigt hat, nach dem Ausschlussbeschluss einen **Anspruch** gegen die verbleibenden Gesellschafter auf **zeitnahe Entscheidung** über die **Verwertung seines Geschäftsanteils** einzuräumen (vgl. hierzu näher unter Rn. 498). Alternativ ist – je nach Satzungswortlaut – der isolierte Ausschließungsbeschluss ohne gleichzeitige Beschlussfassung über die Verwertung des Geschäftsanteils anfechtbar unwirksam (mit der Begründung, dass die Satzung immer nur die kombinierte Beschlussfassung über Ausschließung *und* Verwertung des Geschäftsanteils zulässt).

255

Es ist demgegenüber **nicht notwendig**, dass zusammen mit der Ausschließung und Entscheidung über die Zwangseinziehung oder Zwangsabtretung zugleich ein **Abfindungsbetrag festgesetzt** oder Regelungen zur Auszahlung des Abfindungsbetrags getroffen werden.[57]

256

(4) Bekanntgabe des Ausschließungsbeschlusses

Die Beschlüsse über die Ausschließung und/oder die Zwangseinziehung bzw. Zwangsabtretung sind dem betroffenen Gesellschafter im Anschluss an die Beschlussfassung mitzuteilen, was regelmäßig durch den Geschäftsführer geschieht. Falls der Gesellschafter – wie meist – an einer Beschlussfassung teilnimmt, ist eine gesonderte Mitteilung dagegen entbehrlich.[58]

257

---

[55] NJW-RR 1995, 667.
[56] Ebenso z.B. OLG Schleswig, Urteil vom 29.1.1998, GmbHR 1998, 892, wonach der „Ausschluss" eines Mitgesellschafters im Sinne einer Zwangseinziehung dessen Geschäftsanteils zu verstehen ist.
[57] Etwas anderes gilt ausnahmsweise dann, wenn die Satzung ausdrücklich vorschreibt, dass bereits der Ausschließungs- bzw. Zwangseinziehungsbeschluss Einzelheiten der Abfindungszahlung regeln muss; vgl. z.B. BGH, Urteil vom 20.2.1995, NJW-RR 1995, 667.
[58] Vgl. nur Baumbach/Hueck, § 34, Rn. 16; Scholz/*Westermann*, § 34, Rn. 46.

cc) Rechtsfolgen der Ausschließung durch Zwangseinziehung

258 Die Ausschließung durch Zwangseinziehung bzw. die Ausschließung in Kombination mit einem anschließenden Zwangseinziehungsbeschluss führt dazu, dass der Geschäftsanteil bzw. die **Geschäftsanteile** des von der Ausschließung betroffenen Gesellschafters **untergehen** und sämtliche mit den eingezogenen Geschäftsanteilen verbundenen **Mitgliedschaftsrechte erlöschen**.[59] Dies gilt jedenfalls dann, wenn der Einziehungsbeschluss nicht bereits aus formellen Gründen, wegen Verletzung des Gebots der Stammkapitalaufbringung oder Stammkapitalerhaltung (vgl. hierzu unter Rn. 244 ff.), wegen Fehlens einer Satzungsgrundlage oder aus anderen Gründen nichtig ist (das Fehlen eines Ausschlussgrundes führt nur zur Anfechtbarkeit). Durch den Untergang der Geschäftsanteile infolge Zwangseinziehung ergeben sich weitere Rechtsfragen mit Rücksicht auf die von der Gesellschaft geschuldete Abfindungszahlung (vgl. hierzu nachstehend unter Rn. 259 ff.) und die (durch das MoMiG neu gefasste) Bestimmung in § 5 Abs. 3 S. 2 GmbHG (Gebot der Übereinstimmung der Summe der Nennbeträge der Geschäftsanteile mit dem Stammkapitalbetrag; vgl. hierzu unter Rn. 263 ff.). Schließlich muss wegen des Ausscheidens des betroffenen Gesellschafters eine neue Gesellschafterliste beim Handelsregister eingereicht werden (vgl. hierzu unter Rn. 267).

(1) Beschlusswirksamkeit vor Abfindungszahlung und Haftung der Mitgesellschafter

259 Der BGH hatte in einem Urteil vom 28.4.1997[60] entschieden, dass der Zwangseinziehungsbeschluss – vorbehaltlich wirksamer, anderslautender Satzungsregelungen – unter der aufschiebenden Bedingung der vollständigen Abfindungszahlung durch die Gesellschaft steht. Hintergrund dieser Entscheidung bildete der Umstand, dass §§ 34 Abs. 3, 30 Abs. 1 GmbHG eine Abfindungszahlung der GmbH aus deren gebundenem Vermögen verbieten (vgl. im Einzelnen unter Rn. 244 ff.). Der von der Zwangseinziehung betroffene Gesellschafter sollte mit Rücksicht darauf geschützt werden: Die aufschiebende Bedingung für das Wirksamwerden der Zwangseinziehung führte dazu, dass er entweder die vollständige Abfindungszahlung erhielt oder – wenn diese Abfindungszahlung aus ungebundenem Vermögen der GmbH misslingt – Inhaber seines nach wie vor fortbestehenden Geschäftsanteils blieb. Diese sog. „Bedingungslösung" war in der Rechtsprechung der Oberlandesgerichte und im Schrifttum bis zuletzt umstritten, zumal sich für die GmbH bzw. die Mitgesellschafter durch das zunächst fortbestehende Mitgliedschaftsrecht des ausgeschlossenen Gesellschafters ein in rechtlicher und tatsächlicher Hinsicht besonders problematischer Schwebezustand ergab.

260 Der **BGH** hat diesen Bedenken in seinem ausführlich begründeten **Urteil vom 24.1.2012**[61] Rechnung getragen und die „**Bedingungslösung" aufgegeben**. Sofern der Zwangseinziehungsbeschluss nicht bereits aus anderen Gründen nichtig sei (etwa

---

[59] Vgl. nur BGH, Urteil vom 19.9.1977, NJW 1977, 2316 = GmbHR 1978, 131 = BB 1977, 1569; BGH, Urteil vom 14.9.1998, BGHZ 139, 299 = GmbHR 1998, 1177 = NJW 1998, 3646.
[60] DStR 1997, 1336
[61] BGHZ 192, 236 = NZG 2012, 259 = GmbHR 2012, 387 = BB 2012, 664.

II. Ausschluss aus der Gesellschaft

weil bereits bei Beschlussfassung feststehe, dass das „Einziehungsentgelt" bzw. die Abfindung nicht aus „ungebundenem" Vermögen der Gesellschaft bezahlt werden kann; vgl. hier näher unter Rn. 244 ff.) noch für nichtig erklärt werde (etwa wegen formeller Mängel), werde demnach die **Einziehung mit der Mitteilung des Beschlusses** an den betroffenen Gesellschafter **und nicht erst mit der Leistung der Abfindung wirksam**. Der betroffene Gesellschafter hat allerdings nach wie vor und trotz der sofortigen Wirksamkeit des Einziehungsbeschlusses die Möglichkeit, diesen Beschluss wie ein Gesellschafter mit der entsprechenden Beschlussmängelklage anzugreifen.[62]

Der durch Zwangseinziehung ausgeschlossene Gesellschafter läuft nach Aufgabe der „Bedingungslösung" andererseits Gefahr, seinen Geschäftsanteil zu verlieren, ohne den Abfindungsanspruch (vollständig) zu realisieren: Schuldnerin des Einziehungsentgelts ist die GmbH, die fällige Abfindungszahlungen wegen § 30 Abs. 1 GmbHG nur aus freiem, nicht zur Stammkapitalerhaltung benötigtem Vermögen bezahlen darf. Der BGH nimmt deshalb die **verbleibenden Gesellschafter in die Pflicht**: Diese müssen dafür sorgen, dass die Abfindung aus dem ungebundenen Vermögen der Gesellschaft geleistet werden kann, etwa durch die Auflösung stiller Reserven (also die Veräußerung von Anlagevermögen), durch nicht rückzahlbare Einlagen in die Kapitalrücklage oder durch eine Herabsetzung des Stammkapitals, sofern die Gesellschaft nicht bereits aus anderen Gründen über ausreichendes Eigenkapital verfügt (etwa in Form von Gewinnvorträgen oder -rücklagen). Notfalls müsse – so der BGH – die Gesellschaft aufgelöst werden, wenn der Abfindungsanspruch des ausgeschiedenen Gesellschafters nicht anders erfüllt werden kann.[63] Sofern die **verbleibenden Gesellschafter** die Gesellschaft demgegenüber weder in die Lage versetzen, die Abfindung aus ungebundenem Vermögen zu bezahlen noch die Gesellschaft auflösen, **haften** sie laut BGH für die Abfindungsverpflichtung **persönlich**, wenn die Gesellschaft diese wegen der Kapitalerhaltungspflicht nach § 30 Abs. 1 GmbHG nicht (vollständig) erfüllen darf. Die persönliche Haftung beruhe auf der gesellschaftsrechtlichen **Treuepflicht**. Die verbleibenden Gesellschafter verhielten sich treuwidrig, wenn sie die Gesellschaft fortsetzen, obwohl die GmbH die Abfindungsverpflichtung nicht ohne Rückgriff auf das Stammkapital erfüllen könne, und sie sich so den *„Wert des eingezogenen Geschäftsanteils auf Kosten des ausgeschiedenen Gesellschafters einverleiben, ihm aber eine Abfindung unter der berechtigten Berufung auf die Kapitalbindung der Gesellschaft verweigern"*.[64]

Das Urteil des BGH vom 24.1.2012 ist zu begrüßen. Die „Bedingungslösung" war hinsichtlich ihrer rechtlichen Begründung zweifelhaft, führte zu erheblichen rechtlichen Schwierigkeiten und verursachte oftmals eine Streiteskalation im Anschluss an die Zwangseinziehung von GmbH-Geschäftsanteilen[65]. Andererseits

---

[62] BGH, Urteil vom 24.1.2012, BGHZ 192, 236 = NZG 2012, 259 = GmbHR 2012, 387 = BB 2012, 664. Vgl. zu den Beschlussmängelklagen in der GmbH näher unter Rn. 612 ff.

[63] BGH, Urteil vom 24.1.2012, BGHZ 192, 236 = NZG 2012, 259 = GmbHR 2012, 387 = BB 2012, 664.

[64] BGH, Urteil vom 24.1.2012, BGHZ 192, 236 = NZG 2012, 259 = GmbHR 2012, 387 = BB 2012, 664.

[65] Zur Vermeidung dieser Schwierigkeiten und Streitigkeiten diente die Satzungsregelung, wonach die Stimmrechte eines Gesellschafters im Anschluss an die Zwangseinziehung bis zur vollständigen Abfindungszahlung ruhen oder – weitergehend – der von der Zwangseinziehung betroffene Gesellschafter seine Gesellschafterstellung bereits mit Beschlussfassung über die Einziehung und vor Abfindungszahlung

ergeben sich durch das Urteil auch **neue Probleme und Fragen**, insbesondere mit Rücksicht auf die vom BGH angenommene persönliche Einstandspflicht der verbleibenden Gesellschafter für die Abfindungsverpflichtung der GmbH. Problematisch sind die (in der Praxis häufigen) Fälle, in denen bei Beschlussfassung über die Zwangseinziehung weder feststeht, dass die Abfindungszahlung bei der GmbH zu einer Unterbilanz führt (mit der Folge, dass der Einziehungsbeschluss ohnedies nichtig bzw. rechtlich unmöglich ist; vgl. unter Rn. 248), noch andererseits klar ist, ob die Gesellschaft die Abfindung vollständig aus ungebundenem Vermögen bezahlen können wird. Die Gesellschafter, die über die Zwangseinziehung Beschluss fassen, müssen hier wegen der drohenden persönlichen Haftung für die Abfindungszahlung auf der Grundlage belastbarer Prognosen entscheiden, ob künftige Gewinne, etwa auch aus der Veräußerung von Anlagevermögen, zur Zahlung fälliger Abfindungsbeträge ausreichen werden. Ein späterer Liquidationsbeschluss ist demgegenüber grds. nachteilig, da der ausgeschlossene Gesellschafter seine noch offene Abfindungsforderung gegen die Liquidationsgesellschaft behält und so regelmäßig sogar wirtschaftlich bessergestellt wird als die ausschließenden Gesellschafter. Die vom BGH angenommene, subsidiäre Gesellschafterhaftung für die Abfindungsschuld der GmbH wirft ferner z.B. die Frage auf, ob auch der Gesellschafter aufgrund gesellschaftsrechtlicher Treuepflicht für die Abfindung haftet, der gegen den Einziehungsbeschluss votiert hatte. Meines Erachtens ist dies zu bejahen, zumal der BGH zur Begründung der persönlichen Einstandspflicht für den Abfindungsanspruch nicht an die Beschlussfassung zur Zwangseinziehung anknüpft, sondern an die Fortsetzung der Gesellschaft trotz deren Unvermögens zur Abfindungszahlung aus ungebundenem Vermögen und die damit verbundene, anteilige „Einverleibung" des Wertes des eingezogenen Geschäftsanteils auf Kosten des ausgeschiedenen Gesellschafters. Der betreffende anteilige Wert kommt aber auch dem Gesellschafter zugute, der sich gegen die Ausschließung ausgesprochen hatte. Mit Rücksicht auf die drohende persönliche Haftung dürften jedoch alle verbleibenden Gesellschafter unter dem Gesichtspunkt der Treuepflicht untereinander verpflichtet sein, auf Wunsch eines Gesellschafters einer Liquidation der Gesellschaft zuzustimmen, wenn der Einziehungsbeschluss zwar zunächst wirksam ist (weil die erste Rate bzw. die ersten Raten der Abfindung aus „ungebundenem" Vermögen bezahlt werden können), andererseits aber künftige Gewinne der GmbH bei deren Fortführung nicht vollständig zum Ausgleich verbleibender Abfindungsschulden ausreichen.

263 Schließlich ist fraglich, ob die subsidiäre persönliche Haftung der verbleibenden Gesellschafter für die Abfindungszahlung auch dann eingreift, wenn der Geschäftsanteil **nach Eigenkündigung** des betroffenen Gesellschafters **eingezogen** worden war (vgl. hierzu näher unter Rn. 498). Angesichts der Begründung des BGH für die persönliche Einstandspflicht ist dies meines Erachtens zu bejahen: Auch hier „eignen" sich die verbleibenden Gesellschafter den wirtschaftlichen Wert des Anteils des ausgeschiedenen Gesellschafters an, wenn sie sich gegen eine Auflösung der Gesellschaft entscheiden. Die Interessenlage ist also nicht anders als bei der Ausschließung aus „wichtigem Grund", vielmehr ist der ausscheidende Gesellschafter sogar eher schützenswert, da die Fortsetzung der Gesellschaft nicht aus einem in seiner Person liegenden „wichtigen Grund" unzumutbar geworden war.[66]

(2) Übereinstimmungsgebot gemäß § 5 Abs. 3 S. 2 GmbHG

264 Gemäß § 5 Abs. 3 S. 2 GmbHG muss die Summe der Nennbeträge aller Geschäftsanteile mit dem Stammkapital übereinstimmen. In der alten, vor dem MoMiG geltenden

---

vollständig verliert. Der BGH hielt diese vertragliche Abbedingung der „Bedingungslösung" für zulässig, vgl. Urteil vom 8.12.2008, NZG 2009, 221 = GmbHR 2009, 313 = DStR 2009, 439.

[66] Dementsprechend war nach Auffassung des OLG Köln, Urteil vom 26.3.1999, NZG 1999, 1222, die „Bedingungslösung" auch auf die Einziehung nach Eigenkündigung eines Gesellschafters anwendbar; aA war insoweit das OLG München, Urteil vom 28.7.2011, GmbHR 2011, 1040 = GWR 2011, 384 (Kurzwiedergabe), allerdings in einer Fallkonstellation, in der der ausgeschiedene Gesellschafter sich jahrelang nicht um die Durchsetzung der Abfindung gekümmert hatte und der Bedingungseintritt daher jedenfalls nach § 162 Abs. 1 BGB fingiert wurde.

Fassung, schrieb § 5 Abs. 3 GmbHG demgegenüber (nur) die Übereinstimmung des Stammkapitals mit dem „Gesamtbetrag der Stammeinlagen" vor. Da – wie eingangs ausgeführt – die Einziehung eines Geschäftsanteils nach hM zu dessen „Vernichtung" führt, stimmt in Folge dessen jedoch die Summe der Nennbeträge der verbleibenden Geschäftsanteile nicht mehr mit dem Stammkapitalbetrag überein. Nach der alten, bis zum MoMiG geltenden Gesetzesfassung wurde diese Diskrepanz in Folge eines Einziehungsbeschlusses hingenommen, da das Übereinstimmungsgebot gemäß § 5 Abs. 3 S. 3 GmbHG (a.F.) nur bei Gesellschaftsgründung als zwingend angesehen wurde. Laut Regierungsbegründung zum MoMiG[67] soll das Übereinstimmungsgebot des neu gefassten § 5 Abs. 3 S. 2 GmbHG jedoch dauerhaft zwingend und auch bei Anteilseinziehungen zu beachten sein. Dies löste in der Rechtsprechung der Instanzengerichte und im Schrifttum eine umfangreiche Diskussion darüber aus, ob die Wirksamkeit des Einziehungsbeschlusses angesichts der Gesetzesänderung nunmehr von der Durchführung **zusätzlicher Anpassungsmaßnahmen im Hinblick auf den Stammkapitalbetrag** abhängt oder nicht. Als mögliche „Anpassungsmaßnahmen" zur Wiederherstellung der Konvergenz zwischen Summe der Nennbeträge der verbleibenden Geschäftsanteile und dem satzungsmäßigen Stammkapitalbetrag wurden bereits in der Regierungsbegründung zum MoMiG eine „nominelle Aufstockung" der verbleibenden Geschäftsanteile, eine Neubildung des weggefallenen Geschäftsanteils oder eine Kapitalherabsetzung vorgeschlagen (vgl. hierzu unter Rn. 266). Das Meinungsspektrum reichte von der Annahme einer Nichtigkeit des isolierten Einziehungsbeschlusses (ohne Anpassungsmaßnahme) über vermittelnde Lösungen (z.B. nur vorläufige Wirksamkeit des Einziehungsbeschlusses oder automatische Anpassung) bis hin zu der Auffassung, dass die Durchführung vorbezeichneter „Anpassungsmaßnahmen" für die Wirksamkeit des Einziehungsbeschlusses irrelevant sei.[68]

Der **BGH** hat sich mit **Urteil vom 2.12.2014**[69] der letztgenannten Auffassung angeschlossen und das Rechtsproblem des „Übereinstimmungsgebots" bei Einziehungsbeschlüssen in der GmbH damit geklärt: Das **Auseinanderfallen der Summe der Nennbeträge** der verbleibenden Geschäftsanteile und dem Stammkapital bilde, so der BGH, **keinen Nichtigkeits- oder Anfechtungsgrund** für den Einziehungsbeschluss. Eine solche Rechtsfolge lasse sich weder aus dem Wortlaut, noch aus der Regierungsbegründung zum MoMiG noch aus der Gesetzessystematik herleiten. Die zwingende Verknüpfung des Einziehungsbeschlusses mit „Anpassungsmaßnahmen" zur sofortigen Wiederherstellung der Konvergenz zwischen Summe der Nennbeträge der verbleibenden Geschäftsanteile und dem Stammkapital sei ferner weder unter dem Gesichtspunkt des Gläubigerschutzes noch des Schutzes der Minderheitsgesellschafter erforderlich. Es bleibe vielmehr den verbleibenden Gesellschaftern überlassen zu entscheiden, wie sie im

---

[67] BT-Drs. 16/6140, S. 31.
[68] Vgl. zu den unterschiedlichen Meinungen und Vorschlägen in der Rechtsprechung und im Schrifttum BGH, Urteil vom 2.12.2014, NZG 2015, 429 = GmbHR 2015, 416 = BB 2015, 782, mit umfangr. Nachweisen.
[69] AaO (Fn. 68).

Hinblick auf das „Übereinstimmungsgebot" des § 5 Abs. 3 S. 2 GmbHG weiter verfahren wollen, etwa ob sie vor der Beschlussfassung über „Anpassungsmaßnahmen" zunächst den Ausgang eines Anfechtungsprozesses gegen den Einziehungsbeschluss abwarten möchten.[70]

266 Wenngleich das gesetzliche Übereinstimmungsgebot somit keine Auswirkung auf die Wirksamkeit des Einziehungsbeschlusses hat, muss der Wegfall des eingezogenen Geschäftsanteils wegen § 5 Abs. 3 S. 2 GmbHG über kurz oder lang doch kompensiert werden, etwa weil das Registergericht eine solche Angleichung bei späteren Satzungsänderungen oder Kapitalmaßnahmen verlangt. Für die Wiederherstellung der Konvergenz zwischen Nennbeträgen der Geschäftsanteile und Stammkapitalziffer kommen folgende **Anpassungsmaßnahmen** in Betracht:

- Nominelle Aufstockung der verbleibenden Geschäftsanteile

    Die Nennbeträge der verbleibenden Geschäftsanteile können durch Beschluss verhältniswahrend nominell aufgestockt werden, so dass sie in Summe nach Aufstockung wieder den Nennbetrag des Stammkapitals aufweisen. Der betreffende Gesellschafterbeschluss stellt nach (wohl) hM keine Satzungsänderung darf und bedarf daher nicht der notariellen Beurkundung.[71] Der Aufstockungsbeschluss benötigt mit Rücksicht darauf auch nur die einfache bzw. für Gesellschafterbeschlüsse laut Satzung generell vorgeschriebene Stimmenmehrheit. Falls der Einziehungs- und der Aufstockungsbeschluss miteinander verbunden werden, unterliegt der von der Einziehung betroffene Gesellschafter jedenfalls dann einem Stimmverbot, wenn die Zwangsmaßnahme aus „wichtigem Grund" erfolgt.[72] Die nominelle Aufstockung kann ausgeschlossen sein, wenn sie wegen des Nennbetrags der Geschäftsanteile (die jeweils auf volle Euro lauten müssen, § 5 Abs. 2 S. 1 GmbHG) ausnahmsweise nicht verhältniswahrend möglich ist, da die „disquotale" Aufstockung analog § 57j GmbHG (wohl) nichtig wäre.

- Neubildung eines Geschäftsanteils

    Eine andere Möglichkeit besteht darin, dass anstelle des eingezogenen Geschäftsanteils auch ohne eine Kapitalerhöhung ein neuer Geschäftsanteil gebildet wird („Revalorisierung"). Auch diese Beschlussfassung bedeutet keine Satzungsänderung und ist daher ohne notarielle Beurkundung möglich.[73] Im Unterschied zur nominellen Aufstockung soll allerdings der Revalorisierungbeschluss nur mit qualifizierter (satzungsändernder) Mehrheit zulässig sein.[74] Inhaber des neugebildeten Geschäftsanteils ist zunächst die GmbH selbst, die im Anschluss darüber verfügen kann.

- Kapitalherabsetzung

    Eine dritte Möglichkeit besteht darin, in Folge des Einziehungsbeschlusses das Stammkapital (auf die Summe der Nennbeträge der verbleibenden Geschäftsanteile) herabzusetzen. Das Verfahren dieser

---

[70] BGH, Urteil vom 2.12.2014, NZG 2015, 429 = GmbHR 2015, 416 = BB 2015, 782.
[71] BayObLG, Beschluss vom 25.10.1991, NJW-RR 1992, 736 = GmbHR 1992, 42 = BB 1991, 2464; in diese Richtung auch BGH, Urteil vom 6.6.1988, NJW 1989, 168 = GmbHR 1988, 337 = ZIP 1988, 1046, wonach „*vieles dafür spricht*", dass es sich bei der nominellen Aufstockung um keine beurkundungspflichtige Satzungsänderung handelt.
[72] Vgl. zum Stimmverbot wegen Interessenkollision näher unter Rn. 47 ff.
[73] BayObLG Beschluss vom 25.10.1991, NJW-RR 1992, 736 = GmbHR 1992, 42 = BB 1991, 2464; vgl. auch Baumbach/Hueck, § 34, Rn. 20; Scholz/*Westermann*, § 34, Rn. 70; Ulmer/Habersack/Winter, § 34, Rn. 68 ff.; Michalski/*Sosnitza*, § 34, Rn. 121; MüKoGmbHG/*Strohn*, § 34, Rn. 69.
[74] Vgl. die in vorangehender Fußnote zitierte Kommentarliteratur.

II. Ausschluss aus der Gesellschaft

Kapitalmaßnahme, die je nach den Umständen „*lästig bis überflüssig*" sein kann[75], richtet sich nach den §§ 58 ff. GmbHG. Die Kapitalherabsetzung erlangt gemäß § 54 Abs. 3 GmbHG mit Eintragung im Handelsregister Rechtswirksamkeit, kann gemäß § 58 Abs. 1 Nr. 3 GmbHG jedoch nicht vor Ablauf eines Sperrjahres zur Eintragung angemeldet werden. Die Kapitalherabsetzung kommt nur in Betracht, wenn die betreffende GmbH ein Stammkapital über T€ 25 aufweist (§ 5 Abs. 1 GmbHG).

ME bietet die **nominelle Aufstockung** der verbleibenden Geschäftsanteile durch Mehrheitsbeschluss die **praktikabelste** und vergleichsweise rechtssicherste **Lösungsmöglichkeit**.[76] Falls die Aufstockung ausscheidet, weil die Nennbeträge der Geschäftsanteile der verbleibenden Gesellschafter nicht quotal auf volle Euro-Beträge erhöht werden können, bietet sich vorrangig die „Revalorisierung" an. Falls alle vorgenannten Lösungsmöglichkeiten im Einzelfall ausscheiden oder – wie vor allem die Kapitalherabsetzung – als zu umständlich erscheinen, sollte – sofern die Satzung es zulässt – auf eine Verwertung des betroffenen Geschäftsanteils durch Zwangsabtretung ausgewichen werden.

(3) Änderung der Gesellschafterliste

Die wirksame Einziehung führt zu einer Veränderung bei den Gesellschaftern bzw. des Umfangs ihrer Beteiligung, so dass die **Geschäftsführer** gemäß § 40 Abs. 1 GmbHG unverzüglich nach Wirksamwerden der betreffenden Veränderung eine von ihnen unterzeichnete, **angepasste Gesellschafterliste zum Handelsregister einzureichen** haben. In dieser Liste sind die verbleibenden Gesellschafter mit den unverändert gebliebenen Nennbeträgen ihrer Geschäftsanteile aufzuführen.[77] Falls bis zur Einreichung der neuen Gesellschafterliste bereits eine „nominelle Aufstockung" der verbleibenden Anteile stattgefunden hat (vgl. unter Rn. 266), sind diese neuen Nennbeträge anzugeben; bei einer „Revalorisierung" des weggefallenen Geschäftsanteils (vgl. unter Rn. 266) ist der betreffende eigene Geschäftsanteil der GmbH neu aufzuführen. Sofern an dem Einziehungsbeschluss ein **Notar** durch Beurkundung der Beschlussfassung mitgewirkt hat, trifft diesen gemäß § 40 Abs. 2 GmbHG die Pflicht zur Einreichung der geänderten Gesellschafterliste.[78] Die Übermittlung zum Handelsregister erfolgt elektronisch, unter Nutzung einer besonderen Datenverbindung, über die z.B. Notare verfügen. In der Regel wird die Bilddatei der unterzeichneten, neuen Gesellschafterliste übermittelt (§ 12 Abs. 2 S. 2 HGB), die dann vom Registergericht in zeitlicher Reihenfolge in den Registerordner eingestellt bzw. „aufgenommen" (§ 16 Abs. 1 S. 1 GmbHG) wird.

267

Die Angaben in der Gesellschafterliste haben nicht nur bei Veräußerung eines Geschäftsanteils Bedeutung (wegen der Ermöglichung eines gutgläubigen Erwerbs vom Nichtberechtigten gemäß § 16 Abs. 3 GmbHG), sondern auch wesentliche **Auswirkung auf das Rechtsverhältnis zwischen Gesellschafter und Gesellschaft**. Jeder Gesell-

267a

---

[75] Vgl. Baumbach/Hueck, § 46, Rn. 33a.
[76] Das Muster eines entsprechenden Beschlussantrags findet sich bei der beispielhaften Darstellung einer Ladung zu einer außerordentlichen GmbH-Gesellschafterversammlung unter Rn. 853.
[77] BGH, Urteil vom 2.12.2014, NZG 2015, 429 = GmbHR 2015, 416 = BB 2015, 782.
[78] Vgl. nur Scholz/*Seibt*, § 40, Rn. 58; Baumbach/Hueck, § 40, Rn. 55.

schafter wird bei Gesellschaftsgründung zunächst gemäß § 8 Abs. 1 Nr. 3 GmbHG in der Gesellschafterliste genannt, aus der sich neben den persönlichen Daten des Gesellschafters auch der Nennbetrag des von ihm übernommenen Geschäftsanteils ergibt. Sofern sich hier nach Gründung Änderungen ergeben, etwa durch Anteilsabtretung, Kapitalmaßnahmen oder Anteilseinziehung, haben diese im Verhältnis zur Gesellschaft nur rechtliche Relevanz, wenn sie in einer entsprechend geänderten Gesellschafterliste abgebildet und diese in das Handelsregister „aufgenommen" worden ist (**§ 16 Abs. 1 GmbHG**). Andererseits gelten die Angaben in der Gesellschafterliste auch dann als richtig, wenn eine solche Veränderung materiell-rechtlich gar nicht stattgefunden hat. Die im Handelsregister aufgenommene Gesellschafterliste entfaltet somit gemäß § 16 Abs. 1 S. 1 GmbHG im Verhältnis zur Gesellschaft eine **gesetzliche Legitimationswirkung**[79], auch wenn die betreffenden Angaben objektiv falsch sind und der Gesellschaft bzw. dem Geschäftsführer diese Unrichtigkeit bekannt ist.[80] Die GmbH darf nur den in der Gesellschafterliste Eingetragenen als Gesellschafter behandeln: nach den betreffenden Angaben richten sich somit sämtliche Mitgliedschaftsrechte wie die Stimmrechte, die Gewinnbeteiligung, das Teilnahmerecht an Gesellschafterversammlungen und das eigene Ladungsrecht gemäß § 50 GmbHG oder die spezielle Klagebefugnis für Beschlussmängelklagen gemäß §§ 245, 249 AktG analog. Eine besondere **Ausnahme von dieser Legitimationswirkung** gilt lediglich dann, wenn die betreffende Gesellschafterliste nicht durch vertretungsberechtigte Geschäftsführer (§ 40 Abs. 1 GmbHG) oder durch den an einer Änderung mitwirkenden Notar (§ 40 Abs. 2 GmbHG) unterzeichnet und eingereicht bzw. die im Handelsregister veröffentlichte Liste gar gefälscht worden ist.[81] Die „**Zuordnung eines Widerspruchs**" zur Gesellschafterliste gemäß § 16 Abs. 3 GmbHG führt demgegenüber nur zur Verhinderung des gutgläubigen Erwerbs, zerstört aber nicht die Legitimationswirkung des § 16 Abs. 1 GmbHG.

267b Die gesetzliche Legitimationswirkung des § 16 Abs. 1 GmbHG begründet im Zusammenhang mit der streitigen Ausschließung eines Gesellschafters somit **Missbrauchsgefahr**. Falls ein vertretungsberechtigter Geschäftsführer vorhanden ist, kann dieser nach dem Zwangseinziehungs- oder Zwangsabtretungsbeschluss vorläufig „Fakten schaffen", indem er eine geänderte Gesellschafterliste zum Handelsregister einreicht, so dass der von der Ausschließung betroffene Gesellschafter bis auf weiteres (und bis zu einer möglicherweise langjährigen Klärung in der Hauptsache) seine Gesellschafterrechte verliert. Falls kein Geschäftsführer

---

[79] Dies gilt allerdings nur, sofern die betreffende Gesellschafterliste *nach* Inkrafttreten des MoMiG am 1.11.2008 zum Handelsregister eingereicht worden ist. Ältere Gesellschafterlisten, die noch nach der alten Rechtslage (§ 40 Abs. 1 GmbHG aF) beim Handelsregister durch Geschäftsführer nach Veränderungen „eingereicht" worden waren, haben im Verhältnis zwischen GmbH und ihren Gesellschaftern demgegenüber nicht die gleiche „Legitimationswirkung", vgl. nur Baumbach/Hueck, § 16, Rn. 7. Hier sind nach wie vor diejenigen als Gesellschafter zu behandeln, die entweder an der Gründung der Gesellschaft beteiligt waren oder – nach einer Anteilsveräußerung – nach der früheren gesetzlichen Regelung (§ 16 Abs. 1 GmbHG aF) bei der Gesellschaft unter Nachweis des Übergangs „angemeldet" worden sind, vgl. auch Scholz/*Seibt*, § 16, Rn. 108.

[80] Vgl. z.B. OLG Bremen, Urteil vom 21.10.2011, GmbHR 2012, 687; Baumbach/Hueck, § 16, Rn. 15; Scholz/*Seibt*, § 16, Rn. 34ff.

[81] Vgl. Baumbach/Hueck, § 16, Rn. 6; Scholz/*Seibt*, § 16, Rn. 24, mit der Darstellung weiterer (singulärer) Ausnahmefälle sowie weiteren Nachweisen zum Schrifttum.

(mehr) vorhanden ist, kann das gleiche Ergebnis durch die die Ausschließung betreibenden Gesellschafter erreicht werden, indem der Einziehungsbeschluss notariell beurkundet wird, so dass die Einreichung der geänderten Gesellschafterliste durch den Notar erfolgt (der allerdings bei „begründeten Zweifeln" oder gar Kenntnis der Unrichtigkeit nicht berechtigt oder gar verpflichtet ist, die Änderung und Einreichung vorzunehmen).[82] Das Problem wird dadurch verschärft, dass das **Handelsregister nicht berechtigt** ist, die **inhaltliche Richtigkeit** der Gesellschafterliste **zu überprüfen**. Der Streit über die Wirksamkeit der der Änderung zugrunde liegenden Anteilseinziehung ist für das Verfahren über die Einstellung der Gesellschafterliste im HR nicht vorgreiflich und bildet daher keinen Grund zur Aussetzung des Verfahrens zur „Aufnahme" der Gesellschafterliste im Register gemäß § 21 Abs. 1 FamFG.[83] Falls die Gesellschafterliste und das Einreichungsverfahren den formellen Anforderungen entsprechen, *muss* sie somit gemäß § 16 Abs. 1 GmbHG im Handelsregister „aufgenommen" werden (außer das Registergericht hat ausnahmsweise „*sichere Kenntnis von deren Unrichtigkeit*").[84] Die besondere Schadenshaftung des Geschäftsführers gemäß § 40 Abs. 3 GmbHG bei der Verletzung der ihm aus § 40 Abs. 1 GmbHG treffenden Pflichten bedeutet ebenfalls keinen validen Schutz für den ausgeschlossenen Gesellschafter, da die Bestimmung Veräußerungsfälle betrifft und ein Verschulden des Geschäftsführers voraussetzt (das außer bei einem offensichtlich unwirksamen Ausschließungsbeschluss schwer darzulegen und zu beweisen ist). Der von der Ausschließung betroffene Gesellschafter muss sich somit mittels **einstweiliger Verfügung gegen** eine (drohende) **Streichung aus der Gesellschafterliste zur Wehr setzen**. Der besondere Rechtsschutz des § 16 Abs. 3 GmbHG („Zuordnung eines Widerspruchs" zur Liste) ist hierbei ungeeignet, da ein solcher Widerspruch den gutgläubigen Erwerb verhindert, nicht aber die für den Ausgeschlossenen negative Legitimationswirkung der geänderten Gesellschafterliste aufhebt. Mögliche Maßnahmen einstweiligen Rechtsschutzes sind jedoch die vorläufige Unterbindung der Einreichung einer geänderten, den Ausgeschlossenen nicht mehr als Gesellschafter aufweisenden Gesellschafterliste zum Handelsregister oder – falls diese Einreichung und Aufnahme bereits erfolgt ist – die Verpflichtung der GmbH, vorläufig eine erneut geänderte, die vormaligen Angaben enthaltende Gesellschafterliste zum Register einzureichen (vgl. näher unter Rn. 805 [Ziffer 3.] sowie den Musterantrag unter Rn. 874).

dd) Rechtsfolgen der Ausschließung durch Zwangsabtretung

268 Die Satzung kann regeln, dass der Gesellschafterausschluss durch **Zwangsabtretung** bzw. **Zwangsverkauf** des Geschäftsanteils des betroffenen Gesellschafters durchgeführt wird. Meist wird diese Vollzugs- bzw. Verwertungsmöglichkeit als eine von der Gesellschaft bzw. den Mitgesellschaften auszuwählende Gestaltungsalternative zur Zwangseinziehung vorgesehen. Die Satzung ordnet dann entweder an, dass der betreffende Gesellschafter zunächst ausgeschlossen, sein Geschäftsanteil entsprechend § 21 GmbHG kaduziert und der kaduzierte Anteil im Anschluss von der Gesellschaft durch Verkauf weiterverwertet wird, oder (was eher verbreitet ist), dass (ohne ausdrückliche Trennung zwischen Ausschluss und Anteilsverwertung) durch die übrigen Gesellschafter bei Vorliegen eines Ausschlussgrundes beschlossen werden kann, dass der Auszuschließende seine Geschäftsanteile gegen Abfindungszahlung an die Gesellschaft, einen Mitgesellschafter oder einen Dritten abzutreten habe. Eine weitere Gestaltungsalternative besteht schließlich darin, dass die Satzung die Gesellschafter bei Vorliegen eines

---

[82] Vgl. nur Baumbach/Hueck, § 40, Rn. 58 und 60.
[83] OLG Hamburg, Beschluss vom 24.9.2014, NZG 2015, 72 = GmbHR 2014, 1321.
[84] OLG Hamburg, Beschluss vom 24.9.2014, NZG 2015, 72 = GmbHR 2014, 1321.

Ausschlussgrundes direkt zur Veräußerung des Geschäftsanteils an einen von ihnen auszuwählenden Erwerber (gegen Abfindungszahlung) ermächtigt.[85]

Der wesentliche Unterschied zur Zwangs*einziehung* besteht bei der Zwangs*abtretung* darin, dass der Geschäftsanteil des betroffenen Gesellschafters durch diese Maßnahme nicht untergeht. Das besondere Problem des „Übereinstimmungsgebots" gemäß § 5 Abs. 3 S. 2 GmbHG (vgl. hierzu unter Rn. 264 ff.) wird vermieden. Jedenfalls dann, wenn die Zwangsveräußerung an einen Mitgesellschafter oder Dritten erfolgt, ergeben sich auch keine Wirksamkeitshindernisse oder Folgeprobleme (bis hin zur persönlichen Haftung der verbleibenden Gesellschafter) hinsichtlich der Abfindungszahlung an den ausgeschlossenen Gesellschafter (vgl. hierzu näher unter Rn. 244 ff. und Rn. 259 ff.).[86]

269   Sofern der **Geschäftsanteil** des Auszuschließenden laut Satzung **zunächst** entsprechend § 21 GmbHG **kaduziert** wird, wird die Gesellschaft übergangsweise Inhaberin dieses Anteils und verwertet ihn dann entsprechend Satzungsregelung durch Abtretung weiter. Der Erwerber des Geschäftsanteils hat – wie auch in den sonstigen Fällen der Zwangsabtretung – die vertragliche oder gesetzliche Abfindung an den ausgeschlossenen Gesellschafter zu bezahlen. Sieht die Satzung demgegenüber vor, dass der betroffene Gesellschafter bei Vorliegen eines Ausschlussgrundes zur **Zwangsabtretung verpflichtet** werden kann, muss der Vollzug durch gesonderte Veräußerungsmaßnahme erfolgen und notfalls durch Klage gegen den Betroffenen durchgesetzt werden. Die Situation ist komfortabler, wenn die Satzung eine **Ermächtigung der Gesellschafter** enthält, wonach sie diese Abtretung bereits unmittelbar selbst, an einen von der Gesellschafterversammlung ausgewählten Gesellschafter, bewirken können. Der betreffende Beschluss, der zum sofortigen Rechtsübergang des Geschäftsanteils führt, bedarf dann gemäß § 15 Abs. 3 GmbHG der **notariellen Beurkundung**. Nach Wirksamwerden der

---

[85] BGH, Urteil vom 20.6.1983, NJW 1983, 2880 = GmbHR 1984, 74 = BB 1983, 1628; vgl. zu den verschiedenen, zulässigen Gestaltungsvarianten auch oben, unter Rn. 236 ff.

[86] So ausdrücklich auch BGH, Urteil vom 20.6.1983, NJW 1983, 2880 = GmbHR 1984, 74 = BB 1983, 1628, für den Fall einer Zwangsveräußerung an einen Mitgesellschafter oder einen Dritten. Fraglich ist, ob die Zwangsabtretung ebenso wie eine Zwangseinziehung dann die besonderen Handlungspflichten der verbleibenden Gesellschafter zur Sicherung der Abfindungszahlung und ggf deren persönliche Haftung für die Abfindungszahlung auslöst (vgl. hierzu BGH, Urteil vom 24.1.2012, BGHZ 192, 236 = NZG 2012, 259 = GmbHR 2012, 387 = BB 2012, 664.), wenn die Zwangsabtretung an die GmbH selbst erfolgt. ME ist dies für die Zwangsabtretung zu verneinen. Der betroffene Geschäftsanteil geht bei der Zwangsabtretung anders als bei der Zwangseinziehung nicht unter. Der ausgeschlossene Gesellschafter ist bei der Zwangsabtretung daher nicht im gleichen Maße schutzbedürftig wie bei der Zwangseinziehung. Die Zwangsabtretung muss durch gesonderten notariellen Abtretungsvertrag vollzogen werden. Falls die Abfindung bereits bei Vertragsschluss ganz oder teilweise fällig ist und die GmbH die Zahlungsverpflichtung absehbar nicht ohne Verstoß gegen § 30 Abs. 1 GmbHG erfüllen kann, kann der betroffene Gesellschafter entsprechend § 320 oder § 321 BGB die laut Gesellschaftsvertrag geschuldete Abtretung verweigern. Stellt sich die Leistungsunfähigkeit der GmbH zu einem späteren Zeitpunkt heraus, besteht die Möglichkeit der Rückabwicklung des Abtretungsvertrags gemäß § 323 BGB. Sofern die Abtretung aufgrund Satzungsermächtigung direkt durch Gesellschafterbeschluss erfolgt, kann dieser Beschluss unter Berufung auf die fehlende Leistungsfähigkeit der Gesellschaft angefochten werden.

Abtretung ist eine entsprechend geänderte **Gesellschafterliste** zum Handelsregister einzureichen (vgl. unter Rn. 267 ff.).

c) Ausschlussklage

Ein weiterer, nicht auf Gesellschafterbeschluss beruhender Weg zum Ausschluss eines GmbH-Gesellschafters führt über die sog. Ausschlussklage.[87] Diese Ausschlussklage ist praktisch relativ selten, da sie mit Rücksicht auf das Rechtsschutzbedürfnis der Kläger **nur zulässig** ist, wenn der **Ausschluss** eines störenden Gesellschafter aus „wichtigem Grund" nicht auf der Grundlage einer wirksamen Satzungsbestimmung allein **durch Gesellschafterbeschluss bewirkt** werden kann.[88] Die Ausschlussklage ist im GmbH-Gesetz nicht geregelt, als Gestaltungsklage zum Ausschluss eines Gesellschafters aus „wichtigem Grund" bei Fehlen entsprechender Satzungsgrundlagen jedoch rechtsfortbildend allgemein anerkannt.[89]

270

aa) Verfahren im Überblick

Die Erhebung der Ausschlussklage setzt einen **wirksamen Gesellschafterbeschluss** voraus, bei dessen Fehlen die Klage unbegründet ist. Dieser klagevorbereitende Gesellschafterbeschluss bedarf nach hM einer Dreiviertelmehrheit[90], wobei der von der Ausschlussklage **betroffene Gesellschafter** hierbei **kein Stimmrecht** hat.[91] Der Beschluss über die Erhebung der Ausschlussklage ist (z.B. wegen Ladungsmängeln) isoliert **anfechtbar**, nicht aber mit der Begründung, für den Ausschluss fehle ein „wichtiger Grund", da diese materielle Ausschlussvoraussetzung erst in der Ausschlussklage selbst überprüft wird.[92] In der **Zwei-Personen-GmbH** ist die Beschlussfassung über die Erhebung einer Ausschlussklage überflüssige Förmelei und daher keine Klagevoraussetzung.[93] Die Ausschlussklage wird **durch die GmbH**, vertreten durch ihren Geschäftsführer, erhoben. Sofern sich die Ausschlussklage gegen einen geschäftsführenden Gesellschafter richtet, ist entsprechend § 46 Nr. 8 2. Alt. GmbHG ein besonderer Pro-

271

---

[87] Einzelheiten zur Ausschlussklage in der GmbH finden sich unter Rn. 723 ff.
[88] OLG Stuttgart, Urteil vom 23.3.1989, GmbHR 1989, 466 = WM 1989, 1252; OLG Jena, Urteil vom 5.10.2005, NZG 2006, 36 = GmbHR 2005, 1556 = BB 2005, 2318; **aA** offenbar nur OLG Düsseldorf, Urteil vom 22.10.1998, GmbHR 1999, 543, wonach eine Ausschlussklage auch dann zulässig ist, wenn die GmbH-Satzung die Einziehung eines Geschäftsanteils aus wichtigem Grund durch Gesellschafterbeschluss zulässt.
[89] BGH, Urteil vom 1.4.1953, BGHZ 9, 157.
[90] BGH, Urteil vom 13.1.2003, BGHZ 153, 285 = NZG 2003, 286 = GmbHR 2003, 351 = DStR 2003, 472; **aA** offenbar OLG Köln, Urteil vom 20.6.2000, NZG 2001, 82 = GmbHR 2001, 110, wonach über die Erhebung der Ausschlussklage mit einfacher Stimmmehrheit gemäß § 47 Abs. 1 GmbHG entschieden werden kann.
[91] BGH, Urteil vom 1.4.1953, BGHZ 9, 157.
[92] BGH, Urteil vom 13.1.2003, BGHZ 153, 285 = NZG 2003, 286 = GmbHR 2003.
[93] OLG Jena, Urteil vom 5.10.2005, NZG 2006, 36 = GmbHR 2005, 1566 = BB 2005, 2318. Dem auszuschließenden Gesellschafter muss daher vor Klageerhebung auch kein rechtliches Gehör zu den gegen ihn erhobenen Vorwürfen gewährt werden.

zessvertreter zu bestellen. Die Zwei-Personen-GmbH, die ebenfalls allein aktivlegitimiert ist, kann nach hM im Schrifttum auch durch den anderen Gesellschafter vertreten werden.[94]

bb) Rechtswirkung der erfolgreichen Ausschlussklage

272   Die Ausschlussklage ist nur dann **begründet**, wenn in der Person des auszuschließenden Gesellschafters ein „**wichtiger Grund**" vorliegt, der eine Fortsetzung des Gesellschaftsverhältnisses unzumutbar macht (vgl. hierzu unter Rn. 274 ff.).

Die **erfolgreiche Ausschlussklage** führt mit **formeller Rechtskraft** zum **Verlust der Gesellschafterstellung**, lässt den Geschäftsanteil oder die Geschäftsanteile des betroffenen Gesellschafters aber grundsätzlich unberührt.[95] Die klagende GmbH hat die Wahl, ob der Geschäftsanteil bzw. die Geschäftsanteile des Auszuschließenden eingezogen oder auf die Gesellschaft, Mitgesellschafter oder einen Dritten übertragen werden sollen. Die Verwertungsart bestimmt die Gesellschaft im Klageantrag. Im Ausschlussurteil ist über die Verwertung der Geschäftsanteile des Ausgeschlossenen dementsprechend mit zu entscheiden.[96] Hierbei ist zu bedenken, dass die Verwertung durch Zwangseinziehung oder Zwangsabtretung an die Gesellschaft selbst nur möglich ist, wenn die betroffenen Geschäftsanteile zum Zeitpunkt der letzten mündlichen Verhandlung vollständig einbezahlt sind und die Gesellschaft absehbar in der Lage ist, die dem ausgeschlossenen Gesellschafter geschuldete Abfindung aus ungebundenem, nicht zur Stammkapitalerhaltung benötigtem Vermögen zu bezahlen[97] (vgl. zu diesen Geboten der Stammkapitalaufbringung und -erhaltung näher unter Rn. 244 ff.). Bei einer Anteilsverwertung *zugunsten der GmbH* war früher ferner zu beachten, dass das **Ausschlussurteil** nur unter der **aufschiebenden Bedingung der Zahlung der im Urteil festzusetzenden Abfindung** erging, sofern die dem ausgeschlossenen Gesellschafter zustehende Abfindung von der Gesellschaft nicht bis zum Zeitpunkt der letzten mündlichen Verhandlung hinterlegt worden war.[98] Da der BGH die sog. „Bedingungslösung"

---

[94] Baumbach/Hueck, Anh § 34, Rn. 8; Scholz/*Seibt*, Anh § 34, Rn. 38; Lutter/Hommelhoff, § 34, Rn. 63; Ulmer/Habersack/Winter, Anh § 34, Rn. 33; Michalski/*Sosnitza*, Anh § 34, Rn. 28; MüKoGmbHG/ *Strohn*, § 34, Rn. 163; **AA** OLG Nürnberg, Urteil vom 21.4.1970, BB 1970, 1371. Jüngere Entscheidungen zur Prozessvertretung bei der Ausschlussklage in der Zwei-Personen-GmbH liegen soweit ersichtlich nicht vor. ME sollte aus Gründen der Rechtssicherheit gemäß § 46 Nr. 8 2. Alt. GmbHG durch Beschluss (ohne Stimmrecht des Auszuschließenden) ein besonderer Prozessvertreter der GmbH für die Ausschlussklage bestellt werden, falls der betroffene Gesellschafter zugleich Geschäftsführer ist. Sofern der Auszuschließende demgegenüber nicht zugleich Geschäftsführer ist, besteht kaum ein Bedürfnis nach der Prozessvertretung durch den Mitgesellschafter, da dann im Zweifel dieser entweder selbst Geschäftsführer ist und in dieser Funktion die GmbH vertreten oder aber einen Fremdgeschäftsführer entsprechend anweisen kann.
[95] BGH, Urteil vom 20.9.1999, NJW 1999, 3779 = GmbHR 1999, 1194 = BB 1999, 2262.
[96] OLG Jena, Urteil vom 5.10.2005, NZG 2006, 36 = GmbHR 2005, 1566 = BB 2005, 2318.
[97] Vgl. hierzu BGH, Urteil vom 1.4.1953, BGHZ 9, 157.
[98] BGH, Urteil vom 1.4.1953, BGHZ 9, 157, für eine Ausschließung mit Zwangseinziehung der betreffenden Geschäftsanteile; BGH, Urteil vom 20.6.1983, NJW 1983, 2880 = GmbHR 1984, 74 = BB 1983, 1628; OLG Jena, Urteil vom 5.10.2005, NZG 2006, 36 = GmbHR 2005, 1566 = BB 2005, 2318, ebenfalls für eine

durch Urteil vom 24.1.2012[99] für die Zwangseinziehung durch Gesellschafterbeschluss aufgegeben hat (vgl. näher unter Rn. 260), dürfte diese aufschiebende Bedingung nun wohl auch für die Ausschlussklage entfallen. Vorstehende Probleme und Rechtsunsicherheiten können vermieden werden, wenn die Gesellschaft in der Klage einen Ausschluss mit **Zwangsabtretung** der Geschäftsanteile des betroffenen Gesellschafters an einen **Mitgesellschafter oder Dritten** beantragt, sofern sie absehbar nicht in der Lage ist, die Abfindung zeitnah nach formell rechtskräftigem Ausschlussurteil zu bezahlen oder gar bis zum Zeitpunkt der letzten mündlichen Verhandlung zu hinterlegen (falls der Abfindungsbetrag schon vor Urteilsverkündung hinreichend genau feststeht).[100]

Im **Ausschlussurteil** ist durch das Gericht zugleich die für den Geschäftsanteil des Auszuschließenden zu zahlende **Abfindung festzusetzen**.[101] Die Abfindung ist grundsätzlich nach dem vollen wirtschaftlichen Wert des Geschäftsanteils des betroffenen Gesellschafters (zum Zeitpunkt der Klageerhebung) zu bemessen.[102] Wirksame Satzungsbestimmungen zur Abfindungshöhe sind vorrangig. Spezielle Satzungsbestimmungen zur Abfindungshöhe eines ausscheidenden Gesellschafters sind bei Ausschlussklagen rglm allerdings nicht vorhanden, da die betreffende Klage gerade voraussetzt, dass vertragliche Vereinbarungen zum Ausschließungsverfahren fehlen. Nach Auffassung des BGH sind Abfindungsklauseln, die an das Ausscheiden eines Gesellschafters durch Kündigung oder nach Pfändung seines Geschäftsanteils (nicht aber an seine Ausschließung durch Gestaltungsurteil) anknüpfen, bei der Abfindungsbemessung im Rahmen des Ausschlussurteils trotzdem zu berücksichtigen, sofern sich keine gegenteiligen Anhaltspunkte ergeben.[103]

273

4. Ausschlussgründe

a) Der „wichtige Grund" in der Person des auszuschließenden Gesellschafters

Die Ausschließung eines Mitgesellschafters setzt bei allen hier behandelten Gesellschaftsformen einen validen, gesetzlich als ausreichend anerkannten Ausschlussgrund

274

Ausschließung mit Anteilsverwertung durch Einziehung (vgl. zur früheren sog. „Bedingungslösung" und deren Begründung näher unter Rn. 259 ff.).

[99] BGHZ 192, 236 = NZG 2012, 259 = GmbHR 2012, 387 = BB 2012, 664.
[100] BGH, Urteil vom 20.6.1983, NJW 1983, 2880 = GmbHR 1984, 74 = BB 1983, 1628.
[101] BGH, Urteil vom 1.4.1953, BGHZ 9, 157.
[102] BGH, Urteil vom 1.4.1953, BGHZ 9, 157.
[103] BGH, Urteil vom 17.12.2001, NZG 2002, 176 = DStR 2002, 461 = GmbHR 2002, 265 = BB 2002, 216. Im konkreten Fall enthielt die Satzung für das Ausscheiden eines Gesellschafters nach Eigenkündigung oder Pfändung seines Geschäftsanteils eine sog. Buchwertklausel, die nach Auffassung des Gerichts unwirksam war (vgl. hierzu nachfolgend unter Rn. 339). Nach Auffassung des BGH konnte die Abfindung im Ausschlussurteil durch das Berufungsgericht (OLG Celle) daher zulässig mit einem Mittelwert zwischen Buch- und Verkehrswert des betreffenden Geschäftsanteils bemessen werden, musste also weder dem satzungsmäßig festgelegten Buchwert noch dem ansonsten anzusetzenden, vollen Verkehrswert entsprechen.

voraus. Laut Gesetz ist ein solcher Ausschluss grundsätzlich nur möglich, wenn in der Person des auszuschließenden Gesellschafters ein **„wichtiger Grund"** vorliegt. In der GbR bildet der „wichtige Grund" die Voraussetzung für den Ausschluss durch Gesellschafterbeschluss (§§ 737 S. 1, 723 Abs. 1 S. 2 BGB) und bei der PartG, OHG und KG für den Ausschluss durch gerichtliche Entscheidung (§§ 140 Abs. 1 S. 1, 133 Abs. 1 HGB, § 9 Abs. 1 PartGG). Auch in der GmbH ist – mangels Satzungsbestimmung – ein Gesellschafterausschluss durch Klage nur möglich, wenn hinsichtlich des Auszuschließenden ein „wichtiger Grund" vorliegt (vgl. unter Rn. 270 ff.). Der Begriff „wichtiger Grund" dient darüber hinaus auch in gesellschaftsvertraglichen Bestimmungen, insbesondere in GmbH-Satzungen, zur generalisierenden Umschreibung eines Sachverhalts, bei dessen Eintritt ein Gesellschafter durch Beschluss der Mitgesellschafter ausgeschlossen werden kann. Der Katalog möglicher Ausschlussgründe kann durch Gesellschaftsvertrag und Satzung zudem in gewissen Grenzen erweitert werden (vgl. hierzu unter Rn. 297 ff.); doch sind solche zulässigen, vertraglichen Erweiterungen selten. Die Frage, ob ein störender Mitgesellschafter durch Gesellschafterbeschluss oder Klage gegen Abfindungszahlung aus der Gesellschaft ausgeschlossen werden darf, richtet sich somit in aller Regel danach, ob er einen „wichtigen Grund" für diesen Ausschluss gesetzt hat (vgl. zu den Rechtsfolgen für die Ausschlussmaßnahme bei Fehlen eines „wichtigen Grundes" unter Rn. 288).

aa) Überblick

275 Im Gesetz (§ 723 Abs. 1 S. 3 BGB; § 133 Abs. 2 HGB) findet sich – ähnlich wie im Zusammenhang mit der Regelung des „wichtigen Grundes" bei einer außerordentlichen Geschäftsführer-Abberufung – lediglich ein singuläres Regelbeispiel für einen wichtigen, verhaltensbezogenen Ausschlussgrund: die grob schuldhafte Verletzung einer dem auszuschließenden Gesellschafter nach dem Gesellschaftsvertrag obliegenden, wesentlichen Verpflichtung. Die Konkretisierung dieses unbestimmten Rechtsbegriffs erfolgt daher auch hier durch die Rechtsprechung.[104] Ein „wichtiger Grund" für die Ausschließung eines Gesellschafters aus der GbR, OHG, KG, GmbH & Co. KG oder GmbH ist demnach **im Überblick** unter folgenden Voraussetzungen und nach Maßgabe folgender Kriterien gegeben:[105]

276 • Aufgrund Fehlverhaltens des auszuschließenden Gesellschafters oder aufgrund seiner Persönlichkeit ist **der Verbleib dieses Gesellschafters in der Gesellschaft** unter

---

[104] Vgl. zur betreffenden Zuständigkeit der Tatsachengerichte und der Überprüfung deren Beurteilung des „wichtigen Grundes" durch das Revisionsgericht z.B. BGH, Urteil vom 24.9.2013, NZG 2013, 1344 = GmbHR 2013, 1315; vgl. hierzu auch unter Rn. 157a.

[105] Vgl. zum „wichtigen Grund" für den Ausschluss eines GbR-Gesellschafters ergänzend auch: Palandt/*Sprau*, § 737, Rn. 2 und § 723, Rn. 4; MüKoBGB/*Schäfer*, § 723 BGB, Rn. 28 ff.; für den Ausschluss eines Gesellschafters aus der PartG, OHG, KG oder GmbH & Co. KG: Baumbach/Hopt/*Roth*, § 140, Rn. 5 ff.; MüKoHGB/*K. Schmidt*, § 140, Rn. 39–56; für den Ausschluss eines GmbH-Gesellschafters: Baumbach/Hueck, § 34, Rn. 9 ff., und Anh § 34, Rn. 3 ff.; Scholz/*Seibt*, Anh § 34, Rn. 30 ff.; Michalski/*Sosnitza*, Anh § 34, Rn. 8 ff.; Lutter/Hommelhoff, § 34, Rn. 53 ff.; MüKoGmbHG/*Strohn*, § 34, Rn. 123 ff.

II. Ausschluss aus der Gesellschaft 163

Abwägung aller Umstände des Einzelfalls, wie insbesondere Struktur und Dauer der Gesellschaft, Intensität der Zusammenarbeit oder Verdienste des Betroffenen, für die Mitgesellschafter **unzumutbar** geworden, ein sinnvolles Zusammenwirken der Gesellschafter also nicht mehr möglich.[106] Maßgeblich für diese Beurteilung ist bei den Ausschlussklagen der Zeitpunkt der letzten mündlichen Verhandlung und bei der Ausschließung durch Gesellschafterbeschluss der Zeitpunkt der betreffenden Beschlussfassung.

- Ein **Verschulden** des auszuschließenden Gesellschafters an dieser Situation ist **nicht erforderlich**, muss aber im Rahmen der Zumutbarkeit seines Verbleibs in der Gesellschaft berücksichtigt werden.[107] 277

- Ein Gesellschafter muss sich das Fehlverhalten seines **gesetzlichen Vertreters** zurechnen lassen.[108] Störungen, die von einem **Bevollmächtigten** ausgehen, können indessen nur dann einen wichtigen Grund für den Ausschluss des Vertretenen bilden, wenn das Vertretungsverhältnis dauerhaft ist und eine kurzfristige Entziehung der Vertretungsmacht nach den konkreten Fallumständen ausscheidet.[109] Sofern der Gesellschafter einen **Treuhänder** einsetzt, ist für die Begründung eines Ausschlusses auf dessen Person abzustellen.[110] Sind **mehrere Personen** an einem **Geschäftsanteil** beteiligt (§ 18 GmbHG; z.B. Erbengemeinschaft), genügt nach den Fallumständen das Fehlverhalten eines Mitberechtigten. Im Falle eines **Gesellschafterwechsels** während einer Ausschlussklage entfällt mit der Anmeldung der Anteilsveräußerung bei der GmbH der mit der Person des Veräußerers verbundene wichtige Ausschlussgrund, so dass die Klage in der Hauptsache für erledigt zu erklären ist.[111] 278

- Der „wichtige Grund" hat nur dann das Gewicht, einen Ausschluss zu rechtfertigen, wenn im konkreten Fall **kein milderes Mittel** eines Eingriffs in Betracht kommt. Ein Fehlverhalten des auszuschließenden Gesellschafters reicht etwa dann *nicht* für die Ausschließung aus, wenn die Störung bzw. Wiederholungsgefahr effektiv durch die Entziehung von Geschäftsführungsbefugnissen und Vertretungsmacht bzw. die außerordentliche Abberufung als Geschäftsführer beseitigt werden kann.[112] Sofern das „mildere Mittel" die Mitwirkung des betroffenen Gesellschafters erfordert, etwa 279

---

[106] Vgl. exemplarisch etwa BGH, Urteil vom 15.9.1997, NJW 1998, 146 = BB 1997, 2339; OLG München, Urteil vom 3.11.1993, GmbHR 1994, 406; BGH, Urteil vom 1.4.1953, BGHZ 9, 157.

[107] BGH, Urteil vom 1.4.1953, BGHZ 9, 157; BGH; Urteil vom 18.10.1976, BGHZ 68, 81 = NJW 1977, 1013 = GmbHR 1977, 197.

[108] BGH, Urteil vom 18.10.1976, BGHZ 68, 81 = NJW 1977, 1013 = GmbHR 1977, 197 = BB 1977, 615.

[109] RG, Urteil vom 21.11.1922, RGZ 105, 377, für das Fehlverhalten eines Pflegers, der einen dauerhaft erkrankten OHG-Gesellschafter vertrat.

[110] OLG München, Urteil vom 8.1.1997, GmbHR 1997, 451 = BB 1997, 491 = DB 1997, 568.

[111] OLG Hamm, Urteil vom 8.7.1992, GmbHR 1993, 660.

[112] BGH, Urteil vom 18.10.1976, BGHZ 68, 81 = GmbHR 1977, 197 = BB 1977, 615, für die Ausschließung des einzigen Komplementärs aus einer Kommanditgesellschaft; OLG München, Urteil vom 3.11.1993, GmbHR 1994, 406 (für eine GmbH); OLG Karlsruhe, Urteil vom 25.6.2008, NZG 2008, 785: *„Die Ausschließung des Gesellschafter-Geschäftsführers als Gesellschafter kommt ... nicht in Betracht, wenn bereits durch seine Abberufung als Geschäftsführer die Störung des Gesellschaftsverhältnisses dauerhaft beseitigt worden ist, ihm eine Schädigungsabsicht nicht nachzuweisen ist und er sein illoyales Verhalten endgültig aufgegeben hat"*.

bei der Entziehung von vertraglichen Sonderrechten, der Einsetzung eines Vertreters für die Wahrnehmung der Mitgliedschaftsrechte, die Übertragung des Anteils auf einen Treuhänder etc., ist die Ausschließung nur verhältnismäßig, wenn der betroffene Mitgesellschafter seine Zustimmung zu einer solchen zumutbaren Umstrukturierungsmaßnahme abschließend verweigert hat.

280 • Ein Fehlverhalten bzw. eine sonstige Störung eines Gesellschafters **rechtfertigt** ferner dann **nicht den Ausschluss**, wenn die den Ausschluss betreibenden **Mitgesellschafter** durch ihr Verhalten für die Zerstörung des gesellschaftsinternen Vertrauensverhältnisses zumindest gleichermaßen **mitverantwortlich** waren.[113] Ein Ausschluss ist hier nur begründet, wenn der Auszuschließende das Zerwürfnis durch sein Verhalten „*überwiegend*" verursacht hat.[114] In der **Zwei-Personen-GmbH** ist die Ausschließung eines Mitgesellschafters weitergehend bereits dann ausgeschlossen, wenn in der Person des den Ausschluss betreibenden Gesellschafters selbst ein wichtiger Grund für einen Ausschluss vorliegt.[115] Gleiches gilt schließlich (Ausschluss nicht gerechtfertigt), wenn sich in einer **Mehrpersonengesellschaft** die Parteien in „zwei geschlossenen Fronten feindlich gegenüberstehen" und in beiden Lagern Gründe für einen Ausschluss eines oder mehrerer Gesellschafter vorliegen.[116] In allen vorgenannten Fällen, in denen die Ausschließung eines Gesellschafters ausscheidet, bleibt als Ausweg aus einer unzumutbaren Gesellschaftssituation nur noch die einvernehmliche Trennung, die Eigenkündigung oder notfalls die Auflösungsklage gemäß § 61 GmbHG.[117]

281 • Der „**wichtige Grund**" kann schließlich durch **Zeitablauf wegfallen**.[118] Anders als bei der „Verwirkung" ist dabei nicht entscheidend, ob die Mitgesellschafter dem Auszuschließenden signalisiert hatten, sie würden auf einen bestimmten Vorfall oder ein bestimmtes Fehlverhalten nicht mehr zurückkommen. Da der „wichtige Grund"

---

[113] BGH, Urteil vom 31.3.2003, NZG 2003, 625 = BB 2003, 1198 = ZIP 2003, 1037.

[114] BGH, Urteil vom 31.3.2003, NZG 2003, 625 = BB 2003, 1198 = ZIP 2003, 1037. Erst recht scheidet eine Ausschließung aus, wenn der den Ausschluss betreibende Gesellschafter seinerseits das gesellschaftsinterne Zerwürfnis überwiegend verschuldet hatte; BGH, Urteil vom 23.2.1981, BGHZ 80, 346; BGH, Urteil vom 10.6.1991, NJW-RR 1991, 1249 = GmbHR 1991, 362.

[115] BGH, Urteil vom 23.2.1981, BGHZ 80, 346; BGH, Urteil vom 25.1.1960, BGHZ 32, 17 = NJW 1960, 866. Vgl. näher unter Rn. 289.

[116] BGH, Urteil vom 23.2.1981, BGHZ 80, 346.

[117] Vgl. hierzu näher unter Rn. 514 ff.

[118] BGH, Urteil vom 11.7.1966, NJW 1966, 2160 = BB 1966, 876 = WM 1966, 857 (bestätigt im Urteil des BGH vom 14.6.1999, NJW 1999, 2820 = NZG 1999, 988 = BB 1999, 1838); nach Auffassung des BGH besteht eine tatsächliche Vermutung für den Wegfall des wichtigen Grundes, wenn der Gesellschafter einer OHG von seinem Recht, die Gesellschaft wegen eines wichtigen Grundes zu kündigen, ein Jahr und drei Monate seit Kenntniserlangung von dem Kündigungsgrund keinen Gebrauch gemacht hat. Vgl. auch OLG München, Urteil vom 12.11.1997, NZG 1998, 383 = GmbHR 1998, 332, wonach die Berufung auf eine Pflichtverletzung des Mitgesellschafters zur Begründung eines Ausschlusses verspätet war, nachdem der den Ausschluss betreibende Gesellschafter bereits im Laufe des Jahres 1995 Kenntnis von dem Fehlverhalten erhalten hatte, dieses in einer Gesellschafterversammlung vom 19.12.1995 nicht zum Anlass für einen Ausschluss nahm und erst im Februar 1996 auf die Angelegenheit zurückkam. Siehe auch OLG Celle, Urteil vom 31.7.1998, NZG 1999, 167.

auf die „Unzumutbarkeit" des Verbleibs des Mitgesellschafters abstellt, entfällt dieser naheliegenderweise bereits dann, wenn die Gesellschafter so lange zuwarten, dass die tatsächliche Vermutung gerechtfertigt ist (und nicht widerlegt werden kann), eine Fortsetzung des Gesellschaftsverhältnisses sei doch noch möglich.[119]

bb) Fallbeispiele aus der Rechtsprechung

Es existiert eine große Fülle veröffentlichter Gerichtsentscheidungen, die sich mit der Frage befassen, unter welchen Voraussetzungen ein „wichtiger Grund" für den Ausschluss eines Gesellschafters aus einer personalistisch strukturierten Gesellschaft vorliegt. Alle diese Entscheidungen sind notwendigerweise **einzelfallbezogen**, bieten jedoch wertvolle **Richtlinien** für die Beurteilung des eigenen Sachverhalts. Mit Rücksicht darauf werden im Folgenden einige wichtige, verallgemeinerungsfähige Entscheidungen vorgestellt:[120]

282

(1) Vorliegen eines „wichtigen Grundes"

Gründe, die einen **Ausschluss rechtfertigen** können, sind z.B.:

283

- **Unterschlagung** von Gesellschaftsvermögen

  In einem vom BGH mit Urteil vom 14.6.1999[121] entschiedenen Fall hatte der betroffene Kommanditist z.B. im Jahr 1993 Bücher einer GmbH & Co. KG im Wert von rund 283 TDM unterschlagen, indem er sie über eigene Buchhandlungen vertrieb. Das OLG Düsseldorf befürwortete in einem Urteil vom 22.10.1998[122] den wichtigen Grund wegen der unberechtigten Entnahme *„nicht unerheblicher Barmittel für private Zwecke"* durch einen Gesellschafter-Geschäftsführer. Ein Urteil des OLG München vom 10.1.1992[123] betraf die Unterschlagung von Verkaufserlösen, die einer GmbH zustanden, sowie die eigenmächtige Inbesitznahme von betriebseigenen Geräten.

- Herbeiführung eines **tiefgreifenden, unheilbaren Zerwürfnisses** zwischen den Gesellschaftern, auch wenn der auszuschließende Gesellschafter nicht ausschließlich und allein die Schuld für dieses Zerwürfnis trägt.[124] Die Zerstörung des innergesellschaftlichen Vertrauensverhältnisses muss allerdings **überwiegend** durch den **Auszuschließenden verursacht** worden sein und rechtfertigt selbst dann keinen Ausschluss, wenn in der Person der die Zwangsmaßnahme betreibenden Mitgesellschafter ebenfalls Umstände vorliegen, die ihre eigene Ausschließung oder die Auflösung der Gesellschaft rechtfertigten.[125]

284

---

[119] BGH, Urteil vom 14.6.1999, NJW 1999, 2820 = NZG 1999, 988 = BB 1999, 1838.
[120] Eine Vielzahl von weiteren Fallbeispielen findet sich etwa für die GbR in MüKoBGB/*Schäfer*, § 723 BGB, Rn. 28 ff., sowie im MünchHdbGbR/*Piehler/Schulte*, § 10, Rn. 59 ff., wobei diese Beispiele wegen der vergleichbaren Zwecksetzung und Struktur auch für die PartG passen; für die Personenhandelsgesellschaften im MüKoHGB/*K. Schmidt*, § 140, Rn. 39–56, sowie im MünchHdbOHG/*Piehler/Schulte*, § 74, Rn. 38 ff., und im MünchHdbKG/*Piehler/Schulte*, § 36, Rn. 36 ff.; für die GmbH in Baumbach/Hueck, Anh § 34, Rn. 3, Scholz/*Seibt*, Anh § 34, Rn. 30, Michalski/*Sosnitza*, Anh § 34, Rn. 8 ff.
[121] NJW 1999, 2820 = NZG 1999, 988 = BB 1999, 1838.
[122] GmbHR 1999, 543.
[123] NJW-RR 1993, 684 = GmbHR 1992, 808.
[124] BGH, Urteil vom 23.2.1981, BGHZ 80, 346.
[125] BGH, Urteil vom 24.9.2013, NZG 2013, 1344 = GmbHR 2013, 1315 = DStR 2013, 27 (für eine

- **Ungerechtfertigte, ehrenrührige Vorwürfe** gegen einen Mitgesellschafter oder ihm nahestehende Personen.[126] Die **Erhebung einer Strafanzeige** gegen einen Mitgesellschafter ist allerdings nicht ohne Weiteres geeignet, die Ausschließung zu rechtfertigen, wenn der Anzeigende den Sachverhalt sorgfältig geprüft und weder leichtfertig noch wider besseres Wissen gehandelt hatte.[127]
- **Verbreitung einer diskreditierenden Information** über die GmbH, nämlich Mitteilung einer „*drohenden Konkursgefahr*" in einer einschlägigen Zeitschrift und im Internet.[128] **Veröffentlichung vertraulicher, interner Gesellschaftsinformationen** gegenüber Dritten.[129]

285
- Verstoß gegen das gesellschaftsvertragliche oder satzungsmäßige Verbot, **Konkurrenzgeschäfte** für eigene oder fremde Rechnung vorzunehmen.[130]

Nach Auffassung des OLG Nürnberg[131] ist ein solches, in der **Satzung verankertes Wettbewerbsverbot eng auszulegen**. Ist es dem Gesellschafter laut Satzung verboten, „für eigene oder fremde Rechnung" Konkurrenzgeschäfte zu tätigen, so ist nur eine Wettbewerbstätigkeit untersagt, die konkrete entgeltliche Geschäfte beinhaltet. Fehlt es an konkreten Vertragsabschlüssen und wird nur allgemein fremder Wettbewerb mittelbar gefördert oder vorbereitet, so reiche dies nicht für eine Verletzung des satzungsmäßigen Wettbewerbsverbots aus. Demgegenüber hat der BGH im Urteil vom 3.2.1997[132] den Wettbewerbsverstoß des Gesellschafters einer KG grundsätzlich bejaht, der trotz gesellschaftsvertraglichen Verbots ein Konkurrenzunternehmen betrieb, dessen Produktpalette sich teilweise mit der der Gesellschaft überschnitt. Die Besonderheit des Falles lag darin, dass das **Konkurrenzunternehmen** bereits **vor Beitritt zur Gesellschaft gegründet** worden war. Aus Sicht des BGH entschuldigte dies jedoch *nicht* den Wettbewerbsverstoß. Der betreffende Gesellschafter musste – so der BGH – entweder von vornherein davon absehen, der KG beizutreten, oder aber nach Beitritt jedenfalls die Konkurrenztätigkeit einstellen. Mit der **Verletzung** eines **gesetzlichen** und **satzungsmäßigen Wettbewerbsverbots** des **Gesellschafter-Geschäftsführers** einer GmbH beschäftigt sich ferner z.B. ein Urteil des OLG Karlsruhe vom 25.6.2008[133], in dem Wettbewerbshandlungen ebenfalls als erheblicher Vertrauensbruch beurteilt wurden, der zwar die Abberufung, nicht aber die Ausschließung rechtfertigte, da die Störung bereits durch die vorhergehende außerordentliche Abberufung beseitigt worden war.

Vier-Personen-GmbH); BGH, Urteil vom 31.3.2003, NZG 2003, 625 = BB 2003, 1198 = ZIP 2003, 1037 (für eine Gemeinschaftspraxis in der Rechtsform der GbR).

[126] OLG Hamm, Urteil vom 7.10.1992, GmbHR 1993, 743; vgl. auch LG Frankfurt a.M., Urteil vom 13.11.2013 („Suhrkamp"), NZG 2013, 1427 = BB 2013, 2962: Öffentlicher Vorwurf der Untreue sowie weitere diffamierende Äußerungen über die Mitgesellschafterin.

[127] BGH, Urteil vom 24.2.2003, NZG 2003, 350 = NJW-RR 2003, 897 = GmbHR 2003, 583.

[128] OLG Dresden, Urteil vom 14.7.1999, NZG 1999, 1220.

[129] LG Frankfurt a.M., Urteil vom 13.11.2013 („Suhrkamp"), NZG 2013, 1427 = BB 2013, 2962. Vgl. zur Pflichtwidrigkeit einer Herausgabe vertraulicher Informationen zu gesellschaftsfremden Zwecken an Dritte auch BGH, Urteil vom 11.11.2002, NZG 2003, 396 = GmbHR 2003, 295.

[130] OLG Nürnberg, Urteil vom 19.3.1992, GmbHR 1994, 252; BGH, Urteil vom 3.2.1997, NJW-RR 1997, 925 = DStR 1997, 1090.

[131] Urteil vom 19.3.1992, GmbHR 1994, 252 = DStR 1993, 1266.

[132] NJW-RR 1997, 925 = DStR 1997, 1090.

[133] NZG 2008, 785.

II. Ausschluss aus der Gesellschaft

- **Eigenmächtige Privatentnahme** in Höhe von 61 TDM im Jahr 1995 aus einer GmbH und abredewidrige Unterlassung der Rückzahlung dieser Entnahme nach deren Aufdeckung durch die Mitgesellschafter innerhalb angemessener Frist.[134]
- **Erschleichen der Mitgliedschaft** zu einer GmbH, etwa durch Vorspiegeln nicht vorhandener Fachkenntnisse.[135]
- Nachträglicher **Verlust von persönlichen Eigenschaften** eines Gesellschafters, die im Gesellschaftsvertrag als Mitgliedschaftsvoraussetzung festgeschrieben sind.[136]
- **Untersuchungshaft des Geschäftsführers** der betroffenen **Gesellschafterin** wegen des Verdachts des Anlagebetrugs.[137]

    Der Ausschluss betraf Geschäftsanteile an einer GmbH, die sich mit Beratungsleistungen für Unternehmen bei strategischer Planung und mit sonstigen Dienstleistungen in Bezug auf Unternehmen beschäftigte. Gegen den Geschäftsführer einer Gesellschafterin wurde ein Ermittlungsverfahren wegen Vermögensdelikten durchgeführt. Das Verhalten wurde der betroffenen Gesellschafterin zugerechnet.

- **Alkoholsucht eines Kommanditisten**, wenn er aufgrund dessen wesentliche Aufgaben in der Gesellschaft nicht mehr wahrnehmen kann.[138]

(2) Ablehnung eines wichtigen Grundes

Gründe, die einen **Ausschluss nicht rechtfertigen** können, sind z.B.:   286

- Erhebung einer **Strafanzeige gegen** einen **Mitgesellschafter**, wenn der anzeigende Gesellschafter vergeblich versucht hatte, die Probleme innergesellschaftlich zu klären, den Sachverhalt sorgfältig geprüft und weder leichtfertig noch wider besseres Wissen gehandelt hat.[139]
- **Persönliche Spannungen** und gesellschaftsbezogene **Meinungsverschiedenheiten** in einer Familien-KG rechtfertigen regelmäßig für sich allein *nicht* die Ausschließung eines Kommanditisten.[140]
- Vornahme **wirtschaftlich ungünstiger** oder **unzweckmäßiger Geschäfte**, wenn der betroffene Gesellschafter nicht eigennützig, sondern nach seiner Vorstellung zugunsten der GmbH handelte und der Schaden gering ist.[141]
- Kündigung eines Fremdgeschäftsführers unter **Missachtung eines Zustimmungsvorbehalts laut Satzung**, sofern der kündigende Gesellschafter begründete Zwei-   287

---

[134] OLG München, Urteil vom 8.1.1997, GmbHR 1997, 451 = BB 1997, 491 = DB 1997, 568.
[135] BGH, Urteil vom 1.4.1953, BGHZ 9, 157.
[136] BGH, Urteil vom 1.4.1953, BGHZ 9, 157. In der PartG ist – diesem Fall vergleichbar – ein Ausschluss gerechtfertigt, wenn ein Partner ohne Zustimmung der Mitgesellschafter seine Mitarbeit in der Partnerschaft einstellt, vgl. Michalski/Römermann, § 9, Rn. 15, mwN.
[137] OLG Brandenburg, Urteil vom 24.3.1999, NZG 1999, 829.
[138] OLG Rostock, Urteil vom 19.12.2007, OLGR Rostock 2009, 97.
[139] BGH, Urteil vom 24.2.2003, NZG 2003, 530 = NJW-RR 2003, 897 = GmbHR 2003, 583.
[140] BGH, Urteil vom 12.12.1994, NJW 1995, 597 = GmbHR 1995, 131 = BB 1995, 215; BGH, Urteil vom 15.9.1997, NJW 1998, 146 = BB 1997, 2339.
[141] OLG Brandenburg, Urteil vom 15.10.1997, NZG 1998, 263 = GmbHR 1998, 193.

fel hinsichtlich der Person des (vom Mitgesellschafter bestellten) Geschäftsführers hatte.[142]

> Das OLG Hamm stellte zwar fest, dass die Kündigung des Geschäftsführers einen schwerwiegenden Verstoß gegen den Gesellschaftsvertrag bedeutete, da die Kündigung einen Zustimmungsbeschluss der Gesellschafterversammlung voraussetzte. Die Kündigung war zudem umso schwerwiegender, als der Geschäftsführer vom Mitgesellschafter bestellt worden war. Der kündigende Gesellschafter, der zugleich Mitgeschäftsführer war, hatte jedoch begründete Zweifel an der Loyalität des Fremdgeschäftsführers, was nach Auffassung des Gerichts die Kündigung verständlich machte und den Verstoß gegen die Satzung in einem „milderen Licht erscheinen" ließ.

- **Nichtgenehmigung zweier Jahresabschlüsse** einer GmbH, zumal der auszuschließende Gesellschafter für die Nichtgenehmigung sachliche Gründe vorgetragen hatte.[143]
- **Verweigerung** der **Aufnahme eines neuen Gesellschafters** und Wettbewerbers durch Kapitalerhöhung, zumal die Einwände des auszuschließenden Gesellschafters gegen den Neugesellschafter nicht von vornherein sachfremd erschienen.[144]
- **Geltendmachung berechtigter Zahlungsansprüche** des Gesellschafters gegen die GmbH (im konkreten Fall Gehaltszahlungsansprüche in Höhe von mehr als 50 TDM), selbst wenn der Prozess bzw. die titulierten Ansprüche (angeblich) die Existenz der Gesellschaft bedrohten.[145]

288   **Zusammenfassend** werden an die Darlegung eines „wichtigen Grundes" im Einzelfall durch die Rechtsprechung strenge Maßstäbe angelegt. Die Anforderungen sind jedenfalls höher als im Fall einer außerordentlichen Abberufung eines Geschäftsführers bzw. der Entziehung von Geschäftsführung und Vertretungsmacht aus wichtigem Grund.[146] Am ehesten rechtfertigen Vermögensdelikte, wie Untreue und Unterschlagung, oder verbotene Wettbewerbshandlungen eine Ausschließung. Das eigene Verhalten der die Ausschließung betreibenden Gesellschafter ist zu berücksichtigen, insbesondere bei einem Ausschluss wegen eines tiefgreifenden Zerwürfnisses unter den Gesellschaftern (vgl. Rn. 284). **Fehlt** es an einem **wichtigen Grund**, sind die betreffenden Ausschlussklagen unbegründet und Ausschließungsbeschlüsse im Falle einer GbR, PartG, OHG, KG und GmbH & Co. KG **nichtig** sowie im Falle einer GmbH **anfechtbar unwirksam**.

---

[142] OLG Hamm, Urteil vom 7.10.1992, GmbHR 1993, 743.
[143] OLG Celle, Urteil vom 6.8.1997, NZG 1998, 29 = NJW-RR 1998, 175 = GmbHR 1998, 140.
[144] OLG Celle, Urteil vom 6.8.1997, NZG 1998, 29 = NJW-RR 1998, 175 = GmbHR 1998, 140.
[145] OLG Hamm, Urteil vom 28.9.1992, GmbHR 1993, 656. Differenzierend hingegen LG Frankfurt a.M., Urteil vom 13.11.2013 („Suhrkamp"), NZG 2013, 1427 = BB 2013, 2962: Pflichtwidrigkeit des Gesellschafters, wenn durch die Anspruchsdurchsetzung erkennbar eine „*wesentliche Erschwerung der Besicherung künftiger Darlehensaufnahmen*" der Gesellschaften verursacht wurde.
[146] Vgl. auch OLG Düsseldorf, Urteil vom 24.2.2000, GmbHR 2000, 1050.

cc) Besondere Fallgestaltungen

(1) Zwei-Personen-Gesellschaft

Die **Zwei-Personen-Gesellschaft** nimmt auch bei der Beurteilung des Ausschlussgrundes eine **Sonderstellung** ein. Dies liegt zunächst daran, dass bei solchen Gesellschaftskonstellationen Zwangsmaßnahmen wie die außerordentliche Abberufung und die Ausschließung im Streitfall oft wechselseitig betrieben werden, wobei der jeweilige Verursachungsbeitrag an dem Zerwürfnis – anders als bei einer mehrgliedrigen Gesellschaft – schwer feststellbar ist. Hinzu kommt, dass klare Beschlussmehrheiten fehlen. Schließlich erscheint bei wechselseitig erhobenen Vorwürfen die Rechtsfolge häufig als unbillig, dass einer der beiden Gesellschafter im Obsiegensfalle als alleiniger Geschäftsführer (bei außerordentlicher Abberufung des Mitgesellschafters) oder gar als alleiniger Gesellschafter bzw. Unternehmensinhaber (bei Ausschluss des Mitgesellschafters) verbleibt.

289

In der Rechtsprechung ist daher anerkannt, dass in solchen Gesellschaften bereits an die Entziehung von Geschäftsführung und Vertretung bzw. die außerordentliche Abberufung aus „wichtigem Grund" besonders strenge Anforderungen zu stellen sind.[147] Gleiches gilt erst recht für die Beurteilung des Ausschlussgrundes. Entscheidend ist hier, dass die **Ausschließung** aus „wichtigem Grund" – sei es durch Ausschlussklage oder durch Gesellschafterbeschluss – immer bereits dann **ungerechtfertigt** ist, wenn in der Person des **die Ausschließung betreibenden Gesellschafters ebenfalls** ein **„wichtiger Grund" für einen Ausschluss** gegeben ist.[148] Diese Maßnahme ist in einer Zwei-Personen-Gesellschaft somit selbst dann ausgeschlossen, wenn in der Person des Auszuschließenden eindeutig ein „wichtiger Grund" vorliegt und er durch das betreffende Fehlverhalten die Streitsituation zwischen den Gesellschaftern überwiegend verschuldet hat, sofern der Mitgesellschafter aufgrund eigenen, eine Ausschließung rechtfertigenden Fehlverhaltens für das Zerwürfnis mit verantwortlich ist. In solchen Fällen bleibt lediglich die Auflösung der Gesellschaft, die durch Auflösungsklage gemäß § 61 Abs. 1 GmbHG durchgesetzt werden kann[149] (vgl. hierzu näher unter Rn. 514 ff.).

290

(2) Familiengesellschaften

Die Besonderheit bei „Familiengesellschaften" besteht darin, dass die Gesellschafter untereinander verwandt sind oder die Gesellschaft von zwei oder mehr Familien beherrscht wird. Familiäre Spannungen können sich auf die gemeinsame Gesellschaft

291

---

[147] Vgl. z.B. OLG Karlsruhe, Urteil vom 25.6.2008, NZG 2008, 785; OLG Stuttgart, Beschluss vom 13.5.2013, NZG 2013, 1146 = GmbHR 2013, 803; vgl. darüber hinaus unter Rn. 173 ff.

[148] BGH, Urteil vom 21.3.1957, NJW 1957, 872 = BB 1957, 380, für eine Zwei-Personen-OHG; BGH, Urteil vom 25.1.1960, BGHZ 32, 17 = NJW 1960, 866; OLG Jena, Urteil vom 5.10.2005, NZG 2006, 36 = GmbHR 2005, 1566; OLG Stuttgart, Beschluss vom 13.5.2013, NZG 2013, 1146 = GmbHR 2013, 803 (jeweils für eine Zwei-Personen-GmbH).

[149] Vgl. exemplarisch z.B. LG Frankfurt a.M., Urteil vom 13.11.2013 („Suhrkamp"), NZG 2013, 1427 = BB 2013, 2962, mwN.

erstrecken und Streitigkeiten in der Gesellschaft zur Beschädigung der verwandtschaftlichen Beziehungen führen. Die häufigste Streitkonstellation ist der Gesellschafterkonflikt zwischen Geschwistern oder Cousins oder Cousinen, meist als Rechtsnachfolger in die betreffenden Gesellschaftsanteile der Eltern aufgrund Erbgangs.[150]

292   Die **verwandtschaftlichen Bindungen der Gesellschafter** sind bei der **Beurteilung** eines „wichtigen Grundes" nach der Rechtsprechung des BGH **ambivalent**: Das Fehlverhalten eines Gesellschafters kann unter Geschwistern bzw. Verwandten einerseits **besonders verwerflich** sein, so dass das Verwandtschaftsverhältnis den Gesichtspunkt der Unzumutbarkeit einer Fortführung des Gesellschaftsverhältnisses eher verstärkt; andererseits kann die verwandtschaftliche Bindung auch die **Pflicht begründen**, über **gewisse gesellschaftswidrige Verhaltensweisen hinwegzusehen** und gegen den Verwandten mit weniger einschneidenden Maßnahmen vorzugehen.[151] Im Urteil vom 12.12.1994[152] sah es der BGH z.B. nicht als ausreichend an, dass die Kommanditistin, die ebenso wie ihre beiden Brüder die Gesellschaftsanteile einer Familien-KG von der Mutter geerbt hatte, über diese beiden Brüder (die Komplementäre der Familien-KG waren) in einem anderen Erbrechtsstreit ehrenrührige und nachteilige Behauptungen aufgestellt hatte. Die Ausschließungsklage der beiden Brüder war erfolglos, da nach Auffassung des BGH solche persönlichen Spannungen und auch weitergehende, gesellschaftsbezogene Meinungsverschiedenheiten gerade wegen des Verwandtschaftsverhältnisses hingenommen werden müssen und für sich allein keinen Ausschluss rechtfertigen können.

(3) Ausschluss von Minderheitsgesellschaftern und Kommanditisten

293   Die **Höhe der Gesellschaftsbeteiligung** eines auszuschließenden Gesellschafters ist bei der Beurteilung des „wichtigen Grundes" grundsätzlich **unerheblich**.[153] Es gibt daher keine Regel dergestalt, dass ein Gesellschafter mit einem kleinen Gesellschaftsanteil oder ein Minderheitsgesellschafter weniger oder mehr schützenswert ist als ein Mehrheitsgesellschafter.[154] Der Gesichtspunkt kann sich jedoch bei der abschließenden Abwägung auswirken, ob die Fortsetzung eines Gesellschaftsverhältnisses mit dem betreffenden Gesellschafter „unzumutbar" ist: Sofern die Zwangsmaßnahme gegen einen geringfügig beteiligten Gesellschafter in Betracht gezogen wird, der jedenfalls gewöhnliche Geschäftsführungsmaßnahmen bzw. einfache Mehrheitsentscheidungen durch seine Stimmabgabe nicht blockieren kann, wirkt sich dies z.B. auf die Frage aus,

---

[150] Vgl. hierzu auch unter Rn. 565 ff., im Zusammenhang mit der Darstellung von Gestaltungsvorschlägen für streitvermeidende Vertragsgestaltung bei „Erbfolge in Familiengesellschaften".

[151] BGH, Urteil vom 9.12.1968, BGHZ 51, 204 = WM 1969, 180, sowie BGH, Urteil vom 12.12.1994, NJW 1995, 597 = GmbHR 1995, 131 = BB 1995, 215, jeweils für eine Familien-KG.

[152] NJW 1995, 597 = GmbHR 1995, 131 = BB 1995, 215.

[153] BGH, Urteil vom 9.12.1968, BGHZ 51, 204 = WM 1969, 180.

[154] Vgl. allerdings BGH, Urteil vom 15.9.1997, NJW 1998, 146 = BB 1997, 2339, wonach bei Würdigung eines Zerwürfnisses unter den Gesellschaftern zugunsten des Auszuschließenden zu berücksichtigen war, dass er nur mit einem *„verschwindend geringen Anteil"* an den Gesellschaften beteiligt war.

ob das Störungspotential tatsächlich einen Ausschluss aus „wichtigem Grund" rechtfertigt. Andererseits kommt z.B. einem Gesellschafter mit großem Gesellschaftsanteil bei Gesamtwürdigung der wechselseitigen Interessen ggf. zugute, dass er auf der Grundlage dieser Mehrheitsbeteiligung besonders große Verdienste für die Gesellschaft erworben oder in besonderem Umfang Beiträge für die Gesellschaft geleistet hat.

Sofern demgegenüber ein **Kommanditist** aus der KG ausgeschlossen werden soll, ist diese Gesellschafterposition bei Beurteilung des **wichtigen Grundes zu berücksichtigen**. Der Ausschluss eines Kommanditisten unterliegt **strengeren Anforderungen**, da er an der laufenden Geschäftsführung der Kommanditgesellschaft grundsätzlich nicht beteiligt ist und da sein Verhältnis zu den übrigen Gesellschaftern „loser" ist als das der persönlich haftenden Gesellschafter untereinander.[155] Vor allem persönliche Spannungen und ein gesellschaftsbezogenes Zerwürfnis rechtfertigen den Ausschluss eines Kommanditisten nur „*in besonders schwerwiegenden Fällen*".[156] Bei Streitigkeiten mit einem Kommanditisten muss demnach – so der BGH[157] – zusätzlich geprüft werden, ob sich das Zerwürfnis über den Streit mit dem betreffenden Kommanditisten hinaus überhaupt schädlich auf die Gesellschaft auswirkt.[158] Im Falle einer Unterschlagung zu Lasten des Gesellschaftsvermögens ist indessen auch die Ausschließung eines Kommanditisten aus „wichtigem Grund" zweifelsfrei gerechtfertigt.[159]

294

dd) Nachschieben von Ausschlussgründen

Wie im Falle der außerordentlichen Abberufung von Geschäftsführern oder der Entziehung von Geschäftsführung und Vertretungsmacht aus wichtigem Grund[160], können auch bei einer Ausschließungsmaßnahme „wichtige Gründe" im Prozess nachgeschoben werden.

295

Sofern der Ausschluss durch gerichtliche Entscheidung, also durch **Ausschließungsklage** erfolgen soll, endet die Möglichkeit der Kläger, Ausschlussgründe nachzuschieben, erst mit dem Schluss der mündlichen Verhandlung. Das „Nachschieben von Gründen" im Prozess ist hier allein durch die zivilprozessualen Vorschriften begrenzt. Die Beurteilung des „wichtigen Grundes" obliegt dem Tatrichter. Grundsätzlich enden die Tatsachenfeststellungen in der ersten Instanz. Der Vortrag neuer Ausschlussgründe in

---

[155] OLG Rostock, Urteil vom 19.12.2007, OLGR Rostock 2009, 97.
[156] BGH, Urteil vom 12.12.1994, NJW 1995, 597 = GmbHR 1995, 131 = BB 1995, 215, für den Ausschluss eines Kommanditisten aus einer Familien-KG; BGH, Urteil vom 15.9.1997, NJW 1998, 146 = BB 1997, 2339, ebenfalls für den Ausschluss eines Kommanditisten aus einer größeren Familien-GmbH & Co. KG.
[157] Urteil vom 15.9.1997, NJW 1998, 146 = BB 1997, 2339.
[158] Vgl. zu diesem Gesichtspunkt auch OLG Rostock, Urteil vom 19.12.2007, OLGR Rostock 2009, 97, wonach die Alkoholsucht des Kommanditisten zwar grundsätzlich einen Ausschluss aus Krankheitsgründen rechtfertige, dies jedoch zusätzlich voraussetze, dass der betreffende Kommanditist wesentliche Aufgaben in der Gesellschaft gerade wegen dieser Krankheit nicht mehr wahrnehmen kann.
[159] BGH, Urteil vom 14.6.1999, NJW 1999, 2820 = NZG 1999, 988 = BB 1999, 1838, für die Unterschlagung von Vermögenswerten (Büchern) einer KG im Wert von insgesamt rund 283 TDM im Jahr 1993.
[160] Vgl. hierzu unter Rn. 178 ff.

der Berufungsinstanz ist nur unter den Einschränkungen des § 531 Abs. 2 ZPO möglich, also vor allem dann, wenn die betreffenden, zusätzlichen Gründe erst nach Schluss der mündlichen Verhandlung in der ersten Instanz entstanden sind (§ 531 Abs. 2 Nr. 3 ZPO). In der Revisionsinstanz ist das Nachschieben von Ausschlussgründen gemäß § 559 ZPO aus verfahrensrechtlichen Gründen ausgeschlossen, da das Revisionsgericht hinsichtlich des Vorliegens des „wichtigen Grundes" für eine Ausschließung grundsätzlich an die Tatsachenfeststellungen des Berufungsgerichts gebunden ist und nur noch würdigt und prüft, ob alle zur Beurteilung des „wichtigen Grundes" relevanten Gesichtspunkte herangezogen worden sind und ob die Tatsachen*würdigung* des Berufungsgerichts rechtlich zutreffend ist, also insbesondere das Gewicht der Gründe für den Maßstab der „Unzumutbarkeit" richtig beurteilt wurde.[161]

296 Die gleichen zivilprozessualen Beschränkungen für das Nachschieben von Gründen gelten dann, wenn die **Ausschließung** eines Gesellschafters **durch Gesellschafterbeschluss** erfolgte und die Wirksamkeit des Ausschlusses im Rahmen einer Feststellungs- oder Anfechtungsklage überprüft wird. Eine weitere Einschränkung ergibt sich hier jedoch daraus, dass Ausschlussgründe grundsätzlich nur dann im Prozess nachgeschoben werden dürfen, wenn sich das **Ausschließungsorgan** (also regelmäßig die Gesellschafterversammlung) hierzu **vorab durch Beschlussfassung geäußert hat**.[162] Ergeben sich also nach der Beschlussfassung über die Ausschließung eines Gesellschafters neue Ausschlussgründe oder werden weitere Ausschlussgründe erst nach der Beschlussfassung bekannt, muss das zuständige Ausschließungsorgan hierzu erneut Stellung nehmen und Beschluss darüber fassen, ob auch diese weiteren Gründe für die Ausschließung herangezogen werden. Eine solche erneute Beschlussfassung bzw. Stellungnahme ist lediglich dann entbehrlich, wenn die später eingetretenen Umstände mit den bereits für die ursprüngliche Ausschließung herangezogenen Gründen eng zusammenhängen und den Ausschließungstatbestand lediglich „*abrunden*".[163] Ausschlussgründe können ferner dann ohne erneuten Beschluss im Prozess nachgeschoben werden, wenn der oder die Gesellschafter, der/die den angegriffenen Beschluss über die Ausschließung allein gefasst hat/haben, die Gesellschaft in dem über die Wirksamkeit der Ausschließung geführten Rechtsstreit vertritt/gemeinsam vertreten.[164]

---

[161] BGH, Urteil vom 22.5.2012, NZG 2012, 903 = NJW-RR 2012, 1059 = ZIP 2012, 1500; BGH, Urteil vom 10.6.1991, NJW-RR 1991, 1249 = GmbHR 1991, 362 = DStR 1991, 1055.

[162] BGH, Urteil vom 10.6.1991, NJW-RR 1991, 1249 = GmbHR 1991, 362 = DStR 1991, 1055. Vgl. hierzu iE unter Rn. 180.

[163] BGH, Urteil vom 10.6.1991, NJW-RR 1991, 1249 = GmbHR 1991, 362 = DStR 1991, 1055. Die Gesellschafterversammlung hatte die Ausschließung in dem betreffenden Fall ursprünglich darauf gestützt, dass der Auszuschließende die Gesellschaft rechtswidrig beim Gewerbeaufsichtsamt wegen einer nicht genehmigten Tankanlage für Testbenzin angeschwärzt hatte. Nach Beschlussfassung erfolgte eine zweite Anzeige, was die beklagte GmbH im laufenden Anfechtungsprozess gegen den Ausschließungsbeschluss nachschob, ohne hierüber erneut Beschluss gefasst zu haben. Der BGH hielt das Nachschieben trotzdem für zulässig, da die zweite Anzeige an dieselbe Behörde wegen desselben Sachverhalts dem Ausschlusstatbestand, der dem Kläger bereits im angegriffenen Beschluss zum Vorwurf gemacht worden war, nur noch größeres Gewicht verlieh und den Ausschlusstatbestand mithin „abrundete".

[164] BGH, Urteil vom 14.10.1991, NJW-RR 1992, 292 = GmbHR 1992, 38 = BB 1992, 17, für das

b) Weitere Ausschlussgründe laut Gesellschaftsvertrag und Satzung

aa) Unwirksamkeit von „Hinauskündigungsklauseln"

Der Katalog der Ausschlussgründe kann sowohl bei Personengesellschaften durch den Gesellschaftsvertrag als auch bei der GmbH durch entsprechende Satzungsregelungen erweitert werden. Verbreitet ist z.B. die Benennung sog. Regelbeispiele für einen „wichtigen Grund", wie die Ausschließung eines Gesellschafters im Anschluss an die Pfändung seines Geschäftsanteils oder dessen Insolvenz. Solche Regelungen sind grundsätzlich wirksam. Problematisch sind demgegenüber Satzungsbestimmungen bzw. Vertragsklauseln, die die Ausschließung auch in sonstigen Fällen, ohne Vorliegen eines „wichtigen Grundes" oder gar ohne besondere Begründung zulassen.

297

(1) Überblick über die Rechtsprechung

Der Bundesgerichtshof hat den Rechtsgrundsatz entwickelt, dass sowohl in Personengesellschaften (also der GbR, PartG, OHG, KG oder GmbH & Co. KG, einschließlich der sog. Publikumsgesellschaften) als auch der GmbH vertragliche Regelungen, die einem Gesellschafter, einer Gruppe von Gesellschaftern oder der Gesellschaftermehrheit (durch entsprechende Beschlussfassung) das Recht einräumen, einen Mitgesellschafter ohne „**sachlichen Grund**" aus der Gesellschaft **auszuschließen** (sog. „**Hinauskündigungsklauseln**"), grds wegen Verstoßes gegen die guten Sitten **nach § 138 Abs. 1 BGB nichtig** sind.[165] Der Grund hierfür sei, so der BGH z.B. im Urteil vom 7.5.2007[166], die Gesellschafter vor einer freien Ausschließung oder Kündigung durch die Mitgesellschafter zu schützen. Ein freies Ausschließungs- bzw. Kündigungsrecht könne als „*Disziplinierungsmittel*" empfunden werden, so dass die hiervon bedrohten Gesellschafter aus Sorge, der Willkür der anderen Gesellschafter ausgeliefert zu sein, nicht mehr frei von ihren Mitgliedschaftsrechten Gebrauch machen, sondern sich den Vorstellungen des zur Ausschließung berechtigten Organs oder der betreffenden Gesellschaftermehrheit beugen („*Damoklesschwert*" der Hinauskündigung). Desgleichen unwirksam sind entsprechend wirkende Vereinbarungen neben dem Gesellschaftsvertrag oder der Satzung, wie z.B. Rückerwerbs- oder Übernahmerechte eines Gesellschafters oder einer Gesellschaftergruppe gegenüber Mitgesellschaftern, die für bestimmte Personen oder eine Gesellschaftergruppe ein freies Ausschließungsrecht aus der Gesellschaft begründen sollen.[167]

298

Es sind **zwei vertragliche Gestaltungsvarianten** für „Hinauskündigungsklauseln" **zu unterscheiden**:

- Im Gesellschaftsvertrag oder der Satzung kann das Recht der Gesellschafter begründet sein, Mitgesellschafter **ohne näher bezeichneten Grund** aus der Gesellschaft

299

Nachschieben von Gründen für die Abberufung eines Gesellschafter-Geschäftsführers in einer Zwei-Personen-GmbH; BGH, Urteil vom 20.2.1995, NJW-RR 1995, 667 = GmbHR 1995, 377 = ZIP 1995, 835.

[165] Vgl. zuletzt etwa BGH, Urteil vom 7.5.2007, NZG 2007, 583 = NJW-RR 2007, 1256 = DStR 2007, 1216 = ZIP 2007, 1309; BGH, Urteil vom 19.9.2005, BGHZ 164, 98 = NJW 2005, 3641 = DStR 2005, 1913.

[166] NZG 2007, 583 = NJW-RR 2007, 1256 = DStR 2007, 1216 = ZIP 2007, 1309.

[167] BGH, Urteil vom 19.9.2005, BGHZ 164, 98 = NJW 2005, 3641 = DStR 2005, 1913.

auszuschließen oder die Gesellschaft **zu übernehmen**. Eine solche klassische „Hinauskündigungsklausel" ist nach Auffassung des BGH nur dann **ausnahmsweise zulässig**, wenn „*wegen ganz besonderer Umstände Gründe* [bestehen]*, die für eine solch ungewöhnliche Regelung eine sachliche Rechtfertigung bilden könnten*".[168] Wann solche besonderen Umstände vorliegen, die das freie Ausschlussrecht als sachlich gerechtfertigt erscheinen lassen, lasse sich nicht „*formelhaft*" beantworten.[169] Es ist vielmehr in jedem Einzelfall zu prüfen, ob ein nachvollziehbarer, angemessener Ausschließungsgrund vorliegt, so dass die vertraglich vorgesehene Ausschlussmöglichkeit insgesamt nicht als sittenwidrig erscheint. Ein typisches Beispiel bildet etwa das Ausschlussrecht in **Freiberuflersozietäten**: Hier lässt der BGH Ausschluss- und Übernahmeklauseln nach Beitritt eines neuen Gesellschafters grundsätzlich zu, da den Altgesellschaftern die Möglichkeit eröffnet sein muss, den neuen Partner zunächst zu prüfen und sich bei ungünstig verlaufender „Probezeit" von diesem auch wieder gesellschaftsrechtlich zu trennen.[170] Auch in solchen Fällen, in denen das „freie" Ausschließungsrecht grundsätzlich anerkannt wird, kann dieses allerdings nicht zeitlich unbegrenzt bestehen.[171] Die „Hinauskündigungsklausel" ist ggf im Wege geltungserhaltender Reduktion anzupassen (vgl. nachstehend unter Rn. 301).

300 • Eine weitere, vertragliche Gestaltungsvariante besteht darin, dass das **Ausschließungsrecht** zwar **an bestimmte Voraussetzungen geknüpft** ist, die betreffenden Ausschlussgründe jedoch **nicht das Gewicht eines „wichtigen Grundes"** aufweisen. Nach der Rechtsprechung des BGH hängt die Wirksamkeit solcher vertraglichen Bestimmungen ebenfalls davon ab, ob die im Vertrag bezeichneten Ereignisse bzw. Sachverhalte nach den Umständen des Einzelfalls „sachlich gerechtfertigte" Ausschlussgründe bilden (vgl. hierzu die Fallbeispiele unter Rn. 308 ff.).

(2) Geltungserhaltende Reduktion unzulässiger Vertragsklauseln

301 Der BGH prüft in beiden vorgenannten Gestaltungsvarianten jeweils in einem zweiten Schritt, ob eine zu weit gefasste und damit grundsätzlich nichtige „Hinauskündigungsklausel" aufgrund **geltungserhaltender Reduktion** auf einen zulässigen, nicht gemäß § 138 BGB sittenwidrigen Regelungsgehalt zurückgeführt werden kann. Dies gilt nach ständiger Rechtsprechung des BGH jedenfalls dann, wenn entsprechend § 139 BGB im Einzelfall davon auszugehen ist, dass die Vertragsparteien bei Kenntnis der Unwirksam-

---

[168] BGH, Urteil vom 20.1.1977, BGHZ 68, 212 = NJW 1977, 1292 = GmbHR 1977, 177 (für eine KG); vgl. auch BGH, Urteil vom 19.9.1988, BGHZ 105, 213 = NJW 1989, 834 = GmbHR 1989, 117 (für eine GmbH & Co. KG); BGH, Urteil vom 5.6.1989, BGHZ 107, 351 = NJW 1989, 2681 (für eine KG); BGH, Urteil vom 9.7.1990, BGHZ 112, 103 = NJW 1990, 2622 (für eine GmbH); BGH, Urteil vom 8.3.2004, NZG 2004, 569 = NJW 2004, 2013 (für eine Sozietät von Freiberuflern in der Rechtsform der GbR).

[169] BGH, Urteil vom 19.9.1988, BGHZ 105, 213 = NJW 1989, 834 = GmbHR 1989, 117.

[170] Vgl. z.B. BGH, Urteil vom 8.3.2004, NJW 2004, 2013 = NZG 2004, 569 = BB 2004, 1017 = DStR 2004, 826.

[171] Vgl. z.B. BGH, Urteil vom 8.3.2004, NJW 2004, 2013 = NZG 2004, 569 = BB 2004, 1017 = DStR 2004, 826; BGH, Urteil vom 7.5.2007, NZG 2007, 583 = NJW-RR 2007, 1256 = DStR 2007, 1216 = ZIP 2007, 1309.

II. Ausschluss aus der Gesellschaft

keit den rechtlich unbedenklichen Teil der Ausschluss- bzw. Übernahmeklausel an bestimmte, noch anerkennenswerte Voraussetzungen geknüpft hätten.[172] Im Wege der geltungserhaltenden Reduktion können **insbesondere zeitlich befristete**, an ein bestimmtes Ereignis anknüpfende **Ausschlussgründe** (wie z.B. die Anknüpfung an den Erwerb eines Gesellschaftsanteils durch Erbgang oder den Neueintritt als Gesellschafter) auf ein (noch) zulässiges Maß zurückgeführt werden.[173] Darüber hinaus lässt sich eine Klausel, die einen Gesellschafterausschluss ohne jeden Grund zulässt, im Wege der Auslegung mit dem Inhalt aufrechterhalten, dass sie **jedenfalls eine Ausschließung aus „wichtigem Grund" erlaubt**. Kann im Einzelfall also davon ausgegangen werden, dass die Gesellschafter bei Kenntnis von der Unwirksamkeit der „unbeschränkten" Ausschließungsklausel eine Vereinbarung getroffen hätten, wonach das zuständige Organ eine Ausschließung aus „wichtigem Grund" vornehmen kann, ist die betreffende Zwangsmaßnahme durch geltungserhaltende Reduktion der Ausschlussklausel trotzdem wirksam, wenn ein solcher „wichtiger Grund" in der Person des auszuschließenden Gesellschafters tatsächlich vorliegt.[174]

(3) Rechtsfolgen unwirksamer „Hinauskündigungsklauseln"

Sofern die **vertragliche Ausschluss- bzw. Übernahmeklausel nichtig** ist, weil das Ausschließungsrecht nicht an einen sachlich gerechtfertigten, von der Rechtsprechung als zulässig anerkannten Ausschlussgrund geknüpft wird und die „Hinauskündigungsklausel" auch nicht aufgrund geltungserhaltender Reduktion mit modifiziertem Regelungsgehalt gültig ist, ist die hierauf fußende **Ausschließung**, etwa die Inanspruchnahme eines Rückkaufsrechtes gegenüber dem betroffenen Gesellschafter, die Ausübung eines sonstigen Übernahmerechts oder der Ausschluss durch Gesellschafterbeschluss,

302

---

[172] Vgl. zur geltungserhaltenden Reduktion von Ausschlussklauseln im Hinblick auf die zu weite Fassung des Ausschließungsgrundes z.B. BGH, Urteil vom 19.9.1988, BGHZ 105, 213 = NJW 1989, 834 = GmbHR 1989, 117; BGH, Urteil vom 5.6.1989, BGHZ 107, 351 = NJW 1989, 2681; BGH, Urteil vom 7.5.2007, NZG 2007, 583 = NJW-RR 2007, 1256 = DStR 2007, 1216 = ZIP 2007, 1309; vgl. auch OLG Frankfurt a.M., Urteil vom 20.10.2005, NZG 2006, 382 = NJW-RR 2006, 405.

[173] Vgl. z.B. BGH, Urteil vom 19.9.1988, BGHZ 105, 213 = NJW 1989, 834 = GmbHR 1989, 117: Das zeitlich unbegrenzte Recht von Gesellschaftern, einen Mitgesellschafter, der seinen Gesellschaftsanteil in einer GmbH & Co. KG durch Erbgang erworben hat, aus der Gesellschaft auszuschließen, kann mit dem Inhalt, dass dieses Ausschlussrecht für ca. ein Jahr nach dem Erbfall besteht, aufrechterhalten werden. Vgl. auch BGH, Urteil vom 7.5.2007, NZG 2007, 583 = NJW-RR 2007, 1256 = DStR 2007, 1216 = ZIP 2007, 1309: Die Klausel in einem GbR-Gesellschaftsvertrag einer Gemeinschaftspraxis von Ärzten, wonach ein neu in die Gesellschaft eintretender Arzt innerhalb einer Probezeit von zehn Jahren ohne weitere Begründung wieder ausgeschlossen werden kann, ist wegen der zu langen Prüfungszeit sittenwidrig und nichtig. Die Hinauskündigungsklausel kann jedoch mit dem Inhalt, wonach das Hinauskündigungsrecht innerhalb einer Frist von drei Jahren nach Gesellschaftsbeitritt möglich ist, aufrechterhalten werden.

[174] BGH, Urteil vom 5.6.1989, BGHZ 107, 351 = NJW 1989, 2681. Der BGH kommt hier also mittels „geltungserhaltender Reduktion" zu den gleichen Ergebnissen wie in seinen unter Rn. 299 zitierten Urteilen, wonach eine an keine Voraussetzung geknüpfte Hinauskündigungsklausel im Einzelfall wirksam ist, wenn sie wegen „besonderer Umstände" sachlich gerechtfertigt ist (was bei Vorliegen eines „wichtigen Grundes" in jedem Fall zutrifft).

ebenfalls unwirksam. Die Unwirksamkeit kann mit der **Feststellungsklage** und bei Ausschluss durch Gesellschafterbeschluss in der GmbH mittels **Anfechtungsklage** gerichtlich geltend gemacht werden.

Die vorstehenden Ausführungen betreffen allein die Wirksamkeit eines Gesellschafterausschlusses im Hinblick auf die Wirksamkeit des vertraglich geregelten Ausschlussgrundes. Die **Unwirksamkeit** einer **vertraglichen Abfindungsregelung** wirkt sich demgegenüber **nicht auf** die Gültigkeit des Ausschließungsrechts und damit die **Wirksamkeit** der betreffenden Zwangsmaßnahme im Einzelfall aus.[175]

bb) Sachlich gerechtfertigte Ausschlussgründe

(1) Typische vertragliche Regelungen

303　Eine Reihe von Ausschlussgründen sind geradezu standardisiert in Gesellschaftsverträgen oder GmbH-Satzungen enthalten, nämlich das Ausschließungsrecht (meist durch Gesellschafterbeschluss) nach der Pfändung von Gesellschaftsanteilen, bei Insolvenz eines Gesellschafters, im Falle des Todes eines Gesellschafters oder nach dessen eigener Gesellschaftskündigung. Diese Sachverhalte sind grundsätzlich geeignet, ein wirksames Ausschließungsrecht zu begründen:

304　• Es kann vertraglich vereinbart werden, dass die Gesellschafter berechtigt sind, einen Gesellschafter auszuschließen, dessen **Gesellschaftsanteile gepfändet** wurden.

Die sachliche Rechtfertigung dieses Ausschließungsrechts (gegen Abfindungszahlung) ist bei den Personengesellschaften bereits gesetzlich angelegt, nämlich in §§ 736 Abs. 1, 725 Abs. 1 BGB für die GbR und in §§ 131 Abs. 3 Nr. 4 HGB, 9 Abs. 1 PartGG für die PartG, OHG, KG und GmbH & Co. KG. Das Ausschließungsrecht tritt bei der GbR lediglich an die Stelle der Fortsetzungsvereinbarung und führt im Übrigen dazu, dass vor Ausscheiden des betroffenen Gesellschafters, gegen den sich die Pfändungsmaßnahme richtete, nicht zunächst die Kündigung durch dessen Privatgläubiger abgewartet werden muss. Auch bei der GmbH ist der Ausschluss eines Gesellschafters, dessen Geschäftsanteile von einem Privatgläubiger gepfändet wurden, zulässig und eine entsprechende Ausschlussklausel in der Satzung, wonach die Pfändung z.B. ein „Regelbeispiel" für einen „wichtigen" Ausschlussgrund bildet, wirksam.[176] Das Ausschließungsrecht unterliegt in diesem Fall jedoch einer Ausübungskontrolle: Der Ausschluss ist wegen Rechtsmissbrauchs unwirksam, wenn die Pfändungsmaßnahme im Zeitpunkt der Beschlussfassung über den Ausschluss nicht mehr fortbesteht.[177]

305　• Verbreitet ist ferner die Regelung, wonach ein Gesellschafter ausgeschlossen werden kann, wenn über sein Vermögen ein **Insolvenzverfahren** eröffnet wird, über den Antrag auf Eröffnung eines Insolvenzverfahrens nicht binnen einer bestimmten Frist (z.B. zwei bis drei Monate) entschieden oder die Eröffnung mangels Masse abgelehnt wurde. Die betreffenden Ausschlussklauseln sind sowohl in Gesellschaftsverträgen einer Personengesellschaft als auch in einer GmbH-Satzung wirksam.

---

[175] Vgl. nur BGH, Urteil vom 19.9.1988, BGHZ 105, 213 = NJW 1989, 834 = GmbHR 1989, 117; BGH, Urteil vom 9.7.1990, BGHZ 112, 103 = NJW 1990, 2622 = BB 1990, 1578.

[176] BGH, Urteil vom 7.4.1960, BGHZ 32, 151 = NJW 1960, 1053 = BB 1960, 497; BGH, Urteil vom 12.6.1975, BGHZ 65, 22.

[177] OLG Hamburg, Urteil vom 26.4.1996, GmbHR 1996, 610 = BB 1997, 431 = ZIP 1996, 962.

Das Ausschlussrecht bei Insolvenz eines Gesellschafters ist im Falle der Personengesellschaft ebenfalls bereits gesetzlich angelegt, nämlich für die GbR in §§ 728 Abs. 2, 736 Abs. 1 BGB und für die PartG, OHG, KG und GmbH & Co. KG in §§ 131 Abs. 1 Nr. 2 HGB, 9 Abs. 1 PartGG. Auch in der GmbH-Satzung kann ein entsprechender Ausschlussgrund, der regelmäßig als Regelbeispiel für einen „wichtigen Grund" genannt ist, wirksam vereinbart werden.[178]

- In gewissen Grenzen zulässig sind darüber hinaus Ausschlussklauseln, die an den **Tod eines Gesellschafters** bzw. den **Erbgang in dessen Geschäftsanteile** anknüpfen. Problematisch und nur innerhalb gewisser Fristen wirksam sind hier indessen Regelungen, die die Rechtsnachfolge in einen Gesellschafts- bzw. Geschäftsanteil zunächst zwar zulassen, den Gesellschaftern gegenüber dem Rechtsnachfolger in die Anteile aber ein zeitlich nachgelagertes Ausschlussrecht vorbehalten. 306

Der Tod eines GbR-Gesellschafters führt grundsätzlich zur Auflösung der Gesellschaft (§ 727 Abs. 1 BGB) und im Falle einer Fortsetzungsklausel zum Ausscheiden des betroffenen Gesellschafters bzw. dessen Erben (§ 736 Abs. 1 BGB). Gleiches (Ausscheiden) gilt bei Versterben eines persönlich haftenden Gesellschafters in der OHG oder KG (§ 131 Abs. 3 Nr. 1 HGB) oder des Partners in einer PartG (§ 9 Abs. 4 S. 1 PartGG). Das „Ausscheiden" ist daher der gesetzliche Regelfall und die „Vererblichkeit" von Gesellschaftsanteilen die vertraglich vereinbarte Ausnahme. Kommanditanteile sind demgegenüber gemäß § 177 HGB und GmbH-Anteile gemäß § 15 Abs. 1 GmbHG von Gesetzes wegen vererblich. Die „Vererblichkeit" von Kommanditanteilen kann laut ausdrücklich gesetzlicher Regelung in § 177 HGB selbst jedoch ausgeschlossen werden. Demgegenüber kann die GmbH-Satzung die Rechtsnachfolge der Erben in den Geschäftsanteil eines verstorbenen Gesellschafters zwar nicht unmittelbar verhindern, andererseits aber den endgültigen Verbleib der Erben in der Gesellschaft an bestimmte Voraussetzungen knüpfen oder ein Ausschlussrecht der übrigen Gesellschafter (regelmäßig durch Zwangseinziehung) begründen.[179] Unzulässig ist es hingegen, wenn sich die Gesellschafter gegenüber einem Erben, der aufgrund gesetzlicher oder vertraglicher Regelung zunächst wirksam Rechtsnachfolger in einen Gesellschafts- bzw. Geschäftsanteil geworden ist, ein zeitlich unbefristetes Ausschließungsrecht vorbehalten (vgl. auch unter Rn. 316). Nach Auffassung des BGH[180] ist eine **Entscheidungsfrist von ca. einem Jahr** sachlich gerechtfertigt. Ist das vertragliche Ausschlussrecht unbefristet, kann es im Wege der geltungserhaltenden Reduktion als ein (auf ein Jahr) begrenztes und damit wirksames Ausschließungsrecht aufrecht erhalten werden.[181]

- Die Ausschließung eines Gesellschafters ist schließlich im **Anschluss an dessen eigene Kündigung** wirksam. Auch dieses Ausschließungsrecht ist bei Personengesellschaften bereits gesetzlich angelegt (§§ 723 Abs. 1, 736 Abs. 1 BGB; § 131 Abs. 3 Nr. 3 HGB) und dient bei der GmbH letztlich nur zur Regelung des Ausscheidensverfahrens und der Verwertung des betreffenden Geschäftsanteils (z.B. Einziehung nach Kündigung). 307

---

[178] BGH, Urteil vom 7.4.1960, BGHZ 32, 151 = NJW 1960, 1053 = BB 1960, 497.
[179] BGH, Urteil vom 20.12.1976, GmbHR 1977, 81 = BB 1977, 563; BGH, Urteil vom 19.9.1988, BGHZ 105, 213 = NJW 1989, 834 = GmbHR 1989, 117 = BB 1989, 102.
[180] Urteil vom 19.9.1988, BGHZ 105, 213 = NJW 1989, 834 = GmbHR 1989, 117.
[181] BGH, Urteil vom 19.9.1988, BGHZ 105, 213 = NJW 1989, 834 = GmbHR 1989, 117.

(2) Weitere zulässige Ausschlussgründe

308 Durch die Rechtsprechung wurde für eine Reihe besonders wichtiger Fallgruppen geklärt, wann die Ausschließung eines Gesellschafters aufgrund Vertragsregelung (durch Inanspruchnahme eines Rückerwerbs- oder eines vertraglichen Übernahmerechts oder durch Gesellschafterbeschluss) auch dann möglich ist, wenn für diese Maßnahme kein „wichtiger Grund" und auch keiner der unter Rn. 303 ff. genannten, typischen Ausschlusssachverhalte vorliegt. Ein **Gesellschafterausschluss** ist demnach sowohl bei Personengesellschaften als auch einer personalistisch strukturierten GmbH in folgenden, wichtigen Beispielsfällen **sachlich gerechtfertigt** bzw. **zulässig**:[182]

309 • Ein GmbH-Geschäftsführer, dem im Hinblick auf seine Geschäftsführerstellung eine Minderheitsbeteiligung an der Gesellschaft eingeräumt worden ist, für die er nur ein Entgelt in Höhe des Nennwertes des Geschäftsanteils zu zahlen hatte, kann bei Beendigung seines Geschäftsführeramtes gegen eine der Höhe nach begrenzte Abfindung ausgeschlossen werden bzw. wirksam verpflichtet sein, diese Beteiligung zurückzuübertragen (sog. „**Managermodell**").[183]

310 • Die Abtretungsverpflichtung eines Gesellschafters (bzw. ein entsprechendes Ausschließungsrecht der übrigen Gesellschafter) ist wirksam, wenn der betroffene Gesellschafter seinen Anteil – unentgeltlich oder gegen Zahlung eines Betrags in Höhe nur des Nennwertes – als verdienter Mitarbeiter des Gesellschaftsunternehmens erhalten hat und die Übertragungsverpflichtung bzw. das Ausschlussrecht an die Beendigung dieser Mitarbeit im Unternehmen anknüpft (sog. „**Mitarbeitermodell**").[184]

311 • Der Gesellschaftsvertrag einer GbR (**Sozietät von Freiberuflern**) kann für eine gewisse **Probezeit nach Beitritt eines neuen Gesellschafters** ein Hinauskündigungs- bzw. Ausschließungsrecht der übrigen Gesellschafter begründen. Das Ausschließungsrecht dient hier zulässigerweise dazu, den Altgesellschaftern die Prüfung zu ermöglichen, ob zu dem neuen Partner das notwendige Vertrauen hergestellt werden kann und ob die Gesellschafter auf Dauer in der für die gemeinsame Berufsausübung erforderlichen Weise harmonieren.[185] Die betreffende **Prüfungsfrist** darf laut BGH jedoch **maximal drei Jahre** betragen.[186] Sofern die vertragliche Aus-

---

[182] Weitere wichtige Beispiele aus der Rechtsprechung für „sachlich gerechtfertigte" Ausschlussgründe finden sich etwa in MüKoHGB/*K. Schmidt*, § 140, Rn. 101–103; Michalski/*Sosnitza*, Anh § 34, Rn. 41; MüKoGmbHG/*Strohn*, § 34, Rn. 137 ff.

[183] BGH, Urteil vom 19.9.2005, BGHZ 164, 98 = NJW 2005, 3641 = NZG 2005, 968 = GmbHR 2005, 1558. Vgl. auch unter Rn. 329 zum Abfindungsausschluss.

[184] BGH, Urteil vom 20.6.1983, NJW 1983, 2880 = GmbHR 1984, 74 = BB 1983, 1628; BGH, Urteil vom 19.9.2005, BGHZ 164, 107 = NJW 2005, 3644 = NZG 2005, 971 = DStR 2005, 1910. Vgl. auch unter Rn. 329.

[185] BGH, Urteil vom 8.3.2004, NJW 2004, 2013 = NZG 2004, 569 = BB 2004, 1017 = DStR 2004, 826; BGH, Urteil vom 7.5.2007, NZG 2007, 583 = NJW-RR 2007, 1256 = DStR 2007, 1216 = ZIP 2007, 1309; OLG Frankfurt a.M., Urteil vom 20.10.2005, NZG 2006, 382 = NJW-RR 2006, 405.

[186] BGH, Urteil vom 7.5.2007, NZG 2007, 583 = NJW-RR 2007, 1256 = DStR 2007, 1216 = ZIP 2007, 1309.

schlussklausel eine längere Frist oder gar keine zeitliche Begrenzung für die Ausschlussmöglichkeit enthält, ist sie im Wege der geltungserhaltenden Reduktion entsprechend einzuschränken.

- Ein Ausschließungs- bzw. Übernahmerecht ist im Anschluss an den **Wegfall besonderer persönlicher Beziehungen** zu dem betreffenden Gesellschafter gerechtfertigt, wenn diese engen persönlichen Beziehungen ursprünglich Voraussetzung für die Übertragung bzw. Verschaffung des betreffenden Gesellschaftsanteils gewesen sind.[187] In einer **vermögensverwaltenden Familien-KG** ist eine Ausschlussklausel wirksam, wonach ein Gesellschafter zur Übertragung seines Gesellschaftsanteils im Falle der **Ehescheidung** auf seinen ehemaligen Ehegatten oder die gemeinsamen Kinder verpflichtet ist, wenn der betreffende Gesellschafter den Gesellschaftsanteil ursprünglich unentgeltlich und gleichsam **als Treuhänder** für den durch seine ehemalige Gattin repräsentierten **Familienstamm** erhalten und gehalten hatte.[188]

312

- Der Ausschluss aus einer Gesellschaft (in diesem Fall einer GmbH) ist aus Sicht des BGH[189] sachlich gerechtfertigt, wenn die **Gesellschafterstellung** mit der Beteiligung an einem zusätzlich vereinbarten **Kooperationsvertrag verknüpft** ist und dieser Kooperationsvertrag ordentlich beendet wurde. Es war ferner maßgeblich, dass der Kooperationsvertrag die wesentlichen wechselseitigen Rechte und Pflichten der Gesellschafter regele, so dass das Gesellschaftsverhältnis angesichts dessen von *„gänzlich untergeordneter Bedeutung"* war.

313

- Zum Ausschluss bzw. Austritt eines Gesellschafters gegen dessen (aktuellen) Willen führen schließlich Vereinbarungen über ein **Zwangsverkaufsverfahren**. Es handelt sich um eine Regelung im Gesellschaftsvertrag oder aufgrund aktueller Vereinbarung nach Ausbruch eines Gesellschafterstreits, mittels dessen unter den Gesellschaftern hinsichtlich deren Anteile ein Auktionsprozess in Gang gesetzt wird, in Folge dessen derjenige Gesellschafter (oder Dritte) den Anteil eines anderen Gesellschafters erwirbt, der das höchste Kaufpreisangebot abgibt (sog. **„Russian-Roulette"** oder **„Shoot-Out"-Klauseln**; vgl. hierzu näher unter Rn. 560). Solche Regelungen im Gesellschaftsvertrag einer Personengesellschaft oder der Satzung einer GmbH sind grundsätzlich wirksam, obwohl sie für die Gesellschafter durchaus die Gefahr (und die entsprechende Drohung) eines „Zwangsaustritts" begründen. Mit Rücksicht auf die Erwägungen des BGH zu „Hinauskündigungsklauseln" kommt daher – ausnahmsweise – eine Nichtigkeit entsprechender vertraglicher Bestimmungen (wegen

314

---

[187] BGH, Urteil vom 9.7.1990, BGHZ 112, 103 = NJW 1990, 2622 = BB 1990, 1578: Zwischen dem Beklagten, der gegenüber der Klägerin ein Rückerwerbsrecht für einen GmbH-Geschäftsanteil geltend machte, und der Klägerin hatte eine eheähnliche Beziehung bestanden. Der Beklagte hatte der Klägerin vor diesem Hintergrund die Stellung als Mehrheitsgesellschafterin und Geschäftsführerin in einem von ihm finanzierten Unternehmen verschafft, in dem sie durch ihr Geschäftsführergehalt und ihre Gewinnbeteiligung ihren Unterhalt bestreiten konnte. Der Beklagte selbst hatte auf die Unternehmensleitung keinen Einfluss genommen. Nach Auffassung des BGH hatte der Beklagte ein berechtigtes Interesse daran, die *„Machtstellung der Klägerin in der Gesellschaft beenden zu können"*, nachdem die enge persönliche Beziehung beendet worden war.

[188] OLG Karlsruhe, Urteil vom 12.10.2006, NZG 2007, 423 = FamRZ 2007, 823 = DB 2007, 392.

[189] Urteil vom 14.3.2005, GmbHR 2005, 620 = DStR 2005, 798 = ZIP 2005, 706.

Sittenwidrigkeit gem. § 138 Abs. 1 BGB) in Betracht, wenn aufgrund der unterschiedlichen finanziellen Möglichkeiten der Gesellschafter von vornherein klar ist, wer in diesem Auktionsverfahren den Kürzeren zieht.[190]

315 Eine vertragliche Übertragungsverpflichtung oder ein entsprechendes Ausschließungsrecht ist demgegenüber **mangels sachlich gerechtfertigten Grundes** z.B. in folgenden Fällen **unwirksam**:

316 • Ein Gesellschafter, der seine Gesellschafterstellung (im konkreten Fall in einer KG) im „*Erbwege erlangt*" hatte, ist nicht weniger schutzwürdiger als die anderen Gesellschafter. Die Tatsache eines früheren **Erwerbs durch Erbgang als solche** kann keinen sachlichen Grund für die gesellschaftsvertragliche Bestimmung über die Hinauskündigung nach freiem Ermessen bilden.[191]

317 • Der „**Senior Chef**" kann sich auch in einer **Familien-Gesellschaft** kein freies Hinauskündigungs- bzw. Ausschließungsrecht gegenüber seinen Mitgesellschaftern vorbehalten, auch wenn er die Gesellschaft gegründet hat und mehrheitlich im Besitz hält.[192]

5. Rechtliche und steuerliche Grundzüge der Abfindung

a) Gesetzliche Regelung

318 Gesellschafter, die aus der Gesellschaft aufgrund Ausschlusses oder in sonstiger Weise ausscheiden, erhalten grundsätzlich ein „Auseinandersetzungsguthaben" bzw. eine „Abfindung". Die Höhe dieser Abfindung und die Auszahlungsmodalitäten sind in aller Regel durch Gesellschaftsvertrag oder Satzung näher geregelt. Solche vertraglichen Abfindungsregelungen sind innerhalb gewisser Gestaltungsgrenzen (vgl. hierzu unter Rn. 327 ff.) zulässig. Die gesetzlichen Bestimmungen sind daher nur subsidiär maßgeblich, wenn der Gesellschaftsvertrag oder die Satzung entweder keine oder keine vollständigen Regelungen zur Berechnung und Auszahlung der Abfindung eines ausgeschlossenen Gesellschafters enthalten oder (und soweit) diese unwirksam sind.

aa) Überblick

319 Die **Rechtsfolgen des Ausscheidens** eines Gesellschafters sind für die hier behandelten Gesellschaftsformen gesetzlich nur rudimentär geregelt. Sofern der Gesellschafter durch **Ausschluss aus der GbR, PartG, OHG, KG oder GmbH & Co. KG** ausscheidet, kommt es zur **Anwachsung** des Anteils des ausscheidenden Gesellschafters am Gesellschaftsvermögen bei den verbleibenden Gesellschaftern (**§ 738 Abs. 1 S. 1 BGB**). Ein besonderer Übertragungsakt, auch hinsichtlich Einzelgegenständen des Gesell-

---

[190] OLG Nürnberg, Urteil vom 20.12.2013, GmbHR 2014, 310.
[191] BGH, Urteil vom 13.7.1981, BGHZ 81, 263 = NJW 1981, 2565 = BB 1981, 1727; vgl. auch unter Rn. 306.
[192] BGH, Urteil vom 25.3.1985, NJW 1985, 2421 = GmbHR 1985, 259 = ZIP 1985, 737.

schaftsvermögens, findet nicht statt. Alternativ kann der ausscheidende Gesellschafter laut Gesellschaftsvertrag verpflichtet sein, seinen Gesellschaftsanteil durch **Zwangsabtretung** auf einen Mitgesellschafter oder Dritten zu übertragen, der dann die Abfindung als Erwerbspreis schuldet.

Bei der **GmbH** ergibt sich bei der **Zwangseinziehung** letztlich derselbe Effekt, da der betroffene Geschäftsanteil mit Wirksamwerden der Einziehung untergeht und die verbleibenden Gesellschafter nunmehr proportional zur ihrer bisherigen Beteiligung Alleininhaber der Gesellschaft werden. Wird der Anteil des ausgeschlossenen Gesellschafters aufgrund entsprechender Satzungsbestimmung demgegenüber durch **Zwangsabtretung** verwertet, bleibt er bestehen und geht auf einen neuen Erwerber über. Die weiteren Folgen der Zwangsmaßnahme, insbesondere die Höhe der vom Erwerber zu zahlenden „Abfindung", ergeben sich dann zumeist aus der Satzung. 320

Die **gesetzlichen Bestimmungen zur Abfindung** des ausgeschlossenen Gesellschafters sind ebenfalls spärlich. Für den **GbR**-Gesellschafter ordnet § 738 Abs. 1 S. 2 BGB an, dass diesem die Gegenstände, die er der Gesellschaft zur Benutzung überlassen hatte, zurückzugeben sind, er von den gemeinschaftlichen Schulden zu befreien und ihm das Auseinandersetzungsguthaben zu zahlen ist, das er im Falle der aktuellen Auflösung der Gesellschaft erhalten würde. § 739 BGB ordnet ergänzend eine Fehlbetragshaftung an und § 740 BGB regelt die Beteiligung des Ausscheidenden am Ergebnis schwebender Geschäfte. Die betreffenden Bestimmungen gelten auch für die **PartG** (§ 1 Abs. 4 PartGG) und die Personenhandelsgesellschaften, also die **OHG, KG** und **GmbH & Co. KG** (§ 105 Abs. 3 HGB). Im HGB selbst findet sich nur eine Bestimmung zur Bemessungsgrundlage der Abfindung (§ 140 Abs. 2 HGB). Das GmbH-Gesetz enthält zur Abfindung des ausscheidenden **GmbH**-Gesellschafters keine Bestimmungen. Es ist jedoch allgemein anerkannt[193], dass auch bei Ausscheiden aus einer GmbH (durch Zwangseinziehung) analog § 738 Abs. 1 S. 2 BGB eine Abfindung geschuldet ist. Der ausscheidende Gesellschafter, dessen Gesellschafts- bzw. Geschäftsanteil durch Anwachsung bei den Mitgesellschaftern oder Einziehung untergeht, erhält also bei allen hier behandelten Gesellschaftsformen eine Abfindung, auch wenn der Gesellschaftsvertrag oder die Satzung keine entsprechenden Zahlungsansprüche vorsehen und unabhängig davon, ob der Ausschluss durch Gesellschafterbeschluss oder gerichtliche Entscheidung vollzogen wird. Der **gesetzliche Abfindungsanspruch entsteht mit dem Ausscheiden**[194] und ist mit Anspruchsentstehung gemäß § 271 Abs. 1 BGB sofort **fällig**. Er **richtet sich gegen** die **Gesellschaft** und im Falle des Ausschlusses aus der GbR, PartG, OHG, KG bzw. GmbH & Co. KG auch **gegen die Gesellschafter**.[195] In *Personen*gesellschaften sind darüber hinaus – vorbehaltlich einer ausdrücklich anderslauten- 321

---

[193] Vgl. grundlegend BGH, Urteil vom 16.12.1991, BGHZ 116, 359 = GmbHR 1992, 257 = BB 1992, 448.

[194] BGH, Urteil vom 19.9.1983, BGHZ 88, 205 = NJW 1984, 492 = BB 1983, 1226.

[195] Vgl. z.B. BGH, Urteil vom 17.5.2011, NZG 2011, 858 = DB 2011, 1631 = GWR 2011, 357 (Kurzwiedergabe), für eine Gesellschaft bürgerlichen Rechts; vgl. für eine Publikums-GbR z.B. BGH, Urteil vom 2.7.2001, BGHZ 148, 201 = NJW 2001, 2718 = NZG 2001, 936.

den vertraglichen Regelung – noch offene sonstige Ansprüche des ausgeschiedenen Gesellschafters gegen die Gesellschaft oder der Gesellschaft gegen den ausgeschiedenen Gesellschafter zusammen mit der Abfindung abzurechnen, bilden also unselbständige Rechnungsposten in der Schlussrechnung und können grds. nicht mehr selbständig im Wege der Leistungsklage durchgesetzt werden (sog. **„Durchsetzungssperre"**)[196].

bb) Abfindung zum Verkehrswert

322 Der gesetzliche Abfindungsanspruch (als Zahlungsanspruch) **bemisst sich** nach dem **Anteil** des ausscheidenden Gesellschafters am **gesamten, wahren Wert** (Verkehrswert) **des Gesellschaftsvermögens** (§ 738 Abs. 1 S. 1 BGB) bzw. – im Falle der GmbH – nach dem vollen wirtschaftlichen Wert **(Verkehrswert) des Geschäftsanteils**[197] des betroffenen Gesellschafters, jeweils zum Zeitpunkt des Ausscheidens. Sofern eine Bezugsgröße aufgrund zeitnaher Veräußerungsgeschäfte fehlt, ist für die Ermittlung der Abfindung jeweils der **Verkehrswert des Gesellschaftsunternehmens**, einschließlich der stillen Reserven, zu ermitteln. Der Abfindungsbetrag lautet dann auf den Anteil des ausgeschlossenen Gesellschafters an diesem gesamten Unternehmenswert, der seinem (bisherigen) Anteil am Gesellschaftsvermögen bzw. am Stammkapital entspricht.[198] Maßgeblicher **Zeitpunkt der Wertermittlung** ist der Zeitpunkt des Ausscheidens aus der Gesellschaft.[199] Im Regelfall muss der Verkehrswert des Gesellschaftsunternehmens durch **Sachverständigengutachten** ermittelt werden[200], notfalls (bzw. ergänzend) durch Schätzung (§ 738 Abs. 2 BGB).

323 Für die Berechnung des wahren Unternehmenswertes ist keine bestimmte Methode festgeschrieben, im Zweifel ist dieser Verkehrswert jedoch anhand des **Ertragswerts des Unternehmens** zu ermitteln.[201] Wertbestimmend für das Unternehmen sind demnach seine zukünftigen wirtschaftlichen Erfolge.[202] Die betreffende Unternehmenswertermittlung erfolgt daher in erster Linie anhand einer der nachstehenden Verfahren:

---

[196] Ständige Rspr; vgl. zuletzt z.B. BGH, Urteil vom 17.5.2011, NJW 2011, 2355 = NZG 2011, 858 = DB 2011, 1631 = GWR 2011, 357. Vgl. zu Ausnahmen von der „Durchsetzungssperre" BGH, Urteil vom 4.12.2012, GmbHR 2013, 259 = ZIP 2013, 320; und unter Rn. 327.

[197] BGH, Urteil vom 16.12.1991, BGHZ 116, 359 = NJW 1992, 892 = GmbHR 1992, 257.

[198] BGH, Urteil vom 16.12.1991, BGHZ 116, 359 = NJW 1992, 892 = GmbHR 1992, 257, für die Abfindungsberechnung bei einer GmbH.

[199] BGH, Urteil vom 20.10.2003, DStR 2004, 97.

[200] BGH, Urteil vom 16.12.1991, BGHZ 116, 359 = NJW 1992, 892 = GmbHR 1992, 257.

[201] BGH, Urteil vom 16.12.1991, BGHZ 116, 359 = NJW 1992, 892 = GmbHR 1992, 257; vgl. zu den Methoden der Verkehrswertbestimmung eines Unternehmens z.B. auch in MünchHdbGmbH/*Jasper/ Wollbrink*, § 23, Rn. 27 ff.; MünchHdbKG/*Piehler/Schulte*, § 38, Rn. 18, 60; *Großfeld*, Recht der Unternehmensbewertung, 7. Aufl. 2012.

[202] Die Beteiligung des ausscheidenden Gesellschafters an schwebenden Geschäften gemäß § 740 Abs. 1 BGB ist bei der Abfindungsberechnung aufgrund Ertragswertmethode dann nicht mehr zusätzlich und gesondert zu berücksichtigen, vgl. nur Baumbach/Hopt/*Roth*, § 131, Rn. 49.

II. Ausschluss aus der Gesellschaft

- **Abzinsung zukünftiger finanzieller Überschüsse an die Eigentümer (Ertragswertverfahren gemäß IDW-Standard S1)**

324

Ausgangspunkt der Wertermittlung sind hier die zum Zeitpunkt der Wertermittlung (Bewertungsstichtag) zu erwartenden, künftigen finanziellen Überschüsse der Gesellschaft, die in den Verfügungsbereich der Eigentümer gelangen (Zuflussprinzip). Dabei sind neben Fremdkapitalkosten grds sowohl Ertragsteuern des Unternehmens wie auch typisierte persönliche Ertragsteuern der Eigentümer zu beachten. Die Bewertung ist aus Sicht der Anteilseigner auf Basis des bestehenden Unternehmenskonzepts mit allen realistischen Zukunftserwartungen im Rahmen der Marktchancen und -risiken sowie finanziellen Möglichkeiten des Unternehmens durchzuführen („objektivierter Wert"). Maßgeblich ist die vorhandene Ertragskraft im Rahmen des bisherigen Unternehmenskonzepts und der Marktgegebenheiten. Für die Beurteilung der relevanten Faktoren und der Ertragskraft ist strikt auf den Kenntnisstand zum Bewertungsstichtag abzustellen („Wurzeltheorie"). Diese zukünftigen, prognostizierten finanziellen Überschüsse sind mit den Eigenkapitalkosten auf den Bewertungsstichtag abzuzinsen, um den aktuellen Barwert des Zukunftserfolges zu ermitteln. Die Eigenkapitalkosten bestehen hierbei aus einem Basiszinssatz einer risikofreien Alternativanlage (Rendite öffentlicher Anleihen) nebst einem Risikozuschlag (zur Berücksichtigung des höheren Risikos der Anlage in das Unternehmen gegenüber der Anlage in öffentliche Anleihen), wobei typisierte Ertragsteuern berücksichtigt werden. Der aus der Abzinsung der künftigen finanziellen Überschüsse ermittelte Barwert bildet im Ergebnis den gesuchten „Ertragswert" des gesamten Unternehmens. Lediglich das nicht betriebsnotwendige Vermögen wird mit Liquidationswerten zusätzlich berücksichtigt.[203]

- **Diskontierung zukünftiger Zahlungsmittelüberschüsse (Discounted-Cash-Flow-Verfahren)**

325

In der Praxis setzt sich für die Unternehmensbewertung (bei Fehlen von Vergleichs- bzw. Börsenpreisen) zunehmend auch die aus der anglo-amerikanischen Bewertungspraxis stammende Wertermittlung durch Abzinsung zukünftiger, mit dem betreffenden Unternehmen erzielbarer Zahlungsmittelüberschüsse („Cash Flows") durch. Der sog. „Netto-Ansatz" (Equity-Methode) entspricht dabei konzeptionell dem oben dargestellten Ertragswertverfahren. Relevant sind auch hier die den Unternehmenseignern (Eigenkapitalgebern) zufließenden Zahlungsmittelüberschüsse. Die Diskontierung der künftigen Überschüsse erfolgt nach der gleichen Methode wie beim Ertragswertverfahren. Beim sog. „Brutto-Ansatz" (Entity-Methode) werden Zahlungsmittelüberschüsse an Eigen- und Fremdkapitalgeber betrachtet. Hierzu wird das verzinsliche Fremdkapital gedanklich als Eigenkapital behandelt; Tilgungen stellen beim Brutto-Ansatz demnach Ausschüttungen dar. Zur Diskontierung dieser Zahlungsmittelüberschüsse kommen entsprechend angepasste Kapitalkosten zur Anwendung. Der resultierende Barwert der abgezinsten Zahlungsmittelüberschüsse stellt einen Gesamtunternehmenswert für Eigen- und Fremdkapitalgeber dar. Zur Ermittlung des gesuchten Verkehrswertes des Unternehmens ist noch der Wert des verzinslichen Fremdkapitals zum Bewertungsstichtag in Abzug zu bringen. Bei konsistenten Annahmen führen die Discounted-Cash-Flow-Verfahren zu gleichen Ergebnissen wie das Ertragswertverfahren.

In **Ausnahmefällen**, z.B. wenn sich die betroffene Gesellschaft überwiegend oder ausschließlich mit der Verwaltung eigenen Vermögens beschäftigt, kann sich der Verkehrswert nach dem **Substanzwert** der Gesellschaft, also der Summe der wahren Werte der zum Unternehmen gehörenden Vermögensgegenstände unter Berücksichtigung der wahren Werte der zum Unternehmen gehörenden Schulden richten.[204]

326

---

[203] Vgl. auch BGH, Urteil vom 16.12.1991, BGHZ 116, 359 = NJW 1992, 892 = GmbHR 1992, 257, mit Hinweisen auf die Verfahrensregeln des Institutes der Wirtschaftsprüfer aus dem Jahr 1983 (die durch den „IDW-Standard S1", zuletzt in der Fassung vom April 2008, ersetzt wurden); eingehend auch OLG Köln, Urteil vom 26.3.1999, NZG 1999, 1222, mit umfangreichen Nachweisen aus der Rechtsprechung.

[204] BGH, Urteil vom 16.12.1991, BGHZ 116, 359 = NJW 1992, 892 = GmbHR 1992, 257.

b) Vertragliche Abfindungsregelungen

327 Die Höhe und die Auszahlung der Abfindung sind regelmäßig im Gesellschaftsvertrag oder der Satzung näher geregelt, vor allem im Annex zu entsprechenden Ausschluss-, Einziehungs- oder Kündigungsklauseln. Die Abfindungsregelungen gelten dann zumeist einheitlich für alle Fälle des Ausscheidens und bestimmen zugleich den „Erwerbspreis", falls die Ausschließung eines Gesellschafters durch Zwangsabtretung erfolgt oder der Gesellschaftsanteil nach Ausschließung entsprechend verwertet wird.[205] Solche Vertragsbestimmungen zur Abfindung stehen im Spannungsverhältnis zwischen dem Interesse der Gesellschaft bzw. der verbleibenden Gesellschafter an einer Vermögens- und Liquiditätssicherung der Gesellschaft einerseits und dem naheliegenden Interesse des ausscheidenden Gesellschaftes andererseits, einen möglichst vollwertigen wirtschaftlichen Ausgleich für den Verlust des Gesellschaftsanteils zu erhalten. Es ist im Einzelfall jeweils zu prüfen, ob die vorhandenen vertraglichen Bestimmungen zur Abfindungshöhe und deren Auszahlung unter Berücksichtigung dieser Interessenlage wirksam sind und die Abfindungsansprüche des ausgeschlossenen Gesellschafters abschließend regeln oder ob für die Abfindungsberechnung oder die Auszahlungsmodalitäten ersatzweise oder ergänzend auf die gesetzliche Regelung (Anteil am Verkehrswert des Gesellschaftsunternehmens bzw. Verkehrswert des Geschäftsanteils; sofortige Fälligkeit bei Ausscheiden) zurückgegriffen werden muss.

327a Die **Auslegung** gesellschaftsvertraglicher Abfindungsregelungen geschieht anhand objektiver Umstände. Hierbei ist durch das erkennende Gericht im Zweifel davon auszugehen, dass im Gesellschaftsvertrag eine auf Dauer wirksame und die Gesellschafter gleichbehandelnde Berechnung der Abfindung geregelt werden sollte.[206] Die Auslegung der Tatsachengerichte unterliegt der „freien Nachprüfung" durch das Revisionsgericht.[207]

327b Bei *Personen*gesellschaften ergibt sich auch im Fall vertraglicher Abfindungsklauseln eine **Durchsetzungssperre** hinsichtlich sonstiger, zwischen Gesellschaft und ausscheidendem Gesellschafter noch offenstehender Ansprüche aus dem Gesellschaftsverhältnis. Der vertraglich ermittelte Abfindungsanspruch und solche weiteren Zahlungsansprüche

---

[205] In Zweifelsfällen bedarf der Gesellschaftsvertrag oder die Satzung der entsprechenden Auslegung, vgl. etwa BGH, Urteil vom 28.9.1995, NJW 1995, 3313 = BB 1995, 2388 = ZIP 1995, 1750.

[206] BGH, Urteil vom 27.9.2011, NZG 2011, 1420 = GmbHR 2012, 92 = DB 2011, 2765, für die Auslegung eines „Auffangtatbestandes" in der gesellschaftsvertraglichen Abfindungsbestimmung. Der ausscheidende Gesellschafter sollte demnach seinen Anteil am *„nominellen Eigenkapital"* der Gesellschaft, also im Ergebnis den „Buchwert" seines Anteils erhalten, *„soweit dies gesetzlich zulässig ist"*. Für den Fall der *„gesetzlichen Unzulässigkeit"* dieser Abfindung war als Auffangtatbestand eine Abfindungsbemessung gemäß Anteilswert berechnet nach „Stuttgarter Verfahren" angeordnet. Der BGH verwarf in seinem Urteil die Auslegung des Berufungsgerichts, wonach der Anwendungsbereich des Auffangtatbestands nur dann eröffnet sein sollte, wenn die grundsätzliche Abfindungsregelung (Anteil am nominellen Eigenkapital) isoliert betrachtet und von Anfang an gesetzlich unzulässig war. Eine „*vernünftige*" Auslegung führe zu dem Verständnis, dass der Auffangtatbestand immer dann gelten soll, wenn die Abfindung zum Nominalwert nach den Grundsätzen der Rechtsprechung im Zeitpunkt der Abfindung zu gering und damit unzulässig ist.

[207] BGH, Urteil vom 27.9.2011, NZG 2011, 1420 = GmbHR 2012, 92 = DB 2011, 2765.

fließen in eine gemeinsame Schlussrechnung ein, deren Saldo ergibt, wer von wem noch etwas zu fordern hat. Einzelansprüche können abweichend vom Grundsatz der Durchsetzungssperre grds. nur dann gesondert geltend gemacht und verfolgt werden, wenn sie laut Gesellschaftsvertrag eindeutig auch nach Auflösung der Gesellschaft oder Ausscheiden eines Gesellschafters ihre Selbständigkeit behalten sollen.[208] Diese Voraussetzung ist *nicht* bereits dann erfüllt, wenn der Abfindungsanspruch des ausscheidenden Gesellschafters auf der Basis des anteiligen Unternehmenswerts der Gesellschaft errechnet werden soll oder die Abfindung zu bestimmten Zeitpunkten in Raten ausgezahlt wird.[209] Der ausgeschiedene Gesellschafter müsse – so der BGH – im Rahmen der Zahlungsklage zur Durchsetzung fälliger Abfindungsraten den Streit darüber austragen, ob und in welcher Höhe bestimmte Aktiv- oder Passivposten bei der Berechnung des Abfindungsguthabens (noch) zu berücksichtigen sind. Falls die Gesellschaft oder der ausgeschiedene Gesellschafter bereits vor dem Ausscheiden Zahlungsklage erhoben hatte oder die Durchsetzungssperre nach Ausscheiden bei Klageerhebung übersehen wurde, ist die betreffende Zahlungsklage auf eine Feststellungsklage umzustellen, wonach die streitige Forderung in die Auseinandersetzungsrechnung eingestellt werden muss.[210]

aa) Wirksamkeitsvoraussetzungen im Überblick

(1) Gesetzliche Gestaltungsschranken

Der Abfindungsanspruch eines ausscheidenden Gesellschafters kann, auch im Falle des Ausscheidens durch Ausschluss, grundsätzlich für alle hier behandelten Gesellschaftsformen vertraglich geregelt werden. Zum Schutz des ausscheidenden Gesellschafters bzw. seiner Gläubiger ergeben sich indessen Gestaltungsschranken gemäß § 138 Abs. 1 BGB und entsprechend § 241 Nr. 4 AktG (Verbot des Verstoßes gegen die guten Sitten) sowie bei den Personengesellschaften aus §§ 723 Abs. 3 BGB, 133 Abs. 3 HGB. Die entsprechenden Gestaltungs- bzw. **Wirksamkeitsschranken** für Abfindungsklauseln sind **in der Rechtsprechung** in einer Fülle von Entscheidungen **konkretisiert** worden:

328

- Der **vollständige Ausschluss** der Abfindung ist grundsätzlich wegen Sittenwidrigkeit **unwirksam**.[211] Ein solcher Abfindungsausschluss durch Satzungsregelung ist nur ausnahmsweise zulässig, wenn die Gesellschaft ideelle Zwecke verfolgt oder wenn der ausscheidende Gesellschafter kein Kapital eingesetzt hatte, wie z.B. bei Ausscheiden in Folge Todes oder bei den auf Zeit abgeschlossenen Mitarbeiter- oder Managerbeteiligungen[212] (vgl. hierzu auch unter Rn. 309 f.). Der Abfindungsausschluss ist auch dann sittenwidrig und nichtig, wenn er für Fälle eines Gesellschaf-

329

---

[208] Vgl. zu weiteren Ausnahmen von der „Durchsetzungssperre" BGH, Urteil vom 4.12.2012, NZG 2013, 216 = GmbHR 2013, 259 = ZIP 2013, 320 (für einen Schadensersatzanspruch der GbR gegen den ausgeschiedenen Gesellschafter auf Naturalrestitution).
[209] BGH, Urteil vom 17.5.2011, NJW 2011, 2355 = NZG 2011, 858 = DB 2011, 1631 = GWR 2011, 357.
[210] BGH, Urteil vom 4.12.2012, NZG 2013, 216 = GmbHR 2013, 259 = ZIP 2013, 320.
[211] BGH, Urteil vom 29.4.2014, NZG 2014, 820 (für eine GmbH-Satzung).
[212] BGH, Urteil vom 29.4.2014, NZG 2014, 820, mwN.

terausschlusses wegen grober Pflichtverletzungen gelten soll. In der GmbH führt die nichtige Satzungsbestimmung zugleich zur Nichtigkeit des Gesellschafterbeschlusses, mittels dessen im Annex zur Ausschließung und unter Bezugnahme auf die nichtige Satzungsbestimmung die Feststellung getroffen wird, die Gesellschaft schulde dem ausgeschlossenen Gesellschafter keine Abfindung.[213]

- Die Abfindungsregelung muss **hinreichend bestimmt** sein, so dass sich jeder Gesellschafter oder dessen Privatgläubiger, der von der Abfindungsregelung mittelbar betroffen ist, auf die betreffenden Bestimmungen einstellen und diese durchschauen kann.[214]

330
- Vergleichbare **Abfindungsfälle**, wie vor allem die Abfindungszahlung im Anschluss an den Ausschluss eines Gesellschafters bzw. die Anteilseinziehung im Anschluss an eine Pfändung des Anteils oder eine Insolvenz des Gesellschafters einerseits und die Abfindung im Anschluss an einen Ausschluss bzw. die Anteilseinziehung wegen „wichtigen Grundes" andererseits, müssen grundsätzlich **einheitlich geregelt** sein. Eine unsachliche Benachteiligung bestimmter Abfindungsbegünstigter, wie z.B. der Privatgläubiger eines Gesellschafters bei Ausschluss bzw. Anteilseinziehung nach Pfändung dessen Anteils, führt zur Unwirksamkeit der Abfindungsregelung.[215] Innerhalb des Gesellschafterkreises gilt der **Gleichbehandlungsgrundsatz** im Sinne eines Willkürverbots.[216] Sachliche Differenzierungen zwischen den Gesellschaftern in Bezug auf die Abfindungshöhe sind somit *nicht* ausgeschlossen.[217]

331
- Besonders heikel ist die vertragliche **Festlegung** der **Abfindungshöhe**. Die Abfindungsregelung darf nicht zu einer sittenwidrigen Benachteiligung des Abfindungsberechtigten führen. **Unzulässig** ist ein *„grob unbilliges"* **Missverhältnis zwischen dem wahren Anteilswert (Verkehrswert) und den Zahlungsansprüchen des ausscheidenden Gesellschafters** oder dessen Gläubigern laut Gesellschaftsvertrag oder Satzung.[218] Ein solches grobes Missverhältnis kann nicht schematisch bestimmt werden. Entscheidend ist, ob der ausscheidende Gesellschafter (bzw. dessen Gläubiger) durch die Abfindungsregelung im Einzelfall unter Berücksichtigung der Vermögens- und Bestandsinteressen der Gesellschaft und der verbleibenden Gesellschafter angesichts des ihm eigentlich von Gesetzes wegen zustehenden Abfindungsbetrags grob unangemessen benachteiligt wird.[219] Die Wirksamkeit der Abfindungsklausel richtet sich daher nach dem Zeitpunkt des Ausscheidens (insbesondere der bisherigen

---

[213] BGH, Urteil vom 29.4.2014, NZG 2014, 820.
[214] BGH, Urteil vom 19.9.1977, NJW 1977, 2316 = GmbHR 1978, 131 = BB 1977, 1569.
[215] BGH, Urteil vom 19.6.2000, BGHZ 144, 365 = NJW 2000, 2819 = NZG 2000, 1027 = GmbHR 2000, 822; BGH, Urteil vom 12.6.1975, BGHZ 65, 22.
[216] BGH, Urteil vom 16.12.1991, BGHZ 116, 359 = NJW 1992, 892 = GmbHR 1992, 257.
[217] In dem vorstehend zitierten Urteil vom 16.12.1991, BGHZ 116, 359 = NJW 1992, 892 = GmbHR 1992, 257, hielt es der BGH z.B. mit dem Gleichbehandlungsgrundsatz für vereinbar, dass die Abfindungshöhe nach der Zeit der Dauer der Mitgliedschaft der Gesellschafter zum Zeitpunkt des Ausscheidens gestaffelt war.
[218] BGH, Urteil vom 16.12.1991, BGHZ 116, 359 = NJW 1992, 892 = GmbHR 1992, 257.
[219] BGH, Urteil vom 16.12.1991, BGHZ 116, 359 = NJW 1992, 892 = GmbHR 1992, 257.

Dauer der Gesellschaft) und der Art der Abfindungsregelung (vgl. hierzu näher unter Rn. 336 ff.).

- Der Gesellschaftsvertrag bzw. die Satzung sieht gelegentlich vor, dass die Abfindungshöhe auf Basis der vertraglichen Bestimmungen durch einen **Schiedsgutachter**, etwa den Wirtschaftsprüfer oder Steuerberater der Gesellschaft ermittelt wird. Entsprechende Vertragsklauseln sind wirksam. Die Feststellung des Schiedsgutachters ist **verbindlich**, es sei denn, sie ist offenbar unrichtig (§ 319 Abs. 1 S. 1 BGB analog). Dies wird im Streitfall gerichtlich überprüft. Die „offenbare Unrichtigkeit" kann sich sowohl aus dem Ergebnis des Schiedsgutachtens als auch aus schwerwiegenden Begründungsmängeln ergeben.[220] Falls die nach dem Gesellschaftsvertrag verpflichtete Gesellschaft die Benennung des Schiedsgutachters und die Einholung des Gutachtens über die streitige Abfindungshöhe innerhalb eines „objektiv angemessenen" Zeitraums (z.B. zwei Jahre) unterlässt, kann der abfindungsberechtigte Gesellschafter unmittelbar auf Zahlung des Abfindungsguthabens klagen; die Leistungsbestimmung geschieht in diesem Fall analog § 319 Abs. 1 S. 2 BGB, ggf. mittels Sachverständigengutachtens, durch das angerufene Gericht.[221]

- Die **Auszahlungsmodalitäten** der Abfindung dürfen nicht so gestaltet sein, dass der Vergütungsanspruch des ausscheidenden Gesellschafters oder dessen Gläubiger unzumutbar ausgehöhlt wird.[222] Von Gesetzes wegen ist das Abfindungsguthaben grundsätzlich bei Anspruchsentstehung in voller Höhe zur Zahlung fällig. Die Zahlungsverpflichtung darf zum Schutz der Liquidität der Gesellschaft zwar gestreckt werden. Die zeitliche Grenze liegt hier jedoch bei ca. acht bis zehn Jahren, während Auszahlungszeiträume unter fünf Jahren grundsätzlich als unbedenklich angesehen werden.[223] Entscheidend ist das Verhältnis von Abfindungshöhe und Auszahlungszeitraum.[224]

332

(2) Rechtsfolgen der Unwirksamkeit von Abfindungsklauseln

Sofern eine Abfindungsregelung im Gesellschaftsvertrag oder der Satzung nach Maßgabe vorstehender Kriterien **bereits bei Gesellschaftsgründung grob unbillig** ist,

333

---

[220] Vgl. z.B. BGH, Urteil vom 25.1.1979, NJW 1979, 1885 = BB 1979, 495.
[221] BGH, Urteil vom 7.6.2011, NZG 2011, 860 = NJW-RR 2011, 1059 = GWR 2011, 357 (Kurzwiedergabe), für eine Gesellschaft bürgerlichen Rechts.
[222] BGH, Urteil vom 16.12.1991, BGHZ 116, 359 = NJW 1992, 892 = GmbHR 1992, 257.
[223] BGH, Urteil vom 9.1.1980, NJW 1989, 2685.
[224] Vgl. auch OLG Dresden, Urteil vom 18.5.2000, NZG 2000, 1042 = GmbHR 2000, 718, wonach die Abfindungsklausel, nach der ein aus einer umgewandelten Produktionsgenossenschaft des Handwerks („PGH") in den neuen Bundesländern ausscheidender Gesellschafter seine Abfindung in Raten nach fünf, acht und zehn Jahren erhalten sollte, sittenwidrig war. Das OLG Dresden berücksichtigte hier zusätzlich den Umstand, dass die Abfindung die Auszahlung der Gesellschafter im Anschluss an eine Umwandlung der ehemaligen PGH betraf. Den ausscheidenden Gesellschaftern werde durch das der Gesellschaft zu gewährende „Zwangsdarlehen" der Weg in ihre Selbstständigkeit wesentlich erschwert und ihnen zugleich ein hohes wirtschaftliches Risiko im Hinblick auf den künftigen wirtschaftlichen Erfolg der umgewandelten PGH und damit die Realisierbarkeit ihrer Abfindungsansprüche auferlegt.

ist die betreffende Bestimmung gemäß § 138 Abs. 1 BGB wegen Sittenwidrigkeit oder bei den Personengesellschaften gemäß §§ 723 Abs. 3 BGB, 133 Abs. 3 HGB wegen mittelbarer Beschränkung der Austrittsmöglichkeiten der Gesellschafter **nichtig**. Bei unangemessenen Abfindungsregelungen in einer GmbH-Satzung lässt sich die Unwirksamkeit zusätzlich zu § 138 Abs. 1 BGB auch aus einer Analogie zu §§ 241 Nr. 4, 243 ff. AktG ableiten. Die Höhe und die Auszahlungsmodalitäten der Abfindung richten sich bei Unwirksamkeit einer Abfindungsklausel und im Umfang der Unwirksamkeit nach der gesetzlichen Regelung.[225] Die Unwirksamkeit der Abfindungsbestimmungen berührt demgegenüber *nicht* die Wirksamkeit der Gesellschafterausschließung und der Verwertung dessen Gesellschaftsanteils im Übrigen.[226]

334 Bei der **GmbH** ist hinsichtlich der Unwirksamkeitsfolge ferner zu unterscheiden, ob sich die sittenwidrige Regelung **bereits in der Gründungssatzung** befand **oder nachträglich** durch **Satzungsänderung** eingefügt wurde. Laut BGH[227] ist hier zwischen Anfechtbarkeit und Nichtigkeit der nachträglich eingeführten Abfindungsklausel zu unterscheiden. Verstößt die nachträglich eingeführte Satzungsregelung inhaltlich gegen die guten Sitten, vor allem weil sich ein grobes Missverhältnis zwischen wahrem Anteilswert und Abfindungshöhe ergibt, ist die betreffende Regelung analog § 241 Nr. 4 AktG nichtig. Ist die nachträglich eingeführte Abfindungsregelung demgegenüber nur nach ihrem Beweggrund, ihrem Zweck oder der Art und Weise ihres Zustandekommens sittenwidrig, muss die Unwirksamkeit analog § 243 AktG mit der Anfechtungsklage geltend gemacht werden. Eine weitere Besonderheit bei der GmbH folgt daraus, dass die **Unwirksamkeit der Satzungsregelung analog § 242 Abs. 2 AktG geheilt werden kann**: Die Heilung der unwirksamen Satzungsbestimmung tritt demnach drei Jahre nach Eintragung der Gründungssatzung oder – bei nachträglicher Einführung der Satzungsbestimmung – drei Jahre nach Eintragung der betreffenden Satzungsänderung im Handelsregister ein.[228] Nach hM im Schrifttum gilt dies – entgegen BGH – indessen *nicht*, wenn die betreffende Abfindungsregelung wegen Gläubigerbenachteiligung (z.B. unterschiedliche Abfindungshöhe bei Ausschluss nach Pfändung und bei Ausschließung aufgrund wichtigen Grundes) unwirksam ist.[229]

335 Vertragliche Regelungen zur Abfindungshöhe sind häufig nicht bereits bei deren Vereinbarung (bei Gesellschaftsgründung) unwirksam, sondern werden erst nach einer gewissen Zeitdauer der Gesellschaft und der Vermehrung „stiller Reserven" unwirksam, indem das **grobe Missverhältnis** zwischen Verkehrswert und Abfindungsbetrag (etwa bei einer Buchwertklausel) **nachträglich entsteht**. In diesem Fall ist und bleibt die **ursprüngliche Abfindungsregelung wirksam**. Die Abfindungsklausel ist jedoch im Wege **ergänzender Vertragsauslegung anzupassen**. Die Abfindungshöhe ist nach Treu und Glauben sowie unter Abwägung der beiderseitigen Interessen (z.B. unter Berücksichtigung der Dauer der Mitgliedschaft des ausgeschiedenen Gesellschafters, Anteil am Unternehmenserfolg, Gründe des Ausscheidens) in angemessener Höhe durch

---

[225] BGH, Urteil vom 16.12.1991, BGHZ 116, 359 = NJW 1992, 892 = GmbHR 1992, 257.
[226] BGH, Urteil vom 19.9.1977, NJW 1977, 2316 = GmbHR 1978, 131 = BB 1977, 1569.
[227] Urteil vom 16.12.1991, BGHZ 116, 359 = NJW 1992, 892 = GmbHR 1992, 257.
[228] BGH, Urteil vom 19.6.2000, BGHZ 144, 365 = NZG 2000, 1027 = GmbHR 2000, 822.
[229] Vgl. Baumbach/Hueck, § 34, Rn. 32; Lutter/Hommelhoff, § 34, Rn. 96; Ulmer/Habersack/Winter, § 34, Rn. 108.

das Gericht festzusetzen.[230] In der Praxis verbreitet und zulässig sind **Auffangklauseln**, die eine alternative Abfindungsregelung vorsehen (mit einer anderen Abrechnungsmethode, die regelmäßig zu einem höheren Abfindungsbetrag führt), sofern sich die vorrangig vorgesehene Abfindungsbestimmung bei Anwendbarkeit als unwirksam erweist.[231]

bb) Typische Vertragsklauseln zur Abfindungshöhe

Verbreitet sind vor allem nachstehende Vertragsbestimmungen zur Abfindungshöhe, deren Wirksamkeit sich anhand der unter Rn. 328 ff. dargestellten, von der Rechtsprechung aufgestellten Anforderungen grundsätzlich wie folgt beurteilen lässt: 336

- **Abfindungsausschluss** 337

Der vertragliche Abfindungsausschluss ist nur in singulären Ausnahmefällen wirksam. Einen solchen Sonderfall bildete etwa der vom BGH mit Urteil vom 14.7.1971[232] entschiedene Sachverhalt. In einer zweigliedrigen Gesellschaft, bestehend aus zwei Ehegatten, war dem einen Gesellschafter bei Versterben des anderen ein unentgeltliches Übernahmerecht hinsichtlich des Geschäftsanteils eingeräumt worden. Die Klausel war ausnahmsweise nicht sittenwidrig, da sich die Ehegatten das Übernahmerecht wechselseitig gewährt hatten und der verstorbene Gesellschafter im Zeitpunkt der Eheschließung und des Eintritts in das Unternehmen vermögenslos war.

- **Nennwertklauseln** 338

Die Abfindung ist hier auf den Nennwert des GmbH-Geschäftsanteils des vom Ausschluss betroffenen Gesellschafters, also auf den Betrag der nicht durch Verlust geminderten, auf diesen Geschäftsanteil entfallenden Stammeinlage beschränkt.[233]

Nennwertklauseln sind grundsätzlich kritisch, da sie nicht nur stille Reserven, sondern vor allem auch offene Rücklagen und einen Gewinnvortrag außer Betracht lassen. Entsprechende Abfindungsklauseln können jedoch wirksam zusammen mit der zeitweiligen Beteiligung von Mitarbeitern oder Managern an der Gesellschaft vereinbart werden, etwa dergestalt, dass der Mitarbeiter oder Manager den Geschäftsanteil bei Erwerb zum Nennwert erhalten und diesen Geschäftsanteil bei Ausscheiden aus dem Unternehmen gegen Zahlung seiner Erwerbskosten zurückzuübertragen hat.[234]

---

[230] BGH, Urteil vom 16.12.1991, BGHZ 116, 359 = NJW 1992, 892 = GmbHR 1992, 257. Vgl. ausführlich z.B. auch BGH, Urteil vom 20.9.1993, BGHZ 123, 281 = NJW 1993, 3193 = GmbHR 1993, 806.

[231] Vgl. zur Auslegung einer solchen „Auffangregelung" für die Abfindungsberechnung in einer GmbH-Satzung z.B. BGH, Urteil vom 27.9.2011, NZG 2011, 1420 = GmbHR 2012, 92 = DB 2011, 2765.

[232] WM 1971, 1338.

[233] Bei Personengesellschaften ist eine „Nennwertklausel" mangels Stammkapitals unüblich. Denkbar ist eine Bezugnahme auf den Nennwert eines rechnerischen, im Gesellschaftsvertrag festgelegten Kapitalanteils.

[234] Vgl. zum „Mitarbeitermodell" BGH, Urteil vom 19.9.2005, BGHZ 164, 107 = NJW 2005, 3644 = NZG 2005, 971 = DStR 2005, 1910; vgl. zum „Managermodell" BGH, Urteil vom 19.9.2005, BGHZ 164, 98 = NJW 2005, 3641 = NZG 2005, 968 = GmbHR 2005, 1558.

339   • **Buchwertklauseln**

Bei einer Buchwertklausel richtet sich die Höhe der Abfindung nach den (positiven) Buchwerten des Gesellschaftsvermögens zum Zeitpunkt der Abfindungsberechnung, unter Berücksichtigung offener Rücklagen und eines Gewinnvortrags, aber ohne Berücksichtigung „stiller Reserven" und des Geschäfts- oder Firmenwertes.[235] Die in der Praxis weitverbreiteten Buchwertklauseln sind grundsätzlich zulässig, als Abfindungsregelung im Anschluss an einen Gesellschafterausschluss ohne wichtigen Grund aber regelmäßig unwirksam.[236] In den übrigen Fällen besteht grundsätzlich die Gefahr, dass der wahre Wert (Verkehrswert) des Geschäftsanteils bzw. des anteiligen Unternehmenswerts zum Zeitpunkt des Ausscheidens „*grob*" vom anteiligen Buchwert abweicht, so dass die Abfindung nach der Rechtsprechung des BGH in Folge ergänzender Vertragsauslegung doch nach Verkehrswerten (oder jedenfalls zu einem Zwischenwert) errechnet wird (vgl. unter Rn. 335).[237]

340   • **Substanzwertklauseln**

Substanzwertklauseln stellen auf den anteiligen „wahren" Wert (den aktuellen Wiederbeschaffungswert) des Gesellschaftsvermögens ab, also die Summe aller im Unternehmen vorhandenen materiellen und immateriellen Werte (ohne „Geschäftswert") abzüglich Schulden. Solche Klauseln sind ggf für Gesellschaften mit erheblichen Vermögenswerten geeignet, etwa Grundstücksgesellschaften oder eine Beteiligungs-Holding. Bei ertragsstarken Unternehmen bestehen demgegenüber Wirksamkeitsbedenken, da Substanz- und Ertragswert des Gesellschaftsunternehmens unangemessen auseinanderklaffen können. Die Klausel ist zudem streitträchtig, da zur Abfindungsberechnung die Wiederbeschaffungswerte des Gesellschaftsvermögens ermittelt werden müssen.

341   • **Abfindungsberechnung gemäß „Stuttgarter Verfahren"**

Weit verbreitet waren (und sind noch) Abfindungsregelungen, insbesondere in GmbH-Satzungen, wonach sich die Abfindung eines ausscheidenden Gesellschafters nach dem Wert seines Anteils bzw. dem anteiligen Unternehmenswert gemäß „Stuttgarter Verfahren" bzw. dem „Vermögensteuerwert" des Anteils richtet. Die weite Verbreitung beruhte darauf, dass sich der Abfindungsbetrag anhand des „Stuttgarter Verfahrens" (ohne eigene, detaillierte Satzungsbestimmungen) praktikabel und relativ einfach errechnen ließ und die Abfindungsregelung von der Rechtsprechung gemeinhin als wirksam angesehen wurde. Für die Gesellschaft bzw. die verbleibenden Gesellschafter hatte diese Wertermittlungsmethode den weiteren Vorteil, dass der aufgrund des

---

[235] Vgl. zum Begriff der „Buchwertabfindung" etwa BGH, Urteil vom 29.5.1978, NJW 1979, 104 = GmbHR 1978, 266 = BB 1978, 1333.
[236] BGH, Urteil vom 29.5.1978, NJW 1979, 104 = GmbHR 1978, 266 = BB 1978, 1333.
[237] Vgl. z.B. OLG München, Urteil vom 1.9.2004, NZG 2004, 1055. Die weitere Reduktion der Abfindung auf 50% des Buchwerts stellt darüber hinaus „grundsätzlich" eine sittenwidrige Benachteiligung des ausscheidenden Gesellschafters dar, vgl. BGH, Urteil vom 9.1.1989, NJW 1989, 2685 = BB 1989, 1073 = ZIP 1989, 770.

II. Ausschluss aus der Gesellschaft 191

„Stuttgarter Verfahrens" ermittelte Anteilswert (bzw. der „Vermögensteuerwert" des Anteils) im Durchschnitt nur rund 50% bis 65% dessen Verkehrswerts erreichte.

Bei dem „Stuttgarter Verfahren" handelte es sich um ein von der Finanzverwaltung entwickeltes Schätzwertverfahren zur Wertermittlung des Geschäftsanteils an nicht börsennotierten Kapitalgesellschaften, zuletzt im Zusammenhang mit der Bemessung der Erbschaft- und Schenkungsteuer. Das „Stuttgarter Verfahren" war unter R 96 ff. der Erbschaftsteuer-Richtlinien geregelt. Das steuerliche Schätzwertverfahren wurde nach einem Urteil des Bundesverfassungsgerichts vom 7.11.2006 und der anschließenden Reform des Erbschaftsteuer- und Bewertungsrechts ab 1.1.2009 abgeschafft. Der „gemeine Wert" von nicht börsennotierten Kapitalgesellschaften wird künftig nicht mehr nach dem „Stuttgarter Verfahren", sondern nach marktgängigen Verfahren der Unternehmensbewertung oder aufgrund des sog. „Vereinfachten Ertragswertverfahrens" gemäß §§ 199 ff. BewG ermittelt. Die Bezugnahme auf das „Stuttgarter Verfahren" oder gar auf den vom Finanzamt festgestellten „Vermögensteuerwert" zur Bestimmung der Abfindungshöhe ist daher aus GmbH-Satzungen und Gesellschaftsverträgen, die nach dem 1.1.2009 vereinbart wurden, weitestgehend verschwunden.[238]

Wegen der (gegenwärtig noch) häufig anzutreffenden Bezugnahme auf das „Stuttgarter Verfahren" in Abfindungsklauseln sei dieses **in Grundzügen** wie folgt **dargestellt**: Zur Ermittlung des Werts eines Gesellschaftsanteils wurde zunächst der Wert der betreffenden Gesellschaft errechnet. In einem ersten Schritt wurde zu diesem Zweck deren Vermögenswert aus der Steuerbilanz ermittelt. Hierfür galten besondere Bewertungsvorschriften im Erbschaftsteuer- und im Bewertungsgesetz, insbesondere für die Wertbestimmung von Betriebsgrundstücken. Der Vermögenswert wurde in Prozent des Stammkapitals ausgedrückt (dieser Prozentsatz fortan: „V"). Ein Firmenwert blieb bei der Vermögenswertermittlung unberücksichtigt. In einem zweiten Schritt wurden die Ertragsaussichten der Gesellschaft berücksichtigt, die anhand des voraussichtlichen, künftigen Jahresertrags geschätzt wurden. Schätzungsgrundlage bildete hierbei der Durchschnittsertrag der letzten drei vor dem Besteuerungszeitpunkt liegenden Jahre, wobei diese Ertragsberechnung durch einige Korrekturvorschriften bereinigt und die Erträge der letzten Jahre unterschiedlich gewogen wurden. Der betreffende Durchschnittsbetrag wurde mit dem Nennkapital verglichen, so dass sich ein Ertragshundertsatz für das Unternehmen ergab (fortan: „E"). V und E wurden sodann zusammengeführt, um den gemeinen Wert (X) der Gesellschaft gemessen in Prozent deren Nennkapitals zu ermitteln. Die Formel lautete: $X = 0{,}68\,(V + 5E)$. Der gemeine Wert folgte sodann aus der Multiplikation von Nennkapital und dem Prozentsatz X. Erwirtschaftete die Gesellschaft Verluste, so wurde für E kein negativer Wert angesetzt, sondern Null. Der ermittelte „gemeine" Wert lag meist deutlich (rund 30% bis 50%) unter dem Verkehrswert des betroffenen Geschäftsanteils.[239]

- **Ertragswertklauseln**

Bei Ertragswertklauseln richtet sich die Höhe der Abfindung nach dem (dem Geschäftsanteil des Ausscheidenden entsprechenden) anteiligen Wert des Gesellschaftsunterneh-

342

343

---

[238] Dies gilt schon aus schenkungsteuerlichen Gründen, da angesichts der neuen steuerlichen Bewertungsmethoden rglm ein Differenzbetrag zwischen Abfindung gemäß „Stuttgarter Verfahren" und Abfindung aufgrund neuer Bewertungsregeln zugunsten der Gesellschaft bzw. der übrigen Gesellschafter und zu Lasten des Ausscheidenden verbleibt, der grundsätzlich der Schenkungsteuer unterliegt (vgl. unter Rn. 348 ff.).
[239] Vgl. auch BGH, Urteil vom 19.6.2000, BGHZ 144, 365 = NJW 2000, 2819 = NZG 2000, 1027 = GmbHR 2000, 822, wonach der „Steuerkurswert" in der Regel niedriger als der wirkliche Anteilswert sei.

mens, errechnet nach einer Ertragswertmethode (vgl. hierzu unter Rn. 323 ff.). Entsprechende Abfindungsregelungen sind grundsätzlich unbedenklich, da die Abfindungshöhe (allerdings je nach Modifikation bzw. Regelung des Wertermittlungsverfahrens in der Abfindungsklausel selbst) grundsätzlich dem „**Verkehrswert**" des Anteils entspricht.

c) Überblick über die Steuerfolgen der Abfindungszahlung

344   Zwangsmaßnahmen aufgrund eines Gesellschafterstreits gehören zu den seltenen Ausnahmen im Gesellschaftsrecht, bei denen steuerliche Überlegungen im Vorfeld meist keine wesentliche Rolle spielen, sondern Steuerfolgen im Annex zur Ausschlussmaßnahme als „Kollateralschaden" hingenommen werden. Die Steuerfolgen der Abfindungszahlung (also einer Barabfindung) werden daher an dieser Stelle nur im groben Überblick (und unvollständig) dargestellt.

aa) Einkommensteuer

345   Für die Gesellschaft oder die verbleibenden Gesellschafter sind der Gesellschafterausschluss, die Anwachsung und die Abfindungszahlung im Regelfall[240] zunächst erfolgsneutral. Bei dem ausgeschlossenen Gesellschafter entsteht demgegenüber ein ertragsteuerlich relevanter Erlös oder Verlust.

346   Sofern die Abfindung für das Ausscheiden aus einer **Personengesellschaft**[241] bezahlt wird, handelt es sich bei der Abfindungszahlung je nach der steuerlichen Einordnung des Unternehmens der Gesellschaft um Einkünfte aus Gewerbebetrieb (§§ 16, 15 EStG) oder aus selbstständiger Arbeit (§§ 16, 18 EStG). Steuerpflichtiger Veräußerungsgewinn ist der Betrag, um den die Abfindung (nach Abzug möglicherweise im Zusammenhang mit der Abfindungsermittlung entstandener Kosten) den Wert des betroffenen Gesellschaftsanteils am Betriebsvermögen übersteigt. Für die Versteuerung dieses Veräußerungsgewinns ergeben sich gemäß § 34 EStG Vergünstigungen („Außerordentliche Einkünfte").[242] Falls der Abfindungsanspruch nach Abzug von Veräußerungskosten demgegenüber niedriger ist als der Buchwert des Mitunternehmeranteils des ausscheidenden Gesellschafters, entsteht ein Veräußerungsverlust, der in den hier interessierenden Fällen einer entgeltlichen Aufgabe des Gesellschaftsanteils steuerlich berück-

---

[240] Eine Ausnahme gilt für Personengesellschaften, wenn es sich bei dem ausscheidenden Gesellschafter, an den die Abfindungszahlung erfolgt, nicht um eine direkt an der Personengesellschaft als Mitunternehmer beteiligte, natürliche Person handelt. Der Gewinn, den der ausscheidende Gesellschafter (z.B. eine Kapitalgesellschaft) durch die Abfindungszahlung erzielt, gehört dann zum gewerbesteuerpflichtigen „Gewerbeertrag" der betreffenden Personengesellschaft (§ 7 S. 2 GewStG).

[241] Der nachstehende Überblick betrifft Personengesellschaften, im Rahmen derer die Gesellschafter gewerbliche Einkünfte oder Einkünfte aus selbstständiger Arbeit erzielen, nicht aber vermögensverwaltende Personengesellschaften; hier gelten teilweise andere Steuerfolgen hinsichtlich der Abfindung.

[242] Die Steuervergünstigung entfällt allerdings, wenn im Zuge des Ausscheidens zusätzlich zur Abfindung Teile des Betriebsvermögens (einschließlich etwaigen Sonderbetriebsvermögens) aus dem Geschäftsbetrieb entnommen werden, wie z.B. eine wesentliche, betrieblich genutzte Immobilie. Der Veräußerungsgewinn unterfällt dann ggf – ohne Begünstigung – der laufenden Besteuerung.

sichtigungsfähig ist. Bei den *Erwerbern* des Gesellschaftsanteils sind die an den Ausgeschiedenen zu leistenden Abfindungszahlungen aktivierungspflichtige Anschaffungskosten für die anteilig erworbenen Wirtschaftsgüter. Dies gilt auch dann, wenn der Anteil des Ausscheidenden den verbleibenden Gesellschaftern anwächst.

Im Falle eines **GmbH**-Gesellschafters erfolgt die Besteuerung des „Veräußerungsgewinns", der mit der Abfindungszahlung erzielt wird, gemäß § 17 EStG, sofern der betroffene Geschäftsanteil im Privatvermögen gehalten wurde und der ausgeschlossene Gesellschafter in den letzten fünf Jahren vor dem Ausscheiden am Kapital der Gesellschaft mit mindestens einem Prozent beteiligt war. Steuerpflichtiger Gewinn ist der Betrag, um den die Abfindungszahlung nach Abzug von hiermit verbundenen Kosten die Anschaffungskosten für den betroffenen Geschäftsanteil übersteigt. Dieser Betrag kann auch negativ sein, so dass sich ein Veräußerungsverlust ergibt. Für die Steuerbemessung berücksichtigungsfähig sind nach dem sog. Teileinkünfteverfahren jeweils nur 60 % des Veräußerungserlöses bzw. der Abfindungszahlung sowie 60 % der Anschaffungs- und Veräußerungskosten (§ 3 Nr. 40c S. 1 EStG). Sofern der ausgeschiedene Gesellschafter, der seinen Geschäftsanteil im Privatvermögen hielt, in den letzten fünf Jahren vor dem Ausscheiden demgegenüber zu weniger als 1 % am Gesellschaftskapital beteiligt war, ist zu unterscheiden: Wurden die betroffenen Anteile vor dem 1.1.2009 erworben, fällt für die Abfindung keine Einkommensteuer an. Bei Erwerb nach dem 1.1.2009 erzielt der Ausscheidende hinsichtlich der Abfindungszahlung Einkünfte aus Kapitalvermögen. Die Besteuerung des (nicht aufgrund Teileinkünfteverfahrens gekürzten) Veräußerungsgewinns erfolgt mit einer pauschalen Einkommensteuer von 25 % (sog. Abgeltungsteuer), zzgl. Solidaritätszuschlag von (gegenwärtig) 5,5 % und ggf. Kirchensteuer. Befand sich der Geschäftsanteil des ausgeschiedenen Gesellschafters demgegenüber in einem Betriebsvermögen, erfolgt die Besteuerung eines Veräußerungsgewinnes im Teileinkünfteverfahren als laufender Gewinn. Abfindungszahlungen an eine Kapitalgesellschaft, die bei dieser zu einem Veräußerungsgewinn führen, werden gemäß § 8b Abs. 2 und Abs. 3 KStG – mit Einschränkungen – nur im Umfang von 5 % mit Körperschaftsteuer (nebst Solidaritätszuschlag) belastet.

bb) Erbschaft- und Schenkungsteuer

Im Anschluss an die grundlegende Reform des Erbschaftsteuer- und Bewertungsrechts mit Wirkung ab 1.1.2009 kann sich im Zusammenhang mit Abfindungszahlungen eine Erbschaftsteuer- bzw. Schenkungsteuerlast ergeben, wenn die **Abfindung** – wie häufig – **unter dem Verkehrswert der betroffenen Gesellschaftsanteile** liegt. Es ergibt sich folgendes Risiko einer schenkung- oder erbschaftsteuerbaren Zuwendung.

(1) Personengesellschaften

Sofern die Abfindung für das Ausscheiden aus einer Personengesellschaft (GbR, PartG, OHG, KG oder GmbH & Co. KG) bezahlt wird und der Gesellschaftsanteil des ausscheidenden Gesellschafters durch **Anwachsung** bei den übrigen Gesellschaftern untergeht, erhalten die verbleibenden Gesellschafter eine steuerbare Zuwendung in Höhe der Differenz zwischen dem Steuerwert der Beteiligung des ausgeschiedenen Gesellschafters (gemäß § 12 ErbStG und den einschlägigen Vorschriften des BewG, also grundsätzlich dem Verkehrswert des betroffenen Gesellschaftsanteils) und dem niedrigeren Abfindungsbetrag. Diese Zuwendung ist gemäß § 7 Abs. 7 ErbStG als Schenkung oder – falls das Ausscheiden eines Gesellschafters und die Abfindungszahlung an dessen Tod anknüpfen – gemäß § 3 Abs. 1 Nr. 2 ErbStG als Schenkung auf den Todesfall steuerbar. Da es sich grds um „begünstigtes Vermögen" handelt, kann hinsichtlich der auf diese Zuwendung entfallenden Schenkungsteuer eine Verschonung nach den Bestimmungen der §§ 13a, 13b ErbStG in Betracht kommen.[243] Die gleichen Regelungen gelten, sofern die Abfindung nach Ausschließung eines Gesellschafters durch **Zwangsabtretung** seines Anteils an die **Gesellschaft** oder die **Mitgesellschafter** vollzogen wird. Lediglich dann, wenn die Beteiligung verpflichtend auf einen **Dritten** zu übertragen ist, ergibt sich keine Steuerbarkeit aus §§ 7 Abs. 7 oder § 3 Abs. 1 Nr. 2 ErbStG. Sofern und soweit die Abfindungszahlung des Dritten hinter dem Verkehrswert des Gesellschaftsanteils des ausgeschlossenen Gesellschafters zurückbleibt, kommt in Höhe dieses Differenzbetrags jedoch eine steuerbare Zuwendung nach den allgemeinen erbschaft- und schenkungsteuerlichen Regelungen in Betracht.

350   Eine Sonderregelung (zugunsten des Erben) gilt gemäß § 10 Abs. 10 S. 1 ErbStG für den Fall, dass der **Erbe eines Gesellschaftsanteils** diesen aufgrund entsprechender verpflichtender Regelung im Gesellschaftsvertrag **unverzüglich nach dem Erbgang an die Mitgesellschafter überträgt** und somit ausscheidet. Sofern hier der Verkehrswert des Gesellschaftsanteils gemäß § 12 ErbStG zur Zeit des Todes des Erblassers höher ist als die gesellschaftsvertraglich festgelegte Abfindung, ist der Erbe trotzdem nur in Höhe des Abfindungsbetrags bereichert. Zugunsten des Erben gilt lediglich die Abfindung als der für die Erbschaftsteuer maßgebliche Vermögensanfall.

(2) Ausscheiden aus einer GmbH

351   Die erbschaft- bzw. schenkungsteuerlichen Folgen einer unter dem Verkehrswert liegenden Abfindungszahlung nach Ausschluss aus der GmbH sind noch ungünstiger als bei Ausschluss aus der Personengesellschaft.

Sofern der Ausschluss durch **Zwangseinziehung** erfolgt, kann sich eine gemäß §§ 3 Abs. 1 Nr. 2 S. 3, 7 Abs. 7 S. 2 ErbStG steuerbare Zuwendung an die GmbH ergeben. Der steuerbare Vermögensanfall liegt hier im Differenzbetrag zwischen dem Steuerwert des eingezogenen Geschäftsanteils (gemäß § 12 ErbStG grundsätzlich dessen Verkehrswert) und der niedrigeren Abfindung laut Satzung. Eine Verschonung gemäß §§ 13a, 13b

---

[243] Die Bestimmungen in §§ 13a und 13b ErbStG sind lt Urteil des BVerfG vom 17.12.2014, NZG 2015, 103 = GmbHR 2015, 88 = DStR 2015, 31, in ihrer jetzigen Fassung wegen Verstoßes gegen den Gleichheitssatz in Art. 3 Abs. 1 GG allerdings unwirksam. Dem Gesetzgeber wurde im Urteil des BVerfG aufgegeben, bis spätestens 30.6.2016 eine Neuregelung zu treffen. Verlässliche Hinweise zum Inhalt der neuen Verschonungsregelung für Betriebsvermögen im Erbschaftsteuerrecht liegen gegenwärtig noch nicht vor.

ErbStG scheidet aus, da die eingezogenen Anteile untergehen und auf die verbleibenden Gesellschafter kein begünstigtes Vermögen übergeht.

Sofern der Ausschluss durch **Zwangsabtretung** realisiert wird, gelten die Ausführungen zum Ausschluss eines Gesellschafters aus der Personengesellschaft durch verpflichtende Übertragung des Gesellschaftsanteils unter Rn 349f. entsprechend (wobei der Verschonungsabschlag und der Abzugsbetrag gemäß § 13a ErbStG nur in Betracht kommen, wenn der betroffene Gesellschafter zum Zeitpunkt der Zwangsabtretung zu mehr als 25 % an der GmbH beteiligt war [§ 13b Abs. 1 Nr. 3 ErbStG][244]). Darüber hinaus gilt auch bei der GmbH die **Begünstigung** gemäß § 10 Abs. 10 ErbStG **für** einen **Erben**, der **unverzüglich nach dem Erbfall** aufgrund Satzungsbestimmung (durch Zwangsabtretung an die Mitgesellschafter oder durch Einziehung) ausscheidet (Vermögensanfall beim Erben nur in Höhe des Abfindungsbetrags).

352

(3) Steuerschuldner

Primärer Steuerschuldner der Schenkungsteuer sind die Gesellschaft, die Mitgesellschafter oder der Dritte, je nachdem, wer den Gesellschafts- bzw. Geschäftsanteil des ausscheidenden Gesellschafters erhält und die für den Untergang des Gesellschaftsanteils des ausgeschlossenen Gesellschafters oder deren Erhalt durch Zwangsabtretung (gemessen am Verkehrswert) zu geringe Abfindung zahlt (§ 20 Abs. 1 ErbStG). Soweit möglich, sollte – vor allem bei Ausschließung durch Zwangseinziehung in der GmbH – im Zusammenhang mit den vertraglichen Abfindungsklauseln sichergestellt werden, dass etwaig anfallende Erbschaftsteuer von den direkt oder mittelbar begünstigten Gesellschaftern im Verhältnis ihrer Beteiligung am Erwerb getragen werden.

353

---

[244] Vgl. zur Verfassungswidrigkeit der gegenwärtigen Bestimmungen in §§ 13a und 13b ErbStG unter Rn. 349.

III. Streit über den Jahresabschluss, die Gewinnverteilung, Gewinnentnahmen und Gewinnausschüttungen

Schrifttum: *Bauschatz*, Rechtsschutzmöglichkeiten bei Feststellung des Jahresabschlusses einer KG, NZG 2002, 759; *Bork/Oepen*, Schutz des GmbH-Minderheitsgesellschafters vor der Mehrheit bei der Gewinnverteilung, ZGR 2002, 241; *Bormann/Hellberg*, Ausgewählte Probleme der Gewinnverteilung in der Personengesellschaft, DB 1997, 2415; *Brete/Thomson*, Nichtigkeit und Heilung von Jahresabschlüssen der GmbH, GmbHR 2008, 176; *Fleischer/Trinks*, Minderheitenschutz bei der Gewinnthesaurierung in der GmbH, NZG 2015, 289; *Hommelhoff*, Anmerkungen zum Ergebnisverwendungs-Entscheid der GmbH-Gesellschafter, GmbHR 2010, 1328; *Priester*, Jahresabschlussfeststellung bei Personengesellschaften, DStR 2007, 28; *Schodder*, Zum Minderheitenschutz bei der Gewinnverwendung, EWiR 2009, 639; *van Venrooy*, Feststellung von GmbH-Jahresabschlüssen, GmbHR 2003, 125; *Wahlers/Orlikowski-Wolf*, Feststellung des Jahresabschlusses und Gewinnverwendungsentscheidungen im Personengesellschaftsrecht, ZIP 2012, 1161; *Wertenbruch*, Gewinnausschüttung und Entnahmepraxis in der Personengesellschaft, NZG 2005, 665.

354 Ein typisches Konfliktfeld in der personalistischen Gesellschaft resultiert aus den unterschiedlichen Interessen der Gesellschafter bezüglich der Gewinn*verwendung*, nämlich dem Interesse an einer Vermehrung des Gesellschaftsvermögens und der Liquidität durch Rücklagenbildung („Gewinnthesaurierung") einerseits und dem Interesse an einer vollständigen oder weitgehenden Auszahlung oder „Ausschüttung" erwirtschafteter Gewinne andererseits. Im Falle unklarer oder als unbefriedigend empfundener Vertragsbestimmungen können sich zudem Streitigkeiten über die Gewinn*verteilung* ergeben. Im Kontext oder im Vorfeld solcher Streitigkeiten tauchen Konflikte über die rechtzeitige und korrekte Aufstellung des Jahresabschlusses der Gesellschaft und dessen Feststellung auf, da der festgestellte Jahresabschluss die Grundlage für die Ermittlung des verteilbaren Gewinnes und die Entstehung von Entnahme- bzw. Ausschüttungsansprüchen der Gesellschafter bildet.

1. Streit über Aufstellung und Feststellung sowie Mängel des Jahresabschlusses

355 Die Verteilung und Auszahlung von Gewinnen setzt die Ergebnisermittlung der Gesellschaft durch Jahresabschluss bzw. Rechnungsabschluss voraus. Die **Gewinnansprüche** eines Gesellschafters in der **GbR, PartG, OHG, KG oder GmbH & Co. KG entstehen** (falls die Gesellschaft in einem Geschäftsjahr Gewinn erwirtschaftet hat) jeweils erst mit **Aufstellung** und **Feststellung des Jahresabschlusses** als jährlich periodisch wiederkehrender Zwischenabrechnung eines Geschäftsjahres (§ 721 Abs. 2 BGB).[1] Gleiches gilt für die **GmbH**, bei der **Gewinnauszahlungsansprüche** der einzelnen Gesellschafter ebenfalls erst nach **Feststellung** des **Jahresabschlusses** des

---

[1] Vgl. nur BGH, Urteil vom 6.4.1981, BGHZ 80, 357 = NJW 1981, 2563 = BB 1981, 1451, wonach es sich bei der Feststellung des Jahres- bzw. „Rechnungsabschlusses" um den „rechtsbegründenden Akt" für die Entstehung von Gewinnansprüchen handelt.

III. Streit über Jahresabschluss und Gewinn

betreffendes Geschäftsjahres und anschließendem **Ergebnisverwendungsbeschluss** entstehen.² Die Aufstellung des Jahresabschlusses, dessen inhaltliche Gestaltung im Rahmen der rechtlichen Möglichkeiten und der Zeitpunkt dessen Feststellung nehmen somit unmittelbar Einfluss auf das Recht der Gesellschafter, von wirtschaftlichen Erfolgen der Gesellschaft durch Gewinnentnahmen oder Ausschüttungen persönlich zu profitieren.

a) Wesentliche Begriffe

Ein Teil der im vorliegenden Zusammenhang wesentlichen Rechtsbegriffe wird im Recht der Personen- und Kapitalgesellschaften unterschiedlich und ggf missverständlich verwendet (wie z.B. der Begriff des „Kapitalanteils" im Personengesellschaftsrecht). Unterschiede ergeben sich auch aufgrund handels- und steuerrechtlicher Bestimmungen (z.B. für den Begriff des „Gewinns"). Im Folgenden werden daher einige der im vorliegenden Kontext maßgeblichen Rechtsbegriffe und deren gesetzliche Grundlage, jeweils ausschließlich in *handels*rechtlicher Hinsicht, vorab kurz erläutert:

356

- Der „**Jahresabschluss**" der Gesellschaft setzt sich zusammen aus der **Bilanz** und der **Gewinn- und Verlustrechnung**, § 242 Abs. 3 HGB. „Kaufleute", also die hier behandelten Handelsgesellschaften in der Rechtsform der GmbH, OHG, KG oder GmbH & Co. KG (§ 6 Abs. 1 HGB) einschließlich der vermögensverwaltenden OHG oder KG (§ 105 Abs. 2 HGB) sind gemäß § 242 Abs. 1 und Abs. 2 HGB verpflichtet, einen solchen Jahresabschluss jährlich, zum Ende eines jeden Geschäftsjahres (Kalenderjahr oder vertraglich bestimmtes Geschäftsjahr) aufzustellen. Für die GbR und die PartG (iVm § 1 Abs. 4 PartGG) spricht das BGB demgegenüber von einem „**Rechnungsabschluss**" (§ 721 Abs. 1 BGB), der bei auf Dauer angelegten Gesellschaften ebenfalls im Zweifel am Schluss eines jeden Geschäftsjahres aufgestellt werden muss (§ 721 Abs. 2 BGB) und der einem (ggf. an die Verhältnisse der GbR angepassten)³ „Jahresabschluss" im Sinne der Personenhandelsgesellschaften entspricht.

357

- Das „**Aufstellen**" des Jahresabschlusses bedeutet dessen Verfassen durch die geschäftsführenden Gesellschafter bzw. den Geschäftsführer der GmbH, unter Verwendung des Zahlenwerks der Buchhaltung, durch Vornahme etwaiger Abschlussbuchungen und durch inhaltliche Gestaltung mittels Ausübung von Bilanzierungswahlrechten sowie die Entscheidung über Bewertungsfragen. Das „**Feststellen**" des Jahresabschlusses bedeutet dessen Billigung bzw. die Anerkennung seiner inhaltlichen Richtigkeit durch das zuständige Organ (meist die Gesellschafterversammlung, die durch Beschluss entscheidet). Die Feststellung hat sowohl bei der GmbH also auch bei den Personengesellschaften die Bedeutung einer „*Verbindlicherklärung der Bilanz jedenfalls im Verhältnis der Gesellschafter zur Gesellschaft und auch untereinan-*

358

---

² BGH, Urteil vom 14.9.1998, BGHZ 139, 299 = NJW 1998, 3646 = GmbHR 1998, 1177 = DStR 1998, 1688.
³ Vgl. nur Palandt/*Sprau*, § 721 BGB, Rn. 1.

der".[4] Diese Feststellungswirkung gilt allerdings nicht für Gesellschafter, die ausdrücklich *gegen* die Feststellung eines Jahresabschlusses gestimmt haben.[5]

359 • Bei der dem Jahresabschluss zugrunde gelegten „**Bilanz**" handelt es sich um den auf das Ende des Geschäftsjahres aufzustellenden Abschluss, in dem das Verhältnis des Gesellschaftsvermögens und ihrer Schulden dargestellt ist (§ 242 Abs. 1 S. 1 HGB). Für Kapitalgesellschaften (und die GmbH & Co. KG) sind der Aufbau und Inhalt der Bilanz näher in §§ 264 ff. HGB und ihre genaue Gliederung in § 266 HGB geregelt. Die – im vorliegenden Zusammenhang maßgebliche – *Handels*bilanz ist von der *Steuer*bilanz zu unterscheiden. Letztere dient der steuerlichen Gewinnermittlung und beruht grundsätzlich auf der Handelsbilanz (§ 5 Abs. 1 EStG), weicht hiervon aber teilweise ab.

360 • Die ebenfalls im Jahresabschluss enthaltene „**Gewinn- und Verlustrechnung**" ist die für den Schluss eines jeden Geschäftsjahres aufzustellende Gegenüberstellung der Aufwendungen und Erträge der Gesellschaft im abgelaufenen Geschäftsjahr (§ 242 Abs. 2 HGB).

361 • Der „**Gewinn**" der Gesellschaft bezeichnet nicht unterjährige Einzelerträge, sondern den **Überschuss aller Erträge** der Gesellschaft **über** deren **Aufwand** in der Abrechnungsperiode, also in einem Geschäftsjahr. In der GmbH und GmbH & Co. KG wird dieser Überschuss (zur Abgrenzung vom auszuschüttenden Gewinn bzw. „Bilanzgewinn") als „**Jahresüberschuss**" bezeichnet (§ 29 Abs. 1 S. 1 GmbHG). Auch der Begriff des „**Bilanzgewinns**" betrifft grds nur die GmbH bzw. die GmbH & Co. KG, nicht aber die sonstigen Personengesellschaften. Es handelt sich um den laut Bilanz ausschüttungsfähigen Gewinn, sofern bereits in der Bilanz selbst Vorgaben zur Verwendung des Jahresergebnisses oder zur Auflösung von Rücklagen gemacht und etwaige Gewinn- oder Verlustvorträge berücksichtigt worden sind (§§ 268 Abs. 1 HGB, 29 Abs. 1 S. 2 GmbHG). Der Begriff der „**Dividende**" ist schließlich dem Aktien- oder Genossenschaftsrecht zuzuordnen und bezeichnet den Teil des Gesellschaftsgewinns, der an die Aktionäre/Mitglieder ausgeschüttet wird. „**Verlust**" oder „**Jahresfehlbetrag**" bezeichnet das negative Jahresergebnis, also den Überschuss der Aufwendungen über die Erträge im Abrechnungszeitraum.

362 • Im Gesellschaftsvertrag oder der Satzung kann vorgesehen sein, dass bestimmte Gesellschafter „**Vorabgewinne**" erhalten. Mittels solcher Regelungen wird vor allem bei den Personengesellschaften eine Tätigkeitsvergütung für mitarbeitende Gesellschafter oder die geschäftsführenden Gesellschafter bestimmt. Hier kann Streit entstehen, ob es sich um einen echten Vor*ab*gewinn handelt, also einen Vergütungsanspruch, der nur bei entsprechend hohem Gesamtgewinn der Gesellschaft und nach Feststellung des Jahresabschlusses entsteht, oder um einen **gewinnunabhängigen Gehaltsanspruch**, der also im Verhältnis der Gesellschafter untereinander als Aufwand zu behandeln und auch dann zu zahlen ist, wenn die Gesellschaft keinen oder

---

[4] BGH, Urteil vom 2.3.2009, NZG 2009, 659 = ZIP 2009, 1111 = DStR 2009, 1272 = BB 2009, 1235 = GmbHR 2009, 712.
[5] OLG Stuttgart, Beschluss vom 27.2.2014, GmbHR 2015, 255.

III. Streit über Jahresabschluss und Gewinn

keinen entsprechend hohen Gewinn erzielt hat. Im Zweifel ist der Gesellschaftsvertrag auszulegen, wobei sich für die garantierte, gewinnunabhängige Tätigkeitsvergütung irgendein Anhaltspunkt aus dem Vertrag ergeben muss.

- Für die Personenhandelsgesellschaften taucht im Gesetz verschiedentlich der Begriff des „**Kapitalanteils**" auf (§§ 121, 122, 155, 167–169 HGB). Es handelt sich hierbei um eine reine **Rechnungsziffer**, nicht um einen Anteil am Gesellschaftsvermögen oder eine eigene Grundlage für Zahlungsansprüche oder Zahlungsverbindlichkeiten des Gesellschafters.[6] Diese Rechnungsziffer bildet nach den gesetzlichen Vorschriften die Basis für die Ergebnis- und Vermögensbeteiligung der Gesellschafter sowie für die Bestimmung deren Entnahmerechte. Das Gesetz geht von einem **variablen Kapitalanteil** aus, der durch die ursprüngliche Einlage des Gesellschafters gebildet, durch spätere Einlagen und die Zuschreibung von Gewinnanteilen vermehrt und durch den Abzug von Verlustanteilen und Entnahmen gemindert wird (§§ 120 Abs. 2, 121 Abs. 2 HGB). In der Praxis wird in den Gesellschaftsverträgen der OHG, KG, GmbH & Co. KG aber auch GbR bzw. PartG häufig jedoch ein **fester Kapitalanteil** jedes Gesellschafters vereinbart, um (in Anlehnung an das GmbH-Recht mit dem „Stammkapital" als fester Bemessungsgrundlage) eine fixe Rechnungsgröße für die Vermögens- und Ergebnisbeteiligung sowie die jeweiligen Stimmrechte der Gesellschafter zu erhalten.

363

- Die Gesellschaft kann einen „**Liquiditätsüberschuss**" aufweisen, also Gesellschaftsvermögen, das absehbar nicht für den laufenden Geschäftsbetrieb benötigt wird. Solche Liquiditätsüberschüsse dürfen bei den Personengesellschaften – vorbehaltlich anderslautender Vertragsklauseln – unabhängig von einem Gewinn entnommen werden (vgl. für die OHG und KG in § 122 Abs. 1 HGB), wobei dies bei Kommanditisten zum Wiederaufleben der persönlichen Haftung für Gesellschaftsverbindlichkeiten bis zur Höhe der im Handelsregister eingetragenen Haftsumme führen kann (§§ 172 Abs. 4 S. 2, 171 Abs. 1 HGB). Gleiches gilt bei der GmbH (also ein Entnahmerecht der Gesellschafter) nach entsprechender Beschlussfassung für die Auszahlung von Kapitalrücklagen, solange durch solche Entnahmen das Stammkapital unangetastet bleibt.

364

- Unter einer „**Entnahme**" ist jede Art von Vermögenszuwendung der Gesellschaft an einen Gesellschafter zu verstehen, also insbesondere die Auszahlung von Gewinnanteilen nach Feststellung des Jahresabschlusses an die Gesellschafter bei den Personengesellschaften (§ 122 Abs. 1 HGB). Bei der GmbH werden Kapitalrücklagen, nicht aber Gewinne „entnommen", letztere hingegen (nach entsprechendem Ergebnisverwendungsbeschluss) an die Gesellschafter „**ausgeschüttet**" bzw. ausgezahlt.

365

---

[6] Vgl. auch BGH, Urteil vom 3.5.1999, NJW 1999, 2438 = DStR 1999, 1081.

b) Durchsetzung der Aufstellung und Feststellung des Jahresabschlusses

366 Die geschäftsführenden Gesellschafter oder die Gesellschaftermehrheit können die Gewinnauszahlungsansprüche (Entnahmeansprüche bzw. Ausschüttungsansprüche) von nicht an der Geschäftsführung beteiligten Gesellschaftern oder Minderheitsgesellschaftern blockieren bzw. erheblich hinauszögern, indem sie die rechtzeitige Aufstellung des Jahresabschlusses und – in einem zweiten Schritt – die Feststellung des Jahresabschlusses verzögern oder verweigern. Für die Rechtsschutzmöglichkeiten der betroffenen Minderheitsgesellschafter ist hinsichtlich der Aufstellung und der Feststellung des Abschlusses zu unterscheiden.

aa) Zuständigkeit und Pflicht zur Aufstellung des Jahresabschlusses

(1) GbR, PartG

367 Der Jahresabschluss ist bei der GbR und der PartG **durch die geschäftsführenden Gesellschafter aufzustellen**.[7] Sofern diese der Aufstellungsverpflichtung nicht nachkommen und dadurch die Entstehung von Gewinnansprüchen der Mitgesellschafter blockieren, kann jeder Gesellschafter im eigenen Namen von den übrigen Gesellschaftern die Erstellung des Abschlusses und dessen Mitteilung an sich selbst verlangen und diesen Anspruch auch klageweise durchsetzen.[8] Sofern die beklagten Mitgesellschafter nicht selbst an der Geschäftsführung teilnehmen, müssen sie bei entsprechender Verurteilung auf die geschäftsführenden Gesellschafter einwirken, um die Aufstellung zu veranlassen.

(2) OHG, KG

368 Bei der OHG und KG ergibt sich die Verpflichtung zur Aufstellung des Jahresabschlusses aus § 242 HGB. **Zuständig** sind wie bei der GbR die **geschäftsführenden Gesellschafter**. Der Jahresabschluss ist innerhalb der *"einem ordnungsmäßigen Geschäftsgang entsprechenden Zeit aufzustellen"* (§ 243 Abs. 3 HGB). Die Maximalfrist nach Abschluss des Geschäftsjahres beträgt demnach sechs Monate.[9]

369 Sofern sich mehrere geschäftsführende Gesellschafter bereits im Zusammenhang mit der Aufstellung des Jahresabschlusses streiten, etwa hinsichtlich bestimmter Bewertungsansätze, müssen diese Meinungsverschiedenheiten notfalls durch Feststellungsklage untereinander geklärt werden.[10] Sofern die **Aufstellung verzögert** oder **verweigert** wird, können die nicht an der Geschäftsführung beteiligten Gesellschafter die geschäftsführenden Gesellschafter auf Aufstellung des Jahresabschlusses und dessen

---

[7] Vgl. nur MüKoBGB/*Schäfer*, § 721 BGB, Rn. 6; Palandt/*Sprau*, § 721, Rn. 1.
[8] OLG Saarbrücken, Urteil vom 10.4.2002, NZG 2002, 669.
[9] OLG Düsseldorf, Urteil vom 27.9.1979, NJW 1980, 1292 = GmbHR 1980, 58 = BB 1979, 1579.
[10] BGH, Urteil vom 27.9.1979, WM 1979, 1330 = BB 1980, 121.

III. Streit über Jahresabschluss und Gewinn

Übergabe zur Feststellung verklagen.[11] Inhaltliche Einwendungen der nicht an der Geschäftsführung beteiligten Gesellschafter können demgegenüber erst bei Entscheidung über die Feststellung des Jahresabschlusses geltend gemacht werden.

(3) GmbH & Co. KG, GmbH

Bei der GmbH & Co. KG ist ebenfalls der **geschäftsführende Gesellschafter**, also die Komplementär-GmbH, und bei der GmbH deren **Geschäftsführer zur Aufstellung** des Jahresabschlusses und dessen Mitteilung gegenüber den Gesellschaftern bzw. dessen Vorlage zur Feststellung **verpflichtet**. Für beide Gesellschaften folgt diese Verpflichtung ergänzend zu §§ 242 f. HGB auch aus § 264 HGB (für die GmbH & Co. KG iVm § 264a HGB, falls nicht ein Befreiungstatbestand gemäß § 264b HGB eingreift). Den GmbH-Geschäftsführer trifft ferner die besondere Verpflichtung aus § 42a GmbHG, den Jahresabschluss nebst Lagebericht nach Aufstellung und – bei Prüfung durch einen Abschlussprüfer – nach Eingang des Prüfungsberichts unverzüglich vorzulegen. Dieser Jahresabschluss, der bei der GmbH und der GmbH & Co. KG besonderen bilanzrechtlichen Anforderungen genügen muss (§§ 264 ff. HGB), ist zudem – je nach Größenklasse der Gesellschaft gemäß § 267 HGB – innerhalb von drei Monaten nach Abschluss des Geschäftsjahres, spätestens (bei kleinen Kapitalgesellschaften im Sinne von § 267 Abs. 1 HGB) jedoch innerhalb von sechs Monaten nach Abschluss des Geschäftsjahres aufzustellen. Der Jahresabschluss ist von einem **Abschlussprüfer**, der vorbehaltlich anderslautender vertraglicher Regelungen von den Gesellschaftern durch Beschluss gewählt worden ist (§ 318 Abs. 1 HGB), zu prüfen, sofern es sich bei der GmbH bzw. der GmbH & Co. KG um eine „mittelgroße" oder „große" Gesellschaft im Sinne des § 267 Abs. 2 und Abs. 3 HGB handelt (dann gesetzliche Pflicht zur Prüfung gemäß §§ 267 Abs. 4, 316 HGB) oder der Gesellschaftsvertrag eine solche Abschlussprüfung vorsieht (freiwillige Prüfung). Der Jahresabschluss ist spätestens vor Ablauf des 12. Monats des dem Abschlussstichtag nachfolgenden Geschäftsjahrs, bei Abschlussprüfung zusammen mit dem Vermerk des Abschlussprüfers, zur Offenlegung im elektronischen Bundesanzeiger einzureichen (§§ 325 Abs. 1 S. 1, 264a HGB). Beide Gebote, die **Aufstellungs-** wie die **Offenlegungsverpflichtung**, sind zudem bußgeldbewehrt (gemäß §§ 334, 335b HGB hinsichtlich der inhaltlichen und formellen Pflichten für die Aufstellung und gemäß §§ 335, 335b HGB hinsichtlich der Offenlegungsverpflichtung).

370

Die geschäftsführenden Gesellschafter bzw. Geschäftsführer bei der GmbH & Co. KG und GmbH haben bereits wegen dieser strengen, bußgeldbewehrten Aufstellungs-, Vorlage- und Offenlegungsverpflichtungen kaum Spielräume, Gewinnansprüche durch die verzögerte Aufstellung des Jahresabschlusses zu blockieren. Sollte dies ausnahmsweise doch der Fall sein, kann der betreffende Geschäftsführer durch die Einleitung eines Bußgeldverfahrens zur Aufstellung und Offenlegung angehalten werden. Ferner bleibt bei der GmbH und der GmbH & Co. KG – wie bei der OHG oder KG – die ent-

371

---

[11] BGH, Urteil vom 10.10.1983, WM 1983, 1279. Vgl. auch OLG Saarbrücken, Urteil vom 10.4.2002, NZG 2002, 669, für die Aufstellung eines Rechnungsabschlusses in der GbR.

sprechende Leistungsklage auf Vornahme der Aufstellung.[12] Bei der GmbH kann die Gesellschafterversammlung auf die betreffende Pflichtverletzung durch Weisung oder notfalls Abberufung und Bestellung eines neuen Geschäftsführers bzw. Notgeschäftsführers reagieren. Streitigkeiten zwischen mehreren Geschäftsführern hinsichtlich des Inhalts des aufzustellenden Jahresabschlusses müssen untereinander geklärt werden (vgl. die entsprechenden Ausführungen zur OHG und KG).

bb) Feststellung des Jahresabschlusses

(1) Zuständigkeit

372 Die Feststellung des Jahresabschlusses geschieht bei den Personengesellschaften (**GbR, PartG, OHG, KG, GmbH & Co. KG**) durch Beschluss der Gesellschafter.[13] Da es sich laut BGH um eine Angelegenheit der „laufenden Verwaltung" handelt[14], kann über die Feststellung des Jahresabschlusses jedenfalls mit einfacher Stimmenmehrheit (aufgrund einer „allgemeinen Mehrheitsklausel") entschieden werden. Die Zuständigkeit zur Feststellung des Jahresabschlusses kann im Gesellschaftsvertrag wirksam auf einen Beirat oder ein vergleichbares, fakultatives Gremium übertragen werden.[15]

373 Im Rahmen der Feststellung des Jahresabschlusses wird zugleich über die **Ausübung bilanzieller Ansatz- und Bewertungswahlrechte** entschieden. Infolge des BilMoG sind nur wenige solcher Bilanzwahlrechte verblieben (wie z.B. das Aktivierungswahlrecht gemäß § 248 Abs. 2 S. 1 HGB für selbstgeschaffenes immaterielles Anlagevermögen). Die Ausübung dieser Bilanzwahlrechte kann sich auf das Ergebnis auswirken. Trotzdem handelt es sich hierbei isoliert betrachtet nicht um ein „bilanzrechtliches Grundlagengeschäft".[16] Die Ausübung der Bilanzwahlrechte wird vielmehr im Zusammenhang mit der Feststellung des Jahresabschlusses bestätigt oder verworfen. Bei entsprechender Mehrheitsklausel im Gesellschaftsvertrag kann somit bei Entscheidung über die Feststellung des Jahresabschlusses zugleich auch über die inhaltlich richtige Ausübung der Bilanzwahlrechte **durch die** vertraglich vorgesehene **Gesellschaftermehrheit entschieden**

---

[12] In beiden Fällen handelt es sich um einen Anspruch der Gesellschaft, der bei der GmbH & Co. KG durch einen einzelnen Gesellschafter mittels Gesellschafterklage (actio pro socio; vgl. hierzu unter Rn. 787 ff.) und bei der GmbH durch einen mittels Gesellschafterbeschluss bestellten, besonderen Prozessvertreter gemäß § 46 Nr. 8 2. Alt. GmbHG gegen die Vertretungsorgane geführt wird. Falls der Geschäftsführer demgegenüber lediglich die *Vorlage* des (aufgestellten) JA verweigert, kann der betreffende, aus § 42a Abs. 1 GmbHG resultierende Vorlageanspruch in der GmbH in einem FamFG-Verfahren gemäß § 51b GmbHG durchgesetzt werden (vgl. hierzu näher unter Rn. 445).

[13] In der Ladung zur Gesellschafterversammlung muss eindeutig auf den betreffenden Beschlussgegenstand „Feststellung des Jahresabschlusses" hingewiesen werden. Die Ankündigung des Tagesordnungspunktes „Bilanzbesprechung" ist unzureichend und bewirkt bei Widerspruch einzelner Gesellschafter die Anfechtbarkeit des Feststellungsbeschlusses; vgl. LG Saarbrücken, Urteil vom 18.11.2009, GmbHR 2010, 762 (für eine GmbH). Vgl. zur Ankündigung von Tagesordnungspunkten für Gesellschafterversammlungen und den Folgen fehlerhafter Ladungen näher unter Rn. 98 ff.

[14] Urteil vom 15.1.2007, BGHZ 170, 283 = NZG 2007, 259 = GmbHR 2007, 437 („OTTO"); BGH, Beschluss vom 7.7.2008, DStR 2009, 1544. **Anders** noch BGH, Urteil vom 29.3.1996, BGHZ 132, 263 = NJW 1996, 1678 = GmbHR 1996, 456, für eine KG (Feststellung des JA ist ein „Grundlagengeschäft").

[15] BGH, Urteil vom 29.3.1996, BGHZ 132, 263 = NJW 1996, 1678 = GmbHR 1996, 456 = BB 1996, 1105.

[16] So aber noch BGH, Urteil vom 29.3.1996, BGHZ 132, 263 = NJW 1996, 1678 = GmbHR 1996, 456 = BB 1996, 1105.

werden.¹⁷ Die Entscheidung der Gesellschafter, ob die das Jahresergebnis beeinflussende Ausübung von Bilanzwahlrechten richtig war oder nicht, steht allerdings nicht im freien Belieben eines jeden Gesellschafters. Die Gesellschafter haben aufgrund **gesellschaftsrechtlicher Treuepflicht** bei der Entscheidung über die Ausübung von Ansatz- und Bewertungswahlrechten vielmehr die besonderen **Interessen einzelner Mitgesellschafter** an einem höheren entnahmefähigen Gewinn **mit zu berücksichtigen**.¹⁸

Die Entscheidung über die Art und Weise der Ausübung von Bilanzwahlrechten ist darüber hinaus von einer **Gewinnthesaurierung** zu unterscheiden, also der ebenfalls im Zusammenhang mit der Feststellung des Jahresabschlusses zu treffenden Entscheidung, einen Teil des Jahresergebnisses „offenen Rücklagen" zuzuführen. Eine solche Thesaurierungsentscheidung führt letztlich zu einer Entnahmebeschränkung und stellt daher ein Grundlagengeschäft dar.¹⁹ Die Gewinnthesaurierung kann, auch im Zusammenhang mit der Feststellung des Jahresabschlusses, in einer Personengesellschaft daher nur wirksam durch eine Gesellschaftermehrheit beschlossen werden, wenn im Gesellschaftsvertrag eine entsprechende, ausdrückliche Kompetenzregelung enthalten ist.²⁰ Die Gesellschafter sind im Rahmen solcher Thesaurierungsentscheidungen zudem durch die gesellschaftsrechtliche Treuepflicht gebunden (vgl. hierzu näher unter Rn. 400 ff.).

Bei der **GmbH** ist für die Feststellung des Jahresabschlusses grds ebenfalls die Gesellschafterversammlung zuständig (§ 46 Nr. 1 GmbHG), die vorbehaltlich abweichender Satzungsregelungen durch einfache Mehrheit der abgegebenen Stimmen entscheidet (§ 47 Abs. 1 GmbHG). Die Feststellungskompetenz kann auch bei der GmbH laut Satzung einem anderen Organ, etwa einem fakultativen oder mitbestimmten Aufsichtsrat, einem Gesellschafter oder einem Gesellschafterausschuss übertragen werden.

374

(2) Durchsetzung der Feststellung

Die **Gesellschafter** sind sowohl bei Personengesellschaften als auch der GmbH **verpflichtet**, **an der Feststellung** des Jahresabschlusses **mitzuwirken**.²¹ Für die GmbH ordnet § 42a Abs. 2 GmbHG ferner an, dass die Gesellschafter über die Feststellung innerhalb der ersten acht Monate oder, wenn es sich um eine kleine Gesellschaft handelt (§ 267 Abs. 1 HGB), bis zum Ablauf der ersten elf Monate des folgenden Geschäftsjahres beschließen müssen (wobei die Fristversäumnis als solche sanktionslos ist und nicht zur Unwirksamkeit des Feststellungsbeschlusses führt).²² Auf Verlangen eines Gesellschafters hat in der GmbH-Gesellschafterversammlung der Abschlussprüfer teilzunehmen (§ 42a Abs. 3 GmbHG). Sofern die geschäftsführenden Gesellschafter bzw. Geschäftsführer die entsprechende **Beschlussfassung verzögern** oder **vereiteln**, sollten die übrigen Gesellschafter, die die Feststellung durchsetzen wollen, selbst zu einer Gesell-

375

---

¹⁷ BGH, Urteil vom 15.1.2007, „OTTO", BGHZ 170, 283 = NZG 2007, 259 = GmbHR 2007, 437.
¹⁸ BGH, Urteil vom 29.3.1996, BGHZ 132, 263 = NJW 1996, 1678 = GmbHR 1996, 456 = BB 1996, 1105.
¹⁹ BGH, Urteil vom 29.3.1996, BGHZ 132, 263 = NJW 1996, 1678 = GmbHR 1996, 456 = BB 1996, 1105; offen gelassen vom BGH im Urteil vom 15.1.2007, „OTTO", BGHZ 170, 283 = NZG 2007, 259 = GmbHR 2007, 437.
²⁰ Vgl. zu den gesellschaftsvertraglichen Voraussetzungen für Mehrheitsentscheidungen in Personengesellschaften näher unter Rn. 66 f.
²¹ BGH, Urteil vom 14.9.1998, BGHZ 139, 299 = NJW 1998, 3646 = GmbHR 1998, 1177 = DStR 1998, 1688, für eine GmbH; OLG München, Urteil vom 30.3.2001, NZG 2001, 959, für eine OHG.
²² Vgl. nur Baumbach/Hueck, § 42a, Rn. 19; Lutter/Hommelhoff, § 42a, Rn. 32; Scholz/*Crezelius*, § 42a, Rn. 43.

schafterversammlung laden und die Beschlussfassung über die Feststellung des Jahresabschlusses ankündigen (bei der GmbH notfalls über die Inanspruchnahme des entsprechenden Minderheitsrechts gemäß § 50 GmbHG).[23] Im Rahmen der betreffenden Gesellschafterversammlung sind sodann alle Gesellschafter dazu **verpflichtet**, der **Feststellung** des Jahresabschlusses **zuzustimmen**, sofern der Jahresabschluss inhaltlich in Übereinstimmung mit den gesetzlichen und vertraglichen Regelungen steht. Darüber hinaus besteht nur dann eine Zustimmungspflicht, wenn jeder Gesellschafter bei Beschlussfassung über die notwendigen **Informationen** zum Jahresabschluss **verfügt** und insbesondere die Möglichkeit hatte, rechtzeitig von der Vorlage Kenntnis zu nehmen. Jeder Gesellschafter muss somit den Jahresabschluss nebst Lagebericht und ggf. Ergebnisverwendungsvorschlag mit einer ausreichenden Vorlauffrist vor der Gesellschafterversammlung erhalten, anderenfalls der Feststellungsbeschluss bei entsprechendem Widerspruch eines Gesellschafters fehlerhaft und anfechtbar ist.[24] Sofern die Zustimmung zu Unrecht verweigert wird, können die unterlegenen Gesellschafter bei Scheitern des Feststellungsbeschlusses auf Zustimmung gegen die Gesellschafter klagen[25], die diese verweigert haben. Die Gesellschaft selbst ist an dem Rechtsstreit nicht beteiligt.[26] Im Zuge des betreffenden Rechtsstreits wird dann zugleich geklärt, ob die Einwände der widersprechenden Gesellschafter zutreffend waren (wegen inhaltlicher Unrichtigkeit des Abschlusses) oder ob die Zustimmungspflicht wegen Gesetzes- und Vertragskonformität des betreffenden Jahresabschlusses greift.

c) Streit über inhaltliche Mängel des festgestellten Jahresabschlusses

375a   Nach Feststellung eines Jahresabschlusses kann dadurch Streit entstehen, dass ein Gesellschafter, der den Abschluss für unzutreffend hält, überstimmt worden ist oder nachträglich Informationen erlangt, bei deren Kenntnis er der Feststellung nicht zugestimmt hätte.

aa) Fehlerhafte Zustimmung wegen nachträglicher Informationen

376   Falls ein Gesellschafter seine **Stimmabgabe** (Zustimmung zur Feststellung des Jahresabschlusses) **wegen** später erlangter, **neuer Informationen als fehlerhaft erkennt**,

---

[23] Vgl. hierzu näher unter Rn. 79.
[24] LG Saarbrücken, Urteil vom 18.11.2009, GmbHR 2010, 762; vgl. zur Mangelhaftigkeit von Beschlüssen bei Informationsdefiziten einzelner Gesellschafter auch unter Rn. 114 und 407.
[25] BGH, Urteil vom 14.9.1998, BGHZ 139, 299 = NJW 1998, 3646 = GmbHR 1998, 1177 = DStR 1998, 1688; OLG München, Urteil vom 30.3.2001, NZG 2001, 959, wobei die auf Zustimmung klagenden Mitgesellschafter laut OLG München hierbei keine notwendigen Streitgenossen im Sinne von § 61 Abs. 1 ZPO sind. **AA** für die GmbH z.B. Baumbach/Hueck, § 46, Rn. 13 (außer in zweigliedriger Gesellschaft keine Klagemöglichkeit gegen die Mitgesellschafter, sondern Klage auf positive Feststellung eines bestimmten Jahresabschlusses gegen die GmbH selbst), oder Michalski/*Römermann*, § 46, Rn. 49 (Anfechtungsklage eines Gesellschafters gegen die Ablehnung der Feststellung eines bestimmten Jahresabschlusses und anschließende Beschlussfeststellungsklage auf Feststellung des von ihm vorgelegten Jahresabschlusses).
[26] OLG München, Urteil vom 30.3.2001, NZG 2001, 959, für eine Personenhandelsgesellschaft; vgl. auch BGH, Urteil vom 27.9.1979, WM 1979, 1330 = BB 1980, 121, für eine KG.

kommt eine Anfechtung der eigenen Zustimmung gemäß §§ 116 ff. BGB in Betracht. Der betreffende Gesellschafter kann sich darauf berufen, er sei bei seiner Zustimmung zur Feststellung einem rechtlich relevanten Inhaltsirrtum unterlegen oder getäuscht worden. Die Anfechtung erfolgt mittels Erklärung gegenüber den Mitgesellschaftern (§ 143 Abs. 1 BGB). Die wirksame Anfechtung der Stimmabgabe führt jedoch nicht als solche zur Beschlussunwirksamkeit, sondern lediglich zum nachträglichen Wegfall der eigenen Abstimmungserklärung (§ 142 Abs. 1 BGB).[27] Die erfolgreiche Anfechtung der eigenen Stimmabgabe wirkt sich somit nur dann auf den Feststellungsbeschluss aus, wenn die betreffenden Stimmen für das Abstimmungsergebnis ausschlaggebend waren. Sofern der Feststellungsbeschluss auch ohne die angefochtene Zustimmung die erforderliche Stimmenmehrheit erhalten hätte, bleibt die Anfechtung der fehlerhaften Stimmabgabe als solche folgenlos. Wirkt sich die (angefochtene) Stimmabgabe demgegenüber auf das Beschlussergebnis aus, ist der betreffende Feststellungsbeschluss nicht wirksam zustande gekommen, was notfalls mit der Feststellungsklage (im Falle der GmbH mit der „Beschlussfeststellungsklage" oder – nach formeller Beschlussfeststellung durch einen Versammlungsleiter – mittels fristgebundener Anfechtungsklage[28]) gerichtlich geklärt werden muss.

Alternativ zur Anfechtung der eigenen Stimmabgabe kann der betroffene Gesellschafter je nach den Umständen des Einzelfalls argumentieren, mit Rücksicht auf die ursprünglich falschen Informationen habe ihm die *vollständige* und *richtige* Tatsachengrundlage gefehlt, die zur sachgerechten Entscheidung über die Stimmabgabe hinsichtlich des Feststellungsbeschlusses erforderlich gewesen sei. Ein solches **Informationsdefizit** bei der Beschlussvorbereitung kann eine Verletzung der Teilnahme- und Mitwirkungsrechte des Gesellschafters bedeuten (vgl. hierzu soeben unter Rn. 375 und näher unter Rn. 114), so dass das Fehlen rechtzeitiger, vollständiger und richtiger Vorabinformationen zum Jahresabschluss seinerseits einen zur **Beschlussunwirksamkeit führenden Verfahrensmangel** bilden kann.[29]

bb) Inhaltliche Einwände gegen den festgestellten Jahresabschluss

Gesellschafter, die bei Feststellung des Jahresabschlusses überstimmt worden sind, haben die Möglichkeit, den Feststellungsbeschluss nachträglich auch wegen **inhaltlicher Mängel anzugreifen**. „Inhaltliche Mängel" sind dabei solche, die gesetzlichen oder vertraglichen Vorschriften zu Form, Inhalt oder Bewertung widersprechen. Eine Beschlussmängelklage gegen den Feststellungsbeschluss scheidet demgegenüber aus, wenn ein Gesellschafter zwar Aktiv- oder Passivpositionen der Bilanz für sachlich ungerechtfertigt ansieht, die betreffenden Vermögensgegenstände oder Verbindlichkeiten im Jahresabschluss indessen richtig abgebildet sind.[30]

---

[27] BGH, Urteil vom 14.7.1954, BGHZ 14, 264; OLG München, Urteil vom 27.10.1982, WM 1984, 260.
[28] Vgl. nur Baumbach/Hueck, Anh § 47, Rn. 67; Scholz/*K. Schmidt*, § 45, Rn. 22, 98.
[29] Vgl. für die GmbH z.B. auch Scholz/*K. Schmidt*, § 46, Rn. 40.
[30] OLG Stuttgart, Beschluss vom 27.2.2014, GmbHR 2015, 255 (ua für die Bildung von Tantie-

Sofern der Feststellungsbeschluss in einer **GbR, PartG, OHG, KG oder GmbH & Co. KG** demnach wegen formeller oder materiell-rechtlicher Mängel fehlerhaft ist, etwa weil er gegen gesetzliche oder im Gesellschaftsvertrag geregelte Bilanzierungsvorschriften verstößt, ist er *nichtig*. Der Gesellschafter, der die Unwirksamkeit rügt, muss dies durch **Feststellungsklage** gegen die Mitgesellschafter gerichtlich klären lassen.[31]

378 Bei der **GmbH** ist hinsichtlich Mängeln, die zur **Nichtigkeit** des Feststellungsbeschlusses führen, und Mängeln, die zur **Anfechtbarkeit** des Feststellungsbeschlusses führen, zu unterscheiden. Der **Feststellungsbeschluss** ist – vorbehaltlich sonstiger, zur Nichtigkeit führender Mängel, wie z.B. formeller Fehler – gemäß § 256 Abs. 1 AktG insbesondere **nichtig**, wenn der Jahresabschluss durch seinen Inhalt gesetzliche Vorschriften verletzt, die ausschließlich oder überwiegend dem Schutz der Gläubiger der Gesellschaft dienen (§ 256 Abs. 1 Nr. 1 AktG), wenn er trotz gesetzlicher Prüfungspflicht nicht durch einen Abschlussprüfer oder nicht von einem geeigneten Abschlussprüfer geprüft worden ist (§§ 316, 319, 319a HGB, 256 Abs. 1 Nr. 2 und Nr. 3 AktG) oder wenn bei der Feststellung die Bestimmungen des Gesetzes oder der Satzung über die Einstellung oder Entnahme von Beträgen in oder aus Kapital- oder Gewinnrücklagen verletzt worden sind (§ 256 Abs. 1 Nr. 4 AktG). Sofern einer dieser Nichtigkeitsgründe vorliegt, ist die Heilungsvorschrift des § 256 Abs. 6 AktG zu beachten (je nach Art des Mangels sechs Monate oder drei Jahre nach Bekanntmachung des betreffenden JA im Bundesanzeiger). Die Nichtigkeit des Feststellungsbeschlusses kann durch **Feststellungsklage** gerichtlich geklärt werden. Ergeben sich demgegenüber weniger gewichtige, sonstige *inhaltliche* Mängel des Jahresabschlusses (wie z.B. eine Unter- bzw. Überbewertung eines Wirtschaftsguts[32] oder die Unterlassung einer Rückstellung für ungewisse Verbindlichkeiten[33]) führt dies nicht zur Nichtigkeit, sondern lediglich zur **Anfechtbarkeit** des betreffenden Feststellungsbeschlusses. Der bei der Abstimmung unterlegene Gesellschafter, der die Mängel rügt, muss sich (fristgebunden) mit der **Anfechtungsklage** zur Wehr setzen.[34] Dies gilt auch dann, wenn der Feststellungsbeschluss an sonstigen, zur Anfechtbarkeit führenden formellen oder materiell-rechtlichen Mängeln (z.B. inhaltlicher, nicht unter § 256 Abs. 1 Nr. 4 AktG fallender Satzungsverstoß) leidet.

---

me-Rückstellungen, die der klagende Gesellschafter selbst für zutreffend hielt und hinsichtlich derer er lediglich inhaltliche Einwände bzgl der zugrundeliegenden, vertraglichen Vereinbarungen hatte).

[31] BGH, Urteil vom 28.1.1991, NJW 1991, 1890 = WM 1991, 509 = ZIP 1991, 442, für eine GmbH & Co. KG (der Kläger rügte die Rechtmäßigkeit der Bildung von Rückstellungen).

[32] OLG Brandenburg, Urteil vom 30.4.1997, GmbHR 1997, 796.

[33] OLG Brandenburg, Urteil vom 20.3.1996, GmbHR 1996, 697.

[34] OLG Brandenburg, Urteil vom 30.4.1997, GmbHR 1997, 796, und Urteil vom 20.3.1996, GmbHR 1996, 697; OLG Frankfurt a.M., Urteil vom 30.1.2002, OLGR Frankfurt 2002, 154.

2. Streit über die Gewinnverteilung sowie Gewinnentnahmen und -ausschüttungen

Hinsichtlich der Gewinn*verteilung* existieren sowohl bei den Personengesellschaften als auch der GmbH in der Regel vertragliche Vereinbarungen. Streitigkeiten können hier dann entstehen, wenn solche vertraglichen Bestimmungen nicht eingehalten werden, ausnahmsweise ganz fehlen oder (vor allem in der Personengesellschaft) von einer Gesellschaftergruppe mit der Zeit als unbillig empfunden werden. Letzteres Problem betrifft vor allem Freiberufler-Zusammenschlüsse in der Rechtsform der GbR oder PartG, deren Gesellschaftszweck in der gemeinsamen Berufsausübung der Gesellschafter besteht.[35] Bei den Personen*handels*gesellschaften, vor allem der KG und GmbH & Co. KG, entzünden sich die Streitigkeiten demgegenüber eher an den Voraussetzungen und dem Umfang von Gewinn*entnahmen*. Bei der GmbH besteht das strukturelle Problem der Minderheitsgesellschafter, dass die Realisierung ihrer Gewinnansprüche einen vorhergehenden Ergebnisverwendungsbeschluss („Ausschüttungsbeschluss") der Gesellschafter voraussetzt, so dass sie im ungünstigen Fall und bei Fehlen schützender Satzungsregelungen durch die Gesellschaftermehrheit (durch Blockade solcher Ausschüttungsbeschlüsse) „ausgehungert" werden können.

379

a) Gewinnverteilung und Gewinnentnahmen in den Personengesellschaften

aa) Gesetzliche und vertragliche Regelung sowie nachträgliche Anpassung der Gewinnverteilung

(1) Vertragliche Regelungen

Die Gewinnverteilung richtet sich bei der GbR, PartG, OHG, KG und GmbH & Co. KG vorrangig nach den Bestimmungen im **Gesellschaftsvertrag**. Die gesetzlichen Bestimmungen zur Gewinnverteilung sind bei den Personengesellschaften – in den Grenzen der guten Sitten gemäß § 138 BGB – vollständig dispositiv.[36] Verbreitet ist vor allem die Regelung, wonach bei der Gesellschaft ein rechnerisches „Festkapital" gebildet wird, das z.B. der Summe der Einlagen entspricht und an dem jeder Gesellschafter einen bestimmten Anteil („**Kapitalanteil**") hält. Die Ergebnisbeteiligung jedes Gesellschafters richtet sich dann nach dem Verhältnis dieser festen Kapitalanteile zueinander bzw. dem Verhältnis jedes einzelnen „Festkapitalanteils" zum gesamten „Festkapital" am Bilanzstichtag. Verbreitet ist ferner die Regelung, wonach dem oder den geschäftsführenden Gesellschafter(n) ein Teil des Gewinns in Form eines „Gewinnvoraus" als Tätigkeitsvergütung zusteht. In Gesellschaften, in denen sich die Gesellschafter zur

380

---

[35] Vgl. zu dieser Problematik der interessengerechten Gewinnverteilungsabrede in Freiberufler-Sozietäten, die im Rahmen des vorliegenden Buches nicht tiefergehend erörtert werden kann, auch unter Rn. 597 (betreffend Gestaltungsmöglichkeiten für Vergleichsvereinbarungen bei Streitigkeiten über Gewinnverteilung und Gewinnentnahmen).

[36] BGH, Urteil vom 14.3.1990, NJW-RR 1990, 736 = WM 1990, 877 (für eine Ehegatten-Innen-GbR).

gemeinsamen, gleichberechtigten Berufsausübung zusammengeschlossen haben, werden die Gewinne demgegenüber eher nach Köpfen, in Abhängigkeit von der Dauer der Zugehörigkeit zur Gesellschaft, nach den individuellen Leistungs- und Erfolgsbeiträgen oder aber aufgrund einer Kombination dieser Kriterien aufgeteilt.

381 Vorrang vor der gesetzlichen Gewinnverteilungsregelung haben nicht nur ausdrückliche Vertragsbestimmungen, sondern auch **stillschweigende Vereinbarungen** unter den Gesellschaftern, die sich aus den gesamten tatsächlichen Umständen des Gesellschaftsverhältnisses und den sonstigen vertraglichen Bestimmungen ergeben. Der **Gesellschaftsvertrag** ist im Hinblick auf eine Absprache zur Gewinn- und Verlustverteilung ggf **auch ergänzend auszulegen**.

382 Nach Auffassung des BGH[37] ergeben sich z.B. wesentliche **Indizien** dafür, dass die Gesellschafter stillschweigend von einer kopfteiligen Gewinn- und Verlustverteilung vertraglich abgewichen sind, wenn sie unterschiedlich hohe Beiträge in Form eines unterschiedlich hohen Einsatzes von Vermögenswerten leisten. Ferner können für die stillschweigende, vom (gesetzlichen) **Kopfteilprinzip abweichende Gewinn- und Verlustverteilung** etwa deutlich unterschiedliche Tätigkeitsbeiträge sprechen. Der BGH hat in der genannten Entscheidung allerdings nicht selbst entschieden, sondern an das Berufungsgericht zurückverwiesen. Sofern der Gesellschaftsvertrag keinerlei Regelungen zur Gewinnverteilung enthält, dürfte eine vom Gesetz abweichende, stillschweigende Gewinnverteilungsabrede unter den Gesellschaftern daher nur in seltenen Ausnahmefällen anzunehmen sein, wenn sich nach den tatsächlichen Umständen eindeutige Anhaltspunkte für eine schlüssige, individuelle Vereinbarung ergeben.

383 Die Vereinbarungen im Gesellschaftsvertrag zur Ergebnisverteilung können zudem durch **langjährige Übung stillschweigend abgeändert** werden.[38] Durch die stillschweigende Abänderung der Vereinbarungen zur Ergebnisverteilung wird dann zugleich eine im Gesellschaftsvertrag vorgesehene **Schriftformklausel**, wonach Änderungen des Gesellschaftsvertrags nur schriftlich erfolgen können, stillschweigend **aufgehoben**.[39] Etwas anderes gilt nur im Falle einer „doppelten Schriftformklausel", wenn laut Gesellschaftsvertrag auch die Aufhebung des Schriftformerfordernisses selbst bei Änderungen des Vertrags der Schriftform bedarf.[40]

(2) Gesetzliche Regelung

384 Sofern und soweit vertragliche Regelungen zur Gewinnverteilung fehlen, gelten folgende gesetzliche Bestimmungen:

- In der **GbR** und der **PartG** werden Gewinne (und auch Verluste[41]) nach der gesetzlichen Regelung **nach Köpfen** verteilt (§ 722 Abs. 1 und Abs. 2 BGB).

---

[37] Urteil vom 14.3.1990, NJW-RR 1990, 736 = WM 1990, 877.

[38] Vgl. z.B. BGH, Urteil vom 17.1.1966, NJW 1966, 826 = WM 1966, 159 = BB 1966, 304, für eine OHG, bei der „*vorbehaltlos und widerspruchslos über 20 Jahre lang der Gewinn nach einem bestimmten vom Gesellschaftsvertrag abweichenden Schlüssel verteilt*" worden war.

[39] BGH, Urteil vom 17.1.1966, NJW 1966, 826 = WM 1966, 159 = BB 1966, 304.

[40] Vgl. zur „doppelten Schriftformklausel" z.B. BGH, Urteil vom 2.6.1976, BGHZ 66, 378 = WM 1976, 717 (str).

[41] Sofern und soweit auf einen GbR/PartG-Gesellschafter Verluste entfallen, hat er diese nach der

III. Streit über Jahresabschluss und Gewinn 209

- Bei der **OHG** orientiert sich die Gewinnverteilung von Gesetzes wegen zunächst an dem **variablen Kapitalanteil** jedes Gesellschafters (vgl. hierzu näher unter Rn. 363). Sofern ausreichend Gewinn erwirtschaftet wurde, erhält jeder Gesellschafter in einem ersten Schritt 4 % des Betrags seines Kapitalanteils zum Ende des betreffenden Geschäftsjahres (§ 121 Abs. 1 S. 1 HGB). Hinzugerechnet wird – je nach Höhe des Gewinns – ein Betrag von bis zu 4 % der vom Gesellschafter im abgelaufenen Geschäftsjahr gemachten Einlagen, abzüglich des Betrags der zu Lasten des variablen Kapitals vorgenommenen Entnahmen, jeweils zeitanteilig für den Zeitraum seit Einlage oder Entnahme im abgelaufenen Geschäftsjahr (§ 121 Abs. 2 HGB). Der verbleibende Gewinn ist **nach Köpfen** zu verteilen (§ 121 Abs. 3 HGB).[42]
- Bei der **KG** und der **GmbH & Co. KG** gelten für die persönlich haftenden Gesellschafter (**Komplementäre**) die Ausführungen zu den OHG-Gesellschaftern entsprechend. Die **Kommanditisten** erhalten von Gesetzes wegen ebenso wie die persönlich haftenden Gesellschafter zunächst den Vorzugsgewinnanteil gemäß § 121 Abs. 1 und Abs. 2 HGB, also eine „Verzinsung" ihres variablen, positiven Kapitalanteils sowie des positiven Saldos ihrer Einlagen und Entnahmen des vergangenen Geschäftsjahres in Höhe von bis zu 4 % dieser Bemessungsgrundlagen (§ 168 Abs. 1 HGB). Der übersteigende Gewinn wird nicht wie bei den persönlich haftenden Gesellschaftern nach Köpfen verteilt, sondern in einem „angemessenen Verhältnis"[43] (§ 168 Abs. 2 HGB). Das „angemessene Verhältnis" betrifft dabei die Relation zu den persönlich haftenden Gesellschaftern, die als Haftungsvergütung und für die Geschäftsführung einen Voraus vor den Kommanditisten erhalten sollen. Die Verteilung des dann verbleibenden (Mehr-)Gewinns erfolgt grds. nach variablen Kapitalanteilen.[44] Die vom Gesetz für die Kommanditgesellschaften vorgesehene Gewinnverteilung ist naheliegenderweise recht konflikträchtig. Trotzdem existiert kaum Rechtsprechung, da die Ergebnisverteilung gerade bei Personenhandelsgesellschaften im absoluten Regelfall vertraglich festgelegt ist.

---

gesetzlichen Regelung im Gesellschaftsverhältnis erst bei Beendigung der Gesellschaft auszugleichen, §§ 707, 735 BGB.

[42] Gleiches – also Verteilung nach Köpfen – gilt für die Verluste eines Geschäftsjahres, § 121 Abs. 3 HGB. Wie bei der GbR müssen Verluste im Gesellschaftsverhältnis ebenfalls erst bei Beendigung der Gesellschaft ausgeglichen und nicht durch Nachschüsse glattgestellt werden (§§ 707 BGB, 105 Abs. 3 HGB). Die Verlustanteile eines Geschäftsjahres mindern jedoch den variablen Kapitalanteil.

[43] Der Verlust wird ebenfalls und vollständig in einem nach den Umständen „angemessenen Verhältnis" auf die Gesellschafter der KG bzw. GmbH & Co. KG aufgeteilt (§ 168 Abs. 2 HGB). „Angemessen" ist im Zweifel eine Aufteilung nach dem Verhältnis der variablen Kapitalanteile aller Gesellschafter zueinander. Verluste, die dem Kommanditisten zugeschrieben werden, mindern wie beim Komplementär den variablen Kapitalanteil. Anders als den Komplementär trifft den Kommanditisten bei Beendigung der Gesellschaft oder bei seinem Ausscheiden eine Verlustausgleichspflicht jedoch nur bis zum Betrag seines variablen Kapitalanteils und seiner noch rückständigen Einlage, ein zu diesem Zeitpunkt negativer Kapitalanteil muss also nicht durch einen Nachschuss ausgeglichen werden (§ 167 Abs. 3 HGB).

[44] Vgl. nur Baumbach/Hopt/*Roth*, § 168, Rn. 2.

(3) Nachträgliche Anpassung von Gewinnverteilungsabreden

385   In Ausnahmefällen kann sich ein Anspruch eines Gesellschafters oder einer Gesellschaftergruppe auf Anpassung der vertraglichen Gewinnverteilungsabrede ergeben, sofern diese durch eine Veränderung der Umstände seit Abschluss des Gesellschaftsvertrags grob unbillig geworden ist. Entsprechende Anpassungsansprüche auf Änderung des Gesellschaftsvertrags gegenüber den Mitgesellschaftern lassen sich entweder auf die **Geschäftsgrundlagenlehre**, also auf § 313 BGB, oder auf die **gesellschafterliche Treuepflicht** stützen.[45] Die Mitgesellschafter sind hinsichtlich der Gewinnverteilung dann zu einer Vertragsanpassung wegen Änderung bzw. Störung der Geschäftsgrundlage verpflichtet, wenn sich die subjektive oder die objektive Geschäftsgrundlage der Gewinnverteilungsabrede im Gesellschaftsvertrag nach Vertragsabschluss schwerwiegend geändert hat, diese Änderung nicht von den die Vertragsanpassung verlangenden Gesellschaftern aufgrund vertraglicher oder normativer Risikozuweisung (insbesondere wegen Vorhersehbarkeit) zu tragen ist und die bestehende Vertragsabrede deshalb unter Berücksichtigung auch aller sonstigen Umstände des Einzelfalls nicht mehr zumutbar ist (§ 313 Abs. 1 BGB). Der Anpassungsanspruch eines Gesellschafters lässt sich alternativ ggf auf die gesellschafterliche Treuepflicht stützen, wenn ein Gesellschafter durch die Gewinnverteilungsabrede aufgrund veränderter Verhältnisse grob unbillig benachteiligt wird und die Anpassung den Mitgesellschaftern zumutbar ist[46]. Die Verletzung des Gleichbehandlungsgebots begründet indessen für sich keinen Anpassungsanspruch hinsichtlich der Ergebnisverteilungsabrede, da der Gleichbehandlungsgrund-

---

[45] Vgl. nur OLG Stuttgart, Urteil vom 16.5.2007, NZG 2007, 745, mit umfangreichen Nachweisen zu Rechtsprechung und Schrifttum. Das OLG Stuttgart lehnte in diesem Urteil den Anpassungsanspruch des Partners einer Rechtsanwaltssozietät hinsichtlich der gesellschaftsvertraglichen Gewinnverteilung im Ergebnis ab. Die klagenden Rechtsanwälte hatten eine Erhöhung ihres Gewinnanteils gefordert, da sie sich durch das in der Kanzlei geltende Lockstep-System (Gewinnverteilung über ein Punktesystem in Abhängigkeit von der Dauer der Sozietätszugehörigkeit) wegen besonders hoher, eigener Gewinnbeiträge ihres Kanzlei-Standortes unangemessen benachteiligt fühlten. Nach Auffassung des OLG Stuttgart hatten die Kläger indessen bereits keine relevante Störung oder Veränderung der vertraglichen Geschäftsgrundlage dargelegt. Außerdem sei die Auseinanderentwicklung von Gewinnbeiträgen und Anteilen der verschiedenen Standorte der Kanzlei zum Zeitpunkt des letzten Neuabschlusses des Sozietätsvertrags vorhersehbar, ja sogar bereits im Gange gewesen. Den Klägern könne zudem eine Beibehaltung der aktuellen Gewinnverteilungsabrede für die restliche Vertragslaufzeit (fünf Jahre) zugemutet werden. Auch unter dem Gesichtspunkt der gesellschafterlichen Treuepflicht ergebe sich kein Recht auf Vertragsanpassung. Der Anpassungsanspruch sei schließlich nicht wegen Verletzung des Gleichbehandlungsgrundes begründet, da dieser (durch die vertragliche Ergebnisverteilung) abdingbar sei.

[46] Vgl. z.B. BGH, Urteil vom 11.12.2006, NZG 2007, 185 = NJW 2007, 917 = GmbHR 2007, 260, betreffend den zusätzlichen Vergütungsanspruch eines geschäftsführenden Gesellschafters, dessen Mehrleistung *„vernünftigerweise nur gegen eine gesonderte Vergütung zu erwarten war"*; vgl. auch BGH, Urteil vom 19.11.1984, NJW 1985, 972 = GmbHR 1985, 188, betreffend die Zustimmungspflicht zur Änderung des Gesellschaftsvertrags bei einer Personengesellschaft (Publikums-KG), *„wenn die rechtsbeeinträchtigende Vertragsänderung einerseits mit Rücksicht auf das Gesellschaftsverhältnis, insbesondere zur Erhaltung des im Rahmen des Gesellschaftsverhältnisses Geschaffenen, erforderlich und andererseits für den Gesellschafter bei Berücksichtigung der Belange des Ganzen zumutbar ist"*. Vgl. zur gesetzlichen Zustimmungsverpflichtung aufgrund gesellschaftlicher Treuepflichten näher unter Rn. 57 f.

satz vertraglich abdingbar ist.[47] Zusammenfassend dürfte ein durchsetzbarer Anpassungsanspruch bei der Ergebnisverteilung nur in extrem gelagerten Fällen begründet sein. Am ehesten denkbar ist die Durchsetzung eines (vertraglich nicht vorgesehenen) Gewinnvorabs für einen geschäftsführenden Gesellschafter, der im Rahmen der Geschäftsführung einen deutlich höheren oder gar den alleinigen Tätigkeitsbeitrag leistet (im Verhältnis zu den nicht geschäftsführenden Mitgesellschaftern, insbesondere Kommanditisten).[48]

bb) Entnahmebeschränkungen und Überentnahmen

Bei „Entnahmen" handelt es sich in Personengesellschaften um jede Art der Vermögenszuwendung der Gesellschaft an ihren Gesellschafter (bei der Personenhandelsgesellschaft zu Lasten des variablen Kapitalanteils des Gesellschafters), also insbesondere um Auszahlungen (§ 122 Abs. 1 S. 1 HGB spricht von dem „*Erheben*" von Geld „*aus der Gesellschaftskasse*"). Die entsprechenden Zuwendungen bzw. Auszahlungen werden durch die geschäftsführenden Gesellschafter veranlasst. Eigene Entnahmeansprüche können sie durch Auszahlungen zu Lasten des Gesellschaftsvermögens an sich selbst erfüllen.[49] Die nicht an der Geschäftsführung beteiligten Gesellschafter, insbesondere die Kommanditisten in der KG, haben bei **fälligen Entnahmerechten** einen entsprechenden **Auszahlungsanspruch gegen die Gesellschaft**.

386

(1) Gesetzliche Regelung der Entnahmerechte

Sofern und soweit die Entnahmerechte ausnahmsweise nicht im Gesellschaftsvertrag geregelt sind, gilt hinsichtlich der **Entnahme von Gewinnanteilen** nach Feststellung des Jahresabschlusses (bis zur Liquidation der Gesellschaft, während derer Sondervorschriften Anwendung finden) **folgende gesetzliche Regelung**:

387

- Bei der **GbR** und der **PartG** bestehen grundsätzlich **keine Entnahmebeschränkungen**. Jeder Gesellschafter kann nach Feststellung des maßgeblichen Jahresabschlusses die Auszahlung des auf ihn entfallenden Gewinnanteils von der Gesellschaft verlangen oder – als geschäftsführender Gesellschafter – an sich selbst veranlassen.
- Bei der **OHG** geht der Gesetzgeber grundsätzlich davon aus, dass die Gewinnanteile des Gesellschafters seinem variablen Kapitalanteil zugeschrieben werden (§ 120

---

[47] OLG Stuttgart, Urteil vom 16.5.2007, NZG 2007, 745.
[48] Vgl. z.B. Urteil des BGH vom 11.12.2006, NZG 2007, 185 = NJW 2007, 917 = GmbHR 2007, 260, betreffend die Vergütung eines Gesellschafter-Geschäftsführers in der GmbH. Vgl. auch OLG Stuttgart, Urteil vom 16.5.2007, NZG 2007, 745, wonach sich aus dem Treuepflichtgesichtspunkt eine Vertragsanpassung vorrangig dort ableiten lasse, wo es um die Erhöhung oder die Begründung einer Vergütung für den geschäftsführenden Gesellschafter zur Abgeltung seiner persönlichen Haftung und seiner Tätigkeit geht.
[49] Grds. gilt das Verbot des Selbstkontrahierens gemäß § 181 BGB, da der geschäftsführende Gesellschafter bei der Auszahlung sowohl die Gesellschaft (für deren Rechnung die Auszahlung geschieht) als auch sich selbst (als Zahlungsempfänger) vertritt. Sofern der Entnahmeanspruch jedoch voll wirksam, fällig und nicht einredebehaftet ist, wird durch die Auszahlung lediglich eine Verbindlichkeit erfüllt, so dass es sich um ein grundsätzlich zulässiges Insichgeschäft handelt (vgl. nur Palandt/*Ellenberger*, § 181, Rn. 22).

Abs. 2 HGB). Das in § 122 Abs. 1 HGB geregelte Entnahmerecht selbst ist im Übrigen gewinnunabhängig: Jeder Gesellschafter darf bis zu 4% des Betrags seines variablen Kapitalanteils am Ende des vorhergehenden Geschäftsjahres entnehmen und – soweit es nicht zum „offenbaren Schaden der Gesellschaft gereicht" – weitergehend auch den dies übersteigenden Betrag bis zur Höhe des Gewinnanteils des folgenden Geschäftsjahres. Mit Rücksicht darauf erlöschen diese Entnahmerechte für ein Geschäftsjahr jeweils mit der Feststellung des Jahresabschlusses des folgenden Geschäftsjahres.[50] Weitergehende Entnahmen aus dem Gesellschaftsvermögen (etwa die Entnahme von Liquiditätsüberschüssen zu Lasten des variablen Kapitalanteils) sind nur mit Einverständnis der anderen Gesellschafter oder – bei entsprechender Grundlage im Gesellschaftsvertrag – aufgrund Mehrheitsbeschlusses möglich (§ 122 Abs. 2 HGB).

- Bei der **KG** und der **GmbH & Co. KG** gelten die gesetzlichen Bestimmungen zu den Entnahmerechten der OHG-Gesellschafter für die Komplementäre entsprechend. Die **Kommanditisten** haben demgegenüber kein gewinnunabhängiges Entnahmerecht. Ein Kommanditist kann lediglich den ihm (nach Feststellung des Jahresabschlusses) zukommenden Gewinnanteil entnehmen bzw. an sich auszahlen lassen (§ 169 Abs. 1 S. 1 und S. 2 1. HS HGB). Dieser Auszahlungsanspruch besteht allerdings dann nicht, wenn und solange der variable Kapitalanteil des Kommanditisten durch die Zuweisung von Verlusten in Vorjahren unter den Betrag der vereinbarten Pflichteinlage gesunken ist oder durch die Auszahlung unter diesen Betrag herabgemindert würde (§ 169 Abs. 1 S. 2 2. HS HGB). Sofern der Kommanditist zum Zeitpunkt des Gewinnanspruchs demgegenüber seine Pflichteinlage noch nicht vollständig geleistet hat, wird der Gewinn bis zur Erfüllung der Einlageverpflichtung nach der Vorstellung des Gesetzgebers grundsätzlich seinem variablen Kapitalanteil zugeschrieben (§ 167 Abs. 2 HGB); will er den Gewinnanteil trotzdem ausbezahlt erhalten, kann die Gesellschaft mit dem Anspruch auf Einlageleistung aufrechnen. Einmal erhaltene Gewinne muss der Kommanditist wegen späterer Verluste nicht zurückzahlen (§ 169 Abs. 2 HGB).

388 Die **Entnahmerechte** können – vorbehaltlich ohnedies bestehender vertraglicher Einschränkungen – in Ausnahmefällen durch die **gesellschaftsrechtliche Treuepflicht eingeschränkt** sein, nämlich dann, wenn bei Auszahlung aller fälligen Gewinnansprüche an die Gesellschafter ein schwerer, nicht wiedergutzumachender Schaden oder gar die Insolvenz der Gesellschaft droht.[51]

(2) Vertragliche Regelung der Entnahmerechte

389 Die Entnahmerechte der Gesellschafter sind häufig vertraglich geregelt. Die betreffenden Regelungen beziehen sich vorrangig auf die **Auszahlung von Gewinnanteilen**

---

[50] BGH, Urteil vom 3.11.1975, BB 1975, 1605 = WM 1975, 1261.
[51] OLG Bamberg, Urteil vom 17.6.2005, NZG 2005, 808; OLG Nürnberg, Urteil vom 30.1.2013, BB 2013, 321, für die Verpflichtung, in einer Familien-KG der Bildung von Gewinnrücklagen zuzustimmen, „*um das Unternehmen für die Zukunft lebens- und widerstandsfähig zu erhalten.*"

nach Entstehung der Gewinnansprüche durch Feststellung des Jahresabschlusses. Entsprechende Regelungen betreffen das **Auszahlungsprozedere** (also z.B. zunächst Verbuchung eines entstandenen Gewinnanspruchs auf einem „Privat-" oder „Darlehenskonto" des Gesellschafters, von dem dieser dann Guthaben entnehmen darf), die Ermächtigung geschäftsführender Gesellschafter zur monatlichen und ratierlichen Entnahme eines bestimmten Gewinnvorabs als Tätigkeitsvergütung oder vor allem die betragsmäßige oder zeitliche Beschränkung der sonstigen Gewinnentnahmen. Durch den Gesellschaftsvertrag können andererseits **zusätzliche Entnahmeansprüche**, etwa zur Auszahlung eines **Liquiditätsüberschusses**, begründet werden. Das Gesellschaftsvermögen unterliegt – anders als bei den Kapitalgesellschaften – keiner besonderen Kapitalbindung. Die Gesellschafter können sich einstimmig darauf einigen oder – bei entsprechender Regelung im Gesellschaftsvertrag – durch Mehrheitsbeschluss entscheiden, dass ein Liquiditätsüberschuss an die Gesellschafter ausbezahlt wird.[52] Dies gilt auch dann, wenn durch diese Entnahme Einlagen der Kommanditisten ganz oder teilweise an diese zurückgezahlt werden.[53] Vertragliche Regelungen betreffen im Schwerpunkt jedoch **Entnahmebeschränkungen**, insbesondere hinsichtlich der Auszahlung von Gewinnanteilen. Häufig ist im Gesellschaftsvertrag z.B. vorgesehen, dass Gesellschafter zum Schutz des Gesellschaftskapitals bzw. der Liquidität der Gesellschaft Gewinnteile nur zeitlich gestreckt, nur bis zu bestimmten Höchstbeträgen, nur mit Zustimmung der geschäftsführenden Gesellschafter oder nur mit rechtzeitiger Vorankündigung entnehmen dürfen. Das Recht auf Entnahme kann, vorbehaltlich eines abweichenden Zustimmungsbeschlusses im Einzelfall, zeitweilig oder langfristig auch vollständig vertraglich ausgeschlossen werden. Entsprechende Beschränkungen sind in den Grenzen von § 138 BGB zulässig und verbindlich. Andererseits sind solche Bestimmungen grds streitträchtig, da sie mit dem typischerweise bestehenden Interesse der nicht an der Geschäftsführung beteiligten Minderheitsgesellschafter nach einer möglichst weitgehenden Auszahlung ihrer Gewinnanteile kollidieren.[54]

Vertragliche Entnahmebeschränkungen werfen für die betroffenen Gesellschafter weitergehend das Problem auf, dass für Gewinnanteile ggf Ertragsteuern zu bezahlen sind, die angesichts der Entnahmebeschränkung aus dem sonstigem Vermögen des Gesellschafters ausgeglichen werden müssen. Anders als bei der Kapitalgesellschaft hat der Gesellschafter einer Personengesellschaft bereits dann steuerbare Einkünfte, wenn der Gewinnanspruch durch Feststellung des Jahresabschlusses entstanden ist, nicht erst – wie bei der Kapitalgesellschaft – aufgrund Gewinnausschüttung. Sofern der Gesellschaftsvertrag also nicht zumindest die Entnahme der vom Gesellschafter für seine Gewinnanteile zu zahlenden Steuern zulässt (sog. **Steuerentnah-**

390

---

[52] Vgl. z.B. BGH, Urteil vom 21.1.1982, NJW 1982, 2065 = BB 1982, 1015 = WM 1982, 608; BGH, Urteil vom 8.11.1999, NJW 2000, 505 = NZG 2000, 199 = DStR 2000, 34 = BB 2000, 58.

[53] BGH, Urteil vom 21.1.1982, NJW 1982, 2065 = BB 1982, 1015 = WM 1982, 608. In der KG führt eine solche Einlagenrückgewähr an die Kommanditisten zum Wiederaufleben deren persönlichen Haftung für Gesellschaftsverbindlichkeiten, sofern und soweit durch die gewinnunabhängige Entnahme aus der Liquiditätsreserve der Gesellschaft die im Handelsregister eingetragene *Haft*einlage des Kommanditisten zurückgezahlt wird.

[54] Vgl. zur Streitvermeidung durch geeignete Vertragsgestaltung näher unter Rn. 551 ff. sowie zu möglichen Kompromisslösungen im Konfliktfall unter Rn. 595 ff.

merecht), muss er diese Einkommensteuern aus seinem sonstigen Vermögen bezahlen.[55] Das Entnahmerecht in Höhe von Steuerzahlungsverpflichtungen kann in besonders gelagerten Ausnahmefällen allenfalls aus der gesellschafterlichen Treuepflicht hergeleitet werden.[56]

391 Die **Gewinnentnahmerechte** können – ähnlich wie in der GmbH – schließlich **mittelbar eingeschränkt** werden, indem (meist zusammen mit der Feststellung des Jahresabschlusses) beschlossen wird, einen Teil oder den vollständigen Betrag des Jahresüberschusses offenen Gewinnrücklagen der Gesellschaft zuzuführen (**Gewinnthesaurierung**). Eine solche Gewinnthesaurierung bedarf als „bilanzrechtliches Grundlagengeschäft" grds der Zustimmung aller Gesellschafter.[57] Die Gewinnthesaurierung bzw. Bildung offener Gewinnrücklagen kann bei vertraglicher Zulassung von Mehrheitsentscheidungen demgegenüber auch durch Mehrheitsbeschluss erfolgen, etwa im Zusammenhang mit der Feststellung des entsprechenden Jahresabschlusses (vgl. zu den besonderen Voraussetzungen solcher Mehrheitsbeschlüsse unter Rn. 65 ff.). Durch die Möglichkeit des Mehrheitsbeschlusses können (die überstimmten) Minderheitsgesellschafter benachteiligt werden, da deren Entnahmeansprüche durch die Rücklagenbildung effektiv eingeschränkt werden. Die betreffende Entscheidung über die Rücklagenbildung steht daher nicht im freien Belieben eines jeden Gesellschafters. Die Gesellschafter sind **bei diesem Ergebnisverwendungsbeschluss** vielmehr durch **die gesellschaftsrechtliche Treuepflicht gebunden**: Die Ausschüttungsinteressen der einzelnen Gesellschafter sind – so der BGH im Urteil vom 29.3.1996[58] – gegenüber dem Bedürfnis der Selbstfinanzierung und Zukunftssicherung der Gesellschaft abzuwägen.

392 Es besteht – so der BGH – **kein allgemeiner Vorrang der Thesaurierungsinteressen der Gesellschaft** vor den Ausschüttungs- und Entnahmeinteressen der Gesellschafter, zumal das Gesetz grds von einem *„Vollausschüttungsanspruch des Gesellschafters"* ausgeht. Die Thesaurierung von Gewinnen sei daher nur dann gegen den Willen der Minderheitsgesellschafter durchsetzbar, wenn sich die Bildung von Rücklagen als erforderlich erweist, um das Unternehmen für die Zukunft lebens- und widerstandsfähig zu erhalten.[59] Allerdings hat die Minderheit im Einzelfall den Nachweis einer treupflichtwidrigen Mehrheitsentscheidung zu führen (nicht die Mehrheit muss im Rechtsstreit den Nachweis einer sachlichen Rechtfertigung des Thesaurierungsbeschlusses erbringen).[60] Falls durch die Thesaurierungsentscheidung im Zusammenhang mit der Feststellung des Jahresabschlusses nach Maßgabe vorstehender Kriterien berechtigte Ausschüttungsinteressen einzelner Minderheitsgesellschafter treuwidrig missachtet wurden, sind die betreffenden Stimm-

---

[55] BGH, Urteil vom 29.3.1996, BGHZ 132, 263 = NJW 1996, 1678 = GmbHR 1996, 456 = BB 1996, 1105, wonach die „Zubilligung" eines Steuerentnahmerechts grundsätzlich einer besonderen Regelung im Gesellschaftsvertrag bedarf.
[56] BGH, Urteil vom 29.3.1996, BGHZ 132, 263 = GmbHR 1996, 456 = BB 1996, 1105, mit umfangreichen Nachweisen zur Rechtsprechung und dem Meinungsstand im Schrifttum.
[57] BGH, Urteil vom 29.3.1996, BGHZ 132, 263 = GmbHR 1996, 456 = BB 1996, 1105; offen gelassen vom BGH im Urteil vom 15.1.2007, „OTTO", BGHZ 170, 283 = NZG 2007, 259 = GmbHR 2007, 437.
[58] BGHZ 132, 263 = GmbHR 1996, 456 = BB 1996, 1105.
[59] BGH, Urteil vom 29.3.1996, BGHZ 132, 263 = GmbHR 1996, 456 = BB 1996, 1105; BGH, Urteil vom 15.1.2007, „OTTO", BGHZ 170, 283 = NZG 2007, 259 = GmbHR 2007, 437; BGH, Beschluss vom 7.7.2008, DStR 2009, 1544. Falls eine solche Rücklagenbildung für die Zukunftssicherung des Unternehmens dringend erforderlich ist, kann sich aufgrund Treuepflicht andererseits auch eine Zustimmungsverpflichtung zur Gewinnthesaurierung ergeben, vgl. OLG Nürnberg, Urteil vom 30.1.2013, BB 2013, 321.
[60] BGH, Urteil vom 15.1.2007, „OTTO", BGHZ 170, 283 = NZG 2007, 259 = GmbHR 2007, 437.

abgaben (durch die Mehrheitsgesellschafter) und damit der Thesaurierungs- oder Feststellungsbeschluss unwirksam.

(3) Unterbindung und Rückzahlung von Überentnahmen bzw. unberechtigten Entnahmen

Es ist nicht unüblich, dass geschäftsführende Gesellschafter unberechtigte oder überhöhte Entnahmen aus dem Gesellschaftsvermögen zu ihren Gunsten vornehmen. Abgesehen von Untreuehandlungen ist dies etwa dann denkbar, wenn ein Geschäftsführer Gesellschaftervergütungen, die ihm aus seiner Sicht zustehen, rechtswidrig entnimmt oder Gewinnanteile an sich auszahlt, obwohl die entsprechenden Auszahlungsansprüche mangels Feststellung des Jahresabschlusses noch gar nicht entstanden sind. In solchen Fällen unberechtigter Entnahmen oder zu hoher Entnahmen kann grds **jeder Gesellschafter** vom betreffenden Gesellschafter die **Rückzahlung** an die Gesellschaft verlangen und diesen Rückzahlungsanspruch der Gesellschaft mittels entsprechender Zahlungsklage durchsetzen. Falls die Prozessvertretung der Gesellschaft ausscheidet, z.B. weil der Gesellschafter nicht (allein) vertretungsberechtigt ist, kommt subsidiär eine Gesellschafterklage (**actio pro socio**) in Betracht, also die eigene Klageerhebung des Gesellschafters auf Leistung an die Gesellschaft (vgl. unter Rn. 787 f.). Bei **Wiederholungsgefahr** kann die **unberechtigte Entnahme** nach Maßgabe vorstehender Regelungen durch jeden Gesellschafter analog § 1004 BGB auch im Wege der Unterlassungsklage (und in Eilfällen mittels einstweiliger Verfügung) **unterbunden** werden.[61]

393

b) Gewinnverteilung und Gewinnausschüttung in der GmbH
aa) Gewinnverteilung laut Gesetz und Satzung

Gewinne werden in der GmbH nach der **gesetzlichen Regelung** grundsätzlich im **Verhältnis der Geschäftsanteile** der Gesellschafter zueinander verteilt (§ 29 Abs. 3 S. 1 GmbHG).[62] Die gesetzliche Regelung ist jedoch vollständig dispositiv; in der **Satzung** können abweichende Vereinbarungen zur Gewinnverteilung getroffen werden (§ 29 Abs. 3 S. 2 GmbHG). Hierbei ist eine Vielzahl möglicher, von der gesetzlichen Regelung abweichender Gestaltungen denkbar, etwa die Gewinnverteilung nach Köpfen, die Gewinnverteilung in Abhängigkeit von bestimmten Lieferungen der Gesellschafter an die Gesellschaft in einem Geschäftsjahr, der zeitweilige Ausschluss einer Gewinnbeteiligung[63] oder die Begünstigung einzelner Gesellschafter durch Vorzugsdividende.[64] Der die gesetzlichen Vorschriften modifizierende Verteilungsmaßstab kann auch nachträglich **durch Satzungsänderung eingeführt** werden, wobei dies durch

394

---

[61] Vgl. hierzu unter Rn. 774 ff. und 787 ff.
[62] An Verlusten sind die GmbH-Gesellschafter, vorbehaltlich einer abweichenden Satzungsregelung, demgegenüber nicht beteiligt. Verluste eines Geschäftsjahres werden auf das folgende Jahr übertragen (sog. Verlustvortrag) und sodann in den Folgejahren mit etwaigen Gewinnen der Gesellschaft verrechnet.
[63] Vgl. z.B. BGH, Urteil vom 14.7.1954, BGHZ 14, 264.
[64] Bei einer disquotalen, vom Verhältnis der Geschäftsanteile abweichenden Gewinnverteilung, können sich allerdings Probleme hinsichtlich der Anerkennung seitens der Finanzbehörden bei der Kapitalertragsteuer geben. Dies gilt insbesondere dann, wenn sich die Gesellschafter bei einer Ergebnisverwendung ohne

qualifizierten Mehrheitsbeschluss nur möglich ist, wenn der Gleichbehandlungsgrundsatz gewahrt wird, die durch die Satzungsänderung benachteiligten Gesellschafter zustimmen und die geänderte Gewinnverteilung gemessen am Gesellschaftsinteresse und den Interessen der künftig benachteiligten Gesellschafter erforderlich und verhältnismäßig ist.[65]

bb) Beschlussfassung über die Ergebnisverwendung und „Aushungern" von Minderheitsgesellschaftern

(1) Gesetzliche und vertragliche Grundlagen

395 Der Gewinnauszahlungsanspruch eines GmbH-Gesellschafters gegen die Gesellschaft entsteht (vorbehaltlich abweichender Satzungsbestimmungen) grundsätzlich erst, wenn nach Feststellung des Jahresabschlusses ein **Beschluss** über die **Ausschüttung** des im Jahresabschluss ausgewiesenen **Jahresüberschusses** oder **Bilanzgewinns** gefasst worden ist („**Ergebnisverwendungsbeschluss**"), §§ 29 Abs. 2, 46 Nr. 1 GmbHG. Erst mit diesem Ergebnisverwendungsbeschluss ergibt sich ein unmittelbarer Auszahlungsanspruch des einzelnen Gesellschafters gegenüber der GmbH, der je nach dem im Verwendungsbeschluss selbst festgesetzten Fälligkeitszeitpunkt und unter Beachtung des Gebots der Stammkapitalerhaltung gemäß § 30 Abs. 1 GmbHG gegenüber dem Gesellschafter erfüllt werden muss.

Bei der unterjährigen **Vorabausschüttung** erwarteter Gewinne handelt es sich um keine Ergebnisverwendung, sondern um die Entnahme von Gesellschaftsvermögen. Eine solche Maßnahme ist auch ohne Satzungsgrundlage durch einstimmigen Gesellschafterbeschluss möglich, sofern zumindest das zur Stammkapitalerhaltung erforderliche Vermögen bei der Gesellschaft verbleibt (§ 30 Abs. 1 GmbHG).[66] Sofern die Satzung demgegenüber verbindliche Regelungen über die Ergebnisverwendung enthält (etwa zur Bildung von Gewinnrücklagen aus einem Teil des Jahresüberschusses), dürfte der Entnahmebeschluss als „zustandsbegründende" Satzungsdurchbrechung bei Fehlen notarieller Beurkundung nichtig sein; vgl. hierzu näher unter Rn. 397.

396 **Gegenstand des Ergebnisverwendungsbeschlusses** ist rglm der im festgestellten Jahresabschluss ausgewiesene **Jahresüberschuss** zuzüglich eines Gewinnvortrags und abzüglich eines Verlustvortrags der Gesellschaft (§§ 29 Abs. 1 S. 1, 46 Nr. 1 GmbHG). Falls die Bilanz selbst bereits Aussagen zur teilweisen oder vollständigen Verwendung des Jahresüberschusses, einschließlich der Gewinn- oder Verlustvorträge, trifft oder Rücklagen aufgelöst wurden, bezieht sich der Ergebnisverwendungsbeschluss nicht auf den Jahresüberschuss, sondern auf den in der Bilanz ausgewiesenen „**Bilanzgewinn**" (§§ 29 Abs. 1 S. 2 GmbHG, 268 Abs. 1 HGB)[67], § 29 Abs. 1 GmbHG. Von dieser Verwen-

---

entsprechende Satzungsgrundlage zu einer disquotalen, von dem Verhältnis der Geschäftsanteile abweichenden Gewinnverteilung entschließen.

[65] Vgl. zu diesen Wirksamkeitsschranken näher in Baumbach/Hueck, § 29, Rn. 37; Scholz/*Emmerich*, § 29, Rn. 30; Michalski/*Salje*, § 29, Rn. 38; Lutter/Hommelhoff, § 29, Rn. 39; jeweils mwN.
[66] BGH, Urteil vom 12.12.1983, NJW 1984, 1037 = ZIP 1984, 170 = DB 1984, 340.
[67] Vgl. zu den Begriffen „Jahresüberschuss" und „Bilanzgewinn" auch unter Rn. 361.

dungsmasse können sich **Abzugsposten** ergeben, nämlich die nach Gesetz oder Satzung gebundenen Beträge oder zusätzlicher Aufwand aufgrund des Ergebnisverwendungsbeschlusses.[68] Der Ergebnisverwendungsbeschluss wird (vorbehaltlich einer abweichenden Satzungsregelung) durch die **Gesellschafterversammlung mit einfacher Stimmenmehrheit** gefasst, §§ 46 Nr. 1, 47 Abs. 1 GmbHG. Der Jahresüberschuss kann (wiederum vorbehaltlich einer Satzungsregelung) im Wesentlichen wie folgt **verwendet** werden: **Einstellung in Gewinnrücklagen** (also Thesaurierung von Gewinnen im Eigenkapital bis zu einer späteren Auflösung der Rücklage) oder teilweiser bzw. vollständiger **Vortrag des Gewinnes** auf das nächste Geschäftsjahr (mit der Folge, dass der Überschuss im Umfang des Gewinnvortrags ebenfalls zunächst bei der Gesellschaft verbleibt, ohne gesonderten Auflösungsbeschluss jedoch zu einem späteren Zeitpunkt verteilt werden kann) oder **Verteilung („Ausschüttung")** an die Gesellschafter entsprechend dem vertraglichen oder (subsidiär) dem gesetzlichen Verteilungsmaßstab, §§ 29 Abs. 2, 29 Abs. 1, 29 Abs. 3 S. 1 GmbHG.[69]

Die gesetzliche Regelung ist auch hinsichtlich der Ergebnisverwendung dispositiv. Die **Satzung** kann abweichende Regelungen hinsichtlich der **Zuständigkeit für den Ergebnisverwendungsbeschluss** und hinsichtlich des **Verfahrens** vorsehen. Die Beschlussfassung über die Ergebnisverwendung kann z.B. auf einen Aufsichtsrat, Beirat oder Gesellschafterausschuss verlagert werden; Verfahrensregeln können z.B. eine Verbindung der Beschlussfassung über Jahresabschluss und Ergebnisverwendung vorschreiben oder qualifizierte Mehrheitserfordernisse anordnen.[70] In der Praxis verbreitet sind vor allem Satzungsbestimmungen über den **Inhalt der Ergebnisverwendung**, also Vertragsklauseln, aufgrund derer die Gewinnausschüttung zeitweise oder dauernd ausgeschlossen wird[71] oder bestimmte Verteilungsmaßstäbe zwischen Ausschüttungsbetrag und Reservenbildung (Gewinnthesaurierung durch Rücklagenbildung) vorgesehen werden. Entsprechende Satzungsbestimmungen zur Ergebnisverwendung können auch nachträglich durch **Satzungsänderung** eingeführt werden.[72] Ein Ergebnisverwendungsbeschluss, der von einer Satzungsbestimmung abweicht, ist als **Satzungsdurchbrechung** mit Dauerwirkung (und damit „echte" Satzungsänderung) nichtig, wenn er trotz Zustimmung der gemäß § 53 Abs. 2 GmbHG mindestens erforderlichen Gesellschaftermehrheit (drei Viertel der abgegebenen Stimmen) nicht gemäß § 53 Abs. 2

397

---

[68] Vgl. zu diesem Abzugsposten und einem etwaigen „zusätzlichen Aufwand" aufgrund des Ergebnisverwendungsbeschlusses z.B. Baumbach/Hueck, § 29, Rn. 15 bis 17.

[69] Für Altgesellschaften, die vor dem 1.1.1986 eingetragen worden sind, gelten (vorbehaltlich der ohnedies vorrangigen Satzungsbestimmungen) teilweise abweichende gesetzliche Regelungen. Vgl. hierzu nur Baumbach/Hueck, 18. Aufl., § 29, Rn. 97; Scholz/*Verse*, § 29, Rn. 8; Lutter/Hommelhoff, § 29, Rn. 59, unter Verweis auf die Kommentierung in der 16. Aufl., § 29, Rn. 59 ff.

[70] Vgl. für mögliche Gestaltungsvarianten nur Baumbach/Hueck, § 29, Rn. 46; Scholz/*Verse*, § 29, Rn. 40 f.; Michalski/*Salje*, § 29, Rn. 78 ff.

[71] Vgl. zur Zulässigkeit einer solchen Satzungsbestimmung z.B. BGH, Urteil vom 14.7.1954, BGHZ 14, 264.

[72] Vgl. zu den Wirksamkeitsschranken solcher nachträglicher Satzungsänderungen, die Einfluss auf die Gewinnverteilung oder Ergebnisverwendung nehmen, oben, unter Rn. 394.

S. 1 GmbH notariell beurkundet und gemäß § 54 GmbHG in das Handelsregister eingetragen worden ist.[73]

397a Der BGH unterscheidet bei Beschlüssen, die im Widerspruch zu Satzungsregelungen stehen und somit eine „Satzungsdurchbrechung" bedeuten, zwischen sog. **„punktuellen"** und **„zustandsbegründenden" Satzungsdurchbrechungen**.[74] Eine „punktuelle" Satzungsdurchbrechung liege demnach vor, wenn sich die Wirkung des betreffenden Beschlusses in einer konkreten Maßnahme erschöpft, also keinen von der Satzung abweichenden rechtlichen Zustand begründet. Sofern alle Gesellschafter zugestimmt haben, ist fraglich, ob der betreffende Beschluss wegen des Satzungsverstoßes überhaupt anfechtbar ist.[75] Sei die Satzungsdurchbrechung demgegenüber „zustandsbegründend", entfalte sie über den Einzelfall hinaus also „Dauerwirkung", sei sie – so der BGH – nichtig, falls nicht die für Satzungsänderungen gemäß § 53 Abs. 2 S. 1 GmbHG geltenden Formvorschriften (notarielle Beurkundung) eingehalten worden sind.[76] Da satzungsdurchbrechende Gewinnverwendungsbeschlüsse nach Auffassung des OLG Dresden[77] generell Dauerwirkung entfalten, bedürften sie zu ihrer Wirksamkeit auch bei Zustimmung aller Gesellschafter der notariellen Beurkundung und der Eintragung in das Handelsregister.

398 Da die Gewinnansprüche bzw. die entsprechenden Auszahlungsansprüche des Gesellschafters gegen die GmbH (vorbehaltlich einer abweichender Satzungsbestimmung) erst mit dem Ergebnisverwendungsbeschluss entstehen, kann die betreffende **Beschlussfassung** von jedem Gesellschafter, unabhängig vom Umfang seiner Beteiligung, notfalls durch **Klage durchgesetzt** werden.[78] Anspruchsgrundlage ist der gesetzliche Gewinnausschüttungsanspruch jedes Gesellschafters nach § 29 Abs. 1 GmbHG. Die Klage ist gegen die Gesellschaft zu richten. Im Klageantrag muss ein bestimmter Ergebnisverwendungsbeschluss angegeben sein, so dass das stattgebende Urteil diesen inhaltlich ersetzen kann. Die praktische Bedeutung dieses im Schrifttum mehrheitlich postulierten Klagerechts scheint allerdings gering, da soweit ersichtlich bisher keine einschlägigen (und veröffentlichten) Urteile existieren. Dies mag daran liegen, dass Minderheitsgesellschafter (oder eine Gruppe von Gesellschaftern), die wenigstens über 10 % der Geschäftsanteile verfügen, zumindest die Beschlussfassung über die Feststellung des Jahresabschlusses und die Ergebnisverwendung auch nach § 50 GmbHG erzwingen können. Sofern der dergestalt durchgesetzte Beschluss treuwidrig ihre Rechte verletzt (vgl. hierzu unter Rn. 400 ff.), besteht die weitere Möglichkeit, den betreffenden Beschluss anzufechten und sodann mit einer Beschlussfeststellungsklage den inhaltlich „richtigen" Feststellungs- bzw. Ergebnisverwendungsbeschluss zu erzwingen.

---

[73] OLG Dresden, Beschluss vom 9.11.2011, NZG 2012, 507 = GmbHR 2012, 213.

[74] Urteil vom 7.6.1993, BGHZ 123, 15 = GmbHR 1993, 497 = BB 1993, 1474.

[75] Vom BGH offengelassen im Urteil vom 7.6.1993, BGHZ 123, 15 = GmbHR 1993, 497 = BB 1993, 1474.

[76] AA vor allem *Zöllner/Noack* in Baumbach/Hueck, § 53, Rn. 48, wonach diese Differenzierung zwischen zustandsbegründenden und nur punktuell wirkenden Beschlüssen unrichtig ist und ein Gesellschafterbeschluss, der gegen die Satzung verstößt, nicht allein deshalb nichtig, sondern nur fristgebunden anfechtbar ist.

[77] Beschluss vom 9.11.2011, NZG 2012, 507 = GmbHR 2012, 213.

[78] Str., heute wohl aber hM im Schrifttum. Vgl. Ulmer/Habersack/Winter, § 29, Rn. 71; Scholz/*Verse*, § 29, Rn. 62 f.; Lutter/Hommelhoff, § 29, Rn. 30 ff.; Michalski/*Salje*, § 29, Rn. 110 f.; aA z.B. MüKo-GmbHG/*Ekkenga*, § 29, Rn. 51 f.

III. Streit über Jahresabschluss und Gewinn

Sofern der Ergebnisverwendungsbeschluss **Mängel** aufweist, ist er nach den allgemeinen Regeln **nichtig** oder **anfechtbar unwirksam**. Beruht der Ergebnisverwendungsbeschluss auf einem Jahresabschluss, der seinerseits nichtig oder nach erfolgreicher Anfechtung unwirksam ist, ist der Verwendungsbeschluss analog § 253 AktG ebenfalls nichtig.[79] Die Gesellschafter haben Ausschüttungsbeträge, die sie auf der Grundlage des unwirksamen Ergebnisverwendungsbeschlusses erhalten haben, gemäß § 31 Abs. 1 GmbHG (bei Verstoß gegen das Stammkapitalerhaltungsgebot gemäß § 30 Abs. 1 GmbHG) und im Übrigen gemäß § 812 Abs. 1 BGB[80] an die GmbH zurückzuzahlen. Die Rückzahlungsverpflichtung aufgrund Bereicherungsrechts entfällt allerdings, soweit ein Gesellschafter hinsichtlich des Gewinnbezugs gutgläubig war, weil er die Unwirksamkeit des äußerlich ordnungsgemäßen Ergebnisverwendungsbeschlusses ohne grobe Fahrlässigkeit nicht erkannt hat (§ 32 GmbHG).

399

(2) Das „Aushungern" von Minderheitsgesellschaftern bei der Ergebnisverwendung

In der personalistischen GmbH ist die Frage streitträchtig, in welchem Umfang Jahresüberschüsse an die Gesellschafter ausgeschüttet oder aber zur Stärkung des Eigenkapitals der Gesellschaft vorgetragen oder durch Rücklagenbildung thesauriert werden. Die Anschauungen und Interessen der Gesellschafter können hier stark divergieren. Problematisch wird die Situation, wenn ein **Mehrheitsgesellschafter** oder eine Gruppe von Gesellschaftern, die zusammen die Stimmenmehrheit halten, **dauerhaft gegen Ausschüttungen und für Gewinnthesaurierungen votiert**, weil er/sie das im Interesse der Gesellschaft für sinnvoll halten und/oder nicht im gleichen Maße wie Mitgesellschafter auf die Gewinnausschüttung angewiesen bzw. an einer solchen Gewinnausschüttung interessiert sind. Der oder die Minderheitsgesellschafter werden in Folge dessen hinsichtlich Gewinnausschüttungen der Gesellschaft gleichsam „ausgehungert".

400

Dieses Konfliktfeld wurde ab 1.1.1986 durch die Änderung von § 29 GmbHG durch das BiRiLiG eröffnet: Während § 29 GmbHG a.F. ein Vollausschüttungsgebot vorsah, eine Thesaurierung des Gewinns also nur mit Einverständnis aller Gesellschafter möglich war, lässt § 29 Abs. 2 GmbHG nach der Gesetzesänderung demgegenüber ausdrücklich zu, dass der Jahresüberschuss ganz oder teilweise durch Mehrheitsbeschluss als Gewinn vorgetragen oder in Gewinnrücklagen eingestellt wird. Der einzelne Gesellschafter hat also nur noch dann Anrecht auf seinen Anteil am positiven Jahresergebnis, wenn und soweit sich die Gesellschaftermehrheit zusätzlich für eine Ausschüttung entscheidet. Die Rechtsprechung hatte sich in Folge dessen schon bald nach Inkrafttreten des neuen Gesetzes mit dem Phänomen des „Aushungerns" von Minderheitsgesellschaftern bei der Gewinnverwendung zu befassen. Bereits im Jahr 1991 entschied z.B. das OLG Hamm[81], dass das Interesse der Gesellschaft an einer Rücklagenbildung gegen ein berechtigtes Interesse der Gesellschafter an einer hohen Ausschüttung abzuwägen

401

---

[79] OLG Hamm, Urteil vom 17.4.1991, BB 1991, 2122 = DB 1991, 1924.
[80] OLG Stuttgart, Urteil vom 11.2.2004, NZG 2004, 675 = GmbHR 2004, 662 = ZIP 2004, 909.
[81] Urteil vom 3.7.1991, DStR 1992, 298 = GmbHR 1992, 458 = BB 1992, 33.

sei und dass die Gesellschafter bei der Entscheidung über die Gewinnverwendung der **gesellschafterlichen Treuepflicht** unterliegen und die **Minderheitsinteressen berücksichtigen** müssen. Dieses Gebot des Minderheitsschutzes bei der Beschlussfassung über die Ergebnisverwendung entspricht zwischenzeitlich der ganz herrschenden Meinung im Schrifttum und wurde auch in einer Reihe von höchstrichterlichen Entscheidungen bestätigt.[82] Der aktuelle Meinungsstand wird im Urteil des OLG Nürnberg vom 9.7.2008[83] ausführlich wie folgt zusammengefasst:

402 • Bei der Beschlussfassung über die Ergebnisverwendung sind die berechtigten **Interessen** der einzelnen Gesellschafter an einer hohen Gewinnausschüttung gegenüber dem Interesse anderer Gesellschafter an einer Rücklagenbildung und den Bedürfnissen der Selbstfinanzierung und Zukunftssicherung der Gesellschaft **abzuwägen**. Für diese Abwägung ist der **Kenntnisstand** der Gesellschafter zum **Zeitpunkt der Beschlussfassung maßgebend**. Der Ergebnisverwendungsbeschluss ist bereits aus **formalen Gründen rechtswidrig** und **nichtig**, wenn im Zusammenhang mit der Beschlussfassung offensichtlich überhaupt **keine** entsprechende **Interessenabwägung stattgefunden** hat. Ergeben sich die entsprechenden Überlegungen bzw. die Interessenabwägung der Gesellschafter nicht aus dem Protokoll der Gesellschafterversammlung, stellt dies ein Indiz dafür dar, dass die Interessenabwägung im Rahmen der Beschlussfassung unterblieben ist.

Es ist mit Rücksicht auf diese **formale Anforderung** dringend zu empfehlen, bei streitigen Ergebnisverwendungsbeschlüssen, die gegen den Willen einer Gesellschafterminderheit gefasst werden, eine **eingehende Erörterung** des Für und Wider der Gewinnthesaurierung bzw. des Gewinnvortrags vorzunehmen und diese Interessenabwägung deutlich im Protokoll der betreffenden Gesellschafterversammlung niederzulegen.

403 • Der Ergebnisverwendungsbeschluss kann bei übermäßiger Gewinnthesaurierung wegen Verstoßes gegen die **gesellschafterliche Treuepflicht anfechtbar unwirksam** sein. Die Entscheidung für die Gewinnrücklage oder den Gewinnvortrag ist dann treuwidrig, wenn hierdurch kein wesentlicher messbarer Vorteil für die Gesellschaft ersichtlich ist (die Thesaurierung also **nicht erforderlich** ist) und andererseits das Gewinnausschüttungsinteresse des Minderheitsgesellschafters durch die Thesaurierungsentscheidung erheblich beeinträchtigt wird (der Thesaurierungsbeschluss also **unverhältnismäßig** ist). Entscheidend sind die Umstände des Einzelfalls, wobei zunächst ein weites unternehmerisches Ermessen (für die Rücklagenbildung) verbleibt. Die **Rücklagenbildung** ist grundsätzlich **problematischer als der Gewinnvortrag**, da der Gewinnvortrag im Folgejahr automatisch erneut zur Disposition der Gesellschafter für eine Gewinnausschüttung steht, während die Rücklage erst nach Auflösungsbeschluss verteilt werden kann. Entscheidend sind (mit Rücksicht auf die Erforderlichkeit und

---

[82] OLG Nürnberg, Urteil vom 9.7.2008, DB 2008, 2415, mit umfangreichen Nachweisen zum Schrifttum; OLG Brandenburg, Urteil vom 31.3.2009, DB 2009, 1342. Vgl. auch BGH, Urteil vom 29.3.1996, BGHZ 132, 263 = NJW 1996, 1678 = GmbHR 1996, 456 = BB 1996, 1105, für Bilanzierungsentscheidungen in einer KG (die sich auf die Ergebnisverwendung auswirken).
[83] DB 2008, 2415.

Verhältnismäßigkeit der Thesaurierung) ferner der Umfang der Gewinnrücklage, die nachvollziehbaren Interessen der Gesellschaft an einer Eigenkapitalstärkung und die Anzahl bzw. Wiederholung der Thesaurierungsbeschlüsse in den Vorjahren.[84]

Das Urteil des OLG Nürnberg vom 9.7.2008[85] betraf den **Gewinnverwendungsbeschluss einer Familien-GmbH** im Jahr 2004. Diese hatte ein Stammkapital von knapp € 1,0 Mio. In den Vorjahren war Gewinn in Höhe von insgesamt € 29,3 Mio. vorgetragen worden. Für das Jahr 2004 wies die Gesellschaft einen Jahresüberschuss von € 4,2 Mio. aus. Die Mehrheitsgesellschafterin schlug einen Gewinnverwendungsbeschluss vor, wonach € 1,0 Mio. ausgeschüttet und insgesamt € 25,0 Mio. in Gewinnrücklagen eingestellt werden. Der verbleibende Überschuss sollte auf neue Rechnung vorgetragen werden. In den Jahren davor waren jeweils sieben- oder achtstellige Beträge ausgeschüttet, aber ebenso hohe Beträge thesauriert worden. Das OLG Nürnberg sah den Ergebnisverwendungsbeschluss als unwirksam an, soweit eine Gewinnrücklage von € 25,0 Mio. beschlossen worden war. Mangels Interessenabwägung in der Gesellschafterversammlung war der Beschluss bereits aus formalen Gründen nichtig. Darüber hinaus betrachtete das OLG Nürnberg die Einstellung in die Gewinnrücklage auch als Verstoß gegen die gesellschafterliche Treuepflicht. Die Rücklagenbildung sei nicht erkennbar erforderlich gewesen (ein Gewinnvortrag hätte ausgereicht) und die Ausschüttungsinteressen der Minderheitsgesellschafter würden unzumutbar beeinträchtigt.

Das OLG Brandenburg hielt im Urteil vom 31.3.2009[86] z.B. einen Ergebnisverwendungsbeschluss für unwirksam, mittels dessen eine **Vollthesaurierung** beschlossen worden war. Den Hintergrund der Entscheidung bildete der Umstand, dass die Gesellschaftermehrheit bereits seit sieben Jahren alle Gewinne thesauriert hatte und der Minderheitsgesellschafter dadurch keinerlei Einkünfte aus oder durch die GmbH mehr erzielen konnte, während die Mehrheitsgesellschafter selbst auch ohne Gewinnausschüttungen Erträge aus der Gesellschaft durch Geschäftsführergehälter, Dienstwagen, Tantiemen etc. erhielten.

Sofern die **Ergebnisverwendung** in der **Beschlussfassung** über den **Jahresabschluss vorweggenommen** wird, indem bereits im Jahresabschluss selbst Entscheidungen über die Verwendung des Jahresergebnisses getroffen werden und somit (nur noch) ein „Bilanzgewinn" zur Ausschüttung verbleibt (§§ 268 Abs. 1 HGB, 29 Abs. 1 S. 2 GmbHG) gelten die vorstehenden Wirksamkeitsanforderungen für den Beschluss über die Feststellung des Jahresabschlusses entsprechend.[87] Der bei der Beschlussfassung unterlegene Minderheitsgesellschafter kann den Ergebnisverwendungsbeschluss (bzw. den Beschluss über die Feststellung des Jahresabschlusses), durch den er sich hinsichtlich seiner Ausschüttungsinteressen treuwidrig benachteiligt fühlt, mit der **Anfechtungsklage** angreifen. Nach Auffassung des OLG Nürnberg[88] entfällt die Anfechtungsbefugnis nicht dadurch, dass im Folgejahr ein – seinerseits *nicht* angefochtener – Beschluss über die Feststellung des Jahresabschlusses gefasst wurde. Dieser Folgebeschluss habe – so das OLG Nürnberg – nicht zu einer Bestätigung analog § 244 AktG des nun angefochtenen Ergebnisverwendungsbeschlusses geführt.[89]

---

[84] Vgl. zu diesen Abwägungskriterien eingehend OLG Nürnberg, Urteil vom 9.7.2008, DB 2008, 2415.
[85] DB 2008, 2415.
[86] DB 2009, 1342.
[87] Vgl. auch BGH, Urteil vom 29.3.1996, BGHZ 132, 263 = GmbHR 1996, 456 = BB 1996, 1105.
[88] Urteil vom 9.7.2008, DB 2008, 2415.
[89] Dies ist allerdings streitig; **aA** z.B. Scholz/*K.Schmidt*, § 45, Rn. 175, mwN. Sofern sich ein Minderheitsgesellschafter gegen einen Ergebnisverwendungsbeschluss, der gegen seinen Willen gefasst wurde,

IV. Streit über Auskunfts- und Kontrollrechte

Schrifttum: *Altmeppen*, Zum Anspruch eines mittelbar an einer Publikumsgesellschaft beteiligten Anlegers auf Auskunft über die anderen an der Gesellschaft beteiligten „Quasi-Gesellschafter", ZIP 2013, 576; *Emde*, Einstweiliger Rechtsschutz im Auskunftserzwingungsverfahren nach §§ 51a, 51b GmbHG?, ZIP 2001, 820; *Evke de Groot*, Gestaltbarkeit des Informationsrechts aus § 118 HGB, NZG 2013, 529; *Ivens*, Informationsverweigerung gem. § 51a Abs. 2 GmbHG gegenüber Konkurrentgesellschaften, GmbHR 1989, 273; *Kowalski*, Zum Auskunftsanspruch der Gesellschafter nach GmbHG § 51a, EWiR 1995, 787; *Kiethe*, Das Informationsrecht des ausscheidenden Gesellschafters, DStR 1993, 1708; *Lutter*, Due Diligence des Erwerbers beim Kauf einer Beteiligung, ZIP 1997, 613; *Oppenländer*, Grenzen der Auskunftserteilung durch Geschäftsführer und Gesellschafter beim Verkauf von GmbH-Geschäftsanteilen, GmbHR 2000, 535; *Otto*, Ausübung und Schranken der Informationsrechte in oHG, KG und GmbH, NZG 2014, 521; *Römermann*, Reichweite des Einsichtsrechts nach § 51a GmbHG und Besonderheiten beim Ablauf einer Gesellschafterversammlung, GmbHR 2005, 627; *Rosner*, Der Umfang des außerordentlichen Informationsrechts des Kommanditisten nach § 166 III HGB, NZG 2014, 655; *Schneider*, Informationsrechte von GmbH-Gesellschaftern – Inhalt und Grenzen, GmbHR 2008, 638; *Voigt*, Wegfall des Einsichtsrechts des Kommanditisten nach § 166 I HGB durch Feststellung des Jahresabschlusses?, NZG 2009, 772; *Zoller*, Auskunftsanspruch hinsichtlich Adressdaten der treuhänderisch beteiligten Mitgesellschafter bei Publikumsgesellschaft, GWR 2013, 165.

405 Gesellschafterstreitigkeiten über Auskunfts- und Kontrollrechte der Gesellschafter ereignen sich in erster Linie im Verhältnis zwischen den geschäftsführenden Gesellschaftern einerseits und den nicht an der laufenden Geschäftsführung beteiligten Gesellschaftern andererseits. Die geschäftsführenden Gesellschafter verfügen im Regelfall bereits aufgrund ihrer Organstellung über ausreichende Informationen, haben Zugang zu den Geschäftsunterlagen und nehmen an der Gestaltung derjenigen Sachverhalte, hinsichtlich derer die Mitgesellschafter Auskünfte begehren oder Prüfungen anstellen wollen, gerade selbst teil.

406 Der typische Streit in der **Personengesellschaft** betrifft daher auch meist die **Informationsrechte** der **Kommanditisten**, die nach dem Leitbild des Gesetzes von der laufenden Geschäftsführung ausgeschlossen sind (§ 164 S. 1 1. HS HGB). Da der Gesetzgeber mit Rücksicht darauf auch die **Auskunftsberechtigung** der **Kommanditisten** im Bereich der laufenden Geschäftsführung **weitgehend ausgeschlossen** hat (und entsprechende Informationsrechte auch im Gesellschaftsvertrag üblicherweise nicht erweitert werden), konzentrieren sich die Streitigkeiten hier auf den Umfang und die Durchsetzung der gesetzlichen **Einsichts- und Prüfungsrechte** der Kommanditisten gemäß § 166 HGB. Auch in der **GmbH** wird in erster Linie über die Informationsrechte der nicht geschäftsführenden Gesellschafter gestritten. Die **Auskunfts- und Kontrollrechte** der Gesellschafter sind hier gemäß § 51a Abs. 1 GmbHG von Gesetzes wegen grundsätzlich **umfassend** angelegt. Eine Beschränkung durch Satzungsregelung ist

---

wendet, sollte er daher sicherheitshalber auch die Feststellung nachfolgender Jahresabschlüsse verweigern oder seine Zustimmung nur unter dem Vorbehalt der Wirksamkeit des vorhergehenden, angefochtenen Ergebnisverwendungsbeschlusses erteilen und/oder den Beschluss über die Feststellung des Jahresabschlusses anfechten.

IV. Streit über Auskunfts- und Kontrollrechte

zugleich weitgehend ausgeschlossen (§ 51a Abs. 3 GmbHG). Trotzdem (oder gerade deswegen) ist die Informationserlangung durch die nicht geschäftsführenden Gesellschafter streitträchtig, da die Auskunfts- und Prüfungsbegehren von den Geschäftsführern und besonders den geschäftsführenden Mitgesellschaftern oft als lästig, überflüssig, schädlich oder gar schikanös empfunden und aus diesem Grund ignoriert, verzögert oder verweigert werden. Andererseits gehen die Informationsansprüche der Gesellschafter aufgrund der sehr weiten, gesetzlichen Anspruchsgrundlage tatsächlich bisweilen zu weit, indem sie entweder mit berechtigten Geheimhaltungsinteressen der Gesellschaft kollidieren oder weil der Auskunfts- oder Einsichtnahmeanspruch rechtsmissbräuchlich eingesetzt wird.

Neben diesen, im nachstehenden Kapitel behandelten Auskunfts- und Kontrollrechten der Gesellschafter bestehen eine Reihe von **Geschäftsführerpflichten** zur **Information** der **Mitgesellschafter**. Die Geschäftsführer bzw. geschäftsführenden Gesellschafter sind insbesondere angehalten, allen Gesellschaftern **vor Beschlussfassungen** sämtliche notwendigen **Informationen zum Beschlussgegenstand** mitzuteilen, etwa vor dem Zustimmungsbeschluss zu einer Investitionsmaßnahme alle für die Entscheidungsfindung erforderlichen Daten (wie Investitionsumfang, Renditeerwartung, Finanzierung etc.) oder vor einem Entlastungsbeschluss sämtliche hierfür relevanten Geschäftsvorfälle und eigenen Handlungen des Geschäftsführers im Entlastungszeitraum. Sofern einem Gesellschafter wichtige Informationen zur Abstimmung über einen Beschlussantrag fehlten oder sich nach Beschlussfassung herausstellt, dass für den Beschlussgegenstand relevante Informationen unterblieben waren oder Auskünfte vorenthalten wurden, sind Beschlüsse bei Personengesellschaften nichtig und bei der GmbH anfechtbar unwirksam.[1] Nach der neueren Rechtsprechung des BGH kommt es weitergehend *nicht* darauf an, ob der Inhalt der vorenthaltenen Information oder verweigerten Auskunft für die Abstimmungsentscheidung des Gesellschafters hinsichtlich des streitgegenständlichen Beschlussantrags ursächlich geworden ist.[2] Die geschäftsführen-

407

---

[1] Vgl. z.B. OLG Hamburg, Urteil vom 6.7.1984, GmbHR 1985, 120, für die Beschlussanfechtung in der Komplementär-GmbH einer GmbH & Co. KG. Das Informationserzwingungsverfahren (gem. § 51b GmbHG) ist hier *nicht* zwingende Voraussetzung für eine Anfechtungsklage gegen den (auf mangelnder Information beruhenden) Gesellschafterbeschluss. Das Prozessgericht hat über das Informationsdefizit und dessen Relevanz für die Beschlussfassung im Rahmen der Beschlussanfechtung inzident zu entscheiden; BGH, Urteil vom 18.10.2004, BGHZ 160, 385 = NZG 2005, 77 = NJW 2005, 828, für die Anfechtung eines Entlastungsbeschlusses in einer AG (relevanter Verstoß gegen das Teilnahme- und Mitwirkungsrecht eines Aktionärs, wenn ihm in der Hauptversammlung Auskünfte vorenthalten werden, die aus der Sicht eines objektiv urteilenden Aktionärs in der Fragesituation zur sachgerechten Beurteilung des Beschlussgegenstandes „erforderlich" sind). Vgl. auch OLG Nürnberg, Beschluss vom 8.3.2010, WM 2010, 1286, für die Anfechtung eines Abberufungsbeschlusses in einer GmbH. Die Begründung des Beschlussantrags, ein „*kollegiales Miteinander*" zwischen dem abzuberufenden Geschäftsführer und einem weiteren Geschäftsführer der Gesellschaft habe sich nicht ergeben und die beiden Geschäftsführer könnten nicht mehr zusammenarbeiten, sei sogar für eine ordentliche Abberufung ohne „wichtigen Grund" unzureichend, wenn ein Gesellschafter nähere Informationen zu den Gründen der Abberufung gewünscht habe.

[2] BGH, Urteil vom 18.10.2004, BGHZ 160, 385 = NZG 2005, 77 = NJW 2005, 828. Vgl. auch unter Rn. 114.

den Gesellschafter sind darüber hinaus verpflichtet, den Mitgesellschaftern unaufgefordert den Entwurf des von ihnen aufgestellten **Jahresabschlusses vorzulegen** (vgl. hierzu näher unter Rn. 357).

408   Schließlich trifft die geschäftsführenden Gesellschafter bzw. Geschäftsführer die Pflicht, die **Gesellschafter** und ihre **Mitgeschäftsführer** stets über alle **wesentlichen Vorgänge und Angelegenheiten zu benachrichtigen** und ihnen auf Nachfrage **zutreffend** und **vollständig Auskunft zu erteilen** bzw. **Einsicht** in (von ihnen erstellte oder verwaltete) Geschäftsunterlagen **zu gewähren**. Dies gilt selbstverständlich sowohl bei der Gesamtgeschäftsführung als auch bei der Einzelgeschäftsführung bzw. Ressortverteilung.[3] Sofern ein geschäftsführender Gesellschafter vorstehende Benachrichtigungspflichten wiederholt oder trotz Abmahnung nachhaltig verletzt oder Auskunfts- und Einsichtsrechte der Gesellschafter oder seines Mitgeschäftsführers missachtet, bedeutet diese Informationspflichtverletzung einen „**wichtigen Grund**" für **die Abberufung** oder die außerordentliche Entziehung von Geschäftsführung und Vertretungsmacht.[4]

1. Gesellschafterrechte auf Auskunft, Einsicht und Kontrolle

a) Überblick über die gesetzliche Regelung

409   Die Auskunfts- und Kontrollrechte der Gesellschafter in Personengesellschaften und der GmbH richten sich in erster Linie nach der gesetzlichen Regelung, zumal diese weitgehend zwingend ist und der Gesellschaftsvertrag bzw. die Satzung daher üblicherweise nur geringfügige Änderungen und Ergänzungen, etwa betreffend das Verfahren der Informationserlangung, vorsehen. Die Auskunfts-, Einsichts- und sonstigen Kontrollrechte der Gesellschafter sind gesetzlich **im Überblick** wie folgt geregelt:

---

[3] Vgl. z.B. OLG Koblenz, Urteil vom 22.11.2007, NZG 2008, 397 = GmbHR 2008, 37 = WM 2008, 211 (für eine GmbH); OLG Frankfurt a.M., Urteil vom 10.1.2007 (Az. 19 U 216/05), für eine zweigliedrige GbR.
[4] Vgl. im Einzelnen unter Rn. 161.

Auskunfts- und Kontrollrechte der Gesellschafter – Überblick über die gesetzliche Regelung –		
Rechtsform	Auskunftsrechte	Kontrollrechte
GbR		
1. Einzelner Gesellschafter	Ausnahmsweise: Auskunftsrecht gegenüber gf. Gesellschaftern, wenn benötigte Angaben nicht aus den Büchern und Papieren der Gesellschaft ersichtlich und daher durch eigene Kontrolle (§ 716 Abs. 1 BGB) und ohne Auskunft keine Klarheit über Gesellschaftsangelegenheiten möglich.[5]★	Kontrollrechte gem. § 716 Abs. 1 BGB, geltend zu machen gegen GbR oder ggf. gegen gf. Gesellschafter persönlich:[6]★ Eigene Unterrichtung von den Gesellschaftsangelegenheiten, insb. durch Einsicht in die Geschäftsbücher und Papiere der Gesellschaft. Nach Ausscheiden aus Gesellschaft: Einsichts- (und Auskunfts-)recht gem. § 810 BGB in Geschäftsunterlagen, soweit für die Prüfung eigener Forderungen gegen die Gesellschaft aus der Zeit vor dem Ausscheiden erforderlich.[7]★★
2. Gesamtheit der Gesellschafter/Gesellschaft (kann vom Einzel-Gesellschafter im Wege der actio pro socio für die Gesellschaft geltend gemacht werden)[8]	Auskunftsrecht gegenüber jedem der gf. Gesellschafter und Recht auf gesonderte Rechnungslegung gem. §§ 713, 666 BGB.★★★	

---

[5] BGH, Urteil vom 20.6.1983, BB 1984, 1271 = WM 1983, 910 = ZIP 1983, 935.

[6] BGH, Urteil vom 28.5.1962, BB 1962, 899 = WM 1962, 883; BGH, Urteil vom 15.12.1969, BB 1970, 187. Die Rechte aus § 716 Abs. 1 BGB sind demnach vorrangig gegenüber der Gesellschaft selbst geltend zu machen. Besitzt die Gesellschaft aber z.B. keine schriftlichen Unterlagen über die von ihr getätigten Geschäfte und befinden sich solche in den Geschäftsbüchern und Papieren des gf. Gesellschafters, so können die Rechte des § 716 Abs. 1 BGB (bzw. § 118 Abs. 1 HGB) auch unmittelbar gegen diesen persönlich geltend gemacht werden.

[7] BGH, Urteil vom 11.7.1988, NJW 1989, 225 = BB 1988, 1927 = WM 1988, 1447, für den Kommanditisten einer GmbH & Co. KG; BGH, Urteil vom 7.4.2008, NZG 2008, 623 = NJW 2008, 2987 = DStR 2008, 1340, für den ausgeschiedenen GbR-Gesellschafter einer RA-Sozietät. In diesem Rahmen haben auch Erben eines Gesellschafters ein Auskunftsrecht gem. § 810 BGB, sofern sie nicht in Rechtsnachfolge des Erblassers in die Gesellschaft eintreten.

[8] BGH, Urteil vom 23.3.1992, NJW 1992, 1890 = GmbHR 1992, 365 = BB 1992, 1024 = WM 1992, 875.

Auskunfts- und Kontrollrechte der Gesellschafter – Überblick über die gesetzliche Regelung –		
Rechtsform	Auskunftsrechte	Kontrollrechte
OHG/PartG		
1. Einzelner Gesellschafter	Ausnahmsweise: Auskunftsrecht gegenüber gf. Gesellschaftern, wenn benötigte Angaben nicht aus den Büchern und Papieren der Gesellschaft ersichtlich und daher durch eigene Kontrolle (§ 118 Abs. 1 HGB) und ohne Auskunft keine Klarheit über Gesellschaftsangelegenheiten möglich.[9]★	Kontrollrechte gem. §§ 118 Abs. 1 HGB, 6 Abs. 3 S. 2 PartGG, geltend zu machen gegen OHG/PartG oder ggf. gegen gf. Gesellschafter persönlich:[10]★ Eigene Unterrichtung von den Gesellschaftsangelegenheiten, insb. durch Einsicht in die Handelsbücher und Papiere der Gesellschaft.[11] Nach Ausscheiden aus Gesellschaft: Einsichtsrecht gem. § 810 BGB wie GbR-Gesellschafter.[12]★★
2. Gesellschaft (kann vom Einzel-Gesellschafter im Wege der actio pro socio für die Gesellschaft geltend gemacht werden)[13]	Auskunftsrecht gegenüber jedem der gf. Gesellschafter und Recht auf gesonderte Rechnungslegung gem. §§ 713, 666 BGB, 105 Abs. 3 HGB, 1 Abs. 4 PartGG.★★★	
KG/GmbH & Co. KG		
1. Komplementär	Auskunftsrechte wie der Einzel-Gesellschafter in der OHG.	Kontrollrechte wie der Einzel-Gesellschafter in der OHG.

---

[9] Vgl. den Rechtsprechungsnachweis in Fn. 5.
[10] Vgl. die Rechtsprechungsnachweise in Fn. 6.
[11] Nach dem Wortlaut des Gesetzes in § 118 Abs. 1 HGB betrifft der Informationsanspruch auch bei einer PartG nur die Geschäftsunterlagen der Gesellschaft selbst, nicht aber Unterlagen bzw. Akten, die für die Berufstätigkeit der Partner angelegt werden (z.B. Prozessakten bei RA oder Patientendaten bei Ärzten), so wohl auch die vorherrschende Auffassung im Schrifttum; **aA** z.B. Michalski/Römermann, § 6, Rn. 68, mwN (Informationsrecht auch hinsichtlich der die Berufungsausübung einzelner Partner betreffenden Geschäfte, selbst wenn diese einer gesetzlichen Schweigepflicht unterliegen).
[12] Vgl. die Rechtsprechungsnachweise in Fn. 7.
[13] Vgl. den Rechtsprechungsnachweis in Fn. 8.

IV. Streit über Auskunfts- und Kontrollrechte

Auskunfts- und Kontrollrechte der Gesellschafter – Überblick über die gesetzliche Regelung –		
Rechtsform	Auskunftsrechte	Kontrollrechte
2. Kommanditist	Ausnahmsweise: Auskunftsrecht gegenüber den gf. Gesellschaftern, wenn Kontrollrecht gem. § 166 Abs. 1 HGB unzureichend, weil Angaben nicht aus Büchern und Papieren der Gesellschaft ersichtlich sind.[14]**** Dieses Auskunftsrecht besteht aber nicht in Angelegenheiten der laufenden Geschäftsführung, sofern Kommanditist hieran (wie üblich) nicht beteiligt.[15] Besonderes Auskunftsrecht aufgrund gerichtlicher Anordnung in *allen*[16] Gesellschaftsangelegenheiten, § 166 Abs. 3 HGB. Umfassendes Auskunfts- und Einsichtsrecht auch hinsichtlich der Angelegenheiten der KG gem § 51a Abs. 1 GmbHG, wenn Kommanditist zugleich Gesellschafter der Komplementär-GmbH (vgl. unter Rn. 414).	Kontrollrechte gegenüber der Gesellschaft und ggf. dem jeweils zuständigen gf. Gesellschafter persönlich:[17] Recht auf abschriftliche Mitteilung des Jahresabschlusses („JA") und auf Einsicht in *„Bücher und Papiere"* zur Prüfung des JA[18], § 166 Abs. 1 HGB.**** Auf Antrag: Gerichtliche Anordnung der Mitteilung einer Bilanz und eines JA sowie sonstiger Auskünfte sowie Vorlegung der „Bücher und Papiere" in *allen* Gesellschaftsangelegenheiten[19], sofern wichtige Gründe[20] vorliegen, § 166 Abs. 3 HGB.***** Nach Ausscheiden aus Gesellschaft: Einsichtsrecht gem. § 810 BGB wie GbR-Gesellschafter.

---

[14] BGH, Urteil vom 20.6.1983, BB 1984, 1271 = WM 1983, 910 = ZIP 1983, 935; BGH, Urteil vom 23.3.1992, NJW 1992, 1890 = GmbHR 1992, 365 = BB 1992, 1024.

[15] BGH, Urteil vom 23.3.1992, NJW 1992, 1890 = GmbHR 1992, 365 = BB 1992, 1024.

[16] Das besondere Einsichts- und Auskunftsrecht des Kommanditisten, das auf seinen Antrag hin gerichtlich angeordnet werden muss, erstreckt sich nicht nur auf Umstände, die die Prüfung eines JA ermöglichen, sondern auf sämtliche „Angelegenheiten der Gesellschaft". Das besondere Informationsrecht des § 166 Abs. 3 HGB erstreckt sich somit insbesondere auch auf die Geschäftsführung des Komplementärs im Allgemeinen und die damit im Zusammenhang stehenden Unterlagen der Gesellschaft; vgl. OLG München, Urteil vom 5.9.2008, NZG 2008, 864 = DB 2008, 2132 = WM 2008, 2211. **AA** OLG Köln, Beschluss vom 17.10.2013, NZG 2014, 660, unter Berufung auf den Wortlaut des § 166 Abs. 3 HGB („Sonstige Aufklärungen" gem § 166 Abs. 3 HGB bezögen sich wegen der Bezugnahme der Vorschrift auf § 166 Abs. 1 HGB nur auf Informationen, die der Prüfung des Jahresabschlusses dienen).

[17] BayObLG, Beschluss vom 4.7.1991, NJW-RR 1991, 1444 = BB 1991, 1589 = DStR 1991, 1161. Vgl. auch die Nachweise in Fn. 6.

[18] BGH, Urteil vom 8.7.1957, BGHZ 25, 115: Das Kontrollrecht gem. § 166 Abs. 1 HGB erstreckt sich nur auf solche Bücher und Papiere der KG, die für die *„sachgerechte Prüfung der Bilanz"* erforderlich sind. Es ist im Einzelfall jedoch Aufgabe der Gesellschaft, darzutun und ggf. zu beweisen, dass die Einsicht in eine bestimmte Geschäftsunterlage für eine sachgerechte Prüfung der Bilanz nicht erforderlich ist. Das Recht auf *„abschriftliche Mitteilung des Jahresabschlusses"* ist demgegenüber umfassend und erstreckt sich neben der Bilanz insbesondere auch auf die Gewinn- und Verlustrechnung (§ 242 Abs. 3 HGB). Ferner muss die Gesellschaft den Kommanditisten sowohl *Handels-* als auch *Steuer*bilanz aushändigen, vgl. nur Baumbach/Hopt/*Roth* § 166, Rn. 3, mwN aus der Rechtsprechung. Im Rahmen der Liquidation einer Gesellschaft

Auskunfts- und Kontrollrechte der Gesellschafter – Überblick über die gesetzliche Regelung –		
Rechtsform	Auskunftsrechte	Kontrollrechte
3. Gesellschaft (kann vom Einzel-Gesellschafter im Wege der actio pro socio für die Gesellschaft geltend gemacht werden).[21]	Auskunftsrechte der Gesellschaft wie bei der OHG gem. §§ 713, 666 BGB, 105 Abs. 3, 161 Abs. 2 HGB.	
GmbH		
1. Einzelner Gesellschafter	Recht auf „unverzügliche" (§ 121 Abs. 1 BGB) und umfassende Auskunft über alle *„Angelegenheiten der Gesellschaft"*, geltend zu machen gegenüber der GmbH[22], vertreten durch den GF, § 51a Abs. 1 GmbHG.******	Einsichtsrecht in die *„Bücher und Schriften"* der GmbH, § 51a Abs. 2 GmbHG.****** Nach Ausscheiden aus Gesellschaft: Einsichts- (und Auskunfts-)recht gem. § 810 BGB, wie GbR-Gesellschafter.[23]

---

haben die Liquidatoren auch die Eröffnungs- und Schlussbilanz (§ 154 HGB) und in Ausnahmefällen auch aufzustellende Zwischenbilanzen vorzulegen, vgl. z.B. OLG Celle, Urteil vom 11.5.1983, WM 1983, 741 = ZIP 1983, 943 = BB 1983, 1451.

[19] Vgl. die Rechtsprechungsnachweise in Fn. 16.

[20] Ein wichtiger Grund im Sinne von § 166 Abs. 3 HGB liegt vor, *„wenn das Informationsrecht des Kommanditisten aus § 166 Abs. 1 HGB nicht für eine sachgerechte Ausübung seiner Mitgliedschaftsrechte ausreicht und wegen Gefährdung der Interessen des Kommanditisten eine Regelung getroffen werden muss"*, OLG München, Urteil vom 5.9.2008, NZG 2008, 864 = DB 2008, 2132 = WM 2008, 2211; OLG München, Beschluss vom 9.8.2010, DB 2010, 2097 = ZIP 2010, 1692; OLG München, Beschluss vom 12.4.2011, NZG 2011, 744 = NJW-RR 2011, 906. Die gerichtliche Anordnung gem. § 166 Abs. 3 HGB ist regelmäßig bereits dann berechtigt, wenn die Rechte des Kommanditisten auch nur „gefährdet" sind. Eine solche Gefährdung ist z.B. auch anzunehmen, wenn der gf. Gesellschafter die Einsichtnahmerechte des Kommanditisten gem. § 166 HGB derart blockiert hat, dass dieser bereits zwei aufeinander folgende JA der Gesellschaft nicht auf ihre Richtigkeit hin überprüfen konnte; vgl. BayObLG, Beschluss vom 4.7.1991, NJW-RR 1991, 1444 = DStR 1991, 1161 = BB 1991, 1589. Einschränkend OLG München, Beschluss vom 12.4.2011, NZG 2011, 744 = NJW-RR 2011, 906. Demnach sei es fraglich, ob bereits deshalb (Verweigerung der Buchprüfung für die JA zweier aufeinander folgender Kalenderjahre) ein „wichtiger Grund" gem § 166 Abs. 3 HGB zu befürworten ist. Jedenfalls genüge es nicht, wenn die Gesellschaft die Bucheinsicht grundsätzlich gewähren wolle, vorab jedoch um Benennung der Person des Einsichtnehmenden und eine Bezeichnung der zu prüfenden Unterlagen bittet.

[21] Die Geltendmachung der Gesellschaftsrechte auf Auskunft im Wege der actio pro socio ist für den Kommanditisten jedoch insoweit ausgeschlossen, als sich das Auskunftsbegehren auf Angelegenheiten der laufenden Geschäftsführung bezieht, soweit der Kommanditist – wie üblich – an der laufenden Geschäftsführung nicht beteiligt ist; BGH, Urteil vom 23.3.1992, NJW 1992, 1890 = GmbHR 1992, 365 = BB 1992, 1024.

[22] BGH, Urteil vom 6.3.1997, BGHZ 135, 48 = NJW 1997, 1985 = GmbHR 1997, 705: Entgegen dem (missverständlichen) Wortlaut des § 51a Abs. 1 GmbHG richten sich die Informationsansprüche des GmbH-Gesellschafters gegen die Gesellschaft selbst, vertreten durch ihre Geschäftsführer, und nicht gegen diese persönlich.

[23] Vgl. OLG Hamm, Urteil vom 7.3.1994, NJW-RR 1995, 550 = GmbHR 1994, 706; OLG Saarbrücken, Beschluss vom 21.9.2010, GmbHR 2011, 33. Das Auskunftsrecht gem § 810 BGB ist lt OLG Naumburg, Urteil vom 12.12.2013, NZG 2014, 868, gem § 51a Abs. 2 GmbHG ausgeschlossen, wenn die Voraussetzungen

IV. Streit über Auskunfts- und Kontrollrechte   229

Auskunfts- und Kontrollrechte der Gesellschafter – Überblick über die gesetzliche Regelung –		
Rechtsform	Auskunftsrechte	Kontrollrechte
2. Gesellschaft (Rechtsausübung durch Mehrheitsbeschluss oder das lt. Satzung zuständige Organ)	Weisung gegenüber den Geschäftsführern auf Auskunftserteilung und besondere Rechnungslegung hinsichtlich bestimmter Geschäftsvorfälle.	Bestellung von Sonderprüfern für bestimmte Geschäftsvorfälle, § 46 Nr. 6 GmbHG.[24]

* Abweichungen im Gesellschaftsvertrag sind in den Grenzen der §§ 716 Abs. 2 BGB, 118 Abs. 2 HGB möglich.
** Bei den Personengesellschaften ist dieses Kontroll- bzw. ein korrespondierendes Auskunftsrecht nach Ausscheiden in den Grenzen der §§ 716 Abs. 2 BGB, 118 Abs. 2 HGB (z.B. durch Ausscheidens- und Abgeltungsvereinbarung) wohl abdingbar. Anders ist dies wegen § 51a Abs. 3 GmbHG bei der GmbH.[25]
*** Auf diese Auskunftsrechte der Gesellschaftergesamtheit/Gesellschaft kann durch Gesellschaftsvertrag verzichtet werden.[26]
**** Dieses Kontrollrecht und das (subsidiäre) Auskunftsrecht können im Gesellschaftsvertrag wohl nicht wirksam abbedungen, jedenfalls „im Kern" nicht vertraglich entzogen werden.[27]
***** Das besondere Informationsrecht des Kommanditisten gem. § 166 Abs. 3 HGB kann durch den Gesellschaftsvertrag nicht eingeschränkt werden.[28]
****** Die Auskunfts- und Einsichtsrechte gem. § 51a Abs. 1 GmbHG können durch Satzung weder eingeschränkt noch abgeändert werden, § 51a Abs. 3 GmbHG.[29]

---

des dort normierten Auskunftsverweigerungsrechts vorliegen (vgl hierzu näher unter Rn. 435). Sofern zum Zeitpunkt des Ausscheidens des Gesellschafters aus der GmbH bereits ein Verfahren nach § 51b GmbHG anhängig ist, kann dieses nicht unter Berufung auf § 810 BGB fortgesetzt werden, da die Verfahren zur Durchsetzung der Rechte nach § 51a GmbHG (Verfahren der freiwilligen Gerichtsbarkeit) und nach § 810 BGB (allgemeiner Zivilrechtsweg) unterschiedlich sind. Das gem § 51b GmbHG eingeleitete Verfahren ist bei Ausscheiden für erledigt zu erklären, anderenfalls der Antrag als unbegründet zurückzuweisen ist; vgl OLG Karlsruhe, Beschluss vom 30.12.1998, NZG 2000, 435 = NJW-RR 2000, 626.
[24] LG Essen, Beschluss vom 31.7.2014, GmbHR 2014, 990. Die „Sonderprüfung" unterliegt lt LG Essen, aaO, keinen inhaltlichen Beschränkungen auf bestimmte Geschäftsvorgänge und kann sich neben der Überprüfung der Rechtmäßigkeit bestimmter Maßnahmen auch auf die Prüfung deren Zweckmäßigkeit erstrecken. Vgl. zur Sonderprüfung in der GmbH auch Baumbach/Hueck, § 46, Rn. 50; Scholz/*Schmidt*, § 46, Rn. 116; Michalski/*Römermann*, § 46, Rn. 336; Lutter/Hommelhoff, § 46, Rn. 30.
[25] OLG München, Urteil vom 21.12.2005, NZG 2006, 597 = GmbHR 2006, 205 = ZIP 2006, 1349, wonach die Auskunfts- und Einsichtsrechte des § 51a Abs. 1 GmbHG auch durch Verzichtsvereinbarung in einer Ausscheidensvereinbarung jedenfalls für Sachverhalte, die den Zeitraum vor Ausscheiden betreffen, wegen § 51a Abs. 3 GmbHG nicht wirksam ausgeschlossen werden können.
[26] Vgl. z.B. BGH, Urteil vom 4.12.2000, NJW 2001, 1131 = NZG 2001, 221 = DStR 2001, 362, für den stillschweigenden Verzicht auf Rechnungslegung gemäß § 666 BGB in einer Miteigentümergemeinschaft. Vgl. auch Palandt/*Sprau*, § 666, Rn. 1, mit weiteren Rechtsprechungsnachweisen.
[27] BGH, Urteil vom 10.10.1994, NJW 1995, 194 = GmbHR 1995, 55 = BB 1994, 2372, wonach selbst die Konkurrenztätigkeit eines Kommanditisten nicht die völlige Entziehung der ihm zustehenden Informationsrechte durch Gesellschafterbeschluss rechtfertigt, zumindest solange weniger belastende Mittel zur Verfügung stehen. Vgl. auch BGH, Urteil vom 11.7.1988, NJW 1989, 225 = BB 1988, 1927 = WM 1988, 1447, wonach es „fraglich" sei, ob § 166 HGB „nachgiebiges Recht" ist, nachdem der Gesetzgeber den (in seiner Rechtsposition vergleichbaren) GmbH-Gesellschafter durch § 51a GmbHG mit zwingenden, umfassenden Auskunfts- und Einsichtsrechten ausgestattet hat.

b) Einzelfragen zum Umfang und der Wahrnehmung der gesetzlichen Auskunfts- und Kontrollrechte

aa) Auskunftsrechte über „Angelegenheiten der Gesellschaft"

(1) Art und Weise der Auskunftserteilung

410 Berechtigte Auskunftsbegehren der Gesellschafter sind von den geschäftsführenden Gesellschaftern bzw. Geschäftsführern **wahrheitsgemäß** und **vollständig** zu beantworten. Der Umfang und die inhaltliche Genauigkeit der Auskunft richten sich jedoch nach dem Gegenstand des Auskunftsverlangens: Sofern bereits das Auskunftsbegehren sehr weit gefasst ist, kann auch die Antwort kursorischer sein, wohingegen sehr gezielte, auf ganz bestimmte, abgrenzbare Sachverhalte abzielende Fragen ausführlicher und detaillierter beantwortet werden müssen.[30] Auskunftsverlangen sind nicht generell **schriftlich** zu beantworten.[31] Falls dies für eine ordnungsgemäße und vollständige Auskunftserteilung geeignet ist, jedenfalls aber bei Einverständnis des die Auskunft begehrenden Gesellschafters, genügt auch eine **mündliche** Information oder eine Berichterstattung im Rahmen einer **Gesellschafterversammlung**.[32] Vor dem Hintergrund eines Gesellschafterstreits ist es für den die Auskunft erteilenden Gesellschafter allerdings regelmäßig hilfreich, die begehrten Informationen schriftlich zu geben, um einer gerichtlichen Inanspruchnahme oder anderen Sanktionen vorzubeugen bzw. nachweisen zu können, dass die Auskünfte vollständig erteilt worden sind.

411 Die **außergerichtlichen Kosten** eines Auskunftsbegehrens, also die „Anfragekosten", hat jeweils der Gesellschafter selbst zu tragen; die Kosten der Auskunftserteilung nach berechtigtem Auskunftsverlangen trägt demgegenüber die Gesellschaft.

(2) Inhalt des Auskunftsrechts

412 Die **Auskunftsrechte** der **persönlich haftenden Gesellschafter in der Personengesellschaft** und die **Auskunftsrechte** der **GmbH-Gesellschafter** sind inhaltlich **umfassend**. Die Informationsrechte der Gesellschafter in der GbR, OHG und PartG sowie des Komplementärs in der KG bzw. GmbH & Co. KG bestehen von Gesetzes wegen zwar vorrangig aus einem Kontroll- und Einsichtnahmerecht (§§ 716 Abs. 1 BGB, 118 Abs. 1 HGB, 6 Abs. 3 S. 2 PartGG), doch können die Gesellschafter immer dort

---

[28] BayObLG, Beschluss vom 10.10.1978, DB 1978, 2405 (eine Schiedsabrede, betreffend die Geltendmachung und Durchsetzung des Rechts nach § 166 Abs. 3 HGB ist nach Auffassung des BayObLG indessen zulässig).

[29] Denkbar sind allenfalls Verfahrensregeln, betreffend die Abwicklung von Auskunftsbegehren oder der Einsichtnahme (vgl. unter Rn. 426).

[30] Vgl. auch Baumbach/Hueck, § 51a, Rn. 15, für die Auskunftsrechte in der GmbH.

[31] So aber BGH, Urteil vom 28.11.2007, NJW 2008, 917, für Auskunftsverlangen nach § 260 BGB, wobei laut BGH zwar eine „*eigene und schriftliche verkörperte Erklärung*" des Auskunftsverpflichteten erstellt, nicht jedoch die gesetzliche Schriftform des § 126 BGB erfüllt werden muss.

[32] Vgl. Baumbach/Hueck, § 51a, Rn. 16; Michalski/*Römermann*, § 51a, Rn. 155; Scholz/*K. Schmidt*, § 51a, Rn. 23; Lutter/Hommelhoff, § 51a, Rn. 23b; Ulmer/Habersack/Winter, § 51a, Rn. 33, wonach die Auskunft schriftlich erteilt werden muss, sofern es sich nicht bloß um „*einfache Fragen und Auskünfte*" handelt.

ergänzend Auskünfte verlangen, wo sie durch die eigene Prüfung keine hinreichende Information bzw. Klarheit erlangen können (vgl. näher unter Rn. 408 f.). Das Kontroll- und damit (subsidiär) auch Auskunftsrecht erstreckt sich auf alle „**Angelegenheiten der Gesellschaft**". Ein entsprechend umfassendes Auskunftsrecht hat in den Personengesellschaften neben einzelnen Gesellschaftern gemäß §§ 713, 666 BGB zusätzlich jeweils die GbR, PartG, OHG, KG oder GmbH & Co. KG bzw. die Gesamtheit ihrer Gesellschafter selbst (gegenüber dem zuständigen, geschäftsführenden Gesellschafter). Das GmbH-Gesetz erstreckt das Auskunftsrecht der GmbH-Gesellschafter ebenfalls auf sämtliche „Angelegenheiten der Gesellschaft". Gleichermaßen umfassend ist schließlich das Auskunftsrecht des Kommanditisten in Sonderfällen (bei Vorliegen eines „wichtigen Grundes") auf richterliche Anordnung (§ 166 Abs. 3 HGB).[33]

Die **Kommanditisten** haben, vorbehaltlich einer abweichenden Regelung im Gesellschaftsvertrag und abgesehen von den besonderen Informationsrechten aufgrund richterlicher Anordnung (§ 166 Abs. 3 HGB), grundsätzlich kein eigenes, allgemeines Auskunftsrecht gegenüber der KG und ihren geschäftsführenden Gesellschaftern. Nach § 166 Abs. 1 HGB ist jedem Kommanditisten auf Verlangen die abschriftliche Mitteilung des vollständigen Jahresabschlusses (sowohl eines handelsrechtlichen wie eines steuerlichen Abschlusses) auszuhändigen. Darüber hinaus kann ein Kommanditist die Richtigkeit eines Jahresabschlusses unter Einsicht der Geschäftsunterlagen überprüfen. Sofern diese Überprüfung (z.B. mangels Zugriffsmöglichkeit auf bestimmte Geschäftsunterlagen) nicht ausreichend möglich ist, können Kommanditisten ergänzend auch Auskünfte verlangen (vgl. hierzu unter Rn. 409, bei Fn. 16). Schließlich besteht ein Informationsrecht im Zusammenhang mit konkreten Beschlussgegenständen, bei denen der Kommanditist mit abstimmen darf (z.B. Zustimmung zu außergewöhnlichen Geschäftsführungsmaßnahmen oder Änderung des Gesellschaftsvertrags).[34] Ein weitergehendes Auskunftsrecht besteht demgegenüber von Gesetzes wegen grundsätzlich nicht, insbesondere kein Recht auf Auskunft zu Angelegenheiten der laufenden Geschäftsführung.[35]

413

Zu den „**Angelegenheiten der Gesellschaft**" gehört alles, was mit ihrem **Unternehmen** oder ihrem **Geschäftsbetrieb** in **rechtlicher** oder **wirtschaftlicher Hinsicht** im **Zusammenhang** steht. Das betreffende Auskunftsrecht der Gesellschafter erstreckt sich somit unter anderem auch auf:

414

- Name und Anschrift der Mitgesellschafter;[36]

---

[33] Der Umfang des Informationsrechts gem § 166 Abs. 3 HGB ist allerdings streitig, vgl die Rechtsprechungsnachweise in Fn. 16.
[34] BGH, Urteil vom 23.3.1992, NJW 1992, 1890 = GmbHR 1992, 365 = BB 1992, 1024.
[35] BGH, Urteil vom 23.3.1992, NJW 1992, 1890 = GmbHR 1992, 365 = BB 1992, 1024 (vgl. für einen Sonderfall – Name und Anschrift der Mitgesellschafter – aber unter Rn. 414).
[36] BGH, Beschluss vom 21.9.2009, NJW 2010, 439 = NZG 2010, 61 = WM 2010, 81, für eine BGB-Gesellschaft. Eine Regelung im Gesellschaftsvertrag, die das betreffende Auskunftsrecht der Gesellschafter einschränke, sei zudem unwirksam. Dieses Informationsrecht hat vor allem Bedeutung in Publikumsgesellschaften. Laut BGH, Urteil vom 11.1.2011, NJW 2011, 921 = NZG 2011, 276 = BB 2011, 462, können auch Anleger, die ihre Gesellschaftsbeteiligung über einen Treuhänder halten, Name und Anschrift anderer Anleger verlangen, falls die Anleger untereinander aufgrund der vertraglichen Gestaltung der Treuhandverhältnisse eine Innengesellschaft bürgerlichen Rechts bilden (im konkreten Fall war in den Treuhandverträgen u.a. eine Anlegerversammlung mit Beschlussfassung der Treugeber vorgesehen, z.B. zur Erteilung von Weisungen gegenüber der Treuhänderin oder zur Neuwahl der Treuhänderin). In Urteilen vom 5.2.2013, Az. II ZR 134/11 (NZG 2013, 379 = BB 2013, 719) und II ZR 136/11 (ZIP 2013, 619), hat der BGH (noch) weitergehend entschieden, dass dieses Auskunftsrecht der mittelbar über eine Treuhandkommanditistin an

- Gehälter der Geschäftsführer;[37]
- Beziehungen zu verbundenen Unternehmen und Angelegenheiten des verbundenen Unternehmens selbst;[38]
- Darlehensverträge der Gesellschaft mit Gesellschaftern, Organmitgliedern oder Dritten oder zugunsten solcher Personen erklärte Bürgschaften der Gesellschaft;[39]
- Möglichkeiten der Rückführung von Gesellschaftsdarlehen;[40]
- Bei der GmbH & Co. KG: Aus Sicht der Kommanditisten Rechtsverhältnisse oder Angelegenheiten der Komplementär-GmbH und aus Sicht der Gesellschafter der Komplementär-GmbH Rechtsverhältnisse und Angelegenheiten der KG.[41]

bb) Einsicht in „Bücher und Schriften" der Gesellschaft

(1) Gegenstand des Einsichtsrechts und Art der Einsichtnahme

415 Die gesetzlichen Kontrollrechte der Gesellschafter in Personengesellschaften und der GmbH betreffen – mit teilweise unterschiedlichem Umfang (vgl. hierzu unter Rn. 418 f.) – jeweils vorrangig die Berechtigung, zur Kontrolle der geschäftsführenden Gesellschafter in die *„Geschäftsbücher und Papiere"* (§ 716 Abs. 1 BGB), *„Handelsbücher und Papiere"* (§ 118 Abs. 1 HGB), *„Bücher und Papiere"* (§ 166 Abs. 1 HGB) bzw. *„Bücher und Schriften"* der Gesellschaft (§ 51a Abs. 1 GmbHG) Einsicht zu nehmen.

416 „Einsichtnahme" bedeutet, dass der zur Einsicht berechtigte Gesellschafter die Geschäftsunterlagen **in den Geschäftsräumen der Gesellschaft**[42] einsehen, d.h. lesen und prüfen kann. Der Gesellschafter darf sich aus diesen Unterlagen **Notizen** machen und

---

einer GmbH & Co. KG beteiligten Anleger bereits dann besteht, wenn die Anleger – wie üblich – nach den Treuhand- und Gesellschaftsverträgen rechtlich und wirtschaftlich den unmittelbar beteiligten Kommanditisten gleichgestellt sind. Diese Rechtsprechung, die in der Praxis vor allem der „Rekrutierung" von Klägern durch Anwaltskanzleien zur Organisation von Massenverfahren für die Rückabwicklung von Kapitalanlagen dient, wurde zuletzt im Urteil des BGH vom 16.12.2014, NZG 2015, 269 = BB 2015, 523, bestätigt und (um ein weiteres Mal) erweitert: Der betreffende Auskunftsanspruch könne – so der BGH, aaO – nicht nur gegen die Gesellschaft, sondern gegen jeden Mitgesellschafter, *„der die Auskunft unschwer erteilen kann"*, geltend gemacht werden (wie im konkreten Fall gegen die das Anlegerregister führende Treuhandkommanditistin).

[37] OLG Köln, Urteil vom 26.4.1985, GmbHR 1985, 358 = BB 1985, 1583 = WM 1986, 37; OLG Jena, Urteil vom 14.9.2004, NZG 2004, 1156 = GmbHR 2004, 1588 = BB 2004, 2540.

[38] BGH, Urteil vom 11.11.2002, BGHZ 152, 339 = NZG 2003, 396 = NJW-RR 2003, 830 = GmbHR 2003, 295; OLG Köln, Urteil vom 26.4.1985, GmbHR 1985, 358 = BB 1985, 1583 = WM 1986, 37.

[39] OLG Hamm, Urteil vom 7.10.1987, GmbHR 1988, 218.

[40] OLG Jena, Urteil vom 14.9.2004, NZG 2004, 1156 = GmbHR 2004, 1588 = BB 2004, 2540.

[41] BGH, Urteil vom 11.7.1988, NJW 1989, 225 = BB 1988, 1927 = WM 1988, 1447; vgl. auch OLG Hamburg, Urteil vom 6.7.1984, GmbHR 1985, 120, zu den Informationsrechten der Gesellschafter einer GmbH & Co. KG (innerhalb der GmbH & Co. KG sind Angelegenheiten der KG auch solche der Komplementär-GmbH).

[42] Vgl. OLG Celle, Urteil vom 8.11.1982, BB 1983, 1450; vgl. auch OLG Köln, Urteil vom 26.4.1985, GmbHR 1985, 358 = BB 1985, 1583 = WM 1986, 37, wonach der Gesellschafter (in diesem Fall einer GmbH) keinen Anspruch darauf hat, dass die Geschäftsführung der GmbH Teile der Bücher und Schriften für ihn fotokopiert und die Kopien übersendet.

auf seine Kosten **Kopien** anfertigen, ohne dass dieses Recht auf besonders wichtige oder komplizierte Unterlagen beschränkt wäre.[43]

Unter „**Büchern**" der Gesellschaft (bzw. „Handelsbüchern" oder „Geschäftsbüchern") sind die „Handelsbücher" im Sinne der §§ 238 ff. HGB zu verstehen, also insbesondere Buchhaltungsunterlagen. „**Schriften**" der Gesellschaft sind alle geschriebenen Geschäftsunterlagen der Gesellschaft, also alle **internen Papiere** einschließlich Buchungsbelege und die gesamte **Geschäftskorrespondenz** sowie der Jahresabschluss der Gesellschaft.[44] Zu den „Büchern und Papieren" bzw. „Schriften" einer Gesellschaft gehören ferner Prüfungsberichte, „**Geheimbücher**" geschäftsführender Gesellschafter[45] oder sogar private Unterlagen eines Gesellschafters, sofern sie geschäftliche Aufzeichnungen mit enthalten[46], und auch die **Protokolle des Aufsichtsrats**[47] der Gesellschaft. Das Einsichtsrecht besteht schließlich unabhängig davon, ob die Bücher und Geschäftsunterlagen gegenständlich oder nur in **elektronischer Form** vorliegen; das Einsichtsrecht betrifft somit auch die elektronisch erfasste Buchhaltung oder sämtliche Emails, soweit sie Geschäftskorrespondenz der Gesellschaft beinhalten.[48] Der Gesellschaft kann zur Realisierung seines Einsichtsrechts einen Ausdruck der geforderten Daten bzw. Unterlagen verlangen.[49]

417

(2) Umfang des Einsichtsrechts

Das Einsichtsrecht der **persönlich haftenden Gesellschafter** bei der GbR, PartG, OHG oder KG bzw. GmbH & Co. KG gemäß §§ 716 Abs. 1 BGB, 118 Abs. 1 HGB, 6 Abs. 3 S. 2 PartGG sowie das Einsichtsrecht des **GmbH-Gesellschafters** gemäß § 51a GmbH erstreckt sich auf grundsätzlich **alle Bücher und Schriften** der Gesellschaft, also auf alle Unterlagen in „**Angelegenheiten der Gesellschaft**". Die Einsichtsrechte der betreffenden Gesellschafter sind hinsichtlich des Gegenstands des Einsichtsrechts, der Art der einzusehenden Unterlagen bzw. Daten (vgl. hierzu unter Rn. 415 ff.) sowie hinsichtlich des inhaltlichen Umfangs (vgl. zu den „Angelegenheiten der Gesellschaft"

418

---

[43] OLG Köln, Urteil vom 26.4.1985, GmbHR 1985, 358 = BB 1985, 1583 = WM 1986, 37; BayObLG, Beschluss vom 15.10.1999, NZG 2000, 100 = NJW-RR 2000, 487 = GmbHR 1999, 1296.

[44] BayObLG, Beschluss vom 15.10.1999, NZG 2000, 100 = NJW-RR 2000, 487 = GmbHR 1999, 1296.

[45] OLG München, Urteil vom 5.9.2008, NZG 2008, 864 = DB 2008, 2132 = WM 2008, 2211 (für das außerordentliche Informationsrecht eines Kommanditisten gem. § 166 Abs. 3 HGB bei einer Publikums-KG).

[46] OLG Köln, Urteil vom 26.4.1985, GmbHR 1985, 358 = BB 1985, 1583 = WM 1986, 37; BGH, Urteil vom 11.10.1982, WM 1982, 1403. Bei der PartG erstreckt sich das Einsichtnahmerecht demgegenüber (wohl) nicht auf die im Rahmen der Berufstätigkeit einzelner Gesellschafter geführten Akten (wie z.B. Prozessakten; Patientenunterlagen; etc.); str., vgl. unter Rn. 409 (bei Fn. 11).

[47] BGH, Urteil vom 6.3.1997, BGHZ 135, 48 = NJW 1997, 1985 = GmbHR 1997, 705 = BB 1997, 1223. Nach Auffassung des BGH gilt dies auch für die Aufsichtsrats-Protokolle eines mitbestimmten Pflicht-Aufsichtsrats; aA z.B. Baumbach/Hueck, § 51a, Rn. 22, mwN aus dem Schrifttum.

[48] Vgl. nur Baumbach/Hueck, § 51a, Rn. 20 f.; Scholz/*K. Schmidt*, § 51a, Rn. 25; Lutter/Hommelhoff, § 51a, Rn. 18 f.; Michalski/*Römermann*, § 51a, Rn. 163; MüKoHGB/*Enzinger*, § 118, Rn. 15; Palandt/*Sprau*, § 716, Rn. 1; MüKoBGB/*Schäfer*, § 716, Rn. 8.

[49] BGH, Beschluss vom 21.9.2009, NJW 2010, 439 = NZG 2010, 61 = WM 2010, 81.

im Einzelnen unter Rn. 414) somit grds **umfassend** (vgl. zu den Grenzen des Einsichtsrechts jedoch unter Rn. 427 ff.).

419   Eine **Einschränkung** ergibt sich für **Kommanditisten**: Das Einsichtsrecht erstreckt sich (ebenso wie das korrespondierende Auskunftsrecht) grundsätzlich nur auf Bücher und Papiere der Kommanditgesellschaft, die für eine **sachgerechte Prüfung des Jahresabschlusses erforderlich**[50] sind, § 166 Abs. 1 HGB. Ein weitergehendes Einsichtsrecht besteht nur in Sonderfällen, bei Vorliegen „**wichtiger Gründe**" und aufgrund richterlicher Anordnung gemäß § 166 Abs. 3 HGB. Hier bestimmt das Gericht den Umfang der zu erteilenden Informationen bzw. der Einsichtnahme, wobei sich das Einsichtsrecht dann gerade *nicht* auf die Prüfung des Jahresabschlusses beschränkt, sondern auch auf sonstige Angelegenheiten der Gesellschaft erstreckt, wie insbesondere die Geschäftsführung des Komplementärs im Allgemeinen und die damit im Zusammenhang stehenden Unterlagen der Gesellschaft.[51]

(3) Hinzuziehung von Bevollmächtigten und Beratern

420   Die Einsichtsrechte sind grundsätzlich **persönlich** auszuüben. Der zur Einsicht berechtigte Gesellschafter kann – vorbehaltlich der Zustimmung seiner Mitgesellschafter – das Einsichtsrecht nur in **besonderen Ausnahmefällen** durch einen **Bevollmächtigten** ausüben lassen, wenn er zur persönlichen Wahrnehmung – etwa aus Krankheitsgründen – nachhaltig und nachweislich nicht in der Lage ist.[52]

421   Eine andere – und in der Praxis immer wieder streitige – Frage ist es, ob der zur Einsicht berechtigte Gesellschafter einen **Berater** oder **Sachverständigen**, insbesondere einen Wirtschaftsprüfer oder Steuerberater, **hinzuziehen** darf. Dies wird in der höchstrichterlichen Rechtsprechung im Grundsatz bejaht, wobei der betreffende Sachverständige bzw. Berater „geeignet" sein muss. Als Berater bzw. Sachverständige kommen nur Wirtschaftsprüfer, vereidigte Buchprüfer, Steuerberater oder auch Rechtsanwälte in Betracht, die zur beruflichen Verschwiegenheit verpflichtet sind.[53] Etwas anderes gilt ausnahmsweise dann, wenn die Hinzuziehung eines Sachverständigen für den Gesellschafter bei Ausübung der Einsichtsrechte objektiv nicht notwendig ist, was allerdings die Gesellschaft darzulegen und zu beweisen hat.[54] Darüber hinaus darf sich

---

[50] BGH, Urteil vom 8.7.1957, BGHZ 25, 115. Es ist dabei im Einzelfall Aufgabe der Gesellschaft, darzutun und ggf. zu beweisen, dass die Einsicht in eine bestimmte Geschäftsunterlage für eine sachgerechte Prüfung der Bilanz *nicht* erforderlich ist.

[51] OLG München, Urteil vom 5.9.2008, NZG 2008, 864 = DB 2008, 2132 = WM 2008, 2211. **AA** OLG Köln, Beschluss vom 17.10.2013, NZG 2014, 660, wonach auch gem § 166 Abs. 3 HGB nur Informationen (Auskunft und Einsicht) durchgesetzt werden können, die der Prüfung des Jahresabschlusses dienen.

[52] BGH, Urteil vom 8.7.1957, BGHZ 25, 115; vgl. auch OLG Celle, Urteil vom 11.5.1983, WM 1983, 741 = ZIP 1983, 943 = BB 1983, 1451, für die Einsichtnahme in die Geschäftsunterlagen einer Publikums-KG, bei der der Kommanditist von seinem Einsichtsrecht keinen sachgerechten Gebrauch machen könne, seine persönliche Anwesenheit überflüssig sei und außerdem einen unangemessenen Reiseaufwand erfordere.

[53] BGH, Urteil vom 28.5.1962, BB 1962, 899 = WM 1962, 883; BayObLG, Beschluss vom 4.7.1991, NJW-RR 1991, 1444 = BB 1991, 1589 = DStR 1991, 1161.

[54] BGH, Urteil vom 28.5.1962, BB 1962, 899 = WM 1962, 883.

der zur Einsicht berechtigte Gesellschafter bei Auswahl des „geeigneten" Sachverständigen aus Gründen der gesellschafterlichen Treuepflicht nicht über berechtigte Interessen der Gesellschaft hinwegsetzen. Die enge Verbundenheit zwischen dem einsichtsberechtigten Gesellschafter und dem betreffenden Berater oder Sachverständigen ist in diesem Zusammenhang zwar unschädlich. Ein zur Ablehnung eines Sachverständigen bzw. Beraters berechtigender Ausnahmefall liegt indessen z.B. dann vor, wenn dieser vorab zur Eskalation eines Gesellschafterstreites beigetragen und unter Parteinahme für den von ihm beratenen Gesellschafter „Unfrieden und Zank unter den Gesellschaftern gestiftet" hatte.[55]

c) Vertragliche Regelung der Auskunfts- und Kontrollrechte

Vertragliche Regelungen zu den Auskunfts- und Kontrollrechten der Gesellschafter sind selten, da die praktisch vorrangig interessierenden Informationsrechte der Kommanditisten und vor allem der GmbH-Gesellschafter im Wesentlichen ohnedies *nicht* vertraglich *beschränkt* bzw. (mit dem Effekt einer Beschränkung) abgeändert werden können. Eine vertragliche *Ausweitung* solcher Informationsrechte ist wegen der umfassenden gesetzlichen Anspruchsgrundlagen andererseits allenfalls für Kommanditisten interessant, so dass sich in Gesellschaftsverträgen einer KG bzw. GmbH & Co. KG gelegentlich Regelungen finden, die die **Auskunfts- und Kontrollrechte des Kommanditisten** (zulässiger Weise) im Verhältnis zur gesetzlichen Regelung **erweitern** und den umfassenden Informationsrechten eines GmbH-Gesellschafters angleichen. **Im Überblick** gilt Folgendes:

422

- Die gesetzlichen **Kontroll-** und korrespondierenden **Auskunftsrechte der persönlich haftenden Gesellschafter** in der **GbR, PartG, OHG** oder **KG bzw. GmbH & Co. KG** gemäß §§ 716 Abs. 1 BGB, 118 Abs. 1 HGB, 6 Abs. 3 S. 2 PartGG **dürfen** grds **vertraglich ausgeschlossen** oder **eingeschränkt** werden. Unwirksam ist indessen die Regelung im Gesellschaftsvertrag einer Personengesellschaft, mit der das Recht der Gesellschafter, Auskünfte über die Namen und Anschriften ihrer Mitgesellschafter zu verlangen, ausgeschlossen wird.[56] Solche einschränkenden vertraglichen Regelungen sind ferner dann unwirksam (bzw. stehen der Geltendmachung der Informationsrechte nicht entgegen), wenn im Einzelfall Grund zu der Annahme „unredlicher Geschäftsführung" besteht, §§ 716 Abs. 2 BGB, 118 Abs. 2 HGB. Es genügt also bereits die „Annahme" bzw. der „Verdacht" pflichtwidriger Geschäftsführungsmaßnahmen. Vertragliche Vereinbarungen, mittels derer die persönlich haftenden Gesellschafter ihre Kontrollrechte gegenüber geschäftsführenden

423

---

[55] BGH, Urteil vom 28.5.1962, BB 1962, 899 = WM 1962, 883.
[56] BGH, Beschluss vom 21.9.2009, NJW 2010, 439 = NZG 2010, 61 = WM 2010, 81, für den Gesellschaftsvertrag einer BGB-Gesellschaft. Entsprechende Klauseln finden sich (nur) in Verträgen geschlossener Publikumsgesellschaften und dienen dort der Anonymität der Kapitalanleger einerseits sowie dem Schutz der Initiatoren und Geschäftsführer (vor einer organisierten Inanspruchnahme durch eine Vielzahl von Anlegern) andererseits. Vgl. näher unter Rn. 414, bei Fn. 36.

Mitgesellschaftern einschränken oder gar ganz ausschließen, sind außerhalb von Publikumsgesellschaften allerdings ohnedies unüblich.

424 • Die **Auskunftsansprüche** der **Personengesellschaften** bzw. der jeweiligen **Gesellschaftergesamtheit** gegenüber geschäftsführenden Gesellschaftern gemäß §§ 713, 666 BGB, 105 Abs. 3, 161 Abs. 2 HGB, 1 Abs. 4 PartGG sind in den allgemeinen Zulässigkeitsschranken (§ 138 Abs. 1 BGB) grundsätzlich **dispositiv**.[57] Entsprechende Regelungen sind allerdings ebenfalls völlig unüblich, zumal die persönliche Auskunftsverpflichtung geschäftsführender Gesellschafter gegenüber der Gesellschaft aufgrund Auftragsrechts (§ 666 BGB) bei Gestaltung des Gesellschaftsvertrags normalerweise nicht als regelungsbedürftiger Sachverhalt in Betracht gezogen wird.

425 • Das **Kontrollrecht** und das damit korrespondierende, subsidiäre **Auskunftsrecht** des **Kommanditisten** gemäß **§ 166 Abs. 1 HGB** (*nicht* das besondere Informationsrecht gemäß § 166 Abs. 3 HGB) darf durch gesellschaftsvertragliche Regelung modifiziert und in gewissem Umfang auch **eingeschränkt** werden. Der BGH ist hier im Hinblick auf die zwingenden Informationsrechte der (hinsichtlich ihrer Gesellschafter- und Haftungsposition dem Kommanditisten im weiteren Sinne vergleichbaren) GmbH-Gesellschafter gemäß § 51a Abs. 3 GmbHG jedoch zunehmend restriktiv. Das Recht, einen Jahresabschluss zu überprüfen und hierfür Geschäftsunterlagen einzusehen und auch notfalls Auskünfte zu erhalten, darf durch den Gesellschaftsvertrag jedenfalls nicht völlig entzogen werden.[58] Der vollständige Ausschluss von Informationsrechten des Kommanditisten im Gesellschaftsvertrag ist allerdings ebenfalls unüblich. Naheliegender ist der Versuch der Gesellschaftermehrheit, die Informationsrechte eines Kommanditisten nachträglich zu beschränken, wenn er z.B. eine Wettbewerbstätigkeit aufnimmt. Hier schützen den Kommanditisten allerdings die besonderen Anforderungen bzw. Einschränkungen für Mehrheitsbeschlüsse in Personengesellschaften (vgl. unter Rn. 65 ff.), so dass die nachträgliche Änderung des Gesellschaftsvertrags zu seinen Lasten im Zweifel nur einstimmig und mit seiner Zustimmung möglich ist. Verbreiteter sind vertragliche Gestaltungen, die das Verfahren der Einsichtnahme oder der Ausübung von (vertraglich erweiterten) Auskunftsrechten des Kommanditisten betreffen, etwa die (allerdings ebenfalls nur bei Publikums-Gesellschaften verwendete) Bestimmung, wonach die Einsichts- und Auskunftsrechte nur über einen „Treuhänder" oder gemeinsamen Vertreter wahrgenommen werden dürfen.[59]

---

[57] BGH, Urteil vom 18.3.1965, WM 1965, 709; BGH, Urteil vom 4.12.2000, NZG 2001, 221 = NJW 2001, 1131 = DStR 2001, 362 (für eine Miteigentümergemeinschaft); Palandt/*Sprau*, § 666, Rn. 1; **aA** (ohne nähere Begründung) Baumbach/Hopt/*Roth*, § 118, Rn. 19.

[58] BGH, Urteil vom 10.10.1994, NJW 1995, 194 = GmbHR 1995, 55 = BB 1994, 2372 (obwohl der Kommanditist in dem zu entscheidenden Fall einer erlaubten Konkurrenztätigkeit nachging); vgl. auch BGH, Urteil vom 11.7.1988, NJW 1989, 225 = BB 1988, 1927, wonach „*manches dafür spricht*", dass die „*Bewertung des modernen Gesetzgebers*" in § 51a Abs. 3 GmbHG nicht ohne Auswirkung auf die Auffassung bleiben kann, das Informationsrecht des Kommanditisten nach § 166 HGB sei gesellschaftsvertraglich weitgehend abdingbar.

[59] Vgl. zur Zulässigkeit solcher Klauseln bei einer Publikums-Gesellschaft BGH, Urteil vom 16.1.1984, NJW 1984, 2470 = GmbHR 1985, 20 = WM 1984, 807, für eine Publikums-KG oder eine Fondsgesellschaft

- Die **Auskunfts-** und **Einsichtsrechte** eines „**GmbH-Gesellschafters**" können durch Satzung grundsätzlich **nicht geschmälert** werden, § 51a Abs. 3 GmbHG. Es kommen wenn überhaupt Verfahrensregelungen in Betracht, durch die allerdings „*der materielle Gehalt der Informationsrechte nicht eingeschränkt werden*" darf.[60] Am ehesten sind daher z.B. Satzungsbestimmungen zulässig, wonach der Kreis geeigneter Sachverständiger (Begrenzung auf zur Berufsverschwiegenheit verpflichtete Personen) bei Einsichtnahmen eingegrenzt oder aber Ausweichregelungen für den Fall getroffen werden, dass die Gesellschaft ein Auskunfts- oder Einsichtsrecht gemäß § 51a Abs. 2 GmbHG berechtigterweise verweigern könnte (z.B. Mitteilung nur an einen zur Berufsverschwiegenheit verpflichteten Treuhänder des informationsberechtigten Gesellschafters, wenn bestimmte Daten wegen Konkurrenztätigkeit dieses Gesellschafters nicht offengelegt werden müssten). Entsprechende Satzungsregelungen sind in der Praxis wegen des klaren, umfassenden gesetzlichen Verbotes in § 51a Abs. 3 GmbHG indessen ebenfalls unüblich.

426

2. Gesetzliche Schranken der Auskunfts- und Kontrollrechte

a) Grenzen der Informationsrechte in Personengesellschaften

Der Umfang der gesetzlichen Auskunfts- und Kontrollrechte macht vor allem in der GmbH Probleme und bietet Anlass für Streitigkeiten. Bei Personengesellschaften ist dieser Gesichtspunkt der Auskunfts- und Kontrollrechte weniger streitträchtig: Die persönlich haftenden Gesellschafter sind meist ohnedies an der Geschäftsführung beteiligt und können uneingeschränkt auf Informationen der Gesellschaft zugreifen; die gesetzlichen Informationsrechte der Kommanditisten haben deutlich geringere Reichweite als die entsprechenden Rechte eines GmbH-Gesellschafters.

427

Die Rechtsprechung hat sich bei Personengesellschaften daher am ehesten mit dem Konfliktfall zu befassen, dass einem **Kommanditisten** nach Aufnahme einer **Wettbewerbstätigkeit** (welche Kommanditisten gemäß § 165 HGB grundsätzlich erlaubt ist) **Einsichtsrechte** in sensible und geheimhaltungsbedürftige **Geschäftsunterlagen verweigert** werden sollen. Das Einsichtsrecht des Kommanditisten (wie aller Gesellschafter) steht unter der gesetzlichen **Schranke** des **Missbrauchsverbots** gemäß **§ 242 BGB** und des **Rücksichtnahmegebots** auf die Interessen der Gesellschaft aufgrund gesellschafterlicher **Treuepflicht**.[61] Im Hinblick darauf kann einem Kommanditisten persönlich ein Einsichtsrecht in Bücher und Schriften der Gesellschaft verwehrt werden,

428

---

durch Beteiligung stiller Gesellschafter. Das Recht, Name und Anschrift der Mitgesellschafter zu erfahren, ist demgegenüber nicht abdingbar; vgl. unter Rn. 414, bei Fn. 36.

[60] BayObLG, Beschluss vom 27.10.1988, NJW-RR 1989, 350 = GmbHR 1989, 201 = BB 1988, 2405. Demnach war die vom BayObLG zu beurteilende Satzungsbestimmung, welche das Informationsrecht auf eine Stunde je Monat beschränkte, nach Auffassung des Gerichts unwirksam. Vgl. auch LG Essen, Beschluss vom 4.7.2014, GmbHR 2014, 991: Keine Beschränkung des Einsichtsrechts auf „*quartalsweise Ausübung*".

[61] BGH, Urteil vom 2.7.1979, GmbHR 1979, 204 = BB 1979, 1315 = DB 1979, 1837.

wenn er zu der Gesellschaft in einem Wettbewerbsverhältnis steht oder für einen Wettbewerber tätig ist und er durch die Einsicht Kenntnisse von Lieferantenbeziehungen und Lieferantenkonditionen erhält, die im Rahmen des Wettbewerbsverhältnisses ggf zum Nachteil der Gesellschaft ausgenutzt werden können.[62] Das Informationsrecht des Kommanditisten entfällt in diesen Fällen zwar nicht vollständig, muss aber über einen zur Verschwiegenheit verpflichteten Bevollmächtigten des Kommanditisten (also einen Wirtschaftsprüfer, vereidigten Buchprüfer oder Steuerberater) wahrgenommen werden, der auch gegenüber der Gesellschaft verpflichtet ist, dem zur Einsicht berechtigten Kommanditisten oder sonstigen Gesellschafter die wettbewerbsrelevanten, geheimhaltungsbedürftigen Daten nicht offenzulegen.[63] Sofern nur ein Teil der Geschäftsunterlagen wegen des Wettbewerbsverhältnisses kritisch ist, etwa weil das Konkurrenzverhältnis nur in einem Teilbereich des Sortiments der Gesellschaft existiert, muss die Gesellschaft im Einzelnen darlegen, welche Unterlagen sie in diesem Sinne für gefährlich hält und warum sie einen Missbrauch der Unterlagen bzw. übermittelten Daten befürchtet.[64]

429 Die **Gesellschafter einer Personengesellschaft**, also sowohl die persönlich haftenden Gesellschafter als auch die Kommanditisten, unterliegen darüber hinaus bei der **Wahrnehmung ihrer Informationsrechte** generell dem **Missbrauchsverbot gemäß § 242 BGB**. Die Auskunfts- und Kontrollrechte dürfen nicht treuwidrig dafür verwendet werden, die Geschäftsabläufe der Gesellschaft über Gebühr zu stören, etwa durch die immer neue, lang andauernde Inanspruchnahme von Einsichtsrechten oder beständige Anfragen und Auskunftsersuchen bei den geschäftsführenden Gesellschaftern hinsichtlich Informationen, die dem anfragenden Gesellschafter entweder bereits bekannt sind oder die er sich ohne weiteres auch anderweitig beschaffen oder selbst erstellen könnte (z.B. Zusammenstellung von Personalkosten oder Berechnung von Zinsaufwand für Fremdkapital, die bereits aus den übergebenen Jahresabschlüssen ersichtlich sind). Für Gesellschafter einer GbR, PartG, OHG, KG und GmbH & Co. KG gelten hier die gleichen Ausübungsschranken gemäß § 242 BGB wie für GmbH-Gesellschafter (vgl. hierzu näher unter Rn. 430 ff.).

b) Grenzen der Informationsrechte und Verweigerung von Auskunft und Einsicht bei der GmbH

aa) Grenzen der Informationsrechte durch das Missbrauchsverbot

430 Die Auskunfts- und Einsichtsrechte des GmbH-Gesellschafters in den „Angelegenheiten der Gesellschaft" sind gemäß § 51a Abs. 1 GmbHG grundsätzlich „umfassend" ausge-

---

[62] BGH, Urteil vom 2.7.1979, GmbHR 1979, 204 = BB 1979, 1315 = DB 1979, 1837; BGH, Urteil vom 15.12.1969, BB 1970, 187; BGH, Urteil vom 11.10.1982, WM 1982, 1403 (für die Auskunftsansprüche eines GbR-Gesellschafters gem. § 716 BGB in einer Innengesellschaft).
[63] BGH, Urteil vom 15.12.1969, BB 1970, 187; BGH, Urteil vom 2.7.1979, GmbHR 1979, 204 = BB 1979, 1315 = DB 1979, 1837.
[64] BGH, Urteil vom 2.7.1979, GmbHR 1979, 204 = BB 1979, 1315 = DB 1979, 1837.

staltet[65] und unbeschränkt. Das für den GmbH-Gesellschafter normierte Informationsrecht findet – abgesehen von der gesetzlichen Ausnahme in § 51a Abs. 2 GmbHG (vgl. hierzu unter lit. bb) – seine Grenze erst bei einer „nicht zweckentsprechenden Wahrnehmung".[66] Der Umstand allein, dass das Auskunfts- und Einsichtsrecht des Gesellschafters mit möglichen **Geheimhaltungsinteressen** der Gesellschaft **kollidiert**, rechtfertigt nach Auffassung des BGH[67] jedenfalls **keine Einschränkung der Informationsrechte** nach § 51a GmbHG, weil den Gesellschafter eine „verstärkte Verschwiegenheitspflicht" trifft und die GmbH vor unerwünschter Veröffentlichung von Geschäftsinterna daher ausreichend geschützt ist.

Die gesetzliche Regelung der Informationsrechte der Gesellschafter ist bei der GmbH sehr konfliktträchtig und bietet ein gewisses Missbrauchspotential. Einen wichtigen Schutz für die GmbH bzw. deren Geschäftsführer, an die die Auskunfts- und Einsichtsbegehren als gesetzliche Vertreter der Gesellschaft adressiert werden, bietet das **Verbot treuwidriger, unzulässiger Rechtsausübung gemäß § 242 BGB**. Das Auskunfts- oder Einsichtsbegehren des Gesellschafters darf **verweigert** werden, wenn es **rechtsmissbräuchlich** ist.[68] Dies ist etwa in folgenden Fällen naheliegend:

431

- Der **Gesellschafter verfügt** nachweislich **bereits über** die **begehrten Informationen**, will durch immer neue Auskunfts- und Einsichtsbegehren (vor allem vor dem Hintergrund eines Gesellschafterstreits) also lediglich die Geschäftsführer stören oder gar schikanieren.[69] Ein Auskunftsbegehren kann in diesem Sinne auch dann rechtsmissbräuchlich sein, wenn der Gesellschafter die Informationen bereits durch eine vorhergehende Bucheinsicht erlangt hatte, wie andererseits das Einsichtsverlangen verweigert werden kann, wenn das Informationsinteresse bereits durch eine erschöpfende Auskunftserteilung befriedigt wurde.[70]

432

---

[65] BGH, Urteil vom 6.3.1997, BGHZ 135, 48 = GmbHR 1997, 705 = BB 1997, 1223; BGH, Urteil vom 11.11.2002, BGHZ 152, 339 = NZG 2003, 396 = GmbHR 2003, 295.

[66] BGH, Urteil vom 6.3.1997, BGHZ 135, 48 = GmbHR 1997, 705 = BB 1997, 1223. Weitergehend zum Teil das Schrifttum, wonach das Informationsrecht gem. § 51a GmbHG unter der „*immanenten Schranke funktionsgerechter Ausübung*" steht bzw. ein Informationsbedürfnis des Gesellschafters vorliegen muss, vgl. z.B. Baumbach/Hueck, § 51a, Rn. 27; Michalski/*Römermann*, § 51a, Rn. 129ff.; Scholz/*K.Schmidt*, § 51a, Rn. 8; anders z.B. Lutter/Hommelhoff, § 51a, Rn. 2 und 27ff., mit dem (aus meiner Sicht) zutreffenden Argument, dass sich der gesetzlichen Regelung für eine „immanente Schranke" nichts entnehmen lasse.

[67] Urteil vom 6.3.1997, BGHZ 135, 48 = GmbHR 1997, 705 = BB 1997, 1223.

[68] BGH, Urteil vom 6.3.1997, BGHZ 135, 48 = NJW 1997, 1985 = GmbHR 1997, 705 = BB 1997, 1223; OLG München, Urteil vom 21.12.2005, NZG 2006, 597 = GmbHR 2006, 205 = ZIP 2006, 1349.

[69] Vgl. z.B. OLG München, Urteil vom 21.12.2005, NZG 2006, 597 = GmbHR 2006, 205 = ZIP 2006, 1349. Der Antragsteller in einem Informationserzwingungsverfahren gem. § 51b GmbHG war Gründungsgesellschafter und zeitweilig auch Geschäftsführer der GmbH. Er begehrte Auskunft zu einer Vielzahl von Buchhaltungskonten der Gesellschaft, betreffend den Jahresabschluss 2004. Im maßgeblichen Zeitraum, auf den sich sein Einsichtsbegehren bezog, war er selbst Geschäftsführer. Laut OLG München konnte das Informationsbegehren daher wegen fehlenden Informationsinteresses rechtsmissbräuchlich sein und bedurfte jedenfalls einer besonderen Rechtfertigung.

[70] OLG Jena, Urteil vom 14.9.2004, NZG 2004, 1156 = GmbHR 2004, 1588 = BB 2004, 2540.

433 • Das Rechtsmissbrauchsverbot gebietet es dem Gesellschafter ferner, das für die Gesellschaft und ihre Geschäftsführer jeweils **schonendste Mittel zur Informationserlangung** zu wählen. Bei Ausübung des Auskunfts- und Einsichtsrechts gemäß § 51a GmbHG ist der Grundsatz der Verhältnismäßigkeit zu beachten. In diesem Sinne ist es etwa rechtsmissbräuchlich, wenn ein Gesellschafter an einer Gesellschafterversammlung nicht teilnimmt, in deren Rahmen die begehrten Informationen erteilt wurden, und hinterher – auch mittels gerichtlichen Informationserzwingungsverfahrens – immer neue Auskunftsansprüche zu den in der Gesellschafterversammlung erörterten Angelegenheiten geltend macht.[71]

434 • Die Ausübung der Informationsrechte gemäß § 51a GmbHG kann schließlich im Hinblick auf die konkrete Art und Weise der Wahrnehmung dieser Rechte rechtsmissbräuchlich sein. So ist es z.B. **treuwidrig**, den **Geschäftsbetrieb der Gesellschaft** durch ständige, regelmäßig wiederkehrende Einsichtsbegehren, die nicht durch besondere Ereignisse oder Geschäftsvorfälle gerechtfertigt sind, **nachhaltig zu stören** oder – vorbehaltlich einer entsprechenden Vereinbarung unter den Gesellschaftern – regelmäßige Berichte, Zwischenabrechnungen, Kostenaufstellungen oder zeit- und kostenaufwändige Auswertungen etc. zu verlangen.[72]

bb) Verweigerung von Auskunft und Einsicht wegen der Besorgnis gesellschaftsschädlicher Verwendung

435 Eine weitere Schranke für die Informationsrechte des GmbH-Gesellschafters enthält das GmbH-Gesetz selbst: Nach **§ 51a Abs. 2 GmbHG** darf eine Auskunft oder Einsicht verweigert werden, wenn zu besorgen ist, dass der Gesellschafter sie zu gesellschaftsfremden Zwecken verwenden und dadurch der Gesellschaft oder einem verbundenen Unternehmen einen nicht unerheblichen Nachteil zufügen wird. Die Verweigerung bedarf eines **Gesellschafterbeschlusses**, bei dem der die Information begehrende Gesellschafter nach allgemeiner Meinung kein Stimmrecht hat.[73] Der Geschäftsführer, der die Auskunft gemäß § 51a Abs. 2 GmbHG verweigern will, muss den betreffenden Gesellschafterbeschluss **unverzüglich herbeiführen**, falls ein solcher Beschluss für das konkrete Auskunftsbegehren nicht bereits vorliegt. Die Auskunftsverweigerung durch den Geschäftsführer ohne unverzügliche Entscheidung der Gesellschafterversammlung

---

[71] OLG Jena, Urteil vom 14.9.2004, NZG 2004, 1156 = GmbHR 2004, 1588 = BB 2004, 2540. Im Rahmen einer Gesellschafterversammlung war hier die aktuelle betriebswirtschaftliche Auswertung der GmbH vorgestellt und erörtert worden. Der Gesellschafter hatte an der Gesellschafterversammlung nicht teilgenommen und hinterher – auch klageweise – ständig neue Fragen an die Geschäftsleitung wegen dieser BWA herangetragen, was aus Sicht des OLG Jena rechtsmissbräuchlich war.

[72] Wobei hier bereits die Anspruchsgrundlage fraglich ist und das Informationsbegehren nicht erst durch Erhebung des Rechtsmissbrauchseinwandes verweigert werden muss, da § 51a GmbHG jedenfalls keinen Anspruch der Gesellschafter begründet, von der Gesellschaft regelmäßig, automatisch und präventiv informiert zu werden, vgl. OLG Jena, Urteil vom 14.9.2004, NZG 2004, 1156 = GmbHR 2004, 1588 = BB 2004, 2540.

[73] Vgl. nur Lutter/Hommelhoff, § 51a, Rn. 29; Ulmer/Habersack/Winter, § 51a, Rn. 53; Scholz/K. Schmidt, § 51a, Rn. 42; Baumbach/Hueck, § 51a, Rn. 38, jeweils mwN.

IV. Streit über Auskunfts- und Kontrollrechte

gemäß § 51a Abs. 2 S. 2 GmbHG bedeutet eine „schwerwiegende" Pflichtverletzung.[74] Die Gesellschafter können auch einen **Vorratsbeschluss** gemäß § 51a Abs. 2 GmbHG fassen, wonach einem Gesellschafter über ein bestimmtes Informationsbegehren hinaus Einsicht oder Auskunft für eine bestimmte Zeit, unter bestimmten Umständen oder in bestimmte Unterlagen verweigert wird. Ein solcher Beschluss enthält eine Weisung an den Geschäftsführer, betreffende Informationsbegehren eines Gesellschafters zunächst zurückzuweisen. Der Vorratsbeschluss ersetzt jedoch *nicht* den Gesellschafterbeschluss zum konkreten Auskunfts- oder Einsichtsbegehren.[75]

„**Gesellschaftsfremd**" ist die Verwendung einer Information dann, wenn sie nicht direkt „gesellschaftsnützlich"[76] ist, also zur Beförderung des Gesellschaftszwecks bzw. des Gesellschaftsunternehmens eingesetzt werden könnte. Für das Verweigerungsrecht genügt die „**Besorgnis**" der zweckwidrigen Verwendung, so dass die Verweigerungsmöglichkeit bereits dann besteht, wenn in dieser Hinsicht eine konkrete, durch Tatsachen gestützte Gefahr und eine „gewisse Wahrscheinlichkeit hierfür" vorliegen.[77] Die Feststellungslast dafür, dass der die Auskunft bzw. die Einsicht begehrende Gesellschafter die erlangten Informationen mit einer gewissen Wahrscheinlichkeit zu gesellschaftsfremden Zwecken verwenden wird, trägt die Gesellschaft. Zusätzliche Voraussetzung für das Verweigerungsrecht des § 51a Abs. 2 GmbHG bildet ferner die Besorgnis, dass die **GmbH** oder ein mit ihr verbundenes Unternehmen durch die zweckwidrige Informationsverwendung einen **nicht unerheblichen Nachteil erleiden** wird. Dieser, ebenfalls mit „gewisser Wahrscheinlichkeit" eintretende Nachteil kann sowohl in einem Vermögensschaden wie auch in einem ideellen Schaden der Gesellschaft liegen.[78]

436

Einen **typischen Beispielsfall** für das Informationsverweigerungsrecht gemäß § 51a Abs. 2 GmbHG bildet somit (ähnlich wie das aus der Treuepflicht abgeleitete, entsprechende Einsichtsverweigerungsrecht der KG gegenüber einem Kommanditisten) der Umstand, dass sich der Gesellschafter wegen eigener unternehmerischer Tätigkeit oder als Mitarbeiter eines Wettbewerbers in einem **Konkurrenzverhältnis zur GmbH** befindet und die konkrete Besorgnis besteht, dass die Gesellschaft durch die Offenlegung z.B. von Lieferantenbeziehungen, Preiskalkulationen oder technischen Daten einen wirtschaftlichen Schaden erleiden wird. Die Gefahr zweckwidriger Verwendung zum Nachteil der Gesellschaft kann ggf dadurch beseitigt und die Informationsverweigerung dadurch vermieden werden, dass die Information nicht gegenüber dem betreffenden Gesellschafter selbst, sondern an einen für beide Seiten vertrauenswürdigen und zur Berufsverschwiegenheit verpflichteten Treuhänder erfolgt.[79]

437

---

[74] KG Berlin, Urteil vom 11.8.2011, GmbHR 2011, 1272 = ZIP 2011, 2304. Die betreffende Verletzung von Informationsrechten bildet grundsätzlich einen „wichtigen Grund" für die Abberufung des Geschäftsführers; vgl. näher unter Rn. 161.

[75] BGH, Urteil vom 27.4.2009, NJW 2009, 2300 = NZG 2009, 707 = DB 2009, 1227. Der betroffene Gesellschafter kann den Vorratsbeschluss trotzdem mit der Anfechtungsklage angreifen, da er eine allgemeine Richtlinie aufstellt und das eigene Prüfungsermessen der Geschäftsführer beseitigt.

[76] Vgl. nur Baumbach/Hueck, § 51a, Rn. 33; Lutter/Hommelhoff, § 51a, Rn. 26; Michalski/*Römermann*, § 51a, Rn. 202; Scholz/*K.Schmidt*, § 51a, Rn. 39.

[77] OLG München, Urteil vom 9.5.2008, NZG 2008, 878 = GmbHR 2008, 819 = ZIP 2008, 1894.

[78] OLG München, Urteil vom 9.5.2008, NZG 2008, 878 = GmbHR 2008, 819 = ZIP 2008, 1894.

[79] OLG München, Urteil vom 9.5.2008, NZG 2008, 878 = GmbHR 2008, 819 = ZIP 2008, 1894. Vgl. für den entsprechenden Fall einer möglichen Informationsverweigerung und deren Vermeidung durch

438 Eine **typische Konfliktsituation** im Hinblick auf das Informationsverweigerungsrecht des § 51a Abs. 2 GmbHG ergibt sich ferner im Zusammenhang mit einer **beabsichtigten Anteilsveräußerung** des Gesellschafters. Der Gesellschafter hat einerseits das naheliegende Interesse, zusätzliche Informationen zum Unternehmen der Gesellschaft sowie Geschäftsunterlagen zu erhalten, um dem Erwerbsinteressenten die Möglichkeit einer rechtlichen, wirtschaftlichen und steuerlichen Überprüfung der Gesellschaft (due diligence) zu ermöglichen. Andererseits besteht für die Gesellschaft die Gefahr, dass vertrauliche Geschäftsinterna an die Öffentlichkeit gelangen, zumal der Erwerbsinteressent (als Nicht-Gesellschafter) vorbehaltlich einer gesonderten Vereinbarung keiner Geheimhaltungspflicht unterliegt. In diesen Fällen sollte der Gesellschafter für seine Verkaufsverhandlungen zunächst auf die Jahresabschlüsse der Gesellschaft zurückgreifen, die wichtige und umfangreiche Unternehmensdaten enthalten und die entweder ohnedies bereits offengelegt sind (§ 325 HGB) oder deren Herausgabe an den Gesellschafter mangels Geheimhaltungsbedürfnisses jedenfalls nicht verweigert werden darf.[80] Die Herausgabe weitergehender Informationen sollte (schon wegen der eigenen Geheimhaltungsverpflichtung des Gesellschafters) in jedem Fall vorher mit der Geschäftsleitung besprochen und verhandelt werden. Die Geschäftsführer ihrerseits haben in Zweifelsfällen oder bei umfangreicher Herausgabe von Daten eine Entscheidung der Gesellschafter durch Beschluss herbeizuführen. Möglicherweise lässt sich ein ausreichender Schutz durch eine strafbewehrte Geheimhaltungsvereinbarung mit dem Erwerbsinteressenten erreichen. Eine andere Möglichkeit besteht auch hier darin, dass besonders sensible Daten nur einem zur Berufsverschwiegenheit verpflichteten Treuhänder, also einen Wirtschaftsprüfer oder Rechtsanwalt, übergeben werden, der Details (z.B. die Lieferantenbeziehungen, Preiskalkulationen etc.) nicht an den Erwerbsinteressenten herausgibt, sondern nur für eine zusammenfassende Bewertung bzw. Stellungnahme verwenden darf, die dem Erwerbsinteressenten nach Durchsicht durch die Gesellschaft ausgehändigt wird.

3. Durchsetzung von Auskunfts- und Kontrollrechten

a) Durchsetzung der „richtigen" Auskunft

439 Ein häufiger Streit im Zusammenhang mit der Geltendmachung von Auskunftsrechten durch einen Gesellschafter besteht darin, dass die Auskunft zwar erteilt, aus Sicht des Auskunftsempfängers jedoch zu dürftig und **unvollständig** oder **möglicherweise unrichtig** ist. Im Falle der unvollständigen Auskunftserteilung nach berechtigtem Auskunftsverlangen stehen dem Gesellschafter die unter Rn. 442 ff. geschilderten Möglichkeiten zur Verfügung, um die Auskunftserteilung im geschuldeten Umfang gerichtlich durchzusetzen. Die gerichtliche Anspruchsdurchsetzung ist indessen schwierig, wenn der die Information begehrende Gesellschafter – wie im Rahmen von Gesellschafterstreitigkeiten recht häufig – die ihm erteilten Auskünfte für unrichtig hält.

440 Hinsichtlich der Reaktionsmöglichkeiten des Auskunftsberechtigten ist hier zu unterscheiden: Sofern er die **Unrichtigkeit** der erteilten **Auskunft feststellt**, etwa weil er sie aufgrund anderer Erkenntnisquellen überprüfen konnte, sind seine Informations-

---

Einschaltung eines zur Berufsverschwiegenheit verpflichteten Dritten bei den Personengesellschaften unter Rn. 428.

[80] Vgl. BayObLG, Beschluss vom 15.10.1999, NZG 2000, 100 = NJW-RR 2000, 487 = GmbHR 1999, 1296: „*Insoweit* [betreffend die Einsicht oder Herausgabe des Jahresabschlusses] *ist ein Verweigerungsrecht nicht denkbar … Der Jahresabschluss lässt sich nämlich keinem ‚geheimschutzbedürftigen Bereich' zuordnen, was Voraussetzung einer Verweigerungsbedürftigkeit wäre. Vielmehr ist eine zentrale Funktion des Jahresabschlusses gerade die der Befriedigung externer und interner Informationsinteressen …*".

rechte als solche zunächst ausgeschöpft. Es kommen Sanktionsmaßnahmen gegen die geschäftsführenden Gesellschafter wegen dieser Pflichtwidrigkeit in Betracht (wie z.B. Entziehung von Geschäftsführungs- und Vertretungsbefugnis oder Schadensersatzansprüche), im Rahmen deren etwaiger gerichtlicher Überprüfung dann inzident nochmals die inhaltliche Richtigkeit der Auskunftserteilung geklärt wird. Hat der Auskunftsberechtigte demgegenüber lediglich **Zweifel**, ob die **Auskunft richtig ist**, muss er entweder weitere Möglichkeiten der Informationserlangung ausschöpfen, wie etwa die Geltendmachung und Durchsetzung eines Einsichts- und Prüfungsrechts, oder aber seine Auskunftsrechte gerichtlich weiterverfolgen und durchsetzen, mit dem Argument, die ihm bisher erteilte Auskunft sei wegen möglicher inhaltlicher Unrichtigkeit unvollständig bzw. nicht die Information, die er berechtigterweise verlangt hatte. Anders als bei sonstigen zivilrechtlichen Auskunftsansprüchen, kann ein Gesellschafter demgegenüber **nicht** gemäß **§ 260 Abs. 2 BGB** erreichen, dass der Inhalt der erteilten Informationen durch **eidesstattliche Versicherung** des Auskunftsverpflichteten bestätigt wird. Die Bestimmungen der **§§ 259 Abs. 2, 260 Abs. 2 BGB** sind für Auskunfts- und Unterrichtungspflichten im Rahmen eines gesellschaftsrechtlichen Innenverhältnisses **nicht analog anwendbar**.[81] Mit Rücksicht darauf scheidet im Rahmen gesellschaftsrechtlicher Auskunftsprozesse auch die sonst übliche Stufenklage gemäß § 254 ZPO (auf Auskunftserteilung und Abgabe einer eidesstattlichen Versicherung gemäß §§ 259 Abs. 2, 260 Abs. 2 BGB) aus (und wäre im besonderen Verfahren der freiwilligen Gerichtsbarkeit, mittels dessen gemäß § 51b GmbHG die Informationsrechte eines GmbH-Gesellschafters und gemäß § 166 Abs. 3 HGB die Informationsrechte eines Kommanditisten durchgesetzt werden, ohnedies unzulässig).

b) Gerichtliche Durchsetzung von Informationsansprüchen

Hinsichtlich des Inhalts und des Umfangs der Auskunfts- und Kontrollrechte der Gesellschafter in einer Personengesellschaft oder einer GmbH wird auf die Darstellung unter Rn. 408 ff. und 427 ff. verwiesen. Die Gesellschafter bzw. die Gesellschaftergesamtheit können diese Informationsansprüche im Falle einer unberechtigten Verweigerung durch die geschäftsführenden Gesellschafter teilweise im Wege der ordentlichen Gerichtsbarkeit oder im Verfahren der freiwilligen Gerichtsbarkeit durchsetzen (vgl. hierzu näher unter Rn. 746 ff.).

441

---

[81] BayObLG, Beschluss vom 17.7.2002, NZG 2002, 1020 = NJW-RR 2002, 1558 = DB 2003, 439; in diese Richtung auch OLG Hamburg, Urteil vom 30.4.1993, NJW-RR 1993, 868 = DStR 1993, 808 = BB 1993, 1030, wonach der Anspruch eines GmbH-Gesellschafters auf Abgabe einer eidesstattlichen Versicherung über die Richtigkeit und Vollständigkeit erteilter Auskünfte allenfalls dann besteht, wenn es sich um Auskünfte handelt, die inhaltlich mit denen vergleichbar sind, die Gegenstand der §§ 259, 260 BGB sind (also Rechenschaftslegung oder Auskunftserteilung über den Bestand von Gegenständen).

aa) Informationserzwingung in Personengesellschaften

(1) Gerichtliche Durchsetzung der Informationsrechte der persönlich haftenden Gesellschafter einer GbR, PartG, OHG, KG oder GmbH & Co. KG

442 Die unter Rn. 409 im Überblick dargestellten Kontroll- und Auskunftsrechte der persönlich haftenden Gesellschafter können wie folgt gerichtlich durchgesetzt werden:

- Die Kontrollrechte gemäß §§ 716 Abs. 1 BGB, 118 Abs. 1 HGB werden durch **Klage** im Wege der **ordentlichen streitigen Gerichtsbarkeit** geltend gemacht. **Beklagte** ist die Gesellschaft (bei der GbR jedenfalls dann, wenn sie als „Außengesellschaft" durch Teilnahme am Rechtsverkehr partei- und rechtsfähig ist).[82] Daneben kann die Klage auch gegen einzelne geschäftsführende Mitgesellschafter persönlich gerichtet werden, vor allem dann, wenn diese z.B. im Besitz bestimmter Unterlagen sind, die eingesehen werden sollen.[83]
Einzelheiten zur Klage auf Durchsetzung von Einsichts- und Auskunftsansprüchen, insbesondere zur **Zuständigkeit** der Gerichte, dem **Klageantrag** und der **Vollstreckung** eines stattgebenden Urteils, finden sich unter Rn. 747 ff. Die dortigen Ausführungen zur Klage eines Kommanditisten gemäß § 166 Abs. 1 HGB gelten für die gerichtliche Durchsetzung der Informationsrechte persönlich haftender Gesellschafter einer GbR, PartG, OHG, KG oder GmbH & Co. KG entsprechend. Das **Muster** eines Klageantrags, betreffend die Durchsetzung einer Bucheinsicht, findet sich unter Rn. 869.

- Die Einsichtsrechte (und korrespondierend hierzu ggf. Auskunftsrechte) eines **ausgeschiedenen Gesellschafters** gemäß § 810 BGB sind ebenfalls im Wege der **ordentlichen streitigen Gerichtsbarkeit** durchzusetzen. **Beklagter** ist derjenige, der im Besitz der einzusehenden Unterlagen ist, also im Zweifel die **Gesellschaft**.[84] Hinsichtlich **Zuständigkeit, Klageantrag** und **Vollstreckung** eines stattgebenden Urteils sowie weiterer Einzelheiten zu Klage und Klageverfahren wird auf die Ausführungen unter Rn. 747 ff. verwiesen, die für eine Klage auf Informationserzwingung des ausgeschiedenen Gesellschafters entsprechend gelten.

(2) Gerichtliche Durchsetzung der Informationsrechte des Kommanditisten

443 Die besonderen Auskunfts- und Kontrollrechte des Kommanditisten können wie folgt gerichtlich durchgesetzt werden:

---

[82] Vgl. zur Rechts- und Parteifähigkeit der GbR nur Palandt/*Sprau*, § 705, Rn. 24 ff., mit umfangreichen Nachweisen aus der Rechtsprechung des BGH. Ist die Gesellschaft mangels Teilnahme am Rechtsverkehr ausnahmsweise nicht parteifähig gem. § 50 ZPO, sind die übrigen Gesellschafter zu verklagen; vgl. iE auch *Lutz*, Die Gesellschaft bürgerlichen Rechts im Zivilprozess, GWR 2012, 30.

[83] Vgl. die Rechtsprechungsnachweise in Fn. 6.

[84] Vgl. die Rechtsprechungsnachweise in Fn. 7. Bei einer GmbH & Co. KG kann sich ein Anspruch auf Einsichtnahme in einen Jahresabschluss daher sowohl gegen die Komplementär-GmbH als auch die KG selbst richten, da der Geschäftsführer der Komplementärin den Jahresabschluss der KG für beide Gesellschaften besitzt, vgl. BGH, Beschluss vom 11.7.1988, NJW 1989, 225 = BB 1988, 1927 = WM 1988, 1447.

IV. Streit über Auskunfts- und Kontrollrechte

- Der Anspruch auf Vorlage einer abschriftlichen Mitteilung des (handelsrechtlichen und steuerlichen) Jahresabschlusses (§ 242 Abs. 3 HGB) und von Liquidationsbilanzen (§ 154 HGB) sowie deren Überprüfung durch Einsicht der Bücher und Papiere gemäß **§ 166 Abs. 1 HGB** ist durch **Klage** in einem **ordentlichen Verfahren** durchzusetzen. Parallel hierzu kann der betreffende Gesellschafter mit der Behauptung eines „wichtigen Grundes" zugleich auch in einem besonderen Informationserzwingungsverfahren der Freiwilligen Gerichtsbarkeit gemäß § 166 Abs. 3 HGB gegen die Gesellschaft vorgehen.[85]

  Hinsichtlich der Klage gemäß § 166 Abs. 1 HGB wird im Übrigen verwiesen auf die Ausführungen unter Rn. 747 ff. Das **Muster** eines Klageantrags findet sich unter Rn. 869.

- Die besonderen Auskunfts- und Kontrollrechte gemäß **§ 166 Abs. 3 HGB** bei Vorliegen „wichtiger Gründe" werden im **Verfahren der Freiwilligen Gerichtsbarkeit** durchgesetzt.[86] Das Verfahren in Angelegenheiten der Freiwilligen Gerichtsbarkeit ist in §§ 1 ff. FamFG geregelt (vgl. hierzu näher unter Rn. 754 ff.). Das Verfahren wird auf **Antrag** des betroffenen Kommanditisten eingeleitet (vgl. hierzu das **Muster** unter Rn. 870).

- Für die gerichtliche Durchsetzung der Einsichts- und Auskunftsrechte des **ausgeschiedenen Kommanditisten** gelten die Ausführungen unter Rn. 442, betreffend den ausgeschiedenen persönlich haftenden Gesellschafter entsprechend.

(3) Gerichtliche Durchsetzung der Ansprüche der Gesellschaft gegen einzelne geschäftsführende Gesellschafter auf Auskunft und Rechnungslegung

Die Informationsansprüche der Gesamtheit der Gesellschafter bzw. der Gesellschaft (im Falle der GbR, soweit diese partei- und prozessfähig ist)[87] gegen einzelne, geschäftsführende Gesellschafter auf Auskunft und Rechnungslegung gemäß §§ 713, 666 BGB werden in einem **ordentlichen Klageverfahren** durchgesetzt. Beklagter ist der zur Auskunft verpflichtete Gesellschafter persönlich. Die Informationsrechte der Gesellschaft können auch durch nicht vertretungsberechtigte Gesellschafter im eigenen Nahmen, im Wege der sog. actio pro socio, für die Gesellschaft geltend gemacht werden (vgl. zur actio pro socio näher unter Rn. 787 ff.).

bb) Informationserzwingung durch den GmbH-Gesellschafter

Die Informationsrechte des GmbH-Gesellschafters werden im Überblick wie folgt gerichtlich durchgesetzt:

- Die Auskunfts- und Einsichtsrechte gemäß **§ 51a Abs. 1 GmbHG** werden gemäß §§ 51b GmbHG, 132, 99 AktG im **Verfahren der Freiwilligen Gerichtsbarkeit**

444

445

---

[85] OLG Celle, Urteil vom 11.5.1983, BB 1983, 1451 = WM 1983, 741 = ZIP 1983, 943.
[86] BayObLG, Beschluss vom 4.7.1991, NJW-RR 1991, 1444 = DStR 1991, 1161 = BB 1991, 1589; BayObLG, Beschluss vom 7.11.1994, NJW-RR 1995, 229 = ZIP 1995, 219 = DB 1995, 36.
[87] Vgl. zur Parteifähigkeit der GbR die Nachweise unter Rn. 442.

gemäß §§ 1 ff. FamFG geltend gemacht. Diese Informationsrechte können nicht daneben oder anstelle dessen in einem Verfahren der ordentlichen streitigen Gerichtsbarkeit durchgesetzt werden.[88] Hinsichtlich der Einzelheiten dieses Informationserzwingungsverfahrens gemäß § 51b GmbHG wird auf die Ausführungen unter Rn. 764 ff. verwiesen. Das **Muster** eines Verfahrensantrags findet sich unter Rn. 871.

- Die Einsichts- und Auskunftsrechte **nach Ausscheiden** aus der Gesellschaft gemäß § 810 BGB sind im Wege der **ordentlichen streitigen Gerichtsbarkeit** durchzusetzen. Es gelten die Ausführungen unter Rn. 442, betreffend die persönlich haftenden Gesellschafter in einer Personengesellschaft, entsprechend.
- Sofern die Auskunft oder Einsicht gemäß § 51a Abs. 2 GmbHG durch **Beschluss verweigert worden ist**, kann der betroffene Gesellschafter die Berechtigung dieses Verweigerungsbeschlusses durch **Anfechtungsklage** gerichtlich klären lassen (vgl. hierzu unter Rn. 654 ff.). Diese **Klage** ist jedoch **nur zulässig**, wenn der Gesellschafter mit der Anfechtungsklage nicht lediglich die Durchsetzung seines Informationsanspruchs verfolgt (wofür das Verfahren gemäß § 51b GmbHG zu wählen ist), sondern ein darüber hinaus gehendes, speziell den Verweigerungsbeschluss betreffendes Rechtsschutzinteresse darzulegen vermag.[89] Ein solches Rechtsschutzinteresse besteht z.B. dann, wenn mit einem Verweigerungsbeschluss unter Hinweis auf ein strukturell bestehendes Gefahrenpotential über ein bestimmtes Informationsbegehren hinaus generell Einsicht oder Auskünfte für eine bestimmte Zeit, für bestimmte Angelegenheiten oder in bestimmte Unterlagen verweigert werden („Vorratsbeschluss").[90]

c) Durchsetzung von Auskunfts- und Kontrollrechten durch einstweilige Verfügung

446 In der Praxis besteht häufig das dringende Anliegen, Auskunfts- und Einsichtsrechte besonders zügig durchzusetzen. Gesellschafter haben naheliegenderweise ein großes Interesse, baldmöglichst Informationen und Klarheit über bestimmte Sachverhalte zu erlangen, wenn sie z.B. Pflichtverletzungen der geschäftsführenden Gesellschafter oder geschäftsschädigende Maßnahmen vermuten bzw. eilige Entscheidungen vorbereiten müssen. Trotzdem ist nach allgemeiner Meinung in Rechtsprechung und Schrifttum ein **Antrag auf Erlass einer einstweiligen Verfügung** zur **Durchsetzung von Auskunfts- oder Einsichtsrechten nicht zulässig**.[91] Sowohl die §§ 935 ff. ZPO als auch §§ 49 ff. FamFG (betreffend den einstweiligen Rechtsschutz in Verfahren der

---

[88] BGH, Urteil vom 22.5.1995, NJW-RR 1995, 1183. Sofern der GmbH-Gesellschafter zunächst „Klage" zur Durchsetzung seines Auskunftsanspruchs nach § 51a GmbHG eingereicht hat, kann diese Klage als „Antrag" auf Einleitung eines Verfahrens der freiwilligen Gerichtsbarkeit ausgelegt werden und das Landgericht in diesem Verfahren dann durch Beschluss entscheiden.

[89] BGH, Urteil vom 7.12.1987, NJW 1988, 1090 = NJW-RR 1988, 547 = GmbHR 1988, 213.

[90] BGH, Urteil vom 27.4.2009, NJW 2009, 2300 = NZG 2009, 707 = DB 2009, 1227.

[91] Vgl. nur OLG Hamm, Urteil vom 29.11.1991, NJW-RR 1992, 640; Zöller, § 940, Rn. 8, mwN; Thomas/Putzo, § 940, Rn. 17.

IV. Streit über Auskunfts- und Kontrollrechte   247

Freiwilligen Gerichtsbarkeit) lassen entsprechende Leistungsverfügungen in Ausnahmefällen zwar zu. Doch ist der einstweilige Rechtsschutz bei Auskunft und Einsicht wegen unzulässiger Vorwegnahme der Hauptsache ausgeschlossen.[92] Angesichts dieser gefestigten, allgemeinen Meinung mag in extremen Sonderfällen eine einstweilige gerichtliche Verfügung oder Anordnung erreicht werden können[93] – im absoluten Regelfall ist der Weg einstweiligen Rechtsschutzes zur Durchsetzung eines Informationsbegehrens indessen verschlossen.

Der betroffene Gesellschafter kann seine Kontrollrechte im Eilverfahren ggf zumindest *absichern,* etwa indem er bei entsprechendem Verfügungsgrund veranlasst, dass bestimmte einzusehende **Geschäftsunterlagen**, die durch die geschäftsführenden Gesellschafter glaubhaft beiseite geschafft oder vernichtet werden sollen, durch einstweilige Verfügung bzw. einstweilige Anordnung **sichergestellt werden**.[94]

---

[92] OLG Hamm, Urteil vom 29.11.1991, NJW-RR 1992, 640.
[93] Vgl. z.B. OLG Karlsruhe, Urteil vom 15.3.1994, NJW 1984, 1905 = ZIP 1984, 990: Der Schuldner wurde zur Auskunft an einen vom Gläubiger zu benennenden Rechtsanwalt durch einstweilige Verfügung verpflichtet, da der Gläubiger auf die Durchsetzung des Anspruchs im Eilverfahren „*aus existenziellen Gründen dringend angewiesen*" war, effektiver Rechtsschutz durch Auskunftsklage nicht gewährleistet wurde und die Entscheidung für den Hauptprozess nicht vorgreiflich war.
[94] Vgl. z.B. Baumbach/Hopt/*Roth*, § 166, Rn. 14. Weitere Ausführungen zum einstweiligen Rechtsschutz finden sich unter Rn. 795 ff.

V. Streit zwischen Gesellschaftern und geschäftsführenden Gesellschaftern über Geschäftsführungsmaßnahmen

Schrifttum: *Beuthien*, Darf ein Kommanditist mehr als widersprechen?, NZG 2013, 967; *Deilmann*, Abgrenzung der Überwachungsbefugnisse von Gesellschafterversammlung und Aufsichtsrat einer GmbH unter besonderer Berücksichtigung des mitbestimmten Aufsichtsrats, BB 2004, 253; *Ebert*, Folgepflicht und Haftung des GmbH-Geschäftsführers beim Erhalt und bei der Ausführung von Weisungen, GmbHR 2003, 444; *Emde*, Die Klage der Kommanditisten auf Rücknahme kompetenzwidrig vorgenommener Geschäftsführungsmaßnahmen, WM 1996, 1205; *Fleischer*, Kompetenzüberschreitungen von Geschäftsleitern im Personen- und Kapitalgesellschaftsrecht, DStR 2009, 1204; *Geißler*, Begrenzungen bei der Weisungsbindung des GmbH-Geschäftsführers, GmbHR 2009, 1071; *Konzen*, Geschäftsführung, Weisungsrecht und Verantwortlichkeit in der GmbH und GmbH & Co. KG, NJW 1998, 1977; *Mennicke*, Zum Weisungsrecht der Gesellschafter und der Folgepflicht des GF in der mitbestimmungsfreien GmbH, NZG 2000, 622; *Rodewald/Wohlfarter*, Gesellschafterweisungen in der GmbH mit (fakultativem oder obligatorischem) Aufsichtsrat, GmbHR 2013, 689; *van Venrooy*, Zwingende Zustimmungsvorbehalte der Gesellschafterversammlung gegenüber der Geschäftsführung, GmbHR 2005, 1243; *Weimar*, Zustimmungspflichtige Geschäfte innerhalb der Kommanditgesellschaft, MDR 1988, 7.

447 Gesellschafterstreitigkeiten im Bereich der Geschäftsführung betreffen nicht nur inhaltliche Divergenzen über beabsichtigte Maßnahmen, sondern in den hier behandelten personalistischen Gesellschaften häufig auch Kompetenzkonflikte. Dies gilt vor allem dann, wenn einzelne Gesellschafter von der Geschäftsführung ausgeschlossen sind.

448 Im Grenzbereich zwischen **Geschäftsführung** und **Grundlagengeschäften** kann diesbezüglich zunächst fraglich sein, ob eine vom geschäftsführenden Gesellschafter beabsichtigte, umstrittene Maßnahme überhaupt von seiner Geschäftsführungsbefugnis gedeckt ist. Unter „Geschäftsführung" ist grundsätzlich jede auf die Verwirklichung des Gesellschaftszwecks gerichtete Tätigkeit zu verstehen. Die **Geschäftsführung** betrifft dabei in rechtlicher Hinsicht das **Innenverhältnis** der Gesellschafter bzw. der Gesellschaft und ist von der „Vertretung" der Gesellschaft bei Rechtsgeschäften in ihrem Namen mit Außenwirkung (einschließlich der entsprechenden Fragen des Bestandes und des Umfanges der „Vertretungsbefugnis" bzw. „Vertretungsmacht") **zu unterscheiden**. **Typische Maßnahmen der Geschäftsführung** sind die Vornahme von Rechtsgeschäften für die Gesellschaft zur Verfolgung des Gesellschaftszwecks, die Buchführung und die Aufstellung des Jahresabschlusses, die Einstellung bzw. Entlassung, Unterweisung und Beaufsichtigung der Mitarbeiter, die Durchsetzung von Gesellschaftsforderungen sowie grundsätzlich die Prozessführung für die Gesellschaft, die Organisation des Geschäftsbetriebs oder die Verwaltung des Gesellschaftsvermögens. Demgegenüber gehören Maßnahmen, die die Grundlagen der Gesellschaft, die Mitgliedschaftsrechte der Gesellschafter oder den Gesellschafterbestand betreffen, *nicht* zur Geschäftsführung und fallen – vorbehaltlich abweichender vertraglicher Regelungen – in den Zuständigkeitsbereich der Gesellschafter. Hinsichtlich dieser Abgrenzung von Grundlagengeschäften und Geschäftsführungsmaßnahmen sowie hinsichtlich der daraus resultierenden Zuständigkeitskonflikte wird auf die Ausführungen unter Rn. 4 ff. verwiesen.[1]

Die weitere Kompetenzstreitigkeit im Bereich der Geschäftsführung, die im vorliegenden Kapitel behandelt wird, betrifft das **Spannungsverhältnis zwischen Alleinentscheidungsrecht eines geschäftsführenden Gesellschafters** und den **Mitwirkungs-** bzw. **Mitentscheidungsrechten der übrigen Gesellschafter** oder eines anderen, vertraglich eingesetzten Gesellschaftsorgans (wie z.B. eines Aufsichtsrats). Diese Mitentscheidungsrechte der Gesellschafter sind nach der gesetzlichen Regelung sowohl bei den Personengesellschaften als auch der GmbH durch bestimmte, interne Beschränkungen der Geschäftsführer (Widerspruchs- und Weisungsrechte sowie Zustimmungsvorbehalte) geschützt. Gesellschafterstreitigkeiten resultieren daher zum einen daraus, dass diese internen Beschränkungen durch die geschäftsführenden Gesellschafter missachtet werden. Andererseits kann sich – aus Sicht der Geschäftsführer – das Problem einer Blockade notwendiger Geschäftsführungsmaßnahmen durch Zustimmungsverweigerung oder unsachliche Einmischung in die Geschäftsführung durch rechtswidrige Weisungen ergeben.

449

1. Reichweite der Geschäftsführungsbefugnisse und Mitentscheidungsrechte der Gesellschafter

a) Inhalt und Grenzen der Geschäftsführungskompetenzen in Personengesellschaften

aa) Alleinentscheidungsbefugnis der geschäftsführenden Gesellschafter

In der **GbR** wird die Geschäftsführung nach dem Leitbild des Gesetzes durch alle Gesellschafter gemeinsam wahrgenommen, § 709 Abs. 1 BGB. Ein Konflikt über Mitwirkungsrechte der Gesellschafterversammlung kann daher nur dann entstehen, wenn die Befugnis zur Geschäftsführung nach dem Gesellschaftsvertrag einem oder mehreren Gesellschaftern, unter Ausschluss der übrigen Gesellschafter von der Geschäftsführung, übertragen wurde, § 710 S. 1 BGB. Doch selbst dann, wenn alle Gesellschafter an der Geschäftsführung teilhaben, der Gesellschaftsvertrag aber für einzelne Gesellschafter oder alle Gesellschafter *einzeln* Geschäftsführungsbefugnis anordnet, können sich Kompetenzstreitigkeiten ergeben.

450

In der **OHG** und der **PartG** sind wie bei der GbR grundsätzlich alle Gesellschafter an der Geschäftsführung beteiligt (§§ 114 Abs. 1 HGB, 6 Abs. 2 und Abs. 3 S. 2 PartGG), hier jedoch – anders als die GbR-Gesellschafter – bereits von Gesetzes wegen allein handlungsbefugt, § 115 Abs. 1 HGB. Gleiches gilt für den oder die persönlich haftenden Gesellschafter (Komplementäre) der **KG** oder **GmbH & Co. KG** (§§ 161 Abs. 2, 114

451

---

[1] Vgl. zur Abgrenzung von Geschäftsführungsmaßnahmen und Grundlagengeschäften ferner z.B. Palandt/*Sprau*, Vorb. v. § 709, Rn. 1 (für die GbR); MüKoHGB/*Rawert*, § 114, Rn. 6–12 (für die OHG, KG und GmbH & Co. KG); Baumbach/Hueck, § 37, Rn. 2 (für die GmbH), jeweils mwN.

Abs. 1, 115 Abs. 1 HGB). Die Kommanditisten sind demgegenüber grundsätzlich von der Geschäftsführung ausgeschlossen, § 164 S. 1 1. HS HGB. Konflikte hinsichtlich der Mitentscheidungsrechte der Gesellschaftergesamtheit ergeben sich daher naheliegenderweise vor allem bei der Kommanditgesellschaft. Dies gilt insbesondere dann, wenn die Kommanditisten (wie dies vor allem bei der GmbH & Co. KG häufig der Fall ist) gegenüber den persönlich haftenden, geschäftsführenden Gesellschaftern die Stimmenmehrheit und damit Entscheidungsgewalt haben. Die gesetzliche Regelung zur Geschäftsführung ist im Übrigen auch bei den Personenhandelsgesellschaften weitgehend dispositiv: Laut **Gesellschaftsvertrag** können einzelne, persönlich haftende Gesellschafter bei der OHG und KG von der Geschäftsführung ausgeschlossen (§ 114 Abs. 2 HGB) oder für mehrere persönlich haftende Gesellschafter Gesamtgeschäftsführung angeordnet werden (§ 115 Abs. 2 HGB). Darüber hinaus kann differenzierend für einzelne Gesellschafter Einzelgeschäftsführungsbefugnis und für andere lediglich Gesamtgeschäftsführungsbefugnis (auch mit Bindung an die Mitwirkung z.B. eines Prokuristen) bestimmt werden.[2] Bei der PartG kommt eine Übertragung von Geschäftsführungsmaßnahmen, die die Verwaltung des Gesellschaftsunternehmens betreffen, auf einen oder einzelne Gesellschafter in Betracht. Ein Partner kann jedoch nicht durch Gesellschaftsvertrag von der Geschäftsführung ausgeschlossen werden, sofern und soweit diese seine freiberufliche Berufsausübung als solche zum Gegenstand hat (§ 6 Abs. 2 PartGG).[3] Eine gewisse praktische Bedeutung – weil meist steuerlich motiviert – hat schließlich die vertragliche Übertragung von Geschäftsführungsbefugnissen (und Vertretungsrechten) auf Kommanditisten in der vermögensverwaltenden GmbH & Co. KG.[4]

bb) Interne Beschränkungen der geschäftsführenden Gesellschafter

452   Die **Geschäftsführungsbefugnis** der geschäftsführenden Gesellschafter ist generell durch die Bestimmungen des **Gesellschaftsvertrags**, insbesondere den dort geregelten Gesellschaftszweck bzw. Unternehmensgegenstand, und die gesellschaftsrechtliche **Treuepflicht**, wonach den Gesellschaftsinteressen bei Ausübung der Geschäftsführungsbefugnisse stets Vorrang einzuräumen ist, **begrenzt**. Darüber hinaus ergeben sich, vorbehaltlich abweichender Regelungen im Gesellschaftsvertrag, vor allem folgende weitere Beschränkungen der geschäftsführenden Gesellschafter, die der Sicherung der Mitentscheidungsrechte der übrigen Gesellschafter dienen:

---

[2] Vgl. zu den verschiedenen zulässigen, praktisch relevanten Gestaltungsmöglichkeiten z.B. MüKoHGB/*Rawert*, § 114, Rn. 21-26; Baumbach/Hopt/*Roth*, § 115, Rn. 7.

[3] Gem. § 6 Abs. 2 PartGG können einzelne Partner im Partnerschaftsvertrag nur von der Führung der „*sonstigen Geschäfte*" ausgeschlossen werden. Vgl. zur Abgrenzung dieser „*sonstigen Geschäfte*" von „*Kerngeschäften*" z.B. Michalski/Römermann, § 6, Rn. 26.

[4] Die Beteiligung eines Kommanditisten als natürliche Person an der Geschäftsführung dient hier der Vermeidung einer gewerblichen Prägung der vermögensverwaltenden GmbH & Co. KG gem. § 15 Abs. 3 Nr. 2 EStG.

- **Gesamtgeschäftsführung** 453

Bei der GbR gilt vorbehaltlich einer abweichenden vertraglichen Regelung grundsätzlich Gesamtgeschäftsführungsbefugnis, auch wenn die Geschäftsführung nur durch einzelne der GbR-Gesellschafter wahrgenommen wird, §§ 709 Abs. 1, 710 S. 2 BGB. Bei der PartG, OHG und KG kann der Gesellschaftsvertrag Gesamtgeschäftsführung für alle oder einen Teil der geschäftsführenden Gesellschafter anordnen, § 115 Abs. 2 HGB. Die Geschäftsführer müssen sich im Fall einer Gesamtgeschäftsführung vor Durchführung einer beabsichtigten Maßnahme untereinander abstimmen. Die Maßnahme darf nur durchgeführt werden, wenn alle **geschäftsführenden Gesellschafter vorab zugestimmt haben**. Bei der GbR genügt lediglich dann ein Mehrheitsbeschluss der Geschäftsführer, wenn der Gesellschaftsvertrag Mehrheitsentscheidungen generell zulässt (§ 709 Abs. 2 BGB). Bei der PartG, OHG und KG muss die Zustimmung der Mitgeschäftsführer ausnahmsweise dann nicht abgewartet werden, wenn Gefahr im Verzug ist. Bei einer Gesamtgeschäftsführung ist das Alleinentscheidungsrecht eines geschäftsführenden Gesellschafters der Entscheidungsbefugnis der Gesellschaftergesamtheit oder zumindest der Mitgeschäftsführer somit grds untergeordnet. Deren Entscheidung ist bindend und darf – selbst wenn der geschäftsführende Gesellschafter anderer Meinung ist – nicht einfach übergangen werden. Es gelten die Ausführungen zum Zustimmungsvorbehalt (unter Rn. 458 ff.) entsprechend.

Eine vergleichbare Beschränkung wie im Falle der Gesamtgeschäftsführung gilt bei der **OHG** und **KG** für **die Prokuristenbestellung**: Gemäß § 116 Abs. 3 HGB bedarf es zur Bestellung eines Prokuristen auch dann der Zustimmung aller geschäftsführenden Gesellschafter, wenn diese – wie meist – im Übrigen einzeln geschäftsführungsbefugt sind. Eine Ausnahme gilt auch hier, wenn „Gefahr im Verzug" ist, die Zustimmung aller geschäftsführenden Gesellschafter vor Prokuraerteilung also nicht abgewartet werden kann (was praktisch kaum vorkommen dürfte). 454

- **Widerspruch der weiteren geschäftsführenden Gesellschafter** 455

Die Einzelgeschäftsführungsbefugnis der geschäftsführenden Gesellschafter ist – vorbehaltlich einer abweichenden Regelung im Gesellschaftsvertrag[5] – sowohl bei der GbR als auch bei der PartG, OHG, KG und GmbH & Co. KG durch ein Widerspruchsrecht der anderen geschäftsführenden Gesellschafter beschränkt. Sofern ein Mitgeschäftsführer einen solchen **Widerspruch** erklärt hat, muss die betreffende **Maßnahme** grundsätzlich **unterbleiben** (§§ 711 S. 2 BGB, 115 Abs. 1 2. HS HGB, 6 Abs. 3 S. 2 PartGG). Der geschäftsführende Gesellschafter, der die Einwände seines Mitgesellschafters für unberechtigt hält, darf sich also nicht über den Widerspruch hinwegsetzen, sondern muss die Rechtmäßigkeit der Einwendungen bzw. die Blockade seiner eigenen Entscheidung zunächst gerichtlich überprüfen lassen (vgl. näher unter Rn. 483 ff.).

---

[5] Das Widerspruchsrecht der Mitgeschäftsführer kann im Gesellschaftsvertrag ausgeschlossen oder eingeschränkt werden, vgl. z.B. BGH, Urteil vom 11.1.1988, NJW-RR 1988, 995 = BB 1988, 1205 = ZIP 1988, 843. Praktisch relevanter als der vollständige Ausschluss ist dabei z.B. eine Regelung, wonach über Maßnahmen, gegen die sich ein Mitgeschäftsführer gewandt hat, die Gesellschafterversammlung durch Mehrheitsbeschluss abschließend entscheidet (so auch der vom BGH, aaO, entschiedene Fall).

456 Nur in **Ausnahmefällen** ist der **Widerspruch** eines weiteren, geschäftsführenden Gesellschafters von vornherein **unbeachtlich**. Das Widerspruchsrecht darf nicht dazu missbraucht werden, um rein individuelle, gesellschaftswidrige Belange des Widersprechenden durchzusetzen. Mit Rücksicht darauf kann ein geschäftsführender Gesellschafter z.B. nicht durch Widerspruch wirksam verhindern, dass ein anderer Geschäftsführer Ansprüche der Gesellschaft gegen ihn selbst durch Klage durchsetzt.[6] Andererseits ist ein Widerspruch nicht bereits dann unbeachtlich, wenn er unter anderem auch durch Eigeninteressen des widersprechenden Gesellschafters motiviert ist. Jeder geschäftsführende Gesellschafter hat ein weites, eigenes kaufmännisches Ermessen, das in die Entscheidung über einen Widerspruch einfließen kann. Der Widerspruch ist daher nur dann unwirksam und von vornherein unbeachtlich, wenn der Widersprechende aus rein eigennützigen Motiven handelt und damit zugleich gegen das Gesellschaftsinteresse verstößt.[7]

457 Eine andere Frage ist es, ob eine Geschäftsführungsmaßnahme im Innenverhältnis trotz Widerspruchs eines Mitgeschäftsführers ausnahmsweise nach den Grundsätzen der **Notgeschäftsführung gemäß § 744 Abs. 2 BGB analog** gerechtfertigt ist. Jeder Teilhaber einer Gemeinschaft bzw. Gesellschafter einer Personengesellschaft hat demnach das Recht, auch ohne vorherige Zustimmung oder gar gegen den Widerspruch der übrigen Gesellschafter Maßnahmen zu ergreifen, die zur Erhaltung von Gegenständen des Gesellschaftsvermögens objektiv notwendig sind.[8] Sofern diese Voraussetzungen einer „Notgeschäftsführung" vorliegen, kann ein geschäftsführender Gesellschafter trotz des Widerspruchs (und kraft der ihm eingeräumten Vertretungsbefugnisse auch mit Außenwirkung)[9] die zur Erhaltung des Gesellschaftsvermögens notwendigen Maßnahmen veranlassen. Sofern die Voraussetzungen für eine Notgeschäftsführung vorliegen, wird nach den vorstehenden Grundsätzen im Regelfall allerdings bereits der Widerspruch als solcher unbeachtlich sein. Die Legitimation von Geschäftsführungsmaßnahmen analog § 744 Abs. 2 BGB spielt daher eher eine Rolle im Zusammenhang mit Zustimmungsvorbehalten zugunsten der Gesellschafterversammlung (vgl. hierzu unter Rn. 458 ff.), also in Fällen, in denen der geschäftsführende Gesellschafter die erforderliche Entscheidung der Mitgesellschafter über Maßnahmen zur Erhaltung einzelner Vermögensgegenstände nicht rechtzeitig einholen kann.

---

[6] BGH, Urteil vom 9.5.1974, NJW 1974, 1555 = BB 1974, 996 = WM 1974, 834.

[7] BGH, Urteil vom 8.7.1985, NJW 1986, 844 = BB 1985, 1817 = WM 1985, 1316 = ZIP 1985, 1134. Ein geschäftsführender Gesellschafter hatte in dem vom BGH entschiedenen Fall den von einem Mitgeschäftsführer beabsichtigten Gehaltserhöhungen für Mitarbeiter widersprochen. Der Widerspruch hatte daher grds. eigennützige Motive, da die Gehaltserhöhungen nach der Argumentation des Widersprechenden zu einer Schmälerung seiner Gewinnerwartungen führten. Zudem war der Widerspruch nach den Feststellungen des Berufungsgerichts auch durch Streitigkeiten zwischen den Parteien und laufende Prozesse motiviert. Nach Auffassung des BGH genügte es jedoch für die Unbeachtlichkeit des Widerspruchs nicht, dass auch persönliche Interessen des widersprechenden Gesellschafters mit im Spiel waren. Bei der Frage der Gehaltserhöhung ging es um kaufmännische Zweckmäßigkeitsüberlegungen, bei denen der Widersprechende ein breites, vom Gericht grundsätzlich nicht überprüfbares Ermessen hat. Vgl. zur Unbeachtlichkeit eines rechtswidrigen Widerspruchs auch BGH, Urteil vom 19.4.1971, BB 1971, 759 = WM 1971, 819.

[8] Vgl. zur analogen Anwendung von § 744 Abs. 2 BGB auf Personengesellschaften nur BGH, Urteil vom 4.5.1955, BGHZ 17, 181 = WM 1955, 908; BGH, Urteil vom 6.6.2003, WM 2003, 1974 = MDR 2003, 1172.

[9] Im vorliegenden Zusammenhang kommt es auf die streitige Frage, ob das Notgeschäftsführungsrecht auch nicht an der Geschäftsführung beteiligte Gesellschafter einer Personengesellschaft zur Vornahme von Rechtsgeschäften im Namen der Gesellschaft oder zur Klageerhebung berechtigt oder nur ein Handeln im eigenen Namen ermöglicht, daher nicht an (vgl. zum Streitstand zuletzt etwa BGH, Urteil vom 6.6.2003, WM 2003, 1974 = MDR 2003, 1172).

Das Widerspruchsrecht der Mitgeschäftsführer muss aktiv gewahrt werden. Sofern eine **457a** Geschäftsführungsmaßnahme besondere Bedeutung hat und daher anzunehmen ist, dass die weiteren geschäftsführenden Gesellschafter mit darüber entscheiden wollen, muss der Geschäftsführer, der die Maßnahme beabsichtigt, die **Mitgeschäftsführer vorab unterrichten**. Ferner ist mit der Durchführung der Maßnahme abzuwarten, bis bekannt ist, ob – ggf nach Besprechung der Maßnahme – ein Widerspruch erklärt wird. Falls ein geschäftsführender Gesellschafter die Widerspruchsrechte bewusst übergeht, handelt er gegenüber den Mitgesellschaftern pflichtwidrig.[10]

- **Zustimmungsvorbehalte zugunsten der Mitgesellschafter** **458**

Die praktisch wichtigste interne Beschränkung der geschäftsführenden Gesellschafter bildet bei Partnerschaftsgesellschaften und Personen*handels*gesellschaften die Regelung, wonach vor der Vornahme „**außergewöhnlicher Geschäfte**" eine Entscheidung durch sämtliche Gesellschafter getroffen werden muss (§§ 116 Abs. 2, 164 S. 1, 2. HS HGB, 6 Abs. 3 S. 2 PartGG). „Außergewöhnlich" in diesem Sinne sind Maßnahmen, die hinsichtlich ihres Geschäftsumfanges, ihrer Bedeutung und vor allem ihres Risikopotentials über den Rahmen des gewöhnlichen Geschäftsbetriebs der Gesellschaft hinausgehen.[11] Nachdem bei der **PartG** und **OHG** meist alle Gesellschafter an der Geschäftsführung teilnehmen, werden die Mitwirkungsrechte der Mitgesellschafter (gerade auch im Bereich der außergewöhnlichen Geschäfte) bereits aufgrund der Zustimmungspflicht bei Gesamtgeschäftsführung (§ 115 Abs. 2 HGB) oder der Widerspruchsrechte (§ 115 Abs. 1 HGB) gewahrt. **Größere praktische Bedeutung** hat der gesetzliche Zustimmungsvorbehalt (gemäß § 164 S. 1, 2. HS HGB[12]) daher bei **Kommanditgesellschaften**, wegen des Ausschlusses der Kommanditisten von der laufenden Geschäftsführung. Die Kommanditisten haben bei außergewöhnlichen Geschäften ein wesentliches Mitentscheidungsrecht, zumal sie (vor allem bei der GmbH & Co. KG) häufig gegenüber den geschäftsführenden Gesellschaftern über die erforderliche Stimmenmehrheit und damit die Entscheidungsmacht verfügen. Die gesetzliche Regelung zu den Zustimmungsvorbehalten bei außergewöhnlichen Geschäften ist allerdings sowohl für die OHG als auch die KG bzw. GmbH & Co. KG dispositiv, die entsprechenden Beschränkungen können durch vertragliche Bestimmungen daher beseitigt, eingeschränkt oder aber im Gegenzug auch konkretisiert bzw. erweitert werden. Praktisch verbreitet sind Rege-

---

[10] BGH, Urteil vom 19.4.1971, BB 1971, 759 = WM 1971, 819. Vgl. auch BGH, Urteil vom 5.12.1983, NJW 1984, 1461 = GmbHR 1984, 96, für eine Zwei-Personen-GmbH, bei der beide Gesellschafter zugleich GF waren. Laut BGH musste die Geschäftsführerin bei einer außergewöhnlichen Maßnahme zunächst die Zustimmung der Gesellschafterversammlung (dh ihres Mitgesellschafters) einholen, insbes auch deshalb, weil sie daran zweifelte, dass sie diese Zustimmung erhalten würde. Ein GF darf – so der BGH – seine Vertretungsmacht nicht gegen den mutmaßlichen Willen der Gesellschafter gebrauchen.

[11] BGH, Urteil vom 13.1.1954, BB 1954, 143. Vgl. zum Begriff des „außergewöhnlichen Geschäfts" darüber hinaus näher unter Rn. 9.

[12] Nach allgM begründet § 164 S. 1 2. HS HGB entgegen dem missverständlichen Gesetzeswortlaut bei außergewöhnlichen Geschäften nicht nur ein Widerspruchsrecht, sondern einen Zustimmungsvorbehalt wie in § 116 Abs. 2 HGB; vgl. nur RG, Urteil vom 22.10.1938, RGZ 158, 305.

lungen im **Gesellschaftsvertrag**, mittels derer der Katalog zustimmungspflichtiger, „außergewöhnlicher" Geschäftsführungsmaßnahmen aus Gründen der Rechtssicherheit (für Geschäftsführer und Gesellschafter) abschließend oder für besonders wichtige Geschäftsvorfälle zumindest beispielhaft definiert wird.

459   Für die **GbR** ergibt sich von Gesetzes wegen bei außergewöhnlichen Geschäften **kein Zustimmungsvorbehalt** zugunsten der Gesellschaftergesamtheit. Nach dem Leitbild des Gesetzes nehmen – ähnlich wie bei der OHG – ohnedies alle Gesellschafter an der Geschäftsführung teil, müssen sich im Rahmen einer Gesamtgeschäftsführung absprechen oder können unliebsame Maßnahmen durch Widerspruch verhindern. Die geschäftsführenden Gesellschafter haben bei der GbR also nur dann vor Durchführung einer Maßnahme die Entscheidung der Gesellschafterversammlung abzuwarten bzw. zu berücksichtigen, wenn der Gesellschaftsvertrag einen Katalog zustimmungspflichtiger Geschäfte definiert (was vor allem dann der Fall ist, wenn die Geschäftsführung laut Gesellschaftsvertrag nur einzelnen Gesellschaftern übertragen wurde).

460   Bei Geltung eines Zustimmungsvorbehalts muss der geschäftsführende Gesellschafter **vor Durchführung** der außergewöhnlichen Geschäftsführungsmaßnahme die **Zustimmung der Gesellschafterversammlung** einholen. Die Geschäftsvornahme ohne vorhergehende Entscheidung der Gesellschaftergesamtheit bedeutet eine Pflichtverletzung (vgl. zu den Rechtsfolgen im Einzelnen unter Rn. 161 und Rn. 473 ff.). Etwas anderes gilt **ausnahmsweise** dann, wenn die Voraussetzungen für eine **Notgeschäftsführung** analog § 744 Abs. 2 BGB vorliegen.[13] Falls die Gesellschafter die beabsichtigte Maßnahme ablehnen bzw. **keine** (ausreichende) **Mehrheit für** eine **Zustimmung** erreicht werden kann, muss die betreffende **Maßnahme unterbleiben**. Dies gilt auch dann, wenn der betroffene geschäftsführende Gesellschafter die Ablehnung für unzweckmäßig, wirtschaftlich unsinnig, gesellschaftsschädigend oder gar rechtswidrig hält. Zwar können die Gesellschafter aufgrund gesellschaftsrechtlicher **Treuepflicht** verpflichtet sein, einer dringend erforderlichen Maßnahme zuzustimmen. Doch kann die treuwidrig unterbliebene Zustimmung grundsätzlich nicht als erteilt fingiert werden.[14] Der geschäftsführende Gesellschafter, der die betreffende Maßnahme vorgeschlagen hatte, muss die Berechtigung der Zustimmungsverweigerung gerichtlich überprüfen lassen.[15]

Etwas anderes gilt laut BGH in „*außerordentlichen Einzelfällen*" dann, wenn die treuwidrig verweigerte Zustimmung einen Gesellschafterbeschluss betrifft, der notwendig ist, „*um die Funktionsfähigkeit der Gesellschaft zu erhalten oder ihre werbende Tätigkeit fortzusetzen, der also für die Gesellschaft von existenzieller Bedeutung ist*".[16] In solchen extrem gelagerten Ausnahmefällen muss der Geschäftsführer die verweigerte Zustimmung nicht zunächst gerichtlich durchsetzen, sondern kann die beabsichtigte Maßnahme sogleich vornehmen. Dies geschieht dann freilich auf eigenes Risiko. Stellt sich in einem anschließenden Rechtsstreit mit den Gesellschaftern heraus, dass die umstrittene Maßnahme nicht von „existenzieller Bedeutung" für die Ge-

---

[13] Vgl. hierzu näher unter Rn. 457.
[14] BGH, Urteil vom 19.6.2008, NZG 2008, 588 = DStR 2008, 1741 = ZIP 2008, 1582.
[15] Vgl. näher unter Rn. 485.
[16] BGH, Urteil vom 19.6.2008, NZG 2008, 588 = DStR 2008, 1741 = ZIP 2008, 1582.

sellschaft war, haftet der Geschäftsführer bei Nachteilen für die Gesellschaft allein wegen der Vornahme der Maßnahme trotz Zustimmungsverweigerung auf Schadensersatz (vgl. unter Rn. 479 ff.).

- **Weisungen aufgrund Mehrheitsbeschlusses** 461

Die Gesellschafter einer Personengesellschaft haben, vorbehaltlich einer anderslautenden Regelung im Gesellschaftsvertrag, anders als GmbH-Gesellschafter grundsätzlich *nicht die Möglichkeit*, mittels Mehrheitsbeschlusses **verbindliche Weisungen** gegenüber den geschäftsführenden Gesellschaftern zu erteilen und dadurch in die Geschäftsführung einzugreifen.

Dies gilt naheliegenderweise **vor allem für die KG**, bei der die Kommanditisten an der laufenden Geschäftsführung gerade nicht teilnehmen (§ 164 S. 1 1. HS HGB). Die Weisung wäre somit nur verbindlich, wenn mit ihr zugleich die Grundlagen des Gesellschaftsverhältnisses, also die Geschäftsführungs- und Vertretungsbefugnisse der geschäftsführenden Gesellschafter, geändert würden. Diese **Änderung des Gesellschaftsvertrags** ist durch Mehrheitsbeschluss jedoch nur möglich, wenn laut Gesellschaftsvertrag über den betreffenden Beschlussgegenstand (Beschränkung der Geschäftsführer durch verbindliche Weisungen der Gesellschaftermehrheit) durch Stimmenmehrheit entschieden werden kann.[17] Im Ergebnis setzen (nicht einstimmig) beschlossene Weisungen gegenüber geschäftsführenden Gesellschaftern durch Gesellschafterbeschluss (oder ein anderes Gesellschaftsorgan, wie z.B. einen Aufsichtsrat oder Beirat) somit bei Personengesellschaften eine entsprechende Ermächtigung im Gesellschaftsvertrag voraus.

b) Gesellschaftsinterne Befugnisse und Beschränkungen des Geschäftsführers in der GmbH

GmbH-Geschäftsführer sind ebenso wie die geschäftsführenden Gesellschafter von Personengesellschaften an den Gesellschaftsvertrag bzw. die Satzung, vor allem den dort festgelegten Unternehmensgegenstand, gebunden und müssen unter dem Gesichtspunkt der gesellschaftsrechtlichen Treuepflicht bei Ausübung ihrer Geschäftsführungsbefugnisse vorrangig die Gesellschaftsinteressen wahren. Die Geschäftsführungsbefugnis erstreckt sich zudem generell nicht auf Angelegenheiten, die die Grundlagen und die Organisation der Gesellschaft oder die Mitgliedschaftsrechte der Gesellschafter betreffen. In § 46 GmbHG ist eine Reihe weiterer Maßnahmen genannt (z.B. die Bestellung und Abberufung von Mitgeschäftsführern), die grundsätzlich *nicht* durch die Geschäftsführer entschieden bzw. erledigt werden.[18] Im Übrigen haben die **GmbH-Geschäftsführer** im Rahmen ihrer Befugnisse einen **weiten Ermessensspielraum**. Im Unterschied zu den geschäftsführenden Gesellschaftern einer Personenhandelsgesellschaft sind sie insbesondere auch berechtigt, „ungewöhnliche" Geschäfte ohne vorherige Zustimmung der Gesellschafterversammlung vorzunehmen. 462

Fraglich und im Schrifttum streitig ist demgegenüber die Frage, ob und unter welchen Voraussetzungen auch ohne entsprechende Satzungsbestimmung eine **Vorlagepflicht der Geschäftsführer** gegenüber der Gesellschafterversammlung besteht, damit diese im Rahmen ihrer grundsätzlichen Allzuständigkeit vor 463

---

[17] Vgl. zu den Voraussetzungen für Mehrheitsentscheidungen in Personengesellschaften näher unter Rn. 66 ff.
[18] Vgl. zur Abgrenzung der Zuständigkeiten zwischen GmbH-Geschäftsführern, Gesellschaftern und anderen Gesellschaftsorganen näher unter Rn. 4 ff.

Vornahme des betreffenden Geschäftes verbindlich entscheiden kann. Eine entsprechende Verpflichtung, bei „ungewöhnlichen" Geschäften vorab einen Zustimmungsbeschluss der Gesellschafterversammlung einzuholen, wird im Schrifttum überwiegend bejaht.[19] ME ist eine generelle Vorlagepflicht bei außergewöhnlichen Geschäftsführungsmaßnahmen mit der vor allem von *Zöllner/Noack* vorgetragenen Argumentation[20] abzulehnen. Es ist vielmehr in jedem Einzelfall zu begründen, warum der Geschäftsführer vor Durchführung einer Maßnahme die Entscheidung der Gesellschafterversammlung einholen muss. Eine Rechtsgrundlage für die Vorlagepflicht bildet in diesen Fällen § 49 Abs. 2 GmbHG, wonach die Gesellschafterversammlung immer dann einzuberufen ist, wenn das Interesse der Gesellschaft es erfordert. Beispielsfälle bilden wirtschaftlich besonders bedeutsame und risikoreiche Geschäfte oder aber Angelegenheiten, bei denen der Geschäftsführer weiß oder zwingend davon ausgehen muss, dass sie mit den Mitgesellschaftern besprochen werden müssen.[21] Verbindlich sind schließlich **vertragliche Vorlagepflichten**, die entweder für bestimmte Geschäfte ausdrücklich als solche in der Satzung bezeichnet sind oder die sich mittelbar aus Zustimmungsvorbehalten zugunsten der Gesellschafterversammlung ergeben.

464 Für die GmbH-Geschäftsführer ergeben sich andererseits folgende **interne Beschränkungen** zugunsten der Gesellschaftergesamtheit oder anderer Aufsichts- bzw. Entscheidungsgremien sowie gegenüber Mitgeschäftsführern:

- **Weisungen**

465 Die GmbH-Gesellschafter können **durch Mehrheitsbeschluss** mittels Weisung verbietend oder aktiv gebietend **in die Geschäftsführung** eingreifen (§ 37 Abs. 1 GmbHG). Dieses Weisungsrecht ist – vorbehaltlich anderslautender Satzungsbestimmungen – dem Umfang nach grundsätzlich unbeschränkt, so dass die Gesamtheit der Gesellschafter jede Angelegenheit der Geschäftsführung an sich ziehen und entscheiden kann.[22] Das Weisungsrecht kann ersatzweise oder zusätzlich durch Satzung auf einen fakultativen Aufsichtsrat oder Beirat übertragen werden, wohingegen ein nach Mitbestimmungsgesetzen gebildeter Pflicht-Aufsichtsrat gemäß § 111 Abs. 4 S. 1 AktG nicht durch Weisung oder in sonstiger Art und Weise in die Geschäftsführung eingreifen darf.

---

[19] Vgl. etwa Scholz/*Schneider*, § 37, Rn. 12; Lutter/Hommelhoff, § 37, Rn. 10; Michalski/*Lenz*, § 37, Rn. 14; Ulmer/Habersack/Winter, § 37, Rn. 9; abweichend vor allem Baumbach/Hueck, § 37, Rn. 7, wonach eine grundsätzliche Vorlagepflicht der Geschäftsführer auch bei ungewöhnlichen Geschäftsführungsmaßnahmen abzulehnen ist.

[20] Baumbach/Hueck, § 37, Rn. 7.

[21] Vgl. für einen solchen Sonderfall z.B. BGH, Urteil vom 5.12.1983, NJW 1984, 1461 = GmbHR 1984, 96: Ein GF, der streitig abberufen worden war, veranlasste die Auszahlung von mehr als 600 TDM auf ein Anderkonto des Steuerberaters der Gesellschaft, damit dieser es für die Finanzierung eines riskanten Geschäftes der GmbH nutzte, gerade um zu verhindern, dass der Mitgesellschafter von diesen Zahlungsvorgängen Kenntnis erlangt. Vgl. auch OLG Stuttgart, Beschluss vom 14.1.2013, GmbHR 2013, 535: Vorlagepflicht bei einer Maßnahme, für die wg. Widerspruchs eines Gesellschafters absehbar keine notwendige Mehrheit für eine Zustimmung vorhanden ist.

[22] Im Schrifttum ist allerdings streitig, ob solche Weisungen einen Umfang annehmen dürfen, dass die Geschäftsführer auf reine „Ausführungsorgane" reduziert werden. Die wohl hM sieht keine solche Beschränkung des Weisungsrechts, vgl. etwa Scholz/*Schneider*, § 37, Rn. 38; Lutter/Hommelhoff, § 37, Rn. 1; Ulmer/Habersack/Winter, § 37, Rn. 14, 18 ff.; Michalski/*Lenz*, § 37, Rn. 18. **AA** ist etwa Baumbach/Hueck, § 37, Rn. 21, wonach die Gesellschafterversammlung „*nicht sämtliche Geschäftsführungsentscheidungen*" selbst treffen und damit den Geschäftsführern jeden Spielraum zur eigenen Geschäftsführung nehmen darf. Vgl. zu der Problematik auch nachstehend, unter Rn. 486.

V. Streit über Geschäftsführungsmaßnahmen 257

Wirksam beschlossene Weisungen der Gesellschafterversammlung sind für die Geschäftsführer grundsätzlich **verbindlich**. Dies gilt auch in mitbestimmten Gesellschaften.[23] Die Gesellschafterweisung ist daher bei der GmbH ein besonders effektives Mittel, um hinsichtlich einer umstrittenen Geschäftsführungsmaßnahme den Willen auch derjenigen Gesellschafter durchzusetzen, die nicht an der Geschäftsführung teilnehmen. Allerdings besteht **keine Ausführungspflicht**, wenn der **Weisungsbeschluss nichtig** ist. Ferner darf der Geschäftsführer die Ausführung verweigern, wenn die Maßnahme, zu der die Gesellschaftermehrheit angewiesen hat, gesetzeswidrig ist (wie z.B. die Anweisung, eine verdeckte Gewinnausschüttung vorzunehmen oder Gesellschaftsvermögen unter Verstoß gegen das Stammkapitalerhaltungsgebot gemäß § 30 Abs. 1 GmHG auszuzahlen).[24] Ist der **Weisungsbeschluss** demgegenüber lediglich **anfechtbar** unwirksam (etwa weil er wirtschaftlich schädlich ist und damit gegen den Gesellschaftszweck verstößt), kommt es für die Verweigerung seiner Durchführung auf die **rechtzeitige Anfechtungsklage** an: Nach Ablauf der Anfechtungsfrist oder Wegfall der Anfechtbarkeit durch nachträgliche Zustimmung etc. wird der ggf unwirksame Weisungsbeschluss verbindlich.

In den hier interessierenden Fällen einer Gesellschafterstreitigkeit sollte der Gesellschafter-Geschäftsführer, der einen Weisungsbeschluss der Gesellschaftermehrheit inhaltlich ablehnt und für rechtswidrig hält, diesen in jedem Fall mit einer rechtzeitig erhobenen Anfechtungsklage anfechten und sich nicht darauf beschränken, lediglich dessen Ausführung zu verweigern. Solange die Anfechtbarkeit besteht bzw. der **Weisungsbeschluss** im Rahmen einer **Anfechtungsklage gerichtlich überprüft** wird, ist die **Verpflichtung zur Durchführung** nach vorherrschender Ansicht nämlich **zu verneinen**.[25] Trotzdem verbleibt beim betroffenen Geschäftsführer auch dann das Risiko einer Schadenshaftung, falls nämlich die Anfechtungsklage erfolglos bleibt und der GmbH durch die Nichtausführung des Weisungsbeschlusses ein Schaden entstanden ist. Sofern die angewiesene Maßnahme für die GmbH wirtschaftlich vorteilhaft oder gar erforderlich ist, sollte sie zum Schutz des Gesellschafter-Geschäftsführers deshalb im Zweifel eher durchgeführt werden, selbst wenn er sie persönlich für falsch hält.

466

- **Zustimmungsvorbehalte in der Satzung**

467

In der Praxis verbreitet sind Satzungsbestimmungen, wonach der Geschäftsführer bestimmte (meist im Einzelnen benannte) Geschäftsführungsmaßnahmen nur mit vorheriger Zustimmung der Gesellschafterversammlung oder eines sonstigen Gesellschaftsorgans (Aufsichtsrat bzw. Beirat) vornehmen darf. Falls die GmbH einen mitbestimmten Pflicht-Aufsichtsrat hat, ist die Festlegung entsprechender Zustimmungsvorbehalte durch Satzung oder durch den Aufsichtsrat selbst sogar gesetzlich vorgegeben (§ 111 Abs. 4 S. 2 AktG).[26] Sofern der Geschäftsführer einen **Zustimmungsvorbehalt**

---

[23] HM, vgl. nur Baumbach/Hueck, § 37, Rn. 20, mit Nachweisen aus der Rechtsprechung.
[24] Vgl. etwa BGH, Urteil vom 14.12.1959, BGHZ 31, 258 = GmbHR 1960, 43 = BB 1960, 18; BGH, Urteil vom 5.6.1975, BGHZ 65, 15 = BB 1975, 1450 = WM 1975, 1152.
[25] Vgl. etwa Michalski/*Lenz*, § 37, Rn. 19; Baumbach/Hueck, § 37, Rn. 23, mwN aus dem Schrifttum.
[26] Die Anwendung von § 111 Abs. 4 AktG in einer GmbH, bei der ein nach dem DrittelbG (Gesellschaften mit in der Regel mehr als 500 bis einschl. 2.000 Arbeitnehmern) oder dem MitbestG (Gesellschaften mit in der Regel mehr als 2.000 Arbeitnehmern) mitbestimmter Pflicht-Aufsichtsrat gebildet ist, ist im Übrigen teilweise streitig. Fraglich ist vor allem, wie zu verfahren ist, wenn der Aufsichtsrat seine Zustimmung zu

missachtet und eine namentlich bezeichnete Geschäftsführungsmaßnahme ohne vorhergehende Meinungsbildung der Gesellschafterversammlung oder des zuständigen Gremiums vornimmt, bedeutet dies eine **Pflichtverletzung** mit der Gefahr einer Schadenshaftung (vgl. näher unter Rn. 479 ff.) und der möglichen Folge einer Abberufung des Geschäftsführers aus wichtigem Grund (vgl. näher unter Rn. 161). Gleiches gilt dann, wenn der Geschäftsführer die Zustimmungsverweigerung ignoriert und die beabsichtigte Maßnahme trotzdem durchführt. Ausnahmen gelten auch hier lediglich dann, wenn der Ablehnungsbeschluss nichtig, erkennbar rechtswidrig oder zumindest anfechtbar ist. Es gelten die vorstehenden Ausführungen zu rechtswidrigen oder unwirksamen „Weisungsbeschlüssen" entsprechend.

468 Die **Zustimmungsvorbehalte** für die Geschäftsführung können auch in einer **Geschäftsordnung** niedergelegt sein, die die Gesellschafterversammlung oder ein zuständiger Aufsichtsrat erlassen haben. Bisweilen werden die Zustimmungsvorbehalte auch in den **Anstellungsvertrag** der Geschäftsführer aufgenommen, wobei diese vertraglichen Bestimmungen dann keine organisationsrechtliche, sondern lediglich schuldrechtliche Wirkung zwischen Gesellschaft und Geschäftsführer haben. Nichtsdestotrotz kann auch die Verletzung dieser Zustimmungsvorbehalte eine Schadensersatzpflicht des Geschäftsführers begründen und – in gravierenden Fällen – einen „wichtigen Grund" für dessen Abberufung bilden.

- **Mitwirkungsrechte weiterer Geschäftsführer**

468a Sofern mehrere Geschäftsführer bestellt sind, ist die Geschäftsführungsbefugnis auch bei der GmbH schließlich durch die Mitwirkungsrechte der weiteren Geschäftsführer beschränkt. Im Falle der **Gesamtgeschäftsführung** können die Geschäftsführer – vorbehaltlich einer abweichenden Regelung durch Satzungsbestimmung, Geschäftsordnung oder Gesellschafterbeschluss – nur gemeinschaftlich handeln. Eine Geschäftsführungsmaßnahme darf also erst durchgeführt werden, wenn sich die mehreren Geschäftsführer hierüber geeinigt haben und *einstimmig* einverstanden sind.[27] Im Falle der **Einzelgeschäftsführungsbefugnis** besteht analog § 115 Abs. 1 2. HS HGB ein **Widerspruchsrecht der Mitgeschäftsführer**[28]: Eine Geschäftsführungsmaßnahme, gegen die ein Mitgeschäftsführer widersprochen hat, muss zunächst unterbleiben. Der Geschäftsführer, der die Maßnahme durchführen möchte, muss sie der Gesellschafterversammlung zur Entscheidung (grds. durch Mehrheitsbeschluss) vorlegen, wobei sich hier Zustimmungspflichten der Gesellschafter aufgrund Treuepflicht ergeben können (vgl. hierzu näher unter Rn. 57). Schließlich sind die Geschäftsführer durch eine **Ressortverteilung gebunden**, die sich durch Geschäftsordnung, Gesellschafterbeschluss oder Satzungsbestimmung ergibt. Eine Geschäftsführungsmaßnahme im Aufgabenbe-

---

einem zustimmungspflichtigen Geschäft verweigert. Gem. § 111 Abs. 4 S. 3 und S. 4 AktG könnte die vom AR verweigerte Maßnahme in diesem Fall nur durchgesetzt werden, wenn der Geschäftsführer die Angelegenheit der Gesellschafterversammlung vorlegt und diese sodann mit mindestens 75 % der abgegebenen Stimmen die Zustimmung erteilt. Streitig ist, ob dieses Beschlussquorum erforderlich und § 111 Abs. 4 S. 4 AktG insoweit in der GmbH anwendbar ist, vgl. nur Baumbach/Hueck, § 52, Rn. 254, mwN zum Meinungsstand.

[27] AllgM, vgl. nur Baumbach/Hueck, § 37, Rn. 29; Scholz/*Schneider*, § 37, Rn. 25 f.; MüKoGmbHG/*Stephan/Tieves*, § 37, Rn. 79; Michalski/*Lenz*, § 37, Rn. 28.

[28] Vgl. nur Baumbach/Hueck, § 37, Rn. 30; Scholz/*Schneider*, § 37, Rn. 32, mwN.

reich eines Mitgeschäftsführers bedeutet eine Pflichtwidrigkeit und einen Verstoß gegen die interne Kompetenzordnung. Auch hier gilt, dass der Geschäftsführer die Entscheidung der Gesellschafterversammlung herbeiführen muss, wenn er eine Maßnahme im Ressortbereich des Mitgeschäftsführers für erforderlich hält.

2. Rechtsschutz und Schadensersatz bei Kompetenzstreitigkeiten über Geschäftsführungsmaßnahmen

a) Vorbeugender Rechtsschutz

Falls sich bei Uneinigkeit über eine beabsichtigte und angekündigte Geschäftsführungsmaßnahme abzeichnet, dass der geschäftsführende Gesellschafter diese auch gegen die Einwände der Mitgesellschafter oder Mitgeschäftsführer oder unter Missachtung deren Mitentscheidungsrechte durchführen will, haben die nicht an der Geschäftsführung beteiligten Gesellschafter oder die betroffenen Mitgeschäftsführer die Möglichkeit, entsprechende **Unterlassungsansprüche** gerichtlich durchzusetzen.[29] In eilbedürftigen Fällen, wenn der geschäftsführende Gesellschafter bzw. Geschäftsführer die Mitwirkungsrechte, die Ressortzuständigkeit oder den Widerspruch eines anderen Geschäftsführers oder den Zustimmungsvorbehalt zugunsten der Mitgesellschafter absehbar und nachweislich ignoriert, besteht zudem die Möglichkeit **einstweiligen Rechtsschutzes**, also die Durchsetzung des Unterlassungsanspruchs mittels einstweiliger Verfügung.[30] **Im Überblick** gilt Folgendes:

469

- Sofern der geschäftsführende Gesellschafter einer GbR, PartG, OHG oder KG bzw. GmbH & Co. KG absehbar den **Widerspruch eines Mitgeschäftsführers missachtet**, hat der Widersprechende einen Unterlassungsanspruch gegen den Geschäftsführer, der die Geschäftsführungsmaßnahme trotz Widerspruchs durchführen will. Gleiches gilt (also Unterlassungsanspruch jedes geschäftsführenden Gesellschafters), wenn eine Geschäftsführungsmaßnahme bei **Gesamtgeschäftsführung** ohne vorherige Zustimmung der Mitgeschäftsführer durchgeführt werden soll. Die entsprechenden Unterlassungsansprüche bestehen für den GmbH-Geschäftsführer, wobei hier im Falle einer gerichtlichen Auseinandersetzung die GmbH passivlegitimiert ist.[31]

470

- Die Gesellschafter einer GbR, PartG, OHG, KG oder GmbH & Co. KG haben einen Unterlassungsanspruch gegenüber dem geschäftsführenden Gesellschafter, wenn er im Falle eines **Zustimmungsvorbehalts** (vor allem bei „außergewöhnlichen Geschäften" gem. § 164 S. 1, 2. HS HGB) beabsichtigt, eine Geschäftsführungsmaßnahme ohne vorherige Entscheidung der Gesellschafter bzw. des zuständigen Gremiums oder gar unter Verstoß gegen einen wirksamen Ablehnungsbeschluss durchzufüh-

471

---

[29] Vgl. hierzu näher unter Rn. 787 ff.
[30] Vgl. hierzu näher unter Rn. 805.
[31] OLG Frankfurt aM, Beschluss vom 22.7.1992, GmbHR 1992, 608 = BB 1992, 1670.

ren.³² Gleiches gilt in der GmbH, wenn der Geschäftsführer einen satzungsmäßigen Zustimmungsvorbehalt missachtet oder sich über einen wirksamen Ablehnungs- oder Weisungsbeschluss absehbar hinwegsetzen will.³³

472 • Die nicht geschäftsführungsbefugten Gesellschafter können demgegenüber **nicht die Unterlassung einer gewöhnlichen Geschäftsführungsmaßnahme mit der Behauptung** verlangen, der geschäftsführende Gesellschafter würde bei Vornahme dieser Maßnahme seine **Pflicht zur ordnungsmäßigen Geschäftsführung verletzen**.³⁴ Sofern durch die drohende Geschäftsführungsmaßnahme nicht konkret Widerspruchs- oder Mitentscheidungsrechte (aufgrund Zustimmungsvorbehalts) missachtet würden, sind die Gesellschafter bei einer Personengesellschaft verpflichtet, die unliebsame Handlung zunächst hinzunehmen und den geschäftsführenden Gesellschafter ggf im Nachgang auf Schadensersatz in Anspruch zu nehmen.³⁵ In der GmbH besteht (bei entsprechender Beschlussmehrheit) ohnedies die Möglichkeit, auch „gewöhnliche" Geschäftsführungsmaßnahmen durch entsprechende negativ- verbietende Weisung zu verhindern.³⁶

b) Rechtsfolgen kompetenzwidriger Geschäftsführung und Schadensersatz

aa) Wirksamkeit von Geschäftsführungsmaßnahmen im Außenverhältnis bei Missachtung interner Beschränkungen

473 Ein klassisches Rechtsproblem bildet die Frage, ob und unter welchen Voraussetzungen Handlungen der geschäftsführenden Gesellschafter bzw. Geschäftsführer wirksam sind,

---

[32] Vgl. OLG Celle, Beschluss vom 1.12.1999, GmbHR 2000, 388, für das „Widerspruchsrecht" eines Kommanditisten gem § 164 S. 1, 2. HS HGB, wobei der betreffende Unterlassungsanspruch selbstverständlich entfällt, wenn der „außergewöhnlichen" Geschäftsführungsmaßnahme mit einem lt. Gesellschaftsvertrag wirksamen Mehrheitsbeschluss zugestimmt worden ist; OLG Koblenz, Urteil vom 9.8.1990, NJW-RR 1991, 487 = GmbHR 1991, 264 (für GmbH-Gesellschafter); Baumbach/Hopt/*Roth*, § 116, Rn. 4; MüKoHGB/*Jickeli*, § 116, Rn. 46, mit umfangreichen Nachweisen aus dem Schrifttum. Laut *Jickeli*, aaO, handelt es sich allerdings um einen Unterlassungsanspruch der Gesellschaft selbst, der jedoch im Wege der actio pro socio durch jeden einzelnen Gesellschafter gerichtlich durchgesetzt werden kann (so dass sich die Frage der Anspruchsberechtigung in praktischer Hinsicht nicht auswirkt).

[33] OLG Koblenz, Urteil vom 9.8.1990, NJW-RR 1991, 487 = GmbHR 1991, 264, wonach jeder GmbH-Gesellschafter einen „*körperschaftsrechtlichen Anspruch*" darauf hat, dass seine Mitbestimmungs- und Verwaltungsrechte geachtet werden. Vgl. auch Lutter/Hommelhoff, § 37, Rn. 40; Michalski/*Lenz*, § 37, Rn. 23 (jeweils mit dem Unterschied, dass im Schrifttum – mE zutreffend – ein Unterlassungsanspruch der GmbH befürwortet wird).

[34] BGH, Urteil vom 11.2.1980, BGHZ 76, 160 = BB 1980, 1065 = ZIP 1980, 369; BGH, Urteil vom 5.12.2005, NZG 2006, 194 = GmbHR 2006, 321 = DStR 2006, 52 (beide Urteile für eine GmbH & Co. KG).

[35] So ausdrücklich BGH, Urteil vom 5.12.2005, NZG 2006, 194 = GmbHR 2006, 321 = BB 2006, 511, wobei nach Auffassung des BGH eine Ausnahme dann gelten mag (und ein Unterlassungsanspruch also gerechtfertigt ist), wenn die beabsichtigte Geschäftsführungsmaßnahme gem. „*den in § 744 Abs. 2 BGB niedergelegten Maßstäben*" die Existenz der Gesellschaft bzw. des Gesellschaftsvermögens gefährden würde.

[36] Falls der GF auch diesen Weisungsbeschluss absehbar missachten wird, besteht dann die Möglichkeit, Unterlassungsansprüche wegen dieses Kompetenzverstoßes gerichtlich durchzusetzen (vgl. unter Rn. 471).

die unter Verletzung interner Beschränkungen erfolgt sind: Aus Gründen des Verkehrsschutzes und der Rechtssicherheit nehmen solche **internen Beschränkungen** (die das rechtliche „Dürfen" der Geschäftsführer begrenzen) auf **die gesetzliche Vertretungsmacht** im Außenverhältnis (also das rechtliche „Können") im Regelfall **keinen Einfluss**. Etwas anderes gilt lediglich in Ausnahmefällen, nach den Grundsätzen des **Missbrauchs der Vertretungsmacht**.

(1) Grundsatz: Keine Außenwirkung interner Geschäftsführer-Beschränkungen

Der geschäftsführende Gesellschafter oder Geschäftsführer setzt sich über interne Beschränkungen hinweg, wenn er die in Rn. 450 ff. und Rn. 462 ff. bezeichneten Zuständigkeiten oder Mitwirkungsrechte von Mitgeschäftsführern, Gesellschaftern oder anderen Gesellschaftsorganen (Ressortverteilung, Widerspruchsrechte, Gesamtgeschäftsführung, Zustimmungsvorbehalte, Weisungen) ignoriert und eine beabsichtigte Maßnahme (z.B. die Kündigung eines wichtigen Mitarbeiters, den Abschluss eines Darlehensvertrags etc.) trotz des Widerspruchs bzw. der Ablehnung des zuständigen Organs oder ohne Einholung bzw. Abwarten dessen Entscheidung durchführt. Hinsichtlich der Wirksamkeit solcher „kompetenzwidriger" Geschäftsführung sind das Innen- und das Außenverhältnis zu unterscheiden.

474

Sofern die kompetenzwidrige Geschäftsführungsmaßnahme ein Rechtsgeschäft zwischen der Gesellschaft und einem Gesellschafter oder einem Organmitglied der Gesellschaft betrifft („**Innenverhältnis**"), ist das betreffende Rechtsgeschäft bei Verletzung interner Beschränkungen **mangels Vertretungsmacht unwirksam**. Die Beschränkung des „rechtlichen Dürfens" schlägt somit auf das rechtliche „Können" durch, zumal die Gesellschafter[37] und sonstigen Organmitglieder der Gesellschaft, denen diese Beschränkungen bekannt sein müssen, keines Schutzes bedürfen.[38] Dies kann sich sowohl zu Ungunsten des betroffenen Gesellschafter-Geschäftspartners auswirken (etwa indem ein Darlehensvertrag zwischen der Gesellschaft und dem Gesellschafter unwirksam ist, für den der geschäftsführende Gesellschafter vorab die Zustimmung der Gesellschafterversammlung einholen musste), als auch zu seinen Gunsten (etwa im Falle der Kündigung des Arbeitsverhältnisses eines Gesellschafters mit der Gesellschaft, der ein anderer Geschäftsführer widersprochen hatte oder die der Zustimmung durch Mehrheitsbeschluss bedurft hätte).[39] Die Missachtung interner Beschränkungen wirkt

475

---

[37] „Gesellschafter" in diesem Sinne sind auch die Kommanditisten einer GmbH & Co. KG bei Geschäften zwischen der KG und einem Kommanditisten, die unter Missachtung interner Beschränkungen der Komplementär-GmbH innerhalb der KG (vor allem eines Zustimmungsvorbehalts bei „außergewöhnlichen Geschäften") zustande gekommen sind. Das Rechtsgeschäft zwischen einem Kommanditisten und der Komplementär-GmbH selbst betrifft demgegenüber nur dann das „Innenverhältnis", wenn die Kommanditisten zugleich Gesellschafter der GmbH sind (personengleiche GmbH & Co. KG) oder die KG Alleingesellschafterin der GmbH ist (Einheits-GmbH & Co.); vgl. auch Baumbach/Hueck, § 37, Rn. 42, mwN aus dem Schrifttum.
[38] Vgl. nur BGH, Urteil vom 20.9.1962, BGHZ 38, 26 = WM 1962, 1260; BAG, Urteil vom 11.3.1998, NJW 1999, 234 = GmbHR 1998, 931 = NZA 1998, 997.
[39] Vgl. für diesen Fall der Unwirksamkeit einer Kündigung einer Mitgesellschafterin und Prokuristin in einer GmbH z.B. BAG, Urteil vom 11.3.1998, NJW 1999, 234 = GmbHR 1998, 931 = NZA 1998, 997.

sich bei Rechtsgeschäften mit Gesellschaftern oder Organmitgliedern dabei nicht nur auf die Wirksamkeit von Organisationsakten oder Verträgen über Sozialansprüche, sondern auch auf „Drittgeschäfte" (also Rechtsgeschäfte wie mit „Dritten") aus und gilt unabhängig davon, ob der Gesellschafter-Geschäftspartner die Beschränkung kannte bzw. kennen musste (weil sie sich z.B. aus dem Gesellschaftsvertrag ergab) oder nicht (mehr) kannte, etwa weil der betreffende Weisungsbeschluss bereits länger zurücklag.[40]

476 Im **Außenverhältnis**, also bei **Geschäften** zwischen der Gesellschaft und **Dritten, wirkt** sich die **Missachtung interner Beschränkungen** des Geschäftsführers indessen **grundsätzlich** (vorbehaltlich eines Missbrauchs der Vertretungsmacht; vgl. hierzu unter Rn. 477 f.) **nicht auf die Vertretungsmacht aus.**

476a Der **Umfang der Vertretungsmacht** eines Geschäftsführers **richtet sich nach Gesetz** und **Vertrag**: Persönlich haftende Gesellschafter einer OHG oder KG bzw. GmbH & Co. KG sowie die Partner einer PartG sind grundsätzlich einzeln vertretungsberechtigt (§§ 125 Abs. 1 HGB, 7 Abs. 3 PartGG), falls durch Gesellschaftsvertrag nicht Einzelne von der Vertretung ausgeschlossen sind oder eine Vertretung durch Mehrere („Gesamtvertretung") angeordnet ist (§ 125 Abs. 2 HGB). Ein alleiniger GmbH-Geschäftsführer ist einzelvertretungsbefugt, mehrere Geschäftsführer sind dagegen grundsätzlich nur gemeinsam vertretungsberechtigt (§ 35 Abs. 1 S. 1, Abs. 2 S. 1 GmbHG). Auch in letzterem Fall kann einem oder allen dieser Geschäftsführer durch Gesellschaftsvertrag Einzelvertretungsmacht eingeräumt oder die Gesamtvertretung in anderer Weise modifiziert werden (z.B. Vertretung der Gesellschaft durch jeweils zwei von drei Geschäftsführern). Möglich für alle vorbezeichneten Gesellschaften (außer die PartG, für die keine Prokura erteilt werden kann) ist ferner eine sog. gemischte oder unechte Gesamtvertretung (Vertretung der Gesellschaft jeweils durch einen Geschäftsführer mit einem Prokuristen, § 125 Abs. 3 HGB; vgl. hierzu auch unter Rn. 588). Vom Gesetz abweichende, vertragliche Regelungen zur Vertretungsmacht sind – vorbehaltlich Kenntnis des Vertragspartners – grundsätzlich nur bei richtiger Eintragung im Handelsregister nach außen wirksam (§ 15 Abs. 1 HGB). Bei der GbR richtet sich die Vertretungsmacht demgegenüber laut Gesetz nach der Geschäftsführungsbefugnis (§ 714 BGB), so dass die Gesellschafter im Regelfall nur gesamtvertretungsberechtigt sind (§ 709 Abs. 1 BGB).

---

[40] So wohl die hM, vgl. vor allem BGH, Urteil vom 20.9.1962, BGHZ 38, 26 = WM 1962, 1260; BGH, Urteil vom 9.5.1974, NJW 1974, 1555 = BB 1974, 996; BGH, Urteil vom 26.10.1978, GmbHR 1979, 245 = WM 1979, 17; Baumbach/Hopt/*Roth*, § 126, Rn. 6. Differenzierend (für die GmbH) etwa Baumbach/Hueck, § 37, Rn. 41, wonach die interne Beschränkung nicht auf die Vertretungsmacht durchschlägt, wenn sich diese nicht aus der Satzung ergibt (sondern z.B. auf Gesellschafterbeschluss beruht) und der Gesellschafter-Geschäftspartner diese Beschränkung nicht mehr kennen musste. Grds. **aA** ist *K. Schmidt* in MüKoHGB, § 126, Rn. 17, wonach interne Beschränkungen nicht „pauschal" auf die Vertretungsmacht bei Drittgeschäften mit Gesellschaftern durchschlagen, sondern die Wirksamkeit solcher Geschäfte nach den Grundsätzen des Missbrauchs der Vertretungsmacht zu beurteilen ist. In die gleiche Richtung geht ein Urteil des OLG Zweibrücken vom 13.3.2001, NZG 2001, 763, in dem der „Missbrauch der Vertretungsmacht" indessen zweifelsfrei bejaht wurde, da sich die interne Beschränkung des GF aus dem Gesellschaftsvertrag ergab und somit für den Gesellschafter bzw. das Organmitglied „offenkundig" war.

Durch das **Ignorieren** eines Widerspruchs, einer Weisung, eines **Zustimmungs-** 476b
vorbehalts oder einer sonstigen internen Beschränkung der Geschäftsführungsbefugnis wird diese **Vertretungsmacht gegenüber Dritten im Regelfall nicht berührt**.
So ist z.B. der namens der Gesellschaft abgeschlossene Darlehensvertrag mit einem
Kreditinstitut oder ein Grundstückserwerb der Gesellschaft regelmäßig auch dann
wirksam, wenn der bzw. die Geschäftsführer laut Gesellschaftsvertrag oder Satzung für
dieses Rechtsgeschäft vorab zwingend eines Zustimmungsbeschlusses der Gesellschafterversammlung bedurft hätte(n).[41] Für die PartG und die Personenhandelsgesellschaften ist dies in §§ 126 Abs. 2 HGB, 7 Abs. 3 PartGG und für die GmbH in § 37 Abs. 2
GmbHG ausdrücklich gesetzlich geregelt. Sofern einem GbR-Gesellschafter laut Gesellschaftsvertrag *Einzel*geschäftsführungsbefugnis erteilt wurde und er sich bei einem
Rechtsgeschäft namens der Gesellschaft mit einem Dritten über interne Beschränkungen, wie vor allem einen Widerspruch der Mitgeschäftsführer gemäß § 711 BGB hinwegsetzt, wirkt sich diese interne Beschränkung aus Gründen des Verkehrsschutzes
ebenfalls *nicht* auf seine Vertretungsmacht und damit auf die Wirksamkeit des Rechtsgeschäfts aus.[42]

(2) Ausnahme: Missbrauch der Vertretungsmacht

Die Missachtung der internen Beschränkungen eines Geschäftsführers wirkt sich aus- 477
nahmsweise dann auf seine Vertretungsmacht und damit auf die Wirksamkeit eines
Rechtsgeschäfts (der von ihm vertretenen) Gesellschaft mit einem Dritten aus, wenn
eine der Fallgruppen des sog. **Missbrauchs der Vertretungsmacht** vorliegt:

- Sofern der Geschäftsführer und der Geschäftspartner der Gesellschaft bewusst zum
  Nachteil der Gesellschaft zusammenwirken („**Kollusion**"), wird diese bei Überschreitung der Innenbefugnisse des Geschäftsführers nicht wirksam vertreten. Solche Fälle sind praktisch selten oder zumindest selten nachweisbar, da nicht nur dem
  eigenen geschäftsführenden Gesellschafter, sondern auch dem Geschäftspartner
  Schädigungsvorsatz zu Lasten der Gesellschaft hinsichtlich des konkreten Rechtsgeschäftes nachgewiesen werden muss.[43]
- Ein Rechtsgeschäft ist ferner dann mangels Vertretungsmacht (schwebend) unwirksam, wenn ein Geschäftsführer **objektiv**[44] **interne Beschränkungen verletzt** und

---

[41] Vgl. z.B. für die Wirksamkeit eines Rechtsgeschäfts der GmbH & Co. KG, vertreten durch die Komplementärin, für das die Zustimmung der Kommanditisten nach § 164 S. 1 1. HS HGB fehlte, BGH, Urteil vom 20.10.2008, NZG 2009, 30 = NJW 2009, 293 = GmbHR 2008, 1316 = DStR 2008, 2430.

[42] HM, BGH, Urteil vom 9.5.1974, NJW 1974, 1555 = BB 1974, 996 = WM 1974, 834; BGH, Urteil vom 19.6.2008, NZG 2008, 588 = NJW-RR 2008, 1484 = DStR 2008, 1741 = ZIP 2008, 1582.

[43] Beispiele zum Gesellschaftsrecht finden sich etwa im Urteil des BGH vom 5.12.1983, NJW 1984, 1461 = GmbHR 1984, 96 = DB 1984, 661, im Urteil des OLG Hamm vom 24.6.1992, BB 1993, 165 = DB 1992, 2233, oder im Urteil des OLG Hamm vom 18.11.1996, NJW-RR 1997, 737 = GmbHR 1997, 999.

[44] OLG Zweibrücken, Urteil vom 13.3.2001, NZG 2001, 763; OLG Hamm, Urteil vom 22.8.2005, NZG 2006, 827; vgl. auch Baumbach/Hueck, § 37, Rn. 48, sowie Lutter/Hommelhoff, § 35, Rn. 23, jeweils mwN zu Rechtsprechung und Schrifttum. Anders noch BGH, Urteil vom 25.3.1968, BGHZ 50, 112 = NJW 1968, 1379, wonach die Missachtung interner Beschränkungen nur dann die mit der Prokura verbundene

der **Geschäftspartner** der Gesellschaft diese Überschreitung der Geschäftsführungsbefugnisse **positiv kennt** oder diese **evident** war, sich dem Geschäftspartner also „aufdrängen" musste.[45] Es ist nicht entscheidend, ob der Geschäftsführer bei dem betreffenden Rechtsgeschäft bewusst seine Befugnisse überschritten hat[46] oder ob das betreffende Rechtsgeschäft für die Gesellschaft nachteilig war.[47]

478 Sofern eine der beiden Fallgruppen eines „Missbrauchs der Vertretungsmacht" vorliegt, ist das **Rechtsgeschäft** zwischen der Gesellschaft und dem Dritten wegen Wegfalls der Vertretungsmacht des Geschäftsführers gemäß § 177 BGB **schwebend unwirksam**. Die Wirksamkeit hängt von der nachträglichen Genehmigung durch die Gesellschaft ab.[48] Die nicht an der Geschäftsführung beteiligten Gesellschafter, deren Mitentscheidungsrechte missachtet wurden, können auf Unterlassung der Erfüllung des unter Missbrauch der Vertretungsmacht abgeschlossenen Vertrags klagen und die Unterlassung bei Dringlichkeit auch vorläufig durch einstweilige Verfügung durchsetzen.[49] Eine persönliche vertragliche Verpflichtung des Geschäftsführers ist gemäß § 179 Abs. 3 BGB indessen ausgeschlossen, da der Geschäftspartner der Gesellschaft die Überschreitung der Innenbefugnis und damit den Mangel der Vertretungsmacht des Geschäftsführers gerade kannte oder kennen musste.

bb) Schadenshaftung des geschäftsführenden Gesellschafters und weitere Sanktionen

479 Die Gesellschaft wird durch Rechtsgeschäfte ihres Geschäftsführers mit Dritten – außer in den Fällen eines Missbrauchs der Vertretungsmacht (vgl. unter Rn. 477 f.) – auch

---

Vertretungsmacht im Außenverhältnis eingeschränkt, wenn der Prokurist „bewusst" zum Nachteil des Geschäftsinhabers handelte und der Geschäftspartner dies erkennen musste.

[45] Vgl. zur „objektiven Evidenz" eines Vollmachtsmissbrauchs etwa BGH, Urteil vom 29.6.1999, NJW 1999, 2883 = ZIP 1999, 1303 = DB 1999, 1850; BGH, Urteil vom 10.4.2006, NZG 2006, 626 = NJW 2006, 2776 = ZIP 2006, 1391 (für die Beschränkung der Geschäftsführungsbefugnis durch Gesellschafterbeschluss bei einer GmbH); OLG Koblenz, Urteil vom 9.8.1990, NJW-RR 1991, 487 = GmbHR 1991, 264 = ZIP 1990, 1570 (Missachtung des Zustimmungsvorbehalts zu Gunsten AR bei einer GmbH); OLG Hamm, Urteil vom 24.6.1992, BB 1993, 165 = DB 1992, 2233 (Missbrauch der Vertretungsmacht eines OHG-Gesellschafters).

[46] So ausdrücklich OLG Hamm, Urteil vom 22.8.2005, NZG 2006, 827.

[47] BGH, Urteil vom 10.4.2006, NZG 2006, 626 = NJW 2006, 2776 = ZIP 2006, 1391. Vgl. auch BGH, Urteil vom 5.12.1983, NJW 1984, 1461 = GmbHR 1984, 96.

[48] Vgl. zur Anwendung der §§ 177 ff. BGB bei einem Missbrauch der Vertretungsmacht z.B. BGH, Urteil vom 6.5.1999, BGHZ 141, 357 = NJW 1999, 2266 = ZIP 1999, 1099; OLG Stuttgart, Urteil vom 2.6.1999, NZG 1999, 1009, für den Missbrauch der Vertretungsmacht bei einer GmbH & Co. KG; streitig, teilweise wird Nichtigkeit – und nicht nur schwebende Unwirksamkeit – des betreffenden Rechtsgeschäfts angenommen, vgl. etwa BGH, Urteil vom 5.11.2003, NZG 2004, 139 = NJW-RR 2004, 247, für das kollusive Zusammenwirken eng verwandter Geschäftsführer zweier selbstständiger Gesellschaften bei der Erfüllung gegenseitiger Vertragspflichten. Vgl. zum Meinungsstand auch Baumbach/Hueck, § 37, Rn. 50, mwN.

[49] OLG Koblenz, Urteil vom 9.8.1990, NJW-RR 1991, 487 = GmbHR 1991, 264, für eine GmbH, bei der der Zustimmungsvorbehalt eines Aufsichtsrats für ein außergewöhnliches Lizenz-Geschäft der Gesellschaft missachtet worden war und ein Fall des Missbrauchs der Vertretungsmacht vorlag (Klagerecht jedes „Minderheitsgesellschafters"). Vgl. zum Einstweiligen Rechtsschutz näher unter Rn. 805.

V. Streit über Geschäftsführungsmaßnahmen

dann wirksam verpflichtet, wenn der Geschäftsführer interne Beschränkungen seiner Geschäftsführungsbefugnisse missachtet hat. Er ist angesichts dieser Pflichtwidrigkeit dann jedoch verpflichtet, daran mitzuwirken und alles zu tun, damit die **kompetenzwidrig** vorgenommene **Geschäftsführungsmaßnahme** möglichst **rückgängig gemacht** wird. Dies ist etwa dann denkbar, wenn ein Mitarbeiter der Gesellschaft unter Missachtung des Widerspruchsrechts eines Mit-Geschäftsführers oder eines Zustimmungsvorbehalts zugunsten der Gesellschafterversammlung gekündigt worden war und nach den Fallumständen eine sofortige Wiedereinstellung in Betracht kommt.[50]

Im Regelfall wird eine solche Rückabwicklung oder Stornierung des kompetenzwidrig abgeschlossenen Rechtsgeschäfts jedoch ausscheiden. Es kommen dann in erster Linie **Schadensersatzansprüche der Gesellschaft gegen den Geschäftsführer** in Betracht. Der Geschäftsführer haftet der Gesellschaft für alle Schäden, die ihr im Zusammenhang mit Rechtsgeschäften entstanden sind, die unter Missachtung interner Beschränkungen bzw. der internen Kompetenzordnung abgeschlossen wurden. Der Schadensersatzanspruch beruht bei der GbR, PartG, OHG, KG und GmbH & Co. KG (bei Inanspruchnahme der Komplementär-GmbH) auf §§ 280, 708 BGB[51] und bei der GmbH (einschließlich der persönlichen Inanspruchnahme des Geschäftsführers der Komplementär-GmbH bei einer GmbH & Co. KG durch die KG selbst) auf § 43 Abs. 2 GmbHG.[52] Die anspruchsbegründende **Pflichtverletzung des Geschäftsführers** liegt in der Überschreitung seiner Innenbefugnisse. Das **Verschulden** des Geschäftsführers ergibt sich bereits aus der **Missachtung** der **internen Geschäftsführerschranken**. Für den Schadensersatzanspruch der Gesellschaft kommt es demgegenüber *nicht* darauf an, ob dem Geschäftsführer hinsichtlich des Abschlusses des Rechtsgeschäfts oder der Durchführung der betreffenden Maßnahme selbst ein Verschulden zur Last fällt oder nicht.[53] Die Missachtung eines Widerspruchsrechts, eines Zustimmungsvorbehalts oder

480

---

[50] Vgl. für einen solchen Fall z.B. BGH, Urteil vom 19.4.1971, BB 1971, 759 = WM 1971, 819. Die Klageparteien waren Geschwister und beide Komplementäre einer KG. Der (spätere) Kläger kündigte das Anstellungsverhältnis zwischen der Gesellschaft und seinem Neffen, dem Sohn seiner Mitgeschäftsführerin und Schwester. Er überging hierbei bewusst deren Widerspruchsrecht nach § 115 Abs. 1 HGB. Die beklagte Schwester stellte den Sohn postwendend wieder ein. Nach Auffassung des BGH war die ursprüngliche Kündigung durch den Kläger wegen „bewusster Übergehung des anderen Geschäftsführers" und Missachtung dessen Widerspruchsrechts nach § 115 Abs. 1 HGB unrechtmäßig, so dass diese Maßnahme auf Verlangen des Mitgeschäftsführers rückgängig zu machen (bzw. die Rückgängigmachung vom Kläger zu dulden) war.

[51] Vgl. etwa BGH, Urteil vom 4.11.1996, NJW 1997, 314 = DB 1997, 153 = ZIP 1996, 2164, für die Haftung des geschäftsführenden Gesellschafters einer OHG bei Missachtung eines Zustimmungsvorbehalts. Vgl. ferner für die GbR z.B. Palandt/*Sprau*, § 713, Rn. 11; für die OHG und KG z.B. Baumbach/Hopt/*Roth*, § 115, Rn. 4, und § 116, Rn. 4, sowie MüKoHGB/*Rawert*, § 114, Rn. 63–70.

[52] Vgl. für die GmbH etwa BGH, Urteil vom 12.6.1989, NJW-RR 1989, 1255 = GmbHR 1989, 365 = BB 1989, 1637 = ZIP 1989, 1390. Siehe zur Schadenshaftung des Geschäftsführers einer Komplementär-GmbH gegenüber der Kommanditgesellschaft wegen Missachtung satzungsmäßiger Zustimmungsvorbehalte z.B. OLG Köln, Urteil vom 22.1.2009, NZG 2009, 1223.

[53] Vgl. BGH, Urteil vom 4.11.1996, NJW 1997, 314 = DB 1997, 153 = ZIP 1996, 2164 (für eine OHG); BGH, Urteil vom 2.6.2008, NZG 2008, 622 = NJW-RR 2008, 1252 = DStR 2008, 1599 (für eine KG); BGH, Urteil vom 12.6.1989, NJW-RR 1989, 1255 = GmbHR 1989, 365 = BB 1989, 1637 = ZIP 1989, 1390 (für eine GmbH); OLG Köln, Urteil vom 22.1.2009, NZG 2009, 1223 (für eine GmbH & Co. KG).

gar eines Weisungsbeschlusses der Gesellschafterversammlung bzw. sonstigen zuständigen Gremiums ist für den **Geschäftsführer** daher besonders **riskant und haftungsträchtig**, da bereits der Kompetenzverstoß als solcher zur Ersatzpflicht gegenüber der Gesellschaft führt. Die **Schadenshaftung** kann in diesen Fällen nur noch **verhindert** werden, indem der Geschäftsführer darlegt und ggf beweist, dass der Gesellschaft **kein Schaden** entstanden ist.[54]

481   Die **Schadensersatzansprüche der Gesellschaft** können bei den Personengesellschaften im Wege der **actio pro socio** auch durch jeden Gesellschafter klageweise gegenüber dem geschäftsführenden Gesellschafter durchgesetzt werden.[55] Bei der GmbH muss die Schadensersatzklage der Gesellschaft durch Gesellschafterbeschluss gemäß § 46 Nr. 8 GmbHG vorbereitet werden, aufgrund dessen sowohl die Geltendmachung der Ersatzansprüche als auch die Bestellung eines besonderen Prozessvertreters festgelegt werden.[56]

482   Neben Schadensersatzansprüchen der Gesellschaft kommt ferner eine **Entziehung von Geschäftsführungsbefugnis und Vertretungsmacht** des geschäftsführenden Gesellschafters oder dessen **außerordentliche Abberufung** in Betracht, wenn die internen Beschränkungen bei der Geschäftsführung missachtet wurden. Ein solcher Verstoß gegen die gesellschaftsvertraglich festgelegte Organisationsordnung und die Verletzung der Mitwirkungsrechte der Gesellschafter bzw. anderer, für die Wahrnehmung dieser Mitwirkungsrechte eingesetzter Gesellschaftsorgane, bedeuten grds. einen „wichtigen Grund" für entsprechende Zwangsmaßnahmen gegenüber dem Geschäftsführer (vgl. iE unter Rn. 161). Beispiele bilden etwa die *„beharrliche und hartnäckige"* Missachtung des Zustimmungsvorbehalts zugunsten der Gesellschafterversammlung bei außergewöhnlichen Geschäften der GmbH & Co. KG[57] oder die *„ständige Widersetzlichkeit"* des Geschäftsführers gegenüber Gesellschafterweisungen.[58]

c) Rechtsschutz bei Blockade der Geschäftsführung und unberechtigten Weisungen

483   Kompetenzstreitigkeiten im Bereich der Geschäftsführung haben ihren Grund nicht nur in der Missachtung interner Beschränkungen durch die Geschäftsführer, sondern resultieren spiegelbildlich auch aus der Blockade von Geschäftsführungsmaßnahmen oder

---

[54] BGH, Urteil vom 2.6.2008, NZG 2008, 622 = NJW-RR 2008, 1252 = DStR 2008, 1599.
[55] BGH, Urteil vom 27.6.1957, BGHZ 25, 47 = NJW 1957, 1358 = BB 1957, 765. Vgl. zu dieser besonderen Klagebefugnis der Gesellschafter einer Personengesellschaft zur Durchsetzung von Gesellschaftsansprüchen näher unter Rn. 787 ff.
[56] Vgl. zur Durchsetzung von Schadensersatz- und Unterlassungsansprüchen der GmbH gegen ihren Geschäftsführer und den besonderen Voraussetzungen eines solchen Klageverfahrens auch unter Rn. 790 ff. Bei Schadensersatzansprüchen der GmbH & Co. KG gegenüber dem Geschäftsführer der Komplementär-GmbH ist ein solcher Gesellschafterbeschluss über die Inanspruchnahme des Geschäftsführers indessen entbehrlich, da § 46 Nr. 8 GmbHG bei der GmbH & Co. KG keine Anwendung findet, vgl. BGH, Urteil vom 24.3.1980, BGHZ 76, 326 = NJW 1980, 1524 = GmbHR 1980, 178.
[57] BGH, Urteil vom 25.4.1983, NJW 1984, 173 = GmbHR 1983, 301 = WM 1983, 750.
[58] OLG Düsseldorf, Urteil vom 15.11.1984, ZIP 1984, 1476, für einen GmbH-Geschäftsführer.

gar der Schädigung der Gesellschaft durch unberechtigten Widerspruch von Mitgeschäftsführern, Verweigerung der Zustimmung durch die Gesellschaftermehrheit und rechtswidrige gesellschaftsschädigende Weisungen. In diesen Fällen ergeben sich für die geschäftsführenden Gesellschafter oder die unterlegenen Minderheitsgesellschafter folgende Rechtsschutzmöglichkeiten:

- **Unberechtigter Widerspruch der weiteren geschäftsführenden Gesellschafter**

Ein beabsichtigtes Rechtsgeschäft kann in der GbR, PartG, OHG oder KG durch Widerspruch eines anderen geschäftsführenden Gesellschafters und in der GmbH durch einen anderen, einzeln vertretungsberechtigten Geschäftsführer blockiert werden (§§ 711 S. 2 BGB, 115 Abs. 1 2. HS HGB, § 6 Abs. 3 S. 2 PartGG; vgl. für die GmbH unter Rn. 468a). Ein solcher Widerspruch kann rechtswidrig und damit unwirksam sein (vgl. unter Rn. 455 ff.), doch sollte dies der Adressat des Widerspruchs zur Vermeidung einer eigenen Pflichtverletzung oder gar Schadenshaftung gegenüber der Gesellschaft vor Durchführung der betreffenden Maßnahme gerichtlich überprüfen lassen bzw. – in der GmbH – der Gesellschafterversammlung zur Entscheidung vorlegen und den Widerspruch bis dahin respektieren.[59] Die gerichtliche Überprüfung geschieht in den Personengesellschaften durch **Feststellungsklage** des betreffenden geschäftsführenden Gesellschafters gegen den Widersprechenden, mittels derer die Unbeachtlichkeit des angegriffenen Widerspruchs gerichtlich bestätigt werden soll.[60] In der GmbH kann die Beschlussfassung über die betreffende Geschäftsführungsmaßnahme, vor allem unter dem Gesichtspunkt der wirksamen Stimmrechtsausübung nach Maßgabe der gesellschafterlichen Treuepflicht, durch **Beschlussmängeklage** (Anfechtungs- oder Beschlussfeststellungsklage) überprüft werden.[61] Falls der Gesellschaft durch den unberechtigten Widerspruch ein Schaden entstanden ist, etwa durch die damit verbundene Verzögerung einer Maßnahme, **haftet** der zu Unrecht Widersprechende im Falle eines Verschuldens bei Personengesellschaften wegen Verletzung des Gesellschaftsvertrags gemäß §§ 280, 708 BGB und in der GmbH gemäß § 43 Abs. 2 GmbHG auf **Schadensersatz**. Sofern das Widerspruchsrecht wiederholt missbraucht wird, kommt ferner eine außerordentliche Abberufung bzw. die Entziehung der Geschäftsführungsbefugnis des Widersprechenden oder zumindest eine Entziehung des Widerspruchsrechts als Teil dieser Geschäftsführungsbefugnis gemäß §§ 712 Abs. 1 BGB, 117 HGB in Betracht.[62]

484

---

[59] Eine Ausnahme mag dann gelten, wenn der Widerspruch offensichtlich rechtswidrig ist oder der Gesellschaft bei Verzögerung des beabsichtigten Rechtsgeschäfts erheblicher Schaden droht (vgl. zur „Notgeschäftsführung" gem. § 744 Abs. 2 BGB analog auch unter Rn. 457).

[60] Vgl. für eine solche Feststellungsklage etwa BGH, Urteil vom 8.7.1985, NJW 1986, 844 = BB 1985, 1817 = WM 1985, 1316 = ZIP 1985, 1134, für den Streit zweier persönlich haftender Gesellschafter einer KG über den Widerspruch des einen gegen die beabsichtigte Geschäftsführungsmaßnahme des anderen Komplementärs.

[61] Vgl. zur Stimmbindung aufgrund Treuepflicht und der gerichtlichen Überprüfung entsprechender Beschlussfassungen unter Rn. 57 f.

[62] Vgl. nur Baumbach/Hopt, § 115, Rn. 4; vgl. zur Entziehung der Geschäftsführungsbefugnis in der

- **Unberechtigte Zustimmungsverweigerung**

485 Die Gesellschaftermehrheit (oder das für die Zustimmung anstelle der Gesellschafterversammlung vertraglich bestimmte Gesellschaftsorgan) hat grundsätzlich ein breites Ermessen, ob es ein beabsichtigtes Rechtsgeschäft befürwortet oder nicht. In Ausnahmefällen kann dieses Ermessen aufgrund gesellschaftsrechtlicher Treuepflicht und im Sinne des Gesellschaftsinteresses jedoch auf Null reduziert sein, so dass eine Zustimmungs*pflicht* besteht (vgl. näher unter Rn. 57). Trotzdem kann die fehlende Zustimmung auch dann – zumindest im absoluten Regelfall[63] – nicht einfach als erteilt fingiert werden. Der Geschäftsführer muss vor Durchführung der beabsichtigten Maßnahme vielmehr zunächst im Wege der **Leistungsklage** auf **Abgabe der Zustimmungserklärung** (über § 894 ZPO) gegen die Mitgesellschafter oder Mitglieder des entscheidungsberechtigten Gesellschaftsorgans vorgehen[64], jedenfalls wenn es nach den konkreten Fallumständen auf die entsprechende *positive* Stimmabgabe ankommt (vgl. hierzu näher unter Rn. 57 f.). Sofern der Gesellschaft durch die Zustimmungsverweigerung ein Schaden entstanden ist, kommt gegenüber Mitgesellschaftern in Personengesellschaften ferner ein **Schadensersatzanspruch** der Gesellschaft wegen schuldhafter Verletzung des Gesellschaftsvertrags gemäß §§ 280, 708 BGB und in der GmbH wegen Verletzung der gesellschafterlichen Treuepflicht in Betracht. Der GmbH-Geschäftsführer, der im Rahmen der Gesamtgeschäftsführung schuldhaft eine Geschäftsführungsmaßnahme blockiert hatte, haftet der Gesellschaft gemäß § 43 Abs. 2 GmbHG für den hieraus resultierenden Schaden.

- **Rechtswidrige Weisungen**

486 Die Geschäftsführer einer GmbH können durch Weisungen der Gesellschaftermehrheit erheblich gegängelt, behindert oder blockiert werden. Die GmbH-Gesellschafter haben dergestalt grds. die Möglichkeit, mittels Mehrheitsbeschlusses verbietend oder aktiv gestaltend in die Geschäftsführung einzugreifen (vgl. unter Rn. 465 f.). Dererlei Weisungsbeschlüsse sind für die Geschäftsführer zudem verbindlich, es sei denn, sie sind – etwa wegen formeller Mängel – nichtig oder aber offensichtlich gesetzeswidrig. Sofern eine Weisung durch die Gesellschaftermehrheit aus Sicht des Geschäftsführers daher aus anderen Gründen rechtswidrig ist, insbesondere weil sie zu einer wirtschaftlich unsinnigen Maßnahme führte und damit gegen den Gesellschaftszweck laut Satzung verstieße, muss er sich gegen den Weisungsbeschluss mittels **Anfechtungsklage** zur Wehr setzen.[65]

PartG und in den Personenhandelsgesellschaften aus wichtigem Grund zudem näher unter Rn. 143 ff. sowie zur außerordentlichen Abberufung des GF in der GmbH unter Rn. 149 ff.

[63] Vgl. zu Ausnahmefällen, bei Existenzbedrohung der Gesellschaft, näher unter Rn. 460.

[64] BGH, Urteil vom 19.6.2008, NZG 2008, 588 = NJW-RR 2008, 1484 = DStR 2008, 1741 = ZIP 2008, 1582, für die treuwidrig verweigerte Zustimmung eines GbR-Gesellschafters. In der GmbH besteht die Möglichkeit, die Angelegenheit der GV zur Entscheidung vorzulegen, wenn ein mitwirkungsberechtigter GF seine Zustimmung verweigert oder widersprochen hat.

[65] Vgl. hierzu oben, unter Rn. 466.

Die Stimmabgabe eines Gesellschafters für eine **rechtswidrige Weisung** kann schließlich zur **Schadensersatzhaftung** gegenüber der Gesellschaft führen. Haftungsgrundlage ist die gesellschaftsrechtliche Treuepflicht, die durch unberechtigte, gesellschaftsschädigende Anweisungen verletzt wird.[66] Bei einer GmbH & Co. KG besteht diese Schadenshaftung auch seitens der Gesellschafter der Komplementär-GmbH gegenüber der KG, falls der Geschäftsführer der Komplementärin durch Mehrheitsbeschluss der GmbH-Gesellschafter angewiesen wurde, Geschäfte zum Nachteil der KG vorzunehmen.[67] Durch Weisungsbeschlüsse kann sich für GmbH-Gesellschafter daher ein erhebliches Haftungspotential ergeben, auf das in Streitfällen durch den betroffenen Gesellschafter-Geschäftsführer hingewiesen werden sollte, um wirtschaftlich unsinnige oder in sonstiger Weise schädliche Eingriffe der Gesellschaftermehrheit möglichst bereits im Vorfeld zu verhindern.

---

[66] BGH, Urteil vom 5.6.1975, BGHZ 65, 15 = BB 1975, 1450 = WM 1975, 1152, unter ausdrücklicher Aufgabe der früheren BGH-Rechtsprechung (Urteil vom 14.12.1959, BGHZ 31, 258 = NJW 1960, 285), wonach GmbH-Gesellschafter bei rechtswidrigen Weisungen an die Geschäftsführer nur unter den Voraussetzungen des § 826 BGB schadensersatzpflichtig sind.

[67] BGH, Urteil vom 5.6.1975, BGHZ 65, 15 = BB 1975, 1450 = WM 1975, 1152.

VI. Streitiges Ausscheiden aus der Gesellschaft und Streit über deren Auflösung

Schrifttum: *Binz/Mayer*, Anteilsvinkulierung bei Familienunternehmen, NZG 2012, 201; *Blath*, Der Vollzug des Ausscheidens aus der GmbH – Dogmatische und praktische Fragen, GmbHR 2012, 657; *Goette*, Zu den Folgen einer Kündigung der Gesellschafterstellung oder eines Austritts für die davon betroffene GmbH, DStR 1997, 1336; *Henssler/Michel*, Austritt und Ausschluss aus der freiberuflichen Sozietät, NZG 2012, 401; *Hülsmann*, Rechtspraktische Probleme beim Austritt von Gesellschaftern aus der GmbH, GmbHR 2003, 198; *Kowalski*, Zur Auflösung der GmbH wegen tief greifenden Zerwürfnisses, EWiR 2005, 309; *Schwab*, Kündigung, Ausschluss und Einziehung in der GmbH, DStR 2012, 707; *Ulmer*, Die vertragliche Beschränkung des Austrittsrechts und der Abfindungsansprüche ausscheidenswilliger Gesellschafter in der großen, generationsübergreifenden Familien-KG, ZIP 2010, 805; *Weipert*, Zum Ausscheiden aus der GmbH, EWiR 2003, 1078; *Wolff*, Die Auseinandersetzung von Freiberuflergesellschaften und ihre prozessuale Bewältigung, NJW 2009, 1302.

487 Für Gesellschafter kann sich eine Reihe von Motiven ergeben, aus einer Gesellschaft auszuscheiden: Streitigkeiten mit den Mitgesellschaftern, Unzufriedenheit mit der Geschäftsführung, fehlende Einflussnahmemöglichkeiten bzw. fehlendes Stimmengewicht bei Gesellschafterentscheidungen, unliebsame Bindungen durch ein vertragliches Wettbewerbsverbot oder aber der Wunsch bzw. die Notwendigkeit, den im Gesellschaftsanteil gebundenen Vermögenswert zu „versilbern". Anders als beim spiegelbildlichen Zwangsausschluss von Gesellschaftern sind im Falle des Ausscheidens **einvernehmliche Lösungen naheliegend**, so dass Gesellschafterkonflikte über den Austritt eines Gesellschafters oder gar die Auflösung der Gesellschaft durch Kündigung oder Auflösungsklage in der Praxis vergleichsweise geringe Relevanz haben. Die einvernehmliche Lösung besteht vor allem darin, dass der Ausscheidenswillige seinen Anteil an einen Mitgesellschafter oder Dritten veräußert, wozu er allerdings bei den Personengesellschaften und meist auch bei einer personalistisch strukturierten GmbH die Zustimmung der Mitgesellschafter bzw. der Gesellschaft benötigt. Eine andere Alternative besteht in der einvernehmlichen Einziehung oder dem Erwerb des Gesellschaftsanteils des austrittswilligen Gesellschafters durch die Gesellschaft, jeweils gegen entsprechende Abfindungszahlung. Doch können alle diese Gestaltungslösungen im Einzelfall daran scheitern, dass die Gesellschafter (wie bei personalistischen Gesellschaften durchaus üblich) mit einem Gesellschafterwechsel nicht einverstanden sind, seitens der Mitgesellschafter oder der Gesellschaft keine Bereitschaft oder keine Möglichkeit besteht, einen Kaufpreis oder eine Abfindung zu bezahlen oder der betreffende Gesellschafter (z.B. wegen eines Wettbewerbsverbots oder einer Beitrags- bzw. einer Mitwirkungsverpflichtung) im Gesellschaftsverbund gehalten werden soll. In diesen Konstellationen ergeben sich **Streitigkeiten** über die **Wirksamkeit** und die **Rechtsfolgen eines Gesellschafteraustritts** durch **ordentliche** oder **außerordentliche Kündigung**. In Ausnahmefällen, wenn ein Ausscheiden aus rechtlichen oder tatsächlichen Gründen scheitert, kommt weitergehend ein Rechtsstreit über die **zwangsweise Auflösung der Gesellschaft** in Betracht.

1. Streitiger Austritt aus der Gesellschaft durch Kündigung

Der Austritt aus einer Personengesellschaft oder GmbH geschieht durch **Kündigung** des betreffenden Gesellschafters. Eine solche Kündigung kann, bei Vorliegen der entsprechenden gesetzlichen oder vertraglichen Voraussetzungen, „**ordentlich**" erfolgen, also insbesondere unter Einhaltung einer Kündigungsfrist und unter Wahrung der betreffenden Zulässigkeitsvoraussetzungen, oder aber „**außerordentlich**", d.h. grundsätzlich fristlos und aus wichtigem Grund, ohne dass vertragliche Kündigungsbeschränkungen beachtet werden müssten. Eine wirksame Kündigung führt allerdings nur dann zum **Ausscheiden** und damit zum **Austritt** des **kündigenden Gesellschafters**, wenn die **Gesellschaft** aufgrund entsprechender gesetzlicher oder vertraglicher Bestimmung unter den **verbleibenden Gesellschaftern fortbesteht**. Dies ist – wie im Folgenden im Einzelnen ausgeführt wird – bei den Personen*handels*gesellschaften und der PartG die gesetzliche Regel, bei der GbR die gesetzliche Ausnahme und bei der GmbH (zumindest bei der ordentlichen Kündigung) abhängig von der Satzungsgestaltung. Kommt es demnach nicht zur Fortsetzung, führt die Kündigung alternativ zur **Auflösung** und anschließenden Liquidation der Gesellschaft.

488

Das **Konfliktpotenzial** bei Austritt eines Gesellschafters durch Kündigung liegt – abgesehen von der generellen Problematik der Abfindung – bei Personengesellschaften im Zusammenhang mit **ordentlichen Kündigungen** vor allem in ausdrücklichen oder mittelbaren **vertraglichen Kündigungsbeschränkungen**. Bei der **außerordentlichen Kündigung** eines Gesellschafters ergibt sich üblicherweise Streit über das **Vorliegen** eines **wichtigen Grundes**, also die Rechtfertigung und damit Wirksamkeit der Austrittserklärung.

489

Falls die Mitgesellschafter demgegenüber mit dem **Austritt einverstanden sind**, ist dieses Ausscheiden eines Gesellschafters sowohl bei den Personengesellschaften als auch der GmbH jederzeit durch Vereinbarung möglich, auch wenn der Gesellschaftsvertrag bzw. die Satzung keine Kündigungs- oder Austrittsmöglichkeit vorsieht und kein „*wichtiger Grund*" für eine außerordentliche Kündigung vorliegt. Bei den Personengesellschaften bedeutet ein solcher einvernehmlicher Austritt eine Änderung des Gesellschaftsvertrags, so dass im Zweifel alle übrigen Gesellschafter zustimmen müssen (vgl. zu den besonderen Voraussetzungen für Mehrheitsbeschlüsse in Personengesellschaften, die eine Änderung des Gesellschaftsvertrags zum Gegenstand haben, unter Rn. 65 ff.) Doch auch in der GmbH ist ein solcher einvernehmlicher Austritt eines Gesellschafters ohne Satzungsregelung möglich.[1] Die betreffende Austrittsvereinbarung kann auch dadurch zustande kommen, dass der Gesellschafter, z.B. mit der Behauptung eines „wichtigen Grundes", zunächst kündigt (vgl. zu einer solchen außerordentlichen Gesellschaftskündigung unter Rn. 506 ff.) und die Mitgesellschafter diese Kündigungs- bzw. Austrittserklärung ausdrücklich annehmen; der Austritt wird dann unabhängig davon wirksam, ob ein „wichtiger Grund" vorlag oder nicht.[2]

489a

---

[1] BGH, Urteil vom 18.2.2014, NZG 2014, 541 = GmbHR 2014, 534.
[2] BGH, Urteil vom 18.2.2014, aaO (Fn. 1).

a) Austritt durch ordentliche Kündigung

aa) Gesetzliche und vertragliche Grundlagen

(1) GbR

490 Gemäß § 723 Abs. 1 S. 1 BGB ist jeder GbR-Gesellschafter berechtigt, die Gesellschaft, die „*nicht für eine bestimmte Zeit eingegangen*" ist, jederzeit (ordentlich) zu kündigen. Dieses Recht zur ordentlichen Kündigung kann durch den Gesellschaftsvertrag erweitert, entsprechend der gesetzlichen Regelung bestätigt oder – in gewissen Zulässigkeitsgrenzen (vgl. unter Rn. 500 ff.) – auch eingeschränkt sein. Denkbar sind vor allem vertragliche Regelungen, wonach die ordentliche Kündigung nur mit bestimmten Kündigungs*fristen* und zu bestimmten Kündigungs*terminen* möglich ist, da das Gesetz diesbezüglich bei der GbR (anders als für die OHG, KG und PartG in §§ 132 HGB, 9 Abs. 1 PartG) keine Regelung trifft.

491 Sofern der Gesellschaftsvertrag nichts Abweichendes regelt, ist die ordentliche Kündigung somit nur bei **unbefristeten Gesellschaftsverträgen** (also Gesellschaften auf „unbestimmte Zeit") möglich. Sofern die Gesellschaft demgegenüber für eine bestimmte Dauer vereinbart wurde und diese Befristung nicht ausnahmsweise wegen übermäßiger Bindung der Gesellschafter unwirksam ist (vgl. hierzu unter Rn. 501 ff.), scheidet eine ordentliche Kündigung aus. Der austrittswillige Gesellschafter kann sich nur bei Vorliegen eines „wichtigen Grundes" und durch außerordentliche Kündigung von der Gesellschaft lösen. Gleiches gilt, wenn der Gesellschaftsvertrag zwar nicht ausdrücklich befristet ist, sich die feste Laufzeit des Gesellschaftsverhältnisses aber aus den Umständen ergibt, wie z.B. dann, wenn die Gesellschaft für ein ganz bestimmtes Projekt eingerichtet wurde (wie etwa bei einer Bau-ARGE oder bei dem Zusammenschluss mehrerer Personen für eine bestimmte Veranstaltung[3]). Die Befristung ergibt sich dann aus dem Gesellschaftszweck. Sofern die Gesellschaft ausnahmsweise „für die Lebenszeit eines Gesellschafters" eingegangen wurde oder nach Ablauf einer bestimmten Zeit stillschweigend fortgesetzt wird, gilt sie hinsichtlich der ordentlichen Kündigungsrechte ebenfalls als „unbefristet" (§ 724 BGB). Schließlich kann das ordentliche Kündigungsrecht auch bei unbefristeten Gesellschaften durch entsprechende vertragliche Regelungen für eine gewisse Zeitdauer (z.B. für die ersten Jahre nach Gründung der Gesellschaft) ausgeschlossen sein.

492 Die **Kündigung** ist (wiederum vorbehaltlich anderslautender vertraglicher Vereinbarungen) **gegenüber allen Mitgesellschaftern zu erklären**.[4] Falls die Kündigung fälschlicherweise an die Gesellschaft oder an den geschäftsführenden Gesellschafter der GbR adressiert wurde, wird sie trotzdem wirksam, wenn der Geschäftsführer sie an die Mitgesellschafter weiterleitet oder die anderen Gesellschafter von der Kündigung Kenntnis erlangen.[5] Die Bestimmung im Gesellschaftsvertrag, wonach die Kündigung durch „**eingeschriebenen Brief**" zu erfolgen hat, dient nur Beweiszwecken, so dass

---

[3] Vgl. z.B. OLG Frankfurt a.M., Urteil vom 3.12.1998, NZG 1999, 492 (Museumsausstellung).
[4] Vgl. z.B. OLG Celle, Urteil vom 10.11.1999, NZG 2000, 586 = NJW-RR 2000, 989.
[5] OLG Celle, Urteil vom 10.11.1999, NZG 2000, 586 = NJW-RR 2000, 989.

VI. Streitiges Ausscheiden aus der Gesellschaft und Streit über deren Auflösung

diese Versendungsart nicht Wirksamkeitsvoraussetzung für die Kündigungserklärung bildet.[6] Die Kündigung kann nach Wirksamwerden mit Zustimmung der Mitgesellschafter, die auch konkludent möglich ist, wieder zurückgenommen werden.[7]

Die **Rechtsfolgen der Kündigung** richten sich bei der GbR vorrangig nach dem Gesellschaftsvertrag: Enthält dieser eine **Fortsetzungsklausel**, also die Bestimmung, dass die Gesellschaft im Fall der Kündigung durch einen Gesellschafter unter den übrigen Gesellschaftern fortbestehen soll, so **scheidet der kündigende Gesellschafter** mit Wirksamwerden der Kündigung **aus der Gesellschaft aus**. Dies gilt vorbehaltlich anderslautender gesellschaftsvertraglicher Bestimmungen auch dann, wenn die Mehrheit der Gesellschafter gleichzeitig die Mitgliedschaft aufkündigt und aus der Gesellschaft austritt.[8] Fehlt es indessen an einer solchen Fortsetzungsklausel im Gesellschaftsvertrag, wird die **Gesellschaft durch die Kündigung aufgelöst**, es sei denn, die verbleibenden Gesellschafter beschließen nach der Kündigung (im Zweifel einstimmig), die Gesellschaft untereinander fortzusetzen. Das Ausscheiden des Kündigenden bzw. die Fortsetzung der Gesellschaft durch die anderen Gesellschafter führt dazu, dass der **Gesellschaftsanteil des Ausgeschiedenen** am Gesellschaftsvermögen den anderen Gesellschaftern **anwächst** und zwischen der Gesellschaft und dem ausgeschiedenen Gesellschafter eine **Auseinandersetzung** gemäß §§ 738–740 BGB oder (wie in Kombination mit einer Fortsetzungsklausel üblich) entsprechend den Bestimmungen des Gesellschaftsvertrags stattfindet. In einer Zwei-Personen-GbR erlischt demgegenüber bei Austritt des einen Gesellschafters die Gesellschaft und geht das Gesellschaftsvermögen im Wege der Gesamtrechtsnachfolge auf den verbleibenden Gesellschafter über.[9]

493

Wenngleich die ordentliche **Kündigung** ohne besondere vertragliche Regelung grundsätzlich „jederzeit" und ohne Frist zulässig ist, darf sie gemäß § 723 Abs. 2 S. 1 BGB trotzdem **nicht „zur Unzeit" geschehen**. Dies ist der Fall, sofern der gewählte Kündigungszeitpunkt ausgerechnet die gemeinschaftlichen Interessen der Gesellschafter verletzt bzw. den Mitgesellschaftern Schaden zufügt.[10] Die „unzeitige" Kündigung führt zur Ersatzpflicht des ausscheidenden Gesellschafters für die durch die Kündigung verursachten Schäden (§ 723 Abs. 2 S. 2 BGB).

494

(2) PartG, OHG, KG, GmbH & Co. KG

Die rechtlichen Voraussetzungen und die Rechtsfolgen des Austritts eines Gesellschafters durch ordentliche Kündigung sind bei der PartG und den Personen*handels*gesellschaften im Wesentlichen die gleichen wie bei der GbR. Gemäß § 132 HGB (iVm § 9 Abs. 1 PartGG für die PartG, der für das Ausscheiden eines Partners und die Auflösung

495

---

[6] OLG Celle, Urteil vom 10.11.1999, NZG 2000, 586 = NJW-RR 2000, 989.
[7] OLG Zweibrücken, Urteil vom 7.7.1998, NZG 1998, 939.
[8] BGH, Urteil vom 7.4.2008, NZG 2008, 623 = DStR 2008, 1340 = ZIP 2008, 1276.
[9] Vgl. zu den Rechtsfolgen des Ausscheidens eines Gesellschafters und zur Abfindungszahlung näher unter Rn. 228 ff. und 318 ff., im Zusammenhang mit der Darstellung des Ausscheidens eines Gesellschafters in Folge Zwangsausschlusses.
[10] OLG Karlsruhe, Urteil vom 19.4.2002, NZG 2003, 324.

der Partnerschaft auf die §§ 131 bis 144 HGB verweist) kann jeder Gesellschafter die Gesellschaft ordentlich kündigen, sofern sie für **„unbestimmte Zeit eingegangen"** ist. Anders als bei der GbR hat der Kündigende hierbei laut gesetzlicher Regelung eine Frist von sechs Monaten und als Kündigungstermin den Schluss eines Geschäftsjahres einzuhalten. Das Kündigungsrecht kann im Gesellschaftsvertrag ergänzend geregelt werden, wobei Beschränkungen des Kündigungsrechts ebenso wie bei der GbR nur in gewissen Grenzen rechtlich zulässig sind (vgl. hierzu unter Rn. 500 ff.). Anders als bei der GbR führt die Kündigung im gesetzlichen Regelfall nicht zur Auflösung der Gesellschaft, sondern zu deren Fortsetzung unter den verbleibenden Gesellschaftern (bzw. der Übernahme des Gesellschaftsvermögens durch den verbleibenden Gesellschafter in der Zwei-Personen-Gesellschaft) und dem Ausscheiden des Kündigenden (§ 131 Abs. 3 Nr. 3 HGB).[11] Im Übrigen gelten die Ausführungen zur GbR (unter Rn. 490 ff.) entsprechend, insbesondere betreffend die Kündigungserklärung und die Rechtsfolgen der Kündigung im Übrigen. Die Bestimmung in § 723 Abs. 2 BGB (Schadensersatz bei Kündigung zur Unzeit) findet gemäß § 105 Abs. 3 HGB (für die OHG und KG) und gemäß § 1 Abs. 4 PartGG (für die PartG) ebenfalls Anwendung.

(3) GmbH

496 Der Austritt aus der GmbH durch ordentliche Kündigung ist nur möglich, wenn die **Satzung** ein **entsprechendes Kündigungsrecht vorsieht**. Ein gesetzliches Recht zum Gesellschafteraustritt durch ordentliche Kündigung besteht für die GmbH demgegenüber nicht. Falls die Satzung die ordentliche Kündigungsmöglichkeit eröffnet, finden sich in aller Regel auch Bestimmungen zu den **Rechtsfolgen** der Kündigung, also Satzungsklauseln zum Ausscheiden des kündigenden Gesellschafters bzw. zur **Fortsetzung der GmbH durch die verbleibenden Gesellschafter**, zur **Verwertung des Geschäftsanteils** des Ausscheidenden sowie zur **Abfindungszahlung**. Alternativ kann vereinbart sein, dass die Gesellschaft bei ordentlicher Kündigung eines Gesellschafters **aufgelöst** wird.

497 Indessen ist streitig, ob die ordentliche Kündigung eines GmbH-Gesellschafters auch dann zur Auflösung der Gesellschaft (und nicht zur Fortsetzung unter den verbleibenden Gesellschaftern und dem Ausscheiden des Kündigenden gegen Abfindungszahlung) führt, wenn die **Satzung** zwar die ordentliche **Kündigung zulässt**, jedoch **keine Aussagen zur Wirkung oder den Rechtsfolgen dieser Kündigung trifft**. Nach der wohl vorherrschenden Meinung wird die Gesellschaft in einem solchen Fall – vorbehaltlich einer anderslautenden Vereinbarung unter den Gesellschaftern – durch die ordentliche Kündigung aufgelöst.[12] ME

---

[11] Etwas anderes gilt lediglich dann, wenn der einzige persönlich haftende Gesellschafter einer KG oder GmbH & Co. KG ausscheidet und kein neuer Komplementär in die Gesellschaft eintritt, da die Gesellschaft dann aus gesetzlichen Gründen aufgelöst ist; vgl. nur Baumbach/Hopt/*Roth*, § 131, Rn. 34.

[12] Vgl. Ulmer/Habersack/Winter, § 60, Rn. 115; Michalski/*Nerlich,* § 60, Rn. 329; Baumbach/Hueck, § 60, Rn. 90, jeweils mwN zu Rechtsprechung und Schrifttum; vgl. auch OLG Düsseldorf, Urteil vom 19.9.2003, GmbHR 2004, 356, wonach das Ausscheiden des kündigenden Gesellschafters nach ordentlicher Kündigung *„eine hinreichend klare Satzungsregelung voraussetzt"*. Anders, wohl aber nur missverständlich formuliert, BGH, Urteil vom 2.12.1996, NJW-RR 1997, 606 = GmbHR 1997, 501 = DStR 1997, 461, wonach (andersherum) die ordentliche Kündigung nur zur Auflösung führt, wenn dies in der Satzung entsprechend

VI. Streitiges Ausscheiden aus der Gesellschaft und Streit über deren Auflösung

ist diese Auffassung zutreffend. Sie widerspricht zwar dem gesetzlichen Leitbild bei Personenhandelsgesellschaften, bei denen die Kündigung gemäß § 131 Abs. 3 Nr. 3 HGB gerade *nicht* zur Auflösung der Gesellschaft, sondern zum Ausscheiden des Kündigenden führt. Ferner ergibt sich ein Widerspruch zur außerordentlichen Kündigung des GmbH-Gesellschafters, die nach allgemeiner Meinung ebenfalls *nicht* die Auflösung der GmbH zur Folge hat (vgl. näher unter Rn. 506 ff.). Jedoch ergäbe sich bei der GmbH bei einer Fortsetzung der Gesellschaft nach Kündigung das Problem, wie der Geschäftsanteil des ausscheidenden Gesellschafters zu verwerten ist. Dies kann ohne entsprechende Satzungsbestimmungen kaum rechtssicher und interessengerecht gelöst werden.

Sofern die Gesellschaft nach ordentlicher Kündigung fortgesetzt wird, ist der **Geschäftsanteil** des kündigenden Gesellschafters **zu verwerten**. Die Mitgliedschaft des betreffenden Gesellschafters endet also nicht bereits durch die Kündigung, sondern erst durch Einziehung seines Geschäftsanteils oder dessen Erwerb durch die Gesellschaft, einen Gesellschafter oder einen Dritten.[13] Diese Verwertung des Geschäftsanteils richtet sich nach den Satzungsregelungen, die häufig eine Wahlmöglichkeit der verbleibenden Gesellschafter und eine Entscheidung durch Beschlussfassung vorsehen. Der **Kündigende** hat **einen Anspruch** darauf, dass über die **Verwertung seines Geschäftsanteils** zeitnah **entschieden** wird, zumal seine Mitgliedschaft in der GmbH erst durch diese Anteilsverwertung endet und im Anschluss sein Abfindungs- oder Kaufpreiszahlungsanspruch entsteht.[14] Wird der Verwertungsbeschluss über Gebühr verzögert, kann die satzungsgemäße Abfindung allerdings auch ohne vorherige Anteilseinziehung verlangt und klageweise durchgesetzt werden.[15] Alternativ kann der kündigende Gesellschafter bei übermäßiger Verzögerung der Beschlussfassung über die Anteilseinziehung oder sonstige Anteilsverwertung Auflösungsklage erheben (vgl. hierzu näher unter Rn. 514 ff.).[16] Die **Abfindung** oder der von der Gesellschaft zu bezahlende Anteilskaufpreis darf **nur** aus **ungebundenem**, nicht zur Erhaltung des Stammkapitals benötigtem **Vermögen der GmbH bezahlt** werden.[17] Eine Verwertung

498

---

angeordnet ist. In dem vom BGH entschiedenen Fall war allerdings im Gegenteil explizit in der Satzung vorgesehen, dass die Kündigung *nicht* zur Auflösung der Gesellschaft führt, sofern die verbleibenden Gesellschafter nicht innerhalb von drei Monaten nach Kündigung einen entsprechenden Beschluss fassen. **AA** ist z.B. Lutter/Hommelhoff, § 60, Rn. 27 (ordentliche Kündigung führe in der Regel zum Ausscheiden des kündigenden Gesellschafters).

[13] BGH, Urteil vom 2.12.1996, NJW-RR 1997, 606 = GmbHR 1997, 501 = DStR 1997, 461; BGH, Urteil vom 30.11.2009, NZG 2010, 270 = NJW 2010, 1206 = GmbHR 2010, 256: Der austrittswillige Gesellschafter darf seine fortbestehenden Mitgliedschaftsrechte bis zur Verwertung seines Geschäftsanteils jedoch nur noch insoweit ausüben, als sein Interesse am Erhalt der ihm zustehenden Abfindung betroffen ist. Andererseits kommt dem Kündigenden in dieser Übergangsphase zugute, dass ein in der Satzung vereinbartes, gegen die Gesellschafter gerichtetes Wettbewerbsverbot bereits ab Kündigungserklärung bzw. der Erklärung der GmbH, sich gegen diese ordentliche Kündigung nicht zur Wehr setzen zu wollen, keine Gültigkeit mehr beansprucht.

[14] BayObLG, Urteil vom 9.8.1974, GmbHR 1975, 62 = BB 1975, 249 = DB 1975, 295; BGH, Urteil vom 2.12.1996, NJW-RR 1997, 606 = GmbHR 1997, 501 = DStR 1997, 461.

[15] OLG Celle, Urteil vom 28.8.2002, GmbHR 2002, 1063.

[16] OLG Celle, Urteil vom 28.8.2002, GmbHR 2002, 1063.

[17] Vgl. hierzu unter Rn. 244 ff. und Rn. 258 ff., im Zusammenhang mit der Darstellung der entsprechenden Problematik im Falle des Zwangsausschlusses eines Gesellschafters aus der GmbH. Vgl. zu Ab-

des Geschäftsanteils des kündigenden Gesellschafters durch Einziehung oder Erwerb durch die Gesellschaft selbst kommt ferner nur in Betracht, wenn der betreffende Anteil bereits voll einbezahlt ist.[18]

499 Kann der ausscheidende Gesellschafter daher seinen Abfindungsanspruch wegen der gesetzlichen Gebote der Kapitalaufbringung und Kapitalerhaltung nicht oder jedenfalls nicht in absehbarer Zeit durchsetzen, hat er die Möglichkeit der **Auflösungsklage** gemäß § 61 Abs. 1 GmbHG (vgl. hierzu näher unter Rn. 514 ff.). Auf diese Weise kann der im Geschäftsanteil steckende Vermögenswert zumindest noch in Höhe des Liquidationswertes realisiert werden.

bb) Unzulässige Kündigungsbeschränkungen bei Personengesellschaften

500 Das Recht zur Kündigung des Gesellschaftsvertrages darf bei Personengesellschaften, also der GbR, PartG, OHG, KG oder GmbH & Co. KG, *nicht* (bzw. hinsichtlich der ordentlichen Kündigung *nicht vollständig*) ausgeschlossen oder entgegen den gesetzlichen Vorschriften beschränkt werden, § 723 Abs. 3 BGB.[19] Für die GmbH ergibt sich demgegenüber keine entsprechende gesetzliche Einschränkung, da auch das *Recht* zur Kündigung im GmbH-Gesetz nicht vorgesehen ist. Die *ordentliche* Kündigung kann daher in der Satzung in den Grenzen der §§ 134, 138 BGB (Verbot der Gesetzes- oder Sittenwidrigkeit) grundsätzlich frei geregelt bzw. ein solches Kündigungsrecht auch ganz weggelassen werden. Das Recht zur außerordentlichen Kündigung aus wichtigem Grund ist für die GmbH demgegenüber im Wege richterlicher Rechtsfortbildung entwickelt worden und wie bei den Personengesellschaften zwingend (vgl. unter Rn. 506 ff.).

(1) Temporärer Ausschluss des ordentlichen Kündigungsrechts

501 Das Recht zur *ordentlichen* Kündigung darf (anders als das *außerordentliche* Kündigungsrecht) für eine gewisse Zeitdauer ausgeschlossen werden: Gemäß §§ 723 Abs. 1 S. 1 BGB und 132 HGB darf die Gesellschaft für eine *„bestimmte Zeit"* eingegangen werden, während derer dann auch kein Recht zur ordentlichen Kündigung besteht. Auf diese Weise kann durch die rechtliche Festlegung der Gesellschaftsdauer das ordentliche Kündigungsrecht beschränkt bzw. zeitweilig ganz aufgehoben werden. Das größte Streitpotenzial im Zusammenhang mit Kündigungsbeschränkungen ergibt sich bei den Personengesellschaften daher hinsichtlich **der Zeitdauer des Ausschlusses der ordentlichen Kündigung**. Die Rechtsprechung lässt den temporären Kündigungsausschluss mit Rücksicht auf § 723 Abs. 3 BGB (und auch unter Berufung auf § 138 BGB) nur in gewissen Grenzen zu. So ist die **Befristung** des **Gesellschaftsvertrages un-**

---

findungsklauseln in der GmbH-Satzung sowie zur Höhe und Berechnung der Abfindung darüber hinaus unter Rn. 327 ff.

[18] Vgl. hierzu näher bei Darstellung der entsprechenden Problematik im Falle des Zwangsausschlusses eines Gesellschafters, unter Rn. 245.

[19] Vgl. zur Anwendbarkeit des § 723 Abs. 3 BGB (über § 105 Abs. 3 HGB) auf Personen*handels*gesellschaften z.B. BGH, Urteil vom 24.9.1984, NJW 1985, 192 = GmbHR 1985, 113 = BB 1984, 2082, für eine Kommanditgesellschaft.

wirksam, wenn der betreffende **Zeitraum** zu **ungewiss** und nicht hinreichend bestimmbar ist.[20] Praktisch relevanter ist die **zu lange Laufzeit des Gesellschaftsvertrages**, mit der Folge, dass das ordentliche Kündigungsrecht (vorbehaltlich einer korrigierenden vertraglichen Regelung) in zeitlicher Hinsicht übermäßig eingeschränkt wird. Die betreffende Laufzeitregelung des Gesellschaftsvertrages ist dann wegen überlanger Befristung gemäß § 723 Abs. 3 BGB unwirksam.[21] Welche Dauer der Gesellschaft mit Rücksicht auf die damit einhergehende Beschränkung des ordentlichen Kündigungsrechts (noch) zulässig ist, ist im Einzelfall, in Bezug auf die betreffende Gesellschaft und unter Abwägung aller Umstände zu bestimmen. Es sind „*einerseits die schutzwürdigen Interessen des einzelnen Gesellschafters an einer absehbaren, einseitigen Lösungsmöglichkeit, andererseits die Struktur der Gesellschaft, die Art und das Ausmaß der für die Beteiligten aus dem Gesellschaftsvertrag folgenden Pflichten sowie das durch den Gesellschaftsvertrag begründete Interesse an einem möglichst langfristigen Bestand der Gesellschaft in den Blick zu nehmen*".[22] Ist die **vereinbarte Dauer der Gesellschaft** und die damit einhergehende Beschränkung des ordentlichen Kündigungsrechts gemessen daran **übermäßig lang** und die Befristungsregelung daher unwirksam, berührt dies nicht die Wirksamkeit des Gesellschaftsvertrages im Übrigen. Nach der Rechtsprechung ist in einem ersten Schritt anhand des Gesellschaftsvertrages zu prüfen, ob die Parteien eine langanhaltende Bindung wollten und nicht mit der Nichtigkeit der Regelung gerechnet haben (was meist der Fall sein dürfte). Hier ist die Befristung dann in einem zweiten Schritt geltungserhaltend zu reduzieren und im Wege der **ergänzenden Vertragsauslegung** zu bestimmen, welche Dauer des Gesellschaftsvertrages bzw. welcher Zeitraum für den Ausschluss des ordentlichen Kündigungsrechts nach den Fallumständen angemessen ist.[23] Scheidet die ergänzende Vertragsauslegung demgegenüber ausnahmsweise aus, gilt angesichts der **Unwirksamkeit der Befristungsvereinbarung** die gesetzliche Regelung, mit der

---

[20] BGH, Urteil vom 11.7.1968, BGHZ 50, 316. Die Entscheidung betraf eine Unterbeteiligung an einem OHG-Gesellschaftsanteil, also eine Innen-GbR. Die Dauer der Innen-GbR war an die Dauer der Hauptgesellschaft, also der OHG, geknüpft. Diese Dauer der Hauptgesellschaft war jedoch weder zeitlich noch durch ihren Zweck begrenzt und deshalb völlig ungewiss, so dass auch die Zeitdauer der (gekündigten) Innen-GbR rechtlich zwar festgelegt, in zeitlicher Hinsicht jedoch unklar war. Die Befristungsregelung war daher nach Auffassung des BGH gem. § 723 Abs. 1 S. 1, Abs. 3 BGB unwirksam, so dass die Unterbeteiligung ordentlich gekündigt werden konnte.

[21] BGH, Urteil vom 22.5.2012, NZG 2012, 984 = DB 2012, 1860 = GWR 2012, 395 (Kurzwiedergabe), für eine Publikumsgesellschaft in der Rechtsform der GbR; BGH, Urteil vom 18.9.2006, NZG 2007, 65 = DStR 2007, 34 = ZIP 2006, 2316 (für eine Anwaltssozietät in der Rechtsform der GbR). Nach Auffassung der Vorinstanz, des OLG Düsseldorf, war der betreffende Sozietätsvertrag wegen sittenwidriger Knebelung der Gesellschafter (30-jährige Bindungsfrist) gem. § 138 BGB iVm Art. 12 GG unwirksam, vgl. Urteil vom 26.5.2004, NJW-RR 2005, 288. Vgl. auch OLG Stuttgart, Urteil vom 16.5.2007, NZG 2007, 786, ebenfalls für einen Anwaltssozietätsvertrag. Anders die früher herrschende Meinung, wonach die Laufzeitregelung in Gesellschaftsverträgen nur am Maßstab des § 138 Abs. 1 BGB (Sittenwidrigkeit) gemessen wurde und vorbehaltlich eines solchen Verstoßes gegen die guten Sitten eine zeitlich unbeschränkte Dauer des Gesellschaftsvertrages möglich war, vgl. z.B. BGH, Urteil vom 17.6.1953, BGHZ 10, 91.

[22] BGH, Urteil vom 18.9.2006, NZG 2007, 65 = DStR 2007, 34 = ZIP 2006, 2316.

[23] BGH, Urteil vom 18.9.2006, NZG 2007, 65 = DStR 2007, 34 = ZIP 2006, 2316; OLG Stuttgart, Urteil vom 16.5.2007, NZG 2007, 745.

Folge, dass der Gesellschaftsvertrag „unbefristet" und die ordentliche Kündigung mit den vertraglichen oder gesetzlichen Fristen somit „jederzeit" (gemäß § 723 Abs. 1 S. 1 BGB für die GbR) oder mit einer Frist von sechs Monaten zum Schluss eines Geschäftsjahres (gemäß § 132 HGB für die OHG oder KG) möglich ist.

502 Sofern die **Laufzeit einer Personengesellschaft** und damit der zeitliche Ausschluss des ordentlichen Kündigungsrechts **relativ lang** ist, besteht also das **Risiko**, dass im Streitfall an die Stelle der Entscheidung der Vertragsparteien richterliches Ermessen tritt, welche Laufzeit und welche Bindung „angemessen" sind. Die Gerichte hatten sich in diesem Zusammenhang wiederholt mit Gesellschaftsverträgen von **Anwaltssozietäten** zu befassen, in denen der Ausschluss des ordentlichen Kündigungsrechts und die Bindung der Gesellschafter an die Sozietät, offensichtlich mit Rücksicht auf die Sicherung der Altersvorsorge der älteren Sozietätspartner, übermäßig lange (für 30 Jahre) vereinbart worden waren. Die vereinbarte 30-jährige Laufzeit war nach einhelliger Auffassung der Gerichte übermäßig und die betreffende Vereinbarung unwirksam. Der BGH[24] hielt, ebenso wie das OLG Düsseldorf in der Vorinstanz,[25] eine Laufzeit des Sozietätsvertrags von 14 Jahren nach den Fallumständen für angemessen. Das OLG Stuttgart bestätigte in einem anderen Fall die Entscheidung der Vorinstanz, wonach für die betroffene Anwaltssozietät ein Ausschluss des ordentlichen Kündigungsrechts von fünf Jahren gerechtfertigt sei.[26] Für Freiberuflersozietäten, bei denen sich die Gesellschafter zur gemeinsamen Berufsausübung zusammengeschlossen haben, dürfte daher eine rechtssichere, **zeitliche Obergrenze** für die Beschränkung des ordentlichen Kündigungsrechts von **ca. fünf Jahren** gelten, es sei denn, es ergeben sich nach den konkreten Fallumständen (z.B. gemeinsame größere Investitionen oder berechtigte, ursprünglich allseitig akzeptierte Sicherung von Altersvorsorgeansprüchen älterer Sozietätspartner) im Einzelfall gute Gründe für eine längere Befristung (auch dann maximal 10–15 Jahre).[27] Im Urteil vom 22.5.2012[28] entschied der BGH für eine **Publikumsgesellschaft** in der Rechtsform einer GbR, dass die vertragliche Laufzeit von 31 Jahren angesichts des Missverhältnisses zwischen dem persönlichen Haftungsrisiko der Anleger einerseits und der geringen Beteiligung der einzelnen Anleger am Gesellschaftserfolg andererseits wegen unzulässiger Umgehung des in § 723 Abs. 3 BGB verbotenen Kündigungsausschlusses unwirksam sei. Eine Anpassung der Vertragsbindung durch ergänzende Vertragsauslegung sei in diesem Fall zudem nicht möglich, da die Parteien bei Kenntnis der Unwirksamkeit der Laufzeitvereinbarung für die in Ratenzahlungen anzusparende Kapitalanlage der Gesellschafter, die einer Prämienzahlung zwecks Aufbaus einer Kapitallebensversicherung vergleichbar sei, analog § 168 VVG eine jederzeitige Kündigungsmöglichkeit vereinbart hätten.

503 Gemäß § 723 Abs. 3 BGB unwirksam sind ferner auch **sonstige zeitliche Kündigungsbeschränkungen**, wie etwa die Vertragsklausel, die die Gesellschaftermehrheit zur immer neuen Verlängerung des Gesellschaftsvertrages (und damit zur sukzessiven Vereitelung des ordentlichen Kündigungsrechts) ermächtigt.[29]

(2) Mittelbare Kündigungsbeschränkungen

504 Praktische Relevanz haben ferner mittelbar wirkende Beschränkungen des ordentlichen (oder auch außerordentlichen) Kündigungsrechts. Es handelt sich hierbei um Vertrags-

---

[24] Urteil vom 18.9.2006, NZG 2007, 65 = DStR 2007, 34 = ZIP 2006, 2316.
[25] Urteil vom 26.5.2004, NJW-RR 2005, 288.
[26] Urteil vom 16.5.2007, NZG 2007, 786.
[27] Nach Auffassung des OLG Düsseldorf, Urteil vom 26.5.2004, NJW-RR 2005, 288, ist die zeitliche Bindungsdauer des Sozietätsvertrags von drei Jahren, bei einer Kündigungsfrist von einem Jahr, jedenfalls angemessen und wirksam.
[28] NZG 2012, 984 = DB 2012, 1860 = GWR 2012, 395 (Kurzwiedergabe).
[29] BGH, Urteil vom 7.12.1972, NJW 1973, 1602 = WM 1973, 990 (für eine Kommanditgesellschaft).

klauseln, die das Kündigungsrecht nicht direkt einschränken, die Kündigung aber wirtschaftlich so unattraktiv machen, dass dieses Recht gemäß § 723 Abs. 3 BGB rechtswidrig eingeschränkt wird. Einem Gesellschafter dürfen **für den Fall** seiner **Kündigung im Gesellschaftsvertrag** somit **keine vermögensrechtlichen** Verpflichtungen oder **Nachteile auferlegt** werden, die zwar formal sein Kündigungsrecht nicht tangieren, ihm jedoch im Ergebnis sein freies Entscheidungsrecht nehmen, ob er bei Vorliegen der betreffenden Voraussetzungen von seinem Kündigungsrecht Gebrauch macht oder nicht. Solche Vertragsklauseln, die zur mittelbaren Kündigungsbeschränkung führen, sind wegen Verstoßes gegen § 723 Abs. 3 BGB unwirksam.[30]

Eine unzulässige Beschränkung liegt etwa dann vor, wenn der kündigende Gesellschafter bei Ausübung des Kündigungsrechts mit einer Austrittsvergütung oder Vertragsstrafe etc. belastet wird.[31] Demgegenüber stellt eine gesellschaftsvertragliche **Fortsetzungsklausel**, die den Mitgesellschaftern im Falle der Kündigung die Übernahme der Gesellschaft gegen Abfindungszahlung ermöglicht, für sich **keine unzulässige Kündigungsbeschränkung** gemäß § 723 Abs. 3 BGB dar. Dies gilt selbst dann, wenn die im Gesellschaftsvertrag vereinbarte Abfindungsregelung ihrerseits grob unbillig ist, weil der ausscheidende Gesellschafter keinen annähernd angemessenen Gegenwert für seinen Gesellschaftsanteil erhält.[32] In diesem Fall kann dann aber die **Abfindungsregelung unwirksam** sein.[33] Ferner können vermögensrechtliche Verpflichtungen des Kündigenden ausnahmsweise *zulässig* sein, wenn diese im Hinblick auf den Gesellschaftszweck gerechtfertigt sind.[34]

505

b) Austritt durch außerordentliche Kündigung aus wichtigem Grund

Gesellschafterstreitigkeiten über den Austritt eines Gesellschafters durch außerordentliche Kündigung betreffen vor allem die GbR bzw. PartG und dort – gemessen an der Anzahl veröffentlichter Entscheidungen – offenbar in erster Linie zerstrittene Anwaltssozietäten. Praktische Relevanz hat das außerordentliche Kündigungsrecht ferner für Kapitalanleger bei Publikumsgesellschaften. Dies hat in beiden Fällen spezifische, in der Struktur des Gesellschaftsverhältnisses liegende Gründe: **Anwaltssozietäten** oder sonstige **Freiberufler-Gesellschaften** in der Rechtsform der GbR oder PartG dienen der gemeinsamen Berufsausübung und setzen in besonderem Maße wechselseitiges

506

---

[30] Vgl. etwa BGH, Urteil vom 13.6.1994, BGHZ 126, 226 = GmbHR 1994, 871 = BB 1994, 1807.
[31] Vgl. Palandt/*Sprau,* § 723, Rn. 7.
[32] BGH, Urteil vom 7.4.2008, NZG 2008, 623 = NJW 2008, 2987 = DStR 2008, 1340 = ZIP 2008, 1276.
[33] Vgl. zu Abfindungsklauseln bei Ausscheiden eines Gesellschafters und zu den Rechtsfolgen der Unwirksamkeit einer vertraglichen Abfindungsregelung unter Rn. 327 ff.
[34] BGH, Urteil vom 13.6.1994, BGHZ 126, 226 = GmbHR 1994, 871 = BB 1994, 1807, für die Innen-GbR (Schutzgemeinschaft) von Anteilseignern einer Kapitalgesellschaft. Diese waren verpflichtet, bei Kündigung des Schutzgemeinschaftsvertrags ihre von der Schutzgemeinschaft betroffenen Aktien bei vollständigem Wertausgleich den Mitgesellschaftern der Innen-GbR zu überlassen. Mit Rücksicht auf den Schutzzweck des Gemeinschaftsvertrags bedeutete die Andienungsverpflichtung bei Ausscheiden aus der Schutzgemeinschaft durch Kündigung aus Sicht des BGH keine unzulässige Kündigungsbeschränkung gemäß § 723 Abs. 3 BGB.

Vertrauen und Kooperationsbereitschaft voraus. Sofern es hier zu nachhaltigen Streitigkeiten kommt, die die Möglichkeit einer weiteren, gedeihlichen Zusammenarbeit vereiteln, ist grundsätzlich zugleich der Fortbestand der Gesellschaft unzumutbar und ein „wichtiger Grund" für die fristlose Kündigung des Gesellschaftsverhältnisses gegeben.[35] Hinzu tritt typischerweise das Interesse der Gesellschafter, sich zur Neuausrichtung der eigenen unternehmerischen bzw. beruflichen Tätigkeit aus dem streitigen Gesellschaftsverhältnis zu lösen. Im Falle von **Publikumsgesellschaften** hat das außerordentliche Kündigungsrecht deshalb besondere Bedeutung, weil es nach Beitritt des Anlegers zur Gesellschaft bzw. der „Invollzugsetzung" des Gesellschaftsverhältnisses Anfechtungs- bzw. Rücktrittsrechte aufgrund falscher Prospektangaben oder sonstiger Täuschung im Zusammenhang mit dem Erwerb der Gesellschaftsbeteiligung ersetzt.[36] Nichtsdestotrotz können sich auch in einer personalistisch strukturierten KG, OHG oder GmbH Streitigkeiten über die Rechte eines Gesellschafters zum außerordentlichen Austritt aus der Gesellschaft ergeben, vor allem wenn in einem solchen Streitfall die naheliegendere Lösung eines Anteilsverkaufs durch den austrittswilligen Gesellschafter aus tatsächlichen oder rechtlichen Gründen scheitert.

aa) Gesetzliche und vertragliche Grundlagen des außerordentlichen Kündigungsrechts

507 Das Recht eines Gesellschafters zur außerordentlichen Kündigung und zum Austritt aus der Gesellschaft kann sich aus dem **Gesellschaftsvertrag** oder der **Satzung** ergeben. Eine solche gesonderte vertragliche Begründung des außerordentlichen Kündigungsrechts ist indessen untypisch. Meist wird das **gesetzliche Kündigungsrecht** dort lediglich bestätigt (etwa durch die Formulierung „… Das Recht jedes Gesellschafters, die Gesellschaft bei Vorliegen eines wichtigen Grundes auch außerordentlich zu kündigen, bleibt unberührt …") oder durch die Angabe von Beispielsfällen für einen außerordentlichen Kündigungsgrund ergänzt. Rechtsgrundlage für das außerordentliche Kündigungsrecht bildet daher regelmäßig das Gesetz.

508 Eine ausdrückliche **gesetzliche Regelung** findet sich allerdings nur für die **GbR**. Gemäß § 723 Abs. 1 S. 2 BGB kann die Gesellschaft bei Vorliegen eines *„wichtigen Grundes"* auch außerordentlich, also trotz Befristung der Gesellschaft bzw. bei sonstigem Ausschluss des ordentlichen Kündigungsrechts, ohne Einhaltung einer Kündigungsfrist (§ 723 Abs. 1 S. 6 BGB) gekündigt werden. Dieses gesetzliche Kündigungsrecht darf gemäß § 723 Abs. 3 BGB durch den Gesellschaftsvertrag nicht ausgeschlossen oder beschränkt werden. Für die Gesellschafter einer **PartG, OHG, KG** oder **GmbH & Co. KG** ist demgegenüber in § 132 HGB (für die PartG iVm § 9 Abs. 1 PartGG) nur das Recht zur ordentlichen Kündigung geregelt. Sofern das Gesellschaftsverhältnis wegen Vorliegens eines „wichtigen Grundes" unzumutbar geworden ist, eröffnet das Gesetz

---

[35] Vgl. auch BGH, Urteil vom 21.9.1998, NZG 1998, 984 = NJW 1998, 3771 = GmbHR 1998, 1179 = DStR 1998, 1803.

[36] Vgl. nur BGH, Urteil vom 16.12.2002, BGHZ 153, 214 = NZG 2003, 277 = BB 2003, 217; siehe auch BGH, Urteil vom 13.5.1953, BGHZ 10, 44 für eine „in Vollzug gesetzte" KG.

VI. Streitiges Ausscheiden aus der Gesellschaft und Streit über deren Auflösung

die Möglichkeit einer Auflösungsklage (gemäß § 133 HGB, vgl. hierzu näher unter Rn. 514 ff.) oder einer Ausschließung des störenden Gesellschafters gemäß § 140 HGB (vgl. hierzu im Einzelnen unter Rn. 228 ff.). Trotzdem ergibt sich auch für den Gesellschafter einer Personen*handels*gesellschaft und einer PartG (über §§ 105 Abs. 3 HGB, 1 Abs. 4 PartGG, 723 Abs. 1 S. 2 BGB) wohl das (vertraglich nicht abdingbare) Recht, aus „*wichtigem Grund*" durch außerordentliche Kündigung aus der Gesellschaft auszuscheiden bzw. „auszutreten".[37] Für die **GmbH** findet sich ebenfalls keine ausdrückliche gesetzliche Regelung, doch ist das (zwingende) Recht jedes Gesellschafters, bei Vorliegen eines „*wichtigen Grundes*" auch ohne entsprechende Satzungsregelung durch Kündigungserklärung aus der Gesellschaft auszutreten, in ständiger Rechtsprechung (im Wege richterlicher Rechtsfortbildung) bestätigt worden und nun allgemein anerkannt.[38]

Für die **Kündigungserklärung** und die **Rechtsfolgen der Kündigung** gelten die Ausführungen zur ordentlichen Kündigung unter Rn. 490 ff. entsprechend. Die **Kündigungserklärung** bedarf von Gesetzes wegen **keiner Begründung**, so dass es zulässig ist, wenn der kündigende Gesellschafter solche Gründe, die zum Zeitpunkt des Ausspruchs der Kündigung objektiv vorlagen, später (ggf. auch in einem Rechtsstreit mit den Mitgesellschaftern) **nachschiebt**.[39] Bei der **GbR** hat die außerordentliche Kündigung die **Auflösung der Gesellschaft** zur Folge, es sei denn, im Gesellschaftsvertrag ist für den Fall der Kündigung eines Gesellschafters die **Fortsetzung der Gesellschaft vereinbart** oder die verbleibenden Gesellschafter treffen nach Kündigung einen entsprechenden **Fortsetzungsbeschluss** (dann Ausscheiden des Kündigenden). Bei der **PartG, OHG, KG** und **GmbH & Co. KG** führt auch die außerordentliche Kündigung – vorbehaltlich einer anderslautenden vertraglichen Regelung – zum **Ausscheiden** des kündigenden Gesellschafters und zur Anwachsung dessen Anteils am Gesellschaftsvermögen bei den verbleibenden Gesellschaftern. Der ausscheidende Gesellschafter erhält eine Abfindung. Gleiches gilt im Ergebnis für den **GmbH**-Gesellschafter, der seine Mitgliedschaft jedoch nicht bereits mit der Kündigungserklärung, sondern erst mit der Beschlussfassung der verbleibenden Gesellschafter über die **Verwertung seines Geschäftsanteils** (Einziehung oder Abtretung gegen Abfindungs-

509

---

[37] Vgl. nur Baumbach/Hopt, § 133, Rn. 1; MüKoHGB/*K. Schmidt*, § 132, Rn. 37; siehe auch BGH, Urteil vom 19.12.1974, BGHZ 63, 338 = WM 1975, 346, für eine GmbH & Co. KG (Publikumsgesellschaft). Einschränkend allerdings BGH, Urteil vom 12.5.1977, BGHZ 69, 160 = NJW 1977, 2160 = GmbHR 1978, 226, ebenfalls für eine Publikums-KG, bei der der Gesellschaftsvertrag kein Recht zur fristlosen Kündigung vorsah. Jeder Kommanditist sei bei Vorliegen eines wichtigen Grundes (wie z.B. der arglistigen Täuschung bei Beitritt zur Gesellschaft) zur fristlosen Kündigung und zum Austritt aus wichtigem Grund aus der Gesellschaft berechtigt. Diese Maßnahme wäre jedoch unangemessen, wenn der Gesellschaftszweck (wegen eines inzwischen eingetretenen finanziellen Zusammenbruchs) nicht mehr erreicht werden könne. In diesem Sonderfall sei der einzelne Kommanditist auf die Auflösungsklage gemäß § 133 HGB verwiesen.

[38] Vgl. zuletzt BGH, Urteil vom 18.2.2014, NZG 2014, 541 = GmbHR 2014, 534; BGH, Urteil vom 16.12.1991, BGHZ 116, 359 = GmbHR 1992, 257 = BB 1992, 448: *„Das Recht des Gesellschafters einer GmbH, bei Vorliegen eines wichtigen Grundes aus der Gesellschaft auszutreten, gehört zu seinen zwingenden, unverzichtbaren Mitgliedschaftsrechten"* (Leitsatz); OLG Köln, Urteil vom 26.3.1999, NZG 1999, 1222.

[39] KG Berlin, Urteil vom 14.6.2001, NZG 2002, 725.

bzw. Kaufpreiszahlung) verliert.⁴⁰ In Ausnahmefällen, wenn eine Abfindungszahlung durch die Gesellschaft am Gebot der Stammkapitalaufbringung oder -erhaltung scheitert, ist der austrittswillige GmbH-Gesellschafter schließlich auf die Auflösungsklage verwiesen.

bb) Der „wichtige Grund" für die außerordentliche Kündigung

(1) Überblick

510   Die Wirksamkeit einer – streitigen – außerordentlichen Kündigung der Gesellschaft richtet sich danach, ob sie im Einzelfall wegen Vorliegens eines *„wichtigen Grundes"* gerechtfertigt ist. Das Gesetz nennt in **§ 723 Abs. 1 S. 3 BGB** zwei **Beispielsfälle** für einen solchen „wichtigen" Kündigungsgrund, nämlich die vorsätzliche oder grob fahrlässige Verletzung einer wesentlichen Vertragspflicht durch einen anderen Gesellschafter oder die Unmöglichkeit der entsprechenden Vertragserfüllung. Die außerordentliche Kündigung eines Gesellschafters ist grundsätzlich also jeweils in solchen Fällen gerechtfertigt, in denen alternativ wegen einer grob schuldhaften Pflichtverletzung eines Mitgesellschafters auch der Zwangsausschluss dieses Mitgesellschafters aus der Gesellschaft zulässig wäre.⁴¹ Die im Gesetz genannten Beispielsfälle sind jedoch nicht abschließend. Für die Beurteilung der Frage, ob ein Gesellschafter das Gesellschaftsverhältnis auch gegen den Willen der Mitgesellschafter außerordentlich beenden kann, ist zudem nicht nur auf den Hintergrund einer Konfliktsituation (also den Streitgrund) abzustellen, sondern auch zu bewerten, ob die daraus resultierende Gesellschaftssituation für den austrittswilligen Gesellschafter tatsächlich „unerträglich" geworden ist. Die Feststellung des für die Beurteilung des „wichtigen Grundes" maßgeblichen Sachverhalts erfolgt durch die Tatsachengerichte. In der **Revisionsinstanz** ist jedoch in vollem Umfang nachprüfbar, ob die Tatsachengerichte bei Anwendung des Begriffs des wichtigen Grundes von einem zutreffenden Verständnis der darin zusammengefassten normativen Wertungen ausgegangen sind (vgl. hierzu näher unter Rn. 156).

511   Im **Überblick** liegt nach der Rechtsprechung nur dann ein **„wichtiger Grund"** für die **außerordentliche Kündigung eines Gesellschafters** vor, wenn

- dem kündigenden Gesellschafter aufgrund Pflichtverletzung eines Mitgesellschafters, Zerrüttung des Vertrauensverhältnisses oder sonstiger Umstände bei **Gesamtabwägung aller Einzelfallumstände**, wie u.a. des Zwecks und der Struktur der Gesellschaft, ihrer Dauer, der Intensität der persönlichen Zusammenarbeit und des bis zur ordentlichen Beendigung des Gesellschaftsverhältnisses verbleibenden

---

⁴⁰ Bei der GmbH kann der Geschäftsanteil des Kündigenden auch dann durch Einziehung (gegen Abfindungszahlung) mittels Beschlusses der übrigen Gesellschafter verwertet werden, wenn sich keine entsprechende Satzungsgrundlage findet, vgl. BGH, Urteil vom 18.2.2014, NZG 2014, 541 = GmbHR 2014, 534 (für einen einvernehmlichen Austritt nach Kündigungserklärung); OLG München, Urteil vom 28.7.2011, GmbHR 2011, 1040 = ZIP 2011, 2148 = DStR 2011, 1673. Vgl. zu den verschiedenen Rechtsfolgen der Kündigung bei GbR, PartG, OHG, KG, GmbH & Co. KG und GmbH iÜ oben, unter Rn. 490 ff.

⁴¹ Beispielsfälle aus der Rechtsprechung zum Zwangs*ausschluss* eines Gesellschafters aus „wichtigem Grund" wegen Pflichtverletzungen finden sich unter Rn. 282 ff.

Zeitraums, **eine Fortsetzung der Gesellschaft bis zum nächsten ordentlichen Kündigungstermin nicht zugemutet werden kann**.[42] Sofern die Gesellschaft innerhalb eines relativ kurzen, jedenfalls aber zumutbaren Zeitraums auch ordentlich beendet werden könnte oder aus anderen Gründen zeitnah endet, ist die außerordentliche Kündigung also auch dann unwirksam, wenn im Übrigen ein „wichtiger Grund" für die fristlose Kündigung zu befürworten wäre.[43] Gleiches gilt, wenn das Interesse der Mitgesellschafter an der unveränderten Fortsetzung der Gesellschaft zum Individualinteresse des Kündigenden an der sofortigen Beendigung der Mitgliedschaft mindestens gleichwertig ist.[44]

- Auf ein **Verschulden** der **übrigen Gesellschafter kommt es** (abweichend vom gesetzlichen Regelbeispiel in § 723 Abs. 1 S. 3 Nr. 1 BGB) nach der Rechtsprechung **nicht entscheidend an**. Die Fortsetzung des Gesellschaftsverhältnisses kann auch dann unzumutbar geworden sein, wenn ein nicht schuldhaftes Fehlverhalten der Mitgesellschafter zu dieser Situation geführt hat. Anderseits sind im Rahmen der Gesamtabwägung immer auch das eigene Verhalten und der eigene Streitbeitrag des kündigenden Gesellschafters in Rechnung zu stellen.[45]

511a

Ein **anschauliches Beispiel** hierfür bildet das Urteil des BGH vom 10.6.1996[46], bei dem sich der BGH – wie es häufig der Fall ist – mit der außerordentlichen Kündigung einer Rechtsanwaltssozietät in der Rechtsform einer GbR zu befassen hatte. Der austrittswillige Sozius hatte seine fristlose Kündigung u.a. darauf gestützt, dass ihm aufgrund „büroorganisatorischer Maßnahmen" der Mitgesellschafter wesentliche Mitgliedschaftsrechte in der Anwaltssozietät abgeschnitten worden waren, so dass ihm lediglich die Möglichkeit verblieb, seine Mandate nach Art einer Bürogemeinschaft in den Räumen und mit den personellen und sachlichen Mitteln der Kanzlei fortzuführen. Nach Auffassung des BGH lag in diesen Maßnahmen der Mitgesellschafter durchaus eine gesellschaftsvertragswidrige Ungleichbehandlung, die grundsätzlich einen „wichtigen Grund" für die außerordentliche Kündigung des Sozietätsvertrages

---

[42] BGH, Urteil vom 10.6.1996, NJW 1996, 2573 = DB 1996, 1716 = ZIP 1996, 1434 (für eine Anwaltssozietät in der Rechtsform der GbR); BGH, Urteil vom 24.7.2000, NZG 2000, 1167 = NJW 2000, 3491 = DStR 2000, 1834 (für eine WP- und StB-Kanzlei in der Rechtsform der GbR); BGH, Urteil vom 28.1.2002, NZG 2002, 417 = DStR 2002, 868 = BB 2002, 644 (für eine zweigliedrige Anwaltssozietät in der Rechtsform der GbR); BGH, Urteil vom 21.11.2005, NZG 2006, 135 = NJW 2006, 844 = DStR 2006, 196 (für eine zweigliedrige GbR); BGH, Urteil vom 22.5.2012, NZG 2012, 903 = NJW-RR 2012, 1059 = DB 2012, 1735 (für einen geschlossenen Fonds in der Rechtsform der GbR); BGH, Urteil vom 16.12.1991, BGHZ 116, 359 = NJW 1992, 892 = GmbHR 1992, 257, für eine GmbH.

[43] Vgl. etwa BGH, Urteil vom 10.6.1996, NJW 1996, 2573 = DB 1996, 1716 = ZIP 1996, 1434, für die fristlose Kündigung einer Rechtsanwaltssozietät. Diese endete „jedenfalls" zum 30.4.1992. Nach Auffassung des BGH waren daher fristlose Kündigungen der Partner von Mitte Januar 1992 und Mitte April 1992 auch deshalb unwirksam, weil den Kündigenden jeweils ein Zuwarten bis zur ohnedies bevorstehenden Beendigung der Sozietät mit Ablauf des April 1992 zumutbar war.

[44] BGH, Urteil vom 22.5.2012, NZG 2012, 903 = NJW-RR 2012, 1059 = DB 2012, 1735.

[45] BGH, Urteil vom 21.11.2005, NZG 2006, 135 = NJW 2006, 844 = DStR 2006, 196, wonach die Frage der Zumutbarkeit der Fortsetzung des Gesellschaftsverhältnisses „nicht ohne Berücksichtigung der beiderseitigen Verhaltensweisen der Gesellschafter beantwortet werden" kann (Leitsatz); BGH, Urteil vom 28.1.2002, NZG 2002, 417 = NJW-RR 2002, 704 = BB 2002, 644 (für die Kündigung einer zweigliedrigen Anwaltssozietät, bei der beide Sozien zur Streiteskalation beigetragen hatten); BGH, Urteil vom 10.6.1996, NJW 1996, 2573 = DB 1996, 1716 = ZIP 1996, 1434.

[46] NJW 1996, 2573 = DB 1996, 1716 = ZIP 1996, 1434.

bildete. Andererseits reagierten die Mitgesellschafter durch diese „büroorganisatorischen Maßnahmen" auf ein vorhergehendes Fehlverhalten des Kündigenden, der seinen Mitgesellschaftern nach deren (ebenfalls unwirksamen) Kündigungen Vertretungs- und Einzelgeschäftsführungsbefugnisse entzogen und den Gesellschafterstreit durch Benachrichtung der Hausbanken nach außen getragen hatte. Dieses eigene Fehlverhalten des kündigenden Gesellschafters führte nach Auffassung des BGH entscheidend dazu, dass auch für ihn ein wichtiger Kündigungsgrund zu *verneinen* war. Er – der Kündigende – habe den gesellschaftsinternen Konflikt ohne Not publik gemacht. Es bedeute daher kein schwerwiegendes, die Kündigung rechtfertigendes Fehlverhalten der Mitgesellschafter, ihn daran zu hindern, künftig als ein nach wie vor der Sozietät angehörender Anwalt aufzutreten. Im Ergebnis war die fristlose Kündigung daher unberechtigt und – wegen des eigenen Verhaltens des Kündigenden – eine Fortsetzung der Gesellschaft bis zum (allerdings nahe bevorstehenden) ordentlichen Beendigungszeitpunkt zumutbar.

Weitergehend ist die außerordentliche Kündigung trotz Vorliegens eines wichtigen Grundes jedenfalls wegen Rechtsmissbrauchs unwirksam, wenn der kündigende Gesellschafter den **Kündigungsgrund provoziert** und die Kündigungslage somit selbst arglistig herbeigeführt hat.[47]

511b
- Die fristlose und außerordentliche Kündigung ist schließlich nur dann gerechtfertigt, wenn es **kein milderes Mittel** für den betroffenen Gesellschafter gibt. Im vorliegenden Zusammenhang kommt diesbezüglich vor allem ein Ausscheiden durch Anteilsveräußerung in Betracht. Die Übertragung des Gesellschaftsanteils setzt zumindest bei den Personengesellschaften allerdings die Zustimmung der Mitgesellschafter zum Gesellschafterwechsel voraus und ist hier häufig auch ungeeignet, da die Gesellschaften jedenfalls hinsichtlich der persönlich haftenden Gesellschafter auf den individuellen Mitgliederbestand zugeschnitten sind. Für einen GmbH-Gesellschafter sind indessen durchaus Fälle denkbar, in denen die Anteilsveräußerung wirtschaftlich zumutbar und rechtlich möglich ist (im Falle einer Vinkulierung der Anteile jedenfalls bei Zustimmung der Mitgesellschafter zur Anteilsveräußerung). Der Gesellschafteraustritt durch außerordentliche Kündigung, der zu einer Abfindungsverpflichtung der GmbH führte, ist dann wegen dieser weniger belastenden Alternative unwirksam.[48]

511c
- Die außerordentliche Kündigung muss bei Vorliegen eines „wichtigen Grundes" **innerhalb angemessener Frist erklärt** werden. Sofern der ausscheidenswillige Gesellschafter nach Eintritt eines Kündigungsgrundes zu lange zuwartet, entfällt allein durch Zeitablauf das Argument, das betreffende Ereignis habe die Fortsetzung

---

[47] BGH, Urteil vom 24.7.2000, NZG 2000, 1167 = NJW 2000, 3491 = DStR 2000, 1834, für eine völlig zerstrittene WP- und StB-Sozietät in der Rechtsform einer GbR.

[48] Vgl. z.B. OLG München, Urteil vom 9.6.1989, GmbHR 1990, 221 = BB 1990, 368 = DB 1990, 473, für den Austritt aus einer GmbH. Im Schrifttum ist insoweit allerdings streitig, ob die Möglichkeit der Anteilsveräußerung das außerordentliche Kündigungsrecht nur dann verdrängt, wenn der ausscheidenswillige Gesellschafter seinen Anteil annähernd zum Verkehrswert veräußern kann, oder aber auch dann, wenn er (wegen der „Notverkaufssituation") bei der Veräußerung erhebliche Abschläge auf den Verkehrswert hinnehmen müsste. Vgl. zum Meinungsstand nur Baumbach/Hueck, Anh § 34, Rn. 22, und Scholz/*Seibt*, Anh § 34, Rn. 10 f., jeweils mwN. In der Regel dürfte allerdings die Anteilsveräußerung für den Ausscheidenden ohnedies attraktiver sein als die Abfindung, da diese laut Satzungsbestimmung häufig ebenfalls (deutlich) unter dem Verkehrswert liegt und sich wegen der Kapitalerhaltungsvorschriften typischerweise Auszahlungsprobleme seitens der GmbH ergeben.

VI. Streitiges Ausscheiden aus der Gesellschaft und Streit über deren Auflösung   285

des Gesellschaftsverhältnisses „unzumutbar" gemacht.[49] Darüber hinaus unterliegt das außerordentliche Kündigungsrecht der **Verwirkung**. Es kann nicht mehr geltend gemacht werden, wenn sich die Mitgesellschafter wegen der lang andauernden Untätigkeit des ursprünglich Kündigungsberechtigten („Zeitmoment") bei objektiver Beurteilung darauf einrichten durften und auch tatsächlich darauf eingerichtet haben, dieser werde auf die Sache nicht mehr zurückkommen und das Kündigungsereignis nicht mehr zum Anlass einer Kündigung nehmen („Umstandsmoment").[50]

(2) Fallbeispiele aus der Rechtsprechung

Wie bereits eingangs dieses Gliederungsabschnittes ausgeführt, hat die fristlose Kündigung eines Gesellschaftsvertrages insbesondere für Freiberuflersozietäten in der Rechtsform der GbR und für Publikumsgesellschaften praktische Relevanz. Die nachstehenden Fallbeispiele aus der Rechtsprechung, in denen ein **„wichtiger Grund" für eine außerordentliche Kündigung** jeweils **befürwortet** wurde, betreffen dementsprechend vorrangig Personengesellschaften:

512

- **Zerrüttung des Vertrauensverhältnisses**, aufgrund tiefgreifender, jahrelanger Meinungsverschiedenheiten und Rechtsstreitigkeiten der Gesellschafter einer Wirtschaftsprüfer- und Steuerberaterkanzlei in der Rechtsform einer GbR.[51]
- Unberechtigte **Weigerung der Mitgesellschafter, der nach Treu und Glauben gebotenen Anpassung des Gesellschaftsvertrages** wegen geänderter Geschäftsgrundlage nach § 313 Abs. 1 BGB zuzustimmen.[52]

---

[49] BGH, Urteil vom 11.7.1966, NJW 1966, 2160 = BB 1966, 876 = WM 1966, 857 (tatsächliche, durch den Kündigenden widerlegliche Vermutung, dass der Kündigungsgrund nachträglich wieder weggefallen, die Fortsetzung der Gesellschaft also nicht unzumutbar geworden ist). Vgl. für die entsprechende Problematik der „Verfristung" eines Ausschlussgrundes auch unter Rn. 281, mit Nachweisen aus der Rechtsprechung.

[50] BGH, Urteil vom 21.7.2003, BGHZ 156, 46 = NZG 2003, 917 = NJW 2003, 2821, für die Verwirkung des Kündigungsrechts eines Anlegers gegenüber einer Publikumsgesellschaft, der unter Verletzung einer Aufklärungspflicht oder gar aufgrund arglistiger Täuschung beigetreten war.

[51] BGH, Urteil vom 24.7.2000, NZG 2000, 1167 = NJW 2000, 3491 = DStR 2000, 1834. Vgl. auch BGH, Urteil vom 21.9.1998, NZG 1998, 984 = GmbHR 1998, 1179 = DStR 1998, 1803, wonach es einen „wichtigen Grund" für den Ausschluss eines Gesellschafters bzw. die Auflösung der Gesellschaft durch außerordentliche Kündigung bildet, wenn in einer Sozietät von Architekten in der Rechtsform der GbR aufgrund persönlicher Differenzen eine weitere, gedeihliche Zusammenarbeit und gemeinsame Berufsausübung nicht mehr möglich ist. Vgl. ferner z.B. BGH, Urteil vom 10.6.1996, NJW 1996, 2573 = DB 1996, 1716 = ZIP 1996, 1434, betreffend eine Anwaltssozietät.

[52] OLG Stuttgart, Urteil vom 16.5.2007, NZG 2007, 786, für eine Anwaltssozietät in der Rechtsform der GbR. Die im konkreten Fall verlangte Vertragsanpassung, nämlich eine Änderung der vertraglichen Gewinnverteilungsregeln, durfte nach Auffassung des OLG Stuttgart allerdings abgelehnt werden. Die Mitgesellschafter (des später kündigenden Gesellschafters) waren weder wegen einer Änderung der Geschäftsgrundlage noch aufgrund der gesellschaftlichen Treuepflicht verpflichtet, neuen Gewinnverteilungsregeln zuzustimmen.

- **Änderung wesentlicher Gesellschaftsgrundlagen durch Mehrheitsbeschluss**, wenn sich der kündigende Gesellschafter (als Angehöriger der Gesellschafterminderheit) hiergegen nicht wirksam zur Wehr setzen konnte.[53]
- **Unerreichbarkeit des ursprünglich beabsichtigten Zwecks** wegen Zeitablaufs oder sonstiger tatsächlicher Umstände, sofern die Gesellschaft mit Rücksicht darauf nicht bereits nach § 726 BGB aufgelöst ist.[54]
- **Fehlerhafter Beitritt** eines Gesellschafters, wegen Irrtums oder Täuschung bei Erwerb der Beteiligung oder anschließenden Wegfalls der Geschäftsgrundlage, sofern und sobald das Gesellschaftsverhältnis in Vollzug gesetzt worden ist. Die Anfechtungs- oder Rückabwicklungsrechte des betreffenden Gesellschafters wandeln sich in diesem Fall nach Beginn des (fehlerhaften) Gesellschaftsverhältnisses in ein außerordentliches Kündigungsrecht.[55]
- Dauerhafte **Benachteiligung** eines **Minderheitsgesellschafters in der GmbH**, durch wiederholte Gewinnthesaurierung und Abschluss von gewinnmindernden, ungünstigen Berater- und Darlehensverträgen mit dem Geschäftsführer der Mehrheitsgesellschafterin.[56]

513   Gründe, die eine **außerordentliche Kündigung** des Gesellschaftsverhältnisses **nicht rechtfertigen** können, sind z.B.:

- Zu **geringe Gewinnausschüttungen** bei einer **GmbH**.[57] Sofern (wiederholt) ein zu großer Anteil des Jahresüberschusses thesauriert wird und sich der betreffende Gesellschafter (als Minderheitsgesellschafter) hiergegen bei der Beschlussfassung über die Ergebnisverwendung nicht zur Wehr setzen kann, muss er den aus seiner Sicht treuwidrigen Ergebnisverwendungsbeschluss mit der Anfechtungsklage angreifen.[58]

---

[53] BGH, Urteil vom 21.4.1980, BB 1980, 958 = WM 1980, 868, für eine Innen-GbR in der Rechtsform der atypisch stillen Gesellschaft: Kündigungsrecht des stillen Gesellschafters bei einer gegen seinen Willen durchgesetzten Änderung des Gesellschaftszwecks des Unternehmens, an dem er atypisch still beteiligt war.

[54] OLG Frankfurt a.M., Urteil vom 3.12.1998, NZG 1999, 492, für eine GbR, die eine Ausstellung in einem Museum veranstalten wollte, deren Konzeption durch Zeitablauf überholt (aber nicht rechtlich unmöglich) geworden war.

[55] BGH, Urteil vom 13.5.1953, BGHZ 10, 44; BGH, Urteil vom 16.12.2002, BGHZ 153, 214 = NZG 2003, 277 = BB 2003, 217, für den fehlerhaften (auf Täuschung beruhenden) Beitritt zu einer Publikumsgesellschaft (Immobilienfonds in der Rechtsform der GbR). Einschränkend BGH, Urteil vom 12.5.1977, BGHZ 69, 160 = NJW 1977, 2160 = GmbHR 1978, 226, für eine Publikums-KG, bei der zum Zeitpunkt der beabsichtigten Kündigung der Gesellschaftszweck unmöglich geworden war. Der getäuschte Anleger könne hier nicht durch fristlose Kündigung austreten, sondern müsste die Zwangsauflösung der Gesellschaft gemäß § 133 HGB durch Urteil betreiben (vgl. zur Auflösungsklage näher unter Rn. 514 ff.).

[56] OLG Köln, Urteil vom 26.3.1999, NZG 1999, 1222.

[57] OLG München, Urteil vom 9.6.1989, GmbHR 1990, 221 = BB 1990, 368 = DB 1990, 473. Anders OLG Köln, Urteil vom 26.3.1999, NZG 1999, 1222, für das „Aushungern" eines Minderheitsgesellschafters durch Gewinnthesaurierung in der GmbH, wobei der betreffende Gesellschafter im konkreten Fall zusätzlich durch weitere Maßnahmen der Mehrheitsgesellschafterin benachteiligt worden war.

[58] Vgl. hierzu unter Rn. 404.

- Pflichtverletzung der Geschäftsführer durch (angebliche) **Fehler einer Bilanz** und/oder durch die **verspätete Vorlage der Bilanz** in der GmbH.[59]
- **Unmöglichkeit der Veräußerung eines GmbH-Geschäftsanteils** aus tatsächlichen oder rechtlichen Gründen als solche (ohne Vorliegen eines außerordentlichen Kündigungsgrundes).[60]
- Vorhergehende, **unwirksame fristlose Kündigung des Mitgesellschafters**, wenn diese unberechtigte Kündigung durch ein Fehlverhalten des (nunmehr) kündigenden Gesellschafters mitveranlasst worden war.[61]

2. Durchsetzung der Auflösung der Gesellschaft mittels Klage

Bei der PartG, den Personen*handels*gesellschaften und der GmbH besteht die grundsätzliche Möglichkeit, die Gesellschaft auf Antrag eines Gesellschafters bei Vorliegen eines „wichtigen Grundes" durch gerichtliche Entscheidung zwangsweise auflösen zu lassen. Die betreffende „**Auflösungsklage**" führt **in der Praxis** allerdings ein **Schattendasein**. Sofern im Gesellschaftsverhältnis so gravierende Probleme und Streitigkeiten auftauchen, dass eine Zwangsauflösung durch Gerichtsentscheid möglich wäre, bieten sich meist naheliegendere und teilweise auch in rechtlicher Hinsicht vorrangige Gestaltungsalternativen: Der Ausschluss eines störenden Gesellschafters aus wichtigem Grund oder der eigene Austritt aus der Gesellschaft durch Anteilsveräußerung oder außerordentliche Kündigung. Liegt der Auflösungsgrund demgegenüber darin, dass der ursprüngliche Gesellschaftszweck nicht mehr erreicht werden kann, ist typischerweise kein Gesellschafter mehr an einer Fortsetzung interessiert und daher eine einvernehmliche Lösung möglich. Die Personengesellschaften können immer durch einstimmigen Gesellschafterbeschluss aufgelöst werden (vgl. für die PartG, OHG und KG auch §§ 131 Abs. 1 Nr. 2 HGB, 9 Abs. 1 PartGG). Bei entsprechender (wirksamer) Regelung im Gesellschaftsvertrag ist hierfür auch ein qualifizierter Mehrheitsbeschluss ausreichend. Bei der GmbH genügt gemäß § 60 Abs. 1 Nr. 2 GmbHG bereits von Gesetzes wegen die Mehrheit von 75 % der abgegebenen Stimmen, um die Gesellschaft durch Beschluss aufzulösen. Die zwangsweise Durchsetzung der Auflösung durch entsprechende Klage eines oder einzelner Gesellschafter hat daher nur in Sonderfällen Bedeutung, vor allem dann, wenn die Gesellschafter untereinander völlig zerstritten sind und der Austritt eines Gesellschafters durch außerordentliche Kündigung an den tatsächlichen und rechtlichen Gegebenheiten (vor allem der Unmöglichkeit einer Abfindungszahlung durch die Gesellschaft) scheitert.

514

---

[59] OLG Hamm, Urteil vom 28.9.1992, GmbHR 1993, 656.
[60] OLG Hamm, Urteil vom 28.9.1992, GmbHR 1993, 656.
[61] BGH, Urteil vom 21.11.2005, NZG 2006, 135 = NJW 2006, 844 = DStR 2006, 196, für eine zweigliedrige GbR.

a) Auflösung durch gerichtliche Entscheidung bei der PartG, OHG, KG, GmbH & Co. KG und GmbH

aa) Gesetzliche Grundlagen der Auflösungsklage

515 Die **GbR** wird durch ordentliche oder außerordentliche Kündigung eines Gesellschafters grundsätzlich aufgelöst, es sei denn, der Gesellschaftsvertrag enthält eine sog. Fortsetzungsklausel oder die Gesellschafter beschließen im Einzelfall die Vertragsfortsetzung (vgl. hierzu unter Rn. 493). Desgleichen ist die Gesellschaft von Gesetzes wegen aufgelöst, wenn der vereinbarte Gesellschaftszweck erreicht wurde oder dessen Erreichung unmöglich geworden ist (§ 726 BGB). Bei der GbR besteht daher grundsätzlich kein rechtliches Bedürfnis, einen ausscheidenswilligen Gesellschafter in besonderen Konflikt- oder Problemsituationen der Gesellschaft durch Auflösungsklage zusätzlich zu schützen.

516 Die **PartG, OHG** und **KG** bzw. **GmbH & Co. KG** enden demgegenüber nicht automatisch bei Zweckerreichung oder Unmöglichkeit der Zweckerreichung, noch führt die Kündigung eines Gesellschafters im gesetzlichen Regelfall zur Auflösung der Gesellschaft (§§ 131 Abs. 1 und Abs. 3 Nr. 3 HGB, 9 Abs. 1 PartGG). Jedem Gesellschafter wird daher gemäß §§ 131 Abs. 1 Nr. 4, 133 Abs. 1 HGB, 9 Abs. 1 PartGG die zusätzliche Möglichkeit eröffnet, die Zwangsauflösung der Gesellschaft durch gerichtliche Entscheidung auch vor Ende der vereinbarten Laufzeit durchzusetzen, wenn ein *„wichtiger Grund"* vorliegt. Dieses Recht, notfalls die Auflösung durch Klage zu erzwingen, darf im Gesellschaftsvertrag zwar erweitert oder konkretisiert, nicht aber ausgeschlossen werden. Eine entsprechende Vertragsklausel wäre gemäß § 133 Abs. 3 HGB nichtig. Eine zulässige Erweiterung des Klagerechts besteht demgegenüber z.B. in der exemplarischen Benennung wichtiger, zur Auflösungsklage berechtigender Gründe. Häufiger sind Vertragsbestimmungen, wonach jeder Gesellschafter bei Vorliegen eines „wichtigen Grundes" *zusätzlich* die Möglichkeit hat, mittels außerordentlicher Kündigung und gegen Abfindungszahlung aus der Gesellschaft auszuscheiden, womit die Inanspruchnahme des Klagerechts gemäß § 133 Abs. 1 HGB weitgehend uninteressant wird.

517 Bei der **GmbH** besteht gemäß § 61 Abs. 1 GmbHG ebenfalls das Recht jedes Gesellschafters, die Auflösung der Gesellschaft durch gerichtliches Urteil zu erzwingen, wenn die Erreichung des Gesellschaftszwecks unmöglich wird oder wenn andere, in den Verhältnissen der Gesellschaft liegende, „wichtige Gründe" für die Auflösung eingetreten sind. Das Klagerecht dient hier ebenfalls als Ausgleich dafür, dass eine Gesellschafterkündigung als solche (sofern sie denn überhaupt möglich ist; vgl. hierzu unter Rn. 496 ff.) den Bestand der Gesellschaft nicht berührt und auch die Zweckerreichung oder Unmöglichkeit der Zweckerreichung (anders als bei der GbR) nicht automatisch zur Beendigung und Auflösung der Gesellschaft führt. Das besondere Klagerecht gemäß § 61 Abs. 1 GmbHG kann wie bei den Personen*handels*gesellschaften durch Satzung zwar erweitert, nicht aber eingeschränkt oder gar ganz entzogen werden. Die Vorschrift gewährleistet ein unabdingbares Minderheitsrecht und ist daher zwingend.[62] Eine Er-

---

[62] Vgl. auch BayObLG, Urteil vom 25.7.1978, GmbHR 1978, 269 = WM 1979, 27 = DB 1978, 2164.

VI. *Streitiges Ausscheiden aus der Gesellschaft und Streit über deren Auflösung*   289

weiterung der Gesellschafterrechte durch Satzung kann demgegenüber wie bei der OHG oder KG darin bestehen, dass jedem Gesellschafter ausdrücklich ein außerordentliches Austrittsrecht *neben* der Auflösungsklage eingeräumt wird, die Satzung das Auflösungsverfahren erleichtert (z.B. Gesellschaftsauflösung durch Kündigungserklärung) oder exemplarisch wichtige, die Auflösungsklage rechtfertigende Gründe nennt.

bb) Überblick über das Klageverfahren

Die Auflösungsklage wird bei der **PartG, OHG, KG** oder **GmbH & Co. KG** durch Antrag eines oder mehrerer Gesellschafter, auch eines Kommanditisten, eingeleitet. Klagegegner sind die Mitgesellschafter, so dass grundsätzlich *alle* Gesellschafter als Kläger oder Beklagte am Rechtsstreit beteiligt sind. Bei der **GmbH** ist die Auflösungsklage gegen die Gesellschaft selbst zu richten (§ 61 Abs. 2 S. 1 GmbHG). Klagebefugt sind nur Gesellschafter, deren Geschäftsanteile allein oder zusammen mindestens 10 % des Stammkapitals entsprechen (§ 61 Abs. 2 S. 2 GmbHG).   518

Einzelheiten zur Auflösungsklage bei der PartG, OHG, KG, GmbH & Co. KG und GmbH finden sich unter Rn. 731 ff. **Muster** für Klageanträge auf Zwangsauflösung einer Personenhandelsgesellschaft und einer GmbH finden sich unter Rn. 867 und 868.

Die Auflösung der Gesellschaft kann weder bei einer PartG, OHG, KG oder GmbH & Co. KG noch bei einer GmbH mittels einstweiliger Verfügung durchgesetzt werden.[63] Eine solche **einstweilige Verfügung** führte zur Vorwegnahme der Hauptsache (Auflösung der Gesellschaft durch rechtskräftiges, richterliches Gestaltungsurteil) und ist daher **unzulässig**.   519

b) Der wichtige Grund für die Zwangsauflösung

Die Auflösungsklage hat jeweils nur dann Erfolg, wenn die Auflösung der Gesellschaft wegen Vorliegens eines „wichtigen Grundes" gerechtfertigt ist. Das Gesetz nennt hierfür wiederum Regelbeispiele. Bei der PartG und den Personen*handels*gesellschaften entspricht das **gesetzliche Regelbeispiel** demjenigen für das außerordentliche *Kündigungs*recht: Gemäß § 133 Abs. 2 HGB (für die PartG iVm § 9 Abs. 1 PartGG) ist die Zwangsauflösung der Gesellschaft auf Antrag eines Gesellschafters insbesondere dann gerechtfertigt, wenn ein anderer Gesellschafter eine ihm nach dem Gesellschaftsvertrag obliegende wesentliche Vertragsverpflichtung grob schuldhaft verletzt hat oder wenn die Erfüllung einer solchen Verpflichtung unmöglich wird. Das GmbH-Gesetz nennt demgegenüber in § 61 Abs. 1 die Unmöglichkeit, den Gesellschaftszweck zu erreichen, als Beispiel eines wichtigen Auflösungsgrundes. Im Übrigen werden weitere, die Zwangsauflösung rechtfertigende „wichtige Gründe" im Wesentlichen nach den gleichen Beurteilungskriterien bestimmt, die für die Prüfung des „wichtigen Grundes" bei der fristlosen Gesellschafterkündigung gelten: Die Auflösungsklage ist demnach nur begründet, wenn **Umstände vorliegen**, die es für den Kläger bei **Gesamtabwägung**   520

---

[63] Vgl. für die Personen*handels*gesellschaften nur Baumbach/Hopt/*Roth*, § 133, Rn. 14, und für die GmbH Baumbach/Hueck, § 61, Rn. 26.

der **wechselseitigen Interessen** im Einzelfall **unzumutbar** machen, die **Gesellschaft bis zu deren ordentlicher Beendigung fortzusetzen**.[64] Die Auflösung der Gesellschaft durch Urteil ist ferner wie jede gesellschaftsrechtliche Zwangsmaßnahme nur gerechtfertigt, wenn **kein milderes Mittel** als Gestaltungsalternative verbleibt.

aa) Subsidiarität der Zwangsauflösung

521   Mit Rücksicht auf die besondere Schwere des rechtsgestaltenden Eingriffs ist die **Auflösung durch Urteil ultima ratio**[65] und tritt hinter eine Reihe anderer, im Zweifel weniger einschneidender Maßnahmen zurück:

- Die Auflösungsklage ist aus Gründen der Unverhältnismäßigkeit dieser Zwangsmaßnahme unbegründet, wenn in der Person des die Auflösung betreibenden Gesellschafters selbst wichtige Gründe vorliegen, die seinen **Ausschluss aus der Gesellschaft rechtfertigen** würden. Die mit der Auflösung verbundenen Folgen sind gegenüber den anderen Gesellschaftern in diesem Fall sachlich nicht zu rechtfertigen. Dies gilt erst recht, wenn die Mitgesellschafter zum Zeitpunkt der Erhebung der Auflösungsklage ihrerseits bereits Ausschließungsklage gegen den Auflösungskläger erhoben haben.[66]
- Die Zwangsauflösung ist ferner nicht gerechtfertigt, wenn der **Auflösungskläger** die rechtliche und tatsächliche **Möglichkeit** hat, seinen **Gesellschaftsanteil** zum vollen **Verkehrswert**, jedenfalls aber zu einem nicht hinter dem voraussichtlichen Liquidationserlös zurückbleibenden Wert **zu veräußern** (etwa aufgrund Übernahmeangebots eines Mitgesellschafters).[67]
- Die Zwangsauflösung ist in der Regel schließlich dann unverhältnismäßig und der betreffende Klageantrag daher unbegründet, wenn der **Kläger** durch ordentliche oder – bei Vorliegen eines wichtigen Grundes – auch außerordentliche **Kündigung aus der Gesellschaft ausscheiden kann**[68] (vgl. hierzu näher unter Rn. 488 ff.). Dies gilt jedenfalls dann, wenn die von der Gesellschaft oder den Mitgesellschaftern geschuldete Abfindung nicht wesentlich hinter dem absehbaren Anteil am Liquidationserlös zurückbleibt. Die laut Vertrag geschuldete Abfindung ist zwar häufig geringer als der Verkehrswert des Gesellschaftsanteils des ausscheidenden Gesellschafters und damit ggf. auch geringer als sein Anteil am Liquidationserlös.

---

[64] Vgl. zum „wichtigen Grund" für die außerordentliche Kündigung eines Gesellschafters näher oben, unter Rn. 510 ff.

[65] BGH, Urteil vom 23.2.1981, BGHZ 80, 346 = NJW 1981, 2302 = GmbHR 1981, 290; OLG München, Urteil vom 2.3.2005, NZG 2005, 554 = GmbHR 2005, 428 = DB 2005, 820.

[66] BGH, Urteil vom 23.2.1981, BGHZ 80, 346; vgl. auch OLG München, Urteil vom 2.3.2005, NZG 2005, 554 = GmbHR 2005, 428 = DB 2005, 820. Der Ausschließungsberechtigte in der Zwei-Personen-Gesellschaft kann jedoch seinerseits zwischen Ausschließung (§ 140 Abs. 1 S. 2 HGB) und Auflösungsklage wählen, Baumbach/Hopt/*Roth*, § 133, Rn. 6, sowie MüKoHGB/*K. Schmidt*, § 133, Rn. 7.

[67] BGH, Urteil vom 15.4.1985, NJW 1985, 1901 = WM 1985, 916.

[68] Vgl. für die GmbH z. B. Baumbach/Hueck, § 61, Rn. 5; Lutter/Hommelhoff, § 61, Rn. 1; Scholz/*K. Schmidt/Bitter*, § 61, Rn. 3. **AA** für das Kündigungs- bzw. Austrittsrecht aus wichtigem Grund, Baumbach/Hopt/*Roth*, § 133, Rn. 6.

VI. Streitiges Ausscheiden aus der Gesellschaft und Streit über deren Auflösung   291

Auch dieser Gesichtspunkt führt jedoch nicht ohne Weiteres zur Begründetheit der Auflösungsklage, da Vertragsbestimmungen, die zu einer (deutlich) unter dem Verkehrswert liegenden Abfindung bei Ausscheiden durch Kündigung führen, grundsätzlich unwirksam sind und der Kündigende daher eine Abfindung zum Verkehrswert durchsetzen kann.[69] Das Kündigungsrecht verdrängt die Auflösungsklage im Zweifel daher nur dann nicht, wenn die Gesellschaft bzw. die Mitgesellschafter die geschuldete Abfindung nicht zeitnah bezahlen *können* oder aber die Abfindung im Falle der GmbH aus Rechtsgründen (Gebot der Kapitalaufbringung und -erhaltung) nicht ausgezahlt werden *darf*.[70] Gleiches gilt, wenn die Kündigung aus anderen Gründen ausnahmsweise unzumutbar ist, etwa wenn bereits vor Kündigung feststeht, dass die Mitgesellschafter den Anteil des betroffenen Gesellschafters im Anschluss nicht verwerten werden und somit das Ausscheiden verhindern.[71] **Nach einer Kündigung** behält der betreffende Gesellschafter nur dann das Recht, die Auflösung der Gesellschaft zu betreiben, wenn die Mitgesellschafter die Verwirklichung des Kündigungsrechts bewusst verzögern, etwa wenn nach erfolgter Kündigung die Abfindungszahlung und die Anteilsverwertung nicht innerhalb angemessener Frist vorgenommen werden.[72]

bb) Beispiele aus der Rechtsprechung

Mit Rücksicht auf die geringe praktische Relevanz der Auflösungsklage sind die (veröffentlichten) **Fallbeispiele aus der Rechtsprechung** zum Vorliegen eines **wichtigen Grundes** ebenfalls relativ dünn gesät:

522

- Die Zwangsauflösung der Gesellschaft durch gerichtliche Entscheidung ist insbesondere dann gerechtfertigt, wenn zwischen den Gesellschaftern ein **tiefgreifendes** und **nicht zu beseitigendes Zerwürfnis** besteht, so dass ein gedeihliches Zusammenwirken nicht mehr möglich ist.[73] Dies gilt insbesondere dann, „*wenn im zerstrittenen Gesellschafterkreis eine Verständigung über wesentliche, für die Fortführung der Gesellschaft zentrale Fragen nicht mehr möglich ist.*"[74] Es ist nicht entscheidend, worin die Ursache für das Zerwürfnis liegt, insbesondere ob der Streit von den Mitgesellschaftern verschuldet war. Auch ein Verschulden des Auflösungsklägers selbst steht der

523

---

[69] Vgl. hierzu näher unter Rn. 505.
[70] Vgl. hierzu näher unter Rn. 499.
[71] OLG Naumburg, Urteil vom 5.4.2012, NZG 2012, 629 = GmbHR 2012, 804, für eine Zwei-Personen-GmbH.
[72] OLG Naumburg, Urteil vom 5.4.2012, NZG 2012, 629 = GmbHR 2012, 804, mwN.
[73] BGH, Urteil vom 23.2.1981, BGHZ 80, 346, für eine GmbH; OLG München, Urteil vom 2.3.2005, NZG 2005, 554 = GmbHR 2005, 428 = DB 2005, 820, ebenfalls für eine mehrgliedrige GmbH; OLG Naumburg, Urteil vom 5.4.2012, NZG 2012, 629 = GmbHR 2012, 804, für eine zweigliedrige GmbH.
[74] OLG München, Urteil vom 2.3.2005, NZG 2005, 554 = GmbHR 2005, 428 = DB 2005, 820 – Leitsatz.

Zwangsauflösung jedenfalls dann nicht entgegen, wenn beide Seiten das Zerwürfnis gleichermaßen schuldhaft verursacht haben.[75]

524 • Einen weiteren Auflösungsgrund bildet die **Unmöglichkeit**, den vereinbarten **Gesellschaftszweck** zu **erreichen**. Für die GmbH wird dieser Sachverhalt in § 61 Abs. 1 GmbHG ausdrücklich als Beispielsfall eines wichtigen Grundes genannt. Bei der PartG, OHG, KG und GmbH & Co. KG rechtfertigt diese Situation ebenfalls die Zwangsauflösung, da sie anders als bei der GbR nicht von Gesetzes wegen zur Auflösung der Gesellschaft führt.[76] Die Zweckerreichung ist in diesem Sinn unmöglich, wenn keine Aussicht besteht, die Ziele und den Zweck des Unternehmens zu verwirklichen. Ein Beispiel bildet etwa die dauerhafte Unrentabilität der Gesellschaft.[77] Im vergleichbaren Fall der **Zweckerreichung** liegt aus Sicht des BGH[78] ebenfalls ein wichtiger Grund für die Zwangsauflösung vor, sofern sich die Gesellschafter in einer solchen Situation nicht – wie es eigentlich naheliegend wäre – auf eine einvernehmliche Beendigung einigen können.

525 • Bei Personenhandelsgesellschaften, insbesondere der **Publikums-KG**, kann der **fehlerhafte Beitritt von Anlegern**, die bei Erwerb der Beteiligung getäuscht wurden, ebenfalls einen Auflösungsgrund bilden.[79] Der betroffene Gesellschafter (Kommanditist) hat zwar vorrangig die Möglichkeit, aufgrund fristloser Kündigung aus der Gesellschaft auszuscheiden (auch wenn der Gesellschaftsvertrag kein entsprechendes Austrittsrecht aus wichtigem Grund vorsieht).[80] Jedoch entfällt dieses Kündigungsrecht und bleibt nur das Klagerecht gemäß § 133 HGB, wenn die Gesellschaft zum Zeitpunkt der beabsichtigten Kündigung bereits insgesamt gescheitert ist (vor allem wegen finanzieller Schwierigkeiten oder Unerreichbarkeit des Gesellschaftszwecks) und das individuelle Kündigungs- bzw. Austrittsrecht somit nur eine „*allgemeine Flucht aus der Gesellschaft begünstigen*"[81] würde.

• Einen wichtigen, die Auflösung rechtfertigenden Grund bilden schließlich **fortbestehende Gründungsmängel** der zwischenzeitlich in Vollzug gesetzten Ge-

---

[75] BGH, Urteil vom 23.2.1981, BGHZ 80, 346. Sofern der Auflösungskläger das Zerwürfnis indessen vorrangig oder gar allein verschuldet hat und in seiner Person ein wichtiger Grund für eine Ausschließung aus der Gesellschaft vorliegt, tritt die Auflösungsklage *dieses* Gesellschafters hinter die Ausschließungsklage bzw. die Ausschließung durch Gesellschafterbeschluss zurück (vgl. unter Rn. 521). Einschränkend auch OLG München, Urteil vom 2.3.2005, NZG 2005, 554 = GmbHR 2005, 428 = DB 2005, 820, wonach *kein* wichtiger Grund für die Auflösung der Gesellschaft besteht, wenn das unheilbare Zerwürfnis der Gesellschaftergruppen vom Auflösungskläger vorwerfbar herbeigeführt worden ist.

[76] BGH, Urteil vom 12.5.1977, BGHZ 69, 160 = NJW 1977, 2160 = GmbHR 1978, 226.

[77] Vgl. Baumbach/Hueck, § 61, Rn. 8, mwN aus der Rechtsprechung des RG; MüKoHGB/*K.Schmidt*, § 133, Rn. 17; Baumbach/Hopt/*Roth*, § 133, Rn. 10.

[78] Urteil vom 12.5.1977, BGHZ 69, 160 = NJW 1977, 2160 = GmbHR 1978, 226. **AA** MüKoHGB/*K. Schmidt*, § 133, Rn. 16, wonach diese Situation der Zweckerreichung nur bei Gelegenheitsgesellschaften in der Rechtsform der GbR, nicht aber bei Handelsgesellschaften denkbar ist.

[79] BGH, Urteil vom 14.12.1972, NJW 1973, 1604 = BB 1973, 1090 = WM 1973, 863; BGH, Urteil vom 12.5.1977, BGHZ 69, 160 = NJW 1977, 2160 = GmbHR 1978, 226.

[80] Vgl. hierzu näher unter Rn. 506 ff.

[81] BGH, Urteil vom 12.5.1977, BGHZ 69, 160 = NJW 1977, 2160 = GmbHR 1978, 226.

VI. Streitiges Ausscheiden aus der Gesellschaft und Streit über deren Auflösung

sellschaft.[82] Die Auflösungsklage ist hier bei Personenhandelsgesellschaften bereits dann begründet, wenn der Gesellschaftsvertrag nichtig ist. Bei der GmbH führen solche Mängel des Gesellschaftsvertrags nach der hM im Schrifttum demgegenüber nur dann zur Auflösung durch Urteil, wenn sie den Fortbestand der Gesellschaft unzumutbar machen.[83] Darüber hinaus ist für die GmbH für bestimmte Mängel des Gesellschaftsvertrags die speziellere Nichtigkeitsklage gemäß § 75 Abs. 1 GmbHG vorrangig zur Auflösungsklage.

---

[82] BGH, Urteil vom 24.10.1951, BGHZ 3, 285.
[83] Baumbach/Hueck, § 61, Rn. 12; Scholz/*K. Schmidt/Bitter*, § 61, Rn. 19 und Rn. 23; Ulmer/Habersack/Winter, § 61, Rn. 24.

3. Teil
Vermeidung und außergerichtliche Beilegung von Gesellschafterstreitigkeiten

I. Streitvermeidung durch Vertragsgestaltung

Schrifttum: *Binz/Mayer,* Anteilsvinkulierung bei Familienunternehmen, NZG 2012, 201; *Duve,* Vermeidung und Beilegung von Gesellschafterstreitigkeiten, AnwBl 2007, 389; *Erker,* Beiräte – Der institutionalisierte Einfluss Dritter, DStR 2014, 105; *Fleischer/Schneider,* Zulässigkeit und Grenzen von Shoot-Out-Klauseln in Personengesellschafts- und GmbH-Recht, DB 2010, 2713; *Hennerkes/May,* Der Gesellschaftsvertrag des Familienunternehmens, NJW 1988, 2761; *Lange,* Der Beirat als Element der Corporate Governance in Familienunternehmen, GmbHR 2006, 897; *Müller/Wolff,* Freiwilliger Aufsichtsrat nach § 52 GmbHG und andere freiwillige Organe, NZG 2003, 751; *Nießen/Kempermann,* Der Beirat in der GmbH als Gestaltungsinstrument, NJW-Spezial 2012, 271; *Rosner,* Streitvermeidung beim Austritt von GmbH-Gesellschaftern, ZGR 2011, 732; *Schaper,* Russian-Roulette: Möglichkeiten und Grenzen von Beendigungsklauseln in Gesellschaftsverträgen, DB 2014, 821; *Schmolke,* „Shoot out"-Klauseln und Verpflichtung des Vorstands zur Amtsniederlegung, ZIP 2014, 897; *Schulte/Sieger,* „Russian Roulette" und „Texan Shoot Out" – Zur Gestaltung von radikalen Ausstiegsklauseln in Gesellschaftsverträgen von Joint-Venture-Gesellschaften (GmbH und GmbH & Co. KG), NZG 2005, 24; *Spindler-Kepper,* Funktionen, rechtliche Rahmenbedingungen und Gestaltungsmöglichen des GmbH-Beirats, DStR 2005, 1738 und 1775; *Weipert/Öpen,* Der Beirat in Organersatzfunktion bei der Kommanditgesellschaft, ZGR 2012, 585.

1. Allgemeine Grundsätze

Eine mögliche **Ursache** für **Gesellschafterstreitigkeiten** bilden **unvollständige, ungeeignete** oder **unausgewogene Bestimmungen im Gesellschaftsvertrag**. Es liegt nahe, dass sich mancher Konflikt vermeiden ließe und manche Meinungsverschiedenheit nicht bis zur gerichtlichen Auseinandersetzung eskalierte, wenn die Gesellschafter für ihre internen Rechtsbeziehungen klare und faire „Spielregeln" vereinbart hätten. Die Vertragsgestaltung kann zudem dadurch der Konfliktprävention dienen, dass typische Streitkonstellationen (wie etwa ein Stimmenpatt) durch vertragliche Regelungen (wie z.B. die Einsetzung eines „Beirats" mit Entscheidungskompetenz) entschärft werden oder die Gesellschafter die Möglichkeit erhalten, das Gesellschaftsverhältnis notfalls zu angemessenen und eindeutig geregelten Bedingungen zu beenden (z.B. durch Kündigung einerseits oder auch durch Zwangsausschluss mittels Mehrheitsbeschlusses andererseits).

526

Das **Gesetz eröffnet** bei allen Personengesellschaften und der GmbH jeweils **weite Gestaltungsspielräume** für die vertragliche Regelung der internen Rechtsbeziehungen. Die gesetzlichen Vorschriften sind diesbezüglich bis auf wenige Ausnahmen (be-

527

treffend z.B. die begrenzte Zulässigkeit von Mehrheitsbeschlüssen in Personengesellschaften, die Informationsrechte der GmbH-Gesellschafter oder die Voraussetzungen und Folgen einer Zwangsausschließung) dispositiv oder weisen große Lücken auf (wie z.B. hinsichtlich des Zustandekommens und der gerichtlichen Überprüfung von Gesellschafterbeschlüssen). Die Kautelarpraxis hat sich hierauf eingestellt, so dass die internen Rechte und Pflichten der Gesellschafter häufig in umfangreichen und weitgehend standardisierten Gesellschaftsverträgen und GmbH-Satzungen geregelt sind. Speziell **unter dem Blickwinkel der Streitvermeidung** gelten hierbei **im Überblick** folgende **Gestaltungsgrundsätze**:

528 • Die vertraglichen Bestimmungen sollten möglichst **eindeutig** und **unmissverständlich** sein.

Beispiele: Falls der Gesellschaftsvertrag vorsieht, dass die Ladung zur Gesellschafterversammlung durch „Einschreiben" geschieht, muss ergänzend die genaue Art des Einschreibebriefs angegeben sein (also „Einwurf-Einschreiben" oder „Einschreiben-Rückschein"), um anschließende Streitigkeiten über die Rechtmäßigkeit der Ladung und damit die formelle Mangelhaftigkeit der betreffenden Gesellschafterbeschlüsse zu vermeiden. Sofern „die Geschäftsführer" eine Gesellschafterversammlung einberufen können, ist die Klarstellung hilfreich, ob die Einberufung bei mehreren Geschäftsführern dann in jedem Fall gemeinsam geschehen muss oder auch durch jeden Geschäftsführer alleine vorgenommen werden kann. Falls Mehrheitsbeschlüsse möglich sind (bei der GmbH die Regel), sollte der Gesellschaftsvertrag unmissverständlich klarstellen, ob es auf die „abgegebenen" Stimmen oder die Mehrheit der insgesamt „vorhandenen" Stimmen (bei der GmbH: Kapitalmehrheit) ankommt. Häufig ergeben sich ferner z.B. Unsicherheiten im Zusammenhang mit der „Beschlussfähigkeit" von Gesellschafterversammlungen: Falls der Gesellschaftsvertrag anordnet, dass die Versammlung nur bei Anwesenheit einer bestimmten Stimmenanzahl beschlussfähig ist, ließe sich mancher Konflikt vermeiden, wenn ergänzend klargestellt würde, ob diese „Beschlussfähigkeit" dann nur zu Beginn der Versammlung oder für jeden einzelnen Beschlussgegenstand gesondert vorzuliegen hat. Darüber hinaus sollte die Folge fehlender Beschlussfähigkeit geregelt werden (Beschlussfähigkeit einer Zweitversammlung mit gleicher Tagesordnung, unabhängig von der Zahl der teilnehmenden Gesellschafter).

529 • Die vertragliche Regelung eines Sachverhalts sollte **jeweils vollständig** sein.

Beispiele: Sofern der Gesellschaftsvertrag eine Ausschließung durch Beschluss zulässt, müssen zur Streitvermeidung bei der GmbH ergänzend Regelungen hinsichtlich der Verwertung des betroffenen Geschäftsanteils und zur Abfindungszahlung getroffen werden. Häufiger stellt sich z.B. das Problem, dass die Satzung einer GmbH die Kündigung der Beteiligung durch einen Gesellschafter zulässt, nicht aber regelt, wie das Ausscheiden und die Anteilsverwertung vollzogen werden. Bei Personengesellschaften ist ein Gesellschaftsvertrag z.B. lückenhaft, der zwar Mehrheitsentscheidungen zulässt, nicht aber exakt bestimmt, wie die Stimmen gewichtet sind (nach „Köpfen"; nach Anteilen am Gesamthandsvermögen; gemäß Beteiligung an einem möglicherweise im Gesellschaftsvertrag vorgesehenen Festkapital). Um Auslegungsschwierigkeiten zu vermeiden, sollte zur Streitvermeidung im Gesellschaftsvertrag möglichst klargestellt sein, welche bestimmten Beschlussgegenstände durch qualifizierte Gesellschaftermehrheit entschieden werden können.[1]

---

[1] Vgl. zur eingeschränkten Zulässigkeit von Mehrheitsentscheidungen in Personengesellschaften und das entsprechende Streitpotential näher unter Rn. 66 f.

- Die vertraglichen Bestimmungen sollten in den Punkten, bei denen sich durch Zeitablauf Veränderungen ergeben können, möglichst **flexibel** sein und spätere **Anpassungen** oder einzelfallbezogene Reaktionsmöglichkeiten **zulassen**.

    Beispiele: Gesellschaftsverträge enthalten häufig Kataloge zustimmungspflichtiger Maßnahmen für die geschäftsführenden Gesellschafter, deren Wertangaben (z.B. Zustimmungspflicht bei Anstellungsverträgen mit mehr als € 30.000,00 p.a. etc.) durch Zeitablauf und die Unternehmensentwicklung veralten. Hier wird eine übermäßige Einschränkung oder gar Blockade der Geschäftsführung vermieden, wenn der Gesellschaftsvertrag Öffnungs- oder Anpassungsklauseln (z.B. Änderung des Zustimmungskatalogs durch bloße Mehrheitsentscheidung oder durch Entscheidung eines Beirats etc.) vorsieht. Flexibler und damit im Zweifel streitvermeidend ist ferner etwa die Regelung, wonach die geschäftsführenden Gesellschafter in ihren Entscheidungen innerhalb eines bestimmten, genehmigten Budgets oder gar mehrjährigen „Unternehmensplans" frei sind, so dass der Gesellschafterversammlung nicht wiederholt unterjährig Einzelmaßnahmen zur Entscheidung vorgelegt werden müssen. Flexible Regelungen können ferner im Zusammenhang mit der Ausschließung und Abfindung von Gesellschaftern streitvermeidend wirken: So etwa die Vertragsklausel, wonach die verbleibenden Gesellschafter bei Ausschließung eines Mitgesellschafters anstelle der Anwachsung (bei Personengesellschaften) bzw. der Zwangseinziehung (bei der GmbH) zur Schonung des Gesellschaftsvermögens alternativ eine Zwangsabtretung beschließen können. Auch hinsichtlich der Höhe der Abfindung und der Auszahlungsmodalitäten sind flexible Gestaltungen denkbar: etwa hinsichtlich der Abfindungshöhe eine Regelung, wonach die zunächst angemessene Buchwertabfindung nach einem gewissen Zeitraum durch eine (modifizierte) Verkehrswertabfindung ersetzt wird; oder hinsichtlich der Abfindungsauszahlung die Regelung, wonach die Abfindung grds in Raten ausgezahlt wird, die Gesellschaft aber jeweils zur vorfälligen Auszahlung berechtigt ist. Bei Vorgaben für die Ergebnisverwendung in der GmbH-Satzung (gemäß § 29 Abs. 2 GmbHG) kann es sinnvoll sein, anstelle einer starren Regelung (z.B. Gewinnrücklage in Höhe von jeweils 50 % des Jahresüberschusses) z.B. eine zeitlich gestaffelte Rücklagenbildung vorzusehen (Thesaurierung von zunächst bis zu 50 % des Überschusses, bis ein bestimmter Rücklagenbetrag erreicht ist; dann geringere Thesaurierung).[2]

530

- Der Gesellschaftsvertrag sollte **klare Zuständigkeiten** anordnen.

    Beispiele: Es ist hilfreich, wenn der Gesellschaftsvertrag z.B. die allgemeine Regelung trifft, wer Gesellschafterversammlungen leitet (wobei dieses Amt bei einer Gesellschaft mit mehreren Gesellschaftergruppen oder Familienstämmen turnusgemäß wechseln kann) und wer das Protokoll führt. Dies gilt vor allem dann, wenn in der Gesellschaft ein Stimmenpatt besteht. Ein weiteres Beispiel für Zuständigkeitsregelungen im Gesellschaftsvertrag bildet die Bestimmung von Personen, die bei der Beschlussfassung abwesenden Gesellschaftern Beschlüsse über Gestaltungsmaßnahmen übermitteln (wie z.B. einen Ausschließungsbeschluss) oder die verbindlich bestimmte Streitfragen klären oder Wertbestimmungen vornehmen (wie z.B. eine Abfindungsberechnung durch den Steuerberater der Gesellschaft oder einen bestimmten, im Vertrag festgelegten Schiedsgutachter). Bei der GmbH kann es ferner hilfreich sein, wenn bereits in der Satzung festgelegt ist, wer bei Rechtsstreitigkeiten mit einem Gesellschafter-Geschäftsführer Prozessvertreter der Gesellschaft gemäß § 46 Nr. 8 GmbHG sein soll (z.B. ein fakultativer Aufsichtsrat oder Beirat; ein bestimmter Gesellschafter; ein weiterer Geschäftsführer), da sich diesbezüglich sowohl in Aktiv- wie Passivprozessen der GmbH immer wieder Rechtsunsicherheiten und damit verbunden auch Zulässigkeitsstreitigkeiten ergeben.[3]

531

---

[2] Vgl. zu den Kriterien einer *fairen* Ausschüttungspolitik in Familienunternehmen näher *Kormann*, Gewinnverwendung und Vermögen, Wiesbaden 2013, S. 143 ff.

[3] Vgl. zur Problematik der Prozessvertretung der GmbH bei Rechtsstreitigkeiten mit ihrem GF iE unter Rn. 724 und 790 ff.

532 • Der Gesellschaftsvertrag sollte für **typischerweise streitträchtige, gesellschaftsinterne Abläufe und Verfahren praktikable und faire Bestimmungen enthalten.**

Beispiele: Es ist hilfreich, wenn der Gesellschaftsvertrag verbindliche Aussagen über die Teilnahme von Beratern eines Gesellschafters an Gesellschafterversammlungen oder z.B. zur Stimmrechtsvertretung enthält und beides z.B. in klaren Grenzen zulässt, um anschließende Streitigkeiten, unter welchen Voraussetzungen eine solche Zulassung unter dem Gesichtspunkt der gesellschafterlichen Treuepflicht geboten oder verboten ist, zu vermeiden.[4] Durch den Gesellschaftsvertrag einer Personenhandelsgesellschaft (OHG, KG, GmbH & Co. KG) und einer PartG sollte die Möglichkeit eröffnet werden, die Entziehung von Geschäftsführung und Vertretungsmacht oder die Ausschließung eines Gesellschafters aus wichtigem Grund auch durch (qualifizierten) Mehrheitsbeschluss vorzunehmen, um zu vermeiden, dass hierüber in jedem Fall eine gerichtliche Auseinandersetzung (gemäß §§ 117, 127, 140 HGB, für die PartG iVm § 9 Abs. 1 PartGG) geführt werden muss. Der Gesellschaftsvertrag sollte klare und vollständige Regelungen über die Berechnung und die Auszahlung eines Auseinandersetzungsguthabens bzw. einer Abfindung bei Ausscheiden eines Gesellschafters enthalten, da die Auseinandersetzung anderenfalls gemäß § 738 Abs. 1 S. 2 BGB erfolgt (was umständlich und hinsichtlich der Rechtsfolgen [Rückgabe von überlassenen Gegenständen; Befreiung von gemeinschaftlichen Schulden; Verkehrswertabfindung auf der Basis einer Auseinandersetzungsbilanz] meist umständlich und zusätzlich streitanfällig ist). Streitträchtig ist ferner z.B. das Verfahren der Veräußerung von Gesellschaftsanteilen bei Anteilsvinkulierung und vertraglich geregelten Vorkaufs- bzw. Ankaufsrechten der Mitgesellschafter. Sofern der Gesellschaftsvertrag zulässt, dass ein Gesellschafter (auch ohne Zustimmungsbeschluss) an einen Dritten verkaufen darf, wenn er vorab Vorkaufsrechte der Mitgesellschafter beachtet hat, sind die Abläufe und Fristen auch aus Gründen der Streitvermeidung genauestens im Gesellschaftsvertrag festzulegen. Ein weiteres Beispiel für Verfahrenserleichterungen bilden etwa Vertreterregelungen bei Übergang eines GmbH-Gesellschaftsanteils auf eine Miterbengemeinschaft.[5] Bei Personenhandelsgesellschaften (vor allem GmbH & Co. KGs mit mehreren, ortsabwesenden Kommanditisten) kann es zur Streitvermeidung hilfreich sein, wenn die nichtgeschäftsführenden Gesellschafter laut Gesellschaftsvertrag verpflichtet sind, dem gf Gesellschafter eine notariell beglaubigte Registervollmacht auszuhändigen, damit Verzögerungen und die damit verbundenen Querelen bei Registeranmeldungen (§ 108 HGB) vermieden werden.

533 • Der Gesellschaftsvertrag sollte zur Streitvermeidung schließlich (und vor allem) so gestaltet sein, dass die vertraglichen Abreden zu einem möglichst **fairen Interessenausgleich der Gesellschafter** führen, also kein Gesellschafter unangemessen benachteiligt wird, sowie für **typische Konfliktfälle Lösungswege bereitstellen.**

Beispiele: Die Bestimmung des angemessenen Interessenausgleichs unter den Gesellschaftern ist notwendigerweise einzelfallbezogen. Trotzdem ergeben sich einige typische Beispiele für unausgewogene vertragliche Regelungen: In einer Gesellschaft mit zwei persönlich und finanziell gleich stark engagierten Gründungsgesellschaftern ist es z.B. problematisch und streitträchtig, wenn nur ein Gesellschafter an der Geschäftsführung beteiligt ist und der Mitgesellschafter hieran zu einem späteren Zeitpunkt gegen den Willen des anderen auch nichts mehr ändern kann. Durch die Patt-Situation kann der Ge-

---

[4] Vgl. zu den Streitigkeiten über die Zulassung von Stimmrechtsbevollmächtigten näher unter Rn. 38 ff. sowie zu den Streitigkeiten über die Zulassung oder den Ausschluss von Beratern und sonstigen Teilnehmern an der GV näher unter Rn. 122 ff.

[5] Der Erbengemeinschaft kann durch Satzungsbestimmung z.B. die Verpflichtung auferlegt werden, einen gemeinsamen Vertreter zu bestellen, der an Gesellschafterversammlungen für die Erbengemeinschaft allein teilnimmt und das Stimmrecht aus dem betreffenden Geschäftsanteil ausübt. Bis dahin ruhen die betreffenden Teilnahme- und Stimmrechte, außer bei Satzungsänderungen (ein **Muster** einer solchen Vertragsklausel findet sich z.B. im Beck'schen Formularbuch GmbH-Recht, unter Ziffer C. I. 3., § 16 Abs. 6).

schäftsführer nur aus wichtigem Grund abberufen werden.[6] Ohne entsprechende Hilfestellung im Gesellschaftsvertrag (z.B. in Gestalt eines Entsenderechts) kann angesichts der Patt-Situation später keine eigene Teilnahme des 50%-Gesellschafters an der Geschäftsführung mehr durchgesetzt werden. Ein weiteres Beispiel für eine typischerweise unausgewogene und damit streitträchtige Regelung bildet etwa die Bestimmung im Gesellschaftsvertrag einer Personengesellschaft, wonach Gewinnentnahmen vollständig oder übermäßig (also vor allem auch hinsichtlich des Betrags einer auf die Gewinnanteile entfallenden Ertragsteuerverpflichtung des Gesellschafters) ausgeschlossen sind. Entsprechendes gilt für die GmbH mit einem geschäftsführenden Mehrheitsgesellschafter: Sofern die Satzung keine Mindestausschüttungsquote bei Gewinnen oder eine sonstige Absicherung der Minderheitsgesellschafter enthält, drohen absehbar Konflikte zwischen dem geschäftsführenden Mehrheitsgesellschafter (der eher an einer Gewinnthesaurierung und Reinvestition in die Gesellschaft interessiert ist) und dem Minderheitsgesellschafter (mit Interesse an einer angemessenen Kapitalverzinsung bzw. Ausschüttung). Eine Vorsorgemaßnahme gegen die Eskalation von Gesellschafterstreitigkeiten bilden z.B. vertragliche Regelungen, die den Gesellschaftern eine zügige und für beide Seiten angemessene Trennungsmöglichkeit bereitstellen. Jedem Gesellschafter (auch in der GmbH) sollte daher der Weg eröffnet werden, den Gesellschaftsvertrag auch ordentlich zu kündigen und gegen angemessene Abfindung auszuscheiden bzw. seinen Anteil (ggf mit vorhergehendem Ankaufsrecht der Mitgesellschafter) zu verkaufen.

2. Gestaltungshinweise für typische gesellschaftsinterne Konfliktfälle

a) Teilhabe an der Geschäftsführung

Hinsichtlich der Mitwirkung an der Geschäftsführung der Gesellschaft ergeben sich typischerweise zwei Konfliktfelder, nämlich zum einen die Frage, welcher der Gesellschafter Geschäftsführungsbefugnis hat bzw. zum Geschäftsführer bestellt wird sowie unter welchen Voraussetzungen und auf welche Art und Weise er abberufen werden kann, sowie zum anderen das Problem der Mitentscheidungsrechte der Gesellschaftergesamtheit. Hier sind bei den verschiedenen Gesellschaftsformen folgende präventive Vertragsbestimmungen denkbar:

534

- **GbR, PartG, OHG**

Bei der GbR, PartG und OHG nehmen grds alle Gesellschafter an der Geschäftsführung teil. Der vollständige oder teilweise **Ausschluss einzelner Gesellschafter von der Geschäftsführung** kommt hier nur in Sonderkonstellationen in Betracht, etwa hinsichtlich Erben oder Kindern in **Familiengesellschaften**.[7] Die Sicherung einer Teilhabe von Gesellschaftern an der Geschäftsführung bildet grds also kein regelungs-

535

---

[6] Bei der GmbH & Co. KG gilt auch dies im Übrigen nur, wenn es sich um eine personen- und beteiligungsgleiche GmbH & Co. KG handelt, die Gesellschafter der GmbH und die Kommanditisten der KG – mit jeweils gleichen Beteiligungsquoten – also identisch sind. Ist dies nicht der Fall, bleibt den Kommanditisten im Falle einer Pflichtverletzung des GF der Komplementärin lediglich der schwerfälligere Weg eines Austauschs der Komplementär-GmbH, grds durch Gestaltungsklage gem §§ 117, 127 HGB.

[7] Vgl. zu dieser Problematik näher unter Rn. 565 ff. Ein Formulierungsvorschlag für den zeitweiligen Ausschluss von „Junior-Gesellschaftern" von der Geschäftsführung einer Familien-OHG findet sich z.B. im Münchener Vertragshandbuch Bd. 1, unter Ziffer II. 4. (§ 6).

bedürftiges Problem. Etwas anderes gilt für die Entziehung von Geschäftsführungsbefugnissen: Zur Vermeidung von Rechtsunsicherheiten und Streitigkeiten könnte bei beiden Gesellschaftsformen, d.h. sowohl der GbR als auch der OHG, im Gesellschaftsvertrag vorgesehen werden, dass einem gf Gesellschafter bei Vorliegen eines „wichtigen Grundes" die **Geschäftsführungs- und Vertretungsbefugnis durch Gesellschafterbeschluss** der übrigen Gesellschafter **entzogen** werden kann.[8]

536   Bei einer GbR kann es aus Gründen der Praktikabilität geboten sein, den gf Gesellschaftern Einzelgeschäftsführungsbefugnis einzuräumen (z.B. bei einer Sozietät von Freiberuflern zur gemeinsamen Berufsausübung). Bei der PartG und der OHG ist diese Einzelgeschäftsführung die gesetzliche Regel (§§ 115 Abs. 1 1. HS HGB, 6 Abs. 3 S. 2 PartGG). Bei Einzelgeschäftsführung der Gesellschafter kann es zur Konfliktvermeidung sinnvoll sein, das **Widerspruchsrecht**[9] der anderen gf Gesellschafter (§§ 711 BGB, 115 Abs. 1 HGB) **auszuschließen** und anstelle dessen einen **Katalog wichtiger Geschäfte im Gesellschaftsvertrag festzulegen** (wie z.B. betragsmäßig besonders hohe Investitionen oder ungewöhnliche Geschäfte, wie Kreditaufnahmen oder -vergaben), hinsichtlich derer vorab die **Zustimmung aller Gesellschafter** eingeholt werden muss. Auf diese Weise kann zugleich abschließend definiert werden, welche Geschäftsführungsmaßnahmen „außergewöhnlich" im Sinne des § 116 Abs. 2 HGB sind und damit der grds streitträchtige Zustimmungsvorbehalt zugunsten der anderen gf Gesellschafter bei „ungewöhnlichen" Geschäftsvorfällen einer OHG bzw. PartG im Übrigen ausgeschlossen werden.

- **KG, GmbH & Co. KG**

537   Die Geschäftsführung wird in der KG und erst recht in der GmbH & Co. KG häufig durch nur einen Komplementär bzw. eine einzige Komplementär-GmbH wahrgenommen, so dass sich hier typischerweise keine Kompetenzstreitigkeiten unter mehreren gf Gesellschaftern ergeben. Um im Falle gravierender Pflichtverletzungen des Komplementärs eine gerichtliche Auseinandersetzung (möglicherweise) zu vermeiden, könnte im Gesellschaftsvertrag indessen vorgesehen werden, dass die **Entziehung von Geschäftsführungs- und Vertretungsmacht** bei Vorliegen eines wichtigen Grundes auch **durch Gesellschafterbeschluss** der übrigen Gesellschafter möglich ist, die dann auch über die Einsetzung eines neuen Komplementärs alleine entscheiden dürfen (verbunden mit der Möglichkeit des betroffenen Komplementärs, anschließend aus der Gesellschaft auszuscheiden). In der **personalistischen GmbH & Co. KG** ist zur Streitvermeidung ferner sicherzustellen, dass sich hinsichtlich der Gesellschafter der Komplementärin und der KG jeweils **Personen- und Beteiligungsgleichheit** ergibt oder die

---

[8] Hinsichtlich der GbR ist ansonsten bereits streitig, ob eine solche Entziehung der gesetzlichen Geschäftsführungs- und Vertretungsbefugnisse analog §§ 712, 715 BGB ohne Änderung des Gesellschaftsvertrags überhaupt möglich ist (vgl. hierzu unter Rn. 140). Bei der OHG ist ohne vertragliche Regelung für diese Maßnahmen nur der Klageweg eröffnet (§§ 117, 127 HGB).

[9] Vgl. hierzu näher unter Rn. 455 ff.

I. Streitvermeidung durch Vertragsgestaltung

KG Alleingesellschafterin der GmbH wird[10], anderenfalls die Kommanditisten, die typischerweise wirtschaftliche Eigentümer des Gesellschaftsunternehmens sind, nicht effektiv Einfluss auf die Auswahl des Geschäftsführers und die Entscheidung über dessen Abberufung nehmen können, obgleich dieser als Vertreter der Komplementärin letztlich die Geschäfte der KG führt.

Ein weiteres, typisches Konfliktfeld in der KG bilden die **Mitwirkungsrechte der Kommanditisten** bei Maßnahmen der Geschäftsführung. Gemäß § 164 S. 1 2. HS HGB gilt bei „außergewöhnlichen" Geschäftsführungsmaßnahmen ein gesetzlicher Zustimmungsvorbehalt zugunsten der Gesellschaftergesamtheit. Dieser gesetzliche Zustimmungsvorbehalt ist bereits deshalb konfliktträchtig, da die Abgrenzung zwischen zustimmungsfreien und zustimmungspflichtigen, „außergewöhnlichen" Geschäftsführungsmaßnahmen schwierig ist und in Grenzfällen zu Streitigkeiten führen kann.[11] Es dient daher grds der Streitvermeidung, wenn dieses „**Widerspruchsrecht**" der Kommanditisten gemäß § 164 S. 1 HGB **vertraglich gestrichen** und stattdessen ein bestimmter **Katalog von besonders gewichtigen Geschäftsführungsmaßnahmen** im Gesellschaftsvertrag **festgelegt wird**, über deren Vornahme dann die Gesellschafterversammlung mit (qualifiziertem) Mehrheitsbeschluss oder gar einstimmig zu entscheiden hat. Auf diese Weise wird zugleich erreicht, dass der gf Gesellschafter hinsichtlich wichtiger Maßnahmen eine Vorlageverpflichtung gegenüber der Gesellschafterversammlung hat und nicht erst *nach* der Durchführung gestritten wird, ob die betreffende Geschäftsführungsmaßnahme überhaupt zustimmungspflichtig war oder nicht.

538

Ein solcher **Katalog „zustimmungsbedürftiger Geschäfte"** enthält üblicherweise Entscheidungen über die Geschäftspolitik, besonders teure Investitionen, ungewöhnliche Geschäftsvorfälle wie Kreditvergaben oder -aufnahmen, Abschluss, Änderung oder Beendigung von Anstellungsverträgen ab einem bestimmten Jahresgehalt oder den Abschluss von Immobilienkaufverträgen, langfristigen Miet- und Pachtverträgen oder sonstigen Dauerschuldverhältnissen ab einem bestimmten, von der Gesellschaft zu zahlenden Jahresentgelt, Abschluss oder Beendigung von Unternehmensverträgen oder die Einleitung teurer Rechtsstreitigkeiten.[12] Die Regelung des Zustimmungsvorbehalts ist flexibler, wenn Geschäftsvorfälle von der Zustimmungspflicht ausgenommen werden, die in einem von der Geschäftsführung aufgestellten und der Gesellschafterversammlung genehmigten Jahresbudget (oder ggf auch mehrjährigen Unternehmensplan) enthalten sind. Um zu vermeiden, dass die Zustimmungsvorbehalte zu einer übermäßigen Einschränkung der Geschäftsführer führen, sollten ferner Anpassungsmöglichkeiten vorgesehen werden (z.B. Anhebung von Betrags- oder Wertgrenzen durch einfache Mehrheitsentscheidung), um zu verhindern, dass durch Zeitablauf überholte Bestimmungen nur noch durch Änderung des Gesellschaftsvertrags (mit den entsprechenden qualifizierten Mehrheiten oder gar einstimmig) korrigiert werden können.

539

---

[10] Sog. wechselseitig beteiligte GmbH & Co. KG oder Einheits-GmbH & Co. KG. Die Kommanditisten gründen hierbei zunächst die GmbH und schließen dann mit dieser GmbH einen KG-Vertrag, wobei sie ihre Anteile an der GmbH als Kommanditeinlage in die KG einbringen.

[11] Vgl. hierzu unter Rn. 458 ff.

[12] Das **Muster** für einen Katalog zustimmungsbedürftiger Geschäftsführungsmaßnahmen findet sich z.B. im Münchener Vertragshandbuch, Bd. 1, unter Ziffer III. 10 (für die GmbH & Co. KG) und unter Ziffer IV. 56 (für die GmbH), sowie im Beck'schen Formularbuch GmbH-Recht, unter N. III. 2. (§ 6 Abs. 5), für den Gesellschaftsvertrag einer Einheits-GmbH & Co. KG.

540 In Gesellschaften, in denen sich wegen zwei gleichberechtigten Gesellschaftern, zwei geschlossen abstimmenden Gesellschaftergruppen bzw. Familienstämmen oder aus sonstigen Gründen eine **Patt-Situation bei den Stimmrechten** ergibt, stellt sich das weitere Problem, dass zustimmungspflichtige Geschäftsführungsmaßnahmen auch aufgrund sachfremder Überlegungen blockiert werden können, was Streitigkeiten über die Berechtigung oder Treuwidrigkeit der betreffenden Stimmabgaben zur Folge hat.[13] Ähnliche Streitigkeiten können – mit anderer Ursache – daraus resultieren, dass die Mitwirkungsrechte einer Gesellschafterminderheit gegenüber dem gf Mehrheitsgesellschafter (bei Zulässigkeit von Mehrheitsbeschlüssen) strukturell leer laufen, was ebenfalls zu Misshelligkeiten und Streit über die Geschäftsführung führt. In solchen Konstellationen, vor allem in Familiengesellschaften, kann die vertragliche Einrichtung eines **Beirats** (oder „**Verwaltungsrats**") sinnvoll und streitvermeidend sein. Der Beirat, möglichst bestehend aus sachkundigen Dritten, entscheidet anstelle der Gesellschafterversammlung über die Vornahme der zustimmungspflichtigen Geschäftsführungsmaßnahmen. Auf diese Weise wird die Konfrontation zwischen gf Gesellschaftern und Kommanditisten vermieden und die Entscheidungsfindung versachlicht.

541 Weitere **Aufgaben des Beirats** können – je nach vertraglicher Regelung – etwa die laufende Beratung der Geschäftsführer oder auch deren Kontrolle und Überwachung sein (vergleichbar den Aufgaben und Rechten des Aufsichtsrats in einer AG gemäß § 111 AktG). Ein solcher Beirat bzw. Verwaltungsrat mit Kontroll- und Überwachungsaufgaben wird – vor allem in der GmbH – auch als „**fakultativer Aufsichtsrat**" (§ 52 GmbHG) bezeichnet. In Familiengesellschaften kann einem solchen Beirat zur Streitvermeidung ferner die Aufgabe übertragen werden, als unabhängiges Gremium bei Versterben geschäftsführender Gesellschafter an der Nachfolgerauswahl für die Unternehmensleitung mitzuwirken (vgl. hierzu auch unter Rn. 565 ff.). Bei der GmbH & Co. KG und der GmbH, bei der sich zwei gleich starke Gesellschaftergruppen oder Familienstämme gegensätzlich gegenüberstehen, ist schließlich aus Gründen der Konfliktprävention zu überlegen, ob dem Beirat nicht weitergehend die generelle Befugnis zur Bestellung und Abberufung von Geschäftsführern (der Komplementär-GmbH[14] bzw. der GmbH) übertragen wird, um entsprechende Streitigkeiten unter den verfeindeten Gesellschaftern bzw. Gesellschaftergruppen zu vermeiden.

Falls sich die Gesellschafter für die Einrichtung eines solchen Beirats, Verwaltungsrats oder fakultativen Aufsichtsrats entscheiden, muss der Gesellschaftsvertrag neben der Bestimmung dessen Aufgaben und Rechte zusätzlich Regelungen zur **Zusammensetzung des Beirats** und dessen **Bestellung** (Wahl durch Mehrheitsbeschluss oder z.B. Entsenderechte einzelner Gesellschaftergruppen oder Familienstämme etc.) enthalten. Darüber hinaus sind Regelungen über die innere Ordnung des Beirats, dessen Amtszeit und Haftung sowie über die Vergütung der Beiratsmitglieder sinnvoll.[15]

---

[13] Vgl. zur Problematik des „Stimmen-Patts" sowie möglichen Regelungen zur Streitprävention auch unter Rn. 69 f.

[14] Sofern der Beirat in einer GmbH & Co. KG auch über die Bestellung und Abberufung des GF der Komplementär-GmbH entscheiden soll, ist er entweder in der Satzung der Komplementär-GmbH oder in beiden Gesellschaftsverträgen, sowohl der Komplementärin als auch der KG selbst, vorzusehen.

[15] **Muster** für die vertragliche Einrichtung eines fakultativen Beirats finden sich z.B. im Münchener Vertragshandbuch, Bd. 1, unter Ziffer III.10 §§ 11–14 (betreffend die Einrichtung eines Beirats in einer Familiengesellschaft in der Rechtsform einer GmbH & Co. KG) und unter Ziffer IV. 20 § 12 (betreffend die Einrichtung eines fakultativen AR in einer mehrgliedrigen GmbH ohne Mehrheitsgesellschafter) sowie im Beck'schen Formularbuch GmbH-Recht, unter N. III. 2. §§ 6–8 (betreffend einen Beirat in einer Einheits-GmbH & Co. KG, mit der Befugnis zur Bestellung und Abberufung von GF der Komplementärin,

- **GmbH**

In der GmbH werden die Geschäftsführer grds durch Mehrheitsbeschluss der Gesellschafter bestellt und abberufen. In Gesellschaften, in denen sich aufgrund gleich starker (feindlich gesinnter) Gesellschaftergruppen oder aus sonstigen Gründen (Zwei-Personen-GmbH mit gleichen Geschäftsanteilen) strukturelle **Patt-Situationen**[16] ergeben, können daher typischerweise Konflikte hinsichtlich der Bestellung und Abberufung von Geschäftsführern entstehen. Diese Streitigkeiten sind in solchen Konstellationen vermeidbar, wenn jeder Gesellschaftergruppe bzw. jedem Gesellschafter ein **Entsenderecht** (also ein eigenes Recht auf Bestellung und Abberufung) oder zumindest **Präsentationsrecht** (mit einer entsprechenden Zustimmungsverpflichtung der Mitgesellschafter zu Bestellung und Abberufung) für je einen Geschäftsführer eingeräumt wird.[17] Eine Alternative besteht darin, die Auswahl, Bestellung und Abberufung auf ein unabhängiges Gremium, etwa einen **Beirat** oder einen **fakultativen Aufsichtsrat** (der durch die Gesellschafter gewählt und eingesetzt wird) zu übertragen (vgl. hierzu unter Rn. 541).

542

Sofern nur ein Gesellschafter oder ein Teil der Gesellschafter zum Geschäftsführer bestellt ist, können die Mitwirkungsrechte der übrigen Gesellschafter bei besonders wichtigen Geschäftsführungsmaßnahmen durch **Zustimmungsvorbehalte in der Satzung** gesichert werden.[18] Der satzungsmäßige Zustimmungsvorbehalt hat den weiteren Vorteil, dass er zusätzlich zu einer **Vorlageverpflichtung des Geschäftsführers** für besonders wichtige Geschäftsführungsmaßnahmen führt und damit nachträgliche Streitigkeiten und Pflichtverletzungsvorwürfe ggf vermieden werden können. Der Zustimmungsvorbehalt büßt allerdings wesentlich von seiner streitvermeidenden Funktion ein (Sicherung von effektiven Mitwirkungsrechten der nicht an der Geschäftsführung beteiligten Gesellschafter), wenn der gf Gesellschafter zugleich die einfache Stimmenmehrheit hält. Hier sollte für den Zustimmungsbeschluss (zumindest bei besonders wichtigen Einzelentscheidungen) eine qualifizierte, auch die Stimmen der Minderheitsgesellschafter berücksichtigende Mehrheit vorgesehen oder aber die Entscheidung auf ein neutrales Gremium (z.B. Beirat) übertragen werden.

543

---

deren Überwachung und Beratung sowie zur Entscheidung über zustimmungspflichtige Geschäfte und die Feststellung des Jahresabschlusses).

[16] Vgl. zur Problematik des strukturellen „Stimmen-Patts" und möglichen Kompromisslösungen auch unter Rn. 69 f.

[17] Um Streitigkeiten zu vermeiden und das Entsende- bzw. Präsentationsrecht nicht zu entwerten, sollte ergänzend ausdrücklich vertraglich geregelt werden, dass der betreffende Rechtsinhaber auch den Anstellungsvertrag des GF (mit angemessenen, üblichen Bedingungen) festlegen oder verbindlich vorschlagen kann.

[18] Vgl. zu den – in der Praxis weit verbreiteten – Zustimmungsvorbehalten in GmbH-Satzungen näher unter Rn. 467 f. sowie die Hinweise unter Rn. 538 f. Ein Formulierungsvorschlag für einen solchen „Katalog zustimmungsbedürftiger Geschäfte" findet sich z.B. im Münchener Vertragshandbuch, Bd. 1, unter Ziffer IV. 56, sowie im Beck'schen Formularbuch GmbH-Recht, unter N. III. 2. (§ 6 Abs. 5), für den Gesellschaftsvertrag einer Einheits-GmbH & Co. KG.

b) Zustandekommen und gerichtliche Überprüfung von Gesellschafterbeschlüssen

543a Hinsichtlich der Willensbildung der Gesellschafter durch Beschlussfassung kommen im Überblick folgende streitvermeidende, vertragliche Regelungen in Betracht:

- **Mehrheitsbeschlüsse in Personengesellschaften**

544 In Personengesellschaften werden Gesellschafterbeschlüsse nach der gesetzlichen Regelung einstimmig gefasst. Dies kann dazu führen, dass nicht nur Grundlagengeschäfte, sondern auch Maßnahmen der laufenden Geschäftsführung durch eine Gesellschafterminderheit blockiert werden. Um eine solche Blockade der Gesellschaft und die damit verbundenen Streitigkeiten zu vermeiden, kann es – je nach den Beteiligungsverhältnissen und vor allem in einer GmbH & Co. KG oder KG – sinnvoll sein, zumindest für Entscheidungen über (zustimmungspflichtige) Geschäftsführungsmaßnahmen **Mehrheitsbeschlüsse zuzulassen**.

545 Auf der anderen Seite unterliegen Mehrheitsbeschlüsse in Personengesellschaften zum Schutz der überstimmten Gesellschafter rechtlichen Einschränkungen: Ein Mehrheitsbeschluss ist – in Abweichung von der gesetzlichen Regelung – nur möglich, wenn der Gesellschaftsvertrag für den betreffenden Beschlussgegenstand überhaupt eine Mehrheitsentscheidung zulässt. Dies kann bei allgemein gehaltenen Mehrheitsklauseln fraglich sein (vgl. näher unter Rn. 66 ff.), was wiederum Konfliktpotential für **Auslegungsstreitigkeiten** bedeutet. Einen **weiteren Streitherd** bildet in diesem Zusammenhang die Frage, ob durch den Mehrheitsbeschluss treurechtswidrig in Rechte der überstimmten Gesellschafter eingegriffen wird (vgl. hierzu unter Rn. 69 ff.). Je genauer und vollständiger die Angelegenheiten bzw. Maßnahmen, die durch Mehrheitsbeschluss entschieden werden können, im Gesellschaftsvertrag der Personengesellschaft geregelt sind, desto eher werden vorbezeichnete Konflikte vermieden.[19] Darüber hinaus sollten zum Schutz der Minderheitsgesellschafter und zur Erzielung einer fairen Vertragslösung für einschneidende, strukturändernde Maßnahmen (wie z.B. die Zulassung eines Gesellschafterbeitritts; Maßnahmen nach dem UmwG, etc.) qualifizierte Mehrheiten (von mindestens 75 % der abgegebenen Stimmen) vorgesehen werden. Nachschüsse oder sonstige Maßnahmen, die zu einer Belastung des nicht in die Gesellschaft investierten, sonstigen Vermögens der Gesellschafter führen, sind generell von deren Zustimmung abhängig zu machen. Falls der Gesellschaftsvertrag Mehrheitsbeschlüsse zulässt, sollten schließlich ergänzend **Regelungen zu den jeweiligen Stimmrechten** getroffen werden (wie z.B. Stimmrecht in Abhängigkeit von der Festkapitalbeteiligung), anderenfalls jeder Gesellschafter das gleiche Stimmrecht hat.

- **Stimmverbote und strukturelles Stimmen-Patt**

546 Für Gesellschafter gilt von Gesetzes wegen bei einer Reihe von **Beschlussgegenständen ein Stimmrechtsausschluss** wegen Interessenkollision und des Verbots eines „Richtens in eigener Sache".[20] Die gesetzliche Regelung zu den Stimmverboten (vor allem § 47 Abs. 4 GmbHG) ist nicht abschließend, so dass die Bestimmung, bei welchen Beschlussangelegenheiten ein Stimmrechtsausschluss gilt, teilweise auf Richterrecht be-

---

[19] Das **Muster** einer solchen Vertragsklausel, mittels derer Mehrheitsentscheidungen über Maßnahmen der Geschäftsführung sowie qualifizierte Mehrheitsentscheidungen für bestimmte, enumerativ bezeichnete Vertragsänderungen zugelassen werden, findet sich z.B. im Beck'schen Formularbuch GmbH-Recht unter N. III. 2. (§ 12), betreffend den Gesellschaftsvertrag einer GmbH & Co. KG.

[20] Vgl. hierzu unter Rn. 47 ff.

ruht. Mit Rücksicht darauf ergeben sich hinsichtlich des Stimmrechtsausschlusses in Grenzfällen Streitigkeiten, zumal Stimmverbote für eine Reihe besonders wichtiger Angelegenheiten (wie z.B. für die Beschlussfassung über den Abschluss eines Anstellungsvertrags mit einem geschäftsführenden Gesellschafter oder den Abschluss eines Unternehmensvertrags) in Rechtsprechung und Schrifttum selbst teilweise streitig sind.[21] Klarstellende und ergänzende Regelungen zum Stimmrechtsausschluss im Gesellschaftsvertrag können diesbezüglich der Konfliktprävention dienen. Die gesetzlichen Stimmverbote dürfen zwar vertraglich grds nicht eingeschränkt werden, doch ist zum einen eine vertragliche *Erweiterung* sowie darüber hinaus jedenfalls eine *klarstellende* Regelung *für* einen *Stimmrechtsausschluss* in solchen Fällen möglich, in denen dieser in Grenzfällen nach der gesetzlichen Regelung streitig ist (z.B. ausdrückliches Stimmverbot eines gf Gesellschafters bei der Entscheidung über den Abschluss und den Inhalt seines Anstellungsvertrags; Stimmverbot bei Zwangsmaßnahmen gegen den betroffenen Gesellschafter durch Beschluss, die keinen „wichtigen Grund", sondern einen sonstigen, vertraglich geregelten Grund [etwa die Beendigung der persönlichen Mitarbeit in der Gesellschaft; die Verletzung eines vertraglichen Wettbewerbsverbots] voraussetzen).[22] Darüber hinaus kann es im Sinne einer Streitvermeidung hilfreich sein, im Gesellschaftsvertrag zusätzlich jeweils die persönliche Reichweite eines (gesetzlichen oder vertraglichen) Stimmverbots festzuhalten (also z.B. ausdrückliche Erstreckung eines Stimmrechtsausschlusses auch auf Bevollmächtigte, Treuhänder, Verwandte oder Ehegatten des Gesellschafters oder sämtliche Mitglieder einer Erbengemeinschaft eines vom Stimmverbot betroffenen Miterben), da auch diese Problematik typischerweise streitträchtig ist.[23]

Eine typische Streitkonstellation im Zusammenhang mit Beschlussfassungen in personalistischen Gesellschaften beruht auf dem „**Stimmen-Patt**" zwischen zwei gleichberechtigten Gesellschaftern oder Gesellschaftergruppen. Falls diese (grds ungünstige) Patt-Situation nicht als solche vermieden werden kann, besteht ggf die Möglichkeit, die aus dem Stimmen-Patt resultierenden Probleme durch geeignete vertragliche Regelungen zu verringern oder gar zu vermeiden (vgl. hierzu die Gestaltungsvorschläge unter Rn. 69 f.).

- **Verfahren der Beschlussfassung**

Die Art und Weise, wie Gesellschafterbeschlüsse zustande kommen, ist für die Personengesellschaften gesetzlich nicht geregelt. Für die GmbH finden sich lediglich rudimentäre Vorschriften in §§ 48 bis 51 GmbHG. Eine Konfliktvermeidung durch vertragliche Gestaltung wird hier also bereits dadurch erreicht, dass der Gesellschaftsvertrag bzw. die GmbH-Satzung überhaupt **eindeutige** und **möglichst vollständige Regelungen hinsichtlich des Zustandekommens von Gesellschafterbeschlüssen**, insbesondere zur Vorbereitung und Durchführung von Gesellschafterversammlungen,

547

---

[21] Vgl. hierzu näher unter Rn. 50 f.
[22] Vgl. zur möglichen vertraglichen Regelung von Stimmverboten unter Rn. 52 f.
[23] Vgl. hierzu näher unter Rn. 54.

enthält. Je genauer und fehlerfreier die betreffenden Abläufe vertraglich bestimmt sind, desto eher werden Streitigkeiten über die Wirksamkeit von Gesellschafterbeschlüssen verhindert.

548 In Streitsituationen werden Gesellschafterbeschlüsse üblicherweise in Gesellschafterversammlungen (und nicht im schriftlichen Verfahren oder durch mündliche Abstimmung etc.) gefasst. Der Vermeidung von Beschlussmängelstreitigkeiten über formelle Fehler dienen daher klare und umfassende **Regelungen zur Ladung** und zur **Durchführung von Gesellschafterversammlungen**. Die Vertragsklauseln zur *Einberufung* der Gesellschafterversammlung[24] sollten z.B. zumindest Bestimmungen über die Ladungszuständigkeit, die Dauer der Ladungsfrist (einschließlich exakter Angaben zur Fristberechnung), zur Art der Versendung des Ladungsschreibens und zur Ankündigung der Tagesordnung (nebst Angaben zur Zulässigkeit und der Frist des Nachschiebens von Tagesordnungspunkten) enthalten. Hinsichtlich der *Durchführung* der Gesellschafterversammlung[25] sind zur Streitvermeidung exakte Regelungen über die Zulassung von Stimmrechtsvertretern oder Beratern (bzw. den Voraussetzungen einer solchen Zulassung in der Gesellschafterversammlung), zur Stimmabgabe mehrerer Anteilsberechtigter (z.B. der Miterbengemeinschaft an einem GmbH-Geschäftsanteil)[26], zur Beschlussfähigkeit der Gesellschafterversammlung[27], der Versammlungsleitung und Beschlussfeststellung und der Art und Weise (bzw. den Rechtsfolgen) einer Protokollführung hilfreich.[28]

- **Vereinbarungen zu Beschlussmängelstreitigkeiten**

549 Feststellungsklagen, mittels derer die Wirksamkeit oder das Zustandekommen eines Gesellschafterbeschlusses gerichtlich überprüft werden soll, sind in der Personengesell-

---

[24] Vgl. zu den typischen Fehlern und Streitpunkten im Zusammenhang mit der Einberufung von Gesellschafterversammlungen unter Rn. 73 ff.
[25] Vgl. zu den typischen Streitpunkten bei der Durchführung von Gesellschafterversammlungen unter Rn. 106 ff.
[26] Vgl. zu diesem Problem näher unter Rn. 34.
[27] Sofern der Gesellschaftsvertrag oder die GmbH-Satzung die „Beschlussfähigkeit" regelt und hierfür besondere Anforderungen aufstellt, müsste ergänzend klargestellt sein, wie im Falle fehlender Beschlussfähigkeit zu verfahren ist (rglm Ladung zu einer Zweitversammlung mit der gleichen Tagesordnung, die dann unabhängig von der Zahl der erschienenen Gesellschafter beschlussfähig ist). Darüber hinaus ist es sinnvoll, in der betreffenden Bestimmung genau klarzustellen, ob die „Beschlussfähigkeit" zu Beginn der Gesellschafterversammlung ausreicht oder diese für jeden im Rahmen einer Versammlung gefassten Beschluss gesondert beurteilt wird (für den Fall, dass ein Teil der Gesellschafter die Versammlung vorzeitig verlässt). Schließlich ist die Klarstellung hilfreich, ob hinsichtlich der Beschlussfähigkeit auch auf solche Stimmen abgestellt wird, die hinsichtlich eines bestimmten Beschlussgegenstandes vom Stimmrecht ausgeschlossen sind.
[28] Das **Muster** einer Vertragsklausel, betreffend die Vorbereitung und Durchführung einer GV und weitere, ausführliche Formulierungsvorschläge finden sich etwa im Münchener Vertragshandbuch, Bd. 1, unter Ziffer III. 3. (für eine KG), unter Ziffer III. 10. (für eine GmbH & Co. KG) sowie unter Ziffer IV. 25. und Ziffer IV. 27. (für eine GmbH). Weitere Musterklauseln finden sich z.B. im Beck'schen Formularbuch GmbH-Recht, unter Ziffer C. I. 2 (§ 6) und unter Ziffer C. 1. 3 (§§ 7 und 8), jeweils für eine GmbH, sowie unter Ziffer N. III. 2. (§ 11) für eine GmbH & Co. KG.

schaft grds gegen alle bestreitenden Mitgesellschafter als Beklagte zu richten.[29] Durch eine vertragliche Regelung, wonach solche **Feststellungsklagen gegen die Gesellschaft selbst** zu richten sind, kann daher eine Verfahrenserleichterung und möglicherweise Begrenzung des Gesellschafterstreits erreicht werden. Demgegenüber ist die Einführung einer **Anfechtungsfrist** (vergleichbar dem GmbH-Recht) eher **kontraproduktiv**, da eine solche Klagefrist Gesellschafter, die die Beschlusswirksamkeit in Frage stellen, zur zeitnahen Klageerhebung zwingt.

Bei der **GmbH** kann aus dem gleichen Grunde eine Regelung streitvermeidend wirken, mittels derer die Dauer der **Anfechtungsfrist** deutlich über die gesetzliche Regelfrist von rund einem Monat (§ 246 Abs. 1 AktG analog)[30] hinaus auf z.B. zwei bis drei Monate nach Kenntnisnahme von der Beschlussfassung **verlängert wird**. Darüber hinaus sollte vertraglich geregelt sein, dass die Anfechtungsfrist während Vergleichsverhandlungen, die der Klageerhebung vorgeschaltet sind, gehemmt ist oder erst nach erfolgloser Beendigung dieser Verhandlungen beginnt, um solche Vergleichsbemühungen in Beschlussmängelstreitigkeiten nicht schon wegen des Zeitdrucks bei der Klageerhebung aufgrund Anfechtungsfrist zu vereiteln.[31]

550

c) Jahresabschluss und Gewinnentnahme

Typische Streitthemen unter Gesellschaftern bilden die Entnahme bzw. Ausschüttung von Gewinnen und – damit verbunden – die inhaltliche Richtigkeit und die Feststellung des Jahresabschlusses: Hinsichtlich der Auszahlung von Gewinnen besteht häufig ein Interessengegensatz zwischen geschäftsführenden Gesellschaftern, die eine starke Kapital- und Liquiditätsausstattung der Gesellschaft wünschen bzw. aufgrund Tätigkeitsvergütung ohnedies bereits Zahlungen von der Gesellschaft erhalten, einerseits und den Interessen der Mitgesellschafter (vor allem Kommanditisten bzw. GmbH-Gesellschaftern) andererseits, die – oft schon als Ausgleich für mangelnde Mitspracherechte oder Misstrauen gegenüber der Geschäftsführung – erwirtschaftete Erträge möglichst in ihr Privatvermögen überführen wollen oder eine attraktive Kapitalverzinsung anstreben. Entsprechende Konflikte erstrecken sich meist auch auf den Jahresabschluss, da dieser die Grundlage für Gewinnansprüche bildet.[32] In diesem Zusammenhang sind folgende streitvermeidende Vereinbarungen denkbar:

551

- **Jahresabschluss**

Der Jahresabschluss wird von den geschäftsführenden Gesellschaftern aufgestellt. Da die Gewinnansprüche der Gesellschafter von den Ergebnissen des Jahresabschlusses eines Geschäftsjahres abhängen, entsteht immer wieder Streit über dessen inhaltliche Richtigkeit. Streitthemen können u.a. die Buchführung als solche, die korrekte Erfassung

552

---

[29] Vgl. hierzu näher unter Rn. 633.
[30] Vgl. zur Klagefrist bei der Anfechtung von Gesellschafterbeschlüssen in der GmbH unter Rn. 658 ff.
[31] Vgl. hierzu näher unter Rn. 579 f.
[32] Vgl. zu den Streitigkeiten über den Jahresabschluss, Gewinnverteilung, Gewinnentnahmen und Gewinnausschüttungen unter Rn. 354 ff.

von Gesellschaftsvermögen oder auch die Einhaltung der gesetzlichen und vertraglichen Bilanzierungsvorschriften sein. Darüber hinaus haben die gf Mehrheitsgesellschafter aufgrund Bilanzwahlrechten gewisse Gestaltungsspielräume, mittels derer – zum Unwillen der auszahlungsinteressierten Mitgesellschafter – auch das Ergebnis modifiziert bzw. ein Gewinn „gedrückt" werden kann (vgl. z.B. das Aktivierungswahlrecht gemäß § 248 Abs. 2 S. 1 HGB für selbstgeschaffenes immaterielles Anlagevermögen; das Bewertungswahlrecht gemäß § 253 Abs. 2 S. 2 HGB, betreffend die Abzinsung von Pensionsverpflichtungen; die Spielräume bei der Bestimmung der Höhe von Rückstellungen gemäß § 249 HGB).

553 Zum Zweck der Streitvermeidung besteht zunächst die Möglichkeit, vertraglich die **freiwillige Prüfung** des Jahresabschlusses durch einen **Abschlussprüfer** anzuordnen (sofern die Gesellschaft nicht ohnedies gemäß §§ 316, 267 HGB prüfungspflichtig ist). Abschlussprüfer sind Wirtschaftsprüfer, Wirtschaftsprüfungsgesellschaften und vereidigte Buchprüfer (§ 319 Abs. 1 HGB). Gegenstand der Abschlussprüfung bilden neben der Rechtmäßigkeit des Jahresabschlusses insbesondere auch die Buchführung und das interne Kontrollsystem der Gesellschaft (§ 317 HGB). Die nicht an der Geschäftsführung beteiligten Gesellschafter haben also durch die Abschlussprüfung zumindest die Gewissheit, dass das Rechnungswesen der Gesellschaft korrekt ist und der Jahresabschluss die gesetzlichen und vertraglichen Bilanzierungsvorschriften einhält. Dies schafft eine Vertrauensbasis und verhindert ggf direkte Streitigkeiten zwischen Geschäftsleitung und Mitgesellschaftern, was die zusätzlichen Kosten des Abschlussprüfers rechtfertigt.

554 Gegenstand der Abschlussprüfung bildet indessen grds *nicht* die Ausübung von Bilanzierungswahlrechten. Hier bleibt ein gewisser Gestaltungsspielraum der Geschäftsführer bei der Aufstellung des Jahresabschlusses und der Gesellschaftermehrheit bei dessen Billigung durch Feststellung. Falls diesbezüglich Konfliktpotential in der Gesellschaft vorhanden ist, ist zu überlegen, an der **Aufstellung** oder gar **Feststellung des Jahresabschlusses** einen **Beirat**[33] **zu beteiligen**, dem der Jahresabschluss vor Feststellung durch die Gesellschafter vorzulegen ist oder der anstelle der Geschäftsführer über die Ausübung von Bilanzierungswahlrechten oder – weitergehend – anstelle der Gesellschafter über die Feststellung des Jahresabschlusses entscheidet.

- **Gewinnentnahme und -ausschüttung**

555 Die **GbR-Gesellschafter**, **Partner** einer **PartG** und **Kommanditisten** können auf sie entfallende Gewinne von Gesetzes wegen grds vollständig entnehmen. Gleiches gilt – mit kleinen Einschränkungen – für **OHG-Gesellschafter** und die **Komplementäre** einer KG.[34] Zum Schutz der Gesellschaft sind diese Entnahmerechte häufig vertraglich eingeschränkt oder teilweise ganz ausgeschlossen. Letzteres ist im Hinblick auf späteres Streitpotential problematisch. Eine ausgewogene Vertragsgestaltung sollte den Gesellschaftern zumindest ein **Entnahmerecht** in Höhe der auf ihren Gewinnanteil jeweils

---

[33] Vgl. zur Einrichtung eines Beirats, Verwaltungsrats oder fakultativen AR durch Gesellschaftsvertrag näher unter Rn. 540 f.

[34] Vgl. zu den Gewinnentnahmerechten in Personengesellschaften näher unter Rn. 386 ff.

I. Streitvermeidung durch Vertragsgestaltung

entfallenden Steuerverpflichtungen belassen (Steuerentnahmerecht). Im Übrigen ist die Liquidität der Gesellschaft ggf ausreichend geschützt, wenn die Entnahme rechtzeitig, mit einer vertraglich geregelten Frist angekündigt wird.[35] Falls weitergehend eine gewisse Gewinnrücklage gewünscht ist, könnte für die Rücklagenbildung ein qualifizierter Mehrheitsbeschluss vorgesehen werden, um – wiederum aus Gründen der Streitvermeidung – auch Minderheitsgesellschafter effektiv an der betreffenden Entscheidung zu beteiligen.

In der **GmbH** besteht das Problem eher darin, dass Gewinne gemäß § 29 Abs. 2 GmbHG durch bloßen Mehrheitsbeschluss in Gewinnrücklagen eingestellt oder als Gewinn vorgetragen werden können, was auf Dauer zu einem „Aushungern von Minderheitsgesellschaftern" führen kann.[36] Es dürfte daher der Streitvermeidung dienen, wenn in der Satzung eine **Mindestausschüttung** von Gewinnen festgeschrieben wird (betragsmäßig eventuell gestaffelt, je nach Höhe des Gewinnes oder des jeweiligen Eigenkapitals der Gesellschaft). Aus Gründen der Flexibilität kann einschränkend z.B. vorgesehen werden, dass mit qualifizierter Mehrheit (und somit unter Einbezug der Minderheitsgesellschafter) im Einzelfall auch eine höhere Thesaurierung beschlossen werden darf.[37] Weitere Gestaltungsmöglichkeiten gehen dahin, einen Beirat oder fakultativen Aufsichtsrat verbindlich über den Umfang der Gewinnthesaurierung und der Gewinnausschüttung entscheiden zu lassen, um diesen grundsätzlichen Konflikt zwischen Geschäftsleitung und Minderheitsgesellschaftern durch die Einschaltung eines unabhängigen und sachkundigen Gremiums zu entschärfen.

556

d) Ausübung von Informationsrechten

Der Umfang und die Art und Weise der Ausübung von Informationsrechten durch Gesellschafter sind grds streitträchtig.[38] Trotzdem sind vertragliche Regelungen in diesem Bereich unüblich und die Gestaltungsspielräume für ggf streitvermeidende Vertragsklauseln gering. Streitigkeiten betreffen nahezu ausschließlich Informationsrechte der nicht an der Geschäftsführung beteiligten Gesellschafter, also der Kommanditisten und der nicht geschäftsführenden GmbH-Gesellschafter, da die Geschäftsführer ihrerseits im Regelfall keine (strukturellen) Informationsdefizite hinsichtlich der maßgeblichen Geschäftsdaten der Gesellschaft haben. Die Auskunfts- und Einsichtsrechte der Kommanditisten sind jedoch bereits von Gesetzes wegen umfangreich (§ 166 HGB) und für GmbH-Gesellschafter umfassend (§ 51a GmbHG) ausgestaltet. Vertragliche Einschränkungen sind andererseits kaum möglich, da die Informationsrechte der Komman-

557

---

[35] Das **Muster** einer Vertragsklausel, betreffend die Einschränkung von Entnahmerechten, findet sich im Münchener Vertragshandbuch Bd. 1, unter Ziffer III. 4. (§ 10), für eine KG, sowie im Beck'schen Formularbuch GmbH-Recht, unter Ziffer N. III. 2. (§ 16).

[36] Vgl. zu dieser Problematik näher unter Rn. 395 ff.

[37] Das **Muster** einer entsprechenden Satzungsklausel findet sich z.B. im Beck'schen Formularbuch GmbH-Recht, unter Ziffer C. I. 3. (§ 10).

[38] Vgl. hierzu näher unter Rn. 405 ff.

ditisten und GmbH-Gesellschafter grds nicht dispositiv sind.[39] Mit Rücksicht darauf kommen – auch unter dem Gesichtspunkt der Streitvermeidung – lediglich **Verfahrensregelungen zur Ausübung der Informationsrechte** in Betracht. Es entzünden sich z.B. immer wieder Streitigkeiten an der Frage, ob bei einer Einsichtnahme in Bücher und Schriften Berater und Sachverständige hinzugezogen werden dürfen. Es empfiehlt sich zur Streitvermeidung daher eine klare Regelung, wonach einem Gesellschafter die Hinzuziehung bestimmter, geeigneter Personen (z.B. Wirtschaftsprüfer oder Rechtsanwalt) gestattet, die Hinzuziehung von sonstigen Bevollmächtigten oder Beratern im Übrigen aber untersagt wird. Ferner ist eine Regelung im Gesellschaftsvertrag hilfreich, wonach das Informationsrecht in Situationen, in denen die Gesellschaft gemäß § 51a Abs. 2 GmbHG die Auskunft oder Einsichtnahme berechtigterweise verweigern dürfte (z.B. bei Konkurrenztätigkeit des betreffenden Gesellschafters) nur über einen zur Berufsverschwiegenheit verpflichteten Treuhänder (z.B. Wirtschaftsprüfer) ausgeübt werden darf, so dass einerseits der Streit wegen vollständiger Auskunftsverweigerung vermieden wird, andererseits aber die „sensiblen" Daten dem die Auskunft oder Einsicht begehrenden Gesellschafter nicht zugänglich gemacht werden.

e) Ausscheiden eines Gesellschafters durch Anteilsveräußerung und Kündigung

557a Den Gesellschaftern sollte die Möglichkeit offenstehen, sich auch ohne Vorliegen eines „wichtigen Grundes" durch Kündigung aus dem Gesellschaftsverhältnis zu lösen, anderenfalls die Gefahr besteht, dass der (vertraglich zunächst verwehrte) Austrittswunsch zum Gesellschafterstreit führt oder einen bereits bestehenden Konflikt weiter verschärft. In diesem Zusammenhang sind unter Berücksichtigung der gegenläufigen Interessen der verbleibenden Gesellschafter folgende präventive Regelungen denkbar:

- **Anteilsveräußerung**

558 Die Veräußerung des Gesellschaftsanteils bildet für den ausscheidenswilligen Gesellschafter grds die wirtschaftlich attraktivste Ausstiegsvariante. Der Gesellschaftsanteil an einer Personengesellschaft (auch der Kommanditanteil) ist indessen nur übertragbar, wenn dies im Gesellschaftsvertrag ausdrücklich zugelassen wird oder alle Gesellschafter zustimmen.[40] GmbH-Geschäftsanteile sind demgegenüber grds frei veräußerbar (§ 15 Abs. 1 GmbHG), doch ist ihre Übertragbarkeit in kleineren, personalistisch strukturierten Gesellschaften häufig vertraglich eingeschränkt (sog. „Vinkulierung") oder gar ganz ausgeschlossen (§ 15 Abs. 5 GmbHG). In beiden Fällen (Personengesellschaften und personalistische GmbH) steht dem Veräußerungsinteresse das ebenfalls schützenswerte Interesse der verbleibenden Gesellschafter gegenüber, den Eintritt Dritter in das meist auf persönliche Zusammenarbeit angelegte Gesellschaftsverhältnis zu kontrollieren.

---

[39] Vgl. hierzu unter Rn. 425 f.
[40] Vgl. für die GbR nur Palandt/*Sprau*, § 719, Rn. 6; für OHG und KG Baumbach/Hopt/*Roth*, § 105, Rn. 70.

I. Streitvermeidung durch Vertragsgestaltung

Eine vertragliche Regelung, die beide Interessen berücksichtigt und damit ggf streitvermeidend ist, könnte etwa darin bestehen, die **Veräußerung von Anteilen nur mit Zustimmung** der **Mitgesellschafter oder der Gesellschaft zu gestatten**, darüber hinaus jedoch eine **zustimmungsfreie Veräußerung zuzulassen**, wenn vorab vertraglich genau definierte **Vorkaufsrechte bzw. Ankaufsrechte** der verbleibenden Gesellschafter oder eines von diesen benannten Dritten gewahrt worden sind.[41] Darüber hinaus ist es häufig interessengerecht, wenn der Gesellschaftsvertrag die zustimmungsfreie Übertragung von Gesellschafts- oder Geschäftsanteilen auf Mitgesellschafter oder – vor allem in Familiengesellschaften – auf andere Gesellschafter des Familienstamms oder Abkömmlinge eines Gesellschafters zulässt.[42]

559

Die Möglichkeit einer Beendigung des Gesellschaftsverhältnisses im Streitfall durch Anteilsverkauf an Dritte setzt voraus, dass es für den Anteil des austrittswilligen Gesellschafters überhaupt Abnehmer gibt, die bereit sind, einen realistischen Preis zu zahlen. Bei personalistisch strukturierten Gesellschaften, insbesondere Unternehmen, die auf die persönliche Zusammenarbeit der Gründungsgesellschafter angelegt sind, ist dies oft nicht der Fall. Trotzdem mag im Streitfall ein Bedürfnis bestehen, sich vom Mitgesellschafter oder den Mitgesellschaftern auch ohne Rechtsstreitigkeiten über Zwangsausschluss oder außerordentliche Kündigung zu trennen. Für solche Situationen kann als **vertragliche Notlösung** ein **Zwangsverkaufsverfahren unter den Gesellschaftern** vereinbart werden. Solche Auktionsverfahren als zügige und effektive Trennungsmöglichkeit zerstrittener Gesellschafter finden sich vor allem in Joint-Venture-Gesellschaften oder zweigliedrigen Gesellschaften. Die Variante einer solchen vertraglich geregelten Zwangsveräußerung besteht etwa darin, dass ein Gesellschafter seinem Mitgesellschafter oder mehreren Mitgesellschaftern ein Verkaufs- und Abtretungsangebot hinsichtlich aller seiner Gesellschaftsanteile mit einem bestimmten Kaufpreis macht: Die Angebotsempfänger müssen dann innerhalb einer festgelegten Frist entweder das Angebot annehmen oder ihrerseits alle Anteile an der Gesellschaft zu dem angebotenen Kaufpreis an den anbietenden Gesellschafter verkaufen (sog. „**Russisches Roulette**"). Eine alternative Gestaltung besteht darin, dass die an dem Auktionsverfahren beteiligten Gesellschafter verdeckt ein verbindliches Kaufangebot abgeben bzw. (z.B. bei einem Notar) hinterlegen, dass gleichzeitig bekanntgegeben bzw. geöffnet wird. Der Gesellschafter mit dem höheren Kaufpreisangebot erhält die Anteile der anderen Partei (sog. „**Sizilianische Eröffnung**"). Ein ähnliches Verfahren sieht vor, dass ein Gesellschafter dem oder den Mitgesellschafter(n) ein verbindliches Ankaufs- und Abtretungsangebot hinsichtlich aller Gesellschaftsanteile der Angebotsempfänger übermittelt. Der oder die Mitgesellschafter haben dann die Möglichkeit, das Kaufangebot entweder anzunehmen und alle ihre Anteile an den Anbietenden zu veräußern oder aber ihrerseits dem Anbietenden ein verbindliches Kaufangebot für alle seine Gesellschaftsanteile mit einem *höheren* Kaufpreis zu unterbreiten (sog. „**Texan Shoot Out**"). Solche Vertragsbestimmungen zu Zwangsverkaufsverfahren sind sowohl in Personengesellschaften wie der GmbH grundsätzlich wirksam.[43] Der Vorteil des Zwangsverkaufsverfahrens besteht zum einen darin, dass sich die Gesellschafter auch ohne langwierige und kostenintensive Gerichtsverfahren zügig voneinander trennen, und der Zwangsverkauf zum anderen einen gewissen Gerechtigkeitsgehalt hat, da derjenige Gesellschafter Anteile zuerwirbt bzw. in der Gesellschaft verbleibt, der den Wert der Gesellschaft höher einschätzt als der verkaufende Mitgesellschafter. Der

560

---

[41] Das **Muster** einer entsprechenden Satzungsklausel für GmbH-Geschäftsanteile (Kombination von Anteilsvinkulierung und Befreiung bei Nichtausübung eines Vorkaufsrechts) findet sich z.B. im Beck'schen Formularbuch GmbH-Recht, unter C. III. 2. (§ 19) sowie im Münchener Vertragshandbuch, Bd. 1, unter Ziffer IV. 26. (§§ 19, 20).

[42] Vgl. die **Muster** im Münchener Vertragshandbuch, Bd. 1, unter Ziffer II. 4. (§ 14), für eine Familien-OHG, und unter Ziffer III. 10. (§§ 18, 19), für eine GmbH & Co. KG.

[43] OLG Nürnberg, Urteil vom 20.12.2013, GmbHR 2014, 310. Vgl. hierzu auch unter Rn. 314, bei Darstellung wirksamer „Hinauskündigungsklauseln".

Nachteil besteht naheliegenderweise darin, dass finanzschwächere Gesellschafter oder Gesellschafter mit kleineren Beteiligungsquoten benachteiligt werden können, da sie nicht in der Lage sind oder es nicht ihrem wirtschaftlichen Interesse entspricht, den Anteil eines Mehrheitsgesellschafter übernehmen oder aber aus der Gesellschaft ausscheiden zu müssen. Die vertragliche Regelung einer solchen Trennungslösung[44] eignet sich daher am ehesten für Gesellschaften mit etwa gleich hohen Beteiligungsquoten und vergleichbar finanzstarken Partnern. Im Übrigen kommen solche Zwangsverkaufsverfahren in erster Linie ad hoc, als Vergleichslösung bei einem heillos zerstrittenen Gesellschaftsverhältnis in Betracht, bei dem eine Trennung der Gesellschafter unumgänglich geworden ist (vgl. hierzu auch unter Rn. 598 ff.).

- **Austritt durch Kündigung**

561 Das Recht eines **Personengesellschafters**, durch ordentliche Kündigung aus der Gesellschaft auszuscheiden, kann nicht ausgeschlossen und nur innerhalb gewisser Zulässigkeitsgrenzen vertraglich eingeschränkt werden.[45] Um Streitigkeiten über die angemessene Kündigungsfrist und zusätzliche Kosten bei der Berechnung des Auseinandersetzungsguthabens zu vermeiden, ist bei der **GbR** indessen eine Vertragsklausel sinnvoll, mittels derer ein **Kündigungstermin** und eine **Kündigungsfrist** für die **ordentliche Kündigung** festgelegt werden (also Kündigung zum Ende eines Geschäftsjahres [zur Vermeidung einer zusätzlichen, unterjährig zu erstellenden Auseinandersetzungsbilanz] und mit einer bestimmten Frist, wie z.B. sechs Monaten). Für die OHG und KG ist die entsprechende Regelung wegen der Vorschrift des § 132 HGB (ordentliche Kündigung zum Schluss eines Geschäftsjahres mit einer Frist von mindestens sechs Monaten) demgegenüber grds entbehrlich. Gleiches gilt aufgrund der Verweisung in § 9 Abs. 1 PartGG für die PartG. Hier ist zum Schutz der verbleibenden Gesellschafter und mit Rücksicht auf die Bestimmung in § 131 Abs. 3 Nr. 3 HGB lediglich die Vertragsklausel verbreitet und günstig, wonach den Mitgesellschaftern die Wahlmöglichkeit eingeräumt wird, sich der Kündigung anzuschließen und die **Gesellschaft gemeinsam** mit dem Kündigenden **zu liquidieren** oder aber die Gesellschaft fortzusetzen und an den Kündigenden ein Auseinandersetzungsguthaben zu zahlen.

562 Der Gesellschafter einer **GmbH** hat nach der gesetzlichen Regelung kein Recht, durch ordentliche Kündigung aus der Gesellschaft auszuscheiden. Aus den eingangs genannten Gründen kann es zur Streitvermeidung sinnvoll sein, auch dem Gesellschafter einer personalistischen GmbH eine solche **Austrittsmöglichkeit durch Satzungsregelung** zu eröffnen. Falls die Satzung die ordentliche Kündigung zulässt, sollte im Annex geregelt werden, wie der Geschäftsanteil des Kündigenden bei Wirksamwerden der Kündigung verwertet wird (Einziehung oder Zwangsabtretung) und welche Abfindung der Kündigende erhält (üblicherweise wird auf die allgemeine Abfindungsregelung in der Satzung, die etwa auch bei einem Ausschlussverfahren einschlägig ist, verwiesen). Meist wird auch in der GmbH den Mitgesellschaftern schließlich die Möglichkeit ein-

---

[44] Weitere Gestaltungshinweise für entsprechende Vertragsklauseln finden sich z.B. bei *Schulte/Sieger*, NZG 2005, 24.

[45] Vgl. hierzu unter Rn. 490 ff.

geräumt, sich alternativ zur Abfindungszahlung der Kündigung anzuschließen, so dass die Gesellschaft gemeinsam liquidiert wird.[46]

f) Ausschluss aus der Gesellschaft aus wichtigem Grund

In jeder personalistisch strukturierten Gesellschaft besteht naheliegenderweise ein dringendes Bedürfnis, einen Mitgesellschafter, der aufgrund Pflichtverletzungen oder aus sonstigen „wichtigen" Gründen unzumutbar geworden ist, aus der Gesellschaft auszuschließen (sofern das Gesellschaftsverhältnis nicht durch eigene Anteilsveräußerung oder Kündigung beendet wird). Eine solche Ausschließung von Mitgesellschaftern bei Vorliegen eines wichtigen Grundes ist bei Personengesellschaften und der GmbH bereits von Gesetzes wegen möglich.[47] Die vertragliche Regelung kann unter dem Gesichtspunkt der Streitprävention in diesem Zusammenhang also nur dazu dienen, das **Ausschließungsverfahren** durch klare und vollständige Regelungen **zu vereinfachen**, zu verkürzen und für die Parteien so rechtsverbindlich vorzugeben, dass **Folgestreitigkeiten** über Einzelfragen (wie z.B. die Art der Anteilsverwertung nach Ausschließung eines GmbH-Gesellschafters, die Höhe und Berechnung der Abfindung, die Auszahlungsmodalitäten der Abfindung etc.) **möglichst vermieden** werden.

563

Bei der **GbR** kann ein Mitgesellschafter bei Vorliegen eines wichtigen Grundes durch Gesellschafterbeschluss ausgeschlossen werden, sofern der Gesellschaftsvertrag eine allgemeine Fortsetzungsklausel enthält (§ 737 BGB). Demgegenüber erfolgt die Ausschließung bei der **PartG**, **OHG** und **KG** gemäß §§ 140 HGB, 9 Abs. 1 PartGG grds durch Ausschlussklage. Dies hat für die klagenden Gesellschafter den Nachteil (und für den Auszuschließenden den Vorteil), dass die Ausschließung erst bei rechtskräftigem (stattgebendem) Urteil im Ausschlussprozess wirksam wird. Zur Vermeidung von (Dauer-)Streitigkeiten während dieses Ausschließungsverfahrens kann es hilfreich sein, in den Gesellschaftsvertrag der PartG, OHG oder KG die Bestimmung aufzunehmen, wonach die **Ausschließung** bei Vorliegen eines wichtigen Grundes auch **durch Gesellschafterbeschluss** der verbleibenden Gesellschafter durchgeführt werden kann (was allerdings zu einer Verschiebung der Klagelast auf den Ausgeschlossenen führt, der sich gegen den Beschluss mittels Nichtigkeitsfeststellungsklage zur Wehr setzen muss). Im Sinne einer Streitprävention effektiver sind deshalb vor allem klare, vollständige und faire Regelungen zur Höhe und Auszahlung der dem Ausgeschlossenen geschuldeten Abfindung.[48]

563a

---

[46] Das **Muster** für solche Kündigungsklauseln in einer kleineren GmbH findet sich z.B. im Beck'schen Formularbuch GmbH-Recht, unter Ziffer C. I. 2. (§ 10) und unter Ziffer C. I. 3. (§ 14) sowie im Münchener Vertragshandbuch, Bd. 1, unter Ziffer IV. 27. (§ 24).

[47] Vgl. zum Ausschluss eines Gesellschafters näher unter Rn. 217–273.

[48] Vgl. zu den rechtlichen Möglichkeiten einer vertraglichen Regelung des Auseinandersetzungsguthabens bzw. der „Abfindung" unter Rn. 327 ff. **Muster** für vertragliche Abfindungsregelungen finden sich etwa im Münchener Vertragshandbuch Bd. 1, unter Ziffer III. 3. (§ 18) und unter Ziffer III. 4. (§ 17) sowie im Beck'schen Formularbuch GmbH-Recht, unter Ziffer N. III. 2.

564 Für die **GmbH** gelten die vorstehenden Ausführungen zur OHG und KG entsprechend: Die Satzung kann den Gesellschaftern die Möglichkeit eröffnen, einen Mitgesellschafter bei Vorliegen eines „wichtigen Grundes" **durch Gesellschafterbeschluss auszuschließen**. Diese – in der Praxis weit verbreitete – Satzungsbestimmung führt dazu, dass eine Ausschlussklage vermieden wird, verhindert andererseits aber nicht, dass der Ausschließungsbeschluss zum Gegenstand einer Beschlussmängelklage (Nichtigkeits-, Anfechtungs- oder Beschlussfeststellungsklage) gemacht wird. Diese Verschiebung der Klagelast von den den Ausschluss betreibenden Gesellschaftern auf den ausgeschlossenen Gesellschafter ist im Grundsatz für sich also nicht streitpräventiv. Auch für die GmbH gilt indessen, dass der im Zusammenhang mit dem Ausschluss entstehende Gesellschafterstreit (wegen der Vermeidung von Folgestreitigkeiten) durch klare, vollständige und ausgewogene Regelungen zur Berechnung, zur Höhe und zu den Auszahlungsmodalitäten der Abfindung ggf eingegrenzt werden kann.[49] Darüber hinaus können eine **Vielzahl von Folgestreitigkeiten** nach dem Ausschließungsbeschluss **vermieden** werden, wenn die Satzung rechtssichere und vollständige Bestimmungen zu den unmittelbaren Rechtsfolgen der Ausschließung enthält, wie insbesondere zur Art und Weise der Verwertung des betroffenen Geschäftsanteils (Zwangseinziehung oder Zwangsabtretung, jeweils nebst der erforderlichen zusätzlichen Regelungen)[50] oder zur Berechnung und den Auszahlungsmodalitäten der Abfindung.[51]

g) Erbfolge in Familiengesellschaften

565 Die (vorweggenommene) Erbfolge in Gesellschaftsanteile begründet für die betroffenen Gesellschafter erhebliches Streitpotential. Gesellschafterstreitigkeiten um Macht (Mitwirkung und Einflussnahme auf die Geschäftsführung) und Geld (Tätigkeitsvergütungen und Gewinnverteilung; Ergebnisverwendung und Gewinnentnahmen) entstehen besonders häufig innerhalb der Nachfolgegeneration eines oder mehrerer Gründungsgesellschafter. In erster Linie betroffen sind hierbei Familiengesellschaften, also Unternehmen, die im Anteilsbesitz einer Familie oder weniger Familienstämme stehen, deren Vertreter das Unternehmen zudem führen und lenken. Dies findet seinen Grund u.a. darin, dass die Gesellschaftsanteile bei solchen Familienunternehmen schon aus persönlichen Gründen häufig auf die nächste Generation übertragen bzw. vererbt werden und

---

[49] Vgl. zu solchen Abfindungsklauseln näher unter Rn. 327 ff. **Muster** für Abfindungsregelungen in der GmbH finden sich z.B. im Beck'schen Formularbuch GmbH-Recht, unter Ziffer C. I. 2. (§ 12), für eine kleinere, mehrgliedrige GmbH, und unter Ziffer C. I. 3. (§ 17), für eine größere, mehrgliedrige GmbH sowie im Münchener Vertragshandbuch Bd. 1, unter Ziffer IV. 20. (§§ 22, 23).

[50] Vgl. hierzu unter Rn. 258 ff. und 268 f. Die Möglichkeit der verbleibenden Gesellschafter, den Anteil des ausscheidenden Gesellschafters durch Zwangsabtretung an einen Gesellschafter oder Dritten zu verwerten, hat z.B. den erheblichen Vorteil, dass nicht die GmbH selbst (anders als vor allem bei der Anteilseinziehung) Schuldnerin der Abfindungszahlung ist. Auf diese Weise werden die typischen Unsicherheiten und Streitigkeiten vermieden, ob die GmbH überhaupt in der Lage ist, die Abfindung aus „ungebundenem", nicht zur Stammkapitalerhaltung benötigtem Vermögen auszuzahlen (was weitere Folgestreitigkeiten über die Wirksamkeit der Anteilsverwertung als solche nach sich zieht).

[51] Vgl. hierzu unter Rn. 258 ff. und 268 f.

I. Streitvermeidung durch Vertragsgestaltung

somit der Tod eines Gesellschafters nicht – wie bei personalistischen, auf persönliche Zusammenarbeit angelegten Gesellschaften grds naheliegend – zur Auflösung der Gesellschaft oder deren Fortsetzung unter den verbleibenden Gesellschaftern führt.[52] Ein weiterer Grund liegt darin, dass sich die Gesellschafter der Nachfolgegeneration – anders als die Gründer – ihre Mitgesellschafter, mit denen sie im Unternehmen zusammenarbeiten sollen, nicht ausgewählt haben. Es besteht also die Gefahr, dass unterschiedliche Auffassungen und Eignungen sowie Rivalitäten und Misstrauen unter den Erben (z.B. zwischen den Repräsentanten unterschiedlicher Familienstämme) bis hin zu persönlichen Animositäten das Gesellschaftsverhältnis zusätzlich belasten.

Eine gelungene Unternehmensnachfolge bei Familiengesellschaften ist selbstverständlich trotzdem möglich, jedoch sollte unter dem Blickwinkel der Streitvermeidung *im Grundsatz* Folgendes berücksichtigt werden: **Vorrangiges Konfliktfeld** unter den nachrückenden Gesellschaftern bildet die **Unternehmensleitung**. Angesichts dessen ist bei der Planung der Unternehmensnachfolge besonderes Augenmerk darauf zu richten, durch welche Personen das Unternehmen in der nächsten Generation geführt wird. Unabhängig von der persönlichen Eignung der Erben ist es dabei unter dem Gesichtspunkt der Konfliktprävention rglm **ungünstig**, wenn die **Geschäftsleitung** aus Gründen der Gerechtigkeit oder familienpolitischen Überlegungen **gleichberechtigt auf Geschwister** oder **Repräsentanten mehrerer Familienstämme** oder gar **Mitglieder unterschiedlicher Gesellschafterstämme übergeht**. Solche Regelungen, die von den Gründungsgesellschaftern durch entsprechende Abreden im Gesellschaftsvertrag, durch Entsende- oder Präsentationsrechte oder infolge eines Stimmenpatts in der Gesellschaft abgesichert werden, führen aus den vorstehend genannten Gründen zu einem „latenten Konfliktpotential".[53]

566 Wenn es sich in persönlicher Hinsicht vertreten lässt, sollte daher auf die Unternehmensleitung durch **einen Familienangehörigen** hingewirkt und ein Zusammenwirken mehrerer Familienmitglieder oder „Stammesvertreter" vermieden werden. Selbst die Zuweisung unterschiedlicher Geschäftsbereiche ist unter dem Gesichtspunkt der Streitvermeidung meist ungenügend, da die Gesamtverantwortung aller Geschäftsführer für die Unternehmensleitung und damit der Zwang zur Zusammenarbeit verbleiben, zumal selbst aufgeteilte Ressorts bei einer Vielzahl von Entscheidungen miteinander verflochten sind. Die Auswahl dieses

---

[52] So auch das gesetzliche Leitbild beim Tod eines GbR-Gesellschafters, des Partners einer PartG oder des persönlich haftenden Gesellschafters einer OHG oder KG (§§ 727, 736 BGB, 131 Abs. 3 Nr. 1 HGB, 9 Abs. 1 und Abs. 4 PartGG). Kommanditanteile sind demgegenüber gemäß § 177 HGB und GmbH-Geschäftsanteile gemäß § 15 Abs. 1 GmbHG auch ohne vertragliche Regelung frei vererblich. Falls diese Rechtsfolge nicht gewünscht ist, kann die Vererblichkeit des Kommanditanteils im Gesellschaftsvertrag ausgeschlossen oder das Recht der verbleibenden Gesellschafter begründet werden, den betroffenen Anteil innerhalb bestimmter zeitlicher Grenzen gegen Abfindungszahlung einzuziehen (vgl. hierzu näher unter Rn. 306). Entsprechende Regelungen finden sich in GmbH-Satzungen (Einziehung eines Geschäftsanteils nach dem Tod eines Gesellschafters gegen Abfindungszahlung), falls die verbleibenden Gesellschafter das Gesellschaftsverhältnis nicht mit Erben oder nur mit ganz bestimmten Erben fortsetzen möchten oder dürfen (z.B. Anwaltsgesellschaften). Das **Muster** einer solchen Einziehungsklausel findet sich z.B. im Beck'schen Formularbuch GmbH-Recht, unter Ziffer C. I. 3. (§ 16).
[53] Vgl. auch *Hennerkes/May*, Der Gesellschaftsvertrag des Familienunternehmens, NJW 1988, 2761 (2762).

bestimmten Erben oder Familienangehörigen, dem die Unternehmenslenkung anvertraut wird, kann dabei entweder durch die Erblasser-Generation oder zu einem späteren Zeitpunkt, je nach persönlicher Eignung und Erfolg der in Betracht kommenden Personen, auch durch ein unabhängiges Gesellschaftsorgan, vor allem einen Beirat oder Verwaltungsrat, erfolgen. Eine Alternative besteht darin, die **Unternehmensleitung** nicht den Erben, sondern **Fremdgeschäftsführern anzuvertrauen**, die durch die Gesellschafter oder einen Beirat bzw. Aufsichtsrat ausgewählt und bestellt werden. Diese Gestaltung ist unter dem Blickwinkel der Konfliktprävention unter den Gesellschaftererben naheliegenderweise am effektivsten: Die Fremdgeschäftsführer werden im Zweifel nach Qualifikation und nicht wie Familienangehörige (auch) aufgrund persönlicher bzw. familiärer Überlegungen ausgewählt. Rivalitäten und persönliche Spannungen unter Familienangehörigen führen nicht (oder zumindest nicht unmittelbar) zur Belastung und Behinderung der Unternehmensleitung. Die Auswechslung eines Geschäftsführers im Falle mangelnder Eignung oder aus sonstigen Gründen ist unproblematischer möglich als die Abberufung eines durch Entsenderechte oder die Mehrheitsverhältnisse abgesicherten Gesellschafter-Geschäftsführers. Um ein Durchschlagen möglicher Auseinandersetzungen auf Gesellschafterebene auf die Unternehmensleitung zu verhindern, müsste zusätzlich eine gewisse rechtliche Unabhängigkeit der Fremdgeschäftsführer vor einer Einflussnahme durch die Mehrheitsgesellschafter sichergestellt werden. Dies kann z.B. dadurch erfolgen, dass die betroffene Gesellschaft in Vorbereitung der Unternehmensnachfolge in eine (nicht personen- und beteiligungsgleiche) GmbH & Co. KG oder aber in eine Aktiengesellschaft umgewandelt wird, so dass künftige Eingriffe der Gesellschaftermehrheit in die Geschäftsführung mittels Weisungsbeschlusses verhindert werden.

567 Neben der Unternehmensleitung betreffen Streitigkeiten unter den Erben-Gesellschaftern vor allem die Frage, wie **Gewinne der Gesellschaft verwendet** werden. Dies gilt insbesondere dann, wenn im Zuge der Unternehmensnachfolge einzelne Familienangehörige oder gar ein ganzer Familienstamm im Unterschied zu anderen Familienangehörigen oder einem weiteren Familienstamm nicht mehr an der Unternehmensleitung beteiligt sind und/oder aufgrund der Aufsplitterung des Gesellschaftsanteils auf mehrere Erben über kein nennenswertes Stimmengewicht in der Gesellschafterversammlung mehr verfügen. Solche Erben-Gesellschafter interessieren sich naheliegenderweise über kurz oder lang weniger für die Kapital- und Liquiditätsausstattung der Gesellschaft oder umfangreiche Neuinvestitionen als für die laufenden Gewinnausschüttungen auf ihre Beteiligung. Zur Streitvermeidung sollte daher gesellschaftsvertraglich zumindest sichergestellt sein, dass bei Personengesellschaften ein Entnahmerecht der Gesellschafter mindestens in Höhe der auf ihre Gewinnanteile anfallenden Ertragsteuern besteht und die Erben berechtigt sind, die für den Erhalt des Gesellschaftsanteils zu zahlende Erbschaft- oder Schenkungsteuer über die Entnahme stehengelassener Gewinne des Erblassers, durch Entnahme laufender Gewinne oder (bei der GmbH) Gewinnausschüttungen zu bezahlen. Es dient ferner rglm der Konfliktprävention, wenn den Gesellschaftern auch darüber hinaus ein Recht auf eine Mindestgewinnentnahme bzw. – in der GmbH – ein Mindestausschüttungsanspruch vertraglich zugesprochen wird (vgl. hierzu auch unter Rn. 555 f.).[54]

---

[54] Vgl. zu einer fairen Ausschüttungspolitik in Familienunternehmen eingehend *Kormann*, Gewinnverwendung und Vermögen – Zukunftssicherung für das Familienunternehmen und seine Inhaber, Wiesbaden 2013, 138 ff. (150 ff.).

II. Außergerichtliche Streitbeilegung durch gütliche Einigung

Schrifttum: *Blasche*, Überwindung von Pattsituationen unter Gesellschaftern mit Hilfe von gesellschaftsexternen Dritten, GmbHR 2013, 176; *Bohl*, Die Mediation – Eine Chance für die Anwaltschaft, AnwBl 2000, 737; *Casper/Risse*, Mediation von Beschlussmängelstreitigkeiten, ZIP 2000, 437; *Dendorfer*, Wirtschaftsmediation: Die Abkehr von der Streithansel-Kultur, DB 2003, 135; *Duve*, Vermeidung und Beilegung von Gesellschafterstreitigkeiten, AnwBl 2007, 389; *Gullo*, Das neue Mediationsgesetz: Anwendung in der wirtschaftsrechtlichen Praxis, GWR 2012, 385; *Jansen/Beyerlein*, Konfliktlösung in Familienunternehmen, BB 2012, 733; *Raeschke-Kessler*, Mediation und Schiedsverfahren in Gesellschafterstreitigkeiten, AnwBl 2011, 441; *ders.*, Mediation und Schiedsgerichtsbarkeit für Wirtschaftssachen, AnwBl 2012, 64; *Schröder*, Konfliktmanagement bei GmbH-Gesellschafterstreitigkeiten, GmbHR 2014, 287; *ders.*, Mediationsklauseln im Gesellschaftsvertrag einer GmbH, GmbHR 2014, 960; *Unberath*, Mediationsklauseln in der Vertragsgestaltung, NJW 2011, 1320; *Weidmann*, Beilegung von Gesellschafterstreitigkeiten bei zweigliedrigen Gesellschaften mit identischen Beteiligungsverhältnissen, DStR 2014, 1500.

Die Streitbeilegung durch gütliche Einigung hat für die Betroffenen gegenüber der Streitbeendigung durch Richterspruch einige offensichtliche Vorteile: Der Vergleich führt zu einer erheblichen **Kosten- und Zeitersparnis**, vor allem wenn der Rechtsstreit auf diese Weise noch vor Einleitung eines Gerichtsverfahrens erledigt werden kann.[1] Die gütliche Einigung dient darüber hinaus eher dem **Rechtsfrieden** als die streitige Entscheidung, da die Interessen und Rechtsstandpunkte beider Parteien berücksichtigt werden und nicht ein Betroffener als „Verlierer" der Auseinandersetzung zurückbleibt. Der Vergleich ist deshalb auch besser geeignet, die Wiederherstellung und **Erhaltung der persönlichen Beziehungen** der Streitparteien zu fördern, was im Hinblick auf Gesellschafterkonflikte vor allem dann einen wesentlichen Vorteil bedeutet, wenn das Gesellschaftsverhältnis nach Vergleichsschluss fortgesetzt werden soll.

Jeder vernünftig handelnde Gesellschafter und jeder verantwortungsbewusst agierende Berater wird daher in jeder Phase eines Gesellschafterstreites darauf hinwirken, eine gütliche Streitbeilegung durch Verhandlung, Schlichtung, Mediation oder gerichtlichen Vergleich zu erreichen. Wenngleich **Gesellschafterstreitigkeiten** oft mit großer Härte und Entschlossenheit geführt werden, **eignen sie sich** andererseits grds **gut für solche einvernehmlichen Lösungen**: Langwierige, gesellschaftsinterne Streitigkeiten in personalistischen Gesellschaften blockieren die Unternehmensentwicklung, verunsichern die Belegschaft und schaden dem Ansehen bei Geschäftsbanken, Lieferanten und Kunden. Der Rechtsstreit ist im Zweifel also für jeden der Beteiligten wirtschaftlich nachteilig, auch für diejenigen Gesellschafter, die sich im Prozess gegen ihren Gegner letztlich durchsetzen. Falls es im Zuge der Auseinandersetzung misslingt, den missliebigen Mitgesellschafter auszuschließen oder das Gesellschaftsverhältnis in sonstiger Weise zu wirtschaftlich angemessenen Konditionen zu beenden, ist die Beschädigung der persönlichen Beziehungen durch Gerichtsstreitigkeiten zusätzlich belastend, da die Streitparteien in der Gesellschaft weiter zusammenarbeiten müssen und rechtlich ver-

---

[1] Vgl. auch BVerfG, Nichtannahmebeschluss vom 14.2.2007, NJW-RR 2007, 1073 (für die außergerichtliche Streitschlichtung).

bunden bleiben. Erbittert geführte Prozesse führen daher auch in aller Regel dazu, dass – unabhängig vom ursprünglichen Streitgegenstand – letztlich eine der Streitparteien aus der Gesellschaft ausscheidet oder das Gesellschaftsverhältnis auf andere Weise (notfalls durch gerichtliche Zwangsauflösung) beendet wird.

1. Gütliche Einigung durch Verhandlungen

570 Die naheliegendste Methode, um Rechtsstreitigkeiten durch gütliche Einigung zu beenden, besteht darin, mit dem Gegner zu verhandeln. Der **geeignetste Weg** zu einer solchen **Verhandlungslösung hängt vom Einzelfall ab**: In einem Fall mag es genügen, dass sich die Gesellschafter überhaupt offen und lösungsorientiert über ein Problem aussprechen und sich – ggf mit Unterstützung eines Schlichters oder Mediators – ernsthaft um eine gütliche Einigung bemühen, in einem anderen Fall sind die wechselseitigen Standpunkte bereits so verhärtet, dass eine Einigung nur noch im Rahmen einer gerichtlichen Auseinandersetzung, nach einem ersten „Schlagabtausch" und durch Vermittlung des Gerichts, möglich ist. Die Art und Weise der Verhandlungsführung hängt darüber hinaus entscheidend von der Art der Streitigkeit, der rechtlichen Ausgangssituation und vor allem der Persönlichkeit sowie den sozialen und psychologischen Fähigkeiten der Streitparteien und deren Berater ab. Für den Versuch einer *außergerichtlichen* Streitbeilegung lassen sich daher nur **allgemeine Vorschläge** zur **Vorbereitung** und zum **Ablauf einer Vergleichsverhandlung**[2] machen:

- In einem ersten Schritt sind zunächst die **eigenen, realistischen Ziele und Interessen zu bestimmen**, ggf mit einer Gewichtung der eigenen Zielsetzungen. Es ist ferner zu prüfen, welchen Standpunkt die Mitgesellschafter vertreten und welche Ziele – soweit erkennbar – der gegnerische Gesellschafter bzw. die gegnerischen Mitgesellschafter verfolgen. Diese Zielbestimmung erfolgt auf Grundlage der Überlegung, um welche **Art des Konfliktes** es sich überhaupt handelt: Um eine **sachliche** Auseinandersetzung über einzelne Geschäftsführungsmaßnahmen oder die Geschäftsstrategie, um **wirtschaftliche** Konflikte, wie z.B. die Gewinnverteilung oder den Umfang der Gewinnausschüttung oder aber (am schwierigsten lösbar) um **persönliche** Animositäten.
- Den Vergleichsgesprächen sollte sodann und nach Maßgabe der Zielsetzung der Gespräche bzw. der angestrebten Lösungen eine eingehende **Prüfung** der im betreffenden Gesellschafterstreit **aufgeworfenen Rechtsfragen** bzw. der **eigenen Rechtsposition** vorangehen. Hierbei sind, rglm mit Unterstützung eines Rechtsanwalts oder Steuerberaters, alle für den betreffenden Rechtsstreit maßgeblichen Unterlagen zu berücksichtigen und auszuwerten, d.h. neben dem Gesellschaftsvertrag bzw. der GmbH-Satzung auch relevante Gesellschaftervereinbarungen, Anstellungsverträge, streitgegenständliche Jahresabschlüsse, Geschäftsunterlagen etc.

---

[2] Hinweise zu besonders strukturierten Vergleichsverhandlungen unter Zuhilfenahme eines Schlichters oder „Mediators" finden sich unter Rn. 573 ff.

Ferner sind **tatsächliche Vorfragen zu klären**, etwa die Vermögenssituation und Liquidität der Gesellschaft sowie die Höhe einer Abfindungsverpflichtung, wenn ein Ausscheiden des Mitgesellschafters in Betracht gezogen wird, oder der Wert des Unternehmens, wenn eine Trennung vom Mitgesellschafter durch Teilung oder Anteilskauf angedacht ist.

- Es ist zu überlegen, ob die **Erfolgsaussichten** für eine **Vergleichslösung** hinreichend **realistisch** sind bzw. der eigenen Rechtsposition gerecht werden. Die Aufnahme von Vergleichsverhandlungen kann z.B. nach groben Pflichtverletzungen eines Mitgesellschafters sinnlos sein, wenn das klare Bedürfnis nach einer gerichtlichen Klärung oder nach einer Sanktionierung durch gerichtliche Entscheidung besteht. Hierbei ist auch zu berücksichtigen, welche **Kosten** sich durch Vergleichsverhandlungen ergeben und ob die Erfolgsaussichten einer Verhandlungslösung hinreichend groß sind, um den betreffenden Zeit- und Kostenaufwand zu rechtfertigen.
- Die Vergleichsgespräche sollten **sorgfältig vorbereitet** werden. Einleitend kommt z.B. ein Schreiben an die andere Partei, mit dem Angebot des Vergleichsgesprächs zur Vermeidung der drohenden gerichtlichen Auseinandersetzung, in Betracht. Der eigene Standpunkt ist zu erläutern. Der anderen Partei ist ggf Gelegenheit zu geben, sich bereits vorab mit Vorschlägen zu einer gütlichen Einigung zu äußern. Falls Zeitdruck besteht, etwa bei Beschlussmängelstreitigkeiten im Hinblick auf eine Klagefrist, müsste mit dem bzw. den Mitgesellschafter(n) zudem eine **Stillhaltevereinbarung** getroffen werden, um ausreichende Zeit für den Versuch der außergerichtlichen Streitbeilegung zu gewinnen.[3] Alle Betroffenen (bei einer Beschlussmängelstreitigkeit z.B. *alle* Gesellschafter) sind mit einzubeziehen.
- Der Verlauf der **Vergleichsgespräche** selbst hängt sodann wesentlich vom **sozialen und psychologischen Geschick** des Betroffenen und seiner Berater sowie deren Souveränität und Erfahrung ab. Grds gilt, dass für das Gespräch ausreichend Zeit eingeplant sein sollte. Jede Streitpartei sollte durch einen möglichst sach- und rechtskundigen Berater unterstützt werden, da zur Lösung des Streits und zur Vorbereitung einer Vergleichsvereinbarung bei Gesellschafterstreitigkeiten meist eine Vielzahl rechtlicher Fragen zu klären sind. Berater bieten darüber hinaus zumindest im Regelfall Gewähr für eine sachlichere Gesprächsführung. Alle Parteien sollten ausreichend Gelegenheit erhalten, ihren Standpunkt darzulegen und eigene Lösungsvorschläge zu unterbreiten (wobei es im Sinne einer gütlichen Einigung geboten ist, diese Interessen und Auffassungen des Gegners ernsthaft zu prüfen und zu versuchen, sich den Konflikt auch unter dessen Blickwinkel zu betrachten). Schließlich (und vor allem) sollte darauf geachtet werden, dass das Vergleichsgespräch **ohne Polemik, in konstruktiver und ruhiger Atmosphäre** und in dem Bemühen verläuft, einen Kompromiss zu finden.

---

[3] Vgl. zur Problematik von Klagefristen, vor allem der Anfechtungsfrist bei einer Beschlussanfechtung im GmbH-Recht, sowie zur Hemmung bzw. sonstigen Aussetzung solcher Fristen durch Vereinbarung im Einzelfall bzw. aufgrund Satzungsbestimmung näher unter Rn. 579 f., im Zusammenhang mit der Darstellung der Schlichtung oder Mediation von Beschlussmängelstreitigkeiten.

572 • Falls eine gütliche Einigung erzielt werden kann, sind die **Inhalte einer Vergleichsvereinbarung beweissicher festzuhalten**. Sofern dies formgültig möglich ist und Einverständnis der Parteien besteht, ist die Vergleichsvereinbarung ggf noch im Anschluss an das Vergleichsgespräch selbst schriftlich zu fixieren, etwa durch allseitige Unterzeichnung eines Gesprächsprotokolls. Bei Beteiligung von Rechtsanwälten kann ggf ein vollstreckbarer Anwaltsvergleich gemäß § 796a ZPO geschlossen werden, vor allem wenn die Einigung die Zahlung eines Geldbetrags durch eine Partei betrifft.[4] Eine Vergleichsvereinbarung ist auch im Übrigen zügig zu vollziehen (etwa Vornahme der erforderlichen Handelsregisteranmeldung; Änderung der GmbH-Gesellschafterliste), um Folgestreitigkeiten oder gar „Rückzieher" einer Partei zu verhindern.

2. Streitschlichtung und Mediation

a) Überblick

573 **Vergleichsbemühungen** können je nach Persönlichkeit der Streitparteien und Art des Rechtsstreits **durch** einen Vermittler oder **Schlichter gefördert** werden. Für eine solche Streitschlichtung kommen bei Gesellschafterstreitigkeiten z.B. langjährige Berater der Gesellschaft in Betracht, sofern sie über die notwendige Neutralität verfügen. Falls bei der Gesellschaft ein Beirat bzw. „Verwaltungsrat" eingerichtet ist, kann auch dieses Gremium als Vermittlungsorgan eingeschaltet werden, wenn es in der streitigen Angelegenheit laut Gesellschaftsvertrag nicht ohnedies entscheidungsbefugt ist. Darüber hinaus bietet eine Vielzahl von Berufsverbänden und Vereinen sog. **Schlichtungsstellen** an und/oder stellt **Schlichtungsordnungen** zur Verfügung, auf deren Grundlage sie das Verfahren der Streitschlichtung administrieren und die Parteien bei der Durchführung des Verfahrens (etwa bei der Auswahl der Schlichter) unterstützen.[5] Der Schlichter moderiert die Vergleichsgespräche und **unterbreitet** eigene **Lösungsvorschläge**.

---

[4] Der Anwaltsvergleich ist gemäß § 796a Abs. 2 ZPO demgegenüber ausdrücklich ausgeschlossen, wenn der Vergleich auf die Abgabe einer Willenserklärung gerichtet ist.

[5] Vgl. etwa die „Schlichtungsstelle für kaufmännische Streitigkeiten" der IHK Frankfurt a.M., die u.a. in gesellschaftsrechtlichen Streitigkeiten angerufen werden kann, sofern die betreffende Gesellschaft Mitglied einer deutschen Industrie- und Handelskammer ist (weitere Informationen sind bei der IHK Frankfurt a.M., Börsenplatz 4, 60313 Frankfurt a.M., oder unter www.frankfurt-main.ihk.de erhältlich). Für Gesellschafterstreitigkeiten kommt ferner z.B. die außergerichtliche Streitschlichtung nach der DIS-Schlichtungsordnung der Deutschen Institution für Schiedsgerichtsbarkeit e.V. (DIS) in Betracht, auf deren Grundlage die Streitparteien bei der Durchführung des außergerichtlichen Schlichtungsverfahrens (gegen Entgelt) unterstützt und betreut werden (weitere Informationen sind bei der Hauptgeschäftsstelle der DIS in 50674 Köln, Beethovenstraße 5–13, oder unter www.dis-arb.de erhältlich). Das **Muster** einer Schlichtungsklausel, in der für das Schlichtungsverfahren auf die DIS-SchlichtungsO verwiesen und die Geltung dieser SchlichtungsO vereinbart wird, findet sich unter Rn. 858.

II. Außergerichtliche Streitbeilegung durch gütliche Einigung   321

Ein weiteres außergerichtliches Verfahren, mittels dessen die Streitbeilegung durch gütliche Einigung gefördert werden soll, ist die sog. **Mediation**. Es handelt sich um ein *„vertrauliches und strukturiertes Verfahren, bei dem Parteien mithilfe eines oder mehrerer Mediatoren freiwillig und eigenverantwortlich eine einvernehmliche Beilegung ihres Konflikts* anstreben" (§ 1 Abs. 1 MediationsG). Das Verfahren wird von einem unabhängigen und neutralen **Mediator** organisiert und geleitet (§ 1 Abs. 2 MediationsG). Der Mediator ist anders als ein Richter oder Schiedsrichter **nicht entscheidungsbefugt** und anders als ein Schlichter vorbehaltlich eines gemeinsamen Wunsches der Parteien nicht dazu aufgerufen, Lösungs- oder Kompromissvorschläge zu unterbreiten. Mediatoren sind häufig Rechtsanwälte oder Psychologen, die in Bezug auf die Strukturierung und Moderation von Vergleichsverhandlungen besonders geschult sind.[6]

574

Am 26.7.2012 ist das **Mediationsgesetz** (Gesetz zur Förderung der Mediation und anderer Verfahren zur außergerichtlichen Konfliktbeilegung) in Kraft getreten, das einige wesentliche Regelungen zum Verfahren der Mediation sowie zur Person und den Aufgaben des Mediators gesetzlich festschreibt. Der Umfang des Gesetzes ist überschaubar: § 1 MediationsG enthält Begriffsbestimmungen und definiert die Mediation – wie soeben unter Rn. 574 dargestellt – als freiwilliges, vertrauliches und strukturiertes Verfahren zur außergerichtlichen Konfliktbeilegung und den Mediator als unabhängige und neutrale Person ohne Entscheidungsbefugnis, die die Parteien durch die Mediation führt. § 2 enthält einige wesentliche Verfahrensbestimmungen. Laut § 2 Abs. 3 MediationsG können Dritte, somit auch anwaltliche Berater oder Vertreter, nur mit Zustimmung aller Parteien an der Mediation teilnehmen. Die Mediation kann jederzeit beendet werden (§ 2 Abs. 5 MediationsG). Die Bestimmungen in § 3 MediationsG regeln Pflichten des Mediators, der insbesondere alle Umstände offenlegen muss, die seine Unabhängigkeit und Neutralität beeinträchtigen könnten (§ 3 Abs. 1 S. 1 MediationsG). Bei Vorliegen solcher Umstände darf der Mediator nur tätig werden, wenn die Parteien dem ausdrücklich zustimmen. War der Mediator demgegenüber vor der Mediation in derselben Sache bereits Parteivertreter, scheidet die Übernahme des Mediatorenamts aus (§ 3 Abs. 2 S. 1 MediationsG). Laut § 4 MediationsG sind der Mediator und die in die Durchführung des Mediationsverfahrens eingebundenen Personen hinsichtlich vertraulicher Informationen, die im Rahmen des Mediationsverfahrens bekannt werden, grds zur Verschwiegenheit verpflichtet. Mangels gesonderter Vertraulichkeitsvereinbarung gilt die **Verschwiegenheitspflicht** also *nicht* für die Parteien selbst und ihre Vertreter, die die im Rahmen des Mediationsverfahrens erlangten Informationen grds in einem etwaigen anschließenden Rechtsstreit nutzen können. Die §§ 5 und 6 enthalten Bestimmungen zur Aus- und Fortbildung des Mediators, die §§ 7 und 8 zu Forschungsvorhaben, der finanziellen Förderung der Mediation und zur Evaluierung der Auswirkungen des Mediationsgesetzes. § 9 MediationsG enthält schließlich eine Übergangsbestimmung: Das Angebot der staatlichen Gerichte, während eines Gerichtsverfahrens durch einen nicht entscheidungsbefugten Richter unter der Bezeichnung **„Gerichtliche Mediation"** ein Mediationsverfahren durchzuführen, läuft am 1.8.2013 aus. Das angerufene Gericht kann den Parteien künftig eine Mediation oder ein anderes Verfahren der außergerichtlichen Konfliktbeilegung vorschlagen (§ 279a Abs. 1 ZPO) oder die Parteien für die Güteverhandlung sowie für weitere Güteversuche vor einen hierfür bestimmten, nicht entscheidungsbefugten

575

---

[6] Ein Verzeichnis von Mediatoren wird z.B. von den Industrie- und Handelskammern oder vom Deutschen Anwaltverein (http://mediation.anwaltverein.de) geführt. Eine Unterstützung bei der Mediatorensuche bieten ferner z.B. die Deutsche Gesellschaft für Mediation (http://dgm-web.de) oder der Bundesverband Mediation e.V. (www.bmev.de). Der „Bundesverband Mediation in Wirtschaft und Arbeitswelt e.V." (www.bmwa-deutschland.de) stellt ferner z.B. eine „Mediationsordnung" zur Verfügung und unterstützt die Parteien – gegen Gebühr – bei der Mediatorenauswahl. Hinzuweisen ist ferner z.B. auf die Mediationsordnung der Deutschen Institution für Schiedsgerichtsbarkeit e.V., die ebenfalls gegen Gebühr administrative Hilfe bei der Durchführung des Mediationsverfahrens leistet (abrufbar unter www.dis-arb.de).

Richter („Güterichter") verweisen, der alle Methoden der Konfliktbeilegung einschließlich der Mediation einsetzen kann (§ 278 Abs. 5 ZPO).

Das MediationsG enthält keine gesonderte Regelung zur Unterbrechung der **Verjährungsfristen** durch die Mediation, da der Gesetzgeber diesbezüglich die Bestimmung in § 203 BGB (Hemmung der Verjährung bei Verhandlungen über den Anspruch oder die den Anspruch begründenden Umstände) als ausreichend erachtet hat. Zu beachten ist, dass die Mediation wie bisher auch vorbehaltlich einer anderslautenden Vereinbarung nicht zur Unterbrechung von **Ausschlussfristen**, wie z.B. der Monatsfrist für Anfechtungsklagen gegen Gesellschafterbeschlüsse in der GmbH führt (vgl. hierzu unter Rn. 579).

576 Das **Schlichtungs- oder Mediationsverfahren verläuft** im Wesentlichen ebenso wie eine strukturierte Vergleichsverhandlung (vgl. hierzu unter Rn. 570 ff.): Nach Einleitung des Verfahrens, Auswahl und Bestellung eines Schlichters oder Mediators und Festlegung des Ablaufs (Zeitplan, Information und Einbeziehung aller notwendig Beteiligten, Klärung der Teilnahme von Beratern, Vertraulichkeitsvereinbarung, Abrede zur Kostentragung etc.) schildern und begründen zunächst die Streitparteien eingehend ihren Standpunkt. Ggf finden (mit Zustimmung der Beteiligten; § 2 Abs. 3 S. 3 MediationsG) Einzelgespräche zwischen einer Streitpartei und dem Schlichter bzw. Mediator statt. Als Ergebnis dieser „Ermittlungsphase" werden die (verbliebenen) Streitpunkte vom Schlichter/Mediator zusammengefasst. Nach Klärung der maßgeblichen Rechts- und Steuerfragen haben die Parteien Gelegenheit, selbst Lösungsvorschläge zu unterbreiten. In einem Schlichtungsverfahren beteiligt sich der Schlichter – anders als bei der Mediation – aktiv an der Erarbeitung solcher Vergleichsvorschläge. Falls sich die Parteien einigen, wird diese gütliche Einigung in einem Vergleichsvertrag fixiert.[7] Die **Kosten** des Schlichtungs- oder Mediationsverfahrens bestehen aus der Vergütung eigener Berater und dem Honorar für den Schlichter oder Mediator.[8] Bei administrierten Schlichtungs- oder Mediationsverfahren können (allerdings geringe) Gebühren für den betreffenden Anbieter hinzutreten.[9] Falls das Schlichtungs- oder Mediationsverfahren *erfolgreich* ist, sind die Verfahrenskosten im Zweifel somit deutlich geringer als ein Rechtsstreit vor einem Schiedsgericht oder staatlichen Gerichten.

577 Die Unterstützung und Strukturierung von Vergleichsverhandlungen durch einen Schlichter oder Mediator kann daher durchaus hilfreich sein. Trotzdem können sich **Schlichtung** und **Mediation**, zumindest bei Gesellschafterstreitigkeiten, trotz Werbung durch Berufsverbände, Mediatoren und deren Vereinigungen sowie die staatlichen Gerichte, **in der Praxis schwer durchsetzen**. Dies hat weniger damit zu tun, dass der Zeit- und Kostenaufwand für diese Verfahren frustriert sind, wenn der Versuch einer gütlichen Einigung scheitert. Auch der Umstand, dass der Streitgegner im Rahmen der Schlichtung oder Mediation Kenntnisse über Beweggründe oder Zielsetzungen der anderen Partei erhält, die er in einem anschließenden Gerichtsverfahren taktisch ausnutzen kann, fällt wohl kaum ins Gewicht, da die unterschiedlichen Standpunkte und Interessen ohnedies meist klar sind. Entscheidend ist eher, dass die Parteien (ggf unterstützt von ihren Beratern) je nach Art und Intensität des Rechtsstreits entweder selbst in der Lage sind, auch ohne Schlichter

---

[7] Einzelheiten zum Ablauf eines Mediationsverfahrens finden sich etwa bei *Risse*, Wirtschaftsmediation, NJW 2000, 1614.

[8] Üblich sind Stundensätze der Schlichter oder Mediatoren von € 200,00 bis € 400,00 sowie Tagessätze von bis zu rund € 3.500,00, jeweils zzgl. USt. Die Höhe der Schlichter- oder Mediatorvergütung richtet sich also wesentlich nach der Dauer des Mediationsverfahrens.

[9] Vgl. z.B. „Einschreibgebühr" in Höhe von € 250,00 gemäß § 2 Abs. 2 DIS-SchlichtungsO (mit der ab 1.10.2004 gültigen Kostenordnung), bei einem von der DIS administrierten Schlichtungsverfahren.

bzw. Mediator erfolgreiche Vergleichsverhandlungen zu führen, oder solche Vergleichsverhandlungen – jedenfalls zunächst – ohnedies ausscheiden und **der Wunsch der Streitparteien nach gerichtlicher Klärung der eigenen Rechte und Rechtspositionen besteht**. Hier liegt die maßgebliche Schwäche der Schlichtung bzw. Mediation und der Vorteil des Gerichts: Der Richter nimmt zur Rechtslage Stellung und führt den Parteien die jeweiligen Rechtsfolgen bei Scheitern einer gütlichen Einigung vor Augen. Diese Mitteilung der vorläufigen rechtlichen Einschätzung ist im Zweifel eher geeignet, die Vergleichsbereitschaft zu fördern, als die überparteiliche Moderation einer Vergleichsverhandlung durch einen Schlichter oder Mediator. Darüber hinaus sind die staatlichen Gerichte und ebenso die Schiedsgerichte angehalten und bemüht, in jeder Lage des Verfahrens auf eine gütliche Beilegung des Rechtsstreits hinzuwirken (§ 278 Abs. 1 ZPO). Im Ergebnis besteht daher für die zusätzliche Durchführung eines Mediations- oder Schlichtungsverfahrens – jedenfalls bei Gesellschafterstreitigkeiten – aus Sicht der Streitparteien häufig offenbar kein hinreichender Bedarf. Darüber hinaus müssen die Gerichte zur Erlangung einstweiligen Rechtsschutzes oder wegen des Zeitdrucks angesichts knapper Klagefristen und der umständlichen Einleitung des Mediationsverfahrens bei Beschlussmängelstreitigkeiten (vgl. unter Rn. 579 f.) in vielen Fällen ohnedies in Anspruch genommen werden.

b) Vereinbarung einer Schlichtung oder Mediation

Die Einleitung eines Schlichtungs- oder Mediationsverfahrens kann **nach Ausbruch eines Gesellschafterstreits vereinbart** werden oder – in Form einer **Schlichtungs- oder Mediationsklausel**[10] – bereits **im Gesellschaftsvertrag vorgesehen** sein. Im letzteren Fall ist zu unterscheiden zwischen Vertragsklauseln, mittels derer die Streitschlichtung oder Mediation nur **fakultativ**, ohne Ausschluss einer (gleichzeitigen) Klageerhebung vorgeschlagen wird, und Vertragsklauseln, die den Versuch einer außergerichtlichen Streitbeilegung mittels Schlichtung oder Mediation vor einer Klageerhebung in der betreffenden Streitigkeit **verbindlich anordnen**. Sofern der Gesellschaftsvertrag eine solche obligatorische Schlichtungs- bzw. Mediationsklausel enthält, liegt eine Prozessvereinbarung vor, aufgrund derer die Klageerhebung erst nach Durchführung oder Scheitern des Schlichtungs- oder Mediationsverfahrens zulässig ist.[11]

578

Der Versuch einer außergerichtlichen Streitbeilegung durch Schlichtung oder Mediation kann auch bei **Beschlussmängelstreitigkeiten** unternommen werden. Für die Schlichtungs- bzw. Mediationsvereinbarung oder die entsprechende Bestimmung im Gesellschaftsvertrag gelten hier jedoch besondere rechtliche Anforderungen: Zum einen ist sicherzustellen, dass an der Vergleichsverhandlung **alle Gesellschafter teilnehmen**, da der strittige Beschluss im Falle einer gütlichen Einigung nur von allen Gesellschaftern wieder aufgehoben oder abgeändert werden kann. Darüber hinaus muss gewährleistet sein, dass dem Gesellschafter, der die Beschlusswirksamkeit bestreitet, bei Scheitern des Schlichtungs- bzw. Mediationsverfahrens die Möglichkeit bleibt, den Klageweg zu bestreiten.

579

---

[10] Das **Muster** für eine Vertragsklausel, mittels derer für gesellschaftsinterne Streitigkeiten vor Klageerhebung (obligatorisch) eine Mediation angeordnet wird, findet sich unter Rn. 857, sowie für eine Schlichtungsklausel (unter Verweis auf die DIS-SchlichtungsO) unter Rn. 858.

[11] BGH, Urteil vom 23.11.1983, NJW 1984, 669 = MDR 1984, 485; BGH, Urteil vom 18.11.1998, NJW 1999, 647 = DB 1999, 215 (für Schlichtungsklauseln im Gesellschaftsvertrag einer tierärztlichen Gemeinschaftspraxis und einer Steuerberatersozietät). Sofern der Kläger gegen die betreffende Prozessvereinbarung verstößt (und vor dem Versuch der Schlichtung/Mediation sogleich Klage erhebt), wird die Klage als „derzeit unzulässig" abgewiesen. Vgl. auch OLG Frankfurt a.M., Urteil vom 6.5.2014, ZIP 2014, 1097, für die Schlichtungsklausel im Gesellschaftsvertrag einer GmbH & Co. KG.

580 Rechtliche Probleme können sich bei Beschlussmängelstreitigkeiten daher im Hinblick auf vertragliche oder gesetzliche **Anfechtungsfristen** ergeben. Die Einhaltung dieser Klagefrist bildet materielle Klagevoraussetzung, so dass die Beschlussmängelklage im Falle der Fristversäumnis unbegründet ist.[12] Der Gesellschafter, der die Beschlusswirksamkeit bestreitet, läuft somit Gefahr, seine Anfechtungsbefugnis bei Scheitern der Vergleichsverhandlungen zu verlieren, indem die Klagefrist während der betreffenden Schlichtung oder Mediation abläuft. Falls sich die Gesellschafter nach einer streitigen Beschlussfassung einigen, zur Vermeidung einer drohenden gerichtlichen Auseinandersetzung zunächst ein Schlichtungs- oder Mediationsverfahren durchzuführen, müssen diese Klagerechte durch **Stillhaltevereinbarung** (zur Hemmung oder Verlängerung der Anfechtungsfrist) **aller Gesellschafter** gesichert werden. Eine solche Vereinbarung ist unproblematisch, wenn die Klagefrist im Gesellschaftsvertrag einer Personengesellschaft enthalten ist, da die betreffende Bestimmung bei allseitiger Zustimmung ohne Einhaltung von Formvorschriften oder jedenfalls schriftlich abgeändert werden kann. Bei der GmbH ist demgegenüber zu unterscheiden: Die *gesetzliche* Anfechtungsfrist verlängert sich „automatisch" um den Zeitraum, während dessen die Gesellschafter ein vereinbartes Schlichtungs- oder Mediationsverfahren bzw. sonstige Vergleichsverhandlungen durchführen.[13] Eine ausdrückliche „Stillhaltevereinbarung" während der Schlichtung oder Mediation dient hier also nur der Klarstellung. Demgegenüber droht der Ablauf der Anfechtungsfrist während der Vergleichsverhandlungen, wenn diese – wie in der Praxis weit verbreitet – in der GmbH-Satzung ausdrücklich *vertraglich* geregelt ist. Die Vereinbarung zur Fristenhemmung während der Vergleichsverhandlung bedeutet dann grds (vorbehaltlich etwaiger vertraglicher Sonderregelungen) einen Satzungsverstoß bzw. eine sog. (punktuelle) „**Satzungsdurchbrechung**" im Einzelfall, die zur Anfechtbarkeit der betreffenden „Stillhaltevereinbarung" wegen dieses Satzungsverstoßes führt.[14] Der potentielle Kläger kann sich auf die „Stillhaltevereinbarung" also nur verlassen, wenn *alle* Gesellschafter zustimmen, anderenfalls deren Anfechtung droht (mit der möglichen Folge einer Verfristung der eigenen „Anfechtungsklage"). Aus Gründen der Rechtssicherheit ist es im Zweifel (bei Fehlen vertraglicher Regelungen) ratsam, parallel zum Schlichtungs- bzw. Mediationsverfahren Klage einzureichen, um die in der Satzung vorgesehene Anfechtungsfrist einzuhalten (das Klageverfahren kann dann einvernehmlich bis zum Abschluss bzw. dem Scheitern der Vergleichsverhandlung gem § 251 ZPO ruhend gestellt werden). Ähnliche Probleme hinsichtlich der Anfechtungsfrist ergeben sich schließlich dann, wenn das Schlichtungs- bzw. **Mediationsverfahren** obligatorisch bereits **im Gesellschaftsvertrag** bzw. der GmbH-Satzung **angeordnet** ist. Hier muss zur Sicherung der Klagerechte in der Schlichtungs- oder Mediationsklausel selbst ergänzend vorgesehen sein, dass die vertragliche oder gesetzliche Anfechtungsfrist *erst beginnt*, wenn das zunächst durchzuführende Vergleichsverfahren gescheitert bzw. nicht innerhalb eines bestimmten Zeitraums nach Beschlussfassung abgeschlossen worden ist, oder aber bestimmt sein, dass die Anfechtungsfrist während der Durchführung des Mediationsverfahrens (ggf innerhalb eines bestimmten maximalen Zeitraums nach Beschlussfassung) *gehemmt* wird.[15]

---

[12] Vgl. hierzu unter Rn. 658 ff.

[13] BGH, Urteil vom 14.5.1990, BGHZ 111, 224 = NJW 1990, 2625 = GmbHR 1990, 344 = BB 1990, 1283; BGH, Urteil vom 12.10.1992, NJW 1993, 129 = GmbHR 1992, 801 = BB 1992, 2239 = DB 1992, 2491. Vgl. ferner die Rechtsprechungsnachweise unter Rn. 661.

[14] HM im Schrifttum; vgl. nur Baumbach/Hueck, § 53, Rn. 48. Vgl. zur „Satzungsdurchbrechung" näher unter Rn. 397.

[15] Anderenfalls ist die Vertragsklausel im Zweifel unwirksam, da das Anfechtungsrecht eines Gesellschafters durch die obligatorische Schlichtung bzw. Mediation nicht ausgehöhlt oder vereitelt werden darf. Vgl. hierzu auch *Casper/Risse*, Mediation von Beschlussmängelstreitigkeiten, ZIP 2000, 437. Das **Muster** einer obligatorischen Schlichtungsklausel, die auch Beschlussmängelstreitigkeiten in der GmbH erfasst und die die Hemmung der vertraglichen Anfechtungsfrist während der Dauer des Streitbeilegungsverfahrens vorsieht, findet sich unter Rn. 858.

3. Gestaltungsmöglichkeiten für Vergleichsvereinbarungen

Die gütliche Einigung zur Streitbeilegung besteht – sofern nicht eine Partei ausnahmsweise einseitig ihre Ansprüche oder ihren Widerstand aufgibt – darin, dass sich die Streitparteien durch **gegenseitiges Nachgeben** vergleichen (§ 779 Abs. 1 BGB). In der Vergleichsvereinbarung wird zwischen den Parteien festgelegt, welche Regelung hinsichtlich der streitigen Rechtspositionen und Ansprüche gelten soll. Der **Vergleichsvertrag** ist als solcher nicht formbedürftig, jedoch müssen die besonderen Formvorschriften für die im Vergleich enthaltenen Rechtsgeschäfte (z.B. das Erfordernis notarieller Beurkundung bei der Veräußerung eines GmbH-Geschäftsanteils gemäß § 15 Abs. 3 und Abs. 4 GmbHG) eingehalten werden. Der vor einem deutschen, staatlichen Gericht abgeschlossene Prozessvergleich (§ 794 Abs. 1 ZPO) erfüllt alle Formvorschriften des BGB, einschließlich der notariellen Beurkundung (§§ 127a, 129 Abs. 2, 126 Abs. 3 BGB).

581

Der Inhalt einer Vergleichsvereinbarung richtet sich – im Rahmen des rechtlich Möglichen – nach den Umständen des Einzelfalls, also dem Gegenstand der streitigen Ansprüche und Rechte, dem Anlass der Streitigkeit und nicht zuletzt der jeweiligen Persönlichkeit bzw. Kompromissbereitschaft der Streitparteien. Bestimmte, vor allem auf strukturellen Problemen beruhende Gesellschafterstreitigkeiten sind in personalistisch strukturierten Gesellschaften jedoch besonders typisch, so dass sich für solche Konfliktfälle einige allgemeingültige Gestaltungsvorschläge für Vergleichslösungen ergeben.[16]

a) Beseitigung von gesellschaftsinternen Hindernissen für die Geschäftsführer

Bei Gesellschafterstreitigkeiten, deren Ursache in der wechselseitigen Blockade mehrerer geschäftsführender Gesellschafter oder der übermäßigen Behinderung der Geschäftsführung durch die Gesellschaftergesamtheit liegt, sind folgende Regelungen zur Konfliktlösung denkbar:

581a

- Laufende Auseinandersetzungen zwischen Gesellschafter-Geschäftsführern können ggf durch die Erteilung von **Einzelgeschäftsführungsbefugnis**[17] und die **Zuweisung bestimmter Aufgabengebiete** bzw. Ressorts verhindert oder zumindest

582

---

[16] Vgl. auch die Gestaltungshinweise zur Streitvermeidung durch geeignete Regelungen im Gesellschaftsvertrag unter Rn. 534 ff.

[17] Bei der GbR steht die Geschäftsführung grds allen Gesellschaftern gemeinschaftlich zu (§ 709 Abs. 1 BGB), jedoch kann im Gesellschaftsvertrag allen oder einzelnen Gesellschaftern Einzelgeschäftsführungsbefugnis eingeräumt werden (§ 711 S. 1 BGB). Bei der OHG und KG sind die gf Gesellschafter – vorbehaltlich einer abweichenden vertraglichen Regelung – einzeln geschäftsführungsbefugt (§ 115 Abs. 1 1. HS HGB). Bei der GmbH ist demgegenüber – wie bei der GbR – die Gesamtgeschäftsführung bei mehreren Geschäftsführern die gesetzliche Regel und die Einführung von Einzelgeschäftsführung durch Satzungsregelung oder durch einen auf Satzungsermächtigung beruhenden Gesellschafterbeschluss die (vertragliche) Ausnahme (allgM, vgl. nur Baumbach/Hueck, § 37, Rn. 29).

verringert werden. Die Ressortaufteilung kann z.B. in einer **Geschäftsordnung** niedergelegt werden, in der neben der Abgrenzung und Zuweisung der jeweiligen Zuständigkeits- und Tätigkeitsbereiche typischerweise auch die Gesamtverantwortung der Geschäftsführer und das Verfahren der gemeinsamen Willensbildung bei den verbleibenden Angelegenheiten der Gesamtgeschäftsführung geregelt sind.[18] Ergänzend könnte das **Widerspruchsrecht** der anderen Geschäftsführer gemäß § 711 BGB in der GbR, § 115 Abs. 1 2. HS HGB in der OHG, KG/GmbH & Co. KG und PartG (iVm § 6 Abs. 3 S. 2 PartGG) sowie analog § 115 Abs. 1 HGB in der GmbH[19] bei Einzelentscheidungen eines Geschäftsführers im Rahmen seiner Ressortzuständigkeit **ausgeschlossen** werden, um den Effekt der Konfliktprävention durch klare Aufgabenaufteilung zu verstärken. In die gleiche Richtung geht eine zusätzliche Ausweitung der Handlungs- und Entscheidungsbefugnisse eines geschäftsführenden Gesellschafters durch die Einräumung von **Einzelvertretungsmacht**.[20]

583 • Wiederholte Streitigkeiten über die **Reichweite** von **Zustimmungsvorbehalten** bei **außergewöhnlichen Geschäftsführungsmaßnahmen** in der **PartG, OHG, KG** bzw. **GmbH & Co. KG** (§§ 116 Abs. 2, 164 S. 1 2. HS HGB, 6 Abs. 3 S. 2 PartGG) können dadurch beigelegt werden, dass die Gesellschafter die gesetzliche Regelung durch eine abschließende vertragliche Festlegung dieser Zustimmungsvorbehalte, d.h. durch Bestimmung eines Katalogs zustimmungspflichtiger Geschäftsführungsmaßnahmen, ersetzen.[21]

584 • Sofern die **Geschäftsführer durch** vereinbarte **Zustimmungsvorbehalte** zugunsten der Gesellschaftergesamtheit **übermäßig eingeschränkt** und „gegängelt" werden, kann ein Kompromiss darin bestehen, diese Zustimmungsvorbehalte durch Vertragsänderung entweder inhaltlich zu lockern oder durch einen Genehmigungsvorbehalt für einen einjährigen Budgetplan oder einen mehrjährigen Unternehmensplan ganz oder teilweise zu ersetzen.[22]

585 • Die Mitwirkungsrechte der Gesellschafter an der laufenden Geschäftsführung, vor allem im Zusammenhang mit Zustimmungsvorbehalten, bereiten dann große Schwierigkeiten, wenn ein **Stimmen-Patt** zwischen zwei zerstrittenen Gesellschaf-

---

[18] Das **Muster** einer solchen Geschäftsordnung für die Geschäftsführung (in einer GmbH) findet sich z.B. im Beck'schen Formularbuch GmbH-Recht, unter Ziffer E. VI., sowie im Münchener Vertragshandbuch, Bd. 1, unter Ziffer IV. 55.

[19] Nach hM im Schrifttum kann ein GmbH-Geschäftsführer der Einzelentscheidung eines anderen, einzeln geschäftsführungsbefugten Mitgeschäftsführers analog § 115 Abs. 1 HGB widersprechen; vgl. nur Baumbach/Hueck, § 37, Rn. 30; Scholz/*Schneider*, § 37, Rn. 24a; Michalski/*Lenz*, § 37, Rn. 33.

[20] Bei der GbR ist der einzeln geschäftsführungsbefugte Gesellschafter vorbehaltlich einer abweichenden Vereinbarung auch allein vertretungsbefugt (§ 714 BGB). Die gf Gesellschafter der OHG oder KG haben mangels abweichender Vereinbarung schon von Gesetzes wegen Einzelvertretungsmacht (§ 125 Abs. 1 HGB). In der GmbH besteht demgegenüber bei mehreren GF grds Gesamtvertretungsbefugnis, jedoch kann durch Satzung oder Gesellschafterbeschluss (aufgrund Satzungsermächtigung) den GF auch Einzelvertretungsmacht eingeräumt werden (§ 35 Abs. 2 S. 1 GmbHG); siehe hierzu näher unter Rn. 476.

[21] Vgl. hierzu näher unter unter Rn. 534 ff.

[22] Vgl. hierzu auch unter Rn. 534 ff.

II. Außergerichtliche Streitbeilegung durch gütliche Einigung

tern oder Gesellschaftergruppen besteht. Die Entwicklung der Gesellschaft kann in solchen Konstellationen erheblich gehemmt werden, indem von der „Gegenseite" vorgeschlagene bzw. beabsichtigte Maßnahmen (auch aus unsachlichen, taktischen oder persönlichen Gründen) blockiert werden. Eine Möglichkeit, diesem strukturellen Dilemma zu entkommen, besteht etwa darin, die Mitwirkungsrechte der Gesellschafter hinsichtlich laufender Geschäftsführungsmaßnahmen auf einen **Beirat**, **Verwaltungsrat** oder **fakultativen Aufsichtsrat**, der durch Vertrags- bzw. Satzungsänderung eingerichtet wird, zu verlagern oder bei Stimmengleichheit demjenigen Gesellschafter-Geschäftsführer ein **Letztentscheidungsrecht** einzuräumen, in dessen Aufgabenbereich bzw. Ressort die umstrittene Maßnahme fällt.[23] Eine grundlegende Konfliktlösung kann schließlich darin bestehen, das **Stimmen-Patt** selbst **aufzulösen**, indem ein oder mehrere neue Gesellschafter durch Beitritt (bei den Personengesellschaften), Kapitalerhöhung (bei der GmbH) oder anteilige Veräußerung von Gesellschaftsanteilen in die Gesellschaft aufgenommen werden (etwa durch die Beteiligung von Mitarbeitern oder eines strategischen Investors).

- In der **GmbH** kann die Gesellschaftermehrheit grds alle Angelegenheiten der laufenden Geschäftsführung an sich ziehen und mittels **Weisungsbeschlusses** bestimmte Geschäftsführungsmaßnahmen anordnen oder verbieten.[24] Falls dies Ursache für Streitigkeiten mit geschäftsführenden Gesellschaftern bildet und die allseitige Bereitschaft besteht, das Problem grundlegend zu lösen, könnte die GmbH z.B. (grds steuerneutral) gemäß §§ 190 ff. UmwG in eine **GmbH & Co. KG** oder **AG umgewandelt** werden. Die Geschäftsführung genießt in der GmbH & Co. KG deutlich größere Handlungsfreiheit als in der GmbH, wenn es sich nicht um eine personen- und beteiligungsgleiche GmbH & Co. KG oder eine Einheits-GmbH & Co. KG[25] handelt: Die Kommanditisten nehmen an der Geschäftsführung nicht teil (§ 164 S. 1 HGB) und haben abgesehen vom Widerspruchsrecht bei außergewöhnlichen Geschäftsführungsmaßnahmen grds keine Möglichkeit, direkt in die laufende Geschäftsführung einzugreifen. Eine noch größere Unabhängigkeit der Geschäftsführung vom Mehrheitswillen der Gesellschafter ergibt sich in der Aktiengesellschaft. Die Gesellschaftergesamtheit, also die Hauptversammlung der Aktionäre,

586

---

[23] Vgl. zu diesen und weiteren Kompromisslösungen bei der Streitkonstellation „Stimmen-Patt" näher unter Rn. 69 f. Das Letztentscheidungsrecht bzw. Recht auf „Stichentscheid" könnte – zumindest im Bereich laufender Geschäftsführungsmaßnahmen – alternativ auch einem unparteiischen Fremdgeschäftsführer zufallen (wobei sich solche Fremdgeschäftsführer allerdings bei Dauerkonflikten unter den Gesellschaftern meist über kurz oder lang nicht mehr neutral verhalten, sondern entweder das Unternehmen verlassen oder einem „Gesellschafterlager" anschließen).
[24] Vgl. hierzu unter Rn. 465 f.
[25] Bei der „personen- und beteiligungsgleichen GmbH & Co. KG" sind die Gesellschafter der GmbH und die Kommanditisten der KG identisch und haben in beiden Gesellschaften die gleichen Anteilsquoten. Bei der „Einheits-GmbH & Co. KG" ist die KG Alleingesellschafterin ihrer Komplementär-GmbH. In beiden Fällen kann somit wiederum die Gesellschaftermehrheit der Kommanditisten durch Weisungsbeschluss bei der Komplementär-GmbH Einfluss auf deren Geschäftsführung und damit auf die laufende Geschäftsführung der GmbH & Co. KG selbst nehmen.

kann über Fragen der Geschäftsführung nur entscheiden, wenn es der Vorstand verlangt (§ 119 Abs. 2 AktG) oder wenn besonders gewichtige, in ihrer Auswirkung einer Satzungsänderung gleichkommende Maßnahmen beabsichtigt sind. Die Gesellschaft wird vom Vorstand unter eigener Verantwortung geleitet (§ 76 Abs. 1 AktG). Eine weitergehende Abkopplung vom jeweils aktuellen Mehrheitswillen in der Hauptversammlung ergibt sich dadurch, dass der Vorstand – anders als im Regelfall der GmbH-Geschäftsführer – nicht durch die Gesellschafter, sondern durch den Aufsichtsrat bestellt, abberufen und überwacht wird (§§ 84 Abs. 1, 111 AktG). Vor allem die AG ist somit die geeignetere Rechtsform als die GmbH, wenn die Unabhängigkeit und die Entscheidungsbefugnisse der Geschäftsleitung gestärkt und die Einflussnahmemöglichkeiten der nicht geschäftsführenden Gesellschafter hinsichtlich laufender Angelegenheiten der Geschäftsführung vermindert werden sollen.

587
- In **Personengesellschaften** gilt für Gesellschafterbeschlüsse grds das Einstimmigkeitsprinzip. Minderheitsgesellschafter sind daher in der Lage, Entscheidungen der Gesellschaftermehrheit in Geschäftsführungsangelegenheiten zu blockieren (bei der GbR gemäß § 709 Abs. 1 BGB in allen Angelegenheiten sowie bei der PartG, OHG, KG und GmbH & Co. KG gemäß §§ 116 Abs. 2, 164 S. 2 2. HS HGB, 6 Abs. 3 S. 2 PartGG durch die gesetzlichen Zustimmungsvorbehalte bei außergewöhnlichen Geschäften). Eine naheliegende Kompromisslösung zur Streitvermeidung bildet die **Zulassung von Mehrheitsbeschlüssen** bei Entscheidung über Angelegenheiten der Geschäftsführung, durch entsprechende Änderung des Gesellschaftsvertrags.[26]

b) Beschränkung der Entscheidungsspielräume und Kontrolle der Geschäftsführer

587a
Gesellschafterstreitigkeiten, die sich an einer gravierenden Pflichtverletzung des geschäftsführenden Gesellschafters entzünden, führen rglm zur Entziehung von Geschäftsführungs- und Vertretungsbefugnis bzw. Abberufung aus „wichtigem Grund" oder zum Versuch entsprechender Zwangsmaßnahmen. Weitere Ursachen für Streitigkeiten mit geschäftsführenden Gesellschaftern bilden z.B. Querelen über kleinere Unregelmäßigkeiten, Fehlentscheidungen und Schlampigkeit der Geschäftsführer, Unzufriedenheit der Gesellschafter wegen zu großer Eigenmächtigkeiten der Geschäftsführer sowie Misshelligkeiten wegen unzureichender Information und Beteiligung der Gesellschaftergesamtheit bei wichtigen Einzelmaßnahmen. In allen diesen Konfliktfällen sind zur größeren Beschränkung der Entscheidungsspielräume und Kontrolle der Geschäftsführer folgende Vergleichslösungen als Alternative zur vollständigen Entziehung von Geschäftsführungs- und Vertretungsbefugnis denkbar:

588
- Eine naheliegende Regelung besteht darin, einem bestimmten oder allen Geschäftsführern das Recht zur Einzelgeschäftsführungsbefugnis und -vertretungsmacht zu entziehen und **Gesamtgeschäftsführung** und **Gesamtvertretung** zu vereinbaren,

---

[26] Vgl. hierzu auch unter Rn. 544 f.

falls mehrere Geschäftsführer vorhanden sind.[27] Um bei der Gesamtvertretung größere Flexibilität zu erreichen, kann in einer OHG, KG oder GmbH zusätzlich angeordnet werden, dass einer von mehreren gesamtvertretungsberechtigten Geschäftsführern die Gesellschaft alternativ auch zusammen mit einem Prokuristen vertreten darf (sog. **unechte** oder **gemischte Gesamtvertretung**[28]). Die Änderungen bei den Vertretungsbefugnissen der Geschäftsführer sind bei OHG, KG/GmbH & Co. KG sowie der GmbH zum Handelsregister (§§ 106 Abs. 2 Nr. 4 HGB, 39 Abs. 1 GmbHG) und bei der PartG zum Partnerschaftsregister (§ 4 Abs. 1 S. 3 PartGG) anzumelden. Die Gesamtgeschäftsführung und vor allem Gesamtvertretung bedeuten eine erhebliche, **effektive Einschränkung der Handlungsspielräume** der geschäftsführenden Gesellschafter bzw. Geschäftsführer: Mit Rücksicht auf die Gesamt*geschäfts*führungsbefugnis müssen sich die Geschäftsführer intern bei allen Maßnahmen abstimmen und dürfen nur gemeinsam und – vorbehaltlich abweichender vertraglicher Regelung – nur mit *einstimmiger* Zustimmung aller Mitgeschäftsführer handeln (§ 709 Abs. 1 BGB für die GbR; §§ 115 Abs. 2 HGB, 6 Abs. 3 S. 2 PartGG für die OHG/KG und PartG; § 77 Abs. 1 AktG analog für die GmbH). Eine noch effektivere Einschränkung bedeutet die Anordnung der (gemischten) Gesamt*vertretung*, da die gesamtvertretungsberechtigten Geschäftsführer die Gesellschaft nur bei Mitwirkung eines weiteren Geschäftsführers (bzw. Prokuristen) wirksam verpflichten können.

- Falls eine Gesamtgeschäftsführung und/oder -vertretung ausscheiden, weil diese Regelungen zu unflexibel, nicht durchsetzbar oder rechtlich unmöglich sind[29], kommen folgende Regelungen in Betracht, um den Geschäftsführer stärker zu kontrollieren und seine Vertretungsbefugnisse effektiv einzuschränken: Zum einen ist eine etwaige **Befreiung** des Geschäftsführers **vom Verbot des Selbstkontrahierens gemäß § 181 BGB zu widerrufen**. Vertretern ist es gemäß § 181 BGB grds untersagt, im Namen des Vertretenen (hier also der Gesellschaft) mit sich im eigenen Namen oder als Vertreter eines Dritten Rechtsgeschäfte vorzunehmen. Von diesem Verbot des Selbstkontrahierens wird vor allem in kleineren Gesellschaften – erstaunlich häufig – Befreiung erteilt, meist bereits bei Gesellschaftsgründung und im Zusammenhang mit der erstmaligen Bestellung des Gesellschafter-Geschäftsführers. Der Widerruf dieser Befreiung bedeutet eine effektive Einschränkung, vor allem

589

---

[27] Bei der GbR ist die Gesamtgeschäftsführung und -vertretung ohnedies die gesetzliche Regel (§ 709 Abs. 1 BGB). Gleiches gilt in der GmbH, sofern mehrere GF bestellt sind. Bei der OHG und KG bilden die Gesamtgeschäftsführung und Gesamtvertretung mehrerer geschäftsführender Gesellschafter demgegenüber die vertraglich zu vereinbarende Ausnahme (von der gesetzlichen Regel); vgl. hierzu auch unter Rn. 476.

[28] Vgl. für die OHG und KG § 125 Abs. 3 S. 1 HGB. Bei der GmbH kann die unechte Gesamtvertretung gemäß § 35 Abs. 2 S. 1 GmbHG und analog § 125 Abs. 3 HGB ebenfalls wirksam vereinbart werden. Die unechte bzw. gemischte Gesamtvertretung setzt voraus, dass mehrere gesamtvertretungsberechtigte GF vorhanden sind. Es kann daher insbesondere keine Gesamtvertretung eines einzelnen GF zusammen mit einem Prokuristen vereinbart werden; vgl. nur BGH, Urteil vom 6.2.1958, BGHZ 26, 330 = WM 1958, 355.

[29] Dies ist bei der KG, GmbH & Co. KG sowie GmbH vor allem dann der Fall, wenn nur ein GF vorhanden ist (vgl. auch die Hinweise unter Rn. 588).

wenn Streitigkeiten über die wirtschaftliche Angemessenheit von Rechtsgeschäften zwischen der Gesellschaft und den Geschäftsführern selbst bestehen. Eine weitere Möglichkeit besteht etwa darin, die **Verfügungsbefugnis des Geschäftsführers über Geschäftskonten** durch Vereinbarung mit der Geschäftsbank **einzuschränken**. Es kann durch individuelle Absprache mit der Bank z.b. sichergestellt werden, dass der Geschäftsführer Auszahlungen von einem Geschäftskonto trotz Einzelvertretungsmacht nur gemeinsam mit einem bestimmten Gesellschafter vornehmen kann.

590 • Die **Entscheidungsbefugnisse** eines Geschäftsführers können **gesellschaftsintern** dadurch **beschränkt** werden, dass unter Konkretisierung der gesetzlichen Regelung (§§ 116 Abs. 2, 164 S. 1 2. HS HGB) bzw. durch Ergänzung der gesetzlichen Regelung (§ 37 Abs. 1 GmbHG) **Zustimmungsvorbehalte** zugunsten der Gesellschaftergesamtheit oder zugunsten eines anderen, vertraglich beauftragten Gremiums (z.B. Beirats) vereinbart werden.[30] Die Geschäftsführer werden durch einen solchen Katalog zustimmungspflichtiger Geschäftsführungsmaßnahmen zugleich gezwungen, den Gesellschaftern bzw. dem laut Gesellschaftsvertrag zuständigen Organ wichtige Einzelmaßnahmen *vor* deren Durchführung mitzuteilen.[31] Die vertraglichen Zustimmungsvorbehalte führen zwar nur zu einer gesellschafts*internen* Einschränkung, begrenzen aber (außer bei einem sog Missbrauch der Vertretungsmacht) nicht die Außenvertretungsmacht. Die Geschäftsführer laufen bei einer Missachtung der Zustimmungsvorbehalte indessen Gefahr, aufgrund dieser Pflichtverletzung ihre Geschäftsführungs- und Vertretungsbefugnisse zu verlieren[32] und für Schäden der Gesellschaft in Folge der betreffenden (nicht genehmigten) Maßnahme haftbar gemacht zu werden.[33]

591 • Eine bessere Kontrolle der laufenden Geschäftsführung und Information der Gesellschafter kann z.B. dadurch erreicht werden, dass sich die geschäftsführenden Gesellschafter und die nicht an der Geschäftsführung beteiligten Gesellschafter im Vergleichswege auf **regelmäßige Berichte** der Geschäftsführer (z.B. mindestens Quartalsberichte mit einem einvernehmlich festgelegten Inhalt oder z.B. die Aushändigung monatlicher **Betriebswirtschaftlicher Auswertungen** (BWA)) einigen. Darüber hinaus kann eine **Informationspflicht** bei bestimmten, vertraglich definierten Ereignissen begründet werden, wie z.B. wichtigen Geschäftsvorfällen, bei

---

[30] Bei der GbR ist die Einführung solcher Zustimmungsvorbehalte demgegenüber nur sinnvoll, wenn allen oder mehreren Gesellschaftern Einzelgeschäftsführungsbefugnis erteilt wurde, da anderenfalls die Gesellschafter ohnedies nur gemeinschaftlich handeln dürfen (§ 709 Abs. 1 BGB).

[31] Vgl. zu solchen vertraglichen Zustimmungsvorbehalten für einen bestimmten Katalog von Geschäftsführungsmaßnahmen näher unter Rn. 539.

[32] Die Missachtung vertraglich vereinbarter Zustimmungsvorbehalte bei Geschäftsführungsmaßnahmen bildet einen „wichtigen Grund" für die außerordentliche Abberufung oder Entziehung von Geschäftsführung und Vertretungsmacht, vgl. näher unter Rn. 161 und 166.

[33] Vgl. zur Schadenshaftung der gf Gesellschafter bei Missachtung von internen Beschränkungen unter Rn. 479 ff.

außergewöhnlichen Umsatz- und Ertragsentwicklungen oder wichtigen Vereinbarungen mit Leitenden Angestellten.

c) Regelung von Informationsrechten der Gesellschafter

Bei Streitigkeiten über den Umfang und die Ausübung von Auskunfts- und Einsichtsrechten der Gesellschafter einerseits sowie über mangelnde Information durch die geschäftsführenden Gesellschafter andererseits kommen folgende Kompromisslösungen in Betracht: 591a

- Wiederholte Auskunftsersuchen oder Einsichtnahmeverlangen eines Gesellschafters, die von der Geschäftsleitung als übertrieben und störend empfunden werden, können ggf dadurch vermieden werden, dass mit dem betreffenden Gesellschafter eine **regelmäßige Berichterstattung der Geschäftsführung** zu bestimmten, gemeinsam festgelegten Angelegenheiten (z.B. laufende Geschäftsentwicklung), Ereignissen (z.B. wichtigen Geschäftsvorfällen) oder Einzelmaßnahmen (z.B. Vornahme größerer Investitionen) vereinbart wird. Hinsichtlich der Einsichtnahme könnte ein Kompromiss ferner darin bestehen, dass für solche **Buchprüfungen bestimmte Termine** vereinbart und die Anzahl dieser Termine begrenzt werden (etwa einmal im Halbjahr)[34]. Darüber hinaus können ggf Streitigkeiten über die genaue Art und Weise der Buchprüfung beigelegt und künftig vermieden werden, indem ein **bestimmter Ablauf der Einsichtnahme** (z.B. Zeitpunkt und Ort, maximale Dauer, Teilnahme eines zur Berufsverschwiegenheit verpflichteten Beraters des Gesellschafters, Ansprechpartner bei der Gesellschaft etc.) festgelegt wird. 592
- Streitigkeiten über die Angemessenheit und den Umfang von Einsichtnahmerechten eines Kommanditisten oder GmbH-Gesellschafters haben ihre Ursache häufig darin, dass der betreffende Gesellschafter, der seine Informationsrechte gemäß §§ 166 HGB, 51a GmbHG durchsetzt, der laufenden Buchführung misstraut und/oder die Richtigkeit des betreffenden Rechnungsabschlusses (Jahresabschlusses) in Zweifel zieht. Eine Einigung könnte hier darin bestehen, dass die **laufende Buchführung** nicht mehr von den gf Gesellschaftern selbst organisiert bzw. durchgeführt, sondern auf einen **Dritten**, etwa den **Steuerberater der Gesellschaft übertragen** wird. Das hat den weiteren Vorteil, dass dieser externe Dienstleister Anfragen eines Gesellschafters sachkundiger und sachlicher bearbeiten kann. 593

Hinsichtlich des Jahresabschlusses besteht die Möglichkeit, eine **freiwillige Abschlussprüfung** gemäß § 316 HGB durchzuführen. Die nicht geschäftsführenden Gesellschafter haben auf diese Weise die Gewähr für die inhaltliche Richtigkeit und Rechtmäßigkeit des Jahresabschlusses und der laufenden Buchführung, so dass die

---

[34] Bei der GmbH sind die Auskunfts- und Einsichtnahmerechte gem § 51a GmbHG allerdings grds zwingend (§ 51a Abs. 3 GmbHG), so dass eine solche Beschränkung der Einsichtnahmemöglichkeit auf einen Halbjahres-Turnus bereits zu weit gehen dürfte (vgl. näher unter Rn. 426). Dies gilt wohl selbst dann, wenn der teilweise Verzicht des GmbH-Gesellschafters auf sein gesetzliches Informationsrecht individualvertraglich vereinbart wird, vgl. OLG München, Beschluss vom 21.12.2005, NZG 2006, 597 = GmbHR 2006, 205.

eigenen Prüfungen, zu deren Zweck die Einsichtnahmerechte meist geltend gemacht werden, an Bedeutung verlieren. Sofern weitergehend Streit über die **Ausübung von Bilanzwahlrechten** besteht, kommt die Vereinbarung einer gemeinsamen Willensbildung durch Beschlussfassung oder die Verlagerung der Entscheidungszuständigkeit auf ein sachkundiges, von der Gesellschaftermehrheit bestelltes Gremium (wie z.B. einen Beirat) in Betracht.[35]

594 • Das Einsichtsrecht eines Kommanditisten kann aufgrund gesellschaftsrechtlicher Treuepflicht verweigert werden, wenn die Gefahr eines Missbrauchs der erlangten Daten und ein Schaden der Gesellschaft drohen. Gleiches gilt gemäß § 51a Abs. 2 GmbHG für den GmbH-Gesellschafter.[36] Besteht mit Rücksicht darauf Streit über die Berechtigung einer Informationsverweigerung seitens der Gesellschaft, könnte folgender Vergleich vereinbart werden: Der die Information begehrende Gesellschafter erhält die Auskunft oder Einsicht nicht persönlich, sondern die betreffenden **Informationsrechte** werden **durch einen zur Berufsverschwiegenheit verpflichteten Bevollmächtigten** dieses Gesellschafters **ausgeübt**. Der Bevollmächtigte wird verpflichtet, die geheimhaltungsbedürftigen, sensiblen Daten nicht gegenüber dem Gesellschafter offenzulegen. Es wird im Einzelnen festgelegt, welche Daten in diesem Sinne als geheimhaltungsbedürftig behandelt werden. Der Bevollmächtigte des Gesellschafters kann sich dann ein eigenes Bild machen und dem Auftraggeber seine zusammenfassende Einschätzung über Geschäftsvorfälle oder die finanzielle Entwicklung der Gesellschaft mitteilen, ohne dass die „geheimhaltungsbedürftigen" Daten gegenüber dem Gesellschafter selbst offengelegt werden müssen.

d) Interessenausgleich bei Streit über Gewinnentnahmen und Gewinnausschüttungen

594a Gesellschafterstreitigkeiten über die **Höhe eines Jahresüberschusses** resultieren vor allem aus dem Zweifel der nicht geschäftsführenden Gesellschafter, ob die Buchhaltung und der Jahresabschluss inhaltlich zutreffend sind, oder dem Vorwurf, dass der ausgewiesene Gewinn durch die falsche Ausübung von Bilanzwahlrechten zu gering ist. Hinsichtlich möglicher Kompromisslösungen bei solchen Konflikten über die Buchführung, die ordnungsgemäße Bilanzierung oder die Ausübung von Bilanzwahlrechten wird auf die Vorschläge unter Rn. 593 verwiesen.

Für Vergleichsvereinbarungen, mittels derer Streitigkeiten über den **Umfang von Gewinnentnahmen und Gewinnausschüttungen** beigelegt werden sollen, ist hinsichtlich Personengesellschaften und der GmbH zu unterscheiden:

595 • Bei den **Personengesellschaften** bestehen von Gesetzes wegen grds keine Beschränkungen für Gewinnentnahmen.[37] Die Entnahmerechte sind daher zum Schutz der

---

[35] Vgl. hierzu auch unter Rn. 557.
[36] Vgl. zu den gesetzlichen Schranken der Auskunfts- und Kontrollrechte näher unter Rn. 427 ff.
[37] Vgl. näher unter Rn. 386 ff. Bei der OHG ergibt sich gemäß § 122 Abs. 1 HGB lediglich die Beschrän-

Gesellschaft häufig vertraglich eingeschränkt oder gar ausgeschlossen. Eine gütliche Einigung im Streitfall muss in beiden Konstellationen (Schwächung der Gesellschaft durch übermäßige Gewinnentnahmen der Gesellschafter bei Fehlen einer vertraglichen Regelung einerseits oder Blockade angemessener Entnahmen durch zu große vertragliche Einschränkung andererseits) darauf abzielen, einen für beide Seiten akzeptablen und (bei einer Dauerregelung) auch flexiblen Interessenausgleich zu schaffen: Die (untere) Basis der Entnahmerechte sollte in der Regel ein sog **Steuerentnahmerecht** der Gesellschafter bilden, also die Berechtigung zur Gewinnentnahme, um die auf den Gewinnanteil entfallenden Ertragsteuern zu bezahlen.[38] Die nächst geringere Entnahmebeschränkung besteht darin, dass jedem Gesellschafter über die Berechtigung zur Auszahlung der Steuern hinaus ein **Mindestentnahmerecht** zugestanden wird. Es kann sich um den prozentualen Anteil des jeweiligen Guthabens auf einem Verrechnungs- oder Darlehenskonto des Gesellschafters handeln (also des Gesamtbetrags seiner noch nicht entnommenen Gewinnanteile, auch aus Vorjahren, gemindert um Verlustanteile) oder um den prozentualen Anteil des Jahresüberschusses eines bestimmten Geschäftsjahres. Die Regelung wird flexibler, wenn über den Umfang solcher Mindestentnahmerechte zu bestimmten Terminen mit qualifizierter Mehrheit der Gesellschafter oder durch ein anderes Gesellschaftsgremium (z.B. Beirat) neu entschieden wird. Eine weitere Lockerung von Entnahmebeschränkungen besteht darin, dass Gesellschafter ihre Gewinnanteile zwar vollständig entnehmen dürfen, dies zum Schutz der Liquidität der Gesellschaft aber einer **Vorankündigung** bedarf, zumindest wenn bestimmte Höchstbeträge überschritten werden.[39]

- Bei der **GmbH** besteht eine Kompromisslösung ebenfalls darin, zugunsten der Minderheitsgesellschafter eine **Mindestausschüttungsquote** hinsichtlich des Jahresüberschusses eines Geschäftsjahres vorzusehen. Um die Regelung beweglicher zu gestalten, kann sich dieser Mindestausschüttungsbetrag auch nach der **Höhe** des jeweiligen **Eigenkapitals** der Gesellschaft oder der **Höhe des Jahresüberschusses** eines Geschäftsjahres **richten**. Die Regelung ist flexibler, wenn sich die Gesellschafter mit qualifizierter Mehrheit (also unter Einbeziehung zumindest eines Teils der nicht geschäftsführenden Minderheitsgesellschafter) durch Beschluss auch *gegen* die Ausschüttung dieses Mindestbetrags entscheiden können. Zur Vermeidung fester Ausschüttungsquoten kann alternativ vereinbart werden, dass Minderheitsgesellschaftern durch die Schaffung eines entsprechenden Mehrheitserfordernisses bei der Beschlussfassung über die Ergebnisverwendung ein effektives Mitspracherecht ein-

596

---

kung, dass die Entnahme nicht zu einem „offenbaren Schaden der Gesellschaft" führen darf, und bei der KG gemäß § 169 Abs. 1 HGB die Einschränkung für Kommanditisten, dass die Gewinnauszahlung bei negativem Kapitalkonto unzulässig ist.

[38] Das Steuerentnahmerecht kann für Anteilsübertragungen im Wege der vorweggenommenen Erbfolge oder durch Erbgang auch auf die betreffende Erbschaft- und Schenkungsteuer erstreckt werden, die in diesem Zusammenhang anfällt, so dass der Steuerpflichtige berechtigt ist, Guthaben auf dem Darlehens- oder Verrechnungskonto des übertragenden Gesellschafters oder Erblassers für die Steuerzahlung zu entnehmen.

[39] Vgl. zu entsprechenden vertraglichen Regelungen auch unter Rn. 551 ff.

geräumt wird. Eine weitere Vergleichsmöglichkeit besteht schließlich darin, die **Entscheidungsbefugnis** über die **Bildung von Gewinnrücklagen** oder den **Gewinnvortrag** von der Gesellschaftermehrheit (§ 29 Abs. 2 GmbHG) auf ein neutraleres Gremium, etwa einen bei der Gesellschaft eingerichteten **Beirat** oder fakultativen Aufsichtsrat zu übertragen.[40]

597 Am heikelsten sind **Streitigkeiten über die Gewinnverteilung**. Solche Konflikte betreffen vor allem Freiberuflersozietäten in der Rechtsform der GbR oder PartG, da für Personenhandelsgesellschaften und die GmbH meist befriedigende Lösungen in Abhängigkeit vom jeweiligen Kapitalanteil (bei den Personenhandelsgesellschaften dem Anteil am „Festkapital") gefunden werden und die geschäftsführenden Gesellschafter zusätzlich als Ausgleich eine Tätigkeitsvergütung erhalten. Bei Sozietäten, deren Zweck die gemeinsame Berufsausübung ist, führt das von Gesetzes wegen vorgesehene Kopfteilprinzip demgegenüber häufig zu Streit. Alternative vertragliche Regelungen stellen vor allem auf den jeweiligen Arbeits- und Erfolgsbeitrag eines Gesellschafters und/oder die Dauer seiner Gesellschaftszugehörigkeit ab. Die Entfernung vom Kopfteilprinzip führt gelegentlich allerdings nur zur Verlagerung der Streitigkeiten, nämlich z.B. über die Bedeutung von Akquisitionsbeiträgen, über die Zuordnung von Mandaten bzw. Patienten oder die Verteilung von Allgemeinkosten. Die *perfekte* Lösung existiert nicht, es gibt im Einzelfall nur die jeweils *relativ beste* Lösung. Es ist jedenfalls darauf zu achten, dass Gewinnabsprachen durch die Entwicklung der Gesellschaft und die persönliche Entwicklung der Gesellschafter veralten können und von Zeit zu Zeit sowie vor allem rechtzeitig auf den Prüfstand gehören. Häufig scheitern Sozietäten, weil die internen Spannungen über die Gewinnverteilung zu groß werden und begünstigte Gesellschafter (insbesondere Gründungsgesellschafter) auf der Beibehaltung bisheriger Absprachen beharren. Die Gewinnverteilung wird im Übrigen nur dauerhaft akzeptiert, wenn sie allseitig als (noch) gerecht empfunden wird. Der aktuelle Leistungs- und Erfolgsbeitrag eines Gesellschafters sollte bei beruflichen Kooperationen im Zweifel immer höher gewichtet werden als die in der Vergangenheit liegenden Leistungen. Es ist sonst für den leistungsstärkeren Gesellschafter auf Dauer allzu naheliegend, sich dem Gesellschaftsverhältnis durch Kündigung zu entziehen.[41]

e) Trennung der Gesellschafter

597a Die Mehrzahl der Gesellschafterstreitigkeiten in personalistischen Gesellschaften endet damit, dass sich die **Streitparteien trennen**. Falls ein Konflikt in erster Linie auf persönlichen Animositäten beruht, reicht es ggf bereits aus, wenn sich die Gesellschafter zumindest übergangsweise „aus dem Weg gehen", indem einer oder mehrere für die **Wahrnehmung ihrer Mitgliedschaftsrechte** einen **Treuhänder oder Bevollmächtigten** einsetzen. Eine solche Lösung ist zwar kaum für die persönlich haftenden Gesellschafter einer GbR oder OHG und keinesfalls für die Partner einer PartG geeignet, kommt jedoch durchaus für einen GmbH-Gesellschafter oder Kommanditisten in Betracht.

Im Regelfall besteht die Trennung der Gesellschafter jedoch darin, dass eine der Streitparteien aus der Gesellschaft ausscheidet. Für eine solche Trennung sind u.a. folgende **Vergleichslösungen** denkbar:

598 • Die naheliegende Regelung besteht darin, dass der **Gesellschafts- bzw. Geschäftsanteil** des Ausscheidenden an Mitgesellschafter oder Dritte **veräußert** wird oder der betreffende Gesellschafter gegen eine **vorab vereinbarte Abfindungszahlung**

---

[40] Vgl. zur entsprechenden Satzungsgestaltung auch unter Rn. 551 ff.
[41] Vgl. zu den entsprechenden Gesellschafterstreitigkeiten in Freiberuflersozietäten auch unter Rn. 502.

II. Außergerichtliche Streitbeilegung durch gütliche Einigung

aus der **Gesellschaft austritt** (bei der GmbH z.B. durch vereinbarte Anteilseinziehung).
- Falls der Verkauf oder der Austritt scheitert, weil keine der Streitparteien bereit ist, die Gesellschaft selbst bei angemessener Kaufpreis- oder Abfindungszahlung zu verlassen, besteht die Möglichkeit, ein **Zwangsverkaufsverfahren** (sog. „Russisches Roulett" oder „Texan Shoot Out") einzuleiten. Jeder der Gesellschafter hat hier die theoretische Möglichkeit, den Anteil des Gegners zu übernehmen. Letztlich setzt sich derjenige durch und verbleibt in der Gesellschaft, der das höhere bzw. bessere Kaufpreisangebot unterbreitet.[42]
- Eine weitere Alternative besteht darin, dass die Streitparteien das **Unternehmen der Gesellschaft** untereinander **aufteilen**, soweit dies nach Art des Geschäftsbetriebs möglich und wirtschaftlich vertretbar ist. Die Aufteilung kann grds steuerneutral gemäß §§ 123 ff. UmwG durch **Spaltung der Gesellschaft** geschehen.[43]
- Falls alle vorgenannten Lösungen ausscheiden, die Gesellschafter aber wegen der Zerrüttung des Vertrauensverhältnisses nicht mehr zusammenarbeiten können, ist schließlich ein **gemeinsamer Verkauf** der gesamten Gesellschaft oder zumindest eine **einvernehmliche Liquidation** der Gesellschaft in Betracht zu ziehen, um nicht durch langwierige Streitigkeiten über den (wechselseitigen) Zwangsausschluss nebst Streit über Abfindungszahlungen, gerichtliche Auseinandersetzungen über eine außerordentliche Kündigung des Gesellschaftsvertrags oder gar eine Zwangsauflösung der Gesellschaft die vorhandenen Vermögenswerte, vor allem einen etwaigen *good will* des Gesellschaftsunternehmens, zu zerstören.

599

600

601

---

[42] Vgl. zu solchen Zwangsverkaufsverfahren näher unter Rn. 560.
[43] Als spaltungsfähiger Rechtsträger scheidet von den hier behandelten Gesellschaften lediglich die GbR aus (§ 3 Abs. 1 UmwG). Spaltungsfähig ist demgegenüber eine Partnerschaftsgesellschaft (§ 3 Abs. 1 Nr. 1 UmwG). Falls die zu trennende Gesellschaft daher eine Freiberufler-Sozietät in der Rechtsform der GbR ist, könnte diese zur Vorbereitung der Spaltung nach dem UmwG durch Eintragung im Partnerschaftsregister zunächst in eine PartG „umgewandelt" werden (§§ 1, 4 PartGG).

4. Teil
Gerichtliche Klärung von Gesellschafterstreitigkeiten

Wie bei anderen Rechtsstreitigkeiten auch, werden im Falle von Gesellschafterkonflikten Gerichte angerufen, wenn außergerichtliche Bemühungen um eine Vergleichslösung aufgrund von Verhandlungen, Schlichtungsgesprächen oder einer Mediation abschließend oder jedenfalls vorläufig gescheitert sind bzw. nach den Fallumständen von vornherein nicht in Betracht kommen.[1] Die Einschaltung von Gerichten bedeutet jedoch *nicht,* dass die Angelegenheit nun in jedem Fall streitig entschieden wird und der Prozess mit einem Sieger und einem Besiegten endet. Im Gegenteil: Die angerufenen Gerichte, gleich ob staatliche **Gerichte oder Schiedsgerichte, wirken** auch während des Rechtsstreits stets **auf Vergleichslösungen hin**. Zugleich kann die Vergleichsbereitschaft der Parteien im Prozessverlauf erhöht werden, indem sich aufgrund entsprechender richterlicher Hinweise bestimmte, vor Klageerhebung vertretene Rechtspositionen als unrichtig, unsicher oder jedenfalls nur schwer durchsetzbar herausstellen. Schließlich haben Vergleichsvorschläge des Gerichts den Vorteil, dass sie eher als objektiv und interessengerecht wahrgenommen werden als entsprechende Gestaltungsvorschläge von Beratern oder gar der Gegenpartei in außergerichtlichen Verhandlungen. Es besteht daher im Grundsatz auch nach Einleitung eines Gerichtsverfahrens die gute Chance, dass der Gesellschafterstreit durch gütliche Einigung beendet werden kann.

602

Rechtsstreitigkeiten in Gesellschafterauseinandersetzungen werden im Regelfall vor **staatlichen Gerichten**, im Rahmen ordentlicher streitiger Verfahren geführt. Daneben gewinnen **Schiedsgerichte** an Bedeutung, nachdem der BGH in einem vielbeachteten Urteil vom April 2009 Beschlussmängelstreitigkeiten auch in der GmbH für „schiedsfähig" erklärt hat, sofern das schiedsgerichtliche Verfahren gewisse Mindeststandards einhält.[2] Herausragende praktische Relevanz hat bei Gesellschafterstreitigkeiten schließlich der **Einstweilige Rechtsschutz**, vor allem bei Auseinandersetzungen mit Mitgesellschaftern über Geschäftsführungsbefugnisse und Vertretungsmacht sowie einzelne Geschäftsführungsmaßnahmen.[3]

603

---

[1] Vgl. zu diesen Maßnahmen außergerichtlicher Streitbeilegung näher unter Rn. 568 ff.
[2] Vgl. hierzu näher unter unter Rn. 839 ff.
[3] Vgl. hierzu näher unter Rn. 795 ff.

I. Gerichtliche Klärung von Beschlussmängeln und streitigen Abstimmungsergebnissen

Schrifttum: *Bergwitz*, Die GmbH im Prozess gegen ihren Geschäftsführer, GmbHR 2008, 225; *Bork*, Streitgegenstand der Beschlussmängelklage im Gesellschaftsrecht, NZG 2002, 1094; *Brandes*, Zur Klage gegen fehlerhafte Gesellschafterbeschlüsse in der Personengesellschaft, NZG 1999, 936; *Eckardt*, Verwirkung einer Klage auf Feststellung eines GmbH-Gesellschafterbeschlusses, NZG 1999, 499; *Emde*, Der Streitwert bei Anfechtung von GmbH-Beschlüssen und Feststellung der Nichtigkeit von KG-Beschlüssen in der GmbH & Co. KG, DB 1996, 1557; *Fleischer*, Das Beschlussmängelrecht in der GmbH, GmbHR 2013, 1289; *Gehrlein*, Zur Nichtigkeit von Gesellschafterbeschlüssen wegen schwer wiegenden Mängeln der Ladung zu einer Gesellschafterversammlung, BB 2006, 852; *Goette*, Positive Feststellungsklage bei nicht förmlich festgestelltem Beschluss einer GmbH-Gesellschafterversammlung, DStR 1996, 388; *Hoffmann*, Zur Abgrenzung zwischen Nichtigkeit und Anfechtbarkeit bei Gesellschafterbeschlüssen in der GmbH, NZG 1999, 1174; *Huth*, Die anwaltliche Vertretung in Gesellschafterstreitigkeiten, GmbHR 2013, 1021; *Kaufmann*, Die Klagefrist bei Beschlussmängelstreitigkeiten im Recht der AG und GmbH, NZG 2015, 336; *Keßler*, Die zweigliedrige GmbH als Prozesspartei – Probleme für die anwaltliche Vertretung bei Geschäftsführerabberufung, GmbHR 2015, 342; *Klose*, Die Vertretung einer Zweipersonen-GmbH bei Gesellschaftsstreitigkeiten, GmbHR 2010, 1139; *Lorenz*, Zivilprozessuale Probleme der Zwangseinziehung von GmbH-Anteilen, DStR 1996, 1774; *Rensen*, Die Benachrichtung der GmbH-Gesellschafter von Beschlussmängelstreitigkeiten, NZG 2011, 569; *K. Schmidt*, Führungslosigkeit der GmbH oder GmbH & Co. KG im Prozess, GmbHR 2011, 113; *Wagner/Radlmayr*, Zur Passivlegitimation der Personengesellschaft bei Streitigkeiten der Gesellschafter, EWiR 2003, 625; *Westermann*, Die Verteidigung von Mitgliedschaftsrechten in der Personengesellschaft (einschließlich GmbH & Co. KG), NZG 2012, 1121; *Zeidler*, Ausschlussfristen für Beschlussmängelstreitigkeiten, NZG 1999, 222.

1. Klagearten im Überblick

604 Der weitaus größte Teil gesellschaftsrechtlicher Auseinandersetzungen, die vor Gericht getragen werden, betrifft Gesellschafterbeschlüsse. Dies liegt zum einen daran, dass die Rechtsverhältnisse unter den Gesellschaftern neben Gesellschaftsvertrag und Satzung in erster Linie durch Gesellschafterbeschlüsse geregelt werden. Hinzu tritt, dass in der Praxis der Mehrheitsbeschluss die Regel ist. Es ergeben sich also immer neue Situationen, in denen eine Gesellschafterminderheit bei für sie wesentlichen Entscheidungen unterliegt und den Ausweg in einer gerichtlichen Überprüfung sucht. Gesellschafterbeschlüsse sind schließlich deshalb besonders streitträchtig, da ihr Zustandekommen angesichts der Fülle relevanter verfahrensrechtlicher und materiell-rechtlicher Bestimmungen besonders fehleranfällig ist.

605 Die gerichtliche Überprüfung und allgemeinverbindliche Klärung von Gesellschafterbeschlüssen im Rahmen von **Beschlussmängelstreitigkeiten** betrifft zwei Streitthemen, nämlich zum einen die **Fehlerhaftigkeit von Beschlüssen** und zum anderen **unklare Beschlussergebnisse**. Im ersteren Fall soll durch das Gericht rechtsverbindlich geklärt werden, ob ein Gesellschafterbeschluss in formeller und materiell-rechtlicher Hinsicht rechtmäßig und damit wirksam ist. Im Falle unklarer Beschlussergebnisse soll demgegenüber durch das Gericht geklärt und festgestellt werden, ob ein Beschlussantrag die erforderliche Stimmenmehrheit erhalten hat und damit der beantragte Beschluss zustande gekommen ist oder aber abgelehnt wurde.

Das Beschlussmängelrecht ist weder für die Personengesellschaften noch für die GmbH spezialgesetzlich geregelt. Das Grundkonzept, wie fehlerhafte Beschlüsse zu behandeln sind und wie die gerichtliche Klärung von Beschlussmängeln und Beschlussergebnissen erfolgt, steht heute in der Rechtsprechungspraxis jedoch weitgehend fest. Dieses **rechtliche Konzept der Behandlung fehlerhafter oder unklarer Gesellschafterbeschlüsse und deren gerichtlicher Überprüfung** ist grundsätzlich nicht dispositiv, kann also in seinen **Grundzügen nicht vertraglich modifiziert werden**. Soweit vertragliche Konkretisierungen oder Änderungen zu Regelungsdetails zulässig sind, wie z.B. hinsichtlich der vertraglichen Festlegung von Fristen für die gerichtliche Überprüfung von Gesellschafterbeschlüssen, wird dies nachstehend jeweils im Zusammenhang mit den betreffenden Bestimmungen erläutert.

606

Streitigkeiten unter den Gesellschaftern über die Wirksamkeit oder das Ergebnis von Gesellschafterbeschlüssen können zur Vermeidung einer gerichtlichen Auseinandersetzung auch in einem **Schlichtungs-** oder **Mediationsverfahren** beigelegt werden.[4] Falls eine solche Schlichtung oder Mediation im Gesellschaftsvertrag im Streitfall verbindlich vorgegeben ist, ist eine sofortige Klage unzulässig (vgl. hierzu näher unter Rn. 578). Beschlussmängelstreitigkeiten sind darüber hinaus nach einer jüngeren Entscheidung des BGH[5] „schiedsfähig", sofern und soweit das schiedsrichterliche Verfahren gemäß Schiedsabrede mit Mindeststandards an Mitwirkungsrechten und damit an Rechtsschutzgewährung für alle dem Schiedsspruch unterworfenen Gesellschafter ausgestattet ist.[6] Liegt eine solche wirksame Schiedsabrede vor, muss der Rechtsstreit über Beschlussmängel und Beschlussergebnisse grds vor dem zuständigen **Schiedsgericht** geführt werden (vgl. zur betreffenden „Schiedseinrede" unter Rn. 822).

607

a) Gerichtliche Nichtigkeits- und Ergebnisfeststellung von Beschlüssen bei den Personengesellschaften

Fehlerhafte **Gesellschafterbeschlüsse** sind bei Personengesellschaften, also der GbR, PartG, OHG, KG und GmbH & Co. KG, von Anfang an unwirksam, d.h. **nichtig**. Dies gilt unabhängig davon, ob bei der Beschlussvorbereitung oder Beschlussfassung Verfahrensvorschriften verletzt wurden oder ob der betreffende Beschluss inhaltlich gegen materielles Recht verstößt.

608

Sofern bei der Beschlussfassung lediglich **Verfahrensvorschriften verletzt** wurden, gelten jedoch folgende **Einschränkungen**: Der Verstoß gegen bloße **Ordnungsvorschriften** führt nicht zur Beschlussnichtigkeit. Entsprechende Ordnungsvorschriften können im Gesellschaftsvertrag enthalten sein. Es handelt sich um Verfahrensregeln, durch die keine konkreten Gesellschafterinteressen geschützt werden sollen.[7] Ein

609

---
[4] Vgl. zur außergerichtlichen Streitbeilegung durch Schlichtung und Mediation unter Rn. 573 ff.
[5] Urteil vom 6.4.2009, BGHZ 180, 221 = NJW 2009, 1962 = NZG 2009, 620 = GmbHR 2009, 705.
[6] Vgl. dazu iE unter Rn. 841.
[7] Vgl. etwa MüKoHGB/*Enzinger*, § 119, Rn. 95.

Beispiel bilden etwa Bestimmungen zur Protokollführung, deren Verletzung im Regelfall nicht zur Unwirksamkeit der im Rahmen der betreffenden Gesellschafterversammlung gefassten Beschlüsse führt.[8] Die **Verletzung von Verfahrensvorschriften** hat ferner dann *nicht* die Beschlussnichtigkeit zur Folge, wenn ein **Fehler** für die Beschlussfassung **nicht kausal** geworden ist. Dies ist etwa dann der Fall, wenn einzelne Gesellschafter versehentlich nicht oder falsch geladen wurden, trotzdem aber zu der betreffenden Gesellschafterversammlung erschienen sind und an der Beschlussfassung rügelos teilnehmen (**Vollversammlung**).[9] Ein weiteres, praktisch wichtiges Fallbeispiel zur fehlenden Kausalität eines Verfahrensmangels betrifft vor allem **Publikumsgesellschaften**: Sofern – wie offenbar häufig der Fall – einzelne Gesellschafter versehentlich oder aus einem anderen Grund (z.B. mangelnde Erreichbarkeit) zu einer Gesellschafterversammlung nicht eingeladen wurden, führt dies nur dann zur Nichtigkeit aller dort gefassten Beschlüsse, wenn sich das Fehlen des betreffenden Gesellschafters in irgendeiner Weise auf das Abstimmungsergebnis ausgewirkt haben könnte.[10]

610 Auf die **Nichtigkeit** eines Gesellschafterbeschlusses kann sich bei Personengesellschaften **jeder, auch ein Nichtgesellschafter**, **berufen**. Diese Berufung auf die Beschlussnichtigkeit in Folge Fehlerhaftigkeit des Beschlusses ist – vorbehaltlich einer im Gesellschaftsvertrag vereinbarten Klagefrist für Beschlussmängelklagen – **nicht an eine bestimmte Frist gebunden**.[11] Die Beschlussnichtigkeit kann auch inzident, z.B. im Rahmen eines sonstigen Rechtsstreits mit der Gesellschaft, also als **Prozesseinrede** geltend gemacht werden.[12] Schließlich (und vor allem) kann die Nichtigkeit eines Gesellschafterbeschlusses auch unmittelbar gerichtlich geklärt werden, indem hierzu (bei entsprechendem Feststellungsinteresse) **Feststellungsklage** gemäß § 256 Abs. 1 ZPO erhoben wird.[13] Mit dieser Klage wird die gerichtliche Feststellung begehrt, dass ein bestimmter, für fehlerhaft erachteter Gesellschafterbeschluss nichtig ist. Die Klage ist nach der gesetzlichen Regelung an keine Frist gebunden und gegen die die Beschlussnichtigkeit bestreitenden (Mit-)Gesellschafter zu richten (vgl. im Einzelnen unter Rn. 632 ff.). Trotz Kritik im Schrifttum[14] wird hinsichtlich der statthaften Klageart – anders als bei der GmbH – also *nicht* zwischen gravierenden, zur absoluten Beschlussnichtigkeit führenden Mängeln und weniger gravierenden Mängeln (die sich nur bei fristgebundener, erfolgreicher Anfechtungsklage auf die endgültige Beschlusswirksamkeit auswirken) differenziert.

611 Besteht das Rechtsschutzziel darin, **unklare Beschlussergebnisse gerichtlich** überprüfen bzw. **klären zu lassen**, ist ebenfalls **Feststellungsklage** gemäß § 256 Abs. 1 ZPO zu erheben. Mit der Klage wird die gerichtliche Feststellung begehrt, dass ein bestimmter Beschluss mit der erforderlichen Stimmenmehrheit wirksam gefasst wurde oder aber nicht zustande gekommen ist. Entsprechende Unklarheiten über das Abstim-

---

[8] Vgl. hierzu iE unter Rn. 134 f.
[9] Vgl. zur Irrelevanz von Ladungsmängeln bei Vollversammlungen unter Rn. 75 sowie zur Unbeachtlichkeit von Verfahrensfehlern bei der Beschlussfassung in sonstigen Fällen unter Rn. 93a und 97a.
[10] Vgl. z.B. BGH, Urteil vom 19.1.1987, NJW 1987, 1262 = ZIP 1987, 444 = BB 1987, 920.
[11] So ausdrücklich z.B. OLG Stuttgart, Urteil vom 19.4.2000, NZG 2000, 835.
[12] OLG München, Urteil vom 16.6.2004, NZG 2004, 807 = DB 2004, 1878.
[13] Vgl. nur BGH, Urteil vom 21.10.1991, NJW-RR 1992, 227 = BB 1992, 595; BGH, Urteil vom 7.6.1999, NZG 1999, 935 = NJW 1999, 3113 = BB 1999, 1835 = DStR 1999, 1325.
[14] Vgl. hierzu näher MüKoHGB/*Enzinger*, § 119, Rn. 94 und 98 ff., mit umfangreichen Nachweisen.

I. Gerichtliche Klärung von Beschlussmängeln und Abstimmungsergebnissen

mungsergebnis können sich z.B. dann ergeben, wenn Streit über die Mehrheitserfordernisse für einen bestimmten Beschlussgegenstand oder Streit über die Wirksamkeit einer Stimmabgabe besteht.[15] Die betreffende Feststellungsklage ist grundsätzlich ebenfalls gegen die bestreitenden (Mit-)Gesellschafter zu richten und – vorbehaltlich einer anderslautenden vertraglichen Regelung – an keine Klagefrist gebunden (vgl. zu dieser „Ergebnisfeststellungsklage" ebenfalls näher unter Rn. 632 ff.).

b) Gerichtliche Überprüfung und Ergebnisfeststellung von Beschlüssen bei der GmbH

aa) Differenzierung zwischen Anfechtungs- und Feststellungsklagen

Gesellschafterbeschlüsse, die an einem Verfahrensfehler oder materiell-rechtlichen Mangel leiden (**fehlerhafte Beschlüsse**), sind bei der GmbH ebenso wie bei den Personengesellschaften grundsätzlich von Anfang an **unwirksam**. *Im Unterschied* zu den Personengesellschaften kann diese Beschlussunwirksamkeit bei der GmbH jedoch *nicht* uneingeschränkt von jedermann, in den Grenzen der Verwirkung jederzeit und in jedem Zusammenhang geltend gemacht werden. In Anlehnung an das **Beschlussmängelrecht des Aktiengesetzes (§§ 241 ff. AktG)** wird vielmehr hinsichtlich der **Art des Beschlussmangels differenziert**: Bestimmte, **besonders gravierende Mängel** führen, vorbehaltlich einer Heilung, entsprechend § 241 AktG grundsätzlich zur **Nichtigkeit** eines Beschlusses. Auf diese Beschlussnichtigkeit kann sich jeder und in jedem Zusammenhang (z.B. in Form einer Prozesseinrede) berufen (vgl. auch § 249 Abs. 1 S. 2 AktG). Die Beschlussnichtigkeit kann ferner aktiv durch die Erhebung einer nicht fristgebundenen **Feststellungsklage** verbindlich geklärt werden (sog. „Nichtigkeitsfeststellungsklage" oder „Nichtigkeitsklage"). Für dergestalt „nichtige" Beschlüsse gelten also die gleichen Rechtsfolgen wie für fehlerhafte Beschlüsse bei Personengesellschaften. **Weniger gravierende Beschlussfehler**, wie vor allem die Verletzung von Verfahrensvorschriften bei der Beschlussfassung sowie inhaltliche Gesetzes- und Satzungsverstöße, führen demgegenüber entsprechend §§ 243 bis 246 AktG lediglich zur **Anfechtbarkeit** der betreffenden Beschlüsse: Der Beschlussmangel hat ebenfalls die anfängliche Beschlussunwirksamkeit zur Folge, wenn die klagebefugte Person innerhalb einer bestimmten Klagefrist **Anfechtungsklage** gegen den betreffenden Beschluss erhebt und das angerufene Gericht den angegriffenen Beschluss durch Urteil für *nichtig erklärt*. Unterbleibt diese Anfechtungsklage oder wird sie nicht rechtzeitig in zulässiger Art und Weise eingelegt, bleibt der lediglich „anfechtbare" Beschluss jedoch wirksam und ist als rechtsgültig zu behandeln, selbst wenn er einen zur Unwirksamkeit führenden Mangel aufweist. Bis zur gerichtlichen Klärung und Nichtigerklärung entsteht hinsichtlich des lediglich anfechtbaren Beschlusses somit eine Schwebesituation, da die Beschlussun-

612

---

[15] Vgl. zu den betreffenden Konfliktfällen bei Mehrheitsbeschlüssen näher unter Rn. 64 ff. sowie hinsichtlich der Wirksamkeit von Stimmabgaben bei Stimmrechtsausschluss und Stimmbindungen unter Rn. 47 ff. und 56 ff.

wirksamkeit anders als bei „nichtigen" Beschlüssen in anderem Zusammenhang nicht inzident überprüft wird.[16]

613 Andererseits haben **Nichtigkeitsfeststellungs- und Anfechtungsklage**, die sich gegen denselben Gesellschafterbeschluss richten, den **gleichen Streitgegenstand**. Beide Klagen verfolgen dasselbe materielle Ziel, *„nämlich die richterliche Klärung der Nichtigkeit des Gesellschafterbeschlusses mit Wirkung für und gegen jedermann"*.[17] Zur **Wahrung der Anfechtungsfrist** ist es somit ausreichend, wenn gegen den fehlerhaften Beschluss innerhalb dieser Frist **Nichtigkeitsfeststellungsklage** eingelegt wird.[18] Die in der Praxis verbreitete Antragstellung, bei behaupteten Nichtigkeits- und Anfechtungsgründen hinsichtlich desselben, angegriffenen Beschlusses innerhalb der Anfechtungsfrist Nichtigkeitsfeststellungs- und *hilfsweise* Anfechtungsklage zu erheben, ist angesichts dessen unschädlich, aber verfehlt. Beide Anträge stehen nicht in einem Eventualverhältnis, sondern der Nichtigkeitsantrag schließt den Anfechtungsantrag mit ein.[19] Der Kläger kann gleichermaßen die Feststellung der Beschlussnichtigkeit oder – wenn er z.B. ausschließlich Anfechtungsgründe sieht – auch die „Nichtigerklärung" durch Urteil beantragen, also sog. Anfechtungsklage erheben.[20]

614 Das angerufene Gericht ist verpflichtet, den mittels rechtzeitiger Feststellungs- und/oder Anfechtungsklage angegriffenen Gesellschafterbeschluss **umfassend auf alle möglichen Mängel zu überprüfen**. Das Gericht hat bei der Klärung der Beschlusswirksamkeit bzw. -nichtigkeit sowohl den Beschlussgegenstand, den Beschlussinhalt als auch jegliche Vorgänge, die für den Ablauf des zur Beschlussfassung führenden Verfahrens maßgebend sind, zu berücksichtigen. Es muss sich daher auch dann mit dem Beschluss anhaftenden Mängeln auseinandersetzen, falls diese vom **Kläger nicht zum Gegenstand des Prozessvortrags gemacht** und von diesem (zunächst) nicht zur

---

[16] Dieses Grundkonzept des Beschlussmängelrechts, also die Differenzierung zwischen Beschlussmängeln, die zur Nichtigkeit von Gesellschafterbeschlüssen führen, und Beschlussmängeln, die zur Anfechtbarkeit von Gesellschafterbeschlüssen führen, sowie die Unterscheidung zwischen Nichtigkeitsfeststellungs- und Anfechtungsklagen unter entsprechender Anwendung der §§ 241 ff. AktG für die GmbH, wird von der ständigen Rechtsprechung angewendet und von der hM im Schrifttum gebilligt; vgl. nur Baumbach/Hueck, Anh § 47, Rn. 3. Dieses System des Rechtsschutzes bei Beschlussmängeln in der GmbH wird ua von *Zöllner* in Baumbach/Hueck, Anh § 47, Rn. 3, mE jedoch zu Recht kritisiert. Der weitaus größte Teil der Beschlussmängel führt lediglich zur Anfechtbarkeit der Beschlüsse. Durch die Notwendigkeit, die Beschlussunwirksamkeit fristgebunden durch Anfechtungsklage geltend zu machen, entsteht für die Gesellschafter, die den aus ihrer Sicht fehlerhaften Beschluss nicht akzeptieren wollen, ein erheblicher Klagedruck, zumal die Anfechtungsfrist meist nicht mehr als einen Monat nach Kenntnisnahme von der Beschlussfassung beträgt. Durch diese Präklusionsfrist werden die Gerichte mit einer Vielzahl von zusätzlichen und oft auch unnötigen Beschlussanfechtungsklagen belastet. Hinzu tritt der Zeit- und Kostenaufwand für die Kläger und die beklagte GmbH. Die Beziehungen unter den Gesellschaftern werden durch Rechtsstreitigkeiten weiter beeinträchtigt. Der mit der Anfechtungsklage verbundene Klagedruck ist daher für die personalistische GmbH konzeptionell verfehlt, zumal das Interesse an einer zügigen Klärung, ob Beschlüsse wirksam sind oder nicht, anders als bei der AG geringeres Gewicht hat.

[17] BGH, Urteil vom 17.2.1997, BGHZ 134, 364 = NJW 1997, 1510 = GmbHR 1997, 655 = DStR 1997, 788; vgl. auch BGH, Urteil vom 22.7.2002, BGHZ 152, 1 = NZG 2002, 957 = NJW 2002, 3465 = BB 2002, 1879 (für den Streitgegenstand der Nichtigkeits- und Anfechtungsklage bei einer Aktiengesellschaft).

[18] Vgl. auch Baumbach/Hueck, Anh § 47, Rn. 158 a.

[19] So ausdrücklich BGH, Urteil vom 17.2.1997, BGHZ 134, 364 = NJW 1997, 1510 = GmbHR 1997, 655 = DStR 1997, 788.

[20] Das **Muster** entsprechender Klageanträge findet sich unter Rn. 862.

I. Gerichtliche Klärung von Beschlussmängeln und Abstimmungsergebnissen

Begründung der Beschlussnichtigkeit herangezogen worden waren.[21] Mit Rücksicht darauf führen schließlich auch die Geltendmachung zusätzlicher Mängel im weiteren Prozessverlauf und der **ergänzende Sachvortrag** hinsichtlich der Fehlerhaftigkeit des Beschlusses **nicht zu einer Klageänderung**.[22]

Unklare **Abstimmungsergebnisse** können wie bei den Personengesellschaften durch eine besondere Feststellungsklage, die sog. **Beschlussfeststellungsklage**, gerichtlich geklärt werden. Im Rahmen dieser Klage werden nicht nur das bloße Abstimmungsergebnis gerichtlich überprüft und festgestellt, sondern zugleich der Inhalt und die Rechtmäßigkeit des streitgegenständlichen Gesellschafterbeschlusses geklärt. Die stattgebende Beschlussfeststellungsklage ist daher Gestaltungsklage.[23] Die Beschlussfeststellungsklage ist allerdings nur zulässig, wenn das Beschlussergebnis bzw. der Beschlussinhalt **nicht** im Rahmen der betreffenden Gesellschafterversammlung von einem hierfür zuständigen **Versammlungsleiter festgestellt worden** ist.[24] Solche unklaren Abstimmungsergebnisse können sich vor allem dann ergeben, wenn die Wirksamkeit der Stimmabgabe einzelner Gesellschafter (wegen Stimmrechtsausschlusses oder gesetzlicher Stimmbindung aufgrund Treuepflicht) streitig ist und in Folge dessen Zweifel bestehen, ob ein Beschlussantrag die erforderliche Mehrheit erreicht hat.

615

Ein **typisches Anwendungsbeispiel für die Beschlussfeststellungsklage** bildet die Beschlussfassung über die Abberufung eines Gesellschafter-Geschäftsführers aus wichtigem Grund, sofern es für die Erreichung einer Beschlussmehrheit auf seine Stimmen ankommt. Der betroffene Gesellschafter unterliegt bei der betreffenden Beschlussfassung zwar einem gesetzlichen Stimmverbot[25], doch wird dieses typischerweise mit dem Argument ignoriert, es bestehe kein „wichtiger Grund" für die außerordentliche Abberufung. Das Abstimmungsergebnis hängt dann davon ab, ob die betreffende Stimmabgabe unwirksam war (wegen Verstoßes gegen ein Stimmverbot) oder aber wirksam (weil tatsächlich kein „wichtiger Grund" für die Abberufung existierte). Der die Abberufung betreibende Gesellschafter muss das aus seiner Sicht richtige Abstimmungsergebnis (Abberufung aus wichtigem Grund) in dieser Situation mit der Beschlussfeststellungsklage verbindlich gerichtlich bestätigen lassen, im Rahmen derer zugleich über den „wichtigen Grund" für die Abberufung und das entsprechende Stimmverbot des betroffenen Gesellschafter-Geschäftsführers entschieden wird. Falls demgegenüber bei der GmbH (ausnahmsweise) ein Versammlungsleiter bestellt war, der die betreffende Rechtsfrage bereits im Rahmen der Gesellschafterversammlung entschieden und das Abstimmungsergebnis bzw. den Beschlussinhalt entsprechend (vorläufig verbindlich) festgestellt hat, muss sich der unterlegene Gesellschafter mit der fristgebundenen Anfechtungsklage zur Wehr setzen.

616

Unklare Abstimmungsergebnisse können ferner daraus resultieren, dass Streitigkeiten über die satzungsmäßigen Mehrheitserfordernisse bestehen oder z.B. streitig ist, ob zusätzlich noch Zustimmungserklärungen bestimmter Gesellschafter oder Gesellschaftergruppen notwendig sind. Falls solche Fragen nicht vorläufig verbindlich durch einen Versammlungsleiter geklärt und durch Beschlussfeststellung entschieden werden, ist jeweils die Beschlussfeststellungsklage statthaft. Die **Beschlussfeststellungsklage**

617

---

[21] BGH, Urteil vom 22.7.2002, BGHZ 152, 1 = NZG 2002, 957 = NJW 2002, 3465 = BB 2002, 1879.
[22] BGH, Urteil vom 22.7.2002, BGHZ 152, 1 = NZG 2002, 957 = NJW 2002, 3465 = BB 2002, 1879.
[23] OLG Celle, Urteil vom 17.6.1998, GmbHR 1999, 81. Vgl. auch unter Rn. 679.
[24] Vgl. etwa OLG Hamburg, Urteil vom 28.6.1991, GmbHR 1992, 43 = ZIP 1991, 1430 = DB 1991, 1871. Vgl. zur Beschlussfeststellung in der GmbH darüber hinaus iE unter Rn. 130 ff.
[25] Vgl. hierzu näher unter Rn. 47 ff.

kann schließlich auch **mit einer Anfechtungsklage kombiniert** werden, indem sich der Kläger gegen einen durch den Versammlungsleiter festgestellten, den Beschlussantrag *ablehnenden* Beschluss zunächst mit der Anfechtungsklage wendet und zugleich in einer zweiten Stufe gerichtlich das aus seiner Sicht zutreffende Beschlussergebnis (Beschluss im Sinne des Beschlussantrags) mittels Feststellungsklage klären lässt, um einen erneuten Fehler bei der Stimmabgabe und Beschlussfeststellung bei nochmaliger Abstimmung (nach Erfolg der Anfechtungsklage) von vornherein zu verhindern bzw. das gewünschte Beschlussergebnis der bereits durchgeführten Gesellschafterversammlung feststellen zu lassen.[26]

618 Im **Überblick** ergibt sich somit folgendes **Grundkonzept der Klagearten bei Beschlussmängeln in der GmbH**:

Beschlussmangel	Klageart	Klageziel
Schwerwiegender Mangel gem. § 241 AktG (insbesondere Einberufungsfehler, Verstoß gegen gläubigerschützende Vorschriften, fehlende Beurkundung).	Nichtigkeits-Feststellungsklage, § 249 AktG (Geltendmachung durch jedermann mit Rechtsschutzbedürfnis; nicht fristgebunden; Verwirkung mögl.).	Verbindliche, allgemein gültige Feststellung der Beschlussnichtigkeit durch das Gericht.
Sonstige, weniger schwerwiegende Mängel (vor allem relevante Verfahrensverstöße bei der Beschlussfassung; inhaltliche Verstöße des Beschlusses gegen Gesetz und Satzung).	Anfechtungsklage, §§ 243, 246 AktG (Erhebung durch klagebefugten Gesellschafter oder [in Ausnahmefällen] GF bzw. AR-Mitglied innerhalb Anfechtungsfrist).	Das Gericht erklärt den angefochtenen Gesellschafterbeschluss wegen dessen Fehlerhaftigkeit allgemein verbindlich für von Anfang an nichtig.
Unklares Abstimmungsergebnis (insbesondere Streit über Wirksamkeit von Stimmabgaben, bei Fehlen förmlicher Beschlussfeststellung durch Versammlungsleiter).	Beschlussfeststellungsklage (Erhebung durch Gesellschafter oder GmbH; nicht fristgebunden, jedoch Verwirkung, wenn nicht Geltendmachung innerhalb angemessener Frist).	Allgemein verbindliche Feststellung eines Abstimmungsergebnisses durch das Gericht.

---

[26] Vgl. zu dieser Kombination von Anfechtungs- und Beschlussfeststellungsklage etwa BGH, Urteil vom 20.1.1986, BGHZ 97, 28 = NJW 1986, 2051 = GmbHR 1986, 156 = BB 1986, 619: „*Wird in einer Gesellschafterversammlung ein Antrag abgelehnt, weil ein von der Abstimmung ausgeschlossener Gesellschafter dagegen stimmt, so kann die gegen den ablehnenden Beschluss erhobene Anfechtungsklage mit der Feststellung verbunden werden, der Antrag sei angenommen worden, sofern der Geschäftsführer – falls das nicht gewährleistet ist, das Gericht – die widersprechenden Gesellschafter von der Erhebung beider Klagen in Kenntnis setzt.*" (Leitsatz). Demgegenüber scheidet diese Klagekombination aus, wenn der Versammlungsleiter einen Beschluss feststellte, der dem betreffenden Beschlussantrag *stattgegeben* hatte, weil das Rechtsschutzziel des Klägers, den Beschluss zu *beseitigen*, bereits mit der Anfechtungsklage erreicht wird; vgl. BGH, Urteil vom 13.1.2003, NZG 2003, 284 = DStR 2003, 1178 = GmbHR 2003, 355.

I. Gerichtliche Klärung von Beschlussmängeln und Abstimmungsergebnissen 345

Beschlussmangel	Klageart	Klageziel
Feststellung eines falschen, den Beschlussantrag *ablehnenden* Abstimmungsergebnisses durch einen Versammlungsleiter, wegen unrichtiger Zählung oder Bewertung von Stimmabgaben.[27]	Anfechtungsklage gegen den festgestellten „Ablehnungsbeschluss" (1. Stufe) und positive Beschlussfeststellungsklage zur Feststellung des zutreffenden Beschlusses, entsprechend Beschlussantrag (2. Stufe).	Nichtigerklärung des unrichtig festgestellten „Ablehnungsbeschlusses" und gleichzeitige, allgemein verbindliche Feststellung des richtigen Beschlussergebnisses durch das Gericht.

bb) Zur Nichtigkeit und zur Anfechtbarkeit führende Beschlussmängel

(1) Nichtigkeitsgründe

Gesellschafterbeschlüsse in einer **GmbH** sind unter den einschränkenden Voraussetzungen der §§ 241, 242 und 249 AktG nur bei bestimmten Mängeln auch ohne rechtzeitige Anfechtung **nichtig**.[28] Im Überblick kommen im Wesentlichen folgende **Nichtigkeitsgründe** in Betracht:

619

- Fehler bei der **Beschlussvorbereitung**, also vor allem bestimmte **Ladungsmängel** bei der Einberufung von Gesellschafterversammlungen (§ 241 Nr. 1 AktG). Typische, zur Nichtigkeit der Beschlussfassung führende Fehler sind vor allem die **Einberufung** der Gesellschafterversammlung durch eine **unberechtigte Person** oder durch ein unberechtigtes Gremium sowie die **Einladung nicht aller**, der GmbH gemäß § 16 Abs. 1 GmbHG bekannter **Gesellschafter**.[29] Der fehlenden Einladung kommt es gleich, wenn in der Ladung wesentliche Angaben, wie z.B. der Ort und der Zeitpunkt der beabsichtigten Gesellschafterversammlung, weggelassen wurden.

620

Vorbezeichnete **Ladungsmängel** führen allerdings dann gemäß § 51 Abs. 3 GmbHG **nicht zur Beschlussnichtigkeit**, falls trotzdem alle Gesellschafter anwesend oder vertreten und mit der Abhaltung einer Versammlung zum Zwecke der Beschlussfassung auch ohne Einhaltung der Ladungsvorschriften einverstanden sind („**Vollversammlung**").[30] Darüber hinaus können **Gesellschafter** wirksam **vorab** auf die **Einhaltung der Ladungsvorschriften verzichten**[31] oder **bestimmte Beschlüsse**, die unter Verletzung von Ladungsvorschriften zustande gekommen waren (so dass z.B. der betreffende Gesellschafter nicht an der Beschlussfassung teilnehmen konnte) **nachträglich genehmigen** (§ 242 Abs. 2 S. 4

---

[27] Hat der Versammlungsleiter demgegenüber ein Abstimmungsergebnis falsch festgestellt, mittels dessen der Beschlussantrag *angenommen* wurde, hat der unterlegene Gesellschafter die Möglichkeit einer Anfechtungsklage gegen diesen „*positiven*" Beschluss.
[28] BGH, Urteil vom 17.2.1997, BGHZ 134, 364 = NJW 1997, 1510 = GmbHR 1997, 655 = DStR 1997, 788.
[29] Vgl. hierzu näher unter Rn. 78 und 83.
[30] Vgl. zu den Voraussetzungen einer wirksamen Beschlussfassung in einer sog. Vollversammlung oder „Universalversammlung" näher unter Rn. 75.
[31] Vgl. nur Ulmer/Habersack/Winter, § 51, Rn. 34; Baumbach/Hueck, § 51, Rn 29 f., mwN aus der Rechtsprechung.

AktG).³² In den genannten Fällen kann sich der vom Ladungsmangel betroffene Gesellschafter nicht (mehr) auf die Beschlussnichtigkeit berufen.

Andere Ladungsmängel, wie z.B. die Nichteinhaltung der **Ladungsfrist** oder die ungenaue Angabe von Tagesordnungspunkten, bilden demgegenüber keine Nichtigkeits- sondern **lediglich Anfechtungsgründe** (vgl. näher unter Rn. 627 ff.). **Beschlüsse**, die **außerhalb einer Gesellschafterversammlung**, also vor allem im schriftlichen Verfahren gemäß § 48 Abs. 2 GmbHG oder in einem sonstigen in der Satzung geregelten Verfahren (fernmündliche Abstimmung oder „kombiniertes" Verfahren) gefasst wurden³³, sind **stets nichtig**, wenn die verfahrensrechtlichen Bestimmungen laut Gesetz oder Satzung verletzt wurden. Die Nichtigkeitsfolge tritt bei dieser Art der Beschlussfassung also auch dann ein, wenn sich trotz des Verfahrensfehlers alle Gesellschafter an der Beschlussfassung beteiligt oder ihr nachträgliches Einverständnis mit bestimmten Beschlüssen erklärt haben.³⁴

621 • Einen weiteren Nichtigkeitsgrund bilden **Beurkundungsmängel** bei Satzungsänderungen (§ 53 Abs. 2 GmbHG) oder sonstigen beurkundungsbedürftigen Gesellschafterbeschlüssen (§ 241 Nr. 2 AktG). Bei solchen Beurkundungsmängeln kommt eine Heilung des Beschlusses durch Eintragung im Handelsregister in Betracht (§ 242 Abs. 1 AktG).

622 • Gesellschafterbeschlüsse sind nichtig, wenn sie unter **Verstoß gegen die gesetzliche Kompetenzordnung** zustande gekommen sind (§ 241 Nr. 3 GmbHG).³⁵ Ein typisches Beispiel bildet etwa die Abberufung eines Geschäftsführers durch die Gesellschafterversammlung in einer GmbH, bei der ein nach dem MitbestG obligatorischer Aufsichtsrat gebildet ist. Dieser Aufsichtsrat ist gemäß § 31 Abs. 1 MitbestG allein für die Bestellung und Abberufung der Geschäftsführer zuständig und der unter Missachtung dieser zwingenden Zuständigkeitsnorm gefasste Gesellschafterbeschluss nichtig.³⁶

623 • Beschlüsse sind nichtig, mittels derer gegen **Gläubiger schützende Vorschriften verstoßen** wird (§ 243 Nr. 3 AktG). Ein Beispiel bildet etwa die Zwangseinziehung eines Geschäftsanteils zum Ausschluss eines Gesellschafters, wenn die Stammeinlage auf den betreffenden Geschäftsanteil noch nicht vollständig geleistet worden war (Verstoß gegen § 19 Abs. 2 GmbHG) oder wenn die im Gegenzug geschuldete Ab-

---

³² Anders noch BGH, Urteil vom 16.12.1953, BGHZ 11, 231, wonach die „Heilung" nichtiger Beschlüsse durch die nachträgliche Zustimmung der von der Beschlussfassung ausgeschlossenen Gesellschafter ausscheidet. Vgl. zu dem Problem der „Heilung" von aufgrund Ladungsmängeln nichtiger Beschlüsse näher unter Rn. 85 f.

³³ Vgl. zu diesen Beschlussfassungen außerhalb einer Gesellschafterversammlung näher unter Rn. 71 f.

³⁴ BGH, Urteil vom 16.1.2006, NZG 2006, 428 = GmbHR 2006, 706 = BB 2006, 1126.

³⁵ Vgl. auch Michalski/*Römermann*, Anh § 47, Rn. 37; Baumbach/Hueck, Anh § 47, Rn. 24.

³⁶ Vgl. zur Entscheidungskompetenz der Gesellschafter als Gesamtheit sowie zu Kompetenzkonflikten in der GmbH näher unter Rn. 11 f. Die Verletzung von Zuständigkeitsbestimmungen in der Satzung (wonach z.B. die Entscheidung über die Abberufung von Geschäftsführern auf einen *fakultativen* Aufsichtsrat übertragen ist) führt demgegenüber nicht zur Beschlussnichtigkeit, sondern bildet wegen des Satzungsverstoßes lediglich einen Anfechtungsgrund (§ 243 Abs. 1 AktG).

I. Gerichtliche Klärung von Beschlussmängeln und Abstimmungsergebnissen

findung nur aus gebundenem, zur Erhaltung des Stammkapitals benötigtem Vermögen der GmbH bezahlt werden kann (Verstoß gegen §§ 34 Abs. 3, 30 Abs. 1 GmbHG).[37]

- Gesellschafterbeschlüsse sind nichtig, wenn sie durch ihren Inhalt **gegen die guten Sitten verstoßen** (§ 241 Nr. 4 AktG). Ein Beispiel bildet etwa die Beschlussfassung zur „organisierten Bestattung" der GmbH außerhalb eines geregelten Liquidationsverfahrens[38] oder die Feststellung eines vollständigen Abfindungsausschlusses unter Berufung auf eine entsprechende, gesellschaftsvertragliche Regelung.[39] Weitergehend sind in diesem Zusammenhang auch solche Beschlüsse nichtig, die zwar ihrem Wortlaut nach nicht direkt gegen die guten Sitten verstoßen, ihrem „*inneren Gehalt*" nach jedoch zu einer sittenwidrigen Schädigung nicht anfechtungsberechtigter Personen führen.[40]

624

In dem vom OLG Dresden, Urteil vom 14.7.1999[41], entschiedenen Fall hatte der bisherige Alleingesellschafter nach Abschluss eines noch aufschiebend bedingten Verkaufs- und Abtretungsvertrags von Mehrheitsanteilen unter Ausnutzung seiner bis Bedingungseintritt fortbestehenden Alleingesellschafterposition Beschlüsse gefasst, die zur einseitigen Beeinträchtigung der Position des Erwerbers führen sollten, wie vor allem über seine eigene Bestellung zum Geschäftsführer und die Einführung bisher in der Satzung nicht vorgesehener Schutzrechte der Minderheitsgesellschafter. Nach Auffassung des OLG Dresden waren die betreffenden Beschlüsse analog § 241 Nr. 4 AktG nichtig, da sie zu einer **sittenwidrigen Schädigung des nicht anfechtungsberechtigten Erwerbers** führen sollten. Beschlüsse sind demgegenüber nicht sittenwidrig und nichtig, sondern lediglich anfechtbar, bei denen nicht der eigentliche Beschlussinhalt, sondern nur der Beweggrund oder Zweck unsittlich ist oder bei denen sich die Sittenwidrigkeit aus der Art des Zustandekommens des Beschlusses (z.B. Rechtsmissbrauch im Rahmen des Abstimmungsverfahrens) ergibt.[42]

- Die Beschlussfassung über die **Feststellung des Jahresabschlusses** ist entsprechend § 256 Abs. 1 AktG auch bei der GmbH u.a. dann nichtig, wenn durch seinen Inhalt **Gläubiger schützende Vorschriften** verletzt oder eine **gesetzliche Prüfungspflicht missachtet** wurden.[43] Die Nichtigkeit des Feststellungsbeschlusses führt

625

---

[37] Vgl. zur Beschlussnichtigkeit in den vorbezeichneten Fällen iE unter Rn. 243 ff.
[38] Vgl. hierzu Baumbach/Hueck, Anh § 47, Rn. 55.
[39] BGH, Urteil vom 29.4.2014, NZG 2014, 820, für eine GmbH-Satzung, bei der die Abfindung für einen Gesellschafter bei Ausschließung wegen grober Pflichtverletzungen ausgeschlossen war und die übrigen Gesellschafter unter Berufung hierauf zusammen mit dem Ausschluss durch Beschluss feststellten, dass keine Abfindung geschuldet sei.
[40] OLG Dresden, Urteil vom 14.7.1999, NZG 1999, 1109; vgl. auch OLG München, Urteil vom 16.4.1999, NZG 1999, 1173 (ausnahmsweise Sittenwidrigkeit eines Beschlusses, wenn er Gläubiger schädigt, weil diese im Gegensatz zum Gesellschafter kein Anfechtungsrecht haben).
[41] NZG 1999, 1109.
[42] Vgl. z.B. OLG München, Urteil vom 16.4.1999, NZG 1999, 1173. Allerdings führen unsittliche Beweggründe oder Rechtsmissbrauch bei einer Beschlussfassung ausnahmsweise doch zur Beschlussnichtigkeit, wenn durch den betreffenden Beschluss in „*unverzichtbare Rechte*" eines Gesellschafters eingegriffen wird oder wenn der Beschluss Dritte, nicht zur Anfechtung berechtigte Personen schädigt; vgl. OLG Dresden, Urteil vom 14.7.1999, NZG 1999, 1109.
[43] Vgl. hierzu näher unter Rn. 376 ff.

darüber hinaus entsprechend § 253 Abs. 1 AktG zur Nichtigkeit des hierauf beruhenden **Ergebnisverwendungsbeschlusses**.

626 • In § 241 Nr. 5 AktG, der für die GmbH ebenfalls entsprechende Anwendung findet, wird schließlich klargestellt, dass Beschlüsse nichtig sind, die nach erfolgreicher Anfechtungsklage **durch Urteil für nichtig erklärt** wurden.

(2) Anfechtungsgründe

627 Entsprechend § 243 AktG führt die Mehrzahl von Beschlussfehlern in der GmbH lediglich zu deren Anfechtbarkeit. Es handelt sich um Beschlussmängel, die einerseits nicht die absolute Beschlussnichtigkeit zur Folge haben und die andererseits nicht unbeachtlich sind (weil sie auf der Verletzung bloßer Ordnungsvorschriften beruhen oder aber für das Beschlussergebnis nicht von Relevanz sind). **Im Überblick** bestehen folgende wesentliche **Anfechtungsgründe**:

628 • Zur Anfechtbarkeit von Beschlüssen führen **Verfahrensverstöße, nämlich Fehler bei der Vorbereitung der Beschlussfassung** sowie **Fehler beim Abstimmungsverfahren.** Beispiele aus der 1. Fallgruppe bilden die Einberufung einer Gesellschafterversammlung an einen falschen Ort oder zu einem ungeeigneten Zeitpunkt, die Nichteinhaltung der Ladungsfristen oder die unzureichende Ankündigung von Beschlussgegenständen in der Tagesordnung. Beispiele aus der 2. Fallgruppe bilden die Beeinträchtigung von Teilnahme- und Mitwirkungsrechten einzelner Gesellschafter (etwa durch eine zu geringe Wartezeit bei Beginn der Gesellschafterversammlung oder die Verweigerung der Zulassung teilnahmeberechtigter Personen), die Abstimmung trotz Beschlussunfähigkeit sowie die inhaltlich unrichtige Feststellung eines Abstimmungsergebnisses durch einen Versammlungsleiter[44] in Folge von Zählfehlern, Rechtsfehlern bei der Berücksichtigung unwirksamer Stimmabgaben oder der Annahme falscher Mehrheitserfordernisse.[45] Hierher gehören ferner Beschlussmängel wegen der fehlerhaften oder unterbliebenen Anhörung[46] des von einer Zwangsmaßnahme betroffenen Gesellschafters oder wegen unvollständiger oder unterbliebener Informationen[47] der Mitgesellschafter zu den Entscheidungsgrundlagen eines Beschlussgegenstandes.

---

[44] Die *Unterlassung* einer förmlichen Beschlussfeststellung durch einen Versammlungsleiter bildet demgegenüber im Regelfall keinen Anfechtungsgrund, da die Feststellung von Abstimmungsergebnissen bei Gesellschafterbeschlüssen in der GmbH nicht gesetzlich vorgeschrieben ist. Das Unterbleiben der Beschlussfeststellung kann dann zur Anfechtbarkeit von Beschlüssen führen, wenn sie in der Satzung ausnahmsweise als Wirksamkeitsvoraussetzung für Gesellschafterbeschlüsse angeordnet ist.

[45] Vgl. zu diesen Anfechtungsgründen bei der Vorbereitung einer Beschlussfassung und im Rahmen des Abstimmungsverfahrens iE unter Rn. 73 ff. (Fehler bei der Einberufung der Gesellschafterversammlung) und unter Rn. 106 ff. (Fehler bei der Durchführung der Gesellschafterversammlung und im Rahmen der Beschlussfeststellung).

[46] Vgl. hierzu näher unter Rn. 112 und 250.

[47] Vgl. hierzu näher unter Rn. 114.

I. Gerichtliche Klärung von Beschlussmängeln und Abstimmungsergebnissen

Die vorbezeichneten Fehler bei der Vorbereitung und der Durchführung einer Beschlussfassung bilden jedoch **nicht in jedem Fall einen Anfechtungsgrund**. Verstöße gegen verfahrensrechtliche Vorschriften bei der Einladung zur Gesellschafterversammlung wirken sich dann nicht auf die Beschlusswirksamkeit aus, wenn alle Gesellschafter trotz des Ladungsmangels in der Gesellschafterversammlung erschienen und mit einer Beschlussfassung einverstanden sind (**Vollversammlung**).[48] Verfahrensfehler führen ferner dann *nicht* zur Anfechtbarkeit von Beschlüssen, wenn bei Vorbereitung oder Durchführung der Beschlussfassung lediglich **Ordnungsvorschriften** verletzt wurden. Bloßen Ordnungscharakter tragen im Zweifel Satzungsbestimmungen, wonach ein bestimmtes Verfahren eingehalten werden „soll" bzw. nur „Beweiszwecken" dient. Ein typisches Beispiel bildet etwa die Anordnung, dass über den Ablauf der Gesellschafterversammlung oder die Beschlussfassung Protokoll zu führen ist.[49] Im Streitfall ist durch Auslegung zu ermitteln, ob die in der Satzung angeordnete Verfahrensbestimmung Wirksamkeitsvoraussetzung für Gesellschafterbeschlüsse bildet oder nicht. Fehler bei der Ladung oder beim Abstimmungsverfahren bilden ferner dann keinen Anfechtungsgrund, wenn sie **keine Relevanz für das Beschlussergebnis** haben.[50] Ein Verfahrensmangel wirkt sich schließlich dann nicht aus, wenn der entsprechende, mangelhafte bzw. anfechtbare Beschluss **durch einen neuen Beschluss bestätigt** wird (§ 244 AktG). Die Bestätigungswirkung tritt ein, wenn der Bestätigungsbeschluss den sachlichen Inhalt des Erstbeschlusses nicht verändert, die behaupteten oder tatsächlich bestehenden Verfahrensmängel beseitigt und seinerseits nicht an Mängeln leidet.[51] Die Bestätigung scheidet also aus bei nichtigen oder inhaltlich rechtswidrigen Beschlüssen.[52] Der wirksame Bestätigungsbeschluss beseitigt die Anfechtbarkeit des Erstbeschlusses und entzieht einer im Erstprozess mit der Anfechtung des Erstbeschlusses verbundenen, noch rechtshängigen positiven Beschlussfeststellungsklage den Boden.[53]

629

- Gesellschafterbeschlüsse, die ihrem **Inhalt nach gegen Gesetz oder Satzung verstoßen**, sind gemäß § 243 Abs. 1 AktG anfechtbar, sofern sie nicht ausnahmsweise nichtig sind (vor allem wegen Verstoßes gegen Gläubiger schützende Vorschriften, §§ 241 Nr. 3, 256 Abs. 1 Nr. 1 AktG). Wichtige Beispiele bilden etwa Beschlüsse zu Geschäftsführungsmaßnahmen, die gegen den Satzungszweck verstoßen, rechtswidrige Weisungen, Beschlüsse über die Ausschließung eines Gesellschafters oder seine außerordentliche Abberufung von der Geschäftsführung, ohne dass ein „wichtiger Grund" vorliegt, die Beschlussfassung über die Ergebnisverwendung unter Verstoß gegen Satzungsregelungen oder die unberechtigte Verweigerung von Auskunfts- und Einsichtsrechten durch Gesellschafterbeschluss gemäß § 51a Abs. 2 S. 2 GmbHG. Inhaltlich mangelhaft sind ferner z.B. Gesellschafterbeschlüsse, durch die das **Gleichbehandlungsgebot** unter den Gesellschaftern verletzt wird.[54]

630

---

[48] Vgl. hierzu näher unter Rn. 75.
[49] Vgl. hierzu näher unter Rn. 134 f.
[50] Vgl. hierzu näher unter Rn. 92 und 97.
[51] BGH, Urteil vom 15.12.2003, BGHZ 157, 206 = NZG 2004, 235 = NJW 2004, 1165 (für den anfechtbaren HV-Beschluss einer Aktiengesellschaft).
[52] Vgl. auch BGH, Urteil vom 12.12.2005, NZG 2006, 191 = NJW-RR 2006, 472 = DStR 2006, 526, wonach die Bestätigung durch Beschluss gemäß § 244 S. 1 AktG nur bei Erstbeschlüssen möglich ist, die an einem die Art und Weise seines Zustandekommens betreffenden, heilbaren Verfahrensfehler leiden.
[53] BGH, Urteil vom 12.12.2005, NZG 2006, 191 = NJW-RR 2006, 472 = DStR 2006, 526, für den anfechtbaren, an einem Verfahrensfehler leidenden Beschluss in einer Aktiengesellschaft.
[54] Vgl. zum „Gleichbehandlungsgrundsatz" näher unter Rn. 59 f.

631 Hierher gehören schließlich Fälle, in denen ein Gesellschafter oder eine Gesellschaftergruppe versucht, durch eine Beschlussfassung **Sondervorteile zum Schaden der Gesellschaft** oder **von Mitgesellschaftern zu erlangen**, § 243 Abs. 2 AktG. „Sondervorteile" in diesem Sinne sind Begünstigungen, die nicht allen Mitgesellschaftern zufließen, die sich innerhalb der Gesellschaft in der gleichen Position befinden, sowie sonstige wirtschaftlich nicht berechtigte Vorteile für einzelne Gesellschafter. Beschlüsse, mittels derer einzelne Gesellschafter Sondervorteile für sich durchsetzen wollen, sind dann entsprechend § 243 Abs. 2 AktG anfechtbar, wenn bei den Gesellschaftern oder ihren an der Abstimmung teilnehmenden Vertretern Vorsatz in Bezug auf die Vorteilserlangung nachgewiesen werden kann.

2. Feststellungsklagen bei der GbR, PartG, OHG, KG und GmbH & Co. KG

632 Die direkte gerichtliche Klärung der Beschlussnichtigkeit in Folge Beschlussmängeln erfolgt bei den Personengesellschaften durch **Feststellungsklage** gemäß **§ 256 Abs. 1 ZPO**. Die gleiche Klageart ist statthaft, sofern ein unklares Abstimmungsergebnis (etwa bei Streit über Mehrheitserfordernisse oder über die Wirksamkeit einzelner Stimmabgaben) gerichtlich überprüft und festgestellt werden soll (vgl. näher unter Rn. 608 ff.). Für diese Feststellungsklagen gelten **im Überblick** folgende wesentliche Bestimmungen:

633 • **Parteien**

Die Feststellungsklage kann von jedermann mit entsprechendem Feststellungsinteresse erhoben werden (§ 256 Abs. 1 ZPO). **Kläger** ist somit im Regelfall ein Gesellschafter, der die von ihm behauptete Mangelhaftigkeit eines Gesellschafterbeschlusses oder ein bestrittenes Abstimmungsergebnis gerichtlich klären und feststellen lassen will.

Die Klage ist vorbehaltlich einer abweichenden Regelung im Gesellschaftsvertrag gegen die bestreitenden Mitgesellschafter als **Beklagte** zu richten.[55] Der **Gesellschaftsvertrag** kann die abweichende Bestimmung enthalten, wonach die Nichtigkeit von Beschlüssen durch eine **gegen die Gesellschaft zu richtende Klage** geltend zu machen ist. Beklagte der Nichtigkeitsfeststellungsklage (oder auch einer nach dem Gesellschaftsvertrag fristgebundenen „Anfechtungsklage") ist dann die Gesellschaft selbst.[56] Bei einer unklaren Regelung bedarf es der **Auslegung des Gesellschaftsvertrags**, wobei allein die Vereinbarung bestimmter Klagefristen nicht zugleich die Bedeutung hat, dass die Beschlussmängelklage gegen die Gesellschaft zu richten ist.[57] Sofern der Rechtsstreit

---

[55] Vgl. z.B. BGH, Urteil vom 13.2.1995, NJW 1995, 1218 = GmbHR 1995, 303 = BB 1995, 692 (für eine KG); BGH, Urteil vom 1.3.2011, NJW 2011, 2578 = NZG 2011, 544 = GmbHR 2011, 539 (für eine GmbH & Co. KG). Der Beschlussmängelstreit ist grundsätzlich auch in einer Publikums-KG vorbehaltlich abweichender Regelungen im Gesellschaftsvertrag „*zwischen den Gesellschaftern und nicht mit der Kommanditgesellschaft auszutragen*", vgl. etwa BGH, Urteil vom 17.7.2006, NZG 2006, 703 = NJW 2006, 2854 = BB 2006, 1925.

[56] BGH, Urteil vom 13.2.1995, NJW 1995, 1218 = GmbHR 1995, 303 = BB 1995, 692; BGH, Urteil vom 17.7.2006, NZG 2006, 703 = NJW 2006, 2854 = BB 2006, 1925.

[57] BGH, Urteil vom 1.3.2011, NJW 2011, 2578 = NZG 2011, 544 = GmbHR 2011, 539. **Anders** hat dies der BGH im Urteil vom 17.7.2006, NZG 2006, 703 = NJW 2006, 2854 = BB 2006, 1925, für eine

I. Gerichtliche Klärung von Beschlussmängeln und Abstimmungsergebnissen

demnach zwischen einem bzw. mehreren Gesellschaftern und der Gesellschaft selbst geführt wird, sind die Geschäftsführer verpflichtet, die nicht am Prozess beteiligten Mitgesellschafter zu informieren.[58] Für die Mitgesellschafter besteht dann die Möglichkeit, sich durch **Nebenintervention** (§§ 66 ff. ZPO) am Rechtsstreit zu beteiligen.

Mehrere Kläger oder mehrere Beklagte sind bei Beschlussmängelstreitigkeiten in Personengesellschaften **keine notwendigen Streitgenossen** gemäß § 62 ZPO.[59]

- Feststellungsinteresse 634

Besondere Prozessvoraussetzung der Feststellungsklage bildet das Feststellungsinteresse des Klägers (§ 256 Abs. 1 ZPO). Dies ergibt sich für die hier behandelten Feststellungsklagen bei Beschlussmängelstreitigkeiten für Gesellschafter regelmäßig bereits aus ihrer Zugehörigkeit zur Gesellschaft.[60]

- Klagefrist und Verwirkung 635

Feststellungsklagen sind **von Gesetzes wegen** grds **an keine Klagefrist gebunden**. Dies gilt im Personengesellschaftsrecht auch für die Geltendmachung von Beschlussmängeln.[61] Eine – etwas tückische – **Ausnahme** gilt für die PartG und die Personenhandelsgesellschaften für Maßnahmen nach dem **Umwandlungsgesetz**: Eine Klage gegen den Umwandlungsbeschluss kann nur binnen eines Monats nach der Beschlussfassung erhoben werden (§ 14 Abs. 1 UmwG für die Verschmelzung und iVm § 125 UmwG für die Spaltung sowie iVm §§ 176 ff. UmwG für die Vermögensübertragung; § 195 Abs. 1 UmwG für den Formwechsel). Diese Fristen können zudem gesellschaftsvertraglich nicht modifiziert werden. Für Maßnahmen nach dem UmwG ergibt sich ferner die Besonderheit, dass Beschlussmängel mit Eintragung der Umwandlungsmaßnahme im Handelsregister irrelevant werden, da sie die besonderen Wirkungen der Registereintragung (also die Vollziehung der Umwandlungsmaßnahme) gemäß §§ 20 Abs. 2, 125, 176 ff., 202 Abs. 3 UmwG unberührt lassen. Gesellschafter, die die Wirksamkeit des

---

Publikums-KG entschieden. Bei solchen Massengesellschaften liegt es besonders nahe, dass Beschlussmängelstreitigkeiten wie im Kapitalgesellschaftsrecht zwischen einzelnen Gesellschaftern und – mit allgemein verbindlicher Wirkung für alle Mitgesellschafter – der Gesellschaft selbst ausgetragen werden, zumal es für den klagenden Gesellschafter oft gar nicht möglich, jedenfalls aber nicht zumutbar ist, hunderte von Mitgesellschaftern zu verklagen. In dem vom BGH durch Urteil vom 17.7.2006 entschiedenen Fall fehlte eine solche ausdrückliche Regelung zur Passivlegitimation der Gesellschaft. Im Gesellschaftsvertrag der betreffenden Publikums-KG waren jedoch im übrigen Klagevoraussetzungen in Anlehnung an das kapitalgesellschaftsrechtliche System (vor allem Bestimmung einer knappen Klagefrist) geregelt, so dass sich für den BGH die Passivlegitimation der Gesellschaft aufgrund „*objektiver Auslegung*" des Gesellschaftsvertrags ergab.

[58] Vgl. BGH, Urteil vom 20.1.1986, BGHZ 97, 28 = GmbHR 1986, 156 = BB 1986, 619 (für eine GmbH).
[59] Vgl. – mit ausführlicher Begründung – BGH, Urteil vom 15.6.1959, BGHZ 30, 195 = NJW 1959, 1683 = BB 1959, 718.
[60] BGH, Urteil vom 21.10.1991, NJW-RR 1992, 227 = BB 1992, 595 (für eine GbR).
[61] Vgl. nur BGH, Urteil vom 7.6.1999, NZG 1999, 935 = DStR 1999, 1325 = BB 1999, 1835; OLG Stuttgart, Urteil vom 19.4.2000, NZG 2000, 835.

Umwandlungsbeschlusses in Frage stellen, müssen die drohende Registereintragung somit zusätzlich zur Beschlussmängelklage durch einstweilige Verfügung unterbinden.[62]

635a Bisweilen (und bei Publikums-Gesellschaften häufig) finden sich indessen **Ausschlussfristen im Gesellschaftsvertrag**. Solche gewillkürten Klagefristen für die Geltendmachung der Unwirksamkeit von Gesellschafterbeschlüssen sind grundsätzlich zulässig und wirksam. Die für Kapitalgesellschaften in § 246 AktG bestimmte **Monatsfrist** darf jedoch auch durch vertragliche Regelung (auch bei Publikums-Gesellschaften) **nicht unterschritten** werden.[63] Die Klagefristen gemäß UmwG (vgl. unter Rn. 635) sind gemäß § 1 Abs. 3 UmwG ebenfalls zwingend. Ist die gesellschaftsvertragliche Fristenregelung demnach unwirksam, ist im Wege der ergänzenden Vertragsauslegung eine angemessene, jedenfalls nicht unter einem Monat liegende Ausschlussfrist für die Beschlussmängelklage zu bestimmen.[64] Die wirksame gesellschaftsvertragliche Klagefrist bildet eine materielle Klagevoraussetzung, die von der klagenden Partei darzulegen und vom erkennenden Gericht von Amts wegen zu prüfen ist.[65] Sofern die im Gesellschaftsvertrag bestimmte **Ausschlussfrist versäumt** wird, ist die **Beschlussmängelklage unbegründet**. Es ist jedoch im Einzelfall zu prüfen und bei unklarer vertraglicher Regelung durch Auslegung zu ermitteln, welche Reichweite die vertragliche Regelung zur Klagefrist hat. Die Gesellschafter sind bei einer solchen Regelung üblicherweise nur gezwungen, die typischen Anfechtungs- oder Nichtigkeitsgründe fristgebunden durch Klage geltend zu machen. Sofern ein Beschluss, wie z.B. die Vereinbarung einer Nachschusspflicht der Gesellschafter, demgegenüber der Zustimmung aller betroffenen Gesellschafter bedarf (vgl. zu den Zulässigkeitsschranken für Mehrheitsbeschlüsse bei Personengesellschaften näher unter Rn. 66 ff.), bleibt der betreffende Mehrheitsbeschluss rglm auch dann gegenüber dem die Zustimmung verweigernden Gesellschafter (relativ) unwirksam, wenn die Klagefrist abgelaufen ist.[66]

636 Falls die Klageerhebung auch durch Gesellschaftsvertrag an keine Fristen gebunden ist, kann sie trotzdem *nicht* zu einem beliebigen Zeitpunkt eingereicht werden, da sie der **Verwirkung** unterliegt. Das Recht, Beschlussmängel durch Klageerhebung geltend zu

---

[62] Vgl. hierzu unter Rn. 805, bei Fn. 51.

[63] BGH, Urteil vom 13.2.1995, NJW 1995, 1218 = GmbHR 1995, 303 = BB 1995, 692; OLG Stuttgart, Urteil vom 19.4.2000, NZG 2000, 835.

[64] BGH, Urteil vom 13.2.1995, NJW 1995, 1218 = GmbHR 1995, 303 = BB 1995, 692. Die Dauer der „angemessenen Klagefrist" ließ der BGH offen, nachdem die Klage im konkreten Fall in jedem Fall verfristet war (Klageerhebung im Dezember 1992 gegen einen im Februar 1992 gefassten Beschluss). Mit Rücksicht auf den „Leitbildcharakter" der Monatsfrist des § 246 AktG für die meist ebenfalls personalistisch strukturierte GmbH dürfte diese Monatsfrist grundsätzlich auch bei einer im Wege der ergänzenden Vertragsauslegung zu ermittelnden Klagefrist für Personengesellschaften maßgeblich sein (vgl. auch OLG Stuttgart, Urteil vom 19.4.2000, NZG 2000, 835, wonach die vertragliche Bestimmung einer sich am Leitbild des § 246 AktG orientierenden Monatsfrist für eine KG „angemessen" ist).

[65] BGH, Urteil vom 15.6.1998, NJW 1998, 3344 = NZG 1998, 679 = GmbHR 1998, 891.

[66] BGH, Urteil vom 26.3.2007, NZG 2007, 582 = NJW-RR 2007, 1477 = BB 2007, 1522. Der betroffene Gesellschafter könne die Unwirksamkeit des Mehrheitsbeschlusses im Wege der nicht fristgebundenen allgemeinen Feststellungsklage oder als Einwendung gegenüber der Zahlungsklage der Gesellschaft (auf Leistung des Nachschusses) geltend machen.

I. Gerichtliche Klärung von Beschlussmängeln und Abstimmungsergebnissen

machen bzw. streitige Abstimmungsergebnisse durch Feststellungsklage klären zu lassen, ist demnach verwirkt, wenn es illoyal, unter Verstoß gegen Treu und Glauben verspätet genutzt wird. Der Verwirkungseinwand greift durch, wenn der zur Klageerhebung berechtigte Gesellschafter zunächst einen längeren Zeitraum zuwartet („*Zeitmoment*") und sich gleichzeitig bis zur Klageerhebung so verhalten hat, dass die Mitgesellschafter davon ausgehen durften, dass der behauptete Beschlussmangel nicht mehr gerügt bzw. gerichtlich geltend gemacht werden wird („*Umstandsmoment*").[67] Der Verwirkungseinwand ist deshalb z.B. dann unbegründet, wenn der Kläger mit der gerichtlichen Geltendmachung zunächst (auch einige Monate) zuwartet, bereits kurzzeitig nach Beschlussfassung jedoch ausdrücklich die Mangelhaftigkeit eines Gesellschafterbeschlusses rügt und Klage androht. Unabhängig davon fehlt es schließlich auch dann am „Umstandsmoment" des Verwirkungstatbestandes, wenn der Kläger zwar spät klagt, die Mitgesellschafter bzw. die beklagte Gesellschaft sich nach den Fallumständen bis zur Klageerhebung jedoch noch nicht durch Dispositionen auf den Bestand des betreffenden Gesellschafterbeschlusses eingerichtet haben.[68]

- **Gericht** 637

Sachlich zuständiges Gericht für die hier behandelten Feststellungsklagen ist mit Rücksicht auf den Streitwert (siehe hierzu unter Rn. 641) regelmäßig das **Landgericht** (§§ 23 Nr. 1, 71 Abs. 1 GVG). Örtlich zuständig ist das Landgericht, in dessen Bezirk der Sitz der Gesellschaft liegt (§§ 22, 17 Abs. 1 ZPO); ein Gesellschafter kann alternativ auch an seinem Wohnsitz verklagt werden, §§ 12, 13 ZPO. Bei Beschlussmängelstreitigkeiten in der OHG, KG oder GmbH & Co. KG ist beim örtlich zuständigen Landgericht schließlich die Kammer für Handelssachen funktionell zuständig (§ 95 Abs. 1 Nr. 4a GVG).

Sofern im Gesellschaftsvertrag oder durch sonstige Schiedsvereinbarung eine wirksame und für Beschlussmängelstreitigkeiten einschlägige Schiedsabrede vorhanden ist, ist die grds vorrangige Zuständigkeit des betreffenden **Schiedsgerichts** zu beachten (§ 1032 Abs. 1 ZPO). **Beschlussmängelstreitigkeiten** sind im Personengesellschaftsrecht **schiedsfähig**[69], da sich die Urteilswirkung anders als bei der GmbH (dort entsprechend §§ 248 Abs. 1, 249 Abs. 1 AktG) nicht auf am Rechtsstreit unbeteiligte Mitgesellschafter und Gesellschaftsorgane erstreckt (vgl. hierzu auch unter Rn. 840).

- **Klageantrag** 638

Das **Muster** eines Klageantrags, betreffend die Nichtigkeitsfeststellung eines Gesellschafterbeschlusses in einer Personengesellschaft, findet sich unter Rn. 861.

- **Darlegungs- und Beweislast** 639

Der **Kläger**, der die Nichtigkeit eines Gesellschafterbeschlusses geltend macht, **trägt die Darlegungs- und Beweislast** für die betreffenden **Beschlussmängel**. Er hat somit im

---

[67] Vgl. z.B. BGH, Urteil vom 7.6.1999, NZG 1999, 935 = BB 1999, 1835 = DStR 1999, 1325, für eine Publikums-KG.
[68] BGH, Urteil vom 7.6.1999, NZG 1999, 935 = BB 1999, 1835 = DStR 1999, 1325.
[69] Vgl. z.B. BGH, Urteil vom 29.3.1996 („Schiedsfähigkeit I"), BGHZ 132, 278 = GmbHR 1996, 437 = BB 1996, 1074.

Einzelnen darzulegen, aus welchen Gründen der angegriffene Beschluss fehlerhaft und damit nichtig ist.[70] Angesichts dessen ist es unzureichend und führt zur Unbegründetheit der Klage, wenn der Kläger lediglich allgemein die Beschlusswirksamkeit bestreitet oder „ins Blaue hinein" das Vorliegen denkbarer Nichtigkeitsgründe behauptet. Wird die Beschlussnichtigkeit z.B. damit begründet, dass nicht alle Gesellschafter zur Gesellschafterversammlung geladen wurden, muss dargelegt werden, wer bei der Ladung vergessen wurde oder zumindest, worauf sich die Behauptung dieses Ladungsmangels konkret stützt.[71] Streitgegenstand der Nichtigkeitsfeststellungsklage ist sodann allerdings die umfassende gerichtliche Klärung der Nichtigkeit des angegriffenen Beschlusses. Sofern der Kläger also zunächst nur einen Teil der Nichtigkeitsgründe für ein und denselben Beschluss vorträgt und im Prozessverlauf durch ergänzenden Sachvortrag weitere Mängel geltend macht, führt dies *nicht* zu einer Klageänderung.[72]

Entsprechende Darlegungs- und Beweislastregeln gelten bei Feststellungsklagen zur **Klärung von Abstimmungsergebnissen**. Sofern der Kläger z.B. die Wirksamkeit eines Mehrheitsbeschlusses geltend macht, trifft ihn die Darlegungs- und Beweislast dafür, dass über den betreffenden Beschlussgegenstand laut Gesellschaftsvertrag überhaupt mit Mehrheit entschieden werden konnte und diese – ggf qualifizierte – Mehrheit im konkreten Fall erreicht wurde.[73]

640 • **Urteilswirkung**

Das angerufene Gericht entscheidet in einem ordentlichen, streitigen Verfahren. Das **Feststellungsurteil wirkt** in materieller Rechtskraft nur **zwischen den Parteien**. Das Gesetz ordnet bei den Personengesellschaften, anders als bei der GmbH (unter entsprechender Anwendung der §§ 248 Abs. 1, 249 Abs. 1 AktG) keine Rechtskrafterstreckung auf Mitgesellschafter und Gesellschaftsorgane an. Die auf die Parteien begrenzte Rechtskraft des Feststellungsurteils gilt auch dann, wenn der betreffende **Beschlussmängelstreit** laut Gesellschaftsvertrag zwischen einem Gesellschafter und **der Gesellschaft selbst auszutragen ist**.[74] Das **zwischen** dem klagenden **Gesellschafter** und der **Gesellschaft ergangene Urteil** hat nach dem Sinn und Zweck einer solchen Vertragsbestimmung jedoch zur Folge, dass die **übrigen Gesellschafter schuldrechtlich verpflichtet** sind, sich an die im Beschlussmängelstreit getroffene, gerichtliche **Entscheidung zu halten**.[75]

---

[70] BGH, Urteil vom 19.1.1987, NJW 1987, 1262 = BB 1987, 920 = DB 1987, 1037.
[71] BGH, Urteil vom 19.1.1987, NJW 1987, 1262 = BB 1987, 920 = DB 1987, 1037.
[72] BGH, Urteil vom 22.7.2002, BGHZ 152, 1 = NZG 2002, 957 = BB 2002, 1879, für die Nichtigkeits- und Anfechtungsklage gegen HV-Beschlüsse einer AG.
[73] BGH, Urteil vom 21.1.1982, NJW 1982, 2065 = BB 1982, 1015 = DB 1982, 1104 (für eine Publikums-KG, betreffend die Wirksamkeit eines Mehrheitsbeschlusses über die Entnahme eines Liquiditätsüberschusses).
[74] BGH, Urteil vom 11.12.1989, NJW-RR 1990, 474 = BB 1990, 370 = WM 1990, 675.
[75] BGH, Urteil vom 11.12.1989, NJW-RR 1990, 474 = BB 1990, 370 = WM 1990, 675; BGH, Urteil vom 17.7.2006, NZG 2006, 703 = BB 2006, 1925 = DStR 2006, 1711.

I. *Gerichtliche Klärung von Beschlussmängeln und Abstimmungsergebnissen* 355

• **Streitwert** 641

Maßgeblich für den Streitwert der Feststellungsklage, der vom Gericht nach freiem Ermessen festgesetzt wird, ist nach einer jüngeren Entscheidung des BGH[76] analog § 247 Abs. 1 AktG **die Bedeutung der Sache für die Parteien**. Der BGH weicht mit diesem Beschluss von der bisher herrschenden Meinung ab, wonach sich die Wertbemessung für Beschlussmängelklagen bei Personengesellschaften (anders als bei Kapitalgesellschaften) nur nach dem Interesse des Klägers richtet.[77] Große Unterschiede hinsichtlich der Bemessung des Streitwertes dürften sich hierbei allerdings nicht ergeben (einige Beispiele für die Wertbemessung bei Beschlussmängelklagen analog § 247 Abs. 1 AktG und §§ 39 ff. GKG [für bestimmte Gebührenstreitwerte] finden sich zusammengefasst unter Rn. 652).

• **Einstweiliger Rechtsschutz** 642

Die richterliche Klärung der Nichtigkeit eines Gesellschafterbeschlusses oder auch eines Abstimmungsergebnisses kann nicht im Rahmen einstweiligen Rechtsschutzes durch einstweilige Verfügung erfolgen. Entsprechende **einstweilige Verfügungen** sind **unzulässig**.[78] Demgegenüber wird teilweise die Auffassung vertreten, dass sich der betroffene Gesellschafter in Ausnahmefällen **bereits im Vorfeld der Beschlussfassung** durch einstweilige Unterlassungsverfügung gegen bestimmte Stimmabgaben zur Wehr setzen kann.[79] Darüber hinaus besteht die Möglichkeit, dass ein betroffener Gesellschafter nach Beschlussfassung und flankierend zur Nichtigkeitsfeststellungsklage mittels einstweiliger Verfügung gegen den **Vollzug des angegriffenen Beschlusses** vorgeht (vgl. zu den Möglichkeiten einstweiligen Rechtsschutzes näher unter Rn. 795 ff.).

3. Feststellungs- und Anfechtungsklagen bei der GmbH

a) Nichtigkeitsfeststellungsklage

Die richterliche Klärung bzw. Feststellung der Nichtigkeit eines Gesellschafterbeschlusses erfolgt in der GmbH entsprechend § 249 Abs. 1 AktG durch Erhebung einer „Nichtigkeitsklage" oder „Nichtigkeitsfeststellungsklage". Für diese Feststellungsklage gelten **im Überblick** folgende wesentliche Bestimmungen: 643

---

[76] Beschluss vom 21.6.2011, NZG 2011, 997 (für eine KG).
[77] Vgl. etwa BGH, Beschluss vom 21.2.2002, NZG 2002, 518 = NJW-RR 2002, 823 (für eine KG).
[78] Vgl. Zöller, § 940, Rn. 8 („Gesellschaftsrecht"); Baumbach/Hopt, § 119, Rn. 32 (für die Personenhandelsgesellschaften); Baumbach/Hueck, Anh § 47, Rn. 194 (für die Nichtigkeitsfeststellung und Nichtigerklärung von Beschlüssen in einer GmbH). Vgl. auch OLG Celle, Urteil vom 9.10.1989, NJW 1990, 582 = DB 1989, 2422 (für die Anfechtung eines Aufsichtsratsbeschlusses in der AG).
[79] Vgl. etwa OLG Stuttgart, Urteil vom 20.2.1987, NJW 1987, 2449, wonach bei „eindeutiger Rechtslage oder in Fällen eines besonderen Schutzbedürfnisses des Gesellschafters" eine einstweilige Verfügung gegen einen „drohenden Gesellschafterbeschluss" in Betracht kommt. Vgl. zur Einflussnahme auf die Beschlussfassung durch EV näher unter Rn. 798 ff.

644 • **Parteien**

Die Nichtigkeitsklage kann entsprechend § 249 Abs. 1 AktG durch jeden Gesellschafter, Geschäftsführer oder auch Mitglieder eines Aufsichtsrats[80] als **Kläger** erhoben werden. **Mehrere Kläger** sind wegen der Rechtskrafterstreckung des stattgebenden Feststellungsurteils **notwendige Streitgenossen** gemäß § 62 Abs. 1 ZPO.[81] Andere Personen (wie z.B. auch *ausgeschiedene* Gesellschafter) können die (von ihnen behauptete) Nichtigkeit von Gesellschafterbeschlüssen bei entsprechendem Rechtsschutzbedürfnis mit der allgemeinen Feststellungsklage gemäß § 256 Abs. 1 ZPO überprüfen lassen, wobei die materielle Rechtskraft eines solchen Feststellungsurteils dann nur zwischen den Klageparteien wirkt.

644a Die besonderen Beschlussmängelklagen (Nichtigkeits-, Anfechtungs- und Beschlussfeststellungsklage) analog §§ 241 ff. AktG sind somit grds. Personen vorbehalten, die **zum Zeitpunkt der Klageerhebung Gesellschafter** der GmbH sind. Maßgeblich ist dabei, ob der Kläger in der im Handelsregister aufgenommenen **Gesellschafterliste** als Gesellschafter benannt ist, da diese Angaben gemäß § 16 Abs. 1 GmbHG auch hinsichtlich der Klagebefugnis eine gesetzliche Legitimationswirkung entfalten[82] (vgl. zur Gesellschafterliste und der betreffenden Legitimationswirkung näher unter Rn. 267ff.). Falls die Gesellschafterliste z.B. nach einem streitigen Ausschluss eines Gesellschafters unverzüglich geändert und die geänderte Liste im Handelsregister aufgenommen worden ist, kann sich der betroffene Gesellschafter nach dieser Aufnahme im Register nur noch mit der allgemeinen Feststellungsklage gemäß § 256 ZPO gegen den Ausschließungsbeschluss zur Wehr setzen. Ein Gesellschafter bleibt indessen nach § 265 Abs. 2 ZPO klagebefugt, wenn die Gesellschaftereigenschaft, auch durch Änderung der Gesellschafterliste, **nach Klageerhebung wegfällt**.[83] Wie immer bei ausgeschiedenen Gesellschaftern ist dann jedoch gesondert zu prüfen, ob der Kläger hinsichtlich des angegriffenen Beschlusses (noch) ein Rechtsschutzbedürfnis hat (vgl. hierzu näher unter Rn. 646). Sofern der Kläger den Ausschließungsbeschluss selbst angreift, ist dieses trotz Verlust der Gesellschafterstellung gemäß § 16 Abs. 1 GmbHG (durch Änderung der im HR aufgenommenen Gesellschafterliste nach Klageerhebung) zweifelsfrei gegeben.

Befindet sich der GmbH-Anteil in der Hand einer **Erbengemeinschaft**, gehört die Klageerhebung zur ordnungsgemäßen, laufenden Verwaltung. Die Miterben entscheiden daher gem §§ 2038 Abs. 2 S. 1, 745 Abs. 1 S. 1 BGB durch einfachen Mehrheitsbeschluss über die Bestellung eines Prozessvertreters.[84] Die Miterben sind notwendige

---

[80] Vgl. zur Klagebefugnis der Mitglieder eines Pflichtaufsichtsrats nach dem MitbestG BGH, Urteil vom 14.11.1983, BGHZ 89, 48 = NJW 1984, 733 = GmbHR 1984, 151. Die Klagebefugnis gemäß § 249 Abs. 1 AktG für die Mitglieder eines fakultativen AR bejaht etwa Baumbach/Hueck, Anh § 47, Rn. 69.

[81] BGH, Urteil vom 1.3.1999, NJW 1999, 1638 = NZG 1999, 496 = DStR 1999, 643, für die Nichtigkeitsklage mehrerer Aktionäre gegen den Beschluss einer HV in der AG.

[82] OLG Bremen, Urteil vom 21.10.2011, GmbHR 2012, 687.

[83] BGH, Urteil vom 9.10.2006, BGHZ 169, 221 = NZG 2007, 26 = DStR 2006, 2223, für den zwangsweisen Verlust einer Aktionärsstellung aufgrund Squeeze Out. Vgl. auch Baumbach/Hueck, Anh § 47, Rn. 137; Scholz/*K. Schmidt*, § 45, Rn. 133.

[84] OLG Nürnberg, Urteil vom 16.7.2014, GmbHR 2014, 1147.

I. Gerichtliche Klärung von Beschlussmängeln und Abstimmungsergebnissen

Streitgenossen im Sinne des § 62 Abs. 1 Alt. 2 ZPO auf materiell-rechtlicher Grundlage. Prozesshandlungen, auch eine Klagerücknahme, können daher nicht von einzelnen Miterben vorgenommen werden.[85]

Die – im vorliegenden Zusammenhang interessierende – Nichtigkeitsfeststellungsklage gemäß § 249 Abs. 1 AktG ist **gegen die GmbH** selbst als **Beklagte** zu richten. Dies gilt auch in der Zwei-Personen-GmbH.[86] Durch diese Parteirolle der GmbH ergeben sich rechtliche Schwierigkeiten hinsichtlich der **Vertretung der GmbH**, falls der **Kläger zugleich Geschäftsführer der beklagten GmbH**, möglicherweise gar deren einziger Geschäftsführer ist. Die betreffenden Rechtsprobleme und die daraus resultierenden Zulässigkeitsfragen werden nachstehend unter Rn. 683 ff. gesondert dargestellt. Falls die GmbH zum Zeitpunkt der Klageerhebung **keinen Geschäftsführer mehr hat** (z.B., weil dieser sein Amt niedergelegt hatte), ist die Gesellschaft nicht prozessfähig im Sinne des § 52 ZPO. Der Mangel muss durch Bestellung eines **Prozesspflegers** für die beklagte GmbH gemäß § 57 Abs. 1 ZPO (die zusammen mit der Klageerhebung beantragt werden kann) geheilt werden. Nach **Eröffnung des Insolvenzverfahrens** sind Anfechtungs- und Nichtigkeitsklagen gegen Beschlüsse, die das zur Insolvenzmasse gehörende Vermögen der GmbH betreffen (wie insbesondere die Beschlussfassung über die Feststellung des Jahresabschlusses, die Entlastung des Geschäftsführers oder über die Begründung von Zahlungsverbindlichkeiten der Gesellschaft) gemäß § 80 Abs. 1 InsO gegen den Insolvenzverwalter zu richten.[87]

644b

Durch den Umstand, dass die Nichtigkeitsklage gegen die GmbH zu erheben ist und sich die Urteilswirkung bei stattgebenden Urteilen darüber hinaus auf alle Mitgesellschafter und Gesellschaftsorgane erstreckt, besteht für die Mitgesellschafter ggf das Bedürfnis, sich an dem Rechtsstreit aktiv zu beteiligen. Diese aktive Beteiligung geschieht durch **streitgenössische Nebenintervention** gemäß §§ 66, 69 ZPO. Die Mitgesellschafter müssen zu diesem Zweck von den Geschäftsführern der GmbH über die Klageerhebung in Kenntnis gesetzt werden.[88] Wird diese Informationspflicht verletzt und versäumt ein Mitgesellschafter, der dem Streit beitritt, wegen zu später Kenntniserlangung z.B. eine Rechtsmittelfrist, ist ihm Wiedereinsetzung in den vorigen Stand zu gewähren[89] (vgl. hierzu unter Rn. 691).

645

- **Rechtsschutzbedürfnis**

646

Für die Erhebung der Nichtigkeitsfeststellungsklage gemäß § 249 Abs. 1 AktG ist anders als bei der allgemeinen Feststellungsklage gemäß § 256 Abs. 1 ZPO **kein gesondertes Feststellungsinteresse** darzulegen (bzw. ergibt sich dieses bereits aus der Gesell-

---

[85] Für die Klagerücknahme str., vgl. OLG Nürnberg, Urteil vom 16.7.2014, GmbHR 2014, 1147, mwN.
[86] Vgl. etwa OLG Hamm, Urteil vom 7.5.1984, GmbHR 1985, 119, für die Anfechtungsklage in der Zwei-Personen-GmbH; OLG Rostock, Urteil vom 28.5.2003, NZG 2004, 191.
[87] OLG München, Urteil vom 6.10.2010, GmbHR 2011, 89 = WM 2010, 2228 = ZIP 2010, 2369.
[88] BGH, Urteil vom 20.1.1986, BGHZ 97, 28 = GmbHR 1986, 156 = BB 1986, 619, wonach sich diese Informationspflicht in der GmbH aus einer analogen Anwendung des § 246 Abs. 4 AktG ergibt. Vgl. auch BGH, Urteil vom 31.3.2008, NZG 2008, 428 = GmbHR 2008, 660 = DStR 2008, 1197.
[89] BGH, Urteil vom 31.3.2008, NZG 2008, 428 = GmbHR 2008, 660 = DStR 2008, 1197.

schafter- oder Organstellung bei der betroffenen GmbH). Für den Kläger muss jedoch Rechtsschutzbedürfnis bestehen, anderenfalls die Klage unzulässig ist. Im vorliegenden Zusammenhang der Beschlussmängelstreitigkeiten **fehlt** ein solches **Rechtsschutzbedürfnis** typischerweise z.B. dann, wenn sich der Beschluss zwischenzeitlich erledigt hat, etwa weil der **angegriffene Beschluss** folgenlos **aufgehoben** oder **mangelfrei wiederholt** worden ist.[90] Darüber hinaus kann das Rechtsschutzbedürfnis bei den (vor oder nach Klageerhebung) **ausgeschiedenen Gesellschaftern** fraglich sein: Ein rechtliches Interesse für die gerichtliche Überprüfung von Beschlüssen besteht hier, abgesehen von den die Ausschließung selbst betreffenden Beschlussfassungen, nur noch hinsichtlich solcher Gesellschafterbeschlüsse, die sich auf die „*wirtschaftlichen Geschicke der Gesellschaft*"[91] und damit auf die dem Kläger noch zustehende, von der Gesellschaft zu zahlende Abfindung auswirken können.[92]

Neben dem Fehlen eines Rechtsschutzbedürfnisses kann eine Nichtigkeitsklage auch dann unzulässig sein, wenn sie **rechtsmissbräuchlich** erhoben wird.[93] Ein solcher Rechtsmissbrauch durch die Anfechtung von Gesellschafterbeschlüssen ist allerdings eher für die Aktiengesellschaft typisch.[94]

647 • **Klagefrist und Verwirkung**

Die Nichtigkeitsfeststellungsklage ist von Gesetzes wegen grds **nicht fristgebunden** (für Beschlüsse über Maßnahmen gem §§ 1 ff. UmwG gilt jedoch die besondere Klagefrist von einem Monat; vgl. näher unter Rn. 635). Für die Klageerhebung kann durch

---

[90] OLG Nürnberg, Urteil vom 25.8.1999, NZG 2000, 700; OLG Saarbrücken, Urteil vom 17.1.2001, NZG 2001, 415 = NJW-RR 2001, 612 (fehlendes Rechtsschutzbedürfnis bei Klage gegen einen Abberufungsbeschluss, wenn der betreffende Gesellschafter-Geschäftsführer nach Klageerhebung freiwillig sein Amt niedergelegt hat). OLG München, Urteil vom 3.11.1993, GmbHR 1994, 406 = DB 1994, 320, wonach für Nichtigkeits- bzw. Anfechtungsklagen gegen Beschlüsse der Gesellschafterversammlung das Rechtsschutzbedürfnis fehlt, wenn objektiv kein Bedürfnis für eine Nichtigerklärung (mehr) besteht. Vgl. auch BGH, Urteil vom 27.9.1956, BGHZ 21, 354, für die fehlerfreie Wiederholung mangelhafter Beschlüsse in einer HV.

[91] OLG Celle, Urteil vom 22.1.2014, NZG 2014, 345 = GmbHR 2014, 370.

[92] BGH, Urteil vom 9.10.2006, BGHZ 169, 221 = NZG 2007, 26 = DStR 2006, 2223, für eine aktienrechtliche Anfechtungsklage.

[93] OLG Stuttgart, Urteil vom 10.1.2001, NZG 2001, 277 = BB 2001, 326, wonach die Erhebung einer rechtsmissbräuchlichen Nichtigkeitsklage zur Unzulässigkeit der Klage und nicht wie bei der Anfechtungsklage zu deren Unbegründetheit führt.

[94] Das OLG Stuttgart befürwortete in dem von ihm durch Urteil vom 10.1.2001, NZG 2001, 277 = BB 2001, 326, entschiedenen Fall die Rechtsmissbräuchlichkeit der Nichtigkeitsklage in einer AG, nachdem der klagende Aktionär von einem Nichtaktionär zur Erhebung der Nichtigkeitsklage mit der Zusage veranlasst worden war, für ihn das Verfahren bei Kostenübernahme zu betreiben. Ferner sprach für die Rechtsmissbräuchlichkeit der Klageerhebung, dass der Aktionär erst nach Verabschiedung der Beschlüsse, gegen die sich seine Klage richtete, wenige Aktien an der Gesellschaft erwarb und auf Vergleichsbemühungen des Gerichts (mit dem Ziel einer Korrektur etwaiger Beschlussmängel) mit einem Befangenheitsantrag gegen den Richter reagierte. Dem Kläger bzw. seinem Hintermann ging es bei der Klageerhebung aus Sicht des OLG Stuttgart nur darum, Druck auf die Gesellschaft auszuüben, mit dem Ziel, unberechtigte Sondervorteile zu erhalten (bei der AG nicht selten Motivation einer solchen Klage).

I. Gerichtliche Klärung von Beschlussmängeln und Abstimmungsergebnissen   359

Satzung eine Ausschlussfrist gesetzt sein, die allerdings nur wirksam ist, wenn sie wenigstens die Monatsfrist des § 246 Abs. 1 AktG einhält (vgl. zur Klagefrist iE unter Rn. 658 ff.). Satzungsbestimmungen, die eine kürzere Klagefrist vorsehen, sind unwirksam. Die „angemessene" Klagefrist wird dann durch das Gericht im Wege der ergänzenden Vertragsauslegung bestimmt.[95] Die Versäumung der vertraglichen Klagefrist führt zur Unbegründetheit der Klage (vgl. unter Rn. 635).

Das Klagerecht unterliegt bei Fehlen einer (wirksamen) vertraglichen Regelung zur Klagefrist der **Verwirkung**. Es gelten die Ausführungen zum Verwirkungseinwand bei der Nichtigkeitsfeststellungsklage in der Personengesellschaft unter Rn. 636 entsprechend.

- **Gericht**   648

Für die Nichtigkeitsfeststellungsklage ist das **Landgericht** ausschließlich zuständig, in dessen Bezirk die Gesellschaft ihren Sitz hat (§§ 249 Abs. 1 S. 1, 246 Abs. 2 S. 1 AktG analog). Funktionell zuständig ist beim Landgericht die Kammer für Handelssachen (§§ 249 S. 1, 246 Abs. 3 S. 2 AktG).

Mit Rücksicht auf die Entscheidung des BGH vom April 2009[96] kann für die Nichtigkeitsfeststellungsklage ein **Schiedsgericht** zuständig sein, sofern in der Schiedsvereinbarung bestimmte, vom Bundesgerichtshof im Einzelnen definierte Mindeststandards für das schiedsgerichtliche Verfahren geregelt worden sind (vgl. hierzu näher unter Rn. 820 ff.).

- **Klageantrag**   649

Das **Muster** eines Klageantrags zur Erhebung einer Nichtigkeitsfeststellungsklage gegen einen GmbH-Gesellschafterbeschluss findet sich unter Rn. 862.

- **Darlegungs- und Beweislast**   650

Hinsichtlich der Darlegungs- und Beweislastverteilung sowie hinsichtlich des Streitgegenstandes der Nichtigkeitsklage gelten die betreffenden Ausführungen zur Nichtigkeitsfeststellungsklage bei Beschlussmängelstreitigkeiten in Personengesellschaften (unter Rn. 639) entsprechend.[97]

- **Urteilswirkung**   651

Das der Nichtigkeitsklage **stattgebende Urteil** (Feststellung der Nichtigkeit des angegriffenen Gesellschafterbeschlusses) wirkt (bei formeller Rechtskraft) über die Parteien

---

[95] BGH, Urteil vom 21.3.1988, BGHZ 104, 66 = NJW 1988, 1844 = GmbHR 1988, 304 = BB 1988, 993; vgl. auch OLG Hamm, Urteil vom 14.2.2000, NJW-RR 2001, 108, wonach die in einer GmbH-Satzung getroffene Regelung, dass die Unwirksamkeit oder Anfechtbarkeit von Gesellschafterbeschlüssen nur innerhalb eines Monats, beginnend mit dem Tag nach der Beschlussprotokollierung gerichtlich geltend gemacht werden kann, wirksam ist.

[96] BGH, Urteil vom 6.4.2009 („Schiedsfähigkeit II"), BGHZ 180, 221 = NZG 2009, 620 = GmbHR 2009, 705 = DStR 2009, 1043.

[97] Vgl. zum einheitlichen Streitgegenstand der Nichtigkeits- und Anfechtungsklage gegen GmbH-Gesellschafterbeschlüsse und die damit verbundenen Prozessfolgen näher unter Rn. 613 f.

hinaus für und gegen alle Gesellschafter sowie die Mitglieder der Geschäftsführung und des Aufsichtsrats (§§ 249 Abs. 1 S. 1, 248 Abs. 1 S. 1 AktG analog). Sofern die **Nichtigkeitsklage** demgegenüber **abgewiesen** wird, fehlt es an einer vergleichbaren gesetzlichen Rechtskrafterstreckung, so dass das abweisende Urteil in materieller Rechtskraft zwischen dem Kläger und der beklagten Gesellschaft erwächst.

652
- **Streitwert**

Der Streitwert bei Beschlussmängelklagen wird in der GmbH unter entsprechender Anwendung der aktienrechtlichen Vorschrift des § 247 S. 1 AktG bestimmt.[98] Demnach wird der Streitwert vom Prozessgericht unter Berücksichtigung aller Umstände des einzelnen Falles, insbesondere auch der **Bedeutung der Sache für die Parteien** (und nicht nur nach dem Klägerinteresse) ermittelt. Die Streitwertobergrenze des § 247 Abs. 1 S. 2 AktG (ein Zehntel des Stammkapitals oder maximal € 500.000,00), die im Aktienrecht dem Schutz von Kleinaktionären dient, findet nach hM bei Nichtigkeits- und Anfechtungsklagen gegen GmbH-Beschlüsse indessen keine Anwendung.[99] Die betreffende Streitwertobergrenze gilt allerdings bereits nach der gesetzlichen Regelung nur dann, wenn die Bedeutung der Sache für den *Kläger* nicht ohnedies höher zu bewerten ist (§ 247 Abs. 1 S. 2 AktG). Die Bemessungsvorschrift des § 247 AktG betrifft (wie die Streitwertvorschriften der §§ 3 ff. ZPO) dabei grds alle Streitwerte, gleich ob sie für die Zuständigkeit, ein Rechtsmittel oder die Gebührenbemessung (für Gerichtsgebühren und – gemäß § 2 RVG – für die gesetzlichen Gebühren des Rechtsanwalts) maßgeblich sind (§ 48 Abs. 1 S. 1 GKG). Für den *Gebühren*streitwert gehen jedoch die spezielleren Regelungen der §§ 41 bis 47 GKG vor.

652a
Beispiele[100]: Der Streitwert der Klage gegen einen **Zwangseinziehungsbeschluss** oder sonstige Beschlüsse über eine Ausschließung entspricht z.B. dem Wert des Geschäftsanteils des betroffenen Gesellschafters und ist nicht höher als dieser Anteilswert zu bemessen.[101] Etwas anderes gilt bei der **Ausschließung einer Komplementär-GmbH** aus einer GmbH & Co. KG, die nicht am Gesellschaftsvermögen beteiligt ist: Hier richtet sich das gem §§ 3 ff. ZPO zu ermittelnde wirtschaftliche Interesse der ausgeschlossenen Komplementärin an der Nichtigerklärung des Ausschließungsbeschlusses nach dem Wert der ihr nach den vertraglichen Vereinbarungen zustehenden Geschäftsführer- und Haftungsvergütung.[102] Bei der Bewertung eines **Entlastungsbeschlusses** kommt es entscheidend auf die betreffenden, übereinstimmenden Angaben der Klageparteien an.[103] Bei einem Gesellschafterbeschluss, mittels dessen **Auskunfts- und Einsichtsrechte** gemäß

---

[98] BGH, Beschluss vom 5.7.1999, NZG 1999, 999 = NJW-RR 1999, 1485; BGH, Beschluss vom 21.6.2011, NZG 2011, 997, mwN.

[99] Vgl. nur Baumbach/Hueck, Anh § 47, Rn. 171, mwN. Offen gelassen vom BGH im Beschluss vom 5.7.1999, NZG 1999, 999 = NJW-RR 1999, 1485.

[100] Ein umfassender und übersichtlicher Katalog von Beispielfällen zur Streitwertbemessung findet sich z.B. bei Schwerdtfeger, Kap. 8, Rn. 9 (S. 2606 ff.).

[101] BGH, Beschluss vom 8.12.2008, NZG 2009, 518 = DStR 2009, 339.

[102] BGH, Beschluss vom 4.11.2014, NZG 2015, 321 = GmbHR 2015, 367. Für den Zuständigkeits- und Rechtsmittelstreitwert ist hier gem § 9 ZPO der 3,5-fache Jahresbezug und für den Gebührenstreitwert gem § 42 Abs. 1 GKG der 3,0-fache Betrag dieses Bezugs anzusetzen.

[103] Vgl. für einen solchen Fall (Streitwert und Beschwer einer aktienrechtlichen Nichtigkeits- und Anfechtungsklage gegen Entlastungsbeschlüsse) z.B. BGH, Beschluss vom 15.3.1999, NZG 1999, 551 = NJW-RR 1999, 910 = DStR 1999, 865.

I. Gerichtliche Klärung von Beschlussmängeln und Abstimmungsergebnissen 361

§ 51a Abs. 2 GmbHG verwehrt werden, kann auf den Gewinn abgestellt werden, den der Kläger aus der GmbH erwarten kann, wobei der Streitwert nicht höher sein darf als der Wert der Anteile des Klägers.[104] Bei der Klage gegen einen **Abberufungsbeschluss** ist zu unterscheiden. Falls dieser Abberufungsbeschluss – wie häufig – mit einem Beschluss über die Kündigung des Geschäftsführer-Anstellungsvertrags verknüpft war und sich der Kläger konsequenterweise gegen beide Beschlüsse (oder nur den **Kündigungsbeschluss**) wendet, richtet sich der Streitwert der Beschlussmängelklage hinsichtlich Gerichtszuständigkeit, Rechtsmittel und Beschwer nach § 9 ZPO und für die Gebührenbemessung nach § 42 Abs. 1 S. 1 GKG: Die Bedeutung der Sache ist demnach gem § 9 ZPO mit dem 3,5-fachen Betrag der Jahresbezüge des betroffenen Geschäftsführers und nach § 42 Abs. 1 S. 1 GKG mit dem 3,0-fachen Betrag dieser Jahresbezüge sowie maximal – bei kürzerer Befristung des Anstellungsvertrags – mit dem Gesamtbetrag der künftigen Bezüge bis zur Vertragsbeendigung anzusetzen.[105] Sofern demgegenüber nur ein isolierter Abberufungsbeschluss gefasst wurde oder der Kläger lediglich den Abberufungsbeschluss (und nicht auch einen korrespondierenden Kündigungsbeschluss) durch Klage angreift, so richtet sich der Streitwert gemäß § 3 ZPO nach seinem Interesse, weiterhin Geschäftsführer der Gesellschaft zu bleiben und damit die Lenkungs- und Leitungsmacht in der Hand zu behalten.[106] Dieses Interesse ist andererseits nicht höher zu bewerten als das Interesse des Klägers an seiner Mitgliedschaft in der betreffenden GmbH. Der Streitwert richtet sich bei einer isolierten gerichtlichen Überprüfung des Abberufungsbeschlusses daher wie bei Beschlussmängelklagen gegen einen Ausschließungsbeschluss maximal nach dem Wert des Geschäftsanteils des Klägers.[107]

- **Einstweiliger Rechtsschutz** 653

Die vorläufige Feststellung der Beschlussnichtigkeit im Rahmen eines einstweiligen Verfügungsverfahrens ist nicht möglich. Es gelten die Ausführungen zum einstweiligen Rechtsschutz für die Beschlussmängelstreitigkeiten in Personengesellschaften (unter Rn. 642) entsprechend.

b) Anfechtungsklage

Mit der Anfechtungsklage verfolgt der Kläger ebenfalls das Ziel, die von ihm angenommene Nichtigkeit eines Gesellschafterbeschlusses gerichtlich klären und feststellen zu lassen. Diese Beschlussanfechtungsklage, die sich in der GmbH nach den entsprechenden aktienrechtlichen Vorschriften (§ 246 AktG) richtet, hat größere praktische Relevanz als die Nichtigkeitsfeststellungsklage, da der Kläger mit dieser Klage (die praktisch häufigeren) Mängel des angegriffenen Beschlusses geltend macht, die nicht in jedem Fall dessen Nichtigkeit zur Folge haben (vgl. zur Differenzierung zwischen Nichtigkeits- und Anfechtungsklage im Einzelnen unter Rn. 612 ff.). Der wesentliche Unterschied zur Nichtigkeitsklage besteht darin, dass die Anfechtungsklage fristgebunden ist und der angegriffene **Beschluss** daher trotz Vorliegens eines Anfechtungsgrundes abschließend **Wirksamkeit erlangt**, wenn die **Klagefrist versäumt** wird. **Im Überblick** gelten für die Beschlussanfechtungsklage folgende wesentliche Bestimmungen: 654

---

[104] Vgl. zur Streitwertbemessung bei der Geltendmachung von Auskunfts- und Einsichtsrechten eines GmbH-Gesellschafters Zöller, § 3, Rn. 16 („Gesellschaft").
[105] BGH, Beschluss vom 21.5.2013, Az. II ZR 110/12, zit. nach juris.
[106] BGH, Urteil vom 2.3.2009, GmbHR 2009, 995 = DStR 2009, 1656 = MDR 2009, 815.
[107] BGH, Urteil vom 2.3.2009, GmbHR 2009, 995 = DStR 2009, 1656 = MDR 2009, 815; vgl. auch BGH, Beschluss vom 28.6.2011, NZG 2011, 911.

655 • **Parteien**

Die Anfechtungsklage gemäß § 246 AktG kann durch jeden Gesellschafter als **Kläger** eingelegt werden. Entscheidend ist hierbei die Gesellschaftereigenschaft zum Zeitpunkt der Erhebung der Anfechtungsklage (vgl. hierzu iE unter Rn. 644a). Sofern der anfechtungsberechtigte Gesellschafter nach Beschlussfassung, aber vor Klageerhebung Geschäftsanteile veräußert, geht das Anfechtungsrecht auf den Erwerber über, wobei es für den Beginn der Klagefrist in diesem Fall auf die Kenntnis oder Erkennbarkeit des Beschlussmangels durch den früheren Anfechtungsberechtigten ankommt.[108] Im Übrigen findet die Bestimmung des § 245 AktG bei der Anfechtung von GmbH-Gesellschafterbeschlüssen keine entsprechende Anwendung, so dass insbesondere Geschäftsführer, die nicht zugleich Gesellschafter sind, anders als ein AG-Vorstand (§ 245 Nr. 4 AktG) grundsätzlich nicht anfechtungsbefugt sind.[109] Nach hM sollen Geschäftsführer und im Übrigen auch Mitglieder eines Aufsichtsrats der GmbH (die nicht zugleich Gesellschafter sind) analog § 245 Nr. 5 AktG allerdings dann die Befugnis zur Erhebung einer Beschlussanfechtungsklage haben, wenn sie sich durch die Ausführung des angegriffenen Beschlusses (also bei Geschäftsführern vor allem die Ausführung eines Weisungsbeschlusses) strafbar machen oder eine Ordnungswidrigkeit begehen würden.[110] **Mehrere Kläger** sind **notwendige Streitgenossen** (§ 62 ZPO).

656 Die Beschlussanfechtungsklage ist **gegen die GmbH** als **Beklagte** zu richten (§ 246 Abs. 2 S. 1 AktG). Die Mitgesellschafter sind von der Geschäftsführung über die Klageerhebung zu informieren und können am Rechtsstreit durch **streitgenössische Nebenintervention** gemäß §§ 66, 69 ZPO teilnehmen. Es wird ergänzend verwiesen auf die Ausführungen zur Nichtigkeitsklage unter Rn. 644.

657 • **Rechtsschutzbedürfnis**

Die Anfechtungsklage ist nur bei entsprechendem Rechtsschutzbedürfnis des Klägers zulässig. Ein zur Klage befugter Gesellschafter ist in diesem Sinne regelmäßig auch rechtsschutzbedürftig, selbst wenn ihm die Klage z.B. nach Anteilsveräußerung keinen unmittelbaren Nutzen mehr bringt.[111] Allerdings **entfällt** das **Rechtsschutzbedürfnis ausnahmsweise** dann, wenn sich der angegriffene **Gesellschafterbeschluss** bereits vor **Klageerhebung abschließend erledigt** oder nach dem **Ausscheiden des Klägers** aus

---

[108] OLG Schleswig-Holstein, Urteil vom 16.3.2000, NZG 2000, 895. Sofern der Kläger die Gesellschafterstellung erst *nach* Erhebung der Anfechtungsklage verliert, kann er den Anfechtungsprozess entsprechend § 265 Abs. 2 ZPO fortführen, falls er hieran ein rechtliches Interesse hat. Alternativ tritt – im Falle einer Anteilsveräußerung – der Erwerber im Wege des Parteiwechsels in den Rechtsstreit ein (vgl. hierzu auch unter Rn. 644a).

[109] Vgl. nur BGH, Urteil vom 28.1.1980, BGHZ 76, 154 = NJW 1980, 1527 = BB 1980, 750.

[110] Vgl. etwa Lutter/Hommelhoff, Anh § 47, Rn. 73; Ulmer/Habersack/Winter, Anh § 47, Rn. 180; Baumbach/Hueck, Anh § 47, Rn. 140 f. Entsprechende Beschlüsse dürften in aller Regel allerdings bereits nach § 241 Nr. 3 AktG nichtig sein, so dass sich die betroffenen Geschäftsführer und Aufsichtsratsmitglieder auch mit der (nicht fristgebundenen) Nichtigkeitsfeststellungsklage, für die sie nach § 249 Abs. 1 S. 1 AktG unstreitig klagebefugt sind (vgl. unter Rn. 644), zur Wehr setzen können.

[111] BGH, Urteil vom 25.2.1965, BGHZ 43, 261.

I. Gerichtliche Klärung von Beschlussmängeln und Abstimmungsergebnissen

der Gesellschaft für diesen keine Bedeutung mehr hat (vgl. näher unter Rn. 646). Darüber hinaus ist ein Gesellschafter dann nicht rechtsschutzbedürftig, wenn er seine Stimme ausgerechnet *für* den nun angegriffenen Gesellschafterbeschluss abgegeben hatte.[112]

Die Anfechtungsklage ist schließlich unbegründet, wenn sie **rechtsmissbräuchlich** erhoben wird.[113] Die Erhebung der Anfechtungsklage bedeutet etwa z.B. dann eine missbräuchliche Ausübung von Mitgliedschaftsrechten, wenn ein Gesellschafter zunächst die Übernahme seines Geschäftsanteils durch die GmbH mit der Begründung ablehnt, die satzungsmäßige Abfindung sei zu niedrig, um dann Einziehungsbeschlüsse betreffend die Geschäftsanteile von Mitgesellschaftern mit der Begründung anzufechten, diese erhielten laut Satzung ein zu hohes Einziehungsentgelt.[114]

- **Klagefrist (Anfechtungsfrist)** 658

Die Besonderheit der Anfechtungsklage besteht – im Unterschied zur Nichtigkeitsfeststellungsklage – darin, dass die Klage nur innerhalb einer bestimmten Ausschlussfrist bzw. **Anfechtungsfrist** erhoben werden kann. Sofern diese **Anfechtungsfrist versäumt** wird, ist die **Klage unbegründet**.[115] Die Einhaltung der Anfechtungsfrist bildet eine materielle Klagevoraussetzung, die von der klagenden Partei darzulegen und vom Gericht von Amts wegen zu prüfen ist.[116] Die Anfechtungsfrist hat im Beschlussmängelrecht der GmbH daher zentrale Bedeutung, da ihre Einhaltung oder Versäumung – außer in den selteneren Fällen der anfänglichen Beschlussnichtigkeit – letztlich darüber mitentscheidet, ob ein eigentlich fehlerhafter Beschluss unwirksam oder aber (bei Fristversäumnis) trotz des Mangels wirksam und für die Gesellschaft bzw. deren Organe verbindlich ist.[117]

(1) Dauer der Anfechtungsfrist

Die **Anfechtungsfrist** richtet sich **vorrangig nach der Satzung** (eine wichtige Ausnahme gilt für die gemäß § 1 Abs. 3 UmwG zwingenden Klagefristen nach dem UmwG; vgl. unter Rn. 635). Solche Satzungsbestimmungen zu Beginn und Dauer der Klagefrist bei Anfechtungsklagen sind weit verbreitet, da angesichts des Fehlens einer ausdrücklichen gesetzlichen Regelung und einer uneinheitlichen Rechtsprechung anderenfalls erhebliche Rechtsunsicherheit hinsichtlich der Anfechtungsfrist droht. Das rechtliche Dilemma besteht darin, dass nach hM für die GmbH zwar einerseits der Typus der Anfechtungsklage aus dem Aktienrecht übernommen wird (deren Besonderheit gerade 659

---

[112] Vgl. Lutter/Hommelhoff, Anh § 47, Rn. 71; Baumbach/Hueck, Anh § 47, Rn. 137.
[113] OLG Stuttgart, Urteil vom 10.1.2001, NZG 2001, 277 = NJW-RR 2001, 970 = BB 2001, 326.
[114] OLG Hamm, Urteil vom 18.1.1993, GmbHR 1994, 256. Weitere Beispiele zum Rechtsmissbrauchseinwand bei Beschlussmängelklagen finden sich unter Rn. 646, bei den Ausführungen zur Nichtigkeitsklage.
[115] BGH, Urteil vom 15.6.1998, NZG 1998, 679 = DStR 1998, 1363 = GmbHR 1998, 891.
[116] BGH, Urteil vom 15.6.1998, NZG 1998, 679 = DStR 1998, 1363 = GmbHR 1998, 891. Die Nichteinhaltung der Klagefrist bzw. Anfechtungsfrist führt somit auch dann zur Abweisung der Klage als unbegründet, wenn sich diese Verfristung aus dem Sachvortrag der Parteien ergibt, ohne dass sich die Beklagte auf diesen Umstand ausdrücklich berufen müsste.
[117] Vgl. hierzu näher unter Rn. 612ff.

in der kurzen Ausschlussfrist für die Geltendmachung von bestimmten, nicht zur absoluten Beschlussnichtigkeit führenden Beschlussmängeln liegt), andererseits nach ständiger Rechtsprechung jedoch die Fristbestimmung in § 246 Abs. 1 AktG, wonach die Anfechtungsklage „*innerhalb eines Monats nach der Beschlussfassung erhoben*" werden muss, für die GmbH **keine direkte Anwendung** findet.[118] Zugleich bildet diese aktienrechtliche Vorschrift zur Anfechtungsfrist nach ständiger Rechtsprechung des BGH aber auch für die GmbH das „**Leitbild**"[119] bzw. den „**Maßstab**"[120]. **Satzungsbestimmungen** zur Klagefrist bei Beschlussanfechtungsklagen sind daher **grundsätzlich zulässig**, doch darf die **Monatsfrist** des § 246 Abs. 1 AktG **nicht unterschritten** werden.[121] Sofern die Satzungsbestimmung zur Anfechtungsfrist unwirksam ist, wird durch das erkennende Gericht in jedem Einzelfall eine „angemessene" Klagefrist bestimmt.[122] Die Rechtslage ist die gleiche, wie wenn keine Satzungsbestimmung zur Anfechtungsfrist vorhanden wäre (vgl. hierzu unter Rn. 661 f.).

660 Die Beratungspraxis hat sich auf die BGH-Rechtsprechung eingestellt, so dass bei Regelung der Klagefrist in der Satzung die Monatsfrist in aller Regel eingehalten wird. Kritischer ist der **Fristbeginn**. Die Mindestfrist von einem Monat wird nämlich für Gesellschafter, die an der Beschlussfassung nicht teilnehmen, erheblich verkürzt, wenn laut Satzung für den Fristbeginn nicht auf die Kenntnisnahme vom betreffenden Gesellschafterbeschluss, sondern auf den Zeitpunkt der Beschlussfassung selbst oder einen anderen Zeitpunkt (z.B. Protokollversendung) vor Kenntnisnahme abgestellt wird. Mit Rücksicht darauf dürfte eine Satzungsklausel, wonach für den Beginn der Anfechtungsfrist nicht auf die Kenntnisnahmemöglichkeit durch den Kläger (z.B. bei Erhalt des Protokolls der Beschlussfassung), sondern auf einen früheren Zeitpunkt abgestellt wird, jedenfalls dann unwirksam sein, wenn nicht zumindest im Gegenzug die Anfechtungsfrist von einem Monat erheblich (z.B. auf zwei oder gar mehr Monate) verlängert ist.[123] Sofern die Satzungsbestimmung zur

---

[118] Vgl. nur BGH, Urteil vom 21.3.1988, BGHZ 104, 66 = GmbHR 1988, 304 = BB 1988, 993, wo dies ausführlich mit der unterschiedlichen Interessenlage bei AG und GmbH und der unterschiedlichen Schutzbedürftigkeit eines Aktionärs und eines GmbH-Gesellschafters begründet wird. Siehe ferner BGH, Urteil vom 14.5.1990, BGHZ 111, 224 = GmbHR 1990, 344 = BB 1990, 1283; BGH, Urteil vom 12.10.1992, GmbHR 1992, 801 = BB 1992, 2239 = DB 1992, 2491.

[119] BGH, Urteil vom 14.5.1990, BGHZ 111, 224 = GmbHR 1990, 344 = BB 1990, 1283; BGH, Urteil vom 12.10.1992, GmbHR 1992, 801 = BB 1992, 2239 = DB 1992, 2491.

[120] BGH, Urteil vom 18.4.2005, NZG 2005, 551 = GmbHR 2005, 925 = DStR 2005, 975 = BB 2005, 1241.

[121] BGH, Urteil vom 21.3.1988, BGHZ 104, 66 = GmbHR 1988, 304 = BB 1988, 993; OLG Hamm, Urteil vom 14.2.2000, NJW-RR 2001, 108; vgl. auch die ausführliche Begründung im Urteil des BGH vom 13.2.1995, NJW 1995, 1218 = BB 1995, 692 = DB 1995, 920, im Zusammenhang mit der Beurteilung der Fristenregelung im Gesellschaftsvertrag einer KG (dort bildet die Monatsfrist des § 246 Abs. 1 AktG demnach ebenfalls das Leitbild einer Ausschlussfrist, die durch vertragliche Regelung nicht unterschritten werden darf).

[122] Vgl. z.B. OLG Düsseldorf, Urteil vom 8.7.2005, NZG 2005, 980 = GmbHR 2005, 1353 = DStR 2005, 1747.

[123] OLG Düsseldorf, Urteil vom 8.7.2005, NZG 2005, 980 = GmbHR 2005, 1353 = DStR 2005, 1747. Das OLG Düsseldorf erachtete hier z.B. eine Satzungsbestimmung für unwirksam, wonach die Anfechtungsfrist von einem Monat nach „Absendung" des Beschlussprotokolls beginnt, also nicht auf die Kenntniserlangung durch Zugang des Protokolls abgestellt wurde. AA etwa OLG Hamm, Urteil vom 14.2.2000, NJW-RR 2001, 108, wonach die Satzungsbestimmung wirksam ist, dass die Unwirksamkeit oder Anfechtbarkeit von Gesellschafterbeschlüssen „*nur innerhalb eines Monats, die Frist beginnend mit dem Tag nach der Protokollierung*", geltend gemacht werden kann. Die Entscheidung ist angesichts der klaren

I. Gerichtliche Klärung von Beschlussmängeln und Abstimmungsergebnissen

Anfechtungsfrist (wie zulässig) demgegenüber auf den Zugang des Versammlungsprotokolls abstellt, setzt bereits die Übergabe einer Kopie der handschriftlichen Mitschriften bzw. des Originals des Protokolls im Anschluss an die Gesellschafterversammlung die Anfechtungsfrist in Gang.[124] Problematisch ist ferner, ob der Fristbeginn durch eine **Stillhaltevereinbarung bei Vergleichsverhandlungen** verschoben oder die Anfechtungsfrist – auch in Abweichung von der betreffenden Satzungsbestimmung – für die Dauer solcher Verhandlungen wirksam gehemmt werden kann (vgl. hierzu unter Rn. 579 f.).

Falls eine **Satzungsbestimmung zur Anfechtung fehlt oder** die betreffende Satzungsregelung nach Maßgabe vorstehender Kriterien **unwirksam ist, gilt** nach ständiger höchstrichterlicher Rechtsprechung eine **im Einzelfall zu bestimmende, „angemessene" Frist**, die sich am „Leitbild" des § 246 Abs. 1 AktG zu orientieren hat, keinesfalls aber kürzer als die für das Aktienrecht geltende Monatsfrist sein darf.[125] Es steht somit zwar fest, dass der Anfechtungskläger mindestens einen Monat Zeit hat, um die Anfechtungsklage zu erheben, es ist aber andererseits weitgehend unklar, um wie viel Zeit er diese Monatsfrist überschreiten darf. Die Rechtsprechung gibt hier lediglich das weitere Beurteilungskriterium an die Hand, wonach die Anfechtungsklage „*mit aller dem Kläger zumutbaren Beschleunigung zu erheben*" ist. Bei einer Überschreitung der Monatsfrist komme es darauf an, ob den Anfechtungskläger „*zwingende Umstände*" an einer Klageerhebung gehindert haben oder ob er (alternativ) über den Monat hinaus noch zusätzliche Zeit benötigte, um eine einvernehmliche Lösung des Konflikts mit seinen Mitgesellschaftern zu versuchen.[126] Die **Überschreitung der Monatsfrist** bedeutet somit für den **Anfechtungskläger** ein **erhebliches Risiko**. Er trägt nicht nur die Darlegungs- und Beweislast dafür, dass die Anfechtungsfrist von einem Monat nach den konkreten Fallumständen und nach Maßgabe vorstehender Kriterien zu kurz war, sondern die Rechtsprechung tendiert darüber hinaus eindeutig dazu, ein Überschreiten

661

Aussage des BGH im Urteil vom 21.3.1988, BGHZ 104, 66 = GmbHR 1988, 304 = BB 1988, 993, dass Anfechtungsfristen in der GmbH von weniger als einem Monat „*schlechterdings unangemessen*" sind, da sie ein „*unverzichtbares, absolut unentziehbares Gesellschafterrecht*" in unzulässiger Weise verkürzen, mE allerdings problematisch. Die Monatsfrist wird durch die Anknüpfung an den „Tag nach der Protokollierung" erheblich verkürzt, was im vom OLG Hamm entschiedenen Fall auch tatsächlich zutraf: Der betroffene Gesellschafter, der an der Gesellschafterversammlung nicht teilgenommen hatte, erhielt das Protokoll erst mehr als einen Monat nach der Versammlung. Das OLG Hamm hielt die damit verbundene Rechtsfolge (Versäumnis der Anfechtungsfrist) für hinnehmbar, da der Gesellschafter die eigene Obliegenheit verletzt habe, sich von eventuellen Beschlussfassungen in der ihm bekannten Gesellschafterversammlung Kenntnis zu verschaffen.

[124] BGH, Urteil vom 15.6.1998, NZG 1998, 679 = DStR 1998, 1363 = GmbHR 1998, 891.
[125] BGH, Urteil vom 14.5.1990, BGHZ 111, 224 = GmbHR 1990, 344 = BB 1990, 1283; BGH, Urteil vom 12.10.1992, GmbHR 1992, 801 = BB 1992, 2239 = DB 1992, 2491; BGH, Urteil vom 18.4.2005, NZG 2005, 551 = GmbHR 2005, 925 = BB 2005, 1241; OLG Düsseldorf, Urteil vom 8.7.2005, NZG 2005, 980 = GmbHR 2005, 1353 = DStR 2005, 1747.
[126] BGH, Urteil vom 14.5.1990, BGHZ 111, 224 = GmbHR 1990, 344 = BB 1990, 1283; BGH, Urteil vom 12.10.1992, GmbHR 1992, 801 = BB 1992, 2239 = DB 1992, 2491; OLG Celle, Urteil vom 28.4.1999, GmbHR 1999, 1099; OLG München, Urteil vom 28.10.1999, NZG 2000, 105 = NJW-RR 2000, 255; OLG Düsseldorf, Urteil vom 8.7.2005, NZG 2005, 980 = GmbHR 2005, 1353 = DStR 2005, 1747. Es kommt auch eine ausdrückliche Stillhaltevereinbarung während einer Vergleichsverhandlung in Betracht. Vgl. zur Hemmung der Anfechtungsfrist während solcher außergerichtlichen Vergleichsverhandlungen oder eines Schlichtungs- bzw. Mediationsverfahrens näher unter Rn. 579 f.

der Monatsfrist im Zweifel nicht zuzulassen.[127] Die Anfechtungsfrist von einem Monat sollte daher eingehalten werden, anderenfalls die Klage (bei entsprechendem Haftungsrisiko des Beraters oder Prozessbevollmächtigten) meist bereits aus diesem Grunde scheitert.

662 Fraglich ist im Übrigen auch hier (bei Fehlen einer vertraglichen Regelung zur Klagefrist) der **Beginn der Anfechtungsfrist**. Mit Rücksicht auf die vorstehenden, im Zusammenhang mit entsprechenden Satzungsregelungen angestellten Überlegungen, ist auf die **Kenntnisnahme des Anfechtungsklägers** von der betreffenden **Beschlussfassung** abzustellen, da sonst die Monatsfrist für abwesende Gesellschafter unbillig verkürzt würde.[128] Sofern der Kläger also an der Beschlussfassung bzw. der betreffenden Gesellschafterversammlung teilgenommen hat, ist dies der für den Fristbeginn (gemäß §§ 187 ff. BGB; siehe hierzu sogleich) maßgebliche Zeitpunkt. Im Übrigen kommt es auf die anderweitige Kenntniserlangung an, insbesondere durch Erhalt eines Protokolls der betreffenden Gesellschafterversammlung bzw. Beschlussfassung. Ergänzend trifft den **Anfechtungskläger**, der nicht an der Gesellschafterversammlung teilnahm, obwohl er von dieser Kenntnis hatte, die **Obliegenheit**, zur Vermeidung von Rechtsnachteilen bei der Anfechtungsfrist **eigene Erkundigungen über** die eventuelle **Beschlussfassung** zu den angekündigten Tagesordnungspunkten in der betreffenden Gesellschafterversammlung **einzuholen**. Die Verletzung dieser Obliegenheit kann zu einem früheren Fristbeginn führen, wenn eigene Erkundigungen des Gesellschafters dazu geführt hätten, dass er zu einem früheren Zeitpunkt das Protokoll oder ausreichend sichere Kenntnis vom Inhalt der gefassten Beschlüsse erhalten hätte.[129] Zur Vermeidung von Rechtsnachteilen muss der **Anfechtungskläger** daher **zusammenfassend Folgendes beachten**: Vorsorglich sollte immer der denkbar früheste Zeitpunkt als Beginn der Anfechtungsfrist unterstellt werden. Bei Teilnahme an der streitgegenständlichen Gesellschafterversammlung ist dieser Zeitpunkt für den Fristbeginn maßgeblich. Bei Nichtteilnahme sollte nicht lediglich zugewartet werden, bis das Protokoll eingeht, sondern auf Protokollversendung durch Nachfrage bei der Gesellschaft gedrängt werden. Falls der Anfechtungskläger noch vor Zugang des offiziellen Protokolls oder einer sonstigen Niederschrift in Schriftform Kenntnis von einer Beschlussfassung und möglichen Anfechtungsgründen erlangt, sollte die Anfechtungsklage jedenfalls innerhalb eines Monats, beginnend ab *diesem* Zeitpunkt, eingelegt werden, auch wenn das Protokoll noch nicht vorliegt.

663 Für die **Fristberechnung** gelten im Übrigen die Bestimmungen der **§§ 187 ff. BGB**. Der Tag, in den das fristauslösende Ereignis fällt (Gesellschafterversammlung; Kenntniserlangung; Protokollzugang) wird gemäß § 187 Abs. 1 BGB also nicht mitgerechnet. Sofern – wie es grundsätzlich der Fall ist – die Monatsfrist als Anfechtungsfrist gilt, endet diese Klagefrist gemäß § 188 Abs. 2 und Abs. 3 BGB mit Ablauf desjenigen Tages, welcher durch seine Benennung dem Tag entspricht, in den das fristauslösende Ereignis gefallen ist (bzw. bei kurzen Monaten ggf. mit Ablauf des letzten Tages dieses Monats).

---

[127] Vgl. etwa OLG Celle, Urteil vom 28.4.1999, GmbHR 1999, 1099, wonach z.B. die Überschreitung der Monatsfrist um nur *einen* Tag zur Fristversäumnis führte. Vgl. OLG München, Urteil vom 28.10.1999, NZG 2000, 105 = NJW-RR 2000, 255, wonach die Monatsfrist auch in der GmbH die „*Regel bildet, die nur aus triftigen Gründen ausnahmsweise überschritten werden darf*". Der BGH hielt im Urteil vom 18.4.2005, NZG 2005, 551 = GmbHR 2005, 925 = BB 2005, 1241, z.B. die Begründung für unzureichend, die Gesellschafterversammlung habe kurz vor Weihnachten (am 13.12.2001) stattgefunden und der Kläger habe sich zunächst noch mit seinem Prozessbevollmächtigten absprechen müssen, was erst Anfang Januar (nach den Weihnachtsfeiertagen) möglich war. Die Klageerhebung am 22.1.2002 (gegen die Beschlüsse vom 13.12.2001) war daher verspätet. Laut BGH kann die Monatsfrist nur in „*eng begrenzten Ausnahmen*" überschritten werden, wenn „*zwingende Umstände den Gesellschafter an einer früheren klageweisen Geltendmachung ... gehindert haben*".

[128] OLG Hamm, Urteil vom 26.2.2003, NZG 2003, 630 = GmbHR 2003, 843.

[129] OLG Hamm, Urteil vom 26.2.2003, NZG 2003, 630 = GmbHR 2003, 843.

Bei Fristende an einem Sonnabend, Sonntag oder Feiertag läuft die Frist bis zum Ende des folgenden Werktages (§ 193 BGB).

(2) Wahrung der Anfechtungsfrist

Die Klagefrist bzw. **Anfechtungsfrist** wird **eingehalten durch Klageerhebung**.[130] Die Klageerhebung geschieht gemäß § 253 Abs. 1 ZPO mit Einreichung der Klageschrift und *zusätzlich* deren Zustellung beim Beklagten. Da der Zeitraum zwischen Klageeinreichung und Klagezustellung die Anfechtungsfrist jedoch nicht verkürzen soll und für den Kläger im Übrigen auch schlecht kalkulierbar ist, genügt gemäß § 167 ZPO die rechtzeitige **Klageeinreichung** (Abgabe oder Einwurf bei der Einlaufstelle des Gerichts, Einwurf in den [Nacht-]Briefkasten, Einreichung mittels direkter Telefaxübermittlung etc.)[131], sofern die Zustellung beim Klagegegner „*demnächst erfolgt*". Diese Hilfestellung bei der Fristwahrung (nämlich die Rückwirkung der Zustellung auf den Zeitpunkt der Klageeinreichung) kommt dem Kläger allerdings nur zugute, wenn er alles *Zumutbare* für die alsbaldige Zustellung getan hat. Die Verzögerung bei der Klagezustellung darf vom Kläger nicht schuldhaft herbeigeführt werden.[132] Zustellungsverzögerungen von mehr als 14 Tagen (ab Fristablauf), die auf einen Fehler des Anfechtungsklägers zurückzuführen sind, führen nach der Rechtsprechung zu einem **Ausschluss der Rückwirkung des § 167 ZPO**.[133]

664

Im vorliegenden Zusammenhang sind insbesondere folgende **potenzielle Fehler des Anfechtungsklägers** praktisch relevant: Sofern die Klage bei einem **unzuständigen Gericht eingereicht** wird, fehlt es bereits am ersten Tatbestandsmerkmal der Fristwahrung, nämlich der Klageeinreichung. Auch die Rückwirkung des § 167 Abs. 1 ZPO beginnt erst, wenn die Klageschrift beim zuständigen Gericht eingeht. Sofern das falsch angegangene Gericht ohne weiteres erkennen kann, dass es sich um eine Falschadressierung handelt und welches Gericht für die Klage zuständig ist, ist es zwar gehalten, dieses Schreiben unmittelbar an das zuständige Gericht weiterzuleiten; doch muss auch dies nur im Zuge des ordentlichen Geschäftsgangs geschehen.[134] **Mängel der Klageschrift** führen häufig zu Zustellungsverzögerungen, die der Kläger zu vertreten hat. Kritisch ist im vorliegenden Zusammenhang die Falschbezeichnung der Beklagten (nämlich der GmbH selbst) und weitergehend vor allem deren Prozessvertreter. So ist die Klage eines Gesellschafter-Geschäftsführers z.B. unzulässig, wenn er in der Klageschrift sich selbst als Vertreter der GmbH benennt oder aber einen anderen Geschäftsführer angibt, obwohl die GmbH bei Prozessen mit einem Geschäftsführer z.B. laut Satzung durch einen Beirat oder Aufsichtsrat vertreten wird (vgl. zu diesem Problem näher unter Rn. 683 ff.). Die **fehlende Streitwertangabe** ist demgegenüber grundsätzlich unschädlich.[135] Der Kläger muss ferner den **Gebühren- und Auslagenvorschuss** nicht zwingend bereits bei Klageeinreichung, sondern

665

---

[130] HM, vgl. nur BGH, Urteil vom 14.5.1990, BGHZ 111, 224 = GmbHR 1990, 344 = BB 1990, 1283; BGH, Urteil vom 18.4.2005, NZG 2005, 551 = GmbHR 2005, 925 = BB 2005, 1241; OLG Düsseldorf, Urteil vom 8.7.2005, NZG 2005, 980 = GmbHR 2005, 1353 = DStR 2005, 1747.

[131] Vgl. hierzu nur Thomas/Putzo, § 167 ZPO, Rn. 7, mwN.

[132] Vgl. ausführlich etwa BGH, Urteil vom 29.6.1993, NJW 1993, 2811 = BB 1993, 1836. Vgl. ferner Thomas/Putzo, § 167, Rn. 13; Zöller, § 167, Rn. 10ff.

[133] Vgl. Zöller, § 167, Rn. 11, zur der Rechtsprechung des BGH.

[134] Zöller, § 167, Rn. 7, mwN.

[135] OLG Düsseldorf, Urteil vom 8.7.2005, NZG 2005, 980 = GmbHR 2005, 1353 = DStR 2005, 1747; Zöller, § 167, Rn. 15.

erst nach entsprechender gerichtlicher Anforderung bezahlen.[136] Bei der Beurteilung, ob die Zustellung „demnächst" erfolgt, bleibt daher die bis zum Eingang dieser gerichtlichen Zahlungsaufforderung verstrichene Zeit außer Betracht. Nach Aufforderung muss der Gerichtskostenvorschuss allerdings dann unverzüglich, also regelmäßig binnen zwei Wochen, eingezahlt werden.[137]

666 Sofern die Anfechtungsfrist durch Klageerhebung gewahrt wurde, können auch nach Ablauf dieser Frist mögliche weitere Anfechtungsgründe, die in der ursprünglichen Klageschrift noch nicht benannt waren, vor allem **Anfechtungsgründe**, die dem Kläger erst später bekannt werden, **nachgeschoben** werden. Streitgegenstand der Anfechtungsklage ist die umfassende Klärung der Beschlusswirksamkeit durch das angerufene Gericht. Das Nachschieben oder die Auswechslung von Anfechtungsgründen bedeutet daher keine Klageänderung (vgl. hierzu näher unter Rn. 614). Für im Laufe des Prozesses nachgeschobene Anfechtungsgründe findet die Fristenregelung keine Anwendung mehr.[138]

667 • **Gericht**

Für die Anfechtungsklage ist wie im Falle der **Nichtigkeitsklage** das **Landgericht ausschließlich zuständig**, in dessen Bezirk die Gesellschaft ihren Sitz hat (§ 246 Abs. 3 S. 1 AktG). Funktionell zuständig ist die Kammer für Handelssachen (§ 246 Abs. 3 S. 2 AktG). Die Anfechtung von GmbH-Gesellschafterbeschlüssen ist unter bestimmten Voraussetzungen „schiedsfähig" (vgl. hierzu unter Rn. 648 und 828 ff.). Bei entsprechend wirksamer Schiedsabrede muss die Zuständigkeit des vereinbarten **Schiedsgerichts** beachtet werden (§ 1032 Abs. 1 ZPO).

668 • **Klageantrag**

Das **Muster** eines Klageantrags für die Beschlussanfechtungsklage findet sich unter Rn. 862.

669 • **Darlegungs- und Beweislast**

Hinsichtlich der Darlegungs- und Beweislast sowie des Streitgegenstands der Anfechtungsklage gelten die Ausführungen zur Nichtigkeitsklage, unter Rn. 650 iVm Rn. 639 entsprechend.

670 • **Urteilswirkung**

Sofern die **Anfechtungsklage Erfolg** hat, wird der angegriffene **Beschluss** durch das Gericht **für nichtig erklärt**. Das betreffende Urteil wirkt für und gegen alle Gesellschafter sowie Organmitglieder (§ 248 Abs. 1 S. 1 AktG). Das **stattgebende Urteil** hat

---

[136] OLG Düsseldorf, Urteil vom 8.7.2005, NZG 2005, 980 = GmbHR 2005, 1353 = DStR 2005, 1747.
[137] OLG Celle, Urteil vom 4.9.2013, NZG 2014, 640 = GmbHR 2014, 602.
[138] Vgl. z.B. Baumbach/Hueck, Anh § 47, Rn. 157. Die Geltung der Anfechtungsfrist für nachgeschobene Anfechtungsgründe ist allerdings sehr streitig. Der BGH lässt zumindest bei aktienrechtlichen Anfechtungsklagen ein Nachschieben von Anfechtungsgründen nach Ablauf der Anfechtungsfrist regelmäßig nur dann zu, wenn sie dem Kläger erst später (insbesondere im Prozessverlauf) bekannt geworden sind. Vgl. hierzu näher die Rechtsprechungsnachweise bei Baumbach/Hueck, Anh § 47, Rn. 156 f.

I. Gerichtliche Klärung von Beschlussmängeln und Abstimmungsergebnissen

somit bei Eintritt der formellen Rechtskraft **Gestaltungswirkung**. Da das Gericht den angegriffenen Beschluss „für nichtig erklärt", steht fest, dass dieser von Anfang an unwirksam war (sog. *ex tunc*-Wirkung).[139] Sofern ein Gesellschafter-Geschäftsführer z.B. seine Abberufung angreift, steht mit dem der Klage stattgebenden Urteil fest, dass er die Organstellung (nebst entsprechender Vertretungsmacht) durch den unwirksamen Abberufungsbeschluss niemals verloren hatte. Der Rechtsverkehr wird in Bezug auf das Geschäftsführeramt durch die Handelsregistereintragung gemäß § 15 HGB geschützt.[140]

Im Falle der **Klageabweisung** ergibt sich wie bei der Nichtigkeitsklage keine gesetzliche Rechtskrafterstreckung, so dass das Abweisungsurteil nur im Verhältnis zwischen den Parteien (Kläger und beklagte GmbH) materielle Rechtskraft erlangt.

- **Streitwert** 671

Hinsichtlich des Streitwerts gelten die Ausführungen zur Nichtigkeitsklage (unter Rn. 652) entsprechend.

- **Einstweiliger Rechtsschutz** 672

Das Klageziel der Anfechtungsklage (Nichtigerklärung eines angegriffenen Gesellschafterbeschlusses) kann nicht im Eilverfahren durch einstweilige Verfügung durchgesetzt werden. Es gelten die Ausführungen unter Rn. 642 zur Nichtigkeitsfeststellungsklage bei Personengesellschaften entsprechend.

c) Beschlussfeststellungsklage

Die sog. Beschlussfeststellungsklage, die im Aktienrecht nicht geregelt ist und die von der Rechtsprechung als besondere Form der Feststellungsklage (gemäß § 256 Abs. 1 ZPO) für die GmbH entwickelt wurde, dient der gerichtlichen **Klärung unklarer Beschlussergebnisse**. Sie kommt dann in Betracht, wenn das unter den Gesellschaftern streitige Abstimmungsergebnis *nicht* durch einen Versammlungsleiter förmlich festgestellt wurde. Hauptanwendungsfall sind Beschlüsse über Zwangsmaßnahmen gegen Gesellschafter aus „wichtigem Grund", bei denen es auf die Stimmabgabe des betroffenen Gesellschafters ankommt und deren Wirksamkeit – in Abhängigkeit vom Vorliegen des „wichtigen Grundes" – deshalb fraglich ist. Die Beschlussfeststellungsklage kann mit einer vorhergehenden Anfechtungsklage hinsichtlich des gleichen Beschlussgegenstandes kombiniert werden (vgl. näher unter Rn. 617). Im **Überblick** gelten für die Beschlussfeststellungsklage folgende wesentliche Bestimmungen: 673

- **Parteien** 674

Die Beschlussfeststellungsklage kann von jedem Gesellschafter mit entsprechendem Rechtsschutzinteresse als **Kläger** erhoben werden (vgl. zur Gesellschafterstellung und Klagebefugnis näher unter Rn. 644 f.). Daneben kommt jedoch auch eine Klageerhe-

---

[139] BGH, Urteil vom 12.7.1993, GmbHR 1993, 579 = BB 1993, 1681 = DB 1993, 1814.
[140] Mit Rücksicht darauf sind Urteile in Anfechtungsprozessen, die zu einer Änderung einer Handelsregistereintragung führen, auch unverzüglich zum Handelsregister einzureichen, § 248 Abs. 1 S. 2 AktG.

bung durch die Gesellschaft selbst in Betracht, wie z.B. dann, wenn durch die betreffende Klage geklärt werden soll, ob ein Geschäftsführer der Gesellschaft durch einen bestimmten Beschluss wirksam außerordentlich abberufen wurde oder nicht.[141]

Die Klage ist bei Antragstellung eines Gesellschafters gegen die GmbH als **Beklagte** zu richten und im Fall einer Klageerhebung durch die Gesellschaft gegen den/die das Beschlussergebnis bestreitenden Gesellschafter.[142] Die Mitgesellschafter, die nicht selbst Klageparteien sind, sind von der Geschäftsführung über die Klageerhebung in Kenntnis zu setzen und haben die Gelegenheit, sich durch **Nebenintervention** am Rechtsstreit zu beteiligen.[143] Mit Rücksicht auf die besondere Urteilswirkung handelt es sich im Falle des Streitbeitritts um eine streitgenössische Nebenintervention (§§ 66, 69 ZPO).

675 • Rechtsschutzbedürfnis

Die Beschlussfeststellungsklage ist nur zulässig, wenn der Kläger ein schützenswertes rechtliches Interesse an der begehrten Feststellung hat. Es gelten die Ausführungen zur Nichtigkeitsklage unter Rn. 646 entsprechend.

676 • Klagefrist, Verwirkung

Für die Erhebung der Beschlussfeststellungsklage gilt – anders als für die Anfechtungsklage – von Gesetzes wegen und vorbehaltlich einer (allerdings seltenen) anderslautenden Satzungsbestimmung **keine Ausschlussfrist**.[144] Die Klage ist im eigenen Interesse des Klägers jedoch möglichst „zeitnah" zur betreffenden Gesellschafterversammlung oder sonstigen Beschlussfassung zu erheben, da sie wie jede Feststellungsklage der **Verwirkung**[145] unterliegt. Hinsichtlich der Voraussetzungen für den Verwirkungseinwand wird im Übrigen verwiesen auf die Ausführungen unter Rn. 647 iVm Rn. 636, im Zusammenhang mit der „Nichtigkeitsklage". Darüber hinaus sollte bei einer Beschlussfeststellungsklage, mittels derer das Scheitern eines Beschlusses nach dem **Umwand-**

---

[141] OLG Zweibrücken, Urteil vom 29.6.1998, GmbHR 1999, 79. Alternativ kommt die Feststellungsklage der GmbH in Betracht, wonach der Beklagte (mit Rücksicht auf einen bestimmten Abberufungsbeschluss) nicht mehr Geschäftsführer der klagenden GmbH ist, vgl. z.B. BGH, Urteil vom 1.3.1999, NZG 1999, 498 = NJW 1999, 2268 = GmbHR 1999, 477. Hier handelt es sich nicht im engeren Sinne um eine „Beschlussfeststellungsklage", weil nicht das Zustandekommen bzw. das Ergebnis des Abberufungsbeschlusses selbst, sondern die Feststellung der Beendigung der Organstellung auf Basis eines als wirksam unterstellten Gesellschafterbeschlusses begehrt wird.

[142] OLG Hamburg, Urteil vom 28.6.1991, GmbHR 1992, 43 = DB 1991, 1871, für die Beschlussfeststellungsklage eines Gesellschafters; OLG Zweibrücken, Urteil vom 29.6.1998, GmbHR 1999, 79, für eine Beschlussfeststellungsklage der Gesellschaft gegen einen Gesellschafter.

[143] Es gelten die Ausführungen zur Nichtigkeitsklage und zur Anfechtungsklage unter Rn. 644 und 656 entsprechend.

[144] So ausdrücklich etwa OLG Zweibrücken, Urteil vom 29.6.1998, GmbHR 1999, 79; BGH, Urteil vom 13.11.1995, NJW 1996, 259 = GmbHR 1996, 47 = BB 1996, 11.

[145] BGH, Urteil vom 13.11.1995, NJW 1996, 259 = GmbHR 1996, 47 = BB 1996, 11; OLG Zweibrücken, Urteil vom 29.6.1998, GmbHR 1999, 79; vgl. auch BGH, Urteil vom 1.3.1999, NJW 1999, 1638 = NZG 1999, 496 = DStR 1999, 643, für die Feststellungsklage der GmbH, dass der Beklagte nicht mehr Geschäftsführer der klagenden GmbH ist, weil er durch einen Gesellschafterbeschluss abberufen worden war.

I. Gerichtliche Klärung von Beschlussmängeln und Abstimmungsergebnissen

lungsgesetz gerichtlich bestätigt werden soll, die dort geregelte, besondere Klagefrist von einem Monat eingehalten werden (vgl. hierzu näher unter Rn. 635).

- **Gericht**   677

Für die Beschlussfeststellungsklage ist analog § 246 Abs. 3 S. 1 AktG das **Landgericht** ausschließlich zuständig, in dessen Bezirk die Gesellschaft ihren Sitz hat. Funktionell zuständig ist analog § 246 Abs. 3 S. 2 AktG die Kammer für Handelssachen. Bei wirksamer Schiedsabrede ist die grds vorrangige Zuständigkeit des **Schiedsgerichts** zu beachten (§ 1032 Abs. 1 ZPO).

- **Klageantrag**   678

Das **Muster** eines Klageantrags für die Beschlussfeststellungsklage findet sich unter Rn. 863.

- **Urteilswirkung**   679

Das der Beschlussfeststellungsklage **stattgebende Urteil** wirkt bei formeller Rechtskraft analog § 248 Abs. 1 AktG über die Klageparteien hinaus auch für und gegen alle Mitgesellschafter sowie Gesellschaftsorgane.[146] Bei Klageabweisung ergibt sich materielle Rechtskraft nur zwischen den Parteien.

- **Streitwert**   680

Hinsichtlich der Streitwertbemessung gelten die Ausführungen zur „Nichtigkeitsklage" unter Rn. 652 entsprechend.

- **Einstweiliger Rechtsschutz**   681

Einstweiliger Rechtsschutz mit dem Ziel, die vorläufige Feststellung eines bestimmten Beschlussergebnisses durch einstweilige Verfügung zu erreichen, ist nicht möglich. Es gelten die Ausführungen zur „Nichtigkeitsklage" unter Rn. 642 entsprechend.

d) Typische Rechtsprobleme in Folge der Parteistellung der GmbH

Nichtigkeitsfeststellungs-, Anfechtungs- und Beschlussfeststellungsklage sind bei Beschlussmängelstreitigkeiten in der GmbH entsprechend §§ 246 Abs. 2 S. 1, 249 Abs. 1 S. 1 AktG gegen die Gesellschaft selbst zu richten. Die GmbH kann ihrerseits Klägerin einer Beschlussfeststellungsklage gegenüber einem Gesellschafter sein. Beschlussmängelstreitigkeiten werden in der GmbH daher immer unter **Einbeziehung der Gesellschaft** selbst **als Partei** des Rechtsstreits, und nicht – wie im Regelfall bei den Personengesellschaften – unter den Gesellschaftern geführt. Hieraus ergeben sich eine Reihe von rechtlichen Folgeproblemen, die nachstehend im Zusammenhang behandelt werden.   682

---

[146] BGH, Urteil vom 28.1.1980, BGHZ 76, 154 = NJW 1980, 1527 = GmbHR 1980, 295; OLG Hamburg, Urteil vom 28.6.1991, GmbHR 1992, 43 = ZIP 1991, 1430 = DB 1991, 1871; OLG München, Urteil vom 27.3.1996, GmbHR 1996, 451 = NJW-RR 1997, 988.

aa) Prozessvertretung der GmbH bei Rechtsstreitigkeiten mit einem Gesellschafter-Geschäftsführer

683 Kläger oder Beklagte eines Beschlussmängelstreits sind nicht selten Gesellschafter, die zugleich zum Geschäftsführer der GmbH bestellt sind oder bestellt waren. Eine typische Streitkonstellation betrifft etwa Beschlussfeststellungs- oder Anfechtungsklagen zwischen der Gesellschaft und einem Gesellschafter-Geschäftsführer über das Zustandekommen oder die Wirksamkeit eines Abberufungsbeschlusses. Durch die Parteistellung der GmbH ergeben sich in diesem Fall Schwierigkeiten hinsichtlich der **Prozessvertretung**. Die GmbH erlangt erst durch einen Vertreter **Prozessfähigkeit** (§ 51 Abs. 1 ZPO). Im Regelfall wird die GmbH auch in gerichtlichen Auseinandersetzungen durch ihren Geschäftsführer als gesetzlichen Vertreter (§ 35 Abs. 1 GmbHG) vertreten (vgl. hierzu näher unter Rn. 644). Diese Vertretungszuständigkeit findet jedoch eine Grenze bei Aktiv- und Passivprozessen der GmbH **mit einem amtierenden** oder **ausgeschiedenen Geschäftsführer**.[147] Die Prozessvertretung durch den Geschäftsführer ist erst recht ausgeschlossen, wenn er zugleich als Gesellschafter Kläger oder Beklagter desselben Rechtsstreits ist. Diese Vertretungsfragen bei Rechtsstreitigkeiten der GmbH mit dem Geschäftsführer sind besonders tückisch, da die GmbH bei Einschaltung eines unzuständigen Vertreters (ohne entsprechende Vertretungsmacht) prozessunfähig bleibt, so dass die für die Gesellschaft vorgenommenen Prozesshandlungen des vermeintlichen gesetzlichen Vertreters unwirksam und eine Klage für oder gegen die prozessunfähige GmbH unzulässig sind.[148] Die falsche Vertreterangabe für die GmbH durch den klagenden Geschäftsführer in der Klageschrift kann ferner dazu führen, dass die Klage nicht wirksam zugestellt werden kann, so dass die fehlerhafte Klageerhebung gemäß § 167 ZPO zur Versäumung der Anfechtungsfrist führt.[149] Es sind daher im Falle der **Beschlussmängelklage**[150] eines **Gesellschafter-Geschäftsführers gegen die GmbH** oder einer GmbH gegen einen geschäftsführenden Gesellschafter **hinsichtlich der Prozessvertretung folgende Besonderheiten** zu beachten.

(1) Klage eines Geschäftsführers gegen die GmbH

684 Der klagende Gesellschafter-Geschäftsführer kann in dem betreffenden Rechtsstreit **nicht selbst die GmbH als Geschäftsführer vertreten.** Es ist nicht zulässig, einen

---

[147] BGH, Urteil vom 6.3.2012, NZG 2012, 502 = NJW 2012, 1656 = GmbHR 2012, 638; vgl. hierzu auch unter Rn. 12.

[148] BGH, Urteil vom 25.10.2010, NZG 2011, 26 = GmbHR 2011, 83; vgl. zur Unzulässigkeit der Feststellungsklage eines Geschäftsführers gegen die nicht ordnungsgemäß vertretene GmbH auch OLG Oldenburg, Urteil vom 21.1.2010, GmbHR 2010, 258 = GWR 2010, 141.

[149] Vgl. zur Einhaltung der Anfechtungsfrist durch rechtzeitige Klageeinreichung bei alsbaldiger, nicht durch Fehler des Klägers verzögerter Klagezustellung gemäß § 167 ZPO näher unter Rn. 664 f.

[150] Teilweise andere Regelungen gelten demgegenüber bei Prozessen zur Durchsetzung von Ersatzansprüchen der GmbH gegenüber ihrem Geschäftsführer. Vgl. hierzu näher unter Rn. 790 ff.

I. Gerichtliche Klärung von Beschlussmängeln und Abstimmungsergebnissen

Rechtsstreit als Kläger und gleichzeitig als Vertreter des Beklagten zu führen.[151] Weitergehend kann die Klage bereits nicht zugestellt werden, wenn sich der klagende Gesellschafter-Geschäftsführer als einzigen Prozessvertreter im Rubrum angegeben hat, selbst wenn bei der GmbH weitere Geschäftsführer vorhanden wären, die die Gesellschaft wirksam vertreten könnten.[152] Falls der **klagende Gesellschafter-Geschäftsführer** daher **der einzige Geschäftsführer** der GmbH ist bzw. war oder zwar ein weiterer Geschäftsführer vorhanden ist, dieser aber nicht allein vertretungsberechtigt ist, scheidet die betreffende Vertreterangabe im Rubrum der Klageschrift aus. Zusammen mit der Klageerhebung ist für die beklagte GmbH die Bestellung eines **Prozesspflegers** gemäß § 57 Abs. 1 ZPO durch das Gericht (bis zu einer etwaigen Vertreterbestellung durch die Gesellschafterversammlung gemäß § 46 Nr. 8 2. Alt. GmbHG) zu beantragen.[153] Sind bei der beklagten GmbH demgegenüber **weitere, vertretungsberechtigte**[154] **Geschäftsführer** neben dem klagenden Geschäftsführer vorhanden, können diese bis zu einer besonderen Vertreterbestellung durch die Gesellschafterversammlung gemäß § 46 Nr. 8 2. Alt. GmbHG die **Prozessvertretung übernehmen** und daher im **Rubrum der Klage** als **Prozessvertreter bezeichnet werden**.[155] Gleiches gilt dann, wenn sich mehrere Gesellschafter-Geschäftsführer (wie vor allem in der Zwei-Personen-GmbH) wechselseitig abberufen haben und nun jeweils die Abberufungsbeschlüsse gerichtlich angreifen. Die beklagte GmbH wird dann jeweils durch denjenigen vertreten, der im Falle des Obsiegens der GmbH als deren Geschäftsführer zu gelten hat, also bis zur etwaigen gerichtlichen, rechtskräftigen Bestätigung dessen Abberufung und vorbehaltlich der Bestellung eines besonderen Prozessvertreters gemäß § 46 Nr. 8 2. Alt. GmbHG durch den jeweils anderen (abberufenen) Geschäftsführer.[156]

Bezüglich der **Prozessvertretung** durch **weitere Geschäftsführer** ist jedoch in **anderer Hinsicht Vorsicht geboten**: Andere Geschäftsführer sind als gesetzliche

---

[151] BGH, Urteil vom 11.7.1983, NJW 1984, 57 = DB 1983, 1971 = ZIP 1983, 1126; OLG München, Urteil vom 29.1.2004, NZG 2004, 422 = GmbHR 2004, 584.

[152] OLG München, Urteil vom 29.1.2004, NZG 2004, 422 = GmbHR 2004, 584. Die falsche Vertreterbezeichnung im Rubrum hatte daher zur Folge, dass der Kläger die Anfechtungsfrist versäumte, da die Anfechtungsklage aufgrund seiner fehlerhaften Klageerhebung nicht „demnächst" im Sinne des § 167 ZPO zugestellt werden konnte und daher die Anfechtungsfrist nicht bereits durch Einreichung der Klage bei Gericht gewahrt wurde.

[153] Die Gesellschafter sind *nicht* gem § 35 Abs. 1 S. 2 GmbHG anstelle des gesperrten Geschäftsführers vertretungsbefugt, da sich das Vertretungsrecht der Gesellschafter bei „Führungslosigkeit" der GmbH nach dieser Vorschrift auf die Abgabe von Willenserklärungen oder die Zustellung von Schriftstücken beschränkt, vgl. BGH, Urteil vom 25.10.2010, NZG 2011, 26 = GmbHR 2011, 83.

[154] Falls bei der GmbH ein weiterer Geschäftsführer bestellt ist, kann dieser daher nur dann deren Prozessvertretung übernehmen, wenn er *einzeln* vertretungsberechtigt ist. Die rechtliche Verhinderung des klagenden Geschäftsführers führt nicht zu einem Erstarken der Gesamtvertretungs- zur Alleinvertretungsmacht dieses weiteren GF, vgl. BGH, NJW 1960, 91 (für eine GbR) sowie Baumbach/Hueck, § 35, Rn. 100.

[155] BGH, Urteil vom 6.3.2012, NZG 2012, 502 = NJW 2012, 1656 = GmbHR 2012, 638; BGH, Urteil vom 24.2.1992, NJW-RR 1992, 993 = GmbHR 1992, 299 = BB 1992, 802; OLG Düsseldorf, Urteil vom 30.6.1988, NJW 1989, 172 = GmbHR 1988, 484.

[156] BGH, Urteil vom 10.11.1980, NJW 1981, 1041 = BB 1981, 199; KG Berlin, Urteil vom 4.3.1997, GmbHR 1997, 1001.

Vertreter der GmbH **unzuständig**, wenn die beklagte GmbH einen **Aufsichtsrat**[157] hat oder wenn die **Gesellschafterversammlung gemäß § 46 Nr. 8 2. Alt. GmbHG** für den Rechtsstreit mit dem Geschäftsführer im Einzelfall oder generell (vor allem durch Satzungsregelung[158]) einen **besonderen Prozessvertreter bestellt** hat.[159]

685 Diese **Kompetenzverlagerungen hinsichtlich der Prozessvertretung der GmbH** sind für den klagenden Gesellschafter-Geschäftsführer in rechtlicher Hinsicht gefährlich. Sofern der Kläger in solchen Fällen einen anderen Geschäftsführer als Vertreter der GmbH und nicht den AR/Beirat oder den von der Gesellschafterversammlung bestellten Prozessvertreter im Rubrum der Klage benennt, ist die **Klage unzulässig**. Der Mangel der ordnungsgemäßen Vertretung der GmbH kann zudem nicht durch eine schlichte Rubrumsberichtigung beseitigt werden, sondern lediglich dadurch, dass das eigentlich zuständige Vertretungsorgan mit Genehmigung der bisherigen Prozessführung und als richtiger gesetzlicher Vertreter in den Prozess eintritt.[160] Alternativ kommt die erneute Klageerhebung oder ein Parteiwechsel in Betracht. Abgesehen von der Unzulässigkeit der Klage, die bei entsprechender Mitwirkung des zuständigen Vertretungsorgans der GmbH ggf sogar geheilt werden könnte, ist fraglich, ob die im Rubrum unzutreffende Klageschrift überhaupt korrekt zugestellt werden kann (zumal streitig ist, ob die Verfahrenserleichterung des § 170 Abs. 2 ZPO [Zustellung an den „Leiter" des Zustellungsadressaten] bei der Zustellung einer Klageschrift an den unzuständigen Geschäftsführer der beklagten GmbH Anwendung findet). Alle diese Rechtsfolgen sind besonders bei fristgebundenen Klagen (vor allem der Anfechtungsklage) fatal, da die unzulässige oder gar unzustellbare Klage zur Versäumung der Klagefrist und damit letztlich zur Unangreifbarkeit der mangelhaften Beschlüsse führt. Bei Prozessen eines Gesellschafter-Geschäftsführers mit der GmbH ist daher vor Klageerhebung sorgfältig zu prüfen, ob sich die zwingende Prozessvertretung der GmbH durch einen Aufsichtsrat oder durch ein anderes, in der Satzung vorgesehenes Gesellschaftsorgan ergibt oder ob durch die Gesellschafterversammlung (z.B. im Zusammenhang mit der streitigen Beschlussfassung) bereits ein besonderer Prozessvertreter für die betreffende Beschlussmängelstreitigkeit bestellt worden ist.

(2) Klage der GmbH gegen einen Geschäftsführer

686 Geringere rechtliche Schwierigkeiten verursacht der Aktivprozess einer GmbH, z.B. in Form einer Beschlussfeststellungsklage, gegen ihren Gesellschafter-Geschäftsführer. Die GmbH kann hier jedenfalls **nicht durch den beklagten Geschäftsführer vertreten werden**.[161] Für die Prozessvertretung (auch in einem Rechtsstreit betreffend die Wirksamkeit der Abberufung des Geschäftsführers) gilt folgende Prüfungsreihenfolge: Sofern bei der klagenden GmbH ein **Aufsichtsrat** existiert, ist dieser (sowohl als mitbestimmter Pflicht-Aufsichtsrat wie -vorbehaltlich anderslautender Satzungsbestim-

---

[157] Der AR ist gem §§ 52 Abs. 1 GmbHG, 112 AktG Prozessvertreter der GmbH bei Rechtsstreitigkeiten mit ihrem GF, auch wenn der Rechtsstreit die Wirksamkeit eines Abberufungsbeschlusses betrifft. Dies gilt jedenfalls für den mitbestimmten, obligatorischen AR, aber auch für den fakultativen, aufgrund Satzungsbestimmung eingerichteten AR oder Beirat zumindest dann, wenn in der Satzung nicht explizit etwas anderes geregelt ist oder die Gesellschafterversammlung für den betreffenden Rechtsstreit einen besonderen Prozessvertreter bestellt hat, vgl. BGH, Urteil vom 26.11.2007, NZG 2008, 104 = GmbHR 2008, 144.

[158] Vgl. für einen solchen Fall z.B. OLG Oldenburg, Urteil vom 21.1.2010, GmbHR 2010, 258 = GWR 2010, 141. In der Satzung der beklagten GmbH war hier vorgesehen, dass ein bei der Gesellschaft eingerichteter Beirat u.a. *„für die Vertretung der Gesellschaft in Prozessen gegen Geschäftsführer zuständig"* sein sollte.

[159] Vgl. zu diesen Kompetenzverlagerungen bei Aktiv- und Passivprozessen der GmbH mit ihren (abberufenen) Geschäftsführern auch unter Rn. 12.

[160] OLG Oldenburg, Urteil vom 21.1.2010, GmbHR 2010, 258 = GWR 2010, 141.

[161] Vgl. nur BGH, Urteil vom 11.7.1983, NJW 1984, 57 = DB 1983, 1971 = ZIP 1983, 1126.

mung- auch als fakultativer Aufsichtsrat) Prozessvertreter der GmbH.[162] In einem zweiten Schritt (bei Fehlen eines Aufsichtsrats) ist zu prüfen, ob die Prozessvertretung bei Rechtsstreitigkeiten mit einem Geschäftsführer zwingend in der Satzung geregelt und z.B. generell oder für bestimmte Arten von Rechtsstreitigkeiten auf einen fakultativen **Beirat** übertragen wurde. Falls auch dies nicht zutrifft, kann die klagende GmbH durch einen weiteren, allein vertretungsberechtigten (oder durch mehrere, gesamtvertretungsberechtigte) **Geschäftsführer** vertreten werden. Dieser weitere Geschäftsführer hat dann nach herrschender Meinung jedenfalls **Außenvertretungsmacht**, bis die Gesellschafterversammlung gemäß § 46 Nr. 8 2. Alt. GmbHG von ihrem Recht Gebrauch gemacht hat, für den Rechtsstreit mit dem Geschäftsführer einen besonderen Prozessvertreter zu bestellen.[163] Falls dieser weitere Geschäftsführer seinerseits (meist zusammen mit dem klagenden Gesellschafter-Geschäftsführer) streitig abberufen worden war, bleibt er zur Prozessvertretung der GmbH befugt, bis die Wirksamkeit der Abberufung (gerichtlich) geklärt ist (vgl. zu dieser Konstellation unter Rn. 684). Zur Vermeidung von Rechtsunsicherheiten und zur Absicherung des Vertreters sollte bei solchen Aktivprozessen der GmbH trotzdem vor Klageerhebung oder zumindest zügig danach ein **Gesellschafterbeschluss zur Prozessvertretung** herbeigeführt werden (bei dem der beklagte Gesellschafter-Geschäftsführer kein Stimmrecht hat). Für einen flankierenden **einstweiligen Rechtsschutz** der GmbH kommt ggf eine actio pro socio, also der Verfügungsantrag durch einen Gesellschafter für die GmbH in Betracht (vgl. näher unter Rn. 812).

bb) Unzureichende Rechtsverteidigung der beklagten GmbH im Prozess

(1) Problemstellung

Die Parteistellung der GmbH in Beschlussmängelklagen hat zur Folge, dass diese den Ausgang des Rechtsstreits durch Prozesshandlungen wesentlich beeinflussen kann. Da das stattgebende Urteil bei einer Nichtigkeits-, Anfechtungs- oder Beschlussfeststellungsklage gegen die GmbH entsprechend §§ 248 Abs. 1, 249 Abs. 1 AktG Gestaltungswirkung für alle Gesellschafter und Gesellschaftsorgane hat, sind die GmbH bzw. deren Prozessvertreter grds in der Lage, Gesellschafterbeschlüsse durch fehlende oder unzureichende Rechtsverteidigung im Beschlussmängelstreit auch dann rechtsgültig und allgemeinverbindlich zu beseitigen, wenn der betreffende Beschluss eigentlich mangelfrei wäre. Ein solches Problem taucht vor allem dann auf, wenn der Geschäftsführer, der die GmbH im Prozess vertritt, „im Lager" des klagenden Gesellschafters steht bzw. dessen Interessen vertritt und daher bewusst geneigt ist, dessen Klage zum Erfolg zu verhelfen, um den angegriffenen und unerwünschten Beschluss der Mitgesellschafter zu beseitigen.

687

---

[162] Vgl. hierzu näher unter Rn. 12.
[163] So wohl auch für den Aktivprozess der GmbH: BGH, Urteil vom 6.3.2012, NZG 2012, 502 = NJW 2012, 1656 = GmbHR 2012, 638; vgl. aus dem Schrifttum z.B. Baumbach/Hueck, § 46, Rn. 68; Ulmer/Habersack/Winter, § 46, Rn. 108; Michalski/*Römermann*, § 46, Rn. 522; Scholz/*K.Schmidt*, § 46, Rn. 164.

688 Die entsprechenden **prozessualen Möglichkeiten** des **Prozessvertreters der GmbH** sind **vielfältig**: Naheliegend ist zunächst die Option, den Rechtsstreit durch **Anerkenntnis** des Klageanspruchs zu beenden. Die GmbH wird dann gemäß Klageantrag durch Anerkenntnisurteil (§ 307 ZPO) verurteilt.[164] Eine weitere Möglichkeit besteht darin, keinen Prozessbevollmächtigten zu bestellen oder in der mündlichen Verhandlung nicht zu erscheinen bzw. nicht zu verhandeln (§ 333 ZPO), so dass gegen die GmbH entsprechend Klageantrag **Versäumnisurteil** (§ 331 ZPO) ergeht. Heikler, aber ebenfalls denkbar ist ferner die indirekte Beförderung des Klageerfolgs durch Zugestehen des gegnerischen Tatsachenvortrags („**gerichtliches Geständnis**" gemäß § 288 ZPO) oder **verspätetes** oder **präkludiertes Vorbringen** von Angriffs- und Verteidigungsmitteln (§ 296 ZPO). Hinzu tritt schließlich die Möglichkeit eines **Rechtsmittelverzichts** seitens der beklagten GmbH gemäß §§ 515, 565 ZPO (einschließlich der Rücknahme einer bereits eingelegten Berufung gemäß § 516 ZPO), sofern der Kläger in der ersten Instanz bereits Erfolg hatte.[165]

(2) Reaktionsmöglichkeiten der übrigen Gesellschafter

689 Sobald den Mitgesellschaftern ein solches Prozessverhalten der Geschäftsführer bekannt wird, kann durch **Weisungsbeschluss**, mittels dessen bestimmte Prozesshandlungen angeordnet oder untersagt werden, eingegriffen werden. Handelt es sich bei dem Kläger zugleich um einen Geschäftsführer der Gesellschaft, kann ferner durch Beschluss der übrigen Gesellschafter gemäß § 46 Nr. 8 2. Alt. GmbHG ein **besonderer Prozessvertreter der GmbH bestellt** werden (vgl. hierzu näher unter Rn. 684 ff.). Am **effektivsten** ist es indessen, wenn der oder die Mitgesellschafter, die den angegriffenen Beschluss verteidigen wollen, dem Rechtsstreit auf Seiten der beklagten **GmbH als Streithelfer** bzw. **Nebenintervenient(en) beitreten**. Die von den Urteilswirkungen der Beschlussmängelklage betroffenen Mitgesellschafter können dadurch unmittelbar Einfluss auf den Prozessverlauf nehmen. Die Nebenintervention erfolgt durch Beitrittserklärung und kann mit der Einlegung eines Rechtsmittels gegen ein bereits ergangenes Urteil verbunden werden (§ 70 ZPO). Die zunächst nicht an der Klage beteiligten GmbH-Gesellschafter haben bei Beschlussmängelstreitigkeiten in jedem Fall ein „rechtliches Interesse" im Sinne des § 66 Abs. 1 ZPO für den Streitbeitritt.[166] Mit Rücksicht auf die

---

[164] Lutter/Hommelhoff, Anh zu § 47, Rn. 85; Baumbach/Hueck, Anh § 47, Rn. 175, mwN; KG Berlin, Beschluss vom 14.10.1999, MDR 2000, 594 (str); **aA** z.B. OLG München, Urteil vom 27.3.1996, NJW-RR 1997, 988 = GmbHR 1996, 451; Scholz/*K. Schmidt*, § 45, Rn. 159; Michalski/*Römermann*, Anh § 47, Rn. 525; **offen gelassen** vom BGH, Urteil vom 12.7.1993, NJW-RR 1993, 1253 = GmbHR 1993, 579 = BB 1993, 1681 = DB 1993, 1814.

[165] Die Beschlussmängelklage kann demgegenüber **nicht** durch **Prozessvergleich** beendet werden, etwa indem sich Kläger und beklagte GmbH einvernehmlich auf die Nichtigkeit oder Teilnichtigkeit des angegriffenen Beschlusses einigen, da die betreffende, angestrebte Gestaltungswirkung des Urteils nicht durch Vereinbarung unter den Klageparteien herbeigeführt werden kann; vgl. nur Baumbach/Hueck, Anh § 47, Rn. 175, mwN aus dem Schrifttum.

[166] Vgl. nur BGH, Urteil vom 23.4.2007, BGHZ 172, 136 = NZG 2007, 675 = BB 2007, 1916, für eine aktienrechtliche Anfechtungsklage.

I. Gerichtliche Klärung von Beschlussmängeln und Abstimmungsergebnissen

besondere Urteilswirkung von Nichtigkeits-, Anfechtungs- und Beschlussfeststellungsklage handelt es sich um eine **streitgenössische Nebenintervention** gemäß § 69 ZPO.[167] Der streitgenössische Nebenintervenient hat im laufenden Rechtsstreit besonders weitgehende, selbstständige Befugnisse: Er kann einem von der GmbH erklärten **Anerkenntnis widersprechen**, auch **gegen den Widerspruch der** von ihm unterstützten **GmbH Angriffs- und Verteidigungsmittel vorbringen** und **Prozesshandlungen vornehmen** sowie **selbstständig Rechtsmittel, auch nach einem Rechtsmittelverzicht** der GmbH, einlegen.[168]

Um die vorbezeichneten Möglichkeiten wahrnehmen zu können, müssen die betroffenen **Mitgesellschafter Kenntnis von der Beschlussmängelklage erhalten**. Dies ist nicht ohne weiteres gewährleistet, da die Klage zunächst nur der Gesellschaft selbst zugestellt wird und eine Information der Mitgesellschafter von Seiten des Gerichts oder gar eine förmliche Beiladung bei den hier behandelten Feststellungs- und Anfechtungsklagen nicht vorgeschrieben ist. Nach Auffassung des BGH[169] zwingt auch der Anspruch der nicht beteiligten Gesellschafter auf rechtliches Gehör und auf ein faires Verfahren das Gericht *nicht* dazu, die Mitgesellschafter durch Beiladung oder durch die Zustellung von Verfügungen bzw. eines erstinstanzlichen Urteils über das Verfahren zu informieren, um ihnen so die Möglichkeit einer Beteiligung zu eröffnen.[170] Die entsprechende **Informationspflicht** trifft jedoch den **Geschäftsführer der beklagten GmbH**. Er muss die Gesellschafter, die den angefochtenen Beschluss gefasst haben bzw. nicht am Rechtsstreit beteiligt sind, unverzüglich in Kenntnis setzen, damit sie Gelegenheit erhalten, als Nebenintervenienten auf Seiten der beklagten Gesellschaft beizutreten und „ihren" Beschluss effektiv zu verteidigen oder – im Falle einer Beschlussfeststellungsklage – Mängel des Beschlusses, dessen Feststellung der Kläger wünscht, einredeweise geltend zu machen.[171]

690

---

[167] Vgl. etwa BGH, Urteil vom 5.4.1993, BGHZ 122, 211 = NJW 1993, 1976 = DB 1993, 1074; BGH, Beschluss vom 31.3.2008, NZG 2008, 428 = GmbHR 2008, 660 = DStR 2008, 1197.

[168] BGH, Beschluss vom 31.3.2008, NZG 2008, 428 = GmbHR 2008, 660 = DStR 2008, 1197, für den Streitbeitritt zu einer Anfechtungs- und Nichtigkeitsklage gegen Beschlüsse der GmbH-Gesellschafterversammlung; vgl. auch Thomas/Putzo, § 69, Rn. 7; Zöller, § 69, Rn. 7.

[169] Beschluss vom 31.3.2008, NZG 2008, 428 = GmbHR 2008, 660 = DStR 2008, 1197.

[170] Differenzierend demgegenüber BGH, Urteil vom 20.1.1986, BGHZ 97, 28 = GmbHR 1986, 156 = BB 1986, 619, wonach das Gericht durch eigene Maßnahmen dafür Sorge zu tragen hat, dass der Anspruch auf rechtliches Gehör der nicht beteiligten Gesellschafter nicht verletzt wird, wenn es sich keine Überzeugung davon zu verschaffen vermag, dass der Geschäftsführer seinen Informationspflichten gegenüber den Gesellschaftern nachgekommen ist und daher zu vermuten steht, dass die Mitgesellschafter keine Kenntnis von dem Prozess haben. Weitergehend BVerfG, Beschluss vom 9.2.1982, BVerfGE 60, 7 = NJW 1982, 1635 = GmbHR 1982, 255 = BB 1982, 514, wonach das Gericht das Recht auf Gehör der Mitgesellschafter verletzt, wenn in einem Klageverfahren mit der GmbH als Beklagter (im konkreten Fall einer „Auflösungsklage" gemäß § 61 GmbHG) durch Urteil entschieden wird, ohne dass die Mitgesellschafter von der Klage Kenntnis und damit Gelegenheit erhalten haben, dem Rechtsstreit beizutreten.

[171] BGH, Urteil vom 20.1.1986, BGHZ 97, 28 = NJW 1986, 2051 = GmbHR 1986, 156; BGH, Beschluss vom 31.3.2008, NZG 2008, 428 = GmbHR 2008, 660 = DStR 2008, 1197; OLG Düsseldorf, Urteil vom 24.2.2000, GmbHR 2000, 1050 = DB 2000, 1956, unter Heranziehung von § 246 Abs. 4 S. 1 AktG analog.

691 Die **Information** der Mitgesellschafter kann wegen pflichtwidriger Säumnis des Geschäftsführers allerdings **so spät erfolgen**, dass sich der **Rechtsstreit** zum **Zeitpunkt des Streitbeitritts** durch Anerkenntnisurteil, Versäumnisurteil oder Rechtsmittelverzicht bzw. Ablauf der Rechtsmittelfrist bereits in einer für die **GmbH ungünstigen Lage befindet**. Der Streithelfer hat in diesen Fällen die Möglichkeit, zugleich mit dem Streitbeitritt gegen ergangene Urteile vorzugehen, im Falle eines Versäumnisurteils durch Einspruch (§ 338 ZPO) und im Übrigen durch die Rechtsmittel der Berufung oder Revision. Das Rechtsmittel ist auch gegen ein Anerkenntnisurteil der beklagten GmbH möglich.[172] Das Rechtsmittel ist wegen der streitgenössischen Nebenintervention ferner trotz eines von der GmbH erklärten Rechtsmittelverzichts zulässig. Problematisch ist es demgegenüber, wenn die **Rechtsmittelfristen bei Streitbeitritt** wegen verspäteter Kenntnisnahme vom Rechtsstreit bereits **abgelaufen** sind. Die Rechtsmittelfrist beginnt auch für den Streithelfer mit der Zustellung des Urteils an die Hauptpartei.[173] Es besteht daher die Möglichkeit, dass der Streithelfer von einem Urteil im Beschlussmängelstreit erst nach Ablauf der Rechtsmittelfrist Kenntnis erlangt. Dem Streithelfer ist in diesem Fall jedoch **Wiedereinsetzung in den vorigen Stand** (§ 233 ZPO) gegen die Versäumung der Rechtsmittelfrist zu gewähren, wenn er vom Klageverfahren und dem anzugreifenden Urteil zu spät erfahren und somit die Beitrittsmöglichkeit und die Rechtsmittelfrist ohne Verschulden versäumt hat. Hinsichtlich des Beginns der Rechtsmittelfrist ist dann auf die Zustellung des anzugreifenden Urteils beim nachträglich beigetretenen Streithelfer abzustellen.[174]

cc) Interessenkollision beim anwaltlichen Berater oder Prozessbevollmächtigten

(1) Das Verbot der Vertretung widerstreitender Interessen

692 Die Parteistellung der GmbH im Beschlussmängelprozess kann dazu führen, beim Berater oder Prozessbevollmächtigten des klagenden oder beklagten Gesellschafters oder der GmbH eine verbotswidrige Interessenkollision zu verursachen.

Rechtsanwälte, die von den Klageparteien bei Beschlussmängelstreitigkeiten wegen der Zuständigkeit der Landgerichte als Prozessbevollmächtigte einzuschalten sind (§ 78 Abs. 1 S. 1 ZPO), **dürfen keine widerstreitenden Interessen vertreten**. Das betreffende Verbot ergibt sich aus §§ 356 Abs. 1 StGB, 43a Abs. 4 BRAO und 3 Abs. 1 1. Alt. BORA. Der Verstoß gegen § 356 Abs. 1 StGB („Parteiverrat") bedeutet eine Straftat und der Verstoß gegen die berufsrechtlichen Verbote der §§ 43a Abs. 4 BRAO und 3 Abs. 1 1. Alt. BORA eine anwaltliche Pflichtverletzung, die mit einer Rüge durch den Vorstand der zuständigen Rechtsanwaltskammer (§ 74 Abs. 1 BRAO) oder durch Warnung, Verweis, Geldbuße oder gar Berufsverbot nach einem anwaltsgerichtlichen Verfahren (§ 114 Abs. 1 BRAO) geahndet werden kann.[175] Der Verstoß gegen § 43a

---

[172] Vgl. nur Thomas/Putzo, § 307, Rn. 14, mwN.
[173] BGH, Beschluss vom 31.3.2008, NZG 2008, 428 = GmbHR 2008, 660 = DStR 2008, 1197.
[174] BGH, Beschluss vom 31.3.2008, NZG 2008, 428 = GmbHR 2008, 660 = DStR 2008, 1197; vgl. näher auch Zöller, § 69, Rn. 7; Thomas/Putzo, § 69, Rn. 3.
[175] Der wesentliche Unterschied des Straftatbestandes in § 356 StGB (Parteiverrat) und des berufsrechtlichen Verbots in § 43a Abs. 4 BRAO besteht darin, dass die Verletzung der Berufspflicht im Unterschied zur Straftat des Parteiverrats auch fahrlässig begangen werden kann und im Übrigen bei der Berufspflichtverletzung anders als beim Parteiverrat die Art und Weise der Vorbefassung des Anwalts in derselben Rechtssache irrelevant ist. Darüber hinaus trifft das strafrechtliche Verbot immer nur den Rechtsanwalt persönlich, der selbst widerstreitende Interessen vertritt, wohingegen das berufsrechtliche Verbot vorbehaltlich eines Einverständnisses der Mandanten grundsätzlich auch für alle mit dem handelnden Rechtsanwalt in derselben Berufsausübungs- oder Bürogemeinschaft verbundenen Rechtsanwälte gilt (§ 3 Abs. 2 S. 1 BORA).

I. Gerichtliche Klärung von Beschlussmängeln und Abstimmungsergebnissen 379

Abs. 4 BRAO **berührt** demgegenüber *nicht* **die Prozessvollmacht** des betreffenden Rechtsanwalts, so dass der Verstoß gegen das berufsrechtliche Tätigkeitsverbot keinen unmittelbaren Einfluss auf den Zivilprozess nimmt.[176] Zusammenfassend ist es dem Rechtsanwalt aufgrund vorstehender Vorschriften untersagt, in derselben Rechtssache gleichzeitig oder nacheinander zwei oder mehr Parteien im entgegengesetzten Interesse zu beraten oder zu vertreten.[177] Diese Tatbestandsmerkmale einer verbotswidrigen Interessenkollision sind in der Rechtsprechung und im Schrifttum in entscheidenden Punkten indessen streitig. **Im Überblick** gilt Folgendes:

- Der Straftatbestand des § 356 Abs. 1 StGB knüpft an die interessenwidrige Tätigkeit für mehrere Parteien „**in derselben Rechtssache**" an. Das berufsrechtliche Verbot der Vertretung widerstreitender Interessen in § 43a Abs. 4 BRAO betrifft ebenfalls die wiederholte Tätigkeit des Rechtsanwalts in der gleichen Rechtsangelegenheit (vgl. auch § 3 Abs. 1 S. 1 BORA). In verschiedenen Mandatsangelegenheiten besteht in diesem Sinne Sachverhaltsidentität, wenn der vom Anwalt zu betreuenden rechtlichen Angelegenheit ein einheitlicher historischer Vorgang zugrunde liegt, also der tatsächliche Gesamtkomplex der der rechtlichen Beurteilung unterliegenden Umstände ein einheitlicher ist.[178] Verschiedene Mandatsaufträge betreffen auch dann „dieselbe Rechtssache", wenn sich die der rechtlichen Beurteilung zugrunde liegenden Sachverhalte auch nur teilweise überschneiden oder wenn der Streitstoff in verschiedenen Verfahren behandelt wird.[179]

693

- Die Beratung oder Vertretung mehrerer Parteien in derselben Rechtssache ist dann **rechtswidrig**, wenn **zwischen** diesen **Parteien ein Interessengegensatz** besteht. In den berufsrechtlichen Vorschriften der §§ 43a Abs. 4 BRAO, 3 Abs. 1 BORA ist jeweils ausdrücklich von dem Verbot die Rede, „widerstreitende Interessen" zu vertreten. Beim strafrechtlichen Verbot des § 356 StGB begründet dieses Handeln im entgegengesetzten Interesse die „Pflichtwidrigkeit" des anwaltlichen „Dienens" für zwei Parteien. Die Frage, wann zwischen zwei Parteien „widerstreitende Interessen" in diesem Sinne vorliegen, wird in der Rechtsprechung und im Schrifttum nicht einheitlich beantwortet. Streitig ist vor allem, ob dieser Interessengegensatz *objektiv*, d.h. vom Standpunkt der Parteien unabhängig, oder aber *subjektiv*, d.h. von der Zielsetzung der Parteien her, zu bestimmen ist. Teilweise wurde, vor allem vom BGH, eine differenzierende Lösung vertreten, wobei die Parteiinteressen dann subjektiv zu bestimmen sind, wenn der Streitstoff (wie insbesondere in bürgerlich-rechtlichen Vermögensangelegenheiten) der Parteiendisposition unterliegt.[180] Mit Urteil vom 23.4.2012 hat der Anwaltssenat des BGH demgegenüber festgehalten,

694

---

[176] BGH, Urteil vom 14.5.2009, NJW-RR 2010, 67 = WM 2009, 1296.
[177] Vgl. *Offermann-Burckart*, Interessenkollision – Jeder Fall ist anders, AnwBl. 2009, 729.
[178] Vgl. z.B. BayObLG, Urteil vom 29.9.1994, NJW 1995, 606; OLG Hamburg, Urteil vom 19.10.2000, NJW-RR 2002, 61; Schönke/Schröder, § 356, Rn. 11; siehe auch *Grunewald*, Das Problem der Vertretung widerstreitender Interessen und ihre Vermeidung, AnwBl. 2005, 437.
[179] OLG Hamburg, Urteil vom 19.10.2000, NJW-RR 2002, 61.
[180] Ein guter Überblick über den Meinungsstand findet sich bei *Offermann-Burckart*, Interessenkollision

dass die **Interessen**, welche der Anwalt im Rahmen des ihm erteilten Auftrags zu vertreten hat, allein **objektiv** zu bestimmen sind.[181] Dieser objektive Interessengegensatz habe allerdings nur dann das anwaltliche Tätigkeitsverbot zur Folge, wenn der betreffende typisierte Interessenkonflikt im konkreten Fall tatsächlich gegeben ist. Ein möglicher, latenter Interessenkonflikt, der nach den konkreten Fallumständen indessen nicht auftritt, führe nicht zum Verbot des § 43a Abs. 4 BRAO.[182]

Ein weiteres wesentliches Problem betrifft die Frage, ob das **Einverständnis** der beiden **Parteien** mit der jeweiligen **Mandatsübernahme** die **Pflichtwidrigkeit der Interessenkollision beseitigt** und damit sowohl für den Straftatbestand des Parteiverrats als auch für das berufsrechtliche Verbot tatbestandsausschließend wirkt. Mit Rücksicht auf den Beschluss des Bundesverfassungsgerichts vom 3.7.2003[183] ist die tatbestandsausschließende Rechtswirkung des Einverständnisses beider Parteien mit der Mandatsübernahme wohl dann zu bejahen, wenn die betroffenen Mandanten zunächst umfassend informiert wurden und sich mit der Vertretung trotz des Interessengegensatzes ausdrücklich einverstanden erklärt haben.[184] Für Anwälte einer Anwaltssozietät ist diese tatbestandsausschließende Möglichkeit eines Einverständnisses der Mandanten gemäß § 3 Abs. 2 S. 2 BORA jedenfalls dann eröffnet, wenn keine „Belange der Rechtspflege" im Einzelfall entgegenstehen.

(2) Mögliche Problemfälle bei Beschlussmängelklagen in der GmbH

694a Nach Maßgabe vorstehender Kriterien kommt in folgenden **Beispielsfällen** ein **Verstoß** des vom Gesellschafter oder der GmbH **eingeschalteten Prozessbevollmächtigten** gegen das **Verbot widerstreitender Interessen in Betracht**:

695 • Rechtsanwalt R vertritt den Gesellschafter G in einer Nichtigkeits- oder Anfechtungsklage gegen die GmbH, mittels derer Beschlüsse angegriffen werden, an deren Vorbereitung oder Zustandekommen R als Berater der GmbH selbst mitgewirkt hatte (z.B. durch Entwurf des Einladungsschreibens, als Protokollführer oder gar Versammlungsleiter der betreffenden Gesellschafterversammlung etc.).

Eine solche Konstellation ist bei Gesellschafterstreitigkeiten nicht untypisch. R ist oft langjähriger anwaltlicher Berater der GmbH und wirkt daher in Gesellschafterversammlungen bei deren Vorbereitung mit. Wenn sich ein Beschluss gegen einen einflussreichen Gesellschafter und Geschäftsführer richtet, von dem gleichzeitig das gesellschaftsrechtliche Mandat des R abhängt, kann sich die faktische Verpflichtung ergeben, G nun bei der Anfechtung eines unliebsamen Einzelbeschlusses (wie etwa der Abberufung des G von der Geschäftsführung) zu unterstützen. ME liegt hier jedoch ein Fall der Interessenkollision vor. Aufgrund der Mitwirkung an der Beschlussvorbereitung handelt es sich bei der Vertretung des G im

---

– Jeder Fall ist anders, AnwBl. 2009, 729, 737f. Vgl. hierzu näher auch Schönke/Schröder, § 356, Rn. 16 ff.; Kleine-Cosack, § 43a, Rn. 88; Feuerich/Weyland, § 43a, Rn. 64.

[181] BGH, Urteil vom 23.4.2012, NJW 2012, 3039 = AnwaltBl 2012, 769, mit kritischer Anmerkung *Henssler/Deckenbrock*, NJW 2012, 3265 (3267f.).

[182] BGH, Urteil vom 23.4.2012, NJW 2012, 3039 = AnwaltBl 2012, 769.

[183] BVerfGE 108, 150 = NJW 2003, 2520 = BB 2003, 2199 = AnwBl. 2003, 521.

[184] Vgl. auch *Grunewald*, Das Problem der Vertretung widerstreitender Interessen und ihre Vermeidung, AnwBl. 2005, 437; *Offermann-Burckart*, Interessenkollision – Jeder Fall ist anders, AnwBl. 2009, 729; differenzierend Feuerich/Weyland, § 43a, Rn. 64; **aA** Schönke/Schröder, § 356, Rn. 16; Kleine-Cosack, § 43a, Rn. 99; *Henssler/Deckenbrock*, NJW 2012, 3265 (3269f.), für die Vertretung widerstreitender Interessen durch einen Einzelanwalt.

I. Gerichtliche Klärung von Beschlussmängeln und Abstimmungsergebnissen

anschließenden Beschlussmängelstreit um eine „einheitliche Rechtssache". Es liegt ein Interessengegensatz zwischen dem Kläger und der beklagten GmbH nahe, da die Gesellschaft gerade auch die Interessen der übrigen Gesellschafter repräsentiert. Denkbar ist allenfalls, dass der Interessenwiderstreit durch ein ausdrückliches Einverständnis mit der Parteivertretung sowohl seitens G als auch seitens der GmbH beseitigt wird, wobei dies in einer solchen Konstellation jedenfalls von der GmbH bzw. deren Vertreter kaum zu erwarten ist.

- Rechtsanwalt R hat an der Ausarbeitung der Satzung der GmbH beratend mitgewirkt. R beabsichtigt, einen Gesellschafter G bei einer Anfechtungs- oder Beschlussfeststellungsklage gegen die GmbH zu vertreten, deren Erfolg u.a. von der Auslegung oder der Wirksamkeit streitiger Satzungsbestimmungen (z.B. zu Mehrheitserfordernissen, zu den tatbestandlichen Voraussetzungen eines Zwangsausschlusses, zur Rechtmäßigkeit einer Ergebnisverwendung, zur Zuständigkeit der Gesellschafterversammlung, zur Beschlussfähigkeit der Gesellschafterversammlung oder zum Abstimmungsverfahren etc.) abhängt.

696

ME liegt auch in einem solchen Fall eine Interessenkollision vor, die eine Prozessvertretung des G durch R im Beschlussmängelstreit ausschließt. Es ergibt sich zumindest eine Teilidentität des der rechtlichen Angelegenheit zugrunde liegenden Sachverhaltskomplexes. Es handelt sich somit um „dieselbe Rechtssache" im Sinne der einschlägigen Verbotstatbestände. Es besteht ein Interessenwiderstreit zwischen G und beklagter GmbH, da die Interessen der GmbH objektiv wie subjektiv auch durch die Interessen der nicht am Rechtsstreit beteiligten Mitgesellschafter bestimmt werden, die den angegriffenen Beschluss gefasst oder durch ihre Stimmabgabe ein eindeutiges Abstimmungsergebnis verhindert haben. Mit Rücksicht darauf wäre ein tatbestandsausschließendes Einverständnis der GmbH mit der Prozessvertretung des G durch R nur dann möglich, wenn es zumindest durch Mehrheitsbeschluss der nicht am Rechtsstreit beteiligten, übrigen Gesellschafter vorab erklärt worden ist. Eine solche Konstellation ist allerdings praktisch nicht relevant.

- R vertritt den Gesellschafter G 1 in einer Beschlussfeststellungsklage gegen die GmbH, mittels derer G 1 die gerichtliche Feststellung begehrt, dass er in einer Gesellschafterversammlung nicht wirksam als Geschäftsführer abberufen wurde. Der Gesellschafter G 2 wurde in der betreffenden Gesellschafterversammlung ebenfalls aus wichtigem Grund als Geschäftsführer abberufen und hat hiergegen seinerseits Beschlussfeststellungsklage gegen die GmbH erhoben. R beabsichtigt, in diesem weiteren Rechtsstreit nun die GmbH zu vertreten.

697

Auch diese Konstellation ist bei Gesellschafterstreitigkeiten in kleinen GmbH mit zwei bis vier Gesellschaftern, in der sich vor allem die jeweiligen Gesellschafter-Geschäftsführer streiten und wechselseitig die Abberufung und auch den Zwangsausschluss betreiben, nicht untypisch. G 1 ist ggf. schon aus Kostengründen (Abwälzung eigener Beratungskosten auf die Gesellschaft) daran interessiert, dass R im Klageverfahren des G 2 gegen die GmbH die Prozessvertretung der Gesellschaft übernimmt. Als (noch) amtierender Geschäftsführer der GmbH kann er zudem entsprechende Prozessvollmacht erteilen, jedenfalls solange nicht (ohne die Stimmen des G 2) durch Mehrheitsbeschluss für den Rechtsstreit mit G 2 ein besonderer Prozessvertreter gemäß § 46 Nr. 8 2. Alt. GmbHG bestellt worden ist, der dann seinerseits über die Auswahl des Prozessbevollmächtigten entscheidet. ME liegt auch in dieser Konstellation eine Interessenkollision des R vor, die es ihm verbietet, zusätzlich zur Prozessvertretung des G 1 bei dessen Klage gegen die GmbH zugleich im zweiten Beschlussfeststellungsverfahren die Prozessvertretung der GmbH zu übernehmen. Den beiden Beschlussfeststellungsklagen liegt jedenfalls dann ein teilweise einheitlicher Lebenssachverhalt zugrunde, wenn die jeweils zu klärenden Gesellschafterbeschlüsse in ein und derselben Gesellschafterversammlung zur Abstimmung gelangten. In beiden Fällen spielen dann die gleichen verfahrensrechtlichen Vorfragen (korrekte Ladung zur Gesellschafterversammlung, Beschlussfähigkeit, Beschlussfeststellung durch einen hierzu berechtigten Versammlungsleiter etc.) eine Rolle. Auch materiell-rechtlich können sich Überschneidungen ergeben, z.B. wenn die außerordentliche Abberufung von beiden Streitparteien zumindest auch mit einer Zerrüttung des Vertrauensverhältnisses begründet worden war. ME hat die GmbH, auch in einem Beschlussmängelstreit, immer auch eigene Interessen, die – auch aus Sicht des G 2 – nicht durchweg gleichlaufend mit den Interessen des Gesellschafters G 1 sein müssen, wobei es nicht darauf ankommt, ob der einheitliche Streitstoff in verschiedenen Verfahren behandelt wird.[185] Ein Einverständnis beider Parteien ist schließlich wohl bereits aus Rechtsgründen ausgeschlossen, da eine solche Prozessvertretung des Gesellschafters und der GmbH in der vorstehend geschilderten Art und Weise der im *„Interesse der Rechtspflege gebotenen Geradlinigkeit der anwaltlichen Berufsausübung"*, die nicht der Parteidisposition unterliegt[186], zuwiderläuft. Sofern die beiden Beschlussfeststellungsklagen des G 1 und des G 2 gemäß § 147 ZPO verbunden werden (was bei Beschlussmängelstreitigkeiten in Zwei-Personen-Gesellschaften bei wechselseitiger Abberufung oder Zwangsausschließung gerade *geboten* ist), käme es z.B. zu der unguten Situation, dass R in den verbundenen Prozessen einmal den Kläger und einmal den Beklagten vertritt.

698 **Zusammenfassend** ist für den anwaltlichen Berater bei Gesellschafterstreitigkeiten im Hinblick auf das Verbot der Wahrnehmung widerstreitender Interessen Vorsicht geboten. Bei Nichtigkeits-, Anfechtungs- und Beschlussfeststellungsklagen sollte generell nur die Beratung und Vertretung eines Gesellschafters bzw. Gesellschaftsorgans *oder* die Vertretung der GmbH übernommen werden, auch wenn das angetragene Mandat un-

---

[185] AA sind *Huth*, Die anwaltliche Vertretung in Gesellschafterstreitigkeiten, GmbHR 2013, 1021, und – mit der gleichen Begründung – *Keßler*, Die zweigliedrige GmbH als Prozesspartei, GmbHR 2015, 342 („*vor allem*" für eine zweigliedrige GmbH): Die GmbH nehme bei Gesellschafterstreitigkeiten keine eigenen Interessen wahr, sondern fungiere als „Repräsentant" der den jeweiligen Gesellschafterbeschluss tragenden Gesellschafter. Im Beispielsfall seien demnach die Interessen von G 1 und der GmbH nicht widerstreitend, da die GmbH im Rechtsstreit mit G 2 lediglich die Interessen des (die Abberufung des G 2 betreibenden) G 1 repräsentiere. ME ist dies nicht zutreffend. Bereits die Grundannahme von *Huth* und *Keßler*, wonach es bei konträren Beschlussmängelklagen ausschließlich auf die Interessen der Gesellschafter ankomme und die Gesellschaft keine eigenen Interessen habe, ist zweifelhaft: Auch in solchen Prozessen hat die GmbH immer auch eigene wirtschaftliche und rechtliche Interessen, fraglich ist allein, ob diese durchweg kongruent mit denen des jeweils nicht klagenden, den Beschluss tragenden Gesellschafters sind. ME ist dies jedoch nicht der Fall. Zunächst hat die GmbH generell zumindest auch auf die Interessen von Nichtgesellschaftern zu achten, z.B. im Hinblick auf die Wahrung des Gesellschaftsvermögens bei einem Vergleich mit einem der klagenden Gesellschafter (wobei ein Vergleich über die Beschlusswirksamkeit als solche allerdings ausscheidet; vgl. unter Rn. 688). Darüber hinaus können sich auch im Innenverhältnis Interessenkollisionen ergeben. Dies gilt jedenfalls dann, wenn bei der Gesellschaft noch weitere Gesellschafter vorhanden sind, etwa ein G 3, der ebenfalls gegen die Abberufung des G 2 votiert hatte. Ferner ist selbst dann, wenn die Gesellschaft nur aus G 1 und G 2 besteht, ein objektiver Interessenwiderstreit möglich. Dieser wirkt sich z.B. dann aus, wenn Verfahrensmängel der Beschlussfassung im Raum stehen, die beide von G 1 und G 2 jeweils angegriffenen Beschlüsse gleichermaßen betreffen können. Schließlich lassen sich auch die Interessen der GmbH und G 2 selbst nicht vollständig trennen, da G 2 sowohl bei eigenem Obsiegen wie auch bei einem Prozessverlust (dann jedenfalls die nicht durch Kostenerstattung gedeckten) Honorare des R durch Minderung seines Gewinnanteils jedenfalls anteilig mitzutragen hat.

[186] BVerfG, Beschluss vom 3.7.2003, BVerfGE 108, 150 = NJW 2003, 2520 = BB 2003, 2199 = AnwBl. 2003, 521; vgl. auch die Einschränkung in § 3 Abs. 2 S. 2 BORA, wonach das Einverständnis der Parteien nicht zur Aufhebung des Verbots widerstreitender Interessen führt, wenn dieser zweiseitigen Vertretung *„Belange der Rechtspflege ... entgegenstehen"*.

I. Gerichtliche Klärung von Beschlussmängeln und Abstimmungsergebnissen

terschiedliche Klageverfahren betrifft. Gerade bei Gesellschafterstreitigkeiten, die von allen Streitparteien oft mit großer Härte und Entschlossenheit geführt werden, ist es besser, Risiken, die den Rechtsanwalt noch dazu persönlich treffen, zu vermeiden und in Zweifelsfällen auf ein (zusätzliches) Mandat zu verzichten.[187]

dd) Belastung der GmbH mit Prozesskosten

Die GmbH, die in einer Nichtigkeits-, Anfechtungs- oder Beschlussfeststellungsklage unterliegt, trägt die Kosten des Rechtsstreits. Es gelten die §§ 91 ff. ZPO, wonach sich die Kostentragungspflicht, also die Verpflichtung zum Ausgleich der im Rechtsstreit entstandenen Gerichts- und Anwaltskosten (beider Parteien) nach dem Verhältnis des wechselseitigen Obsiegens oder Unterliegens richtet. Dies gilt auch bei Prozessen zwischen einem Gesellschafter und der GmbH in einer Zwei-Personen-Gesellschaft.[188] Diese Kostentragungslast der GmbH, die letztlich aus der Einbeziehung der Gesellschaft als Partei in den Beschlussmängelstreit resultiert, ist für den obsiegenden Gesellschafter besonders ärgerlich: Er musste nicht nur den rechtswidrigen Beschluss abwehren bzw. dessen Nichtigkeit gerichtlich klären lassen, sondern erleidet durch die Kostentragungslast der GmbH und die damit verbundene Minderung seiner Gewinnansprüche – trotz des Obsiegens im Rechtsstreit – auch noch wirtschaftliche Nachteile. Kein Gesellschafter ist im Übrigen davor gefeit, dass ein Mitgesellschafter oder eine Gruppe von Mitgesellschaftern wiederholt mangelhafte Beschlussfassungen veranlasst, etwa in Gestalt rechtswidriger Anweisungen an den Geschäftsführer, durch Abstimmungen in beschlussunfähigen Gesellschafterversammlungen oder durch unwirksame Abberufung eines Gesellschafter-Geschäftsführers bei unberechtigter Behauptung eines „wichtigen Grundes".

699

Nach Auffassung des LG Karlsruhe[189] ist dadurch ein Ausgleich zu schaffen, dass *„der oder die durch die Gesellschaft als Prozesspartei repräsentierten Mitgesellschafter als die eigentlichen Prozessunterlegenen die Kosten* [des Rechtsstreits] *zu tragen haben"*. Dies soll dadurch *„verwirklicht"* werden, dass die der GmbH entstandenen Prozesskosten im Innenverhältnis den beschlussverantwortlichen Mitgesellschaftern *„zugeordnet"* und *„ihrem Gewinn- und Verlustkonto belastet werden"*. Der Lösungsvorschlag des LG Karlsruhe ist allerdings nicht überzeugend, da auch die „Belastung" von Privatkonten der Gesellschafter eines Rechtsgrundes bedarf und im Übrigen für GmbH-Gesellschafter normalerweise keine „Gewinn- und Verlustkonten" geführt werden.[190] Eine Ausgleichsmöglichkeit besteht dem-

700

---

[187] Vgl. hierzu auch das „Fazit" im Beitrag von *Offermann-Burckart*, Interessenkollision – Jeder Fall ist anders, AnwBl. 2009, 729, in dem insgesamt 35 Einzelfälle aus der Praxis zur Interessenkollision erörtert und bewertet werden. Anders im Grundsatz aber *Huth* und *Keßler*, aaO (Fn. 185), die beide in Zweifelsfällen allerdings ebenfalls die vorherige Einholung einer Stellungnahme des Vorstands der Rechtsanwaltskammer gem § 73 Abs. 2 Nr. 1 BRAO anraten.

[188] LG Karlsruhe, Beschluss vom 31.3.1998, NZG 1998, 556 = NJW-RR 1999, 686 = GmbHR 1998, 687.

[189] LG Karlsruhe, Beschluss vom 31.3.1998, NZG 1998, 556 = NJW-RR 1999, 686 = GmbHR 1998, 687.

[190] Vgl. auch *Meyer*, Streitwert und Kostenerstattung im Beschlussmängelstreit der GmbH, GmbHR 2010, 1081.

gegenüber in einer **Schadensersatzpflicht** derjenigen Gesellschafter, die die erfolgreich angegriffene, rechtswidrige Beschlussfassung veranlasst und mit ihrer Stimmabgabe bewirkt haben, und zwar aufgrund **Verletzung der gesellschafterlichen Treuepflicht**. Jeder Gesellschafter ist als Mitglied der GmbH verpflichtet, deren Interessen zu wahren und sie nicht durch schädigendes Verhalten zu beeinträchtigen. Eine *schuldhafte* Verletzung dieser Treuepflicht begründet eine Schadensersatzpflicht gegenüber der Gesellschaft und im Falle zusätzlicher individueller Schäden der Gesellschafter auch gegenüber diesen.[191] Je nach den Fallumständen kann sich daher ein Schadensersatzanspruch der GmbH gegenüber einem Gesellschafter oder einer Gruppe von Gesellschaftern ergeben, die Beschlussanträge (auch über ein Minderheitsverlangen gemäß § 50 GmbHG) eingebracht und Abstimmungen bzw. Beschlüsse herbeigeführt haben, deren Unwirksamkeit anschließend auf Kosten der GmbH gerichtlich geklärt und festgestellt werden musste.[192] Eine schuldhafte Treuepflichtverletzung liegt insbesondere dann nahe, wenn rechtswidrige Beschlüsse im engen zeitlichen Kontext erneut gefasst werden, mit denen die verantwortlichen Gesellschafter aus den gleichen Gründen bereits zuvor (ggf sogar mit entsprechender gerichtlicher Bestätigung) gescheitert waren.

---

[191] HM, vgl. nur Baumbach/Hueck, § 13, Rn. 30; Scholz/*Seibt*, § 14, Rn. 62; Lutter/Hommelhoff, § 14, Rn. 31; Michalski/*Michalski/Funke*, § 13, Rn. 180.

[192] Vgl. auch *Meyer*, Streitwert und Kostenerstattung im Beschlussmängelstreit der GmbH, GmbHR 2010, 1081, mwN, der eine Kostenerstattungspflicht allerdings nur bei *vorsätzlicher* Treuepflichtverletzung befürwortet.

II. Gestaltungsklagen auf Entziehung von Geschäftsführung und Vertretungsmacht, Ausschluss eines Gesellschafters oder Auflösung der Gesellschaft

Schrifttum: Vgl. für die Klage auf Entziehung von Geschäftsführung und Vertretungsmacht bei der PartG, OHG, KG und GmbH & Co. KG die Schrifttumsnachweise vor Rn. 136; für die Ausschlussklagen die Schrifttumsnachweise vor Rn. 217; für die Auflösungsklagen die Schrifttumsnachweise vor Rn. 487.

1. Entziehung von Geschäftsführung und Vertretungsmacht bei der PartG, OHG, KG und GmbH & Co. KG

Bei der PartG und den Personenhandelsgesellschaften haben die Gesellschafter die Möglichkeit, einem geschäftsführenden Mitgesellschafter durch Klage und entsprechendes Gestaltungsurteil ganz oder teilweise die Geschäftsführungsbefugnis (§ 117 HGB) oder die Vertretungsmacht (§ 127 HGB) zu entziehen, sofern ein „wichtiger Grund" vorliegt. Diese „Entziehungsklagen" bieten (nur) dann eine geeignete Rechtsschutzmöglichkeit, wenn der Gesellschaftsvertrag keine (dem GmbH-Recht entsprechenden) Regelungen zur Entziehung von Geschäftsführungs- und Vertretungsbefugnissen durch Gesellschafterbeschluss enthält. Die Klagen gemäß §§ 117, 127 HGB (für die PartG iVm § 6 Abs. 3 S. 2 und § 7 Abs. 3 PartGG) richten sich grundsätzlich gegen die persönlich haftenden und damit geschäftsführenden Gesellschafter einer PartG, OHG, KG oder GmbH & Co. KG, die aufgrund eines bestimmten Fehlverhaltens, Unfähigkeit oder sonstiger wichtiger Gründe in der Geschäftsführerposition für die Mitgesellschafter unzumutbar geworden sind. Hinsichtlich der Anwendungsfälle, der Klagevoraussetzungen und der Gestaltungswirkungen bzw. Rechtsfolgen der Entziehungsklagen gemäß §§ 117, 127 HGB wird verwiesen auf die Ausführungen unter Rn. 136 ff. Hinsichtlich des **Klageverfahrens** und der **Urteilswirkungen** gelten **im Überblick** folgende wesentliche Bestimmungen:

701

- **Parteien**

702

Die Klage auf Entziehung der Geschäftsführungsbefugnis (gemäß § 117 HGB) und die Klage auf Entziehung der Vertretungsmacht (gemäß § 127 HGB), die üblicherweise im Wege der Anspruchshäufung gemäß § 260 ZPO in einem kombinierten Klageverfahren verbunden werden, können nur durch alle „*übrigen*" Gesellschafter als **Kläger** erhoben werden. Die gemeinsame Klage der „übrigen Gesellschafter" bildet also eine zwingende Prozessvoraussetzung für die Entziehungsklage. Mehrere klagende Gesellschafter sind **notwendige Streitgenossen** gemäß § 62 ZPO.[1]

Die Klagen gemäß §§ 117, 127 HGB richten sich gegen den betroffenen geschäftsführenden Gesellschafter persönlich als **Beklagten**. Die Klage kann zugleich gegen mehre-

---
[1] BGH, Urteil vom 15.6.1959, BGHZ 30, 195 = NJW 1959, 1683 = BB 1959, 718 = DB 1959, 827.

re geschäftsführende Gesellschafter gerichtet werden, etwa wenn diese gemeinsam eine Pflichtverletzung begangen haben, die jeweils die Entziehung von Geschäftsführungs- und Vertretungsbefugnissen rechtfertigt. Kläger sind dann wiederum *alle* übrigen (also die nicht beklagten) Gesellschafter. Diese Klagehäufung gegen mehrere Geschäftsführer birgt allerdings die Gefahr, dass die Entziehungsklagen insgesamt abzuweisen sind, wenn sie sich auch nur gegen einen der Beklagten als unbegründet erweisen.[2]

703 Der Umstand, dass das Gesetz eine **Klage aller übrigen Gesellschafter** verlangt, dass also sämtliche Gesellschafter entweder als Kläger oder als Beklagte an dem Entziehungsprozess beteiligt sein müssen, bereitet dann Schwierigkeiten, wenn sich einer oder mehrere der Gesellschafter verweigern. Hier ergibt sich dadurch eine gewisse Erleichterung, dass es nach Auffassung des BGH ausreicht, wenn einer oder mehrere Gesellschafter, die nicht selbst als Kläger auftreten wollen, vor Klageerhebung **verbindlich ihr Einverständnis mit der beabsichtigten Entziehung von Geschäftsführung und Vertretungsmacht** erklärt haben.[3] Die fehlende Beteiligung eines Gesellschafters kann also durch die Vorlage einer verbindlichen Einverständniserklärung des fehlenden Gesellschafters ersetzt werden. Ist ein Mitgesellschafter auch hierzu nicht bereit, besteht die weitere Möglichkeit, dass der **widerstrebende Gesellschafter** durch die die Entziehung betreibenden Gesellschafter auf **Zustimmung zu dieser Maßnahme verklagt** wird. Anspruchsgrundlage für die Zustimmung bildet die gesellschaftsrechtliche Treuepflicht. Der widerstrebende Gesellschafter, der die Entziehungsklage blockiert, ist demnach bei Vorliegen eines Entziehungsgrundes – auch bei Fehlen einer gesellschaftsvertraglichen Regelung – verpflichtet, seine Zustimmung zur Entziehung der Geschäftsführungs- und/oder Vertretungsbefugnis zu erteilen und somit die notwendige Prozessvoraussetzung für die Entziehungsklage der anderen Gesellschafter zu schaffen.[4] Die Zustimmungsklage kann mit der Entziehungsklage verbunden werden.[5] In dem verbundenen Klageverfahren (Klage auf Entziehung und gleichzeitig auf Zustimmung) wird dann insgesamt gerichtlich geklärt, ob ein Entziehungsgrund in der Person des beklagten Geschäftsführers vorliegt und aus diesem Grunde zugleich eine Zustimmungsverpflichtung des die Entziehungsklage blockierenden Gesellschafters besteht. Über Entziehungs- und Zustimmungsklage kann also gleichzeitig entschieden werden.[6] Eine **Ausnahme von der Zustimmungspflicht** gilt in

---

[2] BGH, Urteil vom 28.4.1975, BGHZ 64, 253 = WM 1975, 774. Der Grund liegt darin, dass dann der zu Unrecht beklagte Gesellschafter von Anfang an auf *Kläger*seite stehen musste, so dass die Entziehungsklage auch gegen die übrigen Beklagten, hinsichtlich derer ggf ein wichtiger Grund vorlag, wegen Fehlens dieser Prozessvoraussetzung (Klage aller „übrigen" Gesellschafter) abzuweisen ist.

[3] BGH, Urteil vom 18.10.1976, BGHZ 68, 81 = GmbHR 1977, 197 = BB 1977, 615, für eine Ausschließungsklage. Vgl. auch BGH, Urteil vom 15.9.1997, NJW 1998, 146 = BB 1997, 2339 = DStR 1997, 1817, für eine Ausschließungsklage gemäß § 140 Abs. 1 HGB. Demnach ist es ausreichend, wenn einzelne Gesellschafter vor der Erhebung der Ausschließungsklage *„außergerichtlich und bindend schriftlich ihr Einverständnis mit der Ausschließung des betreffenden Gesellschafters erklärt haben"*. Sie müssen sich dann weder an der Ausschließungsklage beteiligen noch auf Zustimmung zur Ausschließung verklagt werden.

[4] BGH, Urteil vom 18.10.1976, BGHZ 68, 81 = GmbHR 1977, 197 = BB 1977, 615, für die entsprechende Zustimmungsverpflichtung eines Gesellschafters zur Erhebung einer Ausschließungsklage gemäß § 140 HGB; BGH, Urteil vom 25.4.1983, NJW 1984, 173 = GmbHR 1983, 301 = WM 1983, 750, für die Entziehung der Geschäftsführungsbefugnis der Komplementär-GmbH in einer GmbH & Co. KG; BGH, Urteil vom 3.2.1997, NJW-RR 1997, 925 = DStR 1997, 1090, für die Klage auf Ausschließung eines Gesellschafters aus der KG. In der Rechtsprechung wird bisweilen nicht genau unterschieden, ob sich diese Zustimmungsverpflichtung auf die *Klageerhebung* oder auf die mit der Klage angestrebte Maßnahme (also z.B. Entziehung oder Ausschließung) selbst bezieht. Richtig ist wohl letzteres (vgl. etwa das vorstehend zitierte Urteil des BGH vom 3.2.1997; vgl. auch MüKoHGB/*K. Schmidt*, § 140, Rn. 75). Das **Muster** eines Klageantrags für eine kombinierte Entziehungs- und Zustimmungsklage findet sich unter Rn. 864.

[5] BGH, Urteil vom 25.4.1983, NJW 1984, 173 = GmbHR 1983, 301 = WM 1983, 750.

[6] BGH, Urteil vom 25.4.1983, NJW 1984, 173 = GmbHR 1983, 301 = WM 1983, 750; vgl. auch BGH,

einem Sonderfall ferner dann, wenn ein Gesellschafter, der sich an der Zwangsmaßnahme und dem betreffenden Klageverfahren nicht beteiligen will, seinen **aufschiebend bedingten Austritt aus der** Gesellschaft für den Fall des Klageerfolges erklärt hat.[7] Eine weitere Ausnahme gilt schließlich für körperschaftlich strukturierte **Publikumsgesellschaften**. Hier ist es zum Schutz der Anleger jeweils ausreichend, wenn die Klage auf Entziehung von Geschäftsführung und/oder Vertretungsmacht mit der einfachen Mehrheit (der abgegebenen Stimmen) der Gesellschafter beschlossen wird. Anderslautende Bestimmungen des Gesellschaftsvertrags, die eine qualifizierte Mehrheit oder gar Einstimmigkeit unter den Gesellschaftern vorsehen, sind gemäß § 242 BGB unwirksam.[8]

- **Klagefrist** 704

Die Entziehungsklagen gemäß §§ 117, 127 HGB sind **nicht fristgebunden**. Trotzdem ergeben sich zeitliche Beschränkungen, die sich auf die Erfolgsaussichten einer solchen Klage auswirken. Je länger die Gesellschafter nach einem bestimmten Fehlverhalten des Geschäftsführers zuwarten, desto schwerer lässt sich argumentieren, die Fortsetzung der bisherigen Geschäftsführung sei unzumutbar geworden. Laut BGH besteht bei **längerem Zuwarten** nach einer bestimmten Pflichtverletzung bzw. einem bestimmten, in sich abgeschlossenen Fehlverhalten die **tatsächliche Vermutung**, dass für die übrigen Gesellschafter der „wichtige Grund" für die Entziehungsmaßnahme nachträglich wieder entfallen ist.[9] Darüber hinaus unterliegt die Berufung auf einen „wichtigen Grund" für die Entziehung von Geschäftsführungs- und Vertretungsbefugnissen der **Verwirkung**. Das längere Zögern mit der Entziehungsklage kann aus vorgenannten Gesichtspunkten daher zum Wegfall des „wichtigen Grundes" und damit zur Unbegründetheit der Klage führen.[10]

- **Gericht** 705

Die Klagen gemäß §§ 117, 127 HGB sind mit Rücksicht auf den Streitwert (siehe hierzu unter Rn. 711) regelmäßig beim **Landgericht** zu erheben (§§ 23 Nr. 1, 71 Abs. 1 GVG). Örtlich zuständig ist das Landgericht, in dessen Bezirk der Sitz der Gesellschaft liegt (§§ 22, 17 Abs. 1 ZPO). Alternativ ist das Gericht örtlich zuständig, in dessen Bezirk sich der Wohnsitz des Beklagten befindet (§§ 12, 13 ZPO). Beim Landgericht ist – außer bei der PartG – die Kammer für Handelssachen funktionell zuständig (§ 95 Abs. 1 Nr. 4a GVG).

Urteil vom 18.10.1976, BGHZ 68, 81 = GmbHR 1977, 197 = BB 1977, 615, und Urteil vom 3.2.1997, NJW-RR 1997, 925 = DStR 1997, 1090, jeweils für Ausschließungsklagen.

[7] BGH, Urteil vom 18.10.1976, BGHZ 68, 81 = GmbHR 1977, 197 = BB 1977, 615.

[8] BGH, Urteil vom 9.11.1987, BGHZ 102, 172 = NJW 1988, 969 = BB 1988, 159.

[9] BGH, Urteil vom 11.7.1966, NJW 1966, 2160 = BB 1966, 876 = WM 1966, 857 (für die außerordentliche Kündigung einer OHG durch einen Gesellschafter); BGH, Urteil vom 14.6.1999, NZG 1999, 988 = NJW 1999, 2820 = DStR 1999, 1324, für die Ausschließung eines Kommanditisten aus der KG aus wichtigem Grund.

[10] Vgl. zum Wegfall des Entziehungsgrundes bei längerem Zuwarten der übrigen Gesellschafter mit der betreffenden Zwangsmaßnahme auch unter Rn. 157.

Der Streit über die Entziehung von Geschäftsführung und Vertretungsmacht ist schiedsfähig.[11] Bei wirksamer Schiedsvereinbarung unter den Gesellschaftern, die sich auch auf die Entziehungsklagen gemäß §§ 117, 127 HGB erstreckt, ist somit zur Vermeidung der Unzulässigkeit der Klage bei entsprechender Rüge des Beklagten (§ 1032 Abs. 1 ZPO) Klage vor dem **Schiedsgericht** zu erheben.[12]

706 • **Klageantrag**

Die Klage kann gemäß § 117 HGB auf die Entziehung der Geschäftsführungsbefugnis und/oder auf die Entziehung der Vertretungsmacht eines geschäftsführenden Gesellschafters gerichtet sein. Regelmäßig werden die beiden Klageanträge im Wege der **Anspruchshäufung** gemäß § 260 ZPO in einer Klage verbunden. Sofern sich einer der „übrigen", nicht beklagten Gesellschafter weigert, am Entziehungsverfahren als Kläger teilzunehmen oder zumindest sein verbindliches Einverständnis mit der Klageerhebung zu erklären, tritt zu den Entziehungsanträgen im Wege der weiteren Anspruchshäufung die Klage auf Zustimmung gegen den widerstrebenden Gesellschafter hinzu (vgl. hierzu näher unter Rn. 703).

707 Es kann aus Gründen der **Verhältnismäßigkeit geboten** sein, angesichts einer weniger gravierenden Verfehlung des Geschäftsführers lediglich eine **Teilentziehung von Geschäftsführung und Vertretungsmacht** zu beantragen (z.B. Klage auf Entziehung der *Einzel*geschäftsführungsbefugnis und -vertretungsmacht anstelle *vollständiger* Entziehung dieser Befugnisse). Der Klageantrag muss dann von vornherein entsprechend formuliert (oder im Rahmen des Klageverfahrens auf Hinweis des Gerichts entsprechend abgeändert) werden, da es sich bei der teilweisen Entziehung und der vollständigen Entziehung von Geschäftsführungs- und Vertretungsbefugnissen eines Gesellschafters um verschiedene Streitgegenstände handelt, so dass eine Teilentziehung ohne entsprechenden Klageantrag unzulässig ist.[13] Sofern der Kläger also bis zuletzt beantragt, dem Beklagten *vollständig* Geschäftsführungs- und Vertretungsbefugnisse zu entziehen, kann das Gericht nicht eine Teilentziehung, bei gleichzeitiger Abweisung der Klage im Übrigen, anordnen. Eine solche Entscheidung verletzt die Dispositionsmaxime. Dem Kläger darf nicht eine qualitativ andere Umgestaltung der Geschäftsführung (Teilentziehung) ohne entsprechenden Antrag aufgedrängt werden.

708 In der **PartG** ist im Klageantrag klarzustellen, ob sich die Entziehung nur auf die **Geschäftsführung** bei „sonstigen" Geschäften, dh die Teilnahme an der Verwaltung des Gesellschaftsunternehmens bezieht, oder auch auf die **Berufsausübung des Partners** im Rahmen der Partnerschaft erstrecken soll (wobei letzteres in aller Regel weder interessengerecht noch verhältnismäßig sein dürfte, vgl. näher unter Rn. 143a).

---

[11] Vgl. nur MüKoHGB/*Jickeli*, § 117, Rn. 87; Baumbach/Hopt/*Roth*, § 117, Rn. 8, jeweils mit Nachweisen aus der Rechtsprechung.
[12] Vgl. hierzu näher unter Rn. 820 ff.
[13] BGH, Urteil vom 10.12.2001, NZG 2002, 280 = NJW-RR 2002, 540 = BB 2002, 423.

Dem **einzigen Komplementär** einer **KG** kann zwar die Geschäftsführungsbefugnis, nicht aber die Vertretungsmacht entzogen werden.[14] Dies ist nur möglich, wenn für den Fall des Klageerfolgs zugleich eine Neuordnung der Geschäftsführung erfolgt und der Eintritt eines neuen Komplementärs vereinbart wird. Falls der Gesellschaftsvertrag keine entsprechenden Regelungen enthält und die Gesellschafter sich absehbar nicht auf die **Neuordnung der Geschäftsführung** bzw. die Auswechslung des Komplementärs einigen können, muss die Entziehungsklage daher von vornherein mit einer **Klage auf Zustimmung zu** einer vorgeschlagenen **Neuregelung** verbunden werden.[15] Gleiches gilt auch in sonstigen Fällen, in denen sich bereits bei Klageerhebung abzeichnet, dass sich die Gesellschafter nicht auf eine Neuregelung von Geschäftsführungs- oder Vertretungsbefugnissen einigen können, die im Anschluss an die erfolgreiche Entziehungsklage notwendig sein wird. Ein **Muster** für entsprechend kombinierte Klageanträge findet sich unter Rn. 864.

- **Darlegungs- und Beweislast**   709

Über die Entziehungsklagen gemäß §§ 117, 127 HGB wird in einem ordentlichen, streitigen Gerichtsverfahren entschieden. Der bzw. die Kläger tragen die Darlegungs- und Beweislast dafür, dass in der Person des Beklagten ein „wichtiger Grund" vorliegt, der die vollständige oder teilweise Entziehung dessen Geschäftsführungs- und Vertretungsbefugnis rechtfertigt. Bei längerem Zuwarten mit der Klageerhebung müssen die Kläger weitergehend die tatsächliche Vermutung widerlegen, dass sich der wichtige Grund zwischenzeitlich durch Zeitablauf erledigt hat. Sie haben dann also Tatsachen darzulegen und zu beweisen, aus denen sich ergibt, dass die zeitweilige Belassung des Beklagten in der Organstellung nichts mit einer Wiederherstellung der gesellschaftlichen Vertrauensgrundlage und einem Wegfall des „wichtigen Grundes" zu tun hatte, sondern „*anerkennenswerte gesellschaftliche oder persönliche Gesichtspunkte*" die Gründe dafür waren, dass es erst verspätet zur Entziehungsklage kam.[16]

- **Urteil und Urteilswirkung**   710

Falls die Klage zulässig und begründet ist, insbesondere der geltend gemachte „wichtige Grund" für die Entziehung von Geschäftsführung und Vertretungsmacht vorliegt und die beantragte Maßnahme verhältnismäßig ist, *muss* das angerufene Gericht der Klage stattgeben.[17] Bei dem **stattgebenden Urteil** handelt es sich um ein **Gestaltungsurteil**.

---

[14] BGH, Urteil vom 9.12.1968, BGHZ 51, 198 = WM 1969, 118. Vgl. hierzu auch unter Rn. 195.
[15] BGH, Urteil vom 9.12.1968, BGHZ 51, 198 = WM 1969, 118.
[16] BGH, Urteil vom 11.7.1966, NJW 1966, 2160 = BB 1966, 876 = WM 1966, 857, zur Darlegungs- und Beweislast bei der Kündigung einer OHG aus „wichtigem Grund", nachdem der Kläger mit der Kündigung rund 1 1/4 Jahre zugewartet hatte. Siehe hierzu auch unter Rn. 704.
[17] RG, Urteil vom 4.6.1940, RGZ 164, 129: Der Gesetzeswortlaut in §§ 117, 127 HGB („… kann … durch gerichtliche Entscheidung entzogen werden …") sei nicht so zu verstehen, dass bei Vorliegen eines wichtigen Grundes ein Entscheidungsspielraum des Gerichts verbleibt. Es bleibt demgegenüber der gerichtliche Beurteilungsspielraum, ob der „wichtige Grund" als solcher vorliegt und die beantragte Entziehungsmaßnahme angesichts dessen verhältnismäßig ist.

Mit **formeller Rechtskraft** des Urteils entfällt entsprechend der gerichtlichen Entscheidung die Geschäftsführungsbefugnis und/oder Vertretungsmacht des Beklagten in der streitgegenständlichen Gesellschaft.

Die Geschäftsführungsbefugnisse und die Vertretungsmacht **weiterer geschäftsführender Gesellschafter** bleiben bestehen, es sei denn, die Entziehungsmaßnahme wirkt sich mittelbar auch auf deren vertraglich geregelte Geschäftsführungs- und Vertretungsbefugnisse aus.[18] In diesem Fall sowie dann, wenn der von der Entziehungsmaßnahme betroffene Gesellschafter bisher *alleiniger* Geschäftsführer war, müssen die **Geschäftsführungs- und Vertretungskompetenzen** in der Gesellschaft ggf **neu geordnet** werden. Hierbei sind alle Gesellschafter mitwirkungsverpflichtet.[19]

Zugleich mit der Entziehung der Geschäftsführungsbefugnis **erlöschen besondere Vergütungsansprüche** des betroffenen Gesellschafters, die sich – meist in Form eines Gewinnvoraus – als besondere Tätigkeitsvergütung aus dem Gesellschaftsvertrag ergeben.[20] Führt das Urteil zu einer Änderung bei der Vertretungsmacht des Beklagten, ist dies **zum Handelsregister anzumelden** (§ 107 HGB). Die Anmeldung kann durch die „übrigen" Gesellschafter, ohne Beteiligung des beklagten Gesellschafters vorgenommen werden (§§ 107, 16 Abs. 1 S. 1 HGB).

711 • **Streitwert**

Der Streitwert der Entziehungsklage wird gemäß § 3 ZPO **vom Gericht nach freiem Ermessen festgesetzt** (hinsichtlich des Gebührenstreitwerts iVm den ggf. vorrangig zu beachtenden §§ 39 ff. GKG). Entscheidend ist der **Wert des Interesses** des oder **der Kläger**(s) an der begehrten Entziehungsmaßnahme. Sofern mit der Entziehung von Geschäftsführung (und/oder Vertretungsmacht) gleichzeitig eine besondere Tätigkeitsvergütung bzw. ein entsprechender Gewinnvoraus des geschäftsführenden Gesellschafters entfällt, entspricht der Gebührenstreitwert gem § 42 Abs. 1 S. 1 GKG dem 3,0-fachen Jahresbetrag der wiederkehrenden Leistungen und der Zuständigkeits- bzw. Rechtsmittelstreitwert gem § 9 ZPO dem 3,5-fachen Jahresbetrag dieser Bezüge, es sei denn, der Gesamtbetrag der künftigen Bezüge ist wegen einer Befristung der Vergütungszusage geringer (vgl. zum Streitwert auch unter Rn. 652a).

712 • **Einstweiliger Rechtsschutz**

Geschäftsführungsbefugnis und Vertretungsmacht können auf Antrag aller übrigen Gesellschafter zusätzlich **durch einstweilige Verfügung vorläufig entzogen oder eingeschränkt** werden. Das Gericht kann im Rahmen des Verfügungsverfahrens auf Antrag zudem anordnen, dass diese Befugnisse vorläufig einem Dritten, auch einem Nicht-Gesellschafter, übertragen werden.[21]

---

[18] Dies gilt etwa dann, wenn ein weiterer geschäftsführender Gesellschafter mit dem Gesellschafter-Geschäftsführer, dessen Befugnisse entzogen wurden, bisher nur *gesamt*geschäftsführungs- und vertretungsbefugt war. Der Wegfall des einen Gesamtgeschäftsführers kann dann nicht entgegen der Vertragsordnung ohne weiteres zu Einzelgeschäftsführungs- und Vertretungsbefugnis des verbleibenden Geschäftsführers führen.

[19] Diese Mitwirkungspflicht kann durch entsprechende Leistungsklage (auf Zustimmung) durchgesetzt werden; vgl. unter Rn. 708 (aE).

[20] Vgl. hierzu auch MüKoHGB/*Jickeli*, § 117, Rn. 75, mwN aus dem Schrifttum.

[21] BGH, Urteil vom 11.7.1960, BGHZ 33, 105 = WM 1960, 1005. Vgl. zum einstweiligen Rechtsschutz näher unter Rn. 805 f. und 807 ff. Das **Muster** eines Verfügungsantrags findet sich unter Rn. 877.

2. Ausschluss von Gesellschaftern

a) Ausschließungsklage bei der PartG, OHG, KG und GmbH & Co. KG

Gesellschafter einer PartG oder einer Personenhandelsgesellschaft können mittels Ausschließungsklage und entsprechenden gerichtlichen Gestaltungsurteils gemäß §§ 140 HGB, 9 Abs. 1 PartGG aus der Gesellschaft ausgeschlossen werden, wenn ein „wichtiger Grund" für diese Zwangsmaßnahme vorliegt. Die Ausschließungsklage ist nur möglich und eine trotzdem erhobene Klage unbegründet, wenn der Gesellschaftsvertrag kein abweichendes Verfahren für den Ausschluss von Gesellschaftern vorsieht, insbesondere die Ausschließung durch Gesellschafterbeschluss. Einzelheiten zu den Voraussetzungen der Ausschließungsklage und den Folgen eines der Klage stattgebenden Gestaltungsurteils finden sich unter Rn. 230 ff. Hinsichtlich der Begründetheit des Ausschließungsbegehrens, d.h. des die Ausschließung rechtfertigenden „wichtigen Grundes" im Sinne des § 140 Abs. 1 HGB, wird auf die Darstellung unter Rn. 274 ff. verwiesen. Für die Ausschließungsklage gelten darüber hinaus **im Überblick** folgende wesentliche Bestimmungen:

713

- **Parteien**

714

Die Auflösungsklage wird durch sämtliche „übrigen" Gesellschafter als **Kläger** erhoben. Mehrere klagende Gesellschafter sind **notwendige Streitgenossen (§ 62 ZPO)**. Die Klage richtet sich gegen den oder die auszuschließenden Gesellschafter als **Beklagte(n)**. An der Ausschließungsklage müssen somit *alle* Gesellschafter auf Kläger- oder Beklagtenseite beteiligt sein. Ein Mitgesellschafter, der nicht Beklagter der Ausschließungsklage ist, andererseits aber auch nicht als Kläger teilnehmen möchte, kann seine Beteiligung an der Klageerhebung durch verbindliche, schriftliche Einverständniserklärung mit der Ausschließung ersetzen. Verweigert ein Gesellschafter demgegenüber seine Zustimmung zur Ausschließung bzw. zur entsprechenden Klageerhebung, kann er (in einem mit der Ausschließungsklage verbundenen Verfahren) auf Zustimmung zu dieser Zwangsmaßnahme verklagt werden. Es gelten die Ausführungen zu den Parteien der Entziehungsklage unter Rn. 702 f., einschließlich der dort genannten Rechtsprechungsnachweise, entsprechend.

- **Klagefrist**

715

Die Ausschließungsklage ist **nicht fristgebunden**. Ein längeres Zuwarten mit der Klageerhebung nach dem Ereignis oder dem abgeschlossenen Fehlverhalten des Mitgesellschafters, das den Ausschließungsgrund bildet, kann jedoch zur Unbegründetheit der Klage führen. Es gelten die Ausführungen im Gliederungsabschnitt „Klagefrist" zur Entziehungsklage unter Rn. 704 entsprechend.

- **Gericht**

716

Es gelten die Ausführungen zur Entziehungsklage unter Rn. 705 entsprechend.

Die Ausschließungsklage kann (wie die Entziehungsklage gemäß §§ 117, 127 HGB) auch durch ein **Schiedsgericht** entschieden werden.[22] Bei entsprechender Schiedsabrede unter den Gesellschaftern ist somit wegen § 1032 Abs. 1 ZPO die vorrangige Zuständigkeit eines solchen Schiedsgerichts zu beachten (vgl. hierzu näher unter Rn. 820 ff.).

717 • **Klageantrag**

Der Klageantrag ist auf Ausschließung des Beklagten (oder, bei gleichzeitiger Ausschließungsklage gegen mehrere Gesellschafter, dieser mehreren Beklagten) aus der Gesellschaft durch gerichtliche Entscheidung gerichtet. Die Klage auf Ausschließung des Beklagten kann im Wege der **Anspruchshäufung gemäß § 260 ZPO** mit der Klage auf Zustimmung eines widerstrebenden Mitgesellschafters zur Ausschließungsklage verbunden werden, so dass beide Klageanträge zugleich in einer Klageschrift enthalten sind.[23] Das **Muster** eines Klageantrags findet sich unter Rn. 865.

718 Das **Gericht** ist aus Gründen der Dispositionsmaxime **an den Klageantrag gebunden**. Es kann z.B. nicht anstelle der beantragten Ausschließung eine Auflösung der Gesellschaft gemäß § 133 Abs. 1 HGB beschließen, selbst wenn ihm das nach den Fallumständen (etwa in einer Zwei-Personen-Gesellschaft) als adäquatere Lösung erscheint. Für den oder die Kläger, die Zweifel am Klageerfolg haben, ist deshalb die Erhebung einer **Eventualklage** in Betracht zu ziehen, um dem Gericht eine andere Entscheidung als die Ausschließung des Beklagten zu ermöglichen, falls die gegen den Beklagten erhobenen Vorwürfe eine solche Maßnahme nicht rechtfertigen. Ein häufiger Ausschlussgrund beruht z.B. auf Fehlern bzw. Pflichtverletzungen des Betroffenen bei der Geschäftsführung. Hier kommen der **Hauptantrag einer Ausschließung** des geschäftsführenden Gesellschafters und der **Hilfsantrag einer Entziehung von Geschäftsführung und Vertretungsmacht** gemäß §§ 117, 127 HGB in Betracht. In der Zwei-Personen-Gesellschaft, bei der die Ausschließung auf eine Übernahme des Gesellschaftsvermögens durch den verbleibenden Gesellschafter hinausläuft, könnte zum Hauptantrag der Ausschließung z.B. der Hilfsantrag der Zwangsauflösung der Gesellschaft gemäß § 133 HGB treten.[24]

719 • **Darlegungs- und Beweislast**

Die Kläger müssen das Vorliegen eines wichtigen Grundes, der die begehrte Ausschließung rechtfertigt, darlegen und beweisen. Bei längerem Zuwarten mit der Ausschließungsklage nach einem bestimmten, für das Ausschließungsbegehren maßgeblichen Ereignis, müssen die Kläger darüber hinaus darlegen und beweisen, dass sich der Ausschließungsgrund nicht – wie aufgrund des Zeitablaufs zu vermuten – zwischenzeitlich erledigt hat. Es wird verwiesen auf die Ausführungen zur „Darlegungs- und Beweislast" im Zusammenhang mit der Entziehungsklage unter Rn. 709.

720 • **Urteil und Urteilswirkung**

Das der Ausschließungsklage **stattgebende Urteil** hat **Gestaltungswirkung**: Der **beklagte Gesellschafter scheidet** mit Rechtskraft des Urteils **aus der Gesellschaft**

---

[22] Vgl. nur MüKoHGB/*K.Schmidt*, § 140, Rn. 90; Baumbach/Hopt/*Hopt*, § 140, Rn. 22.
[23] BGH, Urteil vom 28.4.1975, BGHZ 64, 253 = WM 1975, 774; BGH, Urteil vom 18.10.1976, BGHZ 68, 81 = GmbHR 1977, 197 = BB 1977, 615; BGH, Urteil vom 3.2.1997, NJW-RR 1997, 925 = DStR 1997, 1090. Vgl. hierzu auch unter Rn. 231 und 706 ff.
[24] Vgl. zur Auflösungsklage näher unter Rn. 731 ff. Vgl. zu den Varianten einer Eventualklage im Klageantrag nach § 140 HGB auch MüKoHGB/*K.Schmidt*, § 140, Rn. 76.

aus. Sofern mit dem Ausschließungsantrag der Klageantrag auf Zustimmung zur Ausschließung gegen einen widerstrebenden Mitgesellschafter verbunden war, ersetzt das Urteil die notwendige Mitwirkung dieses Gesellschafters am Ausschließungsprozess, so dass zugleich diese Urteilsvoraussetzung für das (zeitgleiche) Ausschließungsurteil vorliegt. Der Anteil des ausscheidenden Gesellschafters am Gesellschaftsvermögen wächst den Mitgesellschaftern zu (§§ 105 Abs. 3 HGB, 1 Abs. 4 PartGG, 738 Abs. 1 BGB). Die Ausschließung eines Gesellschafters aus **der Zwei-Personen-Gesellschaft** führt demgegenüber zum Erlöschen dieser Gesellschaft und zur **Übernahme des Gesellschaftsvermögens** durch den klagenden Gesellschafter. Zwischen dem oder den verbleibenden Gesellschafter(n) und dem ausgeschlossenen Gesellschafter findet eine Auseinandersetzung gemäß §§ 738 bis 740 BGB statt oder der Ausgeschlossene erhält eine vertraglich vorgesehene Abfindung.[25]

- **Streitwert** 721

Der Streitwert der Ausschließungsklage ist seitens des Gerichts gemäß § 3 ZPO nach freiem Ermessen festzusetzen. Maßgeblich ist der **Wert des Interesses der klagenden Gesellschafter** an der begehrten Ausschließung. Für die Bewertung dieses Interesses bildet der Wert deren Gesellschaftsanteile den maßgeblichen Ausgangspunkt.[26]

- **Einstweiliger Rechtsschutz** 722

Die Ausschließung eines Gesellschafters kann *nicht* in einem Eilverfahren, im Wege der einstweiligen Verfügung, erreicht werden.[27]

b) Ausschlussklage bei der GmbH

Ein Gesellschafter kann bei Vorliegen eines wichtigen Grundes mittels Ausschlussklage aus der GmbH ausgeschlossen werden. Die Ausschlussklage ist im GmbH-Gesetz nicht geregelt und beruht auf **richterlicher Rechtsfortbildung**. Sie ist nur zulässig, wenn die Satzung der betreffenden GmbH ausnahmsweise keine Regelungen über den Ausschluss eines missliebigen Gesellschafters durch Gesellschafterbeschluss oder in einem sonstigen Ausschließungsverfahren enthält. Hinsichtlich der Voraussetzungen, der Begründung und der Rechtsfolgen einer erfolgreichen Ausschlussklage wird auf die Darstellung unter Rn. 270 ff. verwiesen. Für die Ausschlussklage bei der GmbH gelten **im Überblick** folgende wesentliche Bestimmungen: 723

---

[25] Vgl. hierzu näher unter Rn. 234 und 318 ff.
[26] BGH, Urteil vom 28.11.1955, BGHZ 19, 172 = NJW 1956, 182 = BB 1956, 58. Bei Vorliegen „*besonderer Umstände*" kann es aus Sicht des BGH jedoch angezeigt sein, den Wert des Streitgegenstandes niedriger anzusetzen als mit dem Gesamtwert der Gesellschaftsanteile der klagenden Gesellschafter.
[27] Vgl. nur Baumbach/Hopt/*Roth*, § 140, Rn. 22; MüKoHGB/*K. Schmidt*, § 140, Rn. 80. Denkbar ist demgegenüber z.B. eine einstweilige Verfügung auf vorläufige Entziehung von Geschäftsführungs- und Vertretungsbefugnissen des auszuschließenden Gesellschafters; vgl. hierzu näher unter Rn. 795 ff.

724 • **Parteien**

Die Ausschlussklage wird durch die GmbH als **Klägerin** erhoben. Erforderlich ist – außer in der Zwei-Personen-GmbH – ein vorhergehender Gesellschafterbeschluss über die Klageerhebung (Zustimmung mit 75 % der abgegebenen Stimmen bei Stimmrechtsausschluss des Betroffenen), anderenfalls die Klage unbegründet ist.[28] Die Gesellschaft wird bei der Ausschlussklage durch ihren Geschäftsführer vertreten. Richtet sich die Ausschlussklage gegen einen geschäftsführenden Gesellschafter, ist gemäß § 46 Nr. 8 2. Alt. GmbHG demgegenüber durch Beschluss ein besonderer Prozessvertreter zu bestellen.[29] In der Zwei-Personen-GmbH kann die Gesellschaft auch durch den (nicht beklagten) Gesellschafter vertreten werden.

Die Ausschlussklage ist gegen den auszuschließenden Gesellschafter persönlich als **Beklagten** zu richten.

725 • **Klagefrist**

Die Ausschlussklage ist **nicht fristgebunden**. Die Zeitdauer zwischen dem Ereignis, das den Ausschließungsgrund bildet, und dem Zeitpunkt der Klageerhebung nimmt jedoch Einfluss auf die gerichtliche Beurteilung, ob in der Person des auszuschließenden Gesellschafters tatsächlich ein „wichtiger Grund" vorliegt, der dessen Verbleib in der Gesellschaft als unzumutbar erscheinen lässt. Je länger mit der Klageerhebung zugewartet wird, desto geringer werden daher die Erfolgsaussichten der Klage.[30]

726 • **Gericht**

Für die Ausschlussklage ist mit Rücksicht auf den Wert des Streitgegenstandes in aller Regel ein **Landgericht** sachlich zuständig (§§ 23 Nr. 1, 71 Abs. 1 GVG). Die örtliche Zuständigkeit richtet sich nach Wahl der Klägerin nach dem Wohnsitz des Beklagten (§§ 12, 13 ZPO) oder dem Sitz der Gesellschaft (§§ 22, 17 Abs. 1 ZPO). Funktionell zuständig ist die Kammer für Handelssachen (§ 95 Abs. 1 Nr. 4a GVG).[31]

727 • **Verfahren, Klageantrag**

Über die Ausschlussklage wird in einem **ordentlichen, streitigen Gerichtsverfahren** entschieden. Die klagende GmbH trägt die Darlegungs- und Beweislast dafür, dass in der Person des auszuschließenden Gesellschafters ein „wichtiger Grund" vorliegt, der dessen Verbleib in der Gesellschaft unzumutbar macht. Es gelten die Ausführungen zur Ausschließungsklage in der Personenhandelsgesellschaft unter Rn. 717 ff. entsprechend.

---

[28] Vgl. hierzu näher unter Rn. 271.

[29] Vgl. hierzu näher unter Rn. 686.

[30] Vgl. zum Wegfall des Ausschlussgrundes durch Zeitablauf näher unter Rn. 281. Weitere Rechtsprechungsnachweise finden sich unter Rn. 704.

[31] Schiedsgerichte spielen bei der Ausschlussklage in der GmbH demgegenüber eine untergeordnete Rolle, da das Klageverfahren gerade das Fehlen jeglicher vertraglicher Vereinbarungen zur Ausschließung von Gesellschaftern voraussetzt, so dass selbst bei Bestehen einer Schiedsabrede fraglich ist, ob sich diese auf den Streitgegenstand „Ausschlussklage" erstreckt. Vgl. zur Zuständigkeit von Schiedsgerichten und dem schiedsgerichtlichen Verfahren im Übrigen unter Rn. 820 ff.

Der Klageantrag sollte neben der **Ausschließung des Beklagten** aus der klagenden GmbH auch den Regelungswunsch hinsichtlich der **Verwertung des Geschäftsanteils** des Beklagten (durch Zwangseinziehung oder Zwangsveräußerung), gegen Zahlung einer bestimmten (satzungsmäßig geregelten) oder vom Gericht festzusetzenden, angemessenen **Abfindung** enthalten. Das **Muster** eines Klageantrags findet sich unter Rn. 866.

- Urteil und Urteilswirkung   728

Das der **Ausschlussklage stattgebende Urteil** hat mit formeller Rechtskraft **Gestaltungswirkung**: Der beklagte Gesellschafter wird (ggf unter der aufschiebenden Bedingung der Abfindungszahlung) aus der GmbH ausgeschlossen. Zugleich wird im Ausschlussurteil über die Verwertung seines Geschäftsanteils entschieden, die je nach Klageantrag in einer Zwangseinziehung, Zwangsabtretung an die Gesellschaft oder einer Zwangsveräußerung an einen Mitgesellschafter oder Dritten bestehen kann. Schließlich ist im Urteil die für den Geschäftsanteil des Auszuschließenden zu zahlende Vergütung bzw. Abfindung festzusetzen.[32]

- Streitwert   729

Der Streitwert der Ausschlussklage ist nach dem Ermessen des Gerichts gemäß § 3 ZPO zu schätzen. Maßgeblich ist grundsätzlich der **Wert des Klägerinteresses**. Wie im Falle einer Anfechtungsklage gegen den Zwangseinziehungsbeschluss dürfte sich der Streitwert nach dem Wert des Geschäftsanteils des von der Ausschließung betroffenen Gesellschafters richten[33], alternativ nach dem Betrag der vom Gericht festzusetzenden Abfindung.

- Einstweiliger Rechtsschutz   730

Eine **einstweilige Verfügung auf Ausschluss** eines GmbH-Gesellschafters ist **unzulässig**.[34] In dringenden Fällen kommt indessen z.B. eine einstweilige Entziehung von Geschäftsführung und Vertretungsmacht oder die Unterbindung bestimmter Geschäftsführungsmaßnahmen in Betracht (vgl. näher unter Rn. 795 ff.).

3. Gerichtliche Auflösung der Gesellschaft

a) Auflösungsklage bei der PartG, OHG, KG und GmbH & Co. KG

Bei der PartG und den Personenhandelsgesellschaften kann jeder Gesellschafter bei   731
Vorliegen eines wichtigen Grundes grundsätzlich Auflösungsklage gemäß § 133 HGB
(bei der PartG iVm § 9 Abs. 1 PartGG) erheben und dadurch die Zwangsauflösung der

---

[32] Vgl. zu diesen Rechtswirkungen der erfolgreichen Ausschlussklage und den entsprechenden Anforderungen an das Ausschlussurteil auch unter Rn. 272 f.
[33] BGH, Beschluss vom 8.2.2008, NZG 2009, 518 = DStR 2009, 339.
[34] Vgl. nur Zöller, § 940, Rn. 8 („Gesellschaftsrecht").

Gesellschaft durch gerichtliche Entscheidung betreiben. Hinsichtlich der materiell-rechtlichen Voraussetzungen dieser Auflösungsklage wird auf die Ausführungen unter Rn. 514 ff. verwiesen. Hinsichtlich der Klage gelten **im Überblick** folgende wesentliche Bestimmungen:

732
- **Parteien**

Die Auflösungsklage kann durch jeden Gesellschafter als **Kläger** erhoben werden (§ 133 Abs. 1 HGB). Sofern andere Gesellschafter, die nicht selbst klagen, mit der Klageerhebung einverstanden sind und dies rechtsverbindlich erklärt haben, müssen sie sich im Übrigen nicht mehr an dem Klageverfahren beteiligen.[35] **Beklagte** sind *alle* Mitgesellschafter, die weder selbst als Kläger am Verfahren teilnehmen noch ihr verbindliches Einverständnis mit der Klageerhebung bekundet haben. An dem betreffenden Prozess müssen also jeweils *alle* Gesellschafter auf der Aktiv- oder Passivseite beteiligt sein.[36] Die mehreren Kläger oder Beklagten sind jeweils **notwendige Streitgenossen** gemäß § 62 ZPO. Ein klagender **Gesellschafter verliert** seine **Aktivlegitimation**, wenn er vor Ende der letzten mündlichen Verhandlung (doch noch) aus der Gesellschaft **ausscheidet**, etwa durch außerordentliche Kündigung. Entsprechend verliert ein beklagter Gesellschafter bei Ausscheiden vor Prozessabschluss die Passivlegitimation.[37]

733
- **Gericht**

Die Auflösungsklage ist mit Rücksicht auf den Streitwert (siehe hierzu unter Rn. 736) regelmäßig beim **Landgericht** zu erheben (§§ 23 Nr. 1, 71 Abs. 1 GVG). Örtlich zuständig ist das Landgericht, in dessen Bezirk der Sitz der Gesellschaft liegt (§§ 22, 17 Abs. 1 ZPO), oder – sofern aus Sicht der Kläger geeignet – das Gericht am Wohnsitz des/der Beklagten (§§ 12, 13 ZPO). Funktionell zuständig ist – außer bei der PartGG – die Kammer für Handelssachen (§ 95 Abs. 1 Nr. 4a GVG).

Die Auflösungsklage muss bei einschlägiger und wirksamer Schiedsvereinbarung vor einem **Schiedsgericht** erhoben werden (§ 1032 Abs. 1 ZPO). Die gerichtliche Entscheidung über die Auflösung der Gesellschaft nach entsprechendem Klageantrag eines Gesellschafters gemäß § 133 HGB ist schiedsfähig.[38]

734
- **Klageantrag, Verfahren**

Für das Klageverfahren ergeben sich keine Besonderheiten. Über die Auflösungsklage wird in einem ordentlichen, streitigen Gerichtsverfahren entschieden. Das **Muster** eines Klageantrags findet sich unter Rn. 867.

735
- **Urteil und Urteilswirkung**

Das angerufene Gericht entscheidet im Erfolgsfall der Klage durch **Gestaltungsurteil** (sonst Klageabweisung). Abweichend vom Gesetzeswortlaut in § 133 Abs. 1 HGB

---

[35] BGH, Urteil vom 13.1.1958, NJW 1958, 418 = BB 1958, 213 = WM 1958, 216.
[36] BGH, Urteil vom 15.6.1959, BGHZ 30, 195 = NJW 1959, 1683 = BB 1959, 718.
[37] Vgl. nur Baumbach/Hopt/*Roth*, § 133, Rn. 13 und 14.
[38] RG, Urteil vom 22.5.1909, RGZ 71, 254.

("kann die Auflösung der Gesellschaft ... ausgesprochen werden") *muss* das angerufene Gericht die Auflösung der Gesellschaft durch Urteil anordnen, wenn die gesetzlichen Voraussetzungen, vor allem ein „wichtiger Grund", vorliegen.[39] Das Gestaltungsurteil bewirkt bei **formeller Rechtskraft**[40] die Auflösung der Gesellschaft und damit den **Anfang der Liquidation**, die dann gemäß §§ 145 ff. HGB, 10 Abs. 1 PartGG durchzuführen ist.[41]

- **Streitwert** 736

Der Streitwert der Auflösungsklage ist nach § 3 ZPO nach dem Ermessen des Gerichts zu schätzen.[42] Maßgeblich ist hierbei grds der Wert des **Auflösungsinteresses des Klägers**, das unter Berücksichtigung mehrerer Faktoren, wie insbesondere des Werts seines Gesellschaftsanteils, einer ihm bei Fortsetzung der Gesellschaft möglicherweise drohenden Haftung oder Haftungserweiterung, den Möglichkeiten des Zugriffs auf ein Auseinandersetzungsguthaben etc. zu beziffern ist.[43] Der Streitwert ist daher grundsätzlich geringer als der Verkehrswert des Gesellschaftsanteils des Auflösungsklägers.[44]

- **Einstweiliger Rechtsschutz** 737

Die **Auflösung** der Gesellschaft kann, wegen Unzulässigkeit der Vorwegnahme der Hauptsache, **nicht mittels einstweiliger Verfügung angeordnet** werden.[45] Ein entsprechender Verfügungsantrag ist unzulässig.

b) Auflösungsklage bei der GmbH

Die GmbH kann gemäß § 61 Abs. 1 GmbHG durch gerichtliches Urteil aufgelöst werden, wenn die Erreichung des Gesellschaftszwecks unmöglich wird oder wenn andere wichtige Gründe für die Auflösung vorhanden sind. Hinsichtlich der materiell-rechtlichen Voraussetzungen dieser „Auflösungsklage" wird verwiesen auf die Ausführungen unter Rn. 514 ff. Für die betreffende Klage gelten **im Überblick** folgende wesentliche Bestimmungen: 738

---

[39] RG, Urteil vom 4.6.1940, RGZ 164, 129. Das schließt nicht aus, dass das erkennende Gericht bei der Beurteilung, ob im Einzelfall ein wichtiger Grund über die Auflösung vorliegt oder nicht, einen Beurteilungsspielraum hat.

[40] So ausdrücklich das RG im Urteil vom 21.1.1929, RGZ 123, 151.

[41] Vgl. auch BayObLG, Urteil vom 25.7.1978, GmbHR 1978, 269 = WM 1979, 27 = DB 1978, 2164 (für das Auflösungsurteil bei der GmbH).

[42] OLG Köln, Urteil vom 22.6.1982, BB 1982, 1384 = ZIP 1982, 1006.

[43] OLG Köln, Urteil vom 22.6.1982, BB 1982, 1384 = ZIP 1982, 1006. Vgl. auch Thomas/Putzo, § 3, Rn. 76; Zöller, § 3, Rn. 16 („Gesellschaft").

[44] OLG Köln, Urteil vom 14.12.1987, BB 1988, 365 = DB 1988, 281. **AA** (für die GmbH) z.B. Ulmer/Habersack/Winter, § 61, Rn. 48; Michalski/*Nerlich*, § 61, Rn. 52; Baumbach/Hueck, § 61, Rn. 25, wonach sich der Streitwert grundsätzlich nach dem Wert des Geschäftsanteils des Auflösungsklägers richtet.

[45] Vgl. unter Rn. 519.

739 • **Parteien**

Die Auflösungsklage kann von jedem Gesellschafter als **Kläger** erhoben werden, sofern er Geschäftsanteile von mindestens 10% des Stammkapitals hält (§ 61 Abs. 2 S. 1 GmbHG). Diese Mindestbeteiligungsquote ist Prozessvoraussetzung, die spätestens zum Zeitpunkt der letzten mündlichen Verhandlung vorliegen muss.[46] Sofern mehrere Gesellschafter zusammen auf Auflösung klagen, ist diese Prozessvoraussetzung auch erfüllt, wenn sie gemeinsam mindestens Geschäftsanteile im Umfang von 10% des Stammkapitals halten. Sofern der oder die Kläger diese Beteiligungsquote (bis zum Zeitpunkt der letzten mündlichen Verhandlung) nicht (gemeinsam) erreichen oder nach Klageerhebung durch Ausscheiden eines Gesellschafters (etwa in Folge Austritts durch Kündigung) verlieren, ist bzw. wird die Klage unzulässig. Die Auflösungsklage ist gegen die GmbH selbst als **Beklagte** zu richten (§ 61 Abs. 2 S. 1 GmbHG). Die GmbH wird grundsätzlich durch den Geschäftsführer vertreten (§ 35 Abs. 1 GmbHG). Sofern der Kläger zugleich Geschäftsführer der beklagten GmbH ist, scheidet die Prozessvertretung durch seine Person indessen aus.[47] Hier vertritt die GmbH entweder ein weiterer allein vertretungsberechtigter Geschäftsführer[48] oder – was vorrangig ist – die Gesellschafterversammlung hat einen Prozessvertreter durch Beschluss bestimmt (§ 46 Nr. 8 2. Alt. GmbHG) oder es ist auf Antrag des Klägers durch den Vorsitzenden des Prozessgerichts ein Prozesspfleger für die GmbH zu bestellen (§ 57 ZPO).[49]

740 Den Mitgesellschaftern muss die Möglichkeit eröffnet werden, an dem Prozess durch **streitgenössische Nebenintervention** (§§ 66, 69 ZPO) teilzunehmen. Sie müssen mit Rücksicht darauf von einer Auflösungsklage Kenntnis erhalten. Im Regelfall ist das **Gericht verpflichtet**, sämtliche **Gesellschafter** in der GmbH von der Erhebung der Auflösungsklage **zu informieren**, andernfalls deren Recht auf Gehör nach Art. 103 Abs. 1 GG verletzt wird.[50] Unterbleibt eine Benachrichtigung seitens des Gerichts, ist das betreffende Gestaltungsurteil wegen Verletzung des rechtlichen Gehörs der Mitgesellschafter rechtswidrig, sofern nach den Fallumständen nicht ausgeschlossen werden kann, dass das erkennende Gericht bei Berücksichtigung der Teilnahme von Mitgesellschaftern zu einer anderen Entscheidung hinsichtlich der Auflösungsklage gelangt wäre.[51]

---

[46] Vgl. nur Ulmer/Habersack/Winter, § 61, Rn. 25; Michalski/*Nerlich*, § 61, Rn. 26; Baumbach/Hueck, § 61, Rn. 14.

[47] Vgl. für den entsprechenden Fall der unzulässigen Mehrfachvertretung (gleichzeitige Vertretung eines Klägers und der beklagten GmbH) z.B. BGH, Urteil vom 11.12.1995, NJW 1996, 658 = GmbHR 1996, 219 = BB 1996, 341.

[48] Vgl. BGH, Urteil vom 24.2.1992, NJW-RR 1992, 993 = GmbHR 1992, 299 = BB 1992, 802.

[49] Siehe zur Vertretung der GmbH bei Prozessen mit dem Geschäftsführer näher unter Rn. 683 ff.

[50] BVerfG, Beschluss vom 9.2.1982, NJW 1982, 1635 = GmbHR 1982, 255 = BB 1982, 514. Etwas anderes gilt nach Auffassung des BVerfG ausnahmsweise dann, wenn für das Gericht der Kreis der in Betracht kommenden Mitgesellschafter nicht ersichtlich oder nicht überschaubar ist oder wenn so viele Gesellschafter angehört werden müssten, dass die Rechtspflege nicht mehr funktionieren könnte.

[51] Das BVerfG, Beschluss vom 9.2.1982, NJW 1982, 1635 = GmbHR 1982, 255 = BB 1982, 514, hob das der Auflösungsklage stattgebende Urteil des Landgerichts in dem von ihm entschiedenen Fall daher auf und

II. Gestaltungsklagen

- **Gericht** 741

Die Auflösungsklage ist beim **Landgericht** zu erheben, das gemäß § 61 Abs. 3 GmbHG ausschließlich sachlich zuständig ist. Örtlich zuständig ist das Gericht, in dessen Bezirk die Gesellschaft ihren Sitz hat (§ 61 Abs. 3 GmbHG); funktionell zuständig ist beim angerufenen Landgericht die Kammer für Handelssachen (§ 95 Abs. 1 Nr. 4a GVG).

Die Auflösungsklage muss bei entsprechender, wirksamer Schiedsvereinbarung grds vor einem **Schiedsgericht** erhoben werden (§ 1032 Abs. 1 ZPO). Die gerichtliche Entscheidung über die Zwangsauflösung der GmbH auf Antrag eines Gesellschafters gemäß § 61 GmbHG ist schiedsfähig.[52]

- **Klageantrag, Verfahren** 742

Über die Auflösungsklage wird in einem ordentlichen, streitigen Verfahren entschieden. Das **Muster** eines Klageantrags findet sich unter Rn. 868.

- **Urteil und Urteilswirkungen** 743

Bei Vorliegen der materiell-rechtlichen Voraussetzungen *muss* das angerufene Gericht die Auflösung der Gesellschaft durch Urteil aussprechen. Bei **formeller Rechtskraft** des Gestaltungsurteils ist die GmbH aufgelöst (§ 60 Abs. 1 Nr. 3 GmbHG) und gemäß §§ 66 ff. GmbHG zu liquidieren.[53]

- **Streitwert** 744

Hinsichtlich des Streitwerts der Auflösungsklage gelten die Ausführungen unter Rn. 736 zur PartG bzw. den Personenhandelsgesellschaften entsprechend.

- **Einstweiliger Rechtsschutz** 745

Eine einstweilige Verfügung, gerichtet auf die Auflösung der Gesellschaft durch gerichtliche Entscheidung, ist wegen Vorwegnahme der Hauptsache **unzulässig**.[54]

---

verwies die Sache zur erneuten Entscheidung zurück. Vgl. zu den Informationspflichten der Geschäftsführer und ggf. auch des Gerichts bei Beschlussmängel- und sonstigen Gestaltungsklagen gegen die GmbH iE auch unter Rn. 689 ff.

[52] BayObLG, Urteil vom 24.2.1984, BB 1984, 746 = DB 1984, 1240.
[53] Vgl. auch die Rechtsprechungsnachweise unter Rn. 735.
[54] Vgl. hierzu auch unter Rn. 519.

III. Informationserzwingung durch Kommanditisten und GmbH-Gesellschafter

Schrifttum: Vgl. die Schrifttumsnachweise vor Rn. 405.

746 Auskunfts- und Kontrollrechte haben in erster Linie für Kommanditisten und GmbH-Gesellschafter Bedeutung, da diese grundsätzlich nicht an der Geschäftsführung beteiligt sind und sich daher gegenüber den geschäftsführenden Gesellschaftern ein strukturelles Informationsdefizit ergibt. Rechtsstreitigkeiten zur Informationserzwingung werden aus diesem Grund ebenfalls meist durch Kommanditisten oder GmbH-Gesellschafter in Gang gesetzt. Die gerichtliche Durchsetzung von Auskunfts- und Kontrollrechten von Kommanditisten und GmbH-Gesellschaftern wird deshalb nachstehend im Überblick dargestellt. Hinsichtlich der Informationserzwingung durch geschäftsführende Gesellschafter oder persönlich haftende Gesellschafter wird auf die Ausführungen unter Rn. 442 ff. verwiesen. Für deren Klagen auf Auskunft und Bucheinsicht gelten im Übrigen die nachstehenden Ausführungen zur Auskunftsklage des Kommanditisten gemäß § 166 Abs. 1 HGB (unter Rn. 747 ff.) entsprechend. Eine Gesamtdarstellung der Auskunfts- und Kontrollrechte *aller* Gesellschafter in der GbR, PartG, OHG, KG, GmbH & Co. KG und GmbH sowie der rechtlichen Grenzen solcher Informationsrechte findet sich unter Rn. 408 ff. und 427 ff.

1. Gerichtliche Durchsetzung von Auskunfts- und Kontrollrechten durch Kommanditisten

a) Klage auf Vorlage des Jahresabschlusses und Bucheinsicht gemäß § 166 Abs. 1 HGB

747 Jeder Kommanditist kann – vorbehaltlich abweichender vertraglicher Regelungen – gemäß § 166 Abs. 1 HGB verlangen, dass ihm der handelsrechtliche und der steuerliche, vollständige Jahresabschluss abschriftlich „mitgeteilt", also ausgehändigt wird. Gleiches gilt für die Liquidationseröffnungs- und -schlussbilanz (§ 154 HGB). Jeder Kommanditist hat ferner das Recht, die Richtigkeit solcher Abschlüsse durch Einsicht der Bücher und Papiere der Gesellschaft zu prüfen.[1] Die betreffenden Rechte können im Streitfall durch Klage in einem **ordentlichen, streitigen Verfahren** durchgesetzt werden.[2] Für diese Klage gelten **im Überblick** folgende Bestimmungen:

---

[1] Vgl. hierzu iE unter Rn. 408 ff.
[2] Der Kommanditist kann darüber hinaus *neben* diesem Klageverfahren durch Antrag zugleich auch ein Informationserzwingungsverfahren gemäß § 166 Abs. 3 HGB einleiten, wenn er „wichtige Gründe" für die begehrten Auskunfts- oder Einsichtsrechte darlegen kann; vgl. OLG Celle, Urteil vom 11.5.1983, WM 1983, 741 = BB 1983, 1451 = ZIP 1983, 943.

III. Informationserzwingung durch Kommanditisten und GmbH-Gesellschafter 401

- **Parteien** 748

Kläger ist der Kommanditist, dessen Auskunfts- oder Einsichtsrechte rechtswidrig missachtet werden. Die Klage ist grundsätzlich gegen die Kommanditgesellschaft als **Beklagte** zu richten.[3] Ausnahmsweise kommt (ergänzend) auch eine Klage des Kommanditisten gegen den oder die geschäftsführenden Gesellschafter in Betracht, sofern sich z.B. die streitgegenständlichen Unterlagen, in die der Kommanditist Einsicht nehmen möchte, nicht bei der Gesellschaft, sondern ausschließlich im persönlichen Besitz des betreffenden geschäftsführenden Gesellschafters befinden.[4]

- **Gericht** 749

Die Klage auf Auskunft (bzw. „Mitteilung" eines Jahresabschlusses) und Einsicht gemäß § 166 Abs. 1 HGB ist in Abhängigkeit vom Streitwert vor einem Amtsgericht (sachliche Zuständigkeit bis zu einem Gegenstandswert von € 5.000,00) oder Landgericht (Gegenstandswert über € 5.000,00) zu erheben (§§ 23 Nr. 1, 71 Abs. 1 GVG). Örtlich zuständig ist das Gericht, in dessen Bezirk der Sitz der beklagten KG liegt (§ 17 Abs. 1 ZPO). Bei Klagen gegen einen geschäftsführenden Mitgesellschafter hat der Kläger demgegenüber die Wahl zwischen dem Gericht am Wohnsitz des Beklagten (§§ 12, 13 ZPO) und dem Gericht am Sitz der Gesellschaft (§§ 22, 17 Abs. 1 ZPO). Bei Landgerichten ist die Kammer für Handelssachen funktionell zuständig (§ 95 Abs. 1 Nr. 4a GVG).

Der Streit über die Auskunfts- und Kontrollrechte gemäß § 166 Abs. 1 HGB ist **schiedsfähig**.[5] Bei wirksamer Schiedsabrede unter den Gesellschaftern, die sich auch auf die gerichtliche Durchsetzung von Auskunfts- oder Einsichtsrechten erstreckt, ist somit Schiedsklage zu erheben (§ 1032 Abs. 1 ZPO).[6]

- **Klageantrag** 750

Der **Klageantrag** muss hinreichend **bestimmt** sein, also den Sachverhalt, hinsichtlich dessen Auskunft begehrt wird, oder die Unterlagen, die geprüft werden sollen, genau bezeichnen. Maßstab ist jeweils die Überlegung, ob das Gericht auf Basis dieses Klageantrags einen hinreichend bestimmten und damit vollstreckbaren Tenor formulieren kann, ohne dass sich der Streit hinsichtlich Inhalts und Umfangs des Informationsbegeh-

---

[3] BayObLG, Beschluss vom 7.11.1994, NJW-RR 1995, 229 = ZIP 1995, 219 = DB 1995, 36; BayObLG, Beschluss vom 4.7.1991, NJW-RR 1991, 1444 = BB 1991, 1589 = DStR 1991, 1161.

[4] BGH, Urteil vom 28.2.1962, BB 1962, 899 = WM 1962, 883; BGH, Urteil vom 15.12.1969, BB 1970, 187.

[5] Vgl. OLG Hamm, Beschluss vom 7.3.2000, NZG 2000, 1182 = GmbHR 2000, 676 = BB 2000, 1159, für die Schiedsfähigkeit des (vergleichbaren) Informationserzwingungsverfahrens in der GmbH.

[6] Das Schiedsgericht ist bereits dann zuständig, wenn laut Gesellschaftsvertrag alle Streitigkeiten, die „*den Gesellschaftsvertrag, das Gesellschaftsverhältnis oder die Gesellschaft*" betreffen, durch ein Schiedsgericht entschieden werden sollen, da das Auskunfts- und Einsichtsrecht im Gesellschaftsverhältnis wurzelt; vgl. OLG Hamm, Beschluss vom 7.3.2000, NZG 2000, 1182 = GmbHR 2000, 676 = BB 2000, 1159. Vgl. zum Schiedsgerichtsverfahren unter Rn. 820 ff.

rens im Vollstreckungsverfahren fortsetzt.[7] Sofern die Gesellschaft wegen berechtigter Geheimhaltungsinteressen z.B. nur zur Einsichtsgewährung bzw. Auskunft gegenüber einem zur Berufsverschwiegenheit verpflichteten Treuhänder verpflichtet werden kann[8], ist der Klageantrag nur dann hinreichend bestimmt und das stattgebende Urteil nur vollstreckungsfähig, wenn genau angegeben ist, in welchem Umfang der benannte Treuhänder oder Sachverständige anschließend Informationen an den betreffenden Gesellschafter weitergeben darf.[9] Der **Inhalt des Informationsbegehrens** muss sich **aus dem Klageantrag selbst ergeben**. Der Antrag kann also nicht durch Bezugnahme auf ein der Klage beigefügtes Schreiben, das ein bestimmtes Auskunftsverlangen enthält, konkretisiert werden.[10] Ein zu unbestimmter Klageantrag ist gemäß § 253 Abs. 2 Nr. 2 ZPO unzulässig. Das Gericht ist allerdings gemäß § 139 Abs. 1 ZPO verpflichtet, auf eine sachgerechte Antragstellung hinzuwirken und dem Kläger entsprechende rechtliche Hinweise zu geben, anderenfalls die Angelegenheit durch ein Rechtsmittelgericht wegen Verfahrensmangels zurückverwiesen werden kann.[11] Ein hinsichtlich Inhalts bzw. Umfangs des Informationsbegehrens *zu weit* gefasster Klageantrag ist demgegenüber (zumindest teilweise) unbegründet.

Das **Muster** des Klageantrags eines Kommanditisten gemäß § 166 Abs. 1 HGB (Einsicht in die Buchhaltungsunterlagen der Gesellschaft) findet sich unter Rn. 869.

751 • **Urteil, Vollstreckung**

Das angerufene Gericht entscheidet durch **Urteil**, das bei Rechtskraft wie folgt vollstreckt wird:

Ein rechtskräftig titulierter **Auskunftsanspruch** wird im Verfahren nach **§ 888 ZPO vollstreckt**, also durch **Zwangsgeldfestsetzung** oder **Zwangshaft** (auch wenn das ursprünglich festgesetzte Zwangsgeld nicht beigetrieben werden kann).[12] Demgegenüber wird das titulierte **Einsichtsrecht** in Bücher und Schriften der Gesellschaft oder auf **Vorlage von Urkunden** in der Regel nach dem in **§ 883 ZPO** geregelten Verfahren vollstreckt, also durch Mithilfe eines Gerichtsvollziehers (der sich Zugang zu den Geschäftsräumen oder dem sonstigen Aufbewahrungsort der zu prüfenden bzw.

---

[7] OLG Düsseldorf, Beschluss vom 21.6.1995, NJW-RR 1996, 414; vgl. auch Thomas/Putzo, § 253, Rn. 11, mwN aus der Rechtsprechung.

[8] Vgl. zu den gesetzlichen Schranken der Informationsrechte der Kommanditisten näher unter Rn. 427 ff.

[9] BayObLG, Beschluss vom 22.12.1988, NJW-RR 1989, 932 = GmbHR 1989, 204 = DB 1989, 519.

[10] OLG Frankfurt a.M., Beschluss vom 15.11.1996, GmbHR 1997, 130 = DB 1997, 85. Demnach ist z.B. der Antrag unzulässig, wonach dem Kläger Auskunft zu erteilen ist über die in einem bestimmten Schreiben an die Gesellschaft aufgeworfenen Fragen (das in Anlage beigefügt ist). Die betreffenden Fragen sind vielmehr im Klageantrag zu wiederholen.

[11] OLG Frankfurt a.M., Beschluss vom 15.11.1996, GmbHR 1997, 130 = DB 1997, 85; vgl. auch OLG Frankfurt a.M., Beschluss vom 10.8.1995, NJW-RR 1996, 415 = BB 1995, 1867 = DB 1995, 1908 (jeweils für Informationserzwingungsverfahren nach § 51b GmbHG).

[12] OLG Frankfurt a.M., Urteil vom 17.7.1991, NJW-RR 1992, 171 = GmbHR 1991, 577; BayObLG, Beschluss vom 25.3.1996, NJW-RR 1997, 489 = DB 1996, 977 = ZIP 1996, 1039.

III. Informationserzwingung durch Kommanditisten und GmbH-Gesellschafter

herauszugebenden Unterlagen verschafft, diese wegnimmt und dem Informationsberechtigten zur Einsicht übergibt).[13]

- **Streitwert**   752

Der Streitwert der Klage auf Informationserzwingung wird gemäß § 3 ZPO nach freiem Ermessen des Gerichts festgesetzt. Für die Klage ist das **Interesse des Klägers** an der begehrten **Auskunft oder Bucheinsicht** zu **bewerten**. Bemessungsgrundlage ist der Gewinn, den der Kläger aufgrund seines Gesellschaftsanteils erwarten kann, maximal aber der Wert seines Gesellschaftsanteils.[14] Dies gilt auch dann (also Bewertung des *Kläger*interesses), wenn das Informationsbegehren der Vorbereitung eines möglichen Schadensersatzanspruches der Gesellschaft gegen geschäftsführende Gesellschafter dient. Im Übrigen setzt die Rechtsprechung bei Klagen auf Auskunft oder Bucheinsicht regelmäßig nur einen Teilbetrag (zwischen 1/10 und 1/4) des Werts des Informationsbegehrens an.[15]

In der Rechtsmittelinstanz richtet sich der Streitwert bei Obsiegen des Klägers in der ersten Instanz nicht mehr nach dem Klägerinteresse, sondern nach dem Abwehrinteresse der beklagten Gesellschaft als Berufungs- oder Revisionsklägerin (also z.B. nach dem betragsmäßig zu schätzenden Aufwand an Zeit und Kosten, die mit der Auskunftserteilung oder Rechnungslegung verbunden sind, oder nach dem Geheimhaltungsinteresse der beklagten Gesellschaft).

- **Einstweiliger Rechtsschutz**   753

Der Anspruch auf Auskunft oder Bucheinsicht kann nach hM **nicht im Wege** der **einstweilligen Verfügung durchgesetzt** werden. Eine entsprechende einstweilige Verfügung ist wegen Vorwegnahme der Hauptsache unzulässig. Es wird verwiesen auf die Ausführungen unter Rn. 446.

b) Besonderes Informationserzwingungsverfahren gemäß § 166 Abs. 3 HGB

Kommanditisten haben gemäß § 166 Abs. 3 HGB einen umfassenden und über die Mitteilung und Prüfung des Jahresabschlusses hinausgehenden Anspruch auf Auskunft und   754

---

[13] OLG Frankfurt a.M. vom 17.7.1991, NJW-RR 1992, 171 = GmbHR 1991, 577; OLG Köln, Urteil vom 7.12.1987, NJW-RR 1988, 1210; Zöller, § 883, Rn. 10. Etwas anderes gilt allerdings dann, wenn im Rahmen einer umfassenden Auskunftserteilung auch Unterlagen (etwa zum Nachweis der Wahrheitsgemäßheit der Auskunft), insbesondere vom Auskunftsverpflichteten selbst zusammenzustellende oder auszuwählende Unterlagen, *vorgelegt* werden müssen, da dann der Informationsanspruch des Gesellschafters insgesamt nach § 888 ZPO zu vollstrecken ist, vgl. Zöller, § 888, Rn. 3 („Vorlage von Belegen"), mwN aus der Rechtsprechung. Differenzierend zwischen Vollstreckung nach §§ 883 und 887 ZPO z.B. OLG Frankfurt a.M., Beschluss vom 28.1.2002, NJW-RR 2002, 823 = BB 2002, 427. **AA** (Vollstreckung auch des titulierten Einsichtsrechts in Geschäftsunterlagen nach § 888 ZPO) z.B. BayObLG, Beschluss vom 25.3.1996, NJW-RR 1997, 489 = DB 1996, 977.

[14] Vgl. OLG Frankfurt a.M., Beschluss vom 19.11.1990, DB 1991, 272 = AG 1991, 244 (für eine GmbH); siehe auch Zöller, § 3, Rn. 16 („Gesellschaft"), mwN aus der Rechtsprechung.

[15] Thomas/Putzo, § 3, Rn. 21a; Zöller, § 3, Rn. 16 („Auskunft"), jeweils mwN aus der Rechtsprechung.

Einsicht in Bücher und Papiere der Gesellschaft, wenn „wichtige Gründe" für dieses besondere Informationsbegehren vorliegen.[16] Hinsichtlich der Voraussetzungen, des Inhalts und der Grenzen dieses besonderen Informationsanspruchs wird auf die Ausführungen unter Rn. 409, 419 und 427 ff. verwiesen. Die besonderen Auskunfts- und Kontrollrechte gemäß § 166 Abs. 3 HGB werden in einem sog. **echten Streitverfahren der Freiwilligen Gerichtsbarkeit** durchgesetzt. Für dieses besondere Verfahren der Freiwilligen Gerichtsbarkeit, das in §§ 1 ff. FamFG geregelt ist, gelten **im Überblick** folgende Bestimmungen:

755 • **Parteien**

Bei dem Verfahren gemäß § 166 Abs. 3 HGB handelt es sich um ein sog. „unternehmensrechtliches Verfahren" gemäß § 375 Nr. 1 FamFG, das nur auf Antrag des die Information begehrenden Kommanditisten eingeleitet wird. **Antragsteller** ist somit der Kommanditist, der unter Berufung auf „wichtige Gründe" bestimmte Auskünfte oder Bucheinsicht etc. verlangt. **Antragsgegner** ist regelmäßig die Kommanditgesellschaft selbst.[17] Der den Verfahrensantrag stellende Kommanditist und die Gesellschaft bzw. der sonstige Antragsgegner sind Beteiligte des Verfahrens (§ 7 Abs. 1 und Abs. 2 Nr. 1 FamFG).

Die Beteiligten **müssen keinen Rechtsanwalt als Prozessbevollmächtigten einschalten** (§ 10 Abs. 1 FamFG), *können* sich aber durch einen Rechtsanwalt als Bevollmächtigten vertreten lassen (§ 10 Abs. 2 S. 1 FamFG). Mit Rücksicht darauf können die Beteiligten Anträge und Erklärungen gegenüber dem zuständigen Gericht schriftlich oder auch zur Niederschrift der Geschäftsstelle selbst abgeben (§ 25 Abs. 1 FamFG).

756 • **Gericht**

Für das Informationserzwingungsverfahren gemäß § 166 Abs. 3 HGB ist ein Amtsgericht sachlich zuständig (§§ 23a Abs. 2 Nr. 4 GVG, 375 Nr. 1 FamFG). Örtlich zuständig ist das **Amtsgericht** am Ort des Landgerichts, in dessen Bezirk die Gesellschaft ihren Sitz hat (§§ 377 Abs. 1, 376 Abs. 1 FamFG). Gemäß § 376 Abs. 2 FamFG können für „unternehmensrechtliche Verfahren", somit auch für das Informationserzwingungsverfahren gemäß § 166 Abs. 3 HGB, durch Rechtsverordnung der Länder Sonderregelungen zur örtlichen Zuständigkeit getroffen werden (aus Gründen der Verfahrenskonzentration bei bestimmten Gerichten). Die örtliche Zuständigkeit richtet sich auch dann nach Maßgabe vorstehender Bestimmungen nach dem Sitz der Kommanditgesellschaft, wenn sich der Informationserzwingungsantrag des Kommanditisten gemäß § 166 Abs. 3 HGB

---

[16] Da das Informationserzwingungsverfahren gemäß § 166 Abs. 3 HGB eine besondere Begründung voraussetzt, kann der Kommanditist *neben* diesem Verfahren auch Klage nach § 166 Abs. 1 HGB einlegen und die abschriftliche Mitteilung bestimmter Jahresabschlüsse und Bucheinsicht zur Überprüfung der Richtigkeit der Jahresabschlüsse verlangen, vgl. OLG Celle, Urteil vom 11.5.1983, BB 1983, 1451 = ZIP 1983, 943 = WM 1983, 741. Für dieses Klageverfahren gelten die Ausführungen unter Rn. 747 ff.

[17] Vgl. BayObLG, Beschluss vom 7.11.1994, NJW-RR 1995, 299 = DB 1995, 36 = ZIP 1995, 219. In Ausnahmefällen kann sich der Informationsanspruch auch gegen geschäftsführende Gesellschafter richten, vgl. hierzu näher unter Rn. 409.

III. Informationserzwingung durch Kommanditisten und GmbH-Gesellschafter 405

ausnahmsweise ausschließlich oder zusätzlich gegen einen geschäftsführenden Gesellschafter der KG richtet.[18]

Der Rechtsstreit über die besonderen Informationsrechte des Kommanditisten gemäß § 166 Abs. 3 HGB ist **schiedsfähig**. Es gelten die Ausführungen unter Rn. 749 entsprechend.

- **Verfahrensantrag** 757

Im Antrag des Kommanditisten, mittels dessen das Verfahren gemäß § 166 Abs. 3 HGB eingeleitet wird, sind die zur Begründung dienenden Tatsachen und Beweismittel anzugeben sowie die Personen zu benennen, die als Beteiligte in Betracht kommen. Der Antrag ist vom Antragsteller oder seinem Bevollmächtigten zu unterzeichnen (§ 23 Abs. 1 FamFG). Der **Antrag** muss **hinreichend bestimmt** sein, wobei das Gericht bei Fehlerhaftigkeit des Antrags auf eine sachgerechte Antragstellung hinwirken und entsprechende richterliche Hinweise geben muss. Es gelten die Ausführungen unter Rn. 750 entsprechend.

Das **Muster** des Verfahrensantrags eines Kommanditisten gemäß § 166 Abs. 3 HGB findet sich unter Rn. 870.

- **Besonderheiten des FG-Verfahrens** 758

Für das Streitverfahren der Freiwilligen Gerichtsbarkeit gemäß §§ 1 ff. FamFG ergeben sich einige Besonderheiten. Anstelle des Beibringungsgrundsatzes der ordentlichen Gerichtsbarkeit gilt im Verfahren der Freiwilligen Gerichtsbarkeit z.B. der sog. **Amtsermittlungsgrundsatz** (§ 26 FamFG). Das Gericht hat demnach von Amts wegen die zur Feststellung der entscheidungserheblichen Tatsachen erforderlichen Ermittlungen durchzuführen. Die Beteiligten sollen allerdings bei der Ermittlung des Sachverhalts mitwirken, also insbesondere den für das Informationsbegehren relevanten Sachverhalt schildern sowie Beweismittel angeben und vorlegen (§ 27 FamFG). Auch über die **Art der Beweiserhebung** entscheidet das Gericht nach seinem **Ermessen** (§ 29 Abs. 1 FamFG); es ist nicht an das Vorbringen der Beteiligten gebunden. Es steht ferner (anders als in einem Verfahren nach der ZPO) im **Ermessen des Gerichts**, **ob** es die Angelegenheit in einem **Verhandlungstermin erörtert** (§ 32 Abs. 1 FamFG).

Da es sich beim Informationserzwingungsverfahren gemäß § 166 Abs. 3 HGB jedoch um ein Antragsverfahren handelt, können die Parteien auch in diesem FG-Verfahren über den **Verfahrensgegenstand disponieren**[19], ihn übereinstimmend für erledigt erklären oder das Verfahren durch **Vergleich** (§ 36 FamFG) oder **Antragsrücknahme** (§ 22 Abs. 1 FamFG) beenden.

---

[18] BayObLG, Beschluss vom 7.11.1994, NJW-RR 1995, 229 = ZIP 1995, 219 = DB 1995, 36.
[19] Vgl. nur BayObLG, Beschluss vom 20.3.1989, MDR 1989, 749, für ein anderes „echtes Streitverfahren der Freiwilligen Gerichtsbarkeit" (Verfahren über die Abänderung eines Kindesunterhalts).

- **Beschluss, Vollstreckung**

759 Das Gericht entscheidet nicht durch Urteil, sondern durch **Beschluss** (§ 38 FamFG). Gegen den Beschluss ist das Rechtsmittel der befristeten **Beschwerde** möglich (§§ 402 Abs. 1, 58 Abs. 1 FamFG). Die Beschwerdefrist beträgt grds einen Monat, beginnend jeweils mit der schriftlichen Bekanntgabe des Beschlusses an einen Beteiligten (§ 63 Abs. 1 und Abs. 3 FamFG). Über die Beschwerde entscheidet das Oberlandesgericht (§ 119 Abs. 1 Nr. 1b GVG). Unter bestimmten Voraussetzungen ist weitergehend eine ebenfalls fristgebundene **Rechtsbeschwerde** statthaft (§§ 70, 71 FamFG), über die der BGH entscheidet (§ 133 GVG).

760 Der Beschluss des erstinstanzlichen Gerichts ist **vollstreckbar** (§ 86 Abs. 1 Nr. 1 FamFG) und zwar bereits dann, **sobald** der betreffende **Beschluss wirksam** wird (§ 86 Abs. 2 FamFG). Beschlüsse im hier interessierenden Informationserzwingungsverfahren werden **wirksam** mit **Bekanntgabe an den Beteiligten**, für den sie ihrem wesentlichen Inhalt nach bestimmt sind (§ 40 Abs. 1 FamFG). Der stattgebende Beschluss bleibt also auch dann gegenüber der Gesellschaft vollstreckbar, wenn diese Rechtsmittel eingelegt hat. Die Gesellschaft kann sich lediglich mit einem Antrag auf Einstellung der Vollstreckung zur Wehr setzen (§§ 64 Abs. 3, 93 Abs. 1 FamFG). Eine **Vollstreckungsklausel** ist **entbehrlich**, wenn die Vollstreckung durch das Gericht erfolgt, das den Titel erlassen hat (§ 86 Abs. 3 FamFG). Die **Durchführung der Vollstreckung** richtet sich im Übrigen gemäß § 95 Abs. 1 Nr. 2 und Nr. 3 FamFG nach den Vorschriften der Zivilprozessordnung. Titulierte Auskunftsverpflichtungen sind daher gemäß § 888 ZPO (durch Zwangsgeld- und/oder Zwangshaftfestsetzung) sowie titulierte Verpflichtungen zur Einsichtsgewährung in Gesellschaftsunterlagen oder auf Vorlage von Urkunden rglm nach § 883 ZPO (also vor allem durch Wegnahme und Übergabe an den Berechtigten) oder nach Ermessen des Gerichts ebenfalls gemäß § 888 ZPO zu vollstrecken (§ 95 Abs. 4 FamFG). Es wird im Übrigen verwiesen auf die Ausführungen unter Rn. 751.

- **Geschäftswert, Kostenverteilung**

761 Der Geschäftswert bestimmt sich nach § 36 GNotKG und ist grundsätzlich nach dem Ermessen des Gerichts festzusetzen. Mangels „genügender Anhaltspunkte" im Einzelfall ist gemäß § 36 Abs. 3 GNotKG von einem Geschäftswert von € 5000,00 auszugehen. Dieser Geschäftswert ist auch für etwaige Anwaltsgebühren maßgeblich (§ 23 Abs. 3 RVG).

762 Das Gericht entscheidet über die **Kostenverteilung** unter den Beteiligten nach billigem Ermessen (§ 81 Abs. 1 FamFG). Die verteilungsfähigen Kosten sind dabei die Gerichtskosten (Gebühren und Auslagen) und die zur Durchführung des Verfahrens notwendigen Aufwendungen der Beteiligten (also insbesondere die Kosten eines Prozessbevollmächtigten). In § 81 Abs. 2 FamFG sind Regelbeispiele genannt, wann einem Beteiligten die Verfahrenskosten ganz oder teilweise aufzuerlegen sind, also insbesondere bei Verfahrensveranlassung durch grobes Verschulden (§ 81 Abs. 2 Nr. 1 FamFG)

III. Informationserzwingung durch Kommanditisten und GmbH-Gesellschafter   407

oder Verfahrenseinleitung bei erkennbar fehlenden Erfolgsaussichten (§ 81 Abs. 2 Nr. 2 FamFG).

- **Einstweiliger Rechtsschutz**   763

Auch im Verfahren der Freiwilligen Gerichtsbarkeit können durch das Gericht einstweilige Anordnungen für „vorläufige Maßnahmen" getroffen werden (§ 49 FamFG). Für die einstweilige Anordnung gemäß § 49 FamFG gilt jedoch wie für die einstweilige Verfügung der Grundsatz, dass durch sie die Hauptsache nicht vorweggenommen werden darf. Aus diesem Grunde sind auch im Verfahren der Freiwilligen Gerichtsbarkeit **einstweilige Anordnungen** zur **Durchsetzung** eines **Informationsbegehrens** gemäß § 166 Abs. 3 ZPO **unzulässig**.[20]

2. Gerichtliche Durchsetzung von Auskunfts- und Einsichtsrechten durch den GmbH-Gesellschafter

GmbH-Gesellschafter haben gemäß § 51a GmbHG einen umfassenden Anspruch auf   764
Auskunft über die „*Angelegenheiten der Gesellschaft*" und auf Einsicht in deren Bücher und Schriften. Es wird verwiesen auf die Ausführungen unter Rn. 409 ff. Diese Informationsrechte können bei unberechtigter Verweigerung auf Antrag des betroffenen Gesellschafters in einem besonderen **Streitverfahren der Freiwilligen Gerichtsbarkeit** durchgesetzt werden (§§ 51b S. 1 GmbHG, 132 Abs. 3 S. 1 und 99 Abs. 1 AktG, 1 ff. FamFG). Für dieses Informationserzwingungsverfahren des GmbH-Gesellschafters gelten **im Überblick** folgende Bestimmungen:

- **Parteien**   765

Möglicher **Antragsteller** des besonderen Informationserzwingungsverfahrens ist jeder GmbH-Gesellschafter, dem die verlangte Auskunft nicht gegeben oder die begehrte Einsicht nicht gestattet worden ist (§ 51b S. 2 GmbHG).[21] **Antragsgegner** ist die GmbH selbst, vertreten durch den Geschäftsführer. Antragsteller und Antragsgegner sind „Beteiligte" des Verfahrens gemäß § 7 FamFG (vgl. hierzu auch unter Rn. 755). Für das Verfahren gemäß § 51b GmbHG besteht in erster Instanz (also abgesehen von einem Beschwerdeverfahren) **kein Anwaltszwang** (§§ 51b S. 1 GmbHG, 132 Abs. 3 S. 1, 99 Abs. 1 AktG, 10 FamFG).

---

[20] Vgl. hierzu näher unter Rn. 446.
[21] Falls der Antragsteller während des Informationserzwingungsverfahrens aus der Gesellschaft ausscheidet, verliert er seine Auskunfts- und Einsichtnahmerechte gemäß § 51a GmbHG. Das Verfahren kann *nicht* analog § 265 ZPO mit einem möglichen Rechtsnachfolger fortgesetzt werden. Der Antrag wird entweder unbegründet oder endet bei entsprechender Antragstellung durch Erledigung der Hauptsache; vgl. nur OLG Karlsruhe, Beschluss vom 30.12.1998, NZG 2000, 435 = NJW-RR 2000, 626 (für den Wegfall des Auskunfts- und Einsichtsrechts nach Ausscheiden aus der GmbH) sowie BayObLG, Beschluss vom 25.3.1996, NJW-RR 1997, 489 = DB 1996, 977 (für die Verfahrensbeendigung durch gemeinsame Erledigterklärung).

766 • **Gericht**

Für das Verfahren gemäß § 51b GmbHG ist das **Landgericht** sachlich und örtlich ausschließlich zuständig, in dessen Bezirk die Gesellschaft ihren Sitz hat (§§ 51b S. 1 GmbHG, 132 Abs. 1 AktG, 71 Abs. 2 Nr. 4b GVG).[22] Funktionell zuständig ist dort die Kammer für Handelssachen (§§ 51b S. 1 GmbHG, 132 AktG, 95 Abs. 2 Nr. 2 GVG).

Über die Rechte des GmbH-Gesellschafters gemäß § 51a GmbHG kann durch ein **Schiedsgericht** entschieden werden. Falls laut Satzungsklausel oder durch sonstige Schiedsabrede die Zuständigkeit eines Schiedsgerichts begründet ist, ist das Informationserzwingungsverfahren daher vor dem betreffenden Schiedsgericht einzuleiten. Ein Schiedsgericht ist bereits dann für das Verfahren nach § 51b GmbHG zuständig, wenn es laut Schiedsvereinbarung allgemein über Streitigkeiten entscheiden soll, welche „*den Gesellschaftsvertrag, das Gesellschaftsverhältnis oder die Gesellschaft*" betreffen.[23]

767 • **Verfahrensantrag**

Der **Antrag auf Auskunftserteilung oder Bucheinsicht**, der schriftlich oder auch zu Protokoll der Geschäftsstelle eingereicht werden kann (§ 25 Abs. 1 FamFG), **muss** hinsichtlich des Inhalts und des Umfangs des Informationsbegehrens **ausreichend bestimmt** sein (vgl. näher unter Rn. 757). Der Antrag auf *Bucheinsicht* muss allerdings *nicht* näher konkretisiert werden, da das betreffende Informationsrecht in § 51a GmbHG umfassend ausgestaltet ist (Einsicht in Bücher und Schriften der GmbH in „Angelegenheiten der Gesellschaft"). Das Einsichtsrecht kann also „global" und ohne Bezug auf bestimmte Sachverhalte geltend gemacht werden, etwa mit dem Inhalt, dem Antragsteller sei Einsicht in „sämtliche Geschäftsunterlagen" der betreffenden GmbH zu gewähren.[24]

Das **Muster** eines Antrags im Informationserzwingungsverfahren gemäß § 51b GmbHG findet sich unter Rn. 871.

768 • **Verfahren**

Für das Informationserzwingungsverfahren gemäß § 51b GmbHG gelten die allgemeinen Verfahrensvorschriften der §§ 1 bis 110 FamFG, soweit in §§ 132, 99 AktG, auf die § 51b S. 1 GmbHG verweist, keine Sonderregelungen enthalten sind (§§ 51b S. 1 GmbHG, 132 Abs. 3 S. 1, 99 Abs. 1 AktG). Ein Überblick über einige wesentliche, vom Verfahren der ordentlichen Gerichtsbarkeit abweichende Grundsätze des FG-Verfahrens findet sich unter Rn. 758.

769 • **Beschluss, Rechtsmittel**

Die gerichtliche Entscheidung im Informationserzwingungsverfahren ergeht durch **Beschluss** (§§ 51b S. 1 GmbHG, 132 Abs. 3 S. 1, 99 Abs. 3 S. 1 AktG, 38 ff. FamFG). Gegen

---

[22] Die *örtliche* Zuständigkeit kann durch Rechtsverordnung eines Bundeslandes zur Verfahrenskonzentration einem Landgericht für die Bezirke mehrerer Landgerichte übertragen werden (§ 71 Abs. 4 GVG).

[23] OLG Hamm, Beschluss vom 7.3.2000, NZG 2000, 1182 = GmbHR 2000, 676 = BB 2000, 1159.

[24] OLG Frankfurt a.M., Beschluss vom 10.8.1995, NJW-RR 1996, 415 = BB 1995, 1867 = DB 1995, 1908.

III. Informationserzwingung durch Kommanditisten und GmbH-Gesellschafter 409

die Entscheidung des Landgerichts findet die **Beschwerde** statt, wenn das Landgericht sie in seiner Entscheidung für zulässig erklärt hat (§§ 132 Abs. 3 S. 1 und S. 2, 99 Abs. 3 S. 2 AktG). Die Nichtzulassung der Beschwerde ist nicht anfechtbar. Für die Einreichung der Beschwerde besteht Anwaltszwang (§§ 132 Abs. 3 S. 1, 99 Abs. 3 S. 4 AktG). Für die Beschwerde finden im Übrigen die Vorschriften der §§ 58 ff. FamFG Anwendung, die Beschwerdefrist beträgt also einen Monat (§ 63 Abs. 1 FamFG). Die Beschwerde ist bei dem Gericht einzulegen, dessen Beschluss angefochten wird (§ 64 Abs. 1 FamFG). Über die Beschwerde entscheidet das zuständige Oberlandesgericht.

- **Vollstreckung** 770

Der Beschluss im Informationserzwingungsverfahren gemäß § 51b GmbHG wird erst **mit Rechtskraft wirksam** (§§ 51b S. 1 GmbHG, 132 Abs. 3 S. 1, 99 Abs. 5 S. 1 AktG). Die gerichtliche Entscheidung wird formell rechtskräftig, wenn die Frist für die Einlegung eines zulässigen Rechtsmittels (Beschwerde) abgelaufen ist (§ 45 S. 1 FamFG). Sofern die Beschwerde gegen den Beschluss des Landgerichts nicht zugelassen wurde, wird dieser Beschluss sogleich rechtskräftig und kann (falls dem Antrag stattgegeben wurde) vom Gesellschafter vollstreckt werden. Die Zwangsvollstreckung findet nach den Vorschriften der ZPO statt (§§ 51b S. 1 GmbHG, 132 Abs. 4 S. 2 AktG). Es wird verwiesen auf die Ausführungen unter Rn. 751.

- **Geschäftswert, Kostenverteilung** 771

Der **Geschäftswert** des Verfahrens richtet sich nach dem GNotKG. Es gelten die Ausführungen unter Rn. 761 entsprechend. Sofern mehrere Anträge gestellt werden, ist dieser Regelgeschäftswert nicht mit der Zahl der Anträge zu multiplizieren, sondern dem Umfang der Anträge und der einzelnen Informationsbegehren dadurch Rechnung zu tragen, dass der regelmäßige Geschäftswert von € 5.000,00 nach Ermessen des Gerichts angemessen erhöht wird.[25] Das Gericht bestimmt die **Kostenverteilung** unter den Beteiligten nach billigem Ermessen (§§ 51b S. 1 GmbHG, 132 Abs. 3, 99 Abs. 1 AktG, 81 Abs. 1 FamFG).

- **Einstweiliger Rechtsschutz** 772

Das Auskunfts- oder Einsichtsrecht gemäß § 51a GmbHG kann **nicht im Wege** des **einstweiligen Rechtsschutzes**, durch einstweilige Anordnung gemäß §§ 49 ff. FamFG, **durchgesetzt werden**.[26]

---

[25] BayObLG, Beschluss vom 15.2.2000, NJW-RR 2000, 1201 = AG 2001, 137 = BB 2000, 1155.
[26] Vgl. hierzu näher unter Rn. 446.

IV. Gerichtliche Durchsetzung von Unterlassungs- und Schadensersatzansprüchen der Gesellschaft gegenüber geschäftsführenden Gesellschaftern

Schrifttum: *Bachmann*, Die Haftung des Geschäftsleiters für die Verschwendung von Gesellschaftsvermögen, NZG 2013, 1121; *Berger*, Die actio pro socio im GmbH-Recht, ZHR 149, 599; *Blöse*, Zu den Voraussetzungen eines Schadensersatzanspruches der Gesellschaft aus § 43 Abs. 2 GmbHG gegen ihren Alleingeschäftsführer, GmbHR 2010, 86; *Bork/Oepen*, Einzelklagebefugnisse des Personengesellschafters, ZGR 2001, 515; *Emde*, Die Klage der Kommanditisten auf Rücknahme kompetenzwidrig vorgenommener Geschäftsführungsmaßnahmen, WM 1996, 1205; *Fleischer*, Kompetenzüberschreitungen von Geschäftsleitern im Personen- und Kapitalgesellschaftsrecht, DStR 2009, 1204; *Goette*, actio pro socio und Auseinandersetzung, DStR 2003, 519; *ders.*, Zur Haftung des GmbH-Geschäftsführers gegenüber der Gesellschaft, DStR 1997, 253; *Grunewald*, Zur actio pro socio gegen Mitgesellschafter und mit diesen zusammenwirkende Dritte in der KG sowie zur Vorbereitung einer Liquidation, NZG 2000, 476; *Nietsch*, Geschäftsführerhaftung bei der GmbH & Co. KG, GmbHR 2014, 384; *Podewils*, Die Geschäftsführerhaftung in der Personengesellschaft, BB 2014, 2632; *von Woedtke*, Entwicklungen der GmbH-Geschäftsführerhaftung in der neueren Rechtsprechung, NZG 2013, 484; *Zimmermann*, Zur actio pro socio bei einer zweigliedrigen GmbH, EWiR 1994, 683.

773 Gesellschafterstreitigkeiten in personalistischen Gesellschaften, bei denen einer oder mehrere Gesellschafter zugleich Geschäftsführer sind, entzünden sich besonders häufig an Pflichtverletzungen dieser Gesellschafter im Rahmen ihrer Geschäftsführung. Solche Pflichtverstöße können zu Schadensersatz-, Rückzahlungs- oder Unterlassungsansprüchen der *Gesellschaft selbst* führen, unabhängig davon, ob die Gesellschafter das rechtswidrige Verhalten durch weitergehende Maßnahmen wie Abberufung von der Geschäftsführung oder gar Ausschließung aus der Gesellschaft sanktionieren. Für die gerichtliche Durchsetzung entsprechender Ersatz- oder Unterlassungsansprüche der Gesellschaft ergeben sich bei Personengesellschaften durch die Möglichkeit einer Gesellschafterklage (sog. actio pro socio) und bei der GmbH durch das grundsätzliche Erfordernis eines vorhergehenden Gesellschafterbeschlusses über die Anspruchsdurchsetzung (gemäß § 46 Nr. 8 1. Alt. GmbHG) einige Besonderheiten.

1. Typische Anspruchsgrundlagen im Überblick

a) Abwehr- und Ersatzansprüche der Gesellschaft bei unberechtigten Entnahmen

774 Für geschäftsführende Gesellschafter besteht aufgrund ihrer Vertretungsbefugnisse die Möglichkeit, zu Lasten der Gesellschaft und zu eigenen Gunsten Auszahlungen vorzunehmen. Dies gilt erst recht, wenn sie durch Gesellschaftsvertrag oder Gesellschafterbeschluss vom Verbot des Selbstkontrahierens gemäß § 181 BGB befreit wurden. Die möglichen **Hintergründe für unberechtigte Entnahmen** sind vielfältig: Denkbar sind bei Personengesellschaften etwa Gewinnentnahmen ohne vorhergehende Feststellung des betreffenden Jahresabschlusses oder Überentnahmen unter Missachtung ver-

IV. Gerichtliche Durchsetzung von Ansprüchen ggü. gf. Gesellschaftern

traglicher Entnahmebeschränkungen[1] sowie bei der GmbH Vorabauszahlungen auf rechnerische Gewinnanteile ohne entsprechenden Ausschüttungsbeschluss.[2] Typisch sind ferner Fälle, in denen ein geschäftsführender Gesellschafter ohne entsprechende (wirksame) Vereinbarung (überhöhte) Gehälter, (überhöhte) Tätigkeitsvergütungen oder sonstige Aufwendungserstattungen entnimmt, überhöhte Spesen abrechnet oder ohne (wirksame) Verträge Darlehen an sich auszahlt. Weitere Vermögensschädigungen der Gesellschaft zugunsten des geschäftsführenden Gesellschafters können z.B. aus der unberechtigten Inanspruchnahme von Sachleistungen der Gesellschaft resultieren.

Die Gesellschaft hat in den vorbezeichneten Fällen unberechtigter Entnahmen, sonstiger Auszahlungen oder Vermögensverschiebungen zu Gunsten des geschäftsführenden Gesellschafters oder eines Dritten jeweils einen Schadensersatz- und/oder Rückzahlungsanspruch. Bei **Vorsatz des Geschäftsführers** bedeutet die rechtswidrige Vermögensschädigung der Gesellschaft eine **Untreuehandlung** gemäß § 266 Abs. 1 StGB, so dass der betreffende Geschäftsführer nach §§ 823 Abs. 2 BGB, 266 Abs. 1 StGB zu **Schadensersatz** und zur entsprechenden Rückzahlung an die Gesellschaft verpflichtet ist. Besteht Wiederholungsgefahr, hat die Gesellschaft zudem einen **Unterlassungsanspruch** (§§ 823 Abs. 2 BGB, 266 Abs. 1 StGB und § 1004 BGB analog).[3] Die Schadensersatz- und Unterlassungsansprüche der Gesellschaft gegenüber dem geschäftsführenden Gesellschafter (und bei einer GmbH & Co. KG ggf auch gegenüber dem GF der Komplementär-GmbH) lassen sich darüber hinaus bei Personengesellschaften auf §§ 280, 708 BGB (schuldhafte Verletzung des Gesellschaftsvertrags) und bei der GmbH auf § 43 Abs. 2 GmbHG stützen, selbst wenn dem betreffenden Geschäftsführer hinsichtlich der rechtswidrigen Entnahmen **nur Fahrlässigkeit vorgeworfen** werden kann. Falls die unberechtigte Entnahme demgegenüber **nicht schuldhaft** geschah, beruhen die **Rückzahlungsansprüche der Gesellschaft** auf **bereicherungsrechtlichen Vorschriften** (§§ 812 ff. BGB).

775

Im Falle eines Rechtsstreits muss die Gesellschaft bzw. der für sie klagende Gesellschafter zunächst darlegen, dass der geschäftsführende Gesellschafter überhaupt Entnahmen an sich selbst getätigt hat. Der beklagte Geschäftsführer trägt dann die **Darlegungs- und Beweislast** dafür, dass er zu diesen Entnahmen aus der Gesellschaftskasse berechtigt war.[4]

776

---

[1] Vgl. hierzu näher unter Rn. 380 ff.
[2] Vgl. hierzu näher unter Rn. 394 ff.
[3] Vgl. zur analogen Anwendung des § 1004 BGB auf alle durch § 823 Abs. 2 BGB deliktisch geschützten Rechtsgüter nur BGH, Urteil vom 17.7.2008, NJW 2008, 3565.
[4] BGH, Urteil vom 30.5.1994, NJW-RR 1994, 996 = WM 1994, 1798; BGH, Urteil vom 8.11.1999, NZG 2000, 199 = NJW 2000, 505 = DStR 2000, 34 (jeweils für Entnahmen aus einer GbR); BGH, Urteil vom 22.6.2009, NZG 2009, 912 = NJW 2009, 2598 = GmbHR 2009, 993 = GWR 2009, 243 (für Entnahmen eines GmbH-Geschäftsführers).

b) Schadensersatzansprüche der Gesellschaft wegen Verletzung der Geschäftsführerpflichten

777 Der Gesellschaft können durch Pflichtverletzungen der geschäftsführenden Gesellschafter im Rahmen der laufenden Geschäftsführung Schäden entstehen, etwa durch Fehlentscheidungen, Unachtsamkeit, Schlampigkeit, Gesetzesverstöße oder sonstige Versäumnisse (vgl. zur speziellen Schadenshaftung bei Missachtung interner Zustimmungsvorbehalte unter Rn. 783 f.). Im Fall eines Verschuldens der Geschäftsführer ergeben sich grds **Schadensersatzansprüche** der **Gesellschaft**[5]. Demgegenüber scheiden **Unterlassungsansprüche** der Gesellschaft (oder auch einzelner Gesellschafter) im Bereich der laufenden Geschäftsführung rglm aus, auch wenn ein Mitgesellschafter eine Schädigung der Gesellschaft durch eine (fahrlässig) pflichtwidrige Geschäftsführermaßnahme fürchtet. Die *„gesellschaftsvertraglich festgelegte Organisationsordnung"* würde gestört, wenn dergestalt durch einzelne Gesellschafter (auch namens der Gesellschaft) in die laufende Geschäftsführung eingegriffen werden könnte.[6] Gesellschafter, die an der Rechtmäßigkeit einer beabsichtigten Geschäftsführungsmaßnahme zweifeln, sind daher auf die Durchsetzung etwaiger Schadensersatzansprüche der Gesellschaft verwiesen. Etwas anderes gilt dann, wenn durch die beabsichtigte Maßnahme Mitwirkungsrechte anderer Gesellschafter oder Zustimmungsvorbehalte zu Gunsten der Gesellschafterversammlung oder eines anderen Gesellschaftergremiums verletzt würden (vgl. hierzu näher unter Rn. 469 ff. und nachstehend unter Rn. 783 f.). Ein Unterlassungsanspruch besteht ferner dort, wo der geschäftsführende Gesellschafter, z.B. unter Verstoß gegen die gesellschaftsrechtliche Treuepflicht, individuelle Rechte von Mitgesellschaftern verletzt (etwa durch herabsetzende Äußerungen gegenüber Mitarbeitern).[7]

---

[5] Der *Gesellschafter* selbst hat demgegenüber grds keinen eigenen Schadensersatzanspruch gegen den GF wg seines mittelbaren „Reflexschadens" (Minderung des Werts seiner Beteiligung bzw. seiner Gewinnansprüche wg Schädigung des Gesellschaftsvermögens), vgl. z.B. BGH, Urteil vom 21.3.2013, NZG 2013, 666 = NJW 2013, 1434 = DStR 2013, 1040 (für eine KG) und BGH, Urteil vom 14.5.2013, NZG 2013, 867 = GmbHR 2013, 931 (für eine GmbH). Ein solcher Ausschluss eigener Schadensersatzansprüche wg Schädigung der Gesellschaft sei – so der BGH, Urteil vom 21.3.2013 – *„wegen der Grundsätze der Kapitalerhaltung, der Zweckbindung des Gesellschaftsvermögens sowie des Gebots der Gleichbehandlung aller Gesellschafter"* ausgeschlossen.

[6] Vgl. BGH, Urteil vom 11.2.1980, BGHZ 76, 160 = NJW 1980, 1463 = BB 1980, 1065, BGH, Urteil vom 5.12.2005, NZG 2006, 194 = GmbHR 2006, 321 = BB 2006, 511; OLG Celle, Beschluss vom 1.12.1999, GmbHR 2000, 388 (alle Entscheidungen für Unterlassungsansprüche von Kommanditisten gegenüber der Komplementärin einer GmbH & Co. KG).

[7] Vgl. für einen solchen Fall z.B. OLG Frankfurt a.M., Beschluss vom 22.7.1992, GmbHR 1992, 608 = BB 1992, 1670 (ehrverletzende Aussagen über einen Mit-Geschäftsführer einer Komplementär-GmbH gegenüber Mitarbeitern der betreffenden GmbH & Co. KG). Passivlegitimiert für die betreffenden Unterlassungsansprüche sei in diesem Fall nicht der andere GF, sondern – so das OLG Frankfurt a.M., aaO – die Gesellschaft.

aa) Schadensersatzansprüche gegenüber geschäftsführenden Gesellschaftern in der GbR, PartG, OHG, KG und GmbH & Co. KG

Bei den **Personengesellschaften** (GbR, PartG, OHG, KG bzw. GmbH & Co. KG) beruhen **Schadensersatzansprüche** der Gesellschaft bei Pflichtverletzungen der geschäftsführenden Gesellschafter auf § 280 BGB. Haftungsvoraussetzung bildet dabei, auch bei den Personen*handels*gesellschaften, „konkrete Fahrlässigkeit" des Geschäftsführers (§ 708 BGB). Dieser hat der Gesellschaft, vorbehaltlich einer abweichenden Regelung im Gesellschaftsvertrag, also nur für diejenige Sorgfalt einzustehen, welche er in eigenen Angelegenheiten anzuwenden pflegt.[8] Bei einem vorsätzlichen Pflichtenverstoß kommt darüber hinaus eine deliktische Haftung, vor allem gemäß § 823 Abs. 2 BGB iVm mit § 266 Abs. 1 StGB (Untreue) in Betracht. Die **Schadenshaftung** des geschäftsführenden Gesellschafters **entfällt**, sofern und soweit ihm von der Gesellschaft für den betreffenden Zeitraum bzw. Sachverhalt **Entlastung** erteilt worden ist. Es gelten die gleichen Voraussetzungen und Rechtsfolgen eines Entlastungsbeschlusses wie in der GmbH (vgl. hierzu unter Rn. 781).[9]

778

In der **GmbH & Co. KG** ergeben sich bei schuldhaften Pflichtverletzungen des Geschäftsführers der Komplementär-GmbH nicht nur Schadensersatzansprüche der KG gegenüber ihrer Komplementärin (über die Haftungszurechnung gemäß § 31 BGB), sondern auch gegenüber dem **Geschäftsführer der Komplementär-GmbH** persönlich, sofern die Geschäftsführung in der GmbH & Co. KG (wie meist) die wesentliche oder gar die einzige Aufgabe der Komplementärin darstellt. Der Schadensersatzanspruch der KG gegen den Geschäftsführer der Komplementär-GmbH beruht hier darauf, dass die Kommanditgesellschaft in den Schutzbereich des Organ- und Dienstverhältnisses zwischen GmbH-Geschäftsführer und Komplementär-GmbH einbezogen ist und somit gemäß § 43 Abs. 2 GmbHG (vgl. hierzu unter Rn. 780 ff.) eigene Schadensersatzansprüche gegen diesen Geschäftsführer geltend machen kann.[10] Darüber hinaus haftet der Geschäftsführer der Komplementär-GmbH auch dann persönlich gegenüber der GmbH & Co. KG, wenn er zugleich Kommanditist der GmbH & Co. KG ist. Die pflichtwidrige Geschäftsführung bedeutet in diesem Fall nämlich zugleich eine Verletzung der Pflichten aus dem Gesellschaftsvertrag der KG.[11] Die Geltendmachung von Ansprüchen der GmbH & Co. KG gegen den Geschäftsführer der Komplementär-GmbH bedarf keiner vorhergehenden Beschlussfassung der Gesellschafterversammlung (weder bei der KG noch der Komplementär-GmbH) gemäß **§ 46 Nr. 8 1. Alt. GmbHG**, da diese Bestimmung **in der GmbH & Co. KG keine Anwendung** findet.[12]

779

---

[8] Vgl. für die Anwendung des § 708 BGB bei Personenhandelsgesellschaften nur Baumbach/Hopt/*Roth*, § 114, Rn. 15; MüKoHGB/*Rawert*, § 114, Rn. 59.

[9] Entlastungsbeschlüsse, die bei Personengesellschaften wg der Selbstorganschaft allerdings unüblich sind, haben hier die gleiche „Verzichtswirkung" wie bei Sorgfaltspflichtverletzungen eines GmbH-GF, vgl. z.B. Baumbach/Hopt/*Roth*, § 114, Rn. 16; MüKoHGB/*Rawert*, § 114, Rn. 71.

[10] Ständige Rspr des BGH, vgl. zuletzt Urteil vom 18.6.2013, BGHZ 197, 304 = NZG 2013, 1021 = GmbHR 2013, 1044 (für eine Publikums-GmbH & Co. KG).

[11] BGH, Urteil vom 28.6.1982, NJW 1982, 2869 = GmbHR 1983, 122 = BB 1982, 1382; OLG Hamm, Urteil vom 28.10.1992, GmbHR 1993, 294, jeweils für Schadensersatzansprüche gegenüber dem GF der Komplementär-GmbH (und zugleich Kommanditisten) der GmbH & Co. KG wegen unbefugter Entnahmen.

[12] Vgl. nur BGH, Urteil vom 14.7.2004, NJW-RR 2004, 1408 = NZG 2004, 962 = GmbHR 2004, 1279; OLG Karlsruhe, Urteil vom 31.7.2013, NZG 2013, 1177.

bb) Schadensersatzhaftung der GmbH-Geschäftsführer

780 **Schadensersatzansprüche** der **GmbH** gegen ihren Geschäftsführer beruhen in erster Linie auf § 43 Abs. 2 GmbHG. Demnach haftet ein Geschäftsführer der Gesellschaft für den Schaden, der durch die Verletzung seiner Obliegenheiten entsteht. **Verschuldensmaßstab** ist gemäß § 43 Abs. 1 GmbHG die „Sorgfalt eines ordentlichen Geschäftsmannes". Bei unternehmerischen Entscheidungen hat der Geschäftsführer jedoch grds einen *„haftungsfreien Handlungsspielraum"*[13]. Ein Geschäftsführer haftet nicht in jedem Fall bereits dann, wenn sich ein geschäftliches Risiko realisiert und ein Geschäft (mit Schadensfolge für die Gesellschaft) fehlschlägt, sondern erst dann, wenn das Handeln des Geschäftsführers aus der *„ex ante"*-Perspektive unvertretbar erscheint. Eine Schadensersatzhaftung des Geschäftsführers kann sich darüber hinaus wie bei den Personengesellschaften insbesondere aus Delikt, vorrangig aus § 823 Abs. 2 BGB iVm § 266 Abs. 1 StGB (Untreue) ergeben. Falls der Geschäftsführer auch Gesellschafter ist, kann in der Verletzung von Organpflichten zugleich eine Verletzung der gesellschaftlichen Treuepflicht liegen, die bei Verschulden des Gesellschafter-Geschäftsführers zu einem Schadensersatzanspruch der GmbH führt.[14]

781 Schadensersatzansprüche der Gesellschaft sind ausgeschlossen bzw. „präkludiert"[15], wenn dem Geschäftsführer für die betreffenden Handlungen bzw. für den betreffenden Zeitraum, in den die pflichtwidrigen Handlungen fallen, **Entlastung** erteilt worden ist. Durch die Entlastung billigen die Gesellschafter die Amtsführung des Geschäftsführers für die Dauer der Entlastungsperiode und sprechen ihm für die künftige Geschäftsführung ihr Vertrauen aus. Die GmbH ist mit Ersatzansprüchen ausgeschlossen, die der Gesellschafterversammlung vor dem Entlastungsbeschluss bei sorgfältiger Prüfung aller Vorlagen und Berichte erkennbar waren oder von denen alle Gesellschafter außerhalb der Gesellschaft Kenntnis haben.[16] Darüber hinaus haftet der Geschäftsführer grds *nicht* gegenüber der Gesellschaft, wenn er aufgrund **wirksamer Weisung** der Gesellschafterversammlung oder auf der Grundlage eines sonstigen verbindlichen **Einverständnisses aller Mitgesellschafter** gehandelt hat.[17] Ein Anspruchsausschluss der Gesellschaft aufgrund

---

[13] OLG Koblenz, Urteil vom 23.12.2014, NZG 2015, 272 = WM 2015, 340, mwN.

[14] BGH, Urteil vom 14.9.1998, NZG 1999, 209 = NJW 1999, 781 = GmbHR 1999, 186 = BB 1999, 338. Der betreffende Schadensersatzanspruch wegen schuldhafter Verletzung der gesellschaftlichen Treuepflicht verjährt nicht gem. § 43 Abs. 4 GmbHG innerhalb von fünf Jahren nach der Anspruchsentstehung, sondern nach den allgemeinen Verjährungsregelungen (§§ 195, 199 BGB).

[15] Vgl. zur Rechtswirkung des Entlastungsbeschlusses (der keinen „Verzicht" im eigentlichen Sinn darstellt) nur MüKoHGB/*Rawert*, § 114, Rn. 71.

[16] Vgl. z.B. BGH, Urteil vom 20.5.1985, BGHZ 94, 324 = NJW 1986, 129 = BB 1985, 1869 (für den Entlastungsbeschluss in einer GmbH). Vgl. zur Verzichtswirkung einer Entlastung des GmbH-Geschäftsführers im Übrigen z.B. Baumbach/Hueck, § 46, Rn. 41; Lutter/Hommelhoff, § 46, Rn. 26; Scholz/ *K.Schmidt*, § 46, Rn. 89 ff.; Michalski/*Römermann*, § 46, Rn. 277 ff. Sofern ein Gesellschafter trotz Entlastungsbeschlusses Schadensersatzansprüche durchsetzen will, muss er diesen somit zunächst durch Anfechtung beseitigen. Die Gesellschafter haben bei der Entscheidung über die Entlastung eines GF jedoch einen weiten Ermessensspielraum: Der Mehrheitsbeschluss über die Entlastung kann nur erfolgreich angefochten werden, wenn er wegen *„der Schwere der Pflichtverletzung unvertretbar ist"* und – im Gegenteil – die GmbH eigentlich Schadensersatzansprüche gegen den GF durchsetzen müsste, vgl. KG Berlin, Urteil vom 26.8.2014, GWR 2014, 481 = ZIP 2015, 481.

[17] Vgl. z.B. BGH, Urteil vom 31.1.2000, NZG 2000, 544 = GmbHR 2000, 330 = BB 2000, 581, für das weisungsgemäße Handeln eines GmbH-Geschäftsführers; KG Berlin, Urteil vom 24.2.2011, NZG 2011,

Weisung bzw. Einverständnisses oder auch durch Entlastung ist bei einer GmbH allerdings gemäß § 43 Abs. 3 S. 3 GmbHG ausgeschlossen, soweit durch den Geschäftsführer Vorschriften der Kapitalaufbringung oder -erhaltung (§§ 30, 33 GmbHG) verletzt worden sind und der Ersatzanspruch der Gesellschaft zur Befriedigung von Gläubigern erforderlich ist.

Im Falle eines Rechtsstreits trägt die Gesellschaft die **Darlegungs- und Beweislast** dafür, dass ihr durch ein mögliches Fehlverhalten des Geschäftsführers in seinem Pflichtenkreis ein Schaden erwachsen ist. Der Gesellschaft kommt hierbei die Beweiserleichterung des § 287 Abs. 1 ZPO (Möglichkeit der richterlichen Schätzung des ersatzfähigen Schadens bei Schwierigkeiten beim Schadensnachweis) zugute. Der Geschäftsführer muss dann analog § 93 Abs. 2 S. 2 AktG seinerseits darlegen und beweisen, dass er keine Sorgfaltspflicht verletzt hat oder ihn zumindest kein Verschulden trifft oder dass der Schaden in jedem Fall, auch bei pflichtgemäßem Alternativverhalten, eingetreten wäre.[18] Das Mitverschulden weiterer Geschäftsführer ist für die eigene Schadenshaftung irrelevant; eine Minderung der Ersatzpflicht gemäß § 254 BGB findet bei der Haftung im Innenverhältnis nicht statt.[19]

782

c) Schadensersatzansprüche der Gesellschaft bei Missachtung von gesetzlichen oder vertraglichen Zustimmungsvorbehalten durch die Geschäftsführer

Einen typischen weiteren Anknüpfungspunkt für mögliche Unterlassungs- oder Schadensersatzansprüche der Gesellschaft gegenüber ihren geschäftsführenden Gesellschaftern bildet die Missachtung gesetzlicher oder vertraglicher Zustimmungsvorbehalte bei einzelnen Geschäftsführungsmaßnahmen. Bei Personenhandelsgesellschaften und der PartG kommt hier insbesondere in Betracht, dass ein geschäftsführender Gesellschafter die Mitentscheidungsrechte der Gesellschafterversammlung bei außergewöhnlichen Geschäften (§§ 116 Abs. 2, 164 S. 1 2. HS HGB, 6 Abs. 3 S. 2 PartGG) übersieht oder ignoriert. Für den GmbH-Geschäftsführer können sich vergleichbare interne Beschränkungen durch einen Katalog zustimmungspflichtiger Geschäfte in der Satzung, der

783

---

429 = GmbHR 2011, 477 = GWR 2011, 163. Die Haftung des Geschäftsführers entfalle – so das KG Berlin – jedoch nur dann, wenn er vor Weisung oder Billigung einer Maßnahme die Tatsachengrundlage für die zu treffende Entscheidung ausreichend vermittelt sowie vollständig über Risiken oder sonstige Bedenken hinsichtlich der betroffenen Maßnahme informiert sowie eine pflichtwidrige Beeinflussung der Willensbildung unterlassen hatte. BGH, Urteil vom 18.6.2013, BGHZ 197, 304 = NZG 2013, 1021 = GmbHR 2013, 1044: Keine pflichtwidrige haftungsbegründende Handlung, wenn sämtliche Gesellschafter mit dem Handeln des GF einverstanden waren (in diesem Fall Einverständnis der Gesellschafter einer Publikums-GmbH & Co. KG mit dem Handeln des GF der Komplementär-GmbH auf Grundlage zutreffender Informationen).

[18] BGH, Urteil vom 4.11.2002, BGHZ 152, 280 = NZG 2003, 81 = GmbHR 2013, 113 = DStR 2003, 124; BGH, Urteil vom 18.6.2013, BGHZ 197, 304 = NZG 2013, 1021 = GmbHR 2013, 1044. Lt. OLG Nürnberg, Beschluss vom 28.10.2014, NZG 2015, 555, müsse die Gesellschaft bei „wertneutralen" Handlungen (im konkreten Fall: Spesenabrechnung in einer AG) zusätzlich Umstände darlegen und ggfs beweisen, die zumindest den Anschein einer Pflichtverletzung begründen (vgl. hierzu aber die Kritik von *Bauer*, NZG 2015, 549).

[19] Vgl. zuletzt BGH, Urteil vom 20.11.2014, NZG 2015, 38 = DStR 2015, 237.

Geschäftsordnung, dem Anstellungsvertrag oder durch Weisungsbeschluss im Einzelfall ergeben (vgl. unter Rn. 450 ff.).

784 Die Gesellschaft kann den geschäftsführenden Gesellschafter bzw. Geschäftsführer auf **Schadensersatz** in Anspruch nehmen, falls ihr durch solche Maßnahmen, die der Geschäftsführer unter Missachtung der internen Kompetenzordnung vorgenommen hat, Schäden entstehen. Die Besonderheit der Schadensersatzansprüche besteht hier darin, dass die schuldhafte Pflichtverletzung des Geschäftsführers bereits aus der Missachtung der internen Geschäftsführerbeschränkungen als solcher folgt. Die Geschäftsführer haben für Schäden der Gesellschaft, die aus solchen Rechtsgeschäften resultieren, also in jedem Fall einzustehen, auch wenn ihnen hinsichtlich der betreffenden Maßnahme im Übrigen kein Verschulden vorzuwerfen ist.[20]

Im Vorfeld eines solchen Verstoßes gegen die gesellschaftsinterne Kompetenzordnung bestehen **Unterlassungsansprüche** der Gesellschaft, die bei den Personengesellschaften jeder Gesellschafter im Wege der actio pro socio geltend machen kann. Bei der GmbH kommt eine solche Prozessführung für die Gesellschaft ohne vorhergehenden Gesellschafterbeschluss demgegenüber nur ausnahmsweise, bei Maßnahmen des einstweiligen Rechtsschutzes, in Betracht (vgl. unter Rn. 790 ff.).[21]

d) Unterlassungs- und Schadensersatzansprüche der Gesellschaft bei Konkurrenztätigkeit und Eigennutzung von Geschäftschancen

785 Eine weitere, hier interessierende Fallgruppe bilden Verstöße geschäftsführender Gesellschafter gegen das Wettbewerbsverbot: Bei **Personenhandelsgesellschaften** sowie über die Verweisung in § 6 Abs. 3 S. 2 PartGG bei der **PartG** darf gemäß § 112 Abs. 1 HGB kein Partner bzw. *persönlich haftender* Gesellschafter[22] ohne Einwilligung der anderen Gesellschafter (bzw. ohne entsprechende generalisierende Befreiung im Gesellschaftsvertrag) im „Handelszweig"[23] der Gesellschaft Geschäfte machen oder an einer

---

[20] Vgl. hierzu näher unter Rn. 479 ff.

[21] Vgl. zu entsprechenden Unterlassungsansprüchen näher unter Rn. 469 ff. sowie zum einstweiligen Rechtsschutz unter Rn. 805. Nach Auffassung des OLG Koblenz, Urteil vom 9.8.1990, NJW-RR 1991, 487 = GmbHR 1991, 264, handelt es sich bei Unterlassungsansprüchen wegen Verstößen des Geschäftsführers gegen die gesellschaftsinterne Kompetenzordnung demgegenüber um *eigene* Ansprüche der Gesellschafter selbst (wegen Verletzung deren Mitwirkungs- und Verwaltungsrechte).

[22] Das gesetzliche Wettbewerbsverbot gilt bei Personenhandelsgesellschaften also nicht nur für die geschäftsführenden Gesellschafter, sondern weitergehend für alle persönlich haftenden Gesellschafter. In Ausnahmefällen erstreckt es sich – entgegen § 165 HGB – zudem auf Kommanditisten, wenn diese maßgeblichen Einfluss auf die Geschäftsführung nehmen können, vgl. BGH, Urteil vom 5.12.1983, BGHZ 89, 162 = NJW 1984, 1351 = GmbHR 1984, 203 („Werbeagentur"). Demgegenüber unterliegen die Geschäftsführer der Komplementär-GmbH oder die Vorstandsmitglieder einer Komplementär-AG in einer GmbH & Co. KG bzw. AG & Co. KG *nicht* bereits von Gesetzes wegen einem Wettbewerbsverbot gem § 112 Abs. 1 HGB gegenüber der KG, vgl. etwa BGH, Urteil vom 9.3.2009, BGHZ 180, 105 = NZG 2009, 744 = GmbHR 2009, 881 (str.; **aA** z.B. OLG Köln, Urteil vom 10.1.2008, NZG 2009, 306 = GmbHR 2008, 1103 = BB 2008, 800).

[23] Der Begriff des „Handelszweigs" in § 112 Abs. 1 HGB ist weit auszulegen. „Handelszweig" ist nicht lediglich der vertraglich festgesetzte Gesellschaftszweck, sondern der gesamte für die betreffende Gesellschaft relevante Markt. Es kommt für das Wettbewerbsverbot somit nicht darauf an, ob die Gesellschaft die

IV. Gerichtliche Durchsetzung von Ansprüchen ggü. gf. Gesellschaftern

anderen gleichartigen Handelsgesellschaft[24] als persönlich haftender Gesellschafter teilnehmen. Für die Geschäftsführer einer **GmbH** gilt für die Dauer ihrer Amtszeit ein vergleichbares, umfassendes Wettbewerbsverbot, das aus der gesellschaftsrechtlichen Treuepflicht abgeleitet wird.[25] Der GmbH-Geschäftsführer darf somit, vorbehaltlich einer ausdrücklichen Gestattung in der Satzung oder durch wirksamen Gesellschafterbeschluss, kein Konkurrenzunternehmen betreiben, als Anteilseigner beherrschen oder als Organmitglied leiten. Weitergehend sind dem GmbH-Geschäftsführer analog § 88 Abs. 1 S. 1 AktG auch einzelne Geschäfte für eigene oder fremde Rechnung im Geschäftszweig der Gesellschaft untersagt.[26] Diese gesetzlichen Wettbewerbsverbote werden häufig durch vertragliche Regelungen ergänzt, konkretisiert oder auf nicht geschäftsführende Gesellschafter ausgeweitet. Entsprechende vertragliche Regelungen sind besonders für die **GbR** verbreitet, etwa für Sozietätsverträge von Freiberuflern, da hier anders als bei den Personenhandelsgesellschaften und der GmbH *kein gesetzliches* (spezifisch gesellschaftsrechtliches) Wettbewerbsverbot existiert.[27]

Bei Missachtung des Wettbewerbsverbots kommen insbesondere **Unterlassungsansprüche** der Gesellschaft gegenüber dem Geschäftsführer in Betracht. Der Unterlassungsanspruch ergibt sich für die PartG und die Personenhandelsgesellschaften aus § 112 Abs. 1 HGB und/oder (für alle Personengesellschaften) bei entsprechender Regelung aus dem Gesellschaftsvertrag sowie für die GmbH aus der gesellschaftsrechtlichen Treuepflicht und/oder der Satzung. Darüber hinaus hat die Gesellschaft bei Verstoß gegen ein gesetzliches oder vertragliches Wettbewerbsverbot einen **Schadensersatzanspruch** sowie alternativ einen **Anspruch auf Vorteilsherausgabe** (Eintrittsrecht). Die betreffenden Ansprüche beruhen jeweils auf § 113 Abs. 1 HGB.[28] Die Geltendmachung der

786

---

konkreten Geschäfte des Gesellschafters selbst vorgenommen oder so abgeschlossen hätte wie der Gesellschafter selbst oder ob sich die Gesellschaft aktuell in diesem für sie möglichen Marktbereich bereits betätigt hat, vgl. BGH, Urteil vom 21.2.1978, BGHZ 17, 331 = NJW 1978, 1001 = GmbHR 1978, 107; BGH, Urteil vom 5.12.1983, BGHZ 89, 162 = NJW 1984, 1351 = GmbHR 1984, 203.

[24] Die Rechtsform dieser anderen „Handelsgesellschaft" ist nicht relevant. Die „Gleichartigkeit" der Handelsgesellschaft bestimmt sich danach, ob sie im selben „Handelszweig" wie die betreffende eigene Gesellschaft tätig ist (vgl. zur Begriffsbestimmung die Rechtsprechungsnachweise in der vorhergehenden Fn.). Vgl. zum Umfang des in § 112 Abs. 1 HGB geregelten Wettbewerbsverbots näher Baumbach/Hopt, § 112, Rn. 4 bis 7, und MüKoHGB/*Langhein*, § 112, Rn. 10 bis 22.

[25] Vgl. z.B. OLG Oldenburg, Urteil vom 17.2.2000, NZG 2000, 1038; vgl. zur umfassenden Treuepflicht des Geschäftsführers gegenüber der GmbH für die Dauer seiner Organstellung auch BGH, Urteil vom 23.9.1985, NJW 1986, 585 = GmbHR 1986, 42 = BB 1986, 90.

[26] Vgl. zu Inhalt und Umfang des für GmbH-Geschäftsführer geltenden Wettbewerbsverbots näher Baumbach/Hueck, § 35, Rn. 41; Michalski/*Haas/Ziemons*, § 43, Rn. 97 ff.; Lutter/Hommelhoff, Anh zu § 6, Rn. 20 ff.; Scholz/*Schneider*, § 43, Rn. 153 ff.; jeweils mwN aus der Rechtsprechung.

[27] Vgl. nur Palandt/*Sprau*, § 705, Rn. 27, mwN. Bei Freiberufler-Sozietäten bzw. Gemeinschaftspraxen von Ärzten liegt jedoch auch ohne vertragliche Regelung ein Wettbewerbsverbot aufgrund gesellschaftsrechtlicher Treuepflicht nahe, vgl. Michalski/Römermann, § 6, Rn. 47, mwN.

[28] Vgl. für die analoge Anwendung des § 113 HGB bei Wettbewerbsverstößen in der GmbH z.B. BGH, Urteil vom 16.2.1981, BGHZ 80, 69 = NJW 1981, 1512 = BB 1981, 574. Bei einer PartG setzt die Vorteilsherausgabe durch Abtretung von Honoraransprüchen voraus, dass das Standesrecht eine solche Verfügung für die Vergütungsforderung zulässt.

Schadensersatz- und Eintrittsrechte setzt einen vorhergehenden (zumindest stillschweigenden) Beschluss der übrigen Gesellschafter voraus (§ 113 Abs. 2 HGB).[29] Die Ansprüche auf Schadensersatz und Vorteilsherausgabe (nicht aber die Unterlassungsansprüche)[30] bei der Verletzung des Wettbewerbsverbots unterliegen bei der PartG und den Personenhandelsgesellschaften gem §§ 113 Abs. 3 HGB, 6 Abs. 3 S. 2 PartGG einer **kurzen Verjährung**: Die betreffenden Ansprüche verjähren demnach in drei Monaten von dem Zeitpunkt an, in welchem die übrigen Gesellschafter von dem Wettbewerbsverstoß Kenntnis erlangt haben oder ohne grobe Fahrlässigkeit erlangen mussten; sie verjähren kenntnisunabhängig in fünf Jahren von ihrer Entstehung an. Bei Wettbewerbsverstößen des GmbH-Geschäftsführers ist die analoge Anwendung dieser Verjährungsvorschrift streitig; sie sollte daher aber – wenn möglich – aus Vorsichtsgründen eingehalten werden.[31]

786a Die geschäftsführenden Gesellschafter bzw. Geschäftsführer sind sowohl bei den Personengesellschaften als auch bei der GmbH weitergehend verpflichtet, **Geschäftschancen der Gesellschaft** nicht für sich, sondern **nur für die Gesellschaft auszunutzen**. Ein *„Geschäftsführer darf keine Geschäfte an sich ziehen, die in den Geschäftsbereich der Gesellschaft fallen und dieser aufgrund bestimmter, konkreter Umstände bereits zugeordnet sind".*[32] Die „Zuordnung" einer Geschäftschance zur Gesellschaft ist dann zu befürworten, wenn die Gesellschaft als erste mit dem Geschäft in Berührung gekommen ist und der Geschäftsführer auf Seiten der Gesellschaft in Vertragsverhandlungen über ein bestimmtes Geschäft eingeschaltet worden war.[33] Die **Gesellschaft** hat gegenüber dem Geschäftsführer bei dessen treuwidriger Eigennutzung von Geschäftschancen einen **Schadensersatzanspruch** gem § 249 ff. BGB, der nach den allgemeinen Regeln verjährt.[34] In einer Personengesellschaft können sich bei einer vergleichbaren Pflichtver-

---

[29] Ein solcher „stillschweigender" Beschluss im Sinne des § 113 Abs. 2 HGB ist bereits die gemeinsame Klageerhebung durch alle übrigen Gesellschafter; vgl. BGH, Urteil vom 5.12.1983, BGHZ 89, 162 = NJW 1984, 1351 = GmbHR 1984, 203. Bei der Durchsetzung von Ersatzansprüchen gegenüber dem GmbH-Geschäftsführer bedarf es ohnedies der vorhergehenden Beschlussfassung durch die Gesellschafterversammlung gemäß § 46 Nr. 8 1. Alt. GmbHG (vgl. hierzu unter Rn. 790 ff.).

[30] Vgl. nur Baumbach/Hopt/*Roth*, § 113, Rn. 10, mwN.

[31] Gemäß § 43 Abs. 4 GmbHG verjähren Schadensersatzansprüche gegenüber dem GF (ebenfalls) kenntnisunabhängig in fünf Jahren ab Anspruchsentstehung. Fraglich ist also die Verkürzung der Verjährungsfrist in Abhängigkeit von der Kenntniserlangung der Mitgesellschafter auf drei Monate entsprechend § 113 Abs. 3 1. HS HGB. Ein Teil des Schrifttums befürwortet die Anwendung dieser kurzen Verjährungsfrist, wobei teilweise analog § 88 Abs. 3 AktG auf die Kenntniserlangung durch die übrigen Geschäftsführer und einen etwaigen Aufsichtsrat abgestellt wird, vgl. z.B. Baumbach/Hueck, § 35, Rn. 42, mwN. Lt. Scholz/*Schneider*, § 43, Rn. 170, ist § 113 Abs. 3 HGB bei der GmbH analog anwendbar, jedoch nur für den Anspruch auf Vorteilsherausgabe. ME ist dies zutreffend: Zum einen muss richtigerweise auf die Kenntiserlangung der übrigen Gesellschafter (und nicht der Mit-Geschäftsführer) abgestellt werden, da diese gem § 113 Abs. 2 HGB bzw. § 46 Nr. 8 1. Alt. GmbHG über die Geltendmachung des Anspruchs entscheiden müssen. Zum anderen ist die Verdrängung der allgemeinen Verjährungsfrist des § 43 Abs. 4 GmbHG nur bei dem speziellen Anspruch auf Vorteilsherausgabe, der seinerseits auf der analogen Anwendung des § 113 HGB beruht, gerechtfertigt.

[32] Vgl. z.B. BGH, Urteil vom 4.12.2012, NZG 2013, 216 = GmbHR 2013, 259 (für eine GbR).

[33] BGH, Urteil vom 4.12.2012, NZG 2013, 216 = GmbHR 2013, 259.

[34] Die kurze Verjährungsfrist des § 113 Abs. 3 HGB ist für den betreffenden Schadensersatzanspruch somit nicht anwendbar, BGH, Urteil vom 4.12.2012, NZG 2013, 216 = GmbHR 2013, 259.

letzung auch **Schadensersatzansprüche der Gesellschafter** selbst ergeben: Die geschäftsführenden Gesellschafter machen sich gegenüber den Mitgesellschaftern schadensersatzpflichtig, wenn sie ohne Billigung der Mitgesellschafter eine neue Gesellschaft mit gleichem Gesellschaftszweck gründen, die die Geschäftschancen der Alt-Gesellschaft wahrnimmt.[35]

2. Durchsetzung der Gesellschaftsansprüche durch die Gesellschafter

a) Das besondere Klagerecht der Gesellschafter in Personengesellschaften (actio pro socio)

In allen vorgenannten Fällen, in denen sich Unterlassungs-, Schadensersatz- oder sonstige Zahlungsansprüche der Gesellschaft gegen ihre geschäftsführenden Gesellschafter ergeben, bestehen für die gerichtliche Anspruchsdurchsetzung tatsächliche und rechtliche Probleme: Sofern der einzige Geschäftsführer betroffen ist, scheitert die reguläre Vertretungsregelung der Gesellschaft bei ihrer Prozessvertretung. Sind demgegenüber weitere Geschäftsführer vorhanden, können diese die Gesellschaft im Prozess gegen den Mitgeschäftsführer zwar vertreten. Es besteht jedoch die Gefahr, dass sich aufgrund Loyalität unter den geschäftsführenden Gesellschaftern oder aufgrund Selbstbetroffenheit des weiteren Geschäftsführers auch hier Hindernisse bei der zügigen und uneingeschränkten Anspruchsdurchsetzung ergeben (Der geschäftsführende Gesellschafter, der auf Schadensersatz oder in sonstiger Weise von der Gesellschaft in Anspruch genommen wird, kann die gegen ihn gerichtete Klage allerdings nicht namens der Gesellschaft zurücknehmen[36]). Für die Personengesellschaften wurde daher in ständiger Rechtsprechung zum Schutz der nicht an der Geschäftsführung beteiligten Gesellschafter ein besonderes Klagerecht jedes einzelnen Gesellschafters, die sog. **actio pro socio**, entwickelt: Demnach hat jeder Gesellschafter das Recht, **Sozialansprüche der Gesellschaft gegen Mitgesellschafter** persönlich **gerichtlich durchzusetzen**, und zwar gerichtet jeweils auf **Leistung an die Gesellschaft**.[37] Dieses besondere Klagerecht gilt auch für Gesellschafter einer GbR, sofern und soweit diese als Außengesellschaft durch Teilnahme am Rechtsverkehr rechtsfähig ist.[38] Das Recht eines Personengesellschafters, Sozialansprüche der Gesellschaft im eigenen Namen gerichtlich geltend zu machen und auf Leistung an die Gesellschaft zu klagen, findet seine Grundlage im Gesellschaftsverhältnis und ist Ausfluss des Mitgliedschaftsrechts jedes Gesellschafters.[39] Wegen der wich-

787

---

[35] BGH, Urteil vom 19.11.2013, NZG 2014, 385 = NJW 2014, 1107, für eine GbR.
[36] Vgl. OLG Stuttgart, Urteil vom 11.3.2009, NZG 2009, 1303 = DStR 2009, 2442 = ZIP 2010, 474.
[37] Vgl. grundlegend BGH, Urteil vom 27.6.1957, BGHZ 25, 47 = NJW 1957, 1358 = BB 1957, 765; BGH, Urteil vom 13.5.1985, NJW 1985, 2830 = ZIP 1985, 1137 = BB 1985, 1623.
[38] Vgl. zur Gesamthandsklage eines GbR-Gesellschafters im Wege der actio pro socio z.B. BGH, Urteil vom 8.11.1999, NZG 2000, 199 = NJW 2000, 505 = DStR 2000, 34 = BB 2000, 58. Vgl. zur Rechtsfähigkeit einer GbR-Außengesellschaft näher Palandt/*Sprau*, § 705, Rn. 24a.
[39] BGH, Beschluss vom 26.4.2010, NZG 2010, 783 (für eine GmbH & Co. KG). Im Übrigen ist in

tigen Funktion der actio pro socio für die nicht an der Geschäftsführung beteiligten Gesellschafter und Minderheitsgesellschafter steht dieses besondere Klagerecht nicht zur Disposition der Gesellschafter und kann daher weder generell durch Gesellschaftsvertrag noch im Einzelfall durch bloßen Mehrheitsbeschluss (auch mittelbar durch Verzicht auf Schadensersatz- oder Erstattungsansprüche gegen den Geschäftsführer) ausgeschlossen werden.[40] Das Recht zur Gesellschafterklage ist andererseits jedoch ein **Hilfsrecht** und gegenüber der regulären Anspruchsdurchsetzung durch die Gesellschaft selbst **subsidiär**: Die actio pro socio kommt nur in Betracht, wenn die vertretungsberechtigten Organe der Gesellschaft die betreffende Sozialforderung der Gesellschaft nach den besonderen Fallumständen (z.B. wegen Selbstbetroffenheit) nicht geltend machen können oder trotz eines entsprechenden Begehrens des Gesellschafters nicht geltend machen wollen.[41] Auch die „Sozialansprüche" der Personengesellschaft gegen einzelne Gesellschafter werden somit im Regelfall durch die Gesellschaft selbst, vertreten durch einen oder mehrere (vertretungsberechtigte) geschäftsführende Gesellschafter geltend gemacht, wobei diese – außer in den Fällen bloßer „Förmelei", etwa wenn von der Klage alle oder der einzige Mitgesellschafter betroffen ist/sind (vgl. näher unter Rn. 791) – vor Klageerhebung einen Zustimmungsbeschluss der Gesellschafterversammlung herbeiführen sollten.[42]

788 Mit der actio pro socio können sämtliche der vorstehend unter Rn. 774 ff. im Überblick dargestellten **Schadensersatz-, Rückzahlungs-, Unterlassungs- und Eintrittsrechte** geltend gemacht werden, da es sich durchweg um „**Sozialansprüche**" der **Gesellschaft** gegen einzelne Mitgesellschafter aus dem Gesellschaftsverhältnis handelt. Der Gesellschafter, der sich zur Klage entschließt, erhebt diese Klage im eigenen Namen, aber auf Leistung an die Gesellschaft. Beklagter ist der zu Schadensersatz, Unterlassung, sonstiger (Rück-)Zahlung oder Auskunft verpflichtete Mitgesellschafter. Im Übrigen gelten für das Klageverfahren die allgemeinen Regelungen.

789 Die besondere Klagebefugnis zur actio pro socio kann wegen **Rechtsmissbrauchs** entfallen. Dies ist z.B. dann möglich, wenn der Kläger im Wege der actio pro socio Rückzahlung unberechtigter Entnahmen an die Gesellschaft einklagt, nachdem er andererseits die Entstehung dieser Entnahmeansprüche durch die

---

Rechtsprechung und Schrifttum str, ob es sich bei der actio pro socio dogmatisch um einen eigenen materiell-rechtlichen Anspruch des Gesellschafters oder um eine besondere Form der Prozessstandschaft handelt (vom BGH erneut offen gelassen im vorbezeichneten Beschluss vom 26.4.2010), wobei dieser Theorienstreit praktisch keine Auswirkung hat.

[40] In diese Richtung wohl BGH, Urteil vom 13.5.1985, NJW 1985, 2830 = ZIP 1985, 1137 = BB 1985, 1623.

[41] OLG Naumburg, Urteil vom 8.1.2013, GmbHR 2013, 932, mwN.

[42] Vgl. z.B. OLG Stuttgart, Urteil vom 11.3.2009, NZG 2009, 1303 = ZIP 2010, 474, für eine KG mit mehreren Komplementären. Es handele sich bei der Geltendmachung von Schadensersatzansprüchen gegen einen weiteren geschäftsführenden Gesellschafter um eine „außergewöhnliche" Geschäftsführungsmaßnahme, die eines vorhergehenden Zustimmungsbeschlusses der Gesellschafterversammlung (unter Ausschluss des betroffenen Komplementärs, gegen den sich die Schadensersatzansprüche richten) bedürfe. Fehle es an einem solchen Zustimmungsbeschluss und damit an der Geschäftsführungsbefugnis des die KG bei der Schadensersatzklage vertretenden Mitkomplementärs, habe er keine Vertretungsmacht.

IV. *Gerichtliche Durchsetzung von Ansprüchen ggü. gf. Gesellschaftern*   421

unberechtigte Verweigerung der betreffenden Jahresabschlüsse der Gesellschaft treuwidrig blockiert hatte.[43] Die actio pro socio ist demgegenüber nicht bereits dann rechtsmissbräuchlich, wenn der Kläger selbst Schuldner vergleichbarer Forderungen der Gesellschaft ist, wie er sie mittels der Gesamthandsklage seinerseits gegen einen weiteren Mitgesellschafter durchsetzen will.[44] Hinsichtlich der **Beweislastverteilung** für den praktisch besonders wichtigen Anwendungsfall der actio pro socio, die Klage auf Rückzahlung von Überentnahmen oder unberechtigten Entnahmen gegen den geschäftsführenden Gesellschafter, wird auf die Ausführungen unter Rn. 774 ff. verwiesen.

b) Vorabentscheidung der GmbH-Gesellschafter über die Durchsetzung von Schadensersatz- und Unterlassungsansprüchen gegen Geschäftsführer

Auch bei der GmbH versagt die reguläre, gesetzliche Vertretungsordnung jedenfalls dann, wenn durch eine Klage der Gesellschaft Schadensersatz- oder Unterlassungsansprüche gegen ihren einzigen geschäftsführenden Gesellschafter durchgesetzt werden sollen.[45] Doch selbst dort, wo weitere Geschäftsführer vorhanden sind, sollen aus Sicht des Gesetzgebers nicht diese allein, sondern die übrigen Gesellschafter über die klageweise Durchsetzung der Gesellschaftsansprüche entscheiden, schon um zu verhindern, dass die mit der Klage verbundene „*Offenlegung innerer Gesellschaftsverhältnisse trotz der für Ansehen und Kredit der Gesellschaft möglicherweise abträglichen Wirkung ohne Einschaltung des obersten Gesellschaftsorgans geschieht*".[46]

790

Der Schadensersatz- und Unterlassungsklage der GmbH gegen ihre Geschäftsführer wegen Verletzung von Geschäftsführerpflichten oder Verstoßes gegen das Wettbewerbsverbot muss daher zunächst ein **Gesellschafterbeschluss gemäß § 46 Nr. 8 1. Alt. GmbHG** vorausgehen. Diese Beschlussvoraussetzung gilt (abgesehen von den kondiktionsrechtlichen Ansprüchen bei unberechtigten, aber unverschuldeten Entnahmen) für alle vorstehend unter Rn. 774 ff. geschilderten Ansprüche der GmbH, also insbesondere für Schadensersatzansprüche gemäß § 43 Abs. 2 GmbHG, aber auch für Schadensersatz- und Herausgabeansprüche analog § 113 HGB bei Verstoß gegen das Wettbewerbsverbot[47] sowie bei Ersatzansprüchen aus Delikt,[48] nebst der jeweils korrespondierenden Unterlassungsansprüche.[49] Das Beschlusserfordernis besteht auch dann,

791

---

[43] BGH, Beschluss vom 26.4.2010, NZG 2010, 7.
[44] BGH, Urteil vom 8.11.1999, NJW 2000, 505 = NZG 2000, 199 = DStR 2000, 34 = BB 2000, 58, für die actio pro socio eines GbR-Gesellschafters wegen unberechtigter Entnahmen eines Mitgesellschafters.
[45] Vgl. zu den besonderen Problemen einer Prozessvertretung der GmbH bei Prozessen mit einem Geschäftsführer auch unter Rn. 683 ff. Die „actio pro socio", also die Durchsetzung von Gesellschaftsansprüchen gegen einen gf Gesellschafter durch einen Mitgesellschafter, ist bei der GmbH im absoluten Regelfall (auch bei der Zwei-Personen-GmbH) ausgeschlossen; vgl. etwa OLG Koblenz, Urteil vom 8.4.2010, NZG 2010, 1023 = GmbHR 2010, 1043 = GWR 2010, 374 (Kurzwiedergabe). Etwas anderes gilt in Ausnahmefällen nur in Verfahren des einstweiligen Rechtsschutzes, vgl. unter Rn. 811.
[46] BGH, Urteil vom 14.7.2004, NZG 2004, 962 = GmbHR 2004, 1279 = DStR 2004, 1755.
[47] Vgl. BGH, Urteil vom 16.2.1981, BGHZ 80, 69 = NJW 1981, 1512 = BB 1981, 574, auch unter Verweis auf § 113 Abs. 2 HGB.
[48] BGH, Urteil vom 14.7.2004, NZG 2004, 962 = GmbHR 2004, 1279.
[49] Vgl. nur Baumbach/Hueck, § 46, Rn. 58; Lutter/Hommelhoff, § 46, Rn. 36; Michalski/*Römermann*, § 46, Rn. 416; Scholz/*K.Schmidt*, § 46, Rn. 147.

wenn sich die Klage gegen einen **ausgeschiedenen** Geschäftsführer richtet.⁵⁰ Der Gesellschafterbeschluss gemäß § 46 Nr. 8 1. Alt. GmbHG **erübrigt sich** lediglich in der **Zwei-Personen-GmbH** bei Inanspruchnahme eines Gesellschafter-Geschäftsführers, weil die Beschlussfassung hier wegen des Stimmrechtsausschlusses des in Anspruch zu nehmenden Mitgesellschafters eine *„überflüssige Formalität"* bedeutete.⁵¹

Der Beschluss über die Klageerhebung bzw. die Geltendmachung der Schadensersatz- und/oder Unterlassungsansprüche gemäß § 46 Nr. 8 1. Alt. GmbHG bildet eine materiell-rechtliche Voraussetzung für den Anspruch der GmbH. Fehlt dieser Gesellschafterbeschluss und wird er auch im Laufe des Rechtsstreits, bis zur letzten mündlichen Verhandlung in der Berufungsinstanz, nicht nachgeholt, ist die betreffende **Klage** gegen den GmbH-Geschäftsführer **unbegründet**.⁵²

792 Der geschäftsführende Gesellschafter, der durch Schadensersatz- und Unterlassungsklage in Anspruch genommen werden soll, hat bei der betreffenden vorbereitenden Beschlussfassung gemäß § 46 Nr. 8 1. Alt. GmbHG wegen Selbstbetroffenheit **kein Stimmrecht**.⁵³ Der **Beschluss über die Geltendmachung von Ersatz- und Unterlassungsansprüchen** muss die dem Geschäftsführer vorgeworfene Pflichtverletzung und den betreffenden Sachverhalt so genau „umreißen", dass klar ist, in welcher Angelegenheit bzw. wegen welcher Pflichtverstöße sich die Gesellschafter für eine Anspruchsdurchsetzung entschieden haben.⁵⁴ Andererseits sind bei der Beschlussfassung selbst im Übrigen keine besonderen Förmlichkeiten zu beachten, insbesondere kann der betreffende Beschluss zur Klageerhebung auch in einer Vollversammlung bei einem formlosen Zusammentreffen der Gesellschafter gefasst werden.⁵⁵ Sofern der Beschluss zu ungenau oder aus sonstigen Gründen nichtig ist, ist dies vom Prozessgericht im Rahmen der Unterlassungs- oder Schadensersatzklage zu berücksichtigen und die betreffende Klage als unbegründet abzuweisen. Ergeben sich hinsichtlich des Beschlusses demgegenüber nur Anfechtungsgründe und wurde der vorbereitende Beschluss gemäß § 46 Nr. 8 1. Alt. GmbHG rechtzeitig angefochten, ist die Schadensersatz- oder Unterlassungsklage bis zur Entscheidung über den Anfechtungsprozess wegen dessen Vorgreiflichkeit auszusetzen.

---

⁵⁰ BGH, Urteil vom 14.7.2004, NZG 2004, 962 = GmbHR 2004, 1279.
⁵¹ BGH, Urteil vom 4.2.1991, NJW 1991, 1884 = GmbHR 1991, 363 = BB 1991, 937; BGH, Urteil vom 29.11.2004, NZG 2005, 216 = GmbHR 2005, 301 = BB 2005, 456. Zu großzügig demgegenüber OLG Düsseldorf, Beschluss vom 20.5.2011, DStR 2012, 1350, wonach der Beschluss gem. § 46 Nr. 8, 1. Alt. GmbHG bereits dann keine Klagevoraussetzung bilde, wenn eine Schädigung des Vermögens der Gesellschaft geltend gemacht werde (was den Anwendungsbereich des § 46 Nr. 8, 1. Alt. GmbHG ja gerade eröffnet). Das OLG Düsseldorf beruft sich in dem betreffenden Beschluss auch zu Unrecht auf die beiden vorgenannten BGH-Entscheidungen, die beide Schadensersatzforderungen einer Zwei-Personen-GmbH betrafen, worauf der BGH für den Wegfall des Beschlusserfordernisses jeweils ausschließlich abstellte.
⁵² BGH, Urteil vom 14.7.2004, NZG 2004, 962 = GmbHR 2004, 1279. Der Gesellschafterbeschluss gem § 46 Nr. 8 1. Alt. GmbHG kann zwar selbst in der Revisionsinstanz noch gefasst werden. Seine Einführung als Grundlage für die Entscheidung des Revisionsgerichts ist dann aber nur noch eingeschränkt zulässig. Der nachträgliche Zustimmungsbeschluss zur Klage wird aus Gründen der Prozessökonomie vom Revisionsgericht nur noch berücksichtigt, sofern diese Tatsache des *wirksamen* Beschlusses unter den Parteien unstreitig ist und darüber hinaus keine schützenswerten Belange einer Partei der nachträglichen Berücksichtigung in der Revision entgegenstehen (BGH, aaO, mit ausführlicher Darstellung der einschlägigen BGH-Rechtsprechung).
⁵³ Vgl. zum Stimmrechtsausschluss wegen Interessenkollision näher unter Rn. 47 ff.
⁵⁴ OLG Düsseldorf, Urteil vom 18.8.1994, GmbHG 1995, 232 = BB 1995, 11.
⁵⁵ BGH, Urteil vom 21.6.1999, BGHZ 142, 92 = NZG 1999, 1001 = NJW 1999, 2817.

IV. *Gerichtliche Durchsetzung von Ansprüchen ggü. gf. Gesellschaftern*   423

Die Gesellschafterversammlung *kann* zugleich mit dem Beschluss über die Geltendmachung der Ersatzansprüche einen besonderen **Prozessvertreter der GmbH bestellen** (der nicht mit dem Prozess*bevollmächtigten* zu verwechseln ist). Dies gilt selbst dann, wenn bei der betreffenden GmbH ein nach mitbestimmungsrechtlichen Vorschriften eingerichteter Pflicht-Aufsichtsrat besteht.⁵⁶ Die Gesellschafterversammlung ist bei der Auswahl des besonderen Prozessvertreters frei, kann also auch einen anderen Geschäftsführer oder Gesellschafter als besonderen Prozessvertreter benennen. Unterbleibt eine Vertreterbestellung, wird die GmbH entweder durch ihren Aufsichtsrat vertreten (gemäß § 112 AktG analog) oder, falls ein Aufsichtsrat nicht bestellt ist, durch weitere Geschäftsführer (vgl. iE unter Rn. 686). In singulären Ausnahmefällen soll laut BGH schließlich auch bei der GmbH die Möglichkeit einer *Gesellschafter*klage, also die Möglichkeit der Klage eines Mitgesellschafters gegen den geschäftsführenden Mitgesellschafter auf Leistung an die Gesellschaft bestehen.⁵⁷   793

Die **Beschlussfassung** gemäß § 46 Nr. 8 1. Alt. GmbHG ist wegen des besonderen Zeitdrucks **entbehrlich**, wenn gegen den betreffenden Geschäftsführer im Wege der **einstweiligen Verfügung** vorgegangen werden soll.⁵⁸ Aus dem gleichen Grund können Schadensersatz- oder Unterlassungsansprüche der GmbH im Verfügungsverfahren ausnahmsweise auch durch einen Gesellschafter in Prozessstandschaft für die Gesellschaft (actio pro socio) durchgesetzt werden, wenn die GmbH anderenfalls mangels Prozessvertreters nicht hinreichend schnell handlungsfähig ist (vgl. hierzu näher unter Rn. 811 f.). **§ 46 Nr. 8 1. Alt. GmbHG** findet **ferner keine Anwendung** im Rechtsverhältnis zwischen der **GmbH & Co. KG** und dem Geschäftsführer der Komplementär-GmbH, so dass die gerichtliche Durchsetzung von Schadensersatz- oder Unterlassungsansprüchen der KG gegen den Geschäftsführer persönlich keines vorhergehenden Beschlusses der Gesellschafterversammlung der GmbH & Co. KG bedarf.⁵⁹   794

---

⁵⁶ Str, so wohl aber die überwiegende Auffassung im Schrifttum. Vgl. zum Meinungsstand nur Baumbach/Hueck, § 46, Rn. 66 (unter Verweis auf § 147 Abs. 2 S. 1 AktG); Lutter/Hommelhoff, § 46, Rn. 35; **aA** z.B. Ulmer/Habersack/Winter, § 46, Rn. 103 (unter Verweis auf § 112 AktG); Michalski/*Römermann*, § 46, Rn. 395.

⁵⁷ BGH, Urteil vom 29.11.2004, NZG 2005, 216 = GmbHR 2005, 301 = BB 2005, 456. Laut BGH ist eine solche Gesellschafterklage in der GmbH ausnahmsweise möglich, *„wenn eine Klage der Gesellschaft undurchführbar, durch den Schädiger selbst vereitelt worden oder in Folge der Machtverhältnisse in der Gesellschaft so erschwert ist, dass es für den betroffenen Gesellschafter ein unzumutbarer Umweg wäre, müsste er die Gesellschaft erst zu einer Haftungsklage zwingen"*. Die Gesellschafterklage könne ferner dann zulässig sein, wenn der GmbH ein Vertretungsorgan fehle oder die Gesellschaft mangels Vermögens nicht zur Klageerhebung in der Lage sei. Mir leuchtet die Begründung nicht ein, da der Mitgesellschafter angesichts des Stimmverbots des betroffenen geschäftsführenden Gesellschafters (gerade in der zweigliedrigen GmbH) unproblematisch die Möglichkeit hat, vor Klageerhebung einen betreffenden Gesellschafterbeschluss herbeizuführen, sich oder eine andere Person zum Prozessvertreter zu bestellen und die GmbH bei Vermögenslosigkeit notfalls mit den notwendigen Mitteln zur Prozessführung auszustatten (die im Falle der Gesellschafterklage ebenso aufgebracht werden müssen).

⁵⁸ Ulmer/Habersack/Winter, § 46, Rn. 97; Scholz/*K. Schmidt*, § 46, Rn. 154; Baumbach/Hueck, § 46, Rn. 60. Vgl. zur Durchsetzung von Unterlassungsansprüchen im Wege des einstweiligen Rechtsschutzes auch nachstehend unter Rn. 795 ff.

⁵⁹ Vgl. zuletzt BGH, Urteil vom 18.6.2013, BGHZ 197, 304 = NZG 2013, 1021 = GmbHR 2013, 1044.

V. Einstweiliger Rechtsschutz

Schrifttum: *Beyer*, Vorbeugender Rechtsschutz gegen die Beschlussfassung in der GmbH-Gesellschafterversammlung, GmbHR 2001, 467; *Dittert*, Einstweiliger Rechtsschutz gegen falsche GmbH-Gesellschafterliste, NZG 2015, 221; *Emde*, Einstweiliger Rechtsschutz im Auskunftserzwingungsverfahren nach §§ 51a, 51b GmbHG?, ZIP 2001, 820; *Kiethe*, Ausschluss aus der Personengesellschaft und Einstweilige Verfügung, NZG 2004, 114; *Liebscher/Alles*, Einstweiliger Rechtsschutz im GmbH-Recht, ZIP 2015, 1; *Lutz*, Einstweiliger Rechtsschutz bei Gesellschafterstreit in der GmbH, BB 2000, 833; *ders.*, Prozessvertretung der GmbH gegenüber dem Geschäftsführer und actio pro socio bei einstweiligen Verfügungen, NZG 2015, 424; *Michalski*, Zur Zulässigkeit einer einstweiligen Verfügung, mit der in die Willensbildung einer juristischen Person eingegriffen wird, NZG 1999, 408; *Nietsch*, Einstweiliger Rechtsschutz bei Beschlussfassung in der GmbH-Gesellschafterversammlung, GmbHR 2006, 393; *K. Schmidt*, Zur Durchsetzung einer Stimmrechtsbindung mit den Mitteln des einstweiligen Rechtsschutzes in der GmbH, GmbHR 1991, 469; *Wulfer/Adams*, Verhinderung von Missbrauch der GmbH-Gesellschafterliste im Rahmen von Gesellschafterstreitigkeiten, GWR 2014, 339; *Zutt*, Einstweiliger Rechtsschutz bei Stimmbindungen, ZHR 155, 190.

795 Einstweiliger Rechtsschutz durch einstweilige gerichtliche Verfügungen hat im Rahmen von Gesellschafterkonflikten große praktische Bedeutung. Bei einer Vielzahl von Streitigkeiten besteht typischerweise ein dringendes Interesse an zügiger Durchsetzung oder Sicherung eigener Gesellschafterrechte. Die Abberufung eines Geschäftsführers oder die Ausschließung eines Mitgesellschafters setzt z.B. gerade voraus, dass für die übrigen Gesellschafter eine unzumutbare Situation entstanden ist. Die gerichtliche Klärung der betreffenden Gesellschafterbeschlüsse oder ein rechtskräftiges Gestaltungsurteil können indessen Jahre in Anspruch nehmen. Der Bedarf nach flankierendem, einstweiligem Rechtsschutz ist hier offensichtlich. Gleiches gilt andererseits für den von einer Zwangsmaßnahme betroffenen Gesellschafter, dem durch einen Abberufungs- oder Ausschließungsbeschluss kurzfristig irreversible Rechtsnachteile entstehen können. Der aufgrund anfechtbaren oder gar nichtigen Gesellschafterbeschlusses abberufene oder ausgeschlossene Gesellschafter kann z.B. versuchen, seine Organrechte als Geschäftsführer bzw. seine Mitgliedschaftsrechte als Gesellschafter ergänzend zum Beschlussmängelstreit in der Hauptsache durch einstweilige Verfügung vorläufig zu sichern. Unabhängig davon ist die einstweilige Verfügung bei Gesellschafterstreitigkeiten im Übrigen auch ein „*schnell wirkendes, taktisch als Waffe einsetzbares Mittel*".[1]

796 Die für den einstweiligen Rechtsschutz relevanten Streitgegenstände lassen sich im Wesentlichen in zwei Hauptgruppen unterteilen, nämlich zum einen einstweilige Verfügungen betreffend **Gesellschafterrechte** und zum anderen einstweilige Verfügungen betreffend das **Geschäftsführeramt** und **Geschäftsführungsmaßnahmen** (einschließlich des Bewirkens von Registereintragungen und Änderungen der GmbH-Gesellschafterliste). In Bezug auf die Gesellschafterrechte haben vor allem solche Verfügungen praktische Bedeutung, mittels derer durch gerichtlich angeordnete Stimmverbote oder Stimmgebote auf Beschlussfassungen eingewirkt oder aber der Vollzug anfechtbarer oder nichtiger Beschlüsse verhindert werden soll. Die Gerichte haben sich

---

[1] MüKoZPO/*Drescher*, § 935, Rn. 63 (in der 3. Auflage, 2008). Vgl. auch unter Rn. 849.

in diesem Zusammenhang in erster Linie mit Streitfällen in personalistischen Kapitalgesellschaften zu befassen, da hier nach der gesetzlichen Regelung – anders als bei den Personengesellschaften – einige der wichtigsten streitigen Maßnahmen wie Abberufung von der Geschäftsführung, Ausschließung oder Gewinnausschüttung rglm durch Gesellschafterbeschluss vorbereitet bzw. durchgeführt werden. Im Bereich der Geschäftsführung dienen einstweilige Verfügungen vorrangig zur vorläufigen Entziehung von Geschäftsführungs- und Vertretungsbefugnissen bzw. spiegelbildlich zur Abwehr eines entsprechenden Rechtsverlustes durch den betroffenen Geschäftsführer sowie andererseits zur Unterbindung rechtswidriger Geschäftsführungsmaßnahmen.

1. Einstweiliger Rechtsschutz in Bezug auf Gesellschafterrechte

a) Möglichkeiten einstweiligen Rechtsschutzes im Überblick

797

Möglichkeiten einstweiliger Verfügungen zur Durchsetzung von Gesellschafterrechten und der Verhinderung deren Missbrauchs		
Rechtsschutzziel	Einstweiliger Rechtsschutz grds[2] möglich	Einstweiliger Rechtsschutz ausgeschlossen
1. Einflussnahme auf die Beschlussfassung und Verhinderung der Durchführung von Beschlüssen	• Unterbindung der Abhaltung einer Gesellschafterversammlung bei evidenter Verletzung von Einberufungsvorschriften.[3] • Durchsetzung/Verhinderung der Teilnahme von Beratern in der GV.[4] • In seltenen Ausnahmefällen: Einflussnahme auf das Abstimmungsverhalten durch EV, mittels derer eine Stimmabgabe geboten, verboten oder ersetzt wird.[5] • Vorläufige Unterbindung der HR-Eintragung eines Beschlusses gem § 16 Abs. 2 HGB, z.B. einer GF-Abberufung oder einer Umwandlung der Gesellschaft.[6] • Vorläufige Unterbindung des Vollzugs nicht eintragungspflichtiger Beschlüsse bis zu deren gerichtlichen Klärung in der Hauptsache (z.B. Gesellschafterausschließung[7]).	• Einstweilige Feststellung einer Beschlussunwirksamkeit oder eines streitigen Beschlussergebnisses.[8]

---

[2] Einstweiliger Rechtsschutz setzt voraus, dass die EV im Sinne des § 940 ZPO notwendig ist, also wegen besonderer Dringlichkeit ein „Verfügungsgrund" besteht. Vgl. zum Verfügungsverfahren näher unter Rn. 807 ff.

Möglichkeiten einstweiliger Verfügungen zur Durchsetzung von Gesellschafterrechten und der Verhinderung deren Missbrauchs		
Rechtsschutzziel	Einstweiliger Rechtsschutz grds[2] möglich	Einstweiliger Rechtsschutz ausgeschlossen
2. Informationserzwingung	• Sicherung von Geschäftsunterlagen, in die Einsicht genommen werden soll.[9]	• Unzulässigkeit einer EV auf Durchsetzung von Auskunftsansprüchen.[10] • Unzulässigkeit der Durchsetzung von Einsichtsrechten durch EV.[11]
3. Ausschließung aus der Gesellschaft	• In seltenen Ausnahmefällen: Verhinderung des Ausschließungsbeschlusses durch Stimmverbot[12] • Nach Ausschließungsbeschluss: Vorläufige Sicherung von Mitgliedschaftsrechten des Ausgeschlossenen durch EV.[13] Für die Gesellschaft kommt andererseits z.B. die Durchsetzung eines Hausverbots für den Ausgeschlossenen durch EV in Betracht[14]	• Unzulässigkeit einer Gesellschafter-Ausschließung durch EV.[15]
4. Zwangsauflösung der Gesellschaft		• Unzulässigkeit einer Zwangsauflösung durch EV.[16]

---

[3] OLG Frankfurt a.M., Beschluss vom 15.12.1981, GmbHR 1982, 237 = BB 1982, 274 = WM 1982, 282; OLG Koblenz, Urteil vom 25.10.1990, NJW 1991, 1119 = GmbHR 1991, 21 = DB 1990, 2413 (jeweils für eine GmbH-Gesellschafterversammlung). Siehe auch OLG Jena, Urteil vom 4.12.2001, NZG 2002, 89, wobei der Verfügungsantrag aus Sicht des Berufungsgerichts mangels Verfügungsanspruchs unbegründet war („grundsätzlich" könne ein Gesellschafter-GF nicht verlangen, dass die übrigen Gesellschafter die Einberufung einer Gesellschafterversammlung unterlassen, um ihn in der Versammlung abzuberufen).

[4] Vgl. OLG Stuttgart, Beschluss vom 7.3.1997, GmbHR 1997, 1107 = MDR 1997, 1137, betreffend die Durchsetzung eines anwaltlichen Beraters in einer GmbH-Gesellschafterversammlung durch EV. Spiegelbildlich können Mitgesellschafter durch EV unterbinden, dass ein Gesellschafter (zum wiederholten Male oder entsprechend Ankündigung) einen nicht teilnahmeberechtigten Berater in die Versammlung mitbringt (vgl. zur Zulassung von Beratern in GV näher unter Rn. 122 ff.). Das **Muster** eines entsprechenden Verfügungsantrags (Duldung der Teilnahme eines Beraters) findet sich unter Rn. 872.

[5] Vgl. hierzu iE unter Rn. 798 ff. Das **Muster** eines Verfügungsantrags, betreffend ein solches Stimmverbot, findet sich unter Rn. 873.

[6] Vgl. zu diesen Verfügungsanträgen näher unter Rn. 805, Ziffer 3.

[7] Vgl. hierzu nachstehend in diesem Überblick unter Punkt 3. („Ausschließung aus der Gesellschaft"). Vgl. zur Unterbindung von Gesellschafterbeschlüssen, mittels derer in die Geschäftsführung eingegriffen wird (z.B. Weisungsbeschluss in der GmbH), auch im Überblick unter Rn. 805 sowie das **Muster** eines entsprechenden Verfügungsantrags unter Rn. 875.

[8] Vgl. zur Unzulässigkeit entsprechender „Feststellungsverfügungen" z.B. OLG Celle, Urteil vom 9.10.1989, NJW 1990, 582 = ZIP 1989, 1552 = DB 1989, 2422; vgl. auch Zöller, § 940, Rn. 8 („Gesellschaftsrecht"), mwN.

[9] Vgl. hierzu näher unter Rn. 446.

b) Einflussnahme auf die Beschlussfassung durch EV

Gesellschafterbeschlüsse können im Rahmen des einstweiligen Rechtsschutzes effektiv und zügig durchgesetzt oder verhindert werden, indem durch einstweilige Verfügung ein bestimmtes, rechtmäßiges Abstimmungsverhalten von Mitgesellschaftern durchgesetzt wird. Der Vorteil für den Gesellschafter, der eine solche einstweilige Verfügung erreicht, liegt darin, dass er bereits bei Beschlussfassung das für ihn günstige Ergebnis erhält und seine Rechtsposition nicht in einem anschließenden, meist langwierigen Beschlussmängelstreit durchsetzen muss. Die Verhinderung eines rechtswidrigen Gesellschafterbeschlusses bereits bei Abstimmung kann mit Rücksicht darauf sogar zu einer Eindämmung des Gesellschafterstreites führen, da ggf die sich sonst üblicherweise anschließenden, langwierigen gerichtlichen Auseinandersetzungen vermieden werden.

798

aa) Verfügungsantrag und Vollstreckung

Der **Verfügungsantrag ist darauf gerichtet**, einem oder mehreren Mitgesellschaftern eine **bestimmte Stimmabgabe** zu einem angekündigten Beschlussantrag in einer bevorstehenden Gesellschafterversammlung **zu verbieten** bzw. **anzuordnen**. Ein entsprechender Verfügungsanspruch ist dann gegeben, wenn der oder die betreffenden Mitgesellschafter durch **vertragliche oder gesetzliche Stimmbindung** verpflichtet sind, hinsichtlich eines angekündigten Beschlussantrags in einer allein rechtmäßigen Art und Weise (also durch Zustimmung oder Ablehnung des Beschlussantrags) abzustimmen. Entsprechende gesetzliche Stimmbindungen können aus der gesellschaftsrechtlichen Treuepflicht resultieren. Ein Gesellschafter ist z.B. grds auch ohne rechtsgeschäftliche Stimmbindung und aufgrund seiner Treuepflichten gegenüber den

799

---

[10] OLG Hamm, Beschluss vom 29.11.1991, NJW-RR 1992, 640; aA z.B. *Liebscher/Alles*, Einstweiliger Rechtsschutz im GmbH-Recht, ZIP 2015, S. 1 ff. (2), mwN, sofern ausnahmsweise ein Verfügungsgrund vorliegt. Vgl. hierzu auch unter Rn. 446.
[11] Vgl. hierzu näher unter Rn. 446.
[12] Vgl. hierzu iE unter Rn. 798 ff. Das **Muster** eines solchen Verfügungsantrags findet sich unter Rn. 873.
[13] OLG Hamm, Urteil vom 14.3.2000, NJW-RR 2001, 105, wobei der Verfügungsantrag aus Sicht des Berufungsgerichts im konkreten Fall unbegründet war, da die Wahrung der aktiven Mitgliedschaftsrechte des ausgeschlossenen Gesellschafters bei der betreffenden GmbH zu einer Pattsituation und zu einer *„schadensträchtigen Handlungsunfähigkeit der Gesellschaft"* geführt hätte. Vgl. auch OLG Düsseldorf, Urteil vom 19.1.1988, NJW-RR 1988, 1271, für die Sicherung von Mitgliedschaftsrechten nach Ausschließung aus einem Verein. In der GmbH ist der Verfügungsanspruch wegen der Legitimationswirkung des § 16 Abs. 1 GmbH mE unbegründet, sobald eine entsprechend geänderte Gesellschafterliste zum HR eingereicht und dort aufgenommen worden ist (abgesehen von Ausnahmefällen, wie etwa Kenntnis des gem § 40 GmbHG einreichenden GF/Notar von der Unrichtigkeit; vgl. näher unter Rn. 267 ff.). Der betroffene Gesellschafter muss sich hier mit einem Verfügungsantrag auf vorläufige Listenkorrektur zur Wehr setzen, vgl. unter Rn. 805, Ziffer 3. Das **Muster** eines Verfügungsantrags zur Sicherung von Mitgliedschaftsrechten findet sich unter Rn. 876.
[14] Vgl. Zöller, § 940, Rn. 8, „Gesellschaftsrecht".
[15] Vgl. hierzu unter Rn. 722 und 730.
[16] Vgl. näher unter Rn. 737 und 745.

Mitgesellschaftern verpflichtet, gegen einen Antrag auf Ausschließung zu stimmen, wenn offensichtlich kein Ausschließungsgrund vorliegt, oder aber andererseits dem Beschlussantrag auf Abberufung eines Geschäftsführers „aus wichtigem Grund" zuzustimmen, wenn ein solcher Grund tatsächlich und offensichtlich gegeben und die Beibehaltung der Organstellung für die Gesellschaft unzumutbar ist.[17]

Die einstweilige Verfügung, mittels derer die **Unterlassung einer Stimmabgabe** angeordnet wird, ist **nach § 890 ZPO (Durchsetzung durch Ordnungsmittel) vollstreckbar**. Fraglich ist demgegenüber, ob die mittels einstweiliger Verfügung angeordnete, **positive Stimmabgabe gem. § 894 ZPO fingiert** werden kann. Demnach ersetzt das rechtskräftige Urteil zur Abgabe einer Willenserklärung die betreffende Willenserklärung kraft gesetzlicher Fiktion. Grds. ist diese gesetzliche Fiktion für die Stimmabgabe eines Gesellschafters anwendbar.[18] Das betreffende Urteil ist dann in der Gesellschafterversammlung oder im Rahmen des sonstigen Abstimmungsverfahrens zu berücksichtigen und ersetzt bei Beschlussfassung die positive Stimmabgabe des widerstrebenden Gesellschafters zu dem betreffenden Beschlussantrag. Sofern die positive Stimmabgabe eines Gesellschafters nach Maßgabe nachstehender Anforderungen (vgl. unter Rn. 800 ff.) ausnahmsweise durch einstweilige Verfügung durchgesetzt werden kann, ist die gesetzliche Fiktion des § 894 ZPO mE daher zumindest auch für das stattgebende Verfügungs*urteil* anwendbar, sobald dieses Verfügungsurteil formell rechtskräftig wird.[19] Falls § 894 ZPO demgegenüber nicht anwendbar ist, ist das durch einstweilige Verfügung angeordnete Stimmgebot gem. § 888 ZPO vollstreckbar (Durchsetzung der Stimmabgabe ggf. durch Ordnungsmittel).

---

[17] Vgl. zu den gesetzlichen Stimmbindungen aufgrund gesellschaftsrechtlicher Treuepflicht iE unter Rn. 57f.

[18] Vgl. z.B. BGH, Urteil vom 25.9.1986, BGHZ 98, 276 = NJW 1987, 189 = GmbHR 1986, 426 (für die Zustimmung zu einem Kapitalerhöhungsbeschluss in einer GmbH); BGH, Urteil vom 10.4.1989, NJW-RR 1989, 1056 = GmbHR 1990, 68 (für die Zustimmung zur Bestellung eines GmbH-Geschäftsführers); BGH, Urteil vom 19.5.1967, BGHZ 48, 163 = WM 1967, 925 (für die Zustimmung zur Abtretung eines GmbH-Geschäftsanteils auf der Grundlage einer Stimmbindungsvereinbarung).

[19] Vgl. auch OLG Köln, Urteil vom 7.12.1995, NJW-RR 1997, 59. In der Rechtsprechung und im Schrifttum wird die Anwendung des § 894 ZPO auf die Vollstreckung einer einstweiligen Verfügung demgegenüber weitgehend abgelehnt, jedenfalls sofern die Verfügung nicht eine auf die nur vorläufige Regelung oder Sicherung beschränkte Willenserklärung betrifft, vgl. z.B. OLG Nürnberg, Beschluss vom 22.2.2007, NJW 2007, 2053; OLG Zweibrücken, Beschluss vom 11.8.2008, MDR 2009, 221; MüKoZPO/ *Gruber*, § 894, Rn. 6; Baumbach/Lauterbach/Albers/Hartmann, § 940, Rn. 46, jeweils mwN. Die Bedenken beruhen jedoch jeweils darauf, dass eine einstweilige Verfügung keine endgültige Regelung treffen könne und sich daher die Vorläufigkeit der einstweiligen Verfügung nicht mit der gesetzlichen Fiktion des § 894 ZPO vertrage. Sofern mit der einstweiligen Verfügung aufgrund der besonderen Fallumstände ausnahmsweise ein Stimmgebot für einen Gesellschafter angeordnet wird, ist die betreffende Verfügung jedoch bereits ihrem Inhalt nach nicht vorläufig. Falls diese Verfügung wegen eines besonderen Verfügungsgrunds (vgl. hierzu unter Rn. 800 ff.) ausnahmsweise für zulässig angesehen wird, müsste hierfür mE auch die gesetzliche Fiktion des § 894 ZPO gelten, sofern die Verfügung durch ein formell rechtskräftiges Urteil ergangen ist.

bb) Besondere Anforderungen an den Verfügungsgrund

Einstweilige Verfügungen, mittels derer das Stimmverhalten von Gesellschaftern beeinflusst werden soll, bedürfen wie alle Maßnahmen des einstweiligen Rechtsschutzes eines **Verfügungsgrundes**. Dieser ist gemäß § 940 ZPO nur gegeben, wenn die Verfügung *„zur Abwendung wesentlicher Nachteile oder zur Verhinderung drohender Gewalt oder aus anderen Gründen nötig erscheint"*. Die einstweilige gerichtliche Anordnung muss also nachweislich dringend sein.[20] Das besondere Problem des gerichtlichen Eingriffs in Beschlussfassungen durch EV besteht indessen darin, dass solche Verfügungen – jedenfalls hinsichtlich der bestimmten, betroffenen Beschlussfassung bzw. Gesellschafterversammlung – zu einer **Vorwegnahme der Hauptsache** führen: Der einmal gefasste Beschluss fällt durch die spätere, anderslautende Entscheidung in der Hauptsache nicht wieder weg und der durch die EV verhinderte Gesellschafterbeschluss gelangt nicht rückwirkend nachträglich zur Entstehung, wenn die Verfügung wieder aufgehoben wird. Diese „Befriedungswirkung" ist dem System des einstweiligen Rechtsschutzes der ZPO jedoch grds fremd.

800

Sofern eine **vertragliche Stimmbindung** besteht, ist die **Zulässigkeit einer EV** bei drohender Verletzung durch den verpflichteten Gesellschafter trotzdem grds **zu bejahen**. Die rechtsgeschäftliche Stimmbindung kann auch im Wege des einstweiligen Rechtsschutzes durchgesetzt werden, da sich die beteiligten Gesellschafter hier selbst eine entsprechende Bindung auferlegt haben und die Stimmbindungsvereinbarung andererseits nur schuldrechtlich wirkt, so dass der Berechtigte bei abredewidriger Stimmabgabe einen abschließenden Rechtsnachteil erleiden könnte.[21]

801

Bei **gesetzlichen Stimmbindungen** ist demgegenüber nach wie vor streitig, **ob und unter welchen Voraussetzungen** diese im Wege des **einstweiligen Rechtsschutzes durchgesetzt werden** können. Die hM lehnte die Zulässigkeit solcher einstweiliger Verfügungen, mittels derer das Stimmverhalten von Gesellschaftern aufgrund gesetzlicher Treuepflicht gerichtlich beeinflusst werden soll, ursprünglich vollständig ab.[22] Diese generelle Ablehnung wurde in der Rechtsprechung aufgegeben. In einer Fülle von OLG-Entscheidungen sind bestimmte, seltene Ausnahmefälle bestimmt worden, in denen solche einstweilige Verfügungen möglich sein sollen.[23] In die Stimmrechtsausübung eines Gesellschafters kann demnach durch EV eingegriffen werden[24], wenn

802

---

[20] Vgl. zum Verfügungsverfahren auch unter Rn. 807 ff.
[21] OLG Koblenz, Urteil vom 27.2.1986, NJW 1986, 1692 = GmbHR 1986, 428 = ZIP 1986, 503; OLG Koblenz, Urteil vom 25.10.1990, NJW 1991, 1119 = GmbHR 1991, 21 = DB 1990, 2413.
[22] Ein Überblick über die frühere hM findet sich z.B. im Urteil des OLG Koblenz vom 25.10.1990, NJW 1991, 1119 = GmbHR 1991, 21 = DB 1990, 2413.
[23] Die Rspr betrifft hierbei nahezu ausnahmslos Gesellschafterbeschlüsse in personalistisch strukturierten Kapitalgesellschaften, also GmbHs oder kleinen AGs. Dies findet seinen Grund darin, dass streitige Mehrheitsbeschlüsse von erheblichem (den einstweiligen Rechtsschutz rechtfertigendem) Gewicht in Personengesellschaften kaum praktische Relevanz haben. Wichtige Zwangsmaßnahmen wie die Entziehung von Geschäftsführung und Vertretungsmacht oder die Ausschließung von Gesellschaftern geschehen anders als bei der GmbH grds nicht durch Beschluss, sondern durch Gestaltungsklage. Auch im Übrigen sind Mehrheitsbeschlüsse nur unter bestimmten Voraussetzungen und mit Beschränkungen möglich (vgl. unter Rn. 66 ff.). Trotzdem gelten die von der Rechtsprechung für die GmbH bzw. AG entwickelten Grundsätze

- die Rechtslage hinsichtlich des streitgegenständlichen Gesellschafterbeschlusses „eindeutig" ist *oder*
- der Antragsteller wegen schwerwiegender Beeinträchtigung seiner Interessen ein besonderes Schutzbedürfnis hat *und*
- die einstweilige Verfügung nicht am Gebot des geringstmöglichen Eingriffes scheitert.[25]

803 Letztere Bedingung, das Gebot des geringstmöglichen Eingriffs, führt rglm zum Scheitern solcher Verfügungsanträge. Der Verfügungsantrag ist aus diesem Grunde bereits dann **erfolglos**, wenn sich der betroffene Gesellschafter je nach Beschlussgegenstand **auch** gegen den **Vollzug des Beschlusses effektiv zur Wehr setzen kann**. Dies ist vor allem dann der Fall, wenn der Beschluss zu seiner Umsetzung zusätzlich der Eintragung im Handelsregister bedarf (wie z.B. ein Beschluss nach §§ 1 ff. UmwG). Die Unterbindung der Registereintragung, ggf im Wege einstweiligen Rechtsschutzes, bedeutet den im Verhältnis zur Einflussnahme auf die Beschlussfassung geringeren richterlichen Eingriff.[26] Doch auch sonst kann ein Gesellschafter in aller Regel auf effektiven Rechtsschutz gegen die Beschluss*ausführung* verwiesen werden. Im Fall der praktisch besonders wichtigen Abberufung von der Geschäftsführung hat der betroffene Gesellschafter-Geschäftsführer neben der Verhinderung der Registereintragung etwa die Möglichkeit, sich nach dem Abberufungsbeschluss und parallel zu einer Anfechtungsklage einzelne oder gar sämtliche bisherige Kompetenzen durch einstweilige Verfügung zu sichern.[27] Die **Gerichte** sind daher mit dem **Erlass einstweiliger Ver-**

---

zur Zulässigkeit einer EV, mittels derer in die Willensbildung von Gesellschaftern eingegriffen wird, bei Personengesellschaften entsprechend; vgl. für die Personenhandelsgesellschaften z.B. Baumbach/Hopt/*Roth*, § 119, Rn. 32.

[24] Die Argumentation in den veröffentlichten Entscheidungen der Oberlandesgerichte, ob die Einflussnahme auf die Willensbildung von Gesellschaftern eine „Zulässigkeitsschranke" für EV bildet (so z.B. OLG Koblenz, Urteil vom 25.10.1990, NJW 1991, 1119 = GmbHR 1991, 21 = DB 1990, 2413) oder die besondere Problematik solcher Verfügungen im Rahmen des Verfügungsgrundes und damit bei der Begründetheitsprüfung zu berücksichtigen ist (so z.B. OLG Hamburg, Urteil vom 28.6.1991, NJW 1992, 186 = GmbHR 1991, 467), variiert, ohne dass sich dies allerdings auf das Ergebnis auswirkt.

[25] Vgl. zuletzt z.B. OLG Frankfurt a.M., Urteil vom 1.7.1992, GmbHR 1993, 161; OLG Hamm, Beschluss vom 6.7.1992, GmbHR 1993, 163 = DB 1992, 2129; OLG Stuttgart, Beschluss vom 18.2.1997, GmbHR 1997, 312; OLG München, Beschluss vom 20.7.1998, NZG 1999, 407 = GmbHR 1999, 718; OLG Düsseldorf, Urteil vom 18.5.2005, NZG 2005, 633; OLG München, Urteil vom 13.9.2006, NZG 2007, 152 = ZIP 2006, 2334 = AG 2007, 335.

[26] OLG Hamm, Beschluss vom 6.7.1992, GmbHR 1993, 163 = DB 1992, 2129; OLG München, Urteil vom 13.9.2006, NZG 2007, 152 = ZIP 2006, 2334 = AG 2007, 335, für die Einflussnahme auf die Beschlussfassung in einer AG.

[27] Vgl. z.B. OLG Stuttgart, Beschluss vom 18.2.1997, GmbHR 1997, 312. In dem vom OLG Stuttgart entschiedenen Fall handelte es sich zudem um eine Zwei-Personen-GmbH. Der von der Abberufung betroffene Gesellschafter konnte gegen den Beschlussantrag stimmen und somit bis zur rechtskräftigen gerichtlichen Klärung des Abstimmungsergebnisses ohnedies weiter amtieren, ohne dass er bereits den Abberufungsbeschluss selbst durch EV verhindern musste (so auch die Argumentation des OLG Stuttgart, aaO). Vgl. zu den Rechtsschutzmöglichkeiten des von einem Abberufungsbeschluss betroffenen Gesellschafters darüber hinaus unter Rn. 806.

fügungen, mittels derer auf die Stimmrechtsausübung von Gesellschaftern eingewirkt werden soll, **äußerst zurückhaltend**. Entsprechende Verfügungsanträge haben nur in seltenen Ausnahmefällen Erfolg, in denen das Stimmrecht eines Gesellschafters absehbar offensichtlich missbraucht werden soll und der betroffene Gesellschafter keine effektive Rechtsschutzmöglichkeit auf Vollzugsebene hat.

Beispiele aus der Rechtsprechung, in denen **einstweilige Verfügungen zur Verhinderung einer Beschlussfassung befürwortet** wurden, sind **rar**. Am ehesten kommt die Verfügung in Betracht, mittels derer einem Gesellschafter unter Androhung von Ordnungsmitteln **untersagt** wird, **für die Ausschließung eines Mitgesellschafters** zu stimmen. Der vom Ausschluss bedrohte Gesellschafter muss glaubhaft machen, dass die Ausschließung wegen Fehlens eines Ausschließungsgrundes rechtsmissbräuchlich wäre und er durch die Ausschließung abschließende Rechtsnachteile erleiden würde.[28] 804

Ein weiteres Beispiel für einen erfolgreichen Verfügungsantrag bildet etwa die Entscheidung des OLG München vom 20.7.1998[29]: Dem Beklagten wurde hier mittels EV **untersagt**, in einer Gesellschafterversammlung für **die Abberufung** des bisherigen **Geschäftsführers** und die Bestellung zweier neuer, ihm genehmer Geschäftsführer **abzustimmen**. Das Verfahren wies allerdings die Besonderheit auf, dass der Geschäftsanteil, hinsichtlich dessen das Stimmverbot angeordnet wurde, zum Zeitpunkt der EV bereits durch vorhergehenden Gesellschafterbeschluss eingezogen worden war. Der Fortbestand der Mitgliedschaftsrechte des Beklagten beruhte somit auf dem Umstand, dass die Zwangseinziehung mangels Abfindungszahlung noch nicht wirksam geworden war. Das Stimmrecht war hierdurch eingeschränkt und die beabsichtigte Auswechslung der Geschäftsführung nach den Fallumständen offensichtlich treuwidrig.

Ein Beispiel für **die Durchsetzung einer Beschlussfassung** bildet ein Urteil des OLG Zweibrücken vom 30.10.1997[30]: Dem Beklagten wurde hier unter Androhung von Ordnungsmitteln **aufgegeben**, **nicht gegen seine Abberufung** als Geschäftsführer aus wichtigem Grund **abzustimmen** und dadurch ein klares und vollziehbares Abstimmungsergebnis zu vereiteln. Laut Begründung des OLG Zweibrücken lag ein wichtiger Grund für die beabsichtigte Abberufung eindeutig vor, so dass die Klägerin nicht die absehbar ablehnende Stimmabgabe des Beklagten und betroffenen Gesellschafter-Geschäftsführers, mittels derer der Abberufungsbeschluss vorläufig vereitelt worden wäre, abwarten musste.[31]

In die gleiche Richtung geht eine Entscheidung des OLG Hamburg[32]: Hier wurde der Beklagten ebenfalls unter Androhung von Ordnungsmitteln im Wege der EV **untersagt, gegen die Bestellung** eines von der Klägerin auf Satzungsgrundlage **präsentierten Geschäftsführers zu stimmen**. Die Verfügung sei zulässig und begründet, da die Klägerin aus Sicht des OLG Hamburg ein „dringendes Interesse" glaubhaft gemacht

---

[28] Vgl. z.B. LG München I, Beschluss vom 2.12.1994, ZIP 1994, 1858 = GmbHR 1995, 231 (Leitsatz). Allerdings ist auch hier fraglich, ob eine EV nicht am Gebot des geringstmöglichen Eingriffs scheitern müsste, da sich der von der Ausschließung betroffene Gesellschafter bis zur Entscheidung in der Hauptsache alle Mitgliedschaftsrechte durch EV sichern kann (vgl. im Überblick unter Rn. 797). Ein weiteres Beispiel bildet das Urteil des OLG Hamburg vom 29.1.2004, GmbHR 2004, 795, bei dem sich allerdings die Besonderheit ergab, dass die GV für den Ausschließungsbeschluss laut Satzung nicht zuständig war (da über den Ausschluss eines Gesellschafters ein Schiedsgericht zu entscheiden hatte).

[29] NZG 1999, 407 = GmbHR 1999, 718.

[30] NZG 1998, 385 = GmbHR 1998, 373 = MDR 1998, 123.

[31] Auch diese Entscheidung zeigt, dass der Erlass der EV letztlich immer im Ermessen des angerufenen Gerichts liegt: In dem vom OLG Zweibrücken entschiedenen Fall hätte die die Abberufung betreibende Gesellschafterin nämlich ebenfalls die Möglichkeit gehabt, ergänzend zur Beschlussfeststellungsklage (nach Stimmabgabe durch den Mitgesellschafter) durch EV durchzusetzen, dass dieser bis zur Entscheidung in der Hauptsache nicht mehr als GF fungieren oder jedenfalls bestimmte Geschäftsführungsmaßnahmen nicht mehr ausführen darf. Auch hier bestand also die Möglichkeit des „geringeren Eingriffs" auf Vollzugsebene des Beschlusses.

[32] Urteil vom 28.6.1991, NJW 1992, 186 = GmbHR 1991, 467 = DStR 1991, 1021.

hatte, entsprechend ihren Präsentationsrechten gleichberechtigt neben dem vom Mitgesellschafter präsentierten Geschäftsführer durch einen eigenen Geschäftsführer des Vertrauens vertreten zu sein. Nennenswerte schutzwürdige Interessen der Beklagten würden nicht verletzt. Im Hauptsacheverfahren könne die Klägerin zudem ihr Rechtsschutzziel nicht in angemessenem Zeitraum erreichen.

2. Einstweiliger Rechtsschutz hinsichtlich der Geschäftsführung

a) Zwangsmaßnahmen gegen geschäftsführende Gesellschafter

805

Möglichkeiten einstweiligen Rechtsschutzes der Gesellschafter gegen Gesellschafter-Geschäftsführer im Überblick		
Rechtsschutzziel	Einstweiliger Rechtsschutz grds[33] möglich	Einstweiliger Rechtsschutz ausgeschlossen
1. Entziehung von GF und Vertretungsmacht/ Abberufung		
a) PartG, OHG, KG, GmbH & Co. KG[34]	• Die Geschäftsführungsbefugnis und/oder Vertretungsmacht kann gemäß §§ 117, 127 HGB, §§ 6 Abs. 3 S. 2, 7 Abs. 3 PartGG durch EV ganz oder teilweise vorläufig entzogen werden.[35] Zugleich kann durch EV ein neuer Geschäftsführer eingesetzt werden. Falls sich nicht alle Gesellschafter am Verfügungsantrag beteiligen, kann durch EV auch die betreffende Zustimmung durchgesetzt werden.[36]	

[33] Die EV muss im Sinne des § 940 ZPO im Einzelfall notwendig sein, es muss also wegen besonderer Dringlichkeit ein „Verfügungsgrund" bestehen. Vgl. zum Verfügungsverfahren im Übrigen näher unter Rn. 807 ff.

[34] In der GbR werden einem geschäftsführenden Gesellschafter Sonderrechte zur Geschäftsführung und Vertretung oder – bei entsprechender Regelung im Gesellschaftsvertrag – die Geschäftsführungs- und Vertretungsbefugnisse in ihrer Gesamtheit durch Gesellschafterbeschluss entzogen, der auch gegen den Willen des Betroffenen herbeigeführt werden kann (vgl. iE unter Rn. 138 ff.). Bei der GbR besteht daher typischerweise keine Möglichkeit einstweiligen Rechtsschutzes im Zusammenhang mit dieser Zwangsmaßnahme.

[35] Vgl. nur BGH, Urteil vom 11.7.1960, BGHZ 33, 105 = WM 1960, 1005. In der PartGG ist bei Vorliegen schwerwiegender Gründe vorläufig auch die Entziehung der Befugnis zur Berufsausübung eines Partners möglich (vgl. näher unter Rn. 143a).

[36] Der Verfügungsantrag auf teilweise oder vollständige Entziehung von Geschäftsführung und Vertretungsmacht muss bei den Personenhandelsgesellschaften wie bei der entsprechenden Hauptsacheklage von allen übrigen Gesellschaftern mitgetragen werden. Sofern sich ein Gesellschafter verweigert, kann dessen Zustimmung ebenfalls durch EV ersetzt werden. Vgl. zu dieser Besonderheit des Verfahrens gem. §§ 117, 127 HGB und zur Hauptsacheklage im Übrigen unter Rn. 703. Das **Muster** eines Verfügungsantrags findet sich unter Rn. 877.

V. Einstweiliger Rechtsschutz

Möglichkeiten einstweiligen Rechtsschutzes der Gesellschafter gegen Gesellschafter-Geschäftsführer im Überblick		
Rechtsschutzziel	Einstweiliger Rechtsschutz grds[33] möglich	Einstweiliger Rechtsschutz ausgeschlossen
b) GmbH	• In seltenen Ausnahmefällen: Sicherung des Abberufungsbeschlusses durch Anordnung des Verbots für Mitgesellschafter, *gegen* den betreffenden Beschlussantrag zu stimmen.[37] • Untersagung von Geschäftsführung und/oder Vertretung oder einzelner Befugnisse[38], und zwar entweder *bis* zur Abberufung[39] oder *nach* einer Abberufung[40] (bis zur gerichtlichen Klärung des Abberufungsbeschlusses).[41]	• Unzulässigkeit einer Anordnung der einstweiligen Abberufung; str.[42] • Rglm unzulässig: Durchsetzung der Herausgabe von Geschäftsunterlagen oder sonstigen Gegenständen nach Abberufung des GF.[43]

---

[37] OLG Zweibrücken, Urteil vom 30.10.1997, NZG 1998, 385 = GmbHR 1998, 373 = MDR 1998, 123; vgl. für ein entsprechendes Stimmverbot auch OLG Hamburg, Urteil vom 28.6.1991, NJW 1992, 186 = GmbHR 1991, 467 = DStR 1991, 1021. Vgl. zur Problematik der Einflussnahme auf das Stimmverhalten durch EV unter Rn. 798 ff. Das **Muster** eines solchen Verfügungsantrags findet sich unter Rn. 873.

[38] Anstelle der vollständigen Entziehung von Geschäftsführungs- und Vertretungsbefugnissen kommt etwa die EV in Betracht, mittels derer für den gf Gesellschafter ein Tätigkeitsverbot oder die Entziehung der Kontoführungsbefugnis angeordnet oder dem Geschäftsführer untersagt wird, das Direktionsrecht gegenüber der Belegschaft auszuüben, die Geschäftsräume zu betreten oder Einsicht in bestimmte Unterlagen zu nehmen etc.

[39] Vgl. hierfür z.B. OLG Frankfurt a.M., Beschluss vom 18.9.1998, NZG 1999, 213 = GmbHR 1998, 1126 = NJW-RR 1999, 257. Der Verfügungsanspruch beruht mE auf der gesellschaftsrechtlichen Treuepflicht (Verpflichtung zur Unterlassung weiterer Geschäftsführung nach groben Pflichtverletzungen bis zum Abberufungsbeschluss).

[40] BGH, Urteil vom 20.12.1982, BGHZ 86, 177 = GmbHR 1983, 149 = BB 1983, 210; KG Berlin, Urteil vom 11.8.2011, GmbHR 2011, 1272 = ZIP 2011, 2304; OLG München, Urteil vom 10.12.2012, NZG 2013, 947 = GmbHR 2013, 714; OLG Jena, Urteil vom 8.1.2014, NZG 2014, 391 = GmbHR 2014, 706 (nach der zutreffenden Argumentation des OLG Jena, aaO, beruht der Unterlassungsanspruch der Gesellschaft auf §§ 823 Abs. 1, 1004 Abs. 1 analog, da die Fortsetzung der Tätigkeit des abberufenen GF einen Eingriff in den eingerichteten und ausgeübten Gewerbebetrieb bedeutet. Das **Muster** eines Verfügungsantrags, betreffend die Unterbindung von Geschäftsführung und Vertretung nach einem (unklaren) Abberufungsbeschluss, findet sich unter Rn. 878.

[41] Parteien der betreffenden Verfügungsverfahren sind jeweils der abzuberufende GF sowie die Gesellschaft, die einen entsprechenden Unterlassungsanspruch gegenüber dem GF hat. Falls nach einer Abberufung kein GF mehr vorhanden ist, kommt ergänzend der Antrag auf Einsetzung eines Notgeschäftsführers gem. § 29 BGB beim Registergericht des Geschäftssitzes in Betracht, vgl. auch BGH, Urteil vom 20.12.1982, BGHZ 86, 177 = NJW 1983, 938 = GmbHR 1983, 149.

[42] ME scheitert eine solche EV am Verfügungsanspruch. Die Abberufung setzt einen Gesellschafterbeschluss voraus und kann – anders als bei Personenhandelsgesellschaften gemäß §§ 117, 127 HGB – nicht durch richterlichen Gestaltungsakt erfolgen. Darüber hinaus bedeutete die „einstweilige Abberufung" eine unzulässige Vorwegnahme der Hauptsache, wenn sie in der Gestaltungswirkung über die vorläufige Ent-

Möglichkeiten einstweiligen Rechtsschutzes der Gesellschafter gegen Gesellschafter-Geschäftsführer im Überblick		
Rechtsschutzziel	Einstweiliger Rechtsschutz grds[33] möglich	Einstweiliger Rechtsschutz ausgeschlossen
2. Unterlassung rechtswidriger Geschäftsführung	• Unterbindung unberechtigter (insbes. vertragswidriger) Entnahmen zu eigenen Gunsten.[44] • Unterbindung von GF-Maßnahmen bei drohender Missachtung interner Beschränkungen (insbes. Zustimmungsvorbehalte).[45] • Unterbindung der Erfüllung von Verträgen, die wegen Missbrauchs der Vertretungsmacht unwirksam sind.[46] • Unterbindung der Ausführung angefochtener Beschlüsse durch den GF (z.B. einer rw Weisung oder eines Ausschüttungsbeschlusses in der GmbH) bis zur Klärung der Beschlusswirksamkeit in der Hauptsache.[47]	• Mangels Unterlassungsanspruchs rglm keine EV auf Unterbindung *laufender,* im Ermessen des GF stehender Geschäftsführungsmaßnahmen (auch wenn Zweck- oder Rechtmäßigkeit streitig).[48]

ziehung von Geschäftsführung und Vertretungsmacht hinausgehen sollte; **aA** (eine Abberufung im Wege des einstweiligen Rechtsschutzes bejahend) hingegen z.B. Baumbach/Hueck, § 38, Rn. 75.

[43] OLG Koblenz, Beschluss vom 9.6.2011, WM 2012, 1541. Der Herausgabeanspruch hinsichtlich Geschäftsunterlagen kann insbesondere nicht mit verbotener Eigenmacht des abberufenen GF begründet werden, da der abberufene GF die Geschäftsunterlagen jedenfalls vor seiner Abberufung nicht rechtswidrig in Eigenbesitz genommen hatte. Die Durchsetzung eines Herausgabeverlangens durch eV könne – so das OLG Koblenz – in besonderen Ausnahmefällen dann in Betracht gezogen werden, wenn die Gesellschaft (wie z.B. bei bestimmten Geschäftsunterlagen) *„aus dringenden geschäftlichen Gründen und zur Erfüllung ihrer gesetzlichen Verpflichtungen darauf angewiesen"* ist.

[44] Eine Übersicht über die betreffenden Anspruchsgrundlagen der Gesellschaft und deren gerichtliche Durchsetzung findet sich unter Rn. 774 ff. In der GmbH ist ein vorhergehender Gesellschafterbeschluss über die Einleitung des Verfügungsverfahrens gemäß § 46 Nr. 8 1. Alt. GmbHG entbehrlich; vgl. unter Rn. 794. Das **Muster** eines entsprechenden Antrags auf EV (am Beispiel des Verfügungsantrags eines Kommanditisten in der GmbH & Co. KG) findet sich unter Rn. 879.

[45] Vgl. zu den entsprechenden Unterlassungsansprüchen näher unter Rn. 469 ff. und Rn. 784 sowie Rn. 794. Das **Muster** eines entsprechenden Verfügungsantrags findet sich unter Rn. 880. Das OLG Celle, Beschluss vom 1.12.1999, GmbHR 2000, 388, hat den betreffenden Unterlassungsanspruch eines Gesellschafters konsequenterweise dann verneint, wenn die „außergewöhnliche" Geschäftsführungsmaßnahme durch gesellschaftsvertraglich zulässigen Mehrheitsbeschluss gebilligt worden war bzw. – wie in dem vom OLG Celle entschiedenen Fall – die betreffende Zustimmung durch Beschlussfassung sicher unmittelbar bevorstand.

[46] OLG Koblenz, Urteil vom 9.8.1990, NJW-RR 1991, 487 = GmbHR 1991, 264 (für eine GmbH). Vgl. hierzu auch unter Rn. 477 f. und Rn. 794. Das **Muster** eines Verfügungsantrags findet sich unter Rn. 881.

Möglichkeiten einstweiligen Rechtsschutzes der Gesellschafter gegen Gesellschafter-Geschäftsführer im Überblick		
Rechtsschutzziel	Einstweiliger Rechtsschutz grds[33] möglich	Einstweiliger Rechtsschutz ausgeschlossen
3. Unterbindung von Registereintragungen/ Änderung der Gesellschafterliste	• Unterbindung von Eintragungen im Handels- oder Partnerschaftsregister, §§ 16 Abs. 2 HGB, 5 Abs. 2 PartGG[49], z.B. einer Änderung nach streitiger GF-Abberufung[50] (vgl. auch unter Rn. 806) oder einer streitigen Maßnahme nach §§ 1 ff. UmwG[51] (vgl. hierzu unter Rn. 635). • Untersagung der Einreichung einer geänderten GmbH-Gesellschafterliste nach streitigem Ausschließungsbeschluss und -nach Aufnahme einer geänderten Liste im HR- Durchsetzung der vorläufigen Korrektur der Liste.[52] • Zuordnung eines Widerspruchs zu einer GmbH-Gesellschafterliste gem § 16 Abs. 3 GmbHG zur Verhinderung gutgläubigen Erwerbs.[53]	
4. Unterlassung rechtswidriger Konkurrenztätigkeit	Unterbindung verbotswidriger Konkurrenztätigkeit.[54]	

---

[47] Vgl. z.B. OLG Nürnberg, Urteil vom 4.5.1993, GmbHR 1993, 588. Passivlegitimiert bzw. Verfügungsgegner ist in der GmbH nicht der GF persönlich, der den Gesellschafterbeschluss umsetzen will, sondern die Gesellschaft. Der Verfügungsanspruch beruht auf der gesellschaftsrechtlichen Treuepflicht, die es u.a. gebietet, einen bei summarischer Prüfung als nichtig oder anfechtbar erkannten Gesellschafterbeschluss nicht (zum Schaden der Gesellschaft oder des betroffenen Gesellschafters) zu vollziehen. Das **Muster** eines entsprechenden Verfügungsantrags findet sich unter Rn. 875.

[48] Die Gesellschafter können grds nicht durch Unterlassungsansprüche in die *laufende,* nicht unter einem Mitwirkungsvorbehalt der Gesellschaftergesamtheit stehende Geschäftsführung eingreifen (jedenfalls sofern keine vorsätzliche Pflichtverletzung des GF oder eine Verletzung des Gesellschaftsvertrags droht); vgl. hierzu näher unter Rn. 469 ff., mit Nachweisen aus der Rechtsprechung.

[49] Die EV betrifft vor allem Streitigkeiten in der GmbH. Bei den Personenhandelsgesellschaften und der PartG hat der entsprechende Verfügungsantrag kaum praktische Bedeutung, da die relevanten Anmeldungen zum Handelsregister ohnedies von sämtlichen Gesellschaftern, somit auch von dem die Beschlusswirksamkeit bestreitenden Gesellschafter, zu veranlassen sind (§§ 108 HGB, 4 Abs. 1 PartGG).

[50] Vgl. z.B. OLG Hamm, Beschluss vom 6.7.1992, GmbHR 1993, 163 = DB 1992, 2129.

[51] Vgl. z.B. BVerfG, Beschluss vom 13.10.2004, BB 2005, 1585 = DB 2005, 1373, betreffend die Unterbindung der formwechselnden Umwandlung einer AG in eine KG durch EV.

806 **b) Abwehrmaßnahmen geschäftsführender Gesellschafter**

Möglichkeiten einstweiligen Rechtsschutzes zur Sicherung des Geschäftsführeramtes und zur Abwehr sonstiger Zwangsmaßnahmen im Überblick		
Rechtsschutzziel	Einstweiliger Rechtsschutz grds[55] möglich	Einstweiliger Rechtsschutz ausgeschlossen
1. Abwehr der Entziehung von GF und Vertretungsmacht/ Abberufung	• Nach einem Abberufungsbeschluss[56]: Unterbindung der Registereintragung der Abberufung gemäß § 16 Abs. 2 HGB.[57] • Nach einem Abberufungsbeschluss: Sicherung aller oder einzelner[58] Geschäftsführungsbefugnisse und/oder der Vertretungsmacht durch entsprechende EV.[59] • Unterbindung der Behauptung z.B. gegenüber der Belegschaft und Geschäftspartnern der Gesellschaft, der GF sei – nach einem angegriffenen Abberufungsbeschluss – nicht mehr GF.[60]	• EV, mittels derer ein Abberufungsbeschluss durch entsprechendes Stimmverbot verhindert werden soll, ist regelmäßig ausgeschlossen.[61] • Unzulässigkeit einer EV, mittels derer die Nichtigkeit des Abberufungsbeschlusses einstweilig festgestellt wird.[62]
2. Abwehr von Eingriffen der Gesellschafter in die Geschäftsführung		• Unzulässigkeit einer EV, mittels derer durch Stimmgebot/Stimmverbot Zustimmungsbeschluss zu beabsichtigter GF-Maßnahme durchgesetzt oder (bei einer GmbH) unerwünschter Weisungsbeschluss verhindert werden soll.[63]

---

[52] Vgl. auch BGH, Urteil vom 17.12.2013, NZG 2014, 184 = GmbHR 2014, 198 = ZIP 2014, 216. Der Verfügungsanspruch richtet sich gegen die GmbH, nicht gegen deren GF persönlich, vgl. OLG München, Urteil vom 29.7.2010, GmbHR 2011, 429 = ZIP 2011, 570. Dies gilt wohl auch dann, wenn die Einreichung der geänderten Liste gem § 40 Abs. 2 GmbHG durch einen Notar droht oder bereits erfolgt ist (vgl. BGH, Urteil vom 17.12.2013, aaO). Ein Verfügungs*grund* ist mE rglm zu befürworten, wenn die Unwirksamkeit des Zwangseinziehungs- oder Zwangsabtretungsbeschlusses glaubhaft gemacht werden kann. Die Schutzbedürftigkeit des betroffenen Gesellschafters folgt aus der Legitimationswirkung des § 16 Abs. 1 GmbHG, die auch durch die Zuordnung eines Widerspruchs gem § 16 Abs. 3 GmbHG nicht aufgehoben wird (vgl. im Einzelnen unter Rn. 267 ff.). Mit Rücksicht auf die Legitimationswirkung verliert der Gesellschafter jedoch vorläufig seine Mitgliedschaftsrechte (außer bei *Kenntnis* des GF oder Notars von der Unrichtigkeit der geänderten Liste, die aber selten vorliegen, geschweige denn nachweisbar sein dürfte). Da die Gesellschaft den aus der Liste gestrichenen Gesellschafter gem § 16 Abs. 1 GmbHG nicht mehr als Gesellschafter behandeln *darf*, scheidet zudem eine alternative eV auf vorläufige Sicherung einzelner oder aller Mitgliedschaftsrechte des ausgeschlossenen Gesellschafters aus. Das **Muster** eines Verfügungsantrags (Unterbindung der Einreichung geänderter Gesellschafterliste) findet sich unter Rn. 874.

3. Überblick über die allgemeinen Bestimmungen

a) Verfügungsanspruch und Verfügungsgrund

Die im vorliegenden Zusammenhang dargestellten Maßnahmen einstweiligen Rechtsschutzes werden im Wege „Einstweiliger Verfügungen" gemäß §§ 935 ff., 940 ff., 920 ZPO durchgesetzt. Bei den unter Rn. 797 ff. dargestellten, möglichen Verfügungen

---

⁵³ Der Verfügungsgrund wird gem § 16 Abs. 3 S. 5 GmbHG vermutet, er liegt in der abstrakten Gefahr der Möglichkeit gutgläubigen Erwerbs von dem in der Gesellschafterliste genannten Nichtberechtigten. Anders – zu Unrecht – OLG Nürnberg, Beschluss vom 19.8.2014, NZG 2014, 1346, wonach die Glaubhaftmachung des Verfügungsgrunds vor Ablauf der Drei-Jahres-Frist des § 16 Abs. 3 S. 2 GmbHG Sachvortrag zur konkreten Gefahr eines gutgläubigen Erwerbs voraussetzt (vgl. hierzu kritisch *Dittert*, NZG 2015, 221).

⁵⁴ Eine Zusammenstellung der Abwehransprüche der Gesellschaft und deren gerichtlicher Durchsetzung bei Konkurrenztätigkeit des gf Gesellschafters findet sich unter Rn. 785 ff. In der GmbH ist ein vorbereitender Beschluss gem. § 48 Nr. 8 1. Alt. GmbHG entbehrlich; vgl. unter Rn. 794. Vgl. auch OLG Zweibrücken, Urteil vom 21.11.1989, NJW-RR 1990, 482, für die Durchsetzung eines Wettbewerbsverbots für einen GmbH-Gesellschafter.

⁵⁵ Einstweiliger Rechtsschutz setzt voraus, dass die EV im Sinne des § 940 ZPO notwendig ist, also wegen besonderer Dringlichkeit ein „Verfügungsgrund" besteht. Vgl. zum Verfügungsverfahren im Übrigen unter Rn. 807 ff.

⁵⁶ Bei Personenhandelsgesellschaften spielt dieser Verfügungsantrag keine Rolle, da die Entziehung der Vertretungsmacht durch alle Gesellschafter, somit auch durch den betroffenen gf Gesellschafter gemäß § 108 HGB zum HR angemeldet werden muss. Die Ausnahmevorschrift des 16 Abs. 1 HGB, wonach der betroffene gf Gesellschafter an der Anmeldung nicht mitwirken muss, gilt nur, wenn die eintragungspflichtige Tatsache in einem Klageverfahren gegenüber dem Gesellschafter festgestellt worden ist (also die Entziehung der Vertretungsmacht auf Gestaltungsurteil gemäß § 127 HGB beruht).

⁵⁷ Vgl. hierzu unter Rn. 805, Ziffer 3., bei Fn. 49. **Alternativ** oder zusätzlich zum Antrag auf EV besteht für den betroffenen Gesellschafter-Geschäftsführer die **Möglichkeit**, sich **direkt schriftlich an das zuständige Registergericht zu wenden**, dieses über die Einwände gegen den Abberufungsbeschluss zu informieren und zugleich zu beantragen, bis zur Entscheidung über die Beschlussfeststellungs- oder Anfechtungsklage in der Hauptsache zunächst keine Eintragung vorzunehmen. Das Registergericht kann das Verfahren nach eigenem Ermessen aussetzen und die Eintragung der Abberufung unterlassen, bis über den Beschlussmängelstreit entschieden ist (§§ 381, 21 FamFG).

⁵⁸ Als einzelne zu sichernde Geschäftsführungskompetenzen kommen etwa die gerichtliche Anordnung eines Zutrittsrechts zu den Geschäftsräumen, die Wiedereinräumung einer Kontovollmacht, die Einsicht in Geschäftsunterlagen oder die Herausgabe von Unterlagen oder Gegenständen der Gesellschaft in Betracht.

⁵⁹ Vgl. z.B. OLG Stuttgart, Beschluss vom 18.2.1997, GmbHR 1997, 312; OLG Celle, Urteil vom 1.4.1981, GmbHR 1981, 264. Weitergehend befürwortete das OLG Frankfurt a.M. in einem Urteil vom 27.11.1991, NJW-RR 1992, 934 = GmbHR 1992, 368, eine EV, mittels derer die „Wiederbestellung" zum GF angeordnet wurde (Das Urteil ist allerdings kaum verallgemeinerungsfähig, da hier ein Treuhänder als Alleingesellschafter einer GmbH seinen Treugeber als GF weisungswidrig abberufen hatte.). Der Verfügungsanspruch auf Einräumung von Geschäftsführungs- und Vertretungsbefugnissen bis zur Entscheidung in der Hauptsache beruht bei den Personengesellschaften auf den jeweiligen gesetzlichen Vorschriften zur Geschäftsführungs- und Vertretungsbefugnis sowie bei der GmbH auf § 35 GmbHG und den sonstigen Kompetenzvorschriften des GF in Gesetz und Satzung. **AA** (EV im Regelfall wegen unzulässiger Vorwegnahme der Hauptsacheentscheidung ausgeschlossen) z.B. MüKoZPO/*Drescher*, § 935, Rn. 53, mwN. Antragsgegner sind bei den Personengesellschaften die Mitgesellschafter und in der GmbH die Gesellschaft selbst. Es ist glaubhaft zu machen, dass der Abberufungsbeschluss wegen formeller oder materiell-rechtlicher Fehler unwirksam ist. Das **Muster** eines entsprechenden Verfügungsantrags findet sich unter Rn. 882.

handelt es sich grundsätzlich um „Regelungsverfügungen" gemäß § 940 ZPO.[64] Der Erlass der EV setzt also grds voraus, dass ein **Verfügungsanspruch** und zusätzlich ein **Verfügungsgrund** vorliegen. Ein Verfügungsgrund liegt gemäß § 940 ZPO nur vor, wenn die einstweilige Regelung *„zur Abwendung wesentlicher Nachteile oder … aus anderen Gründen nötig erscheint"*. Der Eilrechtsschutz muss aus Sicht des angerufenen Gerichts für den Antragsteller wegen besonderer Dringlichkeit und unter Berücksichtigung der schutzwürdigen Interessen des Antragsgegners *notwendig* sein.[65]

808 An die **Darlegung und Glaubhaftmachung** des **Verfügungsgrundes** werden **hohe Anforderungen** gestellt. Der begehrte Eilrechtsschutz scheitert häufig daran, dass das angerufene Gericht die Durchsetzung des Verfügungsanspruchs nicht für hinreichend dringlich erachtet und daher einen Verfügungsgrund verneint. Sofern z.B. der Gesellschafter-Geschäftsführer einer GmbH aus wichtigem Grund abberufen wurde, bildet die Beschlussfassung als solche, auch wenn der Abberufungsbeschluss offensichtliche Mängel hat, keinen hinreichenden Verfügungsgrund für die *Sicherung von Geschäftsführungs- und Vertretungsbefugnissen*. Der betroffene GF muss vielmehr zusätzlich darlegen und glaubhaft machen, dass ihm solche Befugnisse im Anschluss an die Beschlussfassung effektiv vorenthalten werden. Gleiches gilt spiegelbildlich bei der *Untersagung von Geschäftsführung und/oder Vertretung*, wenn nach Abberufung des GmbH-Geschäftsführers

---

[60] Der Unterlassungsanspruch beruht auf § 1004 BGB iVm den entsprechenden Schutzvorschriften wie z.B. § 824 BGB, §§ 186 ff. StGB (iVm § 823 Abs. 2 BGB) sowie der gesellschaftsrechtlichen Treuepflicht, wonach unwahre Tatsachenbehauptungen über Mitgesellschafter und deren Organbefugnisse zu unterlassen sind.

[61] Vgl. zur Problematik der Einflussnahme auf das Stimmverhalten der Gesellschafter durch EV iE unter Rn. 798 ff. Im Zusammenhang mit Abberufungsbeschlüssen scheitern solche EV rglm am Gebot des geringstmöglichen Eingriffs, da sich der betroffene Gesellschafter-Geschäftsführer effektiv auf Vollzugsebene (durch Unterbindung der HR-Eintragung und/oder die Sicherung von Geschäftsführungs- und Vertretungsbefugnissen durch EV) zur Wehr setzen kann.

[62] Vgl. OLG Celle, Urteil vom 9.10.1989, NJW 1990, 582 = ZIP 1989, 1552 = DB 1989, 2422, für einen vergleichbaren Sachverhalt (Feststellung der Unwirksamkeit eines Aufsichtsratsbeschlusses durch EV).

[63] Einstweilige Verfügungen, mittels derer in die Stimmrechte der Gesellschafter eingegriffen wird, sind zwar nicht generell ausgeschlossen (vgl. hierzu unter Rn. 798 ff.), selbst in besonders gelagerten Fällen jedoch unzulässig, um eine aus Sicht des GF notwendige Zustimmung zu einer Maßnahme durchzusetzen oder einen unerwünschten Weisungsbeschluss zu verhindern. Hinsichtlich einer drohenden Zustimmungsverweigerung dürfte die Sachlage selten „eindeutig" sein. Im Übrigen braucht der GF in wirklich dringenden Fällen – freilich auf eigenes Risiko – den Zustimmungsbeschluss nicht abzuwarten, sondern kann nach den Grundsätzen der Notgeschäftsführung analog § 744 Abs. 2 BGB handeln (vgl. hierzu unter Rn. 457.). Bei Geschäftsführungsmaßnahmen von „existentieller Bedeutung" für die Gesellschaft darf sich der GF sogar über die ausdrückliche Zustimmungsverweigerung der Mitgesellschafter hinwegsetzen, auch wenn der betreffende Beschluss noch nicht gerichtlich überprüft wurde (BGH, Urteil vom 19.6.2008, NZG 2008, 588 = NJW-RR 2008, 1484). Weisungsbeschlüsse einer GmbH-Gesellschafterversammlung sind für den GF unbeachtlich, wenn sie nichtig (etwa gesetzeswidrig) sind. Im Übrigen kann sich der GF auf der Vollzugsebene zur Wehr setzen: Bis zur gerichtlichen Klärung des Weisungsbeschlusses durch Anfechtungsklage muss dieser vom GF nicht vollzogen werden (vgl. hierzu näher unter Rn. 465 f.).

[64] Vgl. den Überblick bei Zöller, § 940, Rn. 8 „Gesellschaftsrecht".

[65] Thomas/Putzo, § 940, Rn. 5; Zöller, § 940, Rn. 4, jeweils mit umfangreichen Nachweisen aus der Rechtsprechung.

V. Einstweiliger Rechtsschutz

in der Hauptsache im Hinblick auf die Abberufungsgründe Streit über das Zustandekommen oder die Wirksamkeit des Abberufungsbeschlusses besteht. Hier muss zum „wichtigen Grund" grds ein spezifischer Verfügungsgrund (schwerwiegende Beeinträchtigungen der Interessen der Gesellschaft) hinzutreten, um auch während des Schwebezustands bis zur gerichtlichen Klärung der Wirksamkeit der Abberufung eine einstweilige Entziehung von Geschäftsführungs- und Vertretungsbefugnissen zu rechtfertigen.[66] Ein zusätzlicher Verfügungsgrund (neben den streitigen „wichtigen" Abberufungsgründen) mag allenfalls dann entbehrlich sein, wenn der Abberufungsbeschluss aufgrund der Mehrheitsverhältnisse zweifelsfrei wirksam zustande gekommen ist[67] oder die Abberufungsgründe besonders schwerwiegend sind.[68] Bei einstweiligen Verfügungen, mittels derer *Stimmverbote bzw. -gebote* angeordnet werden sollen, gelten hinsichtlich der Darlegung des Verfügungsgrundes weitergehend besonders strenge Anforderungen (vgl. hierzu unter Rn. 798 ff.), sofern diese nicht bereits als Zulässigkeitsschranke verstanden werden.

Die **Dringlichkeit** und damit der **Verfügungsgrund entfallen**, wenn der Antragsteller in Kenntnis der maßgeblichen Umstände zunächst **unangemessen lange zuwartet**. Dieses Zuwarten führt zu einer „*Selbstwiderlegung der Dringlichkeit*".[69] Für die Bemessung des Zeitraums, nach dessen Ablauf der Verfügungsgrund entfällt, gibt es keine starren Regeln. Bei wettbewerbsrechtlichen Unterlassungsansprüchen wird ein Verfügungsgrund z.B. regelmäßig verneint, wenn der Antragsteller in Kenntnis des Verfügungsanspruchs mehr als ca. fünf Wochen zuwartet.[70] In einer Gesellschafterauseinandersetzung hielt das OLG Nürnberg[71] den Antrag auf EV z.B. für in diesem Sinne verspätet, mittels dessen ein Gesellschafter erst nach ca. sieben Wochen gegen die Ausführung eines Gesellschafterbeschlusses vorgehen wollte (obwohl zwischen den Gesellschaftern bis dahin Vergleichsverhandlungen geführt worden waren). Im Regelfall sollte der Verfügungsantrag somit längstens **innerhalb von vier Wochen nach Kenntnis des maßgeblichen Sachverhalts** bzw. des Verfügungsanspruchs eingereicht werden, da die Gerichte ohnedies dazu neigen, Verfügungsanträge am Verfügungsgrund scheitern zu lassen.[72]

809

---

[66] Vgl. z.B. OLG Jena, Urteil vom 21.10.1998, NZG 1998, 992.
[67] Vgl. hierzu z.B. KG Berlin, Urteil vom 11.8.2011, GmbHR 2011, 1272 = ZIP 2011, 2304.
[68] In diese Richtung wohl BGH, Urteil vom 20.12.1982, BGHZ 86, 177 (183) = NJW 1983, 938 = GmbHR 1983, 149 (eV auf einstweilige Untersagung der Geschäftsführung und der Vertretung durch einen abberufenen GmbH-GF in den Fällen gerechtfertigt, in denen „*schwerwiegende Entlassungsgründe im Sinne von § 38 Abs. 2 GmbHG und damit zugleich die Dringlichkeit einer einstweiligen Regelung glaubhaft*" gemacht werden).
[69] KG Berlin, Urteil vom 9.2.2001, NJW-RR 2001, 1201.
[70] Vgl. z.B. Thomas/Putzo, § 940, Rn. 5, mwN.
[71] Urteil vom 4.5.1993, GmbHR 1993, 588.
[72] Ein interessantes Beispiel bildet in diesem Zusammenhang etwa ein Beschluss des KG Berlin vom 16.4.2009, MDR 2009, 888, in dem der Verfügungsgrund (wegen Selbstwiderlegung der Dringlichkeit) deshalb verneint wurde, weil sich der in erster Instanz unterlegene Verfügungskläger die Berufungsbegründungsfrist um einen Monat verlängern ließ und diese verlängerte Frist fast vollständig ausnutzte. Dies habe – so das KG Berlin – zu einer erheblichen Verfahrensverzögerung geführt, durch die der Verfügungskläger selbst gezeigt habe, dass der Erlass der einstweiligen Verfügung „*tatsächlich nicht so dringend ist*" (ebenso z.B.

b) Wesentliche Verfahrensvorschriften und Besonderheiten bei Gesellschafterstreitigkeiten

810 Für die bei Gesellschafterstreitigkeiten praktisch vorrangig relevanten Verfügungsverfahren gelten **im Überblick** folgende wesentliche Bestimmungen und Besonderheiten:

- **Parteien**

In **Personengesellschaften (GbR, PartG, OHG, KG, GmbH & Co. KG)** ergeben sich hinsichtlich der Parteien für die unter Rn. 797 ff. dargestellten Verfügungsanträge keine Sonderregelungen im Vergleich zum jeweiligen Hauptsacheverfahren.

Die praktisch besonders bedeutsame Verfügung auf **vollständige oder teilweise Entziehung von Geschäftsführung und/oder Vertretungsmacht** muss also durch alle *übrigen* Gesellschafter beantragt werden und ist gegen den betreffenden gf Gesellschafter als Antragsgegner zu richten. Falls sich einer der „übrigen" Gesellschafter nicht am Verfügungsverfahren beteiligen will, muss er dem Verfügungsantrag entweder verbindlich zustimmen oder im Rahmen des Verfügungsverfahrens zur Zustimmung zu dem Entziehungsverfahren verpflichtet werden.[73] Sofern ein Gesellschafter ausnahmsweise ein **Stimmverbot** gegen einen oder mehrere Mitgesellschafter erwirken will, sind der betreffende Gesellschafter Antragsteller und der oder die Mitgesellschafter Antragsgegner. Die ebenfalls praktisch besonders relevanten Verfügungsansprüche auf **Unterlassung unberechtigter Entnahmen** können von jedem Gesellschafter als Antragsteller im Wege der actio pro socio für die Gesellschaft gegenüber dem betreffenden gf Gesellschafter geltend gemacht werden.[74] Gesellschafter einer Personengesellschaft, die sich **Geschäftsführungsbefugnisse oder Mitgliedschaftsrechte durch EV sichern** wollen, nachdem sie aufgrund entsprechender Regelung im Gesellschaftsvertrag als Geschäftsführer abberufen oder aus der Gesellschaft ausgeschlossen worden sind, müssen den betreffenden Verfügungsantrag gegen die Mitgesellschafter als Antragsgegner richten.

811 Auch in der **GmbH** entsprechen die Parteien des Verfügungsverfahrens grds denjenigen des korrespondierenden Hauptsacheverfahrens.

Sofern mit der EV ein **Stimmverbot bzw. -gebot** gegen einen Mitgesellschafter durchgesetzt werden soll, sind der Anspruchsteller und der betreffende Mitgesellschafter selbst Parteien des Verfügungsverfahrens. Gleiches kommt dann in Betracht, wenn sich ein Gesellschafter vor Durchführung einer Geschäftsführungsmaßnahme gegen die **drohende Missachtung** seiner **internen Mitwirkungsrechte** (z.B. aufgrund eines satzungsmäßigen Zustimmungsvorbehalts) durch den geschäftsführenden Gesellschafter mittels EV zur Wehr setzen will (Str.; vgl. unter Rn. 784 und 880). In allen anderen hier dargestellten Fällen ist jeweils die GmbH selbst als Antragstellerin oder Antragsgegnerin Partei des Verfügungsverfahrens: Sofern der Antragsteller die **Vollziehung eines angegriffenen Gesellschafterbeschlusses** oder die Erfüllung eines wegen Missbrauchs der Vertretungsmacht unwirksamen Rechtsgeschäfts verhindern will, richtet sich der Verfügungsanspruch gegen die Gesellschaft.[75] Gleiches gilt, wenn einstweilige Verfügungen in Bezug auf

---

OLG Hamm, Urteil vom 6.9.2010, zit. nach Juris). Die Regelfristen für die Berufungseinlegung und -begründung dürfen demgegenüber voll ausgeschöpft werden, vgl. z.B. OLG München, Urteil vom 9.8.1990, NJW-RR 1991, 624.

[73] Vgl. zu den entsprechenden Rechtsfragen des Hauptsacheprozesses unter Rn. 702 f. Vgl. ferner die Rechtsprechungsnachweise zum EV-Verfahren unter Rn. 805 (Ziffer 1b).

[74] Vgl. hierzu Rn. 787 ff.

[75] Vgl. für die Untersagung der Beschlussausführung durch HR-Eintragung z.B. OLG Hamm, Beschluss vom 6.7.1992, GmbHR 1993, 163; vgl. für die Unterbindung der Vollziehung nicht eintragungspflichtiger Gesellschafterbeschlüsse z.B. OLG Nürnberg, Urteil vom 4.5.1993, GmbHR 1993, 588; vgl. für die Un-

die **Gesellschafterliste** beantragt werden.[76] Sofern sich ein Gesellschafter-Geschäftsführer nach Abberufung einstweilig **Geschäftsführungs- und Vertretungsbefugnisse** sichern will, ist die betreffende EV ebenfalls gegen die GmbH selbst zu richten. Gleiches gilt für die **Sicherung von Mitgliedschaftsrechten** nach einem Ausschließungsbeschluss.

Besonderheiten ergeben sich wie bei den Hauptsacheprozessen hinsichtlich der **Prozessvertretung der GmbH** bei **Verfügungsverfahren gegen** einen amtierenden oder abberufenen **Geschäftsführer**. Hier gilt (wie bei den entsprechenden Beschlussmängelstreitigkeiten in der Hauptsache; vgl. unter Rn. 683 ff.) zusammengefasst folgende „Rangfolge" bei der Prozessvertretung: Die **GmbH als Antragsgegnerin** wird durch einen Aufsichtsrat/Beirat vertreten, sofern ein solcher eingerichtet ist (bei einem fakultativen, nicht mitbestimmten Aufsichtsrat bzw. Beirat entfällt dieses Vertretungsrecht bei einer abweichenden Satzungsregelung oder Bestellung eines Prozessvertreters durch Gesellschafterbeschluss). Falls solche Organe nicht vorhanden bzw. nicht zuständig sind, wird die GmbH durch einen weiteren, vertretungsberechtigten Geschäftsführer[77] vertreten (bis die Gesellschafter ggf einen gesonderten Beschluss über die Prozessvertretung nach § 46 Nr. 8 2. Alt. GmbHG fassen). Ist ein weiterer (vertretungsberechtigter) GF nicht vorhanden und ist bei der GmbH kein besonderer Prozessvertreter gem § 46 Nr. 8 2. Alt. GmbHG bestellt worden, muss der GF als Antragsteller die Bestellung eines Prozesspflegers gemäß § 57 ZPO beantragen.[78] Eine entsprechende Prüfungsreihenfolge gilt dann, wenn die **GmbH Antragstellerin** ist, vor allem, wenn mittels EV die weitere Geschäftsführung und -vertretung der GmbH durch den abberufenen GF bis zur gerichtlichen Klärung des Abberufungsbeschlusses in der Hauptsache oder bis zur Herbeiführung des Abberufungsbeschlusses verhindert werden soll: Die Prozessvertretung übernimmt auch im Verfahren des einstweiligen Rechtsschutzes vorrangig ein bei der Gesellschaft eingerichteter Aufsichtsrat oder Beirat und – soweit ein solches Organ nicht vorhanden ist – ein weiterer, vertretungsberechtigter Geschäftsführer, sofern und solange die Gesellschafterversammlung keinen besonderen Prozessvertreter gem § 46 Nr. 8 2. Alt. GmbHG bestellt hat. Falls – wie in der Praxis häufig – keiner der vorstehend genannten, gesetzlichen Prozessvertreter vorhanden ist und die Mitgesellschafter bzw. die Gesellschaft wegen der Eilbedürftigkeit auch nicht abwarten können, bis ein besonderer Prozessvertreter durch Gesellschafterbeschluss bestellt worden ist, kann der Verfügungsantrag in einem solchen Ausnahmefall zunächst auch von einem Gesellschafter im Wege der **actio pro socio**, also in Prozessstandschaft für die Gesellschaft geltend gemacht werden.[79] Dies gilt jedoch nur, sofern und solange die GmbH hinsichtlich des Verfügungsantrags „*handlungsunfähig oder -unwillig*" ist, vor allem also in der Konstellation, dass das Tätigkeitsverbot für den Gesellschafter-Geschäftsführer bereits

---

terbindung der Vertragserfüllung nach Missbrauch der Vertretungsmacht z.B. OLG Koblenz, Urteil vom 9.8.1990, NJW-RR 1991, 487 = GmbHR 1991, 264.

[76] OLG München, Urteil vom 29.7.2010, GmbHR 2011, 429 = ZIP 2011, 570; vgl. hierzu auch unter Rn. 805, Ziffer 3.

[77] Bei wechselseitiger Abberufung in der Zwei-Personen-GmbH, bei der jeder abberufene GF seine Abberufung angreift und sich ggf zusätzlich durch EV absichern will, ist somit jeweils der andere GF Prozessvertreter der GmbH (es sei denn, bei Antragstellung steht bereits fest, dass die Abberufung dieses anderen GF wirksam war); OLG Düsseldorf, Urteil vom 30.6.1988, NJW 1989, 172 = GmbHR 1988, 484.

[78] Vgl. zur Prozessvertretung der GmbH bei gerichtlichen Auseinandersetzungen mit ihrem GF im Rahmen von Beschlussmängelstreitigkeiten näher unter Rn. 683 ff.

[79] BGH, Urteil vom 20.12.1982, BGHZ 86, 177 (183) = GmbHR 1983, 149; OLG Karlsruhe, Urteil vom 4.12.1992, NJW-RR 1993, 1505 = GmbHR 1993, 154 (jeweils für eine Zwei-Personen-GmbH); OLG Frankfurt a.M., Beschluss vom 18.9.1998, NZG 1999, 213 = NJW-RR 1999, 257 = GmbHR 1998, 1126 (für ein Tätigkeitsverbot *vor* Abberufungsbeschluss in einer mehrgliedrigen GmbH, bei der der betroffene Gesellschafter-Geschäftsführer die Beschlussfassung verzögerte bzw. blockierte); OLG Braunschweig, Urteil vom 9.9.2009, GmbHR 2009, 1276 (für das Tätigkeitsgebot gegenüber einem Fremdgeschäftsführer in einer mehrgliedrigen GmbH *nach* Abberufungsbeschluss); OLG Jena, Urteil vom 8.1.2014, NZG 2014, 391 = GmbHR 2014, 706 (ebenfalls für ein Tätigkeits- und Vertretungsverbot *nach* Abberufung, mit dem Argument, die Mitgesellschafter seien nach der wirksamen Abberufung aufgrund Treuepflicht ohnedies verpflichtet gewesen, dem Verfügungsantrag bzw. der Bestellung eines Prozessvertreters zuzustimmen).

vor Abberufungsbeschluss erreicht werden soll und diese Beschlussfassung vom Betroffenen hinausgezögert wird.[80] Der oder die Gesellschafter, die die einstweilige Untersagung weiterer Geschäftsführung und Vertretung der GmbH vor einem Abberufungsbeschluss betreiben, sollten daher – jedenfalls bei ausreichender Zeit bis zum Abschluss des Verfügungsverfahrens (etwa wegen mündlicher Verhandlung oder Rechtsmitteln) – **baldmöglich** einen Gesellschafterbeschluss gem § 46 Nr. 8, 2. Alt. GmbH herbeiführen und einen **besonderen Prozessvertreter für das Verfügungsverfahren bestellen**, der noch vor der letzten mündlichen Verhandlung im Verfügungsverfahren den Verfügungsantrag für die GmbH übernimmt[81] (was bei vorhergehendem Verfügungsantrag durch einen Gesellschafter im Wege der actio pro socio einen zulässigen Parteiwechsel – GmbH, vertreten durch den Prozessvertreter, anstelle des Gesellschafters in Prozessstandschaft für die GmbH – bedeutet). Darüber hinaus sollte in einer Gesellschafterversammlung, in der streitig über die Abberufung eines Geschäftsführers Beschluss gefasst wird, zugleich ein Beschluss über die Bestellung eines besonderen Prozessvertreters für etwaige Beschlussmängelklagen und einstweiligen Rechtsschutz gefasst werden, um eine rechtssichere Prozessvertretung der GmbH für ein ggf erforderliches, einstweiliges Tätigkeitsverbot nach dem Abberufungsbeschluss vorzubereiten (vgl. das **Muster** unter Rn. 854, TOP 6).

813 • **Gericht**

Für den Erlass einstweiliger Verfügungen ist das Gericht der Hauptsache zuständig (§§ 937 Abs. 1, 943 ZPO). Mit Rücksicht auf die speziellen Zuständigkeitsregelungen und subsidiär den **Streitwert**[82] (§§ 23 Nr. 1, 71 Abs. 1 GVG) liegt die sachliche Zuständigkeit für die hier behandelten Verfügungsansprüche somit regelmäßig bei den **Landgerichten**. Örtlich zuständig ist das Gericht, in dessen Bezirk der Sitz der Gesellschaft liegt (§§ 22, 17 Abs. 1 ZPO) oder – bei den gegen einzelne Gesellschafter bzw. Geschäftsführer gerichteten Verfügungsanträgen – alternativ das Gericht, in dessen Bezirk sich der Wohnsitz des Antragsgegners befindet (§§ 12, 13 ZPO). Beim Landgericht ist – außer bei der GbR und der PartG – die Kammer für Handelssachen funktionell zuständig (§ 95 Abs. 1 Nr. 4a GVG).

Einstweilige Verfügungen können im Rahmen seiner Zuständigkeit auch durch ein **Schiedsgericht** erlassen werden (§ 1041 Abs. 1 ZPO). Trotzdem besteht auch bei Zuständigkeit eines Schiedsgerichts in der Hauptsache gemäß § 1033 ZPO immer die Möglichkeit, die EV bei einem staatlichen Gericht zu beantragen (was im Zweifel aus Gründen der schnelleren Rechtsdurchsetzung empfehlenswert ist).

---

[80] OLG Frankfurt a.M., Beschluss vom 18.9.1998, NZG 1999, 213 = NJW-RR 1999, 257 = GmbHR 1998, 1126. OLG München, Urteil vom 10.12.2012, NZG 2013, 947 = GmbHR 2013, 714.

[81] Vgl. OLG Karlsruhe, Urteil vom 4.12.1992, NJW-RR 1993, 1505 = GmbHR 1993, 154, wonach der Gesellschafter die GmbH „*nur bis zum erstmöglichen Zeitpunkt der Abhaltung einer Gesellschafterversammlung vertreten*" dürfe; vgl. auch OLG Frankfurt a.M., Beschluss vom 18.9.1998, NZG 1999, 213 = NJW-RR 1999, 257 = GmbHR 1998, 1126.

[82] Der Streitwert des einstweiligen Verfügungsverfahrens richtet sich grds nach dem Streitwert der Hauptsache (vgl. diesbezüglich für einige wesentliche Beschlussmängelklagen unter Rn. 652), wobei wegen des vorläufigen Charakters des Verfügungsverfahrens ein Abzug vom Hauptsachestreitwert vorgenommen werden kann; vgl. z.B. KG Berlin, Beschluss vom 1.4.2010, ZIP 2010, 2047; Zöller, § 3, Rn. 16 „Einstweilige Verfügung" (mwN); Thomas/Putzo, § 3, Rn. 52 (Das angedrohte oder verhängte Ordnungsgeld ist für den Streitwert nicht relevant).

V. Einstweiliger Rechtsschutz 443

- **Verfügungsantrag** 814

Das Verfügungsverfahren wird auf entsprechenden Verfügungsantrag hin eingeleitet. Eine Besonderheit des Verfügungsverfahrens besteht darin, dass das Gericht gem § 938 Abs. 1 ZPO bei seiner Entscheidung nicht vollständig an die Antragsformulierung gebunden ist, sondern seine einstweiligen Anordnungen „*nach freiem Ermessen*" im Rahmen des gestellten Antrags trifft. Dies bedeutet eine gewisse Erleichterung für den Antragsteller. Trotzdem sollte der Antrag unter Beachtung des Verhältnismäßigkeitsgrundsatzes das angestrebte Rechtsschutzziel möglichst genau beschreiben. **Muster** für praktisch besonders relevante Verfügungsanträge mit Hinweisen zur jeweiligen **Vollstreckbarkeit** des Verfügungsanspruchs finden sich unter Rn. 872 ff.

- **Verfahrensbesonderheiten** 815

Anders als im Hauptsacheverfahren sind die Prozessvoraussetzungen sowie der Verfügungsanspruch und -grund lediglich „glaubhaft" zu machen. Im Verhältnis zum regulären Verfahren ist die Beweisführung also erleichtert (§§ 936, 920 Abs. 2, 294 ZPO). Die Parteien können sich aller Beweismittel bedienen, insbesondere der in der Praxis besonders bedeutsamen **„Versicherung an Eides statt"**, mittels derer Antragsteller und -gegner auch eigenen Tatsachenvortrag glaubhaft machen können.[83] Alle Beweismittel müssen von der Partei, die sich auf sie beruft, sofort bereitgestellt werden; gem § 294 Abs. 2 ZPO ist eine Beweisaufnahme, die nicht sofort erfolgen kann, unstatthaft (Zeugen müssen im Falle einer mündlichen Verhandlung also auf eigene Veranlassung der Partei mitgebracht werden).

Das Gericht kann über den Verfügungsantrag in dringenden Fällen sowie dann, wenn der Antrag zurückgewiesen werden soll, auch **ohne mündliche Verhandlung** (§ 937 ZPO) entscheiden.

Aus diesem Grund hat sich in der Praxis das Rechtsinstitut der sog. **Schutzschrift** entwickelt. Der Antragsgegner, der vor dem Hintergrund einer Auseinandersetzung eine EV fürchtet, versucht durch diese Schutzschrift, den Erlass der EV zu verhindern oder zumindest eine mündliche Verhandlung im drohenden Verfügungsverfahren zu erreichen.[84] Das Gericht, dem eine Schutzschrift zur Kenntnis gelangt, muss die Ausführungen der Schutzschrift mit Rücksicht auf das Gebot der Gewähr rechtlichen Gehörs (Art. 103 Abs. 1 GG) bei seiner Entscheidungsfindung gemäß § 937 Abs. 2 ZPO (Erlass der EV ohne mündliche Verhandlung oder Zurückweisung der EV) berücksichtigen.[85] Es handelt sich also um ein effektives, vorbeugendes Verteidigungsmittel. Sofern eine Antragstellung bei mehreren Gerichten in Betracht kommt, sind die Schutzschriften möglichst bei allen diesen Gerichten zu hinterlegen. Die Schutzschrift ist mit etwaigen Beweismitteln schriftlich bei den betreffenden Gerichten einzureichen. Die Schutzschrift hat die Darstellung des relevanten Sachverhalts und die eigene rechtliche Argumentation des potenziellen Antragsgegners zu enthalten, zusammen mit dem Hinweis, dass der Verfasser der Schutzschrift in dieser Sache mit einer EV des 816

---

[83] Die eidesstattliche Versicherung unterliegt keinen besonderen Formvorschriften. Sie kann mündlich, schriftlich und per Telefax abgegeben werden. Entscheidend ist, dass zu der Wissensbekundung des Erklärenden der erkennbare Wille hinzutritt, die Richtigkeit der Äußerungen „an Eides statt" zu versichern; vgl. BayObLG, Urteil vom 23.2.1995, NJW 1996, 406.
[84] Vgl. z.B. Zöller, § 937, Rn. 4, mwN; Thomas/Putzo, § 935, Rn. 9.
[85] BGH, Urteil vom 13.2.2003, NJW 2003, 1257 = MDR 2003, 655.

potenziellen Antragstellers rechnet.[86] Die Kosten der Schutzschrift sind unter bestimmten Voraussetzungen erstattungsfähig.[87]

817   • **Urteil, Beschluss, Rechtsmittel**

Das Gericht entscheidet im Falle einer mündlichen Verhandlung durch **Endurteil**, ohne mündliche Verhandlung (auch bei Zurückweisung des Verfügungsantrags) durch **Beschluss** (§§ 936, 922 Abs. 1 ZPO). Gegen ein Verfügungsurteil ist für die unterlegene Partei **Berufung** nach den allgemeinen Vorschriften möglich. Sofern die EV durch Beschluss erlassen wird, hat der Antragsgegner die Möglichkeit des nicht fristgebundenen **Widerspruchs** (§§ 936, 924 Abs. 1 ZPO), in Folge dessen über den Verfügungsantrag nach mündlicher Verhandlung durch Endurteil entschieden wird (§ 925 Abs. 1 ZPO). Sofern der Verfügungsantrag demgegenüber ohne mündliche Verhandlung und durch Beschluss zurückgewiesen worden ist, kann der Antragsteller **sofortige Beschwerde** einlegen (§ 567 Abs. 1 Nr. 2 ZPO).[88] Eine Revision oder Rechtsbeschwerde ist nicht möglich (§§ 542 Abs. 2 S. 1, 574 Abs. 1 S. 2 ZPO).

818   • **Vollziehung der EV**

Für die Vollziehung der einstweiligen Verfügung, mittels derer dem Verfügungsantrag ganz oder teilweise *stattgegeben* wird[89], gelten einige wesentliche Besonderheiten: Sofern die EV durch **Beschluss** erlassen wurde, ist sie dem Antragsgegner **im Parteibetrieb zuzustellen** (§§ 936, 922 Abs. 2, 191 bis 195 ZPO). Mit Zustellung wird die Beschlussverfügung wirksam.[90] Die in der EV angeordnete Handlung, Unterlassung oder Duldung wird für den Antragsgegner verbindlich (und kann bei Missachtung durch Ordnungsmittel gemäß §§ 888, 890 ZPO durchgesetzt werden). Eine Vollstreckungsklausel ist demgegenüber entbehrlich (§ 929 Abs. 1 ZPO). **Verfügungsurteile** werden **von Amts wegen** zugestellt (§ 317 Abs. 1 ZPO). Diese **Amtszustellung bedeutet** nach hM bei den hier behandelten Verfügungen (Anordnung einer Unterlassung, eines Gebots oder von Verboten mit Ordnungsmittelandrohung), die nicht unmittelbar einer Vollstreckung zugänglich sind, für sich allein jedoch grds noch **keine „Vollziehung" im Sinne des § 929 Abs. 2 ZPO**.[91] Dies findet seinen Grund darin, dass die Vollziehung

---

[86] Das Muster einer Schutzschrift findet sich z.B. im Beck'schen Prozessformularbuch unter Ziffer I. R.13.

[87] Vgl. hierzu BGH, Beschluss vom 13.2.2003, NJW 2003, 1257 = MDR 2003, 655: Die Anwaltskosten, die im Zusammenhang mit der Erstellung der Schutzschrift entstanden sind, sind demnach dann erstattungsfähig, wenn ein entsprechender Verfügungsantrag bei dem Gericht, bei dem die Schutzschrift hinterlegt worden war, *nach* Einreichung der Schutzschrift eingeht und der Verfügungsantrag zurückgewiesen oder zurückgenommen wird, ohne dass eine mündliche Verhandlung stattfindet.

[88] Falls das Beschwerdegericht dem Verfügungsantrag stattgibt, ist das erstinstanzliche Gericht für den Widerspruch des Antragsgegners zuständig, vgl. KG Berlin, Beschluss vom 27.11.2007, NJW-RR 2008, 520, mwN.

[89] Falls der Verfügungsantrag ohne mündliche Verhandlung zurückgewiesen wird, wird der betreffende Beschluss dem Gegner demgegenüber gem § 922 Abs. 3 ZPO grds nicht mitgeteilt.

[90] BGH, Urteil vom 22.10.1992, BGHZ 120, 73 = NJW 1993, 1076 = MDR 1993, 268.

[91] Vgl. vor allem BGH, Urteil vom 22.10.1992, BGHZ 120, 73 = NJW 1993, 1076 = MDR 1993, 268;

einer EV aus Sicht des Gesetzgebers ein „*eigenes Betreiben des Antragstellers*" durch aktive Nutzung des von ihm veranlassten Titels voraussetzt.[92] Das Verfügungsurteil, das von Amts wegen zugestellt wird, wird ohne gesonderte Parteizustellung daher nur dann „vollzogen", wenn der Antragsteller nachweislich und erkennbar von der EV Gebrauch macht (z.B. eine Parteizustellung zumindest versucht hat und einen Ordnungsmittelantrag gemäß §§ 888 oder 890 ZPO stellt).[93] Bloße Erklärungen des Antragstellers (indem er den Antragsgegner zusätzlich zur Amtszustellung z.B. nochmals auf die richterliche Anordnung schriftlich oder gar mündlich hinweist) sind demgegenüber für die Vollziehung der EV unzureichend. Darüber hinaus fordert der BGH für die Vollziehung einer Unterlassungs- oder Verbotsverfügung, auch bei der Parteizustellung, dass die **EV selbst die Ordnungsmittelandrohung** gemäß § 890 Abs. 2 ZPO **enthält**.[94] Bei Verfügungen, die die Vornahme nicht vertretbarer Handlungen anordnen (wie z.B. ein bestimmtes Stimmgebot), genügt für die Vollziehung demgegenüber (wohl) die Parteizustellung der Verfügung selbst, zumal in diese gemäß § 888 Abs. 2 ZPO keine Zwangsmittelandrohung aufgenommen wird.[95]

Die Problematik hat deshalb großes Gewicht, weil **gemäß § 929 Abs. 2 ZPO die Vollziehung der EV nur statthaft** ist, wenn sie bei einem Verfügungsurteil innerhalb eines Monats nach Urteilsverkündung und bei einem Verfügungsbeschluss innerhalb eines Monats nach Zustellung oder Aushändigung an den Antragsteller vorgenommen wurde. Wird diese **Vollziehungsfrist versäumt**, ist die erwirkte EV für den Antragsteller bzw. Verfügungskläger somit wertlos (und die EV auf Antrag des Gegners nach § 927 ZPO, bei Beschlussverfügung auch nach Widerspruch gemäß § 924 Abs. 1 ZPO, oder im Berufungsverfahren aufzuheben).[96] Die EV sollte daher bei Unterlassungs- und

---

Thomas/Putzo, § 936, Rn. 8, sowie Zöller, § 929, Rn. 12, mit umfangreichen Nachweisen zum Meinungsstand. § 929 Abs. 2 ZPO gilt demgegenüber *nicht* für eine einstweilige Verfügung, mittels derer eine positive Stimmabgabe angeordnet wird, sofern die Vollstreckungswirkung unmittelbar und kraft Gesetzes nach § 894 ZPO mit Rechtskraft des Urteils eintritt (vgl. hierzu näher unter Rn. 799); siehe auch OLG Köln, Urteil vom 7.12.1995, NJW-RR 1997, 59.

[92] Vgl. BGH, Urteil vom 22.10.1992, BGHZ 120, 73 = NJW 1993, 1076 = MDR 1993, 268.

[93] BGH, Urteil vom 13.4.1989, NJW 1990, 122 = MDR 1989, 988; BGH, Urteil vom 22.10.1992, BGHZ 120, 73 = NJW 1993, 1076 = MDR 1993, 268; str, vgl. zum Meinungsstand z.B. Zöller, § 929, Rn. 12.

[94] BGH, Urteil vom 22.10.1992, BGHZ 120, 73 = NJW 1993, 1076 = MDR 1993, 268. Dies ist allerdings in aller Regel der Fall. Falls die EV demgegenüber ausnahmsweise keine Ordnungsmittelandrohung gemäß § 890 Abs. 2 ZPO enthält (vgl. hierzu das Muster unter Rn. 872, Ziffer II.), muss zusätzlich zur Parteizustellung eine Ordnungsmittelandrohung zugestellt werden, um die rechtzeitige Vollziehung der EV gemäß § 929 Abs. 2 ZPO zu erreichen.

[95] OLG Frankfurt a.M., Urteil vom 20.11.1997, NJW-RR 1998, 1007; OLG München, Beschluss vom 31.5.2002, MDR 2003, 53. **AA** z.B. OLG Rostock, Urteil vom 24.5.2006, MDR 2006, 1425, wonach die Vollziehung einer Handlungsverfügung neben der Parteizustellung einen Ordnungsmittelantrag gem §§ 887, 888 ZPO voraussetzt, wenn die betreffende Handlung vom Schuldner auch innerhalb der Vollziehungsfrist (§ 929 Abs. 2 ZPO) nicht vorgenommen wird. Um sicherzugehen, sollte daher in Zweifelsfällen zusätzlich zur Parteizustellung ein Ordnungsmittelantrag nach § 888 ZPO innerhalb der Vollziehungsfrist des § 929 Abs. 2 ZPO gestellt werden.

[96] Die betreffende einstweilige Verfügung kann ggf neu beantragt werden, sofern Verfügungsanspruch und Verfügungsgrund nach wie vor gegeben sind, vgl etwa KG Berlin, Urteil vom 21.5.1991, NJW-RR

Duldungsverfügungen **immer die Ordnungsmittelandrohung gemäß § 890 ZPO enthalten** und zudem jede erwirkte EV, die nach §§ 888 oder 890 ZPO vollstreckbar ist, vom Antragsteller bzw. Verfügungskläger angesichts der vorstehend dargestellten hM in jedem Fall **auch bei Amtszustellung zusätzlich innerhalb der Vollziehungsfrist des § 929 Abs. 2 ZPO im Parteibetrieb zugestellt werden**.

819 Die **Parteizustellung erfolgt** auf Veranlassung des Antragstellers/Verfügungsklägers durch den **Gerichtsvollzieher** (§§ 192–194 ZPO). Zustellungsadressat ist der Schuldner der EV bzw. – sofern dieser im EV-Verfahren einen Prozessbevollmächtigten eingeschaltet hatte – dieser Prozessbevollmächtigte (§ 172 Abs. 1 ZPO). Der Prozessbevollmächtigte ist bereits dann Zustellungsadressat, wenn er sich mit Kenntnis des Antragstellers in einer Schutzschrift wegen des betreffenden, zu erwartenden EV-Verfahrens bestellt hatte.[97] Sofern bereits ein Hauptsacheverfahren anhängig ist, kann die Zustellung auch an den Prozessbevollmächtigten dieses Hauptsacheverfahrens erfolgen (§ 82 ZPO). Die alternative Form der Parteizustellung, die **Zustellung „von Anwalt zu Anwalt"** (§ 195 ZPO), sollte bei einstweiligen Verfügungen demgegenüber vermieden werden: Der Adressat der Parteizustellung, also der Prozessbevollmächtigte des Antragsgegners, ist nicht verpflichtet, die Zustellung entgegenzunehmen und damit die „Vollziehung" des Verfügungsbeschlusses bzw. -urteils zu bewirken.[98] Nach Auffassung des Anwaltsgerichts Düsseldorf[99] begeht der RA, der die Parteizustellung eines Verfügungsurteils „von Anwalt zu Anwalt" entgegennimmt und damit noch innerhalb der Monatsfrist des § 929 Abs. 2 ZPO zum Nachteil seines Mandanten die Vollziehung bewirkt, ggf sogar Parteiverrat.

Bei einer **Beschlussverfügung** ist eine Ausfertigung des Beschlusses oder eine beglaubigte Abschrift der Ausfertigung zuzustellen. Die Antragsschrift ist vollständig (also nebst Anlagen) mit zuzustellen, wenn das Gericht in dem Verfügungsbeschluss auf den Antrag Bezug nimmt und ihn ausdrücklich zum Bestandteil seines Beschlusses gemacht hat.[100] Bei der **Urteilsverfügung** ist die zuzustellende „Urschrift" die beglaubigte Abschrift des Urteils (§ 317 Abs. 1 ZPO). Falls das vollständige Urteil nicht rechtzeitig vor Ablauf der Vollziehungsfrist des § 929 Abs. 2 ZPO vorliegt, genügt die Parteizustellung einer Ausfertigung des Urteils in abgekürzter Form (ohne Tatbestand und Entscheidungsgründe), das gem § 317 Abs. 2 S. 1 ZPO bei Gericht beantragt werden muss.

1992, 318. Problematisch ist dann aber – allein wegen des Zeitablaufs – rglm zumindest der Verfügungsgrund, also die besondere Dringlichkeit der einstweiligen Verfügung. Laut KG Berlin, Urteil vom 21.5.1991, NJW-RR 1992, 318, könne ein solcher Verfügungsgrund in dem wiederholten Verfahren nur noch bejaht werden, wenn dem Antragsteller andernfalls Nachteile drohen, deren Gewicht das für den Erlass der „Erstverfügung" Erforderliche übersteigt. Problematisch bei der wiederholten Beantragung der eV ist ferner, dass diese wegen des Verbots doppelter Rechtshängigkeit gem § 261 Abs. 3 Nr. 1 ZPO grds erst dann beantragt werden kann, wenn die erste einstweilige Verfügung nach Berufung oder gem § 927 ZPO aufgehoben worden ist. Teilweise wird diesbezüglich die Auffassung vertreten, dass die doppelte Rechtshängigkeit auch vor Aufhebung der Erstverfügung dadurch vermieden werden könne, dass der durch die EV Berechtigte verbindlich erklärt, er leite aus der Erstverfügung in *prozessualer* Hinsicht keine Rechte mehr her, vgl. etwa Zöller, Vor § 916, Rn. 13.

[97] Vgl. Zöller, § 929, Rn. 12; MüKoZPO/*Drescher*, § 922, Rn. 12 (es genügt die eigene Angabe als Prozessbevollmächtigter des Antragsgegners im Rubrum der Schutzschrift).

[98] Anwaltsgerichtshof Hamm, Urteil vom 7.11.2014, NJW 2015, 890 = AnwBl 2015, 272.

[99] Urteil vom 17.3.2014, NJW-Spezial 2014, 414 = AnwBl 2014, 653 (Vorinstanz zu dem in vorstehender Fn. 98 genannten Urteil des Anwaltsgerichtshofs Hamm).

[100] OLG München, Beschluss vom 2.9.2003, NJW-RR 2003, 1722 (im Detail str., vgl. Zöller, § 929, Rn. 13; MüKoZPO/*Drescher*, § 922, Rn. 11, jeweils mwN).

VI. Klage vor Schiedsgerichten

Schrifttum: *Albrecht*, Offene Fragen zu Schiedsfähigkeit II, NZG 2010, 486; *Behme*, Formunwirksamkeit von Schiedsklauseln in Gesellschaftsverträgen und ihre Folgen, BB 2008, 685; *Böttcher/Fischer*, Einbeziehung von Schiedsordnungen in die Satzung einer GmbH, NZG 2011, 601; *Borris*, Die „Ergänzenden Regeln für gesellschaftsrechtliche Streitigkeiten" der DIS („DIS-ERGeS"), SchiedsVZ 2009, 299; *Ebbing*, Schiedsvereinbarungen in Gesellschaftsverträgen, NZG 1998, 281; *Kiethe*, Schiedsvereinbarungen in Gesellschaftsverträgen – Rechtsunsicherheit durch weite Auslegung?, NZG 2005, 881; *Kröll*, Zur Bindung des ausgeschiedenen Gesellschafters an eine Schiedsvereinbarung, EWiR 2002, 1023; *Niemeyer/Häger*, Fünf Jahre „Schiedsfähigkeit II" – Ein Überblick unter besonderer Berücksichtigung der ergänzenden Regeln für gesellschaftsrechtliche Streitigkeiten der DIS, BB 2014, 1737; *Nolting*, Rechtskrafterstreckung von Schiedssprüchen zu Beschlussmängeln im GmbH-Recht, GmbHR 2011, 1017; *Raeschke-Kessler/Wiegand*, Schiedsvereinbarung und -verfahren für Gesellschafterstreitigkeiten, AnwBl. 2007, 396; *Schwedt/Lilja/Schaper*, Schiedsfähigkeit von Beschlussmängelstreitigkeiten: Die neuen Ergänzenden Regeln für gesellschaftsrechtliche Streitigkeiten der DIS, NZG 2009, 1281; *Umbeck*, Managerhaftung als Gegenstand schiedsgerichtlicher Verfahren, SchiedsVZ 2009, 143; *Wolff*, Beschlussmängelstreitigkeiten im Schiedsverfahren, NJW 2009, 2021.

1. Grundlagen

820 Alle hier behandelten, gesellschaftsinternen Streitigkeiten können grundsätzlich auch durch Schiedsgerichte entschieden werden. Bei Schiedsgerichten handelt es sich um **private Gerichtsbarkeit**: Sofern die Konfliktparteien eine wirksame Schiedsvereinbarung abgeschlossen haben (§ 1029 ZPO) oder die Zuständigkeit eines Schiedsgerichts wirksam durch Satzung angeordnet ist (§ 1066 ZPO), wird die Zuständigkeit der *staatlichen* Gerichte für die von der Schiedsabrede bzw. -anordnung erfassten Streitgegenstände verdrängt. Das vereinbarte Schiedsgericht entscheidet grundsätzlich abschließend anstelle eines staatlichen Gerichts durch **Schiedsspruch** (§ 1055 ZPO), sofern sich die Parteien nicht vorab vergleichen (§ 1053 ZPO) oder das Schiedsverfahren auf andere Art und Weise vorzeitig beenden. Die Entscheidung des Schiedsgerichts ist grundsätzlich verbindlich und nur noch sehr eingeschränkt durch ein staatliches Gericht nachprüfbar (§ 1059 ZPO).

821 Als **Vorteile** solcher privater Schiedsgerichte werden vor allem Zeit- und Kostenersparnisse sowie die Vertraulichkeit des Schiedsverfahrens angeführt. Bei internationalen Rechtsstreitigkeiten treten die ggf größere Flexibilität des Verfahrens, sprachliche Erleichterungen und eine Vereinfachung des Vollstreckungsverfahrens hinzu. Je nach Art des Rechtsstreits kann es vorteilhaft sein, durch die Möglichkeit der Richterauswahl besonders sachkundige Schiedsrichter zu erhalten. Bei den hier behandelten Gesellschafterstreitigkeiten in personalistischen (und damit meist kleineren) Gesellschaften (ohne komplexe internationale Beteiligungsstruktur) steht mE der Vorteil der größeren Vertraulichkeit bei Prozessen vor Schiedsgerichten im Vordergrund. Gerade in kleineren Landgerichtsbezirken kann ein langer, intensiver und öffentlicher Streit unter den Gesellschaftern eines z.B. regional bedeutsamen, mittelständischen Unternehmens erhebliche zusätzliche Nachteile und einen Ansehensverlust (z.B. bei Geschäftsbanken, Belegschaft, Kunden und Lieferanten) mit sich bringen. Ob mit dem Schiedsgericht demgegenüber eine Zeit- und Kostenersparnis erreicht werden kann, hängt von den Umständen ab. Das Verfahren vor den staatlichen Gerichten dauert im Zweifel nur dann länger, wenn es sich über mehrere Instanzen hinzieht, wird aber eher schneller (und kostengünstiger) durchgeführt, wenn es in einer Instanz beendet werden kann. Beim Schiedsgericht können sich vor allem erhebliche Zeitverzögerungen (und Mehrkosten) ergeben, wenn Streit über die Zusammensetzung oder Zuständigkeit des Schiedsgerichts entsteht oder nach einem Schiedsspruch gar ein Aufhebungsverfahren vor einem staatlichen Gericht betrieben wird.

822 Die Konfliktparteien können sich auf die Zuständigkeit eines Schiedsgerichts einigen, *nachdem* eine Gesellschafterstreitigkeit entstanden ist. Häufiger als solche Schiedsabreden zur Entscheidung in einem bestimmten, bereits entstandenen Rechtsstreit sind indessen vorbeugende Schiedsvereinbarungen in Gesellschaftsverträgen, gesonderten Schiedsverträgen oder in einer GmbH-Satzung.[1] Gelegentlich sind solche Schiedsklauseln auch aus Musterverträgen übernommen worden, ohne dass die Parteien bei Vertragsabschluss im Einzelnen über die Folgen einer Zuständigkeitsverlagerung auf private Gerichte nachgedacht haben. Schiedsklauseln sind daher nicht ungefährlich. Falls der Kläger eine wirksame[2] Schiedsvereinbarung übersieht und vor einem staatlichen Gericht klagt, läuft er Gefahr, dass die **Klage vor dem staatlichen Gericht** bei entsprechender rechtzeitiger Rüge[3] des Beklagten gemäß § 1032 Abs. 1 ZPO **unzulässig** ist (sog. **Schiedseinrede**). Dies kann für den Kläger – unabhängig von den zusätzlichen Kosten – zum Rechtsverlust führen, wenn die Klage (wie z.B. die Beschlussanfechtungsklage bei der GmbH) fristgebunden ist.[4] Etwas anderes gilt lediglich für Maßnahmen des **einstweiligen Rechtsschutzes**, da einstweilige Verfügungen sowohl vom Schiedsgericht (§ 1041 Abs. 1 ZPO) also auch durch ein staatliches Gericht (§ 1033 ZPO) erlassen werden können.

823 Vor Klageerhebung sollte in einer Gesellschafterstreitigkeit daher vorsorglich immer geprüft werden, ob die Satzung oder der Gesellschaftsvertrag für den betreffenden Streitgegenstand eine wirksame Schiedsvereinbarung enthält. Die Schiedsvereinbarung ist dabei zu unterscheiden von **Schlichtungs-** oder **Mediationsklauseln**, wonach die Konfliktparteien im Streitfall vor Anrufung eines Gerichts zunächst die Beilegung der Streitigkeit in einem Schlichtungs- oder Mediationsverfahren[5] versuchen sollen bzw. müssen. Solche Vertragsklauseln können, sofern sie wirksam sind, in ihrem Geltungsbereich ebenfalls zur Unzulässigkeit einer Klage führen. Anders als bei der Schiedsvereinbarung findet jedoch keine Zuständigkeitsverlagerung vom staatlichen zu einem privaten Gericht statt, sondern die gerichtliche Geltendmachung eines Anspruchs ist – bei entsprechender Regelung in der Schlichtungs- oder Mediationsabrede – lediglich für die Dauer der Vergleichsverhandlungen ausgeschlossen (mit der Folge einer Klageabweisung als „derzeit unzulässig").[6] Die Schiedsvereinbarung ist ferner zu unterscheiden von Vertragsabreden über einen **Schiedsgutachter**, der im Streitfall z.B. verbindliche Feststellungen über die Höhe einer Verkehrswertberechnung oder Abfindung treffen soll. Der Schiedsgutachter entscheidet im Unterschied zum Schiedsrichter also nicht abschließend über die Rechtsstreitigkeit, sondern stellt Tatsachen oder rechtliche Vorfragen fest, von denen die Entscheidung in der Streitigkeit als solche abhängt (vgl. hierzu unter Rn. 331). Der Schiedsgutachtervertrag

---

[1] Vgl. hierzu die **Muster** unter Rn. 859 und 860.
[2] Vgl. zur Wirksamkeit von Schiedsabreden und -klauseln iE unter Rn. 828 ff.
[3] Die Rüge ist gem § 1032 Abs. 1 ZPO nur beachtlich, wenn sie *vor* Beginn der mündlichen Verhandlung zur Hauptsache und im schriftlichen Verfahren vor schriftlicher Einlassung zur Hauptsache vorgebracht wird. Die Schiedseinrede kann auch dann wirksam erhoben werden, wenn der Ort des schiedsrichterlichen Verfahrens im Ausland liegt oder noch nicht bestimmt ist (§ 1025 Abs. 2 ZPO).
[4] Vgl. hierzu unter Rn. 658 ff.
[5] Vgl. hierzu näher unter Rn. 573 ff. **Muster** solcher Vertragsklauseln finden sich unter Rn. 857 und 858.
[6] Vgl. hierzu unter Rn. 578 ff.

VI. Klage vor Schiedsgerichten

begründet *nicht* das Recht zur Schiedseinrede gemäß § 1032 Abs. 1 ZPO und schließt das Recht auf gerichtliche Geltendmachung eines Anspruchs auch nicht zeitweilig aus.

Mit Rücksicht auf die Bedeutung der Schiedseinrede kann jeder Betroffene der Schiedsvereinbarung bei Gericht bis zur Bildung des Schiedsgerichts (und bis zur Erhebung der Schiedseinrede in einem Hauptsacheverfahren[7]) **Antrag** auf **Feststellung der Zulässigkeit oder Unzulässigkeit** eines **schiedsrichterlichen Verfahrens** stellen (§ 1032 Abs. 2 ZPO), insbesondere mit der Behauptung, dass eine Schiedsvereinbarung unwirksam ist oder gar nicht existiert.

824

Die Schiedsvereinbarung, mittels derer die Entscheidungszuständigkeit eines Schiedsgerichts angeordnet wird, *kann* (muss aber nicht) Regelungen zum **Schiedsverfahren** enthalten. Solche Verfahrensregelungen betreffen etwa die Anzahl und die Art und Weise der Bestellung der Schiedsrichter, den Schiedsort, die weiteren Details zur Durchführung des Schiedsverfahrens und die Vergütung der Schiedsrichter. Sofern und soweit die Schiedsabrede oder Schiedsklausel hierüber keine Bestimmungen enthält, gelten – sofern der Ort des schiedsrichterlichen Verfahrens in Deutschland liegt oder noch nicht bestimmt ist (§ 1025 ZPO) – für das Schiedsverfahren die gesetzlichen Regelungen der §§ 1034 bis 1058 ZPO (vgl. näher unter Rn. 843 ff.).

825

Die Schiedsparteien können sich zudem eines **institutionellen Schiedsverfahrens** bedienen. Hierfür existiert eine wachsende Zahl von privaten Einrichtungen oder Institutionen berufsständischer Vereinigungen, die – rglm gegen Entgelt – Schiedsgerichte zur Verfügung stellen und/oder die Schiedsparteien bei der Abwicklung des Schiedsverfahrens anhand von ihnen bereitgestellter Schiedsordnungen administrativ unterstützen.[8] Die betreffenden Institutionen werden von den Schiedsparteien eingeschaltet, indem in der Schiedsvereinbarung oder einer Zusatzvereinbarung die Schiedsgerichtsbarkeit bzw. die Geltung der Schiedsgerichtsordnung der betreffenden Institution festgelegt wird.[9] Einrichtungen von allgemeiner, rechtsgebiets- und branchenunabhängiger Bedeutung, die solche Dienstleistungen im Zusammenhang mit dem Schiedsgerichtswesen bei Gesellschafterstreitigkeiten zur Verfügung stellen, sind etwa die Deutsche Institution für Schiedsgerichtsbarkeit e.V. (DIS)[10], der Internationale Schiedsgerichtshof der ICC in Paris (der vorrangig bei internationalen Schiedsstreitigkeiten eingeschaltet wird)[11] oder der Schlichtungs- und

826

---

[7] Vgl. BayObLG, Beschluss vom 7.10.2002, NZG 2003, 138 = NJW-RR 2003, 354 (für den Feststellungsantrag nach § 1032 Abs. 2 ZPO fehlte nach Rüge im Hauptsacheverfahren das Rechtsschutzbedürfnis).

[8] Die eingeschalteten Institutionen unterstützen die Parteien typischerweise z.B. bei der Konstituierung des Schiedsgerichts einschließlich der Auswahl bzw. Benennung der Schiedsrichter, der Abrechnung und Zahlung von Verfahrenskosten für das Schiedsgericht sowie bei der Abwicklung des Schriftverkehrs des Schiedsverfahrens (mit Verwahrung des Schiedsspruches) und stellen zur Regelung des gesamten Schiedsverfahrens eine Schiedsordnung als Verfahrensordnung mit Festlegung der Kostenhöhe und des Kostenausgleichs zur Verfügung.

[9] Das Bespiel einer Schiedsklausel, mittels derer z.B. die Schiedsgerichtsordnung der Deutschen Institution für Schiedsgerichtsbarkeit e.V. (DIS) vereinbart wird, findet sich unter Rn. 860.

[10] Bei der DIS handelt es sich um einen eingetragenen Verein mit Sitz in Berlin. Die DIS unterstützt die Schiedsgerichtsparteien bei der Durchführung von Schiedsgerichtsverfahren anhand einer von ihr bereitgestellten Schiedsgerichtsordnung („DIS-SchO"), mit Rücksicht auf die BGH-Entscheidung zur Schiedsfähigkeit von Beschlussmängelstreitigkeiten in der GmbH vom April 2009 (vgl. hierzu unter Rn. 841) am 15.9.2009 erweitert um die „Ergänzenden Regeln für gesellschaftsrechtliche Streitigkeiten" („DIS-ERGeS"). Die Hauptgeschäftsstelle der DIS befindet sich in 50674 Köln, Beethovenstraße 5–13. Bei der Geschäftsstelle und über die Website der DIS (www.dis-arb.de) sind nähere Informationen zu den Angeboten der DIS sowie deren Schiedsordnung erhältlich.

[11] Bei dem „Internationalen Schiedsgerichtshof" handelt es sich um eine Einrichtung der Internationalen Handelskammer (ICC). Der Schiedsgerichtshof entscheidet die Streitfälle ebenfalls nicht selbst, sondern ad-

Schiedsgerichtshof Deutscher Notare (SGH).[12] Darüber hinaus existieren institutionelle Schiedsgerichte oder Schiedsverfahrensordnungen bei Industrie- und Handelskammern oder den Kammern Freier Berufe sowie Schlichtungs- und Schiedsgerichtseinrichtungen innerhalb bestimmter Branchen (z.B. der Bauwirtschaft). In Gesellschaftsverträgen deutscher Gesellschaften wird nicht selten auf die Schiedsgerichtsordnung der DIS verwiesen, so dass die nachfolgenden Ausführungen (unter Rn. 828 ff. und 843 ff.) gelegentliche Hinweise auf die DIS-Schiedsgerichtsordnung enthalten.

827 Die Schiedsvereinbarung (einschließlich einer etwaig vereinbarten Schiedsordnung) begründet lediglich die Zuständigkeit des privaten Schiedsgerichts und legt ggf ergänzend Verfahrensregelungen fest, besagt jedoch grds nichts über das **anwendbare materielle Recht**. Die Parteien können sich auf die Anwendung bestimmter Rechtsvorschriften (vor allem die Rechtsordnung eines bestimmten Staates) einigen (§ 1051 Abs. 1 ZPO). Falls eine solche Parteivereinbarung fehlt, ist das Recht des Staates anzuwenden, zu dem der Gegenstand des Verfahrens die engsten Verbindungen aufweist (§ 1052 Abs. 2 ZPO). Parteivereinbarungen zur Anwendung des sachlichen Rechts sind bei internationalen Schiedsverfahren naheliegend, bei den im vorliegenden Buch behandelten Gesellschafterstreitigkeiten indessen unüblich. Das Schiedsgericht wendet dann (bei Fehlen einer Rechtswahl) für die hier behandelten Gesellschafterstreitigkeiten bei in Deutschland gegründeten Gesellschaften grundsätzlich[13] deutsches Recht an.

2. Schiedsvereinbarungen zu Gesellschafterstreitigkeiten

828 Schiedsvereinbarungen (§ 1029 ZPO) führen bei Gesellschafterstreitigkeiten nur dann zur Zuständigkeitsverlagerung von einem staatlichen Gericht auf ein Schiedsgericht, wenn sie **wirksam und durchführbar** sind **und** der jeweilige **Streitgegenstand der Schiedsvereinbarung unterfällt**[14] (was ggf. durch Auslegung zu klären ist).

---

ministriert – vorrangig internationale – Schiedsstreitigkeiten auf der Grundlage einer vom internationalen Schiedsgerichtshof bereitgestellten Schiedsgerichtsordnung. Der Internationale Schiedsgerichtshof der ICC befindet sich in Paris und die deutsche Geschäftsstelle (ICC Deutschland) in 10004 Berlin, Postfach 80432. Informationen zu den Angeboten des Internationalen Schiedsgerichtshofs und die Schiedsgerichtsordnung sind zudem auf der Website der ICC Deutschland, unter www.iccgermany.de, erhältlich.

[12] Der „Schlichtungs- und Schiedsgerichtshof Deutscher Notare" (SGH) wird von der DNotV GmbH mit Sitz in Berlin angeboten, bei der es sich um eine Servicegesellschaft des Deutschen Notarvereins handelt. Der SGH bietet nicht nur ein institutionelles Schiedsverfahren (nach dem „Statut" des SGH), sondern organisiert darüber hinaus das Schiedsgericht selbst. Die von den Parteien bestimmten oder vom SGH benannten Schiedsrichter (meist Notare) stehen im Dienst der DNotV GmbH, so dass die Konfliktparteien einen Schiedsrichtervertrag ausschließlich mit der DNotV GmbH als Trägerin des SGH abschließen. Weitere Informationen zum Angebot des SGH sowie dessen Statut und Kostenordnung sind bei der Geschäftsstelle Berlin des Deutschen Notarvereins, Kronenstraße 73/74, 10117 Berlin, oder auf der Website www.dnotv.de erhältlich.

[13] Das Schiedsgericht kann abweichend hiervon z.B. nach „Billigkeit" entscheiden, wenn es die Parteien hierzu ausdrücklich ermächtigt haben (§ 1051 Abs. 3 ZPO).

[14] Vgl. auch BayObLG, Beschluss vom 9.9.1999, BB Beilage 2000, Nr. 8, 16–20.

a) Wirksamkeitsvoraussetzungen

Eine Schiedsvereinbarung ist (abgesehen von der Einhaltung der allgemeinen Wirksamkeitsvoraussetzungen wie z.B. Rechts- und Geschäftsfähigkeit der Parteien) nur wirksam, wenn sie formwirksam zustande gekommen ist (§§ 1031, 1066 ZPO), eindeutige Regelungen zur Verlagerung bestimmter Streitigkeiten auf ein Schiedsgericht enthält, „schiedsfähige" Streitigkeiten betrifft (§ 1033 ZPO) und nicht durch Parteivereinbarung, außerordentliche Kündigung[15] oder in sonstiger Weise aufgehoben bzw. beendet worden ist.

829

aa) Abschluss der Schiedsvereinbarung

Die **formellen Anforderungen** an den Abschluss von Schiedsvereinbarungen richten sich bei Schiedsklauseln und Schiedsabreden, die bis zum 31.12.1997 geschlossen wurden, gemäß Art. 33 EGZPO nach dem bis zu diesem Zeitpunkt geltenden Recht (§§ 1027, 1048 ZPO a.F.) und für Schiedsvereinbarungen, die ab dem 1.1.1998 abgeschlossen wurden, nach den derzeit gültigen Vorschriften (§§ 1031, 1066 ZPO). Im Zusammenhang mit Gesellschafterstreitigkeiten ist zu unterscheiden, ob die Schiedsvereinbarung in einer gesonderten Schiedsabrede oder – wie typischerweise der Fall – in Form einer Schiedsklausel im Gesellschaftsvertrag oder aber der GmbH-Satzung enthalten ist. Für Schiedsabreden und -klauseln gelten teilweise unterschiedliche Anforderungen hinsichtlich der Form des Zustandekommens. Die **Formanforderungen** betreffen jeweils nur die **Zuständigkeitsverlagerung auf ein Schiedsgericht** als solche, nicht aber Nebenabreden, **Verfahrensvereinbarungen** oder Vereinbarungen über das auf den Streitfall anzuwendende materielle Recht. Diese sind **formfrei** möglich, so dass die betreffenden Regelungen (vor allem zum Schiedsverfahren) auch durch bloße Bezugnahme auf andere Dokumente oder bestimmte (institutionelle) Schiedsordnungen vereinbart werden können.[16] Formmängel werden darüber hinaus durch die Einlassung auf die schiedsgerichtliche Verhandlung zur Hauptsache **geheilt** (§§ 1031 Abs. 6 ZPO, 1027 Abs. 1 S. 2 ZPO a.F.).

830

(1) Schiedsabrede

Die Schiedsvereinbarung kann in einem **selbstständigen Vertrag** niedergelegt werden („Schiedsabrede", § 1029 Abs. 2 ZPO, bzw. „Schiedsvertrag", § 1027 Abs. 1 ZPO a.F.). Eine solche Schiedsabrede ist vor allem dann naheliegend, wenn die Zuständigkeit eines Schiedsgerichts erst *nach* Entstehung einer Rechtsstreitigkeit zwischen den betroffenen Parteien vereinbart wird. Für die Form dieser Schiedsvereinbarung gelten **ab 1.1.1998** die Bestimmungen in **§ 1031 ZPO**. Die Schiedsvereinbarung muss grundsätzlich **in einem von** allen **betroffenen Parteien unterzeichneten Dokument enthalten** sein, das *auch andere* Vereinbarungen als die Schiedsabrede enthalten darf. Gemäß **§ 1031**

831

---

[15] Vgl. zur Kündigung einer Schiedsvereinbarung aus wichtigem Grund z.B. Thomas/Putzo, § 1029, Rn. 17, mwN.
[16] Vgl. nur BayObLG, Beschluss vom 9.9.1999, BB Beilage 2000, Nr. 8, 16–20; Zöller, § 1031, Rn. 15.

Abs. 1 bis Abs. 4 ZPO gelten darüber hinaus gewisse **Formerleichterungen**. Die Formvorschriften sind demgegenüber **strenger**, wenn an der Schiedsabrede ein **Verbraucher beteiligt** ist: Die Schiedsvereinbarung muss dann in einer von allen Parteien eigenhändig unterzeichneten Urkunde (oder einem entsprechenden elektronischen Dokument gemäß § 126a BGB) enthalten sein, die (außer bei notariellen Urkunden) *keine weiteren* Vereinbarungen als die Schiedsabrede und Regelungen zum Schiedsverfahren enthalten darf (§ 1031 Abs. 5 ZPO).

832 Der Begriff des „**Verbrauchers**" ist in § 13 BGB definiert. Verbraucher ist demnach jede natürliche Person, die ein Rechtsgeschäft zu einem Zweck abschließt, der weder ihrer gewerblichen noch ihrer selbstständigen beruflichen Tätigkeit zugerechnet werden kann. GmbH-Gesellschafter und deren Organmitglieder sind Verbraucher im Sinne dieser Vorschrift.[17] Schiedsvereinbarungen für Gesellschafterstreitigkeiten in der GmbH müssen daher in einer *gesonderten* Schiedsabrede zwischen den Gesellschaftern (und ggf Organmitgliedern) niedergelegt sein, sofern sie nicht in Form einer Schiedsklausel in der Satzung selbst enthalten sind (vgl. hierzu unter Rn. 837 f.). Die Gesellschafter einer Personengesellschaft oder Personenhandelsgesellschaft sind bei Beginn des Gesellschaftsverhältnisses als „Existenzgründer" demgegenüber grds keine Verbraucher im Sinne des § 13 BGB, da die Gesellschaft der Vorbereitung der gemeinsamen unternehmerischen Tätigkeit dient.[18] Die Schiedsabrede, die im Zusammenhang mit dem Abschluss des Gesellschaftsvertrags getroffen wird, muss daher insbesondere *nicht* in einer *gesonderten* Urkunde enthalten sein, sondern kann – in Form einer Schiedsklausel – auch in den Gesellschaftsvertrag integriert werden (vgl. hierzu nachstehend unter Rn. 834 ff.).[19]

833 Vergleichbar strenge Formanforderungen wie nunmehr bei Schiedsvereinbarungen mit Verbrauchern waren in **§ 1027 ZPO a. F.** geregelt: Der Schiedsvertrag musste demnach ausdrücklich und schriftlich geschlossen werden und durfte vor allem keine weiteren Vereinbarungen als die Schiedsabrede und Bestimmungen zum schiedsgerichtlichen Verfahren enthalten. Etwas anderes galt nach der früheren gesetzlichen Regelung nur, wenn der Schiedsvertrag als solcher für beide Teile ein Handelsgeschäft im Sinne des § 343 HGB war. Dies war im Zusammenhang mit Schiedsabreden zu Gesellschafterstreitigkeiten indessen rglm ausgeschlossen[20], so dass vor dem 1.1.1998 abgeschlossene

---

[17] BGH, Urteil vom 28.6.2000, BGHZ 144, 370 = NJW 2000, 3133; BGH, Urteil vom 22.11.2006, BGHZ 170, 67 = NJW 2007, 759.

[18] BGH, Beschluss vom 24.2.2005, BGHZ 162, 253 = NJW 2005, 1273; BGH, Urteil vom 15.11.2007, NJW 2008, 435. Vgl. zu den betreffenden Formfragen auch die übersichtliche und ausführliche Darstellung bei Schwerdtfeger/*Eberl*, Kap. 7 (Rn. 34 ff.).

[19] Die Formerleichterung gilt somit auch bei Beitritt eines Gesellschafters zu einer Personengesellschaft, da er den Gesellschaftsvertrag mit den Altgesellschaftern neu abschließt und deshalb „Existenzgründer" im Sinne der BGH-Rechtsprechung ist. Demgegenüber sind Gesellschafter bei späterer Einführung einer Schiedsklausel in den Gesellschaftsvertrag wohl keine „Existenzgründer", so dass im Regelfall die strengere Formvorschrift des § 1031 Abs. 5 ZPO (Schiedsabrede in gesonderter Urkunde) gelten dürfte. Darüber hinaus finden die Formerleichterungen des § 1031 Abs. 1 bis 4 bei Publikumsgesellschaften generell keine Anwendung, da der Anleger auch als Kommanditist oder Treugeber einer Kommanditbeteiligung „Verbraucher" im Sinne des § 13 BGB ist (vgl. nur Zöller, § 1031, Rn. 35b, mwN). Im Zusammenhang mit dem Beitritt eines Anlegers zur Publikums-KG oder Publikums-GbR kann daher nur dann eine wirksame Schiedsvereinbarung für Gesellschafterstreitigkeiten getroffen werden, wenn diese in einer gesonderten Urkunde enthalten ist. Die Schiedsklausel im Gesellschaftsvertrag führt nicht zur formwirksamen Schiedsvereinbarung.

[20] „Handelsgeschäfte" sind nach der gesetzlichen Definition des § 343 HGB die „*Geschäfte eines Kaufmanns, die zum Betrieb seines Handelsgewerbes gehören*". Der Abschluss eines Gesellschaftsvertrags und eines

VI. Klage vor Schiedsgerichten

Schiedsvereinbarungen im Regelfall nur wirksam sind, wenn sie außer der Einsetzung eines Schiedsgerichts für bestimmte Streitigkeiten und ggf Regelungen zum schiedsrichterlichen Verfahren keine weiteren Abreden enthalten.

(2) Schiedsklauseln in Gesellschaftsverträgen einer Personengesellschaft

Hinsichtlich der Formwirksamkeit von Schiedsvereinbarungen („Schiedsklauseln") in Gesellschaftsverträgen einer Personengesellschaft (GbR, PartG, OHG, KG bzw. GmbH & Co. KG) ist je nach Zeitpunkt des Abschlusses des Gesellschaftsvertrags oder der Aufnahme der Schiedsklausel in den Gesellschaftsvertrag zu unterscheiden: Für Schiedsvereinbarungen, die **vor dem 1.1.1998 abgeschlossen** wurden, gelten in aller Regel die strengen Formvorschriften des **§ 1027 Abs. 1 ZPO a.F.**, so dass die Schiedsvereinbarung für Gesellschafterstreitigkeiten nur wirksam ist, wenn sie außerhalb des Gesellschaftsvertrags in einem gesonderten Schiedsvertrag niedergelegt wurde (vgl. auch unter Rn. 831 ff.).

834

Bei Gesellschaftsverträgen, die **nach dem 1.1.1998 abgeschlossen** wurden, kann die Schiedsabrede demgegenüber formwirksam in den Gesellschaftsvertrag integriert sein. Gemäß **§ 1031 Abs. 1 ZPO** ist die Schiedsvereinbarung nunmehr grds formgültig, wenn sie in einem unterzeichneten Dokument (also auch dem von allen Gesellschaftern unterzeichneten Gesellschaftsvertrag) enthalten ist, zumal die Gesellschafter von Personengesellschaften (außer bei Publikumsgesellschaften) im Zusammenhang mit der Gesellschaftsgründung oder dem Gesellschaftsbeitritt keine „Verbraucher" im Sinne der §§ 1031 Abs. 5 ZPO, 13 BGB sind (vgl. näher unter Rn. 831 ff.).

835

Die **nachträgliche Schiedsvereinbarung** bedarf zum Schutz der Minderheitsgesellschafter rglm der Einstimmigkeit unter den Gesellschaftern, auch wenn der Gesellschaftsvertrag grds Mehrheitsbeschlüsse zulässt.[21] Die Schiedsabrede im Gesellschaftsvertrag geht (vorbehaltlich einer ausdrücklich abweichenden Vereinbarung) bei **Veräußerung des Gesellschaftsanteils formfrei auf den Erwerber über**, ohne dass es eines gesonderten Beitritts des Rechtsnachfolgers zur Schiedsvereinbarung bedarf.[22] Gleiches gilt im Falle einer Rechtsnachfolge aufgrund **Erbgangs**.[23] Das **Muster** einer Schiedsklausel findet sich unter Rn. 859.

836

---

korrespondierenden Schiedsvertrags ist damit aber in aller Regel kein Handelsgeschäft, da er zwar der Vorbereitung einer unternehmerischen Tätigkeit dient, als solcher aber nicht die Kaufmannseigenschaft der Gesellschafter begründet (Baumbach/Hopt/*Roth*, § 105, Rn. 49; MüKoHGB/*K. Schmidt*, § 343, Rn. 7). „Handelsgeschäft" ist der Abschluss eines Gesellschaftsvertrags ausnahmsweise nur dann, wenn am Gesellschaftsvertrag Kaufleute beteiligt sind, für die der Abschluss dieses Vertrags (einschließlich des Schiedsvertrags) zum Betrieb ihres Handelsgewerbes gehört. In diesem Fall war der Abschluss des Schiedsvertrags formfrei möglich (§ 1027 Abs. 2 ZPO a.F.).

[21] HM im Schrifttum, vgl. nur Zöller, § 1029, Rn. 74, sowie Schwerdtfeger/*Eberl*, Kap. 7 (Rn. 46 ff.), jeweils mwN zum Schrifttum. Vgl. zum Problem des Eingriffs in wesentliche Gesellschafterrechte durch Mehrheitsbeschluss näher unter Rn. 69 ff.

[22] BGH, Urteil vom 2.10.1997, NJW 1998, 371 = NZG 1998, 63 = BB 1997, 2447.

[23] Vgl. nur Zöller, § 1029, Rn. 63, mwN.

(3) Schiedsklausel in einer GmbH-Satzung

837 Schiedsvereinbarungen können sowohl nach altem Recht (§ 1048 ZPO a.F., der § 1027 ZPO a.F. verdrängte) als auch nach neuem, ab 1.1.1998 geltendem Recht (§ 1066 ZPO) **formwirksam in die Satzung einer GmbH integriert** sein.[24] Es bedarf nicht der Niederlegung der Schiedsvereinbarung in einer gesonderten Urkunde, auch wenn GmbH-Gesellschafter und ihre Geschäftsführer Verbraucher im Sinne des § 13 BGB sind, da die GmbH-Satzung notariell beurkundet wird (§ 1031 Abs. 5 S. 3 2. HS ZPO). Die Schiedsklausel in der Satzung bindet auch die GmbH selbst, obgleich sie an der Vereinbarung nicht mitgewirkt hat.[25] Die in der Satzung enthaltene Schiedsklausel ist gemäß § 1066 ZPO allerdings nur insoweit wirksam, als sie *körperschaftsrechtliche* Streitigkeiten erfasst (wie z.B. Rechtsstreitigkeiten über die Ausschließung eines Gesellschafters, die Zwangseinziehung dessen Geschäftsanteils und die Abfindungszahlung, Informationserzwingungsverfahren, Beschlussmängelstreitigkeiten [siehe hierzu jedoch sogleich unter Rn. 840 f.] und Auflösungsklagen), *nicht* jedoch für *individualrechtliche* Streitigkeiten, auch wenn die betreffenden Ansprüche in der Satzung geregelt sind (wie z.B. ein satzungsmäßiges Ankaufsrecht eines Gesellschafters).[26] Die Schiedsklausel in der Satzung kann sich demgegenüber rechtswirksam (wohl) auch auf Streitigkeiten zwischen der GmbH selbst und einem Organmitglied erstrecken (betreffend Schadensersatz- und Unterlassungsklagen wegen Pflichtverletzungen), sofern die Schiedsklausel bereits bei Bestellung des betreffenden Organmitglieds in der Satzung enthalten war.[27]

838 Schiedsklauseln können **nachträglich durch Satzungsänderung** in die Satzung aufgenommen oder modifiziert werden. Hierfür ist gemäß § 53 Abs. 3 GmbHG **Einstimmigkeit** der Gesellschafter erforderlich.[28] Im Falle der **Veräußerung eines Geschäftsanteils** gilt die Schiedsklausel in der Satzung auch für den **Erwerber**, ohne dass

---

[24] Vgl. zur entsprechenden Anwendung von § 1048 Abs. 1 ZPO a.F. bzw. § 1066 ZPO auf GmbH-Satzungen nur BGH, Urteil vom 25.10.1962, BGHZ 38, 155 = WM 1962, 1314; BGH, Urteil vom 11.10.1979, NJW 1980, 1049 = BB 1980, 65; Zöller, § 1066, Rn. 4; MüKoZPO/*Münch*, § 1066, Rn. 16–18. Das **Muster** einer Schiedsklausel findet sich unter Rn. 859.

[25] BGH, Urteil vom 6.4.2009 („Schiedsfähigkeit II"), BGHZ 180, 221 = NZG 2009, 620 = GmbHR 2009, 705.

[26] BGH, Urteil vom 25.10.1962, BGHZ 38, 155 = WM 1962, 1314. Vgl. auch Zöller, § 1066, Rn. 4; MüKoZPO/*Münch*, § 1066, Rn. 19, jeweils mwN.

[27] Vgl. *Umbeck*, SchiedsVZ 2009, 143; Zöller, § 1066, Rn. 4; *Haas/Hoßfeld*, Schiedsvereinbarungen zwischen Gesellschaft und GmbH-Geschäftsführer, in: Festschrift für Uwe Schneider, Köln 2011 (für Streitigkeiten, die in der Organstellung des Geschäftsführers wurzeln). **AA** BayObLG, Beschluss vom 15.12.1999, EWiR 2000, 359 (für die Schadensersatzklage eines Verbandes gegen frühere gesetzliche Vertreter); anders z.B. auch MüKoZPO/*Münch*, § 1066, Rn. 19. Wer Rechtsstreitigkeiten mit Organmitgliedern einem schiedsrichterlichen Verfahren unterwerfen will, sollte die Schiedsvereinbarung daher vorsorglich in einer gesonderten, allseitig (jedenfalls von der GmbH und dem betreffenden Organmitglied) unterzeichneten Urkunde gem § 1031 Abs. 5 ZPO niederlegen.

[28] BGH, Urteil vom 6.4.2009 („Schiedsfähigkeit II"), BGHZ 180, 221 = NZG 2009, 620 = GmbHR 2009, 705.

VI. Klage vor Schiedsgerichten   455

es eines gesonderten Beitritts des Erwerbers zur Schiedsvereinbarung bedarf.²⁹ Gleiches gilt bei einer Gesamtrechtsnachfolge in den Geschäftsanteil aufgrund **Vererbung**.

bb) Schiedsfähigkeit von Gesellschafterstreitigkeiten

Schiedsvereinbarungen sind unabhängig von der Einhaltung der in Rn. 830 ff. dargestellten Formerfordernisse nur wirksam, sofern und soweit sie Rechtsstreitigkeiten erfassen, die gemäß § 1030 ZPO Gegenstand eines Schiedsverfahrens, d.h. „schiedsfähig" sein können. Gemäß § 1030 Abs. 1 S. 1 ZPO können alle Streitigkeiten über vermögensrechtliche Ansprüche durch ein Schiedsgericht entschieden werden. Mit Rücksicht darauf sind **grds alle** in diesem Buch behandelten **gesellschaftsinternen**, im Gesellschaftsverhältnis begründeten **Rechtsstreitigkeiten schiedsfähig**. Dies gilt für die unter Rn. 701 ff. dargestellten Gestaltungsklagen (Entziehung von Geschäftsführung und Vertretungsmacht bei Personenhandelsgesellschaften gemäß §§ 117, 127 HGB; die Ausschließungsklage gemäß § 140 HGB; die Auflösungsklagen bei Personenhandelsgesellschaften gemäß § 133 Abs. 1 HGB und bei der GmbH gemäß § 61 Abs. 1 GmbHG)³⁰ ebenso wie für Informationserzwingungsverfahren in Personengesellschaften und der GmbH³¹ sowie Schadensersatz- und Unterlassungsklagen gegenüber geschäftsführenden Gesellschaftern.³²

839

Für eine besonders wichtige Fallgruppe von Gesellschafterstreitigkeiten, die **Beschlussmängelstreitigkeiten**, ist demgegenüber zwischen Personengesellschaften und der GmbH zu unterscheiden. Feststellungsklagen in **Personengesellschaften** zur Klärung der Beschlussnichtigkeit in Folge Beschlussmängeln oder zur gerichtlichen Klärung unklarer Abstimmungsergebnisse sind grds **schiedsfähig**.³³ Demgegenüber ist die Zuständigkeitsverlagerung auf ein Schiedsgericht bei Beschlussmängelstreitigkeiten (Nichtigkeits-, Anfechtungs- oder Beschlussfeststellungsklagen) in der **GmbH nur** unter **bestimmten Voraussetzungen** zulässig.

840

Die „Schiedsfähigkeit" von Beschlussmängelstreitigkeiten in der GmbH wurde durch den BGH – vorbehaltlich einer ausdrücklichen gesetzlichen Neuregelung – ursprünglich abgelehnt.³⁴ Die Bedenken resultierten daraus, dass die „*der Klage stattgebenden Entscheidungen nach den im GmbH-Recht entsprechend anwendbaren §§ 248 Abs. 1 S. 1, 249 Abs. 1 S. 1 AktG über die nur zwischen den Parteien wirkende Rechtskraft des § 325 Abs. 1 ZPO hinaus für und gegen alle Gesellschafter und Gesellschaftsorgane wirken, auch wenn sie an dem Verfahren nicht als Partei teilgenommen haben*".³⁵ Wegen dieser gesellschaftsrechtlichen Sonderbestimmung bestanden Bedenken, die Zulässigkeit einer Übertragung von Beschlussmängelstreitigkeiten auf private Schieds-

841

---

²⁹ BGH, Urteil vom 2.3.1978, BGHZ 71, 162 = NJW 1978, 1585 = BB 1978, 927.
³⁰ Vgl. zur Schiedsfähigkeit vorbezeichneter Verfahren jeweils bei Darstellung der Gestaltungsklagen unter Rn. 701 ff.
³¹ Vgl. hierzu unter Rn. 746 ff.
³² Vgl. hierzu unter Rn. 773 ff.
³³ Vgl. näher unter Rn. 637, mit Nachweisen aus der Rechtsprechung.
³⁴ Vgl. zuletzt BGH, Urteil vom 29.3.1996 („Schiedsfähigkeit I"), BGHZ 132, 278 = GmbHR 1996, 437 = BB 1996, 1074.
³⁵ BGH, Urteil vom 29.3.1996, BGHZ 132, 263 = GmbHR 1996, 456 = BB 1996, 1105. Vgl. zu dieser Rechtskrafterstreckung *stattgebender* Urteile bei Beschlussmängelstreitigkeiten in der GmbH näher unter Rn. 643 ff.

gerichte ohne eine entsprechende Entscheidung des Gesetzgebers zu befürworten. Der BGH hat diesen (**vollständig**) **ablehnenden Standpunkt** in einem **Urteil vom 6.4.2009 („Schiedsfähigkeit II")**[36] **aufgegeben**. Demnach sind auch ohne ausdrückliche gesetzliche Regelung Beschlussmängelstreitigkeiten schiedsfähig, wenn – gemessen am Maßstab des § 138 BGB – bestimmte Mindestanforderungen eingehalten werden:

- Die Schiedsabrede muss grds mit Zustimmung sämtlicher Gesellschafter in der Satzung verankert sein; alternativ reicht eine außerhalb der Satzung unter Mitwirkung sämtlicher Gesellschafter *und* der Gesellschaft getroffene Absprache aus.
- Jeder Gesellschafter muss – neben den Gesellschaftsorganen – über die Einleitung und den Verlauf des Schiedsverfahrens informiert und dadurch in die Lage versetzt werden, dem Verfahren zumindest als Nebenintervenient beizutreten.
- Sämtliche Gesellschafter müssen an der Auswahl und Bestellung der Schiedsrichter mitwirken können, sofern nicht die Auswahl durch eine neutrale Stelle erfolgt; bei Beteiligung mehrerer Gesellschafter auf einer Seite des Streitverhältnisses kann dabei grds das Mehrheitsprinzip zur Anwendung gebracht werden.
- Es muss gewährleistet sein, dass alle denselben Streitgegenstand betreffenden Beschlussmängelstreitigkeiten bei einem Schiedsgericht konzentriert werden. Die Schiedsklausel muss also entweder eine neutrale Person oder Stelle von vornherein als Schiedsgericht festlegen oder durch eine entsprechende Regelung sichern, dass der erste bei der Geschäftsleitung der Gesellschaft eingegangene Antrag, die Streitigkeit einem Schiedsgericht vorzulegen, im Sinne einer Verfahrenskonzentration „Sperrwirkung" in Bezug auf spätere Verfahrensanträge hat.

Nur wenn eine Schiedsvereinbarung die vorbezeichneten **Anforderungen kumulativ einhält**, entfaltet sie für Beschlussmängelstreitigkeiten in der GmbH Wirksamkeit; anderenfalls ist sie insoweit nichtig, als sie die Beschlussmängelstreitigkeiten in ihren Anwendungsbereich mit einbezieht.[37] Die DIS[38] hat im September 2009 mit Rücksicht auf das vorbezeichnete BGH-Urteil ergänzende Regeln zur DIS-Schiedsordnung (DIS-ERGeS) veröffentlicht, so dass das von der DIS bereitgestellte, institutionelle Schiedsverfahren insgesamt die Anforderungen des BGH-Urteils einhält.[39]

b) Reichweite der Schiedsvereinbarung

842 Die Bestimmung, welche Gesellschafterstreitigkeiten durch ein Schiedsgericht entschieden werden sollen, richtet sich nach der jeweiligen Schiedsabrede bzw. Schiedsklausel. Im Grundsatz sind Schiedsvereinbarungen **weit auszulegen**.[40] Demnach ist ein Schiedsgericht z.B. auch dann für ein Informationserzwingungsverfahren in einer KG oder GmbH zuständig, wenn der Gesellschaftsvertrag allgemein für alle Streitigkeiten Schiedsverfahren anordnet, welche *„den Gesellschaftsvertrag, das Gesellschaftsverhältnis oder die Gesellschaft"* betreffen.[41] Sofern die Schiedsklausel in einer GmbH-Satzung alle Kon-

---

[36] BGHZ 180, 221 = NZG 2009, 620 = GmbHR 2009, 705.

[37] BGH, Urteil vom 6.4.2009, BGHZ 180, 221 = NZG 2009, 620 = GmbHR 2009, 705.

[38] Vgl. zur Deutschen Institution für Schiedsgerichtsbarkeit (DIS) näher unter Rn. 826.

[39] Das **Muster** einer Schiedsklausel, die zur Anwendung dieser DIS-Schiedsordnung führt, findet sich unter Rn. 860.

[40] Vgl. z.B. BGH, Beschluss vom 1.8.2002, NZG 2002, 955 = NJW-RR 2002, 1462; OLG Düsseldorf, Beschluss vom 27.2.2004, SchiedsVZ 2004, 161. Vgl. zur Auslegung sowie der sachlichen Reichweite von Schiedsvereinbarungen auch Schwerdtfeger/*Eberl*, Kap. 7 (Rn. 37 ff.).

[41] OLG Hamm, Beschluss vom 7.3.2000, NZG 2000, 1182 = GmbHR 2000, 676 = BB 2000, 1159.

flikte zwischen Gesellschaftern oder zwischen der GmbH und Gesellschaftern „*mit Ausnahme von Beschlussmängelstreitigkeiten*" einem Schiedsgericht zuweist, entfällt dessen Zuständigkeit nur für die „echten" Anfechtungs-, Nichtigkeits- und positiven Beschlussfeststellungsklagen entsprechend §§ 241 ff. AktG, nicht aber für sonstige Feststellungsklagen, selbst wenn sie für mögliche spätere Beschlussmängelstreitigkeiten präjudiziell sind.[42] Ein weiteres Beispiel bilden Rechtsstreitigkeiten mit **ausgeschiedenen Gesellschaftern**, die das frühere Gesellschaftsverhältnis (etwa eine Abfindungszahlung) betreffen: Hier ist das Schiedsgericht jeweils zuständig, wenn die Schiedsvereinbarung Rechtsstreitigkeiten aus dem „*Rechtsverhältnis der Gesellschafter untereinander*" erfasst[43] oder die Zuständigkeit des Schiedsgerichts für „*alle Streitigkeiten und Meinungsverschiedenheiten zwischen den Gesellschaftern oder zwischen der Gesellschaft und einzelnen Gesellschaftern, welche das Gesellschaftsverhältnis berühren*", anordnet.[44]

3. Überblick über das Schiedsverfahren

Die Regelung des Schiedsverfahrens, einschließlich der Anzahl und der Bestellung der Schiedsrichter, des Schiedsortes und der Schiedsrichtervergütung, richtet sich vorrangig nach den – nicht formbedürftigen – Vereinbarungen der Parteien. Sofern sich die Parteien auf ein institutionelles Schiedsgericht oder eine institutionelle Schiedsordnung (wie z.B. die DIS-Schiedsgerichtsordnung, die ICC-Schiedsordnung oder das Statut des SGH)[45] geeinigt haben, sind die dort vorgesehenen Verfahrensbestimmungen maßgeblich. Subsidiär und ergänzend zur Parteivereinbarung gelten jeweils die gesetzlichen Regelungen der §§ 1034 bis 1058 ZPO. Das Schiedsverfahren läuft demnach **im Überblick** grds wie folgt ab:

843

- **Beginn des schiedsrichterlichen Verfahrens**

844

Vorbehaltlich einer Parteivereinbarung beginnt das schiedsrichterliche Verfahren an dem Tag, an dem der **Beklagte den Antrag des Klägers erhält**, die Streitigkeit einem Schiedsgericht vorzulegen. Der betreffende Antrag muss die Bezeichnung der Parteien, die Angabe des Streitgegenstandes und einen Hinweis auf die Schiedsvereinbarung enthalten (§ 1044 ZPO). Bei Anwendung einer institutionellen Schiedsordnung beginnt das Schiedsverfahren demgegenüber regelmäßig durch **Einreichung der Schiedsklage** bei der beauftragten Schiedsorganisation, wobei der Kläger in der Klageschrift zugleich

---

[42] OLG München, Urteil vom 9.8.2012, NZG 2012, 1184 = BB 2012, 2190, für eine Feststellungsklage, mittels derer bestimmte Rechtsverhältnisse eines lt. Satzung eingerichteten Beirats geklärt werden sollten (Quorum für Mehrheitsbeschlüsse des Beirats sowie Aufgaben des Beirats). Aufgrund der Schiedsklausel in der Satzung sei das Schiedsgericht auch für diese Feststellungsklage zulässig, auch wenn die streitgegenständlichen Rechtsverhältnisse für spätere Beschlussmängelstreitigkeiten, vor allem hinsichtlich Beschlüssen des Beirats, präjudiziell seien.

[43] BGH, Beschluss vom 1.8.2002, NZG 2002, 955 = NJW-RR 2002, 1462.

[44] OLG Koblenz, Urteil vom 6.3.2008, NJW-Spezial 2008, 463 = DB 2008, 1264; OLG Düsseldorf, Beschluss vom 27.2.2004, SchiedsVZ 2004, 161.

[45] Vgl. hierzu näher unter Rn. 826.

von seinem Benennungsrecht für einen Schiedsrichter Gebrauch macht (vgl. z.B. § 6.1 DIS-SchO).[46] Mit Zugang des Vorlegungsantrags des Klägers (bzw. mit Eingang der Schiedsklage) ist die Streitsache **schiedshängig**, so dass die mit einer Klageerhebung vor den staatlichen Gerichten verbundenen Nebenfolgen eintreten.[47]

Mit Rücksicht auf das Urteil des BGH vom 6.4.2009 (Schiedsfähigkeit II)[48] sind **Beschlussmängelstreitigkeiten** in der **GmbH** unter bestimmten Voraussetzungen schiedsfähig, so dass in der Praxis künftig vermehrt Schiedsvereinbarungen auch zu Anfechtungsklagen auftauchen werden. Die Wahrung der **Anfechtungsfrist** durch Klageerhebung bildet bei solchen Beschlussanfechtungsklagen materielle Klagevoraussetzung.[49] Bei Entscheidung über die Anfechtungsklage im Schiedsverfahren ist somit der Zeitpunkt der „Schiedshängigkeit" maßgeblich. Für den Kläger besteht allerdings das Risiko, dass die Schiedsvereinbarung jedenfalls hinsichtlich der Zuständigkeitsanordnung für Beschlussmängelstreitigkeiten unwirksam ist. Bis zur Klärung (etwa in einem Verfahren gemäß § 1032 Abs. 2 ZPO oder durch Entscheidung des Schiedsgerichts gemäß § 1040 Abs. 1 ZPO) ist die Anfechtungsfrist (von grds einem Monat ab Kenntnis der Beschlussfassung) meist abgelaufen. Bei Unwirksamkeit der Schiedsvereinbarung ist die anschließende Klage vor einem staatlichen Gericht bereits aus diesem Grunde unbegründet. In Zweifelsfällen und vorbehaltlich einer ausdrücklichen Einigung über die Art des Verfahrens mit der GmbH und den Mitgesellschaftern (nach Beschlussfassung), z.B. in Form einer ad-hoc-Schiedsabrede, sollte daher vorsorglich parallel zur Einleitung des schiedsrichterlichen Verfahrens zunächst auch Anfechtungsklage vor den staatlichen Gerichten erhoben werden, um einen Rechtsverlust hinsichtlich der Beschlussanfechtung zu vermeiden.

845 • **Konstituierung des Schiedsgerichts**

Die Parteien können die **Anzahl der Schiedsrichter** festlegen. Typischerweise sind drei Schiedsrichter vorgesehen (vgl. auch § 3 DIS-SchO), manchmal (vor allem aus Kostengründen) auch nur ein Schiedsrichter. Nach dem Gesetz sind bei Fehlen einer Parteivereinbarung ebenfalls drei Schiedsrichter zu bestellen (§ 1034 Abs. 1 ZPO). Falls eine Partei durch die Schiedsvereinbarung hinsichtlich der Zusammensetzung des Schiedsgerichts benachteiligt wird, kann sie beim zuständigen OLG eine Korrektur beantragen (§§ 1034 Abs. 2, 1062 Abs. 1 ZPO).

846 Die **Bestellung der Schiedsrichter** richtet sich ebenfalls vorrangig nach der Parteivereinbarung. Typischerweise ist geregelt, dass – bei einem dreiköpfigen Schiedsgericht – Kläger und Beklagter jeweils einen Schiedsrichter benennen und diese beiden Schiedsrichter dann gemeinsam den dritten (vorsitzenden) Schiedsrichter bestellen (so auch die gesetzliche Regelung bei Fehlen einer Parteivereinbarung in § 1035 Abs. 3 S. 2 ZPO).[50] Ist demgegenüber ein Einzelschiedsrichter vorgesehen, müssen sich die Parteien entweder auf dessen Person einigen oder der Einzelschiedsrichter wird auf Antrag einer Partei durch das zuständige OLG bestellt (§ 1035 Abs. 3 S. 1 ZPO).[51] Sofern sich im Zusammenhang mit der Konstituierung des Schiedsgerichts sonstige Streitigkeiten oder

---

[46] Der Schiedskläger hat gem § 7.1 SchO zusammen mit der Einreichung der Klage zugleich die DIS-Bearbeitungsgebühr sowie einen vorläufigen Vorschuss für die Schiedsrichter an die DIS zu zahlen.
[47] Vgl. nur Zöller, § 1044, Rn. 4 (mwN); Thomas/Putzo, § 1044, Rn. 1.
[48] BGHZ 180, 221 = NJW 2009, 1962 = NZG 2009, 620 = GmbHR 2009, 705.
[49] Vgl. hierzu näher unter Rn. 658.
[50] Vgl. auch §§ 12.1 und 12.2 DIS-SchO.
[51] Bei Anordnung der DIS-SchO erfolgt die Benennung des Einzelschiedsrichters bei Uneinigkeit der Parteien durch den DIS-Ernennungsausschuss (§ 14 DIS-SchO).

Hindernisse ergeben, entscheidet auf Antrag ebenfalls das OLG (§§ 1035 Abs. 3 bis 5, 1062 Abs. 1 Nr. 1 ZPO).

Ein **Berufsrichter** kann das **Schiedsrichteramt nur übernehmen**, wenn er von den Parteien **einvernehmlich ausgewählt** worden ist (§ 40 Abs. 1 S. 1 DRiG). Bei den von den Parteien benannten Schiedsrichtern (z.B. in einem dreiköpfigen Schiedsgericht) kann es sich daher nicht um Berufsrichter handeln, auch wenn die andere Partei mit der vorgeschlagenen Person einverstanden ist. Die Schiedsvereinbarung, die ein solches Bestellungsverfahren vorsieht, ist undurchführbar.[52] Berufsrichter werden daher üblicherweise aufgrund einvernehmlicher Auswahl der Parteien als Einzelschiedsrichter oder – bei einem aus drei Personen bestehenden Schiedsgericht – von den seitens der Parteien benannten Schiedsrichtern als Vorsitzende des Schiedsgerichts bestellt.

Das **Schiedsgericht ist konstituiert**, wenn die vorgeschlagenen Schiedsrichter entsprechend den einschlägigen Verfahrensregelungen entweder durch Einigung der Parteien oder (nach Antrag) durch Entscheidung des zuständigen OLG „bestellt" sind (§ 1035 Abs. 3 ZPO).[53]

- **Durchführung des schiedsrichterlichen Verfahrens** 847

Das Schiedsgericht prüft zunächst seine eigene **Zuständigkeit** und in diesem Zusammenhang zugleich das Bestehen und die Gültigkeit der Schiedsvereinbarung (§ 1040 Abs. 1 ZPO). Der Schiedsbeklagte kann (spätestens mit der Klageerwiderung) die Unzuständigkeit auch ausdrücklich rügen (§ 1040 Abs. 2 ZPO). Um zu vermeiden, dass Fehler im Zusammenhang mit der Bildung des Schiedsgerichts und der Prüfung dessen Zuständigkeit zur späteren Unwirksamkeit des Schiedsspruchs führen, ist es – jedenfalls außerhalb institutioneller Schiedsverfahren – verbreitet, zu Beginn des Verfahrens eine ausdrückliche Bestätigung der Parteien einzuholen, wonach das konstituierte Schiedsgericht rechtswirksam in seiner jetzigen Zusammensetzung über die klageweise geltend gemachten Ansprüche entscheiden kann.

Das schiedsrichterliche Verfahren entspricht im Übrigen grds dem entsprechenden streitigen Verfahren vor einem staatlichen Gericht. Vorbehaltlich einer anderslautenden Parteivereinbarung werden die Verfahrensregeln vom Schiedsgericht nach freiem Ermessen bestimmt (§ 1042 Abs. 4 S. 1 ZPO). Mangels Regelung entscheidet das Schiedsgericht z.B. über den **Ort des Verfahrens** (§ 1043 Abs. 1 S. 2 ZPO; § 21.1 DIS-SchO), über die Durchführung einer **mündlichen Verhandlung** (§ 1047 Abs. 1 S. 1 ZPO; § 28 DIS-SchO) sowie über die Art und Weise der **Beweisaufnahme** (§§ 1042 Abs. 4 S. 2, 1049 ZPO; § 27 DIS-SchO). Der Kläger hat die streitgegenständlichen Ansprüche und die hierfür maßgeblichen Tatsachen nebst Beweismitteln im Einzelnen darzulegen und

---

[52] KG Berlin, Beschluss vom 6.5.2002, SchiedsVZ 2003, 185. Demnach führt bereits der Umstand, dass eine Partei den Berufsrichter als Schiedsrichter *auswählt*, zur Unzulässigkeit der Übernahme des Schiedsrichteramtes gem § 40 Abs. 1 S. 1 DRiG, auch wenn die Streitparteien den betreffenden Schiedsrichter nach Auswahl gemeinsam beauftragen. Bereits die Auswahl des Schiedsrichters muss einvernehmlich geschehen.

[53] Bei Anwendung der DIS-SchO erfolgt die Bestellung der von den Parteien benannten Schiedsrichter und des von diesen Schiedsrichtern benannten Vorsitzenden des Schiedsgerichts durch den DIS-Generalsekretär oder den DIS-Ernennungsausschuss. Mit der Bestellung aller Schiedsrichter ist das Schiedsgericht konstituiert, worüber die Parteien von der DIS-Geschäftsstelle informiert werden (§ 17 DIS-SchO).

der Beklagte auf diese Klageschrift zu erwidern (§ 1046 Abs. 1 ZPO; §§ 6, 9 DIS-SchO). Diese und weitere Schriftsätze sowie sonstige Mitteilungen und vor allem Verfügungen des Schiedsgerichts werden jeweils allen Parteien zur Kenntnis gebracht (§ 1047 Abs. 3 ZPO, § 26 DIS-SchO).

848 • **Verfahrensbeendigung durch Schiedsspruch oder Vergleich**

Das schiedsrichterliche Verfahren endet, wenn sich die Parteien während des Verfahrens über die Streitigkeit **vergleichen** (§ 1053 Abs. 1 S. 1 ZPO). Auf Antrag der Parteien hält das Schiedsgericht den Vergleich in der Form eines „Schiedsspruchs mit vereinbartem Wortlaut" fest, falls der Inhalt der gütlichen Einigung nicht gegen die öffentliche Ordnung verstößt (§ 1053 Abs. 1 S. 2 ZPO; § 32 DIS-SchO).

Kommt es nicht zum Vergleich, endet das Verfahren rglm durch **Schiedsspruch**. Es handelt sich um die endgültige Entscheidung des Schiedsgerichts über den streitgegenständlichen Anspruch, wobei sich das Schiedsgericht im Rahmen der gestellten Anträge halten muss. Vorbehaltlich abweichender Parteivereinbarung können die Schiedsrichter mit Stimmenmehrheit entscheiden (§ 1052 Abs. 1 ZPO; § 33.3 DIS-SchO). Der Schiedsspruch ist schriftlich zu erlassen, zu unterzeichnen und zu begründen (§ 1054 ZPO; § 34 DIS-SchO). Das Schiedsgericht entscheidet (meist im Schiedsspruch selbst) ferner über die Kostenverteilung und -festsetzung, falls die Parteien dies nicht durch Vereinbarung geregelt haben (§ 1057 ZPO; § 35 DIS-SchO).[54] Der Schiedsspruch hat unter den Parteien die **Wirkung** eines **rechtskräftigen gerichtlichen Urteils** (§ 1055 ZPO; § 38 DIS-SchO). Er kann auf Antrag einer Partei nur in gesetzlich geregelten Ausnahmefällen (z.B. bestimmte Verfahrensfehler; Unzuständigkeit des Schiedsgerichts; mangelnde Schiedsfähigkeit des Streitgegenstandes) durch das zuständige OLG aufgehoben werden (mit der Folge, dass entweder die Schiedsvereinbarung wieder auflebt [§ 1059 Abs. 5 ZPO] oder der Weg zu den staatlichen Gerichten frei ist). Die **Zwangsvollstreckung** aus einem Schiedsspruch findet nur statt, wenn er vom zuständigen OLG für vollstreckbar erklärt worden ist (§§ 1060, 1062 ZPO). Desgleichen werden **Gestaltungsurteile**, mittels derer z.B. über eine Entziehungsklage gem §§ 117, 127 HGB, eine Klage auf Auflösung der Gesellschaft gem §§ 133 HGB, 61 GmbHG, die Ausschließung des Gesellschafters oder eine Beschlussanfechtungsklage in der GmbH entschieden wird, erst nach einer entsprechenden Vollstreckbarerklärung wirksam.[55]

---

[54] Die Schiedsrichter dürfen demgegenüber *nicht* die Höhe ihrer eigenen Vergütung selbst festsetzen, da dies gegen das Verbot verstößt, als Richter in eigener Sache zu entscheiden (vgl. nur BGH, Urteil vom 7.3.1985, BGHZ 94, 92 = NJW 1985, 1903 = BB 1985, 1359). Falls eine entsprechende ausdrückliche Regelung in der Schiedsvereinbarung fehlt, sollte die Schiedsrichtervergütung vor Annahme des Schiedsrichteramtes geklärt werden. Bei der Geltung institutioneller Schiedsverfahren sind die Kosten und die Schiedsrichtervergütung in den betreffenden Schiedsordnungen geregelt (vgl. z.B. § 40 DIS-SchO).

[55] Vgl. BayObLG, Beschluss vom 24.2.1984, BB 1984, 746 = WM 1984, 809 = MDR 1984, 496 (für eine Auflösungsklage). Im Schrifttum ist demgegenüber streitig, ob die Gestaltungswirkung des Schiedsspruchs auch ohne Vollstreckbarerklärung bereits mit Rechtskraft eintritt; vgl. zum Meinungsstand nur Schwerdtfeger/*Eberl*, Kap. 7, Rn. 79 f.; Zöller, § 1060, Rn. 6, mwN zur hM; Baumbach/Hopt/*Roth*, § 117, Rn. 8 (für die Entziehungsklage gem § 117 HGB).

5. Teil
Praktische Hinweise, Checklisten, Muster und Formulare

I. Praktische Hinweise zur Taktik der Konfliktparteien

1. Angriffsmittel

Durchsetzung von Zwangsmaßnahmen aus „wichtigem Grund"[1]	849

- Die Gesellschafter, die eine Zwangsmaßnahme gegenüber einem Mitgesellschafter aus „wichtigem Grund" betreiben, sollten sich bei der Auswahl dieser Maßnahmen immer auf das **Machbare, rechtlich einigermaßen sicher Durchsetzbare konzentrieren**. Die grobe Pflichtverletzung eines geschäftsführenden Gesellschafters rechtfertigt z.B. nicht ohne Weiteres dessen Ausschließung, eine einmalige Verfehlung nicht ohne Weiteres die vollständige Entziehung von Geschäftsführung und Vertretungsmacht, sondern ggf nur die Entziehung der *Allein*handlungsbefugnis. Die Rechtsprechung stellt nicht nur hohe Anforderungen an den „wichtigen Grund" für eine Zwangsmaßnahme, sondern verlangt ferner, dass die betreffende Maßnahme auch *geeignet* und *verhältnismäßig* ist.[2] Im Zweifel ist es besser, „gerichtsfest" zu agieren und einen geringfügigeren Eingriff rechtssicher durchzusetzen, als mit der weitergehenden Maßnahme nach langwierigen Prozessen insgesamt zu scheitern.

- Die **Begründung einer Zwangsmaßnahme** muss **substantiiert und beweissicher vorbereitet** werden. Bestehen z.B. Verdachtsmomente, dass ein gf Gesellschafter Spesen falsch abgerechnet oder Überentnahmen getätigt hat, sollte zunächst eine Sonderprüfung durch einen Wirtschaftsprüfer analog § 142 AktG (ohne Stimmrecht des Betroffenen) beschlossen und durchgeführt werden. Ggf können die die Zwangsmaßnahme betreibenden Gesellschafter weitere Informationen über Auskunftsverlangen oder eine Bucheinsicht erlangen. Im Hinblick auf einen anschließenden Rechtsstreit ist es zudem hilfreich, wenn zur Begründung einer Zwangsmaßnahme wenigstens ein oder zwei gewichtige Einzelsachverhalte vorgetragen werden können und sich die Gesellschafter zur Verteidigung ihres Abberufungs- oder Ausschließungsbeschlusses nicht auf eine Vielzahl von kleineren Einzelvorwürfen beschränken müssen, die den Rechtsstreit zudem erheblich aufblähen.

- Es ist zu prüfen, ob **auch andere „wichtige Gründe"** in Betracht kommen als eine grobe Pflichtverletzung oder die Unfähigkeit eines gf Gesellschafters. In einer kleinen Gesellschaft, mit zwei oder drei gf Gesellschaftern, lässt sich die Entziehung von Geschäftsführungsbefugnis und Vertretungsmacht bzw. die außerordentliche Abberufung eines Geschäftsführers z.B. auch damit begründen, dass unter den Geschäftsführern ein „nachhaltiges Zerwürfnis" besteht und der betroffene Geschäftsführer zu

---

[1] Wesentliche Zwangsmaßnahmen, die gegen einen Mitgesellschafter oder GF aus „wichtigem Grund" ergriffen werden, sind in den Personengesellschaften vor allem die Entziehung von Geschäftsführungsbefugnis und Vertretungsmacht eines gf Gesellschafters und in der GmbH die ao Abberufung nebst fristloser Kündigung des Anstellungsvertrags eines GF (vgl. hierzu unter Rn. 136 ff.) sowie die Ausschließung eines Gesellschafters (vgl. hierzu unter Rn. 217 ff.).

[2] Vgl. für die Entziehung von Geschäftsführung und Vertretungsmacht bzw. Abberufung näher unter Rn. 155 ff. und für die Ausschließung aus der Gesellschaft unter Rn. 274 ff.

diesem Zerwürfnis in irgendeiner Form beigetragen hat.³ Die Ausschließung aus der Gesellschaft ist bei Personengesellschaften und aufgrund einer sehr verbreiteten Vertragsklausel in GmbH-Satzungen z.B. auch dann möglich, wenn der Anteil eines Gesellschafters gepfändet oder über sein Vermögen ein Insolvenzverfahren eröffnet wurde.⁴

- Bei Verdacht auf Straftaten kann zusätzlich zur Zwangsmaßnahme **Strafanzeige** erstattet werden, um durch die mögliche Ermittlungstätigkeit der Staatsanwaltschaft weitere Erkenntnisse über eine Pflichtverletzung des Geschäftsführers bzw. Gesellschafters zu erhalten. Zusammen mit der Beschlussfassung über die Zwangsmaßnahmen sollte ein Beschluss über die **Geltendmachung von Schadensersatzansprüchen** und ggf die Bestellung eines **Prozessvertreters gefasst werden** (bei der GmbH gemäß § 46 Nr. 8 1. Alt. GmbHG ohnedies Klagevoraussetzung), um den Betroffenen durch die persönliche Inanspruchnahme zusätzlich unter Druck zu setzen und so möglicherweise eine Gesamteinigung über die Aufgabe des Geschäftsführeramtes oder gar sein Ausscheiden aus der Gesellschaft zu befördern.

Herbeiführung einer erwünschten Beschlussfassung

- Gesellschafter, die im Rahmen einer Gesellschafterstreitigkeit bestimmte Maßnahmen oder Beschlüsse durchsetzen wollen, sollten möglichst weitgehend von den **Möglichkeiten des Einstweiligen Rechtsschutzes Gebrauch machen**. Einstweilige Verfügungen sind besonders effektive und scharfe Angriffs- und Verteidigungsmittel. Für die die außerordentliche Abberufung betreibenden Gesellschafter kommt z.B. die Einstweilige Verfügung in Betracht, mittels derer dem betroffenen Gesellschafter die Stimmabgabe *gegen* den drohenden Abberufungsbeschluss verboten wird.⁵ Auf diese Weise können die die Beschlussfassung betreibenden Gesellschafter ein eindeutiges Abstimmungsergebnis hinsichtlich der beabsichtigten Abberufung erlangen und sind nicht auf den nachgängigen Rechtsschutz durch Beschlussfeststellungsklage verwiesen.

- In geeigneten Fällen kann es hilfreich sein, **Tagesordnungspunkte kurz vor der Gesellschafterversammlung nachzuschieben** (bei der GmbH und auch bei den Personengesellschaften genügt vorbehaltlich abweichender vertraglicher Regelungen grds die Einhaltung einer Frist von *drei* Tagen vor dem Tag der Gesellschafterversammlung).⁶ Durch die knappe Ankündigungsfrist kann erreicht werden, dass sich der „gegnerische" Gesellschafter nur noch eingeschränkt auf die für ihn unangenehme Beschlussfassung vorbereiten und vor allem für die gleiche Gesellschafterversammlung nicht mehr mit eigenen Beschlussanträgen reagieren kann. Das Nachschieben von Tagesordnungspunkten kann grds auch von Minderheitsgesellschaftern verlangt bzw. selbst vorgenommen werden (§ 50 Abs. 2 GmbHG).⁷

- Zur Durchsetzung der beabsichtigten streitigen Beschlussfassung kann es hilfreich sein, die **Teilnahme von Beratern**, vor allem zur Unterstützung des betroffenen Gesellschafters, **zu unterbinden**. Nichtgesellschafter sind grds und vorbehaltlich einer abweichenden vertraglichen Regelung *nicht* berechtigt, an Gesellschafterversammlungen teilzunehmen.⁸ Falls dieses Teilnahmeverbot absehbar und nachweislich missachtet werden soll, kommt im Vorfeld der Gesellschafterversammlung eine Unterlassungsverfügung zur Durchsetzung des Teilnahmeverbots in Betracht.⁹

---

³ Vgl. hierzu unter Rn. 159 ff. und Rn. 177.
⁴ Vgl. hierzu näher unter Rn. 303 ff.
⁵ Vgl. hierzu unter Rn. 798 ff. und Rn. 805.
⁶ Vgl. hierzu unter Rn. 98 ff.
⁷ Vgl. näher unter Rn. 78 ff., betreffend die Zuständigkeit zur Einberufung von GV, sowie unter Rn. 98 ff., betreffend die Ankündigung der Tagesordnung.
⁸ Vgl. hierzu unter Rn. 122 ff.
⁹ Vgl. hierzu unter Rn. 797.

- In der Gesellschafterversammlung sollte zum Zwecke der späteren Beweisführung möglichst eine **eigene Protokollführung** durchgesetzt werden. Fehlt eine eindeutige vertragliche Regelung zur Protokollführung und lässt sich über die Frage der Protokollführung keine Einigung erzielen, sollten der Ablauf der Gesellschafterversammlung und vor allem das Ergebnis von Abstimmungen jedenfalls in einer eigenen Niederschrift festgehalten werden. Eigene **Beschlussanträge** sollten, sofern möglich, bereits im Ladungsschreiben **vorformuliert werden**, um angesichts der üblichen Hektik in der streitigen Gesellschafterversammlung eine korrekte und vollständige Beschlussfassung zu erreichen. Ferner sollte versucht werden, als **Versammlungsleiter** der Gesellschafterversammlung bestellt zu werden. Dies hat vor allem in der GmbH den Vorteil, dass der Versammlungsleiter bei streitigen Abstimmungen eine Vorentscheidung über das Beschlussergebnis treffen kann, so dass der „gegnerische" Gesellschafter auf die fristgebundene Anfechtungsklage verwiesen wird.[10] Auch im Übrigen stärkt die Versammlungsleitung die eigene Rechtsposition, etwa durch die Möglichkeit, die Reihenfolge von Beschlussanträgen festzulegen oder den genauen Inhalt von Beschlussvorschlägen zu formulieren. Falls die Versammlungsleitung laut Gesellschaftsvertrag im Turnus wechselt, sollten eigene, streitige Beschlussanträge – soweit rechtlich möglich und soweit nicht fristgebunden – daher in Gesellschafterversammlungen eingebracht werden, die selbst oder von einem gleichgesinnten Mitgesellschafter geleitet werden.

- Um die Beschlussnichtigkeit wegen möglicher Ladungsmängel zu vermeiden, sollte möglichst Sorge getragen werden, dass *alle* Gesellschafter an einer Versammlung teilnehmen oder vertreten sind (sog. **Vollversammlung**). Dies hat den Vorteil, dass die im Rahmen der Vollversammlung gefassten Beschlüsse nicht mehr wegen möglicher Ladungsmängel angegriffen werden können, es sei denn, diese Mängel waren vor der Beschlussfassung ausdrücklich gerügt worden (was praktisch selten ist).[11]

Prozessuale Angriffsmittel

- Die prozessual „schärfste Waffe" bildet die **Einstweilige Verfügung**. Die Möglichkeiten des Einstweiligen Rechtsschutzes sollten daher möglichst umfänglich genutzt werden. Hinsichtlich der (allerdings beschränkten) Möglichkeit, durch EV Stimmverbote zu erreichen, wird auf den vorstehenden Gliederungsabschnitt („Herbeiführung einer erwünschten Beschlussfassung") verwiesen. Weitere, praktisch wichtige Verfügungen in Gesellschafterstreitigkeiten sind z.B. die einstweilige Entziehung von Geschäftsführungsbefugnis und Vertretungsmacht in Personenhandelsgesellschaften, die Unterbindung weiterer Geschäftsführung und Vertretung vor oder nach einem Abberufungsbeschluss in der GmbH, die Sicherung solcher Geschäftsführungsbefugnisse *nach* einem streitigen Abberufungsbeschluss, die Sicherung von Mitgliedschaftsrechten als Gesellschafter nach einem streitigen Ausschließungsbeschluss sowie z.B. die Unterbindung rechtswidriger Geschäftsführungsmaßnahmen durch Unterlassungsverfügung.[12]

- Bei Beschlussmängelstreitigkeiten in der GmbH sollten die Gesellschafter, die einen vom „gegnerischen" Gesellschafter angefochtenen Beschluss verteidigen wollen, dem Rechtsstreit auf Seiten der GmbH beitreten (**streitgenössische Nebenintervention**). Die Gesellschafter, die den angefochtenen Beschluss gefasst haben, können die Wirksamkeit „ihres" Beschlusses auf diese Weise effektiv verteidigen und sind nicht von der Prozessführung sowie dem sonstigen Prozessverhalten der GmbH bzw. deren Vertreter abhängig.[13]

---

[10] Die Voraussetzungen für eine solche Feststellungsbefugnis sind allerdings zum Teil streitig. Vgl. zur förmlichen Beschlussfeststellung durch Versammlungsleiter in der GmbH näher unter Rn. 128 ff.

[11] Vgl. zur Vollversammlung bzw. „Universalversammlung" näher unter Rn. 75.

[12] Vgl. zu den Möglichkeiten Einstweiligen Rechtsschutzes bei Gesellschafterstreitigkeiten iE unter Rn. 797 ff. und 805 f.

[13] Vgl. zur streitgenössischen Nebenintervention der GmbH-Gesellschafter bei Beschlussmängelstreitigkeiten unter Rn. 689 ff.

2. Verteidigungsmittel

850

Abwehr von Zwangsmaßnahmen aus „wichtigem Grund"

- Der von einer Zwangsmaßnahme aus „wichtigem Grund" betroffene Gesellschafter kann sich in kleineren Gesellschaften (mit zwei bis vier Gesellschaftern) dadurch effektiv zur Wehr setzen, dass er im Gegenzug mit der jeweils **gleichen Zwangsmaßnahme gegen den oder die Mitgesellschafter reagiert**.[14] Dies gilt vor allem in der Zwei-Personen-Gesellschaft. Durch die wechselseitige Entziehungsklage, Abberufung oder Ausschließung entsteht ein rechtliches Patt. Der Zwangsmaßnahme der Gegenseite wird zusätzlich der Schwung genommen. Der bzw. die ursprünglich die Abberufung oder Ausschließung betreibende(n) Gesellschafter laufen Gefahr, dass ihnen das gleiche Schicksal droht oder die Gesellschaft wegen der wechselseitigen Vorwürfe und des nachhaltigen Zerwürfnisses unter den Gesellschaftern aufgelöst wird.[15] Es besteht daher größerer Druck, sich durch einen Vergleich gütlich zu einigen, der für beide Seiten eine angemessene Lösung bedeutet. Nach einer Entscheidung des OLG Düsseldorf[16] kann in einer Zwei-Personen-GmbH darüber hinaus z.B. keinem der beiden Geschäftsführer nach wechselseitiger Abberufung durch EV untersagt werden, bis zur Entscheidung in der Hauptsache weiter die Geschäfte der GmbH zu führen oder die Gesellschaft zu vertreten.[17]

Verhinderung/Störung einer unerwünschten Beschlussfassung

- Eine besonders effektive Methode, unerwünschte Beschlüsse zu verhindern, besteht darin, mittels **Einstweiliger Verfügung Stimmverbote** für Mitgesellschafter zu erwirken. Eine solche Einwirkung auf die Willensbildung und Stimmabgabe, z.B. zur Verhinderung eines offensichtlich rechtswidrigen Abberufungs- oder Ausschließungsbeschlusses, ist in seltenen Ausnahmefällen zulässig.[18]

- Ein Gesellschafter, der eine ihm unerwünschte Beschlussfassung (z.B. über die eigene Abberufung oder Ausschließung) verhindern will, sollte bei der betreffenden **Abstimmung** immer **seine Stimme abgeben** und *gegen* den betreffenden Beschlussantrag votieren. Dies gilt auch dann, wenn von den Mitgesellschaftern ein **Stimmverbot behauptet** wird, vor allem bei der Beschlussfassung über Zwangsmaßnahmen gegen den betreffenden Gesellschafter aus „wichtigem Grund". Das Ignorieren des (möglichen) Stimmverbots führt im Regelfall (bei Fehlen einer wirksamen Beschlussfeststellung durch einen Versammlungsleiter) zu unklaren Abstimmungsergebnissen, was insbesondere in der GmbH die Klagelast auf die die Beschlussfassung betreibenden Gesellschafter verlagert.[19]

- Die wirksame Beschlussfassung in einer Gesellschafterversammlung kann verhindert werden, wenn sich bei der Einladung Formfehler ergeben haben (was häufig der Fall ist, z.B. durch Wahl der falschen Versendungsart; Unterschreitung der Ladungsfrist; Einladung durch die falsche Person etc.) und solche

---

[14] Die betreffenden Beschlussanträge können kurzfristig vor der GV, für welche die die eigene Person betreffenden Beschlüsse angekündigt wurden, nachgeschoben werden. Vgl. zum kurzfristigen Nachschieben von Tagesordnungspunkten unter Rn. 849, im Abschnitt „Herbeiführung einer erwünschten Beschlussfassung".

[15] So z.B. die Rechtsprechung zur Zwei-Personen-Gesellschaft, sofern beide Mitgesellschafter für das Zerwürfnis mitverantwortlich sind. In solchen Situationen kann keiner der beiden Gesellschafter aus „wichtigem Grund" ausgeschlossen werden, sondern es verbleibt nur die Auflösung der Gesellschaft; vgl. hierzu unter Rn. 284 und 290.

[16] Urteil vom 30.6.1988, NJW 1989, 172 = GmbHR 1988, 484.

[17] Vgl. hierzu näher unter Rn. 805.

[18] Vgl. hierzu im Einzelnen unter Rn. 798 ff.

[19] Dies spielt insbesondere bei der Abberufung eines gf Gesellschafters in der GmbH aus „wichtigem Grund" eine große Rolle und führt dazu, dass das Abstimmungsergebnis durch Beschlussfeststellungsklage geklärt werden muss; vgl. hierzu näher unter Rn. 204 ff.

- **Formfehler** in der Versammlung **gerügt** sowie eine **Abstimmung** mit dem Argument **verweigert** werden, durch den Verfahrensmangel seien die eigenen Teilnahmerechte (Möglichkeit der Vorbereitung auf die Gesellschafterversammlung) verletzt worden. Es besteht dann die Möglichkeit, die in der betreffenden Gesellschafterversammlung gefassten Beschlüsse, bei denen der betroffene Gesellschafter überstimmt worden ist, wegen des Verfahrensmangels anzugreifen.[20]

- In Gesellschafterversammlungen, in denen streitige Beschlüsse gefasst werden, bedeutet es eine wesentliche Unterstützung für Gesellschafter, wenn ein persönlicher Berater anwesend ist. In der Regel ist es Beratern indessen nicht gestattet, an Gesellschafterversammlungen teilzunehmen.[21] In solchen Situationen kann die **Teilnahme** des **eigenen Beraters durchgesetzt** werden, indem dieser anstelle des betroffenen Gesellschafters als **Vertreter mit Stimmrechtsvollmacht** an der Versammlung teilnimmt. Bei Personengesellschaften wird die Teilnahme von rechtsgeschäftlich bestellten Vertretern häufig durch den Gesellschaftsvertrag zugelassen und bei der GmbH ist die Zulässigkeit einer Stimmrechtsausübung durch Bevollmächtigte ohnedies der gesetzliche Regelfall (§ 47 Abs. 3 GmbHG).[22]

- Neben den üblichen Anfechtungs- bzw. Nichtigkeitsgründen (Ladungsmängel; Fehlen eines wichtigen Grundes für eine Zwangsmaßnahme; sonstige Satzungsverstöße) ergeben sich eine Reihe weiterer (weniger bekannter) Umstände, die zur Beschlussunwirksamkeit führen können: Ein Gesellschafterbeschluss ist in der Personengesellschaft nichtig und bei der GmbH grds anfechtbar unwirksam, wenn die **Anhörungs- und Rederechte** des von der Beschlussfassung persönlich betroffenen Gesellschafters verletzt worden sind.[23] Desgleichen sind Beschlüsse (wegen Verletzung des Teilnahme- und Mitwirkungsrechts der Gesellschafter) nichtig bzw. anfechtbar unwirksam, wenn den Gesellschaftern bei Beschlussfassung **nicht alle notwendigen Informationen vorlagen**, die aus Sicht eines objektiv urteilenden Gesellschafters in der fraglichen Situation zur sachgerechten Beurteilung des Beschlussgegenstandes erforderlich waren.[24] Eine weitere, interessante Angriffsmöglichkeit kann sich bei der **Beschlussfassung über die Ergebnisverwendung in der GmbH** ergeben: Nach einer Entscheidung des OLG Nürnberg vom 9.7.2008[25] kann ein solcher Beschluss bereits aus formalen Gründen nichtig sein, wenn der Beschlussfassung erkennbar keine **Interessenabwägung in der Gesellschafterversammlung** vorausgegangen ist.

Prozessuale Verteidigungsmittel

- Gesellschafter, die von Zwangsmaßnahmen ihrer Mitgesellschafter betroffen sind, können sich mit Maßnahmen des **Einstweiligen Rechtsschutzes** effektiv zur Wehr setzen. Wichtige Einstweilige Verfügungen dienen z.B. der Sicherung von Geschäftsführungsbefugnis und Vertretungsmacht nach einer streitigen Abberufung oder der vorläufigen Sicherung der Mitgliedschaftsrechte nach einem Ausschließungsbeschluss bis zur Entscheidung in der Hauptsache.[26] Falls demgegenüber zu Lasten eines Gesellschafters eine EV droht, sollte bei den zuständigen Gerichten eine sog. **Schutzschrift** hinterlegt werden, um ggf eine Zurückweisung der gegnerischen EV ohne mündliche Verhandlung zu erreichen oder zumindest eine mündliche Verhandlung im Verfügungsverfahren sicherzustellen.[27]

---

[20] Vgl. näher unter Rn. 73 ff.
[21] Vgl. hierzu unter Rn. 122 ff.
[22] Vgl. zur Stimmrechtsausübung durch Vertreter näher unter Rn. 36 ff.
[23] Vgl. hierzu unter Rn. 112.
[24] Vgl. hierzu unter Rn. 114.
[25] DB 2008, 2415.
[26] Vgl. zu den Möglichkeiten Einstweiligen Rechtsschutzes bei Gesellschafterstreitigkeiten iE unter Rn. 797 ff. und 805 f.
[27] Vgl. zur sog. „Schutzschrift" und deren Funktionen unter Rn. 816.

- Ein interessantes Verteidigungsmittel bildet die **Schiedseinrede** gemäß **§ 1032 Abs. 1 ZPO**. Demnach ist eine Klage vor einem staatlichen Gericht *unzulässig*, wenn die Parteien hinsichtlich des Streitgegenstandes eine wirksame Schiedsvereinbarung getroffen haben und der Beklagte dies vor Beginn der mündlichen Verhandlung zur Hauptsache rügt. Solche Konstellationen sind durchaus denkbar, da Schiedsklauseln in Gesellschaftsverträgen oder einer GmbH-Satzung gelegentlich übersehen werden. Die Schiedseinrede ist für den Kläger lästig, da er die Prozesskosten zu tragen hat und ein neues Klageverfahren vor dem Schiedsgericht einleiten muss. Die Rüge gemäß § 1032 Abs. 1 ZPO ist für den Kläger dann fatal, wenn er aufgrund der unzulässigen Klageerhebung vor dem staatlichen Gericht eine Klagefrist (vor allem bei Beschlussmängelstreitigkeiten) versäumt hat und den angefochtenen Beschluss daher nicht mehr wirksam angreifen kann.[28] Ein ähnliches Verteidigungsmittel ist die **Rüge der Unzuständigkeit des Schiedsgerichts** gemäß § 1040 Abs. 2 ZPO, nachdem der Kläger zunächst ein Schiedsgerichtsverfahren eingeleitet hatte. Die Rüge der Unzuständigkeit kann vom Beklagten (spätestens mit der Klagebeantwortung) auch dann noch vorgebracht werden, wenn er einen Schiedsrichter bestellt oder an der Bestellung eines Schiedsrichters mitgewirkt hatte (§ 1040 Abs. 2 S. 2 ZPO). Sofern das Schiedsgericht tatsächlich unzuständig ist, muss der Kläger – mit dem erheblichen Zeitverlust durch das gescheiterte Schiedsverfahren – neu den Klageweg beim zuständigen staatlichen Gericht beschreiten. Die Möglichkeit, einstweiligen Rechtsschutz vor einem staatlichen Gericht zu beantragen, bleibt dem Kläger allerdings immer unbenommen (§ 1033 ZPO).

---

[28] Die betreffende Situation kann sich künftig häufiger ergeben, da nach einem jüngeren Urteil des BGH vom April 2009 unter bestimmten Voraussetzungen auch Beschlussmängelstreitigkeiten in der GmbH (mit der Klagefrist von grds einem Monat bei Anfechtungsklagen) „schiedsfähig" und daher entsprechende Schiedsklauseln möglich sind; vgl. hierzu näher unter Rn. 841.

II. Checklisten

1. Streitige Abberufung eines Gesellschafter-Geschäftsführers in der GmbH und Kündigung des Anstellungsvertrags   851

Streitige Abberufung und Kündigung eines Gesellschafter-Geschäftsführers in der GmbH – Checkliste –	
1. Möglichkeiten der Abberufung prüfen	
Ordentliche Abberufung (auch ohne Grund) möglich? <ul><li>Grundsätzlich jederzeit möglich (§ 38 Abs. 1. GmbHG); aber</li><li>ausgeschlossen, wenn die Abberufbarkeit in der Satzung oder durch sonstige allseitige Gesellschaftervereinbarung beschränkt ist;</li><li>ausgeschlossen, wenn der entsprechende Beschlussantrag gegen die Stimmen des betroffenen Gesellschafter-Geschäftsführers nicht die erforderliche Mehrheit erhält;</li><li>ausgeschlossen in der Zwei-Personen-Gesellschaft, da hier die Abberufung des Gesellschafter-Geschäftsführers nur aus „sachlichem Grund" möglich ist;</li></ul>	Außerordentliche Abberufung aus „wichtigem Grund" möglich? <ul><li>Bei Vorliegen der Voraussetzungen immer möglich (§ 38 Abs. 2 GmbHG).</li><li>Prüfung: Liegt aktuell ein wichtiger Grund (grobe Pflichtverletzung, Unfähigkeit oder sonstiger wichtiger Grund) in der Person des Geschäftsführers vor, der unter Berücksichtigung der Gesamtumstände eine Belassung des GF im Amt für die GmbH unzumutbar macht?</li></ul>
2. Abberufungsorgan prüfen	
Abberufungsorgan entspricht dem Bestellorgan. Im Regelfall ist die Gesellschafterversammlung zuständig, möglicherweise – laut Satzung – aber auch ein (fakultativer) AR oder ein Beirat oder aber ein Pflicht-AR gemäß MitbestG.	
3. Gesellschafterversammlung vorbereiten	
Zuständiges Einberufungsorgan bestimmen: <ul><li>Grundsätzlich Einberufung durch den GF.</li><li>Ggf lässt Satzung Einberufung durch sonstige Personen oder Organe zu.</li><li>Sonst: Einberufungsverlangen als Minderheitsgesellschafter und ggf. eigene Einberufung (§ 50 GmbHG).</li></ul>	Regularien der Einberufung prüfen und beachten. <ul><li>Einberufung unter Beachtung von Form und Frist laut Satzung und/oder Gesetz (§ 51 GmbHG), an alle Gesellschafter (gem Personenangaben in der Gesellschafterliste, sofern nach 1.11.2008 beim HR eingereicht).</li></ul>

	• Ordnungsgemäße Ankündigung einer Tagesordnung, mit Ankündigung der Beschlussfassung über die Abberufung und ggf. die Kündigung des Anstellungsvertrags nebst Widerspruch gem. § 625 BGB (siehe Punkt 7 dieser Checkliste) und über die Bestellung eines Prozessvertreters gem § 48 Nr. 8 2. Alt. GmbHG für Beschlussmängelklagen und einstweiligen Rechtsschutz.
4. Ordnungsgemäßer Abberufungsbeschluss	
Teilnahme- und Stimmrechte sowie Anhörungsrechte des Betroffenen wahren:	Möglichst eindeutigen Abberufungsbeschluss herbeiführen:
• Überprüfung der Teilnahmerechte in der Gesellschafterversammlung (auch der abzuberufende Gesellschafter-GF hat Teilnahmerecht, Berater grundsätzlich nicht; bei Verspätung von Gesellschaftern: angemessene Wartefrist von ca. 15 Minuten, bei Entschuldigung auch länger). • Überprüfung, ob Beschlussfähigkeit laut Satzung oder Gesetz gegeben (laut Gesetz genügt ein anwesender Gesellschafter, § 48 GmbHG). • Stimmrechte und -pflichten prüfen (Abzuberufender hat bei Abberufung aus „wichtigem Grund" kein Stimmrecht; Mitgesellschafter sind aufgrund Treuepflicht bei „wichtigem Grund" ggf zur Zustimmung verpflichtet). • Bei Zwei-Personen-GmbH ist bei wechselseitiger Abberufung nur gemeinsame bzw. rechtlich gleichzeitige Beschlussfassung möglich. • Betroffener Gesellschafter hat ein Anhörungs- und Rederecht.	• Sofern möglich, Protokollführer und Versammlungsleiter bestimmen (Personen ggf durch Satzung vorgegeben). • Beschlussfassung durch eindeutig formulierten Beschlussantrag, Abstimmung und möglichst förmliche Feststellung des Abstimmungsergebnisses durch Versammlungsleiter.
5. Mitteilung der Abberufung an GF	
Der Abberufungsbeschluss muss dem Gesellschafter-GF bekannt gemacht werden, falls er in der betreffenden Gesellschafterversammlung nicht anwesend war. Die Mitteilung geschieht durch die Gesellschafterversammlung, d.h. durch Unterzeichnung des Bekanntgabeschreibens durch alle Gesellschafter, oder aber durch einen mittels Gesellschafterbeschlusses ermächtigten Stellvertreter, etwa den Geschäftsführer, der zusammen mit der Mitteilung ein Originalprotokoll der Gesellschafterversammlung vorlegt.	
6. Anmeldung der Abberufung zum Handelsregister (notariell beglaubigt), Änderung der Geschäftsbriefe und Mitteilung an Belegschaft, Kunden, Geschäftsbank (mit Einzug der Kontovollmacht) etc.	
7. Ergänzend zur Abberufung: Beendigung des Anstellungsvertrags	
Kündigungsmöglichkeiten?	Kündigungsbeschluss:
• Anstellungsvertrag mit gesetzlicher oder vertraglicher Frist (§§ 620, 621 BGB) ordentlich kündbar?	• Regelmäßig durch Gesellschafterversammlung; sonst dasselbe Organ, welches für den Abschluss des Vertrags zuständig war, z.B. AR.

• Falls die ordentliche Kündigung ausgeschlossen ist, z.B. wegen Befristung des Dienstvertrags, sonstiger Kündigungsbeschränkungen (grds nicht KSchG) oder Fehlen einer Beschlussmehrheit (gegen die Stimmen des zu Kündigenden): fristlose Kündigung aus „wichtigem Grund" (§ 626 Abs. 1 BGB) möglich? • Bei fristloser Kündigung: Wahrung der Kündigungsfrist von zwei Wochen ab Kenntniserlangung der Kündigungstatsachen gemäß § 626 Abs. 2 BGB (bei Kenntniserlangung durch einen Gesellschafter bzw. AR-Mitglied: möglichst zügige Einberufung einer Versammlung, zur Herbeiführung des Kündigungsbeschlusses).	• Falls Gesellschafterversammlung kündigungsberechtigt: Aufnahme der Kündigung des Anstellungsvertrags als Beschlussgegenstand in die Tagesordnung und Beschlussfassung über die Kündigung. • Vorsorglich: Beschluss über den Widerspruch gegen eine Forsetzung des Dienstverhältnisses nach Beendigung gem. § 625 BGB. • Mitteilung der Kündigung und des vorsorglichen Widerspruchs gegen die Vertragsfortsetzung an den GF (entsprechend Mitteilung des Abberufungsbeschlusses, vgl. Punkt 5 dieser Checkliste; Schriftformerfordernis laut Satzung oder Anstellungsvertrag beachten) und Aufforderung zur Rückgabe von Unterlagen, Dienst-Pkw etc.

2. Leitung einer streitigen Gesellschafterversammlung

Leitung einer streitigen Gesellschafterversammlung
– Checkliste –

852

1. Prüfung der Rechtsgrundlagen für die Übernahme der Versammlungsleitung

Ergibt sich die Kompetenz zur Versammlungsleitung aus dem Gesellschaftsvertrag oder der Satzung? Falls nein, kann ein (Mehrheits-)Beschluss eingangs der Gesellschafterversammlung (GV) zur Versammlungsleitung herbeigeführt werden?[1]

Bei der GmbH: Sieht die Satzung vor, dass der Versammlungsleiter Beschlussergebnisse im Anschluss an Abstimmungen förmlich feststellt? Falls nein, sollte diese Feststellungskompetenz möglichst eingangs der GV ebenfalls durch Beschluss (möglichst einstimmig, notfalls durch Mehrheit) festgelegt werden.[2]

2. Eröffnung der Gesellschafterversammlung, Begrüßung der Anwesenden und Feststellung der Teilnehmer

Im Fall der Vertretung eines Gesellschafters: Überprüfung der Vollmacht und Übernahme der Vollmachtsurkunde zur Beifügung an das Protokoll.[3]

Sofern sonstige Teilnehmer erschienen sind, z.B. Berater einzelner Gesellschafter, ist zu klären, ob deren Teilnahme laut Gesellschaftsvertrag oder Satzung zulässig ist. Falls nein oder falls der Vertrag

---

[1] Der Versammlungsleiter selbst ist bei der Beschlussfassung über seine Bestellung stimmberechtigt, auch wenn er hinsichtlich einzelner Beschlussgegenstände einem Stimmverbot unterliegt (vgl. BGH, Urteil vom 21.6.2010, GmbHR 2010, 977, betreffend die Beschlussfassung über die Abwahl eines satzungsmäßig bestimmten Versammlungsleiters). Vgl. zur Bestellung und den Aufgaben eines Versammlungsleiters in Gesellschafterversammlungen einer Personengesellschaft oder GmbH darüber hinaus unter Rn. 128 ff.

[2] Vgl. zur Beschlussfeststellung durch einen Versammlungsleiter in GmbH-Gesellschafterversammlungen und der betreffenden Ermächtigung des Versammlungsleiters unter Rn. 130 ff.

[3] Vgl. zur Zulassung von Vertretern eines Gesellschafters näher unter Rn. 120.

schweigt, muss die Teilnahmeberechtigung durch Mehrheitsbeschluss geklärt werden. Kommt dieser nicht zustande, haben die zusätzlichen Teilnehmer die Versammlung zu verlassen.[4]

3. Bestellung eines Protokollführers

Hierbei sind etwaige Regelungen im Gesellschaftsvertrag oder der Satzung zur Protokollführung zu beachten.

4. Feststellung, ob die Ladungsvorschriften zur GV laut Gesellschaftsvertrag/Satzung und Gesetz eingehalten worden sind

Falls nein, kann bei Anwesenheit und Zustimmung aller Gesellschafter eine Vollversammlung durchgeführt werden (ausdrücklicher oder stillschweigender Verzicht aller Gesellschafter auf die Einhaltung der Form- und Fristvorschriften für die Ladung zur GV und Einverständnis mit der Beschlussfassung trotz Ladungsmangels).

5. Feststellung der „Beschlussfähigkeit" der Gesellschafterversammlung

Vorbehaltlich einer abweichenden Regelung im Gesellschaftsvertrag ist eine Personengesellschaft (GbR, PartG, OHG, KG oder GmbH & Co. KG) rglm nur beschlussfähig, wenn alle Gesellschafter anwesend oder vertreten sind. Bei der GmbH genügt demgegenüber (bei ordnungsgemäßer Ladung) die Anwesenheit nur eines Gesellschafters, es sei denn, die Satzung stellt (wie in der Praxis häufig) weitere Anforderungen für die Beschlussfähigkeit auf.[5]

6. Aufruf der angekündigten Tagesordnungspunkte[6]

Die angekündigte Tagesordnung ist grds in der Reihenfolge der Ankündigung zu behandeln. Der Versammlungsleiter kann aus sachlichen Gründen oder mit Einverständnis aller Gesellschafter indessen von der angekündigten Reihenfolge abweichen.

Bei den einzelnen Tagesordnungspunkten ist jedem Gesellschafter die Möglichkeit zur Stellungnahme zu geben. Sofern ein Gesellschafter von einer Beschlussfassung persönlich betroffen ist (z.B. Abberufung aus wichtigem Grund wegen Pflichtverletzungsvorwürfen) hat er ein Anhörungsrecht. Bei streitigen Beschlussgegenständen ist vor der Beschlussfassung eine Diskussion unter den Gesellschaftern zuzulassen. Erfordert ein bestimmter Beschluss eine nachvollziehbare Interessenabwägung (z.B. Thesaurierungsentscheidung im Zusammenhang mit einem Ergebnisverwendungsbeschluss), sollte die betreffende Entscheidung ausdrücklich diskutiert und der Inhalt der verschiedenen Argumente und Überlegungen beweissicher im Protokoll niedergelegt werden. Jeder Gesellschafter muss über die ausreichenden Informationen verfügen, um über einen Beschlussantrag sachgerecht entscheiden zu können (z.B. die Feststellung des Jahresabschlusses oder eine Geschäftsführerentlastung).

7. Durchführung von Abstimmungen zu Beschlussanträgen

- Bestimmung des Abstimmungsverfahrens (in kleinen Gesellschaften – vorbehaltlich Satzungsregelung – regelmäßig Handaufheben oder Zuruf).
- Vortrag des Beschlussantrags und Durchführung der Abstimmung.

---

[4] Vgl. zur Teilnahme von Nichtgesellschaftern (vor allem Beratern), die nicht *in Vertretung* eines abwesenden Gesellschafters teilnehmen möchten, näher unter Rn. 122 ff.

[5] Vgl. zur Beschlussfähigkeit von Gesellschafterversammlungen näher unter Rn. 125 ff.

[6] Vgl. zur Behandlung der Tagesordnung einer Gesellschafterversammlung auch unter Rn. 110 ff.

- Prüfung der Stimmabgaben, vor allem ob Stimmverbote oder gesetzliche Stimmpflichten (vor allem Zustimmungsverpflichtungen aufgrund Treuepflicht) vorliegen.[7]
- Feststellung des Abstimmungsergebnisses (unter Berücksichtigung der vertraglichen und gesetzlichen Mehrheitserfordernisse sowie nach Beurteilung der Wirksamkeit von Stimmabgaben im Hinblick auf gesetzliche oder gesellschaftsvertragliche Stimmverbote oder Stimmverpflichtungen; Stimmenthaltungen gelten als nicht abgegebene Stimme). In der GmbH: möglichst förmliche Feststellung des Beschlussergebnisses.[8]

8. Unterzeichnung des (handschriftlichen) Protokolls und Beendigung der Gesellschafterversammlung

Ende der GV, wenn alle Tagesordnungspunkte behandelt sind. Veranlassung der zügigen Ausfertigung der Niederschrift und Versendung von Abschriften des Protokolls an jeden Gesellschafter.

3. Ausschließung eines Gesellschafters durch Beschluss oder Übernahmeerklärung aus einer Personengesellschaft oder GmbH

Ausschließung eines Gesellschafters durch Beschluss oder Übernahmeerklärung – Checkliste – 853

1. Lässt der Gesellschaftsvertrag oder die Satzung den Ausschluss eines Gesellschafters durch Beschluss/Übernahmeerklärung bei Vorliegen eines „wichtigen Grundes" oder eines sonstigen „sachlich gerechtfertigten Grundes" zu?

Falls dies *nicht* der Fall ist, gilt Folgendes:

- GbR: Enthält der Gesellschaftsvertrag eine „Fortsetzungsklausel" für das Ausscheiden eines Gesellschafters? Falls ja, Ausschließungsbeschluss gemäß § 737 BGB möglich; falls nein, Ausschließung ausgeschlossen und Möglichkeit der eigenen Gesellschaftskündigung gemäß § 723 BGB.
- PartG, OHG, KG, GmbH & Co. KG: Bei Vorliegen eines „wichtigen Grundes" ist gemeinsame Ausschließungsklage[9] gemäß § 140 HGB möglich.
- GmbH: Bei Vorliegen eines „wichtigen Grundes" ist Ausschlussklage[10] nach entsprechender Beschlussfassung über die Klageerhebung möglich.

2. Liegt ein „wichtiger Grund" oder ein sonstiger, vertraglich geregelter Grund für den Gesellschafterausschluss vor?

Ein „wichtiger Grund" in der Person des Auszuschließenden liegt nur vor, wenn aufgrund eines – nicht notwendigerweise verschuldeten – Fehlverhaltens des Auszuschließenden oder sonstiger von ihm mit verursachter Umstände eine Situation entstanden ist, die eine Fortsetzung des Gesellschaftsverhältnisses mit ihm unter Würdigung der Gesamtumstände, auch des Verhaltens der verbleibenden Gesellschafter, unzumutbar macht.[11]

---

[7] Vgl. hierzu näher unter Rn. 47 ff. und 56 ff.
[8] Ein Beispiel findet sich im Muster unter unter Rn. 856.
[9] Vgl. zur Ausschließungsklage gem. § 140 HGB näher unter Rn. 230 ff. und 713 ff.
[10] Vgl. zur Ausschlussklage in der GmbH näher unter Rn. 270 ff. und 723 ff.
[11] Vgl. zum „wichtigen Grund" für einen Gesellschafterausschluss iE unter Rn. 274 ff.

Liegt ein sonstiger, vertraglich geregelter Ausschlussgrund vor, der die Zwangsmaßnahme nach den Einzelfallumständen als sachlich gerechtfertigt erscheinen lässt?[12]

3. **Wie sollen die Gesellschafts- bzw. Geschäftsanteile des ausgeschlossenen Gesellschafters „verwertet" werden und welche Regelungen treffen hierzu Gesellschaftsvertrag und Satzung?**

Es ist wie folgt zu unterscheiden:

- GbR, PartG, OHG, KG, GmbH & Co. KG: Im Regelfall wird der betroffene Gesellschafter ausgeschlossen; sein Anteil am Gesellschaftsvermögen wächst den Verbleibenden an (bei Zwei-Personen-Gesellschaft Übernahme des Gesellschafsvermögens durch den Verbleibenden). Zusätzlich oder alternativ kann der Gesellschaftsvertrag vorsehen, dass die Ausschließung durch Zwangsabtretung eines Gesellschaftsanteils an die Mitgesellschafter oder Dritte erfolgt.

- GmbH: Je nach Satzungsbestimmung erfolgt die Verwertung im Anschluss an eine Ausschließung bzw. in einem Akt mit der Ausschließung durch Zwangseinziehung oder Zwangsabtretung des Geschäftsanteils des Betroffenen. Die Zwangseinziehung oder die Zwangsabtretung an die Gesellschaft ist ausgeschlossen, wenn der betreffende Geschäftsanteil nicht voll einbezahlt ist und/oder bei Beschlussfassung feststeht, dass die von der Gesellschaft geschuldete Abfindung bei Fälligkeit nicht aus „ungebundenem", nicht zur Stammkapitalerhaltung benötigtem Vermögen der Gesellschaft bezahlt werden kann.[13]

4. **Welches Gesellschaftsorgan ist für die Ausschließung laut Gesellschaftsvertrag oder Satzung zuständig?**

Bei Ausschließung ohne Klage in der Regel Beschlussfassung durch die Gesellschafterversammlung. In den Personengesellschaften (GbR, PartG, OHG, KG, GmbH & Co. KG) genügt im Falle einer Zwei-Personen-Gesellschaft die Übernahmeerklärung[14] des verbleibenden Gesellschafters.

5. **Vorbereitung der Beschlussfassung in einer Gesellschafterversammlung**

Vornahme oder Veranlassung einer ordnungsgemäßen Ladung, wobei der von der Ausschließung betroffene Gesellschafter ein Teilnahmerecht hat. In der Tagesordnung ist der Beschlussgegenstand der beabsichtigten Ausschließung, möglichst unter Bezugnahme auf die einschlägige vertragliche Bestimmung und mit kurzer Begründung, ordnungsgemäß anzukündigen.[15] Bei beabsichtigter Zwangseinziehung in der GmbH kann ergänzend eine Beschlussfassung über eine nominelle Aufstockung der verbleibenden Geschäftsanteile, die Neubildung eines Geschäftsanteils oder eine Kapitalherabsetzung vorbereitet werden.[16]

6. **Durchführung einer ordnungsgemäßen Beschlussfassung in einer Gesellschafterversammlung**

Der von der Ausschließungsmaßnahme betroffene Gesellschafter hat bei einer Ausschließung aus „wichtigem Grund" kein Stimmrecht. Bei einem anderen Ausschlussgrund kommt ein Stimmrecht

---

[12] Vgl. zu den Wirksamkeitsgrenzen vertraglich geregelter Ausschlussgründe näher unter Rn. 297 ff.

[13] Vgl. zu den besonderen Wirksamkeitsvoraussetzungen einer Zwangseinziehung bei der GmbH näher unter Rn. 243 ff.

[14] Vgl. hierzu unter Rn. 221.

[15] Vgl. hierzu näher unter Rn. 73 ff. und 106 ff. sowie das **Muster** unter Rn. 854.

[16] Vgl. zum Problem des „Übereinstimmungsgebotes" zwischen Summe der Nennbeträge der Geschäftsanteile und Stammkapital gemäß § 5 Abs. 3 S. 2 GmbHG näher unter Rn. 263 ff.

in Betracht, je nach vertraglicher Regelung. Der Betroffene ist vor Beschlussfassung anzuhören und muss Gelegenheit zur Stellungnahme erhalten. Bei einer wechselseitigen Zwangseinziehung in einer Zwei-Personen-GmbH müssen die jeweiligen Beschlussanträge zur Ausschließung beide gleichberechtigt behandelt werden.

7. **Bekanntgabe des Ausschließungsbeschlusses gegenüber dem betroffenen Gesellschafter, sofern dieser nicht bereits in der Gesellschafterversammlung anwesend war**

Bei der GmbH: Im Falle der Zwangseinziehung zusätzlich Prüfung, ob die von der Gesellschaft geschuldete Abfindung bei Fälligkeit aus dem „ungebundenen", nicht zur Stammkapitalerhaltung benötigten Vermögen der Gesellschaft, also vor allem aus einer Gewinnrücklage, einem Gewinnvortrag oder künftigen Gewinnen der GmbH bezahlt werden kann (falls nein, sind Maßnahmen zur Vermeidung der Unterbilanz zu überlegen, wie z.B. Veräußerung von Anlagevermögen zur Aufdeckung stiller Reserven; vgl. näher unter Rn. 259 ff.).

Bei Wirksamwerden der Ausschließung: Mitteilungen zum Handelsregister (neue Gesellschafterliste gemäß § 40 GmbHG bei der GmbH; Mitteilung des Ausscheidens eines Gesellschafters oder eines Gesellschafterwechsels gemäß §§ 143 Abs. 2, 162 Abs. 3 HGB bei der OHG, KG, GmbH & Co. KG und – iVm § 9 Abs. 1 PartGG – bei der PartG).

8. **Berechnung und Auszahlung der Abfindung laut Gesellschaftsvertrag/Satzung oder Gesetz[17]**

Sofern die zu zahlende Abfindung (mutmaßlich) geringer ist als der Steuerwert des von der Ausschließung betroffenen Gesellschaftsanteils, ist der Anfall von Erbschaft- oder Schenkungsteuer gemäß §§ 3 Abs. 2, 7 Abs. 7 ErbStG zu prüfen und eine steuerbare Zuwendung innerhalb von drei Monaten nach erlangter Kenntnis von dem Anfall oder von dem Eintritt der Steuerverpflichtung dem für die Verwaltung der Erbschaftsteuer zuständigen Finanzamt anzuzeigen, § 30 Abs. 1 ErbStG.

---

[17] Vgl. zu den Wirksamkeitsvoraussetzungen für vertragliche Abfindungsklauseln und zur Abfindungsberechnung näher unter Rn. 318 ff.

III. Muster zu außergerichtlichen Verfahrenshandlungen

1. Einberufung einer GmbH-Gesellschafterversammlung[1]

> **Einschreiben / Rückschein**
>
> Herrn/Frau
> [sämtliche Gesellschafter
> der GmbH]
>
> Ort, Datum
>
> **Einladung zu einer außerordentlichen Gesellschafterversammlung[2] der XY GmbH mit Sitz in … am …**
>
> Sehr geehrte/r Herr/Frau …,
>
> hiermit lade ich Sie zu einer außerordentlichen Gesellschafterversammlung der XY GmbH ein.
>
> *[Einschub, bei entsprechender Satzungsregelung im Falle der Ladung zu einer Zweitversammlung mit identischer Tagesordnung wegen beschlussunfähiger Erstversammlung[3]:*
>
> Es handelt sich um eine Zweitversammlung zu der auf den […] eingeladenen, außerordentlichen Gesellschafterversammlung der Gesellschaft. Es wird darauf hingewiesen, dass diese Zweitversammlung am […] ohne Rücksicht auf das vertretene Stammkapital beschlussfähig ist.]
>
> Die außerordentliche Gesellschafterversammlung soll wie folgt stattfinden:
>
> Ort: *[rglm am Sitz der Gesellschaft – möglichst genaue Angabe, ggf. unter exakter Bezeichnung des Raumes, sofern innerhalb eines Gebäudes mehrere Alternativen in Frage kommen]*
>
> Datum: …
>
> Uhrzeit: …
>
> Tagesordnung: – siehe Anhang –
>
> Mit freundlichen Grüßen
>
> Unterschrift Geschäftsführer G2

---

[1] Das Muster des Ladungsschreibens kann grds auch als Vorlage für die Einberufung einer GV in einer Personengesellschaft dienen, wobei hier eine solche förmliche Ladung in Ermangelung gesetzlicher Vorschriften nur bei entsprechenden Regelungen im Gesellschaftsvertrag erforderlich ist.

[2] Vgl. zur Einberufung von Gesellschafterversammlungen iE unter Rn. 73 ff.

[3] Vgl. zur Beschlussfähigkeit von Gesellschafterversammlungen und der Ladung zur „Zweitversammlung" bei beschlussunfähiger „Erstversammlung" unter Rn. 125 ff.

III. Muster zu außergerichtlichen Verfahrenshandlungen

	Außerordentliche Gesellschafterversammlung der XY GmbH mit Sitz in … am … in …
	Tagesordnung
TOP 1	Bestimmung eines Versammlungsleiters; Feststellung der Teilnehmer und der Beschlussfähigkeit der Gesellschafterversammlung; Bestimmung eines Protokollführers
TOP 2	Berichterstattung[4] des Geschäftsführers G1
	Der Gesellschafter und Geschäftsführer G1 soll Bericht erstatten über folgende Vorgänge: (…)
	Der Geschäftsführer und die Gesellschafter erhalten Gelegenheit zur Stellungnahme und Erörterung.
TOP 3	**Abberufung des G1 als Geschäftsführer sowie Kündigung des Geschäftsführer-Anstellungsvertrags zwischen G1 und der Gesellschaft vom …[5]**
	Der Gesellschafter A beantragt (vorsorglich) folgende Beschlussfassung:[6]
	G1 wird als Geschäftsführer der XY GmbH außerordentlich und aus wichtigem Grund, hilfsweise ordentlich abberufen. Der Geschäftsführer-Anstellungsvertrag zwischen G 1 und der Gesellschaft vom … wird fristlos aus wichtigem Grund, hilfsweise ordentlich zum …, gekündigt. Die Gesellschaft widerspricht vorsorglich gemäß § 625 BGB einer Fortsetzung des Geschäftsführer-Dienstverhältnisses nach Beendigung. (Ggf: Der Geschäftsführer G2 wird angewiesen und ermächtigt, vorbezeichnete Abberufung und Kündigung sowie den vorsorglichen Widerspruch einer Vertragsfortsetzung gegenüber G1 bekannt zu geben und die Kündigung schriftlich gegenüber G 1 zu erklären.)
	Begründung: (G1 hat gravierende Pflichtverletzungen begangen, die ein Festhalten an seiner Person als Geschäftsführer für die Gesellschaft unzumutbar machen. Es wird auf die unter TOP 2 geschilderten Sachverhalte und Vorwürfe verwiesen. (…))
TOP 4	**Ausschließung des G1 aus der Gesellschaft aus wichtigem Grund durch Einziehung seines Geschäftsanteils gemäß § … der Satzung[7]; Aufstockung der Geschäftsanteile der Gesellschafter A und B[8]**

---

[4] Vgl. zum „Anhörungsrecht" des von einer Zwangsmaßnahme betroffenen Gesellschafters näher unter Rn. 112.

[5] Vgl. zur Abberufung eines GmbH-Geschäftsführers und der außerordentlichen Kündigung dessen Anstellungsvertrags durch Gesellschafterbeschluss näher unter Rn. 197 ff.

[6] Die Ladung muss keine ausformulierten Beschlussvorschläge oder Beschlussanträge enthalten. Auch die genauere Begründung des Beschlussantrags ist entbehrlich. Die Ankündigung von (begründeten) Beschlussanträgen im Ladungsschreiben hat jedoch den Vorteil, dass sich die Gesellschafter auf die Beschlussfassung sachgerecht vorbereiten können und in der GV bereits durchdachte und vollständige Beschlussanträge vorliegen, über die mit „Ja" oder „Nein" abgestimmt werden kann (was im Zeitdruck und der Hektik einer streitigen GV oft vorteilhaft ist).

[7] Vgl. zur Ausschließung eines Gesellschafters aus der GmbH durch Gesellschafterbeschluss näher unter Rn. 243 ff.

[8] Die nominelle Aufstockung der verbleibenden Geschäftsanteile erfolgt mit Rücksicht auf das „Übereinstimmungsgebot" gemäß § 5 Abs. 3 S. 2 GmbHG (vgl. hierzu iE unter Rn. 263 ff.). Die Aufstockung erfolgt verhältniswahrend in Höhe des Nominalbetrags des von der Einziehung betroffenen Geschäftsanteils.

	Der Gesellschafter A beantragt folgende Beschlussfassung:
	4.1 Der Gesellschafter G1 wird gemäß § … der Satzung aus der Gesellschaft ausgeschlossen und sein Geschäftsanteil an der Gesellschaft zu nominal € … [ggf.: Nr. … der Gesellschafterliste] aus wichtigem Grund eingezogen.
	4.2 Die Geschäftsanteile der Gesellschafter A und B werden mit Wirksamwerden der Einziehung des Geschäftsanteils des Gesellschafters G1 gemäß Ziffer 4.1 jeweils verhältniswahrend wie folgt nominell aufgestockt: Der Geschäftsanteil [ggf.: Nr. … der Gesellschafterliste] des Gesellschafters A um € … auf € …, der Geschäftsanteil [ggf.: Nr. … der Gesellschafterliste] des Gesellschafters B um € … auf € …
	Begründung: (Das Verhalten von G 1 macht sein Verbleiben in der Gesellschaft unzumutbar, so dass er gemäß § … der Satzung durch Beschluss auszuschließen ist. Es wird auf die unter TOP 2 geschilderten Sachverhalte und Vorwürfe verwiesen.
	Die nominelle Aufstockung der Geschäftsanteile der Gesellschafter A und B erfolgt mit Rücksicht auf § 5 Abs. 3 S. 2 GmbHG.)
TOP 5	**Geltendmachung und Durchsetzung von Schadensersatzansprüchen der Gesellschaft gegenüber G1 und Bestellung eines Prozessvertreters**[9]
	Der Gesellschafter A beantragt (vorsorglich) folgende Beschlussfassung gemäß § 46 Nr. 8 GmbHG:
	5.1 Die Gesellschaft macht gegenüber G1 Schadensersatzansprüche im Zusammenhang mit … sowie wegen der Pflichtverletzung … geltend.
	5.2 G2 wird gemäß § 46 Nr. 8 GmbHG beauftragt und ermächtigt, vorbezeichnete Schadensersatzansprüche der Gesellschaft gegen G1 außergerichtlich und als Prozessvertreter gerichtlich geltend zu machen und durchzusetzen.
TOP 6	**Bestellung von G2 zum Prozessvertreter der Gesellschaft für Beschlussmängelklagen und einstweiligen Rechtsschutz, betreffend die unter TOP 3 und TOP 4 gefassten Beschlüsse**[10]
	Der Gesellschafter A beantragt (vorsorglich) folgende Beschlussfassung:
	G2 wird gemäß § 46 Nr. 8 2. Alt. GmbHG ermächtigt, die Gesellschaft bei Beschlussmängelklagen (Beschlussfeststellungs-, Nichtigkeits- oder Anfechtungsklagen), die G1 gegen die Gesellschaft oder die die Gesellschaft gegen G1 bzgl. der in der heutigen Gesellschafterversammlung gefassten Beschlüsse anstrengt, sowie bei flankierenden Maßnahmen des einstweiligen Rechtsschutzes, insbesondere zur einstweiligen Unterbindung weiterer Geschäftsführung für die Gesellschaft und Vertretung der Gesellschaft durch G 1 nach Abberufung, als Prozessvertreter der Gesellschaft zu vertreten.

Unterschrift Geschäftsführer G2

---

[9] Vgl. zur Beschlussfassung gem § 46 Nr. 8 GmbHG (Durchsetzung von Schadensersatzansprüchen gegenüber einem GF und Bestellung eines Prozessvertreters) iE unter Rn. 790 ff.

[10] Vgl. zur Prozessvertretung der GmbH bei Beschlussmängelstreitigkeiten mit einem amtierenden oder einem abberufenen Gesellschafter-GF, von dem die Wirksamkeit des Abberufungsbeschlusses bestritten wird, und zur entsprechenden Beschlussfassung der Gesellschafterversammlung über einen Prozessvertreter gem § 46 Nr. 8 2. Alt. GmbHG unter Rn. 683 ff. Die betreffende Beschlussfassung ist entbehrlich, wenn die GmbH über einen AR verfügt (der dann die Gesellschaft vertritt) sowie grds auch dann, wenn – wie im Muster unterstellt – ein weiterer vertretungsberechtigter GF vorhanden ist (dann aber zur Klarstellung und aus Gründen der Rechtssicherheit sinnvoll).

2. Verlangen der Einberufung einer außerordentlichen GmbH-Gesellschafterversammlung durch Minderheitsgesellschafter[11]

XY GmbH
Herrn GF G

Ort, Datum

Verlangen der Einberufung einer außerordentlichen Gesellschafterversammlung der … GmbH gemäß § 50 GmbHG

Sehr geehrter Herr G,

wir, die unterzeichnenden Gesellschafter A und B, halten zusammen 16% des Stammkapitals der Gesellschaft von insgesamt € 50.000,00, nämlich der unterzeichnende Gesellschafter A einen Geschäftsanteil von € 4.000,00 [*ggf.*: mit der Nr. … der Gesellschafterliste] und der unterzeichnende Gesellschafter B einen Geschäftsanteil von ebenfalls € 4.000,00 [*ggf.*: mit der Nr. … der Gesellschafterliste]. Wir sind daher gemäß § 50 Abs. 1 GmbHG berechtigt, die Einberufung einer Gesellschafterversammlung zu verlangen.

Wie uns bekannt geworden ist, haben Sie bereits am … in … ein Konkurrenzunternehmen errichtet, das exakt die gleichen Geschäfte tätigt wie die Gesellschaft. Sie haben hierdurch gegen das in § … der Satzung und in Ziffer … Ihres Anstellungsvertrags vereinbarte Wettbewerbsverbot verstoßen. Diese Vorwürfe sollen in einer Gesellschafterversammlung erörtert werden. Ggf ist Ihre Abberufung aus wichtigem Grund geboten. Die Gesellschaft wird ggf Schadensersatzansprüche gegen Sie geltend machen. Auch hierüber soll Beschluss gefasst werden.

Wir fordern Sie daher auf, unverzüglich eine außerordentliche Gesellschafterversammlung der XY GmbH einzuberufen und zwar mit folgender Tagesordnung:

1. Bericht des Geschäftsführers G über die Errichtung des Unternehmens … in …, Gegenstand dieses Unternehmens sowie Art der dort getätigten Geschäfte (…)

2. Abberufung des Geschäftsführers G

3. Außerordentliche, hilfsweise ordentliche Kündigung des Geschäftsführer-Anstellungsvertrags des Geschäftsführers G

4. Beschlussfassung über die Geltendmachung von Schadensersatzansprüchen gegen den Geschäftsführer G gemäß § 46 Nr. 8 1. Alt. GmbHG wegen verbotswidriger Konkurrenztätigkeit mit dem Unternehmen … sowie Bestellung eines Prozessvertreters der Gesellschaft für die gerichtliche Durchsetzung solcher Schadensersatzansprüche gemäß § 46 Nr. 8 2. Alt. GmbHG sowie etwaige Maßnahmen einstweiligen Rechtsschutzes.

5. Sonstiges

Mit freundlichen Grüßen

Unterschriften A und B

---

[11] Vgl. hierzu unter Rn. 79.

3. Niederschrift über eine GmbH-Gesellschafterversammlung[12]

856

Protokoll
der außerordentlichen Gesellschafterversammlung
der XY GmbH mit Sitz in …

am …

Der Geschäftsführer G2 eröffnete die Gesellschafterversammlung um … Uhr und begrüßte die Teilnehmer. Gemäß § … der Satzung übernahm er die Versammlungsleitung. Er stellte fest, dass zu der heutigen Gesellschafterversammlung form- und fristgerecht durch Schreiben vom … geladen worden war. Die Gesellschafterversammlung behandelte daraufhin folgende Tagesordnung:

TOP 1   Feststellung der Teilnehmer und der Beschlussfähigkeit der Gesellschafterversammlung; Bestimmung eines Protokollführers

(Kurze Wiedergabe der betreffenden Feststellungen und Beschlüsse)

TOP 2   Berichterstattung des Geschäftsführers G1

Laut Tagesordnung sollte der Geschäftsführer G1 über folgende Vorgänge Bericht erstatten: (…) G1 machte nachstehende Angaben: (…)

TOP 3   Abberufung des Geschäftsführers G1 aus wichtigem Grund

Der Gesellschafter A beantragte sodann folgende Beschlussfassung:

G1 wird als Geschäftsführer der XY GmbH mit sofortiger Wirkung außerordentlich und aus wichtigem Grund abberufen.

A begründete den Beschlussantrag wie folgt (…). Der Beschlussantrag wurde unter den Gesellschaftern diskutiert. Die anschließende Abstimmung ergab folgendes Ergebnis:

Gesellschafter A stimmte mit   JA
Gesellschafter G1 stimmte mit   NEIN
Gesellschafter B   enthielt sich der Stimme

Daraufhin stellte G2 als Versammlungsleiter fest, dass die Stimmabgabe von G1 wegen Stimmverbots[13] unwirksam ist und G1 daher mit den Stimmen von A einstimmig aus wichtigem Grund und mit sofortiger Wirkung als Geschäftsführer der XY GmbH abberufen wurde.

Weitere Beschlüsse wurden nicht gefasst. Die Gesellschafterversammlung endete um … Uhr.

Ort, Datum

Unterschrift Protokollführer

---

[12] Das Muster kann grds auch für das Protokoll einer GV in einer Personengesellschaft verwendet werden, wobei das Verfahren der Beschlussfassung und der Ablauf einer GV – vorbehaltlich besonderer Bestimmungen im Gesellschaftsvertrag – rglm weniger formalisiert sind als bei einer GmbH. Die förmliche Feststellung von Beschlüssen durch einen Versammlungsleiter (die im Muster beispielhaft vorgesehen ist) kann – vorbehaltlich einer anderslautenden Regelung im Gesellschaftsvertrag – z.B. entfallen. Vgl. zum Ablauf einer GV in Personengesellschaften und der GmbH im Übrigen näher unter Rn. 106 ff.

[13] Vgl. zum Stimmverbot bzw. der Unwirksamkeit einer Stimmabgabe des Gesellschafter-Geschäftsführers bei einer Beschlussfassung über seine eigene Abberufung als GF aus „wichtigem Grund" näher unter Rn. 197 ff.

IV. Muster für Mediations- und Schlichtungsklauseln sowie Schiedsklauseln

1. Mediationsklausel

> § ...
> **Mediation**[1]
>
> 1. Die Gesellschafter sind sich einig, dass im Falle von Streitigkeiten unter den Gesellschaftern oder zwischen den Gesellschaftern und der Gesellschaft aus oder im Zusammenhang mit dem Gesellschaftsverhältnis oder diesem Gesellschaftsvertrag (*bei GmbH*[2]: jedoch ohne Beschlussmängelstreitigkeiten) zunächst der Versuch einer außergerichtlichen Streitbeilegung durch Mediation[3] unternommen werden soll. An einem Mediationsverfahren nehmen jeweils alle Gesellschafter selbst oder durch einen zum Vergleichsabschluss bevollmächtigten Vertreter teil.
>
> 2. Für das Verfahren wird ein Mediator beauftragt, der von allen Parteien gemeinsam bestellt wird. Sofern über die Person des Mediators nicht innerhalb von (10) Tagen nach Beginn des Mediationsverfahrens Einigung erzielt wird, wird der Mediator auf Antrag einer der Parteien durch den Präsidenten [der ... Kammer] bestimmt. Die Mediation beginnt mit dem Antrag eines Gesellschafters, ein Mediationsverfahren durchzuführen. Der Antrag ist jedem Mitgesellschafter zuzusenden oder auszuhändigen und muss eine kurze Darstellung des Streitgegenstandes und mindestens einen Vorschlag für die Person des Mediators enthalten.
>
> 3. Die Anrufung eines Gerichts ist für eine Streitigkeit im Sinne von Absatz 1 erst zulässig, wenn das Mediationsverfahren gescheitert ist, spätestens aber nach Ablauf von (60) Tagen nach Einleitung des Mediationsverfahrens durch einen Gesellschafter gemäß Absatz 2, falls sich die Gesellschafter nicht vor Fristablauf auf eine längere oder kürzere Frist einigen.[4] Die Prozessvereinbarung in Satz 1 gilt nicht für Maßnahmen des einstweiligen Rechtsschutzes. Die Gesellschafter tragen die Kosten der Mediation gesamtschuldnerisch und zu gleichen Teilen. Kosten für Berater und Verfahrensbevollmächtigte trägt jeder Gesellschafter selbst.

857

---

[1] Die Vertragsklausel zur Mediation kann sowohl im Gesellschaftsvertrag einer Personengesellschaft als auch in einer GmbH-Satzung verwendet werden. Das Muster kann sinngemäß auch als Vorlage für eine Mediationsvereinbarung nach Ausbruch einer Gesellschafterstreitigkeit dienen.

[2] Bei der GmbH können sich Probleme hinsichtlich der Anfechtungsfrist bei Beschlussmängelstreitigkeiten ergeben (vgl. hierzu näher unter Rn. 578 ff.). Falls die Vertragsklausel somit bei einer GmbH verwendet wird, sollten entweder Beschlussmängelstreitigkeiten (in Ziffer 1 der Muster-Klausel) ausdrücklich aus deren Geltungsbereich ausgenommen werden oder die Prozessvereinbarung in Ziffer 3 des Musters entfallen (so dass die Mediation fakultativ ist und gleichzeitig oder anstelle dessen immer auch eine Klage vor den staatlichen Gerichten oder einem Schiedsgericht möglich ist) oder die Mediationsklausel durch besondere Regelungen zur Hemmung der Anfechtungsfrist während des Schlichtungsverfahrens ergänzt werden (vgl. den Formulierungsvorschlag im Muster unter Rn. 858, dort in Ziffer 3 S. 3).

[3] Vgl. zur Mediation näher unter Rn. 573 ff.

[4] Der Einigungsversuch durch Mediation wird durch die Prozessvereinbarung in Ziffer 3 obligatorisch. Falls die Parteien eine solche Einschränkung nicht wünschen, müsste diese Prozessvereinbarung entfallen (durch Streichung von Ziffer 3 des Musters und Klarstellung in Ziffer 1, dass die Mediation freiwillig ist), so dass sich ein Gesellschafter im Streitfall entscheiden kann, ob er erst das Mediationsverfahren einleitet oder sogleich bzw. parallel zur Mediation vor einem staatlichen Gericht oder einem vereinbarten Schiedsgericht Klage erhebt (was zur Fristwahrung z.B. bei Beschlussanfechtungsklagen in der GmbH ohne klare Hemmungs- oder Stillhaltevereinbarungen ratsam ist).

2. Schlichtungsklausel unter Verweis auf die DIS-SchlichtungsO

858

§ ...
Schlichtungsklausel[5]

1. Hinsichtlich aller Streitigkeiten, die sich zwischen Gesellschaftern oder Gesellschaftern und der Gesellschaft aus oder im Zusammenhang mit dem Gesellschaftsverhältnis oder diesem Gesellschaftsvertrag (einschließlich aller Beschlussmängelstreitigkeiten) ergeben, soll ein Schlichtungsverfahren gemäß der Schlichtungsordnung der Deutschen Institution für Schiedsgerichtsbarkeit e.V. (DIS) in der bei Einleitung des Verfahrens gültigen Fassung durchgeführt werden.

2. An dem Schlichtungsverfahren nehmen jeweils alle Gesellschafter persönlich oder durch einen zum Vergleichsabschluss bevollmächtigten Vertreter teil. Im Falle von Beschlussmängelstreitigkeiten tragen die Gesellschafter, die gegen die Verpflichtung gemäß Satz 1 verstoßen haben, die Kosten einer etwaigen gerichtlichen Auseinandersetzung als Gesamtschuldner.

3. Eine Klage ist erst zulässig, wenn hinsichtlich der Streitigkeit, die gemäß Absatz 1 dieser Schlichtungsvereinbarung unterfällt, das Schlichtungsverfahren beendet ist, spätestens aber nach Ablauf von (60) Tagen nach Einleitung des Schlichtungsverfahrens gemäß § 2 DIS-SchlichtungsO, es sei denn, alle Parteien des Schlichtungsverfahrens haben sich nach Verfahrenseinleitung auf eine längere oder kürzere Frist geeinigt.[6] Das Verfahren kann von jeder der beteiligten Parteien erst nach einer ersten Sitzung aller Beteiligten und des Schlichters gemäß § 12 Abs. 1 DIS-SchlichtungsO für beendet erklärt werden. Die [in § ... der Satzung geregelte] Anfechtungsfrist bei Beschlussmängelstreitigkeiten ist für die Dauer des Schlichtungsverfahrens, längstens aber bis zum Ablauf der in Satz 1 bezeichneten Frist gehemmt.[7] Die Regelungen in Satz 1 bis Satz 3 gelten nicht für Maßnahmen des einstweiligen Rechtsschutzes.

4. Die Gesellschafter tragen die Kosten des Schlichtungsverfahrens, vorbehaltlich der Sonderregelung in Ziffer 2 Satz 2, gesamtschuldnerisch und zu gleichen Teilen. Kosten für Berater und Verfahrensbevollmächtigte trägt jeder Gesellschafter selbst.

---

[5] Die Formulierung beruht teilweise auf einem Formulierungsvorschlag der DIS. Es wird darauf hingewiesen, dass für die Durchführung des Schlichtungsverfahrens gem DIS-SchlichtungsO neben der Schlichter-Vergütung eine Gebühr an die DIS (für die Betreuung des Schlichtungsverfahrens) zu zahlen ist (jeweils geregelt in der Kostentabelle zur DIS-SchlichtungsO). Die Schlichtungsklausel kann grds sowohl im Gesellschaftsvertrag einer Personengesellschaft als auch in einer GmbH-Satzung verwendet werden. Die Muster-Bestimmungen können ferner sinngemäß als Grundlage für eine Schlichtungsvereinbarung nach Ausbruch eines Gesellschafterstreits dienen.

[6] Diese Prozessvereinbarung kann alternativ auch entfallen, so dass das Schlichtungsverfahren fakultativ ist und gleichzeitig oder anstelle dessen immer auch eine Klage vor den staatlichen Gerichten oder einem Schiedsgericht möglich ist.

[7] Vgl. zur Problematik der Anfechtungsfrist und deren Hemmung während eines Schlichtungs- bzw. Mediationsverfahrens näher unter Rn. 579 f. Alternativ zur „Hemmung" der Anfechtungsfrist kann geregelt werden, dass die in der Satzung festgesetzte Anfechtungsfrist erst mit Beendigung des Schlichtungsverfahrens beginnt. Die Regelung zur „Hemmung" der Anfechtungsfrist ist bei Personengesellschaften entbehrlich, sofern der Gesellschaftsvertrag keine (dem GmbH-Recht entsprechende) Klagefrist für die Geltendmachung der Beschlussunwirksamkeit vorsieht.

3. Schiedsklausel

> § ...
> **Schiedsklausel**[8]
>
> 1. Alle Streitigkeiten zwischen den Gesellschaftern oder der Gesellschaft und ihren Gesellschaftern, die sich aus oder im Zusammenhang mit dem Gesellschaftsverhältnis oder diesem Gesellschaftsvertrag ergeben, werden unter Ausschluss des ordentlichen Rechtswegs durch ein Schiedsgericht entschieden. Dies gilt auch für Streitigkeiten über die Wirksamkeit, Durchführung und Beendigung des Gesellschaftsvertrags, einzelner Vertragsbestimmungen oder -änderungen. Das Schiedsgericht ist ferner zuständig für Gestaltungsklagen aus dem Gesellschaftsverhältnis und Streitigkeiten mit ausgeschiedenen Gesellschaftern. [*Im Falle einer GmbH:* Diese Schiedsvereinbarung gilt demgegenüber nicht für Beschlussmängelstreitigkeiten, also Auseinandersetzungen über die Nichtigkeit, Wirksamkeit, Anfechtbarkeit oder das Zustandekommen von Gesellschafterbeschlüssen.[9] Die Schiedsvereinbarung gilt ferner nicht für Streitigkeiten über die in dieser Satzung geregelten Individualrechte von Gesellschaftern.[10]]
>
> 2. Das Schiedsgericht besteht aus drei Schiedsrichtern, nämlich zwei beisitzenden Schiedsrichtern und einem Vorsitzenden. Jede Partei ernennt einen beisitzenden Schiedsrichter, wobei mehrere das Schiedsgericht anrufende Kläger oder mehrere Personen auf der Beklagtenseite jeweils als eine Partei gelten und jeweils nur gemeinsam einen Schiedsrichter ernennen können. Die beiden ernannten Schiedsrichter bestellen einen Vorsitzenden.
>
> 3. Die Partei, die das Schiedsgericht anrufen will, hat dies dem oder den Beklagten schriftlich mitzuteilen. Das Mitteilungsschreiben muss bestimmte Anträge, die Benennung eines Schiedsrichters sowie eine Begründung der geltend gemachten Ansprüche enthalten. Die beklagte Partei ist in der Mitteilung zugleich aufzufordern und entsprechend verpflichtet, innerhalb von drei Wochen nach Zugang des Mitteilungsschreibens ihrerseits gemäß Ziffer 2 Satz 2 einen Schiedsrichter zu benennen (wobei sich diese Frist bei mehreren Beklagten um [eine] Woche verlängert).
>
> 4. Das Schiedsgericht tagt am Sitz der Gesellschaft, es sei denn, die Schiedsrichter bestimmen einvernehmlich einen anderen Tagungsort.

859

---

[8] Die Schiedsklausel kann in den Gesellschaftsvertrag einer Personengesellschaft oder in die Satzung einer GmbH aufgenommen werden (bei der GmbH in dieser Fassung jedoch nur bei ausdrücklicher Herausnahme von Beschlussmängelstreitigkeiten). Die Regelungen der Schiedsklausel können alternativ in einer gesonderten Urkunde, die von allen Gesellschaftern (sowie im Falle der GmbH auch der Gesellschaft selbst und ggf deren Organ-Mitgliedern) unterzeichnet wird, vereinbart werden (sog. „Schiedsabrede", § 1029 Abs. 2 ZPO). Dies gilt vor allem dann, wenn die Schiedsvereinbarung erst *nach* Entstehung eines Gesellschafterstreits und ad hoc abgeschlossen werden soll. Einzelheiten zu Schiedsvereinbarungen und dem Schiedsverfahren finden sich unter Rn. 820 ff.

[9] Falls sich die Schiedsvereinbarung in einer GmbH auch auf Beschlussmängelstreitigkeiten erstrecken soll, ist die im 4. Muster (unter Rn. 860) vorgeschlagene Schiedsklausel zu verwenden.

[10] Die Anordnung eines Schiedsverfahrens durch Satzungsklausel in einer GmbH gem § 1066 ZPO kann sich wirksam nur auf körperschaftsrechtliche Streitigkeiten, nicht aber auf Streitigkeiten über Individualrechte von Gesellschaftern, die in der Satzung mit geregelt sind (z.B. ein Ankaufsrecht) erstrecken (vgl. iE unter Rn. 837 f.). Streitigkeiten über solche Individualrechte sollten daher ausdrücklich aus dem Geltungsbereich der Schiedsgerichtsvereinbarung ausgenommen werden, wenn die Satzung unechte Satzungsbestandteile zur Regelung von Individualrechten von Gesellschaftern enthält. Falls hierfür ebenfalls eine Schiedsvereinbarung gewünscht wird, muss diese in einer gesonderten Urkunde, die von allen betroffenen Parteien unterzeichnet wird, niedergelegt werden („Schiedsabrede" gem §§ 1029 Abs. 2, 1031 Abs. 5 ZPO).

5. Jedes Mitglied des Schiedsgerichts erhält für seine Tätigkeit eine Vergütung (Gebühren und Auslagen), die derjenigen entspricht, die einem Rechtsanwalt für die Vertretung einer Partei vor dem staatlichen Gericht in 2. Instanz gemäß dem Rechtsanwaltsvergütungsgesetz (RVG) in der jeweils gültigen Fassung zusteht. Der Vorsitzende des Schiedsgerichts erhält für jeden Gebührentatbestand eine Gebühr mit einem Satz von 2,0. Das Schiedsgericht legt der Berechnung der Gebühren einen Streitwert zugrunde, der nach den Grundsätzen der Zivilprozessordnung und des Gerichtskostengesetzes zu bemessen ist. Die Fälligkeit der Schiedsrichtervergütung und Auslagenerstattung richtet sich ebenfalls nach den Bestimmungen des RVG. Die Parteien haften den Schiedsrichtern für die Vergütung, unabhängig von der Kostenverteilung im Schiedsspruch, als Gesamtschuldner. Die Schiedsrichter können von den Parteien je zur Hälfte die Zahlung eines Vorschusses bis zur Höhe der voraussichtlich entstehenden Vergütung verlangen und den Beginn ihrer Tätigkeit vom Eingang dieses Vorschusses abhängig machen.[11]

6. Soweit vorstehend keine abweichenden Regelungen getroffen werden, gelten für das Schiedsgericht und das Schiedsgerichtsverfahren die Vorschriften des 10. Buches der Zivilprozessordnung in der jeweils gültigen Fassung. Sofern eine oder mehrere Bestimmungen dieser Schiedsvereinbarung unwirksam sein sollten oder werden, bleiben die übrigen Bestimmungen wirksam. An die Stelle der unwirksamen Bestimmung soll eine Regelung treten, die dem Sinn und Zweck der unwirksamen Bestimmung am nächsten kommt.

4. Schiedsklausel unter Bezugnahme auf die DIS-SchO

860

§ ...
Schiedsklausel[12]

1. Alle Streitigkeiten zwischen den Gesellschaftern oder der Gesellschaft und ihren Gesellschaftern, die sich aus oder im Zusammenhang mit dem Gesellschaftsverhältnis oder diesem Gesellschaftsvertrag ergeben, werden nach der Schiedsgerichtsordnung (DIS-SchO) *und den Ergänzenden Regeln für gesellschaftsrechtliche Streitigkeiten (DIS-ERGeS)*[13] der Deutschen Institution für Schiedsgerichtsbarkeit

---

[11] Der Formulierungsvorschlag zur Vergütungsregelung beruht teilweise auf einem „Textmuster über eine Vereinbarung über die Vergütung der Schiedsrichter" des Deutschen Anwaltvereins in der Fassung vom 10.3.2006. Das vollständige Textmuster kann z.B. auf der Homepage des Deutschen Anwaltvereins (www.anwaltverein.de unter „Praxis/Musterverträge") bezogen werden.

[12] Die Schiedsvereinbarung kann entsprechend dem Formulierungsvorschlag als Schiedsklausel in einen Gesellschaftsvertrag oder eine GmbH-Satzung aufgenommen werden. Alternativ kommt eine Schiedsvereinbarung in einer gesonderten, von allen Parteien unterzeichneten Urkunde („Schiedsabrede") mit den gleichen Bestimmungen in Betracht, auch ad hoc und nach Entstehung eines Gesellschafterstreits. Es wird verwiesen auf die Ausführungen zur Schiedsvereinbarung unter Rn. 820 ff. Die im vorliegenden 4. Muster vorgeschlagene Schiedsklausel, mittels derer auf die institutionelle Schiedsgerichtsordnung der DIS Bezug genommen wird, beruht auf dem Formulierungsvorschlag der DIS selbst. Es wird darauf hingewiesen, dass die Betreuung des schiedsrichterlichen Verfahrens durch die DIS entsprechend der DIS-SchO neben der (in der DIS-SchO) geregelten Schiedsrichtervergütung zusätzlich Gebühren für die DIS selbst auslöst, deren Höhe in Anlage zu § 40.5 DIS-SchO geregelt ist. Der vollständige Text der DIS-SchO und der DIS-ERGeS (Ergänzende Regeln für gesellschaftsrechtliche Streitigkeiten) kann unter www.dis-arb.de oder bei der DIS Hauptgeschäftsstelle, Beethovenstraße 5–13, 50674 Köln, bezogen werden.

[13] Mit den „Ergänzenden Regeln für gesellschaftsrechtliche Streitigkeiten" der DIS (DIS-ERGeS) wird den besonderen Anforderungen des BGH im Urteil vom 6.4.2009 („Schiedsfähigkeit II") an schiedsrichterliche Verfahren bei Beschlussmängelstreitigkeiten in der GmbH Rechnung getragen (vgl. hierzu iE

e.V. (DIS) unter Ausschluss des ordentlichen Rechtswegs endgültig entschieden. Dies gilt auch für Streitigkeiten über die Wirksamkeit, Durchführung und Beendigung des Gesellschaftsvertrags, einzelner Vertragsbestimmungen oder -änderungen.[14]

2. *Die Wirkungen des Schiedsspruchs erstrecken sich auch auf die Gesellschafter, die fristgemäß als Betroffene benannt werden*[15]*, unabhängig davon, ob sie von der ihnen eingeräumten Möglichkeit, dem schiedsrichterlichen Verfahren als Partei oder Nebenintervenient beizutreten, Gebrauch gemacht haben (§ 11 DIS-ERGeS). Die fristgemäß als Betroffene benannten Gesellschafter verpflichten sich, die Wirkungen eines nach Maßgabe der Bestimmungen in den DIS-ERGeS ergangenen Schiedsspruchs anzuerkennen.*

3. *Ausgeschiedene Gesellschafter bleiben an diese Schiedsvereinbarung gebunden.*

4. *Die Gesellschaft hat gegenüber Klagen, die gegen sie vor einem staatlichen Gericht anhängig gemacht werden und Streitigkeiten betreffen, die gemäß Ziffer 1. der Schiedsvereinbarung unterfallen, stets die Einrede der Schiedsvereinbarung zu erheben.*

5. Das Schiedsgericht besteht aus drei Schiedsrichtern. Das Schiedsgericht tagt am Sitz der Gesellschaft, es sei denn, die Schiedsrichter bestimmen einvernehmlich einen anderen Tagungsort.

---

unter Rn. 841). Die Bezugnahme auf diese ergänzenden Regeln sowie die weiteren Sonderregelungen gem. Ziffern 2 bis 4 des Musters (im Muster kursiv gesetzter Text) sind daher entbehrlich, wenn sich die Schiedsvereinbarung in einer GmbH ausdrücklich *nicht* auf solche Beschlussmängelstreitigkeiten erstrecken soll (ein entsprechender Formulierungsvorschlag findet sich im 3. Muster, Ziffer 1, S. 4). Die DIS-ERGeS und die korrespondierenden Regelungen in der Schiedsvereinbarung unter Ziffern 2.–4. des Musters (kursiv gesetzter Text) sind darüber hinaus grds ungeeignet, wenn die Schiedsvereinbarung eine Personengesellschaft betrifft, in der Beschlussmängelstreitigkeiten nicht aufgrund entsprechender Regelung im Gesellschaftsvertrag zwischen einem Gesellschafter und der *Gesellschaft*, sondern wie gesetzlich grds vorgesehen unter den Gesellschaftern ausgetragen werden. In diesen Fällen ist die Schiedsklausel ohne die im Muster kursiv gesetzten Textteile oder eine Schiedsklausel entsprechend dem Formulierungsvorschlag im 3. Muster (unter Rn. 859) zu verwenden.

[14] Sofern die Schiedsklausel in eine GmbH-Satzung aufgenommen wird und die Satzung auch Individualrechte der Gesellschafter regelt (z.B. Ankaufs- oder Vorkaufsrechte), sollten Streitigkeiten über diese Individualrechte vorsorglich aus dem Geltungsbereich der Schiedsvereinbarung ausgenommen werden. Es wird verwiesen auf den Formulierungsvorschlag im 3. Muster (unter Rn. 859), Ziffer 1 (aE).

[15] Nach den DIS-ERGeS ist allen Gesellschaftern, die als „Betroffene" genannt sind, die Möglichkeit zu geben, an dem schiedsrichterlichen Verfahren teilzunehmen. Die DIS empfiehlt daher, dass in den Gesellschaftsvertrag die Verpflichtung aller Gesellschafter zur Nennung einer jeweils aktuellen Adresse (ggf in Kombination mit einer Zugangsfiktion bei unzustellbaren Schreiben) aufgenommen wird, um Verzögerungen des schiedsrichterlichen Verfahrens zu vermeiden.

V. Formulare für Klageanträge und sonstige Verfahrensanträge

1. Klage auf Nichtigkeitsfeststellung eines Gesellschafterbeschlusses in der Personengesellschaft (am Beispiel GmbH & Co. KG)

861

Landgericht ....
– Kammer für Handelssachen –

Klage[1]

In der Sache

Herr/Frau ....

– Kläger –

Prozessbevollmächtigte: ....

gegen[2]

1. Herrn/Frau ....

2. Herrn/Frau ....

3. XY Verwaltungs GmbH, vertreten durch den GF ....

– Beklagte –

wegen Feststellung der Nichtigkeit eines Gesellschafterbeschlusses

vorläufiger Streitwert: € ....

zeigen wir an, dass wir den Kläger vertreten. Namens und in Vollmacht des Klägers erheben wir Klage und werden beantragen:

    I. Es wird festgestellt, dass der in der (außerordentlichen) Gesellschafterversammlung der XY GmbH & Co. KG mit Sitz in .... am … gefasste Beschluss, wonach der Kläger aus wichtigem Grund aus der Gesellschaft ausgeschlossen wird, nichtig ist.

    II. Die Beklagten tragen die Kosten des Rechtsstreits.

Begründung

I. Sachverhalt

  1. Rechtsverhältnisse der Gesellschaft

  2. Zustandekommen des streitgegenständlichen Beschlusses

    a) Vorbereitung der Beschlussfassung
       (z.B. Sachverhaltsvortrag betreffend die Ladung zur streitgegenständlichen Gesellschafterversammlung)

---

[1] Vgl. zur Klage betreffend die Feststellung der Nichtigkeit eines Gesellschafterbeschlusses in Personengesellschaften näher unter Rn. 632 ff.

[2] Bei entsprechender Regelung im Gesellschaftsvertrag ist die Klage gegen die Gesellschaft zu richten (vgl. unter Rn. 633).

      b) Durchführung der Beschlussfassung
         (z.B. Sachverhaltsvortrag nebst Beweisangeboten [Vorlage des Protokolls] zum Ablauf der streitgegenständlichen Gesellschafterversammlung)
  3. Rechtswidriger Beschlussinhalt
     (z.B. bei Beschluss über Gesellschafterausschließung: Darlegung und Beweisangebote, dass die Vorwürfe und behaupteten Ausschlussgründe der Mitgesellschafter unberechtigt sind)

II. Rechtsausführungen

  1. Verletzung von Verfahrensvorschriften
     (Ausführungen zu formellen Beschlussmängeln, etwa der Verletzung von Ladungsvorschriften[3])
  2. Materiell-rechtliche Beschlussmängel
     (Ausführungen zu materiell-rechtlichen Beschlussmängeln, z.B. Fehlen eines „wichtigen Grundes" bei Ausschließung durch Gesellschafterbeschluss[4], Fehlen einer vertraglichen Grundlage bei einem Mehrheitsbeschluss[5], Verstoß gegen den Gesellschaftszweck [z.B. bei einer größeren Investitionsentscheidung] oder sonstige vertragliche Bestimmungen[6], Verstoß gegen den Gleichbehandlungsgrundsatz[7] etc.)

---

[3] Vgl. zu möglichen Verfahrensfehlern bei der Beschlussfassung in streitigen Gesellschafterversammlungen näher unter Rn. 73 ff. und 106 ff.

[4] Vgl. zur Ausschließung eines Gesellschafters und möglichen „Ausschlussgründen" näher unter Rn. 274 ff.

[5] Vgl. zu den Möglichkeiten von Mehrheitsbeschlüssen in Personengesellschaften näher unter Rn. 66 f.

[6] Vgl. zur Nichtigkeit von Beschlüssen in Personengesellschaften bei Verletzung materiell-rechtlicher Vorschriften näher unter Rn. 608 ff.

[7] Vgl. zum Gebot der Gleichbehandlung der Gesellschafter bei Gesellschafterentscheidungen durch Beschlussfassung näher unter Rn. 61.

2. Klage betreffend die Nichtigkeitsfeststellung bzw. Anfechtung eines Gesellschafterbeschlusses in der GmbH

862

Landgericht ....
– Kammer für Handelssachen –

Klage[8]

In der Sache

Herr/Frau ....

– Kläger –

Prozessbevollmächtigte: ....

gegen

XY GmbH, vertreten durch[9] ....

– Beklagte –

wegen Nichtigkeit eines Gesellschafterbeschlusses

vorläufiger Streitwert: € ....

zeigen wir an, dass wir den Kläger vertreten. Namens und in Vollmacht des Klägers erheben wir Klage und werden beantragen:

I. Es wird festgestellt, dass der in der Gesellschafterversammlung der Beklagten vom .... gefasste Beschluss, wonach der Kläger mit sofortiger Wirkung als Geschäftsführer der Beklagten abberufen wird, nichtig ist.

Alternativ (übliche Formulierung für die Anfechtungsklage):[10]

I. *Der in der Gesellschafterversammlung der Beklagten vom .... gefasste Beschluss, wonach der Kläger mit sofortiger Wirkung als Geschäftsführer der Beklagten abberufen wird, wird für nichtig erklärt.*

II. Die Beklagte trägt die Kosten des Rechtsstreits.

Begründung

(Vgl. unter Rn. 861)

---

[8] Vgl. zur Nichtigkeitsfeststellungs- bzw. Nichtigkeitsklage und zur Anfechtungsklage, betreffend die gerichtliche Klärung von fehlerhaften Beschlüssen in der GmbH, unter Rn. 643 ff. und 654 ff.

[9] Vgl. zur Prozessvertretung der GmbH näher unter Rn. 644 und 683 ff.

[10] Die Nichtigkeitsklage, mittels derer die Nichtigkeitsfeststellung eines GmbH-Gesellschafterbeschlusses begehrt wird (Variante 1 des Antrags unter Ziffer I.), und die Anfechtungsklage, mittels derer die gerichtliche „Nichtigerklärung" eines GmbH-Gesellschafterbeschlusses begehrt wird (Variante 2 des Antrags unter Ziffer I.), verfolgen dasselbe materielle Ziel, nämlich die richterliche Klärung der Nichtigkeit des angegriffenen Gesellschafterbeschlusses mit Wirkung für und gegen jedermann. Sofern die Klage rechtzeitig, also innerhalb der Anfechtungsfrist, erhoben wird, ist es eine vom Gericht selbst zu entscheidende Rechtsfrage, ob die Nichtigkeit des angegriffenen Beschlusses festgestellt oder der angegriffene Beschluss für nichtig erklärt wird. Bei Unsicherheit über die Art des Beschlussmangels sind daher beide Antragsformulierungen möglich; die Anträge stehen nicht in einem Eventualverhältnis zueinander. Vgl. hierzu näher unter Rn. 612 ff.

3. Beschlussfeststellungsklage bei unklaren Abstimmungsergebnissen in der GmbH

863

Landgericht ....
– Kammer für Handelssachen –

Klage

In der Sache

Herr/Frau ....

– Kläger –

Prozessbevollmächtigte: ....

gegen

XY GmbH, vertreten durch[11] ....

– Beklagte –

wegen Beschlussfeststellung

vorläufiger Streitwert: € ....

zeigen wir an, dass wir den Kläger vertreten. Namens und in Vollmacht des Klägers erheben wir Klage und werden beantragen:

I. **Es wird festgestellt, dass in der Gesellschafterversammlung der Beklagten vom .... nicht folgender Beschluss gefasst worden ist: „Herr/Frau ...... wird mit sofortiger Wirkung als Geschäftsführer der Gesellschaft abberufen".**[12]

Alternativ (falls der Kläger eine „positive" Beschlussfeststellung begehrt):

I. *Es wird festgestellt, dass in der Gesellschafterversammlung der Beklagten vom .... folgender Beschluss gefasst worden ist: „Herr/Frau .... wird mit sofortiger Wirkung als Geschäftsführer der Beklagten abberufen".*[13]

II. **Die Beklagte trägt die Kosten des Rechtsstreits.**

---

[11] Vgl. zur Prozessvertretung der GmbH unter Rn. 644 und 683 ff.

[12] Alternativ kommt bei entsprechender Zielsetzung des Klägers folgende Antragsformulierung in Betracht: *„Es wird festgestellt, dass der Kläger in der Gesellschafterversammlung der Beklagten vom .... nicht durch Gesellschafterbeschluss als Geschäftsführer mit sofortiger Wirkung abberufen wurde".*

[13] Der Antrag könnte auch hier alternativ wie folgt formuliert werden: *„Es wird festgestellt, dass Herr/Frau .... in der Gesellschafterversammlung der Beklagten vom ...... durch Gesellschafterbeschluss mit sofortiger Wirkung als Geschäftsführer der Beklagten abberufen wurde".* Eine solche „positive" Beschlussfeststellungsklage kann mit einer Anfechtungsklage verbunden werden, mittels derer zunächst (in einem ersten Antrag) der von einem Versammlungsleiter förmlich festgestellte, den Beschlussantrag *ablehnende* Beschluss angegriffen wird. Die zusätzliche „positive" Beschlussfeststellungsklage (zweiter Klageantrag) dient dann dazu zu verhindern, dass in einer Folgeversammlung der vom Kläger begehrte Beschluss erneut blockiert wird, bzw. dazu zu erreichen, dass das gewünschte Beschlussergebnis ohne erneute Abstimmung gerichtlich festgestellt wird (vgl. zu dieser Kombination von Anfechtungsklage und positiver Beschlussfeststellungsklage näher unter Rn. 617).

> **Begründung**
>
> (In der Begründung ist neben der Darstellung der Rechtsverhältnisse der Gesellschaft und der Vorbereitung und des Ablaufs der streitgegenständlichen Gesellschafterversammlung insbesondere zu erläutern, warum über einen streitgegenständlichen Beschlussantrag wegen der Unwirksamkeit bestimmter Stimmabgaben richtigerweise im Sinne des Klägers abgestimmt wurde und sich daher das vom Kläger behauptete Abstimmungsergebnis ergab.)

4. Klage auf Entziehung von Geschäftsführungsbefugnis und Vertretungsmacht in einer GmbH & Co. KG nebst Klage auf Zustimmung zu dieser Maßnahme und Neuordnung der Geschäftsführung

864

> Landgericht ....
> – Kammer für Handelssachen –
>
> Klage[14]
>
> In der Sache
>
> 1. Herr/Frau (*Gesellschafter G1*), ...
>
> 2. Herr/Frau (*Gesellschafter G2*), ...
>
> – Kläger –
>
> Prozessbevollmächtigte: ....
>
> gegen
>
> 1. XY Verwaltungs GmbH, vertreten durch ....
>
> 2. Herrn/Frau (*Gesellschafter G3*), ...
>
> – Beklagte –
>
> wegen Entziehung der Geschäftsführungsbefugnis und Vertretungsmacht sowie auf Zustimmung zu diesen Maßnahmen
>
> vorläufiger Streitwert: € ....
>
> zeigen wir an, dass wir die Kläger vertreten. Namens und in Vollmacht der Kläger erheben wir Klage und werden beantragen:
>
> I. Der Beklagten zu 1 wird die Befugnis, die Geschäfte der XY GmbH & Co. KG zu führen und diese Gesellschaft zu vertreten, entzogen.
>
> II. Der Beklagte zu 2 wird verurteilt, der Entziehung der Geschäftsführungsbefugnis und der Vertretungsmacht der Beklagten zu 1 in der XY GmbH & Co. KG zuzustimmen.
>
> III. Die Beklagten werden verurteilt, dem Beitritt der Z Verwaltungs GmbH mit Sitz in .... (eingetragen im Handelsregister des AG .... unter HRB ....) zur XY

---

[14] Vgl. zur Klage auf Entziehung von Geschäftsführung und Vertretungsmacht iE unter Rn. 701 ff.

V. *Formulare für Klageanträge und sonstige Verfahrensanträge*   489

> GmbH & Co. KG als deren Komplementärin mit Einzelvertretungsmacht (und ohne Anteil am Festkapital) zuzustimmen.
>   IV. Die Beklagten tragen die Kosten des Rechtsstreits.
>   Begründung
> I. Sachverhalt
>   1. Rechtsverhältnisse der Gesellschaft
>   2. Wichtige Gründe für die Entziehung von Geschäftsführung und Vertretungsmacht gemäß §§ 117, 127 HGB
>   3. Weigerung des Beklagten zu 2, die Zustimmung zur streitgegenständlichen Zwangsmaßnahme zu erteilen
>   4. Weigerung der Beklagten, der notwendigen Neuordnung der Geschäftsführung nach einem der Entziehungsklage stattgebenden Urteil zuzustimmen, sowie Mitteilung der verbindlichen Bereitschaft der Z Verwaltungs GmbH, der XY GmbH & Co. KG als neue Komplementärin (regelmäßig ohne Festkapitalbeteiligung) beizutreten
> II. Rechtsausführungen

5. Klage auf Ausschließung eines Gesellschafters aus einer Personenhandelsgesellschaft (am Beispiel GmbH & Co. KG)

> Landgericht …….   865
> – Kammer für Handelssachen –
>   **Klage**[15]
> In der Sache
> 1. XY Verwaltungs GmbH, vertreten durch …….
> 2. Herr/Frau (*Kommanditist K1*), …….
> 3. Herr/Frau (*Kommanditist K2*), …….
>   – Kläger –
> Prozessbevollmächtigte: …….
> gegen
> Herrn/Frau (*Kommanditist K3*), …….
>   – Beklagte/r –
> wegen Ausschließung aus einer GmbH & Co. KG
> vorläufiger Streitwert: € ….
> zeigen wir an, dass wir die Kläger vertreten. Namens und in Vollmacht der Kläger erheben wir Klage und werden beantragen:

---

[15] Vgl. zur Ausschließungsklage in der Personenhandelsgesellschaft näher unter Rn. 713 ff.

> I. Der/Die Beklagte wird aus der XY GmbH & Co. KG mit Sitz in ……. (eingetragen im Handelsregister des AG ……. unter HRA …….) ausgeschlossen.[16]
> II. Der Beklagte trägt die Kosten des Rechtsstreits.
>
> **Begründung**
>
> I. Sachverhalt
>   1. Rechtsverhältnisse der Gesellschaft
>   2. Darstellung der Ausschlussgründe gemäß § 140 HGB
>
> II. Rechtsausführungen

6. Klage auf Ausschluss eines GmbH-Gesellschafters

866

> Landgericht …….
> – Kammer für Handelssachen –
>
> **Klage**[17]
>
> In der Sache
>
> XY GmbH, eingetragen im Handelsregister des AG ……. unter HRB ……., vertreten durch …….
>
> – Klägerin –
>
> Prozessbevollmächtigte: …….
>
> gegen
>
> Herrn/Frau …….
>
> – Beklagte/r –
>
> wegen Gesellschafterausschlusses
>
> vorläufiger Streitwert: € ….
>
> zeigen wir an, dass wir die Klägerin vertreten. Namens und in Vollmacht der Klägerin erheben wir Klage und werden beantragen:
>
> I. Der Beklagte wird aus der Klägerin ausgeschlossen und sein(e) Geschäftsanteil(e) an der Klägerin (Nr. … der Gesellschafterliste) gegen Zahlung einer Abfindung in Höhe von €… eingezogen.
> II. Der Beklagte trägt die Kosten des Rechtsstreits.
>
> **Begründung**
>
> I. Sachverhalt
>   1. Rechtsverhältnisse der Gesellschaft

---

[16] Falls einer der übrigen Gesellschafter, im Beispielsfall z.B. K2, mit der Ausschließungsmaßnahme nicht einverstanden ist, ist mit dem Klageantrag auf Ausschließung (mit der XY Verwaltungs GmbH und K1 als Klägern) zugleich der Klageantrag auf Zustimmung zur Ausschließung, gerichtet gegen K 2, zu verbinden. Das Muster eines entsprechenden Klageantrags findet sich unter Rn. 864.

[17] Vgl. zur Ausschlussklage in der GmbH näher unter Rn. 270 ff. und 723 ff.

V. *Formulare für Klageanträge und sonstige Verfahrensanträge*

2. Begründung der Ausschlussklage
   a) Gesellschafterbeschluss über die Erhebung der Ausschlussklage
   b) Angaben zur Anteilsverwertung nach Ausschließung (Einziehung) und der Abfindungszahlung: Der/die betroffene(n) Geschäftsanteil(e) müssen vollständig einbezahlt sein. Die Gesellschaft muss in der Lage sein, die dem ausscheidenden Gesellschafter geschuldete Abfindung bei Fälligkeit aus ungebundenem, nicht zur Erhaltung des Stammkapitals benötigtem Vermögen zu bezahlen, was in der Klage darzulegen ist. Die Abfindungszahlung bildet demgegenüber (wohl) keine aufschiebende Bedingung für die Ausschließung und Anteilsverwertung mehr, da der BGH die sog. „Bedingungslösung" aufgegeben hat.[18] Erläuterung der Abfindungshöhe unter Hinweis auf eine entsprechende Satzungsbestimmung oder – bei Fehlen einer Satzungsregelung – durch Darlegung des Verkehrswerts des betroffenen Geschäftsanteils (vgl. hierzu unter Rn. 273).
   c) Ausschlussgründe[19]
II. Rechtsausführungen

7. Klage auf Auflösung einer Personenhandelsgesellschaft (am Beispiel OHG)

Landgericht ....
– Kammer für Handelssachen –

Klage[20]

In der Sache

Herr/Frau (*Gesellschafter G1*), ...

– Kläger –

Prozessbevollmächtigte: ....

gegen

1. Herrn/Frau (*Gesellschafter G2*), ...
2. Herrn/Frau (*Gesellschafter G3*), ...
3. Herrn/Frau (*Gesellschafter G4*), ...

– Beklagte –

wegen Auflösung einer OHG

vorläufiger Streitwert: € ....

867

---

[18] Vgl. zu den Voraussetzungen der Anteilseinziehung in der GmbH unter Rn. 244 ff. und zur Aufgabe der sog. „Bedingungslösung" unter Rn. 259 ff. Mit Rücksicht auf das „Übereinstimmungsgebot" gemäß § 5 Abs. 3 S. 2 GmbHG sind flankierende Gesellschafterbeschlüsse zur Wiederherstellung des Stammkapitalbetrags nach Wegfall des eingezogenen Geschäftsanteils sinnvoll, bilden aber keine rechtliche Voraussetzung für die Anteilsverwertung durch Einziehung (vgl. hierzu näher unter Rn. 264 ff.).

[19] Vgl. hierzu näher unter 274 ff.

[20] Vgl. zur Auflösungsklage gemäß § 133 HGB bei Personenhandelsgesellschaften oder der PartG näher unter Rn. 731 ff.

zeigen wir an, dass wir den Kläger vertreten. Namens und in Vollmacht des Klägers erheben wir Klage und werden beantragen:

    I. Die XY OHG mit Sitz in …., eingetragen im Handelsregister des AG ……. unter HRA ……., wird aufgelöst.

    II. Die Beklagten tragen die Kosten des Rechtsstreits.

Begründung

I. Sachverhalt

    1. Rechtsverhältnisse der Gesellschaft

    2. Auflösungsgründe[21]

II. Rechtsausführungen

8. Klage auf Auflösung einer GmbH

Landgericht …….
– Kammer für Handelssachen –

Klage[22]

In der Sache

Herr/Frau …….

– Kläger –

Prozessbevollmächtigte: …….

gegen

XY GmbH, mit Sitz in ……., eingetragen im Handelsregister des AG ……. unter HRB ……., vertreten durch …….

– Beklagte –

wegen Auflösung der Gesellschaft

vorläufiger Streitwert: € ….

zeigen wir an, dass wir den Kläger vertreten. Namens und in Vollmacht des Klägers erheben wir Klage und werden beantragen:

    I. Die Beklagte wird aufgelöst.

    II. Die Beklagte trägt die Kosten des Rechtsstreits.

Begründung

(vgl. unter Rn. 867)

---

[21] Vgl. hierzu näher unter Rn. 520 ff.

[22] Vgl. zur Auflösungsklage in der GmbH näher unter Rn. 738 ff.

9. Klage eines Kommanditisten auf Einsicht in die Buchhaltungsunterlagen der Gesellschaft gemäß § 166 Abs. 1 HGB

Landgericht ....
– Kammer für Handelssachen –
[je nach Streitwert ggf. Amtsgericht] **Klage**[23]
In der Sache
Herr/Frau ....,

– Kläger –

Prozessbevollmächtigte: ....
gegen
XY GmbH & Co. KG, vertreten durch die XY Verwaltungs GmbH, ...

– Beklagte –

wegen Bucheinsicht
vorläufiger Streitwert[24]: € ....
zeigen wir an, dass wir den Kläger vertreten. Namens und in Vollmacht des Klägers erheben wir Klage und werden beantragen:

I. Die Beklagte wird verurteilt, dem Kläger Einsicht in folgende Unterlagen zu gewähren:

(1) Vollständige Buchhaltungsunterlagen der Gesellschaft (Handelsbücher) der Geschäftsjahre ...

(2) Darlehensverträge der Gesellschaft mit der Z GmbH (...).

(3) Sämtliche geschäftliche Korrespondenz zwischen der Beklagten, der XY Verwaltungs GmbH und der Z GmbH im Zeitraum von .... bis ....

II. Die Beklagte trägt die Kosten des Rechtsstreits.

Begründung

I. Sachverhalt

1. Rechtsverhältnisse der Gesellschaft

2. Darlegung, warum die im Klageantrag bezeichneten Unterlagen, in die Einsicht begehrt wird, zur Prüfung der Richtigkeit eines bestimmten Jahresabschlusses der Gesellschaft notwendig sind

II. Rechtsausführungen

1. Begründung des Einsichtsrechts gem § 166 Abs. 1 HGB

2. Ggf Ausführungen zum vorläufigen Streitwert

---

[23] Vgl. zur gerichtlichen Durchsetzung von Auskunfts- und Kontrollrechten eines Kommanditisten durch Klage gemäß § 166 Abs. 1 HGB näher unter Rn. 747 ff.; vgl. zu den Auskunfts- und Kontrollrechten von Gesellschaftern im Übrigen unter Rn. 405 ff.

[24] Bei einem Streitwert bis einschließlich € 5.000,00 ist das Amtsgericht sachlich zuständig (§§ 23 Nr. 1, 71 Abs. 1 GVG).

10. Antrag eines Kommanditisten auf gerichtliche Anordnung von Auskunft oder Bucheinsicht gemäß § 166 Abs. 3 HGB

870

An das
Amtsgericht …….

Antrag[25]

In der Sache

Herr/Frau ….

– Antragsteller –

Verfahrensbevollmächtigte[26]: …….

gegen

XY GmbH & Co. KG, vertreten durch …….

– Antragsgegnerin –

wegen gerichtlicher Anordnung gemäß § 166 Abs. 3 HGB

zeigen wir an, dass wir den Antragsteller vertreten. Namens und in Vollmacht des Antragstellers stellen wir den

Antrag[27]

anzuordnen, dass dem Antragsteller Einsicht in den Lizenzvertrag der Antragsgegnerin mit der Z GmbH sowie in sämtliche geschäftliche Korrespondenz zwischen der Antragsgegnerin und der Z GmbH gewährt wird.

Begründung

I. Sachverhalt

   1. Rechtsverhältnisse der Antragsgegnerin und Kommanditbeteiligung des Antragstellers

   2. Begründung des Informationsverlangens, also insbesondere Darstellung der bisherigen Verweigerung von Auskunft oder Einsicht bzw. Vorlage von Unterlagen durch die KG und „wichtiger Grund" für das besondere Informationsbegehren gemäß § 166 Abs. 3 HGB

II. (Ggf. ergänzende) Rechtsausführungen

---

[25] Vgl. zum Informationserzwingungsverfahren gem. § 166 Abs. 3 HGB näher unter Rn. 754 ff.
[26] Für das Verfahren besteht kein Anwaltszwang, § 10 Abs. 1 FamFG.
[27] Der Umfang des Informationsrechts nach § 166 Abs. 3 HGB ist allerdings streitig; vgl. näher unter Rn. 419.

11. Antrag eines GmbH-Gesellschafters im Informationserzwingungsverfahren gemäß § 51b GmbHG

Landgericht ....
– Kammer für Handelssachen –

Antrag[28]

In der Sache

Herr/Frau ....

– Antragsteller –

Verfahrensbevollmächtigte[29]: ....

gegen

XY GmbH, vertreten durch ....

– Antragsgegnerin –

wegen gerichtlicher Entscheidung über Auskunfts- und Einsichtsrechte gemäß § 51a GmbHG

zeigen wir an, dass wir den Antragsteller vertreten. Namens und in Vollmacht des Antragstellers stellen wir den

Antrag

festzustellen, dass die Geschäftsführer der Antragsgegnerin Auskunft zu erteilen haben über die vereinbarten Verrechnungspreise mit den verbundenen Unternehmen der Antragsgegnerin A Ltd. mit Sitz in .... und D Ltda. mit Sitz in .... sowie dem Antragsteller Einsicht zu gewähren haben in sämtliche Korrespondenz zwischen der Antragsgegnerin und dem Steuerberater der Antragsgegnerin, der Kanzlei ...., betreffend Verrechnungspreise zwischen der Antragsgegnerin und der mit ihr verbundenen Unternehmen.

Begründung

I. Sachverhalt

   1. Rechtsverhältnisse der Antragsgegnerin

   2. Darlegung der bisherigen Auskunfts- bzw. Einsichtsverweigerung durch die GmbH (§ 51b S. 2 GmbHG).

II. (Ggf. ergänzende) Rechtsausführungen

---

[28] Vgl. zum Informationserzwingungsverfahren der GmbH-Gesellschafter gem. § 51b GmbHG näher unter Rn. 764 ff.

[29] Für das Informationserzwingungsverfahren besteht vor dem Landgericht kein Anwaltszwang, § 10 Abs. 1 FamFG.

VI. Formulare für Anträge auf einstweilige Verfügung

1. Durchsetzung der Duldung eines Beraters in der Gesellschafterversammlung einer GmbH & Co. KG

872

Landgericht ....
– Kammer für Handelssachen –

Antrag auf Erlass einer einstweiligen Verfügung[1]

In der Sache

Herr/Frau ....

– Antragsteller –

Verfahrensbevollmächtigte: ....

gegen

1. XY Verwaltungs GmbH, vertreten durch den GF ....

– Antragsgegnerin zu 1 –

2. Herr/Frau ....

– Antragsgegner zu 2 –

wegen Duldung

zeigen wir an, dass wir den Antragsteller vertreten. Wir beantragen namens und in Vollmacht des Antragstellers den Erlass folgender einstweiliger Verfügung, wegen besonderer Dringlichkeit ohne mündliche Verhandlung durch Beschluss:

I. Die Antragsgegner haben dem Antragsteller die Teilnahme eines Rechtsberaters des Antragstellers an der außerordentlichen Gesellschafterversammlung der XY GmbH & Co. KG, eingetragen im Handelsregister des AG .... unter HRA ...., die am .... stattfinden soll, oder in einer ersatzweise für diese Gesellschafterversammlung stattfindenden Gesellschafterversammlung zu gestatten.

II. Den Antragsgegnern wird für jeden Fall der Zuwiderhandlung gegen die in Ziffer I. bezeichnete Verpflichtung ein Ordnungsgeld bis zur Höhe von € 250.000,00 und für den Fall, dass dieses nicht beigetrieben werden kann, eine Ordnungshaft, oder Ordnungshaft bis zu sechs Monaten (Ordnungshaft insgesamt höchstens zwei Jahre) angedroht.

III. Die Antragsgegner tragen die Kosten des Verfahrens.

Begründung

(Darlegung und Glaubhaftmachung der Prozessvoraussetzungen, des Verfügungsanspruchs und des Verfügungsgrundes)

---

[1] Vgl. zum Gegenstand der EV (Durchsetzung der Teilnahme eines Beraters an einer Gesellschafterversammlung oder – im Gegenteil – Abwehr der Teilnahme eines Beraters an der GV durch EV) unter Rn. 797 (Ziffer 1). Je nach Streitwert könnte – anders als im Formular vorgeschlagen – auch ein Amtsgericht sachlich zuständig sein.

2. Durchsetzung einer bestimmten Stimmabgabe in einer GmbH-Gesellschafterversammlung

Landgericht …….
– Kammer für Handelssachen –

Antrag auf Erlass einer einstweiligen Verfügung[2]

In der Sache

Herr/Frau …….

– Antragsteller –

Verfahrensbevollmächtigte: …….

gegen

Herr/Frau ……

– Antragsgegner –

wegen Stimmverbots

zeigen wir an, dass wir den Antragsteller vertreten. Wir beantragen namens und in Vollmacht des Antragstellers den Erlass folgender einstweiliger Verfügung, wegen besonderer Dringlichkeit ohne mündliche Verhandlung durch Beschluss:

[Alt. 1: *Durchsetzung der Zustimmung zu einem Beschlussantrag*]:

I. Dem Antragsgegner wird es untersagt, in einer anzuberaumenden Gesellschafterversammlung der ……. GmbH, eingetragen im Handelsregister des AG ……. unter HRB ……., in der die außerordentliche Abberufung des Geschäftsführers ……. mit sofortiger Wirkung und aus wichtigem Grund beschlossen werden soll, sein Stimmrecht gegen den betreffenden Beschlussantrag auszuüben oder die betreffende Stimmabgabe durch einen Vertreter vornehmen zu lassen.[3]

[Alt. 2: *Durchsetzung der Ablehnung eines Beschlussantrags*]:

I. Dem Antragsgegner wird es untersagt, in der für den ……. anberaumten außerordentlichen Gesellschafterversammlung der XY GmbH mit Sitz in ……., eingetragen im Handelsregister des AG ……. unter HRB ……., oder in einer ersatzweise hierfür stattfindenden Gesellschafterversammlung, in der über die Ausschließung des Antragstellers aus der XY GmbH und die Zwangseinziehung

---

[2] Vgl. zur Zulässigkeit bzw. Begründetheit einer EV, mittels derer ein Stimmverbot oder ein bestimmtes Stimmverhalten von Gesellschaftern bei Beschlussfassungen durchgesetzt werden soll, unter Rn. 798 ff.

[3] Falls es ausnahmsweise auf die *positive* Stimmabgabe bei einem bestimmten, vom Antragsteller betriebenen Beschlussgegenstand ankommt, etwa weil die Satzung für den betreffenden Beschluss keine Mehrheit der abgegebenen Stimmen, sondern eine „Kapitalmehrheit" fordert, kommt alternativ zur Untersagung der Stimmabgabe der Antrag auf Vornahme einer bestimmten Stimmabgabe bzw. Zustimmung zu einem beabsichtigten Beschlussantrag in Betracht. Ergänzend sollte dann die Verpflichtung des Antragsgegners beantragt werden, an der anzuberaumenden Gesellschafterversammlung, in der der betreffende Beschluss gefasst werden soll, auch teilzunehmen, wenn es wegen der satzungsmäßigen Beschlussfähigkeit auf seine Teilnahme ankommt. Bei einem solchen Teilnahme- und Stimmgebot, das gem §§ 894 und/oder 888 ZPO vollstreckbar ist (vgl. unter Rn. 799), entfällt die Ordnungsmittelandrohung (gem § 890 Abs. 2 ZPO) unter Ziff. II des Antragsformulars.

498   5. Teil   Praktische Hinweise, Checklisten, Muster und Formulare

> seines Geschäftsanteils Nr. ... an der Gesellschaft Beschluss gefasst werden soll, für diesen Beschlussantrag zu stimmen oder die betreffende Stimmabgabe durch einen Vertreter vornehmen zu lassen.
>
> II. [Androhung von Ordnungsmitteln; vgl. den Formulierungsvorschlag in Rn. 872, dort unter Ziffer II.]
>
> III. Der Antragsgegner hat die Kosten des Verfahrens zu tragen.
>
> Begründung
>
> (Darlegung und Glaubhaftmachung der Prozessvoraussetzungen, des Verfügungsanspruchs und des Verfügungsgrundes. Darüber hinaus ist die besondere Dringlichkeit darzulegen und zu erläutern, warum sich der Antragsteller gegen die drohende Ablehnung des von ihm beabsichtigten Beschlusses bzw. die drohende Beschlussfassung nicht effektiv auf Vollzugsebene zur Wehr setzen kann, da die EV sonst am Gebot des geringstmöglichen Eingriffs scheitert; vgl. im Einzelnen unter Rn. 798 ff.)

3. Unterbindung der Einreichung einer geänderten GmbH-Gesellschafterliste (nach Zwangseinziehungsbeschluss)

874

> Landgericht ....
> – Kammer für Handelssachen –
>
> **Antrag auf Erlass einer einstweiligen Verfügung**[4]
>
> In der Sache
>
> Herr/Frau ....
>
> – Antragsteller –
>
> Verfahrensbevollmächtigte: ....
>
> gegen
>
> XY GmbH, vertreten durch ....[5]
>
> – Antragsgegnerin –
>
> wegen Untersagung der Einreichung einer geänderten Gesellschafterliste
>
> zeigen wir an, dass wir den Antragsteller vertreten. Wir beantragen namens und in Vollmacht des Antragstellers den Erlass folgender einstweiliger Verfügung, wegen besonderer Dringlichkeit ohne mündliche Verhandlung durch Beschluss:
>
> I. Der Antragsgegnerin wird es untersagt, zum Handelsregister eine Gesellschafterliste einzureichen, in der der Antragsteller nicht mehr als Gesellschafter der Antragsgegnerin mit einer Beteiligung von € .... am Stammkapital [Geschäftsanteilsnummer ...] genannt ist, bis in der Hauptsache rechtskräftig gerichtlich fest-

---

[4] Vgl. zum Gegenstand der EV (Unterbindung der Einreichung einer geänderten Gesellschafterliste durch den GF gem § 40 Abs. 1 GmbHG nach Ausschließung eines Gesellschafters und Zwangseinziehung dessen Geschäftsanteils) unter Rn. 805 (Ziffer 3.) sowie Rn. 267 ff.

[5] Antragsgegnerin ist die GmbH, nicht der GF persönlich, vgl. OLG München, Urteil vom 29.7.2010, GmbHR 2011, 429 = ZIP 2011, 570. Vgl. zum Problem der Prozessvertretung der GmbH bei Streitigkeiten mit ihrem (abberufenen) GF unter Rn. 812.

VI. Formulare für Anträge auf einstweilige Verfügung

> gestellt worden ist, ob in der außerordentlichen Gesellschafterversammlung der Antragsgegnerin vom …. ein wirksamer Beschluss über die Zwangseinziehung des Geschäftsanteils des Antragstellers an der Antragsgegnerin gefasst wurde.
>
> II. [Androhung von Ordnungsmitteln; vgl. den Formulierungsvorschlag in Rn. 872, dort unter Ziffer II.]
>
> III. Die Antragsgegnerin hat die Kosten des Verfahrens zu tragen.
>
> Begründung
>
> (Darlegung und Glaubhaftmachung der Prozessvoraussetzungen, des Verfügungsanspruchs und des Verfügungsgrundes)

4. Unterbindung der Vollziehung eines Gesellschafterbeschlusses in der GmbH (Auflösung von Gewinnrücklagen und Ausschüttung)

> Landgericht …….
> – Kammer für Handelssachen –
>
> **Antrag auf Erlass einer einstweiligen Verfügung**[6]
>
> In der Sache
>
> Herr/Frau …….
>
> – Antragsteller –
>
> Verfahrensbevollmächtigte: …….
>
> gegen
>
> XY GmbH, vertreten durch den GF …….[7]
>
> – Antragsgegnerin –
>
> wegen Untersagung der Vollziehung eines Gesellschafterbeschlusses
>
> zeigen wir an, dass wir den Antragsteller vertreten. Wir beantragen namens und in Vollmacht des Antragstellers den Erlass folgender einstweiliger Verfügung, wegen besonderer Dringlichkeit ohne mündliche Verhandlung durch Beschluss:
>
> I. Der Antragsgegnerin wird es bis zur rechtskräftigen gerichtlichen Feststellung der Beschlusswirksamkeit in der Hauptsache untersagt, die in der außerordentlichen Gesellschafterversammlung der Antragsgegnerin vom ……. gefassten Beschlüsse, wonach die freiwilligen Gewinnrücklagen der Antragsgegnerin vollständig aufgelöst und in Höhe eines Gesamtbetrags von € …. an die Gesellschafter ausgeschüttet werden, zu vollziehen und entsprechende Auszahlungen an die Gesellschafter vorzunehmen.

875

---

[6] Vgl. zum Verfügungsanspruch, betreffend die Verhinderung der Vollziehung eines (nicht eintragungspflichtigen) Gesellschafterbeschlusses bis zur Klärung der Beschlusswirksamkeit in der Hauptsache (durch Nichtigkeits-, Anfechtungs- oder Beschlussfeststellungsklage), näher unter Rn. 797.

[7] Vgl. zur Prozessvertretung der GmbH, falls der Antragsteller – ausnahmsweise – selbst GF der Antragsgegnerin ist, unter Rn. 812.

> II. [Androhung von Ordnungsmitteln; vgl. den Formulierungsvorschlag in Rn. 872, dort unter Ziffer II.]
> III. Die Antragsgegnerin trägt die Kosten des Verfahrens.
>
> Begründung
>
> (Darlegung und Glaubhaftmachung der Prozessvoraussetzungen, des Verfügungsanspruchs und des Verfügungsgrundes)

5. Sicherung von Mitgliedschaftsrechten in der GmbH nach Ausschließung durch Gesellschafterbeschluss

876

> Landgericht ....
> – Kammer für Handelssachen –
>
> Antrag auf Erlass einer einstweiligen Verfügung[8]
>
> In der Sache
>
> Herr/Frau ....
>
> – Antragsteller –
>
> Verfahrensbevollmächtigte: ....
>
> gegen
>
> XY GmbH, vertreten durch ihren GF ....[9]
>
> – Antragsgegnerin –
>
> wegen Untersagung der Vollziehung eines Ausschließungs- und Zwangseinziehungsbeschlusses,
>
> zeigen wir an, dass wir den Antragsteller vertreten. Wir beantragen namens und in Vollmacht des Antragstellers den Erlass folgender einstweiliger Verfügung, wegen besonderer Dringlichkeit ohne mündliche Verhandlung durch Beschluss:
>
> I. Die Antragsgegnerin wird verpflichtet, den Antragsteller als Gesellschafter der Antragsgegnerin mit allen Rechten und Pflichten zu behandeln, bis die Wirksamkeit der Beschlüsse der außerordentlichen Gesellschafterversammlung der Antragsgegnerin vom ...., wonach der Antragsteller aus der Antragsgegnerin ausgeschlossen und sein Geschäftsanteil Nr ... an der Antragsgegnerin gegen Abfindungszahlung eingezogen wird, in der Hauptsache rechtskräftig gerichtlich festgestellt ist.[10]
> II. Die Antragsgegnerin trägt die Kosten des Verfahrens.

[8] Vgl. zur EV, mittels derer die Vollziehung eines Ausschließungs- und/oder Zwangseinziehungsbeschlusses verhindert werden soll, unter Rn. 797 (Ziffer 3).

[9] Vgl. die Hinweise zur Prozessvertretung unter Rn. 812.

[10] Die Androhung von Ordnungsmitteln entfällt gem § 888 Abs. 2 ZPO, da der Antragsteller die gerichtliche Anordnung nicht vertretbarer Handlungen (vorläufige Wahrung der Mitgliedschaftsrechte des Antragstellers in der betreffenden GmbH) begehrt. Ergänzend kommt je nach den Fallumständen der Verfügungsantrag in Betracht, der Antragsgegnerin (mit Ordnungsmittelandrohung gem § 890 Abs. 2 ZPO) zu untersagen, eine geänderte Gesellschafterliste gem § 40 GmbHG, in der der Antragsteller nicht mehr als Gesellschafter bezeichnet ist, zum Handelsregister einzureichen oder, falls diese Einreichung bereits gesche-

VI. *Formulare für Anträge auf einstweilige Verfügung* 501

Begründung

(Darlegung und Glaubhaftmachung der Prozessvoraussetzungen, des Verfügungsanspruchs und des Verfügungsgrundes)

---

6. Vorläufige Entziehung von Geschäftsführungsbefugnissen und Vertretungsmacht gemäß §§ 117, 127 HGB in einer KG

Landgericht ....
– Kammer für Handelssachen –

Antrag auf Erlass einer einstweiligen Verfügung[11]

In der Sache

1. Herr/Frau ....

– Antragsteller zu 1 –

2. Herr/Frau ....

– Antragsteller zu 2 –

Verfahrensbevollmächtigte: ....

gegen

Herr/Frau ....

– Antragsgegner –

wegen vorläufiger Entziehung der Geschäftsführungsbefugnisse und Vertretungsmacht gemäß §§ 117, 127 HGB

zeigen wir an, dass wir die Antragsteller vertreten. Wir beantragen namens und in Vollmacht der Antragsteller den Erlass folgender einstweiliger Verfügung, wegen besonderer Dringlichkeit ohne mündliche Verhandlung durch Beschluss:

    I. Dem Antragsgegner wird bis zur rechtskräftigen Entscheidung in der Hauptsache die Befugnis entzogen, die Geschäfte der XY KG mit Sitz in ...., eingetragen im Handelsregister des AG .... unter HRA ...., zu führen und die Gesellschaft zu vertreten. Die Geschäftsführungsbefugnisse und die Vertretungsmacht in der XY KG werden bis zur Entscheidung in der Hauptsache[12] Herrn/Frau .... alleine übertragen.

    II. Der Antragsgegner trägt die Kosten des Verfahrens.

877

---

hen ist, der Antragsgegnerin (ohne Ordnungsmittelandrohung gem § 888 Abs. 2 ZPO) die Einreichung einer wieder korrigierten Gesellschafterliste aufzugeben.

[11] Vgl. zur vorläufigen Entziehung von Geschäftsführungs- und Vertretungsbefugnissen in Personenhandelsgesellschaften unter Rn. 805.

[12] Das Hauptsacheverfahren ist im Verfügungsantrag ggf näher zu bezeichnen. Bei dem Hauptsacheverfahren kann es sich um die entsprechende Klage auf Entziehung von Geschäftsführungsbefugnis und Vertretungsmacht gem §§ 117, 127 HGB oder um eine Ausschließungsklage hinsichtlich des Antragsgegners gem § 140 HGB handeln (vgl. hierzu unter Rn. 713 ff.).

> Begründung
>
> (Darlegung und Glaubhaftmachung der Prozessvoraussetzungen, des Verfügungsanspruchs und des Verfügungsgrundes)

7. Unterbindung von Geschäftsführung und Vertretung sowie Hausverbot nach streitiger Abberufung eines GmbH-Geschäftsführers

878

> Landgericht ....
> – Kammer für Handelssachen –
>
> **Antrag auf Erlass einer einstweiligen Verfügung**[13]
>
> In der Sache
>
> XY GmbH, vertreten durch ....[14]
>
> – Antragstellerin –
>
> Verfahrensbevollmächtigte: ....
>
> gegen
>
> Herr/Frau ....
>
> – Antragsgegner –
>
> wegen Untersagung weiterer Geschäftsführung und Vertretung sowie Betretungsverbots,
>
> zeigen wir an, dass wir die Antragstellerin vertreten. Wir beantragen namens und in Vollmacht der Antragstellerin den Erlass folgender einstweiliger Verfügung, wegen besonderer Dringlichkeit ohne mündliche Verhandlung durch Beschluss:
>
> I. Dem Antragsgegner wird es untersagt, die Geschäfte der Antragstellerin zu führen und die Antragstellerin zu vertreten sowie die Geschäftsräume der Antragstellerin in .... zu betreten, bis in der Hauptsache rechtskräftig gerichtlich festgestellt ist, ob der Antragsgegner in der außerordentlichen Gesellschafterversammlung der Antragstellerin vom .... wirksam als Geschäftsführer der Antragstellerin abberufen wurde.

---

[13] Vgl. zur Untersagung von Geschäftsführung und Vertretung in einer GmbH bis zu einem Abberufungsbeschluss oder nach einem streitigen bzw. unklaren Abberufungsbeschluss unter Rn. 805 (Ziffer 1, lit. b).

[14] Vgl. zur Prozessvertretung der GmbH bei der betreffenden EV näher unter Rn. 812. Sofern die Geschäftsführung und Vertretung durch einen streitig abzuberufenden oder streitig abberufenen Gesellschafter-Geschäftsführer bis zur Klärung in der Hauptsache einstweilig unterbunden werden soll, ist die Gesellschaft häufig handlungsunfähig (weil kein weiterer Prozessvertreter vorhanden ist oder rechtzeitig durch Beschluss bestellt werden kann) oder handlungsunwillig (etwa weil der Mehrheitsgesellschafter die Abberufung des GF aus wichtigem Grund treuwidrig nicht mitträgt). In diesen Ausnahmefällen kann der Verfügungsanspruch nach den Regeln der sog. *actio pro socio* in Prozessstandschaft für die GmbH auch direkt durch einen der Gesellschafter durchgesetzt werden (vgl. näher unter Rn. 812). Der betreffende Gesellschafter, der den abberufenen GF in Anspruch nimmt, ist dann anstelle der GmbH Antragsteller.

VI. Formulare für Anträge auf einstweilige Verfügung   503

> II. [Androhung von Ordnungsmitteln; vgl. den Formulierungsvorschlag in Rn. 872, dort unter Ziffer II.]
> III. **Der Antragsgegner hat die Kosten des Verfahrens zu tragen.**
>
> Begründung
>
> (Darlegung und Glaubhaftmachung der Prozessvoraussetzungen, des Verfügungsanspruchs und des Verfügungsgrundes)

8. Unterbindung unberechtigter Entnahmen der Komplementärin in einer GmbH & Co. KG

> Landgericht ....
> – Kammer für Handelssachen –
>
> **Antrag auf Erlass einer einstweiligen Verfügung**[15]
>
> In der Sache
>
> Herr/Frau ....[16]
>
> – Antragsteller –
>
> Verfahrensbevollmächtigte: ....
>
> gegen
>
> 1. XY Verwaltungs GmbH, gesetzlich vertr. d. d. GF Herrn/Frau Z, ...
>
> – Antragsgegnerin zu 1 –
>
> 2. Herrn/Frau Z, ...[17]
>
> – Antragsgegner zu 2 –
>
> wegen Unterlassung unberechtigter Entnahmen
>
> zeigen wir an, dass wir den Antragsteller vertreten. Wir beantragen namens und in Vollmacht des Antragstellers den Erlass folgender einstweiliger Verfügung, wegen besonderer Dringlichkeit ohne mündliche Verhandlung durch Beschluss:

879

---

[15] Vgl. zur Unterbindung unberechtigter Entnahmen oder sonstiger Auszahlungen durch gf Gesellschafter mittels EV unter Rn. 805 (Ziffer 2).

[16] Vgl. zur Geltendmachung von Unterlassungs- und Schadensersatzansprüchen einer Personengesellschaft gegenüber gf Gesellschaftern durch Mitgesellschafter im Wege der Prozessstandschaft (actio pro socio) unter Rn. 787 ff.

[17] Der GF der Komplementär-GmbH einer GmbH & Co. KG kann von der KG auch persönlich auf Schadensersatz und entsprechend auf Unterlassung in Anspruch genommen werden, wenn (was für das vorliegende Formular unterstellt ist) die Komplementär-GmbH die ausschließliche oder wesentliche Aufgabe hat, die Geschäfte der betreffenden GmbH & Co. KG zu führen. Die KG ist in diesem Fall in den Schutzbereich des Dienstvertrags zwischen der Komplementär-GmbH und deren GF einbezogen. Sofern dieser GF – wie in personalistischen GmbH & Co. KGs häufig – zugleich Kommanditist der GmbH & Co. KG ist, haftet er der Gesellschaft darüber hinaus persönlich auch wegen Verletzung seiner gesellschaftsrechtlichen Pflichten aufgrund des KG-Gesellschaftsvertrags; vgl. hierzu unter Rn. 777 ff., mit Nachweisen aus der Rechtsprechung.

> I. Den Antragsgegnern wird jeweils untersagt, an die Antragsgegnerin zu 1 zu Lasten des Vermögens der XY GmbH & Co. KG eine monatliche Tätigkeitsvergütung von mehr als € .... brutto auszuzahlen.
>
> II. Den Antragsgegnern wird jeweils für jeden Fall der Zuwiderhandlung gegen die in Ziffer I. bezeichnete Verpflichtung ein Ordnungsgeld bis zur Höhe von € 250.000,00 und für den Fall, dass dieses nicht beigetrieben werden kann, eine Ordnungshaft, oder Ordnungshaft bis zu 6 Monaten (Ordnungshaft insgesamt höchstens zwei Jahre), die Ordnungshaft hinsichtlich der Antragsgegnerin zu 1 jeweils zu vollziehen an deren Geschäftsführer Z, angedroht.
>
> III. Die Antragsgegner tragen die Kosten des Verfahrens.
>
> **Begründung**
>
> (Darlegung und Glaubhaftmachung der Prozessvoraussetzungen, des Verfügungsanspruchs und des Verfügungsgrundes)

9. Untersagung einer Geschäftsführungsmaßnahme bei drohender Missachtung eines Zustimmungsvorbehalts in der KG

880

> Landgericht ....
> – Kammer für Handelssachen –
>
> **Antrag auf Erlass einer einstweiligen Verfügung**[18]
>
> In der Sache
>
> Herr/Frau ....[19]
>
> – Antragsteller –
>
> Verfahrensbevollmächtigte: ....
>
> gegen
>
> Herrn/Frau ....
>
> – Antragsgegner –
>
> wegen Unterlassung einer Geschäftsführungsmaßnahme
>
> zeigen wir an, dass wir den Antragsteller vertreten.

---

[18] Vgl. zum Verfügungsanspruch unter Rn. 469ff., 805 (Ziffer 2) und 807ff.
[19] Laut OLG Koblenz, Urteil vom 9.8.1990, NJW-RR 1990, 487 = GmbHR 1991, 264, hat ein Gesellschafter bei drohender Verletzung seiner Mitwirkungs- und Verwaltungsrechte einen eigenen Unterlassungsanspruch gegenüber dem seine Kompetenzen überschreitenden Geschäftsführer. Nach Auffassung im Schrifttum handelt es sich demgegenüber um einen Unterlassungsanspruch der Gesellschaft, der in den Personengesellschaften und bei Maßnahmen des einstweiligen Rechtsschutzes wohl auch bei der GmbH im Wege der actio pro socio durch jeden Gesellschafter (für die Gesellschaft) gerichtlich geltend gemacht werden kann (vgl. hierzu näher unter Rn. 471 und 812).

VI. Formulare für Anträge auf einstweilige Verfügung

Wir beantragen namens und in Vollmacht des Antragstellers den Erlass folgender einstweiliger Verfügung, wegen besonderer Dringlichkeit ohne mündliche Verhandlung durch Beschluss:

I. Dem Antragsgegner wird es untersagt, als geschäftsführender Gesellschafter (Komplementär) der XY KG namens und für Rechnung der Gesellschaft einen Geschäftsanteil an der Z GmbH mit Sitz in ... zu erwerben, bevor über diesen Anteilserwerb ein wirksamer Zustimmungsbeschluss der Gesellschafterversammlung der XY KG gemäß § ... des Gesellschaftsvertrags gefasst worden ist.

II. [Androhung von Ordnungsmitteln; vgl. den Formulierungsvorschlag unter Rn. 872, dort in Ziffer II.]

III. Der Antragsgegner trägt die Kosten des Verfahrens.

Begründung

(Darlegung und Glaubhaftmachung der Prozessvoraussetzungen, des Verfügungsanspruchs und des Verfügungsgrundes)

10. Untersagung einer Vertragserfüllung nach Missbrauch der Vertretungsmacht in der GmbH

Landgericht ....
– Kammer für Handelssachen –

Antrag auf Erlass einer einstweiligen Verfügung[20]

In der Sache

Herr/Frau ....

– Antragsteller –

Prozessbevollmächtigte: ....

gegen

XY GmbH, vertreten durch ....

– Antragsgegnerin –

wegen Unterlassung einer Geschäftsführungsmaßnahme

zeigen wir an, dass wir den Antragsteller vertreten.

Wir beantragen namens und in Vollmacht des Antragstellers den Erlass folgender einstweiliger Verfügung, wegen besonderer Dringlichkeit ohne mündliche Verhandlung durch Beschluss:

I. Der Antragsgegnerin wird es untersagt, Zahlungen aufgrund Darlehensvertrags vom .... an die Z GmbH vorzunehmen, bis die Wirksamkeit dieses Darlehensvertrags in der Hauptsache rechtskräftig gerichtlich bestätigt worden ist.

881

---

[20] Vgl. zu dem betreffenden Unterlassungsanspruch und dem Antragsrecht eines Gesellschafters unter Rn. 469 ff. und 805 (Ziffer 2). Der Verfügungsantrag kann vorsorglich und *zusätzlich* (jedenfalls in den Personengesellschaften) auch gegen den betreffenden geschäftsführenden Gesellschafter persönlich gerichtet werden.

II. [Androhung von Ordnungsmitteln; vgl. den Formulierungsvorschlag unter Rn. 872, dort in Ziffer II.]

III. Die Antragsgegnerin trägt die Kosten des Verfahrens.

Begründung

(Darlegung und Glaubhaftmachung der Prozessvoraussetzungen, des Verfügungsanspruchs und des Verfügungsgrundes)

11. Sicherung der Geschäftsführungsbefugnisse und Vertretungsmacht nach streitiger Abberufung in der GmbH

882

Landgericht ....
– Kammer für Handelssachen –

Antrag auf Erlass einer einstweiligen Verfügung[21]

In der Sache

Herr/Frau ....

– Antragsteller –

Prozessbevollmächtigte: ....

gegen

XY GmbH, vertreten durch ....[22]

– Antragsgegnerin –

wegen Sicherung der Geschäftsführungs- und Vertretungsbefugnisse in einer GmbH

zeigen wir an, dass wir den Antragsteller vertreten. Wir beantragen namens und in Vollmacht des Antragstellers den Erlass folgender einstweiliger Verfügung, wegen besonderer Dringlichkeit ohne mündliche Verhandlung durch Beschluss:

I. Die Antragsgegnerin wird verpflichtet, dem Antragsteller sämtliche Geschäftsführungs- und Vertretungsbefugnisse als Geschäftsführer der Antragsgegnerin zu belassen und ihm ungehinderten Zutritt zu den Geschäftsräumen der Antragsgegnerin in .... zu gewähren, bis in der Hauptsache rechtskräftig gerichtlich festgestellt ist, ob in der außerordentlichen Gesellschafterversammlung der Antragsgegnerin vom .... ein wirksamer Beschluss über den Widerruf der Bestellung des Antragstellers als Geschäftsführer der Antragsgegnerin aus wichtigem Grund gefasst wurde.

II. Die Antragsgegnerin hat die Kosten des Verfahrens zu tragen.

Begründung

(Darlegung und Glaubhaftmachung der Prozessvoraussetzungen, des Verfügungsanspruchs und des Verfügungsgrundes)

---

[21] Vgl. zur Sicherung von Geschäftsführungs- und Vertretungsbefugnissen des Gesellschafter-Geschäftsführers in der GmbH bis zur gerichtlichen Klärung der Wirksamkeit des Abberufungsbeschlusses unter Rn. 806.

[22] Vgl. zur Prozessvertretung der GmbH im Verfügungsverfahren unter Rn. 812.

Sachverzeichnis
(Zahlen = Randnummern)

Abberufung des GmbH-GF aus wichtigem Grund 197 ff.
- Ausschluss der ordentlichen Abberufung 150 ff.
- Beschluss 199 f.
- Beschlussfeststellung *s. dort*
- Beschlusswirkung im Überblick 207 ff.
- Checkliste 851
- Durchsetzung mittels EV *s. dort*
- Form des Abberufungsbeschlusses 150
- Personengesellschaften *s. Entziehung von GF und Vertretung*
- Rechtsfolgen 201 ff.
- Rechtsschutz 207 ff.
- Registeranmeldung 202
- Schwebezustand nach Beschlussfassung *s. dort*
- Sicherung Befugnisse durch EV *s. dort*
- Stimmrechtsausschluss 50
- unklares Abstimmungsergebnis *s. dort*
- wichtiger Grund *s. dort*
- Verhinderung Abberufungsbeschluss durch EV *s. dort*
- Zuständigkeit 198 f.
- Zustimmungspflicht der Gesellschafter 57

Abberufungsgrund
s. Wichtiger Grund für Abberufung

Außerordentliche Abberufung
s. Abberufung des GmbH-GF auf wichtigem Grund

Abfindung
s.a. Abfindungsklauseln
- Ausschluss 329
- Durchsetzungssperre für sonstige Ansprüche 321
- Einkommensteuer 345 ff.
- Entstehung des Anspruchs 321
- Erbschaftsteuer 348 ff.
- Gebot der Stammkapitalerhaltung 259 ff.
- Gesetzliche Regelung 321 ff.
- Gewerbesteuer 345

- Persönliche Haftung der GmbH-Gesellschafter 261 f.
- Schenkungsteuer 348 ff.
- Schiedsgutachter 331
- Schuldner 321
- Vertragliche Regelung *s. Abfindungsklausel*
- Zahlung aus ungebundenem Vermögen der GmbH 247 ff.
- Zahlung vor Fälligkeit 262
- zum Verkehrswert 322 f.

Abfindungsklauseln 327 ff.
- Abfindungsausschluss 337
- Auslegung 327a
- Ausschluss der Abfindung 329
- Auszahlungsmodalitäten 332
- Buchwertklauseln 339
- Durchsetzungssperre 327b
- Ertragswertklauseln 343
- grobes Missverhältnis zum Verkehrswert 331
- nachträgliche Unwirksamkeit 335
- Nennwertklauseln 338
- Nichtigkeit 333 f.
- Rechtsfolgen bei Unwirksamkeit 333 ff.
- Schiedsgutachten zur Höhe 331
- „Stuttgarter Verfahren" 341 f.
- Substanzwertklauseln 340
- Unwirksamkeit (Auswirkung auf Ausschließung) 302
- Wirksamkeitsschranken 328 ff.

Abmahnung des Geschäftsführers 213

Absage einer Gesellschafterversammlung 103 f.

Abschlussprüfer
s. Jahresabschluss

Abstimmung der Gesellschafter
s. Beschlussfassung der Gesellschafter

Sachverzeichnis

Abstimmungsergebnis
s. Unklares Abstimmungsergebnis; Beschlussfassung der Gesellschafter

Actio pro socio
- GmbH-Gesellschafter bei EV 812
- Klagerecht der Gesellschafter in Personengesellschaften 787 ff.

Alleinvertretungsmacht
s. Vertretungsmacht

Änderung des Gesellschaftsvertrags
- Einschränkung von Informationsrechten 425
- Schriftformklausel *s. dort*
- stillschweigende Änderung (Gewinnverteilung) 383
- Zuständigkeit 5

Anerkenntnis der Klage in Beschlussmängelstreitigkeiten 688 ff.

Anfechtung einer Stimmabgabe 376

Anfechtungsfrist
s.a. Anfechtungsklage
- Beginn 660, 662
- Dauer 659 ff.
- Fehlen einer Satzungsbestimmung 661 f.
- Fristberechnung 663
- Klageabweisung bei Versäumung 658
- Mediation 579 f.
- Nachschieben von Anfechtungsgründen 666
- Schiedsklage 844
- Schlichtung 579 f.
- Stillhaltevereinbarung *s. dort*
- vertragliche Regelung 549, 659 f.
- Wahrung durch Klageerhebung 664 ff.

Anfechtungsklage gegen GmbH-Gesellschafterbeschlüsse 654 ff.
s.a. Beschlussmängel; Beschlussmängelstreitigkeiten; Nichtigkeitsfeststellungsklage
- Anfechtungsfrist *s. dort*
- Anfechtungsgründe 612, 627 ff.
- Begriff 612
- Darlegungs- und Beweislast 669
- einstweiliger Rechtsschutz 672
- Gericht 667
- Information der Gesellschafter *s. Informationspflichten*
- Klageantrag (Formular) 862
- Kombination mit Beschlussfeststellungsklage 617
- Nebenintervention *s. dort*
- Parteien 655 f., 644
- Prozessvertretung der GmbH *s. dort*
- Rechtsschutzbedürfnis 657
- Streitgegenstand 613 f.
- Streitgenossenschaft *s. Notwendige Streitgenossenschaft*
- Streitwert *s. dort*
- Urteilswirkung 670

Anfechtung von Gesellschafterbeschlüssen
s. Anfechtungsklage; Beschlussmängel

Anhörung des Gesellschafters bei Ausschluss 250, 628

Anstellungsvertrag des GmbH-GF 212a

Anteilsveräußerung 558 ff.

Anteilsverwertung nach Ausscheiden in GmbH 255
- nach Ausschluss 255 *s.a. Zwangseinziehung; -abtretung*
- nach Gesellschafterkündigung 498 f.

Antragsrecht der Gesellschafter in GV 112

Anwachsung des Gesellschaftsanteils 226, 319, 493

Anwaltsvergleich 572

Auflösung der Gesellschaft
- Durchsetzung durch Auflösungsklage *s. dort*
- nach Kündigung *s. dort*
- Liquidationsbeschluss 514

Auflösungsklage 731 ff.; 738 ff.
- Beteiligung der Gesellschafter (GmbH) 740 *s.a. Nebenintervention*
- einstweiliger Rechtsschutz 737, 745
- Gericht 733, 741
- gesetzliche Grundlagen 515 ff.
- Informationspflicht des Gerichts 740
- Klageantrag 734, 742, (Formular) 867 f.
- Klageverfahren 518, 731 ff., 738 ff.
- Parteien 732, 739
- Streitwert *s. dort*
- Wichtiger Grund für Auflösung *s. dort*

Aufsichtsrat
- Abschluss, Änderung des Anstellungsvertrags mit GF 12
- Bestellung und Abberufung der GF 12, 19, 198

– freiwilliger (fakultativer) AR in der GmbH 11 ff., 26, 541
– Funktionsunfähigkeit 27
– Pflichtaufsichtsrat (mitbestimmter AR) 198
– Prozessvertretung der GmbH 12, 683 ff.
– Prüfung und Überwachung der GF 12, 19
– vertragliche Regelung 541 f.
– Weisungen gegenüber GF 465

Aufstellung des Jahresabschlusses
s. *Jahresabschluss*

Auseinandersetzung nach Ausschluss 319 ff.
s.a. *Abfindung*

Auseinandersetzungsguthaben 321
s.a. *Abfindung*

Außenwirkung von GF-Maßnahmen
s. *Missachtung von internen GF-Beschränkungen; Vertretungsmacht; Missbrauch der Vertretungsmacht*

Außergewöhnliche Geschäfte 5, 9, 458, 536 ff.
s.a. *Zustimmungsvorbehalte; Vorlagepflicht*

Außerordentliche Kündigung der Gesellschaft
s. *Kündigung; Wichtiger Grund für Kündigung*

Aushungern von Minderheitsgesellschaftern durch Gewinnthesaurierung 391, 400 ff.

Auskunftsklage
s. *Informationserzwingung*

Auskunftsrechte
– Angelegenheiten der Gesellschaft 414
– Anteilsveräußerung 438
– Art der Auskunftserteilung 410
– Durchsetzung der „richtigen" Auskunft 439
– eidesstattliche Versicherung 440
– Einschaltung von Treuhändern 426
– gerichtliche Durchsetzung s. *Informationserzwingung*
– gesetzliche Regelung 409
– Inhalt 412 ff.
– Kommanditisten 409, 413, 428
– Kostentragung 411
– Missbrauchsverbot 429 ff.
– Mitgeschäftsführer 407
– nach Ausscheiden 409
– Rechnungslegung 409
– Schranken 427 ff.

– Störung des Geschäftsbetriebs 432 ff.
– Vergleichslösungen s. *dort*
– vertragliche Regelung 422 ff., 557
– Verweigerung bei Konkurrenztätigkeit 428, 437
– Verweigerung in GmbH 435 ff.
– Vorratsbeschluss über Verweigerung 435, 445

Ausscheiden durch Ausschließung
s. *Ausschluss; Anteilsverwertung; Anwachsung des Gesellschaftsanteils; Zwangsabtretung; Zwangseinziehung; Abfindung*

Ausscheiden durch Kündigung
s. *Kündigung der Gesellschaft*

Ausschließungsbeschluss
s. *Ausschluss aus der Gesellschaft*

Ausschluss aus der Gesellschaft
s.a. *Zwangseinziehung; Zwangsabtretung; Ausschlussklage; Abfindung; Auseinandersetzung; Hinauskündigungsklauseln*
– Anwachsung des Gesellschaftsanteils 226
– Ausschlussgrund s. *dort*
– Ausschlussklage s. *dort*
– Beschluss 225 f., 235, 243 ff., 253 ff.
– Checkliste 853
– Freiberuflersozietät 299
– GbR 218 ff.
– GmbH 236 ff.
– OHG, KG, GmbH & Co. KG 228 ff.
– ohne Grund 299, 301
– PartG 228 ff.
– Probezeit 299 ff.
– Rechtsschutz 227, 241, 302
– Satzungsgrundlage (GmbH) 237 ff.
– Sicherung von Mitgliedschaftsrechten durch EV s. *Einstweilige Verfügung*
– Streitvermeidung durch Vertrag 563 f.
– Übernahmerecht des Mitgesellschafters 299
– Vertragliche Regelung 223 f., 229, 237 ff., 297 ff.
– Vertragsgrundlage (GbR, PartG, OHG, KG) 223, 229
– Wichtiger Grund s. *dort*

Ausschluss des Kündigungsrechts 501 f.

Ausschlussgrund
s.a. *Wichtiger Grund für Ausschluss; Hinauskündigungsklauseln*
– Ehescheidung 314

- Familiengesellschaften *s. dort*
- Insolvenz eines Gesellschafters 305
- Management-Beteiligung 309, 338
- Mitarbeiterbeteiligung 310, 338
- nach Erbfolge 301, 306, 316
- nach Gesellschafterkündigung 307
- Pfändung von Anteilen 304
- Pflichtverletzung *s. Wichtiger Grund für Ausschluss*
- Probezeit in Freiberuflersozietät 311
- Unwirksame „Hinauskündigungsklauseln" 316 f.
- Verlust Berufszulassung in PartG 228
- Vertragliche Regelung 303
- Wegfall persönlicher Beziehungen 312

Ausschlussklage bei GmbH 242, 270 ff., 723 ff.
- Abfindung 273
- Anteilsverwertung 727 f. *s.a. dort*
- Ausschlussgrund *s. Wichtiger Grund für Ausschluss*
- Beschluss über Klageerhebung 724
- einstweiliger Rechtsschutz 730
- Gericht 726
- Klageantrag 727, (Formular) 866
- Nachschieben von Gründen 295
- Parteien 724
- Streitwert *s. dort*
- Urteilswirkung 272, 728
- Zwei-Personen-GmbH 271

Ausschlussklage bei PartG, OHG, KG, GmbH & Co. KG 230 ff., 713 ff.
- Ausschlussgrund *s. Wichtiger Grund für Ausschluss*
- Darlegungs- und Beweislast 719
- einstweiliger Rechtsschutz 722
- gegen einzigen Komplementär 232
- gegen Kommanditisten 232
- Gericht 716
- Klageantrag 717, (Formular) 865
- Parteien 714
- Streitwert *s. dort*
- Urteilswirkung 720
- Verbindung mit Zustimmungsklage 231, 714
- Verhältnismäßigkeit 718
- Zustimmung der Mitgesellschafter 213, 714
- Zuwarten mit Klageerhebung 715, 719

Ausschüttung von Gewinnen
s. Gewinnausschüttung in der GmbH

Austritt aus der Gesellschaft
s. Kündigung der Gesellschaft

Ausübung von Auskunfts- und Kontrollrechten
s. Auskunftsrechte; Kontrollrechte

Befristung des Gesellschaftsvertrags
s. Laufzeit; Kündigung der Gesellschaft

Beirat
- Aufgaben 541
- Erbfolge in Familiengesellschaften *s. dort*
- Gründe für Einrichtung 540
- Konfliktprävention 541, 554, 566
- Stimmen-Patt der Gesellschafter 70
- vertragliche Regelung 541

Berater
- Hinzuziehung bei Bucheinsicht 421
- Interessenkollision *s. dort*
- Teilnahme an Gesellschafterversammlungen 122 ff. *s.a. Einstweilige Verfügung*
- Teilnahme an Vergleichsverhandlungen 570 ff.

Beschlussanfechtungsklage
s. Anfechtungsklage

Beschlussfähigkeit von Gesellschafterversammlungen 109, 116, 125 ff.

Beschlussfassung der Gesellschafter
s.a. Stimmrechte; Stimmverbot; Gesellschafterversammlung; Unklares Abstimmungsergebnis
- abgegebene Stimmen 125
- Anfechtung *s. Anfechtungsklage*
- Begriff 29
- Beschlussfähigkeit einer GV *s. dort*
- Beschlussfeststellung in der GmbH *s. dort*
- Beschlussmängel *s. dort*
- Beschlussnichtigkeit *s. dort*
- Bestätigung *s. dort*
- Einflussnahme durch EV 797, 798 ff.
- fehlerhafte Beschlüsse *s. Beschlussmängel*
- Genehmigung von Beschlüssen 85, 620
- Information der Gesellschafter *s. Information zu Beschlussgegenständen*
- kombinierte Beschlussfassung 71 f.
- Mehrheitsbeschluss *s. dort*
- mündlich 71 f.
- Niederschrift *s. Protokoll*
- Protokoll *s. dort*

- schriftliches Verfahren 71 f.
- stillschweigend 71 f.
- Stimmen-Patt 69 f.
- Stimmenthaltung 64
- Teilnahme an der Beschlussfassung *s. dort*
- Teilnahmerecht 33
- Textform 72
- Zustandekommen von Beschlüssen 29, 71
- Unklares Abstimmungsergebnis *s. dort*
- Verfahrensmängel *s. Beschlussmängel*
- vertragliche Regelung 544 ff.
- Verhinderung der Vollziehung durch EV 797, 805
- vorbeugender Rechtsschutz durch EV 797, 798 ff.
- vorhandene Stimmen 125
- Wirkung 30

Beschlussfeststellung in der GmbH 130 ff., 205 ff.

Beschlussfeststellungsklage in der GmbH 673 ff.
s.a. Beschlussmängel
- Begriff 615 f.
- einstweiliger Rechtsschutz 681
- Gericht 677
- Information der Gesellschafter *s. Informationspflichten*
- Klageantrag (Formular) 863
- Klagelast 131
- Kombination mit Anfechtungsklage 207, 617
- nach Abberufungsbeschluss 206 ff.
- Nebenintervention *s. dort*
- Parteien 674
- Prozessvertretung der GmbH *s. dort*
- Streitwert *s. dort*
- Urteilswirkung 679
- Verwirkung 676

Beschlussmängel
s.a. Unklares Abstimmungsergebnis
- Abberufungsbeschluss in GmbH 207
- Anfechtungsgründe (GmbH) 612, 627 ff.
- Bestätigung anfechtbarer Beschlüsse *s. dort*
- im schriftlichen Verfahren 620
- Kausalität von Verfahrensfehlern 609
- Ladungsmängel *s. dort*
- Nichtigkeitsgründe 608 f. *s.a. Beschlussnichtigkeit*
- Nichtigkeitsgründe (GmbH) 612, 619 ff.

- Relevanz von Verfahrensfehlern *s. dort*
- Unbeachtlichkeit 609, 629
- Verletzung von Ordnungsvorschriften 609
- Vollversammlung 609

Beschlussmängelstreitigkeiten
- Abstimmungsergebnis *s. Unklares Abstimmungsergebnis*
- Anerkenntnis des Klageanspruchs *s. dort*
- Anfechtungsklage *s. dort*
- Beschlussfeststellungsklage *s. dort*
- Beteiligung der GmbH-Gesellschafter 687 ff. *s.a. Nebenintervention*
- Einstweilige Verfügung *s. dort*
- Erbengemeinschaft 644a
- Grundkonzept (GmbH) 612, 618
- Grundkonzept (Personengesellschaften) 608 ff.
- Interessenkollision bei Anwälten *s. dort*
- Klagebefugnis (GmbH) 644 f., 655, 674
- Klagefrist 635, 647 ff., 658 ff.
- Mediation *s. dort*
- Nichtigkeitsfeststellungsklage *s. dort*
- Prozesskosten der GmbH *s. dort*
- Prozessvergleich 688
- Rechtsmissbrauch 646, 657
- Rechtsschutzbedürfnis 646, 657
- Schlichtung 579 f.
- Schiedsfähigkeit *s. dort*
- Streitvermeidung durch Vertrag 549 f.
- Streitwert 641, 652 f.

Beschlussnichtigkeit
- Begriff 608, 612
- Fehler im schriftlichen Verfahren 620
- Feststellung des Jahresabschlusses *s. dort*
- Geltendmachung 610
- Heilung *s. dort*
- Ladungsmängel (GmbH) 620
- Nichtigkeitsfeststellungsklage *s. dort*
- Nichtigkeitsgründe *s. Beschlussmängel*
- Verstoß gegen die guten Sitten (GmbH) 624
- Verstoß gegen Kompetenzordnung (GmbH) 622
- Vollversammlung *s. dort*

Bestätigung von Beschlüssen 629
s.a. Beschlussmängel

Bestimmtheitsgrundsatz 67 f.

Beweisfunktion von Protokollen 135

Bilanz 359
s.a. *Jahresabschluss*

Bilanzgewinn
s. Gewinn der Gesellschaft

Buchprüfung
s. Kontrollrechte

Buchwertklauseln
s. Abfindungsklauseln

Discounted-Cash-Flow-Verfahren
s. Unternehmensbewertung

Dividende
s. Gewinn der Gesellschaft

Due Diligence 438

Durchsetzung von Gesellschaftsansprüchen gegen Geschäftsführer 787 ff.
s.a. *actio pro socio*

Durchsetzungssperre 321, 327b

Einberufungsverlangen einer Minderheit
s. Einberufung; Minderheitsgesellschafter

Einberufung von Gesellschafterversammlungen
- Absage 103 f.
- Adressaten 83, 87
- Ankündigung der Tagesordnung s. *Tagesordnung*
- durch Bevollmächtigten 78
- Einberufungsrecht einer Minderheit 79, 82
- Einberufungsverlangen (Minderheit) – Muster 855
- Einschreibebrief 84
- Erforderlichkeit 75 ff., 105
- Fehler s. *Ladungsmängel*
- Folgeversammlung 105
- Form des Ladungsschreibens 84 ff.
- Gesellschafterliste bei GmbH s. *dort*
- Ladung einer Erbengemeinschaft 83
- Ladungsfrist s. *dort*
- Mängel der Einberufung 85
- Muster 854
- Publikumsgesellschaft 87
- Relevanz von Einberufungsmängeln (GmbH) 86, 92, 97a
- Terminbestimmung 90
- Ursächlichkeit von Fehlern (Personengesellschaft) 93a, 97a

- Verlegung 104, 129
- Versammlungsort 89, 93
- Verzicht auf Einberufung 85
- Vollversammlung 75, 82
- Zuständigkeit 78 ff.

Einheits-GmbH & Co. KG 537

Einkommensteuer bei Abfindung
s. Abfindung

Einschreibebrief 84, 528

Einsichtnahme in Bücher und Schriften
s. Kontrollrechte

Einstellung von Gewinnen in Rücklagen
s. Gewinnthesaurierung

Einstweilige Verfügung
- Abberufung GmbH-GF 805 f.
- Abwehr von Weisungen durch GF 806
- Auskunfts- und Kontrollrechte 446, 797
- Ausschließung aus der Gesellschaft 797
- Beschlussmängelstreit 797
- Durchsetzung Abberufungsbeschluss 805, 873
- Durchsetzung Zustimmungsbeschluss GF-Maßnahme 806
- Entziehung Kontoführungsbefugnis 805
- Entziehung von Geschäftsführung und Vertretungsmacht 805, 877
- Gericht 813
- Hausverbot nach Ausschluss 797
- Korrektur GmbH-Gesellschafterliste 805
- Parteien 810 ff.
- Prozessvertretung der GmbH 812
- Rechtsmittel 817
- Schutzschrift s. *dort*
- Sicherstellung von Geschäftsunterlagen 446, 797
- Sicherung von Geschäftsführungsbefugnissen und Vertretungsmacht 806, 882
- Sicherung von Mitgliedschaftsrechten nach Ausschluss 797, 876
- Stimmverbote und -gebote 797, 798 ff., 873
- Streitwert 813
- Tätigkeitsverbot für GF 805
- Teilnahme von Beratern an GV 797, 872
- Unterbindung Änderung GmbH-Gesellschafterliste 267b, 805
- Unterbindung Gesellschafterversammlung 797

Sachverzeichnis

- Unterbindung Handelsregister-Eintragung 797, 805 f., 874
- Unterbindung Konkurrenztätigkeit 805
- Unterbindung Vollziehung Gesellschafterbeschluss 797, 805, 875
- Unterbindung von Entnahmen 805, 879
- Unterbindung von Geschäftsführungsmaßnahmen 805, 880
- Untersagung der Geschäftsführung 805, 878
- Untersagung unwahrer Behauptungen 806
- Verfügungsgrund 807 ff.
- Verhinderung Abberufungsbeschluss 806
- Versicherung an Eides statt *s. dort*
- Vertragserfüllung nach Missbrauch der Vertretungsmacht 805, 881
- Vollstreckung 799, 872 ff.
- Vollziehung *s. dort*
- Widerspruch zur GmbH-Gesellschafterliste 267b, 805

Einstweiliger Rechtsschutz
s. Einstweilige Verfügung

Einzelvertretungsmacht
s. Vertretungsmacht

Einziehung des GmbH-Anteils
s. Zwangseinziehung

Email-Korrespondenz der Gesellschaft 417
s.a. Kontrollrechte

Entlassung von Geschäftsführern
s. Abberufung; Entziehung von GF

Entlastung der Geschäftsführer 48, 781
s.a. Schadenshaftung

Entnahmebeschränkungen
s. Entnahmen

Entnahmen
s.a. Gewinnausschüttung
- Begriff 365, 386
- Entnahmebeschränkung durch Treuepflicht 388
- gesetzliche Gewinnentnahmerechte 387
- Interessenausgleich durch Vertrag 595
- Liquiditätsüberschüsse 387
- Rückzahlungsanspruch bei Überentnahmen 775
- Schadenshaftung der Geschäftsführer *s. dort*
- Steuerentnahmerecht 390, 555

- Überentnahmen 393, 774 ff.
- unberechtigte Entnahmen als Ausschlussgrund 285
- vertragliche Entnahmebeschränkungen 389 ff., 555
- vertragliche Entnahmerechte 389

Entsenderechte für einen Geschäftsführer 70, 542

Entziehungsklage 190 ff., 701 ff.
s.a. Entziehung von Geschäftsführung und Vertretungsmacht; Wichtiger Grund für Abberufung
- Beteiligung aller Gesellschafter 702
- Darlegungs- und Beweislast 709
- einstweiliger Rechtsschutz 712, 805, 877
- Einverständnis der Mitgesellschafter 703
- Gericht 705
- Klageantrag 190, 706, (Formular) 864
- Klagefrist 704
- Neuordnung der Geschäftsführung 708
- Parteien 702 f.
- Streitwert *s. dort*
- Teilentziehung 707
- Urteilswirkung 710
- Verbindung mit Zustimmungsklage 703
- Verhältnismäßigkeit 191 f., 707
- Zustimmung der Mitgesellschafter 703
- Zuwarten mit Klageerhebung 709

Entziehung von Geschäftsführung und Vertretung s.a. Entziehungsklage
- Anmeldung zum Handelsregister 710
- Auswirkung auf Mitgesellschafter 184
- Beirat 554
- Beschluss der übrigen Gesellschafter 182 ff., 193
- Einziger Komplementär 195
- GbR-Geschäftsführer 138 ff., 182 ff.
- Gesetzliche GF- und Vertretungsbefugnis in der GbR 140, 186
- GmbH-GF *s. Abberufung*
- mitgliedschaftliches Sonderrecht 144, 147
- Neuordnung der Geschäftsführung 192, 708
- OHG, KG, GmbH & Co. KG 143 ff., 190 ff.
- PartG 143 ff., 190 ff.
- Sonderrechte von Kommanditisten *s. Entziehung von Sonderrechten*
- Verhältnismäßigkeit 191 f., 707
- Vertragliche Regelung 141, 144
- Vertretungsmacht 187 f., 194 ff.
- Wegfall GF-Vergütung 710

– wichtiger Grund *s. Wichtiger Grund für Abberufung*

Entziehung von Sonderrechten der Kommanditisten 146 ff., 196

Erbengemeinschaft
– Beschlussmängelklage 644a
– Ladung zu GV 83
– Pflichtverletzung 278
– Stimmabgabe 34, 36
– Stimmrechtsausschluss 54
– Teilnahmerecht an GV 118
– Vertreter in GV 532

Erbfolge in Gesellschaftsanteile
– Ausschlussgrund *s. dort*
– Familiengesellschaften *s. dort*
– Vererblichkeit von Anteilen 306, 565

Erbschaftsteuer
s. Schenkungsteuer

Ergänzende Vertragsauslegung
– Abfindungsklauseln 335
– Dauer der Gesellschaft 501 f.
– Klagefristen 635

Ergebnisverwendungsbeschluss in der GmbH
s. Gewinnausschüttung in der GmbH

Ersatzansprüche der Gesellschaft gegen Geschäftsführer
s. Schadenshaftung

Ertragswertverfahren
s. Unternehmensbewertung

Fälschung von Buchhaltungsunterlagen 163

Familiengesellschaften
– Ausschließung nach Ehescheidung 314
– Ausschließung durch Gründer 317
– Ausschluss von Mitgesellschaftern 291 f.
– Erbfolge 565 ff.
– Familienstämme *s. dort*
– Meinungsverschiedenheiten als Ausschlussgrund 286

Familienstämme in Gesellschaften 174, 565
s.a. Familiengesellschaften

Fehlerhafter Beitritt zur Gesellschaft 525
s. Wichtiger Grund für Kündigung

Festkapital 65, 380

Feststellung des Jahresabschlusses
s.a. Jahresabschluss; Bilanz
– Anfechtung des Feststellungsbeschlusses 377 ff.
– Begriff 358
– Beschluss der Gesellschafter 372
– Durchsetzung 375
– Nichtigkeit 377 f., 625
– Verweigerung als Ausschlussgrund 287
– Zuständigkeit 6, 372 ff.

Feststellungsklage
s. Nichtigkeitsfeststellungsklage; Beschlussfeststellungsklage; Unklares Abstimmungsergebnis

Fortsetzung der Gesellschaft nach Kündigung
s. dort

Fortsetzungsklausel 220

Freiwillige Gerichtsbarkeit 758 ff.

Fremdgeschäftsführer 137

Gebot der Stammkapitalaufbringung
s. Stammkapitalaufbringung

Gebot der Stammkapitalerhaltung
s. Stammkapitalerhaltung

Gesamtgeschäftsführung
s. Geschäftsführung

Gesamtvertretung
s. Vertretungsmacht

Geschäftsführende Gesellschafter
s. Geschäftsführer

Geschäftsführer
s.a. Geschäftsführung; Vertretungsmacht
– Abberufung *s. dort*
– Anstellungsvertrag 212a
– außergewöhnliche Geschäfte *s. dort*
– Einzelgeschäftsführungsbefugnis
  s. Geschäftsführung
– Einzelvertretungsmacht 138 f., 143
  s.a. Vertretungsmacht
– Entlastung *s. dort*
– Entsenderecht *s. dort*
– Entziehung von GF und Vertretung *s. dort*
– Gesamt-GF *s. Geschäftsführung*
– Gesamtvertretung *s. Vertretungsmacht*
– interne Schranken *s. Geschäftsführung*

– Klage gegen GF (Personengesellschaft) *s. actio pro socio*
– Kommanditisten 146 ff.
– Kündigung des Anstellungsvertrags *s. dort*
– Missachtung interner Beschränkungen *s. dort*
– Missbrauch der Vertretungsmacht *s. dort*
– Not-GF in der GmbH *s. dort*
– Pflichtverletzung *s. Wichtiger Grund für Abberufung; Schadenshaftung*
– Präsentationsrecht *s. dort*
– Schadensersatzpflicht *s. Schadenshaftung der GF*
– Unfähigkeit *s. Wichtiger Grund für Abberufung*
– Unterlassungsansprüche *s. dort*
– Verfügung über Geschäftskonten *s. dort*
– Vertretungsmacht *s. dort*
– Vorlagepflicht *s. dort*
– Weisungen *s. dort*
– Wettbewerbsverbot 165
– Zustimmungsvorbehalte *s. dort*

Geschäftsführung
s.a. Geschäftsführer
– außergewöhnliche Geschäfte *s. dort*
– Ausschluss von Gesellschaftern 451
– Begriff 448, 462
– Blockade 483 ff., 540 *s.a. Stimmen-Patt*
– Einzelgeschäftsführung 138 f., 143, 450 f., 582
– Gesamtgeschäftsführung 453 f., 468a, 588
– Geschäftsordnung *s. dort*
– interne Beschränkungen 452 ff., 588 ff.
– Kommanditisten 146 ff., 451, 538 f.
– Kompetenzstreitigkeiten 450 ff.
– Kontrollregelungen 588 ff.
– Mitwirkung der Gesellschafter 535 ff.
– Ressortaufteilung 468a, 582
– Schadensersatz *s. Schadenshaftung der GF*
– Sicherung durch EV nach Abberufung *s. Einstweilige Verfügung*
– Unterlassungsansprüche *s. dort*
– Vergleichslösungen bei Blockade 582 ff.
– Vertragsgestaltung 534 ff.
– Weisungen *s. dort*
– Widerspruch anderer GF 455 ff., 468a, 484
– Widerspruchsrecht der Kommanditisten 458 *s.a. Zustimmungsvorbehalte*
– Zustimmungsvorbehalte *s. dort*

Geschäftskonten 589, 805

Geschäftsordnung für GF 468 f., 582

Geschäftsunterlagen der Gesellschaft
s. Kontrollrechte

Gesellschafterbeschluss
s. Beschlussfassung der Gesellschafter

Gesellschafterklage
s. actio pro socio

Gesellschafterliste bei der GmbH
– Änderung nach Einziehung 267 ff.
– Begriff 267
– Einstweilige Verfügung *s. dort*
– Klagebefugnis 644a, 655, 674
– Ladung zur GV 83
– Legitimationswirkung 83, 267a
– Missbrauch 267b
– Stimmrechte 32
– Zuordnung Widerspruch 267a

Gesellschafterversammlung
– Absage 103 f.
– Anhörung von Gesellschaftern 250
– Antragsrecht 112
– Beginn 107
– Beschlussfähigkeit *s. dort*
– Beschlussfeststellung in der GmbH *s. dort*
– Checkliste (Versammlungsleitung) 852
– Einberufung *s. dort*
– Ende 116
– Eröffnung 108
– Folgeversammlung 76, 105, 127
– Information zu Beschlussgegenständen *s. dort*
– Konfliktprävention durch Vertragsgestaltung 548
– Ordnungsgewalt 129
– Ort 89, 93
– Protokoll *s. dort*
– Recht auf Aussprache 112
– Rederecht 112
– Relevanz von Verfahrensfehlern 92, 93a, 124
– Stimmabgabe 113
– Tagesordnung *s. dort*
– Teilnahme von Dritten an der GV *s. dort*
– Teilnahmerechte der Gesellschafter 117 ff. *s.a. Teilnahme an der Beschlussfassung*
– Tonbandaufzeichnung 135
– Universalversammlung 75
– Unterbindung durch EV *s. dort*
– Unzuständigkeit 20 ff.
– Verfahrensfehler *s. Beschlussmängel*

- Verlegung 104, 121
- Versammlungsleiter *s. dort*
- Versammlungsort 89, 93
- Vollversammlung 75, 82
- Zeitpunkt 90, 93
- Zweitversammlung 127

Gesellschafterwechsel 5

Gesellschaftsrechtliche Treuepflicht
s. Treuepflicht

Gewerbesteuer bei Abfindung 345

Gewinnausschüttung in der GmbH
s.a. Entnahmen
- Aushungern von Minderheitsgesellschaften *s. dort*
- Begriff 395
- Durchsetzung durch Klage 398
- Entstehung des Ausschüttungsanspruchs 395
- Ergebnisverwendungsbeschluss 395
- Interessenabwägung 402
- Mängel des Ausschüttungsbeschlusses 399
- Rückzahlungsverpflichtung 399
- Streitvermeidung durch Vertrag 556
- Vergleichsvereinbarung 596
- Vorabausschüttung vor Jahresabschluss 395

Gewinn der Gesellschaft
s.a. Gewinnvoraus
- Ausschüttung in der GmbH *s. Gewinnausschüttung*
- Begriff 361
- Bilanzgewinn 361, 404
- Dividende 361
- Entnahmen *s. dort*
- Jahresüberschuss 361

Gewinnentnahme
s. Entnahmen

Gewinn- und Verlustrechnung 360
s.a. Jahresabschluss

Gewinnthesaurierung
s.a. Gewinnausschüttung; Aushungern von Minderheitsgesellschaftern
- Begriff 354
- Beschränkung durch Treuepflicht 391, 400 ff.
- GmbH 395 ff.
- Personengesellschaften 373

Gewinnrücklagen
s. Gewinnthesaurierung

Gewinnverteilung
- Änderung *s. Treuepflicht; Änderung des Gesellschaftsvertrags*
- Freiberuflersozietät 597
- gesetzliche Regelung 384, 394
- nach Geschäftsanteilen (GmbH) 394
- nach Kapitalanteilen *s. dort*
- nach Köpfen 384
- nach Leistungs- und Erfolgsbeiträgen 380, 597
- vertragliche Regelung 380 ff., 394, 597
- Voraus *s. Gewinnvoraus*
- Vorzugsdividende 394

Gewinnvoraus 142, 145, 362, 394

Gewinnvortrag 396, 403

Gleichbehandlungsgebot
- Abfindung 330
- Anfechtungsgrund bei Verletzung 630
- Begriff 61
- Sondervorteile von Gesellschaftern 631
  s.a. Beschlussmängel
- Stimmbindung 59

Grundlagengeschäft 7, 28

Gütliche Einigung
s. Vergleichslösungen

Handelsregister 202, 476

Handelszweig der Gesellschaft 785
s.a. Wettbewerbsverbot

Heilung von Beschlussmängeln 85, 620 f.
s.a. Vollversammlung

Hinauskündigungsklauseln
- Begriff 298
- Gestaltungsvarianten 299 f.
- Geltungserhaltende Reduktion 301, 306
- Rechtsschutz betroffener Gesellschafter 302
- Russian-Roulette-Klausel 314, 560
- Unwirksamkeit 298 ff.

Informationserzwingung
s.a. Freiwillige Gerichtsbarkeit
- Bestimmtheit des Antrags 750, 757, 767
- Bucheinsicht (Kommanditisten) 747 ff.
- einstweilige Verfügung 446
- Gericht (GmbH) 766
- Gericht (KG) 749, 756
- Gesellschaftsansprüche 444
- GmbH-Gesellschafter 445, 764 ff.

- Kommanditisten 443, 747 ff., 754 ff.
- Muster Klageantrag (KG) 869
- Muster Verfahrensantrag (GmbH) 871
- Muster Verfahrensantrag (KG) 870
- persönlich haftende Gesellschafter 442
- Schiedsgericht 749 *s.a. Schiedsvereinbarung*
- Sonderrechte Kommanditisten 754 ff.
- Streitwert *s. dort*
- Vollstreckung 751, 760, 770
- Vorlage Jahresabschluss (Kommanditisten) 747 ff.

Informationspflichten der Geschäftsführer
- Beschlussvorbereitung *s. Information zu Beschlussgegenständen*
- Klage gegen Gesellschaft 690 *s.a. Nebenintervention*
- Mitgeschäftsführer 408, 457a
- Verletzung 161, 408

Informationsrechte
s. Auskunftsrechte; Informationspflichten der GF; Kontrollrechte; Vergleichslösungen

Information zu Beschlussgegenständen 114, 407, 628

Interessenkollision bei Rechtsanwälten 692 ff.

Insichgeschäft
s. Verbot des Selbstkontrahierens

Insolvenz eines Gesellschafters
s. Ausschlussgrund

Jahresabschluss
- Abschlussprüfer 370, 378, 553
- Aufstellung 358, 367 ff.
- Begriff 355, 357
- Bilanz 357, 359
- Bilanzwahlrechte 373, 552 ff.
- Durchsetzung der Vorlage *s. Informationserzwingung*
- Feststellung *s. dort*
- Gewinn- und Verlustrechnung 360
- Informationsdefizite einzelner Gesellschafter 376
- Mängel des Jahresabschlusses 377
- Mitteilung an Kommanditisten 409, 413
- Offenlegungsverpflichtung 370
- Streitvermeidung durch Vertrag 553 f.

Jahresüberschuss
s. Gewinn der Gesellschaft

Kaduzierung von GmbH-Geschäftsanteilen 236, 269

Kapitalanteile
- Begriff 363
- Fester Kapitalanteil 363
- Gewinnverteilung nach Kapitalanteilen 380, 384
- Grundlage für Stimmrechte 65
- Variabler Kapitalanteil 363

Katalog zustimmungspflichtiger Geschäfte
s. Zustimmungsvorbehalte

Kernbereichslehre 69 f.

Klagefrist
s. Anfechtungsfrist; Beschlussmängelstreitigkeiten; Nichtigkeitsfeststellungsklage

Kollusion
s. Missbrauch der Vertretungsmacht

Konkurrenzverbot
s. Wettbewerbsverbot

Kontrollrechte
- Bücher der Gesellschaft 417
- Einsichtnahme durch Vertreter/Treuhänder 426, 594
- Einsicht in Bücher und Schriften 415 ff.
- gerichtliche Durchsetzung *s. Informationserzwingung*
- gesetzliche Regelung 409
- Hinzuziehung von Beratern 421
- Kommanditisten 419
- Missbrauchsverbot 429 ff.
- nach Ausscheiden 409
- Sonderprüfung 409
- Störung des Geschäftsbetriebs 432 ff.
- Streitvermeidung durch Vertrag 557
- Vergleichslösungen 592 ff.
- vertragliche Regelung 422 ff., 557
- Verweigerung bei Konkurrenztätigkeit 428, 437
- Verweigerung in GmbH 435 ff.
- Wahrnehmung durch Bevollmächtigte 420

Kündigung des Gesellschaftsvertrags
- Annahme der Kündigung durch Mitgesellschafter 489a
- Anteilsverwertung in GmbH 498 f.
- Anwaltssozietäten 502, 511
- Auflösung der Gesellschaft 493

- außerordentliche Kündigung 506 ff.
  s.a. Wichtiger Grund für Kündigung
- Ausschlussgrund 307
- Fortsetzung der Gesellschaft 493 s.a. Abfindung; Anteilsverwertung; Anwachsung
- Kündigungsbeschränkungen 500 ff.
- Laufzeit der Gesellschaft 501 f.
- ordentliche Kündigung der GmbH 496 ff.
- ordentliche Kündigung der GbR 490 ff.
- ordentliche Kündigung der PartG, OHG, KG, GmbH & Co. KG 495
- Streitvermeidung durch Vertrag 561 f.
- Zwangseinziehung nach Kündigung bei GmbH 263
- Zwei-Personen-Gesellschaft s. dort

Kündigung des GF-Anstellungsvertrags
- Ablauf in GmbH 216
- Abmahnung des Geschäftsführers 213
- außerordentliche Kündigung 213 ff.
- Bekanntgabe gegenüber GF 216
- Checkliste 851
- Erklärung durch Vertreter 211
- GbR 142
- GmbH 154, 208 ff.
- Kenntniserlangung vom Kündigungssachverhalt 215
- Kündigungsschutz 212a
- Kopplungsklausel 203, 208
- Kündigungserklärung 215 f.
- OHG, KG, GmbH & Co. KG 145
- ordentliche Kündigung 212 ff.
- wichtiger Grund für außerordentliche Kündigung 213 f.
- Widerspruch gegen die Vertragsfortsetzung nach Kündigung 208b

Ladung zu Gesellschafterversammlungen
s. Einberufung

Ladungsfrist für Gesellschafterversammlungen
- Beginn 95
- Berechnung 95 f.
- Mindestfrist 94
- Unterschreitung 97

Ladungsmängel in der GmbH 628
s.a. Beschlussmängel; Beschlussnichtigkeit

Laufende Geschäftsführung 8
s.a. Geschäftsführung

Laufzeit des Gesellschaftsvertrags 501 ff.
s.a. Kündigung der Gesellschaft

Liquiditätsüberschuss 364
s.a. Entnahmen

Managermodell
s. Ausschlussgrund (Management-Beteiligung)

Mediation
- Begriff 574
- Beschlussmängelstreitigkeiten 579
- Hemmung der Verjährung 575
- Kosten 576 f.
- Mediationsklausel 578, 857
- Mediationsgesetz 575
- Mediator 574
- Stillhaltevereinbarung 580
- Vereinbarung 578 ff.
- Verfahren 576 f.
- Verschwiegenheitspflicht 575

Mediationsklausel
s. Mediation

Mehrfachvertretung
s. Verbot des Selbstkontrahierens

Mehrheitsbeschluss 63 ff.
s.a. Beschlussfassung der Gesellschafter
- Abberufungsbeschluss 153
- abgegebene Stimmen 125
- Berechnung der Stimmenmehrheit 65
- Bestimmtheitsgrundsatz s. dort
- GmbH 63
- Kernbereich von Gesellschafterrechten 69 f.
- Kündigungsrecht unterlegener Gesellschafter 512
- Mehrheitserfordernisse 64 f., 125
- Personengesellschaften 63 ff.
- Stimmen-Patt 69 f.
- Stimmenthaltung 63
- Treuepflicht der Mehrheit 69 f.
- vertragliche Regelungen 65
- vorhandene Stimmen 125
- Zulässigkeitsschranken 65 ff.

Minderheitsgesellschafter in der GmbH
- Aushungern bei der Gewinnverteilung s. dort
- Einberufung einer GV 79, 82

Missachtung interner GF-Beschränkungen 474 ff.

Sachverzeichnis

Missbrauch der Vertretungsmacht 477 ff.
s.a. Einstweilige Verfügung

Missbrauch von Gesellschaftsvermögen 162

Missbrauch von Informationsrechten
s. Auskunftsrechte; Kontrollrechte

Mitarbeitermodell
s. Ausschlussgrund (Mitarbeiterbeteiligung)

Mitarbeitsrecht von Kommanditisten 147 f.

Mitwirkung an der Geschäftsführung
s. Geschäftsführung

Nachschieben von Gründen
- Abberufung von GF 178 ff.
- Ausschluss aus der Gesellschaft 295 f.
- Zwei-Personen-Gesellschaft 180, 296

Nebenintervention
- Beitrittserklärung 689
- Beschlussmängelklagen 633, 645, 689 ff.
- Information über Klageerhebung 645, 690
- Rechtsmittelfristen 691
- streitgenössische 645, 656, 689
- unzureichende Rechtsverteidigung der GmbH 689 ff.
- Wiedereinsetzung in den vorigen Stand 691

Nichtigkeit von Gesellschafterbeschlüssen
s. Beschlussnichtigkeit

Nichtigkeitsfeststellungsklage 632 ff., 643 ff.
s.a. Beschlussmängel; Beschlussmängelstreitigkeiten; Beschlussnichtigkeit; Anfechtungsklage
- Darlegungs- und Beweislast 639
- einstweilige Verfügung 642 *s.a. dort*
- Feststellungsinteresse 634
- Gericht (GmbH) 648
- Gericht (Personengesellschaft) 637
- GmbH 643 ff.
- Information der Gesellschafter (GmbH) *s. Informationspflichten*
- Klageantrag (Formular) 861 f.
- Klagefrist 635 f., 647
- Nebenintervention *s. dort*
- Notwendige Streitgenossenschaft *s. dort*
- Parteien (Personengesellschaften) 633
- Parteien (GmbH) 644 ff., 655 f.
- Personengesellschaften 632 ff.
- Prozessvertretung der GmbH *s. dort*
- Rechtsschutzbedürfnis (GmbH) 646
- Streitgegenstand 613 f.
- Streitwert *s. dort*
- Urteilswirkung (GmbH) 651
- Urteilswirkung (Personengesellschaft) 640
- Verwirkung 636, 647

Nichtigkeitsklage
s. Nichtigkeitsfeststellungsklage

Nominelle Aufstockung von GmbH-Anteilen 265

Notgeschäftsführer in der GmbH 203

Notgeschäftsführung 20, 457

Notwendige Streitgenossenschaft
- Auflösungsklage 732
- Ausschlussklage 714
- Beschlussanfechtungsklage 655
- Beschlussnichtigkeitsklagen 633, 644
- Entziehungsklage 702

Ordnungsvorschriften 609, 629
s.a. Beschlussmängel

Organstreitigkeit 21

Parteiverrat
s. Interessenkollision

Parteizustellung 819
s.a. Vollziehung einer EV

Patt-Situation
s. Stimmen-Patt

Personen- und beteiligungsgleiche GmbH & Co. KG 15, 35, 537

Pfändung von Gesellschaftsanteilen
s. Ausschlussgrund

Präsentationsrechte für einen Geschäftsführer 60, 542, 804

Probezeit in Freiberuflersozietät 299 ff., 311

Prokurist
- Bestellung 5, 454
- Gesamtvertretung mit GF 588

Protokoll über GV 134 ff., 856

Prozessfähigkeit der GmbH 683

Prozesskosten der Gesellschaft 699 f.

Prozesspfleger für die GmbH 684

Prozessvertretung der GmbH bei Prozessen mit GF
- Aufsichtsrat *s. dort*
- einstweilige Verfügung 812
- Klage der GmbH gegen GF 686
- Klage des GF gegen GmbH 683 ff.
- Schadensersatzklage 790 ff.
- Unterlassungsklage 790 ff.

Prüfung von Geschäftsunterlagen
s. Kontrollrechte

Publikumsgesellschaft
- außerordentliche Kündigung 506 ff.
- Begriff 67
- Beschlussmängel 609 *s.a. dort*
- Einberufung von Gesellschafterversammlungen 87, 94, 102
- Entziehungsklage 703 *s.a. dort*
- Kernbereich von Gesellschafterrechten 68
- Passivlegitimation bei Beschlussmängelstreitigkeiten 633
- Schiedsvereinbarung 831 ff.
- Unanwendbarkeit des Bestimmtheitsgrundsatzes 67
- Wahrnehmung von Kontrollrechten 420
- Zwangsauflösung 525

Rechnungsabschluss
s. Jahresabschluss

Rechnungslegung 409
s.a. Auskunftsrechte

Rechtsformwechsel zur Streitbeilegung
s. Vergleichslösungen

Rederecht der Gesellschafter in GV 112

Relevanz von Verfahrensfehlern bei Beschlussfassung 92, 93a, 97a, 124, 629

Revalorisierung von GmbH-Anteilen 266

Risikogeschäfte durch GF 214
s.a. Vorlagepflicht; Zustimmungsvorbehalte

Rückzahlungsansprüche der Gesellschaft bei Überentnahmen 775
s.a. Entnahmen; Gewinnausschüttung; Schadenshaftung

Russian-Roulette-Klausel 314, 560

Satzungsänderung 5

Satzungsdurchbrechung 397a, 580

Satzungsgrundlage für Ausschluss 237 ff.
s.a. Ausschluss aus der Gesellschaft

Schadenshaftung der Geschäftsführer
- Anspruchsgrundlagen der Gesellschaft 775, 778 ff.
- Beschluss (GmbH) 790 ff.
- Darlegungs- und Beweislast 782
- Durchsetzung in GmbH 790
- Durchsetzung in Personengesellschaft *s. actio pro socio*
- Eigennutzung von Geschäftschancen 786a
- Entlastung 778, 781
- Geschäftsführer in GmbH & Co. KG 779
- Missachtung interner Beschränkungen 479 ff., 783 f.
- Pflichtverletzungen 777 ff.
- Reflexschaden der Gesellschafter 777
- Treuepflichtverletzung 780
- unberechtigte Entnahmen 774
- Untreue 775
- Verschuldensmaßstab 778, 780
- Verstoß gegen Wettbewerbsverbot 785
- Weisungen der Gesellschafter 781

Schenkungsteuer
- Abfindung *s. dort*
- Entnahmerecht 567

Schiedseinrede 822

Schiedsgericht
s.a. Schiedsklage; Schiedsvereinbarung
- Begriff 820
- Berufsrichter 846
- Konstituierung 845 f.
- Rüge der Unzuständigkeit 847
- Schiedsrichter 845 f.
- Vergütung 848, 859
- Vorteile 821
- Zuständigkeit 828 *s.a. Schiedsvereinbarung*

Schiedsfähigkeit von Beschlussmängelstreitigkeiten 637, 839 ff.

Schiedsgerichtsordnung 826
s.a. Schiedsklage

Schiedsgutachter 331, 823

Schiedsklage
- anwendbares Recht 827
- einstweilige Verfügung 822 *s.a. dort*
- institutionelles Schiedsverfahren 826

- Klageerhebung 844
- Kostentragung 848
- Schiedsordnung 826
- Schiedsspruch 848
- Unzuständigkeit staatlicher Gerichte
  s. Schiedseinrede
- Verfahren 825 f., 843 ff.
- Vergleich 848
- Zulässigkeit 824 s.a. Schiedsvereinbarung

Schiedsklausel
s. Schiedsvereinbarung

Schiedsvereinbarung
- Begriff 830
- Erstreckung auf Organmitglieder 837
- formelle Anforderungen 830 ff.
- Muster für Schiedsklauseln 859, 860
- Rechtsnachfolger 836, 838
- Reichweite 842
- Schiedsabrede, -vertrag 831
- schiedsfähige Gesellschafterstreitigkeiten 839
- Schiedsklauseln bei Personengesellschaften 834 ff.
- Schiedsklauseln in GmbH-Satzung 837 f.
- Zeitpunkt 822

Schlichtung
- gesetzliche Regelung 575
- Kosten 576 f.
- Schlichter 573
- Schlichtungsklausel 578, 858
- Schlichtungsordnung 858
- Vereinbarung 578 ff.
- Verfahren 576 f.

Schlichtungsklausel
s. Schlichtung

Schriftformklausel 383

Schutzschrift gegen Einstweilige Verfügung 816

Schwebezustand
- bei Beschlussmängelstreitigkeiten 612
- nach GF-Abberufung in der GmbH 130 f., 204 ff.
- nach Zwangseinziehung von GmbH-Anteilen 259 ff.

Selbstkontrahieren
s. Verbot des Selbstkontrahierens

Sonderprüfung
s. Kontrollrechte

Sozialansprüche der Gesellschaft
s. actio pro socio

Spaltung der Gesellschaft 600
s.a. Trennung der Gesellschafter

Spesenabrechnung 214

Stammkapitalaufbringung 244 ff.

Stammkapitalerhaltung 244 ff.
- Abfindungszahlung 248 f.
- ungebundenes Vermögen der GmbH 247
- Unterbilanz 247

Steuerentnahmerecht
s. Entnahmen; Treuepflicht

Steuerhinterziehung 164
s.a. Wichtiger Grund für Abberufung

Stille Reserven 339

Stillhaltevereinbarung 570, 580, 660

Stimmbindung
- Ablehnung eines Entlastungsbeschlusses 57
- aufgrund Treuepflicht 57 f. s.a. Treuepflicht
- durch Gesellschaftsvertrag 59
- durch Gleichbehandlungsgrundsatz 59
- gesetzliche Stimmpflicht 57
- Kollision mit Stimmrechtsausschluss 54, 63
- Präsentationsrechte für einen Geschäftsführer 60
- Stimmgebote durch einstweilige Verfügung s. dort
- Vereinbarung unter den Gesellschaftern 151
- Verstoß gegen Stimmbindung 58 ff.
- Vertragliche Stimmbindung s. Stimmbindungsvereinbarung
- Zustimmung zu GF-Maßnahmen 57
- Zustimmung zur Änderung des Gesellschaftsvertrags 57
- Zustimmung zur Vergütung eines Gesellschafters 57

Stimmbindungsvereinbarung 62, 151, 801

Stimmen-Patt
- Gründe 70
- Stichentscheid 70a
- Streitprävention 70a, 540
- Vergleichslösung s. dort

- Vertragsgestaltung 540

Stimmenthaltung 63

Stimmkraft 34

Stimmrechte der Gesellschafter
- Ausschluss *s. Stimmrechtsausschluss*
- Einflussnahme durch EV *s. dort*
- Erbengemeinschaft 34, 36
- Inhaber 32
- Legitimationszession 37
- mehrere Berechtigte 34
- nach Pfändung des Anteils 32
- nach Zwangseinziehung 259 ff.
- Ruhen 262
- Stimmabgabe 34, 113
- Stimmbindung *s. dort*
- Stimmkraft *s. dort*
- Verbot *s. Stimmrechtsausschluss; Einstweilige Verfügung*
- Vertretung bei der Stimmabgabe *s. Stimmrechtsausübung durch Vertreter*

Stimmrechtsausschluss
- Abberufung von der GF aus wichtigem Grund 50
- Ablehnung eines Stimmrechtsausschlusses 51
- Abschluss von Rechtsgeschäften 50
- Ausschließungsbeschluss 50, 250
- außerordentliche Kündigung des GF-Anstellungsvertrags 50
- Befreiung des Gesellschafters von einer Verbindlichkeit 50
- Befreiung von einem Wettbewerbsverbot 50
- Ehegatten des Gesellschafters 54
- Entlastung als Geschäftsführer 48
- Fallbeispiele 50 ff.
- Geltendmachung von Ersatzansprüchen 50
- Interessenkollision 48 f.
- Klarstellung durch Vertrag 546
- Maßnahmen zur Prüfung und Überwachung der Geschäftsführung 50
- mehrere Gesellschafter 54
- Reichweite von Stimmverboten 54
- Stimmrechtsmissbrauch 54
- Testamentsvollstrecker 54
- Tochtergesellschaft 54
- unklares Abstimmungsergebnis *s. dort*
- Unwirksamkeit der Stimmabgabe 55
- Verbot des „Richtens in eigener Sache" 49
- vertragliche Einschränkung der Stimmverbote 53

Stimmrechtsausübung durch Vertreter
- eigene Stimmabgabe des Vertretenen 46
- Genehmigung der Stimmabgabe 41
- gesetzlicher Vertreter 36
- persönliche Anforderungen an den Vertreter 38
- rechtsgeschäftlich bestellte Vertreter 37
- Stimmverbot 54
- Teilnahmerecht in GV 120
- Verbot des Selbstkontrahierens und der Mehrfachvertretung 43 ff.
- unwiderrufliche Vollmacht 46
- Vollmachtsmangel 41
- Vollmachtsurkunde 39 ff.
- Widerruf der Vollmacht 46

Stimmverbot 47 ff.
s.a. Stimmrechtsausschluss; Einstweilige Verfügung

Strafanzeige gegen Mitgesellschafter
- Ausschlussgrund 286
- Unterstützung von Zwangsmaßnahmen 849

Streitbeilegung
s. Vergleichsverhandlungen; -lösungen; Mediation; Schlichtung

Streitgenossenschaft
s. Notwendige Streitgenossenschaft

Streithilfe
s. Nebenintervention

Streitschlichtung
s. Schlichtung

Streitvermeidung
s. Vertragsgestaltung

Streitwert
- Auflösungsklage 736, 744
- Ausschlussklage 721, 729
- Beschlussmängelklagen 641, 652
- Einstweilige Verfügung 813
- Entziehungsklage 711
- Informationserzwingung 752, 761, 771

Stufenklage 440

„Stuttgarter Verfahren" zur Unternehmensbewertung 341 f.

Tagesordnung einer Gesellschafterversammlung
– Absetzung von Tagesordnungspunkten 111, 129
– Ankündigung durch Minderheitsgesellschafter 79
– Ankündigung im Einberufungsschreiben 98 ff.
– Behandlung 110
– Ergänzung 98
– Informationen zu Beschlussgegenständen *s. dort*
– Nachschieben von Tagesordnungspunkten 98
– Reihenfolge der Beschlussgegenstände 110 f.
– Tagesordnungspunkt „Verschiedenes"/„Sonstiges" 100

Taktische Hinweise 849 f.

Teilnahme an der Beschlussfassung
– Ausschluss 41, 118 f., 250
– Recht auf Teilnahme an GV 117 ff.
– Relevanz der Teilnahmerechtsverletzung 92, 93a, 121
– Teilnahme eines Bevollmächtigten 120
– Teilnahme von Nichtgesellschaftern 122 ff.
– Verletzung des Teilnahmerechts 40, 92 f. 111 f., 114, 121, 124

Teilnahme von Dritten an der GV 122 ff.
s.a. Berater; Einstweilige Verfügung

Texan shoot out 314, 560

Textform 39

Tonbandaufzeichnung in GV 135

Trennung der Gesellschafter
– Vergleichslösungen 598 ff.
– Zwangsverkaufsverfahren 560

Treuepflicht
– Abberufung eines GF 152, 162, 182
– Änderung Gewinnverteilung 385
– Ausschließung 225, 251
– Ausschlussklage 226, 231
– Ausübung von Bilanzwahlrechten 373
– Begriff 57
– Beschränkung von Gewinnentnahmen 388
– Ergebnisverwendungsbeschluss 391, 400 ff.
– Erstattung von Prozesskosten der Gesellschaft *s. dort*
– Gewinnverwendung in der GmbH 401 ff.

– Schadensersatz bei Verletzung 780
– Steuerentnahmerecht 390
– Stimmbindung 57 f.
– Stimmrechtsmissbrauch 54
– Zulassung von Beratern zur GV 122 ff.
– Zustimmung zu Ausschlussklage 703, 714
– Zustimmung zu Entziehungsklage 190, 703
– Zustimmung zu Geschäftsführungsmaßnahmen 460, 485

Treuhänder für Gesellschaftsanteile
– Pflichtverletzung 278
– Stimmrechte 32
– Stimmverbot 54

Umwandlung der Gesellschaft
s. Rechtsformwechsel

Umwandlungsbeschluss
– Einstweilige Verfügung *s. dort*
– Klagefrist 635, 647, 659, 676

Unfähigkeit eines GF 168

Ungebundenes Vermögen der GmbH 247

Universalversammlung 75

Unklares Abstimmungsergebnis
– Abberufung aus wichtigem Grund in der GmbH 130 f., 204 ff.
– Beschlussfeststellung in der GmbH *s. dort*
– Beschlussfeststellungsklage in der GmbH *s. dort*
– Feststellungsklage in Personengesellschaften 611, 632 ff.
– Schwebezustand *s. dort*
– Stimmabgabe trotz Stimmverbots 55, 58

Unterbilanz in der GmbH 247

Unterlassungsansprüche
s.a. Einstweilige Verfügung
– Durchsetzung in Personengesellschaft *s. actio pro socio*
– Geltendmachung gegenüber GmbH-GF 790 ff.
– Missachtung von Zustimmungsvorbehalten 471, 784
– Pflichtverletzungen der GF 777
– unberechtigte Entnahmen 775
– unerwünschte GF-Maßnahme 472, 777
– Verstoß gegen Wettbewerbsverbot 786
– Widerspruch gegen GF-Maßnahme 470

Unterlassungsverfügung
s. Einstweilige Verfügung

Unternehmensbewertung
- Abfindungsberechnung 322 f.
- Discounted-Cash-Flow-Verfahren 325
- Ertragswertverfahren 324
- Stuttgarter Verfahren 341 f.
- Substanzwert 326
- Verkehrswert 322 f.

Unterschlagung von Gesellschaftsvermögen 283
s.a. Schadenshaftung

Untreue der Geschäftsführer 775
s.a. Schadenshaftung

Unzumutbarkeit des Verbleibs in der Gesellschaft
s. Kündigung; Wichtiger Grund für Kündigung der Gesellschaft

Unzumutbarkeit eines Gesellschafters
s. Wichtiger Grund für Ausschluss

Verbot des „Richtens in eigener Sache" 49

Verbot des Selbstkontrahierens
- Geschäftsführer 589
- Stimmrechtsvertreter 43 f.

Verbraucher 832

Vereinfachtes Ertragswertverfahren 341

Verfahren der Freiwilligen Gerichtsbarkeit
s. Freiwillige Gerichtsbarkeit

Vergleichslösungen
- Beseitigung von GF-Beschränkungen 582 ff.
  s.a. Geschäftsführung; Vertretungsmacht
- Gewinnentnahmen 595 f.
- Informationsrechte 592 ff.
- Kontrolle der GF 588 ff.
- Rechtsformwechsel 586
- Stimmen-Patt 70a, 585
- Trennung der Gesellschafter s. dort

Vergleichsvereinbarung 572, 581
s.a. Vergleichslösungen

Vergleichsverhandlungen 570 ff.

Verkehrswert des Gesellschaftsanteils
- Abfindungsberechnung 322 f.
- Begriff 322 f.

- Discounted-Cash-Flow-Verfahren 325
- Ertragswertverfahren 324 f.

Verlegung einer Gesellschafterversammlung 104

Verluste der Gesellschaft
- Ausgleichspflicht der Gesellschafter 384
- Verlustverteilung bei Personengesellschaften 380 ff.
- Verlustvortrag in der GmbH 394

Vermögensteuerwert der Gesellschaft
s. Stuttgarter Verfahren

Versammlungsleiter in Gesellschafterversammlungen
- Aufgaben 108, 129
- Beschlussfeststellung in der GmbH 130 ff., 205 ff.
- Bestellung 128
- Checkliste (Leitung GV) 852
- Fehler bei der Beschlussfeststellung 628

Versicherung an Eides statt 815

Vertragsgestaltung
s.a. Geschäftsführung; Beschlussfassung; Entnahmen; Gewinnausschüttung; Kontrollrechte; Anteilsveräußerung; Kündigung; Ausschluss; Familiengesellschaften
- Gestaltungshinweise für Streitvermeidung 534 ff.
- Grundsätze 526 ff.

Vertreter bei Abstimmung
s. Stimmrechtsausübung durch Vertreter

Vertretungsbefugnis
s. Vertretungsmacht

Vertretungsmacht der GF
s.a. Geschäftsführer
- Außenverhältnis 476 ff.
- Einzel-/Alleinvertretungsmacht 138 f., 476a, 582
- Gesamtvertretung 476a, 588
- Innenverhältnis 475
- Missbrauch der Vertretungsmacht s. dort
- Insichgeschäft und Mehrfachvertretung 589

Verwaltungsrat
s. Beirat

Verwirkung
- Berufung auf Kündigungsrecht 511

- Berufung auf wichtigen Abberufungsgrund 157, 162
- Klagerecht bei Beschlussmängeln 636, 647

Vinkulierung von Geschäftsanteilen 558

Vollziehung einer Einstweiligen Verfügung 818 f.

Vorkaufsrechte für Gesellschaftsanteile s. Anteilsveräußerung

Vollversammlung 75, 609, 620

Vorlagepflicht der GF vor Durchführung einer Maßnahme 15, 457a, 463, 543

Weisungen an die Geschäftsführer
- Abwehr durch EV s. dort
- Anfechtung 465 f.
- GmbH 465 f.
- Personengesellschaften 461
- Rechtsschutz der GF 486
- Schadenshaftung der Geschäftsführer 781
- Schadenshaftung der Gesellschafter 486
- Verweigerung der Ausführung 465 f.

Wettbewerbsverbot
- einstweilige Verfügung s. dort
- Gesellschafter 785
- GmbH-Geschäftsführer 785
- Schadenshaftung der GF s. dort
- Unterlassungsansprüche der Gesellschaft s. dort
- Verstoß durch Gesellschafter als Ausschlussgrund 285
- Verstoß durch GF als Abberufungsgrund 165
- vertragliche Regelung 785
- Vorteilsherausgabe 786, 791

Wichtiger Grund für Abberufung/ Entziehung von GF
s. a. Wichtiger Grund für Ausschluss
- Begriff 156
- Darlegungs- und Beweislast 157
- Fälschung von Buchungsunterlagen 163
- Fallbeispiele 158 ff.
- Informationspflichtverletzung 161a, 407
- Komplementär-GmbH 156
- Missachtung interner Beschränkungen 161, 482
- Missbrauch von Gesellschaftsvermögen 162
- Nachschieben von Gründen s. dort
- Steuerhinterziehung s. dort

- Teilentziehung der Geschäftsführung 191
- Überprüfung durch das Revisionsgericht 157a
- Überschuldung des Geschäftsführers 170
- Unfähigkeit s. dort
- Verletzung von Zustimmungsvorbehalten 161, 166
- Verstoß gegen Wettbewerbsverbot 165
- Vertrauensverlust 176
- Verwirkung der Berufung auf wG 157, 162a
- Wegfall 157
- Zerstörung des Vertrauensverhältnisses 160, 167, 170
- Zerwürfnis der Gesellschafter 169 s.a. dort
- Zwei-Personen-Gesellschaft s. dort

Wichtiger Grund für Auflösung der Gesellschaft 520 ff.
s.a. *Auflösungsklage*

Wichtiger Grund für Ausschluss aus der Gesellschaft
s.a. Ausschlussgrund; Wichtiger Grund für Abberufung
- Beleidigung von Mitgesellschaftern 284, 292
- Durchsetzung von Forderungen 287
- Entnahme aus Gesellschaftsvermögen 285
- Fallbeispiele 282 ff.
- Familiengesellschaften s. dort
- Fehlverhalten Vertreter, Treuhänder 278
- Geheimnisverrat 284
- gesetzliches Regelbeispiel 275
- Hinauskündigungsklauseln s. dort
- Kommanditisten 294
- Konkurrenzgeschäfte 285
- Minderheitsgesellschafter 293
- Missachtung Zustimmungsvorbehalt 287
- Nachschieben von Gründen s. dort
- Rechtsfolge bei Fehlen 288
- sachlicher Grund 298, 303 ff.
- Strafanzeige gegen Mitgesellschafter 286
- Überprüfung durch das Revisionsgericht 157a
- Unterschlagung von Gesellschaftsvermögen 283, 294
- Unzumutbarkeit eines Mitgesellschafters 276, 291 ff.
- Verhältnismäßigkeit, „milderes Mittel" 279
- Verlust Berufszulassung in PartG 228
- Vermögensdelikte 288
- Verschulden des Betroffenen 277
- Verstoß gegen Wettbewerbsverbot 285

- Vertragliche Ausschlussgründe 238, 297 ff.
  s.a. *Hinauskündigungsklauseln*
- Wegfall durch Zeitablauf 281
- Zerstörung des Vertrauensverhältnisses 280
- Zerwürfnis der Gesellschafter 284, *s.a. dort*
- Zwei-Personen-Gesellschaft *s. dort*

Wichtiger Grund für Kündigung der Gesellschaft
s.a. **Kündigung**
- Fallbeispiele 512 f.
- Überblick 510 ff.
- Verwirkung 511

Widerruf der Bestellung eines GmbH-GF
s. Abberufung

Widerspruch gegen Geschäftsführungsmaßnahmen
s.a. Geschäftsführung; Unterlassungsansprüche
- Abberufungsgrund 482
- Rückabwicklung von Maßnahmen 479
- Schadenshaftung des Geschäftsführers 480 f.
- unberechtigter Widerspruch 484
- Widerspruchsrecht der Mitgeschäftsführer 455 ff., 468a, 582

Widerspruch gegen Fortsetzung des GF-Anstellungsvertrags 208

Widerspruchsrecht der Kommanditisten
s. Zustimmungsvorbehalte

Zerrüttung des Vertrauensverhältnisses unter Gesellschaftern
s. Zerwürfnis der Gesellschafter

Zerstörung des Vertrauensverhältnisses
s. Wichtiger Grund für Abberufung; Wichtiger Grund für Ausschluss

Zerwürfnis der Gesellschafter
- Abberufungsgrund 169, 177
- Auflösungsgrund 523
- Ausschlussgrund 284
- Zwei-Personen-Gesellschaft 177

Zulassung von Beratern zu Gesellschafterversammlungen s. Berater

Zuständigkeit der Gesellschafter
- Geschäftsführungsmaßnahmen 5
- Grundlagengeschäfte 5

Zustimmungsvorbehalte
- Anstellungsvertrag des GF 468
- Aufsichtsrat 467
- außergewöhnliche Geschäfte *s. dort*
- Durchsetzung Zustimmung durch EV *s. dort*
- Ermessen 485
- Geschäftsordnung 468
- gesetzliche Regelung 9
- GmbH-Satzung 467 f.
- Jahresbudget 539
- Missachtung 20 ff. *s.a. Unterlassungsansprüche*
- Missachtung als Abberufungsgrund 161, 166
- Missachtung als Ausschlussgrund 287
- Notgeschäftsführung 460 *s.a. dort*
- Schadensersatzansprüche der Gesellschaft
  s. *Schadenshaftung der GF*
- Streitbeilegung 583 f.
- vertragliche Regelung 20, 458 ff., 539, 543
- Widerspruchsrecht der Kommanditisten 458
- Zustimmungspflicht *s. Treuepflicht*

Zwangsabtretung von GmbH-Anteilen
- Stammkapitalaufbringung 245
- Stammkapitalerhaltung 246 ff.
- Steuerfolgen 347, 351 f.

Zwangseinziehung von GmbH-Anteilen
- Änderung Gesellschafterliste *s. Gesellschafterliste*
- „Bedingungslösung" 259
- Begriff 245, 320
- Haftung der Gesellschafter für Abfindungszahlung 261 f.
- Kapitalherabsetzung 267
- nach Eigenkündigung 263
- Neubildung (Revalorisierung) von Anteilen 266
- Nominelle Aufstockung 266
- Schwebezustand bis zur Abfindungszahlung 259
- Stammkapitalaufbringung 245
- Stammkapitalerhaltung 246 ff.
- Steuerfolgen 347, 351 f.
- Übereinstimmungsgebot hinsichtlich Stammkapital 264 ff.
- Untergang des Geschäftsanteils 245, 258, 320
- Wirksamwerden vor Abfindungszahlung 260 ff.

Zweigliedrige Gesellschaft
s. Zwei-Personen-Gesellschaft

Zwei-Personen-Gesellschaft 173 ff.
– Ausschluss des Mitgesellschafters 221, 252, 271, 280, 289 f.
– Kündigung 493, 495
– Nachschieben von Abberufungsgründen 180
– wichtiger Grund für GF-Abberufung 175 ff.
– Kündigung 493

Zweitversammlung 127